HARRAP'S
ESENCIAL

DICTIONNAIRE
Français-Espagnol/ Espagnol-Français

HARRAP'S ESENCIAL

DICTIONNAIRE
Français-Espagnol/ Espagnol-Français

par
Jean-Paul Vidal

© Larousse-Bordas, 1998
ISBN : 0 245 50368 4
Larousse-Bordas, Paris

Préface

Le présent dictionnaire, destiné plus particulièrement à ceux qui étudient l'espagnol, a été conçu pour les aider lors de leurs premières années d'apprentissage de la langue.

D'un format maniable et d'une lecture aisée, grâce à l'excellente **lisibilité** de ses caractères, il est d'un emploi très commode.

Son vocabulaire, rigoureusement sélectionné, rassemble les mots **essentiels** et les expressions les plus employées dans la **langue actuelle**, celle que l'on parle (la langue familière étant assez largement représentée) comme celle que l'on écrit. On y trouvera aussi des noms propres courants et, dans la partie espagnol-français, nombre d'**américanismes** choisis parmi les plus usuels.

Une des caractéristiques de cet ouvrage est sa très grande richesse en **phrases-exemples**. Toutes empruntées au langage quotidien, elles font vivre les mots qu'elles illustrent en les replaçant dans un contexte naturel. Mais ces exemples servent aussi à mettre en évidence tout ce qui peut présenter une difficulté pour l'élève : formes verbales irrégulières, et, singulièrement, cas de diphtongaison, syntaxe des prépositions, emploi des articles, ordre des mots dans la phrase, etc.

Précis, ce dictionnaire différencie clairement les sens lorsqu'un terme a plusieurs acceptions; il indique les niveaux de langue, signale les verbes irréguliers et donne les principales formes verbales irrégulières à leur place alphabétique, avec un renvoi à l'infinitif du verbe.

Les mots sont présentés dans l'ordre alphabétique, mais on remarquera qu'ils sont souvent groupés, lorsqu'ils ont une parenté de forme et de sens. Ces regroupements n'ont toutefois rien de systématique, et, par souci de clarté, nous les avons toujours voulus très courts.

Quant à la prononciation, elle n'est transcrite phonétiquement que lorsqu'elle peut présenter une difficulté, en l'occurrence dans la partie français-espagnol essentiellement, à l'intention des hispanophones. Les règles, très simples, de la prononciation espagnole sont rappelées en tête de la partie espagnol-français.

L'auteur tient à exprimer ici sa vive gratitude à María de los Desamparados Brisa Ferrandiz, docteur ès lettres, et à Nora Haddad, professeur d'espagnol, qui ont relu et corrigé tout le manuscrit. Par avance, il remercie également ceux qui voudront bien lui faire part de leurs suggestions.

Jean-Paul Vidal

Prólogo

Este diccionario, destinado especialmente a los que estudian francés, ha sido concebido para ayudarles durante sus primeros años de aprendizaje del idioma.

De formato manual y de fácil lectura gracias a su **tipografía**, su empleo resulta sumamente cómodo.

Su vocabulario, seleccionado rigurosamente, reúne las palabras **esenciales** y las expresiones más empleadas en la **lengua actual**, tanto hablada (el lenguaje familiar está ampliamente representado) como escrita. El lector encontrará también nombres propios corrientes y, en la parte español-francés, numerosos **americanismos** escogidos entre los más usuales.

Una de las características de esta obra es su gran riqueza en **frases-ejemplos**. Han sido tomadas todas del lenguaje cotidiano, dando así vida a las palabras al situarlas en un contexto natural. Pero estos ejemplos sirven también para poner de manifiesto todo aquello que puede presentar una dificultad al alumno: formas verbales irregulares, sintaxis de las preposiciones, empleo del artículo, orden de las palabras en la frase, etc.

Cuando un término tiene varias acepciones, este diccionario diferencia con precisión los sentidos, indica los niveles de lengua, señala los verbos irregulares y da las principales formas verbales en orden alfabético, remitiendo al infinitivo del verbo.

Si bien las palabras se presentan en orden alfabético, es de notar que se han agrupado cuando tienen un parentesco de forma y de sentido. No obstante, dichos grupos no son nunca sistemáticos y, para que sean claros, los hemos hecho siempre muy breves.

En cuanto a la transcripción fonética, no figura sino cuando la pronunciación ofrece una dificultad, o sea en la parte francés-español, especialmente para los hispanohablantes.

El autor da aquí sus más expresivas gracias a María de los Desamparados Brisa Ferrandiz, doctor en letras, y a Nora Haddad, profesora de español, que han leído y corregido todo el manuscrito. Y desde ya agradece a los que tengan a bien indicarle sus sugerencias.

Jean-Paul Vidal

Abréviations employées dans ce dictionnaire
Abreviaturas usadas en este diccionario

a	adjectif	adjetivo
a/f	adjectif et substantif féminin	adjetivo y sustantivo femenino
a/m	adjectif et substantif masculin	adjetivo y sustantivo masculino
a/s	adjectif et substantif	adjetivo y sustantivo
adv	adverbe	adverbio
AMER	américanisme	americanismo
art	article	artículo
auxil	auxiliaire	auxiliar
COM	commerce, finances	comercio, finanzas
conj	conjonction	conjunción
dém	démonstratif	demostrativo
ÉLECTR	électricité	electricidad
f	féminin	femenino
FAM	familier	familiar
FIG	figuré	figurado
i	intransitif	intransitivo
impers	impersonnel	impersonal
indéf	indéfini	indefinido
interj	interjection	interjección
interr	interrogatif	interrogativo
loc	locution	locución
m	masculin	masculino
MAR	marine	marina
MÉD	médecine	medicina
MIL	militaire	militar
MUS	musique	música
n p	nom propre	nombre propio
pers	personnel	personal
pl	pluriel	plural
POP	populaire	popular
pos	possessif	posesivo
p p	participe passé	participio pasado
pr	pronominal	pronominal
prép	préposition	preposición
pron	pronom	pronombre
rel	relatif	relativo
s	substantif	sustantivo
sing	singulier	singular
TAUROM	tauromachie	tauromaquia
TECHN	technique, technologie	
TÉCN		técnica
t	transitif	transitivo
VULG	vulgaire ou très familier	vulgar o muy familiar

Autres signes employés
Otros símbolos usados

–	Remplace le mot (au singulier) ou l'infinitif du verbe dans les exemples ou les locutions	Sustituye a la palabra (en singular) o al infinitivo del verbo considerado en los ejemplos y locuciones
☐	Indique un changement de catégorie grammaticale à l'intérieur du mot considéré	Indica que la palabra considerada cambia de categoría gramatical
|	Précède les idiotismes ou les locutions	Precede a los modismos o locuciones
⇒	Signifie : voir	Significa: ver
°	Indique un verbe irrégulier	Indica un verbo irregular
	Le genre et le nombre des substantifs ne sont mentionnés dans la traduction que s'ils diffèrent d'une langue à l'autre	El género y el número de los sustantivos se mencionan en la traducción sólo cuando difieren de una lengua a otra

Présentation des articles

action...   -naire
     se lit actionnaire
accélér/er... -ateur
     se lit accélérateur
     -ation
     se lit accélération

Presentación de los artículos

arroz...   -al
     se lee arrozal
acumul/ar... -ación
     se lee acumulación
     -ador
     se lee acumulador

Signes phonétiques et transcription
Signos fonéticos y transcripción

Voyelles	signes	français	espagnol
Vocales	*signos*	*francés*	*castellano*
	[a]	lac	calle
	[ɑ]	âme	laurel
	[e]	dé, donner	cabeza, hablé
	[ə]	le, repas	
	[ɛ]	lait, peine, très, forêt	guerra
	[i]	vite, cygne	vida
	[ɔ]	robe, fort	roca
	[o]	dos, gauche, agneau	habló
	[u]	mou, où, goût	agudo
	[y]	lune, mûr	
	[ø]	peu, nœud, jeûne	
	[œ]	œuf, peur	
	[ɑ̃]	ancre, vent	
	[ɛ̃]	vin, examen, main	
	[ɔ̃]	mon, ombre	
	[œ̃]	un, parfum	

Semi-consonnes			
Semiconsonantes	[j]	avion, yeux, billet	labio
	[w]	oui, toi	luego
	[ɥ]	huile, lui	

Consonnes			
Consonantes	[b]	balle	banco, vela
	[d]	dire	dar
	[f]	fin, photo	fuego
	[g]	gare, guerre	gato
	[k]	café, queue, écho	copa
	[l]	lit, mollet	lista
	[m]	mur, femme	maleta
	[n]	navet, canne	noche
	[p]	père	padre
	[r]		arte
	[r̄]		radio, ahorro
	[ʀ]	rue, arrondi	
	[s]	soupe, cela, garçon, notion	silencio
	[ʃ]	chat, schéma	chico (sin t)
	[t]	tapis	tambor
	[v]	vie	
	[z]	zèle, prison	asno
	[ʒ]	jeune, gigot	beige
	[θ]		hacer
	[x]		ojo (la jota)
	[ʎ]		llave
	[ɲ]	agneau	año
	[ŋ]	camping	camping

Dictionnaire français-espagnol

Diccionario francés-español

Pronunciación del francés

■ Consonantes finales

Las consonantes finales no se pronuncian (*chaud* [ʃo]), a excepción de *c, f, l, r* .
Sin embargo, existen casos particulares como la *r* de la terminación *er* del infinitivo que no se pronuncia (*aimer* [eme])

■ Acento tónico

El acento tónico recae siempre en la última sílaba (*ami*), o en la penúltima si la última acaba en *e* muda (*école*)

■ Enlace de las palabras

El enlace (*liaison*) consiste en la pronunciación de la consonante final de una palabra cuando la palabra siguiente empieza por vocal o *h* muda: *avant elle* [avãtɛl], *cent hommes* [sãtɔm]. Algunas consonantes finales cambian de pronunciación en el enlace: *d* toma el sonido *t* (*grand arbre* [gʁãtaʁbʁ]), *s* y *x* el sonido *z*: *des enfants* [dezãfã], *six heures* [sizœʁ]. No hay enlace entre la conjunción *et* y la palabra siguiente ni tampoco con una palabra que lleve *h* aspirada

■ Elisión

Consiste en la sustitución por un apóstrofo de las vocales finales *a, e,* o *i* cuando la palabra que sigue empieza por vocal o *h* muda (*l'arbre, l'heure, j'arrive, tu l'entends, s'il pleut*, etc).

Apuntes gramaticales

■ Plural (sustantivos y adjetivos)

En regla general, se forma el plural añadiendo una **s** al singular (*un livre, des livres*). Esta **s** es muda, excepto en el enlace.
Casos particulares: Los nombres y adjetivos terminados en *s, x, z* son invariables en plural: *le bras, les bras, un prix, des prix* La mayoría de los que acaban en **au**, **eau, eu, œu** forman el plural tomando una **x**: *un bateau, des bateaux, un cheveu, des cheveux* **Excepciones:** *landau, sarrau, bleu, pneu* toman una s.
Los que terminan en **al** cambian la terminación en **aux**: *un journal, des journaux*
Se exceptúan los sustantivos *bal, carnaval, cérémonial, chacal, festival, nopal, récital, régal*, etc , y los adjetivos *banal, bancal, final, glacial, natal, naval*, etc , que toman una **s**.
Los terminados en **ou** siguen la regla general tomando una **s** salvo *bijou, caillou, chou, genou, hibou, joujou, pou* que toman una **x**.
Bail, corail, émail, soupirail, travail, vantail, vitrail forman el plural en **aux**: *un vitrail, des vitraux*.

3

Numerales

■ Numerales cardinales

0	zéro	30	trente
1	un	40	quarante
2	deux	50	cinquante
3	trois	60	soixante
4	quatre	70	soixante-dix
5	cinq	71	soixante et onze
6	six	72	soixante-douze
7	sept	80	quatre-vingts
8	huit	81	quatre-vingt-un
9	neuf	82	quatre-vingt-deux
10	dix	90	quatre-vingt-dix
11	onze	91	quatre-vingt-onze
12	douze	100	cent
13	treize	101	cent un
14	quatorze	200	deux cents
15	quinze	300	trois cents
16	seize	1 000	mille
17	dix-sept	2 000	deux mille
18	dix-huit	1 000 000	un million
19	dix-neuf	1 000 000 000	un milliard
20	vingt		
21	vingt et un		
22	vingt-deux		

Entre decenas y unidades se coloca un guión siempre que no haya la conjunción *et*: así 32 se escribe *trente-deux*, 33 *trente-trois*, etc

Vingt (20) y **cent** (100) toman la s del plural cuando van precedidos de un número que los multiplica (*quatre-vingts, deux cents*) pero permanecen invariables cuando están seguidos de otro numeral (*quatre-vingt-deux, deux cent huit*) o cuando se emplean como ordinales (*page deux cent*)

Mille (1 000) es invariable En las fechas, se admite la forma *mil*: **en l'an mil quatre cent quatre-vingt-douze** en el año 1492; **l'an deux mille** el año 2000

■ Numerales ordinales

Se forman añadiendo el sufijo **ième** a los cardinales correspondientes salvo *premier*: *deuxième, troisième, dix-septième, centième*, etc *Deuxième* y *second* son sinónimos aunque *second* suele preferirse a *deuxième* cuando no se trata más que de dos personas o cosas

Pronombres personales

El pronombre sujeto no debe omitirse nunca en francés: **je** suis (soy); *que* dis-**tu**? (¿qué dices?); **nous** *allions* (íbamos)

4

El verbo

■ Verbos auxiliares

infinitivo	avoir		être	
indicativo presente	j'	ai	je	suis
	tu	as	tu	es
	il, elle	a	il, elle	est
	nous	avons	nous	sommes
	vous	avez	vous	êtes
	ils, elles	ont	ils, elles	sont
imperfecto	j'	avais	j'	étais
	tu	avais	tu	étais
	il, elle	avait	il, elle	était
	nous	avions	nous	étions
	vous	aviez	vous	étiez
	ils, elles	avaient	ils, elles	étaient
pretérito indefinido	j'	eus	je	fus
	tu	eus	tu	fus
	il, elle	eut	il, elle	fut
	nous	eûmes	nous	fûmes
	vous	eûtes	vous	fûtes
	ils, elles	eurent	ils, elles	furent
futuro	j'	aurai	je	serai
	tu	auras	tu	seras
	il, elle	aura	il, elle	sera
	nous	aurons	nous	serons
	vous	aurez	vous	serez
	ils, elles	auront	ils, elles	seront
potencial simple	j'	aurais	je	serais
	tu	aurais	tu	serais
	il, elle	aurait	il, elle	serait
	nous	aurions	nous	serions
	vous	auriez	vous	seriez
	ils, elles	auraient	ils, elles	seraient
subjuntivo presente	que j'	aie	que je	sois
	que tu	aies	que tu	sois
	qu'il, elle	ait	qu'il, elle	soit
	que nous	ayons	que nous	soyons
	que vous	ayez	que vous	soyez
	qu'ils, elles	aient	qu'ils, elles	soient
subjuntivo imperfecto	que j'	eusse	que je	fusse
	que tu	eusses	que tu	fusses
	qu'il, elle	eût	qu'il, elle	fût
	que nous	eussions	que nous	fussions
	que vous	eussiez	que vous	fussiez
	qu'ils, elles	eussent	qu'ils, elles	fussent

imperativo	aie	sois
	ayons	soyons
	ayez	soyez
gerundio (participe présent)	ayant	étant
participio pasado	eu, eue	été

Tiempos compuestos: Se forman con **avoir** (verbos transitivos y la mayor parte de los intransitivos) o **être** (pronominales y algunos intransitivos) más el participio pasado Conjugado con *être,* el participio pasado concuerda con el sujeto de la oración: **Carmen s'est levée** Carmen se ha levantado; **elle est arrivée** ha llegado.

■ Verbos regulares

infinitivo	chant/er *(cantar)*		fin/ir *(acabar)*		vend/re *(vender)*
indicativo	je	chante	je	finis	je	vends
presente	tu	chantes	tu	finis	tu	vends
	il, elle	chante	il, elle	finit	il, elle	vend
	nous	chantons	nous	finissons	nous	vendons
	vous	chantez	vous	finissez	vous	vendez
	ils, elles	chantent	ils, elles	finissent	ils, elles	vendent
imperfecto	je	chantais	je	finissais	je	vendais
	tu	chantais	tu	finissais	tu	vendais
	il, elle	chantait	il, elle	finissait	il, elle	vendait
	nous	chantions	nous	finissions	nous	vendions
	vous	chantiez	vous	finissiez	vous	vendiez
	ils, elles	chantaient	ils, elles	finissaient	ils, elles	vendaient
pretérito	je	chantai	je	finis	je	vendis
indefinido	tu	chantas	tu	finis	tu	vendis
	il, elle	chanta	il, elle	finit	il, elle	vendit
	nous	chantâmes	nous	finîmes	nous	vendîmes
	vous	chantâtes	vous	finîtes	vous	vendîtes
	ils, elles	chantèrent	ils, elles	finirent	ils, elles	vendirent
futuro	je	chanterai	je	finirai	je	vendrai
	tu	chanteras	tu	finiras	tu	vendras
	il, elle	chantera	il, elle	finira	il, elle	vendra
	nous	chanterons	nous	finirons	nous	vendrons
	vous	chanterez	vous	finirez	vous	vendrez
	ils, elles	chanteront	ils, elles	finiront	ils, elles	vendront
condicional	je	chanterais	je	finirais	je	vendrais
(o potencial)	tu	chanterais	tu	finirais	tu	vendrais
	il, elle	chanterait	il, elle	finirait	il, elle	vendrait
	nous	chanterions	nous	finirions	nous	vendrions
	vous	chanteriez	vous	finiriez	vous	vendriez
	ils, elles	chanteraient	ils, elles	finiraient	ils, elles	vendraient

6

subjuntivo	q	je	chante	q.	je	finisse	q	je	vende
presente	q.	tu	chantes	q.	tu	finisses	q.	tu	vendes
	q.	il	chante	q.	il	finisse	q	il	vende
	q	nous	chantions	q	nous	finissions	q	nous	vendions
	q	vous	chantiez	q	vous	finissiez	q	vous	vendiez
	q	ils chantent		q	ils, elles finissent		q	ils	vendent
imperfecto	q	je	chantasse	q.	je	finisse	q	je	vendisse
	q.	tu	chantasses	q.	tu	finisses	q	tu	vendisses
	q.	il	chantât	q	il	finît	q	il	vendît
	q	nous	chantassions	q	nous	finissions	q	nous	vendissions
	q.	vous	chantassiez	q.	vous	finissiez	q	vous	vendissiez
	q	ils	chantassent	q	ils	finissent	q	ils	vendissent
imperativo			chante			finis			vends
			chantons			finissons			vendons
			chantez			finissez			vendez
gerundio (participe présent)			chantant			finissant			vendant
participio pasado			chanté, e			fini, e			vendu, e

El cuadro anterior da la conjugación de los tiempos simples de los tres grupos de verbos franceses. El tercer grupo abarca, además de los verbos cuyo infinitivo termina en **-re**, verbos en **-ir** (que no forman el gerundio en -issant sino en -ant) y los verbos en **-oir** (como *recevoir*). Los verbos de este grupo, que son muy usuales, presentan muchas irregularidades. Entre los verbos con infinitivo terminado en **-er**, algunos sufren ciertas modificaciones ortográficas que señalamos a continuación:

1. Verbos en **-cer** (como *commencer, lacer* ..) Cambian la *c* en *ç* delante de *a, o* (je commençais, nous commençons, commençant)

2. Verbos en **-ger** (como *manger, avantager*. .) Añaden una *e* después de la *g* delante de *a, o* (je mangeais, nous mangeons, mangeant).

3. Verbos en **-eler, -eter.** Duplican la l o la t delante de una e muda (*appeler* : j'appelle, nous appelons ; j'appellerai ; jeter : je jette, nous jetons, je jetterai) Otros verbos no duplican la consonante sino que cambian la e muda en è abierta (*peler* : je pèle, nous pelons ; je pèlerai ; acheter : j'achète, nous achetons ; j'achèterai) Pertenecen a esta categoría de verbos: ciseler, congeler, déceler, dégeler, démanteler, écarteler, geler, marteler, modeler, peler, receler, acheter, fureter, haleter, racheter.

4. Verbos con **e** muda en la penúltima sílaba del infinitivo (como *lever, mener, peser, semer, soulever*) Cambian esta e en è delante de sílaba muda (je lève, nous levons, ils lèvent; je lèverai).

5. Asimismo, los verbos con **é** cerrada en la penúltima sílaba del infinitivo (como *espérer, accélérer*. .) cambian esta é en è cuando la sílaba siguiente es muda, salvo en futuro y condicional (j'espère, nous espérons, ils espèrent; j'espérai)

6. Verbos en **-yer** (como *employer, appuyer*) sustituyen la y en i delante de e muda (j'emploie, nous employons, ils emploient; j'emploierai, nous emploierons) Los verbos en **-ayer** pueden conservar la y (je paye o je paie)

■ Principales verbos irregulares

Los verbos irregulares están señalados en este diccionario con el signo °. A continuación, damos una lista de los verbos irregulares franceses más importantes mencionando solamente la conjugación de los tiempos simples.

Sólo se dan las formas irregulares y en el orden siguiente: *I. pr.* = indicativo presente; *Imperf* = imperfecto; *Pret.* = pretérito; *Fut* = futuro; *S. pr.* = subjuntivo presente; *Imperat.* = imperativo; *Ger.* = gerundio; *P. p* = participio pasado n. = nous; v. = vous; *Q* = que; *verbos conjugados con être.

Absoudre *I. pr.* J'absous, n. absolvons *Imperf.* J'absolvais *S. pr* Q. j'absolve *Ger.* absolvant. *P. p* absous, absoute.

acquérir *I. pr.* J'acquiers, n acquérons. *Imperf.* J'acquérais. *Pret.* J'acquis. *Fut* J'acquerrai *S. pr.* Q. j'acquière *Ger.* acquérant *P. p.* acquis.

*aller *I. pr.* Je vais, tu vas, il va, n. allons, v. allez, ils vont *Fut* J'irai. *Imperat.* va, allons, allez. *S. pr.* Q. j'aille, q. n allions, qu'ils aillent.

apercevoir *Conj. c* recevoir

appartenir *Conj. c* tenir.

asseoir *I. pr.* J'assieds, n. asseyons, ils asseyent. *Imperf.* J'asseyais. *Pret.* J'assis. *Fut* J'assiérai *S. pr.* Q. j'asseye *Ger.* asseyant. *P. p.* assis.

astreindre *Conj. c.* atteindre.

atteindre *I. pr.* J'atteins, n atteignons, ils atteignent. *Imperf.* J'atteignais. *Pret.* J'atteignis. *Fut.* J'atteindrai. *S. pr.* Q j'atteigne *Ger.* atteignant. *P. p* atteint

Battre *I. pr.* Je bats, n battons. *S. pr.* Q. je batte.

boire *I. pr.* Je bois, n buvons, ils boivent *Imperf* Je buvais *Pret.* Je bus. *S. pr.* Q. je boive, q. n. buvions. *Ger.* buvant. *P. p.* bu.

bouillir *I. pr.* Je bous, n. bouillons. *Imperf.* Je bouillais. *Fut.* Je bouillirai. *S. pr.* Q. je bouille. *Ger.* bouillant.

Concevoir *Conj. c.* recevoir.

conclure *I. pr.* Je conclus, n. concluons.

conduire *I. pr.* Je conduis, n. conduisons. *Pret.* Je conduisis *P. p.* conduit.

connaître *Conj. c.* paraître.

conquérir *Conj. c.* acquérir.

construire *Conj. c.* conduire.

contraindre *Conj. c* atteindre.

contredire *Conj. c* dire, salvo *I. pr.* v. contredisez.

coudre *I. pr.* Je couds, n. cousons. *Pret.* Je cousis. *S. pr.* Q. je couse. *Ger.* cousant. *P. p.* cousu

courir *I. pr.* Je cours, n. courons *Pret.* Je courus. *Fut.* Je courrai. *S. pr.* Q. je coure *P. p.* couru.

couvrir *Conj. c* ouvrir

craindre *Conj. c.* atteindre.

croire *I. pr.* Je crois, n croyons. *Imperf.* Je croyais. *Pret.* Je crus. *S. pr.* Q. je croie. *Ger.* croyant *P. p.* cru.

croître *I. pr.* Je croîs, tu croîs, il croît, n. croissons, v. croissez, ils croissent *Imperf.* Je croissais. *Pret.* Je crûs. *S. pr.* Q. je croisse *Ger.* croissant. *P. p* crû, crue.

cueillir *I. pr.* Je cueille, n. cueillons *Imperf* Je cueillais. *Fut.* Je cueillerai. *S. pr.* Q je cueille. *Ger.* cueillant

cuire *Conj. c* conduire.

Décevoir *Conj. c.* recevoir.

détruire *Conj. c.* conduire.

*devenir *Conj. c.* tenir.

devoir *I. pr.* Je dois, n devons. *Imperf.* Je devais. *Pret* Je dus. *Fut.* Je devrai. *S. pr.* Q. je doive, q. n. devions. *Ger.* devant. *P. p.* dû, due.

dire I *pr* Je dis, n disons, v dites *Imperf* Je disais *Pret* Je dis *S pr.* Q je dise. *Ger.* disant. *P. p* dit

dissoudre *Conj c* absoudre

distraire *Conj c* traire

dormir I *pr.* Je dors, n dormons

Écrire I *pr.* J'écris, n. écrivons *Imperf.* J'écrivais *Pret* J'écrivis *S pr* Q j'écrive *Ger.* écrivant *P. p* écrit

émouvoir I. *pr.* J'émeus, n émouvons, ils émeuvent. *Fut* J'émouvrai *S. pr.* Q. j'émeuve *P. p* ému

enduire *Conj. c* conduire

envoyer I *pr* J'envoie *Fut* J'enverrai.

éteindre *Conj. c* atteindre.

extraire *Conj c* traire

Faillir *Pret.* Je faillis. *P. p* failli

faire I *pr.* Je fais, n faisons, v. faites, ils font. *Imperf.* Je faisais *Pret* Je fis *Fut.* Je ferai *S pr* Q je fasse. *Ger.* faisant. *P. p.* fait.

falloir I *pr* Il faut *Imperf* Il fallait *Pret.* Il fallut *Fut* Il faudra *S pr.* Qu'il faille *P. p.* fallu

feindre *Conj c.* atteindre

frire I. *pr.* Je fris, tu fris, il frit *Fut* Je frirai *Imperat* fris *P. p.* frit.

fuir I *pr.* Je fuis, n fuyons, ils fuient *Imperf.* Je fuyais *Pret* Je fuis *Fut.* Je fuirai *S pr.* Q je fuie, q n fuyions *Ger.* fuyant

Haïr I. *pr.* Je hais, il hait, n. haïssons.

Inscrire *Conj c* écrire

instruire *Conj c* conduire.

interdire *Conj c.* dire, salvo I. *pr.* v. interdisez

introduire *Conj c* conduire

Joindre *Conj c* atteindre.

Lire I *pr.* Je lis, n lisons *Imperf.* Je lisais *Pret* Je lus *S. pr.* Q je lise. *Ger.* lisant. *P. p* lu

Maudire I *pr.* Je maudis, n maudissons. *Imperf* Je maudissais *Pret* Je maudis *Fut* Je maudirai *S pr.* Q je maudisse *Ger.* maudissant. *P. p.* maudit.

médire *Conj. c* dire, *excepto en la 2ª pers del pl. del I. pr.* vous médisez, *y del imperat* médisez

mentir *Conj c* sentir.

mettre I *pr.* Je mets, n. mettons *Imperf* Je mettais. *S. pr.* Q je mette. *Ger* mettant *P. p.* mis.

moudre I *pr.* Je mouds, n. moulons. *Imperf.* Je moulais. *Pret* Je moulus. *S. pr.* Q je moule. *Ger.* moulant *P. p.* moulu.

*mourir I *pr.* Je meurs, n mourons, ils meurent *Imperf.* Je mourais *Pret* Je mourus. *Fut.* Je mourrai *S pr.* Q je meure, q. n. mourions *Ger.* mourant. *P. p* mort.

Naître *Conj c* paraître, salvo *Pret* Je naquis. *P. p.* né

nuire *Conj. c.* conduire *P. p.* nui

Offrir *Conj c* ouvrir.

ouvrir I. *pr.* J'ouvre, n ouvrons *Imperf* J'ouvrais. *Pret* J'ouvris *Fut* J'ouvrirai. *S. pr.* Q j'ouvre *Ger.* ouvrant. *P. p.* ouvert.

Paraître I *pr.* Je parais, il paraît, n paraissons *Imperf.* Je paraissais *Pret* Je parus. *Fut.* Je paraîtrai *S. pr.* Q je paraisse *P. p* paru.

*partir *Conj c.* sentir

*parvenir *Conj c* tenir

peindre *Conj c* atteindre.

plaindre *Conj. c.* atteindre.

plaire I. *pr.* Je plais, n plaisons. *Imperf* Je plaisais *Pret* Je plus *S pr.* Q je plaise. *Ger.* plaisant *P. p* plu

pleuvoir *I pr.* Il pleut *Imperf.* Il pleuvait *Pret.* Il plut. *Fut* Il pleuvra *S. pr.* Qu'il pleuve. *Ger.* pleuvant *P. p* plu

pouvoir *I pr.* Je peux, tu peux, il peut, n pouvons, v pouvez, ils peuvent. *Imperf* Je pouvais *Pret* Je pus *Fut* Je pourrai *S. pr.* Q je puisse *Ger.* pouvant. *P. p.* pu

prédire *Conj c* dire, salvo *I pr. v.* prédisez

prendre *I pr.* Je prends, n. prenons, ils prennent *Imperf* Je prenais. *Pret* Je pris *S pr.* Q. je prenne. *Ger.* prenant. *P. p* pris

prévoir *Conj c* voir, *excepto el fut* Je prévoirai

Recevoir *I. pr.* Je reçois, n. recevons, ils reçoivent. *Imperf* Je recevais *Pret.* Je reçus *Fut* Je recevrai *S. pr.* Q je reçoive, q n recevions, qu'ils reçoivent *Ger.* recevant. *P. p* reçu.

réduire *Conj c* conduire

résoudre *Conj. c* absoudre, salvo *P. p.* résolu

rire *I. pr.* Je ris, n rions. *Imperf* Je riais. *Pret* Je ris. *S pr.* Q je rie, q n. riions *Ger.* riant *P. p* ri.

rompre *I pr.* Je romps, tu romps, il rompt.

Savoir *I pr.* Je sais, n savons. *Imperf* Je savais *Pret* Je sus *Fut.* Je saurai *Imperat* sache, sachons, sachez *S. pr.* Q. je sache. *Ger.* sachant *P. p.* su.

séduire *Conj. c* conduire

sentir *I. pr.* Je sens, n sentons *Imperf* Je sentais *Pret.* je sentis. *Fut.* Je sentirai. *S pr.* Q. je sente *Ger.* sentant. *P. p* senti.

servir *Conj c* sentir; *I pr.* Je sers, n. servons.

sortir *Conj. c.* sentir

souffrir *Conj c.* couvrir.

soustraire *Conj. c.* traire.

suffire *I pr.* Je suffis, n. suffisons *Imperf.* Je suffisais. *Pret.* Je suffis. *S. pr.* Q. je suffise *Ger.* suffisant *P. p* suffi

suivre *I pr.* Je suis, n suivons *Imperf* Je suivais *Pret.* Je suivis *S pr.* Q je suive *Ger.* suivant. *P. p* suivi

Taire *Conj c* plaire

teindre *Conj c* atteindre

tenir *I. pr.* Je tiens, n tenons, ils tiennent. *Imperf.* Je tenais. *Pret.* Je, tu tins, il tint, n tînmes, v. tîntes, ils tinrent *Fut* Je tiendrai. *S pr.* Q je tienne. *Ger.* tenant. *P. p.* tenu.

traire *I. pr.* Je trais, n. trayons *Imperf.* Je trayais *Fut* Je trairai *S pr.* Q je traie. *Ger.* trayant *P. p.* trait

Vaincre *I pr.* Je vaincs, tu vaincs, il vainc, n vainquons, v. vainquez, ils vainquent *Imperf.* Je vainquais. *Pret.* Je vainquis. *S pr.* Q. je vainque *Ger.* vainquant *P. p* vaincu.

valoir *I. pr.* Je vaux, n valons. *Imperf* Je valais. *Pret.* Je valus. *Fut* Je vaudrai. *S pr.* Q je vaille *Ger.* valant. *P. p.* valu

*venir *Conj. c* tenir.

vêtir *I pr.* Je vêts, n vêtons. *Imperf* Je vêtais *S. pr.* Q je vête. *Ger.* vêtant *P. p* vêtu

vivre *I. pr.* Je vis, n vivons *Imperf.* Je vivais. *Pret* Je vécus. *S pr.* Q. je vive *Ger.* vivant *P. p.* vécu.

voir *I pr.* Je vois, n. voyons *Imperf* Je voyais. *Pret.* Je vis *Fut* Je verrai *S. pr.* Q je voie, q n. voyions. *Ger.* voyant. *P. p* vu

vouloir *I. pr.* Je veux, n. voulons, ils veulent. *Imperf* Je voulais *Pret* Je voulus. *Fut.* Je voudrai. *Imperat* veux, voulons, voulez (*o* veuille, veuillons, veuillez). *S pr.* Q je veuille *Ger.* voulant *P. p* voulu

Sigles français usuels et abréviations
Siglas y abreviaturas francesas más usuales

Afnor	Association française de normalisation.
bd	boulevard (bulevar).
C.A.P.	Certificat d'aptitude professionnelle.
C.C.P.	Compte courant postal.
Cedex	Courrier d'entreprise à distribution exceptionnelle.
C.H.U.	Centre hospitalo-universitaire.
Cie	Compagnie (Compañía).
C.N.R.S.	Centre national de la recherche scientifique (≃ CSIS).
C.R.S.	Compagnie républicaine de sécurité.
E.N.A.	École nationale d'administration.
E.V.	En ville (Ciudad).
H.L.M.	Habitation à loyer modéré.
I.F.O.P.	Institut français d'opinion publique.
I.N.S.E.E.	Institut national de la statistique et des études économiques.
J.O.	Journal officiel (≃ Boletín Oficial del Estado) ; Jeux olympiques.
M., MM.	Monsieur, messieurs (señor, señores).
Mme	Madame (señora).
Mlle	Mademoiselle (señorita).
N.-D.	Notre-Dame (Nuestra Señora).
P.C.	Poste de commandement.
P.-D.G.	Président-directeur général.
P.J.	Police judiciaire.
P.M.U.	Pari mutuel urbain.
P.-S.	*Post-scriptum* (Posdata).
P.T.T.	Postes et télécommunications (Correos y Comunicaciones).
P.V.	Procès verbal (≃ multa).
Q.G.	Quartier général.
R.S.V.P.	Répondez, s'il vous plaît (Esperamos su respuesta).
S.A.	Société anonyme (Sociedad anónima).
S.A.M.U.	Service d'aide médicale d'urgence.
S.A.R.L.	Société à responsabilité limitée (≃ SL, Sociedad limitada).
S.M.I.C.	Salaire minimum interprofessionnel de croissance.
S.N.C.F.	Société nationale des chemins de fer français.
S.O.F.R.E.S.	Société française d'enquêtes pour sondages d'opinion.
S.P.A.	Société protectrice des animaux.
S V.P.	S'il vous plaît (Por favor).
T.G.V.	Train à grande vitesse (≃ AVE).
T.S.V.P.	Tournez s'il vous plaît (Véase al dorso).
T.V.A.	Taxe à la valeur ajoutée (≃ IVA).
Vve	Veuve (Viuda).

A

¹**a** *m a f*: *un −*, una a.

²**a** ⇒ **avoir**.

à *prép* (se contrae en **au** con *le*, en **aux** con *les*) **1** (mouvement vers) a : *aller − Rome*, ir a Roma. **2** (lieu sans mouvement) en : *être − Rome*, estar en Roma. **3** a : *− trois heures*, con a las tres ; *donner un bonbon − un enfant*, dar un caramelo a un niño. **4** (moment imprécis) en : *au printemps*, en la primavera. **5** (appartenance, caractéristique, prix) de : *− qui est-ce ?*, ¿ de quién es ?* ; *c'est − Jean*, es de Juan ; *bateau − voile*, barco de vela ; *machine − coudre*, máquina de coser ; *la fille aux yeux noirs*, la muchacha de los ojos negros ; *timbre − un franc*, sello de un franco. **6** con : *café au lait*, café con leche. **7** por : *une lettre − écrire*, una carta por escribir ; *maison − louer*, casa por alquilar ; *100 km − l'heure*, 100 km por hora. **8** hasta : *− demain*, hasta mañana. **9** *c'est − toi de jouer*, a ti te toca jugar.

abaiss/er *t* **1** bajar. **2** humillar. □ *s' − à demander pardon*, rebajarse a pedir perdón. **-ement** *m* baja *f*, descenso.

abandon *m* abandono. I *à l' −*, abandonado, a, descuidado, a.

abandonner *t* abandonar. □ *s' − au désespoir*, abandonarse a la desesperación.

abasourd/ir *t* **1** ensordecer. **2** FIG aturdir, asombrar. **-issant, e** *a* ensordecedor, a.

abat-jour *m* pantalla *f*.

abats *m pl* **1** (de volailles) menudos. **2** despojos.

abattage *m* **1** (arbres) corta *f*, tala *f*. **2** (animaux) matanza *f*. **3** FAM brío.

abattement *m* **1** abatimiento. **2** (sur une somme) deducción *f*.

abattis *m pl* menudillos.

abattoir *m* matadero.

abatt/re ° *t* **1** derribar. **2** (fatiguer) debilitar. **3** (moralement) deprimir, desmoralizar. □ *s' − sur*, abatirse sobre. **-u, ue** *a* FIG abatido, a, deprimido, a.

abbaye [abei] *f* abadía.

abb/é *m* **1** abad. **2** padre, cura : *monsieur l' −*, padre. **-esse** *f* abadesa.

abcès [apsɛ] *m* abceso.

abdi/quer *t/i* abdicar. **-cation** *f* abdicación.

abdom/en [abdɔmɛn] *m* abdomen. **-inal, e** *a* abdominal.

abeille *f* abeja.

aberr/ation *f* aberración. **-ant, e** *a* FIG absurdo, a.

abîme *m* abismo.

abîmer *t* deteriorar, estropear. □ *s' −*, estropearse, echarse a perder.

abject, e *a* abyecto, a.

abjurer *t* abjurar.

ablutions *f pl* abluciones.

abnégation *f* abnegación.

aboiement *m* ladrido.

abois (aux) [oʒabwa] *loc* acosado, a.

abol/ir *t* abolir. **-ition** *f* abolición.

abominable *a* abominable.

abondamment *adv* abundantemente.

abond/er *i* abundar. **-ance** *f* abundancia. **-ant, e** *a* abundante.

abonné, e *s* **1** abonado, a. **2** (à une publication) suscriptor, a.

abonn/er (s') *pr* **1** (spectacle, téléphone, chemin de fer, etc.) abonarse. **2** abonarse, suscribirse : *je me suis abonné à ce journal*, me he abonado a este periódico. **-ement** *m* **1** abono. **2** (à une publication) suscripción *f*.

abord *m* acceso. | *d'* −, *tout d'*−, primero ; *de prime* −, a primera vista. □ *pl* alrededores, inmediaciones *f*.

abord/er *i/t* abordar. **-able** *a* 1 abordable. 2 *prix* −, precio asequible. 3 (personne) afable. **-age** *m* abordaje.

about/ir *i* 1 − *à*, llevar a, acabar en. 2 (réussir) tener éxito, dar resultado : *les recherches ont abouti*, las investigaciones dieron resultado. **-issement** *m* resultado.

aboyer ° |abwaje| *i* ladrar.

abrasif, ive *a/m* abrasivo, a.

abrégé *m* compendio, epítome.

abréger ° *t* 1 abreviar. 2 (un texte) compendiar, resumir.

abreuv/er *t* abrevar. □ *s'* −, beber. **-oir** *m* abrevadero.

abréviation *f* (mot abrégé) abreviatura, abreviación.

abri *m* abrigo, refugio. | *à l'*−, al abrigo, a cubierto ; *à l'* − *de*, al amparo de.

abricot *m* albaricoque. **-ier** *m* albaricoquero.

abriter *t* abrigar.

abroger ° *t* abrogar.

abrupt, e *a* abrupto, a.

abrut/ir *t* 1 embrutecer, atontar. 2 − *de travail*, agobiar de trabajo. **-i, ie** *s* estúpido, a. **-issement** *m* embrutecimiento.

abs/ence *f* 1 ausencia : *en l'*− *de*, en ausencia de. 2 (manque) falta. **-ent, e** *a/s* ausente. **-enter (s')** *pr* ausentarse.

abside *f* ábside *m*.

absinthe *f* ajenjo *m*.

absolu, e *a* absoluto, a. **-ment** *adv* 1 absolutamente. 2 (à tout prix) a toda costa.

absolution *f* absolución.

absorb/er *t* absorber. **-ant, e** *a* absorbente.

abs/oudre ° *t* absolver. **-ous, oute** *a* absuelto, a.

absten/ir (s') ° *pr* abstenerse :

abstenez-vous de fumer, absténgase de fumar. **-tion** *f* abstención.

abstinence *f* abstinencia.

abstraction *f* abstracción. | *faire* − *de*, hacer caso omiso de ; − *faite de*, prescindiendo de.

abstr/aire ° *t* abstraer. **-ait, e** *a* abstracto, a.

absurd/e *a* absurdo, a. **-ité** *f* absurdo *m*.

abus *m* 1 abuso. 2 − *de confiance*, abuso de confianza. **-er** *t/i* abusar : − *de sa force*, abusar de su fuerza. □ *s'* −, equivocarse. **-if, ive** *a* abusivo, a.

acacia *m* acacia *f*.

académ/ie *f* academia. **-icien, enne** *s* académico, a. **-ique** *a* académico, a.

acajou *m* caoba *f*.

acariâtre *a* gruñón, ona.

accabl/er *t* abrumar, agobiar. **-ant, e** *a* abrumador, a, agobiante.

accalmie *f* 1 calma. 2 (repos) descanso *m*, tregua.

accaparer *t* acaparar.

accéder ° *i* 1 llegar a, tener acceso a. 2 − *à une prière*, acceder a una petición.

accélér/er ° *i/t* acelerar. **-ateur** *m* acelerador. **-ation** *f* aceleración.

accent *m* acento. **-uation** *f* acentuación. **-uer** *t* acentuar.

accept/er *t* aceptar. **-able** *a* aceptable.

acception *f* acepción.

accès *m* 1 acceso. 2 − *de fièvre*, acceso de fiebre ; − *de colère, de folie*, arrebato de cólera, de locura.

accessible *a* 1 accesible. 2 *prix* −, precio asequible, razonable.

accession *f* accesión.

accessoire *a/m* accesorio, a.

accident *m* accidente : − *de la route, du travail*, accidente de carretera, de trabajo. **-é, ée** *a* 1 (terrain) accidentado, a. **2** (véhicule) estropeado, a, averiado, a. □ *s* (personne) accidentado, a. **-el, elle** *a* accidental, casual.

acclam/er *t* aclamar. **-ation** *f* aclamación.

acclimat/er *t* aclimatar. **-ation** *f* aclimatación.

accolade *f* 1 abrazo m. **2** (*l*) llave.

accommodant, e *a* complaciente.

accommodement *m* arreglo, acuerdo.

accommoder *t* **1** acomodar. **2** (un mets) preparar, aderezar, condimentar. □ *pr* **1** *s' — à*, acomodarse a. **2** *s' — de*, contentarse con, conformarse con.

accompagn/er *t* acompañar. □ *s'— au piano*, acompañarse con el piano. **-ateur, trice** *s* **1** acompañante. **2** (guide) guía. **-ement** *m* acompañamiento.

accompli, e *a* consumado, a, acabado, a : *un artiste —*, un consumado artista.

accompl/ir *t* **1** realizar. **2** cumplir : *— son devoir*, cumplir (con) su deber. **-issement** *m* **1** realización *f*. **2** cumplimiento.

accord *m* **1** acuerdo : *se mettre d'—*, ponerse de acuerdo. I *d'—!*, ¡ de acuerdo !, ¡ vale ! **2** aprobación *f*. **3** (grammaire) concordancia *f*. **4** MUS acorde.

accordéon *m* acordeón.

accord/er *t* **1** (octroyer) conceder, otorgar : *— une faveur*, conceder un favor. **2** (mettre d'accord) poner de acuerdo. **3** MUS afinar. □ *s'—*, concordarse : *le verbe s'accorde avec son sujet*, el verbo concuerda con el sujeto. **-age** *m* MUS afinación *f*.

accoster *t* *— quelqu'un*, abordar a alguien. □ *t/i* MAR atracar.

accotement *m* arcén.

accouch/er *t* dar a luz, parir : *— d'une fille*, dar a luz a una niña. **-ement** *m* parto.

accouder (s') *pr* *— au parapet*, acodarse en el pretil.

accoupl/er *t* acoplar. **-ement** *m* acoplamiento.

accourir ° *i* acudir : *elle est accourue*, ha acudido.

accoutrement *m* atavío ridículo.

accoutumance *f* hábito *m*.

accoutumer (s') *pr* acostumbrarse.

accréditer *t* acreditar.

accroc [akRo] *m* **1** desgarrón. **2** FIG dificultad *f*.

accroch/er *t* **1** enganchar. **2** (suspendre) — *au portemanteau*, colgar de la percha. **3** (heurter) chocar. □ *s'— à une branche*, agarrarse a una rama. **-age** *m* **1** enganche. **2** (de véhicules) choque. **3** FAM agarrada *f*, disputa *f*.

accr/oître ° *t* acrecentar, aumentar. **-oissement** *m* crecimiento.

accroupir (s') *pr* ponerse en cuclillas, agacharse.

accu *m* FAM acumulador, batería *f* : *recharger les accus*, cargar la batería.

accueil *m* acogida *f*. **-lant, e** *a* acogedor, a. **-lir** ° *t* acoger.

accumul/er *t* acumular. **-ateur** *m* acumulador. **-ation** *f* acumulación.

accus/er *t* **1** acusar. **2** (faire ressortir) hacer resaltar. **-ateur, trice** *a/s* acusador, a. **-ation** *f* acusación. **-é, ée** *s* acusado, a, reo, a. □ *m — de réception*, acuse de recibo.

acerbe *a* acerbo, a.

acéré, e *a* acerado, a.

acétone *f* acetona.

acétylène *m* acetileno.

acharné, e *a* encarnizado, a.

acharnement *m* encarnizamiento.

acharner (s') *pr* **1** *— sur*, cebarse en. **2** *— à*, empeñarse a.

achat *m* compra *f*. I *faire l'— de*, comprar.

acheminer (s') *pr* encaminarse.

achet/er ° *t* comprar. **-eur, euse** *s* comprador, a.

ach/ever ° *t* 1 acabar. 2 — *un blessé*, rematar a un herido. **-èvement** *m* acabamiento, término.

acid/e *a/m* ácido, a. **-ité** *f* acidez.

acier *m* acero.

acné *f* acné.

acompte [akɔ̃t] *m* anticipo.

Açores *n p f pl* Azores.

à-coup [aku] *m* sacudida *f*.

acoustique *a/f* acústico, a.

acquér/ir ° *t* adquirir. **-eur, euse** *s* adquiridor, a.

acquiescer [akjese] *i* — *à*, consentir en.

acquis, e *a* adquirido, a. □ *m* experiencia *f*.

acquisition *f* adquisición.

acquit *m* 1 recibo. l *pour* —, recibí. 2 *par* — *de conscience*, para mayor tranquilidad.

acquitt/er *t* 1 (une dette) pagar. 2 — *un accusé*, absolver a un reo. □ *s'— d'une dette, d'une mission*, pagar una deuda, cumplir una misión. **-ement** *m* 1 pago. 2 absolución *f*.

âcre *a* acre.

acrobat/e *s* acróbata. **-ie** [akʀɔbasi] *f* acrobacia.

acrylique *a/m* acrílico, a.

acte *m* 1 acto. 2 (notarié) acta *f*, escritura *f*. 3 — *de naissance, de décès*, partida *f* de nacimiento, de defunción. 4 (théâtre) acto.

acteur, trice *s* actor, triz.

actif, ive *a* activo, a. □ *m* activo.

action *f* 1 acción. 2 *société par actions*, sociedad por acciones. **-naire** *s* accionista. **-ner** *t* accionar, mover.

activ/er *t* activar. **-ité** *f* actividad.

actrice ⇒ **acteur**.

actu/el, elle *a* actual. **-alité** *f* actualidad. □ *pl* (film) *les actualités*, el noticiario *m sing*, el no-do *m sing*.

acuité *f* agudeza.

adapt/er *t* adaptar. **-ation** *f* adaptación.

addition *f* 1 adición, suma. 2 (au restaurant) cuenta. **-ner** *t* 1 adicionar. 2 (arithmétique) sumar.

adepte *s* adepto, a.

adhér/er ° *i* afiliarse : *j'adhère à ce club*, me he afiliado a este club. **-ent, e** *a/s* adherente.

adhésif, ive *a/m* adhesivo, a.

adhésion *f* adhesión.

adieu *m* adiós : *les adieux*, los adioses ; *adieu !*, ¡ adiós ! l *faire ses adieux à*, despedirse de.

adipeux, euse *a* adiposo, a.

adjacent, e *a* adyacente.

adjectif, ive *a/m* adjetivo, a.

adjoindre ° *t* agregar, añadir.

adjoint, e *a/s* 1 adjunto, a. 2 — *au maire*, teniente de alcalde.

adjudant *m* ayudante.

adjudication *f* adjudicación.

adjuger ° *t* adjudicar.

admettre ° *t* 1 admitir. 2 *il a été admis à l'hôpital*, fue ingresado en el hospital.

administr/er *t* administrar. **-ateur** *m* administrador. **-atif, ive** *a* administrativo, a. **-ation** *f* administración.

admir/er *t* admirar. **-able** *a* admirable. **-ateur, trice** *a/s* admirador, a. **-ation** *f* admiración.

admissible *a* admisible.

admission *f* admisión.

adolesc/ent, e *a/s* adolescente. **-ence** *f* adolesciencia.

adonner (s') *pr* entregarse.

adopt/er *t* adoptar. **-if, ive** *a* adoptivo, a. **-ion** *f* adopción. l *patrie d'—*, patria adoptiva.

ador/er *t* 1 adorar. 2 *j'adore lire*, me encanta leer ; *j'adore les bandes dessinées*, me encantan los comics. **-able** *a* adorable, encantador, a. **-ation** *f* adoración.

adosser (s') *pr* — *au mur*, respaldarse contra, adosarse a la pared.

adouc/ir *t* suavizar. □ *s'—*, templarse : *le temps s'est adouci*, el tiempo se ha templado. **-issement** *m* **1** (temps) mejora *f*. **2** (douleur) alivio.

adresse *f* **1** destreza, habilidad. **2** dirección, señas *pl* : *écrire l'— sur l'enveloppe*, escribir la dirección, las señas en el sobre.

adresser *t* dirigir. □ *s'— à*, dirigirse a : *je m'adresse à vous*, me dirijo a usted.

Adriatique *n p f* Adriático *m*.

adroit, e *a* diestro, a.

aduler *t* adular.

adulte *a/s* adulto, a.

adultère *m* adulterio. □ *a* adúltero, a.

advenir ° *i* acaecer, advenir. I *advienne que pourra*, pase lo que pase.

adverbe *m* adverbio.

adversaire *s* adversario, a.

advers/e *a* adverso, a, contrario, a. **-ité** *f* adversidad.

aér/er ° *t* airear, ventilar. **-ation** *f* ventilación.

aérien, enne *a* aéreo, a.

aérodrome *m* aeródromo.

aérodynamique *a* aerodinámico, a.

aérogare *f* terminal.

aéroglisseur *m* hovercraft.

aéronaut/e *s* aeronauta. **-ique** *a/f* aeronáutico, a.

aérophagie *f* aerofagia.

aéroport *m* aeropuerto.

aéroporté, ée *a* aerotransportado, a.

aérosol *m* aerosol.

affable *a* afable.

affaibl/ir *t* debilitar. **-issement** *m* debilitación *f*.

affaire *f* **1** asunto *m* : *une — urgente*, un asunto urgente. I *la belle — !*, ¡vaya ! ; *faire l'—*, conve-

nir. **2** cuestión : *c'est l'— d'une journée*, es cuestión de un día. **3** negocio *m* : *une mauvaise —*, un mal negocio. I *une bonne —*, un buen negocio, una ganga. **4** (procès) pleito *m*. **5** (scandale) affaire *m*. □ *pl* **1** asuntos *m* : *affaires étrangères*, asuntos exteriores. **2** negocios *m* : *homme d'affaires*, hombre de negocios. **3** cosas : *range tes affaires !*, ¡guarda tus cosas !

affair/er (s') *pr* afanarse. **-é, ée** *a* atareado, a.

affaiss/er (s') *pr* **1** (terrain) hundirse. **2** (personne) desplomarse. **-ement** *m* hundimiento.

affaler (s') *pr* desplomarse.

affamé, e *a* hambriento, a.

affectation *f* **1** (poste) destino *m*. **2** (manque de naturel) afectación.

affecter *t* **1** (simuler) fingir. **2** — *à un poste*, destinar, asignar a un cargo. **3** afectar, afligir : *affecté par la mort de ...*, afligido por la muerte de...

affect/ion *f* afecto *m*, cariño *m* : *il a de l'— pour elle*, le tiene cariño a ella. **-ueux, euse** *a* afectuoso, a, cariñoso, a.

affermir *t* afirmar, fortalecer.

affich/e *f* cartel *m*, anuncio *m* : *poser une —*, fijar un cartel. **-er** *t* fijar. I *défense d'—*, prohibido fijar carteles. **-age** *m* fijación *f* de carteles.

affilée (d') *adv* seguido, a : *six jours d'—*, seis días seguidos.

affiler *t* afilar.

affilier (s') *pr* — *à*, afiliarse a.

affinité *f* afinidad.

affirm/er *t* afirmar. **-atif, ive** *a* afirmativo, a. □ *f dans l'affirmative*, en caso afirmativo ; *répondre par l'affirmative*, contestar de modo afirmativo. **-ation** *f* afirmación.

affleurer *i* aflorar.

affliger ° *t* afligir.

affluence *f* afluencia : *métro aux*

heures d'—, metro en las horas de afluencia.

affluent *m* afluente.

affl/uer *i* afluir. **-ux** *m* afluencia *f*.

affol/er *t* enloquecer. **-ant, e** *a* enloquecedor, a. **-ement** *m* enloquecimiento.

affranch/ir *t* 1 (esclaves) manumitir. 2 *— une lettre*, franquear una carta. **-issement** *m* 1 manumición *f*, liberación *f*. 2 (lettre) franqueo.

affr/éter ° *t* fletar. **-ètement** *m* fletamiento.

affreux, euse *a* horroroso, a.

affront *m* afrenta *f*.

affronter *t* afrontar, arrostrar.

affût *m* 1 *être à l'—*, estar al acecho. 2 (de canon) cureña *f*.

affût/er *t* afilar. **-age** *m* afilado.

Afghanistan *n p m* Afganistán.

afin *loc* 1 *— de*, a fin de. 2 *— que*, a fin de que.

africain, e *a/s* africano, a.

Afrique *n p f* África : *l'— du Nord*, África del Norte.

afro-asiatique *a* afro-asiático, a.

agaçant, e *a* molesto, a, irritante.

agac/er ° *t* molestar, irritar. **-ement** *m* irritación *f*.

agate *f* ágata.

âge *m* edad *f*: *enfant d'— scolaire*, niño en edad escolar ; *en bas —*, de poca edad ; *le troisième —*, la tercera edad ; *Le Moyen —*, la Edad Media. I *prendre de l'—*, envejecer.

âgé, e *a* 1 *un homme —*, un hombre de edad ; *— de 70 ans*, de 70 años de edad ; *il est très —*, es muy mayor. 2 *les personnes âgées*, los ancianos.

agence *f* agencia.

agencer *t* arreglar, disponer.

agenda [aʒɛ̃da] *m* agenda *f*.

agenouiller (s') *pr* arrodillarse.

agent *m* 1 agente. I *— de change*, agente de Bolsa. 2 (de police) policía, guardia.

agglomération *f* 1 aglomeración. 2 (ville) población, pueblo *m*.

aggloméré *m* aglomerado.

agglutiner *t* aglutinar.

aggrav/er *t* agravar. **-ation** *f* agravación.

agil/e *a* ágil. **-ité** *f* agilidad.

ag/ir *i* obrar, actuar : *tu as bien agi*, obraste bien. □ *pr* 1 tratarse : *de quoi s'agit-il ?*, ¿ de qué se trata ? 2 *il s'agit maintenant de se dépêcher*, ahora hay que darse prisa. **-issements** *m pl* maniobras *f*.

agit/er *t* 1 agitar. 2 (une question) remover. **-ateur, trice** *s* agitador, a. **-ation** *f* agitación.

agneau *m* cordero.

Agnès [aɲɛs] *n p f* Inés.

agon/ie *f* agonía. I *être à l'—*, agonizar. **-isant, e** *a/s* agonizante. **-iser** *i* agonizar.

agraf/e *f* 1 (de vêtements) corchete *m*. 2 (pour papiers, fermer une plaie) grapa. **-er** *t* 1 (vêtements) abrochar. 2 unir con grapas. **-euse** *f* grapadora, engrapadora.

agrand/ir *t* 1 ampliar. 2 (élargir) ensanchar. **-issement** *m* ampliación *f* : *— photographique*, ampliación fotográfica.

agréable *a* agradable.

agréer *t* *veuillez — mes salutations empressées*, reciba mis atentos saludos.

agrégé, e *s* catedrático, a, de instituto.

agrément *m* 1 (charme) encanto, atractivo. 2 *d'—*, de recreo. **-er** *t* adornar.

agrès *m pl* 1 MAR aparejos. 2 aparatos de gimnasia.

agress/ion *f* agresión. **-eur** *m* agresor. **-if, ive** *a* agresivo, a.

agricole *a* agrícola.

agricult/ure *f* agricultura. **-eur** *m* agricultor.

agripper *t* agarrar. □ *s'— à*, agarrarse a.

agronom/ie *f* agronomia. **-e** *m* agrónomo.

agrumes *m pl* agrios.

aguerri, e *a* avezado, a.

aguets (aux) |ozagɛ| *loc* al acecho.

aguicher *t* provocar.

ahur/ir *t* atontar. **-i, ie** *a/s* alelado, a : *d'un air —*, con aire alelado. **-issement** *m* estupefacción *f*.

ai ⇒ **avoir.**

aid/e *f* ayuda : *à l'— de*, con ayuda de. | *à l'—!*, ¡socorro!; *venir en — à*, ayudar a. □ *s* ayudante. **-er** *t* ayudar. □ *s'— de*, valerse de : *il s'aide d'une canne pour marcher*, se vale de un bastón para andar.

aïe ! |aj| *interj* ¡ay !

aïeul, e |ajœl| *s* abuelo, a. □ *pl* 1 *aïeuls*, abuelos. 2 *aïeux*, antepasados.

aigle *m* águila *f*.

aiglefin *m* bacalao.

aigr/e *a* agrio, a. | *aigre-doux*, agridulce. **-elet, ette** *a* agrete. **-eur** *f* agrura, acritud. □ *pl aigreurs d'estomac*, acedia *sing*. **-ir** *t* agriar.

aigu, uë |egy| *a* agudo, a.

aiguillage |egyijaʒ| *m* cambio de agujas.

aiguille |egyij| *f* aguja : *— à tricoter*, aguja de hacer punto. | *grande —*, minutero *m*; *petite —*, horario *m*.

aiguilleur |egyijœR| *m* guardagujas.

aiguillon |egyijɔ̃| *m* aguijón. **-ner** *t* aguijonear.

aiguiser |eg(ɥ)iʒe| *t* (*couteau*) afilar, amolar.

ail |aj| *m* ajo.

ail/e *f* 1 ala. 2 (*d'un moulin*) aspa. 3 (*d'une voiture*) aleta. **-é, ée** *a* alado, a. **-eron** *m* 1 alón. 2 (*d'un avion*) alerón. **-ier** *m* (*sport*) extremo.

aille ⇒ **aller.**

ailleurs |ajœR| *adv* 1 en otra parte. 2 *d'—*, por otra parte.

aimable *a* amable.

aimant *t* imán.

aimer *t* 1 (*amour, affection*) querer : *elle aime son mari*, quiere a su marido ; (*style soutenu*) amar : *— son prochain*, amar al prójimo ; *aimez-vous les uns les autres*, amaos los unos a los otros. 2 (*plaisir*) gustar : *j'aime le football*, me gusta el fútbol ; *j'aime les bonbons*, me gustan los caramelos ; *ma mère aime coudre*, a mi madre le gusta coser ; *je n'ai pas aimé le film*, no me gustó la película. | *— mieux*, preferir. □ *pr ils s'aiment beaucoup*, se quieren mucho.

aine *f* ingle.

aîn/é, e *s* primogénito, a. □ *a* mayor : *sœur ainée*, hermana mayor. **-esse** *f* primogenitura.

ainsi *adv/conj* así : *c'est — que j'agirais*, así es como actuaría yo ; *— que*, así como ; *et — de suite*, y así sucesivamente ; *pour — dire*, por decirlo así.

air *m* 1 aire : *au grand —*, en plein —, al aire libre ; *changer d'—*, mudar de aires. | *regarder en l'—*, mirar hacia arriba. 2 aire : *d'un — décidé*, con aire decidido ; *il a l'— d'un Anglais*, tiene aire de inglés. 3 aspecto : *un drôle d'—*, un aspecto extraño. | *il a l'— de s'ennuyer*, parece que se aburre. 4 (*visage*) cara *f*, pinta *f*. | *prendre un — affolé, dégoûté*, poner cara de susto, de asco. 5 (*d'une chanson*) aire.

airain *m* bronce.

aire *f* área.

aisance *f* 1 (*facilité*) soltura. 2 holgura, desahogo *m* : *vivre dans l'—*, vivir con holgura.

aise *f* être à son —, estar a gusto ; *mettez-vous à l'—*, póngase cómodo, a ; *mal à l'—*, incómodo, a.

aisé, e *a* 1 fácil. 2 (*fortuné*)

acomodado, a.

aisselle f sobaco m, axila.

ajonc m aulaga f.

ait ⇒ **avoir.**

ajourn/er t aplazar. **-ement** m aplazamiento.

ajouter t añadir.

ajust/er t 1 ajustar. 2 (viser) apuntar a. □ s'—, ajustarse. I *robe ajustée*, vestido ceñido, ajustado. **-age** m ajuste. **-eur** m ajustador.

alambic [alãbik] m alambique.

alarm/e f alarma. **-ant, e** a alarmante. **-er** t alarmar.

Albanie n p f Albania.

albatros m albatros.

albâtre m alabastro.

album [albɔm] m álbum.

albumine f albúmina.

alcal/i m álcali. **-in, e** a alcalino, a.

alcool [alkɔl] m alcohol : — *à 90 degrés*, alcohol de 90 grados. **-ique** a/s alcohólico, a. **-isme** m alcoholismo.

alcôve f alcoba.

aléa m azar, suerte f. **-toire** a aleatorio, a.

alène f lezna.

alentour adv alrededor. □ pl *les alentours de la ville*, los alrededores de la ciudad.

alert/e a (vif) vivo, a, despierto, a. □ f alarma, alerta : *donner l'—*, dar la alarma. **-er** t alertar.

aléser ° t escariar.

Alexandre n p m Alejandro.

alfa m esparto.

algèbre f álgebra.

Alger n p Argel.

Algérie n p f Argelia.

algérien, enne a/s argelino, a.

algue f alga.

alién/er ° t alienar. **-é, ée** a/s alienado, a. **-ation** f alienación.

align/er t alinear. **-ement** m alineación f.

aliment m alimento. **-aire** a alimenticio, a. **-ation** f alimentación. **-er** t alimentar.

aliter (s') pr meterse en cama.

allait/er t amamantar, criar. **-ement** m amamantamiento, lactancia f.

allant m empuje, brío.

alléch/er ° t atraer, seducir. **-ant, e** a 1 apetitoso, a. 2 FIG atractivo, a.

allée f 1 (d'arbres) alameda. 2 (dans un jardin) calle. 3 *allées et venues*, trámites m.

all/éger ° t aliviar, aligerar. **-ègement** m alivio.

allégor/ie f alegoria. **-ique** a alegórico, a.

all/ègre a alegre, ágil. **-ègrement** adv animosamente. **-égresse** f alegría, júbilo m.

alléguer ° t alegar.

Allemagne n p f Alemania.

allemand, e a/s alemán, ana.

¹aller ° i 1 ir : *je vais à la gare*, voy a la estación ; *nous irons en Suisse en voiture*, iremos a Suiza en coche ; *j'y suis allé à pied*, fui allí andando ; *j'y vais !*, ¡ voy ! ; *allons-y !*, ¡vamos! 2 (+ infinitif) ir a : *je vais sortir*, voy a salir ; *tu vas voir*, vas a ver. 3 estar : *comment allez-vous ?*, *comment ça va ?*, ¿ cómo está usted ? ; *ça va mieux*, estoy mejor. 4 sentar : *ce chemisier te va bien*, esta blusa te sienta bien. 5 convenir : *ça me va*, me conviene. I *ça va !*, ¡ de acuerdo !, ¡ vale ! 6 *allons donc !*, ¡vaya! □ *s'en —*, irse, marcharse : *je m'en vais*, me voy ; *va-t'en !*, ¡ vete !

²aller m ida f : — *et retour*, ida y vuelta ; *un billet —*, *un —*, un billete de ida.

allerg/ie f alergia. **-ique** a alérgico, a.

alliage m aleación f.

alli/er t unir. □ s'—, aliarse. **-ance** f 1 alianza. 2 *cousin par —*, primo político. 3 (anneau)

anillo *m* de boda, alianza. **-é, ée**
s aliado, a.

alligator *m* aligator.

allô ! *interj* (appel) ¡oiga!;
(réponse) ¡diga!

allocation *f* subsidio *m* :
allocations familiales, subsidios
familiares.

allocution *f* alocución.

allonger ° *t* alargar. □ *i*
alargarse : *les jours allongent*, los
días se alargan. □ *s'—*, echarse : *il
s'allongea sur le lit*, se echó en la
cama ; *allonge-toi*, échate.

allouer *t* conceder, asignar.

allum/er *t* encender : *allume
l'électricité !*, ¡enciende la luz!
-age *m* encendido. **-ette** *f*
fósforo *m*, cerilla.

allure *f* **1** velocidad, marcha. | *à
toute —*, a toda mecha. **2** paso *m*.
3 garbo *m*, facha, porte *m* : *une —
majestueuse*, un porte majestuoso ;
elle a de l'— !, ¡tiene garbo!, ¡tiene
buena facha! **4** aspecto *m*.

allusion *f* alusión/*Faire — à*,
aludir a .

alluvion *f* aluvión *m*.

almanach [almana] *m* almanaque.

aloès [alɔɛs] *m* áloe.

alors *adv* **1** entonces. **2** *—, on fume
en cachette ?*, conque, ¿fumando a
escondidas ? **3** *et — ?*, ¿ y qué ? **4** *—
que*, mientras que.

alouette *f* alondra.

alourdir *t* hacer más pesado, a,
cargar.

aloyau [alwajo] *m* lomo de vaca,
solomillo.

alpaga *m* alpaca *f*.

Alpes *n p f les —*, los Alpes *m*.

alphab/et *m* alfabeto. **-étique** *a*
alfabético, a : *par ordre —*, por
orden alfabético.

alpin/isme *m* alpinismo, monta-
ñismo. **-iste** *s* alpinista.

altération *f* alteración.

altercation *f* altercado *m*.

altérer ° *t* **1** alterar. **2** dar sed :

cette course m'a altéré, esta carrera me ha dado sed.

altern/er *i* alternar. **-ance** *f*
alternación, alternancia. **-atif, ive**
a/f alternativo, a.

altesse *f* alteza.

altier, ère *a* altanero, a.

altitude *f* altitud.

altru/isme *m* altruismo. **-iste** *a/s*
altruista.

aluminium [alyminjɔm] *m*
aluminio.

alunir *i* alunizar.

alvéole *m* alvéolo.

amabilité *f* amabilidad.

amadou *m* yesca *f*. **-er** *t*
engatusar.

amaigr/i, e *a* adelgazado, a,
enflaquecido, a. **-issant, e** *a*
régime —, régimen adelgazante.

amalgame *m* amalgama *f*.

amand/e *f* almendra. **-ier** *m*
almendro.

amant *m* amante, querido.

amarr/er *t* amarrar. **-age** *m*
amarradura *f*. **-e** *f* amarra.

amas *m* montón. **-ser** *t* **1**
amontonar. **2** (argent) atesorar.

amateur *a/m* aficionado, a : *— de
musique pop*, aficionado a la música pop ; *photographe —*, fotógrafo aficionado.

Amazone *n p m* Amazonas.

amazone *f* amazona.

ambages *f pl sans —*, sin
ambages.

ambassad/e *f* embajada. **-eur,
drice** *s* embajador, a.

ambiance *f* ambiente *m*.

ambigu, uë *a* ambiguo, a.

ambiti/eux, euse [ãbisjø, øʒ] *a/s*
ambicioso, a. **-on** *f* ambición.

ambre *m* ámbar.

ambulance *f* ambulancia.

ambulant, e *a* ambulante :
marchand —, vendedor ambulante.

âme *f* alma : *rendre l'—*, entregar el
alma.

amélior/er *t* mejorar. **-ation** *f* 1 mejora, mejoramiento *m*. 2 (santé) mejoría.

amen [amɛn] *adv* amén.

aménag/er ° *t* 1 arreglar, disponer. 2 instalar. **-ement** *m* 1 arreglo, disposición *f*. 2 instalación *f*.

amende *f* 1 multa. 2 *faire — honorable*, excusarse.

amend/er *t* 1 enmendar. 2 (un terrain) abonar. **-ement** *m* 1 enmienda *f*. 2 abono.

amener ° *t* 1 traer : *amenez votre frère*, traiga a su hermano. 2 inducir : *ils l'ont amené à changer d'avis*, le indujeron a cambiar de parecer. 3 ocasionar.

amenuiser (s') *pr* disminuir.

amer, ère [amɛr] *a* amargo, a.

améric/ain, e *a/s* americano, a. **-anisme** *m* americanismo.

Amérique *n p f* América : *l'— du Nord, du Sud*, América del Norte, del Sur.

amerr/ir *i* amarar. **-issage** *m* amaraje.

amertume *f* amargura.

améthyste *f* amatista.

ameublement *m* moblaje, mobiliario. l *rayon d'—*, sección *f* de muebles ; *tissu d'—*, tapicería *f*.

ami, e *a/s* 1 amigo, a : *— d'enfance*, amigo de la infancia. 2 *bonne, petite amie*, amiga, querida.

amiable *a arrangement à l'—*, arreglo amistoso.

amiante *m* amianto.

amibe *f* ameba.

amical, e *a* amistoso, a.

amicale *f* sociedad, asociación, peña.

amidon *m* almidón. **-ner** *t* almidonar.

amincir *t* adelgazar.

amir/al *m* almirante. **-auté** *f* almirantazgo *m*.

amitié *f* amistad. □ pl *mes amitiés à...*, recuerdos *m* a...

ammoniaque *f* amoniaco *m*.

amnésie *f* amnesia.

amnistie *f* amnistía.

amoindrir *t* aminorar.

amollir *t* ablandar.

amoncel/er ° *t* amontonar. **-lement** *m* amontonamiento.

amont *m en —*, río arriba.

amorc/er *t* 1 (hameçon, pompe) cebar. 2 (commencer) iniciar. **-e** *f* 1 cebo *m*. 2 (début) principio *m*.

amorphe *a* amorfo, a.

amort/ir *t* 1 amortiguar. 2 (dette, dépense) amortizar. **-issement** *m* amortización *f*. **-isseur** *m* amortiguador.

amour *m* amor : *l'— du prochain, de la musique*, el amor al prójimo, a la música. **-eux, euse** *a/s* enamorado, a.

amour-propre *m* amor propio.

amovible *a* amovible.

ampère *m* amperio.

amphibie *a* anfibio, a.

amphithéâtre *m* 1 anfiteatro. 2 (université) aula *f*.

amphore *f* ánfora.

ampl/e *a* amplio, a. **-eur** *f* 1 amplitud. 2 (d'un vêtement) vuelo *m*.

amplifi/er *t* amplificar. **-cateur** *m* amplificador.

ampoule *f* 1 (électrique) bombilla. 2 (pour médicament, sous la peau) ampolla.

amputer *t* amputar.

amusant, e *a* divertido, a.

amuse-gueule [amyzgœl] *m* tapa *f*.

amus/er *t* divertir. □ *pr* 1 *nous nous sommes bien amusés*, nos hemos divertido mucho ; *amusez-vous bien!*, ¡que se divierta! 2 entretenerse : *elle s'amuse à sauter*, se entretiene saltando. **-ement** *m* diversión *f*, entretenimiento.

amygdale *f* amígdala.

an *m* año : *il y a six ans*, hace seis años ; *nouvel —*, año nuevo ; *le*

jour de l'—, el dia de Año Nuevo.
anachronisme |anakʀɔnism] *m* anacronismo.

anagramme *f* anagrama *m*.

analo/gie *f* analogía. **-gique** *a* analógico, a. **-gue** *a* análogo, a.

analpha/bète *a/s* analfabeto, a. **-bétisme** *m* analfabetismo.

analy/se *f* análisis. **-ser** *t* analizar. **-tique** *a* analítico, a.

ananas |anana] *m* piña *f*.

anarch/ie *f* anarquía. **-iste** *a/s* anarquista.

anathème *m* anatema.

anatom/ie *f* anatomía. **-ique** *a* anatómico, a.

ancestral, e *a* ancestral.

ancêtres *m pl* antepasados.

anchois *m* anchoa *f*.

ancien, enne *a* 1 antiguo, a. 2 — *président,* ex presidente. □ *s* antiguo, a. **-neté** *f* antigüedad.

ancr/e *f* ancla. **-er** *t* 1 anclar. 2 FIG arraigar.

andalou, se *a/s* andaluz, a.

Andalousie *n p f* Andalucía.

Andes n p f pl *les —,* los Andes *m*.

andin, e *a* andino, a.

Andorre *n p f* Andorra.

andouille *f* 1 embutido *m*. 2 FAM bobo *m*.

André *n p m* Andrés.

âne *m* 1 burro, asno. 2 *en dos d'—,* formando lomo. 3 FAM burro.

anéant/ir *t* 1 aniquilar. 2 FIG anonadar. **-issement** *m* aniquilación *f*, anonadamiento.

anecdote *f* anécdota.

aném/ie *f* anemia. **-ique** *a* anémico, a.

anémone *f* anémona.

ânerie *f* burrada, estupidez.

ânesse *f* burra.

anesthés/ie *f* anestesia. **-ier** *t* anestesiar. **-ique** *a/m* anestésico, a. **-iste** *s* anestesista.

anfractuosité *f* anfractuosidad.

ang/e *m* ángel. I *être aux anges,* estar en la gloria. **-élique** *a* angélico, a. I *sourire —,* sonrisa angelical **-élus** |ɑ̃ʒelys] *m* angelus.

angine *f* angina.

anglais, e *a/s* inglés, esa. I *filer à l'anglaise,* despedirse a la francesa.

angle *m* 1 ángulo. 2 (d'une rue) esquina *f*: *à l'— de la rue Bonaparte,* esquina a Bonaparte; *juste à l'—,* en la misma esquina ; *faire l'—,* hacer esquina.

Angleterre *n p f* Inglaterra.

anglo-saxon, onne *a/s* anglosajón, ona.

angoiss/e *f* angustia, congoja. **-ant, e** *a* angustioso, a. **-er** *t* angustiar.

anguille *f* anguila.

anguleux, euse *a* anguloso, a.

anicroche *f* dificultad.

aniline *f* anilina.

animal, e *a/s* animal : *animaux sauvages,* animales salvajes.

anim/er *t* animar. **-ateur, trice** *s* animador, a. **-ation** *f* animación.

animosité *f* animosidad.

anis |ani(s)] *m* anís. **-ette** *f* anís *m*, anisete *m*.

ankyloser (s') *pr* anquilosarse.

annales *f pl* anales *m*.

Anne *n p f* Ana.

anneau *m* 1 anillo. 2 (de rideaux) anilla *f*.

année *f* año *m* : *bonne — !,* ¡feliz Año Nuevo ! I *l'— scolaire,* el curso, el año escolar.

annex/e |anɛks] *f* anexo *m* : *coucher à l'— de l'hôtel,* dormir en el anexo del hotel. **-er** *t* anexar. **-ion** *f* anexión.

annihiler *t* aniquilar.

anniversaire *m* 1 cumpleaños : *c'est aujourd'hui mon —,* hoy es mi cumpleaños. 2 (d'un événement) aniversario.

annonc/er ° *t* anunciar. **-e** *f*

anuncio *m* : *petites annonces,* anuncios por palabras. **-eur** *m* anunciante. **-iation** *f* anunciación.

annot/er *t* anotar. **-ation** *f* anotación.

annuaire *m* 1 anuario. 2 — *des téléphones,* guía *f* telefónica.

annuel, le *a* anual.

annulaire *m* anular.

annul/er *t* anular, cancelar. **-ation** *f* anulación.

anoblir *t* ennoblecer.

anodin, e *a* anodino, a.

anomalie *f* anomalía.

ânonner *i* leer, hablar con torpeza.

anonyme *a/s* anónimo, a.

anorak *m* anorak.

anormal, e *a/s* anormal.

anse *f* 1 asa : *l'— d'un panier,* el asa de una cesta. 2 (baie) ensenada.

antagon/isme *m* antagonismo. **-iste** *a/s* antagonista.

antarctique *a* antártico, a.

antécédent *m* antecedente.

antenne *f* antena.

antérieur, e *a* anterior.

anthologie *f* antología.

anthracite *m* antracita *f.*

anthrax *m* ántrax.

anthropologie *f* antropología.

anthropophage *a/s* antropófago, a.

antibiotique *a/m* antibiótico, a.

antibrouillard *a* antiniebla.

antichambre *f* antesala, antecámara.

anticip/er *t* anticipar. **-ation** *f* anticipación. I *roman d'—,* novela de ciencia ficción.

anticonceptionnel, elle *a* anticonceptivo, a.

antidater *t* antedatar.

antidérapant, e *a/m* antideslizante.

antidote *m* antidoto.

antigel *m* anticongelante.

Antilles *n p f pl* Antillas.

antilope *f* antílope *m.*

antiparasite *a/m* antiparásito, a.

antipath/ie *f* antipatía. **-ique** *a* antipático, a.

antipode *m* antípoda.

antiqu/e *a* antiguo, a. **-aire** *s* anticuario. **-ité** *f* antigüedad : *magasin d'antiquités,* tienda de antigüedades.

antiseptique *a/m* antiséptico, a.

antithèse *f* antítesis.

antituberculeux, euse *a* antituberculoso, a.

antivol *m* antirrobo.

Antoine *n p m* Antonio.

antre *m* antro.

anus |anys| *m* ano.

Anvers |ãvɛʀ| *n p* Amberes.

anxi/eux, euse *a* ansioso, a. **-été** *f* ansiedad.

aorte *f* aorta.

août |u| *m* agosto : *le 15 —,* el 15 de agosto.

apais/er *t* apaciguar, sosegar. **-ement** *m* sosiego.

aparté *m* aparte.

apath/ie *f* apatía. **-ique** *a* apático, a.

Apennins *n p m pl* Apeninos.

apercevoir ° *t* percibir, distinguir. □ *s'—,* darse cuenta : *il s'est aperçu qu'il n'avait pas sa clef,* se dió cuenta de que no tenía la llave ; *je ne m'en suis pas aperçu,* no me di cuenta de ello.

aperçu *m* idea *f.*

apéritif *m* aperitivo.

à-peu-près *m* aproximación *f.*

aphone *a* afónico, a.

aphte |aft| *m* afta *f.*

apicult/ure *f* apicultura. **-eur** *m* apicultor.

apitoyer (s') ° |apitwaje| *pr —
sur,* apiadarse de.

aplanir *t* allanar.

aplatir *t* aplastar, achatar. □ *s'—,* (s'humilier) rebajarse.

aplomb |apl3| *m* 1 verticalidad *f*, aplomo. *à d'−*, a plomo, de pie ; FIG *se sentir d'−*, encontrarse bien. 2 (assurance) aplomo. 3 (audace) descaro.

apocalypse *f* apocalipsis *m*.

apogée *m* apogeo.

apolitique *a* apolítico, a.

Apollon *n p m* Apolo.

apologie *f* apología.

apople/xie *f* apoplejía. **-ctique** *a/s* apoplético, a.

apostol/at *m* apostolado. **-ique** *a* apostólico, a.

apostrophe *f* 1 (interpellation) apóstrofe *m*. 2 (orthographe) apóstrofo *m*.

apothéose *f* apoteosis.

apôtre *m* apóstol.

apparaître ° *i* 1 aparecer. 2 *il apparaît que...*, resulta que...

apparat *m* aparato.

appareil |apaʀɛj| *m* 1 aparato. 2 *− photographique*, cámara *f* fotográfica. 3 *qui est à l'−?*, ¿quién está al aparato?, ¿con quién hablo?

appareill/age *m* 1 MAR salida *f*. 2 (ensemble d'appareils) equipo. **-er** *i* MAR hacerse a la mar, zarpar.

appar/ent, e *a* aparente. **-emment** |apaʀamã| *adv* aparentemente. **-ence** *f* apariencia: *sauver les apparences*, guardar las apariencias ; *se fier aux apparences*, fiarse de las apariencias.

apparenté, e *a* emparentado, a.

appariteur *m* bedel.

apparition *f* aparición.

appartement *m* piso, apartamento : *− de cinq pièces*, piso de cinco habitaciones.

apparten/ir ° *i* pertenecer : *ce disque m'appartient*, este disco me pertenece. □ *impers* incumbir : *il vous appartient de prendre cette décision*, le incumbe tomar esta decisión. **-ance** *f* pertenencia.

appât *m* 1 cebo. 2 FIG incentivo. **-er** *t* 1 cebar. 2 FIG atraer.

appauvr/ir *t* empobrecer. **-issement** *m* empobrecimiento.

appeau *m* reclamo.

appel *m* 1 (téléphonique, etc.) llamada *f*. 2 llamamiento : *lancer un − au public*, dirigir un llamamiento al público. 3 *faire l'−*, pasar lista. 4 *faire − à*, recurrir a, acudir a, apelar a : *je fais − à votre bon sens*, recurro a su buen juicio.

appelé *m* MIL recluta.

appeler ° *t* 1 llamar. 2 *− le médecin*, avisar al médico. 3 *− au secours*, pedir socorro. 4 *− quelqu'un en justice*, citar a alguien. □ *pr comment t'appelles-tu ?*, ¿cómo te llamas ? ; *je m'appelle Vincent*, me llamo Vicente.

appellation *f* denominación : *− contrôlée*, denominación de origen.

appendic/e |apɛ̃dis| *m* apéndice. **-ite** *f* apendicitis.

appentis *m* cobertizo.

appesantir (s') *pr* 1 hacerse más pesado, a. 2 *− sur*, insistir en.

appét/it *m* apetito. I *bon − !*, ¡que aproveche ! **-issant, e** *a* apetitoso, a.

applaud/ir *i/t* aplaudir. **-issement** *m* aplauso.

application *f* aplicación.

applique *f* aplique *m*.

appliquer *t* aplicar. □ *s'−*, aplicarse.

appoint *m* 1 complemento. 2 *faire l'−*, dar el importe exacto.

appointements *m pl* sueldo *sing*.

apporter *t* 1 traer : *apportez-moi mon petit déjeuner*, tráigame mi desayuno. 2 (capitaux, preuves) aportar.

apposer *t* 1 (affiche) fijar. 2 (signature) poner.

apposition *f* (grammaire) aposición.

appréci/er *t* apreciar. **-able** *a* apreciable. **-ation** *f* apreciación.

appréhen/der *t* 1 (arrêter) aprehender, prender. 2 (craindre) temer. **-sion** *f* aprensión, temor *m*.

apprendre ° *t* **1** aprender : *il apprend le russe*, está aprendiendo el ruso. **2** enseñar : *il m'a appris à nager*, él me enseñó a nadar. **3** enterarse de : *j'ai appris qu'elle était malade*, me he enterado de que estaba enferma.

apprent/i, e *s* aprendiz, a. **-issage** *m* aprendizaje.

apprêté, e *a* afectado, a.

apprêter *t* preparar. □ *s'-*, disponerse : *nous nous apprêtons à partir*, nos disponemos para salir.

apprivoiser *t* domesticar, amansar.

approbat/ion *f* aprobación. **-eur, trice** *a* aprobador, a.

approchant, e *a* semejante.

approche *f* **1** proximidad. I *aux approches de l'hiver*, al aproximarse el invierno. **2** acceso *m*.

approcher *t* acercar, aproximar. □ *i* acercarse : *nous approchons de Bordeaux*, nos acercamos a Burdeos. □ *s'- de*, acercarse a : *il s'approcha de moi*, se acercó a mí.

approfondir *t* ahondar, profundizar : *- un sujet*, ahondar en un tema.

approprié, e *a* apropiado, a.

approprier (s') *pr* apropiarse.

approuver *t* aprobar : *j'approuve ton idée*, apruebo tu idea. I *lu et approuvé*, conforme.

approvisionn/er *t* abastecer, proveer. **-ement** *m — en pétrole*, abastecimiento, aprovisionamiento, suministro de petróleo.

approximat/if, ive *a* aproximativo, a. **-ivement** *adv* aproximativamente.

appui *m* apoyo.

appuyer ° |apɥije| *t* **1** apoyar. **2** *- sur un bouton*, oprimir, pulsar un botón. **3** *- sur l'accélérateur*, pisar el accelerador. □ *i appuyez à droite*, cíñase a la derecha. □ *s'- sur une canne*, apoyarse en un

bastón.

âpre *a* **1** áspero, a. **2** *- au gain*, ávido, a de ganancias.

après |apʀɛ| *prép* **1** después de : *il est parti — moi*, marchó después de mi ; *— diner*, después de cenar. **2** tras : *courir — quelqu'un*, correr tras alguien ; *— une hésitation*, tras una vacilación. **3** *— que*, después que, luego que. **4** *d'—*, según : *d'— moi, toi*, según yo, tú. □ *adv* después : *peu de temps —*, poco tiempo después.

après-demain |apʀɛdmɛ̃| *adv* pasado mañana.

après-guerre *m* postguerra *f*.

après-midi *m/f* tarde *f*: *dans l'—*, por la tarde.

après-ski *m pl* descansos.

après-vente f *service —*, servicio post-venta.

âpreté *f* aspereza.

à-propos *m* ocurrencia *f*.

apt/e *a* apto, a : *— à*, apto para. **-itude** *f* aptitud.

aquarelle |akwaʀɛl| *f* acuarela.

aquarium |akwaʀjɔm| *m* acuario.

aquatique |akwatik| *a* acuático, a.

aqueduc |akdyk| *m* acueducto.

aquilin a *nez —*, nariz aguileña.

arab/e *a/m* árabe. □ *a chiffres arabes*, cifras arábigas. **-esque** *f* arabesco *m*.

Arabie *n p f* Arabia.

arable *a* arable.

arachide *f* cacahuete *m*.

aragonais, e *a/s* aragonés, esa.

araignée *f* araña.

arbalète *f* ballesta.

arbitr/e *m* árbitro. I *libre —*, libre albedrío. **-age** *m* arbitraje. **-aire** *a* arbitrario, a. **-er** *t* arbitrar.

arborer *t* ostentar, lucir.

arbousier *m* madroño.

arb/re *m* árbol. **-risseau** *m* arbolillo, arbolito. **-uste** *m* arbusto.

arc |aʀk| *m* arco : *— de triomphe*, arco de triunfo ; *tirer à l'—*, tirar con arco.

arcade *f* 1 soportal *m*. 2 — *sourcillière,* ceja.

arc-boutant [aʀkbutɑ̃] *m* arbotante.

arc-bouter (s') [aʀkbute] *pr* apoyarse.

arceau *m* arco pequeño.

arc-en-ciel [aʀkɑ̃sjɛl] *m* arco iris.

archaïque [aʀkaik] *a* arcaico, a.

archange [aʀkɑ̃ʒ] *m* arcángel.

arche *f* 1 (de pont) arco *m*. 2 arca.

archéolo/gie [aʀkeɔlɔʒi] *f* arqueología. **-gue** *s* arqueólogo, a.

archer *m* arquero.

archet *m* arco.

archevêque *m* arzobispo.

archi *préfixe* archi, muy.

archiduc *m* archiduque.

archipel *m* archipiélago.

architect/e *s* arquitecto, a. **-ure** *f* arquitectura.

archiv/es *f pl* archivo *m sing.* **-iste** *s* archivero, a.

arctique *a* ártico, a.

ard/ent, e *a* ardiente. **-emment** [aʀdamɑ̃] *adv* ardientemente. **-eur** *f* ardor *m*.

ardoise *f* pizarra.

ardu, e *a* arduo, a.

are *m* área *f*.

arène *f* 1 arena. 2 TAUROM arena, ruedo *m* : *le taureau rentre dans l'—,* el toro sale al ruedo. □ *pl* TAUROM plaza *sing* de toros.

arête *f* 1 (de poisson) espina, raspa. 2 (d'un cube) arista.

argent *m* 1 plata *f* : *médaille en —,* medalla de plata. 2 dinero : *il gagne beaucoup d'—,* gana mucho dinero. **-erie** *f* vajilla, cubiertos *m pl* de plata.

argentin, e *a/s* argentino, a.

Argentine *n p f* Argentina.

argile *f* arcilla.

argot [aʀɡo] *m* argot, jerga *f*.

argument *m* argumento. **-er** *i* argumentar.

arid/e *a* árido, a. **-ité** *f* aridez.

aristocrat/ie [aʀistɔkʀasi] *f* aristocracia. **-e** *a/s* aristócrata. **-ique** *a* aristocrático, a.

arithmétique *f* aritmética.

arlequin *m* arlequín.

armateur *m* armador.

armature *f* armazón.

arme *f* arma : — *à feu,* arma de fuego. □ *pl prendre les armes,* tomar las armas ; *déposer les armes,* rendirse.

armée *f* ejército *m* : *l'— de l'air,* el ejército del aire.

arm/er *t* armar. **-ement** *m* armamento.

armistice *m* armisticio.

armoire *f* armario *m* : — *à glace,* armario de luna.

armoiries *f pl* armas.

armur/e *f* armadura. **-ier** *m* armero.

arnica *f* árnica.

aromat/e *m* aroma. **-ique** *a* aromático, a. **-iser** *t* aromatizar.

arôme *m* aroma.

arpège *m* arpegio.

arpent/er *t* (parcourir) recorrer a trancos. **-eur** *m* agrimensor.

arqué, e *a* arqueado, a.

arrache-pied (d') *loc adv* denodadamente.

arracher *t* 1 (arbre, etc.) arrancar. 2 (dent) sacar. I *se faire — une dent,* sacarse una muela. □ *s'— les cheveux,* mesarse los cabellos.

arrangeant, e *a* acomodaticio, a.

arrang/er ° *t* 1 arreglar. 2 *cela m'arrange,* esto me viene bien. □ *pr* 1 arreglarse. 2 *arrange-toi pour être à l'heure,* arréglatelas para estar a hora. **-ement** *m* arreglo.

arrérages *m pl* atrasos.

arrestation *f* detención.

arrêt [aʀɛ] *m* 1 parada *f* : *l'— de l'autobus,* la parada del autobús. I *sans —,* sin cesar. 2 — *de travail,* baja *f* : *donner un — de travail de 48 heures,* dar de baja por 48

horas. **3** (d'un tribunal) fallo. □ *pl*
MIL arresto *sing.*

arrêté *m* decreto, decisión *f.*

arrêter *t* **1** detener, parar. **2** (faire
prisonnier) detener : *le voleur a été
arrêté,* el ladrón ha sido detenido.
□ *pr* **1** detenerse, pararse, parar : *je
me suis arrêté au café,* me detuve
en el café ; *la pendule s'est arrêtée,*
el reloj se ha parado ; *le train s'ar-
rête à toutes les gares,* el tren para
en todas las estaciones. **2** *arrête-toi
de crier !,* ¡deja de gritar ! **3** *s'arrêter à des détails,* parar mientes en
detalles.

arrhes |AR| *f pl* señal *sing : laisser
des —* dejar una señal.

arrière *adv en —,* atrás ; *rester
en —,* quedarse atrás ; *faire un pas
en —,* dar un paso atrás ; *mouvement en —,* movimiento hacia
atrás. **1** *en — de,* detrás de. □ *m* **1**
l'— de la voiture, la parte de atrás
del coche. **2** (sport) *les arrières,* la
defensa. □ *a* trasero, a : *roues
arrières,* ruedas traseras.

arriéré, e *a* atrasado, a. □ *s*
retrasado, a mental. □ *m* (dette)
atrasos *pl.*

arrière-boutique *f* trastienda.

arrière-garde *f* retaguardia.

arrière-goût *m* resabio, gustillo.

arrière-grand-mère *f* bisabuela.

arrière-grand-père *m* bisabuelo.

arrière-grands-parents *m pl*
bisabuelos.

arrière-pensée *f* segunda intención.

arrière-petite-fille *f* biznieta.

arrière-petit-fils *m* biznieto.

arrière-petits-enfants *m pl*
biznietos.

arrière-plan *m* segundo término.

arrière-saison *f* fin *m* del otoño.

arrimer *t* amarrar.

arrivage *m* llegada *f.*

arriv/er *i* **1** llegar : *elle est arrivée
hier,* ha llegado ayer. **2** conseguir :
je n'arrive pas à fermer la porte, no
consigo cerrar la puerta. **3** suceder,
pasar, ocurrir : *cela ne m'est
jamais arrivé,* esto no me ha ocurrido nunca ; *quoi qu'il arrive,* pase
lo que pase. **-ée** *f* llegada. I *ligne
d'—,* meta.

arrog/ant, e *a* arrogante. **-ance**
f arrogancia.

arrondir *t* redondear.

arrondissement *m* distrito
municipal.

arros/er *t* regar. **-age** *m* riego.
-oir *m* regadera *f.*

arsenal *m* arsenal.

arsenic *m* arsénico.

art |AR| *m* arte : *œuvre d'—,* obra
de arte. □ *pl* artes *f : arts
décoratifs,* artes decorativas.

art/ère *f* arteria. **-ériel, elle** *a*
arterial.

arthrite *f* artritis.

artichaut *m* alcachofa *f.*

article *m* artículo.

articul/er *t* articular. **-ation** *f*
articulación.

artific/e *m* **1** artificio. **2** *feu d'—,*
fuegos *pl* artificiales. **-iel, elle** *a*
artificial.

artill/erie *f* artillería. **-eur** *m*
artillero.

artisan, e *s* artesano, a.

artist/e *s* artista. **-ique** *a*
artístico, a.

¹as |ɑs| *m* **1** as. **2** FAM *un — du
volant,* un as del volante.

²as |a| ⇒ **avoir.**

ascend/ant *m* ascendiente.
-ance *f* ascendencia.

ascenseur *m* ascensor.

ascension *f* ascensión.

asc/ète *s* asceta. **-étique** *a*
ascético, a. **-étisme** *m*
ascetismo.

aseptique *a* aséptico, a.

asiatique *a/s* asiático, a.

Asie *n p f* Asia.

asile *m* **1** asilo. **2** *— d'aliénés,*
manicomio.

aspect |aspɛ| *m* aspecto.

asperge *f* espárrago *m.*

asperger ° *t* rociar, asperjar.

aspérité *f* aspereza.

asphalte *m* asfalto.

asphyx/ie *f* asfixia. **-ier** *t* asfixiar.

aspir/er *t/i* aspirar. **-ation** *f* aspiración. **-ateur** *m* aspirador.

aspirine *f* aspirina.

assagir (s') *pr* formalizarse.

assaill/ir ° *t* asaltar, acometer. **-ant, e** *s* asaltante, agresor, a.

assain/ir *t* sanear. **-issement** *m* saneamiento.

assaisonn/er *t* condimentar, sazonar. **-ement** *m* condimento.

assassin *m* asesino. **-at** *m* asesinato. **-er** *t* asesinar.

assaut *m* asalto : *prendre d'—*, tomar por asalto.

ass/écher ° *t* desecar. **-èchement** *m* desecación *f*.

assemblage *m* **1** reunión *f*. **2** TECHN ensambladura *f*.

assemblée *f* asamblea.

assembler *t* **1** reunir. **2** TECHN ensamblar. □ *s'—*, juntarse, reunirse : *la foule s'assemble*, la muchedumbre se junta.

assentiment *m* asentimiento, asenso.

asseoir ° |aswaʀ| *t* sentar. □ *s'— sur*, sentarse en ; *asseyez-vous*, siéntese.

assermenté, e *a* juramentado, a.

asservir *t* sojuzgar, avasallar, esclavizar.

assez |ase| *adv* **1** bastante : *il fait — froid*, hace bastante frio. **2** *— de*, bastante, suficiente : *— de choses*, bastantes cosas ; *as-tu — d'argent ?*, ¿ tienes bastante dinero ? **3** *j'en ai — de toujours répéter la même chose*, estoy harto de repetir siempre lo mismo ; *j'en ai — !*, ¡ ya estoy harto !

assid/u, ue *a* asiduo, a. **-uité** *f* asiduidad. **-ûment** *adv* con asiduidad.

assiéger ° *t* sitiar, asediar.

assiette *f* **1** plato *m* : *— plate, à*

soupe, creuse, plato llano, sopero, hondo. **2** *— anglaise*, plato de fiambres. **3** *ne pas être dans son —*, no sentirse bien.

assign/er *t* **1** asignar. **2** (en justice) citar. **-ation** *f* citación.

assimiler *t* asimilar.

assis ⇒ **asseoir.**

assises *f pl* audiencia *sing* de lo criminal.

assistance *f* **1** asistencia. **2** *— publique*, beneficencia.

assistant, e *s* **1** (auditeur) asistente. **2** (aide) ayudante, auxiliar. **3** *assistante sociale*, asistenta social.

assister i *— à*, asistir a, presenciar. □ *t* asistir.

associ/er *t* asociar. □ pr *les deux architectes se sont associés*, los dos arquitectos se han asociado. **-é, ée** *s* socio, a, asociado, a.

assoiffé, e *a* sediento, a.

assombrir *t* **1** oscurecer. **2** FIG ensombrecer.

assomm/er *t* **1** matar. **2** FAM (ennuyer) fastidiar. **-ant, e** *a* FAM fastidioso, a, pesado, a.

assomption *f* asunción.

assort/ir *t* combinar. **-i, ie** *a* **1** *chemisier — à la jupe*, blusa haciendo juego con la falda. **2** *gâteaux secs assortis*, galletas surtidas. **-iment** *m* **1** combinación *f*, juego. **2** surtido : *un — de gâteaux*, un surtido de pasteles.

assoup/ir (s') *pr* adormecerse. **-issement** *m* modorra *f*, sopor.

assoupl/ir *t* dar flexibilidad a. **-issement** *m* flexibilidad *f* : *exercices d'—*, ejercicios de flexibilidad.

assourd/ir *t* **1** ensordecer. **2** (rendre moins sonore) amortiguar. **-issant, e** *a* ensordecedor, a.

assouvir *t* *— la faim*, saciar el hambre.

assujettir *t* sujetar.

assumer *t* asumir.

assurance *f* **1** (certitude)

seguridad. I *recevez l'— de mes sentiments distingués,* queda de usted seguro servidor. 2 firmeza, aplomo *m*, convicción : *répondre avec —*, contestar con convicción. 3 seguro *m* : *— contre les accidents*, seguro contra accidentes ; *assurance-vie*, seguro de vida.

assuré, e *a* 1 (sûr) seguro, a. 2 *d'un pas —*, con paso firme. ☐ s *l'—*, el asegurado. **-ment** *adv* ciertamente.

assur/er *t* asegurar. ☐ *s'— contre le vol*, asegurarse contra robo. **-eur** *m* asegurador.

astérisque *m* asterisco.

asthm/e |asm| *m* asma *f*. **-atique** *a/s* asmático, a.

asticot *m* gusano, larva *f*.

astiquer *t* dar brillo a.

astrakan *m* astracán.

astre *m* astro.

astreindre ° *t* obligar.

astrolo/gie *f* astrología. **-gue** *m* astrólogo.

astronaut/e *s* astronauta. **-ique** *f* astronáutica.

astronom/ie *f* astronomía. **-e** *m* astrónomo. **-ique** *a* astronómico, a.

astuc/e *f* 1 (ruse) astucia. 2 chiste *m* : *faire des astuces*, contar chistes. **-ieux, euse** *a* astuto, a.

atelier *m* 1 taller. 2 (d'artiste) estudio.

atermoyer ° |atɛrmwaje| *i* andar con dilaciones, aplazar.

athé/e *a/s* ateo, a. **-isme** *m* ateísmo.

Athènes |atɛn| *n p* Atenas.

athl/ète *s* atleta. **-étique** *a* atlético, a. **-étisme** *m* atletismo.

atlantique *a* atlántico, a.

atlas |atlas| *m* atlas.

atmosph/ère *f* atmósfera. **-érique** *a* atmosférico, a.

atoll |atɔl| *m* atolón.

atom/e *m* átomo. **-ique** *a* atómico, a. **-iseur** *m* spray, atomizador.

atout *m* triunfo.

âtre *m* hogar.

atroc/e *a* atroz. **-ité** *f* atrocidad.

attabler (s') *pr* sentarse a la mesa.

attachant, e *a* cautivador, a.

attache *f* 1 atadura, ligadura. 2 (pour papiers) grapa, clip *m*.

attaché *m* *d'ambassade, culturel,* agregado diplomático, cultural.

attachement *m* afecto, cariño.

attacher *t* 1 atar, sujetar. 2 *attachez vos ceintures !,* ¡abróchense los cinturones! 3 (liens affectifs) ligar, vincular. 4 *— de l'importance, de la valeur à*, dar importancia, valor a. ☐ *pr le chien s'attache à son maître*, el perro toma afecto a su amo ; *je me suis attaché à ce village*, me he encariñado con este pueblo.

attaqu/er *t* atacar. ☐ *s'— à*, atacar. **-e** *f* ataque *m*. I *avoir une —*, tener un ataque de apoplejía.

attard/er (s') *pr* retrasarse, rezagarse : *elle s'est attardée en route*, se ha retrasado en el camino. **-é, ée** *a/s* retrasado, a.

attein/dre ° *t* 1 alcanzar. 2 *il est atteint d'une paralysie complète*, está afectado por una parálisis total. **-te** *f hors d'—*, fuera de alcance ; *porter — à*, atentar a.

attel/er ° *t* 1 enganchar. 2 (bœufs) uncir. **-age** *m* 1 enganche. 2 (chevaux) tiro ; (bœufs) yunta *f*.

attenant, e *a* contiguo, a.

attendre *t* 1 esperar, aguardar : *nous attendons le médecin*, estamos esperando al médico ; *nous attendons qu'il arrive*, estamos esperando que llegue. 2 *en attendant*, entretanto ; *en attendant que*, hasta que. ☐ *s'—*, esperarse, contar con : *je m'y attendais*, me lo esperaba ; *il faut s'— à tout*, puede uno esperárselo todo.

attendr/ir *t* **1** ablandar. **2** FIG enternecer. **-issant, e** *a* enternecedor, a.

attendu, e *a* esperado, a. □ *conj* − *que,* visto que.

attentat *m* atentado.

attente *f* espera : *salle d'*−, sala de espera ; *dans l'*− *de,* en espera de.

attenter *i* − *à,* atentar contra.

attent/ion *f* **1** atención. **2** *faire* − *à,* tener cuidado de ; *attention !,* ¡cuidado!, ¡ojo! ; − *à l'auto !,* ¡cuidado con el coche ! **3** *il ne fait pas* − *à ce que je lui dis,* no hace caso de lo que le digo ; *ne fais pas* −, no hagas caso. **-if, ive** *a* atento, a. **-ivement** *adv* atentamente.

atténuer *t* atenuar.

atterrer *t* aterrar, abatir.

atterr/ir *i* aterrizar. **-issage** *m* aterrizaje.

attest/er *t* atestiguar, atestar. **-ation** *f* certificado *m*, atestado *m*.

attiédir *t* entibiar.

attirail *m* pertrechos *pl*, avíos *pl*.

attir/er *t* **1** atraer. **2** − *l'attention,* llamar la atención. □ *s'*− *la sympathie,* granjearse la simpatía ; *s'*− *des ennuis,* ganarse disgustos. **-ance** *f* atracción.

attiser *t* (le feu) atizar.

attitré, e *a* habitual.

attitude *f* actitud.

attraction *f* atracción. □ *pl* atracciones.

attrait *m* atractivo.

attrape *f* broma.

attraper *t* **1** (prendre) coger. **2** − *un rhume,* pillar un resfriado. **3** (tromper) engañar. l *j'ai été bien attrapé,* me quedé chasqueado. **4** (réprimander) regañar, reñir.

attrayant, e |atʀɛjɑ̃, ɑ̃t] *a* atractivo, a.

attribuer *t* atribuir : *on attribue ce tableau à Rubens,* se atribuye este cuadro a Rubens.

attribut *m* atributo.

attribution *f* atribución.

attrister *t* entristecer.

attroupement *m* aglomeración *f* de gente, grupo.

au *prép* al : *aller* − *cinéma,* ir al cine. ⇒ **à.**

aubaine *f* ganga. l *quelle* − *!,* ¡qué suerte !

aube *f* **1** alba : *à l'*−, al rayar el alba. **2** (de roue hydraulique) álabe *m*, paleta.

aubépine *f* espino *m* albar.

auberg/e *f* posada, mesón *m*. **-iste** *s* posadero, a, mesonero, a.

aubergine *f* berenjena.

aucun, e *a/pron indéf* ninguno, a (ningún devant un substantif masculin) : − *homme,* ningún hombre ; *aucune femme,* ninguna mujer. l *d'aucuns,* algunos. **-ement** *adv* de ningún modo.

audac/e *f* audacia. **-ieux, euse** *a* audaz.

au-dehors, au-delà, etc. ⇒ **dehors, delà,** etc.

audible *a* audible.

audience *f* audiencia.

audio-visuel, elle *a* audiovisual.

auditeur, trice *s* **1** oyente. **2** (à la radio) radioyente, radioescucha.

audit/ion *f* audición. **-if, ive** *a* auditivo, a. **-oire** *m* auditorio.

auge *f* pila, bebedero *m*.

augment/er *t/i* **1** aumentar. **2** (prix) subir, aumentar : *l'essence a augmenté,* ha subido la gasolina. **-ation** *f* **1** aumento *m*. **2** (des prix) subida, aumento *m*. **3** *demander une* −, pedir un aumento (de sueldo).

augur/e *m* agüero. **-er** *t* augurar.

auguste *a* augusto, a.

aujourd'hui *adv* **1** hoy. **2** (à l'époque actuelle) hoy día.

aumôn/e *f* limosna : *demander l'*−, pedir limosna. **-ier** *m* capellán.

auparavant *adv* antes.

auprès de *loc prép* cerca de.

auquel *pron rel* (choses) *le livre —
je fais allusion*, el libro al cual, al
que aludo ; (personnes) *l'homme —
je parle*, el hombre a quien hablo ;
les personnes auxquelles je parle,
las personas a quienes hablo. I —
cas, en cuyo caso.

aura, aurai ⇒ **avoir.**

auréole *f* 1 aureola. 2 (trace sur un
tissu) cerco *m*.

auriculaire *a/m* auricular.

aurore *f* aurora.

auscult/er *t* auscultar. **-ation** *f*
auscultación.

auspices *m pl* auspicios.

aussi *adv* 1 también : *toi —*, tú
también. 2 tan : *il est — grand que
moi*, es tan alto como yo ; *je ne le
croyais pas — jeune*, no lo creía tan
joven. □ *conj* 1 (pour cette raison)
por eso. 2 — *bien que*, tanto como.

aussitôt *adv* 1 en seguida. I —
après, inmediatamente después. 2
— *que*, tan pronto como.

aust/ère *a* austero, a. **-érité** *f*
austeridad.

austral, e *a* austral.

Australie *n p f* Australia.

australien, enne *a/s* australiano,
a.

autant *adv* 1 otro tanto, lo
mismo : *je suis capable d'en
faire —*, soy capaz de hacer otro
tanto. 2 tanto, a : *il y a — de
chaises que d'invités*, hay tantas
sillas como invitados. 3 — *que*,
tanto como. I — *que je sache*, que
yo sepa. 4 *d'— plus que*, más aún.

autel *m* altar : *maître-autel*, altar
mayor.

auteur *m* autor, a.

authenti/que *a* auténtico, a.
-cité *f* autenticidad.

auto *f* coche *m*, auto *m*.

autobiograph/ie *f* autobiografía.
-ique *a* autobiográfico, a.

autobus |otɔbys| *m* autobús.

autocar |otɔkaʀ| *m* autocar.

autochtone |otɔktɔn| *a/s*
autóctono, a.

autocollant *m* pegatina *f*.

autocrate *m* autócrata.

autocuiseur *m* olla *f* a presión.

autodidacte *a/s* autodidacto, a.

autodrome *m* autódromo.

auto-école *f* autoescuela.

autographe *a/m* autógrafo, a.

automat/e *m* autómata. **-ion** *f*
automación. **-ique** *a* automático,
a. **-isation** *f* automatización.
-iser *t* automatizar. **-isme** *m*
automatismo.

automne |otɔn| *m* otoño.

automobil/e *a* automóvil. I
industrie —, industria del automóvil ; *course —*, carrera automovilís-
tica. □ *une —*, un automóvil *m*.
-iste *s* automovilista.

automotrice *f* automotor *m*,
autovía *m*.

autonom/e *a* autónomo, a. **-ie** *f*
autonomía. **-iste** *a/s* autonomista.

autopsie *f* autopsia.

autorail |otɔʀaj| *m* autovía.

autoris/er *t* autorizar. **-ation** *f*
autorización.

autorit/é *f* autoridad. **-aire** *a*
autoritario, a.

autoroute *f* autopista.

auto-stop *m* autostop : *faire de
l'—*, hacer autostop. **-peur, euse**
s persona que hace autostop.

autour *adv* 1 alrededor. I *tout —*,
por todos lados. 2 — *de lui*, alrededor de él, alrededor suyo.

autre *a/pron* otro, a : *un — jour*,
otro día ; *il a une — sœur*, tiene
otra hermana ; *deux autres sœurs*,
otras dos hermanas ; *donne-m'en
un —*, dame otro ; *l'— jour*, el otro
día ; — *chose*, otra cosa ; *l'un...
l'—*, uno... el otro ; *les uns... les
autres*, unos... otros ; *aimez-vous
les uns les autres*, amaos los unos a
los otros. I *les autres*, los demás ;
personne d'—, nadie más ; *rien d'—*,

nada más.

autrefois *adv* en otro tiempo.

autrement *adv* **1** de otro modo : — *dit*, dicho de otro modo. **2** si no, o : *tiens-toi*, — *tu vas tomber*, agárrate o vas a caer.

Autriche *n p f* Austria.

autrichien, enne *a/s* austríaco, a.

autruche *f* avestruz *m*.

autrui *pron* **1** el prójimo. **2** *d'—*, ajeno, a.

auvent *m* colgadizo, tejadillo.

aux ⇒ **à**.

auxiliaire *a/s* auxiliar.

auxquels ⇒ **auquel**.

avachi, e *a* deformado, a.

aval *m* en —, río abajo.

avalanche *f* alud *m*, avalancha.

avaler *t* tragar, tragarse.

avance *f* adelanto *m*. I *arriver en —*, llegar con adelanto ; *je suis en — d'une heure*, llevo una hora de adelanto ; *être en — sur, prendre de l'— sur*, adelantarse a ; *je vous remercie d'—, par —*, le agradezco de antemano ; *prévenir à l'—*, avisar con antelación. **2** (acompte) anticipo *m*. I *payer d'—*, pagar por anticipado. □ pl *faire des avances*, dar los primeros pasos.

avancé, e *a* **1** *il est très — pour son âge*, está muy adelantado para su edad. **2** *à une heure avancée de la nuit*, muy entrada la noche. **3** *idées avancées*, ideas avanzadas.

avanc/er *t* **1** adelantar : *j'ai avancé mon bras, mon départ*, he adelantado mi brazo, mi salida. **2** *— de l'argent*, anticipar dinero. □ *i* **1** adelantar, avanzar : *— d'un mètre*, adelantar un metro. **2** *ma montre avance de cinq minutes*, mi reloj adelanta cinco minutos. □ *pr* *je me suis avancé*, me he adelantado. **-ement** *m* ascenso : *demander de l'—*, pedir ascenso.

avanie *f* afrenta.

avant *prép* **1** antes de : *— lundi*, antes del lunes. I *— tout*, antes de

nada. **2** antes que : *bien — lui*, mucho antes que él. I *— qu'il n'arrive*, antes (de) que llegue. □ *adv* **1** antes : *un mois —*, un mes antes. I *le jour d'—*, la víspera. **2** *en — de*, delante de. **3** *en — !*, ¡adelante ! □ *a* delantero, a : *roues —*, ruedas delanteras. □ *m* **1** parte *f* delantera, delantera *f*. **2** (sport) delantero : *avant-centre*, delantero centro.

avantag/e *m* ventaja *f*. **-er** ° *t* **1** aventajar. **2** favorecer : *cette coiffure t'avantage*, te favorece este peinado. **-eux, euse** *a* ventajoso, a, favorable.

avant-bras *m* antebrazo.

avant-coureur *a* precursor, a.

avant-dernier, ère *a/s* penúltimo, a.

avant-garde *f* vanguardia.

avant-hier [avɑ̃tjɛʀ] *adv* anteayer.

avant-première *f* ensayo *m* general.

avant-propos *m* prefacio.

avant-scène *f* **1** proscenio *m*. **2** (loge) palco *m* de proscenio.

avant-veille *f* antevíspera.

avar/e *a/s* avaro, a. **-ice** *f* avaricia.

avari/e *f* avería. **-é, ée** *a* averiado, a.

avec *prép* **1** con. **2** *— moi, toi, soi*, conmigo, contigo, consigo.

avenant, e *a* **1** agradable, afable. **2** *à l'—*, en proporción. □ *m* **1** acta *f* adicional. **2** (assurances) póliza *f* adicional.

avènement *m* advenimiento.

avenir *m* porvenir, futuro. I *à l'—*, en el porvenir, en lo sucesivo.

aventur/e *f* **1** aventura. **2** *à l'—*, a la ventura, al azar. **-er (s')** *pr* aventurarse. **-eux, euse** *a* **1** (hardi) atrevido, a. **2** (risqué) aventurado, a, arriesgado, a. **-ier, ère** *s* aventurero, a.

avenue [avny] *f* avenida.

avérer (s') ° *pr* revelarse.

averse _f_ aguacero _m_, chaparrón _m_.

aversion _f_ aversión : _avoir en —_, tener aversión a.

avert/ir _t_ advertir, avisar : _je t'avertis que..._, te advierto que... **-i, ie** _a_ avisado, a. **-issement** _m_ aviso, advertencia _f_. **-isseur** _m_ 1 (d'automobile) bocina _f_. 2 — _d'incendie_, sirena _f_.

aveu _m_ 1 confesión _f_. 2 _de l'—_, según testimonio de.

aveugl/e _a/s_ ciego, a. **-ement** _m_ ceguedad _f_, ceguera _f_. **-ément** _adv_ ciegamente. **-er** _t_ cegar.

aveuglette (à l') _loc adv_ a ciegas.

aviat/eur, trice _s_ aviador, a. **-ion** _f_ aviación.

aviculture _f_ avicultura.

avid/e _a_ ávido, a. **-ité** _f_ avidez.

avil/ir _t_ envilecer, degradar. **-issant, e** _a_ envilecedor, a. **-issement** _m_ envilecimiento.

avion _m_ avión.

aviron _m_ remo.

avis |avi| _m_ 1 parecer, opinión _f_ : _à mon —_, a mi parecer, en mi opinión ; _j'ai changé d'—_, he cambiado de opinión ; _je suis d'— de partir_, mi parecer es que debemos marcharnos. 2 — _au public_, aviso al público.

avisé, e _a_ avisado, a.

aviser _t_ avisar. □ _pr_ atreverse : _ne t'avise pas de..._, no te atrevas a...

¹**avocat, e** _s_ abogado, a.

²**avocat** _m_ (fruit) aguacate.

avoine _f_ avena.

¹**avoir** ° _t_ 1 (posséder, éprouver) tener : _j'ai beaucoup d'amis_, tengo muchos amigos ; _il a huit ans_, tiene ocho años ; _as-tu soif ?_, ¿ tienes sed ? I — _à_, tener que : _je n'ai rien à faire_, no tengo nada que hacer. 2 pasar : _qu'avez-vous ?_, ¿ qué le pasa ? □ _auxil_ haber : _j'ai lu et il a écrit_, he leído y él ha escrito. □ _impers_ 1 _il y a_, hay : _y a-t-il ici un interprète ?_, ¿ hay aquí un intérprete ? ; _il n'y a pas de quoi_, no hay de qué. 2 (temps) hacer : _il y a cinq ans_, hace cinco años.

²**avoir** _m_ haber : _doit et —_, debe y haber.

avoisin/er _t_ lindar con. **-ant, e** _a_ vecino, a.

avort/er _i_ abortar. **-ement** _m_ aborto. **-on** _m_ aborto.

avouable _a_ confesable.

avoué _m_ procurador judicial.

avouer _t_ confesar : _j'avoue que je me suis trompé_, confieso que me he equivocado. □ _s'— coupable_, declararse culpable.

avril _m_ abril : _le premier —_, el primero de abril. I _poisson d'—_, inocentada _f_ del primero de abril.

axe _m_ eje.

axiome _m_ axioma.

ayant, ayez, ayons ⇒ **avoir.**

azalée _f_ azalea.

azimut |aʒimyt| _m_ 1 acimut. 2 FAM _dans tous les azimuts_, en todas las direcciones.

azot/e _m_ nitrógeno, ázoe. **-é, ée** _a_ nitrogenado, a.

aztèque _a/s_ azteca.

azur _m_ azul.

azyme _a pain —_, pan ácimo.

B

b *m* b *f* : *un —*, una b.

¹baba *m — au rhum*, bizcocho borracho.

²baba *a* FAM *en rester —*, quedarse bizco.

babill/er *i* charlar, parlotear. **-age** *m* cháchara *f*.

babines *f pl* belfos *m*.

babiole *f* baratija.

bâbord *m* babor.

babouche *f* babucha.

babouin *m* babuino.

¹bac *m* **1** (bateau) barca *f*. **2** cubeta *f*, recipiente.

²bac *m* FAM bachillerato.

baccalauréat *m* bachillerato.

bâche *f* toldo *m*.

bachelier, ère *s* bachiller.

bachot *m* FAM bachillerato.

bacille *m* bacilo.

bâcler *t* chapucear, frangollar.

bactérie *f* bacteria.

badaud, e *s* mirón, ona, papanatas.

badigeon [badiʒɔ̃] *m* enlucido. **-ner** *t* enlucir.

badiner *i* bromear.

bafouer *t* ridiculizar.

bafouill/er *i* farfullar. **-age** *m* farfulla *f*.

bagage *m* **1** equipaje (toujours au singulier) : *je n'ai pas de bagages*, no llevo equipaje ; *mes bagages sont à la consigne*, mi equipaje está en la consigna. **2** *— intellectuel*, bagaje intelectual.

bagarr/e *f* riña, pelea. **-er (se)** *pr* pelearse.

bagatelle *f* bagatela, friolera.

bagn/e *m* presidio. **-ard** *m* presidiario.

bagnole *f* FAM coche *m*.

bagou(t) *m* labia *f*, facundia *f*.

bague *f* sortija, anillo *m*.

baguette *f* **1** varilla. **2** (de chef d'orchestre) batuta. **3** (de pain) barra. **4** (électrique) cajetín *m*. □ *pl* (de tambour, pour le riz) palillos *m*.

bah ! *interj* ¡ bah !

bahut *m* armario rústico bajo.

baie *f* **1** (golfe) bahía. **2** (fenêtre) abertura. **3** (fruit) baya.

baign/er *t* bañar. l *baigné de sueur* bañado en sudor. □ *se —*, bañarse. **-ade** *f* baño *m*. **-eur, euse** *s* bañista. **-oire** *f* **1** bañera. **2** (théâtre) palco *m* de platea.

bail [baj] *m* arrendamiento.

bâill/er *i* bostezar. **-ement** *m* bostezo.

bâillon *m* mordaza *f*. **-ner** *t* amordazar.

bain *m* baño.

bain-marie *m* baño maría.

baïonnette *f* bayoneta.

baiser *t* besar : *— la main*, besar la mano. □ *m* beso.

baisse *f* **1** (prix) baja. **2** (température) descenso *m*.

baisser *t/i — les yeux, la voix*, bajar los ojos, la voz ; *le sucre va —*, el azúcar va a bajar. □ *se —*, bajarse, agacharse. □ *m — du rideau*, bajada *f* del telón.

bal *m* baile.

balad/e *f* FAM paseo *m*, garbeo *m* : *faire une —*, darse un garbeo. **-er (se)** *pr* FAM pasearse, darse un garbeo. **-euse** *f* lámpara eléctrica móvil.

balafre *f* chirlo *m*.

balai *m* escoba *f*.

balanc/e *f* balanza. **-ement** *m* balanceo. **-er** *t* **1** mecer. **2** FAM (jeter) echar. □ *se —*, balancearse, columpiarse. l FAM *je m'en*

balance, me importa un bledo.
-ier *m* péndulo.

balançoire *f* columpio *m*.

balay/er ° [baleje] *t* barrer. **-age**
m barrido. **-ette** *f* escobilla. **-eur**
m barrendero. **-ures** *f pl*
barreduras.

balbuti/er [balbysje] *i* balbucear.
□ *t* mascullar. **-ement** *m*
balbuceo.

balcon *m* 1 balcón. 2 (théâtre)
anfiteatro.

Bâle *n p* Basilea.

Baléares *n p f pl* Baleares.

baleine *f* 1 ballena. 2 (de
parapluie) varilla.

balis/e *f* baliza. **-age** *m*
abalizamiento. **-er** *t* abalizar.

baliveau *m* resalvo.

baliverne *f* pamplina, sandez.

balkanique *a* balcánico, a.

ballade *f* balada.

ballast *m* balasto.

balle *f* 1 (jeu) pelota. 2 (projectile)
bala. 3 (paquet) bala.

ballerine [balʀin] *f* bailarina.

ballet [balɛ] *m* ballet.

ballon *m* 1 balón, pelota *f*. 2 (en
baudruche, aérostat) globo. **-né,
ée** *a* hinchado, a.

ballot *m* 1 fardo, bulto. 2 FAM (sot)
bobo.

ballottage *m* empate. I *scrutin de*
—, votación *f* de desempate,
segunda vuelta.

ballotter *i* bambolearse, zango-
lotearse.

balluchon *m* hatillo, hato.

balnéaire *a* balneario, a.

balourdise *f* 1 tosquedad. 2
(parole ou action) patochada.

balsa *m* balsa *f*.

Baltique *n p f* Báltico *m*.

balustrade *f* barandilla,
balaustrada.

bambin *m* niñito.

bambou *m* bambú.

banal, e *a* banal, común. **-ité** *f*

banalidad.

banan/e *f* plátano *m*. **-ier** *m*
(arbre) plátano.

banc [bã] *m* 1 banco. 2 — *de
poissons, de sable*, banco de peces,
de arena.

bancaire *a* bancario, a.

bancal, e *a* 1 (personne)
patituerto, a. 2 (meuble) cojo, a.

bandage *m* venda *f*, vendaje.

bande *f* 1 (pansement) venda. 2
(de terrain, pour entourer un journal) faja. 3 (de papier, tissu) tira. 4
— *magnétique*, cinta magnetofónica. 5 — *dessinée*, comic *m*. 6 (de
personnes) grupo *m*, pandilla,
banda : *une — de voleurs*, una pandilla de ladrones.

bandeau *m* 1 (pour ceindre la
tête) cinta *f*. 2 (pour les yeux)
venda *f*.

bandelette *f* venda.

bander *t* 1 vendar. 2 (tendre)
poner tirante. 3 — *un arc*, armar un
arco.

banderille *f* banderilla.

banderole *f* banderola.

bandit *m* bandido.

bandoulière (en) *loc adv* en
bandolera.

banlieu/e *f* afueras *pl*, cercanías
pl, alrededores *m pl* : *nous habitons en* —, vivimos en las afueras ;
train de —, tren de cercanías. I *la
grande* —, el extrarradio. **-sard, e**
s habitante de las afueras.

bannière *f* pendón *m*.

bann/ir *t* desterrar. **-issement** *m*
destierro.

banque *f* 1 banco *m* : *déposer de
l'argent à la* —, depositar dinero en
el banco ; — *du sang*, banco de
sangre. 2 (commerce de l'argent,
jeu) banca.

banqueroute *f* bancarrota,
quiebra. I *faire* —, quebrar.

banquet *m* banquete.

banquette *f* asiento *m*.

banquier *m* banquero.

banquise f banco m de hielo.

bapt/ême [batɛm] m bautismo. I
nom de —, nombre de pila. **-iser** t
bautizar. **-ismal, e** a bautismal.
-istère m baptisterio.

baquet m tina f, cubeta f.

¹**bar** m 1 (établissement) bar. 2
(comptoir) barra f : *prendre un vermouth au* —, tomar un vermut en
la barra.

²**bar** m (poisson) róbalo.

baragouin m jerga f, guirigay.
-er t chapurrear.

baraque f 1 (de forains) barraca,
caseta. 2 (maison) casucha.
-ment m conjunto de barracas.

baratin m FAM palique, camelo.
-er t camelar.

baratte f mantequera.

barbant, e a FAM latoso, a,
pesado, a.

barbar/e a/s bárbaro, a. **-ie** f
barbarie, crueldad. **-isme** m
barbarismo.

barbe f 1 barba. I *à la* — *de
quelqu'un*, en las barbas de
alguien ; *se faire la* —, afeitarse ;
rire dans sa —, reir para sus aden-
tros. 2 — *à papa*, algodón m. 3 FAM
la —!, ¡ya basta! ; *quelle* — !, ¡qué
engorro!, ¡qué lata !

barbecue [baʀbəky] m barbacoa f.

barbelé a/m *fil de fer* —, espino
artificial.

barber t FAM fastidiar, dar la lata :
tu me barbes, me fastidias. □ *se* —,
aburrirse.

barbiche f perilla.

barboter i chapotear. □ t FAM
(voler) afanar.

barbouill/er t 1 (salir)
embadurnar. 2 (peindre) pintarra-
jear. 3 (écrire) emborronar. **-age**
m 1 embadurnamiento. 2 (peinture) pintarrajo, mamarracho. 3
(écriture) garabatos pl.

barbu, e a barbudo, a.

Barcelone n p Barcelona.

barème m baremo.

baril m barril.

bariol/er t abigarrar. **-age** m
abigarramiento.

baromètre m barómetro.

baron, onne s barón, onesa.

baroque a/m barroco, a.

barque f barca.

barrage m 1 (sur un cours d'eau)
presa f. 2 (retenue d'eau) embalse.
3 — *de police*, cordón de policia.

barre f 1 barra. 2 (du gouvernail)
caña. I *être à la* —, llevar el timón.

barreau m 1 barrote. 2 (profession
d'avocat) abogacía f.

barrer t 1 — *le passage*, cerrar el
paso. 2 — *une porte*, atrancar una
puerta. 3 — *un mot*, tachar una
palabra. 4 — *un chèque*, cruzar un
cheque ; *chèque barré*, cheque cruzado. □ FAM *se* —, largarse.

barrette f (pour les cheveux)
pasador m.

barricad/e f barricada. **-er (se)**
pr atrincherarse.

barrière f barrera.

barrique f barrica.

Barthélemy n p m Bartolomé.

baryton m barítono.

bas, basse a 1 bajo, a. I *à voix
basse*, en voz baja. 2 *ciel* —, cielo
nublado. □ adv 1 bajo. I *en* —,
abajo ; *plus* —, más abajo ; *parler
tout* —, hablar en voz baja. 2 *mettre* —, parir. 3 *à* — *le tyran!*, ¡abajo
el tirano ! □ m 1 *le* — *du visage*, la
parte baja de la cara. 2 media f :
une paire de —, un par de medias.

basalte m basalto.

basané, e a curtido, a, atezado, a.

bas-côté [bakote] m 1 (d'une
église) nave f lateral. 2 (d'une
route) arcén.

bascul/e f báscula. **-er** i
(culbuter) voltear.

bas/e f 1 base. 2 *à* — *de*, a base de.
-er t basar.

bas-fond m 1 hondonada f. 2
(mer) bajo. □ pl FIG bajos fondos.

basilique f basílica.

basket (-ball) [baskɛt (bol)] *m* baloncesto. I *chaussures de —,* zapatillas de baloncesto.

basque *a/s* vasco, a, vascongado, a. □ *m* (langue) vascuense.

bas-relief [bɑʀəljɛf] *m* bajorrelieve.

basse *f* MUS bajo *m*.

basse-cour *f* corral *m*.

bassesse *f* bajeza, vileza.

basset *m* perro pachón.

bassin *m* 1 (dans un jardin) alberca *f*. 2 (port) dársena *f*. 3 *le — de l'Èbre,* la cuenca del Ebro ; *— houiller,* cuenca hullera. 4 (anatomie) pelvis *f*.

bassine *f* lebrillo *m*.

basson *m* 1 bajón, fagot. 2 (musicien) bajonista.

bastingage *m* empalletado.

bât *m* albarda *f*.

bataill/e *f* batalla. **-eur, euse** *a/s* batallador, a. **-on** *m* batallón.

bâtard, e *a/s* bastardo, a.

bateau *m* barco : *— à voile,* barco de vela. I *bateau-citerne,* buque cisterna.

bâti *m* armazón *f*.

bâtiment *m* 1 construcción *f* : *les ouvriers du —,* los obreros de la construcción. 2 edificio : *un — moderne,* un edificio moderno. 3 (navire) buque.

bâtir *t* 1 edificar, construir. I *terrain à —,* solar. 2 (couture) hilvanar, montar.

bâtisse *f* edificio *m*.

batiste *f* batista.

bâton *m* 1 palo. I *donner des coups de —,* dar palos ; *à bâtons rompus,* sin orden ; *mettre des bâtons dans les roues,* poner estorbos. 2 (de ski) bastón. 3 *— de commandement,* bastón de mando. 4 *— de rouge à lèvres,* barra *f* de labios, lápiz de labios. **-ner** *t* apalear.

battage *m* 1 (du grain) trilla *f*. 2 publicidad *f* a bombos y platillos.

battant, e *a sous une pluie*

battante, bajo una lluvia diluviana. □ *m* 1 hoja *f* : *porte à deux battants,* puerta de dos hojas. 2 (de cloche) badajo.

battement *m* 1 (du cœur) latido. I *avoir des battements de cœur,* tener palpitaciones. 2 *— de paupières,* parpadeo. 3 *10 minutes de —,* 10 minutos de intervalo.

batterie *f* batería.

batteur *m* 1 (musicien) batería. 2 (appareil ménager) batidora *f*.

batteuse *f* trilladora.

batt/re ° *t* 1 pegar, golpear. 2 (les œufs) batir. 3 *— les cartes,* barajar los naipes. 4 *— le tambour,* tocar el tambor. 5 derrotar, vencer, batir : *notre équipe a battu l'équipe adverse,* nuestro equipo ha derrotado al equipo contrario. 6 *— la mesure,* llevar el compás. □ *i* 1 *— des mains,* palmotear, aplaudir. 2 (cœur) latir. □ *pr* 1 pelearse : *ils se sont battus à coups de poing,* se han peleado a puñetazos. 2 *se — en duel,* batirse en duelo. **-u, ue** *a* 1 *terre battue,* tierra batida. 2 *yeux battus,* ojos cansados.

baudet *m* borrico.

baume *m* bálsamo.

baux *pl* de **bail**.

bauxite *f* bauxita.

bavard, e *a/s* charlatán, ana, parlanchín, ina. **-age** *m* charla *f*. **-er** *i* charlar, parlotear.

bav/e *f* baba. **-er** *i* babear. **-ette** *f*, **-oir** *m* babero *m*.

Bavière *n p f* Baviera.

bavure *f* (erreur) desacierto *m*.

bazar *m* bazar. I FAM *quel — !,* ¡qué desorden !, ¡qué leonera ! **-der** *t* FAM vender.

béant, e *a* abierto, a.

béat, e *a* plácido, a. **-itude** *f* beatitud.

Béatrice *n p f* Beatriz.

beau, bel, belle [bo, bɛl] *a* 1 hermoso, a : *un — paysage,* un hermoso paisaje ; *un bel arbre,* un hermoso árbol. 2 (une personne) hermoso, a, guapo, a : *une belle femme*, una mujer guapa. 3 bello, a : *la vie est belle*, la vida es bella; *le — sexe*, el bello sexo. 4 bueno, buen, a : *un — menteur*, un buen embustero; *quel — temps!*, ¡qué tiempo más bueno!; *un — jour*, un buen día. 5 *il a — faire, dire*, por más que haga, diga. □ adv *bel et bien*, completamente; *de plus belle*, a más y mejor. □ m *le temps est au —, il fait —*, hace buen tiempo; *c'est du — !*, ¡qué vergüenza! □ *f* 1 *jouer la belle*, jugar un partido de desempate. 2 *en faire de belles*, hacer tonterías.

beaucoup [boku] adv 1 mucho : *il a — travaillé*, ha trabajado mucho; *de —*, con mucho. 2 *— de*, mucho, a, os, as : *— de bruit, d'eau, d'enfants*, mucho ruido, mucha agua, muchos niños.

beau-fils [bofis] m 1 yerno, hijo político. 2 (fils de l'autre conjoint) hijastro.

beau-frère m cuñado.

beau-père m 1 suegro, padre político. 2 (second mari de la mère) padrastro.

beauté *f* belleza : *produits de —*, productos de belleza. l *de toute —*, hermosísimo, a.

beaux-arts [bozaʀ] m pl bellas artes *f*.

beaux-parents [bopaʀã] m pl suegros.

bébé m nene, a, bebé.

bec m 1 pico. l *coup de —*, picotazo. 2 *— de gaz*, farola *f*. 3 *— Bunsen*, mechero Bunsen.

bécane *f* FAM bici.

bécasse *f* chocha, becada.

bêche *f* laya.

bêcheur, euse a FAM fantasmón, ona.

becqueter ° [bɛkte] t picotear.

bedaine *f* FAM panza.

bedeau m pertiguero.

bédouin, e a/s beduino, a.

bée a *rester bouche —*, quedar

boquiabierto, a.

beffroi m atalaya *f*.

bég/ayer ° [begeje] i tartamudear. □ *t — une excuse*, balbucir una excusa. **-aiement** m tartamudeo.

bégonia m begonia *f*.

bègue a/s tartamudo, a.

beige a beige.

beignet m buñuelo.

bel ⇒ **beau**.

bêl/er i balar. **-ement** m balido.

belette *f* comadreja.

belge a/s belga.

Belgique n p *f* Bélgica.

bélier m 1 morueco. 2 (machine) ariete.

belladone *f* belladona.

belle ⇒ **beau**.

belle-fille [bɛlfij] *f* 1 nuera, hija política. 2 (fille de l'autre conjoint) hijastra.

belle-mère [bɛlmɛʀ] *f* 1 suegra, madre política. 2 (seconde femme du père) madrastra.

belle-sœur [bɛlsœʀ] *f* cuñada, hermana política.

belligérant, e a/s beligerante.

belliqueux, euse a belicoso, a.

belvédère m mirador.

bémol m bemol.

bénédictin, e a/s benedictino, a. □ *f* (liqueur) benedictino m.

bénédiction *f* bendición.

bénéfic/e m beneficio. **-iaire** a/s beneficiario, a. **-ier** i *— d'une ristourne*, beneficiar de un descuento.

bénévole a benévolo, a, voluntario, a.

bénin, igne a benigno, a.

bén/ir t bendecir : *le pape a béni les fidèles*, el papa bendijo a los fieles; *Dieu soit béni!*, ¡bendito sea Dios! **-it, e** a *pain —*, pan bendito; *eau bénite*, agua bendita. **-itier** m pila *f*.

benjamin, e s el, la más joven, el

benjamín.

benne *f* 1 vagoneta. 2 — *basculante*, volquete *m*.

Benoît *n p m* Benito.

benzine *f* bencina.

béquille *f* 1 muleta. 2 (de moto) soporte *m*.

berbère *a/s* bereber.

berc/er ° *t* mecer : — *un enfant*, mecer a un niño. **-eau** *m* cuna *f*. **-euse** *f* canción de cuna.

béret *m* boina *f*.

berge *f* ribera.

berg/er, ère *s* pastor, a. □ *f* (fauteuil) poltrona. **-erie** *f* redil *m*, aprisco *m*.

bergeronnette *f* aguzanieves.

Berlin *n p* Berlín.

berline *f* berlina.

berlingot *m* caramelo.

berlinois, e *a/s* berlinés, esa.

Bernard *n p m* Bernardo.

berne (en) *loc* a media asta.

berner *t* poner en ridículo a.

besace *f* alforjas *pl*.

besogne *f* trabajo *m*, tarea.

besoin *m* necesidad *f*. | *au* —, en caso de necesidad ; *avoir* — *de*, necesitar : *j'ai* — *de votre aide*, necesito su ayuda ; *j'ai* — *de toi*, necesito de ti.

bestial, e *a* bestial.

bestiaux *m pl* ganado *sing*, reses *f*.

bestiole *f* bicho *m*, bichito *m*.

bétail [betaj] *m* ganado : *gros, menu* —, ganado mayor, menor.

bêt/e *f* 1 animal *m*, bestia : — *de trait*, animal de tiro ; — *de somme*, bestia de carga. | — *féroce*, fiera, animal feroz. 2 (petite) bicho *m*. 3 *faire la* —, hacer el tonto. □ *a* 1 tonto, a : *que tu es* — *!*, ¡qué tonto eres! 2 *que c'est* — *!*, ¡ qué lástima ! **-ise** *f* tontería, necedad.

béton *m* hormigón : — *armé*, hormigón armado. **-neuse** *f* hormigonera.

betterave [betRav] *f* remolacha.

beugl/er *i* 1 mugir. 2 FAM berrear. **-ement** *m* mugido.

beurr/e *m* mantequilla *f*. **-er** *t* untar con mantequilla. **-ier** *m* mantequera *f*.

bévue *f* error *m*, desacierto *m*.

biais [bjɛ] *m* *de* —, *en* —, oblicuamente, de bies.

bibelot [biblo] *m* bibelot.

biberon [bibRɔ̃] *m* biberón.

Bible *f* Biblia.

biblio/graphie *f* bibliografía. **-phile** *s* bibliófilo, a. **-thécaire** *s* bibliotecario, a. **-thèque** *f* biblioteca.

bicarbonate *m* bicarbonato.

biche *f* cierva.

bicoque *f* FAM casita, casucha.

bicyclette *f* bicicleta : *à* —, en bicicleta.

bidet *m* bidet, bidé.

bidon *m* 1 bidón : — *d'essence*, bidón de gasolina. 2 (de soldat) cantimplora *f*.

bidonville *m* barrio de chabolas.

bielle *f* biela.

bien *adv* 1 bien : *tu as* — *fait de t'en aller*, hiciste bien marchándote ; *est-ce que vous vous portez* — *?*, ¿ está usted bien de salud?; *très* —*!*, ¡muy bien!; *tu aurais* — *pu me prévenir*, bien podías haberme avisado. | *nous voilà* — *!*, ¡ estamos apañados! 2 (très) muy : — *content*, muy contento. 3 (beaucoup) mucho : — *mieux*, mucho mejor. 4 ya : *nous verrons* —, ya veremos. 5 — *que*, aunque. 6 *eh* — *!*, ¡bueno!; *eh* —, *peut-être*, pues, quizá. □ *m* 1 bien : *biens meubles et immeubles*, bienes muebles e inmuebles. 2 *dire du* — *de*, hablar bien de.

bien-être [bjɛ̃nɛtR] *m* bienestar.

bienfais/ant, e [bjɛ̃fəzɑ̃, ɑ̃t] *a* benéfico, a. **-ance** *f* beneficencia.

bienfait *m* beneficio, favor. **-eur, trice** *s* bienhechor, a.

bienheureux, euse *a/s*

bienaventurado, a, beato, a.

biennal, e a/f bienal.

bienséance f decoro m, urbanidad.

bientôt adv pronto, dentro de poco : je reviendrai —, volveré dentro de poco ; à — !, ¡hasta pronto !.

bienveill/ant, e a benévolo, a. **-ance** f benevolencia.

bienvenu, e a/s bienvenido, a : soyez le —, sea usted bienvenido. □ f souhaiter la bienvenue, dar la bienvenida.

¹bière f cerveza : — brune, cerveza negra ; — à la pression, cerveza de barril.

²bière f (cercueil) ataúd m.

biffer t borrar, tachar.

bifteck m bistec.

bifur/quer i bifurcarse : la route bifurque, la carretera se bifurca. **-cation** f bifurcación.

bigamie f bigamia.

bigarré, e a abigarrado, a.

bigot, e a/s santurrón, ona.

bigoudi m bigudí, rulo, torcido.

bijou m joya f, alhaja f. **-terie** f joyería. **-tier, ière** s joyero, a.

bikini m bikini.

bilan m balance. I déposer son —, declararse en quiebra ; — de santé, chequeo.

bilatéral, e a bilateral.

bile f bilis. I FAM se faire de la —, apurarse, inquietarse.

bilingue a bilingüe.

billard m billar.

bille f 1 (jeu d'enfants) canica. 2 (de billard) bola. 3 roulement à billes, rodamiento de bolas.

billet m 1 billete : — de banque, d'avion, billete de banco, de avión. 2 — doux, cartita f de amor. 3 — à ordre, pagaré.

billion m billón.

billot m tajo.

bimbeloterie f comercio m de baratijas.

bimensuel, elle a bimensual.

bimoteur a/m bimotor.

bin/er t binar. **-ette** f 1 azadilla. 2 FAM (visage) cara.

biograph/ie f biografía. **-ique** a biográfico, a.

biolog/ie f biología. **-ique** a biológico, a. **-iste** s biólogo, a.

bipède a/s bípedo, a.

biplace a de dos plazas.

bique f cabra.

biréacteur a/m birreactor.

¹bis, e |bi, biz| a bazo, a. I pain —, pan moreno.

²bis |bis| adv bis : 8 —, rue..., 8 bis, calle... □ interj ¡otra !, ¡otra !

bisaïeul, e |bizajœl| s bisabuelo, a.

bisannuel, elle a bienal, bisanual.

biscaïen, enne |biskajẽ, ɛn| a/s vizcaíno, a.

biscornu, e a 1 irregular. 2 (idée) extravagante, estrambótico, a.

biscotte f tostada.

biscuit m 1 galleta f. 2 — de Savoie, bizcocho. 3 (porcelaine) bizcocho, biscuit.

bise f 1 (vent) cierzo m. 2 FAM (baiser) besito m.

bismuth |bismyt| m bismuto.

bison m bisonte.

bissextile a année —, año bisiesto.

bistouri m bisturí.

bistre a bistre.

bistro(t) m FAM tasca f, taberna f.

bitume m asfalto.

bivouac m vivaque.

bizarre a raro, a, extraño, a. **-rie** f rareza, singularidad.

blackbouler t derrotar.

blafard, e a descolorido, a, pálido, a.

blague f 1 — à tabac, petaca. 2 (mensonge) bola, mentira : raconter des blagues, meter bolas. I sans — !, ¡en serio ! 3 (plaisanterie) broma, chanza : faire une — à quelqu'un, gastar una broma a alguien.

blagu/er *i* bromear. **-eur, euse** *a/s* bromista.

blaireau *m* 1 tejón. 2 (pour la barbe) brocha *f* de afeitar.

blâm/er *t* reprobar, censurar. **-e** *m* reprobación *f*, censura *f*.

blanc, blanche |blã, ãʃ| *a/s* blanco, a. □ *m* 1 blanco. 2 *saigner à* –, desangrar. 3 – *de poulet*, pechuga *f*. 4 – *d'œuf*, clara *f* de huevo. 5 (linge) lencería *f* : *exposition de* –, exposición de lencería. □ *f* MUS blanca.

blanchâtre *a* blanquecino, a.

blancheur *f* blancura.

blanch/ir *t* 1 blanquear. 2 – *le linge*, lavar la ropa. □ *i* encanecer : *ses cheveux blanchissent*, sus cabellos encanecen. **-issage** *m* lavado de ropa. **-isserie** *f* lavadero *m* de ropa. **-isseur, euse** *s* lavandero, a.

blanquette *f* – *de veau*, estofado *m* de ternera con salsa de yema.

blasé, e *a* hastiado, a de todo, de vuelta de todo.

blason *m* blasón.

blasph/ème *m* blasfemia *f*. **-émer** ° *i* blasfemar.

blatte *f* cucaracha, blata.

blé *m* trigo.

blêm/e *a* muy pálido, a. **-ir** *i* palidecer.

blessant, e *a* ofensivo, a, mortificante.

bless/er *t* herir : *la pierre l'a blessé au front*, la piedra le hirió en la frente ; – *l'amour-propre*, herir el amor propio. □ *pr* herirse, lesionarse : *il s'est blessé en tombant*, se hirió al caerse. **-é, ée** *a/s* herido, a : *mortellement* –, herido de muerte. **-ure** *f* herida.

blet, ette *a* pasado, a.

bleu, e *a* azul : *yeux bleus*, ojos azules. □ *m* 1 azul. 2 (ecchymose) moradura *f*, cardenal. 3 mono : – *de mécanicien*, mono de mecánico. **-âtre** *a* azulado, a. **-et** *m* aciano. **-ir** *t* azular. □ *i* volverse azul.

blind/er *t* blindar. **-age** *m* blindaje.

bloc *m* 1 bloque. 2 (de papiers) taco, bloc. 3 coalición *f*. | *faire* –, formar un conjunto ; *en* –, en conjunto, en bloque. 4 *à* –, a fondo.

blocage *m* bloqueo.

blockhaus |blɔkos| *m* blocao.

bloc-notes *m* bloc.

blocus |blɔkys| *m* bloqueo.

blond, e *a/s* rubio, a.

bloquer *t* bloquear. □ *se* –, agarrotarse.

blottir (se) *pr* acurrucarse, agazaparse.

blouse *f* 1 (d'infirmière, etc.) bata. 2 (de travail) guardapolvo *m*. 3 (chemisier) blusa.

blouson *m* cazadora *f*.

blue-jean |bludʒin| *m* pantalón vaquero, tejano : *des blue-jeans*, pantalones vaqueros, tejanos.

bluet *m* aciano.

bluff |blœf| *m* bluff, infundio.

boa *m* boa *f*.

bobard *m* FAM bulo.

bobine *f* 1 carrete *m* : *une – de fil, de film*, un carrete de hilo, de película. 2 (électrique) bobina.

bobo *m* FAM pupa *f*.

bocal *m* tarro.

bock *m* caña *f* pequeña.

bœuf |bœf, *pl* bø| *m* 1 buey. 2 (viande) vaca *f*.

boh/ème *a/s* bohemio, a. | *vie de* –, vida bohemia. **-émien, enne** *a/s* bohemio, a, gitano, a.

boire ° *t/i* 1 beber : *il ne boit que de l'eau*, sólo bebe agua ; *j'ai trop bu*, he bebido demasiado. | – *un coup*, echar un trago. 2 brindar : *buvons au succès de...*, brindemos por el éxito de... □ *m le – et le manger*, el beber y el comer.

bois *m* 1 (forêt) bosque. 2 madera *f* : *une table en – blanc*, una mesa de madera blanca. 3 (de chauffage) leña *f* : *feu de* –, fuego de leña. 4 – *de lit*, armazón *f* de cama. □ *pl*

MUS *les* —, los instrumentos de viento. **-é, ée** *a* poblado, a de árboles. **-erie** *f* revestimiento *m* de madera.

boisson *f* bebida.

boîte *f* 1 caja : — *à outils*, caja de herramientas. 2 — *en fer-blanc*, lata ; *conserves en* —, conservas en lata. 3 (généralement cylindrique) bote *m*. 4 — *aux lettres*, buzón *m*. 5 — *de vitesses*, caja de cambios. 6 — *de nuit*, sala de baile, boite.

boit/er *i* cojear. **-eux, euse** *a/s* cojo, a.

boîtier *m* caja *f*.

bol *m* tazón. | FAM *en avoir ras le* —, estar hasta la coronilla.

boléro *m* bolero.

bolide *m* bólido.

Bolivie *n p f* Bolivia.

bolivien, enne *a/s* boliviano, a.

bombard/er *t* bombardear. **-ement** *m* bombardeo. **-ier** *m* bombardero.

bombe *f* 1 bomba. 2 FAM *faire la* —, ir de juerga. 3 (atomiseur) spray *m*.

bombé, e *a* abombado, a.

bomber *t* — *la poitrine*, sacar el pecho.

¹**bon, bonne** *a* 1 bueno (buen devant un masculin), buena : — *à manger*, bueno de comer ; — *voyage!*, ¡buen viaje! ; *c'est* — *à savoir*, bueno es saberlo. 2 — *pour le service*, apto para el servicio.

²**bon** *adv* 1 *sentir* —, oler bien ; *il fait* — *ici*, se está bien aquí. 2 *tenir* —, aguantar, resistir, 3 *à quoi* — *?*, ¿para qué? ; *pour de* —, de veras. □ *interj* ¡bueno!, ¡bien!

³**bon** *m* 1 vale, bono. | — *du Trésor*, bono del Tesoro ; — *pour cent francs*, vale por cien francos. 2 *un* — *à rien*, un inepto.

bonbon *m* caramelo.

bonbonne *f* bombona.

bonbonnière *f* bombonera.

bond *m* salto, brinco : *faire un* —, pegar un salto.

bondé, e *a* abarrotado, a, atestado, a : *un train* —, un tren atestado de gente.

bond/ir *i* 1 saltar, brincar. 2 — *sur*, arrojarse sobre. 3 FIG *faire* —, indignar. **-issant, e** *a* brincador, a.

bonheur *m* 1 felicidad *f*, dicha *f*. 2 (chance) suerte : *cela porte* —, eso trae suerte. | *par* —, por suerte ; *au petit* —, a lo que salga.

bonhomie *f* bondad.

bonhomme *m* 1 hombre, tío. 2 monigote, muñeco : *dessiner des bonshommes*, dibujar monigotes. 3 — *de neige*, muñeco de nieve.

boniment *m* soflama *f*, perorata *f*.

bonjour *m* 1 (le matin) buenos días. 2 (l'après-midi) buenas tardes. | *dire* —, saludar. □ *interj* FAM ¡hola!

bonne *a* ⇒ **bon**. □ *f* criada : — *à tout faire*, criada para todo. | — *d'enfants*, niñera.

bonnet *m* 1 gorro : — *de bain*, gorro de baño. 2 — *de police*, gorra *f* de cuartel. 3 FAM *gros* —, pez gordo.

bonnet/erie [bɔnɛtRi] *f* géneros *m pl* de punto. **-ier** *m* fabricante, vendedor de géneros de punto.

bonsoir *m* 1 buenas noches *f pl*. 2 (avant la nuit) buenas tardes *f pl*.

bonté *f* bondad.

bord *m* 1 borde : *plein jusqu'au* —, lleno hasta el borde. 2 orilla *f* : *au* — *de la mer*, a orillas del mar. 3 (de chapeau) ala *f*. 4 bordo : *monter à* — *d'un voilier*, subir a bordo de un velero. | *jeter par-dessus* —, echar por la borda ; FIG *être du même* —, tener la misma opinión.

Bordeaux [bɔRdo] *n p* Burdeos.

bord/eaux *m* vino de Burdeos **-elais, e** *a/s* bordelés, esa.

border *t* 1 bordear : *route bordée d'arbres*, carretera bordeada de árboles. 2 (un vêtement) ribetear. 3 — *le lit*, remeter la ropa de cama.

bordereau *m* borderó, nota *f*.

bordure ƒ 1 borde m : en — de la route, en el borde de la carretera. 2 (d'un trottoir) bordillo m.

boréal, e a boreal.

borgne a 1 tuerto, a. 2 hôtel —, hotel de mala fama.

borne ƒ 1 mojón m. 2 — kilométrique, poste m cuenta kilómetros. 3 dépasser des bornes, pasarse de la raya. 4 ÉLECTR borne m.

borné, e a esprit —, espíritu corto, de pocos alcances.

borner t limitar. □ se — à, limitarse a.

bosquet m bosquecillo.

bosse ƒ 1 giba, joroba. 2 chichón m : je me suis fait une — au front, me he hecho un chichón en la frente. 3 (saillie) abolladura.

bossel/er ° t abollar. **-ure** ƒ abolladura.

bossu, e a/s jorobado, a.

bot a pied —, pie zopo.

botan/ique a/ƒ botánico, a. **-iste** s botánico, a.

¹botte ƒ 1 (de paille) haz m, gavilla. 2 manojo m : une — d'asperges, un manojo de espárragos.

²bott/e ƒ bota. **-illon** m botín. **-ine** ƒ botina.

bouc m 1 macho cabrío. 2 — émissaire, chivo emisario, víctima ƒ. 3 (barbe) perilla ƒ.

boucan m FAM jaleo.

bouch/e ƒ 1 boca. l faire la fine —, hacer remilgos ; une fine —, un gastrónomo. 2 — d'eau, boca de riego. **-ée** ƒ bocado m.

¹boucher t 1 tapar. 2 (engorger) atascar. □ se — le nez, les oreilles, taparse la nariz, los oídos.

²bouch/er, ère s carnicero, a. **-erie** ƒ carnicería.

bouche-trou m tapagujeros, suplente.

bouchon m 1 tapón m. 2 — de liège, corcho. 3 (sur la route) embotellamiento, atasco.

boucle ƒ 1 hebilla. 2 — d'oreille, pendiente m, zarcillo m. 3 (cheveux) rizo m, bucle. 4 (courbe) curva.

boucler t 1 — une ceinture, abrochar un cinturón. 2 — les valises, cerrar las maletas. 3 FAM boucle-la !, ¡cállate ! □ i ses cheveux bouclent, se le riza el pelo.

bouclier m escudo.

bouddh/isme m budismo. **-iste** a/s budista.

boud/er i estar enfurruñado, a. □ t le voisin nous boude, el vecino nos pone mala cara. **-eur, euse** a/s mohino, a.

boudin m 1 morcilla ƒ. 2 ressort à —, muelle en espiral.

boue ƒ barro, lodo m.

bouée ƒ 1 boya. 2 — de sauvetage, salvavidas m.

boueux, euse a fangoso, a. □ m (éboueur) basurero.

bouffant, e a pantalon —, pantalón bombacho.

bouffée ƒ 1 bocanada. 2 — de chaleur, bochorno m.

bouffer i ahuecarse. □ i/t FAM (manger) jalar.

bouffi, e a hinchado, a.

bouffon, onne a/m bufón, ona.

bougeoir [buʒwaʀ] m palmatoria ƒ.

bouger ° i moverse : ne bougez pas !, ¡no se mueva !

bougie ƒ bujía.

bougon, onne a/s gruñón, ona. **-ner** i refunfuñar.

bouillabaisse ƒ sopa de pescado.

bouill/ir ° i hervir : l'eau bout, el agua hierve. **-ant, e** a l eau bouillante, agua hirviendo. 2 FIG ardiente. **-ie** ƒ papilla. l réduire en —, hacer puré. **-oire** ƒ hervidor m.

bouill/on m 1 caldo. 2 à gros bouillons, a borbotones. **-onnement** m borboteo. **-onner** i borbotear. **-ote** ƒ calentador m.

boulang/er, ère *s* panadero, a. **-erie** *f* panadería.

boule *f* 1 bola. 2 *jouer aux boules*, jugar a las bochas.

bouleau *m* abedul.

bouledogue *m* buldog.

boulet *m* — *de canon*, bala *f*.

boulette *f* 1 bolita. 2 (cuisine) albóndiga. 3 FAM *faire une* —, meter la pata.

boulevard [bulvar] *m* bulevar.

boulevers/er *t* trastornar. **-ement** *m* trastorno.

boulon *m* perno.

boulot *m* FAM trabajo. I *au* —!, ¡a trabajar!

bouquet *m* 1 ramillete, ramo : — *de fleurs*, ramo de flores. 2 — *d'arbres*, bosquecillo. 3 (vin) aroma, buqué.

bouquin *m* FAM libro. **-er** *i* leer.

bourb/e *f* cieno *m*. **-eux, euse** *a* cenagoso, a. **-ier** *m* cenagal.

bourde *f* FAM trola, bola.

bourdon *m* (insecte) abejorro. **-ner** *i* zumbar : *mes oreilles bourdonnent*, me zumban los oídos. **-nement** *m* zumbido.

bourg [bur] *m* población *f*. **-ade** *f* aldea.

bourgeois, e [burʒwa, waz] *a/s* burgués, esa. **-ement** *adv* de manera burguesa. **-ie** *f* burguesía.

bourgeon [burʒɔ̃] *m* yema *f*, botón. **-ner** *i* brotar.

Bourgogne *n p f* Borgoña.

bour/gogne *m* vino de Borgoña. **-guignon, onne** *a/s* borgoñón, ona.

bourrade *f* golpe *m*, empujón *m*.

bourrasque *f* borrasca.

bourreau *m* verdugo.

bourré, e *a* être — *de*, estar repleto, a de, atiborrado, a de.

bourrelet *m* 1 burlete. 2 (de graisse) michelín, rosco.

bourrelier *m* guarnicionero.

bourrer *t* 1 atestar, atiborrar. 2 (de nourriture) atracar, atiborrar.

bourri/que *f* borrica., **-cot** *m* borriquito.

bourru, e *a* brusco, a.

¹bourse *f* 1 (sac) bolsa. 2 (d'études) beca.

²Bourse *f* Bolsa.

boursier, ère *s* (étudiant) becario, a. □ *a* (de la Bourse) bursátil.

boursoufler *t* hinchar.

bouscul/er *t* atropellar, empujar. □ *se* —, atropellarse. **-ade** *f* empujón *m*, atropello *m*.

bouse *f* boñiga.

bousiller *t* FAM echar a perder, estropear.

boussole *f* brújula.

¹bout *m* 1 cabo, punta *f*, extremo : *au* — *de la table*, en el extremo de la mesa; *au* — *d'un an*, al cabo de un año; *d'un* — *à l'autre*, de cabo a rabo; *du* — *des doigts*, con la punta de los dedos. I *à* — *portant*, a quemarropa; *au* — *du compte*, después de todo; *être à* —, estar rendido, a; *venir à* — *de*, llevar a cabo. 2 fin, final : *jusqu'au* —, hasta el fin. 3 pedacito, trozo : *un* — *de pain*, un pedacito de pan. 4 FAM *mettre les bouts*, largarse.

²bout ⇒ **bouillir**.

boutade *f* ocurrencia, ex abrupto *m*.

bouteille *f* botella.

boutique *f* tienda.

bouton *m* 1 botón : *il manque un* — *à ma veste*, falta un botón a mi americana; *appuyer sur le* —, pulsar el botón. I *boutons de manchette*, gemelos; *bouton-pression*, automático. 2 (de porte) pomo. 3 (sur la peau) grano. 4 (bourgeon) botón, yema *f*. 5 *bouton-d'or*, botón de oro.

boutonn/er *t* abotonar, abrochar. **-ière** *f* ojal *m*.

bouture *f* esqueje *m*.

bouvreuil *m* pardillo.

bovin, e *a/m* bovino, a.

box *m* compartimiento.

BOX 44

box/e *f* boxeo *m*. **-eur** *m* boxeador.

boyau [bwajo] *m* 1 tripa *f*. 2 (pneu) tubular.

boy/cotter [bɔjkɔte] *t* boicotear. **-cott, -cottage** *m* boicoteo.

bracelet *m* pulsera *f*. | *bracelet-montre*, reloj de pulsera.

braconnier *m* cazador furtivo.

braguette *f* bragueta.

braill/er *i* gritar, chillar. **-ard, e** *a/s* chillón, ona.

brai/re ° *i* rebuznar. **-ment** *m* rebuzno.

braise *f* brasa.

brancard *m* camilla *f*. **-ier** *m* camillero.

branchage *m* ramaje.

branche *f* 1 rama. 2 (de lunette) varilla. 3 FIG (de l'industrie) ramo *m*.

branch/er *t* conectar, empalmar : *— un appareil électrique*, conectar un aparato eléctrico. **-ement** *m* empalme, conexión *f*.

branchies *f pl* branquias.

brandir *t* blandir.

branl/er *t* menear. □ *i* tambalearse. **-ant, e** *a* tambaleante. **-e** *m mettre en —*, poner en movimiento.

braquer *t* 1 (arme) apuntar. 2 *— les yeux sur*, fijar la mirada en. □ *i voiture qui braque bien*, coche que gira bien.

bras *m* 1 brazo : *elle entra au — de son mari*, entró del brazo de su marido ; *ils allaient — dessus, — dessous*, iban cogidos del brazo ; *à — ouverts*, con los brazos abiertos. | *à — raccourcis*, con violencia ; *en — de chemise*, en mangas de camisa. 2 (d'un fauteuil) brazo.

brasier *m* hoguera *f*.

brassard *m* brazal.

brasse *f* braza.

brassée *f* brazada.

brasser *t* 1 (la pâte) amasar. 2 (des affaires) manejar.

brasserie *f* cervecería.

brassière *f* camisita de bebé.

bravade *f* bravata.

brave *a* 1 (courageux) valiente. 2 bueno, a : *un — garçon*, un buen chico ; *de braves gens*, buena gente.

braver *t* 1 *— l'ennemi*, desafiar al enemigo. 2 *— un danger*, arrostrar un peligro.

bravo! *interj* ¡bravo! □ *m* aclamación *f*.

bravoure *f* valentía.

brebis *f* oveja.

brèche *f* brecha.

bredouille *a rentrer —*, volver con las manos vacías.

bredouiller *i* farfullar, balbucir.

bref, brève *a* breve. □ *adv* en una palabra.

breloque *f* dije *m*.

Brésil *n p m* Brasil.

brésilien, enne *a/s* brasileño, a.

Bretagne *n p f* Bretaña.

bretelle *f* 1 correa. 2 (d'autoroute) carretera de enlace. □ *pl* (de pantalon, etc.) tirantes *m* : *les bretelles d'un soutien-gorge*, los tirantes de un sostén.

breton, onne *a/s* bretón, ona.

breuvage *m* brebaje.

brève ⇒ **bref.**

brevet *m* 1 *— d'invention*, patente *f* de invención. 2 diploma. 3 (professionnel) título. **-er** ° *t* patentar.

bréviaire *m* breviario.

bribes *f pl* 1 migajas. 2 restos *m*.

bric-à-brac *m* baratillo.

bricolage *m* 1 bricolage. 2 (réparation) remiendo.

bricol/e *f* chapuza, chapuz *m*. **-er** *i* hacer chapuzas. **-eur** *a* mañoso.

bride *f* brida. | *à — abattue*, a rienda suelta.

bridé *a yeux bridés*, ojos oblicuos.

bridge *m* 1 *jouer au —*, jugar al bridge. 2 (dent) puente.

brièveté *f* brevedad, concisión.

-ment *adv* brevemente.
brigad/e *f* brigada. **-ier** *m* cabo.
brigand *m* bandido. **-age** *m* bandidaje.
Brigitte *n p f* Brígida.
brill/er *i* brillar. **-ant, e** *a* brillante. □ *m* 1 (éclat) brillo. 2 (diamant) brillante.
brimer *t* molestar, humillar.
brin *m* 1 — *d'herbe*, tallito de hierba. 2 — *de paille*, brizna *f* de paja. 3 (de corde) hebra *f*. 4 (petit peu) *un — de*, un poquito de.
brindille *f* ramita.
brioche *f* bollo *m*.
brique *f* ladrillo *m*.
briquet *m* encendedor, mechero.
brise *f* brisa, airecillo *m*.
brise-lames *m* rompeolas.
briser *t* 1 romper : — *un verre*, romper un vaso. 2 quebrar : *ligne brisée*, línea quebrada. 3 — *la résistance*, quebrantar la resistencia. 4 (fatiguer) moler, rendir : *brisé de fatigue*, molido. □ pr *sa voix se brise*, se le quiebra la voz.
bristol *m* cartulina *f*.
britannique *a/s* británico, a.
broc |bRo| *m* jarro grande.
brocanteur *m* chamarilero.
broche *f* 1 asador *m*. I *poulet à la* —, pollo asado. 2 (bijou) broche *m*, alfiler *m*.
broché, e *a* livre —, libro en rústica.
brochet *m* lucio.
brochette *f* broqueta.
brochure *f* (petit livre) folleto *m*.
brodequin *m* borceguí.
brod/er *t* bordar. **-erie** *f* bordado *m*.
bronche *f* bronquio *m*.
broncher *i* 1 tropezar. 2 *sans* —, sin chistar.
bronchite *f* bronquitis.
bronz/e *m* bronce. **-age** *m* bronceado. **-er** *t* broncear. □ i/pr *être bronzé*, estar moreno ; *elle a*

bronzé cet été, se ha puesto morena este verano ; *se — au soleil*, broncearse al sol.
bross/e *f* 1 cepillo *m* : — *à dents*, cepillo de dientes; — *à habits*, cepillo para la ropa. 2 (pinceau) brocha. **-er** *t* cepillar. □ *se — les dents*, limpiarse los dientes.
brouette *f* carretilla.
brouhaha |bRuaa| *m* batahola *f*, ruido.
brouillard *m* niebla *f*.
brouiller *t* 1 (mêler) revolver, mezclar. I *œufs brouillés*, huevos revueltos. 2 (émission de radio) perturbar. 3 — *les idées*, confundir las ideas. □ pr 1 *le ciel se brouille*, el cielo se está nublando. 2 *ils se sont brouillés*, han reñido ; *il s'est brouillé avec sa famille*, se ha enemistado con su familia.
brouillon *m* borrador. I *au* —, en sucio.
broussaille *f* maleza, broza. I *cheveux en* —, pelo enmarañado.
brousse *f* sabana arbolada.
brouter *t* ramonear, pacer. □ *i* (un mécanisme) vibrar.
broyer ° |bRwaje| *t* 1 moler, triturar. 2 FIG — *du noir*, tener ideas negras.
bru *f* nuera.
bruin/e *f* llovizna, cernidillo *m*. **-er** *i* lloviznar.
bruissement *m* susurro.
bruit *m* 1 ruido. 2 *le — court que...*, corre el rumor de que...
brûlant, e *a* muy caliente, ardiente, abrasador, a.
brûlé *m* sentir le —, oler a quemado.
brûle-pourpoint (à) *loc adv* a quema ropa.
brûl/er *t* 1 quemar. 2 (café) tostar. 3 — *un feu rouge*, saltarse un semáforo en rojo. □ *i* 1 *le bois brûle*, la leña arde. 2 quemarse : *le rôti brûle !*, ¡el asado se quema ! ; *peau brûlée par le soleil*, piel quemada del sol. 3 — *d'envie*, arder en

deseos. □ pr *je me suis brûlé la
langue*, me he quemado la lengua.
-ure *f* quemadura.

brum/e *f* bruma. **-eux, euse** *a*
brumoso, a.

brun, e *a* pardo, a : *ours —*, oso
pardo. □ *a/s* moreno, a : *il a les
cheveux bruns*, tiene el pelo
moreno ; *c'est un —*, es un moreno.

brunir *t* tostar. □ *i* ponerse
moreno, a, broncearse : *il a bruni
pendant les vacances*, se ha puesto
moreno durante las vacaciones.

brusqu/e *a* brusco, a. **-er** *t* 1
tratar con dureza a. 2 *— son
départ*, apresurar la salida. **-erie** *f*
brusquedad.

brut, e [bʀyt] *a poids —*, peso
bruto ; *diamant —*, diamante en
bruto. I *pétrole —*, petróleo crudo ;
champagne —, champán seco.

brutal, e *a* brutal. **-ement** *adv*
brutalmente. **-iser** *t* maltratar.
-ité *f* brutalidad.

brute f *une —*, un bruto.

Bruxelles [bʀysɛl] *n p* Bruselas.

bruy/ant, e [bʀyjã, ãt] *a* ruidoso,
a. **-amment** *adv* ruidosamente.

bruyère [bʀyjɛʀ] *f* brezo *m*.

buanderie *f* lavadero *m*.

bu ⇒ **boire**.

bûche *f* 1 leño *m*. 2 FAM *ramasser
une —*, coger una liebre.

¹bûcher *m* 1 leñera *f*. 2 *mourir sur
le —*, morir en la hoguera.

²bûch/er *t/i* FAM empollar,
trabajar afanosamente. **-eur,
euse** *a/s* empollón, ona.

bûcheron *m* leñador.

bucolique *a/f* bucólico, a.

budg/et *m* presupuesto. **-étaire** *a*
presupuestario, a.

buée *f* vaho *m*. I *couvert de —*,
empañado.

buffet [byfɛ] *m* 1 (meuble)
aparador. 2 (table garnie de mets)
buffet. 3 *le — de la gare*, la fonda
de la estación.

buffle *m* búfalo.

buis [bɥi] *m* boj.

buisson *m* matorral, zarzal.
-nier, ère *a faire l'école
buissonnière*, hacèr novillos.

bulb/e *m* bulbo. **-eux, euse** *a*
bulboso, a.

bulgare *a/s* búlgaro, a.

Bulgarie *n p f* Bulgaria.

bulldozer [byldozœʀ] *m*
excavadora *f*, bulldozer.

bulle *f* 1 (d'air) burbuja. 2 *— le
savon*, pompa de jabón.

bulletin [byltɛ̃] *m* 1 boletín. 2 *—
météorologique, de santé*, parte
meteorológico, facultativo. 3 *— le
bagages*, talón de equipaje. 4 *— de
vote*, papeleta *f* de voto. 5 *— de
paie*, hoja *f* de paga.

bureau *m* 1 (table) escritor'o,
mesa *f* de despacho. 2 (pièce) despacho. 3 oficina *f* : *les bureaux
d'une agence*, las oficinas de una
agencia ; *— de poste*, oficina de
correos. 4 (spectacles) *— de location*, contaduría *f*. 5 *— de tabac*,
estanco. 6 (d'une assemblée) mesa
f.

bureaucrat/e *m* burócrata. **-ie**
[byʀokʀasi] *f* burocracia. **-ique** *a*
burocrático, a.

burette *f* 1 alcuza. 2 (d'église)
vinajera.

burin *m* buril.

burlesque *a* burlesco, a.

burnous [byʀnu(s)] *m* albornoz.

buse *f* (oiseau) cernícalo *m*.

busqué, e *a nez —*, nariz corva.

buste *m* busto.

but [by, byt] *m* 1 blanco ; *atteinare
le —*, dar en el blanco. 2 objeto,
fin : *dans le — de...*, con el fin de... I
aller droit au —, ir al grano. 3
(sports) meta *f*, portería *f* : *les
buts*, la portería ; (point) tanto :
deux buts à zéro, dos a cero ;
marquer un —, meter un gol. 4 *de
— en blanc*, de golpe y porrazo.

butane *m* butano.

buté, e *a* terco, a.

buter *i — contre*, tropezar con. □

se —, obstinarse, emperrarse.
butin *m* botín.
butiner *i/t* libar.
butoir *m* tope.
butte *f* **1** loma, cerro *m*. **2** *être en*
— *à*, estar expuesto, a a.

buvable *a* bebible.
buvard a/m *papier* —, papel
secante.
buvette *f* cantina, aguaducho *m*.
buveur, euse *a/s* bebedor, a.
byzantin, e *a/s* bizantino, a.

c

c *m* c *f*: *un* —, una c.

c' ⇒ **ce.**

¹ça ⇒ **cela.**

²çà *adv* — *et là,* aquí y allá.

cabane *f* choza, cabaña. I — *à lapins,* conejar *m.*

cabaret *m* sala *f* de fiestas.

cabas *m* capacho.

cabestan *m* cabrestante.

cabillaud *m* bacalao fresco.

cabine *f* 1(d'un bateau) camarote *m.* 2 (avion, ascenseur) cabina. I — *téléphonique,* cabina telefónica, locutorio *m.* 3 — *de bain,* caseta de baño.

cabinet *m* 1 — *de toilette,* cuarto de aseo. 2 *les cabinets,* el retrete. 3 — *de travail,* despacho. 4 (d'un médecin) consultorio. 5 (ministres) gabinete.

câbl/e *m* cable. **-er** *t* cablegrafiar.

cabochard, e *a* FAM cabezón, ona.

cabosser *t* abollar.

cabotage *m* cabotaje.

cabrer (se) *pr* 1 encabritarse. 2 (une personne) irritarse, rebelarse.

cabri *m* cabrito.

cabriole *f* voltereta, cabriola.

caca *m* FAM caca *f.*

cacahouète [kakawɛt] *f* cacahuete *m.*

cacao *m* cacao.

cacatoès [kakatɔɛs] *m* cacatúa *f.*

cachalot *m* cachalote.

cache-cache *m* escondite.

cache-col *m* bufanda *f.*

Cachemire *n p m* Cachemira *f.*

cachemire *m* casimir.

cache-nez [kaʃne] *m* bufanda *f.*

cacher *t* esconder, ocultar. □ *se* —, esconderse, ocultarse: *le soleil s'est caché,* el sol se ha ocultado.

cachet *m* 1 (marque) matasellos. 2 (médicament) sello.

cacheter ° *t* — *une lettre,* cerrar una carta.

cachette *f* escondrijo *m,* escondite *m.* I *en* —, a escondidas.

cachot *m* calabozo.

cachotterie *f* tapujo *m.*

cactus [kaktys] *m* cacto.

cadastre *m* catastro.

cadavre *m* cadáver.

cadeau *m* regalo. I *faire* — *de,* regalar.

cadenas [kadna] *m* candado.

cadence *f* cadencia, compás *m* : *en* —, a compás.

cadet, ette *a* menor: *ma sœur cadette,* mi hermana menor. □ *s* 1 hijo, hija menor. 2 *il est mon* — *d'un an,* es un año menor que yo.

Cadix *n p* Cádiz.

cadran *m* 1 esfera *f.* 2 — *solaire,* reloj de sol.

cadre *m* 1 (d'un tableau) marco. 2 (d'une bicyclette) cuadro. 3 FIG *dans le* — *de,* en el marco de. 4 *les cadres d'une entreprise,* los dirigentes de una empresa; — *supérieur,* ejecutivo.

cadrer *i* cuadrar.

caduc, uque [kadyk] *a* caduco, a.

cafard *m* 1 (insecte) cucaracha *f.* 2 *avoir le* —, tener morriña. 3 FAM (dénonciateur) chivato.

caf/é *m* café: — *noir,* café solo; — *crème,* café con leche; *la terrasse d'un* —, la terraza de un café. **-etière** *f* cafetera. **-éine** *f* cafeína. **-étéria** *f* cafetería.

cage *f* 1 jaula. 2 (d'escalier, d'ascenseur) caja.

cageot [kaʒo] *m* cajón.

cagneux, euse *a* patizambo, a.

cagnotte *f* banca, hucha.

cagoule *f* 1 cogulla. 2 (d'enfant) verdugo *m*.

cahier [kaje] *m* cuaderno.

cahot [kao] *m* tumbo, traqueteo. **-er** *i* traquetear.

cahute *f* chabola.

caille *f* codorniz.

caill/er *t* cuajar : *lait caillé*, leche cuajada. **-ot** *m* coágulo, cuajarón.

caillou *m* guijarro, china *f*. **-teux, euse** *a* pedregoso, a. **-tis** *m* grava *f*.

caïman *m* caimán.

Caire (Le) *n p m* El Cairo.

caiss/e *f* 1 caja : — *enregistreuse*, caja registradora ; — *d'épargne*, caja de Ahorros. I *passer à la —*, ir a cobrar. 2 *grosse —*, bombo *m*. **-ier, ère** *s* cajero, a.

caisson *m* 1 (de plongeur) campana *f* de buzo. 2 (plafond) artesón.

cajol/er *t* mimar. **-erie** *f* mimo *m*, zalamería. **-eur, euse** *a/s* zalamero, a.

cake [kɛk] *m* cake.

calamité *f* calamidad.

calandre *f* (d'automobile) rejilla del radiador.

calcaire *a* calcáreo, a. □ *m* caliza *f*.

calciner *t* calcinar.

calcium [kalsjɔm] *m* calcio.

calcul [kalkyl] *m* cálculo.

calcul/er *t* calcular. I *machine à —*, calculadora. **-ateur, trice** *a/s* calculador, a.

cale *f* 1 (d'un navire) bodega. I — *sèche*, dique *m* seco. 2 (pour caler) calce *m*, cuña.

calebasse *f* calabaza.

caleçon *m* calzoncillos *pl*.

calendrier *m* calendario.

calepin *m* carnet, agenda.

caler *t* (mettre une cale) calzar. □ *i* calarse : *le moteur a calé*, el motor se ha calado.

calfater *t* calafatear.

calfeutrer *t* tapar las rendijas de.

calibr/e *m* 1 calibre. 2 (instrument) calibrador. **-er** *t* calibrar.

calice *m* cáliz.

calicot *m* calicó.

calife *m* califa.

califourchon (à) *loc adv* a horcajadas.

câlin, e *a/s* mimoso, a. **-er** *t* mimar. **-erie** *f* mimo *m*.

calligraphie *f* caligrafía.

calmant, e *a/m* calmante, sedante.

calmar *m* calamar.

calm/e *a* tranquilo, a. I *la mer est —*, el mar está en calma. □ *m* calma *f* : *perdre son —*, perder la calma. **-er** *t* calmar. □ *se —*, calmarse.

calomni/e *f* calumnia. **-er** *t* calumniar. **-eux, euse** *a* calumnioso, a.

calor/ie *f* caloría. **-ifique** *a* calorífico, a.

calotte *f* 1 (d'ecclésiastique) solideo *m*. 2 FAM (gifle) bofetada, torta.

calqu/er *t* calcar. **-e** *m* calco.

calvaire *m* calvario.

calvin/isme *m* calvinismo. **-iste** *s* calvinista.

calvitie [kalvisi] *f* calvicie.

camarad/e *s* camarada, compañero, a. **-erie** *f* camaradería.

Cambodge *n p m* Camboya *f*.

cambouis [kãbwi] *m* grasa *f* sucia.

cambriol/er *t* robar, desvalijar. **-age** *m* robo. **-eur, euse** *s* ladrón, ona.

came *f* (mécanique) leva.

camée *m* camafeo.

caméléon *m* camaleón.

camélia *m* camelia *f*.

camelot [kamlo] *m* vendedor callejero.

camelote *f* 1 baratijas *f pl*. I *ce*

briquet, c'est de la —, este encendedor es una baratija. 2 (*ouvrage mal fait*) chapucería.

caméra *f* tomavistas *m*.

camion *m* camión. **-nette** *f* camioneta. **-neur** *m* camionero.

camisole *f* — *de force*, camisa de fuerza.

camomille *f* manzanilla.

camoufl/er *t* 1 disfrazar, disimular. 2 MIL camuflar. **-age** *m* MIL camuflaje.

camp |kã] *m* campo. I FAM *ficher le* —, largarse.

campagnard, e *a/s* campesino, a.

campagne *f* 1 campo *m* : *il vit à la* —, vive en el campo. 2 (militaire, électorale) campaña.

campanile *m* campanil.

camp/er *i* acampar, hacer camping. **-ement** *m* campamento. **-eur, euse** *s* campista.

camphre |kãfʀ] *m* alcanfor.

camping *m* camping.

campus |kãpys] *m* campus.

camus *a nez* —, nariz chata.

Canada *n p m* Canadá.

canadien, enne *a/s* canadiense. ☐ *f* (veste) chaqueta forrada de piel.

canaill/e *f* canalla *m*. **-erie** *f* canallada.

canal *m* canal: *des canaux*, canales.

canalis/er *t* canalizar. **-ation** *f* canalización.

canapé *m* canapé, sofá.

canard *m* pato.

canari *m* canario.

canarien, enne *a/s* canario, a.

Canaries *n p f pl* Canarias.

cancan *m* chisme. **-er** *i* chismear.

canc/er |kãsɛʀ] *m* cáncer. **-éreux, euse** *a* canceroso, a. **-érigène** *a* cancerígeno, a.

candélabre *m* candelabro.

candeur *f* candor *m*.

candidat, e *s* candidato, a. **-ure** *f* candidatura.

candide *a* cándido, a.

cane *f* pata. **-ton** *m* anadón.

canevas |kanva] *m* cañamazo.

caniche *m* perro de aguas, caniche.

canicul/e *f* canícula. **-aire** *a* canicular.

canif *m* navaja *f*, cortaplumas.

canine *f* colmillo *m*, canino *m*.

caniveau *m* arroyo.

canne *f* 1 bastón *m*. 2 — *à sucre*, caña de azúcar. 3 — *à pêche*, caña de pescar.

canné, ée *a chaise cannée*, silla de rejilla.

cannelle *f* canela.

cannelure *f* acanaladura.

cannibal/e *a/s* caníbal. **-isme** *m* canibalismo.

canoë |kanɔe] *m* canoa *f*.

¹canon *m* cañón. I *coup de* —, cañonazo.

²canon *m* (règles, en musique) canon.

canoniser *t* canonizar.

canonnade *f* cañoneo *m*.

canot *m* bote, lancha *f* : — *de sauvetage*, bote salvavidas ; — *automobile*, lancha motora. **-age** *m* remo. **-er** *i* pasearse en bote.

canotier *m* (chapeau) canotié.

cantate *f* cantata.

cantatrice *f* cantatriz.

cantine *f* 1 cantina, refectorio *m*. 2 (malle) cantina.

cantique *m* cántico.

canton *m* cantón.

cantonade f *parler à la* —, hablar al paño.

canton/er *i* acantonarse. ☐ *se* —, limitarse. **-ement** *m* acantonamiento.

cantonnier *m* peón caminero.

caoutch/ouc |kautʃu] *m* 1 caucho. 2 goma *f* : *bottes, semelles en* —, botas, suelas de goma ; — *mousse*, goma espuma.

-outer *t* encauchar.

cap |kap] *m* **1** (de terre) cabo. **2** (direction) rumbo : *mettre le — sur*, hacer rumbo a.

capable *a* capaz : *capables de...*, capaces de...

capacité *f* capacidad.

cape *f* capa. | *rire sous —*, reir para sus adentros.

capitaine *m* capitán.

capital, e *a* capital. □ *m* capital : *il a investi tout son — dans cette entreprise*, ha invertido todo su capital en esta empresa. □ *f* **1** capital : *Madrid est la — de l'Espagne*, Madrid es la capital de España. **2** (lettre) mayúscula, versal.

capital/isme *m* capitalismo. **-iste** *s* capitalista.

capitonner *t* acolchar.

capitul/er *i* capitular. **-ation** *f* capitulación.

caporal *m* cabo.

capot [kapo] *m* capó, morro.

capote *f* **1** (manteau) capote *m*. **2** (voiture) capota.

capoter *i* volcar.

câpre *f* alcaparra.

capric/e *m* capricho. **-ieux, euse** *a* caprichoso, a.

capsule *f* **1** cápsula. **2** (d'une bouteille) chapa.

capt/er *t* captar. **-age** *m* captación *f*.

capti/f, ive *a/s* cautivo, a. **-vant, e** *a* cautivador, a. **-ver** *t* cautivar. **-vité** *f* cautividad, cautiverio *m*.

captur/e *f* captura. **-er** *t* capturar.

capuch/e *f* capucha. **-on** *m* **1** capucha *f*. **2** (d'un stylo) capuchón.

capucine *f* capuchina.

caqueter *i* **1** (poule) cacarear. **2** FIG charlar.

¹**car** *conj* porque, pues : *je prends mon parapluie — il pleut*, tomo mi paraguas porque está lloviendo.

²**car** *m* autocar.

carabine *f* carabina.

caractère *m* **1** carácter, letra *f* : *caractères typographiques*, caracteres tipográficos ; *en gros caractères*, en letras de molde. **2** carácter, genio, índole *f* : *il a bon, mauvais —*, tiene buen, mal genio. **3** FIG originalidad *f*, carácter.

caractéris/er *t* caracterizar. **-tique** *a/f* característico, a.

carafe *f* garrafa.

caraïbe *a/s* caribe.

carambol/er *t* chocar. □ *se —*, chocar : *plusieurs voitures se sont carambolées*, han chocado varios coches. **-age** *m* (de véhicules) serie *f* de colisiones.

caramel *m* **1** caramelo. **2** (bonbon) pastilla *f* de café, de chocolate con leche.

carapace *f* caparazón *m*, carapacho *m*.

carat *m* quilate.

caravan/e *f* caravana. **-ing** *m* caravaning.

caravelle *f* carabela.

carbon/e *m* **1** carbono. **2** *papier —*, papel carbón. **-ique** *a* carbónico, a. **-iser** *t* carbonizar.

carbur/e *m* carburo. **-ant** *m* carburante. **-ateur** *m* carburador. **-er** *i* carburar.

carcasse *f* **1** osamenta, esqueleto *m*. **2** (d'une volaille) caparazón *m*. **3** (armature) armazón.

cardiaque *a/s* cardíaco, a.

cardigan *m* cardigan.

cardinal, e *a* cardinal : *points cardinaux*, puntos cardinales. □ *m* (prélat) cardenal.

cardio/logie *f* cardiología. **-logue** *s* cardiólogo, a.

carême *m* cuaresma *f*.

carence *f* MÉD carencia.

carène *f* obra viva.

caréner ° *t* carenar.

caress/er *t* acariciar. **-ant, e** *a* acariciador, a. **-e** *f* caricia.

cargaison *f* cargamento *m*.

cargo *m* buque de carga.

caricatur/e *f* caricatura. **-er** *t* caricaturizar. **-iste** *m* caricaturista.

cari/e *f* caries. **-er** *t* cariar : *dent cariée*, diente cariado.

carillon *m* **1** carillón. **2** (sonnerie) campanilleo. **-ner** *i* (cloches) repicar. **2** (à la porte) campanillear. **-neur** *m* campanero.

carlingue *f* (d'avion) carlinga.

carmélite *f* carmelita.

carmin *m* carmín.

carnassier, ère *a/m* carnicero, a.

carnaval *m* carnaval.

carnet [kaʀnɛ] *m* carnet. | *— de chèques*, talonario de cheques ; *— de commandes*, cartera *f* de pedidos.

carnivore *a/m* carnívoro, a.

carotte *f* zanahoria.

caroubier *m* algarrobo.

carpe *f* carpa.

carpette *f* alfombrilla.

carre *f* (ski) canto *m*.

carré, e *a/m* cuadrado, a.

carreau *m* **1** (sol) baldosa *f*. | *— de faïence*, azulejo. **2** (vitre) cristal : *les carreaux d'une fenêtre*, los cristales de una ventana. **3** *chemise à carreaux*, camisa de cuadros. **4** (cartes) diamante.

carrefour [kaʀfuʀ] *m* encrucijada *f*.

carrel/age [kaʀlaʒ] *m* embaldosado. **-eur** *m* solador.

carrelet [kaʀlɛ] *m* platija *f*.

carrément *adv* rotundamente, francamente.

carrière *f* **1** (de pierres) cantera. **2** (profession) carrera.

carriole *f* carricoche *m*.

carrosserie *f* carrocería.

carrure *f* anchura de espaldas.

cartable *m* cartapacio.

carte *f* **1** tarjeta : *— de visite*, tarjeta de visita. | *— postale*, postal,

tarjeta postal. **2** *— d'identité*, carnet *m* de identidad ; *— grise*, documentación de un automóvil. **3** (dans un restaurant) minuta, lista. **4** (géographique) mapa *m* : *une — routière*, un mapa de carreteras. **5** (à jouer) naipe *m*, carta. | *un jeu de cartes*, una baraja ; *donner — blanche à*, dar carta blanca a.

carter [kaʀtɛʀ] *m* **1** (auto) cárter. **2** (bicyclette) cubrecadena.

carton *m* **1** cartón : *boîte en —*, caja de cartón. **2** *— à dessin*, cartapacio (de dibujo). **-ner** *t* encartonar.

cartouch/e *f* **1** cartucho *m*. **2** (stylo, briquet) recambio *m*, carga. **-ière** *f* **1** cartuchera. **2** (chasse) canana.

cas [ka] *m* **1** caso : *en — de besoin*, en caso de necesidad ; *faire — de*, hacer caso de. | *au — où tu ne pourrais pas venir*, (en) caso de que no puedas venir ; *en ce —*, en ese caso ; *en tout —*, en todo caso ; *le — échéant*, llegado el caso. **2** *— de conscience*, cargo de conciencia.

casanier, ère *a/s* casero, a.

casaque *f* casaca.

cascade *f* cascada.

cascadeur, euse *s* **1** acróbata. **2** (cinéma) doble.

case *f* **1** (cabane) choza. **2** (d'un damier, papier quadrillé, etc.) casilla.

caser *t* colocar.

caserne *f* cuartel *m*.

casier *m* **1** casillero. | *— à bouteilles*, botellero. **2** *— judiciaire*, registro de antecedentes penales.

casino *m* casino.

casque *m* casco.

casquette *f* gorra.

cassant, e *a* **1** quebradizo, a. **2** FIG *ton —*, tono tajante.

cassation *f* casación. | *Cour de —*, Tribunal *m* Supremo.

casse *f* **1** rotura. | *payer la —*, pagar lo roto. **2** (de voitures) desguace *m*.

casse-cou *m* atolondrado, temerario.

casse-croûte *m* refrigerio, tentempié, bocadillo.

casse-noisettes *m* cascanueces.

casse-pieds *a/m* FAM pesado, a, pelmazo, a.

casser *t* 1 romper : *il a cassé un carreau*, ha roto un cristal. 2 (en fendant) cascar, quebrantar. I *voix cassée*, voz cascada. 3 FIG — *la tête*, cansar, fastidiar. □ *se* —, romperse : *il s'est cassé un bras*, se ha roto un brazo.

casserole *f* cazo *m*, cacerola.

casse-tête *m* rompecabezas.

cassette *f* 1 cofrecito *m*, arqueta. 2 (de magnétophone) cassette.

cassis [kasis] *m* 1 casis *f*. 2 licor de casis 3 (de route) baden.

cassure *f* 1 rotura. 2 fractura.

castagnettes *f pl* castañuelas.

caste *f* casta.

castillan, e *a/s* castellano, a.

Castille *n p f* Castilla.

castor *m* castor.

casuist/e *s* casuista. **-ique** *f* casuística.

cataclysme *m* cataclismo.

catacombes *f pl* catacumbas.

catafalque *m* catafalco.

catalan, e *a/s* catalán, ana.

Catalogne *n p f* Cataluña.

catalogu/e *m* catálogo. **-er** *t* catalogar.

catalyse *f* catálisis.

cataplasme *m* cataplasma *f*.

catapulte *f* catapulta.

cataracte *f* catarata.

catastroph/e *f* catástrofe. I *en* —, a la desesperada. **-ique** *a* catastrófico, a.

catch *m* catch. **-eur** *m* pugilista.

catéch/isme *m* catecismo. **-iser** *t* catequizar.

catégorie *f* categoría.

catégorique *a* categórico, a.

-ment *adv* categóricamente, rotundamente.

cathédrale *f* catedral.

Catherine *n p f* Catalina.

catholi/que *a/s* católico, a. **-cisme** *m* catolicismo.

cauchemar *m* pesadilla *f*.

cause *f* 1 causa, motivo *m*. I *à* — *de*, a causa de ; *pour* — *de*, por causa de ; *et pour* —, y con razón. 2 *mettre en* —, acusar.

¹causer *t* causar.

²caus/er *i* hablar, conversar. **-erie** *f* charla. **-ette** *f* charla. I *faire la* —, estar de palique. **-eur, euse** *a/s* conversador, a.

caustique *a* cáustico, a.

cautériser *t* cauterizar.

caution *f* 1 fianza, caución : *liberté sous* —, libertad bajo fianza. 2 garantía, aval. 3 *sujet à* —, sospechoso. 4 *se porter* —, salir fiador. **-nement** *m* fianza *f*. **-ner** *t* abonar, garantizar.

cavalcade *f* cabalgata.

cavalerie *f* caballería.

¹cavalier *m* 1 jinete. 2 (danse) pareja *f*. 3 (échecs) caballo.

²caval/ier, ère *a* desenvuelto, a, impertinente, libre. □ *f* 1 amazona. 2 (danse) pareja. **-ièrement** *adv* con desenfado.

cav/e *f* 1 (à vin) bodega. 2 (sous-sol) cueva, sótano *m*. **-eau** *m* (sépulture) panteón, tumba *f*.

cavern/e *f* caverna. **-eux, euse** *a* cavernoso, a.

caviar *m* caviar.

cavité *f* cavidad.

¹ce, c' *pron dém* 1 lo : — *que je dis*, lo que digo ; — *qui est certain*, lo que es cierto. 2 (+ être, ne se traduit souvent pas) *c'est vrai*, es verdad ; *c'est moi*, soy yo ; *c'est toi*, eres tú ; *c'est là qu'il s'est marié*, allí se casó ; *c'est* — *qui va t'arriver*, eso te va a pasar a ti. 3 — *disant*, diciendo esto ; *sur* —, en esto.

²**ce, cet, cette,** pl **ces** [sǝ, sɛt, se] a dém (ce qui est ici) este, esta, estos, estas; (ce qui est là) ese, esa, esos, esas; (ce qui est très éloigné, dans l'espace ou dans le temps) aquel, aquella, aquellos, aquellas: — livre-ci, este libro; cet arbre-là, ese, aquel árbol; en — temps-là, en aquel tiempo; cette nuit-là, aquella noche.

ceci pron dém esto: — et cela, esto y aquello.

Cécile n p f Cecilia.

cécité f ceguera, ceguedad.

céder ° t 1 ceder. 2 (un commerce, etc.) traspasar. □ i ceder: la corde a cédé, ha cedido la cuerda.

cédille f cedilla.

cèdre m cedro.

ceindre ° t ceñir.

ceintur/e f 1 cinturón m: — de sauvetage, cinturón salvavidas; — de sécurité, cinturón de seguridad; — noire, cinturón negro (judo). 2 (en tissu, orthopédique) faja. 3 (partie du corps) cintura. **-on** m cinturón.

cela (FAM: **ça**) pron dém eso, esto, aquello: qu'est-ce que c'est que — ?, ¿ qué es esto?; prends —, toma eso; c'est —, eso es. | — ne fait rien, no importa; ça y est, ya está; ça va?, ¿ cómo estás?, ¿ cómo está usted?, ¿ qué tal ?

célèbre a célebre.

célébr/er ° t celebrar. **-ation** f celebración. **-ité** f celebridad.

céleri m apio.

céleste a 1 celeste. 2 (en religion) celestial.

célibat m celibato. **-aire** s soltero, a.

celle ⇒ celui.

cellier m bodega f.

cellophane f celofán m.

cellul/e f 1 (de couvent, prison) celda. 2 (biologie) célula. 3 (ruche) celdilla. 4 — photo-électrique, célula fotoeléctrica. **-aire** a celular.

celluloïd [selyloid] m celuloide.

cellulose f celulosa.

celui, celle, pl **ceux, celles** pron dém (+ de, que, qui) el, la, los, las: — de mon oncle, el de mi tío. 2 (+ dont, avec, pour, etc.) aquel, aquella, aquellos, aquellas: celle dont je parle, aquella de quien hablo. 3 celui-ci, celle-ci, ceux-ci, celles-ci, éste, ésta, éstos, éstas. 4 celui-là, celle-là, ceux-là, celles-là, aquél, aquélla, aquéllos, aquéllas (l'accent écrit les distingue des adjectifs).

cendr/e f ceniza. | mercredi des cendres, miércoles de ceniza. **-ier** m cenicero.

cène f cena.

cénotaphe m cenotafio.

censé, e a il est — être dans son bureau, se supone que está en su despacho; je ne suis pas — le savoir, no tengo por qué saberlo.

censeur m 1 censor. 2 (lycée) subdirector.

censur/e f censura. **-er** t censurar.

cent a 1 ciento: — deux, ciento dos; deux cents, doscientos, as. 2 (devant un nom ou devant mille, million) cien: — pages, cien páginas. | — pour —, cien por cien. □ m ciento. | dix pour —, diez por ciento.

centaine f centenar m, centena: par centaines, a centenares. | une — de francs, unos cien francos.

centenaire a/s centenario, a.

centième a/s centésimo, a.

centi/grade a/m centígrado. **-gramme** m centigramo. **-litre** m centilitro.

centime m céntimo.

centimètre m centímetro.

central, e a 1 central. 2 céntrico, a: quartiers centraux, barrios céntricos. □ m — téléphonique, central f telefónica. □ f centrale électrique, nucléaire, central eléctrica, nuclear.

centralis/er *t* centralizar. **-ation** *f* centralización.

centr/e *m* centro: *au* —, en el centro. **-er** *t* centrar.

centrifuge *a* centrífugo, a.

centuple *a/m* céntuplo, a.

cep [sɛp] *m* cepa *f*.

cèpe *m* seta *f* comestible.

cependant *conj* (toutefois) sin embargo. ☐ *adv* entretanto, mientras tanto.

céramique *f* cerámica.

cerceau *m* aro.

cercle *m* círculo.

cercueil [sɛʀkœj] *m* ataúd, féretro.

céréale *f* cereal *m*.

cérébral, e *a* cerebral.

cérémon/ie *f* ceremonia, acto *m*. ☐ *pl* cumplidos *m* : *faire des cérémonies*, hacer cumplidos. **-ial** *m* ceremonial. **-ieux, euse** *a* ceremonioso, a.

cerf [sɛʀ] *m* ciervo.

cerfeuil *m* perifollo.

cerf-volant [sɛʀvɔlɑ̃] *m* (jouet) cometa *f*.

ceris/e *f* cereza. **-ier** *m* cerezo.

cern/e *m* 1 (d'une tache) cerco. 2 (des yeux) ojera *f*. **-er** *t* 1 cercar. 2 *avoir les yeux cernés*, tener ojeras, estar ojeroso, a.

certain, e *a* 1 cierto, a, seguro, a : *c'est* —, es cierto ; *je suis* — *de ce que je dis*, estoy seguro de lo que digo, 2 (avant le nom, pas d'article en espagnol) *d'un* — *âge*, de cierta edad ; *jusqu'à un* — *point*, hasta cierto punto. ☐ *pron certains disent*, algunos dicen.

certes [sɛʀt] *adv* desde luego, por cierto.

certificat *m* certificado.

certifier *t* asegurar, garantizar.

certitude *f* certeza, certidumbre.

cerv/eau *m* cerebro. **-elle** *f* 1 sesos *m* *pl*. | *se brûler la* —, levantarse la tapa de los sesos ; *se creuser la* —, devanarse los sesos,

calentarse la cabeza, 2 — *de mouton*, sesos de cordero.

ces ⇒ **ce**.

césarienne *f* MÉD cesárea.

cessation *f* cesación, suspensión.

cesse *f* tregua. | *sans* —, sin cesar, sin tregua.

cesser *i* 1 cesar. 2 *il ne cesse pas de se plaindre*, no deja de quejarse. ☐ *t* interrumpir, suspender : — *le travail*, interrumpir el trabajo.

cessez-le-feu *m* alto el fuego.

cession *f* cesión.

c'est-à-dire [sɛtadiʀ] *loc conj* es decir.

cet, cette ⇒ **ce**.

ceux ⇒ **celui**.

chacun, e *pron indéf* 1 cada uno, cada una : — *de vous*, cada uno de vosotros ; *10 francs* —, 10 francos cada uno. 2 todos, cada cual : — *le pense*, todos lo piensan.

chagrin *m* pena *f*, pesar. **-er** *t* afligir, apenar.

chahut [ʃay] *m* 1 jaleo, follón, alboroto : *faire du* —, armar jaleo. **-er** *i* armar follón. ☐ *t* — *un professeur*, abuchear a un profesor.

chai *m* bodega *f*.

chaîn/e *f* 1 cadena. | *travail à la* —, trabajo en cadena. 2 — *de montagnes*, cordillera. **-ette** *f* cadenilla.

chair *f* carne. | *en* — *et en os*, en carne y hueso ; *être bien en* —, estar metido, a en carnes ; *avoir la* — *de poule*, tener carne de gallina.

chaire *f* 1 (d'église) púlpito *m*. 2 (d'un professeur) cátedra.

chaise *f* silla. | — *longue*, meridiana, tumbona.

chaland *m* chalana *f*.

châle *m* mantón, chal.

chalet [ʃalɛ] *m* chalet.

chaleur *f* calor *m* : *une* — *accablante*, un calor agobiante.

chaleureux, euse *t* caluroso, a, efusivo, a.

chaloupe *f* chalupa, lancha.

chalumeau *m* (pour souder) soplete.

chalutier *m* bou.

chamailler (se) *pr* reñir, disputar.

chambarder *t* FAM alborotar, trastornar.

chambranle *m* jambaje.

chambr/e *f* 1 cuarto *m*, habitación. I – *à coucher*, dormitorio *m*. 2 cámara : – *de commerce, des députés*, cámara de comercio, de diputados. 3 – *à air*, cámara de aire ; – *froide*, cámara frigorífica ; – *noire*, cámara oscura. **-ée** *f* dormitorio *m* de tropas. **-er** *t* (vin) poner a la temperatura ambiente.

chameau *m* camello.

chamois *m* gamuza *f*.

champ |ʃɑ̃| *m* 1 campo : *à travers champs*, a campo traviesa. I – *de course*, hipódromo ; – *de foire*, real de la feria. 2 – *magnétique, visuel*, campo magnético, visual. 3 *à tout bout de* –, a cada instante ; *sur-le-champ*, en el acto.

champagne *m* champaña, champán. □ f *fine* –, coñac *m*.

champêtre *a* campestre, campesino, a. I *garde* –, guardia rural.

champignon *m* 1 hongo, seta *f*. 2 (en cuisine) champiñón. 3 FAM *appuyer sur le* –, pisar el acelerador.

champion, onne *s* campeón, ona. **-nat** *m* campeonato.

chance *f* 1 suerte : *avoir de la* –, tener suerte ; *bonne* – !, ¡ suerte ! 2 (probabilité) posibilidad.

chancel/er ° *i* vacilar. **-ant, e** *a* vacilante.

chancel/ier *m* canciller. **-lerie** *f* cancillería.

chanceux, euse *a* afortunado, a.

chandail |ʃɑ̃daj| *m* jersey.

chandel/le *f* vela, candela. I *voir trente-six chandelles*, ver las estrellas. **-ier** *m* candelero.

change *m* 1 cambio : *bureau de* –, oficina de cambio. 2 FIG *donner le* –, engañar.

changeant, e |ʃɑ̃ʒɑ̃, ɑ̃t| *a* (personne) tornadizo, a, mudable.

chang/er ° *t* 1 cambiar : – *des francs contre des pesetas*, cambiar francos en pesetas. 2 – *en*, convertir en. □ *i* 1 *il a beaucoup changé*, ha cambiado mucho. 2 (de train) – *à Limoges*, hacer trasbordo en Limoges. □ *se* –, cambiarse. **-ement** *m* 1 cambio. 2 (de train) trasbordo.

chanoine *m* canónigo.

chanson *f* canción. **-nier** *m* cupletista.

chant *m* canto.

chantage *m* chantaje.

chant/er *i/t* cantar. **-eur, euse** *s* cantante.

chantier *m* 1 (de construction) obra *f*. 2 depósito. 3 – *naval*, astillero.

chantonner *i/t* canturrear.

chantre *m* 1 chantre. 2 FIG cantor.

chanvre *m* cáñamo.

chao/s |kao| *m* caos. **-tique** *a* caótico, a.

chapeau *m* sombrero.

chapelet |ʃaplɛ| *m* 1 rosario : *dire son* –, rezar el rosario. 2 (d'oignons, etc.) ristra *f*.

chapelier *m* sombrerero.

chapelle *f* capilla.

chapelure |ʃaplyR| *f* pan *m* rallado.

chapiteau *m* 1 (de colonne) capitel. 2 (de cirque) toldo.

chapitre *m* capítulo.

chapon *m* capón.

chaque *a* indéf cada.

char *m* 1 carro. 2 (de carnaval) carroza *f*.

charabia *m* algarabía *f*.

charade *f* charada.

charbon *m* carbón : – *de bois*, carbón vegetal. I *être sur des charbons ardents*, estar en ascuas. **-nier, ère** *a/m* carbonero, a.

charcut/erie *f* 1 (boutique)

salchichería. 2 (produits) embutidos *m pl.* **-ier, ère** *s* salchichero, a.

chardon *m* cardo.

chardonneret *m* jilguero.

charge *f* 1 (poids, impôt) carga : *charges sociales,* cargas sociales. 2 (emploi, responsabilité) cargo *m.* | *être à la — de,* estar a cargo de. 3 MIL carga. | *revenir à la —,* volver a la carga. 4 *témoin à —,* testigo de cargo. 5 caricatura.

chargé, e *a* cargado, a. □ *m — d'affaires,* encargado de negocios ; *— de cours,* profesor adjunto.

charg/er ° *t* 1 cargar. 2 encargar : *il m'a chargé de te remercier,* me ha encargado que te dé las gracias. □ *se —,* encargarse : *je m'en charge,* me encargo de ello. **-ement** *m* 1 cargamento. 2 (d'une arme) carga *f.*

chariot *m* 1 carro. 2 (petit) carrito.

charit/é *f* caridad. **-able** *a* caritativo, a.

charlatan *m* charlatán. **-isme** *m* charlatanismo.

Charles *n p m* Carlos.

charmant, e *a* encantador, a.

¹**charme** *m* (arbre) carpe.

²**charm/e** *m* encanto. **-er** *t* encantar. **-eur, euse** *a/s* encantador, a.

charnel, elle *a* carnal.

charnière *f* bisagra.

charnu, e *a* carnoso, a.

charpent/e *f* armazón. **-ier** *m* carpintero.

charret/te *f* carreta. **-ier** *m* carretero.

charrier *t* acarrear. □ *i* FAM *tu charries!,* ¡ desvarías !

charrue *f* arado *m.*

charte *f* carta.

chartr/euse *f* 1 cartuja. 2 (liqueur) chartreuse. **-eux** *m* cartujo.

chasse *f* 1 caza : *aller à la —,* ir de caza ; *la — au tigre,* la caza del tigre. 2 — *d'eau,* depósito *m* del retrete.

châsse *f* relicario *m.*

chasse-neige *m* barrenieves.

chass/er *t* 1 cazar. 2 echar, expulsar. 3 FIG (une idée) ahuyentar. □ *i* cazar. **-eur** *m* 1 cazador. 2 (groom) botones. 3 (avion) caza.

châssis [∫asi] *m* 1 bastidor. 2 (auto, photo) chasis.

chaste *a* casto, a. **-té** *f* castidad.

chasuble *f* casulla.

chat, chatte *s* gato, a. | *il n'y a pas un —,* no hay un alma.

châtaign/e *f* castaña. **-ier** *m* castaño.

châtain *a/m* castaño, a.

château *m* 1 (fortifié) castillo. | *— fort,* castillo ; FIG *châteaux en Espagne,* castillos en el aire. 2 palacio : *le — de Versailles,* el palacio de Versalles. 3 — *d'eau,* depósito.

châti/er *t* castigar. **-ment** *m* castigo.

chatoiement [∫atwamã] *m* viso, cambiante, tornasol.

chaton *m* gatito.

chatouill/er *t* hacer cosquillas. **-ement** *m* cosquillas *f pl,* cosquilleo. **-eux, euse** *a* cosquilloso, a.

chatoy/er ° [∫atwaje] *i* hacer visos. **-ant, e** *a* tornasolado, a, cambiante.

châtrer *t* castrar.

chatte ⇒ **chat.**

chaud, e *a* 1 caliente : *eau chaude,* agua caliente. 2 *climat —,* clima cálido. □ *m* 1 calor. | *il fait —, très —,* hace calor, mucho calor ; *j'ai —,* tengo calor. 2 *un — et froid,* un enfriamiento. **-ement** *adv* 1 *s'habiller —,* abrigarse. 2 FIG calurosamente.

chaudière *f* caldera.

chaudron *m* caldero. **-nier** *m* calderero.

chauffage *m* calefacción *f : le —*

central, la calefacción central.
chauffard *m* FAM mal chófer.
chauffe-bain *m* calentador.
chauffe-eau *m* calentador.
chauffer *t* calentar. □ *i* calentarse: *la soupe chauffe*, se calienta la sopa. I *faire — de l'eau*, calentar agua. □ *se —*, calentarse.
chauffeur *m* 1 fogonero. 2 (d'auto) chófer. I *— de taxi*, taxista.
chauler *t* encalar.
chaum/e *m* 1 (paille) bálago. 2 (champ) rastrojo. **-ière** *f* choza.
chaussée *f* 1 calzada. 2 *— glissante*, firme *m* deslizante.
chausse-pied *m* calzador.
chauss/er *t* calzar: *je chausse du 40*, calzo el 40; *chaussé d'espadrilles*, calzado con alpargatas. **-ette** *f* calcetín *m*: *une paire de chaussettes*, un par de calcetines.
chausson *m* 1 zapatilla *f*. 2 (pâtisserie) empanadilla *f*.
chaussure *f* 1 zapato *m*: *une paire de chaussures*, un par de zapatos. 2 (montante, de ski) bota. 3 *l'industrie de la —*, la industria del calzado.
chauve *a/s* calvo, a.
chauve-souris *f* murciélago *m*.
chauvin, e *a/s* patriotero, a. **-isme** *m* patriotería *f*.
chaux |ʃo] *f* cal. I *blanchir à la —*, encalar.
chavirer *i* 1 (bateau) zozobrar. 2 (véhicule) volcar.
chef *m* 1 jefe: *— d'État*, jefe de Estado; *— de gare*, jefe de estación. I *— d'orchestre*, director de orquesta. 2 *de son propre —*, de por sí.
chef-d'œuvre [ʃɛdœvʀ] *m* obra *f* maestra.
chef-lieu |ʃɛfljø] *m* 1 (de département, province) capital *f*. 2 *— de canton*, cabeza *f* de partido.
chemin *m* 1 camino. I *— faisant*, de paso. 2 *— de fer*, ferrocarril. 3 *— de croix*, vía crucis.

chemineau *m* vagabundo.
cheminée *f* chimenea.
cheminot *m* ferroviario.
chemis/e *f* 1 camisa. I *— de nuit*, camisón *m*. 2 (pour documents) carpeta. **-ette** *f* camiseta. **-ier** *m* 1 (marchand) camisero. 2 (corsage) blusa *f*: *un — en soie*, una blusa de seda.
chenal *m* canal.
chêne *m* 1 (rouvre) roble. 2 *— vert*, encina *f*. 3 *chêne-liège*, alcornoque.
chenet *m* morillo.
chenil [ʃəni] *m* perrera *f*.
chenille *f* oruga.
cheptel *m* (bétail) ganado, cabaña *f*.
ch/èque *m* cheque: *faire un —*, extender un cheque; *— barré*, cheque cruzado. **-équier** *m* talonario de cheques.
cher, ère *a* 1 (prix, affection) caro, a. 2 (affection) querido, a: *— ami*, querido amigo. □ adv *coûter —*, costar caro.
cherch/er *t* 1 buscar. 2 *aller —*, ir (a) por: *va — le pain!*, ¡ve a por pan!; *va — le médecin*, ve a buscar al médico. 3 *— à*, tratar de. **-eur, euse** *s* 1 *— d'or*, buscador de oro. 2 (scientifique) investigador, a.
chère *f* comida. I *il aime la bonne —*, le gusta comer bien.
chér/ir *t* amar. **-i, ie** *a* querido, a.
cherté *f* carestía.
chérubin *m* querubín.
chétif, ive *a* enclenque, débil.
cheval *m* 1 caballo: *monter à —*, montar a caballo. I *une deux chevaux*, un dos caballos; FIG *être à — sur*, ser inflexible respecto a. 2 *chevaux de bois*, tiovivo *sing*.
chevaler/ie *f* caballería. **-esque** *a* caballeresco, a.
chevalet *m* 1 caballete. 2 (de violon) puente.
chevalier *m* 1 caballero. 2 *— d'industrie*, estafador.

chevalin, e *a* 1 caballar. 2 (tête) caballuno, a.

cheval-vapeur *m* caballo de vapor.

chevauchée *f* 1 (promenade) paseo *m* a caballo. 2 cabalgada.

chevaucher *i* cabalgar. □ *se* —, superponerse.

chevelu, e *a* cabelludo, a.

chevelure *f* cabellera.

chevet *m* 1 cabecera *f* : *au* — *du lit*, a la cabecera de la cama. 2 (d'église) ábside.

cheveu *m* 1 cabello. 2 *les cheveux*, el pelo : *il a les cheveux noirs*, tiene el pelo negro. | *ce film m'a fait dresser les cheveux sur la tête*, esta película me ha puesto los pelos de punta ; *couper les cheveux en quatre*, sutilizar.

cheville *f* 1 (articulation du pied) tobillo *m*. 2 (en bois, plastique) taco *m*.

chèvre *f* cabra.

chevreau *m* 1 cabrito. 2 (peau) cabritilla *f*.

chèvrefeuille *m* madreselva *f*.

chevreuil *m* corzo.

chevron *m* 1 (de toit) cabrio. 2 *tissu à chevrons*, tejido de espiga.

chevrot/er *i* hablar con voz trémula. **-ant, e** *a* *voix chevrotante*, voz trémula.

chevrotine *f* posta.

chewing-gum *m* chicle.

chez |ʃe] *prép* 1 (sans mouvement) — *mon oncle*, en casa de mi tío ; — *moi*, en mi casa. 2 (avec mouvement) *je vais* — *mon oncle*, — *toi*, voy a casa de mi tío, a tu casa. 3 (parmi) entre : — *les Grecs*, entre los griegos. 4 en : *c'est* — *lui une habitude*, es una costumbre en él.

chic *m* 1 elegancia *f*, buen gusto. 2 habilidad *f*. □ *a* 1 elegante, chic : *une robe* —, un vestido elegante. 2 *un* — *type*, un tío simpático. □ *interj* — *alors!*, ¡estupendo!, ¡qué bien!

chicane *f* 1 pleitos *m pl*. |

chercher —, buscar líos. 2 paso *m* en zigzag.

chican/er *i* tergiversar. **-eur, euse** *a/s* lioso, a, pleitista.

chiche *a* mezquino, a. **-ment** *adv* mezquinamente.

chichi *m* FAM *faire des chichis*, hacer melindres.

chicorée *f* achicoria.

chien, enne *s* perro, a. | *entre* — *et loup*, al anochecer ; *un temps de* —, un tiempo de perros. □ *m* 1 (d'une arme à feu) gatillo. 2 FAM *avoir du* —, tener gancho.

chiendent *m* grama *f*.

chien-loup *m* perro lobo.

chiffon *m* trapo. **-ner** *t* 1 arrugar, ajar. 2 FIG contrariar. **-nier, ère** *s* trapero, a.

chiffr/e *m* 1 cifra *f*. 2 (montant) suma *f*, importe total. 3 — *d'affaires*, volumen de negocios. **-er** *t* 1 numerar. 2 cifrar. | *message chiffré*, mensaje en cifra, cifrado.

chignon *m* moño.

Chili *n p m* Chile.

chilien, enne *a/s* chileno, a.

chim/ère *f* quimera. **-érique** *a* quimérico, a.

chim/ie *f* química. **-ique** *a* químico, a. **-iste** *s* químico, a.

chimpanzé *m* chimpancé.

Chine *n p f* China.

chinois, e *a/s* chino, a. **-erie** *f* sutileza, complicación.

chiot |ʃio] *m* cachorro.

chiper *t* FAM birlar, hurtar.

chips |ʃips] *m pl* papas *f*.

chiquenaude *f* capirotazo *m*.

chiromancie   [kiromãsi]   *f* quiromancia.

chirurg/ie *f* cirugía. **-ical, e** *a* quirúrgico, a. **-ien** *m* cirujano. | — *dentiste*, dentista, odontólogo.

chiure *f* cagada.

chlor/e [klɔʀ] *m* cloro. **-hydrique** *a* clorídrico, a. | *acide* —, salfumán.

chloroform/e [klɔRɔfɔRm] *m* cloroformo. **-er** *t* cloroformizar.

chlorophylle [klɔRɔfil] *f* clorofila.

chlorure [klɔRyR] *m* cloruro.

choc *m* choque.

chocolat *m* chocolate : — *au lait*, chocolate con leche.

chœur [kœR] *m* coro. I *en* —, en coro; *enfant de* —, monaguillo.

choir ° *i* caer.

choisir *t* 1 escoger, elegir. 2 — *de*, optar por.

choix [ʃwa] *m* 1 elección *f*. I *au* —, a elegir. 2 opción *f* : *il n'y a pas le* —, no hay opción. 3 selección *f*.

cholera [kɔleRa] *m* cólera.

cholestérol [kɔlɛsteRɔl] *m* colesterol.

chôm/er *i* 1 (un chômeur) estar en paro (forzoso). 2 (ne pas travailler) descansar, holgar. 3 *jour chômé*, día inhábil. **-age** *m* paro, desempleo : *être en* —, estar en paro ; *réduire au* —, dejar en paro. **-eur, euse** *s* parado, a.

chop/e *f* jarra. **-ine** *f* cuartillo *m*.

choqu/er *t* 1 — *les verres*, brindar. 2 (déplaire) chocar, sorprender. **-ant, e** *a* chocante.

choral, e [kɔRal] *a/m* coral. □ *f* coral.

chorégraphie [kɔRegRafi] *f* coreografía.

choriste [kɔRist] *s* corista.

chose *f* 1 cosa. I *bien des choses à...*, recuerdos a... ; *de deux choses l'une*, una de dos ; *quelque* —, algo. 2 *monsieur* —, el señor fulano.

chou *m* 1 col *f* : *choux de Bruxelles*, coles de Bruselas. I FAM *mon petit* —, queridito mío. 2 — *à la crème*, lionesa *f*.

choucroute *f* chucrut.

chouette *f* lechuza. □ *interj* FAM ¡ estupendo !

chou-fleur *m* coliflor *f*.

choyer ° [ʃwaje] *t* mimar.

chrétien, enne [kRetjɛ̃, ɛn] *a/s* cristiano, a. **-té** *f* cristiandad.

Christ [kRist] *m* Cristo.

christianisme [kRistjanism] *m* cristianismo.

Christine [kRistin] *n p f* Cristina.

Christophe [kRistɔf] *n p m* Cristóbal.

chrom/e [kRom] *m* cromo. **-er** *t* cromar.

chromo [kRomo] *m* cromo.

chroniqu/e [kRɔnik] *a* crónico, a. □ *f* crónica. **-eur** *m* cronista.

chronolog/ie [kRɔnɔlɔʒi] *f* cronología. **-ique** *a* cronológico, a.

chrono/mètre [kRɔnɔmɛtR] *m* cronómetro. **-métrer** *t* cronometrar. **-métreur** *m* cronometrador.

chrysanthème [kRizãtɛm] *m* crisantemo.

chuchot/er *i* cuchichear. **-ement** *m* cuchicheo, murmullo.

chut ! [ʃyt] *interj* ¡ chis !, ¡ chitón !

chute *f* 1 caída. I *faire une* —, caerse. 2 — *d'eau*, salto *m* de agua. I *les chutes du Niagara*, las cataratas del Niágara.

ci *adv* 1 *ci-gît*, aquí yace. I *ci-après*, a continuación ; *ci-contre*, al lado, en la página de enfrente ; *ci-dessous*, más abajo ; *ci-dessus*, más arriba ; *ci-joint*, adjunto, a ; *de-ci, de-là*, *par-ci, par-là*, aquí y allí. 2 *ci-inclus* ⇒ **inclus**. 3 *celui-ci* ⇒ **celui**.

cible *f* blanco *m*.

ciboire *m* copón.

ciboulette *f* cebolleta.

cicatri/ce *f* cicatriz : *des cicatrices*, cicatrices. **-ser** *t* cicatrizar. □ *pr la plaie s'est cicatrisée*, la llaga se ha cicatrizado.

cidre *m* sidra *f*.

ciel *m* cielo : *le royaume des cieux*, el reino de los cielos ; *à* — *ouvert*, a cielo abierto.

cierge *m* cirio.

cieux ⇒ **ciel**.

cigale *f* cigarra.

cigar/e *m* puro. **-ette** *f* cigarrillo

m.

cigogne *f* cigüeña.

ciguë [sigy] *f* cicuta.

ci-joint ⇒ **ci**.

cil *m* pestaña *f*.

cime *f* cima, cumbre.

ciment *m* cemento: − *armé*, cemento armado. **-er** *t* unir con cemento.

cimetière *m* cementerio.

cinéaste *s* cineasta.

cinéma *m* cine: − *parlant*, cine sonoro. **-thèque** *f* cinemateca.

cinglant, e *a* (blessant) hiriente, mordaz.

cinglé, e *a/s* FAM chiflado, a.

cingler *t* (frapper) azotar.

cinq [sɛ̃k] *a/m* cinco. I − *cents*, quinientos, as.

cinquantaine *f* cincuentena.

cinquant/e *a/m* cincuenta: − *deux*, cincuenta y dos. **-ième** *a/s* quincuagésimo, a.

cinquième *a/s* quinto, a: *au − étage*, en el quinto piso. **-ment** *adv* en quinto lugar.

cintr/e *m* 1 (architecture) cimbra *f*. 2 (pour vêtements) percha *f*. **-er** *t* (un vêtement) ajustar, entallar.

cirage *m* betún.

circoncision *f* circuncisión.

circonférence *f* circunferencia.

circonflexe *a accent −*, acento circunflejo.

circonlocution *f* circunloquio *m*.

circonscri/re ° *t* circunscribir. **-ption** *f* circunscripción.

circonspect, e [siʀkɔ̃spɛ (kt), ɛkt] *a* circunspecto, a.

circonstance *f* circunstancia.

circuit *m* circuito.

circulaire *a* circular. □ *f* carta circular.

circul/er *i* circular: *circulez !*, ¡circulen! **-ation** *f* 1 circulación. 2 (des véhicules) tráfico *m*, circulación.

cir/e *f* cera. **-er** *t* 1 encerar. 2 −

ses chaussures, sacar brillo a los zapatos. 3 *toile cirée*, hule *m*. **-eur** *m* (de chaussures) limpiabotas. **-euse** *f* (machine) enceradora.

cirque *m* circo.

cisaille *f* cizalla.

ciseau *m* (outil) cincel. □ *pl des ciseaux, une paire de ciseaux*, tijeras *f*, unas tijeras.

cisel/er ° *t* cincelar. **-eur** *m* cincelador. **-ure** *f* cinceladura.

citadelle *f* ciudadela.

citadin, e *s* ciudadano, a.

citation *f* (d'un auteur) cita.

cité *f* ciudad.

citer *t* citar.

citerne *f* cisterna.

citoyen, enne [sitwajɛ̃, jɛn] *s* ciudadano, a.

citron *m* limón. **-nade** *f* limonada. **-nier** *m* limonero.

citrouille *f* calabaza.

civet *m* − *de lièvre*, guisado de liebre.

civière *f* camilla, parihuelas *pl*: *transporter sur une −*, transportar en camilla.

civil, e *a* civil. □ *m* paisano: *s'habiller en −*, vestirse de paisano. **-ement** *adv se marier −*, casarse por lo civil.

civilis/er *t* civilizar. **-ateur, trice** *a/s* civilizador. a. **-ation** *f* civilización.

civ/ique *a* cívico, a. **-isme** *m* civismo.

claie *f* zarco *m*.

clair, e *a* claro, a. □ *m* − *de lune*, claro de luna. I *tirer au −*, sacar en claro. □ *adv voir −*, ver claro.

Claire *n p f* Clara.

claire-voie *f* enrejado *m*, rejilla.

clairière *f* claro *m*.

clair-obscur *m* claroscuro.

clairon *m* 1 clarín. 2 (militaire) corneta *f*.

clairsemé, e *a* ralo, a.

clairvoy/ant, e [klɛʀvwajɑ̃, ɑ̃t] *a*

clarividente. **-ance** *f* clarividen-
cia.

clameur *f* clamor *m*.

clan *m* clan.

clandestin, e *a* clandestino, a.

clapet *m* válvula *f*.

clapier *m* conejar, jaula *f* para
conejos.

clapot/er *i* chapotear. **-ement,
-is** *m* chapoteo.

claque *f* (gifle) torta.

claqu/er *i* **1** (fouet, langue)
chascar, chasquear: *il fit — sa
langue*, chascó la lengua. **2** *il
claque des dents*, le castañetean los
dientes. **3** (volet, porte) golpear. □
t **1** (gifler) abofetear. **2** *— la porte*,
dar un portazo. □ *pr* **1** *se — un
muscle*, distenderse un músculo. **2**
FAM reventarse: *je suis claqué*,
estoy reventado. **-ement** *m* **1**
chasquido. **2** (dents) castañeteo. **3**
(porte) portazo.

clarifier *t* clarificar, purificar.

clarinette *f* clarinete *m*.

clarté *f* claridad.

classe *f* **1** clase: *wagon de
première —*, vagón de primera
clase. **2** (cours, salle de classe)
clase. I *aller en —*, ir a la escuela. **3**
(soldats) quinta.

class/er *t* clasificar. **-ement** *m*
clasificación *f*. **-eur** *m* **1**
(chemise) carpeta *f*. **2** (meuble)
papelera *f*.

classifi/er *t* clasificar. **-cation** *f*
clasificación.

classique *a/m* clásico, a.

Claude *n p* Claudio, a.

clause *f* cláusula.

claustrophobie *f* claustrofobia.

clavecin *m* clavicordio.

clavicule *f* clavícula.

clavier *m* teclado.

clef, clé |klɛ| *f* **1** llave : *fermer à —*,
cerrar con llave. **2** MUS clave.

clématite *f* clemátide *f*.

clém/ence *f* clemencia. **-ent, e**
a clemente.

cleptomane *a/s* cleptómano, a.

clerc |klɛʀ| *m* **1** clérigo. **2** (de
notaire) pasante.

clergé *m* clero.

clérical, e *a* clerical. **-isme** *m*
clericalismo.

cliché *m* **1** clisé, cliché. **2** (lieu
commun) tópico, clisé.

client, e *s* cliente. **-èle** *f* clientela.

clign/er *t — les yeux*, pestañear. □
i — de l'œil, guiñar el ojo.
-ement *m* **1** *— d'yeux*, pestañeo.
2 (volontaire) guiño.

clignotant *m* intermitente.

clignot/er *i* **1** pestañear,
parpadear. **2** (lumière) vacilar.
-ement *m* parpadeo.

climat *m* clima. **-ique** *a*
climático, a.

climatis/er *t* climatizar. **-ation** *f*
climatización. **-eur** *m* acon-
dicionador de aire.

clin d'œil |klɛ̃dœj| *m* guiño,
pestañeo. I *en un —*, en un abrir y
cerrar de ojos.

clinique *a* clínico, a. □ *f* clínica.

clinquant, e *a* brillante. □ *m*
oropel.

clique *f* **1** pandilla. **2** (fanfare)
banda.

cliquet/er ° *i* sonar entrecho-
cándose. **-is** *m* tintineo.

clochard *m* vagabundo.

cloche *f* **1** campana. **2** FAM panoli.

cloche-pied (à) *loc adv* a la pata
coja.

¹clocher *m* campanario.

²clocher *i* **1** cojear. **2** *il y a
quelque chose qui cloche*, hay algo
que no funciona.

clochette *f* campanilla.

cloison *f* tabique *m*.

cloître *m* claustro.

clopin-clopant *loc adv* cojeando,
renqueando.

clopiner *i* cojear, renquear.

cloporte *m* cochinilla *f*.

cloque *f* ampolla, vejiga.

clore ° _t_ cerrar.

clos, e _a_ cerrado, a. | _à la nuit close_, entrada la noche. □ _m_ cercado, finca _f_.

clôtur/e _f_ 1 cercado _m_, cerca. 2 (d'une séance) clausura, cierre _m_. **-er** _t_ 1 cercar. 2 _- une séance_, clausurar una sesión.

clou _m_ 1 clavo. 2 _- de girofle_, clavo. 3 (furoncle) divieso. 4 _le - du spectacle_, lo más sobresaliente del espectáculo. 5 FAM _un vieux -_, un cacharro. **-er** _t_ clavar. | FIG _- sur place_, apabullar. **-ter** _t_ clavetear. | _passage clouté_, paso de peatones.

clown |klun| _m_ payaso.

club |klœb| _m_ club.

coagul/er _t_ coagular. **-ation** _f_ coagulación.

coali/ser (se) _pr_ coligarse. **-tion** _f_ coalición.

coass/er _i_ croar. **-ement** _m_ canto de la rana.

cobalt _m_ cobalto.

cobaye |kɔbaj| _m_ cobayo, conejillo de Indias.

cobra _m_ cobra _f_.

coca _f_ coca. **-ïne** _f_ cocaína.

cocarde _f_ escarapela.

cocasse _a_ chusco, a.

coccinelle |kɔksinɛl| _f_ mariquita.

coche _f_ diligencia _f_.

cochenille _f_ cochinilla.

¹**cocher** _m_ cochero.

²**cocher** _t_ marcar (con una muesca).

cochère _a porte -_, puerta cochera.

cochon _m_ 1 cerdo, cochino, puerco.| _- de lait_, lechoncillo. 2 _- d'Inde_, conejillo de Indias. **-nerie** _f_ FAM porquería.

cocktail |kɔktɛl| _m_ cóctel.

coco _m_ 1 _noix de -_, coco. 2 (boisson) agua _f_ de regaliz. 3 FAM individuo.

cocon _m_ capullo.

cocorico _m_ quiquiriquí.

cocotier _m_ cocotero.

cocotte _f_ 1 (marmite) olla, cazuela. | _- minute_ (marque déposée), olla a presión. 2 _- en papier_, pajarita.

cod/e _m_ 1 código: _- de la route_, código de la circulación. 2 _phares -_, luces _f_ de cruce. **-ifier** _t_ codificar.

coefficient _m_ coeficiente.

coéquipier, ère _s_ compañero, a de equipo.

cœur _m_ 1 corazón. | _avoir mal au -_, marearse; _cela soulève le -_, esto da náuseas; _presser quelqu'un contre son -_, estrechar a alguien contra el pecho. 2 FIG _parler à - ouvert_, hablar francamente; _de bon -_, de buena gana; _aimer de tout son -_, querer de todo corazón; _s'en donner à - joie_, disfrutar de lo lindo; _si le - vous en dit_, si le apetece; _en avoir le - net_, saber a qué atenerse; _apprendre par -_, aprender de memoria. 3 _au - de l'hiver_, en pleno invierno. 4 (d'une salade, etc.) cogollo.

coexistence _f_ coexistencia.

coffre _m_ 1 cofre, arca _f_. 2 (d'une voiture) maletero, portaequipajes.

coffre-fort _m_ caja _f_ de caudales.

coffret _m_ cofrecillo, arqueta _f_, estuche.

cognac _m_ coñac.

cognassier _m_ membrillo.

cognée _f_ hacha.

cogner _t_ 1 golpear. 2 FAM (battre) pegar. □ _i_ 1 _- à la porte_, llamar a la puerta. 2 (moteur) picar. □ _pr je me suis cogné à la table_, me he dado un golpe con la mesa.

cohé/rent, e _a_ coherente. **-sion** _f_ cohesión.

cohue |kɔy| _f_ muchedumbre, gentío _m_.

coiffe _f_ cofia, toca.

coiffer _t_ 1 peinar. 2 _il coiffa son béret_, se puso la boina. □ _pr_ 1 _elle se coiffe seule_, se peina sola. 2 _se - d'une casquette_, ponerse una gorra. | _coiffée d'une mantille_, tocada con mantilla.

coiffeur, euse s peluquero, a. □ f (meuble) tocador m.

coiffure m 1 sombrero m. 2 (arrangement des cheveux) peinado m, tocado m. l salon de —, peluquería f.

coin m 1 (saillant) esquina f : le café du —, el café de la esquina. 2 (rentrant) rincón. l au — du feu, al amor de la lumbre. 3 (endroit) lugar, rincón : un — tranquille, un lugar tranquilo. 4 FAM le petit —, el retrete. 5 (à fendre le bois) cuña f.

coincer ° t 1 (un mécanisme) sujetar. 2 — un doigt, pillar un dedo. 2 FAM — un voleur, coger, pillar a un ladrón. □ pr le mécanisme s'est coincé, el mecanismo se ha agarrotado.

coïncid/er |kɔɛ̃side| i coincidir. **-ence** f coincidencia.

coing |kwɛ̃| m membrillo.

coke m coque.

col m 1 cuello : — roulé, cuello cisne ; faux —, cuello postizo. 2 (en montagne) puerto, paso.

coléoptère m coleóptero.

col/ère f cólera, ira. l être en —, estar furioso, a ; se mettre en —, ponerse furioso, a. **-éreux, euse** a colérico, a, iracundo, a.

colibacillose f colibacilosis.

colibri m colibrí.

colifichet m perifollo.

colimaçon m caracol : escalier en —, escalera de caracol.

colin m merluza f.

colique f cólico m.

colis |kɔli| m paquete, bulto : — postal, paquete postal.

collabor/er i colaborar. **-ateur, trice** s colaborador, a. **-ation** f colaboración.

collant, e a 1 pegajoso, a. l papier —, papel engomado. 2 (ajusté) ceñido, a. 3 FAM (ennuyeux) pesado, a. □ m 1 (bas) panty. 2 (de danse) leotardos pl.

collation f colación.

colle f 1 cola, pegamento m. 2 FAM poser une —, poner una pega.

collecte f colecta.

collect/if, ive a colectivo, a. **-ivité** f colectividad.

collection f colección. **-ner** t coleccionar. **-neur, euse** s coleccionista.

coll/ège m colegio. **-égien, enne** s colegial.

collègue s colega m.

coller t 1 pegar. 2 FAM — un candidat à l'examen, suspender a un candidato en el examen ; je me suis fait —, me han dado un cate. □ i 1 pegarse, adherirse. 2 (vêtement) ceñirse. 3 FAM ça colle ?, ¿ vale ?

collet m (nœud coulant) lazo. □ a — monté, estirado, a, tieso, a.

collier m collar.

colline f colina.

collision f colisión, choque m. l entrer en —, chocar.

colloque m coloquio.

Colomb n p m Colón.

colombe f paloma.

Colombie n p f Colombia.

colombien, enne a/s colombiano, a.

colombier m palomar.

colon m colono.

colonel m coronel.

colonial, e a colonial. **-isme** m colonialismo. **-iste** a/s colonialista.

colonie f colonia.

colonis/er t colonizar. **-ation** f colonización.

colonn/e f columna. **-ade** f columnata.

color/er t colorear. **-ant, e** a/m colorante. **-ation** f coloración.

colori/er t iluminar. **-age** m iluminación f.

coloris |kɔlɔri| m colorido.

coloss/e m coloso. **-al, e** a colosal.

colport/er *t* (des nouvelles) propagar. **-eur** *m* buhonero.

colza *m* colza *f*.

coma *m* coma: *dans le —*, en coma.

combat *m* 1 combate. 2 *— de coqs*, riña *f* de gallos. **-if, ive** *a* combativo, a, luchador, a.

combatt/re ° *t/t* combatir. **-ant, e** *a/m* combatiente.

combien *adv* 1 cuánto: *— vous dois-je?*, ¿cuánto le debo?; *c'est —?*, ¿cuánto es?; *c'est — le kilo?*, ¿a cuánto es el kilo? 2 *— de*, cuánto, a, os, as: *— de frères as-tu?*, ¿cuántos hermanos tienes?; *— de fois?*, ¿cuántas veces? 3 (+ adjectif) *— il est timide*, cuán tímido es, lo tímido que es. □ *m le — sommes-nous?*, ¿a cuántos estamos?

combinaison *f* 1 combinación. 2 (de mécanicien) mono *m*.

combine *f* FAM combina.

combiner *t* combinar.

comble *m* 1 colmo: *pour — de malheur*, para colmo de desgracias; *c'est un —!*, ¡es el colmo! 2 desván: *loger sous les combles*, vivir en el desván. I *de fond en —*, de arriba abajo, enteramente. □ *a salle —*, sala abarrotada, repleta de gente.

combler *t* colmar. I *je suis comblé*, estoy la mar de contento, estoy en la gloria.

combust/ion *f* combustión. **-ible** *a/m* combustible.

coméd/ie *f* comedia. **-ien, enne** *s* cómico, a, comediante.

comestible *a/m* comestible.

comète *f* cometa *m*.

comique *a* cómico, a. □ *m* actor cómico.

comité *m* comité: *— d'entreprise*, comité de empresa.

commandant *m* comandante.

commande *f* 1 pedido *m*, encargo *m*: *passer une —*, hacer un pedido; *sur —*, de encargo. 2

mando *m*, órgano *m* de transmisión: *— à distance*, mando a distancia.

commandement *m* 1 mando. 2 (de Dieu, de l'Église) mandamiento.

commander *t* 1 mandar: *je te commande de sortir*, te mando que salgas. 2 encargar, pedir: *j'ai commandé un costume*, he encargado un traje; *j'ai commandé un dessert*, he pedido un postre. 3 accionar, hacer funcionar. 4 *— à ses passions*, dominar sus pasiones. □ *i ici, c'est moi qui commande*, aquí mando yo. □ *se —*, dominarse.

commandeur *m* comendador.

commandit/er *t* comanditar. **-aire** *m* comanditario.

commando *m* comando.

comme *adv/conj* 1 como: *blanc — neige*, blanco como la nieve. I *— ci, — ça*, así, así; *jolie — tout*, muy guapa; *c'est tout —*, es lo mismo; *— si*, como si (+ subjonctif): *— s'il était...*, como si fuera... 2 (exclamatif) qué, cuán: *— tu es pâle!*, ¡qué pálido estás! 3 (au moment où) cuando: *je m'en allais — il arriva*, me marchaba cuando llegó.

commémor/er *t* conmemorar. **-ation** *f* conmemoración.

commenc/er ° *t/i* empezar, comenzar: *le match commence à 4 heures*, el partido empieza a las 4. **-ement** *m* comienzo, principio.

comment *adv* cómo: *— allez-vous?*, ¿cómo está usted?; *grand —?*, ¿cómo de grande? I *et —!*, ¡ya lo creo!; *mais — donc!*, ¡claro!

comment/er *t* comentar. **-aire** *m* comentario. **-ateur, trice** *s* comentarista.

commérage *m* chisme.

commer/ce *m* comercio. I *faire du —*, comerciar. **-çant, e** *a/s* comerciante. **-cial, e** *a* comercial.

commère *f* comadre.

commettre° t cometer.

commis m 1 dependiente. 2 — *voyageur,* viajante.

commisération f conmiseración.

commiss/aire m comisario : — *de police,* comisario de policía. **-ariat** m comisaría f.

commission f 1 encargo m, recado m : *voudriez-vous faire une — à votre père ?,* ¿ quiere usted darle un recado a su padre? 2 *faire les commissions,* ir de compras. 3 (prime, réunion de personnes) comisión. **-naire** m 1 (coursier) recadero. 2 COM comisionista.

commod/e a cómodo, a. □ f cómoda. **-ément** adv cómodamente. **-ité** f comodidad.

commotion f conmoción.

commun, e a común : *lieux communs,* lugares comunes.

communauté f comunidad.

commune f municipio m, ayuntamiento m.

communément adv comúnmente.

communiant, e s comulgante.

communicat/ion f comunicación. **-if, ive** a comunicativo, a.

communi/er i comulgar. **-on** f comunión.

communiqué m parte oficial, comunicado.

communiquer t/i comunicar.

commun/isme m comunismo. **-iste** a/s comunista.

commutateur m conmutador.

compact, e [kɔ̃pakt] a compacto, a.

compagne f compañera.

compagnie f 1 compañía. I *fausser — à,* dejar plantado a ; *tenir — à,* hacer compañía a. 2 (d'oiseaux) bandada.

compagnon m compañero.

comparable a comparable.

comparaison f comparación : *en — de,* en comparación con.

comparaître° i comparecer.

compar/er t comparar. **-atif, ive** a/m comparativo, a.

compartiment m compartimiento, departamento.

comparution f comparecencia.

compas [kɔ̃pa] m 1 compás. 2 (boussole) brújula f.

compassion f compasión.

compatible a compatible.

compat/ir i — à, compadecerse de. **-issant, e** a compasivo, a.

compatriote s compatriota.

compens/er t compensar. **-ation** f compensación.

compère m compadre, compinche.

compét/ent, e a competente. **-ence** f competencia.

compétit/ion f competición. **-if, ive** a competitivo, a.

compil/er t compilar. **-ation** f compilación.

complainte f endecha.

complais/ance f amabilidad : *auriez-vous la — de...,* tendría usted la amabilidad de... **-ant, e** a complaciente.

complément m complemento. **-aire** a complementario, a.

compl/et, ète a completo, a. I *au (grand) —,* sin que falte nadie. □ m (costume) traje, terno. **-ètement** adv completamente.

compléter° t completar.

complex/e a complejo, a. □ m complejo. **-é, ée** a acomplejado, a. **-ité** f complejidad.

complication f complicación.

complic/e a/s cómplice. **-ité** f complicidad.

compliment m enhorabuena f, cumplidos pl, parabién : *faire des compliments à quelqu'un,* hacer cumplidos a alguien. □ pl (politesse) saludos. I *vous présenterez mes compliments à...,* salude de mi parte a..., saludos a... **-er** t felicitar, cumplimentar.

compliqu/er t complicar. **-é, ée**

a complicado, a.

complot |kɔ̃plo| *m* complot. **-er** *t* tramar, maquinar. □ *i* conspirar.

componction *f* gravedad.

comportement *m* comportamiento.

comporter *t* incluir, comportar. □ *pr* comportarse, portarse : *il s'est bien comporté avec moi*, se ha portado bien conmigo.

compos/er *t* 1 componer. 2 — *un numéro de téléphone*, marcar un número de teléfono. □ *se* — *de*, componerse de. **-ant, e** *a/m/f* componente. **-é, ée** *a/m* compuesto, a. **-iteur, trice** *s* compositor, a. **-ition** *f* composición.

composter *t* marcar, picar.

compot/e *f* compota. **-ier** *m* compotera *f*.

compréhens/ion *f* comprensión. **-ible** *a* comprensible. **-if, ive** *a* comprensivo, a.

comprendre ° *t* 1 comprender, incluir : *service compris*, servicio incluido. I *y compris*, incluso, inclusive. 2 comprender, entender : *je ne comprends pas ce que tu dis*, no entiendo lo que dices. I *je comprends !*, ¡ya caigo !, ¡ya entiendo !; *ça se comprend*, es comprensible.

compresse *f* compresa.

compression *f* compresión.

comprim/er *t* comprimir. **-é, ée** *a* comprimido, a. □ *m* (médicament) comprimido.

compris ⇒ **comprendre.**

compromett/re ° *t* comprometer. **-ant, e** *a* comprometedor, a.

compromis *m* convenio, avenencia *f*.

compta/bilité |kɔ̃tabilite| *f* contabilidad. **-ble** *m* contable, tenedor de libros. I *expert-comptable*, perito mercantil.

comptant |kɔ̃tã| *a argent* —, dinero contante. □ *adv payer* —, pagar al contado.

compte |kɔ̃t| *m* 1 cuenta *f* : — *en banque, courant*, cuenta bancaria, corriente. I *en fin de* —, en resumidas cuentas ; *tout* — *fait*, bien mirado todo. 2 *se rendre* —, darse cuenta ; *tenir* — *de*, tener en cuenta ; — *tenu de...*, teniendo en cuenta... 3 — *rendu*, (d'une séance) acta *f* ; (d'une œuvre) reseña *f*.

compte-gouttes |kɔ̃tgut| *m* cuentagotas.

compter |kɔ̃te| *t/i* 1 contar : — *sur ses doigts*, contar con los dedos. I *à* — *de*, a partir de ; *ça ne compte pas !*, ¡no vale ! 2 pensar : *je compte partir demain*, pienso marcharme mañana. 3 — *sur*, contar con : *je compte sur toi*, cuento contigo.

compte-tours |kɔ̃ttuʀ| *m* cuentarrevoluciones.

compteur |kɔ̃tœʀ| *m* 1 contador. 2 (kilométrique) cuentakilómetros.

comptoir |kɔ̃twaʀ| *m* 1 (d'un magasin) mostrador. 2 (d'un café) barra *f* : *prendre une bière au* —, tomar una cerveza en la barra. 3 — *d'escompte*, banco de descuento.

compulser *t* compulsar.

comt/e *m* conde. **-é** *m* condado. **-esse** *f* condesa.

concasser *t* triturar, quebrantar.

concave *a* cóncavo, a.

concéder ° *t* conceder.

concentr/er *t* concentrar. **-ation** *f* concentración. **-ique** *a* concéntrico, a.

conception *f* concepción.

concerner *t* concernir : *ça ne me concerne pas*, esto no me concierne. I *en ce qui concerne...*, en lo que concierne a..., en lo que se refiere a...

concert *m* concierto.

concerter (se) *pr* concertarse.

concerto *m* concierto.

concession *f* concesión. **-naire** *a/s* concesionario, a.

concev/oir ° *t* concebir. **-able** *a* concebible.

concierge s 1 portero, a. 2 (d'un édifice public) conserje.

concile m concilio.

conciliabule m conciliábulo.

concili/er t conciliar. **-ant, e** a conciliador, a. **-ation** f conciliación.

concis, e a conciso, a. **-ion** f concisión.

concitoyen, enne s conciudadano, a.

conclu/re ° t 1 concluir, terminar. 2 — un marché, cerrar un trato. 3 j'en conclus..., de lo que deduzco... **-ant, e** a concluyente. **-sion** f conclusión : en —, en conclusión.

concombre m pepino.

concord/ance f concordancia. **-ant, e** a concordante.

concordat m concordato.

concorde f concordia.

concorder i concordar.

concourir ° i 1 (pour un prix) competir. 2 — au succès, concurrir al éxito.

concours m 1 concurso. 2 — de circonstances, concurso de circunstancias.

concr/et, ète a concreto, a. **-ètement** adv concretamente. **-étiser** t hacer concreto, a.

conçu ⇒ **concevoir.**

concurrenc/e f competencia : se faire —, hacerse la competencia. **-er** t hacer la competencia a.

concurrent, e a/s competidor, a. **-iel, elle** a competitivo, a.

condamn/er |kɔ̃dane] t 1 — un coupable, une porte, condenar a un reo, una puerta. 2 — un malade, deshauciar a un enfermo. **-ation** f condena. **-é, ée** s condenado, a.

condens/er t condensar : lait condensé, leche condensada. **-ateur** m condensador. **-ation** f condensación.

condescend/re i condescender. **-ance** f condescendencia. **-ant, e** a condescendiente.

condiment m condimento.

condisciple m condiscípulo.

condition f condición : conditions de paiement, condiciones de pago. | à — de, con la condición de ; à — que, con tal que, siempre que.

conditionnel, elle a condicional. □ m (mode) potencial, condicional.

conditionn/er t acondicionar : air conditionné, aire acondicionado. **-ement** m acondicionamiento.

condoléances f pl pésame m sing : présenter ses —, dar el pésame.

condor m cóndor.

conducteur, trice a/s conductor, a.

conduire ° t/i conducir : ce chauffeur de taxi conduit bien, este taxista conduce bien. □ t (mener) conducir, llevar : conduisez-moi à la gare, lléveme a la estación. □ se —, portarse : il s'est bien conduit avec elle, se ha portado bien con ella.

conduit m conducto.

conduite f 1 (d'un véhicule) conducción. 2 (d'une affaire) dirección. 3 (canalisation) conducción, cañería, conducto m. 4 (comportement) conducta : bonne —, buena conducta.

cône m cono.

confection f 1 confección. 2 costume de —, traje de confección ; s'habiller en —, vestirse con ropa de confección. **-ner** t confeccionar.

confédération f confederación.

conférenc/e f 1 conferencia. 2 — de presse, rueda de prensa. **-ier, ère** s conferenciante.

conférer ° t/i conferir. □ i conversar.

confess/er t confesar. □ se —, confesarse. **-eur** m confesor. **-ion** f confesión. **-ionnal** m confesionario.

confettis m pl confeti.

confi/ance *f* confianza. I *j'ai — en lui*, tengo confianza en él, confío en él. **-ant, e** *a* confiado, a.

confidence *f* confidencia.

confident, e *s* confidente. **-iel, elle** *a* confidencial. **-iellement** *adv* confidencialmente.

confier *t* confiar. □ *se —*, confiarse.

configuration *f* configuración.

confiner *i — à*, confinar con. □ *tr* confinar, recluir.

confins m pl *aux — de*, en los confines de.

confirm/er *t* confirmar. **-ation** *f* confirmación.

confiscation *f* confiscación.

confis/erie *f* 1 confitería. 2 (friandise) dulce *m*. **-eur, euse** *s* confitero, a.

confisquer *t* confiscar.

confit, e *a fruits confits*, frutas confitadas. □ *m* carne *f* cocida y conservada en su propia grasa.

confiture *f* confitura, mermelada.

conflit *m* conflicto.

confluent *m* confluencia *f*.

confondre *t* confundir. □ *pr* 1 confundirse. 2 *se — en excuses*, deshacerse en excusas.

conform/e *a* conforme. **-ément** *adv — à*, conforme a, con arreglo a.

conform/er *t* conformar, adaptar. □ *se — à*, conformarse a, con. **-ité** *f* conformidad.

confort *m* confort, comodidad *f*. **-able** *a* confortable.

confr/ère *m* 1 (d'une confrérie) cofrade. 2 (collègue) colega. **-érie** *f* cofradía.

confront/er *t* confrontar. **-ation** *f* confrontación.

confus, e *a* confuso, a. **-ément** *adv* confusamente.

confusion *f* confusión.

congé *m* 1 *demander un — d'une semaine*, pedir permiso para ausentarse una semana; *on lui a donné un — de 48 heures*, le han

dado de baja por 48 horas ; *être en — de maladie*, estar de baja por enfermedad. 2 vacaciones *f pl : être en —*, estar de vacaciones ; *congés payés*, vacaciones pagadas. 3 *un jour, une semaine de —*, un día, una semana de asueto. 4 (renvoi) despido. I *donner — à*, despedir a ; *prendre — de*, despedirse de.

congédier *t* despedir.

cong/eler ° *t* congelar : *viande congelée*, carne congelada. **-élateur** *m* congelador. **-élation** *f* congelación.

congestion *f* congestión. **-ner** *t* congestionar.

congre *m* congrio.

congrégation *f* congregación.

congr/ès [kɔ̃grɛ] *m* congreso. **-essiste** *s* congresista.

conifère *m* conífera *f*.

conique *a* cónico, a.

conjecture *f* conjetura.

conjoint, e *a* unido, a. □ *s* cónyuge, consorte. **-ement** *adv* conjuntamente.

conjonction *f* conjunción.

conjoncture *f* coyuntura.

conjugaison *f* conjugación.

conjugal, e *a* conyugal.

conjuguer *t* conjugar.

conjur/ation *f* conjuración, conjura. **-é, ée** *s* conjurado, a. **-er** *t* conjurar.

connaiss/ance *f* 1 conocimiento *m : en — de cause*, con conocimiento de causa. I *à ma —*, que yo sepa ; *faire —*, conocer ; *nous avons fait —*, nos hemos conocido ; *elle a perdu —*, ha perdido el conocimiento. 2 conocido *m : de vieilles connaissances*, viejos conocidos. I *une personne de —*, un conocido mío. **-eur, euse** *a/s* conocedor, a, entendido, a.

connaître ° *t* conocer : *je ne connais pas l'allemand, cette personne*, no conozco el alemán, a esta persona ; *un artiste très connu*, un artista muy conocido; *se faire* —, darse a conocer. □ *pr* 1 conocerse: *nous nous sommes connus en Angleterre*, nos conocimos en Inglaterra. 2 *s'y — en peinture*, entender de pintura.

connexion *f* conexión.

connivence *f* connivencia.

connu ⇒ **connaître.**

conquér/ir ° *t* conquistar. **-ant, e** *a/s* conquistador, a.

conquête *f* conquista.

consacrer *t* consagrar.

consanguin, e *a* consanguíneo, a.

consciemment [kɔ̃sjamɑ̃] *adv* conscientemente.

consci/ence *f* 1 conciencia: *— professionnelle*, conciencia profesional. 2 *perdre —*, perder el conocimiento. **-encieux, euse** *a* concienzudo, a. **-ent, e** *a* consciente.

conscri/t *m* quinto, recluta. **-ption** *f* reclutamiento *m*.

consécration *f* consagración.

consécutif, ive *a* consecutivo, a.

conseil [kɔ̃sɛj] *m* consejo. **-ler** *t* aconsejar. **-ler, ère** *s* consejero, a. I *— municipal*, concejal.

consent/ir ° *i — à*, consentir en. **-ement** *m* consentimiento.

conséquence *f* consecuencia. I *tirer à —*, tener importancia.

conséquent, e *a* 1 consecuente. 2 *par —*, por consiguiente.

conservateur, trice *a/s* conservador, a.

conservation *f* conservación.

conservatoire *m* conservatorio.

conserv/er *t* conservar. **-e** *f* conserva. **-erie** *f* conservería.

considérable *a* considerable.

considér/er ° *t* considerar. **-ation** *f* consideración.

consigne *f* 1 (ordre) consigna. 2 *laisser une valise à la —*, dejar una maleta en la consigna.

consigner *t* 1 (par écrit) consignar. 2 (un emballage) factu-

rar. I *emballage non consigné*, envase sin vuelta.

consist/er *i — à, en, dans*, consistir en. **-ance** *f* consistencia. **-ant, -e** *a* consistente.

consistoire *m* consistorio.

consol/er *t* consolar: *cela me console*, esto me consuela. **-ant, e** *a* consolador, a. **-ateur, trice** *a/s* consolador, a. **-ation** *f* consuelo *m*.

consolid/er *t* consolidar. **-ation** *f* consolidación.

consomm/er *t* consumir. **-ateur, trice** *s* consumidor, a. **-ation** *f* 1 consumo *m*: *la — d'essence d'une voiture*, el consumo de gasolina de un coche; *société de —*, sociedad de consumo. 2 (dans un café) consumición: *payer les consommations*, pagar las consumiciones. 3 *la — des siècles*, la consumación de los siglos; **-é, ée** *a* (accompli) consumado, a. □ *m* (bouillon) consomé.

consonance *f* consonancia.

consonne *f* consonante.

consort *a prince —*, príncipe consorte.

consortium [kɔ̃sɔʀsjɔm] *m* consorcio.

conspir/er *i* conspirar. **-ateur, trice** *s* conspirador, a. **-ation** *f* conspiración.

conspuer *t* abuchear.

const/ant, e *a* constante. **-amment** *adv* constantemente. **-ance** *f* constancia.

constat *m* atestado, acta *f*.

constat/er *t* 1 observar, advertir, notar. 2 (vérifier) comprobar. **-ation** *f* comprobación.

constellation *f* constelación.

constern/er *t* consternar. **-ation** *f* consternación.

constip/er *t* estreñir. **-ation** *f* estreñimiento *m*.

constitu/er *t* constituir: *les joueurs qui constituent l'équipe*, los jugadores que constituyen el

equipo. **-ant, e** *a* constituyente.
constitution *f* constitución. **-nel,**
elle *a* constitucional.
construc/tion *f* construcción.
-teur, trice *a/s* constructor, a.
-tif, ive *a* constructivo, a.
construire ° *t* construir.
consul *m* cónsul. **-aire** *a*
consular. **-at** *m* consulado.
consult/er *t* consultar. **-atif, ive**
a consultivo, a. **-ation** *f*
consulta.
consumer *t* consumir.
contact [kɔ̃takt] *m* contacto :
mettre en —, poner en contacto.
-er *t* FAM — *quelqu'un,* ponerse en
contacto con alguien.
contagi/on *f* contagio *m.* **-eux,**
euse *a* contagioso, a.
contamin/er *t* contaminar.
-ation *f* contaminación.
conte *m* cuento.
contempl/er *t* contemplar. **-atif,**
ive *a/s* contemplativo, a. **-ation**
f contemplación.
contemporain, e *a/s* contemporáneo, a.
contenance *f* 1 cabida,
capacidad. 2 (attitude) continente
m, actitud. I *perdre* —, turbarse.
contenir ° *t* contener : *ce réservoir*
contient cent litres, este depósito
contiene cien litros ; — *sa colère,*
contener la ira. □ *se* —, contenerse.
content, e *a* contento, a : — *de,*
contento con. **-er** *t* contentar. □ *se*
— *de,* contentarse, conformarse
con. **-ement** *m* contento.
contentieux, euse *a/m*
contencioso, a.
contenu *m* contenido.
conter *t* contar.
contest/ation *f* polémica,
controversia. **-able** *a* contestable,
dudoso, a. **-ataire** *a/s*
contestatario, a.
conteste (sans) *loc adv* sin duda
alguna.
contester *t* negar, discutir. □ *i*
disputar.

conteur, euse *s* 1 contador, a. 2
(auteur) cuentista.
contexte *m* contexto.
contigu, uë [kɔ̃tigy] *a* contiguo, a.
contin/ence *f* continencia. **-ent,**
e *a* continente.
continent *m* continente. **-al, e** *a*
continental.
contingence *f* contingencia.
contingent *m* contingente. **-er** *t*
limitar, racionar. **-ement** *m*
limitación *f.*
continu, e *a* continuo, a.
continuation *f* continuación.
continuel, elle *a* continuo, a.
-lement *adv* continuamente.
continu/er *t/i* continuar, seguir :
la crise continue, continúa la crisis ; *il continua à, de marcher,*
siguió andando ; *continuez !,*
¡ siga ! **-ité** *f* continuidad.
contorsion *f* contorsión.
contour *m* contorno. **-ner** *t* 1 —
un lac, dar la vuelta a un lago. 2 —
une difficulté, eludir, evitar una
dificultad.
contraceptif, ive *a/m* contraceptivo, a.
contracter *t* — *un muscle, une*
habitude, une dette, contraer un
músculo, una costumbre, una
deuda. I *il est très contracté,* está
muy nervioso.
contraction *f* contracción.
contradict/ion *f* contradicción.
-oire *a* contradictorio, a.
contrain/dre ° *t* forzar. **-te** *f* 1
coacción, violencia, fuerza. 2
(gêne) embarazo *m*, molestia.
contraire *a* contrario, a. □ *m le* —,
lo contrario. I *au* —, al contrario ;
bien, tout au —, todo lo contrario.
-ment *adv* — *à ce que je pensais,*
contrariamente a lo que pensaba.
contrari/er *t* contrariar. **-ant, e**
a (ennuyeux) enojoso, a. **-été** *f*
contrariedad.
contrast/e *m* contraste. **-er** *i*
contrastar.

contrat *m* contrato.

contravention *f* 1 (amende) multa. 2 contravención.

contre *prép* 1 contra: *lutter — quelqu'un*, luchar contra alguien; *serrer — sa poitrine*, estrechar contra su pecho. 2 (près de) junto a. I *tout —*, muy cerca. 3 por: *échanger —*, cambiar por. □ *adv* en contra: *voter —*, votar en contra. I *par —*, en cambio. □ *m le pour et le —*, el pro y el contra.

contre-amiral *m* contraalmirante.

contre-attaqu/e *f* contraataque *m*. **-er** *t* contraatacar.

contreband/e *f* contrabando *m*. **-ier** *m* contrabandista.

contrebas (en) *loc adv* más abajo.

contrebasse *f* contrabajo *m*.

contrecarrer *t* contrarrestar.

contrecœur (à) *loc adv* de mala gana.

contrecoup *m* FIG repercusión *f*. I *par —*, de rechazo.

contredire ° *t* contradecir: *il se contredit toujours*, se contradice siempre.

contredit (sans) *loc adv* sin disputa.

contrée *f* comarca.

contre-espionnage *m* contraespionaje.

contrefaçon *f* falsificación, imitación.

contre/faire °*t* 1 (imiter) remedar. 2 (frauduleusement) falsificar. 3 (déguiser) disfrazar. **-fait, e** *a* contrahecho, a.

contrefort *m* contrafuerte.

contre-indiqué, e *a* contraindicado, a.

contre-jour *m* contraluz.

contremaître *m* capataz.

contremarque *f* contraseña.

contrepartie *f* 1 contrapartida: *en —*, como contrapartida. 2 opinión contraria.

contrepied *m le —*, lo contrario.

contre-plaqué *m* contrachapado.

contrepoids [kɔ̃trəpwa] *m* contrapeso. I *faire —*, compensar.

contrepoison *m* contraveneno, antídoto.

contresens [kɔ̃trəsɑ̃s] *m* contrasentido. I *à —*, en sentido contrario.

contresigner *t* refrendar.

contretemps [kɔ̃trətɑ̃] *m* contratiempo. I *à —*, a destiempo.

contre-torpilleur *m* cazatorpedero.

contreven/ir ° *i* contravenir. **-ant, e** *s* contraventor, a.

contrevent *m* postigo.

contribuable *s* contribuyente.

contribu/er *i* contribuir: *mesure qui contribue à...*, medida que contribuye a... **-tion** *f* contribución.

contrit, e *a* contrito.

contrôl/e *m* 1 control. 2 *le — de soi-même*, el dominio de sí mismo. 3 *— des naissances*, regulación *f* de nacimientos. **-er** *t* 1 controlar. 2 (billets) revisar. **-eur, euse** *s* 1 inspector, a. 2 (train, autobus) revisor, a.

contrordre *m* contraorden *f*.

controverse *f* controversia.

contusion *f* contusión.

convainc/re ° *t* convencer. **-ant, e** *a* convincente. **-u, e** *a* convencido, a.

convalesc/ent, e *a/s* convaleciente. **-ence** *f* convalecencia.

convenable *a* 1 conveniente. 2 correcto, a, decente.

convenance *f* conveniencia.

convenir ° *i* 1 convenir. I *il convient de...*, conviene... 2 acordar: *ils ont convenu de rester*, han acordado quedarse; *comme convenu*, según lo acordado. 3 *— de ses torts*, reconocer sus errores.

convention *f* convenio *m*, convención. **-nel, elle** *a* convencional.

convenu, e *a* convenido, a.

converg/er ° *i* converger, convergir. **-ent, e** *a* convergente.

convers/er *i* conversar. **-ation** *f* conversación.

conversion *f* conversión.

convert/ir *t* convertir. **-isseur** *m* convertidor.

convexe *a* convexo, a.

conviction *f* convicción.

convi/er *t* convidar. **-ve** *s* convidado, a.

convocation *f* convocatoria.

convoi *m* 1 MIL, MAR convoy. 2 (train) tren. 3 (enterrement) entierro.

convoit/er *t* codiciar. **-ise** *f* codicia.

convoquer *t* convocar.

convuls/er *t* convulsionar.l *visage convulsé*, rostro convulso. **-if, ive** *a* convulsivo, a. **-ion** *f* convulsión.

coopér/er ° *i* cooperar. **-atif, ive** *a/f* cooperativo, a. **-ation** *f* cooperación.

coord/onner *t* coordinar. **-ination** *f* coordinación.

copain *m* FAM camarada, compañero, amigote.

copeau *m* viruta *f*.

copie *f* 1 copia. 2 (d'écolier) cuartilla.

copier *t* copiar.

copieux, euse *a* copioso, a.

copilote *m* copiloto.

copine *f* FAM camarada, compañera.

copiste *s* copista.

copra(h) *m* copra *f*.

copropriétaire *s* copropietario, a.

copulation *f* cópula.

coq *m* 1 gallo. 2 *passer du — à l'âne*, pasar de un tema a otro.

coq-à-l'âne *m* despropósito.

coque *f* 1 *œuf à la —*, huevo pasado por agua. 2 (de noix) cáscara. 3 (d'un navire) casco *m*.

coquelicot [kɔkliko] *m* amapola *f*.

coqueluche *f* tos ferina.

coquet, ette *a* 1 coquetón, ona. 2 (femme) coqueta. **-tement** *adv* con coquetería. **-terie** *f* coquetería.

coquetier *m* huevera *f*.

coquillage *m* 1 marisco. 2 (coquille) concha *f*.

coquille *f* 1 (de mollusque) concha. I *— Saint-Jacques*, venera. 2 (d'œuf, de noix) cáscara. 3 (imprimerie) errata.

coquin, e *s* pillo, a.

cor *m* 1 *— de chasse*, trompa *f* de caza ; *— anglais*, cuerno inglés. 2 (au pied) callo.

corail [kɔraj] *m* coral : *des coraux*, corales.

Coran *n p m* Alcorán.

corbeau *m* cuervo.

corbeille *f* canasta, canastilla. I *— à papier*, cesto *m* de los papeles.

corbillard *m* coche fúnebre.

cord/e *f* 1 cuerda : *— raide*, cuerda floja ; *cordes vocales*, cuerdas vocales. 2 *— à sauter*, comba ; *sauter à la —*, saltar a la comba. 3 (d'un tissu) trama. I *usé jusqu'à la —*, raído. **-age** *m* cabo. □ *pl* MAR jarcias *f*. **-eau** *m* cordel. **-ée** *f* cordada. **-elette** *f* cuerdecita. **-elière** *f* cordón *m*.

cordial, e *a/m* cordial. **-ement** *adv* cordialmente. **-ité** *f* cordialidad.

cordillère *f* cordillera.

cordon *m* 1 cordón. 2 *— de police*, cordón de policía.

cordonnerie *f* zapatería.

cordonnet *m* cordoncillo.

cordonnier, ère *s* zapatero, a.

coriace *a* coriáceo, a.

corne *f* 1 cuerno *m*. I *coup de corne*, cornada *f*. 2 *— d'abondance*, cornucopia. 3 *— à chaussures*, calzador *m*. 4 (coin) cuerno *m*, pico *m*.

cornée f córnea.

corneille f corneja.

cornemuse f gaita, cornamusa.

corner i (auto) tocar la bocina.

cornet m 1 mus corneta f. | – à pistons, cornetín. 2 (de papier, de glace) cucurucho. 2 – à dés, cubilete.

corniche f cornisa.

cornichon m pepinillo.

cornu, e a cornudo, a.

cornue f retorta.

corollaire m corolario.

corolle f corola.

corporat/ion f corporación. -**if, ive** a corporativo, a.

corporel, elle a corporal, corpóreo, a.

corps [kɔʀ] m cuerpo. | – à –, cuerpo a cuerpo; – et âme, en cuerpo y alma; à – perdu, a cuerpo descubierto; à son – défendant, a pesar suyo.

corpul/ent, e a corpulento, a. -**ence** f corpulencia.

corpuscule m corpúsculo.

correct, e [kɔʀɛkt] a correcto, a. -**ement** adv correctamente. -**eur, trice** a/s corrector, a. -**ion** f corrección. -**ionnel, elle** a correccional.

corrélation f correlación.

correspondance f 1 correspondencia 2 (trains) empalme m, enlace m. 3 (courrier) correo m : par –, por correo.

correspondant, e a correspondiente. □ s 1 (par lettres) comunicante. 2 (d'un journal) corresponsal. 3 (d'une académie) correspondiente.

correspondre i 1 corresponder. 2 (des locaux) corresponderse, comunicarse : chambres qui correspondent, habitaciones que se comunican. 3 (par lettres) cartearse. 4 train qui correspond avec un autre, tren que empalma, enlaza con otro.

corridor m corredor, pasillo.

corriger ° t corregir.

corroborer t corroborar.

corroder t corroer.

corrompre t corromper : homme corrompu, hombre corrompido.

corros/ion f corrosión. -**if, ive** a corrosivo, a.

corrup/tion f corrupción. -**teur, trice** a/s corruptor, a.

corsage m blusa f.

corsaire m corsario.

Corse n p m Córcega.

corse a/s corso, a.

corsé, e a 1 fuerte. 2 FIG verde, escabroso, a.

corset m corsé.

cortège m cortejo, séquito, comitiva f.

cortisone f cortisona.

corvée f 1 MIL faena. 2 lata, incordio m : quelle –!, ¡qué lata!

coryza m coriza f.

cosmétique a/m cosmético, a.

cosmique a cósmico, a.

cosmonaute s cosmonauta.

cosmopolite a cosmopolita.

cosmos [kɔsmɔs] m cosmos.

cossard, e a/s POP gandul.

cosse f vaina.

cossu, e a rico, a.

costaud, e a robusto, a. □ m fortachón.

costum/e m traje. -**er** t disfrazar. | bal costumé, baile de disfraces.

cote f 1 (en Bourse) cotización. | FIG avoir la –, estar cotizado, a. 2 (topographie) cota.

côte f 1 (os) costilla. | – à –, uno al lado del otro. 2 (en boucherie) chuleta. 3 (pente) cuesta. 4 (rivage) costa : – d'Azur, Costa Azul.

côté m 1 lado. | à – de, al lado de ; de tous côtés, por todas partes ; d'un autre –, por otro lado ; laisser de –, dejar aparte. 2 (flanc) costado.

coteau m loma f, otero.

côtelette [kotlɛt] *f* chuleta.

coter *t* 1 cotizar. I *être bien coté*, estar apreciado, a. 2 (topographie) acotar.

coterie *f* corrillo *m*, camarilla.

côtier, ière *a* costero, a.

cotis/er *i* pagar su cuota, cotizar. **-ation** *f* cuota, escote *m*.

coton *m* algodón. **-nade** *f* cotonada. **-nier** *m* algodonero.

côtoyer ° [kotwaje] *t* bordear.

cou *m* cuello.

couchage *m* lecho, cama *f*. I *sac de —*, saco de dormir.

couchant *a soleil —*, sol poniente. □ *m* poniente.

couche *f* 1 (lit) lecho *m*. 2 (de peinture, atmosphérique, etc.) capa. 2 *les couches d'un bébé*, los pañales de un bebé. □ *pl* (enfantement) parto *m sing*. I *fausse-couche*, aborto *m*.

¹**coucher** *t* 1 (dans un lit) acostar. 2 (sur le sol) tender. □ *i* dormir : *nous avons couché dans une pension*, dormimos en una pensión. □ *pr* 1 acostarse, echarse : *je me couche tôt*, me acuesto temprano ; *le malade s'est couché*, el enfermo se ha acostado. 2 *le soleil se couche*, el sol se pone.

²**coucher** *m* 1 *l'heure du —*, la hora de acostarse. 2 *le — du soleil*, la puesta del sol.

couchette *f* litera.

coucou *m* 1 cuclillo. 2 (pendule) reloj de cucú. 3 (plante) narciso silvestre.

coude *m* 1 codo. I *coup de —*, codazo. 2 (d'un chemin) recodo.

cou-de-pied [kudpje] *m* garganta *f* del pie.

couder *t* acodar.

coudoyer ° [kudwaje] *t* codearse con.

coudre ° *t* coser. I *machine à —*, máquina de coser.

couenne [kwan] *f* corteza de tocino.

couiner *i* gritar.

coulant *a nœud —*, nudo corredizo.

coulée *f — de lave*, corriente de lava.

couler *i* 1 (liquides) correr : *l'eau coule*, el agua corre. 2 hundirse : *le navire a coulé*, el barco se ha hundido ; *— à pic*, irse a pique. □ *t* 1 (mouler) vaciar. 2 (un bateau) hundir. □ FAM *se la — douce*, darse la gran vida.

couleur *f* color *m* : *photo en couleurs*, foto en color ; *les couleurs nationales*, los colores nacionales. I *changer de —*, demudarse.

couleuvre *f* culebra.

couliss/e *f* 1 corredera, ranura. 2 *les coulisses*, los bastidores ; *dans les coulisses*, entre bastidores. **-ant, e** *a porte coulissante*, puerta de corredera.

couloir *m* pasillo, corredor.

coup [ku] *m* 1 golpe. I *— de poing*, puñetazo ; *— de pied*, patada *f* ; *— de couteau, de fouet, de marteau*, cuchillada *f*, latigazo, martillazo ; *— de tête*, capricho, acción *f* irreflexiva ; *sur le — de six heures*, a las seis ; *tenir le —*, aguantar. 2 *— de feu*, disparo, tiro. 3 *boire un —*, echar un trago. 4 (fois) vez *f*. I *— sur —*, sin interrupción ; *à — sûr*, sobre seguro ; *sur le —*, en el acto ; *tout à —*, de repente.

coupable *a/s* culpable.

coupage *m* mezcla *f* de vinos.

coupant, e *a* 1 cortante. 2 FIG tajante.

coupe *f* 1 (récipient, trophée) copa. 2 (de cheveux, vêtements, etc.) corte *m*. 3 (dessin en coupe) sección *f*.

coupe-circuit *m* cortacircuitos.

coupe-file *m* pase.

coupe-gorge *m* ladronera *f*.

coupe-papier *m* plegadera *f*.

couper *t/i* 1 cortar. 2 (au téléphone) cortar : *ne coupez pas!*, ¡no corte! ; *on nous a coupés*, se ha cortado la línea. 3 (une boisson) aguar. □ *pr* **1** *je me suis coupé au doigt*, me he cortado en el dedo. **2** (se contredire) contradecirse.

couperet *m* cuchilla *f*.

couperosé, e *a* barroso, a.

coupl/e *m* **1** pareja *f*. **2** (mécanique) par. **-er** *t* **1** acoplar. **2** ÉLECTR conectar.

couplet *m* estrofa *f*.

coupole *f* cúpula.

coupon *m* **1** (d'étoffe) retal. **2** (banque) cupón.

coupure *f* **1** corte *m*. **2** billete *m* de banco. **3** — *de presse*, recorte *m* de prensa.

cour *f* **1** (d'une maison) patio *m*. **2** (d'une ferme) corral *m*. **3** (d'un souverain) corte. **4** tribunal *m*, audiencia : — *de cassation*, tribunal de casación. **5** *faire la* —, hacer la corte, cortejar.

courag/e *m* valor, ánimo : *courage !*, ¡ ánimo ! **-eux, euse** *a* valiente, animoso, a.

couramment *adv* corrientemente.

courant, e *a* corriente. I *le 16* —, el 16 del corriente. □ *m* (d'air, électrique, etc.) corriente *f*. I *dans le* — *de l'année*, en el transcurso del año ; *être au* —, estar al corriente.

courbatur/e *f* agujetas *pl*. **-é, ée** *a* molido, a, dolorido, a.

courb/e *a* curvo, a. □ *f* curva. **-er** *t* doblar, encorvar. □ *se* —, encorvarse. **-ure** *f* curvatura.

coureur, euse *a/s* corredor, a.

courg/e *f* calabaza. **-ette** *f* calabacín *m*.

courir ° *i* correr : *j'y cours*, voy corriendo ; *le bruit court*, corre el rumor. I *par le temps qui court*, actualmente. □ *t* — *un risque*, correr un riesgo.

couronn/e *f* corona. **-ement** *m* **1** (sacre) coronación *f*. **2** (partie supérieure) coronamiento. **-er** *t* **1** coronar. **2** (un ouvrage) premiar.

courre *f* *chasse à* —, caza de montería.

courrier *m* correo.

courroie *f* correa.

cours [kur] *m* **1** curso. I — *d'eau*, río. **2** *au* — *de l'hiver*, en el transcurso del invierno ; *l'année en* —, el año en curso. **3** (en Bourse) cotización *f*. I *avoir* —, tener curso. **4** (du change) cambio. **5** (prix) precio. **6** clase *f* : *cours particuliers*, clases particulares. **7** curso : *faire un* — *de physique*, dar un curso de física. **8** (établissement) academia *f* : — *de comptabilité*, academia de contabilidad.

course *f* **1** carrera. I — *de taureaux*, corrida. **2** (commission) encargo *m*, compra : *faire ses courses*, ir de compras.

¹**court, e** *a* **1** corto, a. **2** *être à* — *de*, estar falto de. □ *adv* corto. I *tout* —, a secas.

²**court** *m* pista *f* de tenis.

courtage *m* corretaje.

court-circuit *m* corto circuito.

courtier *m* corredor.

courtis/an *m* cortesano. **-er** *t* cortejar.

courtois, e *a* cortés. **-ie** *f* cortesía.

couru, e ⇒ **courir**. □ *a* (recherché) en boga, concurrido, a.

couscous [kuskus] *m* alcuzcuz.

¹**cousin, e** *s* primo, a : — *germain*, primo hermano.

²**cousin** *m* mosquito.

coussin *m* cojín. **-net** *m* **1** cojinillo. **2** TECHN cojinete.

cousu, e *a* cosido, a.

coût [ku] *m* coste, costo.

cout/eau *m* **1** cuchillo. **2** — *de poche*, navaja *f*. **3** (mollusque) navaja *f*. **-elas** *m* cuchilla *f*. **-ellerie** *f* cuchillería.

coût/er *i* costar : *combien coûte cette robe ?*, ¿ cuánto cuesta este vestido ? I *coûte que coûte*, cueste lo que cueste. **-eux, euse** *a* costoso, a.

coutil [kuti] *m* cotí, dril.

coutume *f* costumbre.

coutur/e *f* costura. **-ier** *m* modista. **-ière** *f* modista.

couvée *f* pollada, nidada.

couvent *m* convento.

couver *t* 1 (œufs) empollar. 2 — *une maladie*, incubar una enfermedad. □ *i* estar latente.

couvercle *m* tapa *f*.

couvert, e *a* cubierto, a. □ *m* cubierto. I *mettre le* —, poner la mesa.

couverture *f* 1 (de lit) manta. I — *de voyage*, manta de viaje. 2 (livre, toit) cubierta. 3 (de magazine) portada.

couvre-feu *m* queda *f*.

couvre-lit *m* cubrecama, cubre.

couvre-pieds *m* cubrepiés.

couvrir ° *t* 1 cubrir. 2 (une casserole, etc.) tapar. □ *pr* 1 abrigarse, taparse : *couvre-toi bien*, abrígate bien. 2 *se — de gloire*, cubrirse de gloria. 3 *le temps se couvre*, se nubla el cielo.

crabe *m* cangrejo de mar.

crach/er *i/t* escupir. I *c'est son père tout craché*, es clavado a su padre. **-at** *m* escupitajo, esputo.

crachin *m* llovizna *f*.

craie *f* 1 (minéral) creta. 2 (pour écrire) tiza.

craindre ° *t* 1 temer : *il est à* —, es de temer ; *je crains qu'il ne soit malade*, me temo que esté enfermo. 2 *craint l'humidité*, se altera con la humedad.

craint/e *f* temor *m*. I *de* — *de*, por miedo a. **-if, ive** *a* temeroso, a.

cramoisi, e *a* carmesí.

crampe *f* calambre *m*.

crampon *m* 1 grapa *f*. 2 (pour chaussures) taco. 3 FAM latoso. **-ner (se)** *pr* agarrarse.

cran *m* 1 muesca *f*. I — *d'arrêt*, muelle. 2 (d'une ceinture) punto. 3 *avoir du* —, tener arrojo, agallas.

crân/e *m* cráneo. □ *a* arrogante. **-er** *i* fanfarronear. **-eur, euse** *s* fanfarrón, ona, chulo, a.

crapaud *m* sapo.

crapul/e *f* granuja, pillo *m*. **-eux, euse** *a* crapuloso, a.

craquelure *f* resquebrajadura.

craqu/er *i* 1 chasquear, crujir. I *plein à* —, lleno hasta los topes. 2 (échouer) venirse abajo. I *ses nerfs ont craqué*, le fallaron los nervios. **-ement** *m* crujido, chasquido.

crass/e *f* mugre. **-eux, euse** *a* mugriento, a.

cratère *m* cráter.

cravache *f* fusta.

cravate *f* corbata.

crayeux, euse [kʀɛjø, øz] *a* yesoso, a.

crayon [kʀɛjɔ̃] *m* lápiz : *des crayons*, lápices. I — *à bille*, bolígrafo.

créanc/e *f* 1 crédito *m*. 2 *lettres de* —, credenciales. **-ier, ère** *s* acreedor, a.

créat/eur, trice *a/s* creador, a. **-ion** *f* creación. **-ure** *f* criatura.

crécelle *f* carraca.

crèche *f* 1 (mangeoire) pesebre *m*. 2 (de Noël) nacimiento *m*, belén *m*. 3 (pour enfants) casa cuna.

crédibilité *f* credibilidad.

crédit *m* crédito. I *acheter à* —, comprar a plazos. **-eur, trice** *a/s* acreedor, a.

credo *m* credo.

crédul/e *a* crédulo, a. **-ité** *f* credulidad.

créer *t* crear.

crémaillère *f* 1 llares *pl*. I *pendre la* —, estrenar la casa. 2 *chemin de fer à* —, ferrocarril de cremallera.

crématoire *a/m* crematorio.

crème *f* 1 (du lait) nata : *—fraîche*, nata fresca. 2 (entremets) crema, natillas *pl*. I — *renversée*, flan *m*. 3 — *à raser*, crema de afeitar. □ *a couleur* —, color crema.

crém/erie *f* lechería, mantequería. **-eux, euse** *a* cremoso, a. **-ier, ère** *s* lechero, a.

crén/eau *m* almena *f*. **-elé, e** *a*

almenado, a, dentado, a.

créole *a/s* criollo, a.

crêp/e *f* (galette) hojuela. □ *m* 1 (tissu) crespón. 2 (de deuil) gasa *f*. 3 *semelles de* —, suelas de crepé, de crep. **-er** *t* — *les cheveux*, cardar el pelo.

crép/i *m* enlucido. **-ir** *t* enlucir.

crépit/er *i* crepitar. **-ement** *m* chisporroteo, crepitación *f*.

crépon *m* crespón.

crépu, e *a* crespo, a.

crépuscul/e *m* crepúsculo. **-aire** *a* crepuscular.

cresson |krɛsɔ̃| *m* berro.

crête *f* cresta.

crétin, e *a/s* cretino, a.

cretonne *f* cretona.

creuser *t* 1 cavar. 2 — *l'estomac*, dar apetito. 3 — *une question*, profundizar, ahondar una cuestión. □ *se* — *la cervelle*, devanarse los sesos.

creuset *m* crisol.

creux, creuse |krø, øz| *a* 1 hueco, a: *arbre* —, árbol hueco; *voix creuse*, voz hueca. 2 *des yeux* —, ojos hundidos. □ m *sonner le* —, sonar a hueco.

crevaison *f* pinchazo *m*.

crevass/e *f* grieta. **-er** *t* agrietar.

crever ° *i* 1 reventar. 2 — *de faim*, *de rire*, morirse de hambre, de risa. 3 (pneu) pincharse. □ *t* reventar. I *cela crève les yeux*, esto salta a la vista. □ FAM *se* — *à la tâche*, matarse trabajando.

crevette *f* camarón *m*, quisquilla.

cri *m* 1 grito : *pousser des cris*, dar gritos ; *à grands cris*, a gritos ; *jeter les hauts cris*, poner el grito en el cielo. 2 — *perçant*, chillido.

criailler *i* chillar.

criard, e *a* 1 chillón, ona. 2 *couleurs criardes*, colores chillones.

cribl/e *m* criba *f*. **-er** *t* 1 cribar. 2 — *de balles*, acribillar a balazos ; *criblé de dettes*, cubierto de deudas.

cric |krik| *m* cric, gato.

criée *f* almoneda.

crier *i* 1 gritar. I — *au secours*, pedir socorro. 2 — *contre, après quelqu'un*, reñir a alguien. □ *t* 1 gritar. 2 (une marchandise) pregonar. 3 — *vengeance*, clamar venganza.

crim/e *m* crimen. **-inel, elle** *a/s* criminal.

crin *m* crin *f*. **-ière** *f* 1 (du cheval) crines *pl*. 2 (du lion) melena.

crique *f* cala.

criquet *m* langosta *f*.

crise *f* 1 crisis. 2 — *cardiaque*, ataque *m* al corazón ; — *de nerfs*, ataque de nervios.

crisp/er *t* 1 crispar. 2 FAM irritar, sulfurar. **-ant, e** *a* irritante. **-ation** *f* crispadura.

criss/er *i* 1 (dents) rechinar. 2 (gravier, etc.) crujir. **-ement** *m* rechinamiento, crujido.

cristal *m* 1 — *de roche*, cristal de roca. 2 (verre) cristal fino. **-lin, e** *a/m* cristalino, a. **-liser** *t/i* cristalizar.

critère *m* criterio.

critiqu/e *a/m* crítico, a. □ *f* crítica. **-er** *t* criticar. **-eur, euse** *s* criticón, ona.

croasser *i* graznar.

croc |kro| *m* 1 garfio. 2 (d'un carnivore) colmillo.

croc-en-jambe |krɔkɑ̃ʒɑ̃b| *m* *faire un* —, poner una zancadilla.

croche *f* MUS corchea.

croche-pied ⇒ **croc-en-jambe.**

crochet *m* 1 (pour suspendre, coup de poing) gancho. 2 (pour serrures) ganzúa *f*. 3 (aiguille) ganchillo. I *bonnet au* —, gorro de ganchillo, de croché. 4 FIG *vivre aux crochets de*, vivir a costas de. 5 (typographie) corchete. 6 (détour) rodeo.

crochu, e *a* ganchudo, a.

crocodile *m* cocodrilo.

croire ° t/i 1 — *en Dieu, à la magie,* creer en Dios, en la magia; *je crois bien!,* ¡ ya lo creo!; *vous ne croyez pas?,* ¿ no cree usted? 2 *on croirait qu'il dort,* parece que está durmiendo. □ pr *il se croit supérieur,* se cree superior.

croisade *f* cruzada.

croisée *f* 1 — *des chemins,* encrucijada. 2 (fenêtre) ventana.

crois/er *t* 1 cruzar. 2 cruzarse: *je l'ai croisé dans l'escalier,* me crucé con él en la escalera. □ *i* (navire) cruzar. □ *se* — *les bras,* cruzarse de brazos. **-ement** *m* 1 cruce. 2 (de races) cruzamiento.

croiseur *m* crucero.

croisière *f* crucero *m*.

croissance *f* 1 crecimiento *m*. 2 (développement) desarrollo *m*.

croissant, e *a* creciente. □ *m* 1 media luna *f*. 2 (pâtisserie) croissant.

croître ° *i* crecer: *les jours croissent,* los días van creciendo.

croix [kRwa] *f* cruz: *des —,* cruces.

croquant, e *a* crujiente. □ *m* FAM (paysan) paleto, cateto.

croque-mitaine [kRɔkmitɛn] *m* coco.

croque-monsieur [kRɔkməsjø] *m* bocadillo caliente de jamón y queso.

croque-mort [kRɔkmɔR] *m* FAM empleado de funeraria.

croquer *i* crujir. □ *t* 1 ronzar, cascar. 2 (dessiner) bosquejar.

croquette *f* croqueta.

croquis [kRɔki] *m* croquis.

crosse *f* 1 (d'évêque) báculo *m* pastoral, cayado *m*. 2 (de fusil) culata. 3 (de hockey) palo *m*.

crott/e *f* 1 cagarruta. 2 (boue) barro *m*. 3 bombón *m* de chocolate. **-in** *m* estiércol de caballo.

croul/er *i* hundirse, desplomarse. **-ant, e** *a* ruinoso, a.

croupe *f* grupa. | *en —,* a ancas.

croupier *m* croupier.

croupir *i* 1 estancarse: *eau croupie,* agua estancada. 2 FIG estar sumido, a.

croustill/er *i* crujir, cuscurrear. **-ant, e** *a* 1 crujiente, 2 FIG libre, picante.

croût/e *f* 1 corteza. | FAM *casser la* —, tomar un bocado. 2 (d'une plaie) costra, postilla. 3 FAM (tableau) churro *m*, mamarracho *m*. **-on** *m* cuscurro.

croyable [kRwajabl] *a* creíble.

croy/ance [kRwajɑ̃s] *f* creencia. **-ant, e** *a/s* creyente.

¹**cru** ⇒ **croire.**

²**cru** *m* 1 viñedo. | *vin du —,* vino del país. 2 *de son —,* de su cosecha.

³**cru, e** *a* crudo, a.

cruauté *f* crueldad.

cruch/e *f* 1 cántaro *m*. 2 (à bec) botijo *m*. **-on** *m* cantarillo.

cruci/fier *t* crucificar. **-fix** [kRysifi] *m* crucifijo. **-fixion** *f* crucifixión.

crudité *f* crudeza. □ *pl* verduras frescas variadas.

crue *f* crecida.

cruel, elle *a* cruel.

crûment *adv* crudamente.

crustacé *m* crustáceo.

crypte *f* cripta.

cubain, e *a/s* cubano, a.

cub/e *m* cubo. □ *a* cúbico, a. **-ique** *a* cúbico, a. **-isme** *m* cubismo. **-iste** *a/s* cubista.

cueill/ir ° *t* coger. **-ette** *f* recolección, cosecha.

cuill/er, ère [kyijɛR] *f* cuchara. | — *à café, petite —,* cucharilla. **-erée** *f* cucharada.

cuir *m* 1 cuero. 2 piel *f* : *valise en —,* maleta de piel.

cuirass/e *f* coraza. **-é, ée** *a/m* acorazado, a.

cui/re ° *t* 1 cocer: *faire — à la vapeur,* cocer al vapor. 2 (au four) asar. 3 (frire) freir. □ *i* 1 cocer, cocerse: *ces lentilles cuisent mal,* estas lentejas no se cuecen. 2

(douleur) escocer. I *il t'en cuira*, te arrepentirás de esto. **-sant, e** *a* agudo, a.

cuisin/e *f* cocina. I *faire la —*, guisar, cocinar. **-ier, ère** *s* cocinero, a. □ *f* cocina : *cuisinière électrique*, cocina eléctrica.

cuisse *f* **1** muslo *m*. **2** *cuisses de grenouille*, ancas ·de rana.

cuisson *f* cocción.

cuit, e *a* cocido, a. □ *f* FAM (ivresse) curda.

cuivr/e *m* cobre : *en —*, de cobre. **-é, ée** *a* cobrizo, a.

cul [ky] *m* culo.

culasse *f* culata.

culbut/er *i* caer, rodar por el suelo. □ *t* derribar. **-e** *f* **1** (cabriole) voltereta. **2** (chute) caída. I *faire une —*, caer, rodar por el suelo. **-eur** *m* TECHN balancín.

cul-de-sac [kydsak] *m* callejón sin salida.

culinaire *a* culinario, a.

culminant, e *a* culminante.

culot [kylo] *m* FAM *avoir du —*, tener cara, caradura ; *quel —!*, ¡qué cara más dura!, ¡qué rostro !

culott/e *f* **1** calzón *m*, pantalón *m* : *culottes courtes*, pantalones cortos. **2** (de femme) bragas *pl*. **-er** *t* **1** (pipe) curar. **2** FAM *être culotté*, ser un fresco.

culpabilité *f* culpabilidad.

culte *m* culto.

cultiv/er *t* cultivar. **-ateur, trice** *s* labrador, a.

cultur/e *f* **1** cultivo *m*. **2** (instruction) cultura. I *— physique*, cultura física. **-el, elle** *a* cultural.

cumin *m* comino.

cumuler *t* acumular.

cupid/e *a* codicioso, a, ávido, a. **-ité** *f* codicia, avidez.

¹**cure** *f* cura : *— de repos*, cura de reposo.

²**cure** *f* **1** (fonction de curé) curato *m*. **2** (presbytère) casa del cura.

curé *m* cura párroco.

cure-dent *m* mondadientes.

curer *t* limpiar, mondar.

curi/eux, euse *a/s* curioso, a : *— de savoir*, curioso por saber. **-osité** *f* curiosidad.

cutané, e *a* cutáneo, a.

cuv/e *f* cuba. **-ette** *f* **1** jofaina, palangana. **2** (des cabinets) taza. **3** (creux de terrain) hondonada.

cyanure *m* cianuro.

cybernétique *f* cibernética.

cyclable *a* *piste —*, arcén *m* para ciclistas.

cycl/e *m* ciclo. **-isme** *m* ciclismo. **-iste** *s* ciclista. **-omoteur** *m* ciclomotor.

cyclone *m* ciclón.

cyclope *m* cíclope.

cygne *m* cisne.

cylindr/e *m* cilindro. **-ée** *f* cilindrada. **-ique** *a* cilíndrico, a.

cymbales *f pl* platillos *m*.

cyn/ique *a/s* cínico, a. **-isme** *m* cinismo.

cyprès [sipRɛ] *m* ciprés.

cytise *m* cítiso.

D

d *m* d *f*: *un —*, una d.

d' ⇒ **de**.

dactylo *f* mecanógrafa. **-gra-phier** *t* mecanografiar.

dada *m* (marotte) tema.

dadais *m* bobo.

dague *f* daga.

dahlia *m* dalia *f*.

daigner *t* dignarse : *il a enfin daigné m'écouter*, se dignó por fin a escucharme.

daim [dɛ̃] *m* 1 gamo. 2 *chaussures de —*, zapatos de ante.

dall/e *f* losa. **-age** *m* enlosado.

Damas [dama] *n p* Damasco.

dame *f* 1 señora. 2 *jeu de dames*, juego de damas. 3 *— oui!*, ¡ claro que sí !

damier *m* tablero.

damn/er [dɑne] *t* condenar : *un damné*, un condenado. **-ation** *f* condenación.

dancing *m* sala *f* de baile, dancing.

dandin/er (se) *pr* contonearse. **-ement** *m* contoneo.

Danemark *n p m* Dinamarca *f*.

danger *m* peligro : *en — de mort*, en peligro de muerte ; *pas de — qu'il vienne me voir!*, ¡ no hay peligro de que venga a verme! I *sa vie est en —*, su vida peligra. **-eux, euse** *a* peligroso, a.

danois, e *a/s* danés, esa.

dans [dɑ̃] *prép* 1 (sans mouvement) en : *il est — sa chambre*, está en su habitación ; *il vit — l'oisiveté*, vive en el ocio. 2 (avec mouvement) por : *se promener — la campagne*, pasearse por el campo. 3 (vers) a : *elle monta — sa chambre*, subió a su habitación. 4 (délai) dentro de : *— un mois*, dentro de un mes. 5 (époque) en :

— le temps, en otros tiempos. 6 *ça coûte — les mille francs*, esto cuesta alrededor de mil francos.

dans/e *f* baile *m*. **-er** *i/t* bailar. **-eur, euse** *s* 1 bailarín, ina. 2 *— de corde*, volatinero.

Danube *n p m* Danubio.

dard *m* aguijón. **-er** *t* arrojar.

dare-dare [daʀdaʀ] *loc adv* FAM a escape, a toda mecha.

dat/e *f* fecha : *à quelle —?*, ¿ en qué fecha ? I *de longue —*, de muy antiguo ; *faire —*, hacer época. **-er** *t* fechar. □ *i* 1 *— du Moyen Âge*, datar de la Edad Media. I *à — de*, a partir de. 2 (être démodé) estar pasado, a de moda.

datt/e *f* dátil *m*. **-ier** *m* datilera *f*.

dauphin *m* delfín.

daurade *f* dorada.

davantage *adv* 1 más : *bien —*, mucho más. 2 (plus longtemps) más tiempo. 3 *— de*, más.

de *prép* (delante de vocal o h muda, se elide en **d'**) 1 de : *en sortant — l'église*, al salir de la iglesia ; *la voiture — Paul*, el coche de Pablo ; *voyager — nuit*, viajar de noche. 2 (manière, moyen) con : *parler d'une voix forte*, hablar con voz fuerte ; *saluer — la main*, saludar con la mano. 3 por : *aimé — tous*, querido por todos ; *40 francs — l'heure*, 40 francos por hora. 4 en : *augmenter — 10 %*, aumentar en un 10 %. 5 (partitif) *quelque chose — bon*, algo bueno. 6 (explétif) *un moment — libre*, un momento libre ; *six hommes — blessés*, seis hombres heridos. 7 (+ infinitif) *dites-lui — venir*, dígale que venga. □ *art partitif* (ne se traduit pas) *manger — la viande*, comer carne. □ *art indéf* (= des) unos, as : *— beaux meubles*, unos hermosos muebles.

dé *m* 1 dado. 2 − *à coudre*, dedal.

débâcle *f* (déroute) derrota, desastre *m*.

déball/er *t* desembalar, desempacar. **-age** *m* desembalaje.

débandade *f* desbandada.

débarbouiller (se) *pr* lavarse la cara.

débarcadère *m* desembarcadero.

débardeur *m* descargador.

débarqu/er *t/i* desembarcar. **-ment** *m* desembarco.

débarras *m* 1 (pièce) trastera *f*. 2 alivio. I *bon* −!, ¡ muy buenas ! **-ser** *t* 1 vaciar. 2 − *la table*, quitar la mesa. 3 − *quelqu'un de son manteau*, coger el abrigo a alguien. 4 FAM − *le plancher*, largarse. □ *se* − *de son manteau*, quitarse el abrigo ; *se* − *de quelque chose*, deshacerse de algo ; *se* − *de quelqu'un*, quitarse a alguien de encima.

débat *m* debate.

débattre ° *t* debatir, discutir. I *salaire à* −, sueldo a convenir. □ *se* −, forcejear, bregar.

débauch/e *f* 1 libertinaje *m*, relajamiento *m*. 2 *une* − *d'énergie*, un derroche de energía. **-é, ée** *a/s* libertino, a.

débaucher *t* (renvoyer) despedir.

débile *a* débil. □ *m* − *mental*, atrasado mental.

débit *m* 1 (vente) despacho. I − *de boisson*, establecimiento de bebidas ; − *de tabac*, estanco. 2 elocución *f*. 3 (d'une rivière) caudal. 4 COM (d'un compte) debe.

débitant, e *s* vendedor, a.

débit/er *t* 1 despachar, vender. 2 − *des mensonges*, soltar mentiras. 3 (du bois) cortar en trozos. 4 (un fluide) suministrar. 5 − *un compte d'une somme*, cargar una cantidad en una cuenta. **-eur, trice** *a/s* deudor, a.

débl/ayer ° [debleje] *t* despejar, descombrar. **-ais** *m pl*

escombros.

déblo/quer *t* desbloquear. **-cage** *m* desbloqueo.

déboire *m* desengaño, sinsabor.

débois/er *t* desmontar. **-ement** *m* desmonte.

déboîter *t* dislocar. □ *pr il s'est déboîté l'épaule*, se ha dislocado el hombro. □ *i* (voiture) salirse de la fila.

débonnaire *a* bonachón, ona.

débord/er *i* 1 (rivière) desbordarse. 2 (récipient) rebosar. 3 − *de joie*, rebosar de alegría. 4 *débordé de travail*, agobiado de trabajo. **-ant, e** *a* − *d'enthousiasme*, desbordante de entusiasmo.

débouché *m* salida *f*.

déboucher *t* 1 − *une bouteille*, destapar una botella. 2 − *un lavabo*, desatascar un lavabo. □ *i* − *sur*, desembocar en.

débourser *t* desembolsar.

debout *adv* 1 de pie, en pie : *se mettre* −, ponerse de pie ; *rester* −, mantenerse de pie ; FIG *ça ne tient pas* −, eso no tiene sentido. 2 *ce matin, Jean était* − *à 6 heures*, esta mañana, Juan estaba levantado a las 6. I *debout!*, ¡ arriba ! 3 *vent* −, viento contrario.

déboutonner *t* desabrochar.

débraillé, e *a* desaliñado, a, descuidado, a. □ *m* desaliño.

débrancher *t* desenchufar, desconectar.

débray/er ° [debReje] *t* (mécanique) desembragar. □ *i* FAM (arrêter de travailler) suspender el trabajo. **-age** *m* 1 desembrague. 2 (grève) paro.

débris *m pl* pedazos, restos.

débrouillard, e *a/s* listo, a, despabilado, a. **-ise** *f* maña, astucia.

débrouiller *t* desenredar, desembrollar. □ FAM *se* − *seul*, arreglárselas solo ; *débrouille-toi!*, ¡ arréglatelas !

débroussailler t desbrozar.

début [deby] m principio : au —, al principio. □ pl (d'un artiste) debut sing : ses débuts comme acteur, su debut como actor. **-ant, e** a/s 1 principiante. 2 (artiste) debutante. **-er** i 1 principiar, comenzar. 2 (un artiste) debutar.

décacheter ° t abrir, desellar.

décade f década.

décad/ent, e a decadente. **-ence** f decadencia.

décaféiné a café —, café descafeinado.

décal/er t 1 (avancer) adelantar. 2 (retarder) retrasar. **-age** m 1 — horaire, diferencia f horaria. 2 FIG desfase.

décalquer t calcar.

décamètre m decámetro.

décamper i largarse.

décant/er t 1 decantar. 2 FIG aclarar. **-ation** f decantación.

décaper t 1 desoxidar. 2 limpiar.

décapiter t decapitar.

décapotable a descapotable. □ f descapotable m.

décapsuler t abrir, destapar.

décatir (se) pr ajarse.

décéder ° i fallecer : il est décédé hier, ha fallecido ayer.

déceler ° t descubrir, revelar.

décembre m diciembre : le 2 —, el 2 de diciembre.

décence f decencia.

décennie f decenio m.

décent, e a decente.

décentralis/er t descentralizar. **-ation** f descentralización.

déception f decepción, desengaño m.

décerner t otorgar.

décès [desɛ] m 1 fallecimiento. 2 (terme administratif) defunción f : acte de —, partida de defunción.

décevoir ° t decepcionar, desilusionar : le film m'a déçu, la película me ha decepcionado.

déchaîn/er t desencadenar. □ se —, desencadenarse. I cet enfant est déchaîné, este niño está muy excitado, está imposible. **-ement** m desencadenamiento.

décharge f 1 descarga. 2 — publique, vertedero m. 3 témoin à —, testigo de descargo.

décharg/er t descargar. □ se — d'une responsabilité sur quelqu'un, descargarse de una responsabilidad en alguien. **-ement** m descarga f.

décharné, e a demacrado, a.

déchausser (se) pr 1 descalzarse. 2 (dent) descarnarse.

déchéance f 1 decadencia. 2 (d'un souverain) deposición.

déchet m desperdicio. □ pl restos, sobras f.

déchiffrer t 1 descifrar. 2 MUS repentizar.

déchiqueter ° t 1 despedazar, hacer trizas. 2 (déchirer) desgarrar. I littoral déchiqueté, litoral muy recortado.

déchir/er t 1 romper, desgarrar : — une lettre, romper una carta ; elle a déchiré sa robe, se ha roto el vestido. 2 — le cœur, desgarrar el corazón. **-ant, e** a desgarrador, a. **-ement** m 1 desgarramiento. 2 FIG aflicción f. **-ure** f 1 desgarrón m, rasgón m. 2 (d'un muscle) desgarro m.

décibel m decibelio, decibel.

déch/oir ° i decaer. **-u, ue** a 1 decaído, a. 2 ange —, ángel caído.

décid/er t decidir : il a décidé de partir, ha decidido marcharse. □ se —, decidirse. **-é, ée** a decidido, a. I d'un pas —, con paso firme. **-ément** adv decididamente.

décigramme m decigramo.

décimal, e a decimal.

décimer t diezmar.

décimètre m decímetro.

décision f decisión.

décisif, ive a decisivo, a.

déclam/er t/i declamar. **-ation** f declamación.

déclar/er *t* declarar. □ pr *un incendie s'est déclaré*, se ha declarado un incendio. **-ation** *f* declaración.

déclench/er *t* 1 soltar, disparar : *— un ressort*, soltar un muelle. 2 *— une sonnerie*, poner en marcha un timbre. 3 FIG *— une crise*, desencadenar una crisis. **-ement** *m* 1 disparo. 2 FIG desencadenamiento. **-eur** *m* disparador.

déclic *m* 1 disparador. 2 (bruit) crujido, ruido seco.

déclin *m* 1 *le — du jour*, el ocaso, la caída de la tarde. 2 *le — de la vie*, el ocaso de la vida. | *civilisation sur son —*, civilización en decadencia.

déclin/er *i* declinar. □ *t* 1 *— une invitation*, rehusar una invitación. 2 (grammaire) declinar. **-aison** *f* declinación.

déclivité *f* declive *m*, pendiente.

déclouer *t* desclavar.

décocher *t* soltar, lanzar.

décoiffer *t* despeinar. □ *se —*, descubrirse.

décoll/er *t/i* despegar. □ *se —*, despegarse. **-age** *m* — *d'un avion*, despegue de un avión. **-ement** *m* 1 despegadura *f*. 2 — *de la rétine*, desprendimiento de la retina.

décolleté, e |dekɔlte| a *robe décolletée*, vestido escotado. □ *m* escote.

décolor/er *t* 1 descolorir. 2 (cheveux) decolorar. **-ation** *f* 1 descoloramiento *m*. 2 (cheveux) decoloración.

décombres *m pl* 1 escombros. 2 ruinas *f*.

décommander *t* cancelar, anular. □ *se —*, excusarse.

décompos/er *t* descomponer. □ *se —*, descomponerse : *son visage se décomposa*, se le descompuso la cara. **-ition** *f* descomposición.

décompte |dekõt| *m* detalle (de una cuenta).

déconcert/er *t* desconcertar. **-ant, e** *a* desconcertante.

déconfit, e *a* confuso, a, desconcertado, a. **-ure** *f* derrota.

déconseiller *t* desaconsejar : *je vous déconseille d'acheter ce magnétophone*, le desaconsejo que compre ese magnetófono.

décontenancer *t* turbar.

décontracter *t* relajar. | *il est très décontracté*, está muy tranquilo ; *il arriva très décontracté*, llegó tan campante. □ *se —*, relajarse.

déconvenue *f* chasco *m*, desengaño *m*.

décor *m* 1 (ornementation) decoración *f*. 2 (cadre) marco. 3 (théâtre) decorado. 4 FAM *entrer dans les décors*, patinar.

décor/er *t* 1 decorar, adornar. 2 *— d'une médaille*, condecorar con una medalla. **-ateur, trice** *s* decorador, a. **-atif, ive** *a* decorativo, a. **-ation** *f* 1 decoración. 2 (insigne) condecoración.

décortiquer *t* pelar.

décorum |dekɔʀɔm| *m* decoro.

découcher *i* dormir fuera de casa.

découdre ° *t* descoser.

découler *i* — *de*, resultar de, desprenderse de.

découp/er *t* 1 recortar. 2 — *un poulet*, trinchar un pollo. □ *se —*, recortarse. **-age** *m* 1 recorte. 2 (viande) trinchado. 3 (image à découper) recortable. **-ure** *f* recorte *m*.

décourag/er ° *t* desalentar, desanimar. □ *se —*, desanimarse. **-eant, e** *a* desalentador, a. **-ement** *m* desaliento, desánimo.

décousu, e *a* 1 descosido, a. 2 *propos décousus*, palabras deshilvanadas.

découvert, e *a* descubierto, a. □ *m* (banque) descubierto : *être à —*, estar en descubierto.

découverte *f* descubrimiento *m*.

découvrir ° *t* descubrir : *il a*

découvert un trésor, le secret, ha descubierto un tesoro, el secreto. ☐ *se —,* descubrirse.

décrépit, e *a* decrépito, a. **-ude** *f* decrepitud.

décret *m* decreto.

décréter ° *t* decretar.

décrire ° *t* describir.

décrocher *t* **1** descolgar : *décrochez le récepteur,* descuelgue el auricular. **2** (wagon) desenganchar. **3** FAM (obtenir) lograr, pescar.

dé/croître ° *i* **1** decrecer, menguar : *les jours décroissent,* los días menguan. **2** (lune) menguar. **-croissance** *f* disminución.

décrotter *t* limpiar de barro.

déçu, e *a* **1** decepcionado, a. **2** frustrado, a, fallido, a : *espoir —,* esperanza fallida.

dédaign/er *t* desdeñar, despreciar. **-eux, euse** *a* desdeñoso, a.

dédain *m* desdén, desprecio.

dedans [dədã] *adv* dentro. | *en —,* dentro ; *là-dedans,* ahí dentro. ☐ *m* interior. | *au-dedans,* dentro, en el interior.

dédicac/e *f* dedicatoria. **-er** *t* dedicar.

dédier *t* dedicar.

dédire (se) ° *pr — d'une promesse,* no cumplir una promesa.

dédommag/er ° *t* resarcir, indemnizar. **-ement** *m* **1** resarcimiento, indemnización *f*. **2** compensación *f*, desagravio.

dédouaner *t* pagar los derechos de aduana por.

dédu/ire ° *t* deducir : *j'en déduis...,* de lo cual deduzco... **-ction** *f* deducción.

déesse *f* diosa.

défaill/ir ° *i* **1** desfallecer, desmayarse. **2** (forces, mémoire) fallar. **-ance** *f* **1** desfallecimiento *m*, desmayo *m*. | *tomber en —* desmayarse. **2** (de mémoire, d'un mécanisme) fallo *m*.

dé/faire ° *t* **1** deshacer. **2** *— un*

paquet, un nœud, desatar un paquete, aflojar un nudo ; *il défit sa cravate,* se aflojó la corbata. ☐ *se — de,* deshacerse de. **-fait, e** *a* **1** deshecho, a. **2** (nœud) desatado, a. **3** *visage —,* cara descompuesta.

défaite *f* derrota.

défaut *m* **1** defecto. **2** (manque) falta *f*. | *à — de,* a falta de ; *faire —,* faltar ; *prendre en —,* coger en falta.

défaveur *f* descrédito *m*.

défavorable *a* desfavorable.

défavoriser *t* perjudicar, desfavorecer.

défection *f* defección.

défectu/eux, euse *a* defectuoso, a. **-osité** *f* imperfección.

défendable *a* defendible.

défendre *t* **1** defender. **2** prohibir : *il est défendu de fumer,* se prohibe fumar. **3** *— du froid,* proteger del frío. ☐ *se — pr* **1** defenderse. **2** FAM *il se défend bien pour son âge,* con la edad que tiene, se defiende bien.

défens/e *f* **1** defensa. | *sans —,* indefenso, a. **2** *— d'entrer,* se prohibe la entrada ; *— d'afficher,* prohibido fijar carteles. **3** (d'éléphant) comillo *m*. **-eur** *m* defensor. **-if, ive** *a* defensivo, a. ☐ f *se tenir sur la défensive,* estar a la defensiva.

défér/ent, e *a* deferente. **-ence** *f* deferencia.

déferler *i* **1** *les vagues déferlent,* rompen las olas. **2** (la foule) afluir.

défi *m* desafío, reto. | *mettre au —,* desafiar.

défi/ance *f* desconfianza, recelo *m*. **-ant, e** *a* desconfiado, a, receloso, a.

défici/ent, e *a* deficiente. **-ence** *f* deficiencia.

déficit [defisit] *m* déficit. **-aire** *a* deficitario, a.

défier *t* **1** desafiar, retar. **2** *je vous défie de le faire,* apuesto a que usted no lo hace. ☐ *se —,* desconfiar.

défigurer *t* desfigurar.

défilé *m* 1 (entre deux montagnes) desfiladero. 2 (cortège) desfile.

défiler *i* desfilar.

défin/ir *t* definir, **-i, ie** *a* definido, a.

définit/if, ive *a* definitivo, a. l *en définitive*, en definitiva, finalmente. **-ivement** *adv* definitivamente.

définition *f* definición.

déflagration *f* deflagración.

déflation *f* deflación.

défoncer ° *t* 1 − *une porte*, derribar una puerta. 2 (briser) romper. 3 (enfoncer) hundir. 4 *route défoncée*, carretera llena de baches.

déform/er *t* deformar. **-ation** *f* deformación.

défouler (se) *pr* FAM desahogarse.

défraîchi, e *a* ajado, a, deslucido, a.

défrich/er *t* roturar. **-age, -ement** *m* roturación *f*. desmonte.

défroqu/e *f* pingajos *pl*. **-er (se)** *pr* colgar los hábitos.

défunt, e *a/s* difunto, a.

dégagé, e *a* despejado, a.

dégag/er ° *t* 1 − *un blessé des décombres*, sacar a un herido de los escombros. 2 − *sa parole*, retirar su palabra. 3 (voie publique) despejar : *dégagez, s'il vous plaît!*, ¡despejen, por favor! 4 (odeur) despedir. 5 (faire ressortir) poner de manifiesto. □ *pr* 1 librarse. 2 (odeur) desprenderse. 3 *le ciel se dégage*, el cielo se está despejando. **-ement** *m* 1 despejo. 2 (odeur) desprendimiento. 3 (passage) pasadizo. 4 (football) saque.

dégainer *t* desenvainar.

dégarnir *t* desguarnecer. □ *pr* 1 *son crâne se dégarnit*, su cráneo se despuebla. 2 *la salle se dégarnit*, la sala va vaciándose.

dégât [dega] *m* daño, estrago : *dégâts matériels*, daños materiales ; *faire des dégâts*, causar daños.

dégel *m* deshielo.

dégeler ° *t* 1 deshelar. 2 (des crédits) descongelar. 3 FIG animar. □ *i* deshelarse.

dégénér/er ° *i* degenerar. **-é, ée** *a/s* degenerado, a. **-escence** *f* degeneración.

dégingandé, e [deʒɛ̃gɑ̃de] *a* desgalichado, a, desgarbado, a.

dégivr/er *t* descongelar. **-eur** *m* descongelador.

déglinguer *t* FAM desvencijar.

déglut/ir *t/i* deglutir. **-ition** *f* deglución.

dégonfler *t* deshinchar, desinflar. □ *pr* 1 *pneu qui se dégonfle*, neumático que se desinfla. 2 FAM rajarse. l *un dégonflé*, un rajado.

dégorger ° *t* (déboucher) desatascar.

dégouliner *i* chorrear.

dégourdir *t* FIG despabilar. □ *pr* 1 *se − les jambes*, desentumecerse las piernas. 2 FIG despabilarse. l *il n'est pas très dégourdi*, no es muy espabilado.

dégoût [degu] *m* asco. **-er** *t* dar asco, asquear : *la viande me dégoûte*, la carne me da asco ; *sa lâcheté me dégoûte*, su cobardía me asquea. □ *se −*, hastiarse. **-é, ée** *a* 1 − *de tout*, hastiado de todo. 2 delicado, a. l *prendre un air −*, poner cara de asco ; *faire le −*, hacerse el delicado. **-ant, e** *a* asqueroso, a, repelente. l *c'est − !*, ¡da asco!

dégradant, e *a* degradante.

dégrad/er *t* 1 (quelqu'un) degradar. 2 deteriorar. □ *se −*, deteriorarse. **-ation** *f* 1 degradación. 2 (détérioration) deterioro *m*.

dégrafer *t* desabrochar.

degré *m* 1 grado : *un − au-dessous de zéro*, un grado bajo cero ;

parents au premier —, parientes en primer grado. I *par degrés,* gradualmente. 2 (marche) peldaño.

dégressif, ive *a* decreciente.

dégringol/er *i* caer. □ *t* — *l'escalier,* rodar por las escaleras. **-ade** *f* caída.

dégrossir *t* afinar, desbastar.

déguenillé, e [dɛɡnije] *a* andrajoso, a, harapiento, a.

déguerpir *i* largarse, huir, salir pitando.

déguis/er *t* disfrazar. □ *se — en fée,* disfrazarse de hada. **-ement** *m* disfraz.

dégust/er *t* 1 (goûter) catar, probar. 2 (savourer) saborear. **-ation** *f* degustación.

déhancher (se) *pr* contonearse.

dehors [dəɔʀ] *adv* fuera, afuera. I *en — de,* fuera de. □ *m* exterior : *se pencher au —,* asomarse al exterior. I *au-dehors,* fuera. □ *pl* apariencias *f* : *sous des — agréables,* bajo apariencias agradables.

déjà *adv* ya : *j'ai — fini,* ya he terminado ; *— six heures !,* ¡ya son las seis !, ¡las seis ya !

¹déjeuner *i* 1 (matin) desayunar. 2 (midi) almorzar, comer.

²déjeuner *m* 1 *petit —,* desayuno. 2 (midi) almuerzo, comida *f*.

delà *prép/adv par-delà les mers,* allende los mares ; *au-delà,* más allá, allende ; *au-delà du pont,* más allá del puente. □ *m l'au-delà,* el más allá.

délabr/er *t* arruinar, deteriorar. □ *se —,* arruinarse. I *vieille maison délabrée,* vieja casa desvencijada. **-ement** *m* ruina *f*.

délacer *t* — *ses chaussures,* desatarse los zapatos.

délai *m* 1 plazo : *dans un — d'un mois,* en el plazo de un mes ; *à bref —,* a breve plazo. 2 demora *f*, dilación *f* : *sans —,* sin demora.

délaisser *t* abandonar.

délass/er *t* descansar. □ *se —,* descansar. **-ement** *m* descanso,

recreo.

délaver *t* deslavar.

délay/er ° [deleje] *t* 1 desleír, diluir. 2 (discours, pensée) diluir. **-age** *m* 1 desleimiento. 2 FIG (remplissage) ripio.

délect/er (se) *pr* deleitarse. **-able** *a* deleitoso, a.

délég/uer *t* delegar. **-ation** *f* delegación. **-ué, ée** *a/s* delegado, a. I — *syndical,* enlace sindical.

délétère *a* deletéreo, a.

délibération *f* deliberación.

délibér/é, e *a* deliberado, a. I *de propos* —, deliberadamente. **-ément** *adv* deliberadamente.

délibérer ° *i* deliberar.

délicat, e *a* delicado, a. **-ement** *adv* delicadamente. **-esse** *f* delicadeza.

délic/e *m* delicia *f* : *ce gâteau est un* —, este pastel es una delicia. **-ieux, euse** *a* 1 delicioso, a. 2 (un mets) delicioso, a, rico, a.

délier *t* 1 desatar. 2 FIG *avoir la langue bien déliée,* no tener pelillos en la lengua.

délimiter *t* delimitar.

délinqu/ant, e *a/s* delincuente. **-ance** *f* delincuencia.

délir/e *m* delirio. **-ant, e** *a* 1 delirante. 2 *joie délirante,* alegría desbordante. **-er** *i* delirar, desvariar.

délit *m* delito.

délivr/er *t* 1 liberar, libertar. 2 (d'une crainte, d'un mal) librar. 3 — *un certificat, un passeport,* expedir un certificado, un pasaporte. **-ance** *f* 1 liberación. 2 (soulagement) alivio *m*. 3 (remise) entrega.

déloger ° *t* desalojar, expulsar.

déloy/al, e [delwajal] *a* desleal. **-auté** *f* deslealtad.

delta *m* delta.

déluge *m* diluvio. I *cela remonte au déluge,* esto es de tiempos de Maricastaña.

déluré, e *a* vivo, a.

démago/gie *f* demagogia. **-gi-que** *a* demagógico, a. **-gue** *m* demagogo.

demain *adv/m* mañana : — *matin,* mañana por la mañana ; — *en huit,* de mañana en ocho días ; *à* —, hasta mañana ; *après-demain,* pasado mañana.

demande *f* 1 petición : *à la* — *générale,* a petición general ; — *en mariage,* petición de mano. I — *d'emploi,* solicitud de empleo. 2 *l'offre et la* —, la oferta y la demanda. 3 (question) pregunta.

demander *t* 1 pedir : — *la permission,* pedir permiso ; *je vous demande de vous taire,* le pido que se calle. 2 (questionner) preguntar. 3 requerir : *cela demande du temps,* eso requiere tiempo. 4 *on vous demande au téléphone,* le llaman al teléfono. □ *se* —, preguntarse.

démang/er ° *i* picar, dar picor. **-eaison** [demãʒɛzɔ̃] *f* comezón, picazón.

démanteler *t* (un gang) desarticular.

démantibuler *t* FAM romper, descomponer, descuajaringar.

démaquillant *m* desmaquillador.

démarcation *f* demarcación.

démarch/e *f* 1 paso *m*, andares *pl* : *une* — *légère,* unos andares ligeros. 2 diligencia, gestión, trámite *m* : *faire des* —, hacer diligencias, gestiones. **-eur** *m* corredor.

démarr/er *i* 1 arrancar : *l'auto démarre,* el coche arranca. 2 (une affaire) ponerse en marcha. **-age** *m* arranque. **-eur** *m* motor de arranque.

démasquer *t* desenmascarar.

démêlé *m* 1 (dispute) altercado. 2 (ennui) lío.

démêler *t* 1 (cheveux, fils) desenmarañar. 2 FIG desembrollar, desenredar.

démembr/er *t* desmembrar. **-ement** *m* desmembración *f*.

déménag/er ° *t* trasladar. □ *i* 1 mudarse : *nous déménageons ce mois-ci,* nos mudamos de casa este mes. 2 FAM *tu déménages!,* ¡disparatas! **-ement** *m* mudanza *f*. **-eur** *m* mozo de mudanzas.

démence *f* demencia, locura.

démener (se) ° *pr* agitarse, ajetrearse.

dément, e *a/s* demente.

dément/ir ° *t* desmentir, contradecir. □ *se* —, desdecirse. **-i** *m* mentís.

démesuré, e *a* desmedido, a, desmesurado, a. **-ment** *adv* desmesuradamente.

démettre (se) ° *pr* 1 *se* — *la cheville,* dislocarse el tobillo. 2 *se* — *de ses fonctions,* dimitir de su cargo.

demeurant (au) *loc adv* en fin de cuentas.

demeure *f* 1 morada. 2 (logement) vivienda. 3 *à* —, para siempre.

demeurer *i* 1 residir, vivir. 2 (rester) quedar.

demi, e *a* medio, a : *il est deux heures et demie,* son las dos y media ; *à* — *mort,* medio muerto. I *faire les choses à* —, hacer las cosas a medias. □ *m* 1 medio. 2 (de bière) caña *f*. □ *f il est la demie,* es la media.

demi-cercle *m* semicírculo.

demi-douzaine *f* media docena.

demi-finale *f* semifinal.

demi-frère *m* hermanastro.

demi-heure *f* media hora : *dans une* —, dentro de media hora.

démilitariser *t* desmilitarizar.

demi-mesure *f* FIG término *m* medio.

demi-mot (à) *loc adv* a medias palabras.

demi-pension *f* media pensión. **-naire** *s* medio pensionista.

demi-place *f* medio billete *m*.

démis, e ⇒ **démettre.**

demi-saison *f* entretiempo *m*.

demi-sœur *f* hermanastra.

démission *f* dimisión. **-ner** *i* dimitir.

demi-tarif *m* media tarifa *f*.

demi-tour *m* media vuelta *f* : *faire* —, dar media vuelta.

démobilis/er *t* desmovilizar. **-ation** *f* desmovilización.

démocrat/ie [demɔkʀasi] *f* democracia. **-e** *a/s* demócrata. **-ique** *a* democrático, a.

démodé, e *a* pasado, a de moda, anticuado, a.

démographie *f* demografía.

demoiselle [dəmwazɛl] *f* 1 señorita. 2 — *d'honneur,* dama de honor.

démol/ir *t* 1 derribar. 2 (mettre en pièces) destrozar. 3 (projets) echar por tierra. **-ition** *f* derribo *m*. I *chantier de* —, derribo. □ *pl* derribos *m*.

démon *m* demonio.

démonstrateur, trice *s* demostrador, a.

démonstratif, ive, *a* 1 (en grammaire) demostrativo, a. 2 expresivo, a.

démonstration *f* demostración.

démont/er *t* 1 desmontar, desarmar. 2 *mer démontée,* mar enfurecido. 3 (troubler) desconcertar, turbar. □ *se* —, inmutarse, alterarse, turbarse : *il ne se démonte pas pour si peu,* no se inmuta por tan poca cosa. **-able** *a* desmontable. **-age** *m* desmontaje.

démontrer *t* demostrar.

démoralis/er *t* desmoralizar. **-ant, e** *a* desmoralizador, a. **-ation** *f* desmoralización.

démunir (se) *pr* desprenderse. I *démuni de,* desprovisto de.

dénaturer *t* desnaturalizar. I *fils dénaturé,* hijo desnaturalizado.

dénégation *f* denegación.

dénicher *s* 1 sacar del nido. 2 (trouver) hallar.

dénier *t* denegar.

dénigr/er *t* denigrar, desprestigiar. **-ement** *m* desprestigio.

Denis, e *n p* Dionisio, a.

dénivellation *f* desnivel *m*.

dénombr/er *t* 1 enumerar. 2 hacer el censo de. **-ement** *m* 1 enumeración *f*. 2 (recensement) censo, empadronamiento.

dénominateur *m* denominador.

dénomination *f* denominación.

dénommer *t* 1 denominar. 2 *le dénommé Marc,* el llamado Marcos.

dénonc/er ° *t* denunciar. **-iateur, trice** *a/s* denunciador, a. **-iation** *f* denunciación.

dénoter *t* denotar.

dénou/er *t* 1 desanudar, desatar. 2 FIG resolver. **-ement** *m* desenlace.

denrée *f* producto *m*, género *m*. I *denrées alimentaires,* comestibles *m*, productos alimenticios.

dens/e *a* denso, a. **-ité** *f* densidad.

dent *f* 1 diente *m* : — *de lait,* diente de leche. I *coup de* —, dentellada *f*. 2 muela : — *de sagesse,* muela del juicio ; *mal aux dents,* dolor de muelas. I FIG *être sur les dents,* ir de cabeza ; *avoir la* —, tener carpanta. 3 (d'une scie, roue) diente *m*. **-aire** *a* dental. **-é, ée** *a* *roue dentée,* rueda dentada. **-elé, e** *a* dentado, a.

dentell/e *f* encaje *m*. **-ière** *f* encajera.

dentelure *f* borde *m* dentado.

dentier *m* dentadura *f* postiza.

dentifrice *a/m* dentífrico, a.

dentiste *s* dentista.

dentition *f* dentición.

denture *f* dentadura.

dénuder *t* 1 desnudar. 2 *crâne, terrain dénudé,* cabeza pelada, terreno pelado.

dénu/é, e *a* 1 — *de ressources*, falto de recursos. 2 — *de raison*, privado de razón. **-ement** *m* miseria *f*, indigencia *f*.

déodorant *m* desodorante.

dépann/er *t* 1 reparar, arreglar. 2 FAM sacar de apuros, aviar. **-age** *m* reparación *f*. **-eur** *m* reparador, mecánico. **-euse** *f* grúa remolque.

départ *m* 1 salida *f* : *le — du train*, la salida del tren. I *être sur le —*, estar a punto de partir. 2 comienzo *m*. I *point de —*, punto de partida.

département *m* departamento.

dépasser *t* 1 — *une voiture*, adelantar un coche. 2 — *une limite*, rebasar un límite. I *il me dépasse de trois centimètres*, me lleva tres centímetros ; *le trajet ne dépasse pas une heure*, el trayecto no dura más de una hora. 3 — *en intelligence*, superar en inteligencia. 4 *cela me dépasse*, eso me puede. □ *i* sobresalir.

dépaysé, e [depeize] *a* desorientado, a, despistado, a.

dépecer ° *t* despedazar.

dépêche *f* 1 despacho *m*. 2 telegrama *m*.

dépêcher (se) *pr* apresurarse, darse prisa : *dépêche-toi!*, ¡date prisa!

dépeigner *t* despeinar.

dépeindre ° *t* describir.

dépendance *f* dependencia.

dépend/re *i* — *de*, depender de. **-ant, e** *a* dependiente.

dépens [depã] *m pl aux — de*, a expensas de ; *à ses —*, a costa suya.

dépense *f* gasto *m*.

dépens/er *t* gastar. □ *pr cet enfant a besoin de se —*, este niño necesita ejercicio. **-ier, ère** *a/s* gastador, a, derrochador, a.

dépérir *i* desmedrar, debilitarse.

dépeupl/er *t* despoblar. **-ement** *m* despoblación *f*.

dépist/er *t* descubrir. **-age** *m*

MÉD chequeo.

dépit [depi] *m* despecho. I *en — de*, pese a, a pesar de, a despecho de ; *en — du bon sens*, atropelladamente.

déplac/er *t* 1 desplazar, trasladar. 2 (*une question*) desviar. □ *se —*, desplazarse, trasladarse. **-é, ée** *a* 1 *personnes déplacées*, personas desplazadas. 2 *propos déplacés*, palabras fuera de lugar. **-ement** *m* desplazamiento.

déplai/re ° *t* disgustar, desagradar. □ *pr il se déplaît ici*, no está a gusto aquí. **-sant, e** *a* desagradable.

dépli/er *t* desplegar, desdoblar. **-ant** *m* prospecto.

déplor/er *t* deplorar, lamentar. **-able** *a* deplorable, lamentable.

déployer ° [deplwaje] *t* 1 desplegar. 2 (*montrer*) hacer alarde de.

dépoli, e *a verre —*, vidrio esmerilado.

déport/er *t* 1 deportar. 2 (*véhicule*) desviar. **-ation** *f* deportación.

dépos/er *t* 1 depositar. 2 *déposez-moi ici*, déjeme aquí. 3 — *une plainte*, presentar una denuncia. 4 — *les armes*, deponer las armas. □ *se —*, depositarse. **-itaire** *s* depositario, a. **-ition** *f* deposición.

dépôt [depo] *m* depósito.

dépouille *f* — *mortelle*, despojos *m pl*, restos *m pl* mortales.

dépouill/er *t* 1 despojar. 2 (*animaux*) desollar. 3 examinar. 4 (*un livre*) vaciar. 5 — *le scrutin*, hacer el escrutinio. 6 *style dépouillé*, estilo escueto. □ *se —*, despojarse. **-ement** *m* (*élections*) escrutinio, recuento de votos.

dépourvu, e *a* 1 desprovisto, a, carente. 2 *prendre au —*, coger desprevenido.

dépravé, e *a/s* depravado, a.

dépréci/er *t* despreciar, desvalorizar. **-ation** *f* depreciación.

dépression *f* depresión.

déprim/er *t* deprimir. **-ant, e** *a* deprimente.

depuis |dǝpɥi| *prép* **1** (temps, lieu) desde : — *quand ?*, ¿ desde cuando ? **2** (temps) desde hace : — *une heure*, desde hace una hora ; — *peu*, desde hace poco. I — *que*, desde que. □ *adv on ne l'a pas vu —*, no se le ha visto después.

député *m* diputado.

déraciner *t* **1** desarraigar. **2** FIG *un déraciné*, un desarraigado.

déraill/er *i* **1** descarrilar. **2** FAM *il déraille!*, ¡ desvaría! **-ement** *m* descarrilamiento.

déraisonn/er *i* desatinar. **-able** *a* poco razonable.

dérang/er *t* **1** desarreglar, desordenar. **2** (gêner) molestar, estorbar : *excusez-moi de vous —*, siento molestarle. I *ça ne me dérange pas*, no es ninguna molestia. □ *se —*, molestarse : *ne vous dérangez pas*, no se moleste usted. **-ement** *m* **1** desarreglo. I *ligne téléphonique en —*, línea telefónica averiada. **2** (gêne) molestia *f*. **3** — *intestinal*, descomposición *f* de vientre.

dérap/er *i* patinar, derrapar. **-age** *m* patinazo.

dérégl/er ° *t* **1** desarreglar. **2** (mécanisme) desajustar. **3** desordenar : *vie déréglée*, vida desordenada. **-ement** *m* desarreglo, desorden.

dérider *t* alegrar.

déris/ion *f* irrisión. I *tourner en —*, hacer burla de. **-oire** *a* irrisorio, a.

dérivatif *m* derivativo.

dérivation *f* derivación.

dérive *f* **1** *aller à la —*, ir a la deriva. **2** (d'un avion) timón *m* de dirección.

dériver *i* **1** derivar. **2** — *de*, derivarse de. □ *t* desviar.

dermatologue *s* dermatólogo, a.

derni/er, ère *a* **1** último, a : *la dernière fois*, la última vez. **2** pasado, a : *le mois —*, el mes pasado. **3** *de la dernière importance*, de la mayor importancia. □ *s* **1** *le — à partir*, el último en marcharse. **2** *le dernier-né*, el hijo último. **-èrement** *adv* últimamente.

dérob/er *t* hurtar, robar. □ *se — à*, sustraerse a, esquivar. **-ade** *f* escapatoria. **-é, ée** *a* **1** *porte dérobée*, puerta falsa. **2** *à la dérobée*, a escondidas.

déroul/er *t* desarrollar. □ *se —*, celebrarse, efectuarse, tener lugar : *la cérémonie s'est déroulée sans incident*, la ceremonia se celebró sin incidente. **-ement** *m* desarrollo.

déroute *f* derrota.

dérouter *t* **1** desviar. **2** FIG desconcertar.

derrick *m* derrick.

derrière *prép* detrás de, tras : — *la porte*, detrás de la puerta. □ *adv* detrás, atrás : *aller —*, ir detrás ; *reste —*, quédate atrás. □ *m* **1** parte *f* posterior. I *pattes de —*, patas traseras. **2** (d'une personne) trasero.

des |de| *art déf* (= de les) de los, de las : *le prix — oranges*, el precio de las naranjas. □ *art partitif* (ne se traduit pas) *manger — fraises*, comer fresas. □ *art indéf* unos, as : *vous êtes — menteurs*, sois unos mentirosos.

dès |dɛ| *prép* **1** desde : — *le début*, desde el comienzo. I — *à présent*, desde ahora ; — *lors*, desde entonces. **2** — *que*, tan pronto como.

désabuser *t* desengañar.

désaccord [dezakɔʀ] *m* desacuerdo, disconformidad *f*. I *être en — avec*, estar en desacuerdo con.

désagréable *a* desagradable.

désagrég/er ° *t* disgregar. **-ation** *f* disgregación.

désagrément *m* disgusto, sinsabor.

désaltér/er ° *t* apagar la sed. □ *se* —, beber. **-ant, e** *a* refrescante.

désappoint/er *t* decepcionar, contrariar. **-ement** *m* decepción *f*.

désapprobat/eur, trice *a* desaprobador, a. **-ion** *f* desaprobación.

désapprouver *t* desaprobar.

désarm/er *t* desarmar. **-ement** *m* desarme.

désarroi *m* confusión *f*.

désastr/e *m* desastre. **-eux, euse** *a* desastroso, a.

désavantag/e *m* desventaja *f*. **-er** ° *t* perjudicar, desfavorecer. **-eux, euse** *a* desventajoso, a.

dés/avouer *t* 1 (nier) negar. 2 desaprobar, desautorizar. □ *se* —, desdecirse, retractarse. **-aveu** *m* desaprobación *f*.

descend/ance *f* descendencia. **-ant, e** *s* descendiente.

descendre *i* 1 bajar : *elle est descendue dans la rue*, ha bajado a la calle ; *tout le monde descend !*, ¡ bajen todos ! 2 — *à l'hôtel*, parar en el hotel. 3 descender : *il descend d'une famille noble*, desciende de una familia noble. □ *t* 1 — *l'escalier*, bajar la escalera. 2 — *la rivière*, ir río abajo. 3 — *un avion*, derribar un avión. 4 FAM (tuer) cargarse.

descente *f* 1 bajada. 2 (à ski) descenso *m*. 3 — *dangereuse*, pendiente peligrosa. 4 — *de police*, redada policiaca. 5 — *de croix*, desprendimiento *m*. 6 — *de lit*, alfombrilla.

descript/if, ive, *a* descriptivo, a. **-ion** *f* descripción.

désenfler *i* deshincharse.

déséquilibr/e *m* desequilibrio. **-er** *t* desequilibrar. **-é, ée** *a/s* desequilibrado, a.

désert, e *a/m* desierto, a.

désert/er *t* abandonar. □ *i* desertar. **-eur** *m* desertor. **-ion** *f* deserción.

désespér/er ° *t/i* desesperar. □ *se* —, desesperarse. **-ant, e** *a* desesperante. **-é, ée** *a/s* desesperado, a.

désespoir *m* desesperación *f*. I *être au* —, estar desconsolado, a ; *en* — *de cause*, en último recurso.

déshabill/er *t* desnudar. □ *se* —, desnudarse. **-é** *m* deshabillé.

désherber *t* desherbar.

déshériter *t* desheredar.

déshonneur *m* deshonra *f*.

déshonor/er *t* deshonrar. **-ant, e** *a* deshonroso, a.

design/er *t* designar. **-ation** *f* designación.

désillusion *f* desilusión.

désinfect/er *t* desinfectar. **-ant, e** *a/m* desinfectante. **-ion** *f* desinfección.

désintégr/er ° *t* desintegrar. **-ation** *f* desintegración.

désintéress/er (se) *pr* desinteresarse. **-ement** *m* desinterés, desprendimiento.

désinvolt/e *a* desenvuelto, a. **-ure** *f* desenvoltura.

désir *m* deseo. **-able** *a* deseable. **-er** *t* desear. I *laisser à* —, dejar bastante que desear. **-eux, euse** *a* deseoso, a.

désister (se) *pr* desistir, renunciar.

désobé/ir *i* — *à un ordre*, desobedecer una orden. **-issance** *f* desobediencia. **-issant, e** *a* desobediente.

désoblig/er ° *t* disgustar. **-eant, e** *a* desatento, a.

désodorisant, e *a/m* desodorante.

désœuvr/é, e *a/s* desocupado, a. **-ement** *m* ociosidad *f*, ocio.

désol/er *t* afligir, desconsolar. I *je suis désolé, mais...*, lo siento mucho, pero... ; *je suis désolé de ne pas pouvoir...*, siento mucho no poder... □ *se* —, afligirse. **-ant, e**

a triste. **-ation** *f* desolación. **-é,
ée** *a* (endroit) desolado, a.

désopilant, e *a* jocoso, a,
desopilante.

désordonné, e *a* desordenado, a.

désordre *m* desorden.

désorganiser *t* desorganizar.

désorienter *t* desorientar.

désormais [dezɔʀmɛ] *adv* en
adelante.

désosser *t* deshuesar.

despot/e *m* déspota. **-ique** *a*
despótico, a. **-isme** *m*
despotismo.

desquels, desquelles ⇒
duquel.

dess/écher ° *t* desecar, secar.
-èchement *m* desecación *f.*

dessein *m* propósito, designio,
intención *f* : *dans le — de,* con el
propósito de. I *à —,* adrede, aposta.

desserrer *t* aflojar. I *ne pas — les
dents,* no despegar los labios.

dessert *m* postre : *comme —,* de
postre ; *au —,* a los postres.

desservir ° *t* 1 *— la table,* quitar la
mesa. 2 *un autocar dessert ce village,* un autocar lleva a este pueblo. 3 *— une paroisse,* servir una
parroquia. 4 (nuire) perjudicar.

dessin *m* 1 dibujo : *dessins
animés,* dibujos animados. 2
contorno. **-er** *t* dibujar. □ *se —*
destacarse, perfilarse. **-ateur,
trice** *s* dibujante. I *— industriel,*
delineante.

dessous [dəsu] *adv* debajo. I *en —,*
debajo ; *par-dessous,* por debajo ;
au-dessous de, debajo de ; *au-
dessous de zéro,* bajo cero. □ *m* 1
le —, la parte inferior. I *avoir le —,*
hallarse en desventaja. 2 *les — de
la politique,* los arcanos de la política. □ *pl des — en nylon,* ropa *f
sing* interior de nylon.

dessous-de-plat [dəsudpla] *m*
salvamanteles.

dessus [dəsy] *adv* encima. I *en —,*
encima ; *au-dessus de,* encima de ;
par-dessus tout, por encima de

todo. □ *m* 1 *le —,* la parte de
arriba. I *avoir le —,* llevar la ventaja ; *reprendre le —,* rehacerse. 2
dessus-de-lit, colcha *f.*

destin *m* destino, hado.

destinat/ion *f* destino *m* : *à — de,*
con destino a ; *arriver à —,* llegar a
su destino. **-aire** *s* destinatario, a.

destinée *f* destino *m,* hado *m.*

destiner *t* destinar.

destituer *t* destituir.

destruc/tion *f* destrucción.
-teur, trice *a/s* destructor, a.

désu/et, ète [desɥɛ, ɛt] *a*
anticuado, a. **-étude** f *tomber
en —,* caer en desuso.

désunir *t* desunir.

détach/age *m* limpiado. **-ant** *m*
quitamanchas.

détaché, e *a* 1 *pièces détachées,*
piezas de recambio. 2 *ton —,* tono
indiferente.

détachement *m* 1 desapego. 2
MIL destacamento.

¹**détacher** *t* 1 soltar, desatar : *—
un chien,* soltar un perro. 2
(décoller) despegar. 3 FIG apartar,
separar. □ *se —,* destacarse :
*couleur qui se détache sur le fond
blanc,* color que se destaca sobre el
fondo blanco.

²**détacher** *t* (nettoyer) limpiar.

détail [detaj] *m* 1 detalle,
pormenor. I *en —,* detalladamente.
2 COM venta *f* al por menor,
menudeo. I *au —,* al por menor, al
detalle. **-lant, e** *s* detallista. **-ler**
t 1 (vendre) vender al por menor,
detallar. 2 (raconter) detallar,
pormenorizar.

détaler *i* FAM tomar el portante,
huir.

détective *m* detective.

déteindre ° *i* desteñirse.

détendre *t* 1 aflojar. 2 FIG calmar.
□ *pr* 1 *le ressort s'est détendu,* el
muelle se ha aflojado. 2 (se reposer) descansar. I *visage détendu,*
cara descansada.

détenir ° *t* 1 guardar, tener. 2 (en

captivité) mantener preso, a.

détente *f* 1 distensión. 2 (sports) resorte *m*. 3 (repos) descanso *m*. 4 (d'une arme à feu) disparador *m*.

détention *f* detención, prisión.

détenu, e *s* detenido, a, preso, a.

détergent, e *a/m* detergente.

détérior/er *t* deteriorar. **-ation** *f* deterioro *m*.

détermin/er *t* determinar. **-ation** *f* determinación.

déterrer *t* desenterrar.

détersif, ive *a/m* detersivo, a.

détest/er *t* aborrecer, detestar. **-able** *a* detestable.

déton/er *i* detonar. **-ant, e** *a* detonante. **-ateur** *m* detonador. **-ation** *f* detonación, estampido *m*.

détonner *i* desentonar.

détour *m* rodeo : *faire un —*, dar un rodeo ; *parler sans —*, hablar sin rodeos.

détourn/er *t* 1 desviar. 2 (des fonds) desfalcar. 3 (un avion) secuestrar. **-ement** *m* 1 desvío. 2 (de fonds) desfalco. 3 *— d'avion*, secuestro aéreo.

détraqu/er *t* descomponer, estropear. □ *se — l'estomac*, descomponerse el estómago. **-é, ée** *a* descompuesto, a. □ *a/s* (fou) desequilibrado, a, chiflado, a.

détremper *t* empapar, remojar.

détresse *f* 1 desamparo *m*. 2 (danger) peligro *m*.

détriment *m* *au — de*, en detrimento de.

détritus [detʀitys] *m* detritus, desperdicios *pl*.

détroit *m* estrecho.

détromper *t* desengañar. □ *pr* *détrompez-vous*, desengáñese usted.

détruire ° *t* destruir.

dette *f* deuda : *faire des dettes*, contraer deudas.

deuil [dœj] *m* 1 duelo. 2 (vêtements) luto : *être en —*, ir de luto.

deux [dø] *a/m* 1 dos : *— fois*, dos veces ; *à —*, entre dos. I *tous —*, ambos, los dos ; *des — sexes*, de ambos sexos ; *— par —*, por parejas. 2 *Philippe —*, Felipe segundo. **-ième** *a/s* segundo, a : *au — étage*, en el segundo piso. **-ièmement** *adv* en segundo lugar.

deux-pièces *m* (vêtement) dos piezas.

dévaler *i/t* bajar rápidamente.

dévaliser *t* desvalijar.

dévalu/er *t* devaluar. **-ation** *f* devaluación.

devanc/er ° *t* 1 *— son siècle*, adelantarse a su siglo. 2 (surpasser) aventajar. **-ier, ère** *s* antecesor, a.

devant *prép* 1 delante de, ante : *— la porte*, delante de la puerta. 2 (en présence de) ante : *— Dieu*, ante Dios. □ *adv* delante. □ *m* 1 delantera *f*. I *pattes de —*, patas delanteras ; *prendre les devants*, tomar la delantera. 2 *au-devant de*, al encuentro de.

devanture *f* escaparate *m*.

dévast/er *t* devastar. **-ation** *f* devastación.

déveine *f* FAM mala pata.

développ/er *t* 1 desarrollar. 2 (photo) revelar. **-ement** *m* 1 desarrollo. 2 (photo) revelado.

devenir ° *i* 1 *— fou*, volverse loco ; *— riche*, hacerse rico. 2 *— président*, llegar a ser presidente. 3 (passagèrement) ponerse : *elle est devenue rouge*, se puso colorada. 3 ser de : *qu'allons-nous — ?*, ¿ qué va a ser de nosotros ? ; *que devenez-vous ?*, ¿ qué es de usted ?

déverser *t* derramar, verter.

déviation *f* desviación, desvío *m*.

dévider *t* devanar.

dévier *t* desviar. □ *i* desviarse.

devin *m* adivino.

devin/er *t* adivinar. **-ette** *f* adivinanza.

devis |dəvi| *m* presupuesto.

dévisager ° *t* mirar de hito en hito.

devise *f* **1** divisa, lema, **2** (monnaie) divisa.

dévisser *t* destornillar.

dévoiler *t* descubrir.

¹devoir ° *t* **1** deber: *il me doit mille francs*, me debe mil francos. **2** (obligation) tener que, deber: *je dois m'en aller, vous faire un aveu*, me tengo que marchar, tengo que hacerle una confesión; *vous devriez lire ce roman*, debería usted leer esta novela; *tu aurais dû le dire avant*, deberías haberlo dicho antes. **3** (supposition) deber de, haber de: *il doit être tard*, debe de, ha de ser tarde; (le futur peut exprimer l'hypothèse) *vous devez avoir faim*, tendrá usted hambre. **4** *dussé-je*, aunque debiera.

²devoir *m* **1** deber: *faire son —*, cumplir con su deber. **2** (scolaire) deber: *faire ses devoirs*, hacer los deberes.

dévorer *t* devorar.

dévot, e *a/s* devoto, a. **-ion** *f* devoción.

dévou/er (se) *pr* dedicarse, consagrarse. **-é, ée** *a* adicto, a, fiel: *un serviteur —*, un servidor fiel. **-ement** *m* **1** sacrificio. **2** abnegación *f*. **3** consagración *f*.

dextérité *f* destreza.

diab/ète *m* diabetes *f*. **-étique** *a/s* diabético, a.

¹diabl/e *m* diablo. I *que —!*, ¡qué demonios!, ¡qué diablos!; *habiter au —*, vivir en los quintos infiernos. **-otin** *m* diablillo.

²diable *m* (chariot) carretilla *f*.

diabolique *a* diabólico, a.

diacre *m* diácono.

diadème *m* diadema *f*.

diagnosti/c [djagnɔstik] *m* diagnóstico. **-quer** *t* diagnosticar.

diagonale *f* diagonal.

diagramme *m* diagrama *m*.

dialect/e *m* dialecto. **-al, e** *a* dialectal.

dialectique *a/f* dialéctico, a.

dialogu/e *m* diálogo. **-er** *i* dialogar.

diamant *m* diamante.

diamètre *m* diámetro.

diane *f* MIL diana.

diapason *m* **1** diapasón. **2** FIG *au — de*, a tono con.

diaphragme *m* diafragma.

diapositive *f* diapositiva.

diarrhée *f* diarrea.

dictat/eur *m* dictador. **-orial, e** *a* dictatorial. **-ure** *f* dictadura.

dict/er *t* dictar. **-ée** *f* dictado *m*.

diction *f* dicción.

dictionnaire *m* diccionario.

dicton *m* dicho, refrán.

didactique *a* didáctico, a.

dièse *a/m* sostenido.

diète *f* dieta: *être à la —*, estar a dieta.

diétét/ique *a/f* dietético, a. **-icien, enne** *s* bromatólogo.

Dieu *n p m* Dios. I *— merci!*, ¡a Dios gracias!; *le bon —*, Dios; *mon —!*, ¡Dios mío! □ *m les dieux*, los dioses.

diffam/er *t* difamar. **-ation** *f* difamación. **-atoire** *a* difamatorio, a.

différemment [difeRamã] *adv* diferentemente.

différenc/e *f* diferencia: *à la — de*, a diferencia de. **-ier** *t* diferenciar.

différend *m* desavenencia *f*.

différent, e *a* diferente.

différer ° *i/t* diferir. I *émission en différé*, retransmisión en diferido.

diffic/ile *a* **1** difícil. **2** exigente: *faire le —*, ser exigente. **-ulté** *f* dificultad. I *faire des difficultés*, poner dificultades.

difform/e *a* deforme. **-ité** *f* deformidad.

diffus/er *t* **1** difundir. **2** (par radio)

radiar. **-ion** *f* difusión.

digérer ° *t* digerir.

digest/ible *a* digerible. **-if, ive** *a* digestivo, a. □ *m* licor digestivo. **-ion** *f* digestión.

digital, e *a empreintes digitales,* huellas dactilares. □ *f* (plante) digital, dedalera.

dign/e *a* digno, a. **-itaire** *m* dignatario. **-ité** *f* dignidad.

digression *f* digresión.

digue *f* dique *m.*

dilapider *t* dilapidar.

dilat/er *t* dilatar. **-ation** *f* dilatación.

dilemme *m* dilema.

dilettante *s* diletante.

dilig/ent, e *a* diligente. **-ence** *f* diligencia.

diluer *t* diluir.

dimanche *m* domingo : – *dernier,* el domingo pasado.

dimension *f* dimensión.

diminu/er *t/i* **1** disminuir **2** (prix) bajar : *le café a diminué,* el café ha bajado. **-é, ée** *a* **1** *tricot* –, jersey menguado. **2** (physiquement) disminuido, a, desmejorado, a. **-tif, ive** *a/m* diminutivo, a. **-tion** *f* **1** disminución. **2** (d'un prix) rebaja.

dind/e *f* pava. **-on** *m* pavo. **-onneau** *m* pavipollo.

¹dîner *i* cenar.

²dîn/er *m* cena *f* : *le* –, la cena. **-ette** *f* comidita.

din/guer *i* FAM *envoyer* –, mandar al cuerno. **-go, -gue** *a/s* FAM chiflado, a.

diocèse *m* diócesis *f.*

diphtérie [difteRi] *f* difteria.

diphtongue [diftõg] *f* diptongo *m.*

diplomat/e *a/m* diplomático, a. **-ie** [diplomasi] *f* diplomacia. **-ique** *a* diplomático, a.

diplôm/e *m* diploma. **-é, ée** *a/s* diplomado, a, titulado, a.

dire ° *t* **1** decir : *dites-lui de se taire,* dígale que se calle ; *je vous*

l'avais bien dit !, ¡ya se lo había dicho ! I *à vrai* –, a decir verdad ; *cela va sans* –, ni que decir tiene ; *c'est tout* –, con lo dicho basta ; *il n'y a pas à* –, digan lo que digan ; *inutile de* – *que...,* ni que decir tiene que... ; *à qui le dites-vous,* dígamelo usted a mí ; *comme qui dirait,* como quien dice ; *dites donc,* oiga. **2** sonar : *ce nom me dit quelque chose,* me suena ese apellido. **3** *on dirait que...,* parece que... **4** *aller au cinéma, ça ne me dit rien,* ir al cine, no me apetece. □ *m* opinión *f.* I *au* – *de,* al decir de.

direct, e [diRɛkt] *a/m* directo, a. I *retransmission en* –, retransmisión en directo. **-ement** *adv* directamente.

directeur, trice *s* director, a. □ *a* **1** *ligne directrice,* línea directriz. **2** *comité* –, directiva *f,* junta directiva.

direction *f* **1** dirección. **2** (orientation) dirección, rumbo *m* : *en* – *de,* en dirección a.

directives *f pl* directrices.

dirigeable [diRiʒabl] *m* dirigible.

dirigeant, e [diRiʒã, ãt] *a/s* dirigente.

dirig/er ° *t* dirigir. □ *se* –, dirigirse. **-isme** *m* dirigismo.

discern/er *t* discernir. **-ement** *m* discernimiento.

disciple *m* discípulo.

disciplin/e *f* disciplina. **-er** *t* disciplinar.

discontinuer *i sans* –, sin cesar.

discordant, e *a* discordante.

discorde *f* discordia.

discothèque *f* discoteca.

discours *m* discurso.

discrédit *m* descrédito. **-er** *t* desacreditar.

discr/et, ète *a* discreto, a. **-étion** *f* discreción.

discriminat/ion *f* discriminación **-oire** *a* discriminatorio, a.

discussion *f* discusión.

discut/er *t/i* discutir. **-able** *a* discutible.

disette *f* (famine) hambre.

disgrâc/e *f* desgracia. **-ié, e** *a* caído, a en desgracia.

disgracieux, euse *a* sin gracia.

dislo/quer *t* dislocar. **-cation** *f* dislocación.

disparaître ° *i* desaparecer.

disparate *a* heterogéneo, a, dispar, inconexo, a.

disparition *f* desaparición.

disparu, e *a* desaparecido, a. □ *s* difunto, a. I *soldat porté* —, soldado dado de baja.

dispensaire *m* dispensario, consultorio.

dispense *f* dispensa.

dispenser *t* 1 dispensar: *cet élève est dispensé de gymnastique*, este alumno está dispensado de hacer gimnasia. 2 (accorder) conceder. □ *se — de*, abstenerse de.

dispers/er *t* dispersar. **-ion** *f* dispersión.

disponib/le *a* disponible. **-ilité** *f* disponibilidad. I *en* —, disponible. □ *pl* disponibilidades.

dispos, e *a* en forma, dispuesto, a.

disposer *t/i* disponer: *les moyens dont je dispose*, los recursos de que dispongo. I *être bien, mal disposé*, estar bien, mal dispuesto. □ *se — à partir*, disponerse a marchar.

dispositif *m* dispositivo.

disposition *f* disposición. □ *pl prendre ses dispositions*, tomar sus disposiciones.

disproportion *f* desproporción. **-né, e** *a* desproporcionado, a.

dispute *f* disputa.

disputer *t* disputar. □ *pr* reñir: *il s'est disputé avec sa sœur*, ha reñido con su hermana.

disqualifier *t* descalificar.

disque *m* disco.

dissection *f* disección.

dissemblable *a* desemejante, diferente, dispar.

dissémin/er *t* diseminar. **-ation** *f* diseminación.

dissension *f* disensión.

dissentiment *m* disentimiento.

disséquer ° *t* disecar.

dissert/er *i* disertar. **-ation** *f* disertación.

dissid/ent, e *a* disidente. **-ence** *f* disidencia.

dissimul/er *t* disimular. □ *se* —, disimularse. **-ation** *f* disimulación.

dissip/er *t* 1 (brouillard, soupçons, etc.) disipar. 2 (un élève) distraer. □ *pr* 1 disiparse. 2 (un élève) distraerse: *élève dissipé*, alumno distraído. **-ation** *f* 1 disipación. 2 (d'un élève) falta de atención, indisciplina.

dissocier *t* disociar.

dissolu, e *a* disoluto, a.

dissolution *f* disolución.

dissolvant, e *a/m* disolvente. □ *m* (pour les ongles) quitaesmalte.

disson/ance *f* disonancia. **-ant, e** *a* disonante.

dissoudre ° *t* disolver. □ *pr le sucre se dissout dans l'eau*, el azúcar se disuelve en el agua; *assemblée dissoute*, asamblea disuelta.

dissua/der *t* disuadir. **-sion** *f* disuasión.

distanc/e *f* distancia. **-er** ° *t* adelantar, dejar atrás.

distant, e *a* 1 distante. 2 FIG reservado, a.

disten/dre *t* distender. □ *se* —, distenderse. **-sion** *f* distensión.

distill/er *t/i* destilar. **-ation** *f* destilación. **-erie** *f* destilería.

distinct, e [distẽ, ẽkt] *a* distinto, a. **-ement** *adv* distintamente. **-if, ive** *a* distintivo, a.

distinction *f* distinción.

distingué, e *a* distinguido, a. I *recevez l'assurance de mes sentiments distingués*, queda de usted seguro servidor.

distinguer *t* distinguir. □ *se* —, distinguirse.

distraction *f* distracción.

distr/aire ° *t* distraer. □ *se* —, distraerse, entretenerse. **-ait, e** *a/s* distraído, a. **-ayant, e** [distʀɛjã, ãt] *a* entretenido, a.

distribu/er *t* distribuir. **-teur** *m* distribuidor. **-tion** *f* 1 distribución, reparto *m* : *la* — *du courrier*, el reparto del correo. 2 (d'une pièce de théâtre, d'un film) reparto *m*. 3 (agencement d'un logement) distribución.

district [distʀik(t)] *m* distrito.

dit, e *a* 1 dicho, a. I *aussitôt* —, *aussitôt fait*, dicho y hecho; *autrement* —, dicho de otro modo; *ce qui est* — *est* —, lo dicho, dicho. 2 *Alphonse*, — *le Sage*, Alfonso, llamado el Sabio. 3 *à l'heure dite*, a la hora fijada.

diurne *a* diurno, a.

divag/uer *i* (déraisonner) desatinar, delirar. **-ation** *f* divagación.

divan *m* diván, sofá.

diverg/er ° *i* divergir. **-ence** *f* 1 divergencia. 2 (d'opinions) discrepancia. **-ent, e** *a* 1 divergente. 2 *opinions divergentes*, opiniones discrepantes.

divers, e *a* diverso, a. **-ifier** *t* diversificar. **-ion** *f* diversión. **-ité** *f* diversidad.

divert/ir *t* divertir, distraer. □ *se* —, divertirse, distraerse. **-is-sant, e** *a* divertido, a, distraído, a. **-issement** *m* diversión *f*, recreo.

dividende *m* dividendo.

divin, e *a* divino, a. **-ité** *f* divinidad.

divis/er *t* dividir. **-eur** *m* divisor. **-ion** *f* división.

divorc/e *m* divorcio. **-er** ° *i* divorciarse : *ils ont divorcé*, se han divorciado.

divulguer *t* divulgar.

dix [dis, di] *a/m* 1 diez : *le* — *mars*, el diez de marzo. 2 *Charles* —, Carlos décimo.

dix-huit [dizɥit] *a/m* dieciocho. **-ième** *a/s* decimoctavo, a. I — *siècle*, siglo dieciocho.

dixième [dizjɛm] *a/m* décimo, a.

dix-neu/f [diznœf] *a/m* diecinueve. **-vième** *a/s* decimonono, a. I — *siècle*, siglo diecinueve.

dix-sept [dissɛt] *a/m* diecisiete. **-ième** *a/s* decimoséptimo, a. I — *siècle*, siglo diecisiete.

dizaine *f* 1 decena. 2 *une* — *de*, unos, unas diez : *une* — *de jours*, unos diez días.

docil/e *a* dócil. **-ité** *f* docilidad.

dock *m* dock. **-er** [dɔkɛʀ] *m* descargador de muelle, obrero portuario.

doct/eur *m* doctor. **-orat** *m* doctorado. **-oresse** *f* doctora.

doctrine *f* doctrina.

document *m* documento. **-aire** *a/m* documental. **-ation** *f* documentación. **-er** *t* documentar.

dodeliner *i* — *de la tête*, cabecear.

dodo *m* FAM *faire* —, dormir ; *aller au* —, irse a la cama.

dodu, e *a* rollizo, a, regordete, a.

dogm/e *m* dogma. **-atique** *a* dogmático, a.

dogue *m* dogo.

doigt [dwa] *m* dedo. I — *de pied*, dedo del pie; *petit* —, meñique; *montrer du* —, señalar con el dedo; FIG *être à deux doigts de*, estar à dos dedos de; *se mettre le* — *dans l'œil*, equivocarse; *savoir sur le bout du* —, saber al dedillo.

dois, doit, doivent ⇒ **devoir.**

dollar *m* dólar.

domaine *m* 1 (agricole) finca *f*, hacienda *f*. 2 (d'une science, etc.) dominio. I — *public*, dominio público. 3 *cela n'est pas de mon* —, esto no es de mi competencia.

dôme *m* cúpula *f*.

domestique *a* doméstico, a. □ *s* criado, a.

domicil/e *m* domicilio. **-ié, e** *a* residente, domiciliado, a.

domin/er *t/i* dominar. **-ant, e** *a/f* dominante. **-ateur, trice** *a/s* dominador, a. **-ation** *f* dominio *m*.

dominicain, e *a/s* 1 (religieux) dominico, a. 2 (de la République Dominicaine) dominicano, a.

dominical, e *a* dominical.

Dominique *n p* Domingo, a.

domino *m* dominó.

dommage *m* 1 daño, perjuicio. | *dommages et intérêts*, daños y perjuicios. 2 *c'est* —, es una lástima ; *quel* —!, ¡qué lástima !

dompt/er [dɔ̃te] *t* domar. **-eur, euse** *s* domador, a.

don *m* 1 donativo. | *faire* — *de*, hacer donación de. 2 don : — *pour les langues*, don para las lenguas.

donation *f* donación.

donc [dɔ̃k] *conj* luego, pues : *je pense* — *je suis*, pienso luego existo. □ *adv* —, *vous partez ?*, así pues, ¿ se marcha usted ? ; *mais tais-toi* —!, pero, ¡ cállate ! ; *asseyez-vous* —!, pero, ¡ siéntese usted !

donjon *m* torre *f* del homenaje.

données *f pl* 1 (d'un problème) datos *m*. 2 bases.

donner *t* 1 dar : *je te le donne*, te lo doy. | — *à boire*, dar de beber ; — *à penser*, dar que pensar ; — *de la tête contre*, dar de cabeza contra ; — *dans le piège*, caer en la trampa ; — *sur*, dar a : *fenêtre qui donne sur la mer*, ventana que da al mar ; *10 francs, c'est donné !*, 10 francos, ¡está tirado ! 2 echar : *quel âge lui donnez-vous ?*, ¿ qué edad le echa usted ? 3 *étant donné un carré...*, dado un cuadrado... ; *étant donné que*, dado que. □ *pr* 1 *se* — *à*, darse a. 2 *s'en* —, pasarlo en grande.

donneur *m* — *de sang*, donante de sangre.

Don Quichotte *n p m* Don Quijote. □ *m un* —, un quijote.

dont *pron rel* 1 (personnes) de quien, de quienes : *la femme* — *je parle*, la mujer de quien hablo. 2 (choses) del cual, de la cual, de las cuales, del que, etc. : *la ville* — *je parle*, la ciudad de la que hablo. | *ce* —, de lo que. 3 (avec idée de possession) cuyo, a, os, as : *mon voisin*, — *le fils est médecin*, mi vecino, cuyo hijo es médico. 4 (d'où) de donde.

dorénavant *adv* en adelante.

dorer *t* dorar.

dorloter *t* mimar.

dorm/ir ° *i* dormir : *l'enfant dort*, el niño duerme. | — *debout*, caerse de sueño ; — *sur ses deux oreilles*, dormir en paz. **-ant, e** *a eaux dormantes*, aguas estancadas. **-eur, euse** *s* dormilón, ona.

dorsal, e *a* dorsal.

dortoir *m* dormitorio.

dorure *f* dorado *m*.

dos [do] *m* 1 (de l'homme) espalda *f*, espaldas *f pl* : *le* — *au feu*, de espaldas al fuego. | *porter sur le* —, llevar a cuestas ; *de* —, por detrás ; *il est toujours sur mon* —, está siempre encima de mí ; *en avoir plein le* —, estar hasta la coronilla ; *se mettre quelqu'un à* —, enemistarse con alguien. 2 (d'un animal, livre) lomo. | *à* — *de mulet*, montado en un mulo. 3 (de la main, d'une page) dorso. 4 (de la chaise) respaldo.

dos/e *f* dosis. **-er** *t* dosificar.

dossard *m* dorsal.

dossier *m* 1 (d'un siège) respaldo. 2 (documents) expediente, dossier.

dot [dɔt] *f* dote *m/f*.

doter *t* dotar.

douan/e *f* aduana. **-ier, ère** *a* aduanero, a, arancelario, a : *barrière douanière*, barrera arancelaria. □ *m* aduanero.

doublage *m* (d'un film) doblaje.

double *a/m* doble. □ *m* (duplicata) duplicado : *en* —, por duplicado. □ adv *voir* —, ver doble.

doubler *t* 1 duplicar. 2 — *une voiture*, adelantar un coche; *défense de* —, prohibido adelantar. 3 (un vêtement) forrar. 3 (un acteur) sustituir. 4 (un film) doblar.

doublure *f* 1 forro *m*. 2 (acteur) suplente *m*, doble *m*.

douce ⇒ **doux.**

douceâtre [dusɑtʀ] *a* dulzón, ona.

doucement adv 1 suavemente. 2 lentamente. 3 *parlez* —, hable bajito.

douceur *f* 1 dulzura, dulzor *m*. 2 (au toucher, du climat) suavidad. 3 *en* —, despacio. □ *pl* (friandises) golosinas.

douch/e *f* ducha. **-er** *t* duchar. □ *se* —, ducharse, tomar una ducha.

dou/er *t* dotar. **-é, ée** *a* dotado, a.

douille *f* casquillo *m*.

douillet, te *a* 1 blando, a. 2 (personne) delicado, a.

doul/eur *f* dolor *m*. **-oureux, euse** *a* doloroso, a.

doute *m* duda *f* : *il n'y a pas de* —, no cabe duda; *sans* —, sin duda; *sans aucun* —, sin duda alguna.

douter *i* dudar : *j'en doute*, lo dudo; *je n'en doute pas*, no dudo de ello. □ *se* —, sospechar : *je m'en doutais*, lo sospechaba.

douteux, euse *a* dudoso, a.

doux, douce [du, dus] *a* 1 (au goût) dulce. 2 (au toucher) suave. 3 (calme) manso, a. 4 *pente douce*, cuesta suave. 5 *feu* —, fuego lento. 6 *en douce*, a la chita callando.

douz/e *a/m* doce. **-aine** *f* 1 docena. I *à la* —, por docenas. 2 *une* — *de*, unos, unas doce : *une* — *de jours*, unos doce días. **-ième** *a/s* duodécimo, a. I — *siècle*, siglo doce.

doyen, enne [dwajɛ̃, ɛn] *s* decano, a.

dragée *f* 1 (bonbon) peladilla. 2 (médicament) gragea.

dragu/e *f* draga. **-er** *t* dragar.

dram/e *m* drama. **-atique** *a* dramático, a. **-atiser** *t* dramatizar. **-aturge** *m* dramaturgo.

drap [dʀa] *m* 1 (tissu) paño. 2 (de lit) sábana *f*. I FAM *être dans de beaux draps*, estar aviado, a.

drapeau *m* bandera *f*. I *appeler sous les drapeaux*, llamar a filas.

drap/er *t* revestir. □ *se* —, envolverse. **-eries** *f* *pl* colgaduras. **-ier, ère** *s* pañero, a.

dressage *m* doma *f*.

dresser *t* 1 poner derecho, a. 2 levantar. 3 (une tente) armar. 4 (un plan) trazar. 5 (animaux) amaestrar, adiestrar, domar : — *des fauves*, domar fieras. □ *se* —, levantarse.

dresseur *m* domador.

drogu/e *f* droga. **-er (se)** *pr* drogarse. I *un drogué*, un drogadicto. **-erie** *f* droguería. **-iste** *s* droguista.

¹**droit, e** *a* 1 derecho, a, recto, a : *main droite*, mano derecha; *ligne droite*, línea recta. 2 *esprit* —, espíritu recto. □ *adv* recto : *continuez tout* —, siga todo recto. □ *f tournez à droite*, tuerza a la derecha; *appuyez sur la droite*, cíñase a la derecha.

²**droit** *m* derecho : *être dans son* —, estar en su derecho; *tu n'as pas le* — *de te plaindre*, no tienes derecho a quejarte. I *à bon* —, con razón; *de plein* —, con pleno derecho.

droiture *f* rectitud.

drôle *a* 1 gracioso, a. I *ce n'est pas* —, no tiene gracia. 2 (bizarre) raro, a, extraño, a : *un* — *de type*, un tío raro; *quelle* — *d'idée!*, ¡qué idea más rara! I *c'est un* — *de flemmard!*, ¡menudo gandul es!; — *d'histoire!*, ¡menudo lío! **-ment** adv 1 extrañamente. 2 FAM — *sympathique*, muy simpático, la mar de simpático; *on s'est* — *ennuyé*, nos aburrimos de lo lindo. **-rie** *f* gracia.

dromadaire *m* dromedario.

dru, e *a* tupido, a, espeso, a. □ *adv* abundantemente.

du *art* (= de le) del : *revenir — lycée*, volver del colegio. □ *art partitif* (ne se traduit pas) *boire — vin*, beber vino. ⇒ **de.**

dû, e *a* debido, a. □ m *voici votre —*, aquí está lo que se le debe a usted.

du/c *m* duque. **-ché** *m* ducado. **-chesse** *f* duquesa.

duel *m* duelo, desafío.

dûment *adv* debidamente.

dune *f* duna.

dup/e *a* engañado, a. I *je ne suis pas —*, no caigo en el señuelo. **-er** *t* engañar. **-erie** *f* engaño *m*.

duplicat/a *m* duplicado. **-eur** *m* multicopista.

duplicité *f* doblez.

duquel *pron rel* del cual, del que. I *desquels*, de los que.

dur, e *a* **1** duro, a. I *être — d'oreille*, ser duro de oído. **2** *— à avaler*, difícil de tragar. □ adv *travailler —*, trabajar firme. □ f *coucher sur la dure*, dormir en el suelo. □ *m* FAM *un —*, un matón.

durable *a* duradero, a.

durant *prép* durante.

durc/ir *t* endurecer. □ i *le ciment durcit en séchant*, el cemento se endurece al secarse. **-issement** *m* endurecimiento.

durée *f* duración.

durer *i* durar.

dureté *f* dureza.

durillon *m* callo.

duvet *m* **1** (des oiseaux) plumón. **2** (poils) bozo. **3** (sac de couchage) saco de dormir. **-é, ée, -eux, euse** *a* velloso, a.

dynamique *a* dinámico, a.

dynamite *f* dinamita.

dynamo *f* dínamo.

dynastie *f* dinastía.

dysenterie *f* disentería.

E

e *m* e *f* : *un* —, una e.

eau |o| *f* **1** agua : — *douce,* agua dulce ; — *chaude,* agua caliente. | *cours d'eau,* río ; FIG *projet qui tombe à l' —,* proyecto que fracasa. **2** — *de Cologne,* agua de Colonia. **3** *ville d'eaux,* balneario *m*.

eau-de-vie |odvi| *f* aguardiente *m*.

eau-forte *f* aguafuerte.

ébah/ir *t* pasmar, asombrar. **-issement** *m* asombro.

ébattre (s') ° *pr* retozar.

ébauch/e *f* esbozo *m*, boceto *m*. **-er** *t* esbozar, bosquejar.

éb/ène *f* ébano *m*. **-éniste** *m* ebanista.

éblou/ir *t* deslumbrar. **-issant, e** *a* deslumbrador, a. **-issement** *m* deslumbramiento.

éboueur *m* basurero.

ébouillanter *t* escaldar.

éboul/er (s') *pr* derrumbarse, desprenderse. **-ement** *m* desprendimiento. **-is** *m* escombros *pl*.

ébouriffer *t* desgreñar.

ébranl/er *t* **1** estremecer, sacudir. **2** (santé, moral) quebrantar. □ *pr le train s'ébranle,* el tren se pone en movimiento. **-ement** *m* sacudida *f*, estremecimiento.

Èbre *n p m* Ebro.

ébréch/er ° *t* mellar, desportillar : *couteau ébréché,* navaja mellada ; *assiette ébréchée,* plato desportillado.

ébriété *f* embriaguez.

ébullition *f* ebullición.

écaill/e *f* **1** (de poisson) escama. **2** concha, carey : *peigne en —,* peine de concha. **-er** *t* (un poisson) escamar. □ *pr la peinture s'écaille,* la pintura se descascarilla, se desconcha.

écarlate *a/f* escarlata. □ *a devenir —,* ruborizarse.

écarquiller *t* — *les yeux,* abrir desmesuradamente los ojos.

écart *m* **1** distancia *f*. **2** intervalo. **3** diferencia *f*. **4** (du corps) esguince. | *le cycliste fit un —,* el ciclista se echó a un lado. **5** *se tenir à l' —,* mantenerse apartado, a.

écart/er *t* **1** — *les jambes,* abrir las piernas. **2** (éloigner) apartar. □ *s' — du sujet,* apartarse del tema. | *un endroit écarté,* un lugar apartado. **-ement** *m* distancia *f*.

ecchymose |ekimoz| *f* equimosis.

ecclésiastique *a/m* eclesiástico, a.

écervelé, e *a* atolondrado, a, ligero, a de cascos.

échafaud *m* cadalso, patíbulo.

échafaud/er *t* FIG combinar, echar las bases de. **-age** *m* **1** andamio. **2** (amas) pila *f*, montón.

échalote *f* chalote *m*.

échancr/er *t* escotar. **-ure** *f* escote *m*, escotadura.

échang/e *m* **1** cambio : *en —,* a cambio ; *en — de,* a cambio de. **2** intercambio : *échanges commerciaux, de politesses,* intercambios comerciales, de cumplidos. **-er** ° *t* **1** — *des timbres, des impressions,* cambiar sellos, impresiones. **2** (prisonniers, notes diplomatiques, bons) — *contre,* canjear por. **-eur** *m* cruce a distinto nivel.

échantillon *m* muestra *f*.

échappatoire *f* escapatoria, efugio *m*.

échappée *f* **1** (de coureurs) escapada. **2** vista.

échappement *m* escape.

échapper *i* **1** escapar, escaparse :

− à un danger, escapar de un peligro ; laisser − un soupir, dejar escapar un suspiro ; rien ne lui échappe, no se le escapa nada. 2 − des mains, irse de las manos. 3 votre nom m'échappe, no recuerdo su apellido. □ t l' − belle, librarse de una buena. □ pr le prisonnier s'est échappé, el prisionero se ha escapado.

écharpe f 1 faja. 2 le bras en −, el brazo en cabestrillo. 3 (foulard) echarpe m, chal m. 4 (cache-col) bufanda.

échasse f zanco m.

échauder t escaldar.

échauff/er t calentar. □ s' −, calentarse. **-ement** m calentamiento.

échéance f 1 vencimiento m, término m. 2 à brève, longue −, a corto, largo plazo.

échéant a le cas −, si llega el caso.

échec m 1 (insuccès) fracaso. 2 tenir en −, tener en jaque. □ pl (jeu) ajedrez sing : jouer aux échecs, jugar al ajedrez.

échelle f 1 escalera : − double, escalera de tijera. 2 escala : sur une grande −, en gran escala ; à l' −, a escala.

échelon m escalón. **-ner** t escalonar.

échevelé, e a desgreñado, a.

échine f espinazo m.

échiquier m tablero.

écho [eko] m eco. I se faire l' − de, hacerse eco de.

échoir ° i 1 tocar : le gros lot m'est échu, me ha tocado el gordo. 2 (un délai) vencer.

échouer i 1 (un navire) encallar. 2 fracasar, salir mal : projet qui échoue, proyecto que fracasa. I il a échoué à l'examen, le suspendieron en el examen. 3 nous avons échoué dans un self-service, hemos ido a parar a un autoservicio.

éclabouss/er t salpicar. **-ure** f

salpicadura.

éclair m 1 relámpago. 2 (de génie) chispa f. 3 (gâteau) pastelillo de crema.

éclairage m alumbrado, iluminación f : − électrique, alumbrado eléctrico ; − insuffisant, iluminación insuficiente.

éclaircie f escampada, claro m.

éclairc/ir t aclarar. □ pr le temps s'est éclairci, se ha aclarado el tiempo ; s' − la voix, aclararse la voz. **-issement** m aclaración f.

éclairer t 1 alumbrar, iluminar : − au néon, alumbrar con neón. 2 (expliquer) aclarar. □ i cette lampe éclaire mal, esta lámpara alumbra mal. □ s' −, alumbrarse.

éclaireur, euse s explorador, a.

éclat m 1 − d'obus, casco de obús. I voler en éclats, estallar. 2 − de rire, carcajada f ; rire aux éclats, reír a carcajadas. 3 (lumière) brillo. 4 esplendor, magnificencia f. 5 faire un −, armar un escándalo.

éclatant, e a 1 (son) estrepitoso, a. 2 (lumière) brillante. 3 succès −, éxito clamoroso.

éclat/er i 1 estallar, reventar. 2 − de rire, en sanglots, prorrumpir en carcajadas, en sollozos. 3 (incendie, guerre, etc.) estallar. **-ement** m estallido.

éclips/e f eclipse m. **-er** t eclipsar. □ s' −, eclipsarse, escabullirse.

éclopé, e a/s cojo, a.

éclo/re ° i abrirse. **-sion** f nacimiento m.

écluse f esclusa.

écœur/er t asquear, repugnar, dar asco. **-ant, e** a repugnante, asqueroso, a. **-ement** m asco, repugnancia f.

écol/e f escuela : − maternelle, escuela de párvulos. I faire −, formar escuela. **-ier, ère** s escolar, alumno, a.

écolog/ie f ecología. **-ique** a

ecológico, a. **-iste** *a/s* ecologista.

économe *a* económico, a. □ *s* (intendant) ecónomo.

économ/ie *f* economía. I *faire des économies*, ahorrar. **-ique** *a* económico, a. **-iser** *t* economizar, ahorrar. I *— son temps*, ahorrar tiempo. **-iste** *m* economista.

écorce *f* corteza.

écorch/er *t* desollar. I *— les oreilles*, lastimar los oídos. **-ure** *f* desolladura.

écossais, e *a/s* escocés, esa.

Écosse *n p f* Escocia.

écosser *t* pelar, desgranar.

écoul/er *t* despachar, vender. □ *pr* **1** (liquides) correr, fluir, derramarse. **2** (temps) transcurrir. **-ement** *m* **1** (des liquides) derrame, salida *f*. **2** (d'une foule) circulación *f*. **3** (des marchandises) salida *f*, despacho, venta *f*.

écourter *t* acortar.

écoute *f* **1** *à l' —*, a la escucha. **2** *aux écoutes*, al acecho.

écout/er *t* escuchar. I *n' — que d'une oreille*, prestar poca atención; *écoutez!*, ¡oiga! **-eur** *m* (téléphone) auricular.

écrabouiller *t* FAM aplastar.

écran *m* pantalla *f*.

écras/er *t* **1** aplastar. **2** atropellar, arrollar : *il s'est fait — par une voiture*, ha sido atropellado por un coche. **3** *écrasé de travail*, agobiado de trabajo. □ *pr* **1** estrellarse : *l'avion s'est écrasé*, el avión se ha estrellado. **2** (s'entasser) estrujarse. **-ant, e** *a* aplastante. **-ement** *m* aplastamiento.

écrémer ° *t* desnatar : *lait écrémé*, leche desnatada.

écrevisse *f* cangrejo *m* de río.

écrier (s') *pr* exclamar.

écrin *m* **1** joyero. **2** (pour l'argenterie) estuche.

écrire ° *i* escribir : *j'ai écrit une lettre à mon oncle*, he escrito una

carta a mi tío; *— à la machine*, escribir a máquina.

écrit *m* **1** escrito : *par —*, por escrito. **2** examen escrito. **-eau** *m* letrero. **-ure** *f* **1** escritura. **2** letra : *avoir une belle —*, tener buena letra. **3** *l'Écriture sainte*, la Sagrada Escritura.

écrivain *m* escritor, a.

écrou *m* **1** tuerca *f*. **2** *levée d' —*, puesta en libertad. **-er** *t* encarcelar.

écroul/er (s') *pr* hundirse, derrumbarse. **-ement** *m* hundimiento, derrumbamiento.

écu *m* escudo.

écueil [ekœj] *m* escollo.

écuelle *f* escudilla.

écum/e *f* **1** (mousse) espuma. **2** (bave) espumarajo *m*. **-er** *t* espumar. □ *i* espumear. I *— de rage*, estar uno que se bufa. **-eux, euse** *a* espumoso, a. **-oire** *f* espumadera.

écureuil [ekyRœj] *m* ardilla *f*.

écurie *f* **1** (local) cuadra. **2** (de chevaux, voitures de course) caballeriza.

écusson *m* emblema.

écuy/er [ekɥije] *m* **1** (cavalier) jinete. **2** (de cirque) caballista. **-ère** *f* amazona.

eczéma [ɛgzema] *m* eccema.

édenté, e *a* desdentado, a.

édifi/er *t* edificar. **-cation** *f* edificación. **-ce** *m* edificio.

Édimbourg [edɛ̃buR] *n p* Edimburgo.

édit *m* edicto.

édi/ter *t* editar. **-teur, trice** *s* editor, a. **-tion** *f* edición. I *maison d' —*, editorial.

éditorial *m* editorial. **-iste** *s* editorialista.

Édouard *n p m* Eduardo.

édredon *m* edredón.

édu/quer *t* educar. **-cateur, trice** *s* educador, a. **-catif, ive** *a* educativo, a. **-cation** *f* educación.

effac/er ° *t* borrar. □ *pr* 1 borrarse. 2 (pour laisser passer) echarse a un lado. **-é, ée** *a* 1 borrado, a. 2 FIG modesto, a, retraído, a. **-ement** *m* 1 borradura *f*. 2 FIG reserva *f*.

effar/er *t* azorar, asustar. **-ement** *m* azoramiento, susto.

effarouch/er *t* 1 espantar. 2 (faire peur) asustar. **-ement** *m* alarma *f*, miedo.

effectif, ive *a* efectivo, a. □ *m pl* efectivos.

effectuer *t* efectuar.

efféminé, e *a* afeminado, a.

effervesc/ent, e *a* efervescente. **-ence** *f* efervescencia.

effet [efɛ] *m* 1 efecto. I *à cet —*, à tal efecto ; *en —*, en efecto ; *faire de l' —*, causar efecto ; *prendre —*, surtir efecto. 2 *— de commerce*, efecto de comercio. □ *pl* (vêtements) vestidos.

effeuiller *t* deshojar.

efficac/e *a* eficaz. **-ité** *f* eficacia.

effigie *f* efigie.

effilé, e *a* afilado, a, fino, a.

effilocher *t* deshilachar. □ *s' —*, desflecarse.

efflanqué, e *a* flaco, a, enjuto, a.

effleurer *t* rozar.

effondr/er (s') ° *pr* hundirse, derrumbarse. **-ement** *m* hundimiento.

efforcer (s') ° *pr* esforzarse : *il s'efforce de mieux travailler*, se esfuerza en trabajar más.

effort *m* esfuerzo.

effraction *f* fractura.

effranger ° *t* desflecar.

effray/er [efreje] *t* espantar, asustar. **-ant, e** *a* espantoso, a.

effréné, e *a* desenfrenado, a.

effriter (s') *pr* desmenuzarse, pulverizarse.

effroi *m* terror, espanto.

effront/é, e *a* descarado, a, desvergonzado, a. **-ement** *adv*

descaradamente. **-erie** *f* descaro *m*.

effroyable [efʀwajabl] *a* espantoso, a.

effusion *f* efusión.

égal, e *a/s* 1 igual : *deux nombres égaux*, dos números iguales. 2 *ça m'est (bien) —*, me da igual, me es lo mismo. **-ement** *adv* igualmente. **-er** *t* igualar. I *2 et 2 égalent 4*, 2 y 2 son 4.

égaliser *t* igualar. □ *i* empatar.

égalit/é *f* 1 igualdad. 2 *les deux équipes sont à —*, los dos equipos están empatados. **-aire** *a* igualitario, a.

égard *m* consideración *f*. I *à l' — de*, con respecto a ; *à cet —*, a este respecto ; *eu — à*, teniendo en cuenta. □ *pl avoir des égards pour*, tener miramientos, atenciones para.

égar/er *t* extraviar. □ *nous nous sommes égarés*, nos hemos extraviado. **-ement** *m* perturbación *f*, ofuscación *f*.

égayer ° [egeje] *t* alegrar.

églant/ier *m* agavanzo, escaramujo. **-ine** *f* gavanza.

église *f* iglesia.

egoïs/te *a/s* egoísta. **-me** *m* egoísmo.

égorger ° *t* degollar.

égosiller (s') *pr* desgañitarse.

égout *m* alcantarilla *f*. **-ier** *m* alcantarillero.

égoutt/er *t* escurrir. □ *s' —*, escurrirse. **-oir** *m* escurreplatos.

égratign/er *t* arañar, rasguñar. **-ure** *f* arañazo *m*.

Égypte *n p f* Egipto *m*.

égyptien, enne *a/s* egipcio, a.

eh ! *interj* eh! I *— bien !*, ¡ bueno ! ; *— bien, peut-être*, pués, quizá.

eject/er *t* expulsar. **-able** *a* eyectable.

élabor/er *t* elaborar. **-ation** *f* elaboración.

élaguer *t* podar, escamondar.

¹**élan** *m* 1 impulso : *prendre son —*, tomar impulso. 2 FIG impulso, arrebato : *— de générosité*, impulso de generosidad.

²**élan** *m* (cerf) alce, anta *f*.

élancé, e *a* esbelto, a.

élancement *m* punzada *f*.

élancer *i* dar punzadas. □ *pr* 1 lanzarse, arrojarse, abalanzarse : *il s'élança vers la sortie*, se abalanzó hacia la salida. 2 (s'élever) levantarse.

élarg/ir *t* 1 ensanchar. 2 FIG ampliar. 3 (un prisonnier) poner en libertad. □ *s' —*, ensancharse. **-issement** *m* 1 ensanchamiento. 2 ampliación *f*.

élasti/que *a/m* elástico, a. □ *m* (ruban) goma *f*. **-cité** *f* elasticidad.

élect/eur, trice *s* elector, a. **-ion** *f* elección. **-oral, e** *a* electoral.

électr/icité *f* electricidad. **-icien** *m* electricista. **-ification** *f* electrificación. **-ifier** *t* electrificar. **-ique** *a* eléctrico, a. **-iser** *t* electrizar.

électro-aimant *m* electroimán.

électrocardiogramme *m* electrocardiograma.

électrochoc *m* electrochoque.

électrocut/er *t* electrocutar. **-ion** *f* electrocución.

électrode *f* electrodo *m*.

électroménager *a/m* *appareil —*, aparato electrodoméstico ; *l' —*, los electrodomésticos.

électron *m* electrón. **-ique** *a/f* electrónico, a.

électrophone *m* electrófono.

élég/ant, e *a/s* elegante. **-amment** *adv* elegantemente. **-ance** *f* elegancia.

élégie *f* elegía.

élément *m* elemento. **-aire** *a* elemental.

éléphant *m* elefante.

élevage *m* 1 cría *f* : *l' — du bétail*, la cría del ganado. 2 *un — de tau-*

reaux, una ganadería (de toros).

élévateur, trice *a* elevador, a.

élévation *f* 1 elevación. 2 (de l'hostie) elevación, alzar *m*.

élève *s* alumno, a, discípulo.

élevé, e *a* 1 elevado, a. 2 *bien, mal —*, bien, mal educado.

élev/er ° [elve] *t* 1 elevar, levantar. 2 *— la voix, le ton*, alzar la voz, el tono. 3 (un enfant, un animal) criar : *— au biberon*, criar con biberón. 4 educar. □ *pr* 1 elevarse. 2 (la température) subir. 3 ascender : *les dégâts s'élèvent à un million*, los daños ascienden a un millón. **-eur, euse** *s* ganadero, a.

éligible *a* elegible.

élimin/er *t* eliminar. **-ation** *f* eliminación. **-atoire** *a/f* eliminatorio, a.

élire ° *t* elegir : *il a été élu*, ha sido elegido.

Élisabeth [elizabet] *n p f* Isabel.

élite *f* élite, lo escogido.

elle, elles *pron pers f* ella, ellas (généralement omis, servent à insister : *— est jolie*, es bonita). | *elle-même*, ella misma.

ellipse *f* 1 (courbe) elipse. 2 (grammaire) elipsis.

élocution *f* elocución.

élog/e *m* elogio. **-ieux, euse** *a* elogioso, a.

éloign/er *t* alejar, apartar. □ *s' —*, alejarse, apartarse. **-é, ée** *a* lejano, a, remoto, a : *époque éloignée*, época remota. **-ement** *m* alejamiento.

éloqu/ent, e *a* elocuente. **-ence** *f* elocuencia.

élu, e *a/s* elegido, a.

élucider *t* elucidar.

éluder *t* eludir.

Élysée *n p m* Eliseo. | *Champs Élysées*, Campos Elíseos.

émacié, e *a* demacrado, a, emaciado, a.

émail [emaj] *m* esmalte. **-ler** *t* esmaltar. **-leur, euse** *s* esmaltador, a.

émancip/er *t* emancipar. **-ation**
f emancipación.

émaner *i* emanar.

émaux *pl* de **émail.**

emball/er *t* 1 embalar, empacar. 2
— *un moteur*, embalar un motor. 3
FAM encantar, entusiasmar. □ *pr* 1
(cheval) desbocarse. 2 (moteur)
embalarse. 3 FAM entusiasmarse.
-age *m* 1 embalaje. 2 (pour
liquides) envase. **-ement** *m* FAM
arrebato, entusiasmo.

embarcadère *m* embarcadero.

embarcation *f* embarcación.

embardée *f* bandazo *m* : *faire
une* —, dar un bandazo.

embargo *m* embargo.

embarqu/er *t* embarcar. □ *i/pr*
embarcarse. **-ement** *m* 1
(personnes) embarco. 2
(marchandises) embarque.

embarras *m* 1 apuro : *être dans
l'* —, estar en un apuro ; *tirer d'* —,
sacar de apuro. 2 confusión *f*. 3 —
gastrique, desarreglo gástrico.

embarrass/er *t* 1 estorbar : *cette
valise m'embarrasse*, esta maleta
me estorba. 2 (troubler) confundir,
turbar. I *un air embarrassé*, un
aire confuso. **-ant, e** *a*
embarazoso, a.

embauch/er *t* contratar, ajustar.
-e *f*, **-age** *m* contratación *f*.

embaumer *t* embalsamar. □ *i*
oler muy bien : *ces roses embau-
ment*, estas rosas huelen muy bien.

embell/ir *t* embellecer. □ *i* *elle
embellit de jour en jour*, cada día
está más guapa. **-issement** *m*
embellecimiento.

embêt/er *t* FAM fastidiar. □ *s'* —,
aburrirse. **-ant, e** *a* 1 (ennuyeux)
fastidioso, a, cargante. 2
(contrariant) molesto, a. **-ement**
m lío, contrariedad *f*.

emblée (d') *loc adv* de golpe.

emblème *m* emblema.

emboîter *t* 1 encajar, ajustar. 2 —
le pas à quelqu'un, seguir los pasos

a alguien.

embolie *f* embolia.

embonpoint *m* gordura *f*. I
prendre de l' —, engordar.

embouchure *f* 1 (d'un fleuve)
desembocadura. 2 (d'un instrument de musique) boquilla.

embouteill/er *t* embotellar. **-age**
m (d'une rue) embotellamiento,
atasco.

emboutir *t* 1 embutir. 2 *le camion
a embouti la voiture*, el camión ha
chocado contra el coche.

embranchement *m* 1 ramificación *f*. 2 (bifurcation) cruce,
encrucijada *f*, empalme.

embras/er *t* abrasar, inflamar.
-ement *m* 1 incendio. 2
iluminación *f*.

embrass/er *t* 1 besar : — *sur la
bouche*, besar en la boca. 2 (serrer
dans ses bras) abrazar. 3 abarcar :
qui trop embrasse, mal étreint,
quien mucho abarca, poco aprieta.
□ *pr* *ils s'embrassèrent tendrement*, se besaron con ternura.
-ade *f* abrazo *m*, beso *m*.

embrasure *f* hueco *m*, alféizar
m.

embray/er ° [ãbʀeje] *t/i*
embragar. **-age** *m* embrague.

embrocher *t* espetar, ensartar.

embrouiller *t* embrollar,
enmarañar. □ *s'* — *dans ses expli-
cations*, embrollarse con sus propias explicaciones, liarse.

embruns *m pl* roción *sing* de las
olas.

embryon *m* embrión.

embûches *f pl* dificultades,
obstáculos *m*.

embuer *t* empañar.

embuscade *f* emboscada.

émeraude *f* esmeralda.

émerger ° *i* emerger.

émeri *m* esmeril.

émerveill/er *t* maravillar.
-ement *m* admiración *f*.

émetteur, trice *a* emisor, a :

poste —, estación emisora. □ m
emisora f.

émettre ° t emitir.

émeut/e f revuelta, motín m.
-ier, ère s amotinador, a,
amotinado, a.

émietter t desmigajar, migar.

émigr/er i emigrar. **-ant, e** s
emigrante. **-ation** f emigración.
-é, ée s emigrado, a.

Émile n p m Emilio.

émin/ent, e f eminente. **-ement**
adv eminentemente. **-ence** f
eminencia.

émir m emir.

émissaire m emisario.

émission f emisión.

emmagasiner |ãmagazine| t
almacenar.

emmancher |ãmãʃe| t poner un
mango a.

Emmanuel, le n p Manuel,
Manuela.

emmêler |ãmele| t enmarañar.

emménager ° |ãmenaʒe| i
instalarse.

emmener ° |ãmne| t llevar,
conducir : il a emmené sa fille au
cirque, ha llevado a su hija al
circo.

emmitoufler |ãmitufle| t abrigar,
arropar. □ s' —, abrigarse.

émoi m emoción f.

émonder t podar, escamondar.

émot/ion f emoción. **-if, ive** a/s
emotivo, a.

émousser t embotar.

émoustiller t alegrar.

émouv/oir ° t emocionar,
conmover. **-ant, e** a
emocionante, conmovedor, a.

empailler t disecar.

empaqueter ° t empaquetar.

emparer (s') pr s' — de, apoderarse
de, adueñarse de.

empêch/er t impedir : il
m'empêche de parler, me impide
hablar. □ pr je n'ai pas pu m' — de
rire, no pude remediar el echarme

a reir. **-ement** m impedimento.

empereur m emperador.

empes/er ° t almidonar. **-age** m
almidonado.

empester t/i apestar.

empêtrer t 1 trabar. 2 FIG
enredar.

empha/se f énfasis m. **-tique** a
enfático, a.

empierrer t empedrar.

empiét/er ° i 1 — sur, desbordar·
en. 2 — sur un droit, usurpar un
derecho. **-ement** m usurpación
f.

empiffrer (s') pr FAM atracarse.

empiler t 1 apilar. 2 FAM (duper)
estafar. □ s' —, amontonarse.

empire m imperio.

empirer i empeorar.

empirique a empírico, a.

emplacement m sitio.

emplâtre m emplasto.

emplette f compra : faire ses
emplettes, ir de compras.

emploi m 1 empleo : — du temps,
empleo del tiempo. 2 (situation)
empleo, destino, plaza f. 3 (rôle)
papel.

employ/er ° t emplear. **-é, ée** s
empleado, a. I — de bureau, ofici-
nista. **-eur, euse** s patrono, a,
empresario, a.

empocher t embolsarse.

empoigner t agarrar.

empoisonn/er t 1 envenenar. 2
(odeur) apestar. 3 FAM (ennuyer)
fastidiar, chinchar. □ s' —, envene-
narse. **-ant, e** a FAM pesadísimo,
a. **-ement** m 1 envenenamiento.
2 FAM fastidio. **-eur, euse** s 1
envenenador, a. 2 FAM tostón, ona.

emport/é, e a violento, a,
colérico, a. **-ement** m arrebato.

emporter t 1 llevarse. 2 (avec
violence) llevar, arrancar. 3 l' —
sur quelqu'un, superar a alguien. □
s' —, arrebatarse, encolerizarse.

empreinte f 1 huella : empreintes
digitales, huellas dactilares. 2 FIG

impronta.

empress/er (s') *pr* 1 s' — de, apresurarse de. 2 s' — *auprès de*, desvivirse por. **-é, ée** *a* 1 afanoso, a. 2 (dévoué) solícito, a, atento, a. **-ement** *m* diligencia *f*.

emprisonn/er *t* encarcelar, aprisionar. **-ement** *m* encarcelamiento.

emprunt |ɑ̃pʀɑ̃| *m* 1 (privé) préstamo. 2 (public) empréstito. 3 *nom d' —*, nombre falso. **-er** *t* 1 — *de l'argent*, pedir dinero prestado. 2 (prendre) tomar. **-eur, euse** *s* gorrón, ona.

ému, e *a* emocionado, a, conmovido, a.

émulation *f* emulación.

¹**en** *prép* 1 (lieu, état) en : *être —* *Belgique*, estar en Bélgica. 2 (avec déplacement) a : *aller — Amérique*, ir a América ; *conduire — prison*, llevar a la cárcel. 3 (temps) en : *né — 1980*, nacido en 1980 ; *— été*, en verano. 4 (matière, couleur) de : *sac — plastique*, bolsa de plástico ; *— jaune*, de amarillo. 5 *agir — soldat*, actuar como soldado. 6 devant un gérondif, ne se traduit pas : *— lisant*, leyendo, ou se traduit par al + infinitif : *— arrivant*, al llegar.

²**en** *adv* de allí, de ahí : *j' — viens*, de allí vengo. □ *pron* 1 (= de cela), de él, de ella, de ello : *qu' — pensez-vous ?*, ¿ qué piensa usted de ello ? 2 (partitif, ne se traduit généralement pas) *combien — voulez-vous ?*, ¿ cuántos quiere usted ? ; *j' — veux deux*, quiero dos ; *je n' — peux plus*, no puedo más. 3 *il y — a*, los hay, las hay.

encadr/er *t* encuadrar. **-ement** *m* 1 (cadre) marco. 2 (des troupes, du personnel) encuadramiento.

encaissé, e *a* (rivière) encajonado, a.

encaiss/er *t* 1 cobrar. 2 FAM — *un coup*, encajar un golpe ; *je ne peux pas l' —*, no le puedo tragar. **-ement** *m* cobranza *f*, cobro.

-eur *m* cobrador.

en-cas |ɑ̃ka| *m* tentempié, piscolabis.

encastrer *t* empotrar.

encaustique *f* encáustico *m*.

¹**enceinte** *f* 1 cerco *m*, recinto *m*. 2 — *acoustique*, pantalla acústica.

²**enceinte** *a* *femme —*, mujer embarazada.

encens |ɑ̃sɑ̃| *m* incienso. **-er** *t* incensar. **-oir** *m* incensario.

encéphale *m* encéfalo.

encercler *t* cercar, circundar.

enchaîn/er *t* encadenar. **-ement** *m* encadenamiento.

enchanté, e *a* encantado, a.

enchant/er *t* encantar. **-ement** *m* encanto. **-eur, eresse** *a/s* encantador, a.

enchère *f* puja. | *vente aux enchères*, subasta ; *vendre aux enchères*, subastar, vender en pública subasta.

enchevêtr/er *t* enredar. **-ement** *m* confusión *f*.

enclave *f* enclave *m*.

enclin, e *a* inclinado, a, propenso, a.

enclos *m* cercado.

enclume *f* yunque *m*.

encoche *f* muesca.

encoignure |ɑ̃kɔɲyʀ| *f* rincón *m*.

encolure *f* 1 cuello *m*. 2 (mesure) medida del cuello.

encombr/er *t* estorbar, embarazar. **-ant, e** *a* embarazoso, a. **-ement** *m* 1 estorbo. 2 acumulación *f*. 3 (de voitures) atasco.

encontre (à l') *loc — de*, en contra de.

encore *adv* 1 aún, todavía : *il n'est pas — arrivé*, no ha llegado todavía. 2 más : *— un peu de café ?*, ¿ un poco más de café ? ; *— une fois*, una vez más ; *mais — ?*, ¿ y qué más ? 3 *si —*, si al menos. 4 *— que*, aunque.

encourag/er ° *t* 1 alentar,

animar. **2** — *à*, incitar a. **3** (favoriser) fomentar, estimular. **-eant, e** *a* alentador, a. **-ement** *m* **1** estímulo. **2** fomento.

encourir ° *t* incurrir en.

encrasser (s') *pr* ensuciarse.

encr/e *f* tinta : — *de Chine*, tinta china. **-ier** *m* tintero.

encyclopéd/ie *f* enciclopedia. **-ique** *a* enciclopédico, a.

endetter (s') *pr* contraer deudas. I *être endetté*, estar lleno de deudas, estar endeudado.

endiablé, e *a* endiablado, a.

endiguer *t* encauzar.

endimanché, e *a* endomingado, a.

endive *f* endibia.

endolori, e *a* dolorido, a.

endommager ° *t* estropear, deteriorar.

endorm/ir ° *t* **1** — *un enfant*, dormir a un niño. **2** (anesthésier) anestesiar. **3** FIG (douleur) adormecer. **4** (ennuyer) aburrir. □ pr *je me suis endormi*, me he dormido. **-ant, e** *a* soporífero, a. **-i, ie** *a* dormido, a.

endosser *t* **1** (vêtement) ponerse. **2** (chèque) endosar.

endroit *m* **1** lugar, sitio : *un — tranquille*, un lugar tranquilo. **2** (partie) parte *f*. I *par endroits*, acá y allá. **3** (d'un tissu) derecho : *remettre à l' —*, poner del derecho. **4** *à l'— de*, para con.

endu/ire ° *t* untar. **-it** *m* enlucido.

endur/ant *a* resistente. **-ance** *f* resistencia.

endurc/ir *t* endurecer. **-issement** *m* endurecimiento.

endurer *t* soportar, aguantar.

énerg/ie *f* energía. **-ique** *a* enérgico, a.

énerv/er *t* poner nervioso, a, irritar. □ pr *ne t'énerve pas!*, ¡no te pongas nervioso, a! **-ant, e** *a* irritante. **-ement** *m* nerviosidad *f*.

enfance *f* infancia : *ami d' —*, amigo de la infancia. I *retomber en —*, chochear.

enfant *s* **1** niño, a : *livres pour enfants*, libros para niños. **2** hijo, a : *il a trois enfants*, tiene tres hijos ; *ménage sans enfants*, matrimonio sin hijos. **3** — *de chœur*, monaguillo.

enfant/er *t* dar a luz. **-ement** *m* alumbramiento, parto.

enfantillage *m* niñería *f*.

enfantin, e *a* infantil.

enfer |ɑ̃fɛʀ| *m* infierno.

enfermer *t* encerrar.

enfilade *f* fila.

enfiler *t* **1** — *une aiguille*, enhebrar una aguja ; — *des perles*, ensartar perlas. **2** — *son pantalon*, ponerse el pantalón. **3** (une rue) tomar.

enfin *adv* **1** por fin, al fin : — *seuls!*, ¡al fin solos! **2** (bref) en fin.

enflammer *t* inflamar. □ *s' —*, inflamarse.

enfl/er *t* **1** hinchar, inflar : *joue enflée*, mejilla hinchada. **2** — *la voix*, ahuecar la voz. □ *i* hincharse : *ma cheville a enflé*, se me ha hinchado el tobillo. **-ure** *f* hinchazón.

enfonc/er ° *t* **1** hundir. **2** (clou) clavar. **3** (chapeau) encasquetar. **4** (porte) derribar. □ *i/pr* hundirse. □ pr *s' — dans un bois*, internarse en un bosque. **-ement** *m* **1** hundimiento. **2** (renfoncement) hueco.

enfouir *t* enterrar.

enfourcher *t* — *sa bicyclette*, montar en su bicicleta.

enfourner *t* meter en el horno.

enfreindre ° *t* infringir.

enfuir (s') ° *pr* huir.

enfumer *t* ahumar.

engag/er ° *t* **1** (un objet, sa parole) empeñar. **2** (domestique, artiste) contratar. **3** (introduire) meter. **4** (discussion, négociations) entablar. □ *pr* **1** comprometerse : *il s'est engagé à m'aider*, se ha comprometido a ayudarme ;

écrivain engagé, escritor comprometido. 2 *s' — dans,* meterse en. 3 MIL alistarse. **-eant, e** *a* atractivo, a, prometedor, a. **-ement** *m* 1 compromiso: *sans aucun — de votre part,* sin compromiso alguno por su parte. 2 (d'un acteur) contrata *f.* 3 (combat) combate, encuentro.

engelure *f* sabañón *m.*

engendrer *t* engendrar.

engin *m* máquina *f,* artefacto. □ *pl* 1 (de pêche) artes *f.* 2 *engins blindés,* vehículos blindados.

engloutir *t* 1 (avaler) engullir. 2 tragar, tragarse.

engorg/er ° *t* atascar. **-ement** *m* atasco.

engouement |ãgumã| *m* apasionamiento.

engouffrer (s') *pr* precipitarse.

engourd/ir (s') *pr* 1 entumecerse : *doigts engourdis,* dedos entumecidos. 2 FIG entorpecerse. **-issement** *m* 1 entumecimiento. 2 FIG entorpecimiento.

engrais *m* abono.

engraisser *i/t* engordar.

engrenage *m* engranaje.

engueul/er *t* POP echar una bronca. **-ade** *f* bronca.

enhardir (s') *pr* atreverse.

énigm/e *f* enigma *m.* **-atique** *a* enigmático, a.

enivr/er |ãnivRe| *t* embriagar. **-ant, e** *a* embriagador, a. **-ement** *m* embriaguez *f.*

enjambée *t* tranco *m,* zancada.

enjamber *t* saltar, atravesar.

enjeu *m* puesta *f.*

enjôl/er *t* engatusar. **-eur, euse** *a/s* engatusador, a, zalamero, a.

enjoliv/er *t* adornar, embellecer. **-ure** *f* adorno *m.* **-eur** *m* (de roue) tapacubos.

enjou/é, e *a* alegre, jovial. **-ement** *m* jovialidad *f,* buen humor.

enlacer ° *t* abrazar.

enlaid/ir *t* afear, hacer feo, a. □ *i* afearse, volverse feo, a. **-issement** *m* afeamiento.

en/lever ° *t* 1 (ôter) quitar. 2 (vêtement) quitarse : *enlève ton manteau,* quítate el abrigo. 3 (kidnapper) secuestrar, raptar. 4 (soulever) levantar. **-lèvement** *m* 1 (ramassage) recogida *f.* 2 (kidnappage) secuestro, rapto.

enlis/er (s') *pr* atascarse. **-ement** *m* hundimiento.

enluminure *f* 1 (art) iluminación. 2 miniatura.

enneig/é, e *a* nevado, a. **-ement** *m* estado de la nieve. | *bulletin d' —,* parte de nieve.

ennemi, e |ɛnmi| *a/s* enemigo, a.

ennoblir |ãnɔbliR| *t* ennoblecer.

ennui |ãnɥi| *m* 1 aburrimiento, fastidio. 2 (tracas) disgusto. 3 *ennuis d'argent,* apuros de dinero.

ennuy/er |ãnɥije| *t* 1 fastidiar. 2 contrariar. □ *s' —,* aburrirse. **-eux, euse** *a* 1 (contrariant) fastidioso, a, molesto, a. 2 aburrido, a, pesado, a: *discours —,* discurso pesado.

énonc/er ° *t* enunciar. **-é** *m* enunciado. **-iation** *f* enunciación.

enorgueillir (s') |ãnɔRgœjiR| *pr* engreírse, enorgullecerse.

énorm/e *a* enorme. **-ément** *adv* enormemente. **-ité** *f* enormidad.

enquérir (s') ° *pr — de,* informarse sobre, preguntar por.

enquêt/e *f* 1 (sondage) encuesta. 2 (de police) investigación, pesquisa. **-er** *i* investigar el caso, conducir una investigación, pesquisar.

enquiquiner *t* FAM chinchar, incordiar.

enraciner *t* arraigar. □ *s' —,* arraigarse.

enragé, e *a* rabioso, a. □ *a/s* fanático, a, entusiasta.

enrager ° *i* rabiar.

enrayer |ãReje| *t* (stopper) detener. □ *s' —,* encasquillarse.

enregistr/er *t* 1 registrar. 2 *faire*

— *ses bagages,* facturar su equipaje. 3 (sur disque, etc.) grabar. **-ement** *m* 1 — *des bagages,* facturación *f* del equipaje. 2 (du son) registro, grabación *f*. **-eur, euse** *a/m* registrador, a.

enrhumer (s') *pr* resfriarse, constiparse. l *être enrhumé,* estar resfriado.

enrich/ir *t* enriquecer. □ *s' —,* enriquecerse. **-issant, e** *a* instructivo, a.

enrober *t* bañar.

enrôl/er *t* alistar. **-ement** *m* alistamiento.

enrou/é, e *a* ronco, a. **-ement** |ãʀumã| *m* ronquera *f*. **-er (s')** *pr* enronquecerse.

enroul/er *t* enrollar. **-ement** *m* enroscadura *f*.

ensanglanter *t* ensangrentar.

enseignant, e a *corps —,* personal docente. □ *pl* profesores.

enseigne *f* letrero *m*, rótulo *m* : *une — au néon,* un letrero de neón.

enseign/er *t/i* enseñar. **-ement** *m* enseñanza *f* : *— secondaire,* enseñanza media.

ensemble *adv* 1 juntos, as : *vivre —,* vivir juntos. 2 (simultanément) a un tiempo. □ *m* 1 conjunto. l *dans l' —,* en líneas generales. 2 *grand —,* urbanización *f*.

ensemencer ° *t* sembrar.

ensevelir *t* 1 amortajar. 2 (enfouir) sepultar.

ensoleillé, e *a* soleado, a.

ensorceler *t* hechizar.

ensuite *adv* después, luego, a continuación.

ensuivre (s') ° *pr* resultar.

entaill/e *f* corte *m*. **-er** *t* cortar.

entamer *t* 1 (commencer) empezar. 2 atacar. 3 — *une conversation,* entablar una conversación.

entasser *t* amontonar. □ *s' —,* amontonarse, apiñarse.

entendement *m* entendimiento.

entendre *t* 1 oir : *j'entends des pas,* oigo pasos ; *j'ai entendu dire que...,* he oído decir que... 2 comprender, entender. l *bien entendu!,* ¡ por supuesto! □ *i* oir : *il entend mal,* oye mal. □ *pr* 1 *elle ne s'entend pas avec sa bru,* no se entiende con su nuera. 2 *s'y — en,* entender de.

entente *f* 1 armonía. 2 acuerdo *m*, alianza. 3 *mot à double —,* palabra de doble sentido.

entérite *f* enteritis.

enterr/er *t* enterrar. **-ement** *m* entierro.

en-tête *m* 1 *papier à —,* papel con membrete. 2 encabezamiento.

entêt/er (s') *pr* — *à,* obstinarse, empeñarse en. **-é, ée** *a* testarudo, a, terco, a. **-ement** *m* testarudez *f*, terquedad *f*.

enthousias/me *m* entusiasmo. **-mer** *t* entusiasmar. **-te** *a/s* entusiasta.

enticher (s') *pr* — *de,* apasionarse por.

enti/er, ère *a/m* entero, a. l *en —,* por entero, completamente ; *l'assemblée tout entière,* toda la asamblea. **-èrement** *adv* enteramente.

entonner *t* entonar.

entonnoir *m* embudo.

entorse *f* 1 esguince *m*. 2 FIG infracción.

entortiller *t* 1 envolver. 2 (tromper) embaucar.

entourage *m* 1 cerco. 2 (d'une personne) allegados *pl*, familiares *pl*.

entourloupette *f* FAM jugarreta.

entourer *t* rodear. □ *s' — de,* rodearse de.

entracte *m* intermedio, entreacto.

entraid/e *f* ayuda mutua. **-er (s')** *pr* ayudarse mutuamente.

entrailles *f pl* entrañas.

entrain *m* 1 brio, viveza *f* : *être plein d' —,* tener muchos brios. 2 animación *f*.

entraîn/er *t* 1 arrastrar, llevar. 2 (des conséquences) acarrear. 3 (transmettre un mouvement) poner en movimiento. 4 (sport) entrenar. **-ant, e** *a musique entraînante*, música alegre. **-ement** *m* (sport) entrenamiento. **-eur** *m* entrenador.

entrav/e *f* traba. **-er** *t* 1 trabar. 2 FIG dificultar.

entre *prép* entre. | *l'un d' — eux*, uno de ellos ; *— nous soit dit*, dicho sea entre nosotros.

entrebâiller *t* entornar, entreabrir.

entrechoquer (s') *pr* chocar entre sí.

entrecôte *f* entrecot *m*, solomillo *m*.

entrecouper *t* entrecortar.

entrecrois/er *t* entrecruzar. **-ement** *m* entrecruzamiento.

entrée *f* 1 entrada : *— interdite*, prohibida la entrada. 2 (vestibule) recibidor *m*, vestíbulo *m*. 3 *examen d' —*, examen de ingreso. 4 (plat) primer plato *m*.

entrefaites (sur ces) *loc adv* en esto.

entrefilet *m* recuadro.

entrelacer ° *t* entrelazar.

entremets *m* postre de cocina.

entre/mettre (s') ° *pr* mediar, intervenir. **-mise** *f* mediación.

entreposer *t* almacenar.

entrepôt *m* almacén, depósito.

entreprenant, e *a* 1 emprendedor, a. 2 (hardi) atrevido, a.

entreprendre ° *t* emprender.

entrepreneur *m* 1 empresario. 2 (travaux publics) contratista.

entreprise *f* empresa. | *chef d' —*, empresario.

entrer *i* 1 entrar. | *défense d' —*, se prohibe la entrada ; *entrez !*, ¡ adelante ! 2 *— en scène*, salir a escena.

entresol *m* entresuelo.

entre-temps *adv* entre tanto, mientras tanto.

entretenir ° *i* 1 mantener. 2 (en bon état) cuidar. □ *s' —*, conversar : *nous nous sommes entretenus de...*, hemos conversado sobre...

entretien *m* 1 mantenimiento, conservación *f* : *frais d' —*, gastos de mantenimiento ; *l' — d'une route*, la conservación de una carretera. | *produits d' —*, artículos de limpieza. 2 (d'une famille) sustento, manutención *f*. 3 conversación *f*, entrevista *f* : *avoir un — avec*, tener una conversación con.

entrevoir ° *t* vislumbrar, entrever.

entrevue *f* entrevista.

entrouvrir ° *t* entreabrir, entornar : *porte entrouverte*, puerta entreabierta.

énumér/er ° *t* enumerar. **-ation** *f* enumeración.

envah/ir *t* invadir. **-issement** *m* invasión *f*. **-isseur** *m* invasor.

enveloppe [ãvlɔp] *f* 1 (d'une lettre) sobre *m* : *une — et un timbre*, un sobre y un sello. 2 cubierta.

envelopper *t* envolver : *enveloppé dans un papier*, envuelto en un papel. □ *s' —*, envolverse.

envenimer *t* enconar.

envergure *f* envergadura.

envers *m* reverso, revés. | *à l' —*, al revés. □ *prép* para con, con : *devoirs — son prochain*, deberes para con el prójimo. | *— et contre tous*, a despecho de todos.

envi/e *f* 1 envidia : *faire —*, dar envidia. 2 *avoir — de danser*, tener ganas de bailar ; *j'ai — d'une glace*, me apetece un helado ; *il meurt d' — d'avoir une moto*, se muere por una moto. **-er** *t* envidiar. **-eux, euse** *a/s* envidioso, a.

environ *adv* aproximadamente, alrededor de, unos, unas : *60 kilos —*, unos 60 kilos. □ *m pl les environs*, los alrededores. | *aux environs de Noël*, por Navidad.

environn/er *t* circundar, rodear.

-ant, e *a* circundante. -ement *m* medio ambiente.

envisager ° *t* 1 considerar, enfocar. 2 proyectar : *il envisage d'apprendre le russe,* proyecta aprender el ruso.

envoi *m* envío.

envol *m* 1 (d'un oiseau) vuelo. 2 (d'un avion) despegue.

envoler (s') *pr* 1 echarse a volar, alzar el vuelo. 2 despegar : *l'avion s'est envolé,* el avión ha despegado. 3 (être emporté par le vent) volar, volarse : *les copies qui étaient sur la table se sont envolées,* se volaron las cuartillas que estaban en la mesa. 4 FAM desaparecer.

envoût/er *t* hechizar. -ement *m* hechizo.

envoy/er ° |ãvwaje] *t* 1 enviar, mandar : *je vous enverrai une carte postale,* le enviaré una postal. I — *chercher,* mandar por; FAM — *promener,* mandar a paseo. 2 lanzar, tirar. -é, ée *s* enviado, a. -eur *m* remitente.

épagneul, e *s* podenco, a.

épais, se *a* espeso, a.

épaiss/eur *f* 1 espesor *m*, grosor *m* : *l' — d'un mur,* el espesor de un muro. 2 (du feuillage, etc.) espesura. -ir *t* espesar. □ *i* 1 espesarse. 2 (grossir) engordar.

épanch/er *t* — *son cœur,* desahogar su corazón. □ *s' —,* desahogarse. -ement *m* 1 (écoulement) derrame. 2 FIG efusión *f*.

épandre *t* esparcir, derramar.

épanou/ir *t* 1 (fleur) abrir. 2 alegrar. I *visage épanoui,* cara alegre. □ *pr* 1 (fleur) abrirse. 2 (personne) despabilarse. -issement *m* 1 (d'une fleur) abertura *f*. 2 FIG plenitud *f*.

épargnant, e *a/s* ahorrador, a.

épargn/e *f* ahorro *m*. I *caisse d' —,* caja de ahorros. -er *t* 1 ahorrar. 2 *la grippe l'a épargné,* la gripe no le ha atacado.

éparpill/er *t* esparcir, dispersar. -ement *m* esparcimiento.

épars, e |epaʀ, aʀs] *a* disperso, a. I *cheveux —,* cabellos sueltos.

épatant, e *a* FAM estupendo, a.

épaté, e *a nez —,* nariz aplastada.

épater *t* FAM dejar pasmado, a, dejar asombrado, a.

épaul/e *f* 1 hombro *m* : *le fusil sur l' —,* con la escopeta al hombro. 2 — *de mouton,* paletilla de cordero. -er *t* 1 — *un fusil,* echarse el fusil al hombro. 2 (aider quelqu'un) apoyar, ayudar. -ette *f* 1 (lingerie) tirante *m*. 2 MIL charretera.

épave *f* restos *m pl*.

épée *f* espada.

épeler ° *t* deletrear.

éperdu, e *a* loco, a.

éperon *m* 1 espuela *f*. 2 (du coq, d'un navire, rocher) espolón. -ner *t* espolear.

épervier *m* gavilán.

éphémère *a* efímero, a.

épi *m* 1 espiga *f*. 2 (du maïs) mazorca *f*. 3 (de cheveux) remolino.

épic/e *f* especia. -er ° *t* sazonar. -é, ée *a* picante. -erie *f* tienda de ultramarinos, tienda de comestibles. -ier, ère *s* tendero, a.

épidém/ie *f* epidemia. -ique *a* epidémico, a.

épiderme *m* epidermis *f*.

épier *t* espiar, acechar.

épilep/sie *f* epilepsia. -tique *a/s* epiléptico, a.

épiler *t* depilar.

épilogue *m* epílogo.

épinard *m* espinaca *f*.

épin/e *f* 1 espina. 2 — *dorsale,* espina dorsal. -eux, euse *a* espinoso, a.

épingl/e *f* 1 alfiler *m*. 2 — *de nourrice, de sûreté,* imperdible *m*. 3 — *à cheveux,* horquilla. -er *t* 1 prender con alfileres. 2 FAM (arrêter) prender.

Épiphanie (l') *n p f* el día de Reyes.

épique *a* épico, a.

épisod/e *m* episodio. **-ique** *a* episódico, a.

épistolaire *a* epistolar.

épitaphe *f* epitafio *m*.

épithète *f* epíteto *m*.

épître *f* epístola.

épluch/er *t* 1 mondar. 2 FIG expulgar. **-age** *m* monda *f*. **-ure** *f* mondadura, peladura.

épong/e *f* esponja. I *tissu-éponge*, tela de rizo. **-er** ° *t* 1 secar con una esponja. 2 — *son front, s' — le front*, enjugarse la frente.

épopée *f* epopeya.

époque *f* época : *à l' — de*, en la época de.

épouse ⇒ **époux.**

épouser *t* 1 casarse con. 2 (une idée) abrazar.

épousseter ° *t* limpiar el polvo de.

époustoufl/er *t* FAM pasmar. **-ant, e** *a* asombroso, a.

épouvantable *a* espantoso, a.

épouvantail [epuvãtaj] *m* espantajo.

épouvant/e *f* espanto *m*. I *film d' —*, película de miedo. **-er** *t* espantar.

époux, se [epu, uz] *s* esposo, a.

éprendre (s') ° *pr* enamorarse.

épreuve *f* 1 prueba. I *à l' —*, a prueba. 2 (malheur) desgracia. 3 examen *m*.

épris, e *a* enamorado, a.

éprouv/er *t* 1 (essayer) probar, ensayar. 2 — *une déception*, sufrir, llevarse un desengaño. 3 — *une sensation*, experimentar una sensación. 4 (frapper) castigar. **-ant, e** *a* duro, a. **-ette** *f* probeta.

épuis/er *t* agotar. **-ant, e** *a* agotador, a. **-ement** *m* agotamiento.

épur/er *t* depurar, purificar.

-ation *f* depuración.

équat/eur [ekwatœR] *m* ecuador. **-orial, e** *a* ecuatorial. **-orien, enne** *a/s* ecuatoriano, a.

équation [ekwasjɔ̃] *f* ecuación.

équerre *f* escuadra.

equestre *a* ecuestre.

équilibr/e *m* equilibrio. **-er** *t* equilibrar.

équinoxe *m* equinoccio.

équipage *m* tripulación *f*.

équipe *f* 1 (de sauveteurs, de football) equipo *m*. 2 (d'ouvriers) cuadrilla.

équip/er *t* equipar. **-ement** *m* equipo.

équipier, ère *s* (sport) jugador, a.

équitable *a* equitativo, a.

équitation *f* equitación.

équité *f* equidad.

équival/oir ° *i* — *à*, equivaler a. **-ent, e** *a/m* equivalente.

équivoque *a* equívoco, a. □ *f* equívoco *m*.

érable *m* arce.

érafl/er *t* rasguñar. **-ure** *f* rasguño *m*.

ère *f* era.

érection *f* erección.

éreint/er *t* 1 (fatiguer) reventar de cansancio, descuajaringar. 2 (critiquer) despellejar. □ *s' —*, derrengarse. **-ant, e** *a* extenuante.

ergot *m* espolón.

ériger ° *t* erigir.

ermit/e *m* ermitaño. **-age** *m* ermita *f*.

Ernest *n p m* Ernesto.

érosion *f* erosión.

érot/ique *a* erótico, a. **-isme** *m* erotismo.

err/er *i* andar errante, vagabundear. **-ant, e** *a* errante.

erreur *f* error *m* : *faire une —*, cometer un error ; *être dans l' —*, estar en un error. I *faire —*, equivocarse.

erroné, e *a* erróneo, a.

érudit, e *a/s* erudito, a. **-ion** *f* erudición.

éruption *f* erupción.

es ⇒ **être**.

ès |ɛs| *prép* en : *docteur — lettres*, doctor en letras.

esbroufe *f* FAM faroleo *m*. I *faire de l' —*, farolear, darse postín.

escabeau *m* escabel.

escadr/e *f* escuadra. **-ille** *f* escuadrilla. **-on** *m* escuadrón.

escalad/e *f* escalada. **-er** *t* escalar.

escalator *m* escalera *f* mecánica.

escale *f* escala : *faire — à*, hacer escala en.

escalier *m* escalera *f*.

escalope *f* lonja, escalope *m*.

escamoter *t* escamotear.

escapade *f* calaverada.

escargot *m* caracol.

escarmouche *f* escaramuza.

escarp/é, e *a* escarpado, a. **-ement** *m* escarpadura *f*, declive.

Escaut *n p m* Escalda.

escient (à bon) *loc adv* a sabiendas.

esclaffer (s') *pr* soltar la carcajada.

esclav/e *a/s* esclavo, a. **-age** *m* esclavitud *f*.

escompt/e |ɛskɔ̃t| *m* COM descuento.

escompter |ɛskɔ̃te| *t* 1 COM descontar. 2 (espérer) contar con.

escort/e *f* escolta. **-er** *t* escoltar.

escouade *f* cuadrilla.

escrim/e *f* esgrima. **-eur** *m* esgrimidor

escro/c |ɛskʀo| *m* estafador, timador. **-quer** *t* estafar, timar. **-querie** *f* estafa, timo *m*.

espac/e *m* espacio. I *en l' — d'une heure*, por espacio de una hora ; *espaces verts*, zonas *f* verdes. **-er** *t* espaciar.

espadrille *f* alpargata.

Espagne *n p f* España.

espagnol, e *a/s* español, a : *les Espagnols*, los españoles.

espèce *f* 1 especie. 2 FAM — *d'idiot !*, ¡ so idiota ! □ *pl en espèces*, en metálico.

espér/er ° *t* esperar. **-ance** *f* esperanza.

espièg/le *a/s* travieso, a. **-erie** *f* travesura.

espion, ne *s* espía. **-nage** *m* espionaje. **-ner** *t* espiar.

esplanade *f* esplanada.

espoir *m* esperanza *f* : *j'ai peu d' — d'être reçu à l'examen*, tengo pocas esperanzas de que me aprueben el examen.

esprit *m* 1 espíritu. I *le Saint-Esprit*, el Espíritu Santo. 2 mente *f*, pensamiento : *venir à l' —*, venir al pensamiento. 3 (finesse) ingenio, agudeza *f* : *avoir beaucoup d' —*, tener mucho ingenio. 4 *état d' —*, estado de ánimo. 5 *reprendre ses esprits*, recobrar los sentidos, volver en sí.

esquif *m* esquife.

esquimau, aude *a/s* esquimal. □ *m* (glace) polo.

esquinter *t* FAM 1 (abîmer) estropear. 2 (fatiguer) derrengar. 3 (critiquer) echar por tierra.

esquiss/e *f* esbozo *m*, bosquejo *m*. **-er** *t* esbozar.

esquiver *t* esquivar. □ *s' —*, escabullirse.

essai *m* 1 ensayo, prueba *f*. I *mettre à l' —*, poner a prueba ; *un coup d' —*, un primer intento, una tentativa. 2 (au rugby) ensayo. 3 (ouvrage littéraire) ensayo.

essaim |esɛ̃| *m* enjambre. **-er** |eseme| *i* enjambrar.

essay/er ° |eseje| *t* 1 probar, ensayar : — *une robe*, probarse un vestido. 2 — *de*, intentar, tratar de : *j'essaie de le convaincre*, trato de convencerle. **-age** *m* prueba *f*. I *salon d' —*, probador.

essayiste |esejist| *m* ensayista.

essence *f* 1 (carburant) gasolina. 2 (parfum, en philosophie) esencia. 3 (d'arbre) especie.

essentiel, elle *a* esencial.

essieu *m* eje.

essor *m* 1 vuelo. 2 (développement) desarrollo. I *en plein* —, en auge.

essor/er *t* escurrir. **-age** *m* secado. **-euse** *f* secadora.

essouffl/er *t* ahogar. **-ement** *m* ahogo.

essuie-glace [esɥiglas] *m* limpiaparabrisas.

essuie-mains [esɥimɛ̃] *m* toalla *f*.

essuy/er ° [esɥije] *t* 1 — *la vaisselle*, secar los platos. 2 (la sueur) enjugar. 3 (la poussière) limpiar. 4 (un reproche) aguantar, sufrir. **-age** *m* secado.

¹**est** [ɛst] *m* este.

²**est** [ɛ] ⇒ **être**.

estafilade *f* chirlo *m*.

estamp/e *f* estampa. **-er** *t* 1 estampar. 2 FAM (voler) estafar. **-ille** *f* sello *m*, estampilla.

est-ce que [ɛskə] *adv* (ne se traduit pas) *est-ce qu'il est arrivé?*, ¿ ha llegado?

esth/étique *a/f* estético, a. **-ète** *s* esteta. **-éticienne** *f* estheticienne.

estim/er *t* estimar. **-able** *a* estimable. **-ation** *f* estimación. **-e** *f* estima.

estival, e *a* veraniego, a, estival.

estivant, e *s* veraneante.

estoma/c [ɛstɔma] *m* estómago. **-quer** *t* FAM dejar estupefacto, a.

estomper *t* esfuminar.

estrade *f* tarima.

estragon *m* estragón.

estropier ° *t* lisiar. I *un estropié*, un lisiado.

estuaire *m* estuario.

esturgeon [ɛstyʀʒɔ̃] *m* esturión.

et [e] *conj* 1 y. 2 (devant un mot commençant par *i* ou *hi*) e : *père —*

fils, padre e hijo.

étable *f* establo *m*.

étabil *m* banco.

établ/ir *t* establecer. **-issement** *m* establecimiento.

étage *m* 1 piso : *immeuble de six étages*, casa de seis pisos. 2 *gens de bas —*, gente de baja estofa. 3 (d'une fusée) cuerpo.

étagère *f* estante *m*.

étain *m* estaño.

étalag/e *m* 1 (vitrine) escaparate. 2 exposición *f*. 3 FIG alarde. **-iste** *s* escaparatista.

étaler *t* 1 (pour montrer) exponer. 2 (étendre) extender. I — *du beurre sur du pain*, untar el pan con mantequilla. 3 (échelonner) escalonar. 4 FIG (luxe, etc.) ostentar. □ FAM *s'* —, caerse.

étalon *m* 1 patrón : — *or*, patrón oro, 2 (cheval) semental.

étanch/e *a* estanco, a. **-éité** *f* hermeticidad.

étancher *t* 1 (le sang) restañar. 2 — *la soif*, apagar la sed.

étang [etɑ̃] *m* 1 estanque. 2 laguna *f*.

étant ⇒ **être**.

étape *f* etapa.

état *m* 1 estado : *en bon, mauvais* —, en buen, mal estado. I — *d'esprit*, estado de ánimo ; *être en* — *de*, estar en condiciones de. 2 Estado : *chef d'État*, jefe de Estado.

état-major *m* estado mayor.

États-Unis [etazyni] *n m pl* Estados Unidos.

étau *m* tornillo de banco.

étayer ° [eteje] *t* 1 apuntalar. 2 FIG apoyar.

¹**été** *m* verano. I *résidence d'* —, residencia veraniega.

²**été** *p p* de **être**.

éteindre ° *t* apagar. □ *pr* 1 *le feu s'est éteint*, el fuego se ha apagado. 2 (mourir) apagarse.

étendard *m* estandarte.

étend/re *t* 1 extender. 2 — *du linge*, tender ropa. 3 (coucher) tender, acostar. 4 FAM (examen) *je me suis fait* —, me han dado un cate. □ *pr* 1 *la plaine s'étend jusqu'à l'horizon*, la llanura se extiende hasta el horizonte. 2 *s'* — *sur l'herbe*, tenderse, tumbarse en la hierba. **-u, ue** *a* (vaste) extenso, a. **-ue** *f* extensión.

étern/el, elle *a* 1 eterno, a. 2 *neiges éternelles*, nieves perpetuas. **-iser** *t* eternizar. **-ité** *f* eternidad.

éternu/er *i* estornudar. **-ement** *m* estornido.

éther *m* éter.

Éthiopie *n p f* Etiopía.

éthiopien, enne *a/s* etíope.

éthique *a/f* ético, a.

ethn/ique *a* étnico, a. **-ologie** *f* etnología. **-ologue** *s* etnólogo, a.

Étienne *n p m* Esteban.

étincel/er ° *i* centellear. **-ant, e** *a* 1 centelleante, relumbrante. 2 FIG brillante.

étincelle *f* chispa.

étioler *t* (affaiblir) debilitar.

étiquet/te *f* etiqueta. **-er** ° *t* etiquetar, rotular.

étirer *t* estirar. □ *s'* —, estirarse, desperezarse.

étoffe *f* 1 tela. 2 *il a l'* — *d'un chef*, tiene madera de jefe.

étoil/e *f* 1 estrella : — *filante*, estrella fugaz. I *coucher à la belle* —, dormir al raso. 2 — *de mer*, estrellamar. **-é, ée** *a* estrellado, a.

étole *f* estola.

étonn/er *t* asombrar, extrañar. □ *ne s'* — *de rien*, no asombrarse por nada. **-ant, e** *a* asombroso, a. **-ement** *m* asombro, extrañeza *f*.

étouff/er *t* 1 ahogar. 2 (un son) amortiguar. □ *i* ahogarse : *on étouffe ici*, aquí se ahoga uno. **-ant, e** *a* sofocante. **-ement** *m* ahogo, sofocación *f*.

étourd/erie *f* 1 atolondramiento *m*. 2 (action) descuido *m*. **-i, ie** *a/s* atolondrado, a.

étourd/ir *t* aturdir. **-issant, e** *a* 1 aturdidor, a. 2 FIG extraordinario, a. **-issement** *m* mareo, vértigo.

étourneau *m* estornino.

étrange *a* extraño, a, raro, a.

étranger, ère *a/s* 1 extranjero, a. 2 (d'une autre ville) forastero, a. 3 (d'un autre groupe familial, social) extraño, a. I *corps* —, cuerpo extraño. □ *a* — *à*, ajeno, a a. □ *m voyager à l'* —, viajar al extranjero.

étrangeté *f* extrañeza, rareza.

étrangl/er *t* estrangular. □ *pr* 1 (de colère) ahogarse. 2 (en avalant) atragantarse. **-ement** *m* 1 estrangulación *f*. 2 (rétrécissement) estrechamiento.

étrave *f* roda.

¹être ° *i* ser/estar. 1 (pour définir, exprimer une qualité essentielle du sujet, avec un possessif, un numéral) ser : *je suis comme je suis*, soy como soy ; *il est architecte*, es arquitecto ; *cette chemise est en coton*, esta camisa es de algodón ; *Sophie est française, elle est très belle*, Sofía es francesa, es muy guapa ; *ce disque est à moi, à mon frère*, este disco es mío, de mi hermano ; *nous sommes cinq*, somos cinco. 2 (exprime le lieu, le temps, un état, une situation momentanée) estar : *je suis dans le salon*, estoy en el salón ; *nous sommes en été, le 10 août*, estamos en verano, a 10 de agosto ; *cette chemise est sale*, esta camisa está sucia ; *aujourd'hui, Sophie est ravissante avec sa nouvelle robe*, hoy, Sofía está preciosa con su traje nuevo ; *elle est très contente de son achat*, está muy contenta con su compra ; *taxi !, vous êtes libre ?*, ¡taxi !, ¿está libre ? 3 *c'est*, es ; *c'est vrai*, es verdad ; *c'est aujourd'hui lundi*, hoy es lunes ; *qui est-ce ?*, ¿quién es ? ; *c'est moi*, soy yo ; *ce sont mes cousins*, son mis primos. 4 *ça y est !*, ¡ya está ! ; *j'y suis !*, ¡ya caigo ! ; *tout est à refaire*, todo está por rehacer. □ *impers* ser : *il est trois heures*, son las tres ; *il est* *tard*, es tarde. □ *auxil* **1** (temps composés) haber : *il est arrivé*, ha llegado ; *nous sommes allés*, hemos ido (ou le prétérit, fuimos). **2** (voix passive) indiquant l'action, ser : *son discours a été très applaudi*, su discurso fue muy aplaudido ; indiquant l'état résultant, estar : *la voiture est réparée*, el coche está arreglado. On peut aussi traduire *être* par resultar ou quedar pour exprimer une conséquence (*il a été élu*, resultó elegido ; *l'assemblée est dissoute*, queda disuelta la asamblea), par ir ou andar pour indiquer un certain mouvement (*l'autobus était bondé*, el autobús iba abarrotado ; *il est très affairé*, anda muy atareado), par seguir pour exprimer une durée (*il est toujours à l'hôpital*, sigue en el hospital).

²être *m* ser : *les êtres vivants*, los seres vivos.

étrein/dre ° *t* **1** (dans ses bras) abrazar. **2** apretar. **-te** *f* abrazo *m*.

étrenn/es *f pl* aguinaldo *m sing*. **-er** *t* estrenar.

étrier *m* estribo.

étriqué, e *a* **1** estrecho, a. **2** mezquino, a.

étroit, e *a* estrecho, a. I *à l' —*, con estrechez. **-esse** *f* estrechez.

étude *f* **1** estudio *m*. **2** (de notaire) bufete *m*. □ *pl* carrera *sing* : *j'ai terminé mes études*, he terminado la carrera. I *faire ses études d'ingénieur*, estudiar para ingeniero.

étudi/er ° *t* estudiar. **-ant, e** *s* estudiante. □ *a* estudiantil.

étui *m* funda *f*, estuche.

étuve *f* estufa.

étymologie *f* etimología.

eu |y| ⇒ **avoir.**

eucalyptus [økaliptys]　*m* eucalipto.

eucharist/ie [økaʀisti]　*f* eucaristía. **-ique** *a* eucarístico, a.

Eu/gène, génie *n p* Eugenio, a.

euh ! |ø| *interj* ¡ pues !

euphémisme *m* eufemismo.

euphorie [øfɔʀi] *f* euforia.

Europe *n p f* Europa.

européen, enne *a/s* europeo, a.

eux |ø| *pron pers* ellos.

évacu/er *t* evacuar. **-ation** *f* evacuación.

évader (s') *pr* evadirse.

évalu/er *t* — *à*, evaluar, valuar, valorar en. **-ation** *f* evaluación.

évangél/ique *a* evangélico, a. **-iser** *t* evangelizar. **-iste** *m* evangelista.

Évangile *n p m* Evangelio.

évanou/ir (s') *pr* **1** (une personne) desmayarse. **2** (chose) desvanecerse. **-issement** *m* desmayo.

évapor/er (s') *pr* evaporarse. **-ation** *f* evaporación.

évasé, e *a* abocinado, a.

évasif, e *a* evasivo, a.

évasion *f* evasión.

Ève *n p f* Eva.

évêché *m* obispado.

éveil [evɛj] *m* **1** despertar. **2** *donner l' —*, dar el alerta ; *être en —*, estar alerta.

éveill/er *t* despertar. **-é, ée** *a* despierto, a.

événement *m* acontecimiento, suceso.

éventail [evɑ̃taj] *m* abanico.

éventer (s') *pr* **1** abanicarse. **2** (un vin) echarse a perder.

éventrer *t* destripar.

éventu/el, elle *a* eventual. **-alité** *f* eventualidad.

évêque *m* obispo.

évertuer (s') *pr* — *à*, esforzarse en.

éviction *f* evicción.

évidemment [evidamɑ̃] *adv* desde luego, evidentemente.

évid/ence *f* evidencia. I *de toute —*, a todas luces ; *mettre en —*, poner de manifiesto. **-ent, e** *a* evidente.

évider *t* vaciar.

évier *m* fregadero, pila *f*.

évincer *t* desposeer.

éviter *t* evitar.

évoca/tion *f* evocación. **-teur, trice** *a* evocador, a.

évolu/er *i* evolucionar. I *pays évolué*, país desarrollado, adelantado. **-tion** *f* evolución.

évoquer *t* evocar.

exact, e [ɛgza(kt)] *a* exacto, a. **-itude** *f* exactitud.

exagér/er ° [ɛgzaʒeʀe] *t/i* exagerar. **-ation** *f* exageración.

exalt/er [ɛgzalte] *t* exaltar. **-ation** *f* exaltación.

exam/en [ɛgzamɛ̃] *m* 1 examen. 2 — *médical*, reconocimiento médico. **-inateur, trice** *a/s* examinador, a. **-iner** *t* 1 examinar. 2 (un médecin) reconocer.

exaspér/er ° [ɛgzaspeʀe] *t* exasperar. **-ation** *f* exasperación.

exaucer [ɛgzose] *t* atender.

excavation *f* excavación.

excédent *m* 1 excedente. 2 — *de bagage*, exceso de equipaje.

excéder ° *t* 1 exceder. 2 (irriter) exasperar, crispar.

excell/er *i* sobresalir. **-ence** *f* excelencia. I *par* —, por excelencia. **-ent, e** *a* excelente.

excentri/que *a* excéntrico, a. **-cité** *f* excentricidad.

excepté *prép* excepto.

except/er *t* exceptuar. **-ion** *f* excepción : *à l' — de*, con excepción de. **-ionnel, elle** *a* excepcional.

exc/ès [ɛksɛ] *m* exceso. **-essif, ive** *a* excesivo, a.

excit/er *t* excitar. **-able** *a* excitable. **-ant, e** *a/m* excitante. **-ation** *f* excitación.

exclam/er (s') *pr* exclamar. **-ation** *f* exclamación. I *point d'* —, signo de admiración.

exclu/re ° *t* excluir. **-sif, ive** *a/f* exclusivo, a. **-sivement** *adv* exclusivamente. **-sivité** *f* exclusividad. **-sion** *f* exclusión.

excommuni/er *t* excomulgar. **-cation** *f* excomunión.

excrément *m* excremento.

excroissance *f* excrecencia.

excursion *f* excursión. **-niste** *s* excursionista.

excusable *a* excusable, disculpable.

excus/e *f* excusa, disculpa. I *je vous fais mes excuses*, le ruego me disculpe. **-er** *t* disculpar, excusar, dispensar, perdonar : *excusez-moi*, dispénseme, perdóneme usted. □ *s' — auprès de quelqu'un*, disculparse con alguien ; *je m'excuse*, perdone.

exécr/er ° [ɛgzekʀe] *t* execrar. **-able** *a* execrable.

exécut/er [ɛgzekyte] *t* ejecutar. □ *s' —*, decidirse. **-ant, e** *s* ejecutante. **-if** *a/m* ejecutivo. **-ion** *f* ejecución. I *mettre à* —, poner en ejecución.

exemplaire [ɛgzãplɛʀ] *a/m* ejemplar.

exemple [ɛgzãpl] *m* ejemplo : *par* —, por ejemplo. I *par* — *!*, ¡ vaya !, ¡ anda !

exempt, e [ɛgzã, ãt] *a* exento, a. **-er** *t* eximir.

exerc/er [ɛgzɛʀse] *t* ejercer. □ *s' — à*, ejercitarse en. **-ice** *m* ejercicio. I *en* —, en activo.

exhaler [ɛgzale] *t* exhalar.

exhiber [ɛgzibe] *t* exhibir.

exhorter [ɛgzɔʀte] *t* exhortar.

exhumer [ɛgzyme] *t* exhumar.

exig/er ° [ɛgziʒe] *t* exigir. **-eant, e** *a* exigente. **-ence** *f* exigencia.

exigu, ë [ɛgzigy] *a* exiguo, a. **-ïté** *f* exigüidad.

exil [ɛgzil] *m* exilio, destierro. **-é, ée** *s* desterrado, a, exiliado, a. **-er** *t* desterrar. □ *s' —*, expatriarse.

exist/er [ɛgziste] *i* existir. **-ant, e** *a* existente. **-ence** *f* existencia.

exode [ɛgzɔd] *m* éxodo.

exonérer [ɛgzɔneʀe] *t* exonerar.

exorbitant, e [ɛgzɔʀbitã, ãt] *a* exorbitante.

exorcis/er [ɛgzɔʀsize] *t* exorcizar. **-me** *m* exorcismo.

exotique [ɛgzɔtik] *a* exótico, a.

expans/ion *f* expansión. **-if, ive** *a* expansivo, a.

expatri/er (s') *pr* expatriarse. **-ation** *f* expatriación.

expédients *m* pl *vivre d' —*, ir tirando.

expéd/ier *t* 1 enviar, remitir. 2 (faire rapidement) despachar. **-iteur, trice** *s* remitente. **-ition** *f* expedición.

expér/ience *f* 1 experiencia. 2 (de chimie) experimento *m*. **-imenter** *t* experimentar.

expert, e *a* experto, a. □ *m* perito. **-ise** *f* peritación.

expi/er *t* expiar. **-ation** *f* expiación.

expirer *t* (l'air) espirar. □ *i* 1 (mourir) expirar. 2 (délai) vencer.

expli/quer *t* explicar. **-cable** *a* explicable. **-cation** *f* explicación. **-cite** *a* explícito, a.

exploit *m* hazaña *f*.

exploit/er *t* explotar. **-ation** *f* explotación.

explor/er *t* explorar. **-ateur, trice** *s* explorador, a. **-ation** *f* exploración.

explos/er *i* estallar. **-if, ive** *a/m* explosivo, a. **-ion** *f* explosión.

export/er *t* exportar. **-ateur, trice** *a/s* exportador, a. **-ation** *f* exportación.

exposant, e *s* (exposition, foire) expositor, a. □ *m* (matemáticas) exponente.

exposé *m* exposición *f*.

expos/er *t* exponer : *exposé au soleil*, expuesto al sol. □ *s' — à*, exponerse a. **-ition** *f* exposición.

¹exprès, esse [ɛkspʀɛs] *a* 1 expreso, a. 2 *lettre —*, carta urgente.

²exprès [ɛkspʀɛ] *adv* adrede,

aposta. I *on dirait un fait —*, parece que sea adrede.

express [ɛkspʀɛs] *a train —*, tren expreso. □ *m* (train, café) exprés.

expressif, ive *a* expresivo, a.

expression *f* expresión.

exprimer *t* 1 (sa pensée) expresar. 2 (un liquide) exprimir. □ *s' —*, expresarse.

expropr/ier *t* expropiar. **-iation** *f* expropiación.

expuls/er *t* expulsar. **-ion** *f* expulsión.

exquis, e [ɛkski, iz] *a* exquisito, a.

extas/e *f* éxtasis *m*. **-ier (s')** *pr* extasiarse.

extens/ion *f* extensión. I *par —*, por extensión. **-ible** *a* extensible.

exténu/er *t* extenuar. **-ant, e** *a* extenuante.

extérieur, e *a/m* exterior. I *à l' —*, fuera.

extermin/er *t* exterminar. **-ation** *f* exterminación.

extern/e *a/s* externo, a. **-at** *m* externado.

extincteur *m* extintor.

extinction *f* 1 extinción. 2 *— de voix*, afonía.

extirper *t* extirpar.

extor/quer *t* arrancar, sonsacar. **-sion** *f* extorsión.

extra *a* extra. □ *m faire un —*, hacer un extra.

extraction *f* extracción.

extradition *f* extradición.

extra-fin, e *a* superfino, a.

extraire ° *t* extraer.

extrait *m* 1 extracto. 2 *— de naissance*, partida *f* de nacimiento.

extraordinaire *a* extraordinario, a.

extravag/ant, e *a* extravagante. **-ance** *f* extravagancia.

extrême *a* 1 extremo, a. 2 sumo, a: *avec une prudence —*, con suma prudencia. □ *m* extremo. **-ment** *adv* extremadamente, sumamente.

extrême-onction _f_ extre- maunción.

Extrême-Orient _n p m_ Extremo Oriente.

extrémiste _a/s_ extremista.

extrémité _f_ extremidad, extremo _m_ : _à l'— de l'aile,_ en el extremo del ala. I _être à la dernière —,_ estar en las últimas. □ _pl_ (pieds, mains) extremidades.

exubér/ant, e |egzybeʀã, ãt] _a_ exuberante. **-ance** _f_ exuberancia.

exulter |ɛgzylte] _i_ exultar.

ex-voto _m_ exvoto.

F

f |εf| *m* f *f* : *un* —, una f.

fa *m* fa.

fable *f* fábula.

fabricant, e *s* fabricante.

fabrication *f* fabricación.

fabrique *f* fábrica.

fabriquer *t* 1 fabricar. 2 FAM *qu'est-ce que tu fabriques ?*, ¿ qué es lo que haces?

fabuleux, euse *a* fabuloso, a.

façade *f* fachada.

face *f* 1 cara, faz : *os de la* —, huesos de la cara. I *perdre la* —, quedar mal, salir malparado, a. 2 (côté) cara : *la* — *cachée de la lune*, la cara oculta de la luna. I — *à* —, cara a cara ; *de* —, de frente ; *en* —, enfrente ; *en* — *de*, frente a, enfrente de ; *faire* — *à un adversaire*, hacer frente a un adversario.

facét/ie |fasesi| *f* chanza. **-ieux, euse** *a* bromista.

facette *f* faceta.

fâcher *t* disgustar, enfadar. □ *pr* 1 enfadarse. 2 *ils se sont fâchés*, han reñido ; *nous sommes fâchés*, estamos reñidos. **-ie** *f* disgusto *m*.

fâcheux, euse *a* enojoso, a.

facil/e *a* fácil : — *à nettoyer*, fácil de limpiar. **-ement** *adv* fácilmente. **-ité** *f* facilidad. **-iter** *t* facilitar.

façon *f* 1 manera, modo *m*, forma. I *de toute* —, de todos modos, de todas formas ; *de* — *à*, de tal modo que ; *en aucune* —, de ningún modo. 2 (confection) hechura. 3 *bureau* — *acajou*, escritorio imitación caoba. 4 *faire des façons*, hacer cumplidos ; *sans* —, sin cumplidos.

faconde *f* facundia.

façonner *t* 1 dar forma a. 2 fabricar.

fac-similé *m* facsímil.

facteur *m* 1 (des postes) cartero. 2 (mathématiques) factor.

factice *a* facticio, a.

faction *f* 1 facción. 2 MIL guardia.

factur/e *f* factura. **-er** *t* facturar.

facultatif, ive *a* facultativo, a.

faculté *f* facultad.

fad/e *a* soso, a. **-eur** *f* sosería.

fagot *m* haz de leña.

faibl/e *a* 1 débil. 2 flojo, a : *vent* —, viento flojo ; — *en calcul*, flojo en cálculo.□ *m* 1 (personne) débil. 2 (point faible, penchant) flaco. **-esse** *f* 1 debilidad. 2 (évanouissement) desmayo *m*. **-ir** *i* decaer, flaquear.

faïence |fajɑ̃s| *f* loza. I *carreau de* —, azulejo.

faille *f* falla.

failli, e *a/s* quebrado, a.

faillir ° *i j'ai failli manquer le train*, he estado a punto de perder el tren ; *il a failli se noyer*, casi se ha ahogado, por poco se ahoga, faltó poco para que se ahogara.

faillite *f* quiebra.

faim *f* hambre : *la* —, el hambre ; *j'ai très* —, tengo mucho hambre. I *manger à sa* —, comer hasta saciarse.

fainéant, e *a/s* gandul, holgazán, ana. **-ise** *f* holgazanería.

faire ° *t* 1 hacer : *je ferai ça demain*, haré esto mañana. I *3 et 3 font 6*, 3 y 3 son 6 ; — *de la bronchite*, tener bronquitis. 2 — *sa chambre*, arreglar su cuarto ; — *du piano*, tocar el piano ; — *du tennis*, jugar al tenis ; — *sa médecine*, estudiar para médico ; *rien à* — !, ¡ ni hablar ! 3 — *une promenade*, dar un paseo ; — *peur, pitié*, dar miedo, lástima. 4 *il ne fait pas 60* *ans,* no aparenta 60 años. **5** *combien ça fait ?,* ¿ cuánto es ? ☐ *i* **1** hacer : *tu as bien fait de...,* has hecho bien en... ; *il ne faisait que crier,* no hacía más que gritar. l *je ne fais que d'arriver,* acabo de llegar. **2** decir : *c'est vrai, fit-il,* es verdad, dijo él. **3** *qu'y — ?,* ¿ qué le vamos a hacer ? **4** (+ infinitif) *il nous a fait rire,* nos hizo reir ; *j'ai fait réparer mon réveil,* mandé arreglar mi despertador ; *faites-le entrer,* dígale que entre. ☐ impers *il fait froid,* hace frío ; *demain il fera beau,* mañana hará buen tiempo ; *il fait nuit,* es de noche. ☐ *pr* **1** *se — soldat,* hacerse soldado. l *comment se fait-il que... ?,* ¿ cómo es que... ? ; *il se fait tard,* se hace tarde. **2** *elle s'est fait — une robe,* se ha encargado un vestido. **3** *se — à,* acostumbrarse a. **4** FAM *s'en —,* preocuparse ; *ne vous en faites pas,* no se preocupe.

faire-part *m — de mariage,* participación *f* de boda ; *— de décès,* esquela *f* de defunción.

faisable [fəzabl] *a* hacedero, a, factible.

faisan [fəzɑ̃] *m* faisán.

faisceau *m* haz : *des faisceaux lumineux,* haces luminosos.

fait, e *p p* de **faire** : hecho, a. l *vêtements tout faits,* ropa hecha, de confección ; *c'est bien — pour toi,* te está bien empleado, aún te pasa poco. ☐ *m* **1** hecho. l *un — divers,* un caso ; *faits divers,* sucesos ; *être au — de,* estar al corriente de. **2** *de ce —,* por esto ; *en —,* de hecho.

faîte *m* **1** (d'un toit) remate. **2** (montagne, arbre) cima *f.*

faitout *m* cacerola *f.*

fakir *m* faquir.

falaise *f* acantilado *m.*

falloir ° *impers* **1** (besoin) necesitar, hacer falta : *il me faut deux secrétaires,* necesito, me hacen falta dos secretarias. **2** haber que, ser necesario : *il faut changer*

la roue, hay que cambiar la rueda ; *il le faut,* es necesario. **3** (+ subjonctif) tener que, ser preciso : *il faut que je m'en aille, que j'aille chez le coiffeur,* me tengo que marchar, tengo que ir a la peluquería ; *il faut que nous nous voyions,* es preciso que nos veamos. l *comme il faut,* como Dios manda. **4** *il s'en est fallu de peu qu'il ne tombe,* poco le faltó para caer. l *tant s'en faut,* ni mucho menos.

falsifi/er *t* falsificar. **-cation** *f* falsificación.

fameux, euse *a* famoso, a.

familial, e *a* familiar.

familiariser (se) *pr* familiarizarse.

famili/er, ère *a/m* familiar. **-arité** *f* familiaridad.

famille *f* familia.

famine *f* hambre.

fan [fan] *s* FAM fan, admirador, a.

fanat/ique *a/s* fanático, a. **-isme** *m* fanatismo.

faner (se) *pr* marchitarse.

fanfare *f* **1** (air) marcha militar. **2** (orchestre) charanga, banda.

fanfaron, onne *a/s* fanfarrón, ona.

fange *f* fango *m.*

fanion *m* banderín.

fantais/ie *f* **1** fantasía. **2** (caprice) capricho *m.* **-iste** *a* caprichoso, a.

fantasme *m* fantasma.

fantasque *a* antojadizo, a.

fantassin *m* soldado de infantería, infante.

fantastique *a* fantástico, a.

fantoche *m* fantoche, títere.

fantôme *m* fantasma.

faon |fɑ̃| *m* cervato.

farce *f* **1** (hachis) relleno *m.* **2** (plaisanterie) broma : *faire une —,* gastar una broma.

farceur, euse *a/s* bromista.

farcir *t* rellenar. l *tomates farcies,* tomates rellenos.

fard |faʀ| *m* cosmético, maquillaje.

fardeau *m* carga *f*, peso.

farder (se) *pr* maquillarse.

farfelu, e *a* FAM extravagante.

farine *f* harina.

farouche *a* arisco, a, huraño, a.

fascicule *m* fascículo.

fascin/er *t* fascinar. **-ant, e** *a* fascinante. **-ation** *f* fascinación.

fasc/isme |faʃism| *m* fascismo. **-iste** *a/s* fascista.

faste *m* fausto. □ *a jour* —, día fasto.

fastidieux, euse *a* fastidioso, a.

fastueux, euse *a* fastuoso, a.

fat, e |fa(t)| *a* fatuo, a.

fatal, e *a* fatal. **-isme** *m* fatalismo. **-iste** *a/s* fatalista. **-ité** *f* fatalidad.

fatigant, e *a* **1** cansado, a. **2** (ennuyeux) pesado, a.

fatigue *f* cansancio *m*.

fatigu/er *t* cansar, fatigar : *je suis fatigué*, estoy cansado. □ *se* —, cansarse. **-é, ée** *a* FIG *vêtements fatigués*, ropa usada.

fatras *m* fárrago.

fatuité *f* fatuidad.

faubourg |fobuʀ| *m* arrabal, suburbio.

fauch/er *t* **1** segar. **2** FAM (voler) birlar. I *être fauché*, estar pelado. **-eur, euse** *s* segador, a.

faucille *f* hoz.

faucon *m* halcón.

faufiler (se) *pr* colarse, deslizarse.

faune *f* fauna.

fauss/er *t* **1** (rendre faux) falsear. **2** (tordre) torcer. **-aire** *s* falsario, a.

fausseté *f* falsedad.

faut ⇒ **falloir.**

faute *f* **1** falta : — *d'orthographe*, falta de ortografía. I — *de mieux*, a falta de otra cosa ; *sans* —, sin falta. **2** culpa : *c'est (de) ma* —, es culpa mía.

fauteuil |fotœj| *m* **1** sillón. I —

roulant, silla *f* de inválido. **2** — *d'orchestre*, butaca *f* de patio.

fautif, ive *a* **1** culpable. **2** erróneo, a.

fauve *a* (couleur) leonado, a. □ *m* fiera *f*.

fauvette *f* curruca.

¹**faux** |fo| *f* guadaña.

²**faux, fausse** |fo, fos| *a* **1** falso, a : *une fausse nouvelle*, una noticia falsa ; *fausse clef*, llave falsa ; *fausse note*, nota falsa. **2** postizo, a : — *col*, cuello postizo ; *un* — *nez*, una nariz postiza. □ *adv chanter, jouer* —, desafinar. □ m *ce Goya est un* —, este cuadro de Goya es falso.

faux-filet |fofilɛ| *m* solomillo.

faux-monnayeur [fomɔnɛjœʀ] *m* falsificador, expendedor de moneda falsa.

faveur *f* favor *m* : *à la* — *de*, a favor de ; *en* — *de*, en favor de.

favorable *a* favorable.

favori, ite *a/s* favorito, a. □ *pl* patillas *f*.

favoriser *t* favorecer.

fécond, e *a* fecundo, a. **-ation** *f* fecundación. **-er** *t* fecundar. **-ité** *f* fecundidad.

fécule *f* fécula.

fédéral, e *a* federal. **-isme** *m* federalismo.

fédération *f* federación.

fée *f* hada. **-rique** *a* maravilloso, a.

fein/dre *t* **1** fingir : *douleur feinte*, dolor fingido. **2** *il feint de ne pas comprendre*, hace como que no entiende. **-te** *f* (sports) finta.

fêler *t* rajar, cascar.

félicitations *f pl* felicitaciones.

félicité *f* felicidad.

féliciter *t* felicitar.

félin, e *a/s* felino, a.

fêlure *f* raja, cascadura.

femelle *a/f* hembra.

féminin, e *a/m* femenino, a.

femme |fam| *f* **1** mujer : *les*

femmes, las mujeres. I *professeur* —, profesora. 2 — *de chambre*, doncella ; — *de ménage*, asistenta. 3 FAM *une bonne* —, una tía.

fémur *m* fémur.

fendiller (se) *pr* resquebrajarse.

fendre *t* 1 hender, rajar. 2 (le cœur) partir. 3 — *la foule*, abrirse paso en la muchedumbre.

fenêtre *f* ventana.

fenouil [fənuj] *m* hinojo.

fente *f* 1 hendidura, raja. 2 (téléphone public, machine à sous) ranura. 3 (de jupe) abertura.

féodal, e *a* feudal. **-isme** *m* feudalismo.

fer [fɛR] *m* 1 hierro : — *forgé*, hierro forjado. 2 — *à repasser*, plancha *f*. 3 — *à cheval*, herradura *f*.

fera, ferai ⇒ **faire.**

fer-blanc [fɛRblɑ̃] *m* hojalata *f*.

Ferdinand *n p m* Fernando.

férié, e *a jour* —, día feriado.

¹**ferme** *a* firme. I *de pied* —, a pie firme. □ adv *travailler* —, trabajar firme.

²**ferme** *f* granja, alquería.

ferment/er *i* fermentar. **-ation** *f* fermentación.

fermer *t* cerrar : *ferme la porte !*, ¡cierra la puerta! I POP *ferme-la !*, ¡cierra la boca!, ¡cállate! □ *i* cerrar : *cette fenêtre ferme mal*, esta ventana cierra mal ; *magasin qui ferme le lundi*, almacén que cierra los lunes.

fermeté *f* firmeza.

fermeture *f* 1 cierre *m*. I — *Éclair*, cremallera. 2 (chasse, pêche) veda.

fermier, ère *s* granjero, a.

fermoir *m* 1 cierre. 2 (d'un sac à main) boquilla *f*.

féroc/e *a* feroz : *bêtes féroces*, animales feroces. **-ité** *f* ferocidad.

ferraill/e *f* chatarra. **-eur** *m* chatarrero.

ferré, e *a voie ferrée*, vía férrea.

ferrer *t* (cheval) herrar.

ferroviaire *a* ferroviario, a.

fertil/e *a* fértil. **-iser** *t* fertilizar. **-ité** *f* fertilidad.

ferv/eur *f* fervor *m*. **-ent, e** *a* ferviente.

fess/e *f* nalga. **-ée** *f* azotaina.

festin *m* festín.

festival *m* festival.

feston *m* festón.

fêt/e *f* 1 fiesta. I *faire* — *à*, festejar a. 2 (de quelqu'un) santo *m* : *c'est aujourd'hui ma* —, hoy es mi santo. 3 *la* — *des mères*, el día de la madre ; *la Fête-Dieu*, el día del Corpus. 4 — *foraine*, feria. **-er** *t* 1 (quelque chose) celebrar. 2 (quelqu'un) festejar.

fétiche *m* fetiche.

fétide *a* fétido, a.

¹**feu** *m* 1 fuego. I — *d'artifice*, fuegos artificiales ; — *de joie*, hoguera *f* ; — *de Bengale*, luz *f* de Bengala ; *au* — *!*, ¡fuego! ; *à petit* —, a fuego lento ; *joues en* —, mejillas encendidas. 2 lumbre *f* : *au coin du* —, al amor de la lumbre. 3 *armes à* —, armas de fuego ; *faire* —, disparar, hacer fuego. 4 (auto) luz *f* : *feux de position*, luces de situación ; — *arrière*, luz trasera, piloto. 5 — *rouge*, semáforo : *brûler un* — *rouge*, saltarse un semáforo en rojo. I FIG — *vert*, luz verde, visto bueno.

²**feu, e** *a* difunto, a : — *mon père*, mi difunto padre.

feuill/e *f* hoja : — *morte, de papier*, hoja seca, de papel. **-age** *m* follaje. **-et** *m* (page) hoja *f*. **-eté, e** *a pâte feuilletée*, hojaldre *m*. **-eter** *t* hojear. **-eton** *m* folletín.

feutre *m* 1 fieltro. 2 *crayon* —, rotulador.

fève *f* haba.

février *m* febrero : *le 5* —, el 5 de febrero.

fi loc *faire* — *de*, no hacer caso de.

fiacre *m* simón.

fianc/er (se) *pr* prometerse. **-ailles** *f pl* esponsales, noviazgo *m sing : -é, ée s* novio, a : *les fiancés,* los novios.

fiasco *m* fiasco. I *faire —,* fracasar.

fibre *f* fibra.

ficel/le *f* bramante *m,* cuerda fina. **-er** *t* atar.

fiche *f* ficha.

ficher *t* 1 (planter) hincar. 2 POP (= foutre) *il ne fiche rien,* no hace nada ; *je l'ai fichu à la porte,* le eché a la calle ; *fichez-moi la paix !,* ¡ déjeme en paz ! □ *se — de,* burlarse de ; *je m'en fiche,* me da igual.

fichier *m* fichero.

¹**fichu, e** *p p* de **ficher.** □ *a* FAM 1 maldito, a. 2 (perdu) perdido, a. 3 *mal —,* (souffrant) maluco, a : *je suis mal —,* estoy maluco. 4 *— de,* capaz de.

²**fichu** *m* (écharpe) pañoleta *f.*

fictif, ive *a* ficticio, a.

fiction *f* ficción.

fid/èle *a/s* fiel : *les fidèles,* los fieles. **-élité** *f* fidelidad.

fiel *m* hiel *f.*

¹**fier (se)** *pr* fiarse : *tu peux te — à moi,* puedes fiarte de mí.

²**fier, ère** [fjɛʀ] *a* 1 arrogante. 2 *être — de,* estar orgulloso de. **-té** *f* orgullo *m,* arrogancia.

fièvre *f* fiebre : *j'ai de la —,* tengo fiebre.

fiévreux, euse *a* febril, calenturiento, a.

figer *t* coagular, cuajar. □ *pr* 1 coagularse. 2 *figé sur place,* petrificado. 3 *sourire figé,* sonrisa estereotipada.

fignoler *t* perfilar.

figu/e *f* higo *m :* — *de Barbarie,* higo chumbo. **-ier** *m* higuera *f.*

figurant, e *s* 1 comparsa. 2 (cinéma) extra.

figuratif, ive *a* figurativo, a.

figure *f* 1 figura. 2 (visage) cara, rostro *m.* 3 *il fait — de...,* pasa por...

figurer *t* figurar. I *au sens figuré,* en

sentido figurado. □ *se —,* figurarse.

fil *m* 1 hilo. I — *à plomb,* plomada *f.* 2 — *de fer,* alambre. 3 FAM *donner un coup de —,* llamar por teléfono, telefonear. 4 (tranchant) filo. 5 *au — de l'eau,* río abajo.

filament *m* filamento.

filature *f* fábrica de hilados.

file *f* fila : *à la —,* en fila.

filer *t* 1 (la laine) hilar. 2 (suivre) seguir la pista de. □ *i* 1 correr, ir de prisa. 2 FAM *file !,* ¡ lárgate !

¹**filet** *m* 1 (à mailles) red *f.* I — *à provisions,* red *f.* 2 (à bagages) rejilla *f.*

²**filet** *m* 1 (d'un liquide) hilo. 2 (de poisson, de bœuf) filete. 3 — *de voix,* hilillo de voz.

filial, e *a/f* filial.

filigrane *m* filigrana *f.*

fill/e *f* 1 hija : *ma — aînée,* mi hija mayor. 2 muchacha, chica : *une jolie —,* una chica bonita ; *les filles et les garçons,* las chicas y los chicos. I *petite —,* niña ; *jeune —,* joven ; *vieille —,* solterona. **-ette** *f* niña, chiquilla.

filleul, e *s* ahijado, a.

film *m* película *f,* filme. **-er** *t* filmar.

filon *m* filón.

filou *m* ratero.

fils [fis] *m* hijo. I — *à papa,* señorito.

filtr/e *m* filtro. **-er** *t* filtrar. □ *i* filtrarse.

¹**fin** *f* fin *m,* final *m :* — *la — du monde,* el fin del mundo. I *à la — du mois,* a fines del mes ; — *juin,* a fines de junio ; *en — de compte,* al fin y al cabo ; *prendre —,* finalizar ; *tirer à sa —,* estar acabándose.

²**fin, e** *a* 1 fino, a : *sable —,* arena fina. 2 *avoir l'oreille fine,* tener el oido fino.

final, e *a* final. □ *f* (sports) final. **-iste** *a/s* finalista.

financ/e *f* mundo *m* financiero. □ *pl* hacienda *sing :* *ministère des Finances,* ministerio de Hacienda.

-er *t* financiar. **-ier, ère** *a* financiero, a. □ *m* financiero, hacendista.

fine *f* aguardiente *m* de calidad.

finesse *f* 1 finura. 2 delicadeza.

fini, e *a* acabado, a. □ *m* perfección *f*.

fin/ir *t* acabar, terminar. □ *i* acabar : *j'ai fini par accepter,* acabé aceptando ; *en — avec,* acabar con. **-ition** *f* acabado *m*.

finlandais, e *a/s* finlandés, esa.

Finlande *n p f* Finlandia.

fiole *f* frasquito *m*.

firmament *m* firmamento.

firme *f* firma.

fisc *m* fisco. **-al, e** *a* fiscal.

fission *f* fisión.

fissur/e *f* fisura. **-er** *t* hender.

fit ⇒ **faire.**

fixation *f* (skis) fijación.

fixe *a* fijo, a. □ *interj* MIL ¡ firmes !

fixer *t* 1 fijar. 2 *— quelqu'un,* mirar fijamente a alguien. 3 *je ne suis pas encore fixé,* no me he decidido todavía. □ *se —,* establecerse : *il s'est fixé à Lima,* se estableció en Lima.

fjord |fjɔʀ(d)| *m* fiordo.

flacon *m* frasco.

flageoler |flaʒɔle| *i* temblar, vacilar.

flageolet |flaʒɔlɛ| *m* (haricot) frijol.

flagrant, e *a* flagrante. | *en — délit,* in fraganti.

flair *m* olfato. **-er** *t* olfatear, husmear.

flamand, e *a/s* flamenco, a.

flamant *m* flamenco.

flambant, e *a — neuf,* flamante.

flambeau *m* 1 antorcha *f*. 2 candelero.

flambée *f* 1 fogata. 2 *— de terrorisme,* ola de terrorismo.

flamber *t* (pour stériliser) flamear. □ *i* arder.

flamboy/er ° |flɑ̃bwaje| *i* llamear.

-ant, e *a* 1 resplandeciente. 2 *gothique —,* gótico flamígero.

flamm/e *f* llama. **-èche** *f* pavesa.

flan *m* flan.

flanc |flɑ̃| *m* 1 costado. 2 *à — de coteau,* en la falda del cerro. 3 (d'une armée) flanco. | *prêter le —,* dar pie.

flancher *i* FAM flaquear, fallar.

Flandre *n p f* Flandes *m pl*.

flanelle *f* franela.

flân/er *i* callejear. **-erie** *f* callejeo *m*. **-eur, euse** *s* callejero, a.

flanquer *t* FAM *— un coup de poing,* asestar un puñetazo ; *— à la porte,* echar a la calle.

flaque *f* charco *m*.

flasque *a* fofo, a.

flash |flaʃ| *m* flash.

flatt/er *t* 1 halagar, lisonjear. 2 (caresser) acariciar. □ *se — de,* preciarse de. **-erie** *f* adulación, lisonja. **-eur, euse** *a* halagüeño, a, lisonjero, a. □ *s* adulador, a.

fléau *m* 1 mayal. 2 FIG azote, calamidad *f*.

flèch/e *f* 1 flecha. | *monter en —,* subir rápidamente. 2 (d'un clocher) aguja. **-ette** *f* dardo *m*.

fléch/ir *t* (plier) doblar. □ *i* 1 doblarse. 2 FIG ceder. **-issement** *m* 1 flexión *f*, doblegamiento. 2 (des cours en Bourse) baja *f*.

flegm/e *m* flema *f*, calma *f*. **-atique** *a* flemático, a.

flemm/e *f* FAM galbana. **-ard, e** *a/s* gandul.

flétrir *t* 1 (fleur) marchitar. 2 (la réputation) mancillar.

fleur *f* 1 flor : *un bouquet de fleurs,* un ramo de flores. 2 *à — d'eau,* a flor de agua ; *yeux à — de tête,* ojos saltones. **-i, ie** *a* florido, a. **-ir** *i* florecer. □ *t* adornar con flores. **-iste** *s* florista.

fleuve *m* río.

flexib/le *a* flexible. **-ilité** *f* flexibilidad.

flexion *f* flexión.

flic *m* POP policía. I *les flics*, la poli.

flirt |flœrt] *m* flirteo, flirt, plan. **-er** *i* coquetear, flirtear.

flocon *m* copo.

floraison *f* floración.

floral, e *a* floral.

flore *f* flora.

Florence *n p f* Florencia.

florissant, e *a* floreciente.

flot *m* **1** *les flots*, las olas. **2** *remettre à* —, sacar a flote.

flotte *f* **1** flota. **2** (de guerre) flota, armada. **3** FAM (eau) agua ; (pluie) lluvia.

flott/er *i* flotar. **-ement** *m* flotación *f*. **-eur** *m* flotador. **-ille** *f* flotilla.

flou, e *a* **1** borroso, a. **2** (photo) movido, a. **3** vaporoso, a. **4** confuso, a.

fluctuation *f* fluctuación.

fluet, ette *a* delgado, a.

fluide *a/m* fluido, a.

fluor *m* flúor. **-escent, e** *a* fluorescente.

flût/e *f* **1** flauta. **2** (verre à pied) copa. **-iste** *s* flautista.

flux |fly] *m* flujo.

fluxion *f* fluxión.

foc *m* foque.

fœtus |fetys] *m* feto.

foi *f* fe. I — *de*, a fe de ; *ma* —, a fe mía ; *digne de* —, fidedigno, a.

foie *m* hígado.

foin *m* heno.

foire *f* **1** feria. **2** FAM *faire la* —, ir de juerga.

fois |fwa] *f* vez : *une* — *par an*, una vez al año ; *plusieurs* —, varias veces. I *à la* —, a la vez, al mismo tiempo ; *une* — *pour toutes*, de una vez para siempre ; *il était une* —, érase una vez.

foisonner *i* abundar.

folie *f* locura. I *à la* —, con locura.

folklor/e *m* folklore. **-ique** *a* folklórico, a.

folle ⇒ **fou.**

follement *adv* locamente.

fomenter *t* fomentar.

foncé, e *a* oscuro, a.

foncer ° *i* **1** — *sur*, arremeter contra, abalanzarse sobre. **2** (aller très vite) correr.

fonci/er, ère *a* *propriété foncière*, hacienda ; *crédit* —, crédito hipotecario. **-èrement** *adv* profundamente.

fonction *f* función. I *faire* — *de*, hacer las veces de ; *en* — *de*, con arreglo a.

fonctionnaire *s* funcionario, a.

fonctionn/er *i* funcionar. **-ement** *m* funcionamiento.

fond |fɔ̃] *m* **1** fondo. I *au* —, *dans le* —, en el fondo. **2** (d'un pantalon) fondillos *pl*. **3** — *de teint*, maquillaje.

fondamental, e *a* fundamental.

fond/er *t* fundar. □ *se* — *sur*, fundarse en. **-ateur, trice** *s* fundador, a. **-ation** *f* fundación. □ *pl* (d'une maison) cimientos *m*. **-é de pouvoir** *m* apoderado. **-ement** *m* fundamento.

fonderie *f* fundición.

fondre *t* **1** (un métal) fundir. **2** *faire* — *du beurre*, derretir mantequilla. □ *i* **1** derretirse : *la neige fond au soleil*, la nieve se derrite con el sol. **2** — *en larmes*, prorrumpir en lágrimas.

fondrière *f* bache *m*, hoyo *m*.

fonds |fɔ̃] *m* **1** — *de commerce*, comercio, negocio. **2** (d'érudition) fondo. □ *pl* fondos : — *publics*, fondos públicos.

font ⇒ **faire.**

fontaine *f* fuente.

fonte *f* **1** (des neiges) fusión. **2** (alliage) fundición, hierro *m* colado.

fonts |fɔ̃] *m pl* — *baptismaux*, pila *f sing* bautismal.

football |futbol] *m* fútbol. **-eur** *m* futbolista.

for *m* *dans mon* — *intérieur*, en mi fuero interno.

forage *m* perforación *f*.

forain, e a *marchand* —, feriante ; *fête foraine,* feria. □ *m* feriante.

forban *m* pirata.

forçat *m* forzado, presidiario.

force *f* 1 fuerza. I *être à bout de forces,* estar agotado, a ; *à — de,* à fuerza de ; *de* —, a la fuerza ; *de toutes ses forces,* con todas sus fuerzas. 2 — *de frappe,* poder *m* disuasivo.

forcé, e a (inévitable) forzoso, a. **-ment** adv forzosamente.

forcené, e a/s loco, a.

forcer *t* forzar.

forer *t* horadar, taladrar.

forestier, ère a forestal.

forêt *f* 1 bosque *m*. 2 selva : — *vierge,* selva virgen.

forfait *m* 1 *à* —, a destajo, a tanto alzado ; *travail à* —, trabajo a destajo. 2 (prix) precio fijo. 3 *déclarer* —, retirarse. **-aire** a *prix* —, precio fijo todo incluido.

forg/e *f* 1 fragua, forja. 2 (atelier) herrería. **-er** *t* forjar. **-eron** *m* herrero.

formaliser (se) *pr* ofenderse.

formalité *f* trámite *m*, formalidad : *c'est une simple* —, es un simple trámite.

format *m* formato.

formation *f* formación.

forme *f* forma : *en — de,* en forma de. I *pour la* —, por fórmula ; *être en pleine* —, estar en plena forma.

formel, elle a formal.

former *t* formar.

formidable a formidable.

formulaire *m* formulario.

formul/e *f* fórmula. **-er** *t* formular.

fort, e a 1 fuerte. I *c'est plus — que moi,* eso me puede, no lo puedo remediar ; *c'est un peu* —!, ¡es un poco fuerte! 2 (corpulent) grueso, a. □ *adv* 1 *parler* —, hablar fuerte. 2 (beaucoup) mucho ; (très) muy. 3 *tu y vas* —, exageras. □ *m* fuerte.

-eresse *f* fortaleza.

fortifi/er *t* fortificar, fortalecer. I *ville fortifiée,* ciudad fortificada. **-ant, e** a/m fortificante. **-cation** *f* fortificación.

fortin *m* fortín.

fortuit, e a fortuito, a.

fortun/e *f* fortuna. I *de* —, improvisado, a. **-é, ée** a rico, a.

forum |fɔʀɔm| *m* foro.

foss/e *f* fosa, hoya : — *commune,* fosa común. **-é** *m* 1 zanja *f*. 2 (au bord de la route) cuneta *f*. 3 (fortification) foso.

fossette *f* hoyuelo *m*.

fossile a/m fósil.

fossoyeur |foswajœʀ| *m* sepulturero.

fou, folle a/s loco, a. I *être — de joie,* estar loco de alegría ; *un travail* —, un trabajo monumental ; *une vitesse folle,* una velocidad tremenda ; *une envie folle,* unas ganas locas. □ *m* (échecs) alfil.

foudr/e *f* 1 rayo *m*. 2 (amour) *coup de* —, flechazo. **-oyer** °|fudʀwaje| *t* fulminar. I — *du regard,* fulminar con la mirada. **-oyant, e** a fulminante.

fouet |fwɛ| *m* 1 látigo. I *coup de* —, latigazo. 2 (de cuisine) batidor. **-ter** *t* 1 azotar. 2 (cuisine) batir.

fougère *f* helecho *m*.

fougu/e *f* fogosidad, ardor *m*. **-eux, euse** a fogoso, a.

fouill/e *f* 1 (archéologique) excavación. 2 (à la douane) registro *m*. 3 (d'un suspect) cacheo *m*. **-er** *t* 1 excavar. 2 (bagages, quelqu'un) cachear. □ *i* — *dans ses poches,* registrarse los bolsillos. □ *pr* FAM *tu peux te* —!, ¡espérate sentado !

fouillis |fuji| *m* revoltijo.

fouin/e *f* garduña. **-er** *t* FAM fisgonear.

foulard |fulaʀ| *m* fular, pañuelo.

foule *f* muchedumbre, multitud. I *en* —, en masa ; *une — de,* una infinidad de, la mar de.

foulée ƒ tranco *m.*

foul/er *t* pisar. □ *se — la cheville,* torcerse el tobillo. **-ure** ƒ esguince *m.*

four *m* **1** horno. **2** *petits fours,* pastas ƒ. **3** (échec) fracaso, fiasco.

fourbe *a* taimado, a.

fourche ƒ **1** horca. **2** (de bicyclette) horquilla.

fourchette ƒ tenedor *m.*

fourchu, e *a* bifurcado, a, hendido, a.

fourgon *m* furgón. **-nette** ƒ furgoneta.

fourmi ƒ **1** hormiga. **2** *avoir des fourmis,* tener hormigueo. **-lière** ƒ hormiguero *m.* **-llement** *m* hormigueo. **-ller** *i* **1** hormiguear. **2** *— de,* abundar en.

fournaise ƒ horno *m.*

fourneau *m* **1** horno : *haut —,* alto horno. **2** (de cuisine) hornillo : *— à gaz,* hornillo de gas.

fourn/ir *t* **1** suministrar, proveer. I *magasin bien fourni,* almacén bien surtido, bien abastecido. **2** *— des renseignements,* facilitar datos. **3** *— un effort,* hacer un esfuerzo. **-isseur** *m* proveedor, suministrador, abastecedor. **-iture** ƒ suministro *m.* I *fournitures scolaires,* material *m sing* escolar.

fourrage *m* forraje.

fourré *m* espesura ƒ, maleza ƒ.

fourreau *m* **1** vaina ƒ, funda ƒ. **2** (robe) vestido tubo.

fourr/er *t* **1** (de fourrure) forrar. **2** (pâtisserie) rellenar : *bonbons fourrés,* caramelos rellenos. **3** meter. I *— son nez partout,* meterse en todo. □ *se —,* meterse : *fourre-toi ça dans la tête,* métetelo en la cabeza. **-eur** *m* peletero.

fourrure ƒ **1** piel : *manteau de —,* abrigo de pieles. **2** pelaje *m.*

fourvoyer (se) ° |fuRvwaje] *pr* extraviarse.

foutre ⇒ **ficher.**

foyer |fwaje] *m* **1** (âtre, maison) hogar. **2** (théâtre) sala ƒ de descanso. **3** foco : *— lumineux,* foco luminoso, de *— d'infection,* foco de infección.

fracas *m* estrépito, fragor. **-ser** *t* romper. □ *se —,* estrellarse.

fraction ƒ fracción.

fractur/e ƒ fractura. **-er** *t* fracturar.

fragil/e *a* frágil. **-ité** ƒ fragilidad.

fragment *m* fragmento.

¹**fr/ais, fraîche** *a* fresco, a. □ *m* *prendre le —,* tomar el fresco. □ *adv il fait —,* hace fresco. **-aîchement** *adv* **1** *fleur — coupée,* flor recién cortada. **2** *recevoir —,* recibir fríamente. **-aîcheur** ƒ frescura.

²**frais** *m pl* gastos. I *aux — de,* a expensas de ; *faux —,* gastos imprevistos.

frais/e ƒ fresa. **-ier** *m* fresa ƒ.

frambois/e ƒ frambuesa. **-ier** *m* frambueso.

¹**franc** |frã] *m* franco.

²**franc, franche** *a* franco, a.

français, e *a/s* francés, esa : *les Français,* los franceses.

France *n p* ƒ Francia.

franchement *adv* francamente.

franchir *t* **1** (un obstacle) salvar. **2** atravesar. **3** *— le mur du son,* pasar la barrera del sonido.

franchise ƒ **1** franqueza : *en toute —,* con toda franqueza. **2** *— postale,* franquicia postal.

franciscain, e *a/s* franciscano, a.

franciser *t* afrancesar.

franc-maçon, onne [frãmasɔ̃, ɔn] *a/s* francmasón, ona, masón, ona. **-nerie** ƒ francmasonería, masonería.

franco *adv — de port,* franco de porte.

François, e *n p* Francisco, a.

franc-tireur [frãtirœR] *m* guerrillero.

frange ƒ **1** franja. **2** (de cheveux) flequillo *m.*

frappant, e *a* sorprendente.

frappe f *faute de* —, error m de máquina.

frapper t 1 golpear. 2 — *à la porte*, llamar a la puerta ; *entrez sans* —, entrar sin llamar. 3 *la balle alla — contre le mur*, la pelota fue a dar contra la pared. 4 (la monnaie) acuñar. 5 *champagne frappé*, champán helado. 6 FIG impresionar, sorprender. □ FAM *se* —, impresionarse.

fraternel, elle a fraternal, fraterno, a.

fraterni/ser t fraternizar. **-té** f fraternidad.

fraud/e f fraude m. **-er** t defraudar. **-eur, euse** s defraudador, a. **-uleux, euse** a fraudulento, a.

frayer ° |fʀɛje| t abrir. □ *se* — *un chemin*, abrirse paso.

frayeur |fʀɛjœʀ| f pavor m, espanto m.

Frédéric n p m Federico.

fredonner t tararear, canturrear.

frégate f fragata.

frein m freno : — *à main*, freno de mano. I *coup de* —, frenazo. **-er** i/t frenar.

frêle a endeble.

frelon m avispón.

frém/ir i estremecerse. **-issement** m estremecimiento.

frêne m fresno.

fréné/sie f frenesí m. **-tique** a frenético, a.

fréqu/ent a frecuente. **-emment** adv frecuentemente. **-ence** f frecuencia.

fréquent/er t 1 (un endroit) frecuentar. 2 — *quelqu'un*, tratar con, alternar con alguien. □ *se* —, tratarse. **-ation** f frecuentación. □ *pl* relaciones.

frère m hermano.

fresque f fresco m.

fret |fʀɛ| m flete m.

frétiller i bullir.

friable a friable, deleznable.

friand, e a — *de*, aficionado, a a. □ m (pâté) empanada f. **-ise** f golosina.

fric m POP parné, pasta f.

friche f erial m. I *en* —, sin cultivo, yermo, a.

fricoter t FAM tramar.

friction f fricción. **-ner** t friccionar.

frigidité f frigidez.

frigo m FAM (réfrigérateur) nevera f.

frigorifi/er t 1 congelar. 2 FAM *être frigorifié*, estar helado. **-que** a/m frigorífico, a.

frileux, euse a friolero, a.

frime f FAM camelo m.

fringale f FAM carpanta.

fringant, e a vivaracho, a.

friper t arrugar, ajar.

frip/erie f 1 (boutique) prendería. 2 trapos m pl viejos. **-ier, ère** s prendero, a, ropavejero, a.

fripon, onne a/s bribón, ona.

frire ° t freir. I *faire — du poisson*, freir pescado. □ i freirse.

frise f friso m.

friser t 1 rizar : *cheveux frisés*, pelo rizado. 2 *il frise la cinquantaine*, raya en los cincuenta años. □ i rizarse.

frisson m escalofrío. **-nement** m estremecimiento, temblor. **-ner** i estremecerse, temblar.

frit, e a frito, a. □ f *des frites*, patatas fritas. **-ure** f fritura.

frivol/e a frívolo, a. **-ité** f frivolidad.

froid, e a/m frío, a : *eau froide*, agua fría ; *il fait très* —, hace mucho frío ; *j'ai* —, tengo frío. I *à* —, en frío ; *prendre* —, coger frío, enfriarse ; *être en* —, estar reñido, a. **-eur** f frialdad.

froisser t 1 arrugar. 2 (moralement) herir, ofender. □ *se* —, ofenderse.

frôl/er t rozar ligeramente. **-ement** m roce.

fromag/e *m* queso. I — *blanc,* requesón. **-er, ère** *a/s* quesero, a.

froment *m* trigo candeal.

fronc/er ° *t* fruncir. I — *les sourcils,* fruncir el entrecejo, arrugar el ceño. **-e** *f* frunce *m.*

frond/e *f* honda. **-er** *t* criticar, censurar.

front *m* 1 (partie de la face) frente *f.* I *faire —,* hacer frente. 2 (ligne de bataille, groupe politique) frente. 3 *de —,* de frente, al mismo tiempo.

frontière *f* frontera. I *ville —,* ciudad fronteriza.

frontispice *m* frontispicio.

fronton *m* frontón.

frott/er *t* frotar, restregar. □ *i* rozar. □ *se — les yeux,* restregarse los ojos. **-ement** *m* 1 frotamiento, frote. 2 FIG roce. 3 (en mécanique) rozamiento.

frouss/e *f* FAM mieditis. **-ard, e** *a/s* miedoso, a.

fruct/ifier *i* fructificar. **-ueux, euse** *a* fructuoso, a.

frugal, e *a* frugal. **-ité** *f* frugalidad.

fruit *m* 1 fruto : *le — défendu,* el fruto prohibido. 2 (comestible) fruta *f* : *avez-vous des fruits ?,* ¿tiene fruta? ; *fruits de saison,* fruta del tiempo. I *fruits de mer,* mariscos. **-ier, ère** *a arbres fruitiers,* árboles frutales. □ *s* (marchand) frutero, a.

frustration *f* frustración.

frustre *a* zafio, a, torpe.

frustrer *t* frustrar.

fuel *m* fuel oil.

fugitif, ive *a/s* fugitivo, a.

fugue *f* fuga.

fu/ir ° *i* 1 huir. 2 salirse : *ce tonneau fuit,* este tonel se sale. □ *t* 1 — *le danger,* huir del peligro. 2 rehuir : *il fuit ma compagnie,* rehúye mi compañía. **-ite** *f* 1 huida. I *prendre la —,* darse a la fuga. 2 (d'eau, de gaz) escape *m,* fuga.

fulgurant, e *a* fulgurante.

fumant, e *a* humeante.

fumée *f* humo *m.*

fum/er *i* 1 echar humo, humear. 2 *défense de —,* prohibido fumar. □ *t* 1 — *une cigarette,* fumar un cigarrillo. 2 (les aliments) ahumar : *saumon fumé,* salmón ahumado. **-eur, euse** *s* fumador, a.

fumier *m* estiércol.

fumiste *s* FAM cuentista, camelista.

funèbre *a* fúnebre.

funérailles *f pl* funerales *m.*

funéraire *a* funerario, a.

funeste *a* funesto, a.

funiculaire *m* funicular.

fur *m au — et à mesure,* poco a poco ; *au — et à mesure que,* conforme.

furent ⇒ **être.**

furet *m* hurón. **-er** ° *i* huronear.

fureur *f* furor *m.* I *faire —,* estar muy de moda.

furibond, e *a* furibundo, a.

fur/ie *f* furia. **-ieux, euse** *a* furioso, a.

furoncle *m* forúnculo.

furtif, ive *a* furtivo, a.

fus ⇒ **être.**

fusain *m* 1 (arbrisseau) bonetero. 2 (pour dessiner) carboncillo.

fuseau *m* 1 huso. 2 *pantalon —,* pantalón tubo.

fusée *f* cohete *m.*

fuselage *m* fuselaje.

fuselé, e *a* ahusado, a.

fuser *i* brotar.

fusible *a/m* fusible.

fusil [fyzi] *m* 1 (de guerre) fusil. 2 (de chasse) escopeta *f.* I *coup de —,* disparo, escopetazo. **-lade** *f* tiroteo *m.* **-ler** *t* fusilar. I — *du regard,* fulminar con la mirada.

fusion *f* fusión. **-ner** *i* fusionarse.

fut ⇒ **être.**

fût *m* 1 (tonneau) tonel. 2 (de colonne) fuste. 3 (d'arbre) tronco.

fûtaie *f* monte *m* alto.

futé, e *a* listo, a.

futil/e *a* fútil. **-ité** *f* futilidad.

futur, e *a/m* futuro, a.

fuyant, e |fɥijã, ãt] *a* **1** *regard* —, mirada huidiza. **2** *front* —, frente deprimida.

fuyard, e |fɥijaʀ, aʀd] *s* fugitivo, a.

G

g |ʒe| *m* g *f* : *un —,* una g.
gabardine *f* gabardina.
Gabriel, elle *n p* Gabriel, a.
gâcher *t* malgastar, desperdiciar.
gâchette *f* gatillo *m*.
gâchis |gaʃi| *m* **1** despilfarro. **2** (situation confuse) lío.
gaff/e *f* **1** (perche) bichero *m*. **2** FAM coladura, plancha. I *faire une —,* meter la pata ; *quelle — !,* ¡qué plancha! **3** POP *faire —,* tener cuidado. **-er** *i* FAM meter la pata.
gag *m* gag.
gage *m* prenda *f*. I *mettre en —,* empeñar. □ *pl* sueldo *sing*.
gagnant, e *a/s* **1** ganador, a. **2** (à la loterie) premiado, a.
gagne-pain *m* sustento, medio de subsistencia.
gagner *t* **1** ganar. I *— sa vie, son pain,* ganarse la vida, el pan. **2** (atteindre) alcanzar. **3** dirigirse. □ *i* extenderse.
gai, e *a* alegre. **-ement** *adv* alegremente. **-eté** *f* alegría.
gaillard [gajaʀ] *m* **1** *un grand —,* un buen mozo. **2** MAR castillo.
gain *m* **1** ganancia *f*. **2** *— de temps,* economía *f* de tiempo.
gaine *f* **1** funda. **2** (sous-vêtement) faja.
gala *m* gala *f*.
galant, e *a* galante. □ *m* galán. **-erie** *f* **1** galantería. **2** (propos galant) requiebro *m*.
galantine *f* galantina.
galaxie *f* galaxia.
galbe *m* contorno.
gale *f* sarna.
galère *f* galera.
galerie *f* **1** galería. **2** (porte-bagages) baca.
galérien *m* galeote.
galet [galɛ] *m* canto rodado.
galette *f* **1** torta. I *— des Rois,* roscón *m* de Reyes. **2** FAM (argent) guita.
galeux, euse *a* sarnoso, a. I *la brebis galeuse,* el garbanzo negro.
Galice *n p f* Galicia.
galicien, enne *a/s* gallego.
Galilée *n p m* Galilea.
galimatias |galimatja| *m* galimatías.
Galles |gal| *n p m Pays de —,* País de Gales.
gallicisme *m* galicismo.
gallois, e *a/s* galés, esa.
galoche *f* galocha, zueco *m*.
galon *m* galón.
galop |galo| *m* galope : *au —,* a galope. **-ade** *f* galopada. **-er** *i* **1** galopar. **2** correr.
galopin *m* pilluelo.
galvaniser *t* galvanizar.
galvauder *t* mancillar, prostituir.
gambad/e *f* brinco *m*. **-er** *i* brincar.
gamelle *f* fiambrera.
gamin, e *s* chiquillo, a. **-erie** *f* niñada.
gamme *f* gama, escala.
Gand |gɑ̃| *n p* Gante.
gang |gɑ̃g| *m* pandilla *f*, gang.
Gange *n p m* Ganges.
gangrène *f* gangrena.
gangster *m* gángster.
gant *m* guante. I *— de toilette,* manopla *f* ; *aller comme un —,* venir como anillo al dedo. **-é, ée** *a* enguantado, a.
garag/e *m* **1** garaje. **2** *voie de —,* apartadero *m*. **-iste** *s* garajista.
garant, e *a/s* fiador, a : *se porter —,* salir fiador.
garantie *f* garantía.
garantir *t* **1** garantizar. **2**

(protéger) preservar, resguardar.

garçon *m* **1** muchacho, chico : *les garçons et les filles,* los chicos y las chicas. I *petit* —, niño ; *beau* —, buen mozo. **2** (célibataire) soltero. I *vieux* —, solterón. **3** (employé) mozo. I — *de café,* camarero, mozo. **-net** *m* niño. **-nière** *f* piso *m* de soltero.

garde *f* **1** guardia, custodia. I *être de* —, estar de guardia ; *être sur ses gardes,* estar sobre aviso ; *prendre* — *de,* tener cuidado con ; *prenez* — *!,* ¡cuidado ! **2** MIL guardia. I *garde-à-vous !,* ¡firmes ! ; *se mettre, rester au garde-à-vous,* cuadrarse, estar cuadrado. □ *m* guarda : — *champêtre,* guarda rural. I — *forestier,* guardabosque.

garde-barrière *s* guardabarrera.

garde-boue *m* guardabarros.

garde-chasse *m* guarda de caza.

garde-côte *a/m* guardacostas.

garde-fou *m* antepecho, pretil.

garde-malade *s* enfermero, a.

garde-manger *m* fresquera *f.*

garde-meuble *m* guardamuebles.

gardénia *m* gardenia *f.*

garder *t* **1** guardar : — *le silence,* guardar silencio. **2** quedarse con : *gardez la monnaie,* quédese con la vuelta. □ *pr* **1** conservarse. **2** *je me garderai bien de lui répondre,* me guardaré de contestarle. **-ie** *f* guardería.

garde-robe *f* **1** (armoire) guardarropa *m.* **2** (vêtements) vestuario *m.*

gardien, enne *s* **1** (jardin, musée) guardia. **2** (concierge) guardián, portero, a. **3** — *de but,* guardameta, portero. **4** — *de la paix,* policía.

¹gare *f* estación.

²gare ! *interj* ¡atención !, ¡cuidado !

garenne f *lapin de* —, conejo de campo.

garer *t* — *une voiture,* aparcar un coche. □ *se* —, aparcar : *je me suis*

garé devant l'hôtel, he aparcado delante del hotel.

gargariser (se) *pr* hacer gárgaras.

gargote *f* bodegón *m,* taberna.

gargouille *f* gárgola.

garnement *m* pillo.

garni *m* habitación *f* amueblada.

garnir *t* **1** guarnecer. I *plat de viande garni,* plato de carne con guarnición. **2** (remplir) llenar. **3** (orner) adornar.

garnison *f* guarnición.

garniture *f* **1** guarnición. **2** (voiture) tapicería.

Garonne *n p f* Garona *m.*

garrot *m* torniquete, garrote.

gars |ga] *m* mozo.

Gascogne *n p f* Gascuña.

gascon, onne *a/s* gascón, ona.

gaspill/er *t* despilfarrar, desperdiciar. **-age** *m* despilfarro, desperdicio.

gastrique *a* gástrico, a.

gastronom/e *s* gastrónomo, a. **-ie** *f* gastronomía. **-ique** *a* gastronómico, a.

gâteau *m* pastel. I — *sec,* galleta *f.*

gâter *t* **1** echar a perder, dañar, estropear. **2** *dent gâtée,* diente picado. **3** (un enfant) mimar, consentir. **-ie** *f* mimo *m.*

gâteux, euse *a/s* chocho, a.

gauch/e *a* **1** izquierdo, a. **2** (maladroit) torpe. □ *f* izquierda : *à* —, a la izquierda. **-ement** *adv* torpemente. **-er, ère** *a/s* zurdo, a. **-erie** *f* torpeza.

gaufr/e *f* barquillo *m.* **-ette** *f* barquillo *m.*

gaul/e *f* **1** (perche) vara. **2** (de pêcheur) caña de pescar. **-er** *t* varear.

Gaule *n p f* Galia.

gaulois, e *a/s* galo, a.

gaver *t* cebar. □ *se* —, atiborrarse.

gaz *m* gas.

gaze *f* gasa.

gazelle *f* gacela.

gazeux, euse *a* gaseoso, a. I *eau gazeuse, non gazeuse,* agua con gas, sin gas.

gazomètre *m* gasómetro.

gazon *m* césped.

gazouill/er *i* 1 (oiseau) gorjear. 2 murmullar, susurrar. **-ement** *m* 1 gorjeo. 2 murmullo, susurro.

geai [ʒɛ] *m* arrendajo.

géant, e *a/m* gigante. □ *f* giganta.

geindre ° *i* quejarse, gimotear.

gel *m* helada *f*.

gélatin/e *f* gelatina. **-eux, euse** *a* gelatinoso, a.

gelée *f* 1 helada. I — *blanche,* escarcha. 2 (de fruits) jalea. 3 (de viande) gelatina.

geler ° *t/impers* helar. □ *i* helarse : *on gèle ici !,* ¡aqui se hiela uno ! □ *se* —, helarse.

gém/ir *i* gemir : *il gémissait,* estaba gimiendo. **-issement** *m* gemido.

gemme *f* gema. I *sel* —, sal gema.

gênant, e *a* molesto, a.

gencive *f* encía.

gendarme *m* 1 gendarme. 2 (en Espagne) guardia civil. **-rie** *f* gendarmería, guardia civil.

gendre *m* yerno.

gên/e *f* 1 molestia. 2 apuro *m* : *être dans la* —, estar en un apuro de dinero. **-é, ée** *a* 1 molesto, a. violento, a. 2 (sans argent) apurado, a.

généalog/ie *f* genealogía. **-ique** *a* genealógico, a.

gêner *t* 1 molestar. I *si ça ne vous gêne pas,* si no le es molestia. 2 (embarrasser) estorbar, dificultar. □ *pr ne vous gênez pas pour moi,* no se moleste por mí.

général, e *a/m* general. I *en* —, en general. □ *f* 1 (répétition) ensayo *m* general. 2 (femme) generala.

générali/ser *t* generalizar. **-sation** *f* generalización. **-té** *f* generalidad.

générateur, trice *a/m* generador, a.

génération *f* generación.

généreux, euse *a* generoso, a.

générique *m* (cinéma) ficha *f* técnica.

générosité *f* generosidad.

Gênes [ʒɛn] *n p f* Génova.

genèse *f* génesis.

genêt *m* retama *f*.

génétique *f* genética.

Genève *n p* Ginebra.

Geneviève *n p f* Genoveva.

genevois, e *a/s* ginebrino, a.

genévrier *m* enebro.

génial, e *a* genial.

génie *m* 1 genio. I — *militaire,* cuerpo de ingenieros militares ; — *civil,* ingeniería *f*. 2 carácter.

genièvre *m* (alcool) ginebra *f*.

génisse *f* becerra, ternera.

génois, e *a/s* genovés, esa.

genou *m* rodilla *f* : *à genoux,* de rodillas. I *se mettre à genoux,* arrodillarse.

genre *m* 1 género. 2 clase *f* : *en tous genres,* de toda clase. 3 *avoir mauvais* —, tener mala pinta.

gens [ʒã] *s pl* gente *f sing* : *les* — *se bousculent,* la gente se atropella ; *beaucoup de* —, mucha gente ; *de braves* —, buena gente. I *les jeunes* —, los jóvenes.

gentil, ille [ʒãti, ij] *a* 1 amable, bueno, a : *vous êtes trop* —, usted es muy amable. 2 (mignon) mono, a.

gentilhomme [ʒãtijɔm] *m* hidalgo, gentilhombre.

genti/llesse *f* amabilidad : *ayez la* — *de...,* tenga la amabilidad de... **-ment** *adv* 1 amablemente. 2 lindamente.

génuflexion *f* genuflexión.

géograph/e *s* geógrafo, a. **-ie** *f* geografía. **-ique** *a* geográfico, a.

geôl/e [ʒol] *f* cárcel. **-ier** *m* carcelero.

géolog/ie ƒ geologia. **-ique** a geológico, a. **-ue** m geólogo.

géom/ètre s (arpenteur) agrimensor. **-étrie** ƒ geometria. **-étrique** a geométrico, a.

Georges |ʒɔRʒ| n p m Jorge.

géranium |ʒeRanjɔm| m geranio.

gérant, e s gerente.

Gérard n p m Gerardo.

gerbe ƒ 1 gavilla, haz. 2 (de fleurs) ramo m.

ger/cer ° t agrietar. **-çure** ƒ grieta.

gérer ° t administrar.

germ/ain, e a/s germano, a. □ a cousins germains, primos hermanos. **-anique** a germánico, a.

germ/e m germen. **-er** i germinar.

gérondif m gerundio.

gésier m molleja ƒ.

gésir ° i yacer : ci-gît, aquí yace.

gestation ƒ gestación.

geste m 1 ademán : d'un — rapide, con ademán rápido. 2 acción ƒ. □ ƒ gesta.

gesticul/er i gesticular, hacer ademanes. **-ations** ƒ pl ademanes m.

gestion ƒ gestión.

ghetto |gɛto| m gueto.

gibecière ƒ cartapacio m.

gibet m horca ƒ.

gibier m caza ƒ : gros, menu —, caza mayor, menor.

giboulée ƒ aguacero m, chaparrón m.

gicl/er i brotar, surtir. **-eur** m surtidor, pulverizador.

gifl/e ƒ bofetada. **-er** t abofetear.

gigantesque a gigantesco, a.

gigot m pierna ƒ de cordero.

gigoter i patalear, menearse.

gilet m 1 chaleco. I — de sauvetage, chaleco salvavidas. 2 — de corps, camiseta ƒ.

Gilles |ʒil| n p m Gil.

gin |dʒin| m ginebra ƒ.

girafe ƒ jirafa.

giratoire a giratorio, a.

girofle m clou de —, clavo de olor.

giroflée ƒ alheli m.

giron m regazo.

girouette ƒ veleta.

gisement m yacimiento.

gît ⇒ **gésir.**

gitan, e a/s gitano, a.

gîte m 1 albergue. 2 (du gibier) madriguera ƒ. □ ƒ MAR escora.

givre m escarcha ƒ.

glace ƒ 1 hielo m. 2 helado m : une — à la vanille, un helado de vainilla. 3 (miroir) espejo m. I armoire à —, armario de luna. 4 (d'une voiture) ventanilla.

glac/er ° t 1 helar. 2 — d'horreur, petrificar. 3 (papier, étoffe) glasear. **-ial, e** a glacial. **-ier** m ventisquero. **-ière** ƒ nevera.

glaçon m 1 témpano, carámbano. 2 (petit cube) cubito de hielo.

glaïeul |glajœl| m gladiolo.

glaise ƒ arcilla, greda.

gland |glɑ̃| m 1 (de chêne) bellota ƒ. 2 (pompon) borla ƒ.

glande ƒ glándula.

glaner t 1 espigar. 2 FIG rebuscar.

glapir i (une personne) chillar.

glas |glɑ| m toque de ánimas. I sonner le —, tocar a muerto, doblar.

glissade ƒ resbalón m.

glissant, e a resbaladizo, a.

gliss/er i 1 resbalar, resbalarse : j'ai glissé sur une peau de banane, me resbalé con una piel de plátano. 2 (volontairement) deslizar. 3 — des mains, escurrirse de entre las manos. □ t introducir. □ se —, colarse. **-ement** m 1 deslizamiento. 2 (de terrain) corrimiento. **-ière** ƒ corredera : porte à —, puerta de corredera. I fermeture à —, cremallera.

global, e a global.

globe m globo.

globul/e m glóbulo. **-aire** a

globular.

gloire ∫ gloria.

glorieux, euse a glorioso, a.

glorifier t glorificar. □ se — de, gloriarse de.

glossaire m glosario.

glouss/er i cloquear. **-ement** m cloqueo.

glouton, onne a/s glotón, ona. **-nement** adv con glotonería. **-nerie** ∫ glotonería.

glu ∫ liga. **-ant, e** a viscoso, a, pegajoso, a.

glucose m glucosa ∫.

glycérine ∫ glicerina.

glycine ∫ glicina.

gnome [gnom] m gnomo.

go (tout de) loc adv de sopetón.

goal [gol] m portero.

gobelet [gɔblɛ] m cubilete.

gober t sorber, tragar.

godasse ∫ FAM zapato m.

godet m 1 (de peintre) salserilla ∫. 2 (de drague) cangilón.

godille ∫ espadilla.

goéland m gaviota ∫.

goélette ∫ goleta.

goémon m fuco.

gogo (à) loc adv FAM a pedir de boca.

goinfre a/m glotón.

goitre m bocio, papera ∫.

golf m golf.

golfe m golfo.

gomm/e ∫ 1 goma. 2 (pour effacer) goma de borrar. **-er** t (effacer) borrar.

gond [gɔ̃] m gozne. I sortir de ses gonds, salirse de sus casillas.

gondole ∫ góndola.

gondoler i alabearse, abarquillarse.

gonfl/er t — un pneu, inflar un neumático. □ i 1 hincharse : mon genou a gonflé, se me ha hinchado la rodilla. 2 FAM il est gonflé !, ¡tiene cara! **-age** m inflado. **-ement** m hinchazón ∫. **-eur** m inflador.

gong [gɔ̃g] m batintín, gong.

goret m gorrino.

gorge ∫ 1 garganta. I rire à — déployée, reir a carcajadas. 2 (de femme) pecho m.

gorgée ∫ trago m, sorbo m.

gorger ° t hartar.

gorille m 1 gorila. 2 FAM guardaespaldas.

gosier m gaznate.

gosse s FAM chaval, a, chiquillo, a.

gothique a/m gótico, a.

gouache ∫ aguada.

gouaille ∫ guasa.

goudron m alquitrán. **-ner** s alquitranar. I route goudronnée, carretera asfaltada.

gouffre m abismo, sima ∫.

goujon m gobio.

goulot m gollete, cuello : boire au —, beber a gollete.

goul/u, e a tragón, ona. **-ûment** adv con glotonería.

goupille ∫ chaveta.

goupillon m hisopo.

gourde ∫ cantimplora. □ a/∫ FAM bobo, a.

gourdin m garrote.

gourmand, e a/s goloso, a. **-ise** ∫ 1 (défaut) gula. 2 (friandise) golosina.

gourmet [guRmɛ] m gastrónomo.

gourmette ∫ pulsera.

gousse ∫ 1 vaina. 2 — d'ail, diente m de ajo.

gousset m bolsillo.

goût [gu] m 1 gusto : mauvais —, mal gusto. 2 sabor : un — de citron, un sabor a limón. 3 afición ∫ : elle a du — pour la musique, tiene afición a la música.

¹goûter t probar : goûtez cette liqueur, pruebe este licor. □ i merendar : les enfants goûtent à 4 heures, los chicos meriendan a las 4.

²goûter m merienda ∫.

goutt/e _f_ 1 gota. 3 FAM _boire la —,_ tomar una copita. 3 _je n'y vois —,_ no veo ni jota. **-elette** _f_ gotita. **-er** _i_ gotear. **-ière** _f_ canalón _m._

gouvernail |guvɛrnaj| _m_ timón.

gouvernante _f_ 1 (d'un enfant) aya. 2 (d'un homme seul) ama de llaves.

gouvernants _m pl_ gobernantes.

gouvernement _m_ gobierno. **-al, e** _a_ gubernamental.

gouverner _t_ gobernar.

gouverneur _m_ gobernador.

goyave _f_ guayaba.

grabat _m_ camastro.

grabuge _m_ FAM gresca _f._

grâc/e _f_ 1 gracia. I _de bonne —,_ de buena gana. 2 (faveur) favor _m._ I _de — !,_ ¡ por favor! ; _demander —,_ pedir piedad ; _rendre — à,_ darle gracias a. 3 — _à,_ gracias a. 4 (d'un condamné) indulto _m,_ gracia. **-ier** _t_ indultar.

gracieux, euse _a_ 1 gracioso, a. 2 gratuito, a.

grade _m_ grado.

gradé _m_ suboficial.

gradin _m_ grada _f._ □ _pl_ graderias _f._

graduation _f_ graduación.

graduel, elle _a_ gradual.

graduer _t_ graduar.

graffiti _m pl_ pintadas _f._

grain _m_ 1 grano. 2 (d'un chapelet) cuenta _f._ 3 — _de beauté,_ lunar. 4 (giboulée) turbión, aguacero.

graine _f_ semilla. I _monter en —,_ espigarse. **-terie** _f_ comercio _m_ de granos.

graiss/e _f_ grasa. **-age** _m_ engrase. **-er** _t_ engrasar. **-eux, euse** _a_ grasiento, a.

gramm/aire _f_ gramática. **-airien, enne** _s_ gramático, a. **-atical, e** _a_ gramatical.

gramme _m_ gramo.

grand, e _a_ 1 grande (gran devant un substantif sing.) : _une grande salle,_ una sala grande ; _un — peintre,_ un gran pintor ; _en grande partie,_ en gran parte ; _ce costume est trop — pour moi,_ este traje me está grande. 2 (taille) alto, a : _un homme —,_ un hombre alto. 3 mayor : _les grandes personnes,_ las personas mayores. 4 _pas grand-chose,_ poca cosa. □ _adv voir —,_ ver en grande ; _en —,_ a lo grande.

Grande-Bretagne _n p f_ Gran Bretaña.

grandeur _f_ 1 tamaño _m_ : — _nature,_ tamaño natural. 2 (morale) grandeza.

grandiose _a_ grandioso, a.

grand/ir _i_ crecer : _il a beaucoup grandi,_ ha crecido mucho. □ _t_ 1 aumentar. 2 FIG engrandecer. **-issant, e** _a_ creciente.

grand-mère _f_ abuela.

grand-messe _f_ misa mayor.

grand-oncle _m_ tio abuelo.

grand-père _m_ abuelo.

grand-rue _f_ calle mayor.

grands-parents _m pl_ abuelos.

grand-tante _f_ tia abuela.

grange _f_ granero _m,_ troje _m._

granit |granit| _m_ granito.

granul/é _m_ gránulo. **-eux, euse** _a_ granujoso, a.

graphique _a_ gráfico, a. □ _m_ gráfico, gráfica _f._

graphite _m_ grafito.

graphologie _f_ grafología.

grappe _f_ racimo _m_ : _une — de raisin,_ un racimo de uvas.

gras, grasse _a_ 1 graso, a : _corps, fromage —,_ cuerpo, queso graso. I _faire —,_ comer carne. 2 gordo, a : _son chat est trop —,_ su gato está demasiado gordo. 3 grasiento, a, pringoso, a : _cheveux —,_ pelo grasiento ; _papiers —,_ papeles pringosos. 4 _plante grasse,_ planta carnosa, crasa. 5 _caractères —,_ negritas _f._ □ _m le —,_ la grasa. **-souillet, ette** _a_ regordete.

gratification _f_ gratificación, plus _m._

gratin *m* 1 *au* —, al gratén. 2 FAM *le* —, la flor y nata.

gratis |gratis] *adv* gratis, de balde.

gratitude *f* gratitud.

gratte-ciel *m* rascacielos.

gratte-papier *m* chupatintas.

gratt/er *t* 1 raspar. 2 (avec l'ongle) rascar. 3 FAM *ce col me gratte*, este cuello me pica, me da picor. □ *se* —, rascarse. **-oir** *m* raspador.

gratuit, e *a* gratuito, a. **-ement** *adv* gratuitamente. **-é** *f* gratuidad.

gravats *m pl* cascotes.

grave *a* grave.

grav/er *t* grabar : — *sur cuivre*, grabar en cobre. **-eur** *m* grabador.

grav/ier *m* grava *f*. **-illon** *m* gravilla *f*.

gravir *t* subir.

gravité *f* gravedad.

graviter *i* gravitar.

gravure *f* grabado *m* : — *sur bois*, grabado en madera.

gré *m à mon* —, a mi gusto ; *bon* — *mal* —, de buen o mal grado ; *contre mon* —, mal de mi grado ; *de* — *ou de force*, por las buenas o por las malas ; *de mon plein* —, por mi propia voluntad ; *savoir* — *de*, agradecer.

grec, grecque *a/s* griego, a.

Grèce *n p f* Grecia.

greff/e *f* injerto *m*. **-er** *t* injertar.

greffier *m* escribano.

Grégoire *n p m* Gregorio.

¹**grêle** *a* 1 delgado, a. 2 *voix* —, voz ahilada, tenue.

²**grêl/e** *f* 1 granizo *m*. 2 (de coups) granizada. **-er** *impers* granizar. **-on** *m* granizo.

grelot *m* cascabel.

grelotter *i* tiritar.

Grenade *n p* Granada.

grenad/e *f* granada. **-ier** *m* MIL granadero. **-ine** *f* granadina.

grenat *m* granate.

grenier *m* 1 (à grains) granero. 2

(sous les combles) desván.

grenouille *f* rana.

grenu, e *a* granoso, a.

grès |grɛ] *m* 1 asperón, arenisca *f*. 2 (céramique) gres.

grésil |grezi(l)] *m* granizo menudo.

grésill/er *i* chisporrotear. **-ement** *m* chisporroteo.

grève *f* 1 huelga : *se mettre en* —, declararse en huelga ; *être en* —, *faire* —, estar en huelga ; — *de la faim*, huelga de hambre ; — *du zèle*, huelga de celo. 2 (plage) playa.

grever *t* gravar.

gréviste *s* huelguista.

gribouill/er *t/i* garabatear. **-age** *m* garabato.

grief |grijɛf] *m* queja *f*.

grièvement *adv* gravemente.

griff/e *f* 1 uña, garra, zarpa. | *coup de* —, zarpazo ; *tomber sous la* — *de*, caer en las garras de. 2 (signature) firma. 3 (marque) marca. **-er** *t* arañar.

griffonner *t* garrapatear, borronear.

grignoter *t* roer.

gril |gri(l)] *m* parrilla *f* : *bifteck sur le* —, bistec a la parrilla. **-lade** *f* parrillada de carne.

grillage *m* alambrera *f*, reja *f*.

grille *f* 1 (clôture) verja. 2 (fenêtre) reja. 3 (fourneau) rejilla. 4 (mots croisés) cuadrícula.

grille-pain *m* tostador (de pan).

griller *t* 1 (viande, poisson) asar ; (pain, café) tostar. 2 *l'ampoule est grillée*, se ha fundido la bombilla. 3 FAM — *un feu rouge*, saltarse un semáforo en rojo.

grillon *m* grillo.

grimac/e *f* mueca, gesto *m* : *faire une* —, torcer el gesto ; *faire des grimaces*, hacer muecas. | *faire la* —, poner mala cara ; — *de douleur*, torcer el gesto de dolor.

grimer (se) *pr* maquillarse.

grimp/er *i* 1 — *aux arbres*, trepar a los árboles. 2 — *sur une chaise*, subirse a una silla. **3** *la route grimpe dur*, la carretera está muy empinada. □ *t* subir. **-ette** *f* repecho *m*.

grinc/er ° *i* rechinar, chirriar. I *il grince des dents*, le rechinan los dientes. **-ement** *m* rechinamiento, chirrido.

grincheux, euse *a/s* gruñón, ona.

gringalet *m* alfeñique.

gripp/e *f* **1** gripe. **2** *prendre en —*, tomar tirria a. **-é, ée** *a elle est grippée*, está con gripe.

gripper (se) *pr* agarrotarse.

gris, e [gri, iz] *a* **1** gris : *des tons —*, tonos grises. **2** (ivre) achispado, a. □ *m peindre en —*, pintar de gris. **-âtre** *a* grisáceo, a.

gris/er *t* **1** achispar. **2** FIG embriagar. □ *se —*, embriagarse. **-erie** *f* embriaguez.

grisonner *i* encanecer.

grisou *m* grisú.

grive *f* tordo *m*.

grivois, e *a* licencioso, a, verde.

Groenland [gRɔɛn(lɑ̃d)] *n p m* Groenlandia *f*.

grog *m* grog.

grogn/er *i* gruñir. **-ement** *m* gruñido. **-on, onne** *a/s* gruñón, ona.

groin *m* hocico, jeta *f*.

grommeler ° *i* refunfuñar, rezongar. □ *t* mascullar.

grond/er *i* **1** (canon, tonnerre) retumbar. **2** (animal) gruñir. □ *t — un enfant*, reñir, regañar a un niño. **-ement** *m* **1** retumbo, fragor. **2** gruñido.

groom [grum] *m* botones.

gros, grosse *a* **1** grueso, a : *un — arbre*, un árbol grueso. **2** gordo, a : *un — chat*, un gato gordo ; *une grosse femme*, una mujer gorda. I *avoir le cœur —*, tener el corazón encogido. **3** *un — bébé*, un bebé rollizo. **4** grande : *une grosse voiture*, un coche grande ; *de — efforts*, grandes esfuerzos. **5**

fuerte : *— rhume*, catarro fuerte. **6** *grosse dépense*, gasto importante. **7** *grosse faute*, falta grave. **6** *— mot*, palabrota *f*. □ *adv* **1** *écrire —*, escribir grueso. **2** *gagner —*, ganar mucho. **3** *en —*, en líneas generales. □ *m prix de —*, precio al por mayor. I *négociant en —*, mayorista. □ *f* (douze douzaine) gruesa, doce docenas.

groseill/e *f* grosella. **-ier** *m* grosellero.

grossesse *f* embarazo *m*.

grosseur *f* **1** grueso *m*, grosor. **2** (enflure) bulto *m*.

grossi/er, ère *a* **1** grosero, a. I *erreur grossière*, error de bulto. **2** (rudimentaire) tosco, a. **-èreté** *f* **1** grosería. **2** tosquedad.

gross/ir *i/t* **1** engordar : *il a beaucoup grossi*, ha engordado mucho. I *faire —*, engordar. **2** aumentar. □ *t* exagerar. **-issant, e** *a* **1** creciente. **2** *verres grossissants*, lentes de aumento. **-issement** *m* aumento.

grossiste *m* mayorista.

grotesque *a* grotesco, a.

grotte *f* gruta, cueva.

grouill/er *i* hormiguear, bullir. □ POP *se —*, aligerar, arrear : *grouille-toi !*, ¡aligera! **-ement** *m* hormigueo.

group/e *m* grupo. **-ement** *m* agrupación *f*. **-er** *t* agrupar.

grue *f* **1** (oiseau) grulla. I *faire le pied de —*, estar de plantón. **2** (machine) grúa.

grumeau *m* grumo.

Guadeloupe *n p f* Guadalupe.

gué *m* vado. I *passer à —*, vadear.

guenille *f* harapo *m*, andrajo *m*, guiñapo *m*. I *en guenilles*, harapiento, a.

guenon *f* mona.

guépard *m* onza *f*.

guêp/e *f* avispa. **-ier** *m* avispero. I *tomber dans un —*, meterse en un lío.

guère *adv tu n'es — aimable*, eres

poco amable ; *je n'ai — faim*, no tengo mucho hambre.

guéridon *m* velador.

guérilla |gerija| *f* guerrilla.

guér/ir *t* curar. □ *i* curar, curarse, sanar : *j'espère qu'il guérira bientôt*, espero que curará pronto ; *je suis guérie*, me he curado. **-ison** *f* curación. **-isseur, euse** *s* curandero, a.

guérite *f* garita.

guerr/e *f* guerra. I *de guerre lasse*, cansado, a de luchar ; *de bonne —*, en buena lid. **-ier, ère** *a/s* guerrero, a. **-oyer** ° *i* guerrear.

guet *m* acecho : *faire le —*, estar al acecho.

guet-apens |gɛtapã| *m* emboscada *f*.

guêtre *f* polaina.

guett/er *t* **1** acechar. **2** (attendre) aguardar. **-eur** *m* vigía.

gueul/e *f* **1** boca. **2** POP *ta - !*, ¡cállate ! ; *avoir la — de bois*, tener resaca ; *une fine —*, un gastrónomo. **3** POP (visage) cara, jeta : *se casser la —*, romperse la cara ; *faire la —*, estar de jeta. **-er** *i* FAM gritar, vociferar. **-eton** *m* comilona *f*.

gueux, euse *s* pordiosero, a.

gui *m* muérdago.

guichet *m* taquilla *f*, ventanilla *f*. **-ier, ère** *s* taquillero, a.

guide *m* **1** (personne) guía. **2** (livre) guía *f* : *un — touristique*, una guía turística. □ *f pl* riendas.

guid/er *t* guiar, dirigir. **-on** *m* (bicyclette, moto) manillar.

guigne *f* FAM mala suerte.

guignol *m* guiñol.

Guillaume *n p m* Guillermo.

guillemet |gijmɛ| *m* comilla *f*.

guillotine *f* guillotina.

guilleret, ette |gijRɛ, ɛt| *a* alegre.

guimauve *f* (pâte) melcocha.

guimbarde *f* carricoche *m*.

guindé, e *a* afectado, a, estirado, a.

Guinée *n p f* Guinea.

guinguette *f* merendero *m*.

guirlande *f* guirnalda.

guise *f à sa —*, a su antojo ; *en — de*, a guisa de.

guitar/e *f* guitarra. **-iste** *s* guitarrista.

guttural, e *a* gutural.

Guy |gi| *n p m* Guido.

Guyane |gɥijan| *n p f* Guayana, Guyana.

gymnas/e *m* gimnasio. **-te** *s* gimnasta. **-tique** *f* gimnasia.

gynécolo/gie *f* ginecología. **-gue** *s* ginecólogo, a.

gypse |ʒips| *m* yeso.

gyroscope *m* giroscopio.

H

el signo ' indica que la h es aspirada.

h |aʃ| m/f h ƒ : un —, una h.

' ha ! interj ah ! I ha, ha !, ¡ ja, ja !

habil/e a hábil. **-eté** ƒ habilidad.

habill/er t/i vestir. I habillé en clown, vestido de payaso. □ s' —, vestirse : elle s'habille élégamment, se viste con elegancia. **-ement** m vestido, indumentaria ƒ.

habit [abi] m 1 traje, vestido. I — de gala, traje de ceremonia. 2 frac. 3 prendre l' —, tomar el hábito. □ pl ropa ƒ sing : ôter ses habits, quitarse la ropa.

habitable a habitable.

habitant, e s habitante.

habit/er i/t vivir, habitar : il habite (à) la campagne, vive en el campo. **-ation** ƒ vivienda. I — à loyer modéré (H.L.M.), vivienda de renta limitada.

habitude ƒ costumbre. I d' —, de ordinario, generalmente.

habitué, e s asiduo, a, cliente.

habitu/er t habituar. □ s' — à, acostumbrarse, habituarse a. **-el, elle** a habitual.

' hâbleur, euse a/s fanfarrón, ona.

' hach/e ƒ hacha. I coup de —, hachazo. **-ette** ƒ hacha pequeña.

' hach/er t 1 picar : viande hachée, carne picada. 2 style haché, estilo cortado. **-is** m picadillo. **-oir** m tajadera ƒ.

' hachur/e ƒ plumeado m. **-er** t plumear.

' hagard, e a azorado, a. I yeux hagards, ojos extraviados.

' haie ƒ 1 seto m. 2 (de personnes) fila, cordón m. I faire la —, alinearse.

' haillon m harapo, andrajo.

' hain/e ƒ odio m : prendre en —, tomar odio a. **-eux, euse** a rencoroso, a.

' ha/ïr ° |aiʀ| t odiar, aborrecer. **-ïssable** a odioso, a.

Haïti |aiti| n p ƒ Haití.

' halage m sirga ƒ.

' hâl/e m bronceado. **-é, ée** a bronceado, a, tostado, a.

haleine ƒ aliento m. I hors d' —, jadeando ; reprendre —, tomar aliento ; travail de longue —, trabajo de larga duración.

' haler t 1 halar. 2 (une péniche) sirgar.

' hâler t (la peau) broncear, curtir.

' hal/eter ° i jadear. **-etant, e** a jadeante. **-ètement** m jadeo.

' hall |ol| m hall, vestíbulo.

halle ƒ mercado m.

hallucination ƒ alucinación.

' halo m halo.

' halte ƒ 1 parada. I faire —, pararse. 2 (chemin de fer) apeadero m. □ interj ¡ alto ! ; halte-là !, ¡ alto ahí !

haltère m pesa ƒ de gimnasia.

' hamac |amak| m hamaca ƒ.

' Hambourg n p Hamburgo.

' hameau m caserío, aldea ƒ.

hameçon |amsɔ̃| m anzuelo.

' hampe ƒ (de drapeau) asta.

' hanche ƒ cadera.

' hand-ball |ɑ̃dbal| m balonmano.

' handicap m 1 (sports) handicap. 2 desventaja ƒ. **-é, ée** s minusválido, a. **-er** t desfavorecer.

' hangar m 1 cobertizo. 2 (avions) hangar.

' hanneton m abejorro.

' hant/er t 1 obsesionar. 2 maison hantée, casa encantada. **-ise** ƒ obsesión.

' happer t atrapar.

'**harangu/e** ƒ arenga. **-er** *t* arengar.

'**haras** [aʀɑ] *m* acaballadero.

'**harasser** *t* agobiar, agotar, cansar.

'**harceler** ° *t* hostigar, acosar.

'**hardi, e** *a* atrevido, a. **-esse** ƒ atrevimiento *m*, osadía.

'**harem** [aʀɛm] *m* harén.

'**hareng** [aʀɑ̃] *m* arenque. I *serrés comme des harengs*, como en lata de sardinas.

'**hargneux, euse** *a* huraño, a, arisco, a.

'**haricot** *m* judía ƒ, alubia ƒ : *haricots verts, blancs*, judías verdes, blancas.

harmonica *m* armónica ƒ.

harmon/ie ƒ armonía. **-ieux, euse** *a* armonioso, a.

harmoniser *t* armonizar. □ *s' —*, armonizar, entonar, combinar : *couleurs qui s'harmonisent*, colores que armonizan.

harmonium [aʀmɔnjɔm] *m* armonio.

'**harnach/er** *t* enjaezar. **-ement** *m* **1** enjaezamiento. **2** (harnais) arreos *pl.* **3** (accoutrement) atavío ridículo.

'**harnais** *m* arreos *pl*, arneses.

'**harp/e** ƒ arpa. **-iste** *s* arpista.

'**harpon** *m* arpón. **-ner** *t* arponear.

'**hasard** [azaʀ] *m* **1** casualidad ƒ, azar : *c'est un heureux —*, es una feliz casualidad. I *au —*, al azar ; *à tout —*, por si acaso ; *par —*, por casualidad ; *jeu de —*, juego de azar. **2** *un coup du —*, un lance de fortuna.

'**hasard/er** *t* arriesgar. □ *se —*, arriesgarse. **-eux, euse** *a* arriesgado, a, aventurado, a.

'**hât/e** ƒ prisa : *j'ai — de partir*, tengo prisa por marcharme. I *en —*, de prisa. **-er** *t* apresurar. I *— le pas*, aligerar el paso. □ *se — de*, apresurarse a. I *hâtez-vous*, dése prisa. **-if, ive** *a* **1** (légumes)

temprano, a. **2** apresurado, a.

'**hausse** ƒ alza, subida : *en —*, en alza.

'**hauss/er** *t* alzar, levantar. I *— les épaules*, encogerse de hombros. □ *se — sur la pointe des pieds*, empinarse. **-ement** *m — d'épaules*, encogimiento de hombros.

'**haut, e** [o, ot] *a* alto, a. I *à haute voix*, en voz alta ; *— en couleurs*, subido de color. □ *adv* **1** *voler —*, volar alto. I *— les mains !*, ¡ manos arriba ! **2** *parler —*, hablar fuerte. □ *m* **1** alto : *six mètres de —*, seis metros de alto. I *de — en bas*, de arriba abajo ; *du — de*, desde lo alto de ; *en —*, arriba. **2** *le Très-Haut*, el Altísimo.

'**hautain, e** *a* altivo, a.

'**hautbois** [obwa] *m* oboe.

'**haut-de-forme** [odfɔʀm] *m* sombrero de copa, chistera ƒ.

'**hauteur** ƒ **1** altura : *saut en —*, salto de altura ; *prendre de la —*, tomar altura. **2** (arrogance) altanería, altivez.

'**haut-fond** *m* bajo.

'**haut-le-cœur** [olkœʀ] *m* náusea ƒ.

'**haut-le-corps** [olkɔʀ] *m* sobresalto.

'**haut-parleur** *m* altavoz : *des haut-parleurs*, altavoces.

'**havane** *a/m* habano, a.

'**Havane (la)** *n p* ƒ La Habana.

'**hâve** *a* pálido, a.

'**havre** *m* FIG refugio.

'**havresac** *m* mochila ƒ.

'**Haye (La)** [la ɛ] *n p* ƒ La Haya.

'**he** *interj* ¡ eh !

hebdomadaire *a* semanal. □ *m* (publication) semanario.

héberger ° *t* albergar.

'**hébéter** ° *t* atontar.

hébraïque [ebʀaik] *a* hebraico, a.

hébreu *a/m* hebreo, a.

hécatombe ƒ hecatombe.

hectare *m* hectárea ƒ.

hectomètre *m* hectómetro.

Hector *n p m* Héctor.

' **hein !** *interj* ¡ eh!

' **hélas !** [elas] *interj* ¡ ay!

Hélène *n p f* Elena.

' **héler** ° *t* llamar.

hélice [elis] *f* hélice.

héli/coptère *m* helicóptero. **-port** *m* helipuerto.

hellénique *a* helénico, a.

helvétique *a* helvético, a.

' **hem !** [ɛm] *interj* ¡ejem, ejem!

hématome *m* hematoma.

hémicycle *m* hemiciclo.

hémiplégie *f* hemiplejia.

hémisph/ère *m* hemisferio. **-érique** *a* hemisférico, a.

hémorragie *f* hemorragia.

hémorroïdes [emɔʀɔid] *f pl* hemorroides, almorranas.

' **henn/ir** *i* relinchar. **-issement** *m* relincho.

Henri *n p m* Enrique.

' **hep !** [ɛp] *interj* ¡ he!

hépati/que *a* hepático, a. **-te** *f* hepatitis.

héraldique *a/f* heráldico, a.

' **héraut** *m* heraldo.

herbage *m* pasto, herbazal.

herb/e *f* 1 hierba : *fines herbes*, hierbas finas ; *mauvaise* —, mala hierba. 2 (gazon) césped *m*. 3 *en* —, en cierne. **-ier** *m* herbario. **-ivore** *a/m* herbívoro, a. **-oriste** *s* herborista.

Hercule *n p m* Hércules.

herculéen, enne *a* hercúleo, a.

hérédit/é *f* herencia. **-aire** *a* hereditario, a.

héré/sie *f* herejía. **-tique** *a* herético, a. □ *s* hereje.

' **hérisser** *t* erizar. □ *pr* 1 erizarse. 2 (se fâcher) enfadarse.

' **hérisson** *m* erizo.

hérit/er *t/i* — *d'une maison*, heredar una casa ; — *de son oncle*, heredar de su tío. **-age** *m* herencia *f*. **-ier, ère** *s* heredero, a.

hermétique *a* hermético, a.

hermine *f* armiño *m*.

' **hernie** *f* hernia.

héroïne [eʀɔin] *f* heroína.

héro/ïque [eʀɔik] *a* heroico, a. **-ïsme** *m* heroismo.

' **héron** *m* garza *f*.

' **héros** [eʀo] *m* héroe.

' **herse** *f* grada.

hésit/er *i* vacilar, dudar : — *à*, vacilar en, dudar en ; *n'hésitez pas à nous consulter*, no duden en consultarnos. **-ant, e** *a* indeciso, a. **-ation** *f* vacilación.

hétéroclite *a* heteróclito, a.

hétérogène *a* heterogéneo, a.

' **hêtre** *m* haya *f*.

heure *f* 1 hora : *cent kilomètres à l'* —, cien kilómetros por hora ; *heures supplémentaires*, horas extraordinarias ; *30 francs de l'* —, a 30 francos la hora ; *quelle* — *est-il?*, ¿ qué hora es ? I *il est une* —, es la una ; *il est six heures, huit heures dix*, son las seis, las ocho y diez ; *à neuf heures juste*, a las nueve en punto ; *être à l'* —, ser puntual ; *mettre sa montre à l'* —, poner el reloj en hora. 2 *à la bonne* —!, ¡ muy bien!; *à tout à l'* —, hasta luego ; *de bonne* —, temprano ; *tout à l'* — (bientôt) pronto ; (il n'y a pas longtemps) hace poco.

heureu/x, euse *a* 1 feliz : *être* —, ser feliz ; *rendre les autres* —, hacer felices a los demás. I *c'est* —!, ¡ menos mal! 2 — *ceux qui...*, dichosos los que... 3 (idée, phrase) feliz, acertado, a. **-sement** *adv* afortunadamente.

' **heurt** *m* choque, *m*. **-er** *t/i* tropezar con, chocar contra : — *un piéton*, tropezar con un transeúnte. □ *se* — *à un poteau*, chocar contra un poste ; *se* — *à une difficulté*, tropezar con una dificultad. **-oir** *m* aldaba *f*.

hexagone *m* hexágono.

' **hiatus** [jatys] *m* hiato.

hiberner *i* hibernar.

' **hibou** *m* buho.

' **hideux, euse** *a* horroroso, a, horrible.

hier |iɛʀ] *adv* ayer : — *matin*, ayer por la mañana. | — *soir*, anoche.

' **hiérarch/ie** *f* jerarquía. **-ique** *a* jerárquico, a.

hiéroglyphe *m* jeroglífico.

hilarité *f* hilaridad.

hindou *a/s* hindú.

hippique *a* hípico, a.

hippodrome *m* hipódromo.

hippopotame *m* hipopótamo.

hirondelle *f* golondrina.

hirsute *a* hirsuto, a.

hispan/ique *a* hispánico, a. **-isant, e** *s* hispanista. **-isme** *m* hispanismo.

hispano-américain, e *a/s* hispanoamericano, a.

' **hisser** *t* izar. □ *se* —, subirse.

histoire *f* 1 historia : — *sainte*, historia sagrada. 2 cuento *m* : *tu nous racontes des histoires*, nos vienes con cuentos. 3 lío *m*, cuestión : *je ne veux pas d'histoires*, no quiero líos ; *faire des histoires*, armar líos.

historien, enne *s* historiador, a.

historique *a* histórico, a. □ *m* historial.

historiette *f* historieta.

hiver |ivɛʀ] *m* invierno. **-nal, e** *a* invernal. **-ner** *i* invernar.

' **H.L.M.** ⇒ **habitation.**

' **hoch/er** *t* — *la tête*, menear la cabeza. **-ement** *m* cabeceo.

' **hochet** *m* sonajero.

' **hockey** [ɔkɛ] *m* hockey.

' **holà** *interj* ¡ hola !, ¡ eh !

' **hold-up** [ɔldœp] *m* atraco.

' **hollandais, e** *a/s* holandés, esa.

' **Hollande** *n p f* Holanda.

' **homard** [ɔmaʀ] *m* bogavante.

homélie *f* homilía.

homéopath/ie *f* homeopatía. **-ique** *a* homeopático, a.

Homère *n p m* Homero.

homicide *m* (crime) homicidio. □ *s* (personne) homicida.

hommage *m* homenaje. □ *pl* respetos.

homme *m* 1 hombre : *un brave* —, un buen hombre. | — *de lettres*, literato ; *les grands hommes*, los hombres célebres. 2 *un jeune* —, un joven. 3 *homme-grenouille*, hombre rana.

homogène *a* homogéneo, a.

homologu/e *a* homólogo, a. □ *m* colega. **-er** *t* homologar.

homonyme *a/m* homónimo, a.

homosexuel, elle *a/s* homosexual.

Honduras *n p m* Honduras *f*.

Hongrie *n p f* Hungría.

hongrois, e *a/s* húngaro, a.

honnête *a* 1 honrado, a. 2 (vertueux) honesto, a. 3 razonable. **-té** *f* (probité) honradez.

honneur *m* 1 honor : *homme, parole d'* —, hombre, palabra de honor. | *point d'* —, pundonor ; *en l'* — *de*, en honor de ; *faire* — *à*, hacer honor a ; *j'ai l'* — *de vous informer*, tengo el honor de comunicarle. 2 (réputation) honra *f*. □ *pl* 1 *rendre les honneurs*, rendir los honores. 2 *honneurs funèbres*, honras *f* fúnebres.

honorab/le *a* honorable. **-ilité** *f* honorabilidad.

honoraire *a* honorario, a. □ *pl* honorarios.

honor/er *t* 1 honrar : — *de sa présence*, honrar con su presencia. | *en réponse à votre honorée du...*, en repuesta a su atenta del... 2 (payer) pagar. □ *s'* — *de*, honrarse con. **-ifique** *a* honorífico, a.

hont/e *f* vergüenza : *avoir* —, tener vergüenza ; *tu me fais* —, me das vergüenza. **-eux, euse** *a* 1 vergonzoso, a. | *c'est* —!, ¡ es una vergüenza ! 2 (confus) avergonzado, a.

hop ! |ɔp] *interj* ¡ hala !, ¡ upa !

hôpital *m* hospital.

' **hoquet** *m* hipo : *avoir le* —, tener hipo.

horaire *a/m* horario, a.

' **horde** *f* horda.

horizon *m* horizonte. **-tal, e** *a* horizontal.

horlog/e *f* reloj *m*. **-er, ère** *a/s* relojero, a. **-erie** *f* relojería.

' **hormis** |ɔʀmi| *prép* excepto.

hormone *f* hormona.

horoscope *m* horóscopo.

horr/eur *f* horror *m* : *faire* —, dar horror ; *j'ai* — *des hypocrites, j'ai les hypocrites en* —, tengo horror a los hipócritas. **-ible** *a* horrible, horroroso, a. **-ifier** *t* horrorizar.

horripil/er *t* exasperar. **-ant, e** *a* exasperante.

' **hors** |ɔʀ| *prép* 1 fuera de : — *série*, fuera de serie. 2 — *de danger*, fuera de peligro ; *être* — *de soi*, estar fuera de si ; — *d'ici!*, ¡fuera de aquí ! I — *de prix*, carísimo, a.

' **hors-bord** |ɔʀbɔʀ| *m* fuera borda.

hors-concours |ɔʀkɔ̃kuʀ| *a/m* fuera de concurso.

' **hors-d'œuvre** |ɔʀdœvʀ| *m* entremeses *pl*.

' **hors-jeu** |ɔʀʒø| *m* fuera de juego.

' **hors-la-loi** |ɔʀlalwa| *m* fuera de la ley.

hortensia *m* hortensia *f*.

horticult/ure *f* horticultura. **-eur** *m* horticultor.

hospice *m* hospicio.

hospitalier, ère *a* hospitalario, a.

hospitaliser *t* hospitalizar.

hospitalité *f* hospitalidad.

hostellerie *f* hostal *m*.

hostie *f* hostia.

hostil/e *a* hostil. **-ité** *f* hostilidad. □ *pl* (guerre) hostilidades.

hot dog *m* hot dog, perrito caliente.

hôte, esse *s* huésped, a. □ *f* señorita encargada, azafata. I *hôtesse de l'air*, azafata.

hôtel *m* 1 hotel : *passer une nuit à l'* —, pasar una noche en el hotel. 2 — *particulier*, palacete. 3 — *de ville*, ayuntamiento.

hôtel/ier, ère *a/s* hotelero, a. **-lerie** *f* hostelería.

hôtesse ⇒ **hôte**.

' **hotte** *f* 1 (panier) cuévano *m*. 2 (de cheminée) campana.

' **houblon** *m* lúpulo.

' **houe** *f* azada.

' **houill/e** *f* hulla. I — *blanche*, hulla blanca. **-er, ère** *a bassin* —, cuenca hullera. □ *f* hullera.

' **houl/e** *f* marejada. **-eux, euse** *a* agitado, a.

' **houpp/e** *f* 1 borla. 2 (cheveux) copete *m*. **-ette** *f* borla.

' **hourra !** *interj* ¡ hurra !

houspiller *t* reprender, reñir.

' **housse** *f* funda.

' **houx** |u| *m* acebo.

' **hublot** *m* 1 MAR portilla *f*. 2 (d'avion) ventanilla *f*.

' **huche** *f* arcón *m*.

' **hu/er** *t* — *un orateur*, abuchear a un orador. **-ée** *f* abucheo *m*.

' **Hugues** [yg] *n p m* Hugo.

huil/e *f* 1 aceite *m* : — *d'olive*, aceite de oliva ; *vérifier le niveau d'* —, comprobar el nivel de aceite. 2 óleo *m* : *peinture à l'* —, pintura al óleo. **-er** *t* aceitar. **-eux, euse** *a* aceitoso, a. **-ier** *m* vinagreras *f pl*.

huis |ɥi| *m à* — *clos*, a puerta cerrada. **-sier** *m* ujier, ordenanza.

' **huit** |ɥi(t)| *a/s* ocho. I — *cents*, ochocientos, as ; *d'aujourd'hui en* —, dentro de una semana ; *mardi en* —, el martes de la semana próxima. **-aine** *f* 1 unos ocho, unas ocho. 2 *dans une* —, dentro de una semana. **-ième** *a/s* octavo, a.

huître *f* ostra.

hum/ain, e *a* humano, a. **-anisme** *m* humanismo. **-aniste** *s* humanista. **-anitaire** *a* humanitario, a. **-anité** *f* humanidad.

humble [œ̃bl] *a/s* humilde.
humecter *t* humedecer.
' **humer** *t* 1 aspirar. 2 (sentir) oler.
humérus [ymeʀys] *m* húmero.
humeur *f* humor *m* : *être de
bonne, de mauvaise* —, estar de
buen, de mal humor. I *je ne suis
pas d'* — *à plaisanter*, no estoy
para bromas.
humid/e *a* húmedo, a. **-ité** *f*
humedad.
humili/er *t* humillar. **-ant, e** *a*
humillante. **-ation** *f* humillación.
humilité *f* humildad.
humorist/e *a/s* humorista. **-ique**
a humorístico, a.
humour *m* humor : *avoir de l'* —,
tener humor.
humus [ymys] *m* humus.
' **hune** *f* cofa.
' **huppé, e** *a* FAM encopetado, a.
' **hurl/er** *i* 1 (animaux) aullar. 2
(vent) rugir. □ *i/t* (personnes)
gritar. **-ement** *m* 1 aullido. 2
(personnes) alarido.
hurluberlu *m* atolondrado.

' **hutte** *f* choza.
hybride *a/m* híbrido, a.
hydrate *m* hidrato.
hydraulique *a/f* hidráulico, a.
hydravion *m* hidroavión.
hydre *f* hidra.
hydro-électrique *a* hidroeléctrico, a.
hydrogène *m* hidrógeno.
hydrophile *a* hidrófilo, a.
hyène *f* hiena.
hygi/ène *f* higiene. **-énique** *a*
higiénico, a.
hymne *m/f* himno *m*.
hypertension *f* hipertensión.
hypertrophie *f* hipertrofia.
hypno/se *f* hipnosis. **-tiser** *t*
hipnotizar. **-tisme** *m* hipnotismo.
hypocri/sie *f* hipocresía. **-te** *a/s*
hipócrita.
hypoth/èque *f* hipoteca. **-équer**
° *t* hipotecar.
hypoth/èse *f* hipótesis. **-étique**
a hipotético, a.
hystér/ie *f* histeria. **-ique** *a/s*
histérico, a.

I

i *m* i *f* : *un* —, una i.
ibère *a/s* ibero, a.
ibérique *a* ibérico, a.
ibis *m* ibis *f*.
iceberg [isbɛʀg] *m* iceberg.
ici *adv* aquí. I *ici-bas*, en este bajo mundo ; *d'* — *demain*, de aquí a mañana ; *d'* — *là*, de aquí allá ; *d'* — *peu*, dentro de poco.
icône *f* icono *m*.
idéal, e *a/m* ideal. **-isme** *m* idealismo. **-iste** *s* idealista.
idée *f* idea. I *quelle drôle d'* —!, ¡qué ocurrencia! ; *j'ai* — *que*, me parece que ; *il m'est venu à l'* — *de...*, se me ha ocurrido... ; *faire à son* —, obrar a su antojo.
identifi/er *t* identificar. **-cation** *f* identificación.
identique *a* idéntico, a.
identité *f* identidad.
idéologie *f* ideología.
idiome *m* idioma.
idiot, e *a/s* idiota. I *faire l'* —, hacer el tonto. **-ie** [idjɔsi] *f* idiotez.
idiotisme *m* idiotismo.
idol/e *f* ídolo *m*. **-âtre** *a/s* idólatra. **-âtrie** *f* idolatría.
idyll/e *f* idilio *m*. **-ique** *a* idílico, a.
if *m* tejo.
igloo [iglu] *m* iglú.
ignare *a/s* ignorante, ignaro, a.
ignifuge [ignifyʒ] *a* ignífugo, a.
ignoble *a* innoble.
ignominie *f* ignominia.
ignor/er *t* ignorar, desconocer : *on ignore les causes de l'incendie*, se desconocen las causas del incendio. **-ance** *f* ignorancia. **-ant, e** *a/s* ignorante.
il, ils *pron pers* él, ellos (généralement omis, servent à

insister : — *est maçon*, es albañil ; *ils sont jeunes*, son jóvenes). ☐ *pron impers* (ne. se traduit pas) — *pleut*, llueve ; — *paraît que*, parece que.
île *f* isla.
illégal, e *a* ilegal. **-ité** *f* ilegalidad.
illégitime *a* ilegítimo, a.
illettré, e *a/s* iletrado, a, analfabeto, a.
illicite *a* ilícito, a.
illimité, e *a* ilimitado, a.
illisible *a* ilegible.
illogique *a* ilógico, a.
illumin/er *t* iluminar. **-ation** *f* iluminación.
illus/ion *f* ilusión : *se faire des illusions*, forjarse ilusiones. **-ionner (s')** *pr* ilusionarse. **-ionniste** *s* ilusionista. **-oire** *a* ilusorio, a.
illustrateur *m* ilustrador.
illustration *f* ilustración.
illustre *a* ilustre.
illustré *m* tebeo.
illustrer *t* ilustrar. ☐ *s'* —, ilustrarse.
îlot *m* 1 islote. 2 (de maisons) manzana *f*.
imag/e *f* 1 imagen. 2 (illustration) estampa, estampita : — *pieuse*, estampa religiosa. I — *d'Épinal*, aleluya. **-é, ée** *a* rico, a en imágenes, gráfico, a.
imagin/er *t* imaginar. ☐ *s'* —, imaginarse, figurarse. **-aire** *a* imaginario, a. **-atif, ive** *a* imaginativo, a. **-ation** *f* imaginación.
imbattable *a* invencible.
imbécil/e *a/s* imbécil. **-ité** *f* imbecilidad.
imberbe *a* imberbe.

imbiber *t* empapar, embeber : — *d'eau*, empapar en agua.

imbroglio [ɛ̃bʀɔljo] *m* embrollo, lío.

imbu, e *a* — *de*, imbuído, a de. I — *de soi-même*, pagado de sí mismo.

imbuvable *a* no potable.

imit/er *t* imitar. **-ateur, trice** *s* imitador, a. **-ation** *f* imitación.

immaculé, e *a* inmaculado, a.

immangeable [ɛ̃mɑ̃ʒabl] *a* incomible.

immanquable [ɛ̃mɑ̃kabl] *a* infalible.

immatricul/er *t* matricular. **-ation** *f* matrícula. I *plaque d'* —, matrícula.

immédiat *a* inmediato, a. **-ement** *adv* inmediatamente.

immens/e *a* inmenso, a. **-ité** *f* inmensidad.

immer/ger ° *t* sumergir. **-sion** *f* inmersión.

immeuble *a* inmueble. □ m *un — de six étages*, una casa de seis pisos.

immigr/er *i* inmigrar. **-ant, e** *a/s* inmigrante. **-ation** *f* inmigración.

immin/ent, e *a* inminente. **-ence** *f* inminencia.

immiscer (s') ° *pr* inmiscuirse.

immobile *a* inmóvil.

immobilier, ère *a* inmobiliario, a. I *société inmobilière*, inmobiliaria.

immobil/iser *t* inmovilizar. **-isation** *f* inmovilización. **-ité** *f* inmobilidad.

immodéré, e *a* inmoderado, a.

immoler *t* inmolar.

immond/e *a* inmundo, a. **-ices** *f pl* inmundicias.

immoral, e *a* inmoral.

immort/aliser *t* inmortalizar. **-alité** *f* inmortalidad. **-el, elle** *a* inmortal. □ *f* (plante) siempreviva.

immuable *a* inmutable.

immun/iser *t* inmunizar. **-ité** *f* inmunidad.

impact [ɛ̃pakt] *m* impacto.

impair, e *a* impar : *nombres impairs*, números impares. □ *m* desacierto.

impalpable *a* impalpable.

impardonnable *a* imperdonable.

imparfait, e *a* imperfecto, a. □ *m* (temps) pretérito imperfecto.

impartial, e [ɛ̃paʀsjal] *a* imparcial. **-ité** *f* imparcialidad.

impasse *f* callejón *m* sin salida.

impassib/le *a* impasible. **-ilité** *f* impasibilidad.

impati/ence [ɛ̃pasjɑ̃s] *f* impaciencia. **-ent, e** *a/s* impaciente. **-enter** *t* impacientar. □ *s'* —, impacientarse.

impayable [ɛ̃pɛjabl] *a* FAM graciosísimo, a, la monda.

impeccable *a* impecable.

impénétrable *a* impenetrable.

impénitent, e *a* impenitente.

impensable *a* increíble.

impératif, ive *a/m* imperativo, a.

impératrice *f* emperatriz.

imperceptible *a* imperceptible.

imperfection *f* imperfección.

impérial, e *a/f* imperial. **-isme** *m* imperialismo. **-iste** *a/s* imperialista.

impérieux, euse *a* imperioso, a.

impérissable *a* imperecedero, a.

imperméab/le *a/m* impermeable. **-iliser** *t* impermeabilizar.

impersonnel, elle *a* impersonal.

impertin/ent, e *a/s* impertinente. **-ence** *f* impertinencia.

imperturbable *a* imperturbable.

impétu/eux, euse *a* impetuoso, a. **-osité** *f* impetuosidad.

impi/e *a/s* impío, a. **-été** *f* impiedad.

impitoyable [ɛ̃pitwajabl] *a* despiadado, a.

implacable *a* implacable.

implanter *t* implantar.

implicite *a* implícito, a.

impliquer *t* implicar.

implorer *t* implorar.

impoli, e *a* descortés, mal educado, a. **-ment** *adv* descortésmente. **-tesse** *f* descortesía, falta de educación.

impondérable *a/m* imponderable.

impopul/aire *a* impopular. **-arité** *f* impopularidad.

import/ance *f* importancia : *attacher de l' — à*, dar importancia a ; *ça n'a aucune —*, no tiene ninguna importancia. I *d' —*, importante. **-ant, e** *a* importante. I *faire l' —*, darse tono.

¹**import/er** *t* importar. **-ateur, trice** *a/s* importador, a. **-ation** *f* importación.

²**importer** *i* importar : *il importe que...*, importa que... ; *peu importe*, no importa. I *n'importe qui*, cualquiera ; *n'importe quoi*, cualquier cosa ; *n'importe comment*, de cualquier modo ; *n'importe où*, en cualquier lugar ; *n'importe quand*, en cualquier momento.

importun, e *a/s* importuno, a. **-er** *t* importunar.

imposant, e *a* impotente.

impos/er *t* **1** imponer : *il nous a imposé ses conditions*, nos impuso sus condiciones ; *— le respect, le silence, les mains*, imponer respeto, silencio, las manos. **2** (taxer) gravar con un impuesto. **3** *en —*, imponer, impresionar. □ *pr* **1** imponerse. **2** *cette visite ne s'impose pas*, esta visita no es indispensable. **-ition** *f* imposición.

impossib/le *a* imposible. □ *m faire l' —*, hacer lo imposible. **-ilité** *f* imposibilidad.

impost/eur *m* impostor, a. **-ure** *f* impostura.

impôt |ɛ̃po| *m* impuesto.

impotent, e *a* baldado, a, tullido, a.

impracticable *a* **1** impracticable. **2** (chemin) intransitable.

imprécation *f* imprecación.

imprécis, e *a* impreciso, a. **-ion** *f* imprecisión.

imprégner ° *t* impregnar.

imprenable *a* inexpugnable.

imprésario *m* empresario, apoderado.

impression *f* **1** impresión : *il m'a fait bonne —*, me ha causado buena impresión ; *quelles sont vos impressions ?*, ¿cuáles son sus impresiones ? ; *j'ai l' — que...*, tengo la impresión de que... **2** *fautes d' —*, errores de imprenta.

impressionn/er *t* impresionar. **-able** *a* impresionable. **-ant, e** *a* impresionante. **-isme** *m* impresionismo.

imprévisible *a* imprevisible.

imprévoy/ant, e [ɛ̃prevwajã, ãt] *a/s* imprevisor, a. **-ance** *f* imprevisión.

imprévu, e *a/m* imprevisto, a.

imprimé *m* **1** (publication) impreso. **2** (tissu) estampado.

imprim/er *t* **1** imprimir. **2** (tissu) estampar. **-erie** *f* imprenta. **-eur** *m* impresor.

improbab/le *a* improbable. **-ilité** *f* improbabilidad.

improductif, ive *a* improductivo, a.

impromptu, e [ɛ̃prɔ̃pty] *a* improvisado, a. □ *adv* improvisadamente. □ *m* improvisación *f*.

impropr/e *a* impropio, a. **-iété** *f* impropiedad.

improvis/er *t* improvisar. **-ation** *f* improvisación.

improviste (à l') *loc adv* de improviso.

imprud/ent, e *a* imprudente. **-emment** *adv* imprudentemente. **-ence** *f* imprudencia.

impudence *f* impudencia.

impudique *a* impúdico, a.

impuiss/ant, e *a* impotente. **-ance** *f* impotencia.

impuls/ion *f* impulso *m*. I *sous l'*

— *de la colère*, impulsado por la ira. **-if, ive** a/s impulsivo, a.

impun/i, e a impune. **-ément** adv impunemente.

impur, e a impuro, a. **-eté** f impureza.

imput/er t imputar. **-able** a imputable.

imputrescible a imputrescible.

inabordable a inabordable.

inacceptable a inaceptable.

inaccessible a inaccesible, inasequible.

inaccoutumé, e a desacostumbrado, a, insólito, a.

inachevé, e a sin acabar, incompleto, a.

inact/if, ive a inactivo, a. **-ion** f inacción. **-ivité** f inactividad.

inadapté, e a/s inadaptado, a.

inadmissible a inadmisible.

inadvertance (par) loc adv por inadvertencia.

inaliénable a inalienable.

inaltérable a inalterable.

inamovible a inamovible.

inanimé, e a inanimado, a.

inanition f inanición.

inaperçu, e a passer —, pasar inadvertido, a.

inapplicable a inaplicable.

inappréciable a inapreciable.

inapt/e a — à, no apto, a, incapaz, inútil para. **-itude** f incapacidad.

inarticulé, e a inarticulado, a.

inattaquable a inatacable.

inattendu, e a inesperado, a.

inattent/ion f descuido m, distracción. I faute d' —, descuido m. **-if, ive** a distraído, a.

inaudible a inaudible.

inaugur/er t inaugurar. **-al, e** a inaugural. **-ation** f inauguración.

inavouable a inconfesable, vergonzoso, a.

inca a incaico, a. □ s Inca.

incalculable a incalculable.

incandescent, e a incandescente.

incantation f hechizo m.

incapa/ble a/s incapaz : des dirigeants incapables, unos dirigentes incapaces. **-cité** f incapacidad.

incarcér/er ° t encarcelar. **-ation** f encarcelamiento m.

incarn/er t encarnar. **-ation** f encarnación.

incartade f extravagancia, locura.

incassable a irrompible.

incendi/e m incendio. **-aire** a/s incendiario, a. **-er** t incendiar.

incert/ain, e a incierto, a, dudoso, a. **-itude** f incertidumbre.

incessamment adv muy pronto.

incessant, e a incesante.

inceste m incesto.

incidemment [ɛ̃sidamã] adv incidentalmente.

incident m incidente.

incinér/er ° t incinerar. **-ation** f incineración.

inciser t hacer una incisión en.

incisif, ive a incisivo, a. □ f (dent) incisivo m.

incision f incisión.

incit/er t incitar. **-ation** f incitación.

inclin/er t inclinar. □ s' —, inclinarse. **-aison** f inclinación. **-ation** f inclinación.

incl/ure ° t incluir. **-us, e** a incluso, a. I jusqu'à jeudi —, hasta el jueves inclusive; la note ci-incluse, la nota adjunta; ci-inclus notre facture, adjunta nuestra factura. **-usion** f inclusión. **-usivement** adv inclusive.

incognito [ɛ̃kɔɳito] m incógnito. I voyager —, viajar de incógnito.

incohér/ent, e a incoherente. **-ence** f incoherencia.

incolore a incoloro, a.

incomber i/impers incumbir : il incombe au notaire de..., incumbe al notario...

incombustible a incombustible.

incommensurable *a* incommensurable.

incommode *a* incómodo, a.

incommoder *t* incomodar, molestar. I *être incommodé*, estar indispuesto.

incomparable *a* incomparable.

incompatib/le *a* incompatible. **-ilité** *f* incompatibilidad.

incompét/ent, e *a* incompetente. **-ence** *f* incompetencia.

incomplet, ète *a* incompleto, a.

incompréhensible *a* incomprensible.

incompréhens/ion *f* incomprensión. **-if, ive** *a* incomprensivo, a.

incompris, e *a/s* incomprendido, a.

inconcevable *a* inconcebible.

inconciliable *a* inconciliable.

inconditionnel, elle *a/s* incondicional.

inconduite *f* mala conducta.

inconfort *m* incomodidad *f*. **-able** *a* inconfortable.

incongru, e *a* incongruente. **-ité** *f* incongruencia.

inconnu, e *a/s* desconocido, a.

inconsci/ent *a* inconsciente. **-emment** [ĕkɔ̃sjamã] *adv* inconscientemente. **-ence** *f* inconsciencia.

inconsistant, e *a* inconsistente.

inconsolable *a* inconsolable.

inconst/ant, e *a* inconstante. **-ance** *f* inconstancia.

incontestable *a* incontestable.

incontesté, e *a* indiscutido, a.

incontinence *f* incontinencia.

inconvenant, e *a* inconveniente.

inconvénient *m* inconveniente. I *les inconvénients du métier*, los gajes del oficio.

incorpor/er *t* incorporar. **-ation** *f* incorporación.

incorrect, e *a* incorrecto, a. **-ion** *f* incorrección.

incorrigible *a* incorregible.

incorruptible *a* incorruptible.

incrédul/e *a/s* incrédulo, a. **-ité** *f* incredulidad.

increvable *a* **1** *un pneu* —, un neumático que no se pincha. **2** FAM incansable, infatigable.

incriminer *t* incriminar.

incroyable [ĕkʀwajabl] *a* increíble.

incroyant, e [ĕkʀwajã, ãt] *a/s* incrédulo, a.

incrust/er *t* incrustar. □ *s'*—, incrustarse. **-ation** *f* incrustación.

incubat/ion *f* incubación. **-eur** *m* incubadora *f*.

inculp/er *t* inculpar. **-ation** *f* inculpación. **-é, ée** *s* procesado, a, reo, a.

inculquer *t* inculcar.

inculte *a* inculto, a.

incurable *a/s* incurable.

incurie *f* incuria.

incursion *f* incursión.

Inde *n p f* India.

indéc/ent, e *a* indecente. **-ence** *f* indecencia.

indéchiffrable *a* indescifrable.

indécis, e *a/s* indeciso, a.

indéfendable *f* indefendible.

indéfini, e *f* indefinido, a. **-ssable** *f* indefinible.

indéfrisable *f* permanente.

indélébile *a* indeleble.

indélicat, e *a* indelicado, a. **-esse** *f* falta de delicadeza.

indémaillable *a* indesmallable.

indemne [ĕdɛmn] *a* indemne.

indemnis/er *t* indemnizar. **-ation** *f* indemnización.

indemnité *f* **1** indemnización. **2** (de déplacement, parlementaire) dietas *pl*.

indéniable *a* innegable.

indépend/ant, e *a* independiente. **-amment** *adv* independientemente. **-ance** *f* independencia.

indescriptible *a* indescriptible.
indésirable *a/s* indeseable.
indestructible *a* indestructible.
indéterminé, e *a* indeterminado, a.
index [ɛ̃dɛks] *m* indice.
indicateur, trice *a/m* indicador, a : *poteau —*, poste indicador. □ *m* 1 (des chemins de fer) guía *f.* 2 (de police) confidente, soplón.
indicatif, ive *a/m* indicativo, a. □ *m* (radio) sintonía *f.*
indication *f* indicación.
indice *m* 1 (signe) indicio. 2 (nombre) índice : *— d'octane*, índice de octano.
indicible *a* indecible.
indien, enne *a/s* indio, a. □ *f* (toile) indiana.
indiffér/ent, e *a* indiferente. **-ence** *f* indiferencia.
indigence *f* indigencia.
indigène *a/s* indígena.
indigent, e *a/s* indigente.
indigest/e *a* indigesto, a. **-ion** *f* indigestión.
indignation *f* indignación.
indigne *a* indigno, a.
indign/er *t* indignar. □ s' —, indignarse. **-ité** *f* indignidad.
indigo *m* indigo, añil.
indiquer *t* indicar : *je lui ai indiqué un hôtel tranquille*, le indiqué un hotel tranquilo. I *ce traitement est tout indiqué*, este tratamiento conviene perfectamente.
indirect, e *a* indirecto, a.
indiscipliné, e *a* indisciplinado, a.
indiscr/et, ète *a/s* indiscreto, a. **-étion** *f* indiscreción.
indiscutable *a* indiscutible. **-ment** *adv* indiscutiblemente.
indispensable *a* indispensable.
indispos/er *t* indisponer : *la chaleur m'a indisposé*, el calor me ha indispuesto ; *je suis indisposé*, estoy indispuesto. **-ition** *f* indisposición.

indissoluble *a* indisoluble.
indistinct, e [ɛ̃distɛ̃(kt), ɛ̃kt] *a* indistinto, a.
individu *m* individuo. **-alité** *f* individualidad. **-el, elle** *a* individual.
indivisible *a* indivisible.
Indochine *n p f* Indochina.
indol/ent, e *a* indolente. **-ence** *f* indolencia.
indomptable [ɛ̃dɔ̃tabl] *a* indomable.
Indonésie *n p f* Indonesia.
indu, e *a* indebido, a. I *à une heure indue*, a deshora.
indubitable *a* indubitable.
induction *f* inducción.
induire ° *t* inducir : *il nous a induit en erreur*, nos indujo en error.
indulg/ent e *a* indulgente. **-ence** *f* indulgencia.
industrialis/er *t* industrializar. **-ation** *f* industrialización.
industri/e *f* industria. **-el, elle** *a/m* industrial.
industrieux, euse *a* industrioso, a.
inébranlable *a* 1 (personne) inconmovible. 2 (croyance) inquebrantable.
inédit, e *a* inédito, a.
ineffable *a* inefable.
inefficac/e *a* ineficaz. **-ité** *f* ineficacia.
inégal, e *a* desigual : *combats inégaux*, combates desiguales. **-able** *a* inigualable. **-ité** *f* desigualdad.
inélégant, e *a* inelegante.
inéluctable *a* ineluctable.
inept/e *a* inepto, a. **-ie** [inɛpsi] *f* necedad, inepcia.
inépuisable *a* inagotable.
inert/e *a* inerte. **-ie** [inɛrsi] *f* inercia.
inespéré, e *a* inesperado, a.
inestimable *a* inestimable.

inévitable *a* inevitable.

inexact, e |inɛgza(kt)| *a* inexacto, a. **-itude** *f* inexactitud.

inexcusable *a* inexcusable.

inexistant, e *a* inexistente.

inexorable *a* inexorable.

inexpér/ience *f* inexperiencia. **-imenté, e** *a* (personne) inexperto, a.

inexplicable *a* inexplicable.

inexploré, e *a* inexplorado, a.

inexpressif, ive *a* inexpresivo, a.

inexprimable *a* indecible.

inextricable *a* inextricable.

infaillib/le *a* infalible. **-ilité** *f* infalibilidad.

inf/âme *a* infame. **-amie** *f* infamia.

infanterie *f* infantería.

infantil/e *a* infantil. **-isme** *m* infantilismo.

infarctus |ɛ̃faʀktys| *m* infarto.

infatigable *a* infatigable.

infatué, e *a* − *de soi-même*, engreído de sí mismo.

infect, e |ɛ̃fɛkt| *a* infecto, a.

infect/er *t* infectar, inficionar. □ *pr la plaie s'est infectée*, la llaga se ha infectado. **-ieux, euse** *a* infeccioso, a. **-ion** *f* 1 infección. 2 (puanteur) hedor *m*.

inféri/eur, e *a/s* inferior. **-orité** *f* inferioridad.

infernal, e *a* infernal.

infester *t* infestar.

infid/èle *a* infiel. □ *pl les infidèles*, los infieles. **-élité** *f* infidelidad.

infiltr/er (s') *pr* infiltrarse. **-ation** *f* infiltración.

infime *a* ínfimo, a.

infini, e *a/m* infinito, a. I *à l' −*, hasta lo infinito; (indéfiniment) indefinidamente. **-ment** *adv* infinitamente. **-té** *f* infinidad.

infinitésimal, e *a* infinitesimal.

infinitif, ive *a/m* infinitivo.

infirm/e *a/s* impedido, a. **-erie** *f* enfermería. **-ier, ère** *s* enfermero,

a. **-ité** *f* invalidez, achaque *m*.

inflamm/able *a* inflamable. **-ation** *f* inflamación. **-atoire** *a* inflamatorio, a.

inflation *f* inflación. **-niste** *a* inflacionista.

inflexible *a* inflexible.

infliger ° *t* infligir.

influ/ence *f* influencia : *il a eu beaucoup d' − sur son fils*, ha tenido mucha influencia sobre su hijo. **-encer** ° *t* influir sobre. I *se laisser −*, dejarse influenciar. **-ent, e** *a* influyente.

influer *i* − *sur*, influir en : *le climat influe sur la végétation*, el clima influye en la vegetación.

informat/ion *f* información : *informations sportives*, informaciones deportivas. I *bulletin d' −*, parte informativo. □ *pl écouter les informations à la radio*, escuchar las informaciones en la radio. **-ique** *f* informática.

informe *a* informe.

informer *t* informar. □ *s' −*, informarse.

infortun/e *f* infortunio *m*. **-é, ée** *a* infortunado, a.

infraction *f* infracción.

infranchissable *a* infranqueable.

infrarouge *a/m* infrarrojo, a.

infrastructure *f* infraestructura.

infroissable *a* inarrugable.

infructueux, euse *a* infructuoso, a.

infusion *f* infusión.

ingénier (s') *pr* − *à*, ingeniárselas para.

ingénieur *m* ingeniero.

ingéni/eux, euse *a* ingenioso, a. **-osité** *f* ingeniosidad.

ingénu, e *a/s* ingenuo, a. **-ité** *f* ingenuidad.

ingérence *f* injerencia.

ingrat, e *a/s* ingrato, a. I *l'âge −*, la edad del pavo. **-itude** *f* ingratitud.

ingrédient *m* ingrediente.

inguérissable *a* incurable.

ingurgiter *t* engullir.

inhabit/able *a* inhabitable. **-é, ée** *a* deshabitado, a, inhabitado, a.

inhal/er *t* inhalar. **-ation** *f* inhalación.

inhérent, e *a* inherente.

inhospitalier, ère *a* inhospitalario, a.

inhumain, e *a* inhumano, a.

inhum/er *t* inhumar. **-ation** *f* inhumación.

inimaginable *a* inimaginable.

inimitable *a* inimitable.

inimitié *f* enemistad.

ininflammable *a* ininflamable.

inintelligible *a* ininteligible.

ininterrompu, e *a* ininterrumpido, a.

iniquité *f* iniquidad.

initial, e [inisjal] *a/f* inicial.

initiation [inisjasjɔ̃] *f* iniciación.

initiative [inisjativ] *f* iniciativa.

initi/er [inisje] *t* – *à*, iniciar en. □ *s' – à*, iniciarse en. **-é, ée** *s* iniciado, a.

inject/er *t* inyectar. **-ion** *f* inyección.

injur/e *f* injuria. **-ier** *t* injuriar. **-ieux, euse** *a* injurioso, a.

injust/e *a* injusto, a. **-ice** *f* injusticia.

injustifi/able *a* injustificable. **-é, ée** *a* injustificado, a.

inlassable *a* incansable.

inné, e *a* innato, a.

innoc/ent, e *a/s* inocente. **-ence** *f* inocencia.

innombrable *a* inumerable.

innovation *f* inovación.

inoccupé, e *a* desocupado, a.

inoculer *t* inocular.

inodore *a* inodoro, a.

inoffensif, ive *a* inofensivo, a.

inond/er *t* inundar. **-ation** *f* inundación.

inopiné, e *a* inopinado, a.

inopportun, e *a* inoportuno, a.

inoubliable *a* inolvidable.

inouï, e [inwi] *a* inaudito, a.

inoxydable *a* inoxidable.

inqui/et, ète *a* inquieto, a. **-éter** *t* preocupar, inquietar. □ *s' –*, preocuparse : *ne vous inquiétez pas*, no se preocupe. **-étant, e** *a* inquietante. **-étude** *f* inquietud.

inquisit/ion *f* inquisición. **-eur, trice** *a/m* inquisidor, a.

insaisissable *a* 1 que no se puede coger. 2 FIG imperceptible.

insalubre *a* insalubre.

insatiable [ɛ̃sasjabl] *a* insaciable.

inscription *f* 1 inscripción. 2 matrícula : *l' – d'un élève dans une faculté*, la matrícula de un alumno en una facultad ; – *maritime*, matrícula de buques.

inscrire ° *t* 1 inscribir : *inscrivez votre nom*, inscriba su apellido. 2 (un élève) matricular. □ *s' –*, matricularse : *elle s'est inscrite à la faculté de droit*, se ha matriculado en la facultad de derecho.

insect/e *m* insecto. **-icide** *m* insecticida.

insensé, e *a/s* insensato, a.

insensibilis/er *t* insensibilizar. **-ation** *f* insensibilización.

insensib/le *a* insensible. **-ilité** *f* insensibilidad.

inséparable *a* inseparable.

ins/érer ° *t* insertar. **-ertion** *f* inserción.

insidieux, euse *a* insidioso, a.

insigne *a* insigne. □ *m* insignia *f* : *un – honorifique*, una insignia honorífica.

insignifiant, e *a* insignificante.

insinu/er *t* insinuar. □ *s' –*, insinuarse. **-ation** *f* insinuación.

insipide *a* insípido, a.

insist/er *i* – *sur*, insistir en ; *n'insistez pas*, no insista ; – *auprès de quelqu'un*, insistir a alguien. **-ance** *f* insistencia. I *avec –*, insistentemente, con insistencia.

insociable *a* insociable.

insolation *f* insolación.

insol/ent, e *a* insolente. **-ence** *f* insolencia.

insolite *a* insólito, a.

insoluble *a* insoluble.

insolvable *a* insolvente.

insomnie *f* insomnio *m*.

insondable *a* insondable.

insonoris/er *t* insonorizar. **-ation** *f* insonorización.

insouci/ant, e *a* despreocupado, a. **-ance** *f* despreocupación.

insoupçonné, e *a* insospechado, a.

inspect/er *t* inspeccionar. **-eur, trice** *s* inspector, a. **-ion** *f* inspección.

inspir/er *t* inspirar. □ s' — de, inspirarse en. **-ation** *f* inspiración.

instab/le *a* inestable. **-ilité** *f* inestabilidad.

install/er *t* instalar. □ pr *il s'est installé chez moi*, se ha instalado en mi casa. **-ation** *f* instalación.

instamment *adv* encarecidamente.

instance *f* instancia. | *en —*, pendiente.

instant *m* instante : *à chaque —*, a cada instante ; *à l' —*, al instante. | *dans un —*, dentro de un momento ; *pour l'instant*, por el momento, de momento.

instantané, e *a* instantáneo, a. □ *m* (photo) instantánea *f*.

instaurer *t* instaurar.

instiga/tion *f* instigación. **-teur, trice** *s* instigador, a.

instinct [ɛ̃stɛ̃] *m* instinto. | *d' —*, instintivamente. **-if, ive** *a* instintivo, a.

instituer *t* instituir.

institut *m* instituto.

instituteur, trice *s* maestro, a.

institution *f* institución.

instruct/ion *f* instrucción. □ *pl* instrucciones. **-eur** *m* instructor.

-if, ive *a* instructivo, a.

instru/ire ° *t* instruir. □ s' —, instruirse, aprender. **-it, e** *a* instruido, a.

instrument *m* instrumento : *— à cordes, à vent*, instrumento de cuerda, de viento.

insu de (à l') loc prép *à l' — de ses parents*, sin que lo sepan sus padres ; *à mon —*, sin saberlo yo.

insurbordination *f* insurbordinación.

insuccès [ɛ̃syksɛ] *m* fracaso.

insuffis/ant, e *a* insuficiente. **-ance** *f* insuficiencia.

insulaire *a/s* insular.

insult/e *f* insulto *m*. **-er** *t* insultar.

insupportable *a* insoportable.

insurgé, e *a/s* insurrecto, a.

insurger (s') ° *pr* sublevarse.

insurmontable *a* insuperable.

insurrection *f* insurrección.

intact, e [ɛ̃takt] *a* intacto, a.

intarissable *a* inagotable.

intégral, e *a* integral.

int/ègre *a* íntegro, a. **-égrer** *t* integrar. **-égrité** *f* integridad.

intellectuel, elle *a/s* intelectual.

intellig/ent, e *a* inteligente. **-ence** *f* inteligencia. **-ible** *a* inteligible.

intempéries *f pl* intemperie *sing* : *exposé aux —*, expuesto a la intemperie.

intenable *a* insoportable.

intend/ance *f* intendencia. **-ant, e** *s* intendente, intendenta.

intens/e *a* intenso, a. **-if, ive** *a* intensivo, a. **-ifier** *t* intensificar. **-ité** *f* intensidad.

intention *f* 1 intención : *mauvaise —*, mala intención. 2 *quelles sont vos intentions ?*, ¿cuáles son sus propósitos ? ; *j'ai l' — de partir*, tengo la intención, el propósito de marcharme. | *à l' — de*, para ; *à ton —*, por ti ; *dans l' — de*, con intención de.

intentionné, e a *bien, mal* —, bien, mal intencionado, a.

intentionnel, elle a intencional.

intercaler t intercalar.

intercéder ° i interceder.

intercept/er t interceptar. **-ion** f interceptación.

intercession f intercesión.

interchangeable [ɛ̃tɛʀʃɑ̃ʒabl] a intercambiable.

interdiction f interdicción. I — *de stationner*, prohibido aparcar.

inter/dire ° t prohibir : *je vous interdis d'entrer*, le prohibo entrar ; *il est interdit de fumer*, se prohibe fumar. **-dit, e** a 1 prohibido, a : *entrée interdite*, prohibida la entrada. 2 (ébahi) desconcertado, a.

intéress/er t interesar. □ *s' — à*, interesarse por : *il ne s'intéresse à rien*, no se interesa por nada. **-ant, e** a interesante. **-é, ée** a/s interesado, a.

intérêt m interés : *dans l' — de*, en interés de ; *dans ton* —, en interés tuyo ; *avoir — à*, tener interés en ; *intérêts composés*, intereses compuestos. I *porter de l' — à*, interesarse por.

interférence f interferencia.

intérieur, e a interior. □ m 1 interior. I *à l'* —, dentro. 2 (maison) casa f. 3 *ministère de l'* —, ministerio de la Gobernación.

intérim [ɛ̃teʀim] m interinidad f. I *président par* —, presidente interino, accidental. **-aire** a/s interino, a. □ a interino, a, accidental.

interjection f interjección.

interlocuteur, trice s interlocutor, a.

interloquer t desconcertar.

intermède m 1 intermedio. 2 (théâtre) entremés.

intermédiaire a/s intermediario, a. I *par l'* — *de*, por medio de, a través de.

interminable a interminable.

intermitt/ent, e a intermitente. **-ence** f intermitencia.

internat m internado.

international, e a/s internacional : *organismes internationaux*, organismos internacionales.

interne a/s interno, a.

intern/er t internar. **-ement** m reclusión f.

interpeller [ɛ̃tɛʀpele] t interpelar.

interphone m intercomunicador.

interplanétaire a interplanetario, a.

interposer t interponer. □ pr *il s'interposa entre eux*, se interpuso entre ellos.

interprète s intérprete.

interprét/er ° t interpretar. **-ation** f interpretación.

interroga/tion f interrogación. I *point d'* —, signo de interrogación. **-teur, trice** a interrogante. □ s examinador, a. **-tif, ive** a interrogativo, a. **-toire** m interrogatorio.

interroger t interrogar.

interrompre t interrumpir. □ *s'* —, interrumpirse.

interrupt/ion f interrupción. **-eur** m interruptor.

intersection f intersección.

interstice m intersticio.

interurbain m teléfono interurbano.

intervalle m intervalo : *dans l'* —, en el intervalo. I *par intervalles*, de vez en cuando.

interven/ir ° i intervenir : *la police est intervenue rapidement*, la policía intervino rápidamente. **-tion** f intervención.

intervertir t invertir.

interview [ɛ̃tɛʀvju] f interviú m̂, entrevista. **-er** t — *un ministre*, interviuvar a, entrevistarse con un ministro.

intestin m intestino : — *grêle*, intestino delgado ; *gros* —, intestino grueso. **-al, e** a intestinal.

intime *a/s* íntimo, a.

intimider *t* intimidar.

intimidité *f* intimidad : *dans l' —,* en la intimidad.

intituler *t* titular. □ *s' —,* titularse.

intolérable *a* intolerable.

intolér/ant, e *a* intolerante. **-ance** *f* intolerancia.

intonation *f* entonación.

intoxi/quer *t* intoxicar. **-cation** *f* intoxicación.

intraitable *a* intratable, intransigente.

intransig/eant, e *a* intransigente. **-eance** *f* intransigencia.

intransitif, ive *a/m* intransitivo, a.

intrépide *a/s* intrépido, a.

intrigant, e *a/s* intrigante.

intrigu/e *f* 1 intriga. 2 aventura galante. **-er** *i/t* intrigar.

introduction *f* introducción.

introduire ° *t* introducir : *introduisez le jeton dans la fente,* introduzca la ficha en la ranura. □ pr *il s'est introduit dans le salon,* se introdujo en el salón.

introuvable *a* imposible de encontrar.

intrus, use [ẽtRy, yz] *s* intruso, a. **-ion** *f* intrusión.

intuit/ion *f* intuición. **-if, ive** *a/s* intuitivo, a.

inusable *a* inusable.

inutil/e *a/s* inútil. **-isable** *a* inservible. **-ité** *f* inutilidad.

invalide *a/s* inválido, a.

invariable *a* invariable.

invasion *f* invasión.

invective *f* invectiva.

invendable *a* invendible.

inventaire *m* inventario.

invent/er *t* inventar. **-eur, trice** *s* inventor, a. **-ion** *f* 1 invención. 2 (chose inventée) invento *m,* invención : *c'est une — à moi,* es un invento mío.

inverse *a* inverso, a. □ m *l' —,* lo contrario.

invers/er *t* invertir. **-ion** *f* inversión.

invest/ir *t* (des capitaux) invertir. **-issement** *m* inversión *f.*

invétéré, e *a* inveterado, a.

invincible *a* invencible.

inviolable *a* inviolable.

invisible *a* invisible.

invit/er *t* invitar. I *les invités,* los invitados. **-ation** *f* invitación.

invocation *f* invocación.

involontaire *a* involuntario, a.

invoquer *t* invocar.

invraisembl/able *a* inverosímil **-ance** *f* inverosimilitud.

invulnérable *a* invulnerable.

iode *m* yodo.

ionique *a* jónico, a.

Iran *n p m* Irán.

iranien, enne *a/s* iraní.

irascible *a* irascible.

iris [iRis] *m* 1 (de l'œil) iris. 2 (plante) lirio.

irlandais, e *a/s* irlandés, esa.

Irlande *n p f* Irlanda.

iron/ie *f* ironía. **-ique** *a* irónico, a.

irradier *i/t* irradiar.

irrationnel, elle *a* irracional.

irréalisable *a* irrealizable.

irréconciliable *a* irreconciliable.

irréel, elle *a* irreal.

irréfléchi, e *a* irreflexivo, a.

irréfutable *a* irrefutable.

irrégul/arité *f* irregularidad. **-ier, ère** *a* irregular.

irrémédiable *a* irremediable.

irremplaçable *a* insustituible.

irréparable *a* irreparable.

irréprochable *a* irreprochable.

irrésistible *a* irresistible.

irrespectueux, euse *a* irrespetuoso, a.

irrespirable *a* irrespirable.

irresponsable *a* irresponsable.

irrévocable *a* irrevocable.

irrig/uer *t* irrigar, regar. **-ation** *f*

irrigación, riego *m*. I *canal d'—*, acequia *f*.

irrit/er *t* irritar. **-able** *a* irritable. **-ant, e** *a* irritante. **-ation** *f* irritación.

irruption *f* irrupción. I *faire — dans*, irrumpir en.

Isabelle *n p f* Isabel.

islamisme *m* islamismo.

Islande *n p f* Islandia.

isolant, e *a/m* aislante.

isolateur *m* aislador.

isolation *f* aislamiento *m*.

isol/er *t* aislar : *village, cas isolé*, pueblo, caso aislado. **-ement** *m* aislamiento. **-oir** *m* cabina *f*.

Israël *n p m* Israel.

israél/ien, enne *a/s* israelí. **-ite** *a/s* israelita.

issu, e *a* descendiente, nacido, a.

issue *f* **1** salida : *— de secours*, salida de emergencia. **2** fin *m*. I *à l' — de*, al final de.

isthme |ism| *m* istmo.

Italie *n p f* Italia.

italien, enne *a/s* italiano, a.

italique *f* (imprimerie) cursiva.

itinéraire *m* itinerario.

itinérant, e *a* ambulante.

ivoire *m* marfil.

ivraie *f* cizaña.

ivr/e *a* ebrio, a, borracho, a. **-esse** *f* embriaguez. **-ogne** *m* borracho, borrachín.

J

j |ʒi| *m* j *f* : *un* j, una j.
j' ⇒ **je.**
jabot *m* **1** (des oiseaux) buche. **2**
(de chemise) chorrera *f*.
jacasser *i* (parler) cotorrear.
jachère *f* barbecho *m*.
jacinthe |ʒasɛ̃t| *f* jacinto *m*.
Jacques |ʒak| *n p m* Jaime,
Santiago, Diego.
jade *m* jade.
jadis |ʒadis| *adv* antiguamente. I *au
temps —*, en tiempos lejanos.
jaguar |ʒagwaʀ| *m* jaguar.
jaill/ir *i* **1** brotar : *l'eau jaillissait,*
el agua brotaba. **2** surgir.
-issement *m* chorro.
jais |ʒɛ| *m* azabache.
jalon *m* jalón. **-ner** *t* jalonar.
jalouser *t* envidiar.
jalousie *f* **1** envidia. **2** (en amour)
celos *m pl*. **3** (persienne) celosía.
jaloux, ouse *a/s* **1** (envieux)
envidioso, a. **2** (en amour) celoso,
a : *il est — de sa petite sœur,* está
celoso de su hermanita. I *rendre —,*
dar celos.
Jamaïque |ʒamaik| *n p f*
Jamaica.
jamais |ʒamɛ| *adv* nunca : *je n'ai
— vu de corrida,* nunca he visto
una corrida. I *—, au grand —,*
nunca jamás ; *à —,* para siempre ;
si —, si por casualidad ; *— de la
vie !,* ¡ ni hablar !
jambe *f* pierna. I *à toutes jambes,* a
todo correr ; *prendre ses jambes à
son cou,* echar a correr ; FAM *tenir
la — à quelqu'un,* dar la lata a
alguien.
jambon *m* jamón : *— cru, de pays,*
jamón serrano. **-neau** *m*
brazuelo de cerdo.
jante *f* llanta.
janvier *m* enero : *le 1er —,* el (día)

primero de enero.
Japon *n p m* Japón.
japonais, e *a/s* japonés, esa.
japp/er *i* ladrar. **-ement** *m*
ladrido.
jaquette *f* **1** (d'homme) chaqué *f*.
2 (de femme) chaqueta. **3** (de livre)
sobrecubierta.
jardin *m* **1** (d'agrément) jardín. I *—
des plantes,* jardín botánico ; *—
public,* parque. **2** *— potager,*
huerto. **3** *— d'enfants,* jardín de
infancia, guardería *f* infantil.
-age *m* **1** jardinería *f*. **2**
horticultura *f*. **-er** *i* cultivar el
jardín. **-ier, ère** *s* **1** jardinero, a.
2 hortelano, a.
jardinière *f* *— de légumes,*
menestra.
jargon *m* jerga *f*, jerigonza *f*.
jarre *f* tinaja.
jarret *m* **1** (de l'homme) corva *f*. **2**
(de l'animal) corvejón.
jarretelle *f* liga.
jarretière *f* liga.
jaser *i* **1** parlotear, charlar. **2**
(médire) cotillear.
jasmin *m* jazmín.
jaspe *m* jaspe.
jatte *f* cuenco *m*.
jaug/e *f* **1** (d'un navire) arqueo *m*.
2 varilla graduada. **3** indicador *m*
de nivel. **-er** *t* **1** medir la
capacidad de. **2** MAR arquear. **3**
FIG juzgar.
jaun/e *a* amarillo, a. □ *m* **1**
amarillo. **2** *— d'œuf,* yema *f* de
huevo. **3** (ouvrier) esquirol. **4** *rire
—,* reir de dientes para afuera.
-âtre *a* amarillento, a. **-ir** *t*
poner amarillo, a. □ *i* ponerse
amarillo, a, amarillear.
jaunisse *f* ictericia.
javanais, e *a/s* javanés, esa.

Javel (eau de) *f* lejía.

javelliser *t* esterilizar con lejía.

javelot |ʒavlo| *m* **1** (arme) venablo. **2** (sport) jabalina *f*.

jazz |dʒaz| *m* jazz.

je, j' *pron pers* yo (souvent omis, sert à insister : — *suis français*, (yo) soy francés ; *j'ai soif*, tengo sed).

jean [dʒin] *m* **1** (tissu) tejano. **2** pantalón vaquero : *des jeans*, pantalones vaqueros, tejanos.

Jean, Jeanne [ʒɑ̃, ʒan] *n p* Juan, Juana.

jeep |(d)ʒip| *f* jeep *m*.

Jéhovah *n p m* Jehová.

jerrycan |(d)ʒeʀikan| *m* bidón de alrededor de 20 litros.

Jérusalem *n p* Jerusalén.

jésuite *a/m* jesuita.

Jésus |ʒesy| *n p m* Jesús ; *Jésus-Christ*, Jesucristo.

¹jet |ʒɛ| *m* **1** tiro. **2** (d'un liquide, de vapeur) chorro. I — *d'eau*, surtidor ; *du premier —*, a la primera.

²jet [dʒɛt] *m* reactor, avión a reacción.

jetée *f* escollera.

jeter ° *t* **1** tirar : — *une pierre, par terre*, tirar una piedra, al suelo ; *ces vieux journaux sont bons à —*, estos viejos periódicos están para tirarlos. **2** echar : — *l'ancre, les bras autour du cou, un regard*, echar el ancla, los brazos al cuello, una mirada. □ *pr* **1** arrojarse, tirarse, lanzarse : *le chien s'est jeté sur lui*, el perro se arrojó sobre él ; *se — par la fenêtre*, tirarse por la ventana. **2** *le fleuve se jette dans la mer*, el río desemboca en el mar.

jeton *m* ficha *f*.

jeu *m* **1** juego : *jeux de hasard*, juegos de azar. I *un — de carte*, una baraja, un juego de naipes ; — *de mots*, juego de palabras ; *faites vos jeux*, hagan sus apuestas. **2** (d'un acteur) actuación *f*. **3** (d'un mécanisme) juego, holgura *f*.

jeudi *m* jueves.

jeun (à) *loc adv* en ayunas.

jeune *a* **1** joven : *un — professeur*, un profesor joven. I *un — homme*, un joven ; *une — fille*, una joven ; *jeunes gens*, jóvenes. **2** pequeño, a : *mon — frère*, mi hermano pequeño. □ *s* joven : *les jeunes*, los jóvenes.

jeûn/e *m* ayuno. **-er** *i* ayunar.

jeunesse *f* juventud.

joaill/erie |ʒɔajʀi| *f* joyería. **-ier, ère** *s* joyero, a.

joie *f* alegría. I *je me fais une — de...*, me alegro... □ *pl les joies de la vie*, los placeres de la vida.

joindre ° *t* **1** juntar : *elle joignit les mains*, juntó las manos. **2** (quelqu'un) dar con, entrar en contacto con. **3** — *un chèque à une lettre*, acompañar la carta con un cheque. □ *se — à*, unirse con.

joint, e *a* junto, a. I *ci-joint*, adjunto, a. □ *m* junta *f*. **-ure** *f* **1** (des os) coyuntura. **2** junta.

joli, e *a* bonito, a, lindo, a : *une jolie fille*, una chica bonita.

jonc [ʒɔ̃] *m* junco.

joncher *t* sembrar, cubrir.

jonction *f* unión, reunión.

jongl/er *i* hacer juegos malabares. **-erie** *f* juegos *m pl* malabares. **-eur, euse** *s* malabarista.

Joseph |ʒozɛf| *n p m* José.

joue *f* mejilla, carrillo *m*. I *mettre en —*, apuntar ; *en —!*, ¡ apunten !, ¡ armas !

jouer *i* **1** jugar : — *au tennis*, jugar al tenis ; *à moi de —*, ahora juego yo. **2** — *du piano, du violon*, tocar el piano, el violín. **3** (un acteur) actuar. **4** funcionar. **5** — *sur les mots*, andar con equívocos. □ *t* **1** jugar. **2** MUS tocar. **3** (un acteur) representar, interpretar. I — *un rôle*, desempeñar un papel. □ *se — de*, burlarse de.

jouet *m* juguete.

joueur, euse *s* **1** jugador, a. **2** (musique) tocador, a. □ *a* juguetón, ona.

jouflu, e a mofletudo, a.

joug |ʒu| m yugo.

jou/ir i 1 gozar : *il jouit d'une bonne santé*, goza de buena salud. 2 disfrutar : *— du paysage*, disfrutar del paisaje. **-issance** f goce m, disfrute m.

jour m 1 día : *il fait —*, es de día. | *le — se lève*, sale el sol ; *au petit —*, al amanecer ; *donner le — à une fille*, dar a luz una niña. 2 día : *quel — sommes-nous ?*, ¿ qué día es hoy ? | *un beau —*, un buen día ; *de nos jours*, en nuestros días ; *vieux jours*, vejez f sing. 3 aspecto.

journal m 1 periódico. | *— parlé*, diario hablado ; *— télévisé*, telediario. 2 *— intime*, diario íntimo.

journalier, ère a diario, a. □ m *un —*, un jornalero.

journal/isme m periodismo. **-iste** s periodista.

journée f 1 día m : *toute la —*, todo el día. 2 *— de travail*, jornada.

journellement adv diariamente, a diario.

jovial, e a jovial. **-ité** f jovialidad.

joyau |ʒwajo| m joya f.

joyeux, euse |ʒwajø, øz| a 1 alegre. 3 feliz : *— Noël !*, ¡ felices Pascuas !

jubilé m jubileo.

jubiler i regocijarse.

jucher t encaramar.

judaïsme m judaísmo.

judas |ʒyda| f (de porte) mirilla f.

judiciaire a judicial.

judicieux, euse a juicioso, a.

judo m judo.

juge m juez : *— de paix*, juez municipal ; *les juges*, los jueces.

jugé (au) loc adv a bulto.

jugement m 1 juicio. | *— dernier*, juicio final. 2 (sentence) fallo.

jugeote |ʒyʒɔt| f FAM juicio m, caletre m.

juger ° t 1 juzgar. | *à en — par*, a

juzgar por. 2 *jugez de ma surprise*, imagínese mi sorpresa.

jugulaire a *veine —*, vena yugular. □ f carrillera.

juguler a yugular.

juif, ive a/s judío, a.

juillet m julio : *le 14 —*, el 14 de julio.

juin m junio : *le 24 —*, el 24 de junio.

Jules |ʒyl| n p m Julio.

jumeau, elle a/s gemelo, a, mellizo, a : *frères jumeaux*, hermanos gemelos.

jumeler ° t 1 acoplar. 2 (villes) hermanar.

jumelles f pl gemelos m.

jument f yegua.

jup/e f falda : *— droite, plissée*, falda recta, plisada. **-on** m enaguas f pl.

juré a/m jurado.

jurer t/i jurar : *je vous le jure !*, ¡ se lo juro !

juridiction f jurisdicción.

juridique a jurídico, a.

jurisprudence f jurisprudencia.

juron m juramento, taco.

jury m 1 (justice) jurado. 2 (examen) tribunal.

jus |ʒy| m 1 zumo : *— d'orange, de tomate*, zumo de naranja, de tomate. 2 (de viande) jugo. 3 POP café. 4 POP corriente f eléctrica.

jusque prép hasta : *jusqu'à la frontière*, hasta la frontera ; *jusqu'à présent*, hasta ahora ; *jusqu'à ce que tu reviennes*, hasta que vuelvas.

just/e a justo, a. □ adv justo. | *chanter —*, cantar entonado ; *tomber —*, dar en el clavo ; *dix heures —*, las diez en punto ; *au —*, exactamente ; *comme de —*, como es natural. **-ement** adv justamente. **-esse** f exactitud. | *de —*, por los pelos.

justice f justicia : *rendre la —*, administrar justicia ; *rendre — à*,

hacer justicia a.
justifi/er *t* justificar. **-cation** *f* justificación.
jute *m* yute.

juteux, euse *a* jugoso, a.
juvénile *a* juvenil.
juxtapos/er *t* yuxtaponer. **-ition** *f* yuxtaposición.

K

k *m* k *f* : *un* —, una k.
kaki *a/m* caqui.
kangourou *m* canguro.
kaolin *m* caolín.
karaté *m* karate.
képi *m* quepis.
kermesse *f* kermese.
kérosène *m* queroseno.
kidnapper *t* secuestrar.
kilo(gramme) *m* kilo(gramo).
kilo/mètre *m* kilómetro. **-métrique** *a* kilométrico, a.

kilowatt [kilɔwat] *m* kilovatio.
kinésithérapeute *s* kinesiterapeuta.
kiosque *m* quiosco, kiosco : — *à journaux*, quiosco de periódicos.
klaxon [klaksɔn] *m* claxon, bocina *f*. I *coup de* —, claxonazo. **-ner** *i* tocar el claxon.
kleptomane *a/s* cleptómano, a.
knock-out [nɔkawt], **K.-O.** [kao] *m* knock-out.
krach [kʀak]. *m* crac, quiebra *f*.
kyste *m* quiste.

L

l [ɛl] *m* l *f* : *un l*, una l.

¹la *art/pron pers* la. ⇒ **le.**

²la *m* (note) la.

là *adv* **1** (près) ahí, (loin) allí : *c'est —*, ahí está ; *c'est là qu'il s'est marié*, allí se casó ; *de —*, de ahí ; *par —*, por ahí. l *là-bas*, allá ; *là-haut*, allá arriba. **2** *restons-en —*, quedemos en esto. □ interj *oh — —!*, ¡oh!, ¡anda!, ¡ay!

label *m* etiqueta *f*.

labeur *m* trabajo.

laboratin, e *a* auxiliar de laboratorio.

laboratoire *m* laboratorio.

laborieux, euse *a* laborioso, a.

labour, labourage *m* labranza *f*.

labour/er *t* arar. **-eur** *m* labrador.

labyrinthe *m* laberinto.

lac *m* lago.

lacer ⁰ *t — ses chaussures*, atarse los zapatos.

lacérer ⁰ *t* desgarrar.

lacet *m* **1** cordón. **2** *route en lacets*, carretera en zigzag.

lâche *a* (non serré) flojo, a. □ *a/s* (poltron) cobarde.

lâcher *t* **1** soltar : *un ballon*, soltar un globo ; *lâchez-moi!*, ¡suélteme! ; *— une bêtise*, soltar una tontería. **2** FAM (abandonner) plantar. □ *i la poutre a lâché*, se soltó, se rompió la viga ; *ses nerfs ont lâché*, le fallaron los nervios. □ *m un — de pigeons*, una suelta de palomas.

lâcheté *f* cobardía.

laconique *a* lacónico, a.

lacrymogène *a gaz —*, gas lacrimógeno.

lacté, e *a* **1** lácteo, a. l *Voie lactée*, Vía láctea. **2** *farine lactée*, harina lacteada.

lacune *f* laguna.

ladre *a* roñoso, a.

lagune *f* laguna.

laïc, laïque [laik] *a/m* laico, a. **-iser** *t* laicizar. **-ité** *f* laicismo *m*.

laid, e *a* feo, a. **-eur** *f* fealdad.

lain/e *f* lana. **-age** *m* **1** tejido de lana. **2** (vêtement) prenda *f* de lana. **-eux, euse** *a* lanoso, a.

laïque ⇒ **laïc.**

laisse *f* correa, trailla. l *chien en —*, perro atado.

laisser *t* dejar : *laisse-moi tranquille*, déjame en paz ; *laissez-le sortir*, déjele que salga. l *— à penser*, dar que pensar. □ *se — aller*, dejarse, abandonarse ; *se — faire*, dejarse llevar.

laisser-aller *m* abandono, descuido.

laissez-passer *m* pase, permiso de circulación.

lait *m* **1** leche *f* : *— écrémé, condensé*, leche desnatada, condensada. **2** *— de chaux*, lechada *f* de cal. **-age** *m* producto lácteo, leche *f*. **-erie** *f* lechería. **-eux, euse** *a* lechoso, a. **-ier, ère** *a/s* lechero, a : *vache laitière*, vaca lechera.

laiton *m* latón.

laitue *f* lechuga.

laïus [lajys] *m* FAM discurso.

lama *m* (animal) llama *f*.

lambeau *m* jirón : *chemise en lambeaux*, camisa hecha jirones.

lambris *m* revestimiento decorativo.

lam/e *f* **1** (d'instrument coupant) hoja : *— de rasoir*, hoja de afeitar. **2** *— de parquet*, tabla. **3** (vague) ola. **-elle** *f* laminilla.

lamentable *a* lamentable.

lament/er (se) *pr* lamentarse.
-ation *f* lamentación, lamento
m.
lamin/er *t* laminar. **-age** *m*
laminado. **-oir** *m* laminador.
lampadaire *m* 1 (de rue) farola *f*.
2 (d'intérieur) lámpara *f* de pie.
lampe *f* 1 lámpara : — *à pétrole*,
lámpara de petróleo. I — *de poche*,
linterna de bolsillo. 2 (ampoule)
bombilla. 3 (de radio) válvula.
lampion *m* farolillo veneciano.
lamproie *f* lamprea.
lance *f* lanza. I *coup de* —, lanzada
f; — *d'incendie*, lanza.
lancement *m* 1 lanzamiento. 2
(d'un navire) botadura *f*.
lancer ° *t* 1 lanzar, arrojar : — *le
disque, une fusée dans l'espace*,
lanzar el disco, un cohete al espacio. 2 — *un regard*, lanzar, echar
una mirada. 3 — *un produit nouveau, une mode*, lanzar un producto nuevo, una moda. 4 (un
navire) botar. □ *se* —, lanzarse. □
m 1 *pêche au* —, pesca al lanzado.
2 (du disque, du javelot, etc.)
lanzamiento.
lancinant, e *a* lancinante.
landau *m* 1 (d'enfant) cochecito de
niño. 2 landó.
lande *f* landa, páramo *m*.
langage *m* lenguaje.
lange *m* pañal, mantilla *f*.
langoureux, euse *a* lánguido, a.
langoust/e *f* langosta. **-ine** *f*
cigala.
langue *f* 1 lengua : *tirer la* —,
sacar la lengua. I *avoir la* — *bien
pendue*, hablar por los codos ; *je
donne ma* — *au chat*, me rindo. 2
lengua, idioma *m* : *il parle trois
langues*, habla tres idiomas ; —
vivante, lengua viva. I — *verte*,
germanía.
languette *f* lengüeta.
langu/ir *i* 1 languidecer,
consumirse. 2 (conversation) alargarse. **-eur** *f* languidez. **-issant,
e** *a* lánguido, a, mustio, a.

lanière *f* tira.
lanterne *f* 1 linterna. I —
vénitienne, farolillo *m* veneciano.
2 (d'automobile) luz de población.
lapider *t* lapidar, apedrear.
lapin, e *s* 1 conejo, a : — *de
garenne*, conejo de monte. 2 *poser
un* —, dar un plantón.
lapon, e *a/s* lapón, ona.
laps [laps] *m* — *de temps*, lapso de
tiempo.
lapsus [lapsys] *m* lapsus, lapso.
laquais *m* lacayo.
laqu/e *f* laca. **-er** *t* barnizar con
laca.
larbin *m* FAM criado.
larcin *m* hurto.
lard [laʀ] *m* tocino. **-on** *m* pedacito de tocino, torrezno.
larg/e *a* 1 ancho, a : — *trottoir*,
acera ancha. 2 (vêtement) holgado,
a. 3 (ample) amplio, a, extenso, a.
4 (esprit) amplio, a. 5 generoso, a.
□ *m* 1 *six mètres de* —, seis metros
de ancho. 2 MAR *gagner le* —,
hacèrse a la mar ; *au* —, en alta
mar ; *au* — *de Brest*, a la altura de
Brest. **-ement** *adv* 1
ampliamente. 2 generosamente. 3
j'ai — *le temps*, tengo tiempo de
sobras. **-esse** *f* liberalidad. **-eur**
f 1 anchura. 2 (d'esprit) amplitud.
larguer *t* 1 MAR largar. 2 (d'un
avion) lanzar.
larme *f* 1 lágrima. I *pleurer à
chaudes larmes*, llorar a lágrima
viva ; *rire aux larmes*, llorar de
risa. 2 FAM gota.
larm/oyer ° [laʀmwaje] *i*
lagrimear. **-oiement** *m* lagri-
meo.
larve *f* larva.
laryngite [laʀɛ̃ʒit] *f* laringitis.
las, lasse [la, las] *a* cansado, a.
lascif, ive *a* lascivo, a.
laser [lazɛʀ] *m* láser.
lass/er *t* cansar. **-ant, e** *a* cansado, a. **-itude** *f* cansancio *m*.

lasso *m* lazo.

latent, e *a* latente.

latéral, e *a* lateral.

latin, e *a/s* latino, a. □ *m* (langue) latín. | — *de cuisine*, latín macarrónico; *j'y perds mon* —, no veo nada claro en esto.

latitude *f* latitud.

latrines *f pl* letrina *sing.*

latte *f* tabla.

lauréat, e *a/s* laureado, a.

Laurent *n p m* Lorenzo.

laurier *m* 1 laurel. 2 *laurier-rose*, adelfa *f.*

Lausanne *n p* Lausana.

lavabo *m* lavabo.

lavage *m* lavado.

lavande *f* espliego *m.*

lave *f* lava.

lave-glace *m* lavaparabrisas.

lavement *m* lavativa *f.*

lav/er *t* 1 lavar. 2 — *la vaisselle*, fregar los platos. □ *se* —, lavarse. **-erie** *f* lavandería. **-ette** *f* estropajo *m.* **-eur, euse** *s* lavador, a. **-is** *m* aguada *f.* **-oir** *m* lavadero.

lave-vaisselle *m* lavavajillas.

laxatif, ive *a/m* laxante.

layette [lɛjɛt] *f* canastilla de recién nacido.

Lazare *n p m* Lázaro.

lazzi [la(d)ʒi] *m* burla *f.*

le, la, les, l' *art* el, la, los, las : — *père, la mère et l'enfant*, el padre, la madre y el niño; *les garçons et les filles*, los chicos y las chicas. □ *pron pers* lo, le, la, les, las, los : *je le sais*, ya lo sé; *dis-le moi*, dímelo; *je le connais*, le conozco; *je l'ai vue*, la he visto; *en la voyant*, viéndola; *il les montra du doigt*, los señalo con el dedo.

leader [lidœʀ] *m* líder.

lécher ° *t* lamer. | FIG — *les bottes à, de quelqu'un*, hacer la pelotilla a alguien; — *les vitrines*, mirar los escaparates. □ *se* —, lamerse. | *s'en* — *les doigts, les babines*, relamerse

de gusto.

leçon *f* lección : *les leçons*, las lecciones.

lecteur, trice *s* lector, a.

lecture *f* lectura.

légal, e *a* legal. **-ement** *adv* legalmente. **-iser** *t* legalizar. **-ité** *f* legalidad.

légat *m* legado.

légataire *s* legatario, a.

légation *f* legación.

légend/e *f* 1 leyenda. 2 (d'une image, photo) pie *m.* **-aire** *a* legendario, a.

lég/er, ère *a* 1 ligero, a. 2 (peu grave) leve. 3 *à la légère*, a la ligera. **-èrement** *adv* ligeramente. **-èreté** *f* ligereza.

légion *f* legión. **-naire** *m* legionario.

législa/teur, trice *a/s* legislador, a. **-tif, ive** *a* legislativo, a. **-tion** *f* legislación. **-ture** *f* legislatura.

légiste *m* legista. | *médecin* —, médico forense.

légitim/e *a* legítimo, a : *en état de* — *défense*, en legítima defensa. **-ité** *f* legitimidad.

legs [lɛg] *m* legado.

léguer ° *t* legar.

légume *m* verdura *f* : *manger des légumes*, comer verdura; *légumes verts*, verduras. | *légumes secs*, legumbres *f.* □ *f* FAM *une grosse* —, un pez gordo.

lendemain *m* día siguiente : *le* — *matin*, el día siguiente por la mañana.

lent, e *a* lento, a. **-eur** *f* lentitud.

lentille *f* 1 lenteja. 2 (en optique) lente.

Léon *n p m* León.

léopard *m* leopardo.

lèpre *f* lepra.

lépreux, euse *a/s* leproso, a.

lequel, laquelle, lesquels, lesquelles *pron rel* el cual, la cual, los cuales, las cuales. □ *pron interr* cuál, cuales : — *préfères-tu ?*, ¿ cuál te gusta más ?

les ⇒ **le.**

léser ° *t* perjudicar.

lésiner *i* escatimar, cicatear.

lésion *f* lesión.

lesquels ⇒ **lequel.**

lessiv/e *f* 1 (poudre) detergente *m*. 2 *faire la —*, hacer la colada. 3 (linge) ropa. **-er** *t* lavar.

lest [lεst] *m* lastre.

leste *a* 1 ligero, a, ágil. 2 (osé) atrevido, a, libre.

létharg/ie *f* letargo *m*. **-ique** *a* letárgico, a.

lettre *f* 1 letra : *écrire en toutes lettres*, escribir con todas las letras ; *au pied de la —*, al pie de la letra. 2 carta : *répondre à une —*, contestar una carta ; *— recommandée*, carta certificada. 3 *— de change*, letra de cambio ; *— de crédit*, carta de crédito. □ *pl* letras.

lettré, e *a/s* erudito, a.

leucémie *f* leucemia.

¹leur *a poss* su : *leurs cousins*, sus primos. I *le —, la —, les leurs*, el suyo, la suya, los suyos.

²leur *pron pers* 1 les : *je demandai*, les pregunté. 2 (+ autre pronom de la 3ᵉ personne) se : *je le — dirai*, se lo diré.

leurr/e *m* señuelo. **-er** *t* embaucar. □ *se —*, hacerse ilusiones.

levain *m* levadura *f*.

levant *a soleil —*, sol naciente. □ *m* levante.

levé, e *a* 1 *vote à main levée*, votación a mano alzada. 2 *au pied —*, sin preparación.

levée *f* 1 levantamiento *m*. 2 (du courrier) recogida. 3 (aux cartes) baza. 4 *— de boucliers*, protesta general.

¹lever ° *t* 1 levantar. 2 (le courrier) recoger. 3 (les impôts) percibir. □ *i* (la pâte) fermentar. □ *pr* 1 levantarse : *je me suis levé à six heures*, me he levantado a las seis. 2 salir : *le soleil se lève*, sale el sol.

²lever *m* 1 *à son —*, al levantarse de la cama. 2 *le — du soleil*, la salida del sol. 3 *le — du rideau*, la subida del telón.

levier *m* palanca *f*.

lèvre *f* labio *m*. I *du bout des lèvres*, con desgana.

lévrier *m* galgo.

levure *f* levadura.

lexique *m* léxico.

lézard *m* lagarto. **-e** *f* grieta. **-er** *t* (crevasser) agrietar. □ *i* FAM tomar el sol.

liaison *f* 1 enlace *m*, conexión. 2 (entre personnes) relación. 3 (aérienne, etc.) conexión.

liane *f* bejuco *m*, liana.

liant, e *a* sociable.

liasse *f* 1 (de billets) fajo *m*. 2 (de papiers) legajo *m*.

Liban *n p m* Líbano.

libell/er *t* redactar. **-é** *m* redacción *f*.

libellule *f* libélula.

libéral, e *a* liberal. **-isme** *m* liberalismo. **-ité** *f* liberalidad.

libér/er ° *t* 1 libertar. 2 (d'une obligation) librar. 3 *— de l'énergie*, liberar energía. **-ateur, trice** *a/s* libertador, a. **-ation** *f* liberación.

liberté *f* 1 libertad : *en toute —*, con toda libertad ; *je prends la — de...*, me tomo la libertad de... 2 *prendre des libertés*, tomarse libertades.

libertin, e *a/s* libertino, a.

librair/e *s* librero, a. **-ie** *f* librería.

libre *a* libre : *taxi !, vous êtes — ?*, ¡ taxi !, ¿ está libre ?

libre-échange *m* libre cambio.

libre-service *m* autoservicio.

Libye *n p f* Libia.

licenc/e *f* 1 licencia. 2 (universitaire) licenciatura. **-ié, e** *s* licenciado, a.

licenci/er *t* licenciar, despedir. **-ement** *m* 1 (renvoi) despido. 2 (de soldats) licenciamiento.

licencieux, euse *a* licencioso, a.

lichen [likɛn] *m* liquen.

licite *a* lícito, a.

licou *m* cabestro.

lie [li] *f* hez, heces *pl*.

liège *m* corcho.

Liège *n p* Lieja.

lien *m* 1 ligadura *f*, atadura *f*. 2 FIG lazo, vínculo : — *de parenté*, vínculo de parentesco.

lier *t* 1 atar, ligar. 2 — *une sauce*, espesar, ligar una salsa. 3 — *amitié, conversation*, trabar amistad, conversación. □ *se* — *avec quelqu'un*, ligarse con alguien. I *ils sont très liés*, están muy unidos.

lierre *m* hiedra *f*.

lieu *m* 1 lugar. I *au* — *de*, en lugar de; *en dernier* —, por último; *avoir* —, tener lugar, celebrarse, verificarse; *donner* — *à*, dar motivos para; *tenir* — *de*, servir de. 2 — *commun*, lugar común, tópico. □ pl *les Lieux Saints*, los Santos Lugares.

lieue *f* legua.

lieutenant *m* teniente.

lièvre *m* liebre *f*.

liftier *m* ascensorista.

ligament *m* ligamento.

ligature *f* ligadura.

lignage *m* linaje.

ligne *f* 1 línea : — *droite, téléphonique*, línea recta, telefónica; *garder la* —, guardar la línea. 2 (de la main) raya. 3 (pour la pêche) sedal *m*. I *pêcher à la* —, pescar con caña. 4 fila : *en* — *pour le départ!*, ¡en fila para la salida! 5 *hors* —, fuera de serie; *entrer en* — *de compte*, entrar en cuenta.

lignée *f* descendencia.

lignite *m* lignito.

ligoter *t* atar de pies y manos.

ligue *f* liga.

lilas *m* lila *f*. □ *a* (couleur) lila.

lilliputien, enne *a/s* liliputiense.

lima/ce *f* babosa. **-çon** *m* caracol.

limaille *f* limaduras *pl*.

limande *f* platija.

lim/e *f* lima : — *à ongles*, lima de uñas. **-er** *t* limar.

limier *m* sabueso.

limitation *f* limitación.

limit/e *f* límite *m* : — *d'âge*, límite de edad; *dépasser les limites*, rebasar los límites. □ *a date, prix* —, fecha, precio tope; *cas* —, caso extremo. **-er** *t* limitar. **-rophe** *a* limítrofe.

limoger ° *t* FAM destituir.

limon *m* limo, légamo.

limonade *f* gaseosa.

limpid/e *a* límpido, a. **-ité** *f* limpidez.

lin *m* lino. I *huile de* —, aceite de linaza.

linceul *m* sudario.

linge *m* 1 ropa *f*. I *laver le* —, lavar la ropa. I — *de corps*, ropa interior; — *de maison*, ropa de casa; — *de table*, mantelería *f*. 2 *essuyer avec un* — *doux*, secar con un trapo suave. **-rie** *f* lencería.

lingot *m* lingote.

linguist/e *s* lingüista. **-ique** *a/f* lingüístico, a.

linoléum [linɔleɔm] *m* linóleo.

linotte *f* pardillo *m*. I *tête de* —, cabeza de chorlito.

linotypiste *m* linotipista.

linteau *m* dintel.

lion, onne *s* león, ona. **-ceau** *m* leoncillo.

lippe *f* bezo *m*.

liquéfi/er *t* licuar. **-able** *a* licuable.

liqueur *f* licor *m*.

liquidation *f* liquidación.

liquide *a* 1 líquido, a. 2 *argent* —, dinero en efectivo. □ *m* líquido.

liquider *t* liquidar.

liquoreux, euse *a* licoroso, a.

¹lire ° *t* leer : *en lisant mon journal*, leyendo el periódico.

²lire *f* (monnaie) lira.

lis, lys [lis] *m* azucena *f*. I *fleur*

de −, flor de lis.
Lisbonne *n p* Lisboa.
liseron *m* enredadera *f*.
lisible *a* legible.
lisière *f* **1** (d'un bois) linde *m*, lindero *m*. **2** (d'une étoffe) orilla.
lisse *a* liso, a.
lisser *t* **1** alisar. **2** lustrar.
liste *f* lista.
lit |li| *m* **1** cama *f* : − *à deux places*, cama de matrimonio ; − *pliant*, cama plegable ; *se mettre au* −, meterse en la cama ; *garder le* −, guardar cama. **2** (d'une rivière) madre *f*, lecho. **3** (couche) lecho.
litanie *f* letanía.
literie *f* ropa de cama.
lithographie *f* litografía.
litière *f* (dans une étable) cama de paja.
litig/e *m* litigio. **-ieux, euse** *a* litigioso, a.
litre *m* litro.
littéraire *a* literario, a.
littéral, e *a* literal.
littérature *f* literatura.
littoral, e *a/m* litoral.
liturg/ie *f* liturgia. **-ique** *a* litúrgico, a.
livide *a* lívido, a.
livraison *f* **1** entrega : *payable à la* −, pagadero a la entrega. **2** − *à domicile*, reparto *m* a domicilio. | *prendre* − *de*, recoger.
¹livre *m* libro : − *de poche*, libro de bolsillo.
²livre *f* (monnaie) libra.
livrée *f* librea.
livrer *t* **1** entregar. **2** − *le vin à domicile*, repartir el vino a domicilio. **3** (un secret) revelar. **4** − *bataille*, batallar. □ *se* − *à*, entregarse a.
livret *m* **1** − *de caisse d'épargne, scolaire*, cartilla *f* de caja de ahorros, de escolaridad. **2** − *de famille*, libro de familia. **3** (opéra) libreto.

livreur *m* repartidor.
lobe *m* lóbulo.
local, e *a/m* local. **-iser** *t* localizar. **-ité** *f* localidad.
locat/ion *f* **1** alquiler *m* : *voiture en* −, coche de alquiler. **2** − *d'une place*, reserva de una localidad. | *bureau de* −, contaduría. **-aire** *s* inquilino, a.
lock-out |lɔkawt| *m* cierre patronal.
locomotive *f* locomotora.
locution *f* locución.
loge *f* **1** (de concierge) portería. **2** (théâtre) palco *m*. | *être aux premières loges*, estar en primera fila. **3** (d'acteur) camarín *m*. **4** (maçonnique) logia.
logement *m* **1** alojamiento. **2** vivienda *f* : *la crise du* −, la crisis de la vivienda ; − *spacieux*, vivienda espaciosa.
loger ° *i* vivir : *il loge chez son frère*, vive en casa de su hermano. □ *t* **1** alojar, albergar. **2** (mettre) alojar, meter.
loggia |lɔdʒja| *f* mirador *m*.
logique *a/f* lógico, a.
logis *m* vivienda *f*, casa *f*.
loi *f* ley : *les lois*, las leyes. | *faire la* −, mandar.
loin *adv* lejos : *au* −, a lo lejos ; *de* −, desde lejos. | *de* − *en* − de cuando en cuando ; − *de là*, al contrario ; *il ira* −, llegará lejos.
lointain, e *a* lejano, a. □ *m dans le* −, en la lontananza.
loir *m* lirón.
Loire *n p* Loira *m*.
loisir *m* tiempo libre. | *avoir des loisirs*, tener ratos de ocio ; *à* −, sin prisas.
londonien, enne *a/s* londinense.
Londres |lɔ̃dʀ| *n p* Londres.
long, longue *a* largo, a. | *à la longue*, a la larga. □ *m largo* : *dix mètres de* −, diez metros de largo. | *de* − *en large*, de un lado a otro ; *le* − *de*, a lo largo de ; *il est tombé de*

tout son —, se ha caído cuan largo era.

long-courrier a *avion —,* avión de larga distancia.

longer ° *t* 1 costear. 2 bordear.

longitude *f* longitud.

longtemps |lɔ̃tã] *adv* mucho tiempo : *depuis —,* desde hace mucho tiempo.

longue ⇒ **long.**

longueur *f* 1 longitud. 2 (durée) duración. | *à — de journée,* todo el santo día.

longue-vue *f* anteojo *m* de larga vista, catalejo *m*.

lopin *m* parcela *f*.

loquace |lɔkas] *a* locuaz.

loque *f* 1 andrajo *m*. 2 (personne) guiñapo *m*.

loquet *m* picaporte.

loqueteux, euse *a* harapiento, a.

lorgnon *m* lentes *pl*.

lors [lɔʀ] *adv — de,* cuando ; *depuis —,* desde entonces.

lorsque *conj* cuando.

losange *m* rombo.

lot |lo] *m* 1 lote. 2 *le gros —,* el premio gordo.

loterie *f* lotería.

lotion *f* loción.

lot/ir *t* dividir en lotes. | *bien loti,* favorecido por la suerte. **-issement** *m* 1 parcela *f*. 2 urbanización *f*.

lotte *f* rape *m*.

lotus [lɔtys] *m* loto.

louable *a* loable.

louage *m* alquiler.

louange *f* alabanza.

¹**louche** *a* 1 bizco, a. 2 (suspect) turbio, a, sospechoso, a.

²**louche** *f* cucharón *m*.

loucher *i* bizcar.

¹**louer** *t* 1 alquilar : *appartement à —,* piso por alquilar ; *à —,* se alquila. 2 (une place) reservar.

²**louer** *t* alabar : *Dieu soit loué!,* ¡alabado sea Dios! □ *se — de,*

felicitarse de.

Louis, e *n p* Luis, Luisa.

loufoque *a* FAM chiflado, a.

loup |lu] *m* 1 lobo. | *faim de —,* hambre canina ; *froid de —,* frío que pela. 2 (masque) antifaz.

loupe *f* 1 lupa : *regarder à la —,* mirar con la lupa. 2 (tumeur) lobanillo *m*.

louper *t* FAM 1 (rater) fallar. 2 (le train) perder.

lourd, e *a* pesado, a. □ *adv cette valise pèse —,* esta maleta pesa mucho. **-aud, e** *a/s* torpe. **-eur** *f* pesadez.

loutre *f* nutria.

louve *f* loba. **-teau** *m* lobezno, lobato.

louvoyer ° *i* 1 barloventear. 2 FIG andar con rodeos.

loy/al, e |lwajal] *a* leal. **-alisme** *m* fidelidad *f*. **-auté** *f* lealtad.

loyer |lwaje] *m* alquiler.

lu ⇒ **lire.**

lubie *f* capricho *m*.

lubrifi/er *t* lubrificar. **-ant** *m* lubricante.

Luc *n p m* Lucas.

lucarne *f* buhardilla.

lucid/e *a* lúcido, a. **-ité** *f* lucidez.

Lucien, enne *n p* Luciano, a.

lucratif, ive *a* lucrativo, a.

lueur *f* 1 luz. 2 (d'un éclair) fulgor *m*. 3 (d'espoir) vislumbre.

luge *f* pequeño trineo *m*.

lugubre *a* lúgubre.

lui *pron pers* 1 él : *— et sa femme,* él y su mujer ; *c'est — qui...,* es él quien... ; *je pense à —,* pienso en él ; *lui-même,* él mismo. 2 (réfléchi) sí : *il ne pense qu'à —,* sólo piensa en sí. 3 le : *je — demandai,* le pregunté ; *dis-lui de venir,* dile que venga. 4 (+ autre pronom de la 3ᵉ personne) se : *je le — dirai,* yo se lo diré.

lui/re ° *i* lucir, brillar. **-sant, e** *a* 1 brillante. 2 *ver —,* luciérnaga *f*.

lumière *f* luz. | *mettre en —,* poner

de relieve ; *le siècle des lumières*, el siglo de las luces.

lumineux, euse *a* luminoso, a.

lunaire *a* lunar.

lunch |lœ̃ʃ| *m* lunch.

lundi *m* lunes : — *prochain*, el lunes que viene.

lune *f* luna : *pleine* —, luna llena ; *nouvelle* —, luna nueva. I — *de miel*, luna de miel.

luné, e *a bien, mal* —, de buena, de mala luna.

lunette *f* **1** — *d'approche*, anteojo *m* de larga vista. **2** abertura. □ *pl* gafas : *porter des lunettes*, llevar gafas ; *lunettes de soleil*, gafas de sol.

lustre *m* **1** (éclat) lustre. **2** (appareil d'éclairage) araña *f*.

lustrer *t* lustrar.

luth |lyt| *m* laúd.

luthérien, enne *a/s* luterano, a.

lutin *m* duendecillo.

lutrin *m* fascistol.

lutt/e *f* lucha. **-er** *i* luchar. **-eur, euse** *s* luchador, a.

luxe *m* lujo.

Luxembourg |lyksãbuʀ| *n p m* Luxemburgo.

luxueux, euse *a* lujoso, a.

luxure *f* lujuria.

luxuriant, e *a* exuberante, lujuriante.

luzerne *f* alfalfa.

lyc/ée *m* instituto de enseñanza media. **-éen, enne** *s* alumno, a de un instituto.

lymphatique *a* linfático, a.

lyncher *t* linchar.

lynx |lɛ̃ks| *m* lince.

lyre *f* lira.

lyrique *a/f* lírico, a.

lys ⇒ **lis.**

M

m [ɛm] *m* 1 m *f* : *un* —, una m. 2
M. Dumont, Sr. Dumont ; *MM.*,
Señores.

m' ⇒ **me**.

ma *a* mi. ⇒ **mon**.

maboul, e *a* FAM chiflado, a.

macabre *a* macabro, a.

macadam *m* macadam.

macaron *m* mostachón.

macaroni *m* macarrones *pl*.

macédoine *f* macedonia.

macérer ° *t* macerar.

mâcher *t* 1 masticar. 2 *ne pas* —
ses mots, no tener pelos en la
lengua.

machette *f* machete *m*.

machiavélisme [makjavelism] *m*
maquiavelismo.

machin *m* FAM 1 (personne)
fulano. 2 (chose) chisme.

machinal, e *a* maquinal.

machine *f* máquina : — *à vapeur*,
máquina de vapor ; — *à coudre, à
écrire*, máquina de coser, de escribir. I — *à laver*, lavadora.

machine-outil [maʃinuti] *f*
máquina herramienta.

machiniste *m* 1 maquinista. 2
(théâtre) tramoyista.

mâchoire *f* mandíbula.

mâchonner *t* mascullar, mascujar.

maçon *m* albañil. **-nerie** *f*
albañilería.

maculer *t* macular.

madame *f* señora : *merci*, —,
gracias, señora ; — *Dupuis*, la
señora Dupuis, — *la directrice*, la
señora directora ; — *n'est pas là*, la
señora no está, □ *pl mesdames,
messieurs*, señoras y señores.

madeleine *f* magdalena.

mademoiselle [madmwazɛl] *f*

señorita : — *Anne*, la señorita
Ana.

madère *m* vino de Madera.

madone *f* madona.

madrier *m* madero.

madrilène *a/s* madrileño, a.

magasin *m* almacén : *les grands
magasins*, los grandes almacenes.

magazine *m* revista *f* ilustrada.

mage *m* mago.

Magellan *n p m* Magallanes.

magicien, enne *s* mago, a.

mag/ie *f* magia. **-ique** *a* mágico,
a.

magistral, e *a* magistral.

magistrat *m* magistrado. **-ure** *f*
magistratura.

magnanime *a* magnánimo, a.

magnés/ie *f* magnesia. **-ium** *m*
magnesio.

magnét/iser *t* magnetizar . **-ique**
a magnético, a. **-isme** *m*
magnetismo.

magnéto *f* magneto.

magnétophone *m* magnetófono.

magnif/ique *a* magnífico, a.
-icence *f* magnificencia.

magnolia *m* magnolia *f*.

Mahomet *n p m* Mahoma.

mai *m* mayo : *le 2* —, el 2 de mayo.

maigr/e *a* 1 delgado, a, flaco, a. 2
(viande) magro, a : *lard* —, tocino
magro. 3 *jour* —, día de abstinencia. I *faire* —, comer de vigilia. 4
FIG escaso, a, pobre : — *salaire*,
escaso sueldo. □ *m* lo magro,
carne *f* magra. **-eur** *f* delgadez,
flacura. **-elet, ette, -ichon,
onne** *a* delgaducho, a. **-ir** *i*
adelgazar : *il a beaucoup maigri*,
ha adelgazado mucho. I *faire* —,
adelgazar.

mail [maj] *m* paseo público.

maille _f_ malla.

maillet _m_ mazo.

maillon _m_ eslabón.

maillot [majo] _m_ **1** (de cycliste) camiseta _f_, maillot. **2** _— de bain_, bañador, traje de baño. **3** _— de corps_, camiseta _f_.

main _f_ **1** mano : _la — dans la —_, cogidos de la mano ; _à pleines mains_, a manos llenas ; _fait à la —_, hecho a mano ; _avoir sous la —_, tener a mano ; _donner un coup de — à_, echar una mano a ; _en venir aux mains_, venir a las manos ; _haut les mains !_, ¡manos arriba! I _ne pas y aller de — morte_, no andarse con chiquitas. **2** _homme de —_, pistolero. **3** _— courante_, pasamano _m_.

main-d'œuvre _f_ mano de obra.

main-forte _f_ ayuda.

maintenant _adv_ ahora.

maintenir ° _t_ mantener : _je maintiens mon point de vue_, mantengo mi punto de vista. □ _se — en équilibre_, mantenerse en equilibrio.

maintien _m_ **1** mantenimiento. **2** (attitude) porte.

mair/e _m_ alcalde. **-ie** _f_ ayuntamiento _m_, alcaldía.

mais [mɛ] _conj_ **1** pero : _l'hôtel est vieux — confortable_, el hotel es viejo pero confortable. **2** (après négation) sino : _pas celui-ci — l'autre_, no éste sino el otro. **3** _— oui_, claro que sí ; _ah —!_, ¡por Dios !

maïs [mais] _m_ maíz.

maison _f_ **1** casa : _à la —_, en casa. I _— de retraite_, asilo _m_ de ancianos ; _— de santé_, clínica. **2** _gâteau —_, pastel casero. **-née** _f_ familia. **-nette** _f_ casita.

maître, esse _s_ **1** amo, a. **2** (propriétaire) dueño, a. I _se rendre — de_, adueñarse de. **3** (instituteur) maestro, a. **4** _— d'hôtel_, maitre, jefe de comedor. □ _a maître-autel_, altar mayor ; _maîtresse-poutre_, viga maestra □ _f_ (amante) querida.

maîtris/e _f_ **1** dominio _m_ : _— de soi_, dominio de sí mismo. **2** (habileté) maestría. **-er** _t_ dominar.

majest/é _f_ majestad. **-ueux, euse** _a_ majestuoso, a.

majeur, e _a_ **1** mayor : _la majeure partie_, la mayor parte. **2** _Sophie est majeure_, Sofía es mayor de edad □ _m_ dedo medio.

major _m_ mayor.

major/er _t_ recargar, aumentar. **-ation** _f_ recargo _m_.

majorit/é _f_ **1** mayoría. **2** (âge) mayoría de edad. **-aire** _a_ mayoritario, a.

Majorque _n p f_ Mallorca.

majuscule _a/f_ mayúsculo, a.

mal _m_ **1** daño : _je me suis fait —_, me he hecho daño. **2** dolor : _maux d'estomac_, dolores de estómago. I _j'ai — à la tête, aux dents_, me duele la cabeza, me duelen las muelas ; _— de mer_, mareo ; _avoir — au cœur_, estar mareado. **3** _dire du — de_, hablar mal de. **4** _se donner du —_, tomarse trabajo ; _j'ai eu du — à faire cela_, me ha costado trabajo hacer esto. □ _adv_ **1** mal : _— élevé_, mal educado. **2** _se trouver —_, desmayarse. **3** _pas —_, bastante bien ; _pas — de choses_, bastante cosas, un rato de cosas ; _pas — de monde_, un montón de gente.

malad/e _a/s_ enfermo, a : _tomber —_, ponerse enfermo, a. **-ie** _f_ enfermedad. **-if, ive** _a_ enfermizo, a.

maladresse _f_ torpeza.

maladroit, e _a/s_ torpe.

malais, e _a/s_ malayo, a.

malaise _m_ **1** malestar. **2** indisposición _f_.

malaisé, e _a_ dificultoso, a.

Malaisie _n p f_ Malasia.

malaxer _t_ malaxar.

malchanc/e _f_ mala suerte. **-eux, euse** _a_ desgraciado, a.

mâle _a/m_ macho. □ _a_ viril.

malédiction _f_ maldición.

malencontreux, euse _a_ desgraciado, a.

malentendu *m* malentendido, equívoco.

malfaisant, e [malfəzã, ãt] *a* dañino, a, maléfico, a.

malfaiteur *m* malhechor.

malfamé, e *a* de mala fama.

malgré *prép* a pesar de. I — *moi, lui,* a pesar mío, suyo; — *tout,* a pesar de todo.

malhabile *a* torpe.

malheur *m* desgracia *f*, desdicha *f*. I par —, por desgracia. **-eux, euse** *a/s* desgraciado, a, infeliz. □ a *pour un — centime,* por un miserable céntimo. **-eusement** *adv* desgraciadamente.

malhonnête *a* poco honrado, a. **-té** *f* improbidad.

malic/e *f* malicia, picardía. **-ieux, euse** *a* malicioso, a.

malin, igne *a* 1 (rusé) listo, a. I *faire le —,* dárselas de listo; *c'est —!,* ¡qué astuto!, ¡vaya una broma! 2 (mauvais) maligno, a: *tumeur maligne,* tumor maligno.

malingre *a* enclenque.

mall/e *f* baúl *m*. **-ette** *f* maletín *m*.

malléable *a* maleable.

malmener ° *t* maltratar.

malodorant, e *a* maloliente.

malpropre *a* sucio, a, desaseado, a. **-té** *f* suciedad, desaseo *m*.

malsain, e *a* malsano, a.

malséant, e *a* indecoroso, a.

malsonnant *a* malsonante.

malt *m* malta *f*.

Malte *n p* Malta.

maltraiter *t* maltratar.

malveill/ant, e *a* malevolente. **-ance** *f* malevolencia.

maman *f* mamá.

mam/elle *f* mama, teta. **-elon** *m* 1 pezón. 2 (colline) colina *f*, cerro. **-mifère** *m* mamífero.

manche *f* 1 manga: *corsage sans manche,* blusa sin mangas. 2 — *à air,* manga de aire. 3 (au jeu) par-

tida. □ *m* 1 mango. 2 — *à balai,* palo de escoba.

Manche (la) *n p f* la Mancha.

manchette *f* 1 (d'une chemise) puño ..1. 2 (d'un journal) titular *m*.

manchon *m* manguito.

manchot, e *a/s* manco, a. □ *m* pájaro bobo.

mandarine *f* mandarina.

mandat *m* 1 mandato. 2 (postal) giro: *toucher un —,* cobrar un giro; — *télégraphique,* giro telegráfico. 3 — *d'arrêt,* orden *f* de detención. **-aire** *m* mandatario.

mandibule *f* mandíbula.

mandoline *f* mandolina.

manège *m* 1 picadero. 2 (de chevaux de bois) tiovivo. 3 (intrigue) manejo.

manette *f* manecilla.

mang/er ° *t* comer. **-eable** *a* comible. **-eaille** *f* FAM manduca. **-eoire** *f* pesebre *m*. **-eur, euse** *s* comedor, a. I *gros —,* tragón, comilón.

mangue *f* mango *m*.

maniable *a* manejable.

mani/e [mani] *f* manía. **-aque** *a/s* maniático, a.

mani/er *t* manejar. **-ement** *m* manejo.

manière *f* manera, modo *m*. I *en aucune —,* de ningún modo; *de toute —,* de todos modos; *de — à,* a fin de; *de — à ce que,* de manera que. □ *pl* 1 *bonnes manières,* buenos modales. 2 *faire des manières,* hacer melindres.

maniéré, e *a* amanerado, a.

manifest/ation *f* manifestación. **-ant, e** *a/s* manifestante.

manifeste *a* evidente. □ *m* manifiesto.

manifester *t* manifestar. □ *i plus de mille personnes ont manifesté,* más de mil personas se han manifestado. □ *se —,* manifestarse.

Manille *n p* Manila.

manioc *m* mandioca *f*.
manipul/er *t* manipular. **-ation** *f* manipulación.
manivelle *f* manivela, manubrio *m*.
mannequin *m* **1** maniquí : *des mannequins*, maniquíes. **2** (femme) modelo, maniquí.
manœuvr/e *f* maniobra. □ *m* (ouvrier) peón, bracero. **-er** *i* maniobrar. □ *t* manejar.
manoir *m* casa *f* solariega.
manomètre *m* manómetro.
manque *m* falta *f*, carencia *f*.
manquer *impers* faltar : *il manque deux verres sur la table*, faltan dos vasos en la mesa ; *il ne manquait plus que cela !*, ¡ no faltaba más ! □ *i* **1** faltar : — *à sa parole*, faltar a su palabra. **2** (échouer) fallar, fracasar. | *coup manqué*, golpe fallido. **3** — *de patience*, carecer de paciencia. **4** *il a manqué (de) se noyer*, estuvo a punto de ahogarse, a poco más se ahoga. **5** *vous me manquez beaucoup*, le echo mucho de menos. □ *t* **1** — *la cible*, errar el blanco. **2** — *l'occasion, le train*, perder la ocasión, el tren.
mansarde *f* buhardilla.
mansuétude *f* mansedumbre.
manteau *m* abrigo : — *de fourrure*, abrigo de pieles.
mantille *f* mantilla.
manucure *s* manicuro, a.
manuel *a/m* manual.
manufactur/e *f* manufactura. **-er** *t* manufacturar.
manuscrit, e *a/m* manuscrito, a.
manutention *f* manipulación. **-naire** *m* almacenista.
mappemonde *f* mapamundi *m*.
maquereau |makRo| *m* caballa *f*.
maquette *f* maqueta.
maquill/er *t* maquillar. □ *se* —, maquillarse. **-age** *m* maquillaje.
maquis |maki| *m* monte. | *prendre le* —, irse al monte.
maraîcher, ère *s* hortelano, a. □

a culture maraîchère, cultivo de hortalizas.
marais *m* **1** pantano. **2** (en bordure de mer) marisma *f*. | — *salant*, salina *f*.
marasme *m* marasmo.
marathon *m* maratón.
maraud/er *i* merodear. **-eur, euse** *s* merodeador, a.
marbre *m* mármol.
marbré, e *a* jaspeado, a.
Marc |maRk| *n p m* Marcos.
marc |maR| *m* **1** (de raisin) orujo. **2** (eau-de-vie) aguardiente.
marcassin *m* jabato.
Marcel, elle *n p* Marcelo, a.
marchand, e *s* vendedor, a, comerciante : — *de journaux*, vendedor de periódicos. | — *de couleurs*, droguero ; — *de chaussures*, zapatería *f*. □ *a marine marchande*, marina mercante.
marchand/er *t* regatear. **-age** *m* regateo.
marchandise *f* mercancía.
marche *f* **1** (d'escalier) peldaño *m*, escalón *m*. **2** (action de marcher) marcha. | *j'aime la* —, me gusta andar ; *à une heure de* —, a una hora andando ; *ralentir la* —, aflojar el paso ; *faire* — *arrière*, dar marcha atrás. **3** funcionamiento *m*, marcha. | *mettre en* —, poner en marcha. **4** MUS marcha.
marché *m* mercado. | *bon* —, barato, a ; *à bon* —, barato ; *par-dessus le* —, además, por añadidura ; *Marché commun*, Mercado Común.
marchepied |maRʃəpje| *m* estribo.
march/er *i* **1** andar : — *d'un bon pas*, andar a buen paso. **2** — *sur les pieds*, pisar los pies. **3** marchar, andar, funcionar : *ma radio ne marche pas*, mi radio no funciona. **4** *les affaires marchent bien*, los negocios marchan bien. | *ça marche ?*, ¿ todo va bien ? **5** FAM aceptar, conformarse. | *il nous fait*

−, nos la pega. **-eur, euse** *a/s* andarín, ina.

mardi *m* martes : − *gras*, martes de Carnaval.

mare *f* **1** charca. **2** (de sang) charco *m*.

marécag/e *m* ciénaga *f*. **-eux, euse** *a* pantanoso, a.

maréchal *m* mariscal. l − *des logis*, sargento de caballería ; *maréchal-ferrant*, herrador.

marée *f* **1** marea. l *à* − *haute, basse*, en pleamar, bajamar ; − *montante*, flujo *m*. **2** (poisson) pescado *m* fresco.

marelle *f* rayuela.

margarine *f* margarina.

marge *f* margen *m* : *en* −, al margen.

marguerite *f* margarita.

mari *m* marido ;

mariage *m* **1** (sacrement) matrimonio. **2** (noce) boda *f*, casamiento, enlace matrimonial.

Marie *n p f* María.

marié, e *s* **1** *nouveaux mariés*, recién casados. **2** *le* −, el novio ; *la mariée*, la novia.

marier *t* casar. □ *se* −, casarse : *il s'est marié avec sa voisine*, se casó con su vecina.

marin, e *a* marino, a. □ *m* marinero. □ *f* marina.

marin/er *t* escabechar, adobar. l *sardines marinées*, sardinas en escabeche. **-ade** *f* escabeche *m*.

marinière *f* marinera.

marionnette *f* marioneta.

maritime *a* marítimo, a.

mark *m* marco.

marmelade *f* mermelada.

marmite *f* olla, marmita.

marmiton *m* pinche.

marmonner *i* refunfuñar. □ *t* mascullar.

marmot |maʀmo] *m* FAM chaval.

marmotte *f* marmota.

marmotter *t* mascullar.

marne *f* marga.

Maroc *n p m* Marruecos.

marocain, e *a/s* marroquí.

maroquin *m* tafilete. **-erie** *f* marroquinería.

marotte *f* manía.

marquant, e *a* notable.

marque *f* **1** marca : − *de fabrique*, marca de fábrica. **2** (trace) señal, huella. **3** (score) tanteo *m*.

marquer *t* **1** marcar. **2** señalar : *la pendule marque midi*, el reloj señala las doce. **3** anotar. **4** indicar. **5** *traits marqués*, rasgos acentuados.

marqueterie *f* marquetería, taracea.

marquis, e *s* marqués, esa. □ *f* (auvent) marquesina.

marraine *f* madrina.

marrant, e *a* POP chusco, a.

marre *adv* POP *j'en ai* −, estoy hasta la coronilla.

marrer (se) *pr* POP troncharse de risa, cachondearse, pasarlo en grande.

marron *m* castaña *f* : − *glacé*, castaña confitada. □ *a/m* (couleur) marrón. **-nier** *m* castaño.

Mars |maʀs] *n p m* Marte.

mars |maʀs] *m* marzo : *le 6* −, el 6 de marzo.

marseillais, e *a/s* marsellés, esa.

Marseille *n p* Marsella.

marsouin *m* marsopa *f*.

marteau *m* martillo. l *coup de* −, martillazo.

mart/eler ° *t* martillar. **-èlement** *m* martilleo.

martial |maʀsjal] *a* marcial.

martien, enne |maʀsjɛ̃, jɛn] *a/s* marciano, a.

martingale *f* martingala.

martre *f* marta.

martyr, e *s* mártir. **-e** *m* martirio. **-iser** *t* martirizar.

marx/isme *m* marxismo. **-iste** *a/s* marxista.

mascarade *f* mascarada.
mascotte *f* mascota.
masculin, e *a/m* masculino, a.
masochiste *a/s* masoquista.
masqu/e *m* máscara *f*. **-er** *t* 1
enmascarar. I *bal masqué*, baile de
máscaras. 2 (cacher) ocultar.
massacrante *a être d'une humeur*
—, estar de un humor de perros, de
mala leche.
massacr/e *m* 1 matanza *f*,
degollina *f*. 2 *jeu de* —, pim pam
pum. **-er** *t* 1 exterminar, matar. 2
(égorger) degollar. 3 FAM (abîmer)
destrozar.
massage *m* masaje.
masse *f* 1 masa : *en* —, en masa. 2
(tas) montón.
massepain *m* mazapán.
¹**masser** *t* agrupar. ☐ *se* —,
congregarse, amontonarse.
²**mass/er** *t* dar masaje a. I *se faire*
—, hacerse dar un masaje. **-eur,**
euse *s* masajista.
massif, ive *a* 1 macizo, a : *or* —,
oro macizo. 2 masivo, a : *dose* —,
dosis masiva. ☐ *m* macizo.
massue *f* cachiporra, maza. I *coup*
de —, cachiporrazo.
mastic *m* masilla *f*.
¹**masti/quer** *t* masticar. **-cation**
f masticación.
²**mastiquer** *t* (avec du mastic)
enmasillar.
masure *f* casucha.
mat, e |mat| *a* mate.
mât |mɑ| *m* palo.
match *m* 1 partido, match. I — *nul*,
empate. 2 (de boxe) combate.
matelas |matlɑ| *m* colchón. I —
pneumatique, colchón hinchable,
colchoneta *f*. **-ser** *t* acolchar.
matelot |matlo| *m* marinero.
mater *t* domar.
matéri/aliser *t* materializar.
-alisme *m* materialismo. **-aliste** *s*
materialista.
matériau *m* material. ☐ *pl*
materiales.

matériel, elle *a/m* material. I —
de camping, material para el
camping.
maternel, elle *a* materno, a :
langue maternelle, lengua materna.
☐ *f* escuela de párvulos.
maternité *f* maternidad.
mathémat/ique *a* matemático, a.
☐ *pl* matemáticas. **-icien, enne**
s matemático, a.
Mathieu *n p m* Mateo.
matière *f* 1 materia : — *première*,
materia prima ; — *grasse*, materia
grasa ; — *plastique*, materia plás-
tica. 2 — *d'enseignement*, asignatura. 3 (sujet) tema *m*.
matin *m* 1 mañana *f*. I *de bon* —,
de madrugada ; *du* — *au soir*, todo
el día. 2 *lundi* —, lunes por la
mañana ; *demain* —, mañana por la
mañana. **-al, e** *a* 1 matutino, a. 2
(qui se lève tôt) madrugador, a.
matinée *f* 1 mañana : *dans la* —,
por la mañana. I *faire la grasse* —,
levantarse tarde. 2 (spectacle) función de tarde.
matois, e *a* taimado, a.
matou *m* gato.
matraqu/e *f* porra. I *coup de* —,
porrazo. **-er** *t* aporrear.
matrice *f* matriz.
matricule *f* matrícula. ☐ *m*
número de registro.
matrimonial, e *a* matrimonial.
mâture *f* arboladura.
maturité *f* madurez.
maud/ire ° *t* maldecir. **-it, e** *a/s*
maldito, a.
maugréer *i* refunfuñar.
maure *a/s* moro, a.
mauresque *a/s* morisco, a,
moruno, a.
Maurice *n p m* Mauricio.
mausolée *m* mausoleo.
maussade *a* 1 huraño, a, hosco,
a. 2 (temps) desapacible.
mauvais, e *a* malo, a (mal devant
un masculin) : *ce vin est* —, este
vino es malo ; — *moment*, mal rato.

□ *adv* mal : *ça sent* —, huele mal ; *il fait* —, hace mal tiempo.

mauve *f/a* malva.

maux ⇒ **mal.**

maxillaire *a/m* maxilar.

maximum |maksimɔm] *m* máximo : *au* —, como máximo. □ *a* máximo, a.

Mayence *n p* Maguncia.

mayonnaise *f* mayonesa.

mazout |mazut] *m* fuel oil.

me *pron pers* me : *je* — *lève*, me levanto ; *il m'ennuie*, me aburre. I — *voici*, aquí estoy yo.

méandre *m* meandro.

mec *m* POP tío, gachó.

mécanicien, enne *s* mecánico, a. □ *m* (de locomotive) maquinista.

mécanique *a/f* mecánico, a.

mécanisme *m* mecanismo.

mécanographie *f* mecanografía.

mécène *m* mecenas.

méchamment *adv* malvadamente.

méchanceté *f* maldad.

méchant, e *a* malo, a : *il est* —, es malo. I *attention, chien* —, cuidado con el perro ; *de méchante humeur*, de mal humor.

mèche *f* 1 mecha. I *éventer la* —, descubrir el pastel. 2 (de bougie) pabilo *m*. 3 (de cheveux) mechón *m*. 4 (d'une perceuse) broca.

mécompte |mekɔ̃t] *m* desengaño.

mécon/naître ° *t* desconocer. **-naissable** *a* desconocido, a. **-nu, e** *a* ignorado, a.

mécontent, e *a/s* descontento, a. **-ement** *m* descontento. **-er** *t* descontentar.

Mecque (La) [mɛk] *n p f* La Meca.

mécréant, e *a/s* descreído, a.

médaill/e ʹ*f* medalla. **-on** *m* medallón.

médecin *m* médico : — *de famille, traitant*, médico de cabecera. I *femme* —, médica.

médecine *f* medicina.

média/tion *f* mediación. **-teur, trice** *a/s* mediador, a.

médical, e *a* médico, a.

médicament *m* medicamento.

médicinal, e *a* medicinal.

médiéval, e *a* medieval.

médiocr/e *a* mediocre. **-ité** *f* mediocridad.

méd/ire ° *t* murmurar : *il médit de tout le monde*, murmura de todos. **-isance** *f* maledicencia, murmuración. **-isant, e** *a/s* maldiciente, murmurador, a.

médit/er *i/t* meditar. **-atif, ive** *a* meditabundo, a. **-ation** *f* meditación.

méditerran/ée *a la mer Méditerranée*, el mar Mediterráneo ; *la Méditerranée*, el Mediterráneo. **-éen, enne** *a* mediterráneo, a.

médium |medjɔm] *m* médium.

medius [medjys] *m* dedo medio.

méduse *f* medusa.

méduser *t* dejar estupefacto, a.

meeting [mitiŋ] *m* mitin : *des meetings*, mítines.

méfait *m* fechoría *f*.

méfi/er (se) *pr* desconfiar. I *méfiez-vous*, cuidado. **-ance** *f* desconfianza. **-ant, e** *a* desconfiado, a.

mégarde (par) *loc adv* por descuido.

mégère *f* arpía, furia.

mégot *m* colilla *f*.

meilleur, e *a/m* mejor : *bien* —, mucho mejor ; *les meilleures chansons*, las mejores canciones. □ *adv il fait* —, hace mejor tiempo.

mélancol/ie *f* melancolía. **-ique** *a* melancólico, a.

mélang/e *m* mezcla *f*. **-er** ° *t* mezclar.

mélasse *f* melaza.

mélée *f* 1 refriega, pelea. 2 (rugby) mêlée.

mêler *t* mezclar. □ *se* — *à la foule*, mezclarse en la muchedumbre ; *se* — *de*, meterse en : *de quoi te mêles-*

tu ?, ¿ por qué te metes ?

mélèze *m* alerce.

méli-mélo *m* FAM baturrillo.

mélod/ie *f* melodía. **-ieux, euse** *a* melodioso, a. **-ique** *a* melódico, a.

mélodrame *m* melodrama.

mélomane *a/s* melómano, a.

melon *m* 1 melón. I — *d'eau*, sandía *f*. 2 *chapeau* —, sombrero hongo.

membrane *f* membrana.

membre *m* miembro.

même *a* mismo, a : *en — temps*, al mismo tiempo. I *c'est cela* —, eso es ; *eux-mêmes*, ellos mismos ; *Jean lui-même*, el mismo Juan, el propio Juan. □ *pron indéf* mismo : *cela revient au* —, es lo mismo. □ *adv* 1 aún, hasta, incluso : *tous*, — *le directeur*, todos, hasta el director. I *pas* — — *pas*, ni siquiera ; *je ne veux* — *pas y penser*, no quiero ni pensarlo. 2 *ici* —, aquí mismo ; *aujourd'hui* —, hoy mismo. 3 *de* —, del mismo modo, asimismo ; *de — que*, así como ; *être à* — *de*, estar en condiciones de ; *quand* —, *tout de* —, sin embargo.

mémoire *f* memoria. I *à la* — *de*, en memoria de ; *si j'ai bonne* —, si mal no recuerdo. □ *m* memoria *f*.

mémorable *a* memorable.

mémorandum *m* memorándum.

mena/ce *f* amenaza. **-çant, e** *a* amenazador, a. **-cer** *t* amenazar.

ménage *m* 1 *faire le* —, limpiar, hacer la limpieza ; *femme de* —, asistenta. 2 (couple) matrimonio : *jeune* —, matrimonio joven. I *faire bon — avec*, llevarse bien con. 3 familia *f*.

¹ménag/er ° *t* 1 — *une surprise à*, preparar una sorpresa a ; — *une entrevue*, arreglar una entrevista. 2 — *sa santé*, cuidar de su salud ; — *ses forces*, no abusar de sus fuerzas. 3 — *quelqu'un*, tratar con consideración a alguien. □ *se* —, cuidarse. **-ement** *m* miramiento.

²ménager, ère *a* casero, a, doméstico, a : *travaux ménagers*, faenas domésticas. I *appareils ménagers*, electrodomésticos ; *arts ménagers*, artes del hogar. □ *f* (femme) ama de casa.

ménagerie *f* casa de fieras.

mendi/er *t* mendigar. **-ant, e** *a/s* mendigo, a. **-cité** *f* mendicidad.

menées *f pl* intrigas.

men/er *t* 1 llevar, conducir : — *son fils à l'école*, llevar a su hijo a la escuela. 2 — *une vie tranquille*, llevar una vida tranquila. 3 dirigir. I — *à bien*, llevar a cabo. 4 *l'équipe mène par 3 à 2*, el equipo gana por 3 a 2. **-eur, euse** *s* cabecilla, jefe.

méningite *f* meningitis.

menottes *pl* esposas.

mensong/e *m* mentira *f*. **-er, ère** *a* mentiroso, a.

mensualité *f* mensualidad.

mensuel, elle *a* mensual.

mental, e *a* mental. **-ité** *f* mentalidad.

menteur, euse *a/s* mentiroso, a, embustero, a.

menthe [mãt] *f* menta.

mention *f* mención. **-ner** *t* mencionar.

mentir ° *i* mentir : *il ment comme il respire*, miente más que habla.

menton *m* barbilla *f*.

¹menu, e *a* menudo, a. I *menue monnaie*, calderilla ; *menues dépenses*, gastos menores. □ *adv par le* —, detalladamente. I *hacher* —, picar.

²menu *m* 1 menú, minuta *f*. 2 (à prix fixe) cubierto : — *touristique*, cubierto turístico.

menuis/erie *f* carpintería. **-ier** *m* carpintero.

méprendre (se) ° *pr* equivocarse.

mépris [mepri] *m* desprecio. **-able** *a* despreciable. **-ant, e** *a* despreciativo, a.

méprise *f* error *m*, confusión.

mépriser *t* despreciar.

mer [mɛʀ] *f* mar (*m* et *f*, mais le plus souvent *m*): *la — Noire,* el mar Negro. I *pleine —,* pleamar; *prendre la —,* hacerse a la mar; *un homme à la — !,* ¡hombre al agua!

mercantile *a* mercantil.

mercenaire *a/m* mercenario, a.

mercerie *f* mercería.

merci *m* gracias: — *beaucoup,* muchas gracias; — *de votre accueil,* gracias por su acogida; *dire —,* dar las gracias. □ *f à la — de,* a la merced de.

mercier, ère *s* mercero, a.

mercredi *m* miércoles.

mercure *m* mercurio.

merde *f* VULG mierda.

mère *f* 1 madre. I *maison —,* casa madre. 2 FAM *la — Jeanne,* la tía Juana.

méridien *m* meridiano.

méridional, e *a* meridional.

meringue *f* merengue *m*.

mérinos [meʀinos] *m* merino.

mérit/e *m* mérito. **-er** *t* merecer. **-oire** *a* meritorio, a.

merlan *m* pescadilla *f*.

merle *m* mirlo.

merou *m* mero.

merveill/e *f* maravilla. I *à —,* de maravilla. **-eux, euse** *a* maravilloso, a.

mes *a poss* 1 mis: — *cousins,* mis primos. 2 mío, a: *un de — cousins,* un primo mío. ⇒ **mon.**

mésalliance *f* casamiento *m* desigual.

mésange *f* paro *m*.

mésaventure *f* contratiempo *m*.

mesdames, mesdemoiselles *pl* de **madame, mademoiselle.**

mesquin, è *a* mezquino, a. **-erie** *f* mezquindad.

messag/e *m* mensaje. **-er, ère** *s* mensajero, a. **-erie** *f* mensajería.

messe *f* misa: *aller à la —,* ir a misa; — *de minuit,* misa del gallo.

Messie *m* Mesías.

messieurs *pl* de **monsieur.**

mesure *f* 1 medida. I *sur —,* a la medida; *à — que,* a medida que; *dépasser la —,* pasarse de la raya. 2 moderación, mesura. 3 MUS compás *m* : compás m. I *battre la —,* llevar el compás; *en —,* a compás. 4 *être en — de,* estar en condiciones de.

mesuré, e *a* mesurado, a.

mesurer *t* 1 medir: *Antoine mesure 1 mètre 80,* Antonio mide 1 metro 80. □ *se — avec quelqu'un,* medirse con alguien.

métal *m* metal: *métaux précieux,* metales preciosos. **-lique** *a* metálico, a. **-lurgie** *f* metalurgia. **-lurgique** *a* metalúrgico, a. **-lurgiste** *a/m* metalúrgico, a.

métamorphos/e *f* metamorfosis. **-er** *t* metamorfosear.

métaphore *f* metáfora.

métaphysique *a/f* metafísico, a.

météore *m* meteoro.

météorolog/ie *f* meteorología. **-ique** *a* meteorológico, a: *bulletin —,* parte meteorológico. **-iste** *s* meteorólogo, a.

méthod/e *f* método *m*. **-ique** *a* metódico, a.

méticuleux, euse *a* meticuloso, a.

métier *m* 1 oficio: *être du —,* ser del oficio. 2 — *à tisser,* telar.

métis, isse [metis] *a/s* mestizo, a.

métrage *m* 1 medición *f*. 2 (film) *court, long —,* corto, largo metraje.

mètre *m* metro: — *carré, cube,* metro cuadrado, cúbico.

métrique *a* métrico, a.

métro *m* metro.

métropole *f* metrópoli.

mets [mɛ] *m* plato, manjar.

mettable *a cette robe n'est plus —,* este vestido ya no se puede llevar.

metteur *m* 1 — *en scène,* (théâtre) escenógrafo; (cinéma) realizador. 2 — *en ondes,* director de emisión. 3 — *en pages,* compaginador.

mettre ° *t* **1** poner : — *la table*, poner la mesa ; *il a mis son fils en apprentissage*, ha puesto a su hijo de aprendiz. **2** (introduire) meter. **3** echar : — *une lettre à la poste*, echar una carta al correo. **4** ponerse : *il mit sa gabardine*, se puso la gabardina. **5** — *une heure à*, tardar una hora en ; *combien de temps mettrez-vous à...?*, ¿ cuánto tiempo tardará en...? **6** *mettons que je n'ai rien dit*, pongamos por caso que no he dicho nada. □ *pr* **1** *se — au travail*, ponerse a trabajar. **2** *se — au lit*, meterse en la cama. **3** *se — à la fenêtre*, asomarse a la ventana. **4** *se — à*, echarse a, romper a : *se — à courir*, echarse a correr ; *il s'est mis à pleuvoir*, rompió a llover.

meubl/e *m* mueble. **-er** *t* amueblar. I *un meublé*, un piso amueblado.

meugl/er *i* mugir. **-ement** *m* mugido.

meule *f* **1** muela. **2** (de foin, paille) almiar *m*.

meun/ier, ère *s* molinero, a. **-erie** *f* molinería.

meurtr/e *m* asesinato, homicidio. **-ier, ère** *s* asesino, a. □ *a* mortífero, a.

meurtrière *f* (fente) tronera.

meurtr/ir *t* magullar. **-issure** *f* **1** magulladura. **2** (des fruits) maca.

meute *f* jauría.

mévente *f* mala venta.

mexicain, e *a/s* mexicano, a, mejicano, a.

Mexique *n p m* México, Méjico.

¹mi *m* MUS mi.

²mi *adv* **1** *à la mi-octobre*, a mediados de octubre. **2** *à mi-hauteur*, a media altura ; *à mi-voix*, a media voz.

miaou *m* miau.

miaul/er *i* maullar. **-ement** *m* maullido.

mica *m* mica *f*.

mi-carême *f* jueves *m* de la tercera semana de cuaresma.

miche *f* pan *m* redondo, hogaza.

Michel *n p m* Miguel.

micheline *f* autovía *m*.

mi-chemin (à) *loc adv* a mitad de camino.

mi-corps (à) *loc adv* hasta medio cuerpo.

micro *m* micro.

microbe *m* microbio.

microfilm *m* microfilm.

microphone *m* micrófono.

microscop/e *m* microscopio. **-ique** *a* microscópico, a.

microsillon *m* microsurco.

midi *m* **1** mediodía. **2** *il est —*, son las doce ; — *et demi*, las doce y media. I *chercher — à quatorze heures*, buscar tres pies al gato. **3** Sur : *chambre exposée au —*, habitación que da al Sur. I *le — de la France*, el Mediodía de Francia.

mie *f* miga.

miel *m* miel *f*. **-leux, euse** *a* meloso, a.

mien, enne *a/pron poss* mío, a. □ *pl les miens*, los míos.

miette *f* migaja. I *réduire en miettes*, hacer añicos.

mieux [mjø] *adv* mejor. I *à qui — —*, a cual mejor ; *j'aime —*, gusta más, prefiero ; *le malade va —*, el enfermo está mejorado ; *il vaut — que tu t'en ailles*, es mejor que te marches ; — *vaut ne pas insister*, más vale no insistir. □ *a je me sens —*, me encuentro mejor. □ *m le —*, lo mejor. I *j'ai fait de mon —*, hice todo lo que pude.

mièvre *a* almibarado, a, remilgado, a, ñoño, a. **-rie** *f* ñoñería.

mignon, onne *a* **1** (joli) mono, a, bonito, a : *un — petit chat*, un gatito muy mono. **2** (gentil) bueno, a. □ *s mon —, ma mignonne*, rico, rica.

migraine *f* jaqueca, dolor *m* de cabeza.

migrat/ion *f* migración. **-eur** a
oiseau —, ave de paso. **-oire** *a*
migratorio, a.
mijoter *t/i* cocer a fuego lento. □ *t*
FIG tramar, maquinar.
mil *a* mil.
Milan *n p* Milán.
milic/e *f* milicia. **-ien, enne** *s*
miliciano, a.
milieu *m* 1 medio: *au* — *de*, en
medio de; *au beau* — *de*, justo en
medio de; *le juste* —, el justo
medio. 2 (moitié) mitad *f.* 3 *vers le*
— *du mois*, a mediados del mes. 4
medio, círculo: *dans les milieux
autorisés*, en los medios autoriza-
dos.
militaire *a/m* militar.
militant, e *a/s* militante.
militariser *t* militarizar.
militer *i* militar.
mille |mil| *a* mil: *deux* —, dos mil.
□ *m* 1 millar, mil. l *mettre dans le*
—, dar en el blanco. 2 (mesure)
milla *f.*
millénaire |mil(l)enɛʀ| *a/m*
milenario, a.
millésime |mil(l)ezim| *m* fecha *f.*
millet |mijɛ| *m* mijo.
milliard |miliaʀ| *m* mil millones.
-aire *a/s* multimillonario, a.
millième |miliɛm| *a/s* milésimo, a.
millier |milie| *m* millar.
millimètre |mil(l)imɛtʀ| *m* milí-
metro.
million |miliɔ̃| *m* millón. **-ième**
a/s millonésimo, a. **-naire** *a/s*
millonario, a.
mim/e *m* mimo. **-er** *t* 1
representar en pantomima, mimar.
2 imitar, remedar. **-ique** *f*
mímica.
mimosa *m* mimosa *f.*
minable *a* làmentable.
minaret *m* alminar.
minaud/er *i* hacer melindres.
-erie *f* melindre *m.*
minc/e *a* delgado, a. **-eur** *f*
delgadez.

¹**mine** *f* (de crayon, gisement,
engin explosif) mina.
²**mine** *f* 1 cara, aspecto *m* : *avoir
bonne, mauvaise* —, tener buena,
mala cara; — *renfrognée*, cara de
pocos amigos. 2 *faire* — *de*, hacer
como si.
miner *t* minar.
minerai *m* mineral.
minéral, e *a/m* mineral: *les
minéraux*, los minerales.
minéralogique *a* 1 mineralógico,
a. 2 *numéro* —, matrícula *f.*
minet, ette *s* gatito, a.
¹**mineur** *m* minero.
²**mineur, e** *a* menor. □ *a/s* menor
de edad.
miniatur/e *f* miniatura. **-iser** *t*
miniaturizar.
minier, ère *a* minero, a.
minime *a* mínimo, a.
minimum |minimɔm| *a/m*
mínimo, mínimum. l *au* —, como
mínimo.
minist/ère *m* ministerio. **-ériel,
elle** *a* ministerial.
ministre *m* ministro.
minorit/é *f* 1 minoría. 2 (âge)
minoría de edad. **-aire** *a*
minoritario, a.
Minorque *n p f* Menorca.
minotier *m* harinero.
minuit *m* 1 medianoche *f.* 2 *il est*
—, son las doce de la noche; — *et
demi*, las doce y media de la
noche.
minuscule *a/f* minúsculo, a.
minute *f* 1 minuto *m* : *dans une* —,
dentro de un minuto. l *d'une* — *à
l'autre*, de un momento a otro. 2
FAM *minute!*, ¡espere! 3 (de
notaire) minuta.
minuterie *f* minutero *m.*
minut/ie |minysi| *f* minuciosidad.
-ieux, euse *a* minucioso, a.
mioche *s* POP chaval, a.
mira/cle *m* milagro. **-culeux,
euse** *a* milagroso, a.
mirage *m* espejismo.

miroir *m* espejo.
miroit/er *i* espejear, brillar.
　-ement *m* reflejo, brillo.
mis, e *p p* de **mettre**.
misanthrope *a/s* misántropo.
mise *f* 1 puesta : — *en marche, à jour*, puesta en marcha, al día. I — *en bouteilles*, embotellado *m*, envasado *m* ; — *en état*, arreglo *m* ; — *en place*, colocación. 2 — *en scène*, escenificación. 3 — *de fonds*, inversión de fondos. 4 (au jeu) puesta. 5 (habillement) arreglo *m* personal.
miser *t* apostar.
misérable *a/s* miserable.
misère *f* miseria.
miséricord/e *f* misericordia. **-ieux, euse** *a* misericordioso, a.
missel *m* misal.
missile *m* misil.
mission *f* misión. **-naire** *a/m* misionero, a.
missive *f* misiva.
mit/e *f* polilla. **-é, ée** *a* apolillado, a.
mi-temps *f* 1 *la première, la deuxième —*, el primer, el segundo tiempo. 2 (pause) descanso *m*. 3 *travailler à —*, trabajar a media jornada.
mitiger ° *t* mitigar.
mitonner *t/i* cocer a fuego lento.
mitraill/er *t* ametrallar. **-ette** *f* metralleta. **-euse** *f* ametralladora.
mitre *f* mitra.
mixer |miksœr| *m* batidora *f*.
mixte *a* mixto, a.
mobile *a/m* móvil.
mobilier, ère *a* mobiliario, a. □ *m* mobiliario, muebles *pl*.
mobilis/er *t* movilizar. **-ation** *f* movilización.
mobilité *f* movilidad.
mocassin *m* mocasín.
moche *a* FAM (laid) feúcho, a.
¹mode *f* moda : *une plage à la —*, una playa de moda ; *cette couleur*

est très à la —, este color está muy de moda.
²mode *m* 1 modo : — *de vie*, modo de vida. 2 — *d'emploi*, instrucciones *f pl* para el uso.
modelage *m* modelado.
modèle *a/m* modelo.
model/er ° *t* modelar. **-é** *m* modelado.
modér/er ° *t* moderar. □ *se —*, moderarse. **-ation** *f* moderación.
modern/e *a* moderno, a. **-iser** *t* modernizar. **-isation** *f* modernización. **-isme** *m* modernismo.
modest/e *a* modesto, a. **-ie** *f* modestia.
modifi/er *t* modificar. **-cation** *f* modificación.
modique *a* módico, a.
modiste *f* sombrerera.
modul/er *t* modular. **-ation** *f* modulación. I — *de fréquence*, frecuencia modulada.
moelle |mwal| *f* 1 médula : — *épinière*, médula espinal. 2 tuétano *m* : *os à —*, hueso de tuétano. 3 FIG meollo *m*.
moelleux, euse |mwalø, øz| *a* 1 (siège, lit) mullido, a. 2 (tissu, vin) suave.
mœurs |mœr| *f pl* costumbres, hábitos *m*.
moi *pron pers* 1 yo : *c'est — qui...*, soy yo quien... 2 (complément) mí : *pour —*, para mí. I *à —!*, ¡a mí! ; *avec —*, conmigo ; *ce livre est à —*, este libro es mío. 3 (avec impératif) me : *laisse-moi tranquille*, déjame en paz ; *donne-le-moi*, dámelo. □ *m le —*, el yo.
moignon *m* muñón.
moindre *a* menor. I *le — effort*, el mínimo esfuerzo.
moine *m* monje, fraile.
moineau *m* gorrión.
moins |mwɛ̃| *adv* menos : *5 ans de —*, 5 años menos ; — *de vent*, menos viento ; *l'hôtel le — cher*, el hotel menos caro. I *à — que*, a menos que, a no ser que ; *au —, du*

—, por lo menos ; *de* — *en* —, cada vez menos ; *en* — *de rien*, en un santiamén ; *le* — *du monde*, de ningún modo, en absoluto, lo más mínimo. □ *prép* menos : *trois heures* — *dix*, las tres menos diez.

moiré, e *a* tornasolado, a.

mois *m* mes : *douze* —, doce meses.

Moïse |mɔiz] *n p m* Moisés.

moisi, e *a* enmohecido, a. □ m *sentir le* —, oler a moho.

mois/ir *i/t* enmohecer. **-issure** *f* moho *m*.

moisson *f* siega, cosecha. **-ner** *t* (faucher) segar ; (récolter) cosechar. **-neur, euse** *s* segador, a. □ f *moissonneuse-batteuse*, segadora trilladora.

moite *a* húmedo, a.

moitié *f* mitad : *réduire de* —, reducir a la mitad. | *à* — *pleine*, medio llena ; *à* — *cuit*, a medio cocer ; *à* — *prix*, a mitad de precio ; *moitié-moitié*, a medias.

mol ⇒ **mou.**

molaire *f* molar *m*, muela.

môle *m* malecón.

molécul/e *f* molécula. **-aire** *a* molecular.

molester *t* atropellar.

mollasse *a* blandengue.

molle ⇒ **mou.**

mollesse *f* 1 blandura. 2 flojera, apatía.

mollet *m* pantorrilla *f*.

molleton |mɔltɔ̃] *m* muletón.

mollusque *m* molusco.

môme *s* POP chaval, a.

moment *m* momento, rato. | *au bon* —, en el momento oportuno ; *au* — *de*, en el momento de ; *d'un* — *à l'autre*, de un momento a otro ; *du* — *que*, puesto que ; *en ce* —, ahora ; *par moments*, a veces. **-ané, e** *a* momentáneo, a.

momie *f* momia.

mon, ma, mes *a poss* mi, mis : — *passeport*, mi pasaporte. | — *Dieu !*, ¡Dios mío !

Monaco *n p* Mónaco.

monarch/ie *f* monarquía. **-ique** *a* monárquico, a. **-iste** *a/s* monárquico, a.

monarque *m* monarca.

monast/ère *m* monasterio. **-ique** *a* monástico, a.

monceau *m* montón.

mondain, e *a/s* mundano, a.

monde *m* 1 mundo. | *mettre au* —, dar a luz. 2 *le beau* —, la buena sociedad. 3 gente *f* : *que de* —!, ¡cuánta gente ! | *tout le* —, todo el mundo, todos.

mondial, e *a* mundial.

monégasque *a/s* monegasco, a.

monétaire *a* monetario, a.

mongol, e *a/s* mongol.

Monique *n p f* Mónica.

moniteur, trice *s* monitor, a.

monnaie *f* 1 moneda. 2 suelto *m* : *avez-vous de la* — ? ¿tiene usted suelto ? | *petite* —, calderilla. 3 cambio *m* : *la* — *de dix francs*, el cambio de diez francos. | *rendre la* —, dar la vuelta.

monocle *m* monóculo.

monogramme *m* monograma.

monolithe *m* monolito.

monologu/e *m* monólogo. **-er** *i* monologar.

monopol/e *m* monopolio. **-iser** *t* monopolizar.

monosyllabe *m* monosílabo.

monoton/e *a* monótono, a. **-ie** *f* monotonía.

monseigneur *m* monseñor.

monsieur |məsjø] *m* 1 señor : *merci*, — *, gracias, señor ; — Laporte*, el señor Laporte ; — *le directeur, le curé*, el señor director, el señor cura ; — *n'est pas là*, el señor no está. 2 (en tête d'une lettre) *cher* —, muy señor mío. □ pl *messieurs*, señores, caballeros.

monstr/e *m* monstruo. **-ueux, euse** *a* monstruoso, a. **-uosité** *f* monstruosidad.

mont *m* monte.

montage *m* montaje.

montagn/e *f* montaña. **-ard, e**
a/s montañés, esa. **-eux, euse** *a*
montañoso, a.

montant, e *a* ascendente. □ *m* 1
(d'une fenêtre, etc.) larguero, montante. 2 importe : *le — des frais,* el
importe de los gastos.

mont-de-piété *m* monte de
piedad.

monte-charge *m* montacargas.

montée *f* subida.

monter *i* 1 subir : — *au grenier,
dans le train, en voiture,* subir al
desván, al tren, al coche ; *la rivière
a monté,* ha subido el río. 2 — *à
cheval, à bicyclette,* montar a
caballo, en bicicleta. 3 — *en grade,*
ascender. □ *t* 1 subir. 2 (une
machine, etc.) montar, armar :
une tente, armar una tienda de
campaña. 3 (un spectacle, une
affaire) montar. □ *pr* 1 *se — en,*
proveerse de. 2 *être monté contre
quelqu'un,* estar irritado contra
alguien.

monticule *m* montículo.

montre *f* reloj *m* : *montre-
bracelet,* reloj de pulsera.

montrer *t* 1 mostrar, enseñar :
montrez-moi votre photo,
enséñeme su foto ; *il montre sa
surprise,* muestra su sorpresa. 2 —
du doigt, señalar con el dedo. □ *se
—,* mostrarse.

monture *f* 1 montura. 2 (cheval)
cabalgadura.

monument *m* monumento : — *aux
morts,* monumento a los caídos.
-al, e *a* monumental.

moqu/er (se) *pr* 1 burlarse, reírse.
2 *je me moque pas mal de tes
conseils,* me importan un pepino
tus consejos ; *je m'en moque,* me
da igual. **-erie** *f* burla. **-eur,
euse** *a/s* burlón, ona.

¹**moral, e** *a* moral. □ *m* ánimo,
moral *f* : *remonter le —,* levantar
el ánimo, la moral.

²**moral/e** *f* 1 moral. 2 (d'une fable)
moraleja. **-iste** *s* moralista. **-ité**

f 1 moralidad. 2 (d'une fable)
moraleja.

morbide *a* mórbido, a.

morceau *m* 1 pedazo, trozo. 2 —
de sucre, terrón de azúcar. 3
morceaux choisis, trozos escogidos. 4 (de musique) fragmento.

morc/eler º *t* dividir. **-ellement**
m división *f,* partición *f.*

mordant, e *a* mordaz.

mor/dre *t/i* 1 morder : *un chien
m'a mordu,* me ha mordido un
perro ; *la lime mord le métal,* la
lima muerde el metal. 2 (poisson)
picar : *ça mord ?,* ¿ pican ? **-du, e**
s (fanatique) hincha.

morfondre (se) *pr* aburrirse.

morgue *f* 1 (arrogance) altanería.
2 depósito *m* de cadáveres.

moribond, e *a/s* moribundo, a.

morne *a* 1 sombrío, a. 2 triste.

morose *a* sombrío, a.

morphine *f* morfina.

mors |mɔʀ| *m* bocado.

morsure *f* mordedura.

¹**mort** *f* muerte. I *à — !,* ¡ muera ! ;
mettre à —, matar.

²**mort, e** *p p* de **mourir.** □ *a* 1
muerto, a : *point —,* punto muerto.
2 *feuille morte,* hoja seca. □ *s*
muerto, a. I *jour des Morts,* día de
Difuntos.

mortalité *f* mortalidad.

mortel, elle *a/s* mortal.

mortier *m* mortero.

mortifier *t* mortificar.

mortuaire *a* mortuorio, a.

morue *f* bacalao *m.*

mosaïque |mɔzaik| *f* mosaico *m.*

Moscou *n p* Moscú.

moscovite *a/s* moscovita.

mosquée *f* mezquita.

mot |mo| *m* 1 palabra *f.* I *bon —,*
chiste ; *gros —,* palabrota *f* ; *— à
—,* literalmente. 2 *mots croisés,*
crucigrama *sing.* 3 *écrire un —,*
escribir unas líneas.

motard *m* motociclista.

moteur, trice *a* motor, triz. □ *m* motor: – *à explosion*, motor de explosión.

motif *m* motivo.

motion *f* moción.

motiver *t* motivar.

moto *f* moto.

motoculteur *m* motocultor.

motocycl/ette *f* motocicleta. **-iste** *s* motociclista.

motoriser *t* motorizar.

motrice *f* locomotora.

motte *f* 1 (de terre) terrón *m*. 2 (de beurre) pella.

¹mou, mol, molle *a* 1 blando, a. 2 (sans énergie) flojo, a. 3 (temps) húmedo, a.

²mou *m* (abats) bofes *pl*.

mouchard, e *s* soplón, ona, chivato, a.

mouche *f* 1 mosca. I *prendre la* –, amoscarse. 2 *fine* –, persona astuta. 3 *poids* –, peso mosca. 4 *faire* –, dar en el blanco.

moucher (se) *pr* sonarse, limpiarse las narices.

moucheron *m* mosquita *f*.

moucheter ° *t* motear.

mouchoir *m* pañuelo.

moudre ° *t* moler.

moue *f* mohin *m*. I *faire la* –, poner hocico.

mouette *f* gaviota.

moufle *f* manopla.

mouill/er *t* 1 mojar. 2 (le lait, le vin) aguar. 3 – *l'ancre*, echar el ancla. □ *i* MAR fondear. □ *se* –, mojarse. **-age** *m* (abri) fondeadero, ancladero.

¹moule *f* mejillón *m* : *moules marinières*, mejillones a la marinera.

²moul/e *m* molde. **-age** *m* vaciado. **-er** *t* 1 vaciar, moldear. 2 ceñir : *robe qui moule*, vestido que ciñe.

moulin *m* 1 molino : – *à vent*, molino de viento. 2 – *à café*, molinillo de café. **-et** *m* 1 (de pêche)

carrete. 2 (mouvement) molinete.

moulu, e *a* molido, a.

moulure *f* moldura.

mour/ir ° *i* morir, morirse : *il est mort*, ha muerto ; *je meurs de faim, de soif*, me muero de hambre, de sed ; – *de rire*, morirse de risa. **-ant, e** *a/s* moribundo, a.

¹mousse *f* 1 (plante) musgo *m*. 2 (écume) espuma. I – *à raser*, espuma de afeitar. 3 – *au chocolat*, crema de chocolate.

²mousse *m* grumete.

mousseline *f* muselina.

mouss/er *i* espumar. **-eux, euse** *a* espumoso, a.

moustach/e *f* bigote *m*. **-u, ue** *a* bigotudo, a.

moustiqu/e *m* mosquito. **-aire** *f* mosquitero *m*.

moutard *m* POP chaval.

moutard/e *f* mostaza. **-ier** *m* mostacera *f*.

mouton *m* 1 carnero, borrego. 2 (viande) cordero. □ *pl* 1 (vagues) cabrillas *f*. 2 (poussière) pelusa *f* *sing*.

moutonn/er *i* 1 (mer) cabrillear. 2 *ciel moutonné*, cielo aborregado. **-ement** *m* cabrilleo.

mouvant, e *a* movedizo, a.

mouvement *m* 1 movimiento. 2 (d'une horloge) mecanismo.

mouvementé, e *a* 1 animado, a, movido, a : *séance mouvementée*, sesión movida. 2 (terrain) accidentado, a.

mouvoir ° *t* mover. I *mû par l'envie*, movido por la envidia. □ *se* –, moverse.

¹moyen, enne [mwajɛ̃, ɛn] *a* 1 medio, a : *le* – *Age*, la Edad Media ; *classes moyennes*, clases medias ; *le Français* –, el francés medio. 2 (ni bon ni mauvais) mediano, a, regular : *élève* –, alumno regular. □ *m* medio : *il n'y a pas* – *de...*, no hay medio de... I *au* – *de*, por medio de. □ *m pl* 1 (capacités) aptitudes *f*. 2

(pécuniaires) medios, recursos.
-nant *prép* mediante. l — *quoi*, gracias a lo cual.

²**moyenne** *f* promedio *m*, media : *du 80 de* —, una media de 80 km/h. l *en* —, por termino medio.

moyeu |mwajø| *m* cubo.

mû, mue ⇒ **mouvoir.**

mu/e *f* muda. **-er** *i* mudar.

muet, ette *a/s* mudo, a.

mufle *m* **1** morro, hocico. **2** FAM (personne) patán. **-rie** *f* groseria.

mug/ir *i* mugir. **-issement** *m* mugido.

muguet *m* muguete.

mulâtre, esse *a/s* mulato, a.

¹**mule** *f* mula.

²**mule** *f* (pantoufle) chinela.

¹**mulet** *m* mulo. **-ier** *m* arriero, mulero.

²**mulet** *m* (poisson) mújol.

multicolore *a* multicolor.

multiple *a* múltiple. ☐ *a/m* (mathématiques) múltiplo, a.

multipli/er *t* multiplicar. ☐ *se* —, multiplicarse. **-cation** *f* multiplicación. **-cité** *f* multiplicidad.

multitude *f* multitud.

municipal, e *a* municipal. l *conseil* —, concejo. **-ité** *f* municipalidad.

munir *t* proveer, dotar : *appareil de photo muni d'un téléobjectif*, máquina fotográfica provista de un teleobjetivo. ☐ *se* —, proveerse.

munitions *f pl* municiones.

mur *m* **1** (d'une maison) pared *f*. **2** (d'une ville) muro. **3** (clôture) tapia *f* **4** *le* — *du son*, la barrera del sonido. **-aille** *f* muralla.

mûr, e *a* maduro, a.

mûre *f* **1** mora **2** (fruit de la ronce) zarzamora.

murer *t* tapiar. ☐ *se* —, aislarse.

mûrier *m* morera *f*.

mûrir *t/i* madurar.

murmur/e *m* murmullo. **-er** *i/t* murmurar.

muscade *a* moscada.

muscat *a/m* moscatel.

mus/cle *m* músculo. **-clé, e** *a* musculoso, a. **-culaire** *a* muscular. **-culature** *f* musculatura.

muse *f* musa.

museau *m* hocico.

musée *m* museo.

muselière *f* bozal *m*.

musette *f* morral *m*.

muséum |myzeɔm| *m* museo.

musical, e *a* musical.

music-hall |myzikol| *m* music hall.

musicien, enne *a/s* músico, a.

musique *f* **1** música. **2** (fanfare) banda.

musulman, e *a/s* musulmán, ana.

mut/er *t* trasladar. **-ation / 1** (d'un fonctionnaire) traslado *m*, cambio *m* **2** (biologie) mutación.

mutil/er *t* mutilar. l *un mutilé*, un mutilado. **-ation** *f* mutilación.

mutiner (se) *pr* amotinarse.

mutisme *m* mutismo.

mutualité *f* mutualidad.

mutuel, elle *a* mutuo, a. ☐ *f* mutualidad. **-lement** *adv* mutuamente.

myop/e *a/s* miope. **-ie** *f* miopía.

myosotis |mjozɔtis| *m* miosota *f*.

myriade *f* miriada.

myrtille *f* arándano *m*.

myst/ère *m* misterio. **-érieux, euse** *a* misterioso, a.

mystifi/er *t* engañar. **-cateur, trice** *s* embaucador; a. **-cation** *f* engaño *m*.

mystique *a/s* místico, a.

mythe *m* mito.

mytholog/ie *f* mitologia. **-ique** *a* mitológico, a.

N

n |ɛn| *m* **n** *f: un —,* una n.

n' ⇒ **ne.**

nacelle *f* barquilla.

nacr/e *f* nácar *m.* **-é, ée** *a* nacarado, a.

nage *f* **1** natación. **2** *être en —,* estar bañado, a en sudor.

nageoire |naʒwaʀ| *f* aleta.

nag/er ° *i/t* nadar. **-eur, euse** *a/s* nadador, a.

naguère *adv* hace poco.

naïf, ive |naif, iv| *a/s* ingenuo, a.

nain, e *a/s* enano, a.

naissance *f* **1** nacimiento *m.* I *donner — à une fille,* dar a luz a una niña. **2** origen *m.* I *donner — à,* originar.

naître ° *i* nacer : *il est né à Paris en 1967,* nació en París en 1967. I *faire —,* originar, provocar.

naïveté |naivte| *f* ingenuidad.

napht/e |naft| *m* nafta *f.* **-aline** *f* naftalina.

Naples |napl| *n p* Nápoles.

Napoléon *n p m* Napoleón.

napolitain, e *a/s* napolitano, a.

nappe *f* **1** mantel *m.* **2** *— d'eau,* capa de agua. **-ron** *m* mantelito.

narcisse *m* narciso.

narcotique *a/m* narcótico, a.

narine *f* ventana de la nariz.

narquois, e *a* socarrón, ona, burlón, ona.

narra/tion *f* narración. **-teur, trice** *s* narrador, a.

nasal, e *a/f* nasal.

naseau *m* ollar.

nasill/er *i* ganguear. **-ard, e** *a* gangoso, a.

natal, e *a* natal. **-ité** *f* natalidad.

natation *f* natación.

nation *f* nación : *Nations Unies,* Naciones Unidas.

national, e *a* nacional. **-iser** *t* nacionalizar. **-isme** *m* nacionalismo. **-iste** *a/s* nacionalista. **-ité** *f* nacionalidad.

nativité *f* natividad.

natte *f* **1** (de cheveux) trenza. **2** (tapis) estera.

naturalis/er *t* naturalizar. I *se faire —,* naturalizarse. **-ation** *f* naturalización.

naturaliste *s* naturalista.

nature *f* **1** naturaleza. **2** carácter *m,* índole, natural *m : timide de —,* de índole tímida. **3** *d'après —,* del natural ; *payer en —,* pagar en especie. **4** *— morte,* bodegón *m.* □ *a* **1** natural : *grandeur —,* tamaño natural. **2** *café —,* café solo.

naturel, elle *a* natural. □ *m* **1** natural, carácter. **2** (simplicité) naturalidad *f.* **3** *au —,* al natural.

naufrag/e *m* naufragio. I *faire —,* naufragar. **-é, ée** *s* náufrago, a.

nausé/e *f* náusea. **-abond, e** *a* nauseabundo, a.

nautique *a* náutico.

naval, e *a* naval.

Navarre *n p f* Navarra.

navet *m* **1** nabo. **2** FAM churro.

navette *f faire la —,* ir y venir ; *un car fait la — entre...,* un autocar asegura la comunicación entre...

navigable *a* navegable.

navigant, e *a personnel —,* personal de vuelo.

navig/uer *i* navegar. **-ateur** *m* navegante. **-ation** *f* navegación.

navire *m* buque.

navr/er *t* afligir. I *je suis navré de...,* siento en el alma... **-ant, e** *a* lamentable.

nazi, e *a/s* nazi.

ne, n' *adv* no : *je — l'ai pas vu,* no lo he visto ; *il n'a qu'un enfant,* no tiene más que un hijo, sólo tiene un hijo.

né, née ⇒ **naître.**

néanmoins [neãmwɛ̃] *adv* sin embargo, no obstante.

néant *m* nada *f.*

nébuleux, euse *a/f* nebuloso, a.

nécess/aire *a* necesario, a. □ *m* **1** *faire le —,* hacer lo necesario. **2** — *de toilette,* neceser (de tocador). **-ité** *f* necesidad. **-iteux, euse** *a/s* necesitado, a.

nectar *m* néctar.

néerlandais, e *a/s* neerlandés, esa.

nef *f* nave.

néfaste *a* nefasto, a.

nèfle *f* níspero *m.*

négatif, ive *a* negativo, a. □ *m* (photo) negativo.

négation *f* negación.

négligé *m* **1** descuido. **2** (tenue légère) deshabillé.

néglig/er ° *t* **1** descuidar. **2** — *un conseil,* no hacer caso de, desdeñar un consejo. **-eable** *a* despreciable. **-ence** *f* negligencia, descuido *m.* **-ent, e** *a* negligente, descuidado, a. **-emment** *adv* descuidadamente.

négoc/e *m* negocio. **-iant, e** *s* negociante.

négoci/er *i/t* negociar. **-ateur, trice** *s* negociador, a. **-ation** *f* negociación.

nègre, négresse *a/s* negro, a.

neig/e *f* nieve. **1** — *fondue,* aguanieve ; *chute de —,* nevada. **-er** ° *impers* nevar. **-eux, euse** *a* nevado, a.

nénuphar *m* nenúfar.

néologisme *m* neologismo.

néon *m* neón : *tube au —,* tubo de neón.

néophyte *s* neófito, a.

néphrite *f* nefritis.

nerf [nɛʀ] *m* nervio : *une crise de nerfs,* un ataque de nervios ; *porter sur les nerfs,* poner los nervios de

punta.

nerv/eux, euse *a/s* nervioso, a. **-osité** *f* nerviosismo *m,* nerviosidad.

n'est-ce pas ? *adv* ¿ verdad ?

net, nette [nɛt] *a* **1** (propre) limpio, a. **1** *mettre au —,* poner en limpio. **2** (image, photo) nítido, a. **3** claro, a. **4** (poids, bénéfice, prix) neto, a. □ *adv s'arrêter —,* pararse en seco ; *refuser —,* negarse rotundamente. **-tement** *adv* claramente. **1** — *mieux,* mucho mejor. **-teté** *f* limpieza, nitidez, claridad.

nett/oyer ° [nɛtwaje] *t* limpiar. **-oiement** *m* limpieza *f.* **-oyage** *m* limpieza *f* : — *à sec,* limpieza en seco.

[1]**neuf** *a/m* **1** nueve. **1** *il est — heures,* son las nueve. **2** *Charles IX,* Carlos noveno.

[2]**neuf, neuve** *a* nuevo, a. **1** *quoi de — ?,* ¿ qué hay de nuevo ? ; *remettre à —,* poner como nuevo.

neurasthén/ie *f* neurastenia. **-ique** *a/s* neurasténico, a.

neurologue *m* neurólogo.

neutralis/er *t* neutralizar. **-ation** *f* neutralización.

neutralité *f* neutralidad.

neutre *a* **1** neutro, a. **2** (pays) neutral.

neutron *m* neutrón.

neuvième *a/s* noveno, a.

neveu *m* sobrino.

névralgie *f* neuralgia.

névros/e *f* neurosis. **-é, ée** *a/s* neurótico, a.

New York *n p* Nueva York.

nez [ne] *m* **1** nariz *f.* **1** — *à —,* cara a cara ; *parler du —,* hablar de nariz ; *rire au — de,* reírse en las narices de. **2** *avoir le — fin,* tener olfato. **3** (d'un avion) morro.

ni *conj* ni : — *l'un — l'autre,* ni uno ni otro.

niais, e *a/s* necio, a, bobo, a. **-erie** *f* bobería.

nicaraguayen, enne *a/s* nicaragüense.

Nice *n p* Niza.

niche *f* 1 nicho *m*. 2 (à chien) casilla. 3 (farce) broma.

nicher *i* 1 anidar. 2 FAM vivir. □ *pr* (se cacher) meterse.

nickel *m* níquel. **-er** ° *t* niquelar.

niçois, e *a/s* nizardo, a.

Nicolas *n p m* Nicolás.

nicotine *f* nicotina.

nid |ni| *m* 1 nido. 2 *nid-de-poule*, bache.

nièce *f* sobrina.

nier *t* negar : *il nie les faits*, niega los hechos.

nigaud, e *a/s* bobo, a.

nipp/es *f pl* FAM pingos *m*. **-er** *t* ataviar.

nippon, e *a/s* nipón, ona.

nitrate *m* nitrato.

niveau *m* nivel.

nivel/er ° *t* nivelar. **-lement** *m* nivelación *f*.

nobl/e *a/s* noble. **-esse** *f* nobleza.

noc/e *f* 1 boda : *noces d'or*, bodas de oro. 2 FAM *faire la —*, ir de juerga. **-eur, euse** *a/s* juerguista.

nocif, ive *a* nocivo, a.

noctambule *a/s* noctámbulo, a.

nocturne *a/m* nocturno, a. □ *f* (match) partido *m* nocturno.

Noël |nɔɛl| *m* 1 Navidad *f*. I *nuit de —*, nochebuena ; *joyeux — !*, ¡felices Pascuas! 2 (chant) villancico. 3 *carte de —*, crismas *m*.

nœud |nø| *m* nudo.

noir, e *a* 1 negro, a. 2 oscuro, a : *nuit noire*, noche oscura ; *il fait —*, está oscuro. □ *m* 1 negro. 2 oscuridad *f*. □ *s* negro, a : *les Noirs d'Afrique*, los negros de África. **-âtre** *a* negruzco, a. **-aud, e** *a/s* moreno, a.

noirc/ir *t* ennegrecer. □ *i* ennegrecerse. **-eur** *f* 1 negrura. 2 (méchanceté) maldad.

noire *f* MUS negra.

noiset/te *f* avellana. **-ier** *m* avellano.

noix |nwa| *f* nuez : *des —*, nueces.

nom *m* 1 (de famille) apellido. 2 nombre : *— de baptême, petit —*, nombre de pila ; *— propre*, nombre propio ; *au — de*, en nombre de. 3 FAM *— d'un chien !*, ¡caracoles!

nomade *a/s* nómada.

nombr/e *m* número. I *le plus grand —*, la mayoría, la mayor parte. **-eux, euse** *a* numeroso, a.

nombril |nɔbRil| *m* ombligo.

nomenclature *f* nomenclatura.

nominal, e *a* nominal.

nomination *f* nombramiento *m*.

nommer *t* 1 llamar, poner de nombre : *ses parents l'ont nommée Anne*, sus padres le pusieron de nombre Ana. 2 nombrar : *on l'a nommé directeur*, le nombraron director. □ *se —*, llamarse.

non *adv* 1 no : *oui ou — ?*, ¿sí o no? ; *répondre —*, contestar que no. 2 *moi — plus*, yo tampoco. □ *m* no : *un — catégorique*, un no rotundo.

nonagénaire *a/s* nonagenario, a.

non-agression *f* no agresión.

nonce *m* nuncio.

nonchal/ant, e *a* indolente. **-ance** *f* indolencia, flojedad.

non-conformisme *m* no conformismo.

non-sens |nɔ̃sɑ̃s| *m* absurdo, disparate.

nord |nɔR| *a/m* norte : *pôle —*, polo norte. I FAM *perdre le —*, perder la chaveta.

nord-africain, e *a/s* norteafricano, a.

nord-américain, e *a/s* norteamericano, a.

nord-est |nɔRɛst| *m* nordeste.

nordique *a* nórdico, a.

nord-ouest |nɔRwɛst| *m* noroeste.

normal, e *a* normal. I *redevenir —*, volver a la normalidad. □ *f la* *normale,* la normalidad, lo normal. **-ement** *adv* normalmente.

normand, e *a/s* normando, a.

Normandie *n p f* Normandía.

norme *f* norma, pauta.

Norvège *n p f* Noruega.

norvégien, enne *a/s* noruego, a.

nos |no| *a poss* nuestros, as.

nostalg/ie *f* nostalgia. **-ique** *a* nostálgico, a.

nota/bilité *f* notabilidad. **-ble** *a/m* notable.

notaire *m* notario.

notamment *adv* especialmente, en particular.

note *f* 1 nota : *fausse —,* nota falsa ; *prendre — de,* tomar nota de. 2 apunte *m* : *prendre des notes,* tomar apuntes. 3 (facture) cuenta, factura.

noter *t* 1 (inscrire) anotar, apuntar. 2 (remarquer) notar.

notice *f* folleto *m*, reseña, nota : *— explicative,* folleto explicativo.

notifier *t* notificar.

notion *f* noción.

notoire *a* notorio, a.

notoriété *f* notoriedad.

notre *a poss* nuestro, a.

Notre-Dame *n p f* Nuestra Señora.

nôtre *pron poss* nuestro, a. □ m *les nôtres,* los nuestros.

nou/er *t* 1 atar, anudar. | *— sa cravate,* anudarse la corbata. 2 (une amitié, etc.) trabar. **-eux, euse** *a* nudoso, a.

nougat *m* turrón.

nouille *f* 1 *des nouilles,* tallarines *m*. 2 FAM *quelle — !,* ¡ qué bobo !

nourrice *f* nodriza.

nourr/ir *t* 1 alimentar, mantener. 2 (allaiter) criar. 3 (des préjugés) nutrir. 4 (un espoir) abrigar. □ *se —,* alimentarse. **-issant, e** *a* nutritivo, a. **-isson** *m* niño de pecho. **-iture** *f* comida.

nous *pron pers* 1 (sujet) nosotros (souvent omis, sert à insister) : *—*

voulons, queremos ; *— autres, Français,* nosotros franceses ; *nous-mêmes,* nosotros mismos. 2 (complément) nos : *il — appelle,* él nos llama. 3 *à —,* nuestro, a.

nouveau, nouvel, nouvelle *a* 1 nuevo, a : *le nouvel an,* el día de Año Nuevo. 2 recién : *nouveaux mariés,* recién casados. □ *m* nuevo : *du —,* algo nuevo ; *rien de —,* nada nuevo. | *à —, de —,* de nuevo, otra vez.

nouveau-né, née *a/s* recién nacido, a.

nouveauté *f* 1 novedad. 2 *magasin de nouveautés,* tienda de novedades.

nouvelle *f* 1 noticia : *je suis sans nouvelles de lui,* estoy sin noticias suyas. | *demander des nouvelles de,* preguntar por. 2 novela corta : *romans et nouvelles,* novelas y novelas cortas.

nouvellement |nuvɛlmɑ̃| *adv* recientemente.

novembre *m* noviembre : *le 2 —,* el 2 de noviembre.

novice *a/s* novicio, a.

noyade |nwajad| *f* ahogamiento *m*.

noyau |nwajo| *m* 1 (d'un fruit) hueso. 2 (biologie, physique, petit groupe) núcleo.

¹**noyer** ° |nwaje| *t* 1 ahogar. 2 *yeux noyés de larmes,* ojos bañados de lágrimas. □ *se —,* ahogarse. **-é, ée** *a/s* ahogado, a.

²**noyer** *m* (arbre) nogal.

nu, e *a* 1 desnudo, a. | *nu-pieds, pieds nus,* descalzo, a ; *nu-tête,* con la cabeza descubierta ; *à l'œil —,* a simple vista ; *tout —,* en cueros. 2 *mettre à —,* poner al descubierto.

nuag/e *m* nube *f*. | *gros —,* nubarrón. **-eux, euse** *a* nuboso, a.

nuanc/e *f* matiz *m* : *toutes les nuances,* todos los matices. **-er** ° *t* matizar.

nucléaire *a* nuclear.

nudisme *m* desnudismo, nudismo.

nudité *f* desnudez.

nu/es |ny] *f pl* nubes : *porter aux —*, poner por las nubes ; *tomber des —*, caerse de las nubes. **-ée** *f* nube.

nui/re ° *i* perjudicar, dañar : *le tabac nuit à la santé*, el tabaco perjudica (a) la salud. **-sible** *a* dañino, a.

nuit *f* noche : *il fait —*, es de noche ; *bonne — !*, ¡ buenas noches! ; *— noire*, noche cerrada. I *à la — tombante*, al anochecer.

nul, nulle *a* 1 nulo, a. I *match —*, empate. 2 ningún, una : *nulle part,* en ninguna parte. □ *pron* nadie : *— ne le sait*, nadie lo sabe. **-lement** *adv* de ningún modo. **-lité** *f* nulidad.

numéral, e *a/m* numeral.

numération *f* numeración.

numérique *a* numérico, a.

numéro *m* número. I *— d'immatriculation*, matrícula *f.* **-ter** *t* numerar.

nuptial, e [nypsjal] *a* nupcial.

nuque *f* nuca.

nutrit/ion *f* nutrición. **-if, ive** *a* nutritivo, a.

nylon *m* nylon, nilón.

nymphe *f* ninfa.

O

o *m* o *f* : *un* −, una o.

ô ! *interj* ¡oh!

oasis |ɔazis| *f* oasis *m*.

obé/ir *i* obedecer. **-issance** *f* obediencia. **-issant, e** *a* obediente.

obélisque *m* obelisco.

ob/èse *a* obeso, a. **-ésité** *f* obesidad.

objecter *t* objetar.

objectif, ive *a* objetivo, a. □ *m* objetivo.

objection *f* objeción.

objet *m* 1 objeto. I *faire l'− de*, ser objeto de. 2 *complément d'−*, complemento.

obligation *f* obligación.

obligatoire *a* obligatorio, a.

oblig/eance |ɔbliʒɑ̃s| *f* complacencia, cortesía. I *auriez-vous l'− de...* ?, ¿ tendría usted la amabilidad de... ? **-eant, e** *a* complaciente, servicial.

obliger ° *t* 1 obligar. 2 *vous m'obligeriez beaucoup si...*, le estaría muy agradecido si...

obliqu/e *a* oblicuo, a. I *en* −, diagonalmente. **-er** *i* torcer.

oblitér/er ° *t* 1 obliterar. 2 (un timbre) matar. **-ation** *f* (marque) matasellos *m*.

oblong, gue *a* oblongo, a.

obole *f* óbolo *m*.

obsc/ène *a* obsceno, a. **-énité** *f* obscenidad.

obscur, e *a* oscuro, a, obscuro, a. **-cir** *t* oscurecer. **-cissement** *m* oscurecimiento. **-ité** *f* oscuridad.

obséd/er ° *t* obsesionar. **-ant, e** *a* obsesivo, a. **-é, ée** *a/s* obseso, a.

obsèques *f pl* exequias, funerales *m*.

obséquieux, euse *a* obsequioso,

a.

observ/er *t* observar. **-ance** *f* observancia. **-ateur, trice** *a/s* observador, a. **-ation** *f* observación. I *malade en* −, enfermo en observación. **-atoire** *m* observatorio.

obsession *f* obsesión.

obstacle *m* obstáculo. I *faire − à*, poner obstáculos a.

obstin/er (s') *pr* − *à*, obstinarse en. **-ation** *f* obstinación. **-é, ée** *a/s* obstinado, a.

obstru/er *t* obstruir. **-ction** *f* obstrucción.

obtenir ° *t* obtener, conseguir : *comment as-tu obtenu ce résultat ?*, ¿ cómo obtuviste este resultado ?

obtur/er *t* obturar. **-ateur** *m* obturador. **-ation** *f* obturación.

obtus, e |ɔpty, yz| *a* obtuso, a.

obus |ɔby| *m* obús.

occasion *f* 1 ocasión : *d'* −, de ocasión. 2 motivo *m* : *à l'− de*, con motivo de. **-nel, elle** *a* ocasional. **-ner** *t* ocasionar.

occident *m* occidente. **-al, e** *a* occidental.

occulte *a* oculto, a.

occup/er *t* 1 ocupar. 2 (téléphone) *c'est occupé*, está comunicando. □ *pr* 1 ocuparse. 2 *on s'occupe de vous ?*, ¿ le atienden ? **-ant, e** *a/s* ocupante. **-ation** *f* ocupación.

occurence *f en l'−*, en este caso.

océan *m* océano.

Océanie *n p f* Oceanía.

ocre *f* ocre *m*.

octave *f* octava.

octobre *m* octubre : *le 5* −, el 5 de octubre.

octogénaire *a/s* octogenario, a.

octogon/e *m* octógono. **-al, e** *a*

octogonal.

octroyer ° [ɔktRwaje] *t* otorgar,
conceder.

oculiste *s* oculista.

ode *f* oda.

odeur *f* olor *m* : *une — d'essence,
de brûlé*, un olor a gasolina, a que-'
mado ; *bonne, mauvaise —*, buen,
mal olor.

odieux, euse *a* odioso, a.

odorant, e *a* oloroso, a.

odorat *m* olfato.

odyssée *f* odisea.

œcuménique [ekymenik] *a*
ecuménico, a.

œdème [edɛm] *m* edema.

Œdipe [edip] *n p m* Edipo.

œil [œj] (*pl* **yeux** [jø]) *m* **1** ojo :
elle a les yeux bleus, tiene los ojos
azules. I *à l'— nu*, a simple vista : *à
vue d'—*, a ojos vistas ; *avoir l'—*,
andarse con ojo ; *ça saute aux
yeux*, eso salta a la vista ; *coûter
les yeux de la tête*, costar un ojo de
la cara ; *jeter un coup d'—*, echar
una mirada, un vistazo. **2** FAM *à
l'—*, de balde, gratis ; *mon — !*, ¡ni
hablar! **-lade** *f* guiño *m*.

œillet [œjɛ] *m* **1** (fleur) clavel. **2**
(trou) ojete.

œsophage [ezɔfaʒ] *m* esófago.

œuf [œf] (*pl* **œufs** [ø]) *m* huevo :
— à la coque, mollet, huevo pasado
por agua ; *— dur*, huevo duro ; *—
sur le plat*, huevo frito, huevo al
plato ; *œufs brouillés*, huevos
revueltos.

œuvre *f* obra. I *se mettre à l'—*,
ponerse manos a la obra ; *mettre
en —*, poner en acción.

offensant, e *a* ofensivo, a.

offens/e *f* **1** ofensa. **2** *pardonne-
nous nos offenses*, perdónanos
nuestras deudas. **-er** *t* ofender. □
s'—, ofenderse. **-eur** *m* ofensor.

offensif, ive *a/f* ofensivo, a.

offertoire *m* ofertorio.

office *m* **1** oficio. I *faire — de*,
hacer de. **2** agencia *f*. □ *f/m*

antecocina *f*.

officiel, elle *a* oficial. □ *m les
officiels*, las autoridades.

¹**officier** *m* oficial.

²**officier** ° *i* celebrar.

officieux, euse *a* oficioso, a.

offrande *f* ofrenda.

offre *f* oferta.

offrir ° *t* **1** ofrecer. **2** regalar : *— un
collier*, regalar un collar. I *— un
cadeau*, obsequiar con, ofrecer un
regalo. **3** proponer : *je lui ai offert
de l'aider*, le he propuesto ayu-
darle. **4** *— l'occasion*, brindar la
oportunidad ; *— des avantages*,
presentar ventajas. □ *pr* **1**
ofrecerse. **2** *s'— à*, ofrecerse,
brindarse a : *il s'est offert à
m'accompagner*, se brindó a
acompañarme.

offusquer *t* chocar. □ *s'—*,
ofenderse.

ogiv/e *f* ojiva. **-al, e** *a* ojival.

ogre, esse *s* ogro, ogresa.

oh ! *interj* ¡oh!

ohé ! *interj* ¡eh!, ¡hola!

oie *f* ganso *m*. I *jeu de l'—*, juego de
la oca.

oignon [ɔɲɔ̃] *m* **1** cebolla *f*. **2** (de
tulipe) bulbo.

oiseau *m* **1** (grand) ave *f* ; (petit)
pájaro. **2** FIG *un drôle d'—*, un
pajarraco, un bicho raro. **3** *oiseau-
mouche*, pájaro mosca.

oiseux, euse *a* vano, a, ocioso, a.

ois/if, ive *a* ocioso, a. **-iveté** *f*
ociosidad.

oléagineux, euse *a* oleaginoso,
a.

olfactif, ive *a* olfativo, a.

oliv/e *f* aceituna. I *huile d'—*, aceite
de oliva. **-âtre** *a* aceitunado, a.
-eraie *f* olivar *m*. **-ier** *m* olivo.

Olivier *n p m* Oliverio.

Olympe *n p m* Olimpo.

olympique *a* olímpico, a.

ombrag/e *m* umbría *f*. **-er** ° *t*
dar sombra. I *lieu ombragé*, lugar
sombreado.

ombrageux, euse *a* 1 desconfiado, a. 2 (cheval) espantadizo, a.

ombre *f* 1 sombra : *faire de l'—,* hacer sombra. 2 *il n'y a pas l'— d'un doute,* no hay ni sombra de duda.

ombrelle *f* sombrilla.

omelette [ɔmlɛt] *f* tortilla : *— au jambon, nature,* tortilla de jamón, a la francesa.

om/ettre ° *t* omitir : *j'ai omis d'écrire la date,* omití escribir la fecha. **-ission** *f* omisión.

omnibus [ɔmnibys] *m* ómnibus.

omnipotent, e *a* omnipotente.

omoplate *f* omóplato *m*.

on *pron indéf* 1 se : *— entendait des cris,* se oían gritos ; *quand — est jeune,* cuando se es joven. 2 3ᵉ personne du pl : *— dit,* dicen ; *— frappe,* llaman a la puerta. 3 uno, a : *— s'ennuie ici,* se aburre uno aquí ; *— ne peut pas se fier à lui,* no se puede uno fiar de él. 4 (= nous) 1ʳᵉ personne du pl : *— est allé au cinéma,* hemos ido al cine.

once *f* onza.

oncle *m* tío.

onction *f* unción.

onctueux, euse *a* untuoso, a.

onde *f* onda : *longueur d'—,* longitud de onda ; *grandes ondes,* onda larga. I *les ondes,* la radio.

ondée *f* aguacero *m*.

on-dit *m* rumor, hablilla *f* : *les —,* los rumores, las hablillas.

ondoy/er ° [ɔdwaje] *i* ondear, ondular. **-ant, e** *a* 1 ondulante. 2 FIG variable.

ondul/er *i/t* ondular. **-ation** *f* ondulación. **-eux, euse** *a* ondulante.

onéreux, euse *a* oneroso, a.

ongle *m* uña *f*.

onguent [ɔ̃gɑ̃] *m* ungüento.

ont ⇒ **avoir.**

onz/e [ɔ̃z] *a/m* once. **-ième** *a* undécimo, a.

opal/e *f* ópalo *m*. **-in, e** *a/f* opalino, a.

opaque *a* opaco, a.

opéra *m* ópera *f*.

opérateur, trice *s* operador, a.

opération *f* 1 operación. 2 *salle d'—,* quirófano *m*.

opérer ° *t* operar : *un malade de l'appendicite,* operar a un enfermo de apendicitis ; *se faire —,* operarse. □ *s'—,* operarse, producirse.

opérette *f* opereta.

ophtalmolog/ie *f* oftalmología. **-iste** *s* oftalmólogo, a.

opiner *i* opinar.

opiniâtre *a* terco, a, porfiado, a. **-té** *f* terquedad.

opinion *f* opinión.

opium [ɔpjɔm] *m* opio.

opportun, e *a* oportuno, a. **-ité** *f* oportunidad.

opposé, e *a* opuesto, a. □ *m* lo contrario. I *à l'—,* en el lado opuesto.

oppos/er *t* oponer. □ *s'—,* oponerse : *il s'est opposé à mon projet,* se opuso a mi proyecto. **-ition** *f* oposición.

oppress/er *t* oprimir, ahogar. **-ant, e** *a* oprimente. **-eur** *m* opresor. **-if, ive** *a* opresivo, a. **-ion** *f* opresión.

opprimer *t* oprimir.

opter *i* *— pour,* optar por.

opticien *m* óptico.

optim/isme *m* optimismo. **-iste** *a/s* optimista.

option *f* opción. I *matière à —,* asignatura optativa.

optique *a/f* óptico, a.

opul/ent, e *a* opulente. **-ence** *f* opulencia.

opuscule *m* opúsculo.

¹or *m* oro : *bijoux en —,* joyas de oro. I *une affaire en —,* un negocio magnífico ; *rouler sur l'—,* apalear oro.

²or *conj* ahora bien, pues.

oracle *m* oráculo.

orag/e *m* tormenta *f*, tempestad *f*.
-eux, euse *a* tempestuoso, a, borrascoso, a.

oraison *f* oración.

oral, e *a* oral : *examens oraux*, exámenes orales. □ *m* examen oral.

orang/e *f* naranja. □ *m* color naranja. **-é, ée** *a* anaranjado, a. **-eade** *f* naranjada. **-er** *m* naranjo. I *fleur d'—*, azahar *m*. **-eraie** *f* naranjal *m*.

orat/eur *m* orador, a. **-oire** *a* oratorio, a. I *art —*, oratoria *f*. □ *m* oratorio. **-orien** *m* oratoriano. **-orio** *m* oratorio.

orbite *f* 1 órbita : *mise sur —*, puesta en órbita. 2 (de l'œil) órbita, cuenca.

orchestr/e |ɔrkɛstr| *m* 1 orquesta *f*. 2 (dans une salle de spectacle) patio de butacas. **-ation** *f* orquestación.

orchidée |ɔrkide| *f* orquídea.

ordinaire *a* 1 corriente, ordinario, a : *vin —*, vino corriente. 2 (médiocre) ordinario, a. 3 *pas —*, sorprendente, increíble. □ *m* lo corriente, lo común. I *à l'—, d'—*, habitualmente, comúnmente.

ordinal, e *a* ordinal.

ordinateur *m* ordenador.

ordonnance *f* 1 disposición. 2 MED receta, prescripción: *médicament délivré sur —*, medicamento vendido con receta médica. 3 (règlement) ordenanza. 4 (d'un officier) ordenanza *m*.

ordonné, e *a* ordenado, a.

ordonner *t* 1 mandar : *je vous ordonne de vous lever*, le mando que se levante. 2 *— un médicament*, recetar un medicamento. 3 *— prêtre*, ordenar de sacerdote.

ordre *m* 1 orden : *— alphabétique*, orden alfabético ; *mettre en —*, poner en orden ; *rappeler à l'—*, llamar al orden. 2 (commandement) orden *f* : *à vos ordres!*, ¡a la orden! I *sous les ordres de*, bajo el mando de. 3 *à l'— du jour*, a la

orden del día. 4 (religieux) orden *f*. I *entrer dans les ordres*, ordenarse. 5 COM *payer à l'— de*, páguese a la orden de ; *billet à —*, pagaré.

ordur/e *f* 1 basura. I *ordures ménagères*, basura sing ; *boîte aux ordures*, cubo *m* de la basura. 2 FIG porquería. **-ier, ère** *a* obsceno, a.

oreill/e *f* 1 (pavillon) oreja ; (organe, ouïe) oído *m*. I *faire la sourde —*, hacerse el sordo ; *tendre l'—*, aguzar el oído. 2 (de fauteuil) orejera. 3 (anse) oreja. **-er** *m* almohada *f*. **-ons** *m pl* paperas.

Orénoque *n p m* Orinoco.

orfèvre *m* orfebre, platero. **-rie** *f* orfebrería.

organe *m* órgano.

organique *a* orgánico, a.

organis/er *t* organizar. □ *s'—*, organizarse. **-ateur, trice** *a/s* organizador, a. **-ation** *f* organización.

organisme *m* organismo.

organiste *s* organista.

orge *f* cebada. □ *m — perlé*, cebada perlada.

orgeat |ɔrʒa| *m* horchata *f*.

orgie *f* orgía.

orgue *m* (*f en pl*) 1 órgano. I *les grandes orgues*, los órganos. 2 *— de barbarie*, organillo.

orgueil |ɔrɡœj| *m* orgullo. **-leux, euse** *a/s* orgulloso, a.

orient *m* oriente. I *Extrême-Orient*, Extremo Oriente ; *Moyen-Orient*, Oriente Medio ; *Proche-Orient*, Cercano Oriente. **-al, e** *a* oriental.

orient/er *t* orientar. □ *s'—*, orientarse. **-ation** *f* orientación.

orifice *m* orificio.

originaire *a* oriundo, a, originario, a.

original, e *a/s* original. **-ité** *f* originalidad.

origin/e *f* origen *m* : *les origines du christianisme*, los orígenes del cristianismo. I *à l'—*, al principio.

-el, elle *a* original.

orme *m* olmo.

ornement *m* ornamento, adorno. **-al, e** *a* ornamental. **-ation** *f* ornamentación. **-er** *t* ornar, adornar.

orner *t* ornar, adornar.

ornière *f* carril *m*, rodada.

ornithologie *f* ornitología.

orphelin, ine *a/s* huérfano, a. **-at** *m* orfanato.

orteil [ɔʀtɛj] *m* dedo del pie.

orthodox/e *a/s* ortodoxo, a. **-ie** *f* ortodoxia.

orthographe *f* ortografía.

orthopéd/ie *f* ortopedia. **-ique** *a* ortopédico, a. **-iste** *s* ortopédico, a.

ortie *f* ortiga.

orvet *m* lución.

os [ɔs ; *pl* o] *m* hueso : *trempé jusqu'aux —*, calado hasta los huesos.

oscill/er [ɔsile] *i* oscilar. **-ation** *f* oscilación. **-atoire** *a* oscilatorio, a.

osé, e *a* atrevido, a.

oseille *f* acedera.

oser *t/i* atreverse : *je n'ose pas*, no me atrevo. I *si j'ose dire*, si se me permite la expresión.

osier *m* mimbre.

ossature *f* 1 osamenta, esqueleto *m*. 2 (charpente) armazón.

osselet [ɔslɛ] *m* (jeu) taba *f*.

ossements [ɔsmɑ̃] *m pl* osamenta *f sing*.

osseux, euse *a* 1 (tissu, cellule) óseo, a. 2 (aux os saillants) huesudo, a.

ossuaire *m* osario.

ostensible *a* ostensible.

ostensoir *m* custodia *f*.

ostentation *f* ostentación.

ostréiculture *f* ostricultura.

otage *m* rehén.

otarie *f* otaria.

ôter *t* 1 quitar. 2 (vêtement) quitarse : *il ôta sa casquette*, se quitó la gorra. 3 restar : *2 ôté de 5 égale 3*, 2 restado de 5 quedan 3.

otite *f* otitis.

¹ou *conj* o (u devant un mot commençant par o ou ho : *argent — or*, plata u oro).

²où *adv interr* 1 dónde : *— habitez-vous ?*, ¿ dónde vive usted ? 2 (avec mouvement) adónde : *— vas-tu ?*, ¿ adónde vas ? ; *je ne sais pas — aller*, no sé adónde ir. □ *adv rel* 1 donde : *la maison — j'habite*, la casa donde vivo ; *c'est là — nous habitons*, allí es donde vivimos. I *n'importe —*, donde sea. 2 adonde : *la ville — je vais*, la ciudad adonde voy. 3 (temps) en que : *le jour — je me marierai*, el día en que yo me case. 4 *— que vous soyez*, dondequiera que esté ; *— que tu ailles*, por donde vayas.

ouais |wɛ| *interj* FAM sí.

ouat/e *f* guata. **-er** *t* enguatar.

oubli *m* olvido : *tomber dans l'—*, caer en el olvido. **-er** *t* olvidar, olvidarse : *j'ai oublié son adresse*, se me ha olvidado su dirección ; *il a oublié de me prévenir*, se ha olvidado de avisarme.

oubliette *f* mazmorra.

ouest |wɛst| *m* oeste.

ouf ! *interj* ¡ al fin !

oui *adv* sí : *— ou non ?*, ¿ sí o no ? ; *mais —*, claro que sí. □ *m* sí. I *pour un — pour un non*, pour un quítame allá esas pajas.

ouï-dire |widiʀ| m *par —*, de oídas.

ouïe |wi| *f* oído *m* : *avoir l'— fine*, tener el oído fino ; *être tout —*, ser todo oídos. □ *pl* (de poisson) agallas.

ouragan *m* huracán.

Oural *n p m* Ural.

ourl/er *t* dobladillar, repulgar. **-et** *m* dobladillo.

ours |uʀs| *m* oso.

ourse *f* 1 osa. 2 *la Grande, Petite Ourse*, la Osa Mayor, Menor.

oursin *m* erizo de mar.

ourson *m* osezno.

out/il [uti] *m* herramienta *f*. **-iller** *t* proveer de herramientas, de máquinas. **-illage** *m* 1 herramienta *f*. 2 maquinaria *f*.

outrag/e *m* ultraje, injuria *f*. **-er** ° *t* ultrajar, injuriar.

outrance *f* exageración, exceso *m*. I *à* —, a ultranza.

¹**outre** *f* odre *m*, pellejo *m*.

²**outre** *prép* 1 además de. I — *mesure*, excesivamente ; — *que*, además de que ; *en* —, además. 2 *passer* —, ir más allá ; *passer — à*, no hacer caso de. 3 *outre-Rhin*, allende el Rin ; *outre-Atlantique*, al otro lado del Atlántico.

outré, e *a* 1 exagerado, a. 2 indignado, a.

outrecuidance *f* presunción.

outremer *m* (bleu) azul de ultramar.

outre-mer *loc adv* ultramar.

outrepasser *t* exceder.

outrer *t* 1 exagerar. 2 indignar.

outre-tombe *loc adv* ultratumba.

ouvert, e *a* abierto, a : *fenêtre grande ouverte*, ventana abierta de par en par.

ouverture *f* 1 apertura : *heures d'*—, horas de apertura ; — *des hostilités*, apertura de las hostilidades. I — *de la chasse, pêche*, levantamiento *m* de la veda. 2 (d'un parachute) apertura. 3 — *d'esprit*, anchura de miras. 4 MUS obertura.

ouvrable *a jour* —, día laborable.

ouvrage *m* 1 trabajo, labor *f*. 2 (livre) obra *f*. 3 — *d'art*, obra *f* de fábrica.

ouvre-boîtes *m* abrelatas.

ouvre-bouteilles *m* abridor.

ouvreuse *f* acomodadora.

ouvrier, ère *a/s* obrero, a.

ouvrir ° *t/i* 1 abrir : *ouvre-moi la porte*, ábreme la puerta. 2 — *le feu*, romper el fuego. □ *pr* 1 *le parachute s'est ouvert*, el paracaidas se ha abierto ; *s'— à un ami*, abrirse con un amigo. 2 *s'— sur*, dar a : *la porte s'ouvre sur la rue*, la puerta da a la calle.

ovaire *m* ovario.

ovale *a* ovalado, a, oval. □ *m* óvalo.

ovation *f* ovación.

oxyd/e *m* óxido. **-er** *t* oxidar. □ *s'*—, oxidarse.

oxyg/ène *m* oxigeno. **-éner** ° *t* oxigenar. I *eau oxygénée*, agua oxigenada.

ozone *m* ozono.

P

p *m* p *f* : *un* —, una p.

pacifi/er *t* pacificar. **-cateur,
trice** *a/s* pacificador, a. **-cation**
f pacificación.

pacifique *a* pacífico, a.

Pacifique *a* *Océan* —, Océano
Pacífico.

pacotille *f* pacotilla.

pacte *m* pacto.

pagaie *f* canalete *m*.

pagaïe, pagaille |pagaj| *f* **1**
desorden *m*. I *quelle* —!, ¡qué
jaleo! **2** *en* —, en abundancia.

paganisme *m* paganismo.

pagayer ° |pageje| *i* remar con un
canalete.

¹page *f* página. I *être à la* —, estar
al día.

²page *m* paje, doncel.

pagne *m* taparrabo.

pagode *f* pagoda.

paie ⇒ **paye.**

paiement |pɛmã| *m* pago.

païen, enne |pajɛ̃, jɛn| *a/s*
pagano, a.

paillasse *f* jergón *m*.

paillasson *m* esterilla *f*, felpudo.

paille *f* paja. I FIG *être sur la* —,
estar en la miseria ; *tirer à la courte*
—, echar pajas.

paillette *f* **1** lentejuela. **2** (d'or)
pepita. **3** (savon) escama.

pain *m* **1** pan : — *frais, grillé,* pan
tierno, tostado ; — *complet,* pan
integral ; — *de mie,* pan de molde.
2 *petit* —, bollo.

pair, e *a* par : *jours pairs,* días
pares. □ *m* igual. I *aller de* —,
correr parejas ; *au* —, con la retribución de comida y alojamiento ;
hors —, sin par.

paire *f* **1** par *m* : *une* — *de gants,*
un par de guantes. I *une* — *de ciseaux, de lunettes,* unas tijeras,

unas gafas. **2** (de bœufs) yunta.

paisible *a* **1** apacible. **2** tranquilo,
a.

paître ° *i* **1** pastar. **2** FAM *envoyer*
—, mandar a hacer gárgaras.

paix |pɛ| *f* paz : *faire la* —, hacer
las paces. I FAM *fichez-moi la* —!,
¡ déjeme en paz !

Pakistan *n* *p* *m* Paquistán,
Pakistán.

pakistanais, e *a/s* paquistaní.

palace *m* hotel de lujo.

¹palais *m* **1** palacio. **2** — *de
Justice,* palacio de Justicia, audiencia *f*.

²palais *m* paladar : *avoir le* — *fin,*
tener paladar.

pale *f* paleta.

pâle *a* pálido, a.

Palestine *n* *p* *f* Palestina.

palet *m* tejo.

paletot |palto| *m* paletó.

palette *f* paleta.

pâleur *f* palidez.

palier *m* **1** (d'escalier) rellano,
descansillo. **2** *par paliers,* progresivamente.

pâlir *i* palidecer.

palissade *f* empalizada, valla.

palli/er *t* paliar. **-atif** *m* paliativo.

palmarès |palmarɛs| *m* lista *f* de
premiados.

palm/e *f* **1** palma. **2** (de nageur)
aleta. **-é, ée** *a* palmeado, a.
-eraie *f* palmar *m*. **-ier** *m*
palmera *f*.

palombe *f* paloma torcaz.

palot, otte *a* paliducho, a.

palourde *f* almeja.

palp/er *t* palpar. **-able** *a*
palpable.

palpit/er *i* palpitar. **-ant, e** *a*
palpitante. **-ation** *f* palpitación.

paludisme *m* paludismo.
pamphlet [pɑ̃flɛ] *m* libelo.
pamplemousse *m* pomelo.
pan *m* 1 (d'un vêtement) faldón. 2 — *de mur*, lienzo de pared. 3 — *coupé*, chaflán.
panacée *f* panacea.
panache *m* penacho.
panacher *t* entremezclar. I *un demi panaché*, una cerveza con gaseosa.
Panama *n p* Panamá.
panama *m* jipijapa, panamá.
panaris [panaʀi] *m* panadizo.
pancarte *f* cartelón *m*, pancarta.
pancréas [pɑ̃kʀeas] *m* páncreas.
paner *t* empanar, rebozar : *escalope panée*, filete empanado.
panier *m* 1 cesta *f*, cesto : — *à provisions*, cesta de la compra. I FIG — *percé*, manirroto ; *mettre au* —, echar al cesto de los papeles. 2 (basket-ball) cesto. 3 FAM — *à salade*, coche celular.
paniqu/e *f* pánico *m*. □ a *peur* —, miedo cerval. **-er** *t* FAM asustar.
panne *f* avería. I *ma voiture est en* —, mi coche está averiado ; *le téléviseur est tombé en* —, se ha averiado el televisor ; — *sèche*, falta de gasolina ; *rester en* —, quedarse parado, a.
panneau *m* 1 tablero. 2 — *de signalisation*, señal de tráfico. 3 FIG *tomber dans le* —, caer en la trampa.
panoplie *f* panoplia.
panoram/a *m* panorama. **-ique** *a* panorámico, a.
panse *f* panza.
pans/er *t* 1 (un blessé) curar. 2 (un cheval) almohazar. **-ement** *m* vendaje : *faire un* —, poner un vendaje.
pantalon *m* pantalón : *des pantalons*, pantalones.
panthéon *m* panteón.
panthère *f* pantera.
pantin *m* títere.

pantomime *f* pantomima.
pantoufl/e *f* zapatilla. **-ard, e** *a/s* FAM casero, a.
paon [pɑ̃] *m* pavo real.
papa *m* papá. I *bon* —, abuelito.
pap/e *m* papa. **-auté** *f* papado *m*.
paperass/e [papʀas] *f* papelotes *m pl*. **-erie** *f* papelorio *m*.
papet/erie [papɛtʀi] *f* papelería. **-ier, ère** *s* papelero, a.
papier *m* papel : — *à lettres*, papel de cartas ; — *à cigarettes*, papel de fumar ; — *collant*, papel engomado. □ *pl* papeles, documentación *f* : *vos papiers!*, ¡la documentación!
papille *f* papila.
papillon *m* mariposa *f*. **-ner** *i* mariposear.
papilloter *i* pestañear.
papoter *i* FAM charlar, parlotear.
paquebot [pakbo] *m* paquebote, buque.
pâquerette *f* margarita silvestre.
Pâques [pak] *n p f pl* Pascua. I *dimanche de* —, domingo de Resurrección ; *vacances de* —, vacaciones de Semana Santa.
paquet *m* 1 paquete. 2 — *de mer*, ola *f* grande.
par *prép* 1 por : *regarder* — *la fenêtre*, mirar por la ventana ; — *avion*, por avión ; — *écrit*, por escrito. 2 — *une triste matinée d'hiver*, en una mañana triste de invierno. 3 — *le froid qu'il fait*, con el frío que hace. 4 (distributif) *trois fois* — *an*, — *mois*, — *jour*, tres veces al año, al mes, al día. 5 — *trop*, demasiado.
parabole *f* parábola.
parachever *t* rematar, concluir.
parachut/e *m* paracaídas. **-er** *t* lanzar en paracaídas. **-iste** *s* paracaidista.
parad/e *f* 1 alarde *m* : *faire* — *de*, hacer alarde de. 2 (défilé) parada. 3 (à un coup) quite *m*. **-er** *i* pavonearse.

paradis [paʀadi] *m* paraíso.
paradox/e *m* paradoja *f.* **-al, e** *a* paradójico, a.
paraffine *f* parafina.
paragraphe *m* párrafo.
paraguayen, enne *a/s* paraguayo, a.
paraître ° *i* **1** aparecer. **2** (publication) *faire* —, publicar; *vient de* —, acaba de publicarse; *cette revue paraît le lundi,* esta revista sale el lunes; *article paru dans un journal,* artículo aparecido en un periódico. **3** (briller) lucir. **4** parecer : *il paraît fâché,* parece enfadado. **5** aparentar : *il paraît 60 ans,* aparenta unos 60 años. □ impers *il paraît que tu vas déménager,* parece que vas a mudarte de casa ; *à ce qu'il paraît,* a lo que parece.
parallèle *a/s* paralelo, a.
paraly/ser *t* paralizar. **-sie** *f* parálisis. **-tique** *a/s* paralítico, a.
parapet *m* parapeto.
paraphrase *f* paráfrasis.
parapluie *m* paraguas.
parasite *a/m* parásito, a.
parasol *m* parasol, quitasol.
paratonnerre *m* pararrayos.
paravent *m* biombo.
parc *m* **1** parque. **2** — *de stationnement,* aparcamiento. **3** — *à huîtres,* vivero de ostras.
parcelle *f* parcela.
parce que *loc conj* porque.
parchemin *m* pergamino.
parcimon/ie *f* parsimonia. **-ieux, euse** *a* parsimonioso, a.
parcmètre *m* parquímetro.
parcourir ° *t* **1** recorrer. **2** (un journal, une lettre) hojear.
parcours *m* recorrido.
par-dessus ⇒ **dessus.**
pardessus *m* abrigo, gabán.
pardi ! *interj* ¡pues claro !
pardon *m* perdón. I *je vous demande* —, dispense usted, disculpe.

pardonn/er *t/i* perdonar. I *pardonnez-moi,* dispénsenme. **-able** *a* perdonable.
pare-boue [paʀbu] *m* guardabarros.
pare-brise [paʀbʀiz] *m* parabrisas.
pare-chocs [paʀʃɔk] *m* parachoques.
pareil, elle [paʀɛj] *a* semejante, igual : *deux robes pareilles,* dos vestidos iguales. I *c'est toujours* —, siempre es lo mismo ; *en* — *cas,* en semejante caso ; *je n'ai jamais vu un* — *désordre,* nunca he visto semejante desorden. □ *s* **1** *il n'a pas son* —, no hay quien le iguale. **2** *sans* —, sin par. **3** *rendre la pareille,* pagar con la misma moneda. **-lement** *adv* igualmente, asimismo.
parent, e *s* pariente, a. □ *pl* (le père et la mère) padres. **-é** *f* parentesco *m.*
parenthèse *f* paréntesis *m* : *entre parenthèses,* entre paréntesis.
¹**parer** *t* adornar. □ *se* —, engalanarse, ataviarse.
²**parer** *t* **1** (un coup) esquivar. **2** — *à,* prevenirse contra.
pare-soleil [paʀsɔlɛj] *m* parasol.
paress/e *f* pereza. **-er** *i* holgazanear. **-eux, euse** *a/s* perezoso, a.
parfait, e *a/m* perfecto, a. I *un* — *imbécile,* un imbécil rematado.
parfois *adv* a veces.
parfum [paʀfœ̃] *m* **1** perfume. **2** *glace* — *fraise,* helado con aroma de fresa.
parfum/er *t* perfumar. **-erie** *f* perfumería.
pari *m* apuesta *f.*
parier *t* apostar : *je parie que tu ne me rattrapes pas,* apuesto a que no me alcanzas.
Paris [paʀi] *n p* París.
parisien, enne *a/s* parisino, a, parisiense.
parjure *m* perjurio. □ *a/s*

(personne) perjuro, a.

parking *m* aparcamiento.

parlant, e *a* 1 *cinéma —*, cine sonoro. 2 expresivo, a.

parlement *m* parlamento. **-aire** *a/s* parlamentario, a.

parlementer *i* parlamentar.

parler *i/t* hablar. I FAM *tu parles !*, ¡qué va! □ *m* 1 habla *f*. 2 dialecto.

parmi *prép* entre.

parodi/e *f* parodia. **-er** *t* parodiar.

paroi *f* 1 pared. 2 (cloison) tabique *m*.

paroiss/e *f* parroquia. **-ial, e** *a* parroquial. **-ien, enne** *s* feligrés, esa. □ *m* (livre) devocionario.

parole *f* palabra : *croire sur —*, creer bajo palabra ; *prendre la —*, tomar la palabra ; *tenir —*, cumplir su palabra. □ pl *les paroles d'une chanson*, la letra de una canción.

paroxysme *m* paroxismo.

parpaing [parpɛ̃] *m* perpiaño.

parquer *t* 1 (animaux) acorralar. 2 (voiture) aparcar.

parquet [parkɛ] *m* 1 entarimado, parqué. 2 (magistrats) ministerio fiscal.

parrain *m* padrino. **-er** *t* apadrinar.

parsemer ° *t* sembrar, esparcir.

part *f* 1 parte : *prendre — à*, tomar parte en ; *il m'a fait — de son mariage*, me ha dado parte de su boda ; *c'est de la — de qui ?*, ¿ de parte de quién ? I *pour ma —*, en cuanto a mí. 2 *autre —*, en otra parte ; *nulle —*, en ninguna parte ; *de — et d'autre*, de una y otra parte ; *de — en —*, de parte en parte ; *quelque —*, en algún sitio ; *d'une —... d'autre —*, por una parte... por otra parte. 3 *à —*, aparte ; *à — cela*, eso aparte.

partage *m* reparto, partición *f*.

partager ° *t* 1 partir : *— une propriété*, partir una finca. 2 compartir : *— le repas, l'opinion de quelqu'un*, compartir la comida, la opinión de alguien ; *je partage votre joie*, comparto su alegría. I *les avis sont partagés*, las opiniones están divididas. □ *se —*, repartirse.

partance *f en —*, a punto de partir.

partant *m* (dans une course) participante.

partenaire *s* pareja.

parterre *m* 1 cuadro, arriate. 2 (théâtre) patio de butacas, platea *f*.

parti *m* 1 partido. I *prendre son — de*, resignarse a ; *tirer — de*, sacar partido de. 2 *— pris*, prejuicio.

partial, e [parsjal] *a* parcial. **-ité** *f* parcialidad.

participant, e *a/s* participante.

participation *f* participación.

participe *m* participio.

participer *i — à*, participar en.

particularité *f* particularidad.

particule *f* partícula.

particulier, ère *a* particular. □ *m* particular. I *en —*, en particular, particularmente.

partie *f* 1 parte : *en grande —*, en gran parte ; *faire — de*, formar parte de. 2 (jeux) partida : *une — d'échecs*, una partida de ajedrez. I *— de campagne*, excursión.

partiel, elle [parsjɛl] *a* parcial.

partir ° *i* 1 marcharse, irse : *il est parti pour le Canada*, se ha marchado al Canadá. 2 salir : *le train part dans cinq minutes*, el tren sale dentro de cinco minutos. 3 desaparecer : *la tache est partie*, la mancha ha desaparecido. 4 *— d'une hypothèse*, partir de una hipótesis ; *à — de*, a partir de.

partisan *a/s* partidario, a. □ *m* guerrillero.

partition *f* MUS partitura.

partout *adv* en todas partes, por todas partes : *il me suit —*, me va siguiendo por todas partes. I *— où*, dondequiera.

parure *f* 1 (bijoux) aderezo *m*. 2 (lingerie) juego *m* de ropa interior femenina.

parven/ir ° *i* **1** llegar : *nous sommes parvenus au pied de la montagne*, hemos llegado al pie del monte. **2** conseguir : *je ne parviens pas à ouvrir cette porte*, no consigo abrir esta puerta. **-u, ue** *s* advenedizo, a.

parvis |parvi| *m* plaza *f* delante de una iglesia.

¹pas |pɑ| *m* **1** paso : *faire un — en arrière*, dar un paso atrás ; *faire un faux —*, dar un paso en falso ; *d'un bon —*, a buen paso. I *à grands —*, a zancadas ; *à — de loup*, sigilosamente ; *faire les cent —*, dar vueltas y más vueltas ; *revenir sur ses —*, volverse atrás. **2** *mettre quelqu'un au —*, poner a uno en vereda.

²pas *adv* no (ne se traduit généralement pas : *je ne sais —*, no sé ; *je n'aime — beaucoup ça*, no me gusta mucho esto). I — *du tout*, en absoluto ; — *un*, — *une*, ni uno, ni una.

pas-de-porte *m* traspaso.

pascal, e *a* pascual.

passable *a* **1** pasable, mediano, a, regular, pasadero, a. **2** (note) aprobado, a. **-ment** *adv* **1** medianamente. **2** (assez) bastante.

passage *m* **1** paso : *se frayer un —*, abrirse paso ; — *à niveau*, paso a nivel ; — *clouté*, paso de peatones ; — *interdit*, prohibido el paso. **2** (d'un état à l'autre) paso, tránsito. **3** (prix d'une traversée, chemin, dans un livre) pasaje.

passager, ère *a/s* pasajero, a.

passant, e *a rue passante*, calle concurrida. □ *s* transeúnte.

passe *f* **1** pase *m*. **2** *mot de —*, contraseña *f*. **3** *être dans une mauvaise —*, tener mala racha.

passé, e *a* pasado, a. I *60 ans passés*, 60 años cumplidos. □ *m* **1** pasado. **2** pretérito : *verbe au —*, verbo en el pretérito ; — *simple, composé*, pretérito indefinido, compuesto. □ *prép* — *6 heures*, después de las 6.

passe-partout *m* llave *f* maestra.

passe-passe *m tour de —*, juego de manos, pasapasa.

passeport |paspɔʀ| *m* pasaporte.

passer *i* **1** pasar : *le facteur est passé chez moi*, el cartero ha pasado por mi casa ; *comme le temps passe !*, ¡ cómo pasa el tiempo ! I *en passant*, de paso. **2** pasarse : *ma migraine a passé*, se me ha pasado la jaqueca. **3** ascender a : *il est passé colonel*, ha ascendido a coronel. **4** (couleur) marchitarse. **5** — *pour riche*, pasar por rico. □ *t* **1** — *la frontière*, pasar la frontera. **2** alcanzar, dar : *passe-moi le sel*, alcánzame la sal. **3** (téléphone) *passez-moi le directeur*, dígale al director que se ponga al aparato. **4** pasarse : *j'ai passé la journée à écrire*, me pasé el día escribiendo. **4** (film) poner, dar. **5** — *le café*, pasar, filtrar el café. **6** *j'ai passé une ligne*, me he saltado una linea. **7** — *un examen*, examinarse. □ *pr* **1** pasar, ocurrir : *que se passe-t-il ?*, ¿ qué pasa ? ; *que s'est-il passé ?*, ¿ qué ha pasado ? **2** *se — de*, prescindir, pasarse sin : *je me passe bien de voiture*, prescindo de coche.

passereau |pasʀo| *m* pájaro.

passerelle |pasʀɛl| *f* pasarela.

passe-temps |pastã| *m* pasatiempo.

passible *a* — *de*, merecedor, a de.

passif, ive *a/m* pasivo, a.

passion *f* pasión. **-nant, e** *a* apasionante. **-né, e** *a/s* apasionado, a. **-nel, elle** *a* pasional. **-ner** *t* apasionar. □ *se — pour*, apasionarse por.

passivité *f* pasividad.

passoire *f* colador *m*.

pastel *m* pastel.

pastèque *f* sandía.

pasteur *m* pastor.

pasteuriser *t* pasteurizar.

pastille *f* pastilla.

pastis |pastis| *m* licor anisado.

pastoral, e *a/f* pastoral.

patagon, e *a/s* patagón, ona.

patate *f* 1 — *douce*, batata. 2 FAM (pomme de terre) patata. 3 FAM (personne) pasmado *m*, cernícalo *m*.

patatras! |patatRa| *interj* ¡cataplum!

patauger ° *i* chapotear.

pâte *f* 1 masa. I — *à pain*, masa. 2 pasta : — *à tartes*, pasta para tartas ; *pâtes alimentaires*, pastas alimenticias ; — *dentifrice*, pasta dentífrica. I — *de coings*, carne de membrillo ; — *de fruits*, dulce *m* de frutas.

pâté *m* 1 (charcuterie) foie gras. I — *en croûte*, empanada *f*. 2 — *de maisons*, manzana *f*. 3 (d'encre) borrón. 4 (de sable) flan.

pâtée *f* comida.

patente *f* patente.

patelin |patlɛ̃| *m* FAM pueblecito.

patère *f* percha.

paternel, elle *a* paternal, paterno, a : *amour* —, amor paternal.

paternité *f* paternidad.

pâteux, euse *a* pastoso, a.

pathétique *a* patético, a.

patholog/ie *f* patología. **-ique** *a* patológico, a.

pati/ence |pasjãs| *f* paciencia. **-ent, e** *a/s* paciente. **-emment** *adv* pacientemente. **-enter** *i* esperar con paciencia.

patin *m* — *à glace, à roulettes*, patín de cuchilla, de ruedas. **-age** *m* patinaje.

patine *f* pátina.

patin/er *i* patinar. **-eur, euse** *s* patinador, a. **-oire** *f* pista para patinar.

pâtiss/erie *f* 1 pastelería. 2 (gâteau) pastel *m*. **-ier, ère** *s* pastelero, a.

patois *m* habla *f* regional.

patraque *a* FAM pachucho, a.

patriar/che *m* patriarca. **-cal, e** *a* patriarcal.

patrie *f* patria.

patrimoine *m* patrimonio.

patriot/e *a/s* patriota. **-ique** *a* patriótico, a. **-isme** *m* patriotismo.

patron, onne *s* 1 (saint) patrono, a. 2 (employeur) patrono, a. 3 (d'un café, etc.) dueño, a. □ *m* (modèle) patrón.

patronage *m* 1 (protection) patrocinio : *sous le* — *de*, con el patrocinio de. 2 círculo recreativo para jóvenes.

patronner *t* patrocinar.

patrouill/e *f* patrulla. **-er** *i* patrullar.

patte *f* pata. I *marcher à quatre pattes*, andar a gatas ; FIG *graisser la* —, untar la mano.

pâturage *m* pasto.

Paul *n p m* Pablo.

paume *f* (de la main) palma.

paum/er *t* POP perder, extraviar. **-é, ée** *s* POP perdido, a, despistado, a.

paupière *f* párpado *m*.

pause *f* pausa.

pauvre *a/s* pobre. **-té** *f* pobreza.

pavage *m* adoquinado.

pavaner (se) *pr* pavonearse.

pav/é *m* 1 (pierre) adoquín. 2 (sol pavé) pavimento, adoquinado. 3 (rue) calle *f*. **-er** *t* pavimentar con adoquines, adoquinar : *rue pavée*, calle adoquinada.

pavillon *m* 1 pabellón. 2 (maison de banlieue) chalet.

pavoiser *t* adornar con banderas.

pavot *m* adormidera *f*.

payable |pɛjabl| *a* pagadero, a.

payant, e |pɛjã, ãt| *a* pagando.

paye |pɛ| *f* paga.

pay/er ° |pɛje| *t* 1 pagar : *qui paie?*, ¿quién paga? I *tu me le paieras!*, ¡me las pagarás! 2 ofrecer. □ *pr* 1 *payez-vous*, cóbrese. 2 *se* — *un bon repas*, ofrecerse una comilona. 3 FAM *se* — *la tête de quelqu'un*, tomar el pelo a alguien. **-eur, euse** *s* pagador, a.

pays |pei| *m* **1** país : *les — chauds*, los países cálidos. I *avoir le mal du —*, tener nostalgia, morriña. **2** región *f*, comarca *f*.

paysag/e |peiza3| *m* paisaje. **-iste** *a/m* paisajista.

paysan, anne |peizã, an| *a/s* campesino, a.

Pays-Bas |peiba| *n p m pl* Países Bajos.

péage *m* peaje : *à —*, de peaje.

peau *f* **1** piel. **2** (du visage) cutis *m*. **3** FAM *risquer sa —*, jugarse el pellejo. **4** (du lait) nata.

¹pêche *f* (fruit) melocotón *m*.

²pêche *f* pesca : *— à la ligne*, pesca con caña.

péch/é *m* pecado. **-er** ° *i* pecar.

¹pêcher *m* melocotonero.

²pêcher *i* pescar : *— à la ligne*, pescar con caña.

pêcheur, eresse *s* pecador, a.

pêcheur, euse *s* pescador, a.

pécuniaire *a* pecuniario, a.

pédagog/ie *f* pedagogía. **-ique** *a* pedagógico, a.

pédal/e *f* pedal *m*. **-er** *i* pedalear. **-ier** *m* plato. **-o** *m* patín.

pédant, e *a/s* pedante. **-isme** *m* pedantería *f*.

pédiatr/e *s* pediatra. **-ie** *f* pediatría.

pédicure *s* pedicuro, a.

pègre *f* hampa.

peign/e *m* peine. I *coup de —*, retoque. **-er** *t* peinar. □ *se —*, peinarse.

peignoir *m* **1** (de bain) albornoz. **2** (de femme) peinador.

peinard, e *a/s* POP tranquilote.

peindre ° *t* pintar : *— en vert*, pintar de verde ; *papier peint*, papel pintado.

peine *f* **1** pena. I *faire de la —*, dar pena, apenar. **2** *à grand-peine*, a duras penas ; *se donner de la —*, trabajar mucho ; *ça ne vaut pas la*

—, no vale la pena ; *j'ai — à le croire*, me cuesta trabajo creerlo. **3** *sous — de*, so pena de. **4** *à —*, apenas. I *à — arrivé*, nada más llegar.

peiner *t* afligir, apenar. □ *i* sufrir.

peint/re *m* **1** pintor. I *une femme —*, una pintora. **2** *— en bâtiment*, pintor de brocha gorda. **-ure** *f* pintura.

péjoratif, ive *a* despectivo, a.

Pékin *n p m* Pequín.

péquinois, e *a/s* pequinés, esa.

pelage *m* pelaje.

pêle-mêle |pɛlmɛl| *adv* en desorden.

peler ° *t* pelar. □ *i son nez pèle*, se le está pelando la nariz.

pèlerin, e |pɛlrɛ̃, in| *s* peregrino, a. **-age** *m* peregrinación *f*. **-e** *f* (vêtement) esclavina.

pélican *m* pelícano.

pelisse *f* pelliza.

pelle *f* pala. I FAM *à la —*, a patadas. **-tée** *f* palada.

pelleterie |pɛltri| *f* peletería.

pellicule *f* película. □ *pl* (du cuir chevelu) caspa *sing*.

pelote *f* **1** (de laine) madeja. I *avoir les nerfs en —*, tener los nervios de punta. **2** *— basque*, pelota vasca.

peloton *m* pelotón.

pelotonner (se) *pr* acurrucarse.

pelouse *f* césped *m*.

peluche *f* felpa.

pelure *f* **1** mondadura. **2** *— d'oignon*, tela de cebolla.

pénal, e *a* penal.

pénalisation *f* castigo *m*.

penaud, e *a* avergonzado, a.

penchant *m* inclinación *f*, propensión *f*.

pencher *t* inclinar. □ *i* inclinarse. □ *pr* **1** inclinarse. **2** *se — au-dehors*, asomarse. **3** *se — sur*, examinar.

¹pendant *prép* **1** durante : *— l'été*, durante el verano. I *— ce temps*, mientras tanto. **2** *— que*, mientras : *— qu'il dort*, mientras está durmiendo.

²**pendant, e** *a* colgante. □ *m* 1 — *d'oreille*, pendiente. 2 *se faire* —, ser simétricos, as, hacer juego.

pendentif *m* (bijou) colgante.

penderie [pãdʀi] *f* guardarropa.

pend/re *i* colgar : *une lampe pend au plafond*, una lámpara cuelga del techo. □ *t* 1 colgar, suspender. 2 (un condamné) ahorcar. **-u, ue** *s* ahorcado, a.

pendule *f* reloj *m*. □ *m* péndulo.

pénétr/er ° *i/t* penetrar. □ *t* — *les intentions de*, calarle las intenciones a. **-ant, e** *a* penetrante. **-ation** *f* penetración.

pénible *a* penoso, a.

péniche *f* chalana.

pénicilline *f* penicilina.

péninsul/e *f* península. **-aire** *a* peninsular.

pénis [penis] *m* pene.

pénit/ence *f* penitencia. **-encier, ère** *a* penitenciario, a. □ *m* penal. **-ent, e** *a/s* penitente.

pénombre *f* penumbra.

pensée *f* pensamiento *m*.

pens/er *i/t* pensar : — *à*, pensar en ; *je pense rester ici un mois*, pienso quedarme aquí un mes ; *pensez-y*, piénselo. | *penses-tu!*, ¡qué va! ; *qu'en penses-tu?*, ¿qué te parece?, ¿qué opinas? **-eur, euse** *s* pensador, a. **-if, ive** *a* pensativo, a.

pension *f* 1 pensión. 2 — *de famille*, casa de huéspedes ; *prendre en* —, hospedar ; *prendre* —, hospedarse. 3 (pensionnat) pensionado *m*, internado *m*. **-naire** *s* 1 huésped, a. 2 (interne) pensionista. **-nat** *m* pensionado. **-ner** *t* pensionar.

pentagone *m* pentágono.

pente *f* pendiente, cuesta.

Pentecôte *f* Pentecostés *m*.

pénurie *f* penuria, escasez.

pépier *i* piar.

pépin *m* 1 pepita *f*, pipa *f*. 2 FAM (ennui) problema, engorro.

pépini/ère *f* vivero *m*, semillero *m*. **-ériste** *m* arbolista.

pépite *f* pepita.

percale *f* percal *m*.

perçant, e *a* agudo, a.

percement *m* abertura *f*.

perce-neige *m* narciso de las nieves.

percepteur *m* recaudador de contribuciones.

perceptible *a* perceptible.

perception *f* percepción.

perc/er ° *t* 1 perforar, horadar. 2 (avec une perceuse) taladrar. 3 — *un mur, un abcès*, abrir un muro, un abceso. 4 atravesar. 5 — *un secret*, penetrar un secreto. **-euse** *f* taladro *m*.

percevoir ° *t* 1 percibir. 2 (de l'argent) percibir, cobrar.

¹**perche** *f* 1 pértiga : *saut à la* —, salto de pértiga. 2 (pour gauler) vara.

²**perche** *f* (poisson) perca.

perch/er *i* posarse. **-oir** *f* percha *f*.

percolateur *m* cafetera *f*.

percussion *f* percusión : *instruments à* —, instrumentos de percusión.

percuter *t/i* — *un arbre, contre un arbre*, chocar contra un árbol.

perdant, e *a/s* perdedor, a.

perdre *t* perder : *tu perds ton temps*, pierdes el tiempo. □ *se* —, perderse : *nous nous sommes perdus*, nos hemos perdido.

perdr/ix [pɛʀdʀi] *f* perdiz. **-eau** *m* perdigón.

perdu, e *a* perdido, a. | *à corps* —, impetuosamente ; *à temps* —, *à ses moments perdus*, a ratos perdidos.

père *m* 1 padre : *de* — *en fils*, de padre a hijos. | *Notre Père...*, Padre Nuestro... 2 *le Saint-Père*, el Padre Santo. 3 FAM *le* — *François*, el tío Paco.

péremptoire *a* perentorio, a.

perfection *f* perfección. **-ner** *t* perfeccionar. **-nement** *m* perfeccionamiento.

perfide *a* pérfido, a.

perfor/er *t* perforar. **-atrice** *f* perforadora. **-ation** *f* perforación.

performance *f* marca.

péricliter *i* periclitar.

péril [peril] *m* peligro, riesgo. | *au péril de sa vie*, con riesgo de su vida. **-leux, euse** *a* peligroso, a.

périmé, e *a* caducado, a.

périod/e *f* período *m*. **-ique** *a* periódico, a. □ *m* publicación *f* periódica.

péripétie [peripesi] *f* peripecia.

périphér/ie *f* periferia. **-ique** *a* periférico, a.

périphrase *f* perífrasis.

périr *i* perecer.

périscope *m* periscopio.

périssable *a* perecedero, a : *denrée —*, producto perecedero.

péritonite *f* peritonitis.

perle *f* 1 perla. 2 (erreur) gazapo *m*.

permanence *f* 1 permanencia. | *en —*, sin interrupción. 2 (dans un collège) estudio *m*.

permanent, e *a* 1 permanente. 2 (spectacle) continuo, a : *— à partir de 10 h.*, continua desde las 10. □ *f* (coiffure) permanente.

perméable *a* permeable.

permettre ° *t* permitir : *vous permettez ?*, ¿ me permite ? □ *se —*, permitirse : *je me suis permis*, me he permitido.

permis, e [permi, iz] *a* permitido, a. □ *m* 1 permiso : *— de conduire*, permiso de conducir. 2 (de chasse, pêche) licencia *f*.

permission *f* permiso *m* : *demander, donner la — de*, pedir, dar permiso para ; *soldat en —*, soldado de permiso.

permuter *t* permutar.

pernicieux, euse *a* pernicioso, a.

pérorer *i* perorar.

Pérou *n p m* Perú.

perpendiculaire *a/f* perpendicular.

perpétrer ° *t* perpetrar.

perpétu/er *t* perpetuar. **-el, elle** *a* perpetuo, a. **-ité** *f* perpetuidad. | *à —*, para siempre.

perplex/e *a* perplejo, a. **-ité** *f* perplejidad.

perquisition *f* registro *m* policiaco. **-ner** *t* registrar.

perron *m* escalinata *f*.

perroquet *m* loro, papagayo.

perruche *f* cotorra.

perruque *f* peluca.

persan, e *a/s* persa.

Perse *n p f* Persia.

persécut/er *t* perseguir. **-eur, trice** *a/s* perseguidor, a. **-ion** *f* persecución.

persévér/er ° *i* perseverar. **-ance** *f* perseverancia. **-ant, e** *a* perseverante.

persienne *f* persiana.

persil [persi] *m* perejil.

persist/er *i* persistir. **-ance** *f* persistencia. **-ant, e** *a* persistente.

personnage *m* personaje.

personnalité *f* personalidad.

personne *f* persona : *en —*, en persona ; *les grandes personnes*, las personas mayores. □ *pron indéf* nadie : *je n'ai vu —*, no he visto a nadie ; *— n'est venu*, nadie ha venido.

personnel, elle *a/m* personal.

personnifi/er *t* personificar. **-cation** *f* personificación.

perspective *f* perspectiva.

perspicac/e *a* perspicaz. **-ité** *f* perspicacia.

persua/der *t* persuadir. **-sif, ive** *a* persuasivo, a. **-sion** *f* persuasión.

perte *f* pérdida. | *vendre à —*, vender con pérdidas ; *à — de vue*, hasta perderse de vista ; *en pure —*, inútilmente, en balde.

pertinent, e *a* pertinente.

perturb/er *t* perturbar. **-ation** *f* perturbación.

péruvien, enne *a/s* peruano, a.

pervenche *f* vincapervinca.

pervers, e *a/s* perverso, a. **-ion** *f* perversión. **-ité** *f* perversidad.

pervertir *t* pervertir.

pesage *m* peso, pesaje.

pes/ant, e *a* pesado, a. **-amment** *adv* pesadamente.

pesanteur *f* 1 (en physique) gravedad. 2 pesadez. 3 (d'esprit) torpeza.

pèse-bébé *m* pesabebés.

pèse-lettre *m* pesacartas.

peser ° *t/i* pesar : *— lourd*, pesar mucho. I *— ses mots*, medir sus palabras.

pessim/isme *m* pesimismo. **-iste** *a/s* pesimista.

pest/e *f* peste. **-ilentiel, elle** *a* pestilente.

pétale *m* pétalo.

pétarader *i* zumbar.

pétard |petaʀ] *m* petardo.

péter ° *i* FAM (exploser) estallar.

pétill/er *i* 1 (feu) chisporrotear. 2 (eau gazeuse, vin) burbujear. **-ant, e** *a* 1 *eau pétillante*, agua burbujeante. 2 *— d'esprit*, chispeante de ingenio. **-ement** *m* 1 crepitación *f*. 2 burbujeo.

petit, e *a* 1 pequeño, a (se traduit souvent par un diminutif) : *une petite maison*, una casa pequeña, una casita ; *— frère*, hermanito ; *tout —*, muy pequeño. 2 (de taille) bajo, a : *il n'est ni grand ni —*, no es alto ni bajo. 3 *— à —*, poco a poco. □ *s* pequeño, a. □ *m* (d'animal) cría *f*.

petit-beurre *m* galleta *f*.

petite-fille *f* nieta.

petitesse *f* pequeñez.

petit-fils |pǝtifis] *m* nieto.

pétition *f* petición.

petit-lait *m* suero.

petits-enfants |pǝtizãfã] *m pl* nietos.

pétrifier *t* petrificar.

pétrin *m* 1 artesa *f*. 2 FAM *être dans le —*, estar en un apuro.

pétr/ir *t* 1 amasar. 2 *pétri d'orgueil*, lleno de orgullo. **-issage** *m* amasamiento.

pétrol/e *m* petróleo. **-ier, ère** *a/m* petrolero, a. **-ifère** *a* petrolífero, a.

pétulant, e *a* impetuoso, a.

pétunia *m* petunia *f*.

peu *adv* 1 poco : *— à —*, poco a poco ; *à — près*, poco más o menos. 2 *— de*, poco, a, os, as : *— de temps*, poco tiempo ; *— de monde*, poca gente ; *— de clients*, pocos clientes. 3 *un — de*, un poco de ; *un petit —*, un poquito ; *quelque —*, algo. 4 *depuis —*, desde hace poco ; *sous —*, dentro de poco. 5 *pour un — il se noyait*, por poco se ahoga ; *pour — que*, a poco que.

peuplade *f* pueblo *m*, tribu.

peupl/e *m* pueblo. **-ement** *m* población *f*. **-er** *t* poblar.

peuplier *m* álamo.

peur *f* miedo *m* : *— bleue*, miedo cerval ; *de — que*, por miedo de que. I *avoir — de*, tener miedo a, temer ; *je n'ai pas — de toi*, no te tengo miedo ; *n'aie pas —*, no temas ; *j'ai — que*, (me) temo que ; *faire —*, dar miedo, asustar. **-eux, euse** *a/s* miedoso, a.

peut ⇒ **pouvoir.**

peut-être *adv* quizás, acaso, tal vez, quizá, puede ser : *—viendra-t-il*, acaso venga, puede ser que venga ; *— bien*, quizá ; *—pas*, tal vez no.

phalange *f* falange.

phare *m* faro.

pharmac/ie *f* 1 farmacia. 2 *— portative, armoire à —*, botiquín *m*. **-eutique** *a* farmacéutico, a. **-ien, enne** *s* farmacéutico, a.

pharyngite *f* faringitis.

phase *f* fase.
phénom/ène *m* fenómeno. **-énal, e** *a* fenomenal.
philanthrop/e *s* filántropo, a. **-ie** *f* filantropía. **-ique** *a* filantrópico, a.
philatél/ie *f* filatelia. **-iste** *s* filatelista.
Philippe *n p m* Felipe.
Philippines *n p f pl* Filipinas.
philologie *f* filología.
philosoph/e *a/s* filósofo, a. **-ie** *f* filosofía. **-ique** *a* filosófico, a.
phobie *f* fobia.
phonétique *a/f* fonético, a.
phonographe *m* gramola *f*, fonógrafo.
phoque *m* foca *f*.
phosphate *m* fosfato.
phosphor/e *m* fósforo. **-escent, e** *a* fosforescente.
photo *f* foto : *prendre une –*, sacar, tomar una foto : *prendre quelqu'un en –*, hacer una foto a alguien.
photocop/ie *f* fotocopia. **-ier** *t* fotocopiar.
photograph/e *s* fotógrafo, a. **-ie** *f* fotografía. **-ier** *t* fotografiar. **-ique** *a* fotográfico, a.
phrase *f* frase.
physicien, enne *s* físico, a.
physiolog/ie *f* fisiología. **-ique** *a* fisiológico, a.
physionomie *f* fisonomía.
physique *a* físico, a : *éducation –*, educación física. □ *f* física. □ *m* físico : *un – agréable*, un físico agradable.
piailler *i* FAM chillar.
pian/o *m* piano : *– à queue*, piano de cola. **-iste** *s* pianista.
pic *m* 1 pico. 2 *à –*, vertical ; FIG *tomber à –*, venir de perlas.
picaresque *a* picaresco, a.
pichet *m* jarrito.
pickpocket |pikpɔkɛt| *m* ratero.
picorer *t* picar.

picot/er *t* 1 picar. 2 (démanger) escocer. **-ement** *f* picazón *f*, picor.
Pie |pi| *n p m* Pío.
pie |pi| *f* (oiseau) urraca.
pièce *f* 1 pieza : *pièces détachées*, piezas de recambio. I *mettre en pièces*, destrozar ; *– d'eau* estanque *m*. 2 pieza, habitación : *appartement de cinq pièces*, piso de cinco habitaciones. 3 *– de théâtre*, obra de teatro. 4 (monnaie) pieza, moneda.
pied |pje| *m* 1 pie. I *coup de –*, patada *f* ; *aller à –*, ir andando ; *être pieds nus*, ir descalzo, a ; *à pieds joints*, a pie juntillas ; *à – sec*, a pie enjuto ; *avoir –*, hacer pie ; *lâcher –*, cejar ; *il n'a jamais mis les pieds à l'église*, nunca pisó la iglesia ; FAM *casser les pieds*, fastidiar. 2 (d'un meuble) pata *f*. 3 *de porc*, mano *m* de cerdo.
pied-à-terre |pjetatɛʀ| *m* apartamento, piso pequeño.
piédestal *m* pedestal.
pied-noir *s* francés, francesa de Argelia.
piège *m* trampa *f* : *tendre un –*, poner una trampa.
Pierre *n p m* Pedro.
pierr/e *f* piedra. I *– à aiguiser*, piedra de amolar ; *– de taille*, sillar *m* ; *– tombale*, lápida sepulcral. **-aille** *f* cascajo *m*. **-eries** *f pl* piedras preciosas. **-eux, euse** *a* pedregoso, a.
piété *f* piedad.
piétin/er *i* 1 (de colère) patalear. 2 FIG no adelantar. □ *t* pisotear. **-ement** *m* 1 pisoteo. 2 FIG estancamiento.
piéton *m* peatón, transeúnte : *passage pour piétons*, paso de peatones.
piètre *a* pobre, ruin.
pieu *m* estaca *f*.
pieuvre *f* pulpo *m*.
pieux, euse *a* piadoso, a.
pigeon |piʒɔ̃| *m* paloma *f* : *–*

voyageur, paloma mensajera.
-nier *m* palomar.

pigment *m* pigmento.

pignon *m* 1 (en architecture) aguilón. 2 (roue, graine) piñón.

¹pile *f* 1 (d'un pont, tas) pila. 2 (électrique, atomique) pila.

²pile *f* — *ou face*, cara o cruz. □ *adv s'arrêter* —, pararse en seco; *ça tombe* —, viene de perlas; *six heures* —, las seis en punto.

piler *t* machacar, moler.

pilier *m* pilar.

pill/er *t* saquear, pillar. **-age** *m* saqueo, pillaje. **-ard, e** *s* saqueador, a, ladrón, ona.

pilon *m* mano *f* de almirez.

pilori *m* picota *f*.

pilot/e *m* piloto : — *d'essai*, piloto de pruebas. **-age** *m* pilotaje. **-er** *t* 1 pilotar. 2 — *quelqu'un dans Paris*, guiar a alguien en París.

pilotis [piloti] *m* pilote : *sur* —, sobre pilotes.

pilule *f* píldora.

piment *m* pimiento.

pimpant, e *a* pimpante.

pin *m* pino.

pince *f* 1 pinzas *pl* : — *à épiler*, pinzas de depilar. I — *à linge*, pinza (de tender la ropa). 2 (outil) alicates *m pl*. I *pince-monseigneur*, palanqueta. 3 (de crustacé) pinza.

pincé, e *a* afectado, a, tieso, a : *air* —, aire afectado.

pinceau *m* pincel. I *coup de* —, pincelada *f*.

pincée *f* pellizco *m*.

pinc/er *t* 1 pellizcar. 2 (les lèvres) apretar. 3 FAM (un voleur) pillar. 4 *le froid pince*, pica el frío. □ *se* — *les doigts*, cogerse los dedos. **-ement** *m* pellizco.

pincettes *f pl* tenazas.

pinède *f* pinar *m*.

pingouin *m* pingüino.

ping-pong *m* ping-pong.

pingre *a/s* agarrado, a. **-rie** *f* tacañería.

pinson *m* pinzón.

pintade *f* pintada.

pioch/e *f* pico *m*. **-er** *t* 1 cavar. 2 FAM empollar : *il pioche son anglais*, está empollando inglés.

piolet *m* bastón de alpinista.

pion *m* 1 peón. 2 FAM (surveillant) vigilante.

pionnier *m* 1 colonizador. 2 (précurseur) pionero.

pipe *f* 1 pipa. 2 FAM *casser sa* —, hincar el pico.

pipe-line [piplin] *m* oleoducto.

pipi *m* pipí : *faire* —, hacer pis, hacer pipí.

piquant, e *a* 1 que pincha : *sa barbe est piquante*, su barba pincha. 2 *sauce piquante*, salsa picante. 3 (drôle) picante. □ *m* púa *f*.

pique *f* pica.

piqué, e *a* 1 picado, a. 2 (un peu fou) chiflado, a. □ *m* 1 (tissu) piqué. 2 (avion) picado.

pique-nique [piknik] *m* comida *f* campestre, picnic.

piquer *t* 1 pinchar, picar. 2 — *à la machine*, coser a máquina. 3 — *une tête*, echarse de cabeza. 4 POP (voler) afanar. □ *pr* 1 *attention de ne pas te* —, cuidado con pincharte. 2 *se* — *de*, jactarse de.

piquet *m* 1 piquete, estaca *f*. 2 — *de grève*, piquete de huelga.

piqûre *f* 1 (d'insecte) picadura. 2 (d'épingle, etc.) pinchazo *m*. 3 inyección : *faire une* — *à un malade*, poner una inyección a un enfermo.

pirate *m* pirata. I — *de l'air*, secuestrador aéreo.

pire *a* 1 peor : *les pires ennuis*, los peores disgustos. 2 *le* —, lo peor; *c'est la* — *des choses*, es lo peor de todo.

pirogue *f* piragua.

pirouette *f* pirueta.

¹pis [pi] *m* ubre *f*, teta *f*.

²pis *adv/a* 1 peor. I *de mal en* —, de mal en peor; *tant* —, tanto peor;

tant — pour toi, peor para ti ; *au — aller,* en el peor de los casos. **2** *le —,* lo peor.

pis-aller [pizale] *m* mal menor.

piscine *f* piscina.

pissenlit *m* diente de león.

pistache *f* pistacho *m.*

piste *f* pista.

pistolet *m* pistola *f.*

piston *m* **1** (de moteur) émbolo, pistón, **2** MUS pistón. **3** FAM *avoir du —,* tener enchufe. **-ner** *t* enchufar.

piteux, euse *a* lamentable.

pitié *f* lástima, piedad : *faire —,* dar lástima ; *par —,* por piedad.

piton *m* armella *f.*

pitoyable [pitwajabl] *a* lastimoso, a, lamentable.

pitre *m* payaso.

pittoresque *m* pintoresco, a.

pivert *m* pico verde.

pivoine *f* peonía.

pivot *m* pivote, eje. **-ant, e** *a* giratorio, a. **-er** *i* girar sobre su eje.

placard [plakaʀ] *m* **1** armario empotrado. **2** (affiche) cartel. **-er** *t* fijar.

place *f* **1** (lieu public) plaza. **2** sitio *m*, lugar *m* : *chaque chose à sa —,* cada cosa en su lugar ; *il y a de la —,* hay sitio ; *prendre beaucoup de —,* ocupar mucho sitio ; *il faudra remettre les outils en —,* habrá que guardar las herramientas en su sitio. ǀ *à la — de,* en lugar de ; *à ta —,* yo que tú ; *rester sur —,* quedarse en el mismo lugar. **2** (dans un véhicule) plaza, asiento *m.* **3** (dans une salle de spectacle) localidad. **4** (emploi) empleo *m*, plaza, colocación.

placement *m* **1** colocación *f* : *bureau de —,* agencia de colocaciones. **2** (investissement) inversión *f.*

¹**placer** ° *t* **1** colocar. **2** (un spectateur) acomodar.

²**placer** [plasɛʀ] *m* (d'or) placer.

placid/e *a* plácido, a. **-ité** *f* placidez.

plaf/ond *m* **1** techo. **2** (avion) altura *f* máxima. **3** tope, límite : *prix —,* precio tope. **-onner** *i* **1** volar a la altura máxima. **2** llegar al límite.

plage *f* playa.

plagi/aire *s* plagiario, a. **-at** *m* plagio. **-er** *t* plagiar.

plaid/er *i* — *pour,* abogar por. □ *t* defender. **-eur, euse** *s* litigante.

plaidoyer [plɛdwaje] *m* alegato.

plaie *f* **1** llaga, herida. **2** (fléau) plaga.

plaignant, e *s* demandante.

plaindre ° *t* — *quelqu'un,* compadecerse de alguien ; *je vous plains,* le compadezco. □ *se —,* quejarse.

plaine *f* llanura.

plaint/e *f* **1** queja. **2** *porter —,* presentar una denuncia. **-if, ive** *a* lastimero, a.

plaire ° *i* — *à,* gustar a ; *cela m'a beaucoup plu,* esto me ha gustado mucho. □ *impers s'il vous (te) plaît,* por favor ; *plaît-il ?,* ¿ cómo ? □ *se —,* estar a gusto.

plaisance (de) *loc adj* de recreo.

plaisant, e *a* **1** agradable. **2** (drôle) divertido, a.

plaisant/er *i* bromear, chancearse. **-erie** *f* broma, chanza. ǀ *mauvaise —,* broma pesada. **-in** *m* bromista.

plaisir *m* **1** placer : *les plaisirs de la vie,* los placeres de la vida. **2** gusto, agrado : *j'ai le — de vous informer,* tengo el gusto de informarle. ǀ *avec —,* con gusto ; *faire — à quelqu'un,* agradar a alguien ; *ta réussite m'a fait —,* tu éxito me ha dado mucho gusto ; *faites-moi le — de...,* hágame el favor de...

plan, e *a* plano, a. □ *m* **1** plano, término : *au premier —,* en el primer plano. **2** plano : *le — de la ville,* el plano de la ciudad. **3**

(projet) plan. I FAM *en —,* en suspenso.

planche *f* 1 tabla. I *— à dessin,* tablero *m* de dibujo. 2 (gravure) lámina. □ pl *monter sur les planches,* pisar las tablas.

plancher *m* piso, suelo.

planer *i* 1 (oiseaux, une menace) cernerse. 2 (avion) planear.

planète *f* planeta.

planeur *m* planeador.

planifi/er *t* planificar. **-cation** *f* planificación.

planisphère *m* planisferio.

plantation *f* plantación.

plante *f* planta.

planter *t* 1 plantar. 2 *— un clou, un pieu,* clavar un clavo, hincar una estaca. □ *se —,* plantarse.

planton *m* ordenanza.

plantureux, euse *a* copioso, a.

plaque *f* 1 placa, chapa : *— d'immatriculation,* placa de matrícula. 2 (chocolat) tableta.

plaquer *t* 1 chapar : *plaqué or,* chapado de oro. 2 (aplatir) pegar. 3 POP (abandonner) plantar.

plaquette *f* librito *m,* folleto *m.*

plastic *m* plástico.

plastique *a* plástico, a. □ *m* plástico : *sac en —,* bolsa de plástico.

plat, e *a* 1 llano, a. 2 *à —,* horizontalmente ; *pneu à —,* neumático desinflado ; FAM *être à —,* estar hecho polvo. 3 (fade) insulso, a, soso, a. 4 *eau plate,* agua sin gas. □ *m* 1 (vaisselle) fuente *f.* I *mettre les pieds dans le —,* meter la pata. 2 (mets) plato : *— garni,* plato con guarnición.

platane *m* plátano.

plateau *m,* 1 bandeja *f.* 2 (d'une balance) platillo. 3 (en géographie) meseta *f.* 4 (de cinéma) plató.

plate-bande *f* arriate *m.*

plate-forme *f* plataforma.

platine *m* platino. □ *f* (de tourne-disque) plato *m.*

platitude *f* 1 banalidad, trivialidad. 2 bajeza.

platonique *a* platónico, a.

plâtras [plɑtRa] *m* cascote.

plâtr/e *m* yeso. I *jambe dans le —,* pierna enyesada. **-er** *t* enyesar. **-ier** *m* yesero.

plausible *a* plausible.

plébiscite *m* plebiscito.

plein, e *a* 1 lleno, a : *le verre est —,* el vaso está lleno ; *robe pleine de taches,* vestido lleno de manchas. 2 pleno, a : *en — été,* en pleno verano. I *en pleine mer,* en alta mar. □ *m* 1 *faire le —,* llenar totalmente el depósito. 2 *battre son —,* estar en pleno apogeo ; *en — sur,* justo en. 3 *— de monde,* mucha gente ; *— de choses,* un rato de cosas. **-ement** *adv* plenamente.

plein-emploi [plɛnɑ̃plwa] *m* pleno empleo.

plénipotentiaire *a/m* plenipotenciario, a.

plénitude *f* plenitud.

pléonasme *m* pleonasmo.

pleur/er *i/t* llorar. **-eur, euse** *a/s* llorón, ona.

pleurnich/er *i* FAM lloriquear. **-eur, euse** *a/s* llorica.

pleutre *a* cobarde.

pleuvoir ° *impers* llover : *il pleut à verse, à torrents,* llueve a cántaros ; *il a plu,* ha llovido.

pliable *a* plegable.

pliant, e *a* plegable. □ *m* (siège) silla *f* de tijera.

pli *m* 1 pliegue. 2 *jupe à plis,* falda de tablas. 3 (du pantalon) raya *f.* 4 (faux pli, ride) arruga *f.* 5 *mise en plis,* marcado *m.* 6 (lettre) pliego. **-er** *t* doblar. I *— bagages,* liar el petate. □ *i* 1 doblarse. 2 ceder, doblegarse. □ FIG *se —,* someterse.

plinthe *f* rodapié *m,* zócalo *m.*

pliss/er *t* 1 plegar. I *jupe plissée,* falda tableada. 2 fruncir. **-ement** *m* 1 (du sol) pliegue. 2 fruncimiento.

plomb [plɔ̃] *m* 1 plomo. 2 (de

chasse) perdigón. **3** *fil à* —, plomada *f* ; *à* —, a plomo. **4** *faire sauter les plombs*, fundir los plomos ; *les plombs ont sauté*, se fundieron los plomos.

plomb/age *m* (dent) empaste. **-er** *t* empastar.

plomb/erie *f* fontanería. **-ier** *m* fontanero.

plongée *f* inmersión. I — *sous-marine*, natación submarina.

plong/er ° *i* **1** zambullirse. **2** (vue) dominar. □ *t* hundir. □ *se* — *dans*, hundirse, sumirse en. **-eoir** *m* trampolín. **-eon** *m* zambullida *f*. **-eur, euse** *s* nadador, a.

ployer ° |plwaje] *t* doblar. □ *i* doblarse, encorvarse.

plu ⇒ **plaire, pleuvoir.**

pluie *f* lluvia.

plum/e *f* pluma. I *dessin à la* —, dibujo a pluma. **-age** *m* plumaje. **-eau** *m* plumero. **-er** *t* desplumar.

plupart (la) *f* la mayor parte, la mayoría. I *la* — *du temps*, casi siempre.

pluriel *m* plural.

plus |ply, plys] *adv* **1** más : *deux fois* —, dos veces más ; *deux ans de* —, dos años más ; *une fois de* —, una vez más ; *prenez* — *de potage*, tome más sopa ; — *ou moins*, más o menos. I *de* — *en* —, cada vez más ; *en* —, además ; *non* —, tampoco ; *tout au* —, a lo más. **2** *ne... —*, ya no, no... más : *je n'ai* — *faim*, ya no tengo hambre. □ *m* más.

plusieurs *a/pron* varios, as.

plus-value [plyvaly] *f* plusvalía.

plutôt *adv* **1** más bien : — *grand*, más bien alto. **2** — *que te plaindre*, antes que quejarte. **3** (pour être plus précis) mejor dicho. **4** (très) muy.

pluvieux, euse *a* lluvioso, a.

pneu *m* neumático.

pneumatique *a/m* neumático, a.

pneumonie *f* neumonía, pulmonía.

poche *f* **1** (d'un vêtement) bolsillo *m*. **2** (petit sac, faux pli, sous les yeux, de gaz naturel) bolsa.

pocher *t* **1** (œuf) escalfar. **2** *œil poché*, ojo a la funerala.

pochette *f* **1** (enveloppe) sobre *m*. **2** (mouchoir) pañuelo *m*. **3** (en cuir) bolso *m*.

¹poêle |pwal] *m* estufa *f*.

²poêl/e *f* (à frire) sartén. **-on** *m* cazo.

poème *m* poema.

poésie *f* poesía.

poète *a/m* poeta.

poétesse *f* poetisa.

poétique *a* poético, a.

poids |pwa] *m* **1** peso : *vendre au* —, vender a peso. **2** (pour peser, d'une horloge) pesa *f*. **3** — *lourd*, camión.

poignant, e *a* punzante, desgarrador, a.

poignard *m* puñal. I *coup de* —, puñalada *f*. **-er** *t* apuñalar.

poignée *f* **1** puñado *m*. **2** — *de main*, apretón *m* de mano. **3** (de porte) picaporte *m*. **4** (de valise) asa.

poignet *m* **1** muñeca *f*. **2** (d'une chemise) puño.

poil *m* **1** pelo. I FAM *à* —, en cueros, en pelotas ; *se mettre à* —, ponerse en cueros. **2** FAM *au* —!, ¡muy bien!, ¡macanudo! ; *de mauvais* —, de mal humor. **-u, ue** *a* velludo, a.

poinçon *m* punzón. **-ner** *t* (un billet) picar.

poindre ° *i* apuntar, rayar.

poing |pwɛ̃] *m* puño. I *coup de* —, puñetazo ; *dormir à poings fermés*, dormir a pierna suelta.

¹point [pwɛ̃] *m* **1** punto : — *à la ligne*, punto y aparte ; *point-virgule*, punto y coma ; *au* — *mort*, en punto muerto ; *cuit à* —, cocido en su punto ; *à tel* — *que*, hasta tal punto que. I *au plus haut* —, en sumo grado ; *sur le* — *de*, a punto de, próximo a. **2** — *de côté*, dolor de costado. **3** − *de vue*, punto de vista ; (lieu) mirador. **4** *mise au* −, puntualización ; (photo) enfoque *m*.

²**point** *adv* no. I − *du tout*, en absoluto

pointe *f* **1** punta. I *sur la* − *des pieds*, de puntillas. **2** *heures de* −, horas punta ; *vitesse de* −, velocidad máxima.

pointer *t* **1** (sur une liste) apuntar. **2** dirigir. **3** − *son fusil sur*, apuntar con la escopeta a. □ *i* (dans une usine) fichar.

pointillé *m* **1** punteado. **2** (ligne) linea *f* de puntos.

pointilleux, euse *a* quisquilloso, a, puntilloso, a.

pointu, e *a* puntiagudo, a.

pointure *f* número *m*.

poire *f* **1** pera. **2** FAM primo *m* : *quelle* −!, ¡vaya primo!

poireau *m* puerro.

poirier *m* peral.

pois |pwa| *m* **1** *petits* −, guisantes ; − *de senteur*, guisante de olor. I − *mange-tout*, tirabeque ; − *chiche*, garbanzo. **2** *cravate à* −, corbata de lunares.

poison *m* veneno, ponzoña *f*.

poisse *f* FAM mala pata. I *avoir la* −, tener la negra.

poisseux, euse *a* pegajoso, a.

poisson *m* **1** (vivant) pez : *poissons rouges*, peces de colores. **2** (pêché et comestible) pescado : − *frit*, pescado frito. **3** − *d'avril*, inocentada *f*. **-nerie** *f* pescaderia. **-nier, ère** *s* pescadero, a.

poitrine *f* pecho *m*.

poivr/e *m* pimienta *f*. **-er** *t* sazonar con pimienta. **-on** *m* pimiento.

polaire *a* polar.

polariser *t* polarizar.

pôle *m* polo.

polémique *a/f* polémico, a.

poli, e *a* **1** (lisse) pulido, a, liso, a. **2** (courtois) cortés, bien educado, a.

¹**police** *f* policia : − *de la route*, policia de tráfico.

²**police** *f* (d'assurance) póliza.

policier, ère *a* policíaco, a : *roman* −, novela policiaca. □ *m* policia.

poliment *adv* cortésmente.

poliomyélite *f* poliomielitis.

polir *t* pulir.

polisson, onne *s* bribonzuelo, a. □ *a* licencioso, a, verde.

politesse *f* cortesia.

politi/que *a/m* politico, a. I *un homme* −, un politico. □ *f* politica. **-cien, enne** *s* politico, a.

pollu/er *t* contaminar : *air pollué*, aire contaminado. **-tion** *f* contaminación.

polo *m* polo.

Pologne *n p f* Polonia.

polonais, e *a/s* polaco, a. □ *f* (danse) polonesa.

poltron, onne *a/s* cobarde.

polycopier *t* multicopiar.

polyglotte *a/s* poligloto, a.

polygone *m* poligono.

Polynésie *n p f* Polinesia.

polytechnique *a* politécnico, a.

pommade *f* pomada.

pomme *f* **1** manzana. **2** − *de terre*, patata. I *pommes frites*, patatas fritas. **3** − *de pin*, piña. **4** − *d'Adam*, nuez.

pommelé, e *a* (ciel) aborregado, a.

pommette *f* pómulo *m*.

pommier *m* manzano.

¹**pompe** *f* **1** bomba : − *à incendie*, bomba de incendios. **2** − *à essence*, surtidor *m* de gasolina. **3** FAM *à toute* −, a toda mecha.

²**pompe** *f* pompa : *en grande* −, con gran pompa ; *pompes funèbres*, pompas fúnebres.

pomper *t* **1** aspirar mediante una bomba. **2** FAM *être pompé*, estar reventado.

pompeux, euse *a* pomposo, a.

pompier m bombero.

pompiste m encargado de una gasolinera.

pompon m borla f.

ponce a pierre —, piedra pómez.

ponctualité f puntualidad.

ponctuation f puntuación.

ponctuel, elle a puntual.

pondéré, e a ponderado, a.

pondre t poner.

pont m 1 puente : — suspendu, aérien, puente colgante, aéreo. 2 faire le —, hacer puente. 3 MAR cubierta f.

pontif/e m souverain —, sumo pontífice. **-ical, e** a pontifical.

pont-levis |pɔ̃lvi] m puente levadizo.

popeline [pɔplin] f popelín m.

populace f populacho m.

popul/aire a popular. **-arité** f popularidad. **-ariser** t popularizar.

popul/ation f población. **-eux, euse** a populoso, a.

porc [pɔʀ] m 1 puerco, cerdo. 2 (viande) cerdo.

porcelaine f porcelana.

porc-épic [pɔʀkepik] m puerco espín.

porche m porche, portal.

porcherie f pocilga.

por/e m poro. **-eux, euse** a poroso, a.

pornograph/ie f pornografía. **-ique** a pornográfico, a.

¹port m puerto : arriver à bon —, llegar a buen puerto.

²port m 1 porte : — dû, payé, porte debido, pagado. 2 (allure) porte, aire.

portail |pɔʀtaj] m pórtico.

portant, e a être bien —, estar bien de salud.

portatif, ive a portátil.

porte f puerta. I mettre à la —, poner de patitas en la calle.

porte-avions m portaaviones.

porte-bagages m portaequipajes.

porte-bonheur m amuleto.

porte-cartes m tarjetero.

porte-clefs |pɔʀtəkle] m llavero.

porte-documents m portafolios.

porte-drapeau m abanderado.

portée f 1 (d'animaux) camada. 2 alcance m : à — de la main, al alcance de la mano ; hors de —, fuera de alcance. 3 MUS pentagrama m.

porte-fenêtre f puerta vidriera.

portefeuille m cartera f.

portemanteau m percha f.

porte-mine m lapicero.

porte-monnaie m monedero, portamonedas.

porte-parapluie m paragüero.

porte-parole m portavoz.

porte-plume m portaplumas.

porter t 1 llevar : — une valise, un chandail, llevar una maleta, un jersey. 2 poner : — un nom sur une liste, poner un nombre en una lista. 3 dar : — bonheur, dar suerte. I voix qui porte, voz potente. 2 sa remarque a porté, su observación ha surtido efecto. 3 discours qui porte sur la situation économique, discurso que trata de la situación económica. □ pr 1 (vêtement) llevarse. 2 encontrarse, estar : comment vous portez-vous ?, ¿ cómo se encuentra usted ?

porte-serviettes m toallero.

porteur, euse s portador, a : payable au —, pagadero al portador. □ m (dans une gare) mozo de equipajes.

porte-voix m megáfono.

¹portier, ère s portero, a.

²portière f (de voiture) portezuela, puerta.

portillon m portillo.

portion f 1 porción. 2 ración.

portique m pórtico.

porto m vino de Oporto.

Porto-Rico n p m Puerto Rico.

portrait m retrato. **-iste** s

retratista.

portugais, e *a/s* portugués, esa.

Portugal *n p m* Portugal.

pose *f* 1 colocación : *la — d'une moquette*, la colocación de una moqueta. 2 (attitude) postura. 3 afectación. 4 (photo) exposición.

posé, e *a* comedido, a, ponderado, a. **-ment** *adv* pausadamente.

poser *t* 1 poner, colocar : *elle posa son sac sur le lit*, puso el bolso en la cama. 2 (installer) instalar, poner. 3 — *une question*, hacer una pregunta. 4 — *un problème*, plantear un problema. □ *i* (un modèle) posar. □ *pr* 1 *l'avion vient de se —*, el avión acaba de posarse. 2 *son regard se posa sur lui*, su mirada se fijó en él.

poseur, euse *a/s* presumido, a.

positif, ive *a* positivo, a. □ *m* (photo) positiva *f*.

position *f* posición.

posséder ° *t* poseer. □ *se —*, dominarse.

possess/ion *f* posesión. **-eur** *m* poseedor. **-if, ive** *a/m* posesivo, a.

possib/le *a* posible : *autant que —*, dentro de lo posible, a ser posible ; *pas —!*, ¡no es posible! □ *m dans la mesure du —*, en la medida de lo posible ; *faire tout son —*, hacer todo lo posible. **-ilité** *f* posibilidad.

¹**post/e** *f* correos *m pl* : *un bureau de —*, una oficina de correos ; *aller à la —*, ir a correos. I *mettre une lettre à la —*, echar una carta al correo ; — *restante*, lista de correos. **-al, e** *a* postal.

²**poste** *m* 1 puesto : *être à son —*, estar en su puesto. I — *de police*, prevención *f*, puesto de policía. 2 — *d'essence*, gasolinera *f*. 3 (de radio, télévision) aparato.

¹**poster** *t* (une lettre) echar al correo.

²**poster (se)** *pr* apostarse.

³**poster** |pɔstɛʀ| *m* (affiche) poster.

postérieur, e *a* posterior, a. □ *m* FAM trasero.

postérité *f* posteridad.

posthume *a* póstumo, a.

postiche *a/m* postizo, a.

postier, ère *s* empleado, a de correos.

postillon *m* 1 postillón. 2 (salive) cura.

post-scriptum |pɔstskʀiptɔm| *m* posdata *f*.

postul/er *t* solicitar. **-ant, e** *s* postulante.

posture *f* postura.

pot |po| *m* 1 (à eau) jarro. 2 (de confiture, yaourt, etc.) tarro. 3 (de pharmacie, etc.) bote. 4 (à fleurs) maceta *f*, tiesto : *un — de géraniums*, un tiesto de geranios. 5 — *de chambre*, orinal. 6 — *d'échappement*, silenciador. 7 FAM *prendre un —*, tomar una copa. 8 FAM *avoir du —*, tener suerte, tener potra.

potable *a* potable.

potage *m* sopa *f*.

potager, ère *a* 1 *plante potagère*, hortaliza. 2 *jardin —*, huerto. □ *m* huerto, huerta *f*.

potasse *f* potasa.

pot-au-feu |pɔtofø| *m* cocido, puchero.

pot-de-vin |pɔdvɛ̃| *m* soborno.

poteau *m* poste. I *au —!*, ¡al paredón!

potelé, e *a* rollizo, a.

potence *f* 1 pescante *m*. 2 (gibet) horca.

potentiel, elle *a* potencial.

poterie *f* 1 (fabrication) alfarería. 2 (objet) vasija de barro.

potiche *f* jarrón *m* (de porcelana).

potier *m* alfarero.

potin *m* FAM jaleo, barullo. □ *pl* (commérages) chismes.

potion *f* poción.

potiron *m* calabaza *f*.

pou *m* piojo.

pouah! *interj* ¡puf!

poubelle _f_ cubo _m_ de la basura.

pouce _m_ 1 pulgar. I _manger sur le_ —, comer en un periquete. 2 (du pied) dedo gordo. 3 (mesure) pulgada _f_.

poudr/e _f_ 1 polvo _m_ : _lait en_ —, leche en polvo. 2 (fard) polvos _m pl_. 3 (explosif) pólvora. **-er** _t_ empolvar. **-erie** _f_ fábrica de pólvora. **-eux, euse** _a_ polvoriento, a. I _neige poudreuse_, nieve en polvo. **-ier** _m_ polvera _f_. **-ière** _f_ polvorín _m_.

pouf _m_ puf.

pouffer _i_ reventar de risa.

pouilleux, euse _a/s_ piojoso, a.

poulailler _m_ gallinero.

poulain _m_ potro.

poul/e _f_ 1 gallina. I _une — mouillée_, un, una gallina ; _avoir la chair de_ —, tener la carne de gallina. 2 — _d'eau_, polla de agua. **-arde** _f_ gallina cebada **-et** _m_ pollo : — _rôti_, pollo asado. **-ette** _f_ pollita, polla.

pouliche _f_ potra, potranca.

poulie _f_ polea.

poulpe _m_ pulpo.

pouls [pu] _m_ pulso : _prendre le_ —, tomar el pulso.

poumon _m_ pulmón.

poupe _f_ popa : _avoir le vent en_ —, ir viento en popa.

poupée _f_ muñeca.

poupon _m_ niño. **-nière** _f_ guardería infantil.

pour _prép_ 1 (but, destination, rapport) para : _travailler — vivre_, trabajar para vivir ; _tu es tout — moi_, tú eres todo para mí ; _grand — son âge_, alto para su edad. 2 (en faveur de) por : _fais-le — moi_, hazlo por mi ; _lutter — un idéal_, luchar por un ideal. 3 (équivalence) por : _dix — cent_, diez por ciento ; _œil — œil_, ojo por ojo ; _parler — parler_, hablar por hablar. 4 (durée) por : — _le moment_, por ahora. 5 (cause) por : _estimé — son sérieux_, estimado por su seriedad ;

c'est — ça que je suis venu, por eso (es por lo que) he venido. 6 — _peu que_, por poco que. □ m _le — et le contre_, el pro y el contra.

pourboire _m_ propina _f_ : — _compris_, propina incluida.

pourcentage _m_ porcentaje.

pourchasser _t_ perseguir.

pourparlers _m pl_ negociaciones _f_.

pourpr/e _f/m_ púrpura _f_. **-é, ée** _a_ purpúreo, a.

pourquoi _adv/conj_ 1 por qué : — _pas ?_, ¿por qué no ? I _c'est_ —, por eso. 2 — _faire ?_, ¿para qué ? □ _m_ porqué.

pourr/ir _t_ podrir. □ _i_ podrirse. **-i, ie** _a_ podrido, a. **-iture** _f_ podredumbre.

poursuite _f_ 1 persecución. 2 (judiciaire) demanda. 3 (continuation) prosecución.

poursuivre ° _t_ 1 perseguir : _le chien poursuit le voleur_, el perro persigue al ladrón. 2 (en justice) demandar. 3 (continuer) proseguir. I _poursuivez !_, ¡siga !

pourtant _adv_ sin embargo, no obstante.

pourtour _m_ contorno.

pourvoir ° _i_ — _à_, subvenir a. □ _t_ 1 proveer, dotar. 2 _siège à_ —, escaño a cubrir. □ _se — de_, proveerse de ; _pourvu de_, provisto de.

pourvu que _loc conj_ 1 con tal que, siempre que. 2 (souhait) — _que j'arrive à temps !_, ¡ ojalá llegue a tiempo !

pousse _f_ 1 crecimiento _m_. 2 (bourgeon) retoño _m_, brote _m_.

poussée _f_ 1 (d'une voûte, d'un fluide) empuje _m_. 2 — _de fièvre_, acceso _m_ de fiebre. 3 (grand mouvement) ola.

pousser _t_ 1 empujar. 2 FIG _ils le poussent à accepter_, le empujan a que acepte. 3 — _un cri, un soupir_, dar un grito, un suspiro. □ _i_ 1 (plante, dent, enfant) crecer. □ _pr_ 1 empujarse. 2 correrse, apartarse :

pousse-toi un peu, córrete un poco.
poussette *f* 1 cochecito *m* de niño. 2 (de marché) carrito *m*.
poussi/ère *f* polvo *m*. **-éreux, euse** *a* polvoriento, a.
poussif, ive *a* asmático, a.
poussin *m* polluelo.
poussoir *m* pulsador, botón.
poutr/e *f* viga. **-elle** *f* vigueta.
¹**pouvoir** º *t* poder : *je ne peux pas fermer ma valise,* no puedo cerrar la maleta ; *je n'ai pas pu venir,* no pude venir ; *pourriez-vous me dire...?, ¿* puede decirme...? ; *puis-je entrer?, ¿* puedo pasar ?, ¿ se puede ? ; *je n'en peux plus,* ya no puedo más. I *je n'y peux rien,* no lo puedo remediar ; *on n'y peut rien, ¿* qué le vamos a hacer ? □ *impers il peut se faire que...,* puede ser que... □ *pr il se pourrait qu'il pleuve,* puede ser que llueva ; *ça se pourrait bien,* puede, podría ser.
²**pouvoir** *m* poder : *tomber au — de,* caer bajo el poder de ; *pleins pouvoirs,* plenos poderes.
prairie *f* pradera, prado *m*.
praline *f* almendra garrapiñada.
praticable *a* 1 (chemin) transitable. 2 (réalisable) practicable.
praticien *m* facultativo.
pratiquant, a *a/s* practicante.
pratique *a* práctico, a. □ *f* 1 práctica : *mettre en —,* poner en práctica. 2 (usage) costumbre.
pratiquer *t* practicar.
pré *m* prado.
préalable *a* previo, a. I *au —,* previamente.
préambule *m* preámbulo.
préavis |preavi| *m* preaviso.
précaire *a* precario, a.
précaution *f* precaución.
précéd/ent¹ *a/m* precedente. **-emment** *adv* anteriormente.
précéder º *t* preceder.
précepte *m* precepto.
précepteur, trice *s* preceptor, a.
prêcher *t/i* predicar.

précieux, euse *a* 1 precioso, a. 2 FIG amanerado, a, afectado, a.
précipice *m* precipicio.
précipit/er *t* precipitar. □ *se —,* precipitarse. **-amment** *adv* precipitadamente. **-ation** *f* precipitación. **-é, ée** *a/m* precipitado, a.
précis, e *a* 1 preciso. 2 *à onze heures précises,* a las once en punto. □ *m* compendio. **-ément** *adv* precisamente.
précis/er *t* precisar. **-ion** *f* precisión. □ *pl* detalles *m* : *demander des précisions sur...,* pedir detalles sobre...
précoce *a* precoz. I *fruits précoces,* frutos precoces, tempranos.
précolombien, enne *a* precolombiano, a.
préconçu, e *a* preconcebido, a.
préconiser *t* preconizar.
précurseur *a/m* precursor.
prédécesseur *m* predecesor.
prédicat/eur *m* predicador. **-ion** *f* predicación.
prédiction *f* predicción.
prédilection *f* predilección.
prédire º *t* predecir.
prédispos/er *t* predisponer. I *prédisposé à...,* predispuesto a... **-ition** *f* predisposición.
prédomin/er *i* predominar. **-ance** *f* predominio *m*. **-ant, e** *a* predominante.
prééminence *f* preeminencia.
préfabriqué, e *a* prefabricado, a.
préface *f* prefacio *m*.
préfecture *f* prefectura.
préfér/er º *t* preferir : *je préfère ça,* prefiero esto. **-able** *a* preferible. **-é, ée** *a/s* preferido, a. **-ence** *f* preferencia. I *de —,* preferentemente.
préfet *m* prefecto, gobernador civil.
préfixe *m* prefijo.
préhist/oire *f* prehistoria.

-orique *a* prehistórico, a.

préjudic/e *m* perjuicio. I *porter* — *à quelqu'un*, perjudicar a alguien. **-iable** *a* perjudicial.

préjugé *m* prejuicio.

prélat *m* prelado.

prélever ° *t* **1** sacar, tomar : — *un échantillon*, tomar una muestra. **2** deducir.

préliminaire *a/m* preliminar.

prélude *m* preludio.

prématuré, e *a/s* prematuro, a.

prémédit/er *t* premeditar. **-ation** *f* premeditación.

prem/ier, ère *a* primero, a (*primer devant un substantif masculin* : *le — homme*, el primer hombre ; *il habite au — étage*, vive en el primer piso). I *du — coup*, a la primera ; *le — venu*, uno cualquiera. □ *m* primero. □ *f* **1** (classe, vitesse) primera. **2** (théâtre) estreno *m*. **-ièrement** *adv* en primer lugar.

premier-né, première-née *s* primogénito, a.

prémunir (se) *pr* prevenirse.

prendre ° *t* **1** (saisir) tomar, coger. **2** — *l'avion, un médicament*, tomar el avión, un medicamento ; — *au sérieux, au tragique*, tomar en serio, por lo trágico. **3** quitar : *on lui a pris son vélo*, le han quitado la bici. **4** recoger : *je passerai vous —*, pasaré a recogerle. **5** (un billet, une photo) sacar. **6** (un poisson) pescar. **7** tomarse : *j'ai pris mes vacances en juin*, me tomé las vacaciones en junio. **8** cobrar : *combien t'a-t-il pris ?*, ¿ cuánto te ha cobrado ? ; *il prend très cher*, cobra muy caro. **9** — *une personne pour une autre*, tomar a una persona por otra ; *pour qui me prends-tu ?*, ¿ por quién me tomas ? **10** *qu'est-ce qui lui prend ?*, ¿ qué le pasa ? □ *i* **1** (feu) prender. **2** (plante, vaccin) coger. **3** (mode) cuajar. **4** coger : *prenez à droite*, coja a la derecha. □ *pr* **1** *se — pour*, tomarse por. **2** *se — d'amitié*

pour, tomar cariño a. **3** *s'en — à quelqu'un*, echar la culpa a alguien. **4** *il ne sait pas comment s'y —*, no sabe como arreglárselas.

prénom *m* nombre (de pila).

préoccup/er *t* preocupar. **-ation** *f* preocupación.

préparateur, trice *s* **1** (laboratoire) auxiliar. **2** (pharmacie) practicante.

prépar/er *t* preparar. □ *se —*, prepararse. **-atifs** *m pl* preparativos. **-ation** *f* preparación. **-atoire** *a* preparatorio, a.

prépondér/ant, e *a* preponderante. **-ance** *f* preponderancia.

préposé, e *s* **1** encargado, a. **2** (facteur) cartero.

préposition *f* preposición.

prérogative *f* prerrogativa.

près |prɛ| *adv* **1** cerca. I *tout —*, muy cerca, cerquita ; *à cela —*, fuera de esto ; *à peu —*, casi. **2** — *de*, cerca de.

présage *m* presagio.

presbyte *a/s* présbita.

presbytère *m* casa *f* del párroco.

prescr/ire ° *t* prescribir. **-iption** *f* prescripción.

présence *f* presencia. I — *d'esprit*, presencia de ánimo, de espíritu.

présent, e *a* presente. □ *m* presente. I *à —*, ahora.

présent/er *t* **1** presentar. **2** (montrer) exhibir. □ *se —*, presentarse. **-able** *a* presentable. **-ateur, trice** *s* (radio, télévision) presentador, a. **-ation** *f* **1** presentación. **2** (de modèles) exhibición.

préserv/er *t* preservar. **-atif** *a/m* preservativo. **-ation** *f* preservación.

présid/er *t* presidir. **-ence** *f* presidencia. **-ent, e** *s* presidente, a. **-entiel, elle** *a* presidencial.

présomp/tion *f* presunción. **-tif, ive** *a* presunto, a. **-tueux, euse** *a* presuntuoso, a.

presque *adv* casi : *j'ai —fini*, casi

he terminado. I — *pas*, apenas ; *je ne l'ai — pas vu*, apenas le he visto, casi no le he visto.

presqu'île *f* península.

pressant, e *a* urgente.

presse *f* prensa. I *mettre sous —*, poner en prensa ; *avoir bonne —*, tener buen cartel.

pressé, e *a* 1 presuroso, a. I *je suis très —*, tengo mucha prisa. 2 urgente.

presse-citron *m* exprimidor.

pressent/ir ° *t* presentir. **-iment** *m* presentimiento.

presse-papiers *m* pisapapeles.

presse-purée *m* pasapuré.

presser *t* 1 — *un citron*, exprimir, estrujar un limón. 2 — *contre sa poitrine*, apretar contra su pecho ; — *dans ses bras*, estrechar entre sus brazos. 3 — *un bouton*, pulsar un botón. 4 — *quelqu'un de faire quelque chose*, apremiar a alguien para hacer algo. 5 — *le pas*, apretar el paso. □ *i* 1 *l'affaire presse*, el asunto urge. 2 *le temps presse*, el tiempo apremia. □ *pr* 1 (se serrer) apretujarse. 2 darse prisa : *pressez-vous!*, ¡daos prisa !

pressing |pʀesiŋ| *m* tintorería *f*.

pression *f* presión.

pressoir *m* 1 prensa *f*. 2 lagar.

pressurer *t* 1 prensar. 2 FIG estrujar.

pressuriser *t* presurizar.

prestation *f* prestación.

preste *a* pronto, a, ágil.

prestidigitat/eur *m* prestidigitador. **-ion** *f* prestidigitación.

prestig/e *m* prestigio. **-ieux, euse** *a* prestigioso, a.

présum/er *t* presumir. **-é, ée** *a* presunto, a.

¹**prêt, e** *a* listo, a, dispuesto, a : *tout est —*, todo está listo ; — *à partir*, dispuesto para salir ; *mes bagages sont prêts*, tengo el equipaje dispuesto.

²**prêt** *m* préstamo.

prétendant, e *s* pretendiente.

prétend/re *t* pretender. **-u, ue** *a* supuesto, a.

prétent/ieux, euse *a/s* presuntuoso, a. **-ion** *f* pretensión.

prêt/er *t* prestar. I — *attention, l'oreille*, prestar atención, oídos. **-eur, euse** *s* prestamista.

prétexte *m* pretexto : *sous — que*, con el pretexto de que ; *sous aucun —*, bajo ningún pretexto.

prêtre *m* sacerdote.

preuve *f* prueba : *faire — de*, dar pruebas de.

prévaloir ° *i* prevalecer.

préven/ant, e *a* atento, a, solícito, a. **-ance** *f* atención.

prévenir ° *t* 1 avisar, advertir : *préviens-moi*, avísame ; — *le médecin*, avisar al médico ; *je t'avais prévenu!*, ¡ya te lo había advertido!, ¡ya te había avisado! 2 prevenir : *mieux vaut — que guérir*, más vale prevenir que curar.

préventif, ive *a* preventivo, a.

prévention *f* prevención.

prévenu, e *s* (inculpé) acusado, a.

prévis/ion *f* previsión. **-ible** *a* previsible.

prév/oir ° *t* prever : *tout est prévu*, todo está previsto. **-oyance** *f* previsión. **-oyant, e** *a* previsor, a.

prie-Dieu *m* reclinatorio.

prier *i/t* orar, rezar : — *pour les défunts*, orar por los difuntos ; — *Dieu*, orar a Dios. □ *t* rogar : *nous vous prions de bien vouloir...*, le rogamos tenga la amabilidad de... ; *je vous prie de vous taire*, le ruego que se calle ; *se faire —*, hacerse rogar. I *je vous en prie*, se lo ruego ; (bien sûr) claro ; *je vous prie*, por favor.

prière *f* 1 oración : *dire ses prières*, rezar sus oraciones. 2 — *de frapper*, se ruega llamen a la puerta.

prieur, e *s* prior, a. **-é** *m* priorato.

primaire *a* primario, a.

prime *f* prima.

primer *i* dominar, sobresalir. □ *t* (récompenser) premiar.

primesautier, ère *a* espontáneo, a.

primeurs *f pl* frutas, hortalizas tempranas.

primevère *f* primavera.

primitif, ive *a/s* primitivo, a.

primordial, e *a* primordial.

princ/e *m* príncipe. **-esse** *f* princesa. I FAM *aux frais de la —*, de gorra.

principal, e *a* principal : *les principaux pays*, los principales países. □ m *le — est de gagner*, lo principal es ganar.

principauté *f* principado *m*.

principe *m* principio.

prin/temps |prɛ̃tã| *m* primavera *f*. **-tanier, ère** *a* primaveral.

priorit/é *f* **1** prioridad. **2** (sur route) preferencia de paso : *avoir la —*, tener preferencia. **-aire** *a* prioritario, a.

pris, e *p p* de prendre. □ *a* **1** *je suis — ce soir*, no estoy libre esta noche. **2** *— de boisson*, ebrio.

prise *f* **1** presa. I *— de judo*, llave de judo ; *être aux prises avec*, estar en lucha con ; *lâcher —*, ceder. **2** toma : *la — de la Bastille*, la toma de la Bastilla ; *— de position*, toma de posición ; *— de sang*, toma de sangre. I *— de son*, registro *m* de sonido ; *— de vues*, rodaje *m*. **3** *— de courant*, enchufe *m*.

priser *t* apreciar.

prisme *m* prisma.

prison *f* cárcel. **-nier, ère** *a/s* **1** preso, a. **2** (de guerre) prisionero, a.

privation *f* privación.

privé, e *a* privado, a.

priver *t* privar. □ *se —*, privarse.

privil/ège *m* privilegio. **-égié, e** *a* privilegiado, a. **-égier** *t* privilegiar.

prix |pri| *m* **1** precio : *quel est le — de... ?*, ¿cuál es el precio de... ? ; *—*

de revient, precio de coste. I *hors de —*, carísimo, a ; *à aucun —*, de ningún modo ; *à tout —*, cueste lo que cueste ; *au — de*, a costa de. **2** premio : *— Nobel*, premio Nóbel.

probabilité *f* probabilidad.

probable *a* probable. **-ment** *adv* probablemente.

probité *f* probidad.

probl/ème *m* problema. **-ématique** *a* problemático, a.

procédé *m* procedimiento.

procéd/er ° *i/t* proceder. **-ure** *f* procedimiento *m*.

procès |prɔsɛ| *m* proceso, pleito.

procession *f* procesión.

processus |prɔsesys| *m* proceso.

procès-verbal *m* **1** atestado. **2** (d'une séance) acta *f*. **3** (amende) multa *f*.

prochain, e *a* **1** próximo, a. **2** (date) *le mois —*, el mes próximo, que viene. □ *m* prójimo. **-ement** *adv* próximamente.

proche *a* próximo, a, cercano, a : *hôtel — de la gare*, hotel próximo a la estación. □ *m pl* parientes.

proclam/er *t* proclamar. **-ation** *f* proclamación.

procréer *t* procrear.

procuration *f* poder *m*.

procurer *t* proporcionar, procurar, facilitar.

procureur *m* procurador.

prodigalité *f* prodigalidad.

prodig/e *m* prodigio. **-ieux, euse** *a* prodigioso, a.

prodigue *a/s* pródigo, a.

prodiguer *t* prodigar.

producteur, trice *a/s* productor, a.

product/if, ive *a* productivo, a. **-ivité** *f* productividad.

production *f* producción.

produire ° *t* producir. □ *se —*, producirse : *un incendie s'est produit à bord*, un incendio se produjo a bordo.

produit *m* producto.

proémin/ent, e *a* prominente. **-ence** *f* prominencia.

profanation *f* profanación.

profane *a/s* profano, a.

profaner *t* profanar.

proférer ° *t* proferir.

professer *t* profesar. □ *i* ser profesor, a.

professeur *m* profesor, a : *elle est — d'espagnol*, es profesora de español.

profession *f* profesión. **-nel, elle** *a/s* profesional.

professorat *m* profesorado.

profil *m* perfil. **-er (se)** *pr* perfilarse.

profit *m* **1** provecho : *tirer — de*, sacar provecho de. I *au — de*, en beneficio de. **2** *profits et pertes*, pérdidas y ganancias.

profit/er *i* **1** — *de*, aprovechar : — *de l'occasion*, aprovechar la ocasión ; *il a profité de ce que son père était absent*, aprovechó que su padre estaba ausente. **2** — *à quelqu'un*, ser provechoso a alguien. **-able** *a* provechoso, a. **-eur, euse** *s* aprovechado, a.

profond, e *a* profundo, a. **-ément** *adv* profundamente. **-eur** *f* profundidad.

profusion *f* profusión.

progéniture *f* progenie, prole.

programm/e *m* programa. **-ation** *f* programación. **-eur, euse** *s* programador, a.

progrès |pRɔgRɛ] *m* progreso.

progress/er *i* progresar. **-if, ive** *a* progresivo, a. **-ion** *f* progresión. **-ivement** *adv* progresivamente.

prohib/er *t* prohibir. **-ition** *f* prohibición. **-itif, ive** *a* prohibitivo, a.

proie *f* presa. I *être en — à*, ser presa de ; *oiseau de —*, ave de rapiña.

projecteur *m* **1** foco. **2** (de cinéma) proyector.

projectile *m* proyectil.

projection *f* proyección.

projet *m* proyecto.

projeter ° *t* proyectar.

prolét/aire *a/s* proletario, a. **-ariat** *m* proletariado.

proliférer ° *i* proliferar.

prolifique *a* prolífico, a.

prolixe *a* prolijo, a.

prologue *m* prólogo.

prolong/er ° *t* prolongar. **-ation** *f* **1** prolongación. **2** (match) prórroga. **-ement** *m* prolongamiento.

promenade *f* paseo *m* : *faire une —*, dar un paseo.

promen/er ° *t* pasear. I FAM *envoyer —*, mandar a paseo. □ *se —*, pasearse : *je vais me —*, voy a pasearme. **-eur, euse** *s* paseante.

promesse *f* promesa : *il a tenu sa —*, ha cumplido su promesa.

promett/re ° *t/i* prometer : *il m'a promis de m'aider*, me ha prometido ayudarme ; *ce garçon promet*, este chico promete. I FAM *ça promet !*, ¡vaya una perspectiva ! □ *se —*, prometerse. **-eur, euse** *a* prometedor, a.

promis, e *a/s* prometido, a.

promiscuité *f* promiscuidad.

promontoire *m* promontorio.

promoteur *m* promotor.

promotion *f* promoción.

promouvoir ° *t* promover.

prompt, e |pRɔ̃, pRɔ̃t] *a* pronto, a. **-itude** *f* prontitud.

prône *m* homilía *f*.

pronom *m* pronombre. **-inal, e** *a* pronominal.

prononc/er ° *t* pronunciar. □ *se --*, pronunciarse. **-é, ée** *a* marcado, a, pronunciado, a. **-iation** *f* pronunciación.

pronost/ic *m* pronóstico. **-iquer** *t* pronosticar.

propagande *f* propaganda.

propag/er ° *t* propagar. □ *se —*, propagarse. **-ation** *f* propagación.

propane *m* propano.

propension *f* propensión.

proph/ète *m* profeta. **-étie** |prɔfesi| *f* profecía. **-étique** *a* profético, a. **-étiser** *t* profetizar.

prophy/laxie *f* profilaxis. **-lactique** *a* profiláctico, a.

propice *a* propicio, a.

proportion *f* proporción. □ pl *statue aux proportions gigantesques*, estatua de proporciones gigantescas. **-nel, elle** *a* proporcional. **-ner** *t* proporcionar : *bien proportionné*, bien proporcionado.

propos |prɔpo| *m* propósito. I *à —*, a propósito ; *à ce —*, a este respecto ; *à tout —*, a cada momento. □ *pl* (paroles) palabras *f*.

propos/er *t* proponer. □ *pr* 1 *se — de*, proponerse. 2 (s'offrir) ofrecerse, brindarse. **-ition** *f* 1 proposición, propuesta. 2 (grammaire) oración.

propr/e *a* 1 propio, a : *nom —*, nombre propio ; *de mes propres yeux*, con mis propios ojos ; *par ses propres moyens*, con sus propios medios ; *en mains propres*, en sus propias manos. 2 (pas sale) limpio, a : *une serviette —*, una toalla limpia. I *mettre au —*, poner en limpio. □ *m un — à rien*, un cero. **-ement** *adv* 1 *— dit*, propiamente dicho. 2 limpiamente. **-eté** *f* limpieza.

propriét/é *f* 1 propiedad. 2 (maison et terres) finca, propiedad. **-aire** *s* propietario, a.

propuls/er *t* propulsar. **-eur** *m* propulsor. **-ion** *f* propulsión.

proroger ° *t* prorrogar.

prosaïque |prɔzaik| *a* prosaico, a.

prosateur *m* prosista.

pros/crire ° *t* proscribir. **-crit, e** *s* proscrito, a.

prose *f* prosa.

prospect/er *t* 1 prospectar. 2 COM buscar clientes en. **-ion** *f* prospección.

prospectus |prɔspɛktys| *m* prospecto.

prosp/ère *a* próspero, a. **-érer** ° *i* prosperar. **-érité** *f* prosperidad.

prosterner (se) *pr* prosternarse : *se — devant l'autel*, prosternarse ante el altar.

prostitu/ée *f* prostituta. **-tion** *f* prostitución.

prostration *f* prostración.

protagoniste *m* protagonista.

protect/eur, trice *a/s* protector, a. **-ion** *f* protección. **-orat** *m* protectorado.

protég/er ° *t* proteger. **-é, ée** *s* protegido, a.

protéine *f* proteína.

protestant, e *a/s* protestante. **-isme** *m* protestantismo.

protest/er *i* protestar. **-ation** *f* protesta.

prothèse *f* prótesis.

protocol/e *m* protocolo. **-aire** *a* protocolar.

prototype *m* prototipo.

protubér/ant *a* protuberante. **-ance** *f* protuberancia.

proue *f* proa.

prouesse *f* proeza.

prouver *t* probar, demostrar : *ça prouve que...*, eso prueba que...

provenance *f* procedencia. I *train en — de Bordeaux*, tren procedente de Burdeos.

provençal, e *a/s* provenzal.

Provence *n p f* Provenza.

provenir ° *i* provenir, proceder : *d'où provient cette méprise ?*, ¿de dónde proviene esta confusión ?

proverb/e *m* proverbio, refrán. **-ial, e** *a* proverbial.

providen/ce *f* providencia. **-tiel, elle** *a* providencial.

provinc/e *f* provincia : *en —*, en la provincia. **-ial, e** *a* provincial. □ *s* provinciano, a.

proviseur *m* director de un instituto de enseñanza media.

provision *f* provisión. I *chèque sans* —, cheque sin fondos. ☐ *pl* compra *sing* : *aller faire ses provisions*, ir a la compra; *panier à provisions*, cesta de la compra.

provisoire *a* provisional.

provo/quer *t* provocar. **-cant, e** *a* provocativo, a. **-cation** *f* provocación.

proximité *f* proximidad. I *à* — *de*, cerca de.

prude *a/f* gazmoño, a, mojigato, a. **-rie** *f* mojigatería.

prud/ent, e *a* prudente. **-emment** [pʀydamɑ̃] *adv* prudentemente. **-ence** *f* prudencia.

prun/e *f* ciruela. I FAM *pour des prunes*, en balde. **-eau** *m* ciruela *f* pasa.

prunelle *f* 1 endrina. 2 (de l'œil) niña.

prunier *m* ciruelo.

Prusse *n p f* Prusia.

psalmodier *t/i* salmodiar.

psaume *m* salmo.

pseudonyme *m* seudónimo.

psychana/lyse [psikanaliz] *f* psicoanálisis *m*. **-lyser** *t* psicoanalizar. **-lyste** *s* psicoanalista.

psychiatr/e [psikjatʀ] *s* psiquiatra. **-ie** *f* psiquiatría. **-ique** *a* psiquiátrico, a.

psychique *a* psíquico, a.

psycholo/gie [psikɔlɔʒi] *f* psicología. **-gique** *a* psicológico, a. **-gue** *s* psicólogo, a.

psycho/se [psikoz] *f* psicosis. **-thérapie** *f* psicoterapia.

pu ⇒ pouvoir.

puant, e *a* hediondo, a. **-eur** *f* hediondez, hedor *m*.

puberté *f* pubertad.

public, ique *a* público, a : *rendre* —, hacer público. ☐ *m* público : *le grand* —, el público en general; *en* —, en público.

publication *f* publicación.

publicit/é *f* publicidad. **-aire** *a* publicitario, a.

publier *t* publicar.

puce *f* pulga. I *avoir la* — *à l'oreille*, tener la mosca detrás de la oreja. **-ron** *m* pulgón.

pud/eur *f* pudor *m*. **-ibond, e** *a* pudibundo, a. **-ique** *a* púdico, a.

puer *i/t* heder, apestar : — *l'essence*, apestar a gasolina.

puéricul/ture *f* puericultura. **-trice** *f* puericultora.

puéril, e *a* pueril. **-ité** *f* puerilidad.

puis [pɥi] *adv* después, luego. I *et* — (en outre) y además; *et* — *après?*, ¿y qué?

puiser *t* sacar.

puisque *conj* puesto que, ya que.

puiss/ance *f* 1 potencia : *la* — *d'un moteur*, la potencia de un motor; *les grandes puissances*, las grandes potencias. I *en* —, en potencia. 2 (pouvoir) poder *m*. **-ant, e** *a* potente. ☐ *a/s* (qui a du pouvoir) poderoso, a.

puits [pɥi] *m* pozo.

pull-over [pulɔvœʀ], **pull** [pul] *m* jersey.

pulluler *i* pulular.

pulmonaire *a* pulmonar.

pulpe *f* pulpa.

pulsation *f* pulsación.

pulvéris/er *t* pulverizar. **-ateur** *m* pulverizador. **-ation** *f* pulverización.

punaise *f* 1 chinche *m*. 2 (petit clou) chincheta.

punch [pɔ̃ʃ] *m* ponche.

pun/ir *t* castigar. **-ition** *f* castigo *m*.

¹**pupille** [pypil] *s* pupilo, a.

²**pupille** *f* (de l'œil) pupila.

pupitre *m* 1 pupitre. 2 MUS atril.

pur, e *a* puro, a : *eau pure*, agua pura; — *et simple*, puro y simp e; *un* — *hasard*, una pura casualidad.

purée *f* puré *m*. I FAM *être dans la* —, no tener dónde caerse muerto.

purement *adv* puramente. I — *et simplement*, pura y simplemente.

pureté *f* pureza.

purgatif, ive *a/m* purgante.

purgatoire *m* purgatorio.

purge *f* purga.

purger ° *t* purgar.

purifi/er *t* purificar. **-cation** *f* purificación.

purin *m* estiércol líquido.

puriste *a/s* purista.

puritain, e *a/s* puritano, a.

pur-sang |pyʀsɑ̃| *m* caballo de pura sangre.

purulent, e *a* purulento, a.

pus |py| *m* pus.

pusillanime |pyzi(l)lanim| *a* pusilánime.

pustule *f* pústula.

putois *m* turón.

putréf/ier (se) *pr* pudrirse. **-action** *f* putrefacción.

puzzle |pœzl| *m* rompecabezas.

pygmée *m* pigmeo.

pyjama *m* pijama.

pylône *m* poste.

pyramide *f* pirámide.

Pyrénées *n p f pl* Pirineos *m*.

pyrite *f* pirita.

python *m* pitón.

Q

q *m* q *f* : *un* −, una q.

qu' ⇒ **que.**

quadragénaire |kwadRaʒenɛR| *a/s* cuadragenario, a, cuarentón, ona.

quadrilatère |k(w)adrilatɛR| *m* cuadrilátero.

quadrill/er *t* cuadricular : *papier quadrillé,* papel cuadriculado. **-age** *m* cuadrícula *f.*

quadrupède |k(w)adRypɛd| *a/m* cuadrúpedo, a.

quadrupl/e |k(w)adRypl| *a/m* cuádruplo, a. **-er** *t* cuadruplicar.

quai *m* 1 (port) muelle. 2 (gare) andén.

qualifi/er *t* calificar. **-catif, ive** *a/m* calificativo, a. **-cation** *f* calificación.

qualité *f* 1 calidad : *tissu de bonne* −, tejido de buena calidad. 2 cualidad : *Jean a beaucoup de qualités,* Juan tiene muchas cualidades.

quand |kɑ̃| *conj* cuando : *nous partirons* − *la voiture sera réparée,* nos iremos cuando el coche esté arreglado. I − *bien même,* aun cuando. □ *adv* cuándo : − *partez-vous ?,* ¿ cuándo se marcha usted ?

quant à |kɑ̃ta| *loc prép* en cuanto a.

quantité *f* cantidad.

quarantaine *f* 1 *une* − *de manifestants,* unos cuarenta manifestantes, una cuarentena de manifestantes ; *il frise la* −, raya en los cuarenta años. 2 *mettre en* −, poner en cuarentena.

quarant/e *a/m* cuarenta. **-ième** *a/s* cuadragésimo, a.

quart *m* 1 cuarto : *une heure et* −, la una y cuarto. 2 *4 est le* − *de 16,* 4 es la cuarta parte de 16. I *les trois quarts du temps,* la mayor parte del tiempo. 3 MAR *être de* −, estar de guardia.

quartier *m* 1 (d'une ville) barrio : *les bas quartiers,* los barrios bajos ; *les vieux quartiers,* los barrios antiguos. 2 (d'orange) gajo. 3 − *général,* cuartel general. 4 (de lune) cuarto.

quartz |kwaRts| *m* cuarzo.

quasi |kazi| *adv* casi.

Quasimodo *f* domingo *m* de Cuasimodo.

quatorz/e *a/m* catorce. **-ième** *a/s* decimocuarto, a. I *le* − *siècle,* el siglo catorce.

quatre *a/m* cuatro.

quatre-ving/t(s) *a/m* ochenta. **-tième** *a/s* octogésimo, a.

quatre-vingt-dix *a/m* noventa. **-ième** *a/s* nonagésimo, a.

quatrième *a/s* cuarto, a : *au* − *étage,* en el cuarto piso.

quatuor |kwatyɔR| *m* cuarteto.

¹que *conj* 1 que : *je veux* − *tu viennes,* quiero que vengas ; *plus grand* − *lui,* más alto que él. 2 *aussi, autant...*−, tan, tanto... como. 3 de que : *je suis content* − *tu sois venu,* me alegro de que hayas venido.

²que *pron rel* que : *la fleur* − *je préfère,* la flor que prefiero. □ *pron interr* qué : − *voulez-vous ?,* ¿ qué quiere usted ? ; − *se passe-t-il ?,* ¿ qué pasa ? ; *qu'est-ce que tu dis ?,* ¿ qué dices ? ; *qu'est-ce que c'est que ça ?,* ¿ qué es esto ? ; *qu'est-ce qui est arrivé ?,* ¿ qué ha ocurrido ?

³que *adv* 1 − *c'est joli !,* ¡ qué bonito ! 2 cuánto, a : − *de monde !,* ¡ cuánta gente !

quel, quelle *a* 1 (devant un nom) qué : *quelle heure est-il ?,* ¿ qué hora es ? ; *quelle joie !,* ¡ qué alegría !. 2 (devant un verbe) cuál : − *est votre nom ?,* ¿ cuál es su ape-

llido? **3** — *que, quelle que,*
cualquiera : *quels que soient les
résultats,* cualesquiera que sean los
resultados.

quelconque *a* **1** cualquiera : *dis-
moi une lettre* —, dime una letra
cualquiera. **2** mediocre, corriente.

quelque *a* alguno, a (algún *devant
un substantif masculin sing.*)
depuis — *temps,* desde algún
tiempo ; *quelques jours après,*
algunos días después. I — *chose,*
algo ; *et quelques,* y pico. □ *adv* **1**
(environ) unos, as : — *mille francs,*
unos mil francos. **2** — *courageux
qu'il soit,* por valiente que sea.

quelquefois *adv* a veces, algunas
veces.

quelqu'un, une *pron indéf* **1**
alguien : — *a appelé,* alguien ha
llamado. **2** alguno, a : *quelques-
uns applaudirent,* algunos aplau-
dieron.

querell/e *f* disputa. **-er (se)** *pr*
reñir.

qu'est-ce que, qui ⇒ ²**que.**

question *f* **1** pregunta : *poser une*
—, hacer una pregunta. **2** cuestión :
résoudre diverses questions,
resolver diversas cuestiones. I *il est*
— *de,* se trata de. **-naire** *m*
cuestionario. **-ner** *t* interrogar.

quêt/e *f* **1** (dans la rue) cuestación.
2 (à l'église) colecta. **3** *en* — *de,* en
busca de. **-er** *i* hacer cuestación,
la colecta.

queue [kø] *f* **1** cola. **2** (d'un fruit)
rabo *m*. **3** (d'un casserole) mango
m. **4** *faire la* —, hacer cola. I *à la* —
leu leu, en fila. **5** *n'avoir ni* — *ni
tête,* no tener pies ni cabeza.

qui *pron rel* **1** que : *celle* — *vient,* la
que viene. **2** (avec préposition)
quien : *celui à* — *j'écris,* aquel a
quien escribo. I — *que ce soit,*
quienquiera que sea. □ *pron interr*
quién : — *sait ce?,* ¿quién sabe? ; —
est-ce?, ¿quién es? ; — *est-ce qui a
gagné?,* ¿quién ganó? ; — *sont ces
jeunes filles?,* ¿quiénes son esas
muchachas?

quiconque *pron indéf* quienquiera
que.

quignon *m* mendrugo.

Quichotte ⇒ **Don Quichotte.**

¹**quille** *f* (jeu) bolo *m*.

²**quille** *f* MAR quilla.

quincaill/erie [kɛ̃kajʀi] *f* ferretería. **-ier, ère** *s* ferretero, a.

quinconce m *en* —, al tresbolillo.

quinine *f* quinina.

quinquagénaire *a/s* quincuagenario, a, cincuentón, ona.

quintal *m* quintal.

quinte *f* — *de toux,* acceso *m* de
tos.

quintuple *a/m* quíntuplo, a.

quinzaine *f* quincena. I *dans une*
—, dentro de unos quince días.

quinz/e *a/m* quince. **-ième** *a/m*
decimoquinto, a. I *le* — *siècle,* el
siglo quince.

quiproquo [kipʀoko] *m* quid pro
quo.

quittance *f* recibo *m*.

quitte *a* **1** *nous sommes quittes,*
estamos en paz. **2** — *à,* a riesgo de.

quitter *t* **1** dejar : — *ses parents,*
dejar a sus padres. I (téléphone) *ne
quittez pas!,* ¡no se retire ! **2** (ôter)
quitarse : *il ne quitte jamais son
béret,* no se quita nunca la boina. **3**
accident : l'auto a quitté la route,
accidente : el coche se salió de la
calzada. □ *se* —, separarse : *ils se
sont quittés,* se han separado.

qui-vive? *interj* ¿quién vive? I
être sur le —, estar alerta.

quoi *pron rel/interr* **1** qué : *il a de*
— *vivre,* tiene con qué vivir ; *à* —
penses-tu?, ¿en qué piensas? I *à*
bon?, ¿para qué? ; *sans* —, sin lo
cual. **2** — *qu'il arrive,* pase lo pase ;
— *qu'il en soit,* sea como sea.

quoique *conj* aunque.

quolibet *m* cuchufleta *f*.

quote-part *f* cuota.

quotidien, enne *m* diario, a. □
m diario, periódico.

quotient [kɔsjɑ̃] *m* cociente.

R

r |ɛʀ| m r f : un —, una r.
rabâcher i repetirse. □ t repetir.
rabais |ʀabɛ| m rebaja f : vendre au —, vender con rebaja.
rabaisser t rebajar.
rabattre t 1 bajar. 2 (une somme) rebajar. 3 (le gibier) ojear. 4 en —, ceder. □ se — sur, conformarse con.
rabbin m rabino.
rabot m cepillo. **-er** t cepillar.
raboteux, euse a desigual.
rabougri, e a esmirriado, a.
rabrouer t regañar.
racaille f chusma.
raccommod/er t 1 componer. 2 (rapiécer) remendar. 3 FIG reconciliar. **-age** m compostura f.
raccompagner t acompañar.
raccord m 1 empalme. 2 (de peinture) retoque. **-er** t 1 empalmar. 2 (électricité) conectar.
raccourci m (chemin) atajo.
raccourcir t 1 acortar. □ i 1 (rétrécir) encoger. 2 les jours raccourcissent en automne, los días se acortan en otoño.
raccrocher t 1 volver a colgar. 2 — le récepteur, colgar el auricular.
race f raza.
rachat m rescate.
racheter ° t 1 volver a comprar. 2 FIG rescatar.
rachitique a raquítico, a.
racial, e a racial.
racine f raiz : des racines, raíces.
rac/isme m racismo. **-iste** a/s racista.
racler t rascar. □ se — la gorge, carraspear.
racont/er t contar. **-ar** m chisme.
racornir t endurecer.
radar m radar.

rade f rada.
radeau m balsa f.
radiateur m radiador.
radiation f radiación.
radical, e a/m radical.
radier t borrar.
radieux, euse a radiante.
radin, e a FAM agarrado, a.
radio f radio.
radioact/if, ive, a radiactivo, a. **-ivité** f radiactividad.
radiodiffus/er t radiar. **-ion** f radiodifusión.
radiographi/e f radiografía. **-er** t radiografiar.
radiolo/gie f radiología. **-gue** s radiólogo, a.
radiophonique a radiofónico, a.
radioscopie f radioscopia.
radis |ʀadi| m rábano.
radium |ʀadjɔm| m radium.
radot/er i chochear. **-age** m chochez f. **-eur, euse** s chocho, a.
radouc/ir t templar, suavizar. □ pr 1 le temps s'est radouci, el tiempo se ha templado. 2 (personne) templarse, calmarse. **-issement** m mejoría f.
rafale f ráfaga.
raffermir t fortalecer.
raffin/er t refinar. **-age** m refinación f. **-ement** m refinamiento. **-erie** f refinería.
raffoler i — de, estar loco, a por.
raffut m FAM barullo.
rafistoler t FAM componer.
rafle f redada.
rafraîch/ir t refrescar. □ pr 1 refrescarse. 2 (boire) tomar un refresco. **-issant, e** a refrescante. **-issement** m 1 enfriamiento. 2 (boisson) refresco.

ragaillardir *t* reanimar, vigorizar.

rag/e *f* 1 rabia. 2 — *de dents*, dolor *m* de muelas. **-er** ° *i* FAM rabiar. I *c'est rageant*, es para volverse rabioso. **-eur, euse** *a* rabioso, a.

ragoût *m* guisado.

raid |Rɛd] *m* raid.

raid/e *a* 1 tieso, a. 2 (une pente) empinado, a. 3 FAM *c'est un peu* — *!*, ¡eso pasa de castaño oscuro! □ adv *tomber* — *mort*, caer muerto en el acto. **-eur** *f* rigidez, tiesura. **-illon** *m* repecho. **-ir** *t* poner rígido, a. □ *se* —, ponerse tieso, a.

raie *f* (ligne, poisson) raya.

rail |Raj] *m* riel : *les rails*, los rieles.

raill/er *t* burlarse de. **-erie** *f* burla. **-eur, euse** *a/s* burlón. ona.

rainure *f* ranura.

raisin *m* uva *f*. I *raisins secs*, pasas *f*.

raison *f* 1 razón : — *d'être*, razón de ser ; *tu as* —, tienes razón ; *vous avez eu* — *de...*, ha tenido usted razón en... ; *donner* — *à*, dar la razón a. I *à* — *de*, a razón de ; *à plus forte* —, con mayor motivo ; *en* — *de*, a causa de. 2 — *sociale*, razón social. **-nable** *a* razonable.

raisonn/er *i* razonar. **-ement** *m* razonamiento.

rajeun/ir *t/i* rejuvenecer. **-issement** *m* rejuvenecimiento.

rajouter *t* añadir de nuevo.

rajuster *t* 1 reajustar. 2 (arranger) arreglar.

râle *m* estertor.

ralenti *m* marcha *f* lenta, ralentí : *au* —, en marcha lenta.

ralent/ir *t* — *la marche*, aminorar la marcha. □ *i* ir más despacio : *ralentissez !*, ¡vaya más despacio ! **-issement** *m* 1 disminución *f* de la velocidad. 2 disminución *f*.

râl/er *i* 1 tener estertor. 2 FAM quejarse, piarlas : *cesse de* —, no las pies más. **-eur, euse** *s* gruñón, ona, piante.

ralli/er *t* 1 reunir. 2 (rejoindre)

volver a. □ *se* — *à un parti*, adherirse a un partido. **-ement** *m* 1 reunión *f*. 2 adhesión *f*.

rallonge *f* 1 (de table) larguero *m*. 2 FAM suplemento *m*.

rallonger ° *t* alargar.

rallumer *t* 1 encender de nuevo. 2 FIG reanimar.

rallye |Rali] *m* rally.

ramage *m* *à ramages*, rameado, a.

ramass/er *t* recoger : — *une balle*, *des champignons*, recoger una pelota, setas. □ *se* —, acurrucarse. **-age** *m* recogida *f*.

¹rame *f* (aviron) remo *m*.

²rame *f* 1 (de papier) resma. 2 (de métro) tren *m*.

rameau *m* ramo. □ pl *les Rameaux*, el domingo de Ramos.

ramener ° *t* 1 hacer volver. 2 (reconduire) acompañar. 3 (rapporter) traer. 4 — *la paix*, restablecer la paz ; — *à la vie*, reanimar. □ *se* — *à*, reducirse a.

ram/er *i* remar. **-eur, euse** *s* remero, a.

ramier *m* paloma *f* torcaz.

ramifi/er (se) *pr* ramificarse. **-cation** *f* ramificación.

ramoll/ir *t* reblandecer, ablandar. **-issement** *m* reblandecimiento.

ramon/er *t* deshollinar. **-age** *m* deshollinamiento. **-eur** *m* deshollinador.

rampant, e *a* rastrero, a.

rampe *f* 1 (d'escalier) barandilla. 2 (plan incliné) rampa. 3 (théâtre) candilejas *pl*.

ramper *i* arrastrarse, reptar.

rancart *m* FAM *mettre au* —, arrumbar.

ranc/e *a* rancio, a. **-ir** *i* enranciarse.

rancœur *f* rencor *m*.

rançon *f* rescate *m*. **-ner** *t* exigir rescate por.

rancun/e *f* rencor *m*. **-ier, ère** *a/s* rencoroso, a.

randonnée *f* caminata.

rang |Rɑ̃| *m* 1 fila *f* : *en* —, en fila ; *au premier* —, en primera fila. 2 (social) categoría *f*, clase *f*.

rangé, e *a* ordenado, a.

rangée *f* fila.

ranger ° *t* 1 ordenar. 2 (mettre en place) guardar : — *ses vêtements*, guardar los vestidos. 3 (mettre) colocar. 4 (une voiture) aparcar. □ *pr* 1 se — *contre le trottoir*, aparcar junto a la acera. 2 se — *à l'avis de*, adoptar la opinón de.

ranimer *t* reanimar.

rapac/e *a* rapaz. □ *m* rapaz *f* : *rapaces nocturnes*, rapaces nocturnas. -**ité** *f* rapacidad.

rapatrier *t* repatriar.

râp/e *f* 1 (cuisine) rallador *m*. 2 escofina, lima. -**er** *t* 1 rallar : *fromage râpé*, queso rallado. 2 raspar.

rapetisser *t* achicar. □ *i* achicarse.

Raphaël |Rafaɛl| *n p m* Rafael.

rapid/e *a m* rápido, a. -**ité** *f* rapidez.

rapiécer ° *t* remendar.

rappel *m* 1 llamada *f*. 2 *vaccination de* —, revacuna.

rappeler ° *t* 1 llamar de nuevo. 2 — *à l'ordre*, llamar al orden. 3 recordar : *ce village me rappelle mon enfance*, este pueblo me recuerda mi niñez. □ se —, acordarse de, recordar : *je me rappelle fort bien notre première rencontre*, recuerdo muy bien nuestro primer encuentro ; *rappelle-toi*, acuérdate.

rapport *m* 1 (revenu) renta *f*, rendimiento. 2 (compte rendu) informe. 3 relación *f* : *par* — *à*, con relación a ; *entretenir de bons rapports*, mantener buenas relaciones.

rapporter *t* 1 (rendre) devolver. 2 traer : *j'ai rapporté un poncho du Pérou*, he traído un poncho del Perú. 3 producir, rendir. 4 (raconter) relatar. □ se — *à*, corresponder a, referirse a. I *s'en* —

à, remitirse a.

rapporteur, **euse** *a/s* (mouchard) soplón, ona, acusón, ona. □ *m* (devant une assemblée) ponente.

rapproch/er *t* acercar : *il rapprocha sa chaise du lit*, acercó su silla a la cama ; *autoroute qui rapproche Paris de Dijon*, autopista que acerca París a Dijon. □ se —, acercarse : *rapprochez-vous du feu*, acérquese al fuego. -**ement** *m* 1 acercamiento. 2 comparación *f*.

rapt *m* rapto, secuestro.

raquette *f* raqueta.

rar/e *a* 1 raro, a. 2 (cheveux) ralo, a. -**ement** *adv* raramente. -**eté** *f* rareza. -**éfier** *t* enrarecer, rarificar.

ras, e |Rɑ, Rɑz| *a* 1 corto, a : *à poil* —, de pelo corto. 2 *en rase campagne*, en campo raso ; *à* — *bord*, colmado, a ; *au* — *de*, a ras de. 3 FAM *en avoir* — *le bol*, estar hasta la coronilla.

rase-mottes (en) *loc adv* a ras de tierra.

ras/er *t* 1 afeitar. 2 (démolir) arrasar. 3 (frôler) pasar rasando, pasar rozando. 4 FAM (ennuyer) dar la lata. □ *pr* 1 afeitarse. 2 FAM aburrirse. -**ant, e** *a* FAM latoso, a. -**eur, e** *s* FAM pelmazo. -**oir** *m* (mécanique, électrique) maquinilla *f* de afeitar. □ *a* FAM *un type* —, un tío pelmazo ; *un film* —, un rollo de película.

rassasier *t* saciar, hartar.

rassembl/er *t* reunir, juntar. -**ement** *m* 1 reunión *f*. 2 (groupe) grupo. 3 MIL *rassemblement!*, ¡a formar !

rasseoir (se) ° |Raswar| *pr* sentarse de nuevo.

rasséréner ° *t* serenar.

rassis, e *a pain* —, pan duro.

rassur/er *t* tranquilizar. -**ant, e** *a* tranquilizador, a.

rat *m* 1 rata *f*. 2 *petit* —, joven

bailarina *f*.

ratage *m* fracaso.

ratatiner (se) *pr* arrugarse.

rate *f* (glande) bazo *m*.

raté, e *s* fracasado, a. □ *m* (de moteur) fallo. I *avoir des ratés*, ratear.

râteau *m* rastrillo.

râtelier *m* 1 pesebre. 2 FAM dentadura *f* postiza.

rater *i* fracasar, fallar. □ *t* 1 — *la cible*, errar el blanco. 2 — *son train*, perder el tren. 3 — *sa vie*, fracasar uno en su vida.

ratifi/er *t* ratificar. **-cation** *f* ratificación.

ration *f* ración.

rationnel, elle *a* racional.

rationn/er *t* racionar. **-ement** *m* racionamiento.

ratisser *t* 1 rastrillar. 2 (armée, police) registrar, rastrear.

rattach/er *t* 1 (attacher) atar. 2 (un territoire) incorporar. 3 (relier) relacionar. 4 unir. **-ement** *m* incorporación *f*.

rattrap/er *t* 1 coger. 2 alcanzar : *j'ai couru pour le —*, corrí para alcanzarle. 3 — *un retard*, recuperar un retraso. □ *pr* 1 *se — à une branche*, agarrarse a una rama. 2 FIG desquitarse. **-age** *m cours de —*, clase de recuperación.

ratur/e *f* tachadura. **-er** *t* tachar.

rauque *a* ronco, a.

ravag/e *m* estrago. **-er** ° *t* asolar.

ravalement *m* revoque.

ravauder *t* zurcir.

ravi, e *a* encantado, a.

ravin *m* barranco.

ravir *t* encantar. I *à —*, maravillosamente.

raviser (se) *pr* cambiar de parecer.

ravissant, e *a* encantador, a.

ravisseur, euse *s* raptor, a.

ravitaill/er *t* abastecer. **-ement** *m* abastecimiento.

raviver *t* avivar.

rayer ° |rεje| *t* 1 rayar : *chemise rayée*, camisa rayada. 2 (raturer) tachar.

Raymond *n p m* Ramón.

¹rayon |rεjɔ̃| *m* 1 (lumière, soleil) rayo : *rayons x*, rayos equis. 2 (géométrie, roue) radio. I — *d'action*, radio de acción.

²rayon *m* 1 (de miel) panal. 2 (étagère) estante, anaquel. 3 (dans un magasin) sección *f* : *le — de parfumerie*, la sección de perfumería. **-nage** *m* estantería *f*.

rayonnant, e |rεjɔnɑ̃, ɑ̃t| *a* radiante.

rayonne |rεjɔn| *f* rayón *m*.

rayonn/er |rεjɔne| *i* 1 radiar. 2 *son visage rayonne*, le resplandece la cara de felicidad. **-ement** *m* 1 irradiación *f*. 2 FIG ascendiente, influencia *f*.

rayure |rεjyr| *f* raya. I *cravate à rayures*, corbata rayada, a rayas.

raz de marée |rɑdmarε| *m* maremoto.

ré *m* re.

réacteur *m* reactor.

réaction *f* reacción. **-naire** *a/s* reaccionario, a.

réadaptation *f* readaptación.

réagir *i* reaccionar.

réalis/er *t* realizar. **-ateur, trice** *s* realizador, a. **-ation** *f* realización.

réalis/me *m* realismo. **-te** *a/s* realista.

réalité *f* realidad : *en —*, en realidad.

réanim/er *t* reanimar. **-ation** *f* reanimación.

réapparaître ° *i* reaparecer.

réarmement *m* rearme.

rébarbatif, ive *a* ingrato, a. I *mine rébarbative*, cara de pocos amigos.

rebâtir *t* reedificar.

rebell/e *a/s* rebelde. **-er (se)** *pr* rebelarse.

rébellion *f* rebelión.

rebois/er *t* repoblar con árboles.

-ement *m* repoblación *f* forestal.

rebondi, e *a* rollizo, a.

rebond/ir *i* 1 rebotar. 2 (une affaire) volver a cobrar actualidad. **-issement** *m* FIG vuelta *f* a la actualidad.

rebord *m* reborde.

rebours m *à* —, al revés; *compte à* —, cuenta atrás.

rebrousser *t* 1 — *chemin*, volver sobre sus pasos. 2 *à rebrousse-poil*, a contrapelo.

rébus |Rebys| *m* jeroglífico.

rebut *m* desecho. I *mettre au* —, arrinconar.

rebut/er *t* 1 (décourager) desanimar. 2 repugnar. **-ant, e** *a* ingrato, a.

récalcitrant, e *a* recalcitrante.

recaler *t* suspender.

récapitul/er *t* recapitular. **-ation** *f* recapitulación.

recel/er ° *t* 1 encerrar, contener. 2 (objets volés) encubrir. **-eur, euse** *s* encubridor, a.

récemment |Resamã] *adv* recientemente.

recens/er *t* 1 empadronar. 2 recontar. **-ement** *m* 1 (de la population) empadronamiento. 2 (inventaire) recuento.

récent, e *a* reciente.

récépissé *m* recibo, resguardo.

récepteur, trice *a/m* receptor, a. □ *m* (de téléphone) auricular.

réception *f* 1 recepción. 2 *accuser* — *de*, acusar recibo de.

recette *f* 1 (argent reçu) recaudación, ingresos *m pl.* 2 (de cuisine) receta.

receveur, euse *s* 1 (des contributions) recaudador, a. 2 (d'autobus) cobrador, a.

recevoir ° *t* 1 recibir : *j'ai reçu ta lettre*, recibí tu carta. 2 *il a été reçu à l'examen*, ha aprobado el examen.

rechange *m* recambio : *pièces de*

—, piezas de recambio. I *du linge de* —, una muda.

recharge *f* carga.

recharger ° *t* 1 volver a cargar. 2 (appareil photo, stylo) cargar.

réchaud *m* 1 (à alcool) infiernillo. 2 (à gaz, électrique) hornillo.

réchauffer *t* 1 (chauffer de nouveau) recalentar. 2 calentar. □ *se* —, calentarse.

rêche *a* áspero, a.

recherche *f* 1 busca : *à la* — *de*, en busca de. 2 (scientifique, etc.) investigación : *des recherches*, investigaciones. I *la police continue ses recherches*, la policia sigue investigando. 3 (raffinement) refinamiento *m*.

recherché, e *a* refinado, a, rebuscado, a.

rechercher *t* buscar.

rechute *f* recaída.

récidiv/e *f* reincidencia. **-er** *i* reincidir. **-iste** *s* reincidente.

récif *m* arrecife.

récipient *m* recipiente.

récipro/que *a/f* reciproco, a. **-cité** *f* reciprocidad.

récit *m* relato.

récital *m* recital.

récit/er *t* recitar. **-ation** *f* recitación.

réclamation *f* reclamación.

réclame *f* propaganda : *faire de la* — *pour*, hacer propaganda de. I *articles en* —, oportunidades *f*.

réclamer *t/i* reclamar.

reclus, e *a/s* recluso, a.

réclusion *f* reclusión.

recoin *m* rincón.

récolt/e *f* cosecha. **-er** *t* cosechar.

recommandable *a* recomendable.

recommand/er *t* 1 recomendar : *je te recommande d'être prudent*, te recomiendo que seas prudente. 2 (lettre) certificar : *lettre recommandée*, carta certificada. **-ation**

ƒ recomendación.
recommencer ° *t* **1** recomenzar. **2** — *à*, volver a : *il recommence à gémir*, vuelve a gemir. □ *i* empezar de nuevo, otra vez, volver a empezar : *recommencez!*, ¡a empezar otra vez! I *la pluie recommence*, vuelve a llover ; *ne recommence pas!*, ¡no lo vuelvas a hacer !

récompens/e ƒ recompensa. **-er** *t* recompensar.

réconcili/er *t* reconciliar. □ *se* —, reconciliarse. **-ation** ƒ reconciliación.

reconduire ° *t* acompañar.

réconfort *m* consuelo.

réconfort/er *t* reconfortar. **-ant, e** *a* reconfortante.

reconnaissable *a* reconocible.

reconnaiss/ance ƒ **1** reconocimiento *m*. **2** (gratitude) agradecimiento *m*. **-ant, e** *a* agradecido, a.

reconnaître ° *t* reconocer : *je reconnais sa voix*, reconozco su voz.

reconquête ƒ reconquista.

reconstitu/er *t* reconstituir. **-ant** *m* reconstituyente. **-tion** ƒ reconstitución.

reconstru/ire ° *t* reconstruir. **-ction** ƒ reconstrucción.

record |RəkɔR| *m*/*a* récord, marca ƒ: *battre un* —, batir un récord ; *chiffre* —, cifra récord.

recoudre ° *t* recoser.

recourber *t* doblar.

recourir *i* — *à*, recurrir a.

recours *m* recurso. I *avoir* — *à*, recurrir a.

recouvrír ° *t* cubrir : *sol recouvert d'une moquette*, suelo cubierto con una moqueta.

récréation ƒ recreo *m*.

récrimin/er *i* recriminar. **-ation** ƒ recriminación.

recroqueviller (se) |RəkRɔkvije| *pr* acurrucarse.

recrudescence ƒ recrudescencia.

recru/e ƒ recluta *m*. **-tement** *m* reclutamiento. **-ter** *t* reclutar.

rectan/gle *a*/*m* rectángulo. **-gulaire** *a* rectangular.

recteur *m* rector.

rectifi/er *t* rectificar. **-cation** ƒ rectificación.

rectiligne *a* rectilíneo, a.

rectitude ƒ rectitud.

recto *m* anverso.

reçu, e *pp* de **recevoir**. □ *m* recibo.

recueil |Rəkœj| *m* colección ƒ.

recueill/ir ° *t* recoger. □ *se* —, recogerse. **-ement** *m* recogimiento.

recul *m* **1** retroceso. **2** FIG alejamiento, perspectiva ƒ. **3** espacio.

recul/er *i* **1** retroceder, recular. **2** *il ne recule devant rien*, no retrocede ante nada. □ *t* **1** apartar hacia atrás. **2** (ajourner) aplazar. □ *se* —, echarse atrás. **-é, ée** *a* **1** (isolé) apartado, a. **2** (temps) remoto, a.

reculons (à) *loc adv* andando hacia atrás.

récupér/er ° *t* recuperar. **-ation** ƒ recuperación.

récurer *t* fregar. I *tampon à* —, estropajo.

rédac/tion ƒ redacción. **-teur, trice** *s* redactor, a.

rédemption ƒ redención.

redescendre ° *i*/*t* volver a bajar.

rédiger ° *t* redactar.

redire ° *t* **1** repetir : *redis-moi ton nom*, repíteme tu apellido. **2** *trouver à* — *à*, criticar.

redonner *t* **1** dar de nuevo. **2** (rendre) devolver.

redoubler *t* **1** redoblar. **2** — *une classe*, repetir curso ; *cet élève redouble*, este alumno repite. □ *i* arreciar : *la tempête redouble*, arrecia el temporal.

redress/er *t* enderezar. □ *se* —, ponerse derecho, a : *redresse-toi!*.

¡ponte derecho! **-ement** m FIG restablecimiento, recuperación f.

réduction f 1 reducción. 2 (rabais) descuento m.

réduire ° t reducir. I — en cendres, reducir a cenizas.

réduit, e a reducido, a. □ m (local exigu) cuartucho.

rééducation f rehabilitación.

réel, elle a real.

réélire ° t reelegir.

réellement |reɛlmã] adv realmente.

refaire ° t rehacer.

réfectoire m refectorio.

référence f referencia.

référendum |Referɛ̃dɔm] m referéndum.

référer (se) ° pr — à, referirse a.

refermer t cerrar.

réfléchi, e a 1 (verbe, pronom) reflexivo, a. 2 (personne) reflexivo, a.

réfléchir t reflejar. □ i reflexionar, pensar : réfléchissez à cela, piénselo ; donner à —, dar que pensar.

réflecteur m reflector.

reflet m reflejo.

refléter ° t reflejar.

réflexe a/m reflejo, a.

réflexion f reflexión. I — faite, pensándolo bien.

refluer i refluir.

reflux |Rəfly] m reflujo.

refon/dre t refundir. **-te** f refundición.

réformateur, trice a/s reformador, a.

réforme f reforma.

réform/er t 1 reformar. 2 MIL dar de baja por inútil. **-é, ée** a protestante! □ m MIL militar licenciado por inútil.

refoul/er t 1 rechazar. 2 (passion, instincts) reprimir. **-ement** m represión f.

réfractaire a refractario, a.

refrain m estribillo.

refréner ° t refrenar.

réfrigérateur m refrigerador, nevera f.

refroid/ir t enfriar. □ i/pr enfriarse. **-issement** m enfriamiento.

refuge m 1 refugio. 2 (au milieu de la chaussée) isleta f.

réfugi/er (se) pr refugiarse. **-é, ée** a/s refugiado, a.

refus m negativa f.

refuser t 1 rehusar, negar. I — une invitation, no aceptar una invitación. 2 negarse : il refuse d'obéir, se niega a obedecer. 3 — un candidat, suspender a un candidato ; il a été refusé, ha sido suspendido. □ se — à, negarse a, resistirse a : je me refuse à le croire, me resisto a creerlo.

réfuter t refutar.

regagner t 1 recuperar. 2 — son domicile, volver a su domicilio.

régal m ce gâteau est un —, este pastel es delicioso. **-er (se)** pr disfrutar.

regard m mirada f : suivre du —, seguir con la mirada.

regarder t 1 mirar. 2 cela ne vous regarde pas, esto no es asunto suyo ; ça te regarde, allá tú. □ se — dans la glace, mirarse en el espejo.

régate f regata.

régence f regencia.

régénérer ° t regenerar.

régent, e s regente.

régie f administración.

regimber i respingar.

régime m 1 régimen : régimes politiques, regímenes políticos ; je suis au —, estoy a régimen. 2 (de bananes) racimo.

régiment m regimiento.

région f región. **-al, e** a regional.

régir t regir.

régisseur m 1 administrador. 2 (théâtre) traspunte.

registre m registro.

réglage *m* reglaje.

règle *f* regla. | *en — générale*, por regla general.

règlement *m* **1** reglamento. **2** (d'une affaire) solución *f*. **3** (paiement) pago. **4** — *de comptes*, ajuste de cuentas.

réglementaire *a* reglamentario, a.

réglement/er *t* reglamentar. **-ation** *f* reglamentación.

régler ° *t* **1** (un mécanisme) ajustar. **2** (une question, une affaire) solucionar. **3** (payer) pagar.

réglisse *f/m* regaliz *m*.

règne *m* **1** reinado. **2** (végétal, animal) reino.

régner ° *i* reinar.

regorger ° *i* rebosar.

regret *m* pesar. | *à —*, de mala gana; *j'ai le — de vous dire*, siento mucho decirle; *nous sommes au — de...*, lamentamos... **-table** *a* lamentable. **-ter** *t* **1** sentir, lamentar: *je regrette d'avoir dit cela, que tu t'en ailles*, siento haber dicho esto, que te vayas. **2** — *sa jeunesse*, echar de menos su juventud; *je regrette mon ancien appartement*, añoro mi antiguo piso.

regrouper *t* reagrupar.

régulariser *t* regularizar.

régularité *f* regularidad.

régulateur *m* regulador.

régulier, ère *a* regular.

réhabiliter *t* rehabilitar.

rehausser *t* realzar.

réimpression *f* reimpresión.

rein *m* riñón: *avoir mal aux reins*, tener dolor de riñones.

reine *f* reina.

reine-claude *f* ciruela claudia.

réintégrer ° *t* **1** (un fonctionnaire) rehabilitar. **2** — *son domicile*, volver a su domicilio.

réitérer ° *t* reiterar.

rejaillir *i* — *sur*, recaer sobre.

rejet *m* rechazo.

rejeter ° *t* **1** (expulser) arrojar. **2** (repousser) rechazar.

rejeton *m* retoño.

rejoindre ° *t* **1** reunirse con: *je vous rejoindrai à l'hôtel*, me reuniré con ustedes en el hotel. **2** (rattraper) alcanzar. **3** llegar a: *nous avons rejoint l'autoroute*, hemos llegado a la autopista. **4** desembocar en: *ce sentier rejoint la route*: este sendero desemboca en la carretera. **5** — *son poste*, reintegrarse a su destino.

réjou/ir *t* alegrar, regocijar; □ *se —*, alegrarse. **-issances** *f pl* festejos *m*, fiestas.

relâche *f jour de —*, día de descanso; *le théâtre fait —*, no hay función.

relâch/er *t* **1** aflojar, relajar. **2** (discipline) relajar. **3** (libérer) liberar, soltar. **-ement** *m* relajamiento.

relais *m* **1** *course de —*, carrera de relevos. **2** (radio, télévision) relé, repetidor.

relancer ° *t* **1** volver a lanzar. **2** (l'économie, etc.) reactivar, dar nuevo impulso a. **3** (quelqu'un) acosar.

relater *t* relatar.

relatif, ive *a* relativo, a.

relation *f* relación. □ *pl* relaciones.

relayer ° |Rəleje| *t* relevar. □ *se —*, turnarse.

reléguer ° *t* relegar.

relent *m* mal olor.

relève *f* relevo *m*.

relevé *m* extracto.

relèvement *m* **1** restablecimiento. **2** aumento.

relever ° **1** levantar. | — *ses manches*, remangarse. **2** reedificar. **3** (les salaires) subir. **4** (un pays, l'économie) sacar a flote. **5** (noter) apuntar. **6** — *une sauce*, sazonar una salsa. **7** (une sentinelle) relevar. □ *i* **1** — *de maladie*, salir de una enfermedad. **2** — *de*, depender de. □ *pr* **1** levantarse. **2** FIG recuperarse, restablecerse.

relief *m* relieve. I *mettre en* —, poner de relieve.

reli/er *t* 1 enlazar, unir : *route qui relie une ville à une autre*, carretera que enlaza una ciudad con otra. 2 (un livre) encuadernar. **-eur, euse** *s* encuadernador, a.

religi/on *f* religión. **-eux, euse** *a/s* religioso, a.

reliquaire *m* relicario.

reliquat [ʀəlika] *m* resto.

relique *f* reliquia.

relire ° *t* releer.

reliure *f* encuadernación.

relui/re ° *i* relucir. **-sant, e** *a* reluciente.

remani/er *t* modificar, cambiar. **-ement** *m* cambio.

remarier (se) *pr* volver a casarse.

remarquable *a* notable.

remarque *f* nota, observación.

remarquer *t* notar, advertir, observar. I *je vous fais* — *que*..., le hago notar que... ; *se faire* —, llamar la atención.

rembarquer *t* reembarcar.

remblai *m* terraplén.

rembourrer *t* rellenar.

rembours/er *t* reembolsar. **-ement** *m* reembolso.

remède *m* remedio.

remédier *i* — *à*, remediar.

remembrement *m* concentración *f* parcelaria.

remémorer (se) *pr* acordarse de.

remerci/er *t* 1 agradecer, dar las gracias : *je vous remercie de, pour votre aimable lettre*, le agradezco su amable carta. 2 (renvoyer) despedir. **-ement** *m* agradecimiento. □ *pl adresser des remerciements*, dar las gracias.

remettre °¹ *t* 1 volver a poner : *remettez votre manteau*, vuelva a ponerse el abrigo. 2 — *une lettre à quelqu'un*, entregar una carta a alguien. 3 (ajourner) aplazar. I — *au lendemain*, dejar para mañana.

4 (reconnaître) reconocer. 5 (les péchés) remitir. □ *pr* 1 *se* — *au travail*, volver al trabajo ; *il s'est remis à fumer*, fuma de nuevo. 2 (aller mieux) restablecerse, recuperarse. 3 *s'en* — *à*, remitirse a.

reminiscence *f* reminiscencia.

remise *m* 1 entrega : — *de la coupe au vainqueur*, entrega de la copa al vencedor. 2 (rabais) descuento *m*, rebaja. 3 (garage) cochera.

rémission *f* remisión.

remonte-pentes *m* telesquí.

remonter *t* 1 (côte, etc.) volver a subir. 2 (relever) levantar. 3 — *une pendule*, dar cuerda a un reloj. 4 FIG estimular. I — *le moral*, levantar el ánimo. □ *i* — *au douzième siècle*, remontarse al siglo doce.

remontrance *f* amonestación.

remords [ʀəmɔʀ] *m* remordimiento.

remorque *f* remolque *m*.

remorqu/er *t* remolcar. **-eur** *m* remolcador.

remous *m* remolino.

rempart *m* muralla *f*.

remplaçant, e *s* sustituto, a, reemplazante.

remplac/er ° *t* reemplazar, sustituir : *il remplace l'arbitre*, sustituye al árbitro. **-ement** *m* reemplazo.

rempl/ir *t* 1 llenar. 2 — *un questionnaire*, rellenar un cuestionario. 3 (une fonction) ejercer. **-issage** *m* 1 relleno. 2 (dans un écrit) paja *f*.

remporter *t* llevarse : — *un vif succès, un prix*, llevarse un gran éxito, un premio.

remuant, e *a* bullicioso, a.

remue-ménage *m* barullo.

remuer *t* 1 mover. 2 remover : *remuez votre café!*, ¡remueva el café! □ *i/pr* moverse, menearse. I *remue-toi!*, ¡menéate !

rémunér/er ° *t* remunerar. **-ation** *f* remuneración.

renaissance *f* renacimiento *m*.

renaître ° *i* renacer.

renard, e *s* zorro, a.

renchérir ° *i* encarecerse.

rencontre *f* 1 encuentro *m* : *j'irai à votre* —, iré a su encuentro. 2 (entrevue) entrevista.

rencontrer *t* encontrar. □ *se* —, encontrarse.

rendement *m* rendimiento.

rendez-vous [Rãdevu] *m* cita *f* : *j'ai* — *à 7 heures*, tengo cita a las 7. I *se donner* —, citarse ; *demander un* —, pedir hora ; *fixer un* —, dar hora ; *prendre* —, reservar hora ; *sur* —, previa petición de hora.

rendormir (se) ° *pr* dormirse de nuevo.

rend/re *t* 1 devolver : *rends-moi mon stylo*, devuélveme mi pluma. 2 vomitar : *il a rendu son déjeuner*, ha vomitado el almuerzo. 3 — *un son*, emitir un sonido. 4 traducir. 5 (exprimer) expresar. 6 — *fou* volver loco ; — *malade*, poner enfermo ; — *heureux*, hacer feliz. □ *i* rendir : *terre qui rend peu*, tierra que rinde poco. □ *pr* 1 (capituler) rendirse. 2 (aller) ir : *se* — *à Lyon*, ir a Lyon. 3 *se* — *utile, ridicule*, hacerse útil, ridículo. 4 *se* — *malade*, enfermar. **-u, ue** *a* (fatigué) rendido, a, molido, a.

René, e *n p* Renato, a.

rêne *f* rienda.

rénégat, e *a/s* renegado, a.

renferm/er *t* encerrar. **-é, ée** *a* retraído, a. □ *m* *sentir le* —, oler a cerrado.

renflement *m* abultamiento.

renflouer *t* sacar a flote.

renfoncement *m* hueco.

renforcer ° *t* reforzar.

renfort *m* refuerzo.

renfrogner (se) *pr* ponerse ceñudo, a.

rengaine *f* estribillo *m*.

renier *t* negar. 2 — *sa foi*, renegar de su fe.

renifler *i* aspirar por la nariz. □ *t* husmear, olfatear.

renne *m* reno.

renom *m* renombre, reputación *f*. **-mé, e** *a* célebre, famoso, a. **-mée** *f* fama.

renonc/er ° *i* renunciar. **-ement** *m* renunciamiento. **-iation** *f* renuncia.

renouer *t* 1 volver a atar. 2 FIG reanudar.

renouvel/er ° *t* renovar. □ *pr* 1 renovarse. 2 repetirse, volver a producirse. **-lement** *m* renovación *f*.

rénover *t* renovar.

renseign/er *t* informar. □ *se* —, informarse. **-ement** *m* 1 información *f* : *bureau des renseignements*, oficina de información ; *à titre de* —, a título de información. 2 informe : *donner un* —, dar un informe ; *prendre des renseignements*, tomar informes.

rent/e *f* renta. **-ier, ère** *s* rentista.

rentrée *f* 1 (retour) vuelta. 3 (des tribunaux, etc.) reapertura. I — *des classes*, vuelta al colegio, principio *m* de curso. 2 (d'argent) ingreso *m*.

rentrer *i* 1 volver, regresar : *il n'est pas encore rentré de vacances*, no ha vuelto de vacaciones todavía. 2 (élèves) reanudar las clases. 3 (s'emboîter) encajar, entrar. □ *t* — *sa voiture au garage*, meter el coche en el garaje.

renversant, e *a* asombroso, a.

renverse (à la) *loc adv* de espaldas.

renverser *t* 1 derribar, tumbar. 2 (un récipient) volcar. 3 atropellar, arrollar : *la voiture a renversé un piéton*, el coche ha atropellado a un peatón. 4 (un liquide) derramar. 5 (gouvernement) derribar. 6 — *les rôles*, invertir los papeles.

renvoi *m* 1 (d'une marchandise, etc.) devolución *f*. 2 (licenciement) despido. 3 (dans un écrit) llamada *f*. 4 (éructation) eructo.

renvoyer ° [Rãvwaje] *t* 1 devolver. 2 — *un employé*, despedir a un empleado. **3** (à un chapitre, etc.) remitir.

réorganis/er *t* reorganizar. **-ation** *f* reorganización.

réouverture *f* reapertura.

repaire *m* guarida *f*.

répandre *t* **1** derramar. **2** (odeur) despedir. **3** (une nouvelle) difundir. □ *pr* **1** (un liquide) derramarse. **2** (odeur, nouvelle, etc.) difundirse, propagarse. I *une croyance très répandue*, una creencia muy extendida.

réparable *a* reparable.

reparaître ° *i* reaparecer.

répar/er *t* reparar. **-ateur, trice** *s* reparador, a. **-ation** *f* reparación.

reparler *i* volver a hablar.

repartie *f* réplica.

repartir ° *i* marcharse de nuevo, volverse a marchar.

répart/ir *t* repartir. **-ition** *f* reparto *m*.

repas *m* comida *f*.

repass/er *i/t* volver a pasar. □ *t* **1** (le linge) planchar. I *fer à —*, plancha *f*. **2** (un couteau) afilar. **3** (une leçon, un rôle) repasar. **-age** *m* (du linge) planchado.

repêcher *t* **1** sacar del agua. **2** (naufragé) rescatar.

repeindre ° *t* repintar.

¹repentir (se) ° *pr* arrepentirse : *je m'en repens*, me arrepiento.

²repentir *m* arrepentimiento.

répercu/ter *t* repercutir. **-ssion** *f* repercusión.

repère *m* señal *f*. I *point de —*, punto de referencia, hito.

repérer ° *t* localizar. □ *se —*, orientarse.

répertoire *m* **1** repertorio. **2** agenda *f*.

répéter ° *t* **1** repetir : *répète la phrase*, repite la frase. **2** (théâtre) ensayar. □ *se —*, repetirse.

répétiteur, trice *s* profesor, a particular.

répétition *f* **1** repetición. **2** (théâtre) ensayo *m*.

repeupler *t* repoblar.

repiquer *t* trasplantar.

répit *m* tregua *f*. I *instant de —*, momento de respiro.

replacer ° *t* colocar de nuevo.

repli *m* **1** pliegue. **2** MIL repliegue.

replier *t* doblar. □ *se —*, replegarse.

réplique *f* réplica.

répliquer *t/i* replicar.

répondre *i/t* **1** contestar : *— à une question, à une lettre*, contestar (a) una pregunta, (a) una carta ; *personne n'a répondu*, no contestó nadie. **2** responder : *je réponds de lui*, respondo de él. **3** *—à un besoin*, satisfacer una necesidad.

réponse *f* respuesta, contestación.

report/age *m* reportaje. **-er** |ʀəpɔʀtɛʀ] *m* reportero.

reporter *t* **1** volver a llevar. **2** (renvoyer à plus tard) aplazar. □ *se — à*, remitirse a.

repos *m* **1** descanso. **2** tranquilidad *f*, sosiego.

reposant, e *a* descansado, a.

reposer *t* descansar. □ *i* **1** descansar : *qu'il repose en paix*, que en paz descanse. **2** *— sur*, fundarse en. □ *se —*, descansar : *vous êtes-vous bien reposé ?*, ¿ ha descansado usted bien ? ; *je me repose sur vous*, descanso en usted.

repoussant, e *a* repelente.

repousser *t* rechazar. □ *i* (pousser de nouveau) volver a crecer.

répréhensible *a* reprensible.

reprendre ° *t* **1** volver a tomar. **2** recoger : *reprenez votre ticket*, recoja su tíquet. **3** *— le travail*, reemprender el trabajo. **4** reanudar, proseguir : *reprenons notre conversation*, reanudemos la conversación. **5** *— courage, des forces*, recobrar ánimo, las fuerzas. **6** (blâmer) censurar. □ *i* **1** reanudarse : *les cours ont repris*, se han reanudado las clases. **2** (les affaires) volver a marchar. □ *pr* 1 serenarse. 2 corregirse.

représailles *f pl* represalias.

représentant *m* representante.

représent/er *t/i* representar. **-atif, ive** *a* representativo, a. **-ation** *f* representación.

répression *f* represión.

réprimand/e *f* reprimenda. **-er** *t* reprender.

réprimer *t* reprimir.

repris, e *p p* de **reprendre**. □ *m* — *de justice*, criminal reincidente.

reprise *f* 1 reanudación. I *à plusieurs reprises*, en varias ocasiones. 2 (économique) recuperación. 3 (dans un tissu) zurcido *m*. 4 (d'un moteur) reprise *m*. 5 (d'une pièce de théâtre) reposición. 6 (d'un appartement) traspaso *m*.

repriser *t* zurcir.

réprobation *f* reprobación.

reproch/e *m* reproche. **-er** *t* reprochar.

reproducteur, trice *a/m* reproductor, a.

reproduction *f* reproducción.

reproduire ° *t* reproducir. □ *se* —, reproducirse.

réprouver *t* reprobar.

reptile *m* reptil.

repu, e *a* harto, a.

républi/que *f* república. **-cain, e** *a/s* republicano, a.

répudier *t* repudiar.

répugn/er *i* repugnar. **-ance** *f* repugnancia. **-ant, e** *a* repugnante.

répulsion *f* repulsión.

réputation *f* reputación.

réputé, e *a* reputado, a.

requête *f* demanda.

requiem |Rekɥijɛm] *m* réquiem.

requin *m* tiburón.

réquisition *f* requisición. **-ner** *t* requisar.

rescapé, e *s* superviviente.

réseau *m* red *f* : — *ferroviaire*, red

ferroviaria.

réservation *f* reserva.

réserve *f* 1 reserva : *mettre en* —, poner de reserva. I *sous toute* —, sin garantía. 2 (de chasse) coto *m*, vedado *m*.

réserv/er *t* reservar. □ *se* —, reservarse. **-iste** *m* reservista.

réservoir *m* depósito.

résid/er *i* residir. **-ent, e** *a/s* residente. **-ence** *f* residencia. I — *secondaire*, chalet *m*, residencia veraniega. **-entiel, elle** *a* residencial.

résidu *m* residuo.

résign/er (se) *pr* resignarse. **-ation** *f* resignación.

résilier *t* anular.

résin/e *f* resina. **-eux, euse** *a* resinoso, a.

résist/er *i* resistir. **-ance** *f* resistencia. **-ent, e** *a* resistente.

résolu, e *a* resuelto, a.

résolution *f* resolución.

réson/ner *i* resonar. **-ance** *f* resonancia.

résoudre ° *t* resolver. □ *pr* resolver, decidir : *je me suis résolu à le faire*, resolví hacerlo.

respect [Rɛspɛ] *m* respeto. **-able** *a* respetable. **-er** *t* respetar.

respectif *a* respectivo, a.

respectueux, euse *a* respetuoso, a.

respir/er *i/t* respirar. **-ation** *f* respiración. **-atoire** *a* respiratorio, a.

resplend/ir *i* resplandecer. **-issant, e** *a* resplandeciente.

responsab/le *a* responsable. **-ilité** *f* responsabilidad.

resquilleur, euse *s* colón, ona.

ressac |Rəsak] *m* resaca *f*.

ressaisir (se) *pr* serenarse.

ressembl/er *i* — *à*, parecerse a : *il ressemble à son père*, se parece a su padre. □ *se* —, parecerse. **-ance** *f* parecido *m*. **-ant, e** *a* parecido, a.

ressemeler ° *t* echar medias

suelas a.

ressentiment *m* resentimiento.

ressentir ° *t* sentir.

resserrer *t* **1** apretar. **2** (lien d'amitié) estrechar.

ressort *m* **1** muelle. **2** FIG *avoir du* —, tener aguante. **3** *en dernier* —, en última instancia. **4** *ce n'est pas de mon* —, no es de mi incumbencia.

ressortir ° *i* **1** salir de nuevo. **2** resaltar, destacarse : *couleur qui ressort bien*, color que resalta. | *faire* —, destacar. **3** resultar.

ressortissant, e *s* súbdito, a.

ressource *f* recurso *m*. □ *pl* recursos *m*.

ressusciter *t/i* resucitar.

restant, e *a* *poste restante*, lista de correos. □ *m* resto.

restaurant *m* restaurante.

restaur/er *t* restaurar. **-ation** *f* restauración.

reste *m* resto. | *de* —, de sobra ; *du* —, por lo demás. □ *pl* (d'un repas) sobras *f*.

rester *i* quedarse : *je suis resté chez moi, au lit*, me he quedado en casa, en la cama ; *reste ici !*, ¡quédate aquí ! □ impers *il me reste dix francs*, me quedan diez francos ; *il reste beaucoup à faire*, queda mucho por hacer.

restitu/er *t* restituir. **-tion** *f* restitución.

restr/eindre ° *t* restringir. □ *se* —, limitarse. **-ictif, ive** *a* restrictivo, a. **-iction** *f* restricción.

résult/at *m* resultado. **-er** *i* resultar.

résum/er *t* resumir. **-é** *m* resumen : *en* —, en resumen.

résurrection *f* resurrección.

retable *m* retablo.

rétabl/ir *t* restablecer. □ *se* —, restablecerse. **-issement** *m* restablecimiento.

retard *m* retraso : *arriver en* —, llegar con retraso. | *être en* —, estar retrasado, a ; *excusez-moi, je suis* en —, disculpe, me he retrasado ; *se mettre en* —, retrasarse. **-ataire** *a/s* retrasado, a.

retarder *t* retrasar. □ *i* atrasar : *ma montre retarde d'une minute*, mi reloj atrasa un minuto.

retenir ° *t* **1** (garder) retener. **2** — *une date*, recordar una fecha. **3** — *une chambre, une table*, reservar una habitación, una mesa. **4** (attacher, pour empêcher de tomber, etc.) sujetar. **5** — *sa respiration*, contener la respiración. □ *pr* **1** (s'accrocher) agarrarse. **2** contenerse : *je me suis retenu pour ne pas crier*, me contuve para no gritar.

retent/ir *i* resonar. **-issant, e** *a* **1** estrepitoso, a. **2** *succès* —, éxito clamoroso. **-issement** *m* resonancia *f*.

retenue *f* **1** moderación. **2** — *d'eau*, embalse *m*.

rétic/ence *f* reticencia, reparo *m*. **-ent, e** *a* reacio, a, remiso, a.

rétif, ive *a* indócil, reacio, a.

rétine *f* retina.

retiré, e *a* retirado, a.

retirer *t* **1** (sortir) sacar. **2** — *son manteau*, quitarse el abrigo. **3** retirar : — *sa candidature*, retirar su candidatura ; *je retire ce que j'ai dit*, retiro lo dicho. □ *se* —, retirarse.

retombées *f* *pl* FIG consecuencias.

retomber *i* **1** volver a caer. **2** (pendre) caer. **3** FIG — *sur*, recaer sobre.

retouch/e *f* retoque *m*. **-er** *t* retocar.

retour *m* **1** vuelta *f* : *je serai de* — *à huit heures*, estaré de vuelta a las ocho ; *par* — *du courrier*, a vuelta de correo. **2** regreso : *à votre* —, a su regreso.

retourner *t* **1** volver. **2** (lettre, paquet) reexpedir. □ *i* volver : *je retourne chez le dentiste demain*, vuelvo al dentista mañana. □ *pr* **1** volver. **2** *s'en* —, regresar.

rétracter *t* retraer. □ FIG *se* —, retractarse.

retrait *m* **1** retirada *f*. **2** *en* —, no alineado, a ; FIG retirado, a.

retrait/e *f* **1** MIL retirada. **2** (d'un fonctionnaire) jubilación ; (d'un militaire) retiro *m*. l *prendre sa* —, jubilarse, retirarse ; *en* —, jubilado, retirado. **-é, ée** *a/s* jubilado, a, retirado, a.

retranch/er *t* **1** suprimir. **2** (déduire) restar. □ *se* — *derrière*, parapetarse tras. **-ement** *m* atrincheramiento.

retransmettre ° *t* retransmitir.

rétréc/ir *t* estrechar. □ *i* encogerse : *ce tissu a rétréci*, este tejido se ha encogido. **-issement** *m* estrechamiento.

rétribu/er *t* retribuir. **-tion** *f* retribución.

rétroactif, ive *a* retroactivo, a.

rétrograd/e *a* retrógrado, a. **-er** *i* retroceder.

rétrospectif, ive *a/f* retrospectivo, a.

retrousser *t* — *ses jupes*, arremangarse las faldas. l *nez retroussé*, nariz respingona.

retrouver *t* **1** encontrar. **2** reunirse : *je vous retrouverai à la sortie*, me reuniré con vosotros a la salida. **3** (santé, parole, etc.) recobrar. □ *pr* **1** encontrarse. **2** *nous nous sommes retrouvés près du guichet*, nos hemos reunido cerca de la taquilla.

rétroviseur *m* retrovisor.

réunion *f* reunión.

réunir *t* reunir. □ *se* —, reunirse.

réuss/ir **1** salir bien : *mon projet a réussi*, mi proyecto me ha salido bien. **2** — *dans la vie*, tener éxito en la vida. **3** lograr, conseguir : *j'ai réussi à le consoler*, logré consolarle. **4** probar : *le climat ne me réussit pas*, el clima no me prueba. □ *t* **1** *j'ai réussi mon gâteau*, me ha salido bien el pastel. **2** (examen) aprobar. **-ite** *f* éxito *m*.

revanche *f* desquite *m*. l *en* —, en cambio.

rêvasser *i* soñar despierto.

rêve *m* sueño.

revêche *a* arisco, a.

réveil |Revɛj] *m* **1** despertar. **2** (pendule) despertador.

réveille-matin *m* despertador.

réveiller *t* despertar. □ *se* —, despertarse : *je me suis réveillé tôt*, me he despertado temprano.

réveillon *m* (Noël) cena *f* de Nochebuena ; (Saint-Sylvestre) cena *f* de Nochevieja.

révél/er ° *t* revelar. **-ateur, trice** *a/m* revelador, a. **-ation** *f* revelación.

revenant *m* aparecido.

revendi/quer *t* reivindicar. **-cation** *f* reivindicación.

revendre *t* revender.

revenir ° *i* **1** volver : *je reviendrai demain*, volveré mañana ; *je reviens tout de suite*, vuelvo en seguida ; *revenons à notre sujet*, volvamos a nuestro asunto ; — *à soi*, volver en sí. **2** acordarse : *son nom me revient à présent*, ahora me acuerdo de su nombre. **3** gustar : *sa mine ne me revient pas*, no me gusta su facha. **4** *je n'en reviens pas!*, ¡ aún no me lo creo ! **5** salir : *le dîner m'est revenu à 50 francs*, la cena me ha salido 50 francos. **6** *cela revient au même*, lo mismo da.

revenu *m* renta *f*. □ *pl* ingresos.

rêver *i/t* soñar : *il rêve d'une moto*, sueña con una moto.

réverbération *f* reverberación.

réverbère *m* (des rues) farola *f*.

reverdir *i* reverdecer.

révér/er ° *t* reverenciar. **-ence** *f* reverencia. **-end, e** *a/s* reverendo, a.

rêverie *f* ensueño *m*.

revers *m* **1** revés. **2** (d'une médaille) reverso. **3** (d'une veste) solapa *f*. **4** FIG *des* — *de fortune*, reveses de fortuna.

reversible *a* reversible.

revêt/ir ° *t* **1** — *de l'importance*, revestir importancia. **2** (vêtement) ponerse. **-ement** *m* revestimiento.

rêveur, euse *a/s* soñador, a.

revient *m prix de* —, precio de coste.

revirement *m* cambio.

révis/er *t* revisar. **-ion** *f* revisión.

revivre ° *i* revivir.

revocation *f* revocación.

revoir ° *t* **1** volver a ver : *je ne l'ai jamais revu*, nunca le volví a ver. **2** revisar. □ *m un au revoir*, un adiós. I *au revoir!*, ¡ adiós !, ¡ hasta la vista !

révoltant, e *a* indignante.

révolte *f* rebelión.

révolter (se) *pr* sublevarse.

révolution *f* revolución. **-naire** *a/s* revolucionario, a. **-ner** *t* revolucionar.

revolver [Revɔlvɛʀ] *m* revólver.

revoquer *t* revocar.

revue *f* **1** revista. **2** *passer en* —, pasar revista a.

rez-de-chaussée [Redʃose] *m* planta *f* baja : *au* —, en la planta baja.

rhabiller (se) *pr* vestirse de nuevo.

rhéostat *m* reóstato.

rhétorique *f* retórica.

Rhin [ʀɛ̃] *n p m* Rin.

rhinocéros [ʀinɔseʀɔs] *m* rinoceronte.

rhododendron *m* rododendro.

Rhône *n p m* Ródano.

rhubarbe *f* ruibarbo *m*.

rhum [ʀɔm] *m* ron.

rhumatisme *m* reumatismo.

rhume *m* resfriado, catarro.

riant, e *a* risueño, a.

rican/er *i* reír burlonamente. **-ement** *m* risita *f* burlona.

Richard *n p m* Ricardo.

rich/e *a* rico, a. **-esse** *f* riqueza.

ricin *m huile de* —, aceite de ricino.

ricoch/er *i* rebotar. **-et** *m* **1** rebote : *par* —, de rebote : **2** (jeu) *faire des ricochets*, jugar al juego de las cabrillas.

ride *f* arruga.

rideau *m* **1** cortina *f*. **2** (transparent) visillo. **3** (théâtre) telón. **4** *le* — *de fer*, el telón de acero.

rider *t* arrugar.

ridicul/e *a/m* ridículo, a. **-iser** *t* ridiculizar.

rien *pron indéf* nada : — *du tout*, absolutamente nada ; — *de semblable*, nada semejante. I — *que d'y penser*, sólo con pensarlo ; *ça ne fait* —, no importa ; *en moins de* —, *en un* — *de temps*, en un santiamén ; *il n'y a rien de tel*, no hay como esto. □ *m* pequeñez *f*. I *il pleure pour un* —, llora por menos de nada.

rieur, euse *a* reidor, a.

rigid/e *a* rígido, a. **-ité** *f* rigidez.

rigole *f* **1** reguera. **2** (filet d'eau) arroyuelo *m*.

rigol/er *i* FAM (rire) reírse ; (plaisanter) bromear ; (s'amuser) pasarlo en grande. **-o, ote** *a* chusco, a.

rigoureux, euse *a* riguroso, a.

rigueur *f* rigor *m*. I *à la* —, en todo caso, si acaso.

rim/e *f* rima. **-er** *i* rimar. I FIG *cela ne rime à rien*, eso no viene a cuento.

rin/cer ° *t* enjuagar, aclarar. **-çage** *m* enjuague, aclarado.

ripost/e *f* réplica. **-er** *i* replicar.

¹rire ° *i* reir, reírse : — *à gorge déployée*, reírse a mandíbula batiente ; *de quoi ris-tu ?*, ¿ de qué te estás riendo ? **2** *vous voulez* — *?*, ¿ está usted de broma ? ; *pour* —, de broma. **3** — *de*, burlarse de.

²rire *m* risa *f*. I *le fou* — *m'a pris*, me dió la risa.

risée *f* burla. I *être la* — *de*, ser el hazmerreir de.

risible *a* risible.

risqu/e *m* riesgo. | *à ses risques et périls*, por su cuenta y riesgo ; *au — de*, con riesgo de. **-er** *t* arriesgar. | *— de*, correr el riesgo de.

ristourne *f* descuento *m*.

rit/e *m* rito. **-uel, elle** *a/m* ritual.

rivage *m* orilla *f*, ribera *f*.

rival, e *a/s* rival. **-iser** *i* rivalizar : *— de*, rivalizar en. **-ité** *f* rivalidad.

rive *f* orilla.

river *t* remachar.

riverain, e *a/s* ribereño, a.

rivet *m* roblón. **-er** *t* roblonar.

rivière *f* río *m*.

rixe *f* riña.

riz [Ri] *m* arroz. **-ière** *f* arrozal *m*.

robe *f* **1** vestido *m*. | *— du soir*, traje *m* de noche ; *— de chambre*, bata. **2** (de magistrat) toga.

Robert *n p m* Roberto.

robinet *m* grifo.

robot [Rɔbo] *m* robot. | *portrait —*, retrato robot.

robust/e *a* robusto, a. **-esse** *f* robustez.

roc *m* roca *f*, peña *f*. **-ailleux, euse** *a* pedregoso, a.

roch/e *f* roca. **-er** *m* peñasco, peña *f*. **-eux, euse** *a* rocoso, a.

rod/er *t* rodar. **-age** *m* rodaje : *en —*, en rodaje.

rôd/er *i* vagabundear, merodear. **-eur, euse** *a* vagabundo, a.

rogne *f* FAM rabieta. | *dès qu'on le contrarie, il se met en —*, en cuanto se le lleva la contraria, se pone hecho una furia.

rognon *m* riñón : *des rognons de porc*, riñones de cerdo.

roi *m* rey : *jour des Rois*, día de Reyes.

roitelet *m* reyezuelo.

rôle *m* **1** papel : *jouer un —*, desempeñar un papel. **2** (liste) lista *f*. | *à tour de —*, por turno.

romain, e *a/s* romano, a. □ *m* letra *f* redonda.

¹roman *m* novela *f* : *— policier*, novela policiaca.

²roman, e *a* (art) románico, a.

romancier, ère *s* novelista.

romanesque *a* novelesco, a.

romant/ique *a* romántico, a. **-isme** *m* romanticismo.

romarin *m* romero.

Rome *n p f* Roma.

romp/re *t* romper. □ *i* **1** romperse. **2** romper : *ces fiancés ont rompu*, estos novios han roto. **3** MIL *rompez !*, ¡ rompan filas ! **-u, ue** *a* (fatigué) molido, a.

ronce *f* zarza.

ronchonner *i* FAM refunfuñar.

rond, e *a* **1** redondo, a. **2** FAM (ivre) borracho, a. □ *m* **1** círculo. | *en —*, en círculo. **2** (rondelle) rodaja *f*. **3** *adv tourner —*, marchar bien. □ *f* **1** (de police, danse) ronda. **2** *à la ronde*, a la redonda. **3** (lettre, note) redonda. **-elle** *f* rodaja : *coupé en rondelles*, cortado en rodajas.

rondement *adv* **1** rápidamente. **2** (franchement) sin rodeos.

rondeur *f* **1** redondez. **2** FAM (du corps) curva.

rond-point [Rɔ̃pwɛ̃] *m* glorieta *f*.

ronfl/er *i* **1** roncar. **2** (moteur) zumbar. **-ement** *m* **1** ronquido. **2** zumbido.

rong/er ° *t* **1** roer. **2** (le bois) carcomer. **-eur, euse** *a/m* roedor, a.

ronronn/er *i* ronronear. **-ement** *m* ronroneo.

rosace *f* rosetón *m*.

rosâtre *a* rosáceo, a.

rosbif *m* rosbif.

rose *f* rosa. | *— trémière*, malvarrosa. □ *a/m* color (de) rosa : *un — pâle*, un color rosa pálido ; *voir tout en —*, verlo todo color de rosa.

roseau *m* caña *f*.

rosé, e *a* rosado, a. | *vin —*, vino rosado, clarete.

rosée *f* rocío *m*.

rosette *f* botón *m* de

condecoración.

rosier *m* rosal.

rosse *f* mala persona.

rosser *t* zurrar, apalear.

rossignol *m* **1** ruiseñor. **2** (clef) ganzúa *f*.

rot |ro| *m* POP eructo, regüeldo.

rotat/ion *f* rotación. **-if, ive** *a/f* rotativo, a.

roter *i* POP regoldar.

rôti *m* asado.

rôt/ir *t* asar. □ *i* asarse. **-isserie** *f* grill-room *m*, parrilla. **-issoire** *f* asador *m*.

rotonde *f* rotonda.

rotondité *f* redondez.

rotule *f* rótula.

rouage *m* rueda *f*.

roublard, e *a/s* FAM astuto, a. **-ise** *f* astucia, picardía.

roucoul/er *i* arrullar. **-ement** *m* arrullo.

roue *f* rueda : *— de secours,* rueda de repuesto.

Rouen *n p* Ruán.

rouer *t* *— quelqu'un de coups,* apalear a alguien.

roug/e *a* rojo, a, encarnado, a, colorado, a. | *vin —,* vino tinto. □ *m* **1** rojo. **2** *— à lèvres,* carmín de labios, rouge. □ *adv se fâcher tout —,* sulfurarse. **-eâtre** *a* rojizo, a.

rouge-gorge *m* petirrojo.

rougeole |ruʒɔl| *f* sarampión *m*.

rouget *m* salmonete.

rougeur *f* rubor *m*. □ *pl* manchas *f* rojas.

rougir *t* enrojecer. □ *i* **1** enrojecer. **2** *— de honte,* ruborizarse de vergüenza. | *faire —,* ruborizar.

rouill/e *f* orín *m*, herrumbre. **-er** *t* oxidar. □ *i* oxidarse.

roulant, e *a* **1** *escalier —,* escalera mecánica.'**2** FAM (drôle) mondante.

rouleau *m* **1** (de papier) rollo. **2** (à pâtisserie) rodillo. **3** (cheveux) rulo.

roulement *m* **1** circulación *f*, paso. **2** (de tambour) redoble. **3** *—*

de tonnerre, trueno. **4** *— à billes,* rodamiento de bolas. **5** *par —,* por turno.

rouler *t* **1** hacer rodar. **2** (mettre en rouleau) enrollar. **3** FAM (tromper) timar. □ *i* **1** rodar. **2** ir : *voiture qui roule à 100 à l'heure,* coche que va a 100 kilómetros por hora. **3** *la conversation roule sur la pollution,* la conversación trata de, gira en torno de la contaminación. □ *se —,* revolcarse.

roulette *f* **1** ruedecilla. | *aller comme sur des roulettes,* ir sobre ruedas. **2** (de dentiste) torno *m*. **3** (jeu) ruleta.

roulis |ruli| *m* balanceo.

roulotte *f* roulotte.

roumain, e *a/s* rumano, a.

Roumanie *n p f* Rumania.

roupiller *i* FAM dormir, hacer seda.

rousse ⇒ **roux.**

rousseur *f tache de —,* peca.

roussir *t* chamuscar. | *sentir le roussi,* oler a chamusquina.

route *f* **1** carretera : *— nationale, départementale,* carretera nacional, comarcal. **2** camino *m*. | *faire fausse —,* equivocarse. **3** *se mettre en —,* ponerse en marcha.

routier, ère *a* de carreteras : *réseau —,* red de carreteras. □ *m* camionero.

routin/e *f* rutina. **-ier, ère** *a* rutinario, a.

rouvrir ° *t* reabrir. □ *i* abrir.

roux, rousse |ru, rus| *a* rojizo, a. □ *a/s* (cheveux) pelirrojo, a.

royal, e |rwajal| *a* real. **-iste** *a/s* monárquico, a, realista.

royau/me |rwajom| *m* reino. **-té** *f* realeza.

ruade *f* coz : *lancer des ruades,* tirar coces.

ruban *m* cinta *f*.

rubéole *f* rubéola.

rubis |rybi| *m* rubí.

rubrique *f* rúbrica.

ruche *f* colmena.

rud/e *a* **1** rudo, a. **2** (au toucher) áspero, a. **3** riguroso, a, duro, a. **-ement** *adv* **1** duramente. **2** FAM (très) muy. **-esse** *f* dureza, aspereza.

rudiment *m* rudimento. **-aire** *a* rudimentario, a.

rudoyer ° [Rydwaje] *t* maltratar.

rue *f* calle: *grand-rue*, calle mayor.

ruée *f* avalancha.

ruelle *f* callejuela.

ruer *i* cocear. □ *se — vers, sur*, abalanzarse hacia.

rugby *m* rugby.

rug/ir *i* rugir. **-issement** *m* rugido.

rug/ueux, euse *a* rugoso, a. **-osité** *f* rugosidad.

ruine *f* ruina. I *en —*, ruinoso, a.

ruin/er *t* arruinar. □ *se —*, arruinarse. **-eux, euse** *a* ruinoso, a.

ruisseau *m* arroyo.

ruisseler ° *i* chorrear. I *ruisselant de sueur*, chorreando sudor.

rumeur *f* rumor *m*.

rumin/er *t/i* rumiar. **-ant** *m* rumiante.

rupestre *a* rupestre.

rupture *f* **1** rotura. **2** *— de contrat*, ruptura de contrato.

rural, e *a* rural. □ *m pl les ruraux*, los campesinos.

rus/e *f* **1** ardid *m*, artimaña. **2** astucia. **-é, ée** *a* astuto, a.

russe *a/s* ruso, a.

Russie *n p f* Rusia.

rustique *a* rústico, a.

rustre *a* rústico, a. □ *m* patán.

rutilant, e *a* rutilante.

rythm/e [Ritm] *m* ritmo. **-ique** *a* rítmico, a.

S

s |ɛs| *m* s *f* : *un* s, una s.

s' ⇒ **se, si.**

sa *a poss* su ⇒ **son.**

sabbat |saba| *m* 1 sábado. 2 (des sorcières) aquelarre.

sabl/e *m* arena *f*. **-er** *t* enarenar. **-ier** *m* reloj de arena. **-ière** *f* arenal *m*. **-onneux, euse** *a* arenoso, a.

sabord *m* porta *f*. **-er** *t* dar barreno a.

sabot *m* 1 zueco. 2 (d'un cheval) casco.

sabot/er *t* 1 (bâcler) frangollar. 2 (détériorer volontairement) sabotear. **-age** *m* sabotaje.

sabre *m* sable. I *coup de* —, sablazo.

¹sac *m* 1 saco. I — *de couchage*, saco de dormir. 2 (à grains) costal. 3 — *à main*, bolso. 4 — *à dos*, mochila *f* ; — *de voyage*, bolsa *f* de viaje. 5 (en papier, plastique) bolsa *f*.

²sac m *mettre à* —, saquear.

saccad/e *f* sacudida. **-é, ée** *a* cortado, a, brusco, a.

saccager ° *t* 1 saquear. 2 (détériorer) destrozar.

saccharine |sakaʀin| *f* sacarina.

sacerdo/ce *m* sacerdocio. **-tal, e** *a* sacerdotal.

sache ⇒ **savoir.**

sachet *m* bolsita *f*, saquito.

sacoche *f* cartera.

sacre *m* consagración *f*.

sacré, e *a* 1 sagrado, a. 2 FAM maldito, a.

Sacré-Cœur *m* Sagrado Corazón.

sacrement *m* sacramento.

sacrer *t* consagrar, coronar.

sacrifice *m* sacrificio.

sacrifier *t* sacrificar.

sacrilège *a* sacrilego, a. □ *m* sacrilegio.

sacrist/ie *f* sacristía. **-ain** *m* sacristán.

sad/isme *m* sadismo. **-ique** *a/s* sádico, a.

safran *m* azafrán.

sagac/e *a* sagaz. **-ité** *f* sagacidad.

sage *a* 1 prudente. 2 (enfant) tranquilo, a, bueno, a. □ *m* sabio.

sage-femme |saʒfam| *f* comadrona.

sagesse *f* 1 prudencia. 2 (bon sens) cordura. 3 (d'un enfant) buena conducta. 4 (connaissance) sabiduría.

saharienne *f* sahariana.

saign/er *t/i* sangrar : *il saigne du nez*, le sangra la nariz. **-ant, e** *a* 1 sangriento, a. 2 *viande saignante*, carne poco hecha.

saillant, e *a* saliente.

saillie *f* 1 saliente *m*, saledizo *m*. 2 (trait d'esprit) agudeza.

sain, e *a* sano, a. I — *et sauf*, sano y salvo, ileso.

saindoux |sɛ̃du| *m* manteca *f* de cerdo.

saint, e *a/s* santo, a : *la semaine sainte*, la semana santa. □ *a* 1 (devant un nom de saint, sauf Domingo, Tomás, Tomé, Toribio où l'on emploie santo) san : — *Pierre*, san Pedro. I *la Saint-Jean*, el día de San Juan ; *la Saint-Sylvestre*, el día de Nochevieja. 2 sagrado, a : *la sainte Famille*, la Sagrada Familia.

Saint-Esprit *m* Espíritu Santo.

sainteté *f* santidad.

Saint-Siège *m* Santa Sede *f*.

sais ⇒ **savoir.**

saisie *f* 1 embargo *m*. 2 (d'un

journal) secuestro *m*.

sais/ir *t* **1** agarrar, coger. I — *l'occasion,* aprovechar la ocasión. **2** comprender, entender ; *je n'ai pas saisi votre explication,* no he entendido su explicación. **3** (journal, livre) secuestrar. **4** sorprender. □ *se — de,* hacerse dueño de. **-issant, e** *a* sorprendente. **-issement** *m* sobrecogimiento, pasmo.

saison *f* **1** estación : *les quatre saisons,* las cuatro estaciones. **2** (théâtrale, touristique, thermale) temporada.

sait ⇒ **savoir**.

salad/e *f* ensalada. I *— russe,* ensaladilla rusa. **-ier** *m* ensaladera *f*.

sal/aire *m* salario, sueldo. **-arié, e** *a/s* asalariado, a.

salaison *f* salazón.

sale *a* **1** sucio, a. **2** *une — affaire,* un asunto feo ; *un — type,* una mala persona.

salé *m petit —,* tocino salado.

saler *t* salar.

saleté *f* **1** suciedad. **2** FAM porquería.

salière *f* salero *m*.

sal/ir *t* ensuciar. **-issant, e** *a* sucio, a.

saliv/e *f* saliva. **-er** *i* salivar.

salle *f* sala. I *— à manger,* comedor *m* ; *— de bains,* cuarto *m* de baño ; *— de séjour,* cuarto *m* de estar.

salon *m* **1** salón. **2** *— de coiffure,* peluquería *f*.

salopette *f* **1** (de travail) mono *m*. **2** pantalón con peto.

salpêtre *m* salitre.

salubr/e *a* salubre. **-ité** *f* salubridad.

saluer *t* saludar.

salut *m* **1** (fait d'être sauvé) salvación *f*. **2** saludo : *— militaire,* saludo militar. □ *interj* FAM ¡ hola !

salutaire *a* saludable.

salutation *f* salutación. □ pl *sincères salutations,* saludos *m* cordiales.

salve *f* salva.

samedi *m* sábado : *— prochain,* el sábado próximo.

sanatorium [sanatɔRjɔm] *m* sanatorio.

sanctifier *t* santificar.

sanction *f* sanción. **-ner** *t* sancionar.

sanctuaire *m* santuario.

sandale *f* sandalia.

sandwich [sãdwitʃ] *m* bocadillo.

sang [sã] *m* sangre *f*. I *coup de —,* hemorragia *f* cerebral ; *se faire du mauvais —,* preocuparse, estar inquieto, a.

sang-froid [sãfRwa] *m* sangre *f* fria : *de —,* a sangre fría.

sanglant, e *a* sangriento, a.

sangle *f* cincha. I *lit de —,* catre.

sanglier *m* jabalí.

sanglot *m* sollozo. **-er** *i* sollozar.

sangsue [sãsy] *f* sanguijuela.

sanguin, e *a* sanguíneo, a : *groupe —,* grupo sanguíneo.

sanguinaire *a* sanguinario, a.

sanitaire *a* sanitario, a.

sans [sã] *prép* sin. I *— quoi,* si no.

sans-cœur *a/s* desalmado, a.

sans-gêne *a* descarado, a. □ *m* desparpajo, frescura *f*.

santé *f* salud : *à votre —!,* ¡a su salud ! I *boire à la — de quelqu'un,* brindar por alguien.

saoul ⇒ **soûl**.

sap/er *t* socavar. **-eur** *m* zapador. I *sapeur-pompier,* bombero.

saphir *m* zafiro.

sapin *m* abeto.

Saragosse *n p* Zaragoza.

sarbacane *f* cerbatana.

sarcas/me *m* sarcasmo. **-tique** *a* sarcástico, a.

sarcler *t* escardar.

sarcophage *m* sarcófago.

Sardaigne *n p f* Cerdeña.

sardine *f* sardina : *sardines à l'huile*, sardinas en aceite.

sarment *m* sarmiento.

sarrasin *m* (plante) alforfón.

Satan *n p m* Satanás.

satanique *a* satánico, a.

satellite *a/m* satélite.

satiété [sasjete] *f* saciedad : *à —,* hasta la saciedad.

satin *m* satén, raso.

satir/e *f* sátira. **-ique** *a* satírico, a.

satisfaction *f* satisfacción.

satis/faire ° *t* **1** satisfacer. **2** — *à,* cumplir con. **-faisant, e** *a* satisfactorio, a. **-fait, e** *a* satisfecho, a.

satur/er *t* saturar. **-ation** *f* saturación.

satyre *m* sátiro.

sauc/e *f* salsa : - *tomate,* salsa de tomate. **-ière** *f* salsera.

sauciss/e *f* salchicha. **-on** *m* salchichón.

¹**sauf, sauve** *a* salvo, a.

²**sauf** *prép* salvo, menos, excepto : *tous — lui,* todos salvo él.

sauge *f* salvia.

saugrenu, e *a* absurdo, a.

saule *m* sauce : *— pleureur,* sauce llorón.

saumâtre *m* salobre.

saumon *m* salmón.

saumure *f* salmuera.

sauna *m* sauna *f.*

saupoudrer *t* espolvorear.

saurai, sauras ⇒ **savoir.**

saut *m* **1** salto : — *en hauteur, en longueur, périlleux,* salto de altura, de longitud, mortal. **2** *je fais un — jusqu'à la banque,* voy en un santiamén al banco.

saute-mouton *m* saltacabrillas, pídola : *jouer à —,* jugar al saltacabrillas.

sauté, e *a/m* salteado, a : *pommes de terre sautées,* patatas salteadas.

sauter *i* **1** saltar. I — *au cou de quelqu'un,* echarse en brazos de alguien. **2** (exploser) estallar. **3** *les plombs ont sauté,* se fundieron los plomos. **4** (cuisine) *faire —,* saltear. □ *t* **1** saltar, salvar. **2** *tu as sauté une page,* te saltaste una página.

sauterelle [sotrɛl] *f* saltamontes *m.*

sautill/er *i* andar a saltitos. **-ement** *m* saltito.

sauvag/e *a/s,* salvaje. **-erie** *f* **1** salvajismo *m.* **2** crueldad.

sauvegard/e *f* salvaguardia. **-er** *t* salvaguardar.

sauve-qui-peut ! *interj* ¡ sálvese quien pueda ! □ *m* desbandada *f.*

sauver *t* salvar. □ *pr* **1** escaparse. **2** (s'en aller) irse.

sauvet/age *m* rescate, salvamento. I *canot de —,* bote salvavidas ; *gilet de —,* chaleco salvavidas. **-eur** *m* salvador.

sauveur *m* salvador. I *le Sauveur,* el Salvador.

savane *f* sabana.

savant, e *a* sabio, a, docto, a. □ *s* sabio, a.

savate *f* chancleta.

saveur *f* sabor *m.*

Savoie *n p f* Saboya.

¹**savoir** ° *t* saber : *je ne sais pas,* no sé ; *qui sait ?,* ¿ quién sabe ? ; *il ne l'a jamais su,* nunca lo supo ; *si j'avais su !,* ¡ haberlo sabido ! ; *que je sache,* que yo sepa. I *à —,* a saber ; *faire —,* comunicar.

²**savoir** *m* saber.

savoir-faire *m* tacto.

savoir-vivre *m* mundología *f.*

savon *m* **1** jabón. **2** FAM *passer un — à quelqu'un,* echar una bronca a alguien. **-ner** *t* enjabonar, jabonar. **-nette** *f* pastilla de jabón. **-neux, euse** *a* jabonoso, a.

savour/er *t* saborear. **-eux, euse** *a* sabroso, a.

Saxe *n p f* Sajonia.

saxon, e *a/s* sajón, ona.

saxophone *m* saxofón, saxófono.

scabreux, euse *a* escabroso, a.

scalpel *m* escalpelo.

scandal/e *m* escándalo : *faire —,* causar escándalo. **-eux, euse** *a* escandaloso, a. **-iser** *t* escandalizar.

scandinave *a/s* escandinavo, a.

Scandinavie *n p f* Escandinavia.

scaphandr/e *m* escafandra *f*. **-ier** *m* buzo.

scarabée *m* escarabajo.

scarlatine *f* escarlatina.

sceau |so| *m* sello.

scélérat, e |selera, at| *a/s* desalmado, a.

scellé |sele| *m* sello.

sceller |sele| *t* 1 sellar. 2 (fixer) empotrar.

scénar/io |senarjo| *m* 1 argumento. 2 (cinéma) guión. **-iste** *m* guionista.

sc/ène |sɛn| *f* 1 escena : *entrer en —,* salir a escena ; *mettre en —,* poner en escena ; *sur —,* en escena. 2 (dispute) altercado *m*. **-énique** *a* escénico, a.

scepti/que |septik| *a/s* escéptico, a. **-cisme** *m* escepticismo.

sceptre |sɛptʀ| *m* cetro.

schéma |ʃema| *m* esquema. **-tique** *a* esquemático, a.

schisme |ʃism| *m* cisma.

schiste |ʃist| *m* esquisto.

sciatique |sjatik| *a/s* ciático, a.

scie |si| *f* sierra.

scien/ce |sjãs| *f* ciencia. I *science-fiction,* cienca ficción. **-tifique** *a/s* científico, a.

scier |sie| *t* aserrar. **-ie** |siʀi| *f* aserradero *m*.

scinder (se) |sɛde| *pr* dividirse.

scintiller |sɛtije| *i* centellear, destellar.

scission |sisjɔ̃| *f* escisión.

sciure |sjyʀ| *f* aserrín *m*.

sclérose *f* esclerosis.

scol/aire *f* escolar. **-arité** *f* escolaridad.

score *m* tanteo.

scorpion *m* escorpión.

scotch *m* 1 whisky escocés. 2 (ruban adhésif. Nom déposé) celo.

scrupul/e *m* escrúpulo. **-eux, euse** *a* escrupuloso, a.

scruter *t* escrutar.

scrutin *m* *dépouiller le —,* efectuar el escrutinio.

sculpt/er |skylte| *t* esculpir. **-eur** *m* escultor. **-ure** *f* escultura.

se, s' *pron pers* se : *il — lève,* se levanta ; *— lever,* levantarse ; *s'asseoir,* sentarse.

séance *f* sesión.

séant *m* *se dresser sur son —,* incorporarse.

seau *m* cubo.

sec, sèche *a* 1 seco, a. 2 *la mare est à —,* la charca está seca ; FAM *je suis à —,* estoy pelado.

sécateur *m* podadera *f*.

sécession *f* secesión.

sèche ⇒ **sec.** **-ment** *adv* secamente.

sèche-cheveux *m* secador.

sécher ° *t* 1 secar. 2 FAM *— un cours,* pelarse una clase. □ *i* 1 secarse. 2 FAM (un candidat) estar pez.

sécheresse *f* 1 sequedad. 2 (du temps) sequía.

séchoir *m* (appareil) secador.

second, e |səgɔ̃, ɔ̃d| *a* segundo, a. □ *m* 1 segundo. 2 *habiter au —,* vivir en el segundo piso. □ *f* 1 (vitesse, classe) segunda. 2 (temps) segundo *m* : *je reviens dans une seconde,* vuelvo en un segundo. **-aire** *a* secundario, a. I *enseignement —,* segunda enseñanza. **-er** *t* secundar.

secouer *t* 1 sacudir. 2 (ébranler) trastornar. □ FAM *se —,* despabilarse.

secour/ir ° *t* socorrer. **-iste** *s* socorrista.

secours *m* socorro. I *au* — *!*, ¡socorro!

secousse *f* sacudida.

secret, ète *a/m* secreto, a. I *en* —, en secreto.

secrét/aire *s* secretario, a. □ *m* (meuble) escritorio, secreter. **-ariat** *m* 1 secretaría *f*. 2 (métier) secretariado.

sécrét/er ° *t* segregar. **-ion** *f* secreción.

secte *f* secta.

secteur *m* 1 sector. 2 ÉLECTR red *f*.

section *f* sección.

séculaire *a* secular.

séculier, ère *a* secular, seglar.

sécurité *f* seguridad.

sédatif *m* sedante.

sédentaire *a/s* sedentario, a.

sédiment *m* sedimento. **-aire** *a* sedimentario, a.

sédit/ion *f* sedición. **-ieux, euse** *a* sedicioso, a.

séducteur, trice *a/m* seductor, a.

séduction *f* seducción.

sédu/ire ° *t* seducir. **-isant, e** *a* seductor, a. atractivo, a.

segment *m* segmento.

ségrégation *f* segregación.

seiche *f* sepia, jibia.

seigneur *m* 1 señor. 2 *Notre-Seigneur*, Nuestro Señor.

sein *m* 1 pecho, seno : *donner le* —, dar el pecho. 2 *au* — *de*, en el seno de, dentro de.

Seine *n p f* Sena *m*.

séisme *m* seísmo.

seiz/e *a/m* dieciséis. **-ième** *a/s* décimosexto, a. I — *siècle*, siglo dieciséis.

séjour *m* 1 estancia *f*. 2 temporada *f*: *faire un long* — *à la campagne*, pasar una larga temporada en el campo. 3 *salle de* —, cuarto *m* de estar. **-ner** *i* vivir, permanecer.

sel *m* sal *f*.

sélection *f* selección. **-ner** *t* seleccionar.

sell/e *f* 1 silla de montar. 2 (de bicyclette, moto) sillín *m*. 3 *aller à la* —, hacer de vientre ; *les selles*, las heces. **-er** *t* ensillar. **-ier** *m* guarnicionero.

selon *prép* 1 según. 2 — *moi*, a mi modo de ver. 3 *c'est* —, depende, según.

semaine *f* semana : *en* —, durante la semana.

sémantique *a/s* semántico, a.

sémaphore *m* semáforo.

semblable *a/s* semejante.

semblant *m* apariencia *f*. I *il fait* — *de ne pas entendre*, hace como que no oye.

sembler *i* parecer. □ *impers il semble que...*, parece que... I *ce me semble*, a mi parecer.

semelle *f* suela.

semence *f* simiente.

semer ° *t* sembrar.

semestr/e *m* semestre. **-iel, elle** *a* semestral.

semeur, euse *s* sembrador, a.

sémin/aire *m* seminario. **-ariste** *m* seminarista.

semi-remorque *f* semirremolque *m*.

semis *m* 1 siembra *f*. 2 (terrain) sembrado.

sémite *a/s* semita.

semonce *f* represión.

semoule *f* sémola.

sénat *m* senado. **-eur** *m* senador.

sénil/e *a* senil. **-ité** *f* senilidad.

sens |sãs| *m* 1 sentido : *les cinq* —, los cinco sentidos. I *bon* —, buen sentido, sensatez *f*. 2 dirección *f* : — *unique, interdit*, dirección única, prohibida ; *à double* —, de doble dirección. I — *dessus, dessous*, en desorden.

sensation *f* sensación : *faire* —, causar sensación. **-nel, elle** *a* sensacional.

sensé, e *a* sensato, a.

sensib/le *a* sensible. **-ilité** *f*

sensibilidad.

sensu/el, elle *a* sensual. **-alité** *f* sensualidad.

sentence *f* sentencia.

sentencieux, euse *a* sentencioso, a.

senteur *f* olor *m*.

sentier *m* sendero, senda *f*.

sentiment *m* 1 sentimiento. 2 (opinion) parecer. **-al, e** *a* sentimental.

sentinelle *f* centinela *m*.

sentir ° *t* 1 sentir. 2 (par l'odorat) oler. 3 oler a : *ça sent l'essence, le brûlé*, huele a gasolina, a quemado. 4 (au goût) saber a. □ *i* oler : *ça sent bon, mauvais*, esto huele bien, mal. □ *se* —, encontrarse, sentirse : *je me sens fatigué*, me encuentro cansado ; *il se sent malheureux*, se siente desgraciado.

sépar/er *t* separar. □ *se* —, separarse. **-ation** *f* separación. **-ément** *adv* separadamente.

sépia *f* sepia.

sept |sɛt| *a/s* siete.

septembre *m* septiembre : *4* —, 4 de septiembre.

septentrional, e *a* septentrional.

septième |sɛtjɛm| *a* séptimo, a : *au* — *étage*, en el séptimo piso. □ *m* séptima *f* parte.

septique *a* séptico, a.

septuagénaire *a/s* septuagenario, a, setentón, ona.

sépulcr/e *m* sepulcro. **-al, e** *a* sepulcral.

sépulture *f* sepultura.

séquence *f* secuencia.

séquestr/er *t* secuestrar. **-ation** *f* secuestro *m*.

sera, etc. ⇒ **être.**

séraphin *m* serafín.

Serbie *n p f* Servia.

serein, e *a/m* sereno, a.

sérénade *f* serenata.

sérénité *f* serenidad.

serf *m* siervo.

serge *f* sarga.

sergent *m* sargento. I — *de ville*, guardia urbano.

série *f* serie : *en* —, en serie.

sérieu/x, euse *a* 1 serio, a. 2 grave. □ *m* seriedad *f*. I *prendre au* —, tomar en serio. **-sement** *adv* en serio.

serin *m* canario.

seringue *f* jeringa.

serment *m* juramento. I *prêter* —, prestar juramento, jurar.

sermon *m* sermón. **-ner** *t* sermonear.

serpent *m* serpiente *f* : — *à sonnettes*, serpiente de cascabel. **-er** *i* serpentear. **-in** *m* (de papier) serpentina *f*.

serpillière *f* bayeta.

serre *f* (pour plantes) invernáculo *m*, estufa. □ *pl* (d'oiseau) garras.

serr/er *t* 1 apretar, estrechar : — *un écrou*, apretar una tuerca ; — *un enfant contre sa poitrine*, apretar a un niño contra su pecho ; — *la main*, estrechar la mano. 2 apretar, oprimir : *ces chaussures neuves me serrent*, estos zapatos nuevos me aprietan. □ *i* ceñirse : *serrez à droite*, cíñase a la derecha. □ *pr* (les uns contre les autres) estrecharse. **-ement** *m* apretón. I — *de cœur*, congoja *f*.

serrur/e *f* cerradura. **-ier** *m* cerrajero.

sérum |seʀɔm| *m* suero.

servante *f* sirvienta.

serveur, euse *s* camarero, a.

serviable *a* servicial.

service *m* 1 servicio : — *compris*, servicio incluido ; *rendre* — *à quelqu'un*, prestar servicio a alguien ; *en* —, de servicio. I *hors* —, fuera de uso. 2 — *à café*, juego de café.

serviette *f* 1 (de table) servilleta. I *rond de* —, servilletero. 2 (de toilette) toalla. 3 — *hygiénique*, compresa. 4 (pour documents) cartera.

servil/e *a* servil. **-ité** *f* servilismo *m*.

servir ° *t* 1 servir. 2 — *un client*, atender a un cliente. 3 — *la messe*, ayudar a misa. 4 — *à*, servir para : *à quoi ça sert ?*, ¿ para que sirve esto ? □ *pr* 1 servirse : *servez-vous*, sírvase usted. 2 *se* — *de*, servirse de, usar.

serviteur *m* servidor.

servitude *f* servidumbre.

ses *a poss* sus. ⇒ **son.**

session *f* 1 sesión. 2 exámenes *pl*.

seuil |sœj| *m* umbral.

seul, e *a* 1 solo, a : *je l'ai fait tout* —, lo hice yo solo. 2 sólo : — *un homme peut le faire*, sólo un hombre puede hacerlo. □ s *le* —, *la seule*, el único, la única ; *pas un* —, ni uno. **-ement** *adv* solamente. I *non* ... *mais*, no sólo... sino.

sève *f* savia.

sév/ère *a* severo, a. **-érité** *f* severidad.

sévir *i* 1 (punir) castigar. 2 reinar.

sexagénaire *a/s* sexagenario, a, sesentón, ona.

sex/e *m* sexo. **-ualité** *f* sexualidad. **-uel, elle** *a* sexual.

shampooing |ʃɑ̃pwɛ̃| *m* champú.

short |ʃɔrt| *m* pantalón corto.

si, s' *conj* si : — *tu veux*, si quieres ; — *j'étais riche*, si yo fuera rico ; *comme s'il ne le savait pas*, como si no lo supiera. □ *adv* 1 (affirmation) sí. 2 (= *tellement*) tan : *il est si poli !*, ¡ es tan cortés ! 3 — *bien que*, así que.

siamois, e *a/s* siamés, esa : *frères* —, hermanos siameses.

Sibérie *n p f* Siberia.

sibérien, enne *a/s* siberiano, a.

Sicile *n p f* Sicilia.

sicilien, enne *a/s* siciliano, a.

sidéral, e *a* sideral.

sidér/er ° *t* FAM dejar apabullado, a. **-ant, e** *a* FAM apabullante.

sidérurg/ie *f* siderurgia. **-ique** *a* siderúrgico, a.

siècle *m* siglo.

siège *m* 1 asiento : *prenez un* —,

tome asiento. 2 (d'un organisme) sede *f*. I *le Saint-Siège*, la Santa Sede ; — *social*, domicilio social. 3 (de député) escaño. 4 MIL sitio : *état de* —, estado de sitio.

siéger ° *i* residir.

sien, sienne *a/pron poss* suyo, a. □ *pl les siens*, los suyos.

sieste *f* siesta : *faire la* —, dormir la siesta.

siffl/er *i* 1 silbar. 2 (avec un sifflet) pitar. □ *t* — *un acteur*, abuchear a un actor. **-ement** *m* silbido. **-et** *m* pito. I *coup de* —, pito. **-oter** *i* silbar despacio.

sigle *m* sigla *f*.

signal *m* señal *f* : *signaux acoustiques*, señales acústicas. **-ement** *m* filiación *f*, señas *f pl*. **-er** *t* señalar. I *rien à* —, sin novedad. **-isation** *f* señalización. I *panneaux de* —, señales de tráfico.

signat/ure *f* firma. **-aire** *s* firmante.

signe *m* 1 signo. 2 (geste) seña *f*, señal : *il lui fait — de venir*, le hace señas de que venga. I — *de croix*, señal de la cruz ; *faire un — de croix*, santiguarse. 3 *signes de fatigue*, muestras *f* de cansancio.

signer *t* firmar. □ *se* —, santiguarse.

signifi/er *t* significar. **-catif, ive** *a* significativo, a. **-cation** *f* significación.

silenc/e *m* silencio. I *garder le* —, guardar silencio ; *passer sous* —, pasar por alto, silenciar. **-ieux, euse** *a* silencioso, a. □ *m* (pot d'échappement) silenciador.

silex |sileks| *m* sílex.

silhouette *f* silueta.

sillage *m* estela *f*.

sillon *m* surco. **-ner** *t* surcar.

silo *m* silo.

simagrées *f pl* remilgos *m*.

similaire *a* similar.

similitude *f* similitud.

simpl/e *a* 1 simple. I — *soldat*, soldado raso. 2 (pas compliqué) sencillo, a. **-icité** f sencillez. **-ifier** t simplificar.

simulacre m simulacro.

simul/er t simular. **-ation** f simulación.

simultané, e a simultáneo, a. **-ment** adv simultáneamente.

sinc/ère a sincero, a. **-érité** f sinceridad.

sinécure f sinecura.

sing/e m mono. **-er** ° t remedar, imitar.

singulariser (se) pr singularizarse.

singularité f singularidad.

singulier, ère a singular. □ m au —, en singular.

sinistre a/m siniestro, a.

sinistré, e a/s siniestrado, a, damnificado, a.

sinon conj 1 (ou alors) si no. 2 (excepté) sino.

sinu/eux, euse a sinuoso, a. **-osité** f sinuosidad.

siphon m sifón.

sirène f sirena.

sirop |siʀo| m 1 (médicament) jarabe. 2 pêches au —, melocotones en almíbar.

site m sitio, paisaje.

sitôt adv — arrivé, il déjeuna, almorzó nada más llegar, tan pronto como llegó, almorzó.

situation f situación.

situer t situar.

six |si, sis, siz| a seis. I — cents, seiscientos, as. **-ième** |sizjɛm| a/s sexto, a : au — étage, en el sexto piso.

ski m esquí : une paire de skis, un par de esquís ; — nautique, esquí acuático. I faire du —, esquiar. **-er** i esquiar. **-eur, euse** s esquiador, a.

slave a/s eslavo, a.

slip m 1 (d'homme) slip, calzoncillos pl. 2 (de femme) bragas f pl. 3 — de bain, bañador.

slogan m slogan, eslogan.

smoking m smoking.

snob a/s esnob, cursi. **-isme** m esnobismo.

sobr/e a sobrio, a. **-iété** f sobriedad.

sobriquet m apodo.

soc m reja f.

sociable a sociable.

social, e a social : conflits sociaux, conflictos sociales.

social/isme m socialismo. **-iste** a/s socialista.

sociét/é f sociedad. **-aire** s socio, a.

sociolo/gie f sociología. **-gue** s sociólogo, a.

socle m zócalo.

socquette f calcetín m corto.

soda m soda f.

sœur f hermana.

soi pron pers sí. I avec —, consigo ; on est bien chez —, se está bien en casa ; sur —, encima ; soi-même, sí mismo.

soi-disant a supuesto, a. □ adv aparentemente.

soie f seda. I papier de —, papel de seda. **-rie** f sedería.

soif f sed : j'ai très —, tengo mucha sed.

soigner t 1 cuidar. 2 — un malade, curar, asistir a un enfermo ; il faut — votre grippe, tiene que curarse la gripe. □ se —, cuidarse.

soigneux, euse a 1 cuidadoso, a. 2 (fait avec soin) esmerado, a.

soin m cuidado. I prendre — de ses affaires, cuidar de sus cosas. □ pl (médicaux) asistencia sing. I premiers soins, primeros auxilios.

soir m 1 tarde f. 2 (après le coucher du soleil) noche f : onze heures du —, las once de la noche ; à ce —, hasta la noche.

soirée f 1 noche. 2 (réunion) velada. 3 — dansante, baile m de noche ; spectacle en —, función de noche.

soit |swa| ⇒ **être.** □ conj o sea. I

– *l'un,* – *l'autre,* ya uno, ya otro. □ *adv* [swat] sea, bueno.

soixant/e [swasɑ̃t] *a/s* sesenta. **-aine** *f* unos sesenta. I *il approche de la* –, raya en los sesenta. **-ième** *a/s* sexagésimo, a.

soja *m* soja *f.*

¹**sol** *m* suelo.

²**sol** *m* MUS sol.

solaire *a* solar.

soldat *m* soldado.

¹**solde** *f* sueldo *m.*

²**sold/e** *m* saldo. □ *pl* rebajas *f : soldes d'hiver,* rebajas de invierno. I *en* –, rebajado, a. **-er** *t* saldar, rebajar.

sole *f* lenguado *m.*

soleil [sɔlɛj] *m* sol. I *coup de* –, insolación *f.*

solenn/el, elle [sɔlanɛl] *a* solemne. **-ité** *f* solemnidad.

solfège *m* solfeo.

solidari/té *f* solidaridad. **-ser (se)** *pr* solidarizarse.

solid/e *a/m* sólido, a. **-ifier** *t* solidificar. **-ité** *f* solidez.

soliste *s* solista.

solitaire *a/s* solitario, a.

solitude *f* soledad.

solive *f* viga.

sollicit/er *t* solicitar. **-ude** *f* solicitud.

solo *m* solo.

solstice *m* solsticio.

soluble *a* soluble.

solution *f* solución.

solvable *a* solvente.

sombre *a* 1 sombrío, a, oscuro, a. 2 FIG melancólico, a.

sombrer *i* irse a pique, hundirse.

sommaire *a/m* sumario, a.

¹**somme** *f* 1 suma. 2 *une* – *d'argent,* una cantidad de dinero. 3 *en* –, – *toute,* en resumen.

²**somme** f *bête de* –, bestia de carga.

³**somme** *m* sueño. I *faire un petit* –, echar una cabezada.

sommeil [sɔmɛj] *m* sueño. **-ler** *i* dormitar.

sommelier *m* bodeguero.

sommer *t* intimar.

sommet *m* cumbre *f,* cima *f.* I *conférence au* –, conferencia en la cumbre.

sommier *m* somier.

somnambule *s* sonámbulo, a.

somnifère *m* somnífero.

somnol/er *i* dormitar. **-ence** *f* somnolencia. **-ent, e** *a* soñoliento, a.

somptueux, euse *a* suntuoso, a.

¹**son sa, ses** *a poss* su, sus : – *frère,* su hermano ; *sa sœur,* su hermana.

²**son** *m* sonido : *mur du* –, barrera del sonido. I *au* - *de,* al son de.

³**son** *m* (des céréales) salvado.

sonate *f* sonata.

sond/e *f* sonda. **-age** *m* sondeo. **-er** *t* 1 sondar. 2 FIG sondear.

songe *m* sueño.

song/er ° *i* 1 soñar. 2 – *à,* pensar en. **-eur, euse** *a* pensativo, a, caviloso, a.

sonnant, e a *à midi* –, a las doce en punto.

sonner *i* 1 sonar : *le téléphone sonne,* suena el teléfono. 2 (cloche) tañer. 3 dar : *deux heures sonnent,* dan las dos. 4 (à la porte) llamar. □ *t* 1 tocar : – *le glas,* tocar a difunto. 2 *la pendule a sonné midi,* el reloj ha dado las doce. 3 (appeler) llamar.

sonnerie *f* 1 timbre *m.* 2 (de clairon) toque *m.*

sonnet *m* soneto.

sonnette *f* 1 campanilla. 2 timbre *m : appuyer sur la* –, pulsar el timbre. I *coup de* –, timbrazo.

sonor/e *a* sonoro, a. **-iser** *t* sonorizar. **-ité** *f* sonoridad.

Sophie *n p f* Sofía.

sophistiqué, e *a* sofisticado, a.

soporifique *a/m* soporífero, a.

soprano *s* soprano.

sorbet *m* sorbete.

sorc/ier, ère *s* brujo, a. **-ellerie** *f* brujería, hechicería.

sordide *a* sórdido, a.

sort |sɔR| *m* **1** suerte *f*. I *tirer au —,* sortear. **2** destino. **3** *jeter un — sur,* hechizar a.

sorte *f* **1** clase, especie : *une — de,* una especie de. **2** modo *m,* manera : *de — que,* de modo que. I *de la —,* de este modo ; *en quelque —,* en cierto modo. **3** *faire en — que,* procurar que.

sortie *f* salida : *— de secours,* salida de emergencia.

sortilège *m* sortilegio.

¹**sortir** ° *i* **1** salir : *il est sorti,* ha salido ; *je sortirai ce soir,* saldré esta noche. **2** salirse : *rivière qui sort de son lit,* río que se sale de su cauce ; *— du sujet,* salirse del tema. I *— de table,* acabar de comer. □ *t — l'auto du garage,* sacar el coche del garaje. I *sortez-le !,* ¡fuera! □ *s'en —,* salir del apuro, arreglárselas.

²**sortir** *m au — de,* al salir de.

sosie *m* sosia.

sot, sotte *a/s* tonto, a. **-tise** *f* tontería, necedad.

sou *m* perra *f* chica. I *être sans le —,* no tener ni blanca ; *il est près de ses sous,* es un roñoso ; *machine à sous,* máquina tragaperras.

soubresaut *m* sobresalto.

souche *f* **1** (d'un arbre) tocón *m.* **2** origen *m.* **3** talón *m.* I *carnet à —,* talonario.

¹**souci** *m* preocupación *f,* cuidado. I *se faire du —,* preocuparse.

²**souci** *m* (plante) maravilla *f.*

soucier (se) *pr — de,* preocuparse por.

soucieux, euse *a* **1** preocupado, a, inquieto, a. **2** *— de,* preocupado por.

soucoupe *f* platillo *m.* I *— volante,* platillo volante.

soudain, e *a* súbito, a. □ *adv* de repente.

soude *f* sosa.

soud/er *t* soldar. **-ure** *f* soldadura.

souffle *m* **1** soplo. **2** (respiration) aliento.

souffler *i* soplar. □ *t* **1** soplar. **2** (par une explosion) volar.

soufflet *m* **1** fuelle. **2** (gifle) bofetada *f.*

souffleur *m* (théâtre) apuntador.

souffrance *f* **1** sufrimiento *m,* padecimiento *m.* **2** *en —,* en suspenso.

souffrant, e *a* indispuesto, a.

souffrir ° *i* sufrir, padecer : *il a beaucoup souffert,* ha sufrido mucho ; *il souffre de névralgies,* padece neuralgias. □ *t* **1** tolerar, sufrir. **2** admitir.

soufre *m* azufre.

souhait *m* **1** deseo. **2** felicitación *f :* *souhaits de bonne année,* felicitaciones de Año Nuevo. **-able** *a* deseable. **-er 1** desear : *je vous souhaite bonne route,* le deseo buen viaje. **2** *— la bonne année,* felicitar el día de Año Nuevo.

souill/er *t* **1** manchar. **2** FIG mancillar. **-ure** *f* mancha.

soûl, e |su, sul| *a* FAM borracho, a.

soulag/er ° *t* aliviar. **-ement** *m* alivio.

soûler (se) *pr* emborracharse.

soul/ever ° *t* **1** levantar. I *— le cœur,* revolver el estómago. **2** (une question) plantear. □ *pr* **1** levantarse. **2** (se révolter) sublevarse. **-èvement** *m* (révolte) levantamiento, sublevación *f.*

soulier *m* zapato.

souligner *t* subrayar.

sou/mettre ° *t* someter. **-mis, e** *a* sumiso, a. **-mission** *f* sumisión.

soupape *f* válvula : *— de sûreté,* válvula de seguridad.

soupçon *m* sospecha *f.* **-ner** *t* sospechar. **-neux, euse** *a* suspicaz.

soupe _f_ sopa : — _à l'oignon,_ sopa de cebolla.

soupente _f_ camaranchón _m._

¹souper _i_ 1 cenar. 2 FAM _j'en ai soupé,_ estoy hasta la coronilla.

²souper _m_ cena _f._

soupeser ° _t_ sopesar.

soupière _f_ sopera.

soupir _m_ suspiro : _pousser un —,_ dar un suspiro.

soupirail |supiRaj| _m_ respiradero, tragaluz.

soupirer _i_ suspirar.

soupl/e _a_ flexible. **-esse** _f_ 1 flexibilidad. 2 agilidad.

source _f_ 1 fuente, manantial _m._ 2 FIG fuente. I _savoir de bonne —,_ saber de buena tinta.

sourcil |suRsi| _m_ ceja _f._

sourd, e _a/s_ sordo, a. I _sourd-muet, sourde-muette,_ sordomudo, a. **-ine** f _en —,_ con sordina.

souriant, e _a_ risueño, a.

souricière _f_ ratonera.

¹sourire ° _i_ sonreir, sonreírse.

²sourire _m_ sonrisa _f._

souris |suRi| _f_ ratón _m._

sournois, e _a/s_ disimulado, a, taimado, a.

sous |su| _prép_ 1 debajo de, bajo : — _l'armoire,_ debajo del armario. 2 bajo : — _sa responsabilité,_ bajo su responsabilidad. 3 — _les yeux de,_ en presencia de. 4 — _peu,_ dentro de poco. 5 — _peine de,_ so pena de.

sous-bois _m_ bosque, soto.

sous-chef _m_ subjefe.

souscr/ire ° _t_ 1 suscribir. 2 — _à une revue,_ suscribirse a una revista. **-iption** _f_ suscripción.

sous-développé, e _a_ subdesarrollado, a.

sous-directeur _m_ subdirector.

sous-entend/re _t_ sobreentender. **-u, ue** _a_ sobreentendido, a. □ _m_ supuesto.

sous-estimer _t_ tener en menos.

sous-locataire _s_ subarrendatario, a.

sous-louer _t_ subarrendar.

sous-main _m_ carpeta _f._

sous-marin, e _a/m_ submarino, a.

sous-officier _m_ suboficial.

soussigné, e _a/s_ infrascrito, a. I _je —,_ el abajo firmante.

sous-sol _m_ 1 subsuelo. 2 (d'un édifice) sótano : _au —,_ en el sótano.

sous-titre _m_ subtítulo.

soustraction _f_ sustracción.

soustraire ° _t_ 1 sustraer. 2 (mathématiques) restar.

sous-vêtement _m_ prenda _f_ interior.

soutane _f_ sotana.

soute _f_ 1 MAR pañol _m._ 2 (avion) depósito _m_ de equipajes, portaequipajes _m._

soutenir ° _t_ 1 sostener : _des poutres soutiennent le plafond,_ vigas sostienen el techo. 2 FIG sostener, mantener.

souterrain, e _a/m_ subterráneo, a.

soutien _m_ sostén, apoyo.

soutien-gorge _m_ sostén, sujetador.

soutirer _t_ FIG sonsacar.

¹souvenir _m_ recuerdo.

²souvenir (se) ° _pr_ acordarse, recordar : _je ne me souviens pas de votre nom,_ no me acuerdo de, no recuerdo su apellido.

souvent _adv_ a menudo.

souverain, e _a/s_ soberano, a. **-eté** _f_ soberanía.

sovi/et |sɔvjɛt| _m_ soviet. **-étique** _a/s_ soviético, a.

soyeux, euse |swajø, øʒ| _a_ sedoso, a.

spacieux, euse _a_ espacioso, a.

sparadrap _m_ esparadrapo.

spasme _m_ espasmo.

spatial, e |spasjal| _a_ espacial.

spatule _f_ espátula.

speaker |spikœr| _m_ locutor.

spécial, e _a_ especial. **-iser (se)** _pr_ especializarse. **-iste** _s_ especialista. **-ité** _f_ especialidad.

spécif/ier *t* especificar. **-ique** *a/m* específico, a.

spécimen |spesimɛn] *m* espécimen.

specta/cle *m* espectáculo. **-culaire** *a* espectacular. **-teur, trice** *s* espectador, a.

spectre *m* espectro.

spécul/er *i* especular. **-ateur, trice** *s* especulador, a. **-ation** *f* especulación.

spéléologie *f* espeleología.

sperme *m* esperma *f*.

sph/ère *f* esfera. **-érique** *a* esférico, a.

sphinx |sfɛ̃ks] *m* esfinge *f*.

spirale *f* espiral.

spiritisme *m* espiritismo.

spirituel, elle *a* 1 espiritual. 2 (drôle) ingenioso, a.

spiritueux *m* licor espirituoso.

splend/eur *f* esplendor *m*. **-ide** *a* espléndido, a.

spongieux, euse *a* esponjoso, a.

spontané, e *a* espontáneo, a. **-ité** *f* espontaneidad.

sporadique *a* esporádico, a.

sport |spɔʀ] *m* 1 deporte : *faire du* —, practicar los deportes. 2 *voiture de* —, coche deportivo ; *veste* —, chaqueta de sport. **-if, ive** *a* deportivo, a. □ *s* deportista.

square *m* jardincillo público.

squelett/e *m* esqueleto. **-ique** *a* esquelético, a.

stabilis/er *t* estabilizar. **-ateur** *m* estabilizador. **-ation** *f* estabilización.

stab/le *a* estable. **-ilité** *f* estabilidad.

stade *m* estadio.

stag/e *m* período de pruebas, de prácticas. **-iaire** *s* 1 cursillista. 2 (avocat) pasante.

stagn/ant, e *a* estancado, a. **-ation** *f* estancamiento *m*. **-er** *i* estancarse.

stalactite *f* estalactita.

stalagmite *f* estalagmita.

stalle *f* silla de coro.

stance *f* estancia.

stand |stãd] *m* 1 (de tir) barraca *f* de tiro al blanco. 2 (dans une exposition) stand.

standard *a/m* estándar. I — *de vie*, estándar de vida. □ *m* (téléphonique) centralita *f*. **-iser** *t* estandardizar. **-iste** *s* telefonista.

star *f* estrella de cine, star.

station *f* 1 estación. 2 (d'autobus, taxis) parada. 3 — *de sports d'hiver*, estación de esquí ; — *thermale*, balneario *m*. 4 *station-service*, estación de servicio, gasolinera.

stationnaire *a* estacionario, a.

stationn/er *i* 1 (une personne) estacionarse. 2 (une voiture) aparcar : *défense de* —, prohibido aparcar. **-ement** *m* estacionamiento.

station-service ⇒ **station.**

statique *a* estático, a.

statistique *a/f* estadístico, a.

statu/e *f* estatua. **-ette** *f* estatuilla.

stature *f* estatura.

statut *m* estatuto.

sténodactylo *f* taquimecanógrafa.

sténographie *f* taquigrafía, estenografía.

steppe *f* estepa.

stéréophonie *f* estereofonía.

stéréotypé, e *a* estereotipado, a.

stéril/e *a* estéril. **-iser** *t* esterilizar. **-ité** *f* esterilidad.

sterling |stɛʀliŋ] a *livre* —, libra esterlina.

stigmate *m* estigma.

stimul/er *t* estimular. **-ant, e** *a/m* estimulante.

stipuler *t* estipular.

stock *m* existencias *f pl*, stock. **-er** *t* almacenar.

stoï/que *a/s* estoico, a. **-cisme** *m* estoicismo.

stop·! *interj* ¡alto ! □ *m* 1 (signal routier) stop. 2 (feu arrière) luz *f* de freno. 3 FAM autostop : *faire du*

—, hacer autostop.
stopper *t* (un vêtement) zurcir. □
i (s'arrêter) pararse, detenerse.
store *m* **1** persiana *f.* **2** (de
magasin) toldo.
strapontin *m* traspuntín.
Strasbourg *n p* Estrasburgo.
stratagème *m* estratagema.
stratég/ie *f* estrategia. **-ique** *a*
estratégico, a.
strict, e *a* estricto, a.
strident, e *a* estridente.
stri/e *f* estría. **-er** *t* estriar.
strophe *f* estrofa.
structure *f* estructura.
stuc *m* estuco.
studieux, euse *a* estudioso, a.
studio *m* estudio.
stupé/faction *f* estupefacción.
-fait, e *a* estupefacto, a. **-fiant,**
e *a* estupefaciente. **-fier** *t*
pasmar.
stupeur *f* estupor *m.*
stupid/e *a* estúpido, a. **-ité** *f*
estupidez.·
style *m* estilo.
stylo *m* estilográfica *f.* I − *à bille,*
bolígrafo.
su ⇒ **savoir.**
suaire *m* sudario.
suave *a* suave.
subalterne *a/s* subalterno, a.
subconscient *m* subconciente.
subdiviser *t* subdividir.
subir *t* sufrir, experimentar.
subit, e *a* súbito, a, repentino, a.
subjectif, ive *a* subjetivo, a.
subjonctif *m* subjuntivo.
subjuguer *t* subyugar.
sublime *a* sublime.
submer/ger ° *t* sumergir. **-sible**
a/m sumergible.
subordonn/er *t* subordinar. **-é,**
ée *a/s* subordinado, a.
subreptice *a* subrepticio, a.
subsidiaire *a* subsidiario, a.
subsist/er *i* subsistir. **-ance** *f*

subsistencia.
substan/ce *f* substancia, sustancia. **-tiel, elle** *a* substancial.
substantif *m* substantivo.
substituer *t* sustituir.
subtil, e *a* sutil. **-ité** *f* sutileza.
subvenir ° *i* − *à,* subvenir a.
subvention *f* subvención. **-ner** *t*
subvencionar.
subversif, ive *a* subversivo, a.
suc *m* jugo.
succédané *m* sucedáneo.
succéder ° *i* − *à,* suceder a.
succès [syksε] *m* éxito.
successeur *m* sucesor.
success/if, ive *a* sucesivo, a.
-ivement *adv* sucesivamente.
succession *f* sucesión.
succint, e [syksε̃, ε̃t] *a* sucinto, a.
succomber *i* sucumbir.
succulent, e *a* suculento, a.
succursale *f* sucursal.
sucer ° *t* chupar.
sucette *f* pirulí *m.*
sucr/e *m* azúcar : *morceau de −,*
terrón de azúcar. **-é, ée** *a*
azucarado, a. **-er** *t* echar azúcar
en. **-eries** *f pl* (friandises) dulces
m. **-ier** *m* azucarero.
sud *m* sur.
sud-américain, e *a/s*
sudamericano, a.
sud-est [sydεst] *m* sudeste.
sud-ouest [sydwεst] *m* sudoeste.
Suède *n p f* Suecia.
suédois, e *a/s* sueco, a.
su/er *i* **1** sudar. **2** FAM faire −,
fastidiar ; *se faire −,* aburrirse.
-eur *f* sudor *m.*
suffire ° *i* bastar : *il suffit de...,*
basta con... ; *il suffit que tu me préviennes la veille,* basta con que me
avises la víspera ; *ça suffit!,*
¡basta !
suffisamment *adv* sufi-
cientemente.
suffis/ant, e *a* **1** suficiente. **2**
(vaniteux) engreído, a, suficiente.

-ance *f* presunción, suficiencia.

suffixe *m* sufijo.

suffo/quer *t* sufocar. □ *i* ahogarse. **-cant, e** *a* sofocante.

suffrage *m* sufragio.

sugg/érer ° *t* sugerir. **-estif, ive** *a* sugestivo, a. **-estion** *f* sugestión.

suicid/e *m* suicidio. **-er (se)** *pr* suicidarse.

suie *f* hollín *m*.

suif *m* cebo.

suinter *i* rezumar : *l'eau suinte le long des murs,* el agua rezuma por las paredes.

suis ⇒ **être, suivre.**

Suisse *n p f* Suiza.

suisse *a/s* suizo, a.

suite *f* 1 continuación. I *donner — à,* dar curso a ; *huit jours de —,* ocho días seguidos ; *et ainsi de —,* y así sucesivamente ; *par la —,* más tarde ; *tout de —,* enseguida. 2 consecuencia : *par — de, à la — de,* como consecuencia de. 3 serie, sucesión. 4 (escorte) séquito, comitiva *f*.

suivant, e *a* siguiente. □ *prép* según : *— vos instructions,* según sus instrucciones.

suivre ° *t* seguir : *suivez-moi,* sígame. I *prière de faire —,* remítase a las nuevas señas ; *à —,* se continuará.

1suject *m* 1 tema : *— de conversation,* tema de conversación. I *au — de,* a propósito de. 2 motivo. 3 (en grammaire) sujeto. 4 *un mauvais —,* una mala persona.

2sujet, ette *a — à,* propenso, a a. □ *s* (d'un souverain) súbdito, a.

sulfur/e *m* sulfuro. **-ique** *a* sulfúrico, a.

sultan *m* sultán.

super *m* (essence) súper *f*.

superbe *a* soberbio, a.

supercarburant *m* supercarburante.

supercherie *f* superchería.

superfici/e *f* superficie. **-el, elle** *a* superficial.

superflu, e *a* superfluo, a.

supér/ieur, e *a* superior : *qualité supérieure,* calidad superior. □ *s* superior, a. **-iorité** *f* superioridad.

superlatif, ive *a/m* superlativo, a.

supermarché *m* supermercado.

superposer *t* superponer : *étagères superposées,* estantes superpuestos.

supersonique *a* supersónico, a.

superstit/ion *f* superstición. **-ieux, euse** *a* supersticioso, a.

supplanter *t* suplantar.

suppléant, e *a/s* suplente, substituto, a.

suppléer *t/i — au manque de...,* suplir la falta de...

supplément *m* suplemento. **-aire** *a* suplementario. I *heures supplémentaires,* horas extraordinarias.

suppliant, e *a* suplicante.

supplication *f* suplicación.

supplice *m* suplicio.

supplier *t* suplicar : *je t'en supplie,* te lo suplico.

support *m* soporte.

1support/er *t* soportar. **-able** *a* soportable.

2supporter [sypɔʀtɛʀ] *m* partidario, hincha.

suppos/er *t* suponer : *supposons que...,* supongamos que... **-é, ée** *a* supuesto, a. **-ition** *f* suposición.

suppositoire *m* supositorio.

suppr/imer *t* suprimir. **-ession** *f* supresión.

suppurer *i* supurar.

suprématie *f* supremacía.

suprême *a* supremo, a.

1sur *prép* 1 sobre : *flotter — l'eau,* flotar sobre el agua ; *conférence — Goya,* conferencia sobre Goya. 2 en : *— le littoral,* en el litoral ; *assis — un banc,* sentado en un banco ; *un baiser — le front,* un beso en la frente. 3 (mouvement vers) a, al : *sortir — le balcon,* salir al balcón.

4 por : *se répandre — le sol*, derramarse por el suelo ; *des larmes coulaient — ses joues*, lágrimas corrían por sus mejillas. 5 *un jour — deux*, un día de cada dos ; *une personne — trois*, una de cada tres personas ; *neuf mètres — six*, nueve metros por seis. 6 *— ce*, en esto ; *être — le départ*, estar para salir. 7 *avoir de l'argent — soi*, llevar dinero encima.

²**sur, e** *a* ácido, a.

sûr, e *a* seguro, a : *es-tu — qu'il viendra ?*, ¿estás seguro de que vendrá ? I *à coup —*, con toda seguridad ; *bien — !*, ¡claro !, ¡desde luego !

surabondance *f* sobreabundancia.

suralimenter *t* sobrealimentar.

suranné, e *a* anticuado, a.

surcharge *f* sobrecarga.

surcharger ° *t* 1 sobrecargar. 2 *surchargé de travail*, agobiado de trabajo.

surchauffer *t* calentar demasiado.

surdité *f* sordera.

sureau *m* saúco.

surélever ° *t* levantar.

sûrement *adv* seguramente.

surenchère *f* sobrepuja.

sûreté *f* seguridad. I *en —*, a salvo.

surexciter *t* sobreexcitar.

surface *f* 1 superficie. 2 *grandes surfaces*, grandes almacenes *m*.

surgelé, e *a* congelado, a.

surgir *i* surgir.

surhumain, e *a* sobrehumano, a.

sur-le-champ ⇒ **champ**.

surlendemain m *le —*, dos días después.

surmen/er ° *t* agotar de fatiga. **-age** *m* surmenaje.

surmonter *t* 1 coronar. 2 (une difficulté) superar.

surnager ° *i* flotar.

surnaturel, elle *a* sobrenatural.

surnom *m* apodo. **-mer** *t* apodar.

surpasser *t* superar.

surpeuplé, e *a* superpoblado, a.

surplis |syʀpli| *m* sobrepelliz *f*.

surplomber *t* dominar.

surplus |syʀply| *m* exceso, excedente.

surpr/endre ° *t* sorprender. **-enant, e** *a* sorprendente.

surprise *f* 1 sorpresa. 2 *surprise-partie*, guateque *m*.

surréalisme *m* surrealismo.

sursaut *m* sobresalto. I *se réveiller en —*, despertar sobresaltado. **-er** *i* sobresaltarse.

sursis |syʀsi| *m* 1 plazo. 2 MIL prórroga *f*.

surtout *adv* sobre todo.

surveill/er *t* vigilar. **-ance** *f* vigilancia. **-ant, e** *s* vigilante.

survenir ° *i* sobrevenir, ocurrir.

survêtement *m* chandal.

survie *f* supervivencia.

survivant, e *s* superviviente.

survivre ° *i* sobrevivir.

survol *m* vuelo por encima. **-er** *t* sobrevolar.

suscept/ible *a* susceptible. **-ilité** *f* susceptibilidad.

susciter *t* suscitar.

suspect, e |syspɛ(kt), ɛkt| *a/s* sospechoso, a. **-er** *t* sospechar de.

suspend/re *t* 1 *— à un clou*, colgar de un clavo. 2 (interrompre) suspender. **-u, ue** *a* suspendido, a. I *pont —*, puente colgante.

suspens (en) |ãsyspã| *loc adv* en suspenso.

suspension *f* 1 suspensión. 2 (lustre) lámpara. 3 *points de —*, puntos suspensivos.

suspicion *f* desconfianza.

susurrer *i* susurrar.

suture *f* sutura.

Suzanne *n p f* Susana.

svelte *a* esbelto, a.

sycomore *m* sicómoro.

syllabe *f* sílaba.

sylvestre *a* silvestre.

symbol/e *m* símbolo. **-ique** *a*

simbólico, a. **-iser** *t* simbolizar.

symétr/ie *f* simetría. **-ique** *a* simétrico, a.

sympath/ie *f* simpatía. **-ique** *a* simpático, a. **-iser** *i* simpatizar, congeniar.

symphonie *f* sinfonía.

symptôme *m* síntoma.

synagogue *f* sinagoga.

synchroniser *t* sincronizar.

syncope *f* **1** síncope *m* : *avoir une* —, padecer un síncope. **2** MUS síncopa.

syndical, e *a* sindical : *délégués syndicaux,* enlaces sindicales.

-isme *m* sindicalismo. **-iste** *s* sindicalista.

syndicat *m* **1** sindicato. **2** — *d'initiative,* oficina *f* de turismo.

syndiquer (se) *pr* sindicarse.

synonyme *a/m* sinónimo, a.

syntaxe *f* sintaxis.

synth/èse *f* síntesis. **-étique** *a* sintético, a.

Syrie *n p f* Siria.

syrien, enne *a/s* sirio, a.

systématique *a* sistemático, a.

système *m* **1** sistema. **2** FAM *taper sur le* —, incordiar.

T

t *m* t *f* : *un t*, una t.

t' ⇒ **te.**

ta *a poss* tu. ⇒ **ton.**

tabac |taba| *m* tabaco. I *bureau de* —, estanco.

tabernacle *m* tabernáculo.

table *f* 1 mesa : *se mettre à* —, sentarse a la mesa. I — *de nuit*, mesita de noche ; — *roulante*, carrito *m* ; — *ronde*, mesa redonda ; *faire* — *rase*, hacer tabla rasa. 2 — *des matières*, índice *m*. 3 — *de multiplication*, tabla de multiplicar.

tableau *m* 1 cuadro. 2 — *noir*, pizarra *f*. 3 — *d'affichage*, tablón de anuncios. 4 — *de bord*, tablero de mandos ; (d'une voiture) salpicadero.

tablette *f* 1 (rayon) repisa. 2 (de chocolat) tableta.

tablier *m* delantal.

tabou *m* tabú.

tabouret *m* taburete.

tache *f* 1 mancha. 2 — *de rousseur*, peca.

tâche *f* tarea, labor.

tacher *t* manchar.

tâcher *i* procurar, tratar de : *tâche d'arriver à l'heure*, procura llegar a hora.

tacheté, e *a* moteado, a.

tacite *a* tácito, a.

taciturne *a* taciturno, a.

tacot *m* FAM cacharro, coche viejo.

tact |takt| *m* tacto.

tactique *a/f* táctico, a.

taffetas |tafta| *m* tafetán.

Tage *n p m* Tajo.

taie *f* — *d'oreiller*, funda de almohada.

taille *f* 1 estatura : *par rang de* —, por orden de estatura. 2 talle *m* :

— *fine*, talle esbelto. I *tour de* —, medida *f* de la cintura. 3 (des pierres) tallado *m*. I *pierre de* —, sillar *m*. 4 (des arbres) poda, tala.

taille-crayon |tajkʀɛjɔ̃| *m* sacapuntas.

tailler *t* 1 cortar. 2 (pierre) tallar. 3 (arbre) podar, talar : — *un rosier*, podar un rosal. 4 (crayons) sacar punta a. □ FAM *se* —, largarse.

tailleur *m* 1 sastre. 2 (costume de femme) traje sastre, traje de chaqueta.

taillis |taji| *m* monte bajo.

taire ° *t* callar. □ *se* —, callarse : *tais-toi !*, ¡cállate ! ; *taisez-vous !*, ¡cállese ! ; ¡cállense !

talc |talk| *m* talco.

talent *m* talento.

taloche *f* FAM torta, pescozón *m*.

talon *m* 1 (du pied) talón. 2 (d'une chaussure) tacón. 3 (d'un carnet) matriz *f*.

talonner *t* acosar.

talus |taly| *m* talud.

tambour *m* 1 tambor : *jouer du* —, tocar el tambor. I — *de basque*, pandereta *f*. 2 TECHN tambor. **-in** *m* tamboril.

tamis |tami| *m* tamiz.

Tamise *n p f* Támesis *m*.

tamiser *t* tamizar, cerner.

tampon *m* 1 (bouchon) tapón. 2 (pour encrer) tampón. 3 (cachet) sello. 4 (oblitération) matasellos. 5 (de wagon) tope.

tamponn/er (se) *pr* chocar. **-ement** *m* choque.

tanche *f* tenca.

tandis que |tɑ̃dikə| *loc conj* mientras que.

tangage *m* cabeceo.

tangente *a/f* tangente.

tangible *a* tangible.

tango *m* tango.

tanguer *i* cabecear.

tanière *f* guarida.

tanin *m* tanino.

tank [tᾶk] *m* tanque.

tann/er *t* 1 curtir. 2 FAM (agacer) fastidiar. **-erie** *f* curtiduría. **-eur** *m* curtidor.

tant *adv* 1 tanto. | — *bien que mal*, mal que bien ; — *qu'à faire*, puesto que no hay otro remedio ; — *s'en faut*, ni mucho menos ; — *mieux !*, ¡mejor que mejor !, ¡tanto mejor ! ; — *pis !*, ¡ tanto peor ! ; — *pis pour toi*, peor para ti ; *en — que*, en calidad de. 2 — *de*, tanto, a, os, as : — *de fleurs*, tantas flores. 3 — *que*, mientras : — *que je vivrai*, mientras viva. □ *m — pour cent*, tanto por ciento ; *un — soit peu*, un poquito.

tante *f* tía.

tantôt *adv* 1 (cet après-midi) esta tarde. 2 — *triste*, — *gai*, ya triste, ya alegre.

taon [tᾶ] *m* tábano.

tapag/e *m* alboroto. | *faire du* —, alborotar. **-eur, euse** *a* alborotador, a.

tape *f* palmada.

tape-à-l'œil [tapalœj] *a* llamativo, a.

tap/er *t* 1 pegar, golpear. 2 — *à la machine*, escribir a máquina. 3 FAM — *un ami de cent francs*, dar un sablazo a un amigo pidiéndole cien francos. □ *i* 1 *le soleil tape dur*, el sol pega, aprieta de firme. 2 — *dans l'œil*, caer en gracia. 3 — *sur les nerfs*, crispar los nervios. □ POP *se — un travail ennuyeux*, cargarse con un trabajo molesto. **-eur, euse** *s* FAM sablista *m*.

tapioca *m* tapioca *f*.

tapir (se) *pr* agazaparse.

tapis [tapi] *m* alfombra *f*. | *tapis-brosse*, felpudo. 2 (de table) tapete. 3 — *roulant*, transportador de cinta.

tapiss/er *t* 1 (avec du papier) empapelar. 2 cubrir. **-erie** *f* 1 (étoffe) tapiz *m*. 2 (art) tapicería. **-ier, ère** *s* tapicero, a.

tapoter *t* dar golpecitos en.

taquin, e *a* travieso, a. **-er** *t* hacer rabiar. **-erie** *f* provocación, broma fastidiosa.

tard [taʀ] *adv* tarde. | *au plus* —, a más tardar. **-er** *i* tardar. □ *impers il me tarde de...*, estoy impaciente por... **-if, ive** *a* tardío, a.

tare *f* 1 defecto *m*. 2 (poids) tara.

targette *f* pestillo *m*.

tarif *m* tarifa *f*.

tarir *t* secar. □ *i* secarse, agotarse.

tarte *f* tarta. **-lette** *f* tartita.

tartine *f* — *de confiture, de beurre*, rebanada de pan con mermelada, con mantequilla.

tartre *m* sarro.

tas [ta] *m* montón.

tasse *f* taza.

tasser *t* comprimir. □ *pr* 1 (s'affaisser) hundirse. 2 (se serrer) apretujarse. 3 (se recroqueviller) achapararrarse. 4 FAM (s'arranger) arreglarse.

tâter *t* 1 palpar, tentar. | — *le pouls*, tomar el pulso. 2 sondear. | — *le terrain*, tantear el terreno. □ FIG *se* —, reflexionar, preguntarse.

tâtonn/er *i* 1 ir a tientas. 2 FIG titubear. **-ement** *m* ensayo.

tâtons (à) *loc adv* a tientas.

tatou/er *t* tatuar. **-age** *m* tatuaje.

taudis [todi] *m* tugurio.

taup/e *f* topo *m*. **-inière** *f* topera.

taur/eau *m* toro : — *de combat*, toro de lidia. **-omachie** *f* tauromaquia.

taux [to] *m* 1 *placer de l'argent au* — *de 7 %*, colocar dinero con interés del 7 %. | — *de change*, cambio. 2 porcentaje, índice, tasa *f* : — *de mortalité*, tasa de mortalidad.

taverne *f* taberna.

tax/e *f* 1 tasa. 2 impuesto *m*. **-ation** *f* tasación. **-er** *t* 1 (les prix) tasar. 2 poner un impuesto a, gravar.

taxi *m* taxi. I *chauffeur de —*, taxista.

taxiphone *m* teléfono público.

Tchécoslovaquie *n p f* Checoslovaquia.

tchèque *a/s* checo, a.

te, t' *pron pers* te.

technicien, enne |tɛknisjɛ̃, jɛn] *s* técnico *m*, especialista.

technique |tɛknik] *a/f* técnico, a.

technocrate |tɛtnɔkʀat] *m* tecnócrata.

technologie |tɛknɔlɔʒi] *f* tecnología.

tee-shirt |ti ʃœʀt] *m* camiseta *f*.

teindre ° *t* teñir: *teint en bleu*, teñido de azul. □ *pr elle se teint les cheveux en noir*, se tiñe el pelo de negro.

teint *m* 1 (du visage) tez *f*: *un — hâlé*, una tez tostada. 2 tinte. I *tissu bon —*, tejido de color sólido.

teint/e *f* tinte *m*, color *m*. **-er** *t* teñir.

teintur/e *f* tintura. **-erie** *f* tintorería. **-ier, ère** *s* tintorero, a.

tel, telle *a* 1 tal: *un — homme*, tal hombre; *de telles dépenses*, tales gastos; *— jour, à telle heure*, tal día, a tal hora. 2 *— que*, tal como. 3 *— quel*, tal cual. □ *pron* 1 *monsieur un —, madame une telle*, el señor fulano, la señora fulana. 2 *rien de — que...*, nada como...; *il n'y a rien de —*, no hay como esto.

télé *f* FAM tele.

télécommander *t* teledirigir.

télécommunication *f* telecomunicación.

téléférique *m* teleférico.

télégramme *m* telegrama.

télégraph/e *m* telégrafo. **-ier** *t* telegrafiar. **-ique** *a* telegráfico, a. **-iste** *m* repartidor de telégrafos.

téléguid/er *t* teledirigir. **-age** *m* dirección *f* a distancia.

télémètre *m* telémetro.

téléobjectif *m* teleobjetivo.

télépathie *f* telepatía.

téléphérique *m* teleférico.

téléphon/e *m* teléfono: *appeler au —*, llamar por teléfono. I *coup de —*, llamada *f* telefónica, telefonazo. **-er** *t/i* telefonear. **-ique** *f* telefónico, a. **-iste** *s* telefonista.

télescope *m* telescopio.

télescoper *t* chocar. □ *pr les deux trains se sont télescopés*, los dos trenes han chocado.

télescopique *a* telescópico, a.

télésiège *m* telesilla *f*.

téléski *m* telesquí.

téléspectateur, trice *s* televidente.

télévis/ion *f* televisión **-er** *t* televisar. **-eur** *m* televisor.

tellement |tɛlmɑ̃] *adv* 1 (= si) tan. 2 (= tant) tanto, a: *il a — souffert!*, ¡ha sufrido tanto!

témér/aire *a* temerario, a. **-ité** *f* temeridad.

témoign/er *t* 1 atestiguar, testimoniar. I *— de*, dar pruebas de. 2 (un sentiment) manifestar, mostrar. **-age** *m* 1 testimonio. 2 muestra *f*, prueba *f*: *un — d'affection*, una muestra de cariño.

témoin *m* 1 testigo: *prendre à —*, tomar como testigo. 2 (dans un mariage) padrino, madrina *f*. 3 (preuve) prueba *f*. 4 *appartement —*, piso piloto.

tempe *f* sien: *les tempes*, las sienes.

tempérament *m* 1 temperamento. 2 *vente à —*, venta a plazos.

tempér/ant, e *a* temperante. **-ance** *f* templanza.

température *f* temperatura.

tempér/er ° *t* templar. **-é, ée** *a* templado, a.

tempête *f* 1 tempestad. 2 (sur terre) tormenta: *— de neige*, tormenta de nieve.

temple *m* templo.

temporaire *a* temporal.

temporel, elle *a* temporal.

temporiser *i* diferir.

temps [tã] *m* **1** tiempo: *je n'ai pas le — de m'amuser*, no tengo tiempo para divertirme; *perdre son —*, perder el tiempo; *passer le —*, hacer tiempo. I *à plein —*, con plena dedicación; *de — en —*, de cuando en cuando; *de mon —*, en mis tiempos; *en même —*, al mismo tiempo; *il est — de...*, ya es hora de... **2** tiempo: *quel — fait-il?*, ¿qué tiempo hace?; *mauvais —*, mal tiempo. I *gros —*, temporal.

tenac/e *a* tenaz. **-ité** *f* tenacidad.

tenailles *f pl* tenazas.

tendanc/e *f* tendencia. **-ieux, euse** *a* tendencioso, a.

tendon *m* tendón.

¹**tendre** *a* **1** tierno, a. I *— enfance*, tierna edad. **2** (couleur) suave.

²**tendre** *t* **1** (une corde, etc.) tender. **2** (arc, piège) armar. **3** *— le bras*, alargar el brazo. **4** (donner) dar, alcanzar: *il tendit son billet au contrôleur*, dió, alcanzó el billete al revisor. □ *i — à*, tender a: *la situation tend à s'améliorer*, la situación tiende a mejorarse.

tendresse *f* ternura.

tendu, e *a* tenso, a.

ten/èbres *f pl* tinieblas. **-ébreux, euse** *a* tenebroso, a.

teneur *f* contenido *m*.

tenir ° *t* **1** *— son enfant par la main*, llevar al niño de la mano. **2** (en serrant) sujetar: *tiens-moi la porte*, sujétame la puerta. **3** (contenir) contener. **4** (un espace) ocupar. **5** *— sa droite*, ir por la derecha. **6** (une réunion) celebrar. **7** (un commerce) llevar. **8** *— sa parole*, cumplir su palabra. **9** *— pour certain*, tener por cierto. □ *i* **1** estar sujeto, a. **2** *le malade ne tient pas sur ses jambes*, el enfermo no se aguanta de pie. **3** *— bon*, resistir, **4** caber: *ça ne tient pas*

dans la valise, esto no cabe en la maleta; *nous tiendrons bien à six dans la voiture*, cabremos los seis en el coche. **5** (durer) durar. **6** *je tiens à cet objet*, tengo apego a este objeto; *je tiens à y aller*, tengo empeño en ir alli; *je n'y tiens pas*, no me apetece. **7** *son échec tient à deux raisons*, su fracaso se debe a dos razones. **8** *il ne tient qu'à vous*, sólo depende de usted. **9** *tiens!*, (surprise) ¡hombre! □ *pr* **1** *se — à la rampe*, agarrarse a la barandilla; *se — par la main*, ir cogidos de la mano. **2** *se — debout*, quedarse de pie. I *tiens-toi droit!*, ¡ponte derecho! **3** *se — tranquille*, estarse tranquilo; *se — mal*, portarse mal. **4** *savoir à quoi s'en —*, saber a qué atenerse.

tennis *m* tenis. I *chaussures de —*, zapatillas de tenis.

ténor *m* tenor.

tension *f* tensión.

tentacule *m* tentáculo.

tentant, e *a* tentador, a.

tentateur, trice *a/s* tentador, a.

tentation *f* tentación.

tentative *f* tentativa.

tente *f* tienda de campaña.

tenter *t* **1** (séduire) tentar: *se laisser —*, dejarse tentar. I *ça ne me tente pas*, no me apetece. **2** (essayer) intentar. I *— de*, tratar de, intentar. **3** *— sa chance*, probar fortuna; *tentez votre chance!*, ¡pruebe su suerte!

tenture *f* colgadura.

tenu, e *a* **1** *être — à*, estar obligado a. **2** *bien —*, bien cuidado.

ténu, e *a* tenue.

tenue *f* **1** (maintien) modales *m pl*. **2** traje *m*, uniforme *m* : *— de soirée*, traje de etiqueta; *en —*, de uniforme.

térébenthine *f* trementina.

tergiverser *i* andar con rodeos.

¹**terme** *m* **1** (délai) término, plazo: *à court —*, a corto plazo. **2** (loyer) alquiler.

²**terme** *m* (mot) término. l *en d'autres termes,* dicho de otro modo.

termin/er *t* terminar, acabar. **-aison** *f* terminación. **-al, e** *a* terminal. □ *m* (aérogare) terminal *f*.

terminus [tɛʀminys] *m* término.

termite *m* comején, termes.

tern/e *a* apagado, a. **-ir** *t* empañar.

terrain *m* 1 terreno. l *— vague,* descampado, solar. 2 (de sports, d'aviation) campo.

terrasse *f* 1 terraza. 2 (toiture plate) azotea.

terrass/er *t* 1 (renverser) tirar al suelo. 2 abatir. **-ement** *m* desmonte, nivelación *f*. **-ier** *m* peón zapador.

terr/e *f* 1 tierra. 2 suelo *m* : *jeter par —,* tirar al suelo ; *assis par —,* sentado en el suelo. 3 *— glaise,* barro *m*, greda. l *— cuite,* barro cocido ; *une — cuite,* una terracota. **-eau** *m* mantillo.

terre-plein *m* terraplén.

terrestre *a* terrestre.

terreur *f* terror *m*.

terreux, euse *a* terroso, a.

terrible *a* terrible.

terrier *m* madriguera *f*.

terrifi/er *t* aterrar. **-ant, e** *a* terrorífico, a.

terrine *f* cazuela de barro.

territ/oire *m* territorio. **-orial, e** *a* territorial.

terroir *m* terruño.

terror/iser *t* aterrorizar. **-isme** *m* terrorismo. **-iste** *s* terrorista.

tertiaire [tɛʀsjɛʀ] *a* terciario, a.

tertre *m* montículo.

tes *a poss* tus. ⇒ **ton.**

test *m* test, prueba *f*.

testament *m* testamento.

têtard [tɛtaʀ] *m* renacuajo.

tête *f* 1 cabeza. l *— nue,* con la cabeza descubierta ; *la — la première,* de cabeza ; *mal de —,* dolor de cabeza ; *j'en ai par-dessus la —,* estoy hasta la coronilla ; *il n'en fait qu'à sa —,* sólo hace lo que le da la gana ; *tenir — à,* resistir a. 2 *— de mort,* calavera. 3 (visage) cara. l *faire la —,* poner mala cara ; *tu en fais une —!,* ¡la cara que pones! ; *faire la — à quelqu'un,* estar de morros con alguien. 4 *la — du lit,* la cabecera de la cama;

tête-à-queue *m* vuelta completa.

tête-à-tête *m* entrevista *f* entre dos personas, tête-à-tête. l *en —,* mano a mano.

tét/er ° *t* mamar. **-ine** *f* 1 teta. 2 (d'un biberon) tetina.

têtu, e *a* testarudo, a, terco, a.

Texas [tɛksas] *n p m* Tejas.

texte *m* texto.

textile *a/m* textil.

thé *m* té.

théâtr/e *m* teatro : *pièce de —,* obra de teatro. l *coup de —,* suceso imprevisto. **-al, e** *a* teatral.

théière *f* tetera.

thème *m* 1 tema. 2 traducción *f*.

théolog/ie *f* teología. **-ien** *m* teólogo.

théorème *m* teorema.

théor/ie *f* teoría. **-icien, enne** *s* teórico, a.

thérapeutique *a/f* terapéutico, a.

Thérèse *n p f* Teresa.

thermal, e *a* termal. l *station thermale,* balneario *m*.

thermomètre *m* termómetro.

thermos [tɛʀmos] *f* termo *m*.

thermostat *m* termostato.

thèse *f* tesis.

Thomas *n p m* Tomás.

thon *m* atún.

thor/ax *m* tórax. **-acique** *a* torácico, a.

thym [tɛ̃] *m* tomillo.

tibia *m* tibia *f*.

tic *m* tic.

ticket [tikɛ] *m* billete, tíquet.

tiède *a* tibio, a, templado, a.

tiédeur *f* tibieza.

tiédir *t* templar. □ *i* entibiarse.

tien, tienne *a/pr poss* tuyo, a. □ pl *les tiens,* los tuyos.

tiens ⇒ **tenir.**

tiers, tierce [tjɛʀ, tjɛʀs] *a* tercer, a. I *une tierce personne,* una tercera persona. □ *m* tercera parte *f* : *les deux* —, las dos terceras partes.

tige *f* 1 (de plante) tallo *m.* 2 (barre) varilla, barra.

tigr/e, esse *s* tigre. **-é, ée** *a* atigrado, a.

tilleul *m* 1 (arbre) tilo. 2 (infusion) tila *f.*

timbale *f* 1 MUS timbal *m.* 2 (gobelet) cubilete *m.*

timbre *m* 1 (sonnerie, son) timbre. 2 (postal, cachet) sello : *un* — *à un franc,* un sello de un franco. I *timbre-poste,* sello. 3 (fiscal) timbre.

timbr/er *t* 1 (une lettre) franquear. 2 (un document) timbrar. **-é, ée** *a* 1 *enveloppe timbrée,* sobre sellado. 2 FAM (fou) chiflado, a.

timid/e *a* tímido, a. **-ité** *f* timidez.

timonier *m* timonel.

timoré, e *a* timorato, a.

tintamarre *m* estruendo.

tint/er *i* 1 tocar, tañer. 2 (oreilles) zumbar. **-ement** *m* 1 tañido, tintineo. 2 zumbido.

tir *m* 1 tiro : — *au pistolet,* tiro con pistola. 2 — *forain,* tiro al blanco.

tirade *f* 1 (au théâtre) parlamento *m.* 2 FIG parrafada.

tirage *m* 1 (d'une cheminée) tiro. 2 (impression) tirada *f.* 3 (photo) prueba *f.* 4 — *au sort,* sorteo.

tiraill/er *t* dar tirones. **-ement** *m* FIG desacuerdo.

tirant d'eau *m* MAR calado.

tiré, e *a traits tirés,* facciones cansadas.

tire-bouchon *m* sacacorchos.

tirelire *f* hucha.

tirer *t* 1 tirar de : — *une remorque,* tirar de un remolque. 2 — *les rideaux,* correr las cortinas. 3 — *un coup de fusil,* disparar la escopeta. 4 (un trait) trazar. 5 (extraire) sacar : — *la langue, une conclusion,* sacar la lengua, una conclusión. 6 (imprimer) tirar. 7 (photo) — *une épreuve,* sacar una copia. 8 — *un chèque,* extender un cheque. □ *i* 1 (cheminée) tirar. 2 — *sur une corde,* tirar de una cuerda. 3 — *sur le vert,* tirar a verde. 4 (arme à feu) — *sur quelqu'un,* disparar a alguien. 5 — *à l'arc,* tirar con arco. □ *pr* 1 POP (s'en aller) largarse. 2 *s'en* —, salir bien.

tiret *m* 1 raya *f.* 2 (trait d'union) guión.

tireur, euse *s* tirador, a.

tiroir *m* cajón.

tisane *f* tisana.

tison *m* tizón. **-nier** *m* hurgón.

tiss/er *t* tejer. **-age** *m* tejido. **-erand, e** *s* tejedor, a.

tissu *m* tejido. I *tissu-éponge,* tela *f* de rizo.

titre *m* 1 título. 2 *à juste* —, con toda la razón ; *à* — *de,* en concepto de. 2 *les gros titres,* los grandes titulares. 3 — *de transport,* billete.

tituber *i* titubear.

titulaire *a/s* titular.

toast [tost] *m* 1 brindis. I *porter un* —, brindar. 2 (pain grillé) tostada *f.*

toboggan *m* tobogán.

toc *m bijou en* —, joya de bisutería.

tocsin *m* toque a rebato.

toi *pron pers* (sujet) tú, (complément) te, ti : —, *tais-toi!,* ¡tú, cállate! ; *un autre que* —, otro que tú ; *c'est* — *qui commences,* empiezas tú ; *à* — *de jouer,* a ti te toca jugar. I *avec* —, contigo.

toile *f* 1 tela. I — *cirée,* hule *m* ; — *d'araignée,* telaraña. 2 (forte pour bâches, tentes, etc.) lona. 3 (peinture) lienzo *m.*

toilette *f* 1 aseo *m* : *cabinet de* —,

cuarto de aseo. | *faire sa* —, lavarse. 2 (vêtement) traje *m*. □ pl *les toilettes*, el aseo, el lavabo.

toison *f* vellón *m*.

toit *m* 1 tejado. 2 (d'une voiture) — *ouvrant*, techo corredizo. 3 FIG techo. **-ure** *f* techumbre.

tôle *f* chapa.

tolér/er ° *t* tolerar. **-able** *a* tolerable. **-ance** *f* tolerancia. **-ant, e** *a* tolerante.

tomate *f* tomate *m*.

tomb/e *f* tumba, sepultura. **-eau** *m* sepulcro.

tombée f *à la* — *de la nuit*, al anochecer.

tomber *i* 1 caer, caerse : *il est tombé*, (se) ha caído ; *il est tombé à la renverse*, se cayó de espaldas ; — *de sommeil*, caerse de sueño. 2 — *malade*, caer enfermo. 3 *ça tombe mal*, esto viene mal ; *vous tombez bien*, llega usted en buena coyuntura. 4 FAM *laisse* —, déjalo, no hagas caso.

tombereau *m* volquete.

tombola *f* tómbola.

tome *m* tomo.

¹**ton, ta, tes** *a poss* tu, tus : — *oncle et ta tante*, tu tío y tu tía.

²**ton** *m* tono. **-alité** *f* 1 tonalidad. 2 (téléphone) señal.

tond/re *t* 1 (animaux) esquilar. 2 (cheveux) cortar, rapar. 3 (gazon) cortar. **-euse** *f* 1 maquinilla de cortar el pelo. 2 — *à gazon*, corta-césped *m*.

tonifier *t* tonificar.

tonique *a/m* tónico, a.

tonnage *m* MAR arqueo.

tonne *f* (poids) tonelada.

tonn/eau *m* 1 tonel, cuba *f*. 2 *faire un* —, dar una vuelta de campana. **-elier** *m* tonelero.

tonnelle *f* cenador *m*.

tonner *i* tronar : *il tonne*, truena.

tonnerre *m* 1 trueno. | *coup de* —, trueno. 2 FAM *du* —, bárbaro, a, macanudo, a.

topaze *f* topacio *m*.

topographie *f* topografía.

toquade *f* FAM chifladura.

toque *f* gorro *m*.

toqu/é, e *a* FAM chiflado, a. **-er (se)** *pr se* — *de*, chiflarse por.

torche *f* antorcha, tea.

torchon *m* paño (de cocina), trapo.

tordant, e *a* FAM mondante.

tordre *t* torcer. □ *pr* 1 *je me suis tordu la cheville*, me torcí el tobillo. 2 *se* — *de rire*, desterni-llarse de risa.

tornade *f* tornado *m*.

torpeur *f* entorpecimiento *m*.

torpill/e *f* torpedo *m*. **-er** *t* torpedear. **-eur** *m* torpedero.

torréfier *t* tostar. | *café torréfié*, café torrefacto.

torrent *m* torrente. | *il pleut à torrents*, llueve a cántaros. **-iel, elle** *a* torrencial.

torride *a* tórrido, a.

torse *m* torso. | — *nu*, desnudo de la cintura para arriba.

torsion *f* torsión.

tort [tɔʀ] *m* 1 (faute) culpa *f*. | *avoir* —, estar equivocado, a ; *avoir* — *de*, hacer mal en ; *à* —, injustamente ; *à* — *et à travers*, a tontas y a locas. 2 *faire du* — *à*, perjudicar a.

torticolis [tɔʀtikɔli] *m* torticolis.

tortiller *t* retorcer. □ *se* —, retorcerse.

tortue *f* tortuga.

tortueux, euse *a* tortuoso, a.

tortur/e *f* tortura. **-er** *t* torturar.

tôt [to] *adv* 1 pronto : *le plus* — *possible*, lo más pronto posible. | *au plus* —, cuanto antes. 2 temprano : *se lever* —, levantarse temprano. | — *ou tard*, tarde o temprano.

total, e *a/m* total. **-iser** *t* totalizar. **-itaire** *a* totalitario, a. **-ité** *f* totalidad.

toubib *m* FAM médico.

touchant, e *a* conmovedor, a.

touche *f* 1 (de peinture) pincelada. 2 (d'un piano, d'une machine à écrire) tecla. 3 *ligne de* —, línea de banda.

¹**toucher** *t* 1 tocar. 2 *où peut-on vous* — ?, ¿ dónde se le puede localizar ? 3 — *de l'argent, un chèque,* cobrar dinero, un cheque. 4 (émouvoir) conmover. 5 (concerner)·concernir, afectar a. 6 — *à,* tocar : *ne touche pas à ce vase,* no toques este jarrón. 7 — *à sa fin,* tocar a su fin. □ *se* —, tocarse.

²**toucher** *m* tacto.

touff/e *f* 1 (d'herbe) mata. 2 (de cheveux) mechón *m.* **-u, ue** *a* 1 espeso, a. 2 frondoso, a.

toujours *adv* 1 siempre : *pour* —, para siempre. 2 (encore) todavía : *il n'est* — *pas là,* todavía no ha llegado. I — *est-il que...,* lo cierto es que...

toupet *m* FAM cara *f* : *avoir du* —, tener cara, tener la cara dura.

toupie *f* trompo *m.*

¹**tour** *f* torre.

²**tour** *m* 1 vuelta *f* : *faire le* — *du monde,* dar la vuelta al mundo ; *faire un* —, dar una vuelta. 2 circunferencia *f.* I — *de hanches,* medida *f* de las caderas. 3 turno, vez *f* : *c'est mon* —, es mi turno ; *à* — *de rôle,* por turno ; *chacun son* —, cada uno a su vez. 4 *mauvais* —, mala pasada *f* ; *jouer un sale* —, gastar una mala faena. 5 (machine) torno.

tourbe *f* turba.

tourbillon *m* torbellino. **-ner·** *i* arremolinarse.

tourelle *f* 1 torrecilla. 2 (char d'assaut, etc.) torreta.

tour/isme *m* turismo. I *une voiture de* —, un turismo. **-iste** *s* turista. **-istique** *a* turístico, a.

tourment *m* tormento. **-er** *t* atormentar. □ *se* —, inquietarse.

tournage *m* (d'un film) rodaje.

tournant, e *a* giratorio, a. □ *m* curva *f,* vuelta *f.*

tourne-disque *m* tocadiscos.

tournedos [tuRnədo] *m* filete.

tournée *f* 1 (d'inspection, théâtrale) gira. 2 *la* — *du facteur,* la ronda del cartero. 3 FAM *payer une* —, pagar la ronda.

tourner *t* 1 (une manivelle, etc.) girar. 2 — *le dos, les yeux vers,* volver la espalda, los ojos hacia. 3 — *un film,* rodar una película. 4 — *en ridicule,* ridiculizar. □ *i* 1 girar. 2 — *autour de,* dar vueltas alrededor de. 3 torcer, doblar : *tournez à droite,* tuerza a la derecha. 4 *le vent a tourné,* el viento ha cambiado. 5 (le lait) cortarse. 6 *ce garçon a mal tourné,* este muchacho se ha descarriado, se ha echado a perder ; *ça a mal tourné,* ha salido mal. 7 *la tête me tourne,* me mareo. □ *se* — *vers,* volverse hacia.

tournesol *m* girasol.

tournevis [tuRnəvis] *m* destornillador.

tourniquet *m* torniquete.

tournoi *m* torneo.

tour/noyer ° [tuRnwaje] *i* 1 remolinar. 2 revolotear. **-noiement** *m* remolino.

tournure *f* 1 giro *m.* 2 — *d'esprit,* manera de ver las cosas.

tourterelle *f* tórtola.

Toussaint *f* fiesta de todos los santos.

tousser *i* toser.

tout, toute, tous, toutes *a/pron* todo, a, os, as : *toute la France,* toda Francia ; *tous les jours,* todos los días. I *tous les huit jours,* cada ocho días ; *tous les deux,* ambos ; *toutes les deux,* ambas. □ *adv* 1 — *blanc,* todo blanco ; — *pourri,* completamente podrido. 2 — *triste,* muy triste ; — *près,* muy cerca ; *toute petite,* pequeñita, muy pequeña ; — *seul,* solo. I — *à coup,* de repente ; — *à fait,* completamente ; *en* —, en total ; *c'est* —, eso es todo. 3 *il lit* — *en mangeant,* lee

mientras come. □ *m* **1** todo. **2** *le —
est de...*, lo importante es... **3** *pas
du —*, de ningún modo ; *pas mal du
—*, nada mal ; *rien du —*, en absoluto.

toutefois [tutfwa] *adv* sin
embargo, no obstante.

toutou *m* FAM perrito.

tout-puissant, toute-puissante
a/m todopoderoso, a.

toux [tu] *f* tos.

toxique *a/m* tóxico, a.

trac *m* FAM *avoir le —*, tener un
canguelo, tener mieditis.

tracas *m* preocupación *f*. **-ser** *t*
inquietar, preocupar. □ *se —*,
inquietarse. **-serie** *f* complicación.

trace *f* huella.

trac/er *t* trazar. **-é** *m* trazado.

trachée *f* traquea.

tract *m* octavilla *f*.

tracteur *m* tractor.

traction *f* tracción.

tradition *f* tradición. **-nel, elle** *a*
tradicional.

tradu/ire ° *t* traducir : *— en
anglais*, traducir al inglés. **-cteur,
trice** *s* traductor, ora. **-ction** *f*
traducción.

trafic *m* tráfico.

trafiqu/er *i* traficar. □ *t* (frelater)
adulterar. **-ant, e** *s* traficante.

tragéd/ie *f* tragedia. **-ien, enne**
s actor trágico, actriz trágica.

tragique *a* trágico, a. I *prendre au
—*, tomar por lo trágico.

trah/ir *t* **1** traicionar. **2** (un secret)
descubrir, revelar. □ *se —*, descubrirse. **-ison** *f* traición.

train *m* **1** tren : *voyager par le —*,
viajar por tren. I *aller à fond de —*,
ir a toda mecha. **2** *être en —*, estar
en forma ; *mettre un travail en —*,
empezar un trabajo. **3** *être en — de*,
estar + gérondif : *il est en — de
dormir*, está durmiendo.

traînard, e *s* rezagado, a.

traînasser *i* barzonear.

traîneau *m* trineo.

traînée *f* reguero *m*.

traîner *t* **1** arrastrar. □ *i* **1** (pendre
à terre) arrastrar, colgar. **2** andar
rodando : *ses vêtements traînent
partout*, sus vestidos andan
rodando por todas partes. **3** —
dans les rues, vagar por las calles.
4 *cette affaire traîne (en longueur)*,
este asunto no acaba nunca. **5** (un
malade) ir tirando. □ *se —*, arrastrarse.

train-train *m* rutina *f*.

traire ° *t* ordeñar.

trait *m* **1** (ligne) raya *f*. I —
d'union, guión. **2** rasgo, caracterís-
tica *f*. I *— d'esprit*, agudeza *f* ;
avoir — à, referirse a. **3** *partir
comme un —*, salir pitando ; *boire
d'un —*, beber de un trago. **4**
animal de —, animal de tiro. □ *pl*
(du visage) rasgos, facciones *f*. I *à
grands traits*, a grandes rasgos.

traite *f* **1** COM letra de cambio. **2**
d'une seule —, tout d'une —, de un
tirón. **3** (du lait) ordeño *m*.

traité *m* tratado.

traitement *m* **1** tratamiento. **2**
(salaire) sueldo.

traiter *t* **1** tratar. **2** (un malade)
asistir. □ *i livre qui traite de...*,
libro que trata de...

traîtr/e, esse *a/s* traidor, a. I *en
—*, traidoramente. **-eusement**
adv traidoramente. **-ise** *f*
traición.

trajectoire *f* trayectoria.

trajet *f* trayecto.

trame *f* trama.

tramway [tramwɛ] *m* tranvía.

tranchant, e *a* cortante. □ *m* filo,
corte.

tranche *f* **1** (de pain) rebanada ;
(de jambon, etc.) lonja, tajada ; (de
saucisson, etc.) rodaja. **2** (d'un
livre) canto *m*.

tranchée *f* **1** zanja. **2** MIL
trinchera.

trancher *t* **1** cortar. **2** (une
difficulté) zanjar. □ *i* **1** decidir. **2**

(couleurs) resaltar.

tranquill/e [tʀɑ̃kil] *a* tranquilo, a. **-isant** *m* tranquilizante. **-iser** *t* tranquilizar. **-ité** *f* tranquilidad.

transaction *f* transacción.

transat [tʀɑ̃zat] *m* tumbona *f*.

transatlantique *a/m* transatlántico, a.

transbord/er *t* transbordar. **-ement** *m* transbordo. **-eur** *m* transbordador.

transcendant, e *a* trascendente.

transcr/ire ° *t* transcribir. **-iption** *f* transcripción.

transept [tʀɑ̃sɛpt] *m* crucero.

transférer ° *t* trasladar, transferir.

transfert *m* 1 traslado. 2 (de fonds, en psychologie) transferencia *f*.

transfigurer *t* transfigurar.

transform/er *t* transformar. **-ateur** *m* transformador. **-ation** *f* transformación.

transfusion *f* transfusión.

transgresser *t* transgredir.

transi, e *a* transido, a.

transiger ° *i* transigir.

transistor *m* transistor.

transit [tʀɑ̃sit] *m* tránsito. **-er** *i* pasar de tránsito.

transitif, ive *a* transitivo, a.

transit/ion *f* transición. **-oire** *a* transitorio, a.

translucide *a* translúcido, a.

trans/mettre ° *t* transmitir. **-metteur** *m* transmisor. **-mission** *f* transmisión.

transpar/aître ° *i* transparentarse. **-ence** *f* transparencia. **-ent, e** *a* transparente.

transpercer ° *t* atravesar.

transpir/er *i* transpirar. **-ation** *f* transpiración.

transplanter *t* trasplantar.

transport *m* transporte. I *transports en commun,* transportes colectivos.

transport/er *t* 1 transportar. 2 FIG arrebatar, entusiasmar. **-eur** *m* transportista.

transpos/er *t* transponer. **-ition** *f* transposición.

transvaser *t* trasegar.

transversal, e *a* transversal.

trap/èze *m* trapecio. **-éziste** *s* trapecista.

trapp/e *f* trampa. **-eur** *m* trampero.

trappiste *m* trapense.

trapu, e *a* rechoncho, a.

traquenard [tʀaknaʀ] *m* trampa *f*.

traquer *t* acosar.

traumatisme *m* traumatismo.

travail [tʀavaj] *m* trabajo: — *manuel,* trabajo manual. I — *à la chaîne,* producción *f* en cadena. □ *pl* 1 *les travaux des champs,* las faenas del campo. 2 obras *f*: *ministère des travaux publics,* ministerio de obras públicas; *attention, travaux!,* ¡ cuidado, obras!

travaill/er *t* trabajar, labrar. □ *i* 1 trabajar. 2 (se gondoler) alabearse. **-eur, euse** *a/s* trabajador, a.

travers *m* 1 *en —,* de través. 2 *à — la vitre,* a través de los cristales; *au — de,* a través de. I *à — champs,* a campo traviesa. 3 *de —,* de través. I *la bouche de —,* la boca torcida; *regarder de —,* mirar con mala cara. 4 (défaut) defecto.

traverse *f* (voie ferrée) traviesa.

traversée *f* travesía.

traverser *t* atravesar.

traversin *m* almohada *f*.

travest/ir *t* disfrazar. I *bal travesti,* baile de disfraces. **-issement** *m* disfraz.

trébucher *i* tropezar.

trèfle *m* trébol.

treillage *m* enrejado *m*.

treille *f* parra.

treillis [tʀɛji] *m* 1 (métallique) enrejado. 2 (tenue militaire) traje de maniobra.

treiz/e *a/m* trece. **-ième** *a/s* decimotercio, a. | le — *siècle*, el siglo trece.

tréma *m* diéresis *f*.

tremblant, e *a* tembloroso, a.

tremble *m* álamo temblón.

trembl/er *i* temblar : *il tremble de froid*, tiembla de frío ; *sa voix tremble*, le tiembla la voz. **-ement** *m* 1 temblor. 2 — *de terre*, terremoto. **-ôter** *i* temblequear.

trémousser (se) *pr* agitarse.

trempe *f* (d'un métal, caractère) temple *m*.

tremper *t* 1 (mouiller) calar. | *je suis trempé*, estoy hecho una sopa. 2 (du pain) remojar. 3 (métaux) templar. □ *i* estar en remojo. □ *se* —, remojarse.

tremplin *m* trampolín.

trent/e *a/m* treinta. **-aine** *f* treintena. **-ième** *a/s* trigésimo, a.

trépaner *t* trepanar.

trépid/er *i* trepidar. **-ation** *f* trepidación.

trépied |tRepje] *m* trípode.

trépigner *i* patalear.

très |tRε] *adv* 1 muy : — *joli*, muy bonito. 2 *il fait — froid*, hace mucho frío.

trésor *m* tesoro. **-erie** *f* tesorería. **-ier, ère** *s* tesorero, a.

tressaill/ir ° *i* estremecerse. **-ement** *m* estremecimiento.

tressauter *i* sobresaltarse.

tress/e *f* trenza. **-er** *t* trenzar.

tréteau *m* caballete. □ *pl* tablas *f*, tablado *sing*.

treuil |tRœj] *m* torno de mano.

trève *f* tregua.

tri *m* selección *f*. **-age** *m* selección *f*.'

triang/le *m* triángulo. **-ulaire** *a* triangular.

tribord *m* estribor.

tribu *f* tribu.

tribulation *f* tribulación.

tribunal *m* tribunal : *devant les tribunaux*, ante los tribunales.

tribune *f* tribuna.

tribut *m* tributo. **-aire** *a* tributario, a.

trich/er *i* hacer trampas. **-erie** *f* trampa. **-eur, euse** *s* tramposo, a.

tricolore *a* tricolor.

tricorne *m* tricornio.

tricot [tRiko] *m* 1 tejido de punto. 2 (chandail) jersey. | — *de corps*, camiseta *f*. **-er** *t/i* hacer punto, hacer media : *elle tricote un cachenez*, hace una bufanda de punto.

trier *t* escoger.

trigonométrie *f* trigonometría.

trimbaler *t* FAM llevar a rastras.

trimestr/e *m* trimestre. **-iel, elle** *a* trimestral.

tringle *f* varilla.

trinité *f* trinidad.

trinquer *i* 1 brindar. 2 FAM (subir un préjudice) pagar el pato.

trio *m* trío.

triomph/e [tRijɔ̃f] *m* triunfo. **-al, e** *a* triunfal. **-ateur, trice** *s* triunfador, a. **-er** *i* triunfar. | — *d'une difficulté*, vencer una dificultad, triunfar sobre una dificultad.

trip/es *f* 1 (plat) callos *m*. 2 POP (de l'homme) tripas. **-erie** *f* tripería.

tripl/e *a/m* triple. **-er** *t* triplicar.

tripot/er *t* manosear. **-age** *m* chanchullo.

triptyque *m* tríptico.

trique *f* garrote *m*.

trist/e *a* triste. **-esse** *f* tristeza.

triturer *t* triturar.

trivial, e *a* grosero, a. **-ité** *f* grosería.

troc *m* trueque.

troène *m* alheña *f*.

trognon *m* troncho.

trois |tRwa] *a/m* tres. | — *cents*, trescientos, as. **-ième** *a/s* tercero, a : *au — étage*, en el tercer piso.

trolleybus [tʀɔlɛbys] *m* trolebús.

trombe *f* tromba.

trombone *m* 1 trombón. 2 (agrafe) clip.

trompe *f* trompa.

tromper *t* engañar. □ *se* —, equivocarse : *je me suis trompé de route*, me equivoqué de carretera. **-ie** *f* engaño *m*.

trompette *f* 1 trompeta. 2 *nez en* —, nariz respingona. □ *m* trompeta.

trompeur, euse *a* engañoso, a.

tronc [tʀɔ̃] *m* 1 tronco. 2 (dans une église) cepo.

tronçon *m* 1 trozo. 2 (de route) tramo.

tronçonn/er *t* cortar en trozos. **-euse** *f* tronzadora.

trône *m* trono.

tronquer *t* truncar.

trop [tʀo] *adv* 1 demasiado : *c'est* — *cher*, es demasiado caro. I *de* —, *en* —, de más : *vingt grammes de* —, veinte gramos de más. 2 — *de*, demasiado, a, os, as : — *de choses*, demasiadas cosas.

trophée *m* trofeo.

tropi/que *m* trópico. **-cal, e** *a* tropical.

trop-plein *m* 1 desaguadero. 2 exceso.

troquer *t* trocar, cambiar.

trot [tʀo] *m* trote.

trotte *f* FAM tirada, tirón *m* : *d'ici chez toi, ça fait une* —, hay una tirada de aquí a tu casa.

trott/er *i* 1 trotar. 2 corretear. **-iner** *t* andar a pasos cortos.

trottoir *m* acera *f*.

trou *m* 1 agujero. 2 (dans la terre) hoyo. 2 — *d'air*, bache. 4 (de la serrure) ojo. 5 FAM (village) poblacho.

trouble *a* 1 turbio, a. 2 confuso, a. □ *m* (émotion) turbación *f*. □ *pl* 1 (émeute) disturbios. 2 (de la santé, du comportement) trastornos.

trouble-fête *m* aguafiestas.

troubler *t* 1 (liquider) enturbiar. 2

(l'ordre, l'esprit) turbar. □ *se* —, turbarse.

trouée *f* 1 abertura. 2 brecha.

trouer *t* agujerear.

trouill/e *f* POP canguelo *m* : *avoir la* —, tener canguelo. **-ard, e** *s* cagueta.

troupe *f* 1 tropa. 2 (de comédiens) compañía.

troupeau *m* rebaño.

trousse *f* estuche *m* : — *de toilette*, estuche de aseo. □ *pl la police est à ses trousses*, la policía le va al alcance.

trousseau *m* 1 — *de clefs*, manojo de llaves. 2 (linge) ajuar, equipo.

trouvaille *f* hallazgo *m*.

trouver *t* 1 encontrar, hallar : *je ne trouve pas mon porte-monnaie*, no encuentro mi monedero. 2 (croire) *vous trouvez ?*, ¿ usted cree ? □ *pr* 1 (dans un endroit) encontrarse. 2 sentirse, encontrarse : *je me trouve bien ici*, me siento a gusto aquí. I *se* — *mal*, desmayarse. □ *impers il se trouve que...*, ocurre que..., da la casualidad que...

truc *m* 1 (procédé) truco. 2 FAM (chose) chisme.

trucage ⇒ **truquage.**

truculent, e *a* truculento, a.

truelle *f* llana.

truff/e *f* trufa. **-er** *t* trufar.

truie *f* cerda.

truite *f* trucha.

truqu/er *t* falsificar. **-age** *m* truco cinematográfico, trucaje.

tsar *m* zar.

¹tu *pron pers* tú (souvent omis, sert à renforcer) : — *es*, eres.

²tu ⇒ **taire.**

tuant, e *a* (fatigant) agobiante.

tube *m* 1 tubo. 2 FAM canción *f* de éxito.

tubercule *m* tubérculo.

tubercul/ose *f* tuberculosis. **-eux, euse** *a/s* tuberculoso, a.

tubulaire *a* tubular.

tu/er *t* matar. □ *se* — *au travail*,

matarse trabajando. **-erie** *ʃ*
matanza.

tue-tête (à) |atytɛt| *loc adv* a
grito pelado.

tueur, euse *s* asesino, a, pistolero,
a.

tuile *ʃ* 1 teja. 2 FAM *quelle — !*, ¡ qué
chasco !

tulipe *ʃ* tulipán *m*.

tuméfié, e *a* hinchado, a,
tumefacto, a.

tumeur *ʃ* tumor *m*.

tumult/e *m* tumulto. **-ueux,
euse** *a* tumultuoso, a.

tunique *ʃ* túnica.

Tunis |tynis| *n p* Túnez.

Tunisie *n p ʃ* Túnez *m*.

tunisien, enne *a/s* tunecino, a.

tunnel *m* túnel.

turban *m* turbante.

turbine *ʃ* turbina.

turbiner *i* POP trajinar.

turboréacteur *m* turborreactor.

turbot *m* rodaballo.

turbul/ent, e *a* turbulento, a.
-ence *ʃ* turbulencia.

turc, turque *a/s* turco, a.

turf *m* deporte hípico.

turlupiner *t* FAM poner negro, a,
inquietar.

Turquie *n p ʃ* Turquía.

turquoise *ʃ* turquesa. □ *a* color
turquesa.

tutelle *ʃ* tutela.

tuteur, trice *s* tutor, a.

tut/oyer ° |tytwaje| *t* tutear, tratar
de tú. **-oiement** *m* tuteo.

tuyau |tɥijo| *m* 1 tubo : *—
d'échappement*, tubo de escape. I *—
d'arrosage*, manga *ʃ* de riego. 2
FAM (renseignement) informe
confidencial. **-terie** *ʃ* tubería.

tuyère |ty(ɥi)jɛR| *ʃ* tobera.

tympan *m* tímpano.

type *m* 1 tipo. 2 FAM tipo, tío : *un
chic —*, un tío estupendo ; *pauvre
—*, pobre tipo, desgraciado.

typhoïde |tifɔid| *a/ʃ* tifoidea.

typhon |tifɔ̃| *m* tifón.

typhus |tifys| *m* tifus.

typique *a* típico, a.

typograph/e *s* tipógrafo, a. **-ie** *ʃ*
tipografía.

tyran *m* tirano. **-nie** *ʃ* tiranía.
-nique *a* tiránico, a. **-niser** *t*
tiranizar.

tyrolien, enne *a/s* tirolés, esa.

U

u *m* u *f* : *un* −, una u.

ulc/ère *m* úlcera *f* : − *à l'estomac*, úlcera de estómago. **-érer** ° *t* FIG herir, ofender.

ultérieur, e *a* ulterior.

ultimatum [yltimatɔm] *m* ultimátum.

ultime *a* último, a.

ultra-violet, ette *a* ultravioleta.

un, une *a* uno, a (un devant un substantif masculin) : − *mètre*, un metro ; *il est une heure*, es la una. | − *à* −, de uno en uno, uno por uno ; *pas* −, ninguno, ni uno ; *pas* − *seul survivant*, ningún superviviente. □ *art indéf* un, a : − *bruit*, un ruido. □ *pron* uno, a : *l'* − *d'eux*, uno de ellos ; *l'* − *et l'autre*, uno y otro ; *l'une après l'autre*, una tras otra ; *aimez-vous les uns les autres*, amaos los unos a los otros ; *les uns disent*, unos dicen. □ *f* (d'un journal) *à la une*, en primera plana.

unanim/e *a* unánime. **-ité** *f* unanimidad : *à l'*−, por unanimidad.

uni, e *a* **1** unido, a. **2** (surface, couleur) liso, a : *étoffe unie*, tela lisa.

unifier *t* unificar.

uniform/e *a/m* uniforme. **-iser** *t* uniformar. **-ité** *f* uniformidad.

unilatéral, e *a* unilateral.

union *f* unión.

unique *a* único, a. **-ment** *adv* únicamente.

unir *t* unir.

unisson *m à l'*−, al unísono.

unité *f* unidad.

univers *m* universo. **-el, elle** *a* universal.

universit/é *f* universidad. **-aire** *a* universitario, a. □ *s* profesor, a de la Universidad.

uranium [yranjɔm] *m* uranio.

urb/ain, e *a* urbano, a. **-anisme** *m* urbanismo.

urée *f* urea.

urg/ent, e *a* urgente. **-ence** *f* urgencia. | *d'*−, urgentemente.

urin/e *f* orina. **-aire** *a* urinario, a. **-er** *i* orinar. **-oir** *m* urinario.

urne *f* urna.

urticaire *f* urticaria.

uruguayen, enne *a/s* uruguayo, a.

usag/e *m* **1** uso : *à l'* − *de*, para uso de ; *faire* − *de*, hacer uso de. | *hors d'*−, inutilizable. **2** (coutume) costumbre *f*. **-é, ée** *a* usado, a.

usager, ère *s* usuario, a.

us/er *i* − *de*, hacer uso de. □ *t* gastar. □ *s'*−, gastarse. **-é, ée** *a* **1** usado, a, gastado a, desgastado, a : *pull* − *aux coudes*, jersey gastado en los codos. **2** *un homme* −, un hombre gastado.

usine *f* fábrica.

usité, e *a* usado, a.

ustensile *m* utensilio.

usuel, elle *a* usual.

¹usure *f* (détérioration) desgaste *m*.

²usur/e *f* usura. **-ier** *m* usurero.

usurp/er *t* usurpar. **-ateur, trice** *s* usurpador, a.

utérus [yterys] *m* útero.

util/e *a* útil. **-iser** *t* utilizar. **-itaire** *a* utilitario, a. **-ité** *f* utilidad.

utop/ie *f* utopía. **-ique** *a* utópico, a.

V

v |ve| *m* **v** *f* : *un —*, una v.

va ⇒ **aller.**

vacances *f pl* vacaciones : *partir en —*, marcharse de vacaciones ; *les grandes —*, las vacaciones de verano.

vacant, e *a* **1** (sans titulaire) vacante, desierto, a. **2** libre.

vacarme *m* alboroto.

vaccin |vaksɛ̃| *m* vacuna *f*. **-ation** *f* vacunación. **-er** *t* vacunar.

vache *f* **1** vaca. **2** FAM *une vieille —*, un hueso.

vachement *adv* FAM *— gentil*, la mar de amable.

vacher, ère *s* vaquero, a.

vachette *f* vaqueta.

vacill/er *i* vacilar. **-ant, e** *a* vacilante. **-ation** *f* vacilación.

vadrouille *f* FAM garbeo *m*. | *en —*, de paseo.

va-et-vient |vaevjɛ̃| *m* vaivén.

vagabond, e *a/s* vagabundo, a. **-age** *m* vagabundeo. **-er** *i* vagabundear, vagar.

¹vague *f* ola. | *— de chaleur*, ola de calor.

²vague *a* **1** vago, a. **2** *terrain —*, descampado, solar.

vaill/ant, e *a* valiente. **-ance** *f* valentía.

vain, e *a* vano, a. | *en —*, en vano.

vain/cre ° *t* vencer. **-cu, ue** *a/s* vencido, a. **-queur** *a/m* vencedor, a.

vais ⇒ **aller.**

vaisseau *m* **1** (bateau) buque, navío. | *— spatial*, nave *f* espacial. **2** vaso : *— sanguin*, vaso sanguíneo.

vaisselle *f* vajilla. | *faire la —*, lavar los platos.

val *m* valle.

valable *a* válido, a.

Valence *n p* (en Espagne) Valencia.

valet *m* **1** criado, mozo. **2** (cartes) sota *f*.

valeur *f* **1** valor *m*. | *mettre en —*, (une terre) beneficiar ; (mettre en évidence) destacar. **2** *homme de grande —*, hombre de gran valía. □ *pl* COM valores.

valide *a* válido, a.

validité *f* validez.

valise *f* **1** maleta. **2** *— diplomatique*, valija diplomática.

vallée *f* valle *m*.

vallon *m* vallecito, cañada *f*. **-né, e** *a* ondulado, a.

valoir ° *i/t* valer : *combien vaut ce livre ?*, ¿cuánto vale este libro ? ; *il vaudrait mieux partir*, más valdría marcharse. | *il vaut mieux qu'il ne le sache pas*, mejor que no se entere ; *ça vaut mieux !*, ¡es preferible ! ; *cela ne me dit rien qui vaille*, eso me da mala espina. □ *se —*, ser equivalentes.

vals/e *f* vals *m*. **-er** *i* bailar un vals.

valve *f* válvula.

vampire *m* vampiro.

vandal/e *s* vándalo, a. **-isme** *m* vandalismo.

vanille *f* vainilla.

vanit/é *f* vanidad. **-eux, euse** *a* vanidoso, a.

vanne *f* compuerta.

vanner *t* ahechar. | FAM *je suis vanné*, estoy molido.

vannerie *f* cestería.

vant/er *t* alabar. □ *se —*, jactarse. **-ard, e** *a/s* jactancioso, a. **-ardise** *f* jactancia.

vapeur *f* vapor *m* : *machine à —*, máquina de vapor. □ *m* vapor.

vaporis/er *t* vaporizar. **-ateur** *m*

vaporizador.

varech |varɛk] *m* fuco.

vareuse *f* **1** marinera. **2** guerrera, chaquetón *m*.

variable *a* variable.

variante *f* variante.

variation *f* variación.

varices *f pl* varices.

varicelle *f* varicela.

varier *t/i* variar.

variété *f* variedad. □ *pl* variedades.

variole *f* viruela.

Varsovie *n p* Varsovia.

¹**vase** *m* **1** vaso, vasija *f*. **2** (à fleurs) jarrón, florero.

²**vase** *f* cieno *m*.

vaseline *f* vaselina.

vaseux, euse *a* **1** cenagoso, a. **2** FAM (fatigué) pachucho, a.

vasistas |vazistas] *m* tragaluz.

vasque *f* pilón *m*.

vaste *a* vasto, a, amplio, a.

Vatican *n p m* Vaticano.

vaurien, enne *s* granuja, golfo, a.

vaut ⇒ **valoir**.

vautour *m* buitre.

vautrer (se) *pr* revolcarse.

veau *m* **1** ternero. **2** (viande) ternera *f*. **3** (cuir) becerro.

vécu ⇒ **vivre**.

vedette *f* **1** (bateau) lancha motora. **2** (artiste) estrella, vedette. **3** *mettre en* —, destacar.

végétal, e *a* vegetal. □ m *les végétaux*, los vegetales.

végétarien, enne *a/s* vegetariano, a.

végétation *f* vegetación. □ *pl* MED vegetaciones.

végéter ° *i* vegetar.

véhém/ent, e *a* vehemente. **-ence** *f* vehemencia.

véhicule *m* vehículo.

veille *f* **1** vigilia. **2** víspera : *la* — *de Noël*, la víspera de Navidad. I *à la* — *de...*, en vísperas de...

veillée *f* velada.

veill/er *i* **1** velar. **2** — *sur quelqu'un*, cuidar de alguien. **3** — *à ce que...*, procurar que... □ *t* — *un malade*, velar a un enfermo. **-eur** *m* — *de nuit*, vigilante nocturno. **-euse** *f* **1** lamparilla. **1** (d'un chauffe-eau) llama piloto.

veinard, e *a/s* FAM afortunado, a.

veine *f* **1** vena. **2** (filon) veta. **3** FAM (chance) suerte.

vélin *m* vitela *f*.

velléité *f* veleidad.

vélo *m* FAM bici *f*.

vélodrome *m* velódromo.

vélomoteur *m* velomotor.

velours *m* **1** (uni) terciopelo. **2** — *côtelé*, pana *f*.

velouté, e *a* aterciopelado, a.

velu, e *a* velludo, a.

vénal, e *a* venal.

vendable *a* vendible.

vendang/e *f* vendimia. **-er** ° *t/i* vendimiar. **-eur, euse** *s* vendimiador, a.

vendeur, euse *s* **1** vendedor, a. **2** (dans un magasin) dependiente, a.

vendre *t* vender : *à* —, se vende ; *vendu*, vendido.

vendredi *m* viernes.

vénéneux, euse *a* venenoso, a.

vénér/er ° *t* venerar. **-able** *a* venerable. **-ation** *f* veneración.

vénérien, enne *a* venéreo, a.

vénézuelien, enne *a/s* venezolano, a.

vengeance |vãʒãs] *f* venganza.

veng/er ° *t* vengar. □ *se* —, vengarse. **-eur, eresse** *a/s* vengador, a.

véniel, elle *a* venial.

ven/in *m* veneno. **-imeux, euse** *a* venenoso, a.

venir ° *i* **1** venir : *il est venu hier*, vino ayer. I *faire* — *le médecin*, llamar al médico. **2** llegar : *le moment est venu de...*, ha llegado el momento de... **3** — *de*, acabar de : *il vient de sortir*, acaba de salir.

Venise *n p* Venecia.

vénitien, enne *a/s* veneciano, a.

vent *m* viento. I *coup de —*, ráfaga *f* de viento, ventolera *f*; FAM *être dans le —*, estar al día.

vente *f* venta. I *service après —*, servicio post-venta.

venteux, euse *a* ventoso, a.

ventilateur *m* ventilador.

ventouse *f* ventosa.

ventr/e *m* vientre. I *à plat —*, de bruces, boca abajo ; *prendre du —*, echar tripa. **-iloque** *s* ventrilocuo, a. **-u, ue** *a* ventrudo, a, panzudo, a.

venu, e *a/s nouveau —*, recién llegado.

venue *f* llegada.

Vénus |venys| *n p f* Venus.

vêpres |vɛpR| *f pl* vísperas.

ver *m* gusano : *— à soie*, gusano de seda. I *— luisant*, luciérnaga *f*.

véracité *f* veracidad.

véranda *f* veranda, mirador *m*.

verbal, e *a* verbal.

verb/e *m* verbo. **-eux, euse** *a* verboso, a. **-iage** *m* verborrea *f*. **-osité** *f* verbosidad.

verdâtre *a* verdoso, a.

verdict |vɛRdik(t)| *m* veredicto.

verd/ir *i* verdear. **-oyant, e** *a* verdeante.

verdure *f* 1 verde *m*. 2 vegetación.

véreux, euse *a* 1 agusanado, a. 2 FIG sospechoso, a.

verge *f* 1 vara. 2 (anatomie) pene *m*.

verger *m* vergel.

verglas *m* hielo, suelo helado.

vergue *f* verga.

véridique *a* verídico, a.

vérifi/er *t* verificar, comprobar. **-cation** *f* verificación.

véritable *a* verdadero, a.

vérité *f* verdad : *en —*, en verdad.

vermeil, eille |vɛRmɛj| *a* bermejo, a. □ *m* plata *f* sobredorada.

vermicelle *m* fideo.

vermifuge *m* vermifugo.

vermillon *m* bermellón.

vermine *f* miseria.

vermoulu, e *a* carcomido, a.

vermouth |vɛRmut| *m* vermut.

vern/is *m* barniz. I *— à ongles*, esmalte para uñas. **-ir** *t* 1 barnizar. 2 (le cuir) charolar. I *souliers vernis*, zapatos de charol. 3 FAM *être verni*, tener suerte. **-issage** *m* 1 barnizado. 2 (d'une exposition) inauguración *f*.

vérole *f petite —*, viruelas *pl*.

Véronique *n p f* Verónica.

verr/e *m* 1 vidrio. I *papier de —*, papel de lija. 2 (de lunettes, montre, etc.) cristal. 3 (à boire) vaso : *un — de vin*, un vaso de vino. I *— à pied*, copa *f*; *prendre un —*, tomar una copa. □ *pl* (lunettes) gafas *f*. **-erie** *f* cristalería. **-ière** *f* (d'une cathédrale) vidriera.

verrou *m* cerrojo. **-iller** *t* cerrar.

verrue *f* verruga.

¹**vers** |vɛR| *m* (poésie) verso.

²**vers** *prép* 1 hacia : *— le nord*, hacia el norte. 2 *— cinq heures*, a eso de las cinco, sobre las cinco.

Versailles |vɛRsɑj| *n p* Versalles.

versant *m* vertiente *f*.

versatile *a* versátil.

verse (à) *loc adv il pleut à —*, llueve a cántaros.

versement *m* pago.

verser *t* 1 *— du vin dans un verre*, echar vino en un vaso. 2 *— du sang, des larmes*, derramar sangre, lágrimas. 3 *— au compte de...*, ingresar en cuenta de... □ *i* 1 (culbuter) volcar. 2 *— dans*, caer en.

versification *f* versificación.

version *f* 1 versión. 2 traducción directa.

verso *m* vuelta *f*, dorso, verso: *lire la suite au —*, leer la continuación al dorso.

vert, e *a* verde. □ *m* verde : *le feu est au —*, el semáforo está en verde.
vert-de-gris [vɛʀdəgʀi] *m* cardenillo.
vert/èbre *f* vértebra. **-ébral, e** *a* vertebral.
vertical, e *a* vertical.
vertig/e *m* vértigo : *avoir le —*, tener vértigo. **-ineux, euse** *a* vertiginoso, a.
vertu *f* virtud. I *en — de*, en virtud de. **-eux, euse** *a* virtuoso, a.
verve *f* inspiración, calor *m*.
verveine *f* verbena.
vésicule *f* vesícula.
vessie *f* vejiga.
veste *f* chaqueta.
vestiaire *m* guardarropa, vestuario.
vestibule *m* vestíbulo.
vestige *m* vestigio.
veston *m* chaqueta *f*, americana *f*.
vêtement *m* vestido. □ *pl* 1 ropa *f sing* : *vêtements usagés*, ropa usada. I *armoire à vêtements*, armario ropero. 2 prendas *f* : *vêtements de sports*, prendas de sport.
vétéran *m* veterano.
vétérinaire *a/s* veterinario, a.
vétille *f* fruslería.
vêtir ° *t* vestir.
veto [veto] *m* veto.
vétuste *a* vetusto, a.
veuf, veuve *a/s* viudo, a.
veuille, veut, etc. ⇒ **vouloir.**
vex/er *t* vejar. □ *se —*, picarse. **-ant, e** *a* molesto, a. **-ation** *f* vejación. **-atoire** *a* vejatorio, a.
viable *a* viable.
viaduc *m* viaducto.
viager, ère *a rente viagère*, renta vitalicia. □ *m* renta *f* vitalicia.
viande *f* carne.
vibr/er *i* vibrar. **-ant, e** *a* vibrante. **-ation** *f* vibración. **-atoire** *a* vibratorio, a.

vicaire *m* vicario.
vice *m* 1 vicio. 2 *— de forme*, defecto de forma.
vice-amiral *m* vicealmirante.
vice-roi *m* virrey.
vicier *t* viciar.
vicieux, euse *a* vicioso, a.
vicinal, e *a* vecinal.
vicissitude *f* vicisitud.
vicomt/e *m* vizconde. **-esse** *f* vizcondesa.
victime *f* víctima.
victoire *f* victoria.
victorieux, euse *a* victorioso, a.
victuailles *f pl* vituallas.
vidang/e *f* 1 (auto) *faire la —*, cambiar el aceite del motor. 2 (d'une fosse) limpieza *f*. **-er** *t* 1 cambiar el aceite. 2 limpiar.
vide *a/m* vacío, a.
vide-ordure *m* colector de basuras.
vide-poches *m* guantera *f*.
vider *t* 1 vaciar. 2 (un poisson, une volaille) limpiar. 3 *— les lieux*, irse. 4 FAM (épuiser) agotar. 5 FAM (expulser) echar.
vie *f* vida. I *être en —*, estar vivo, a ; *avoir la — dure*, tener siete vidas como los gatos ; *de ma —*, en mi vida ; *jamais de la —*, nunca jamás ; *pour la —*, para siempre, de por vida ; *président à —*, presidente vitalicio.
vieil, vieille ⇒ **vieux.**
vieillard [vjɛjaʀ] *m* viejo.
vieillesse *f* vejez.
vieill/ir *i/t* envejecer. **-issement** *m* envejecimiento. **-ot, e** *a* anticuado, a.
viendrai, viens, etc. ⇒ **venir.**
Vienne *n p* Viena.
viennois, e *a/s* vienés, esa.
vierge *a/f* virgen. I *la Sainte Vierge*, la Virgen Santísima.
vietnamien, enne *a/s* vietnamita.
vieux, vieil, vieille [vjø, vjɛj] *a*

viejo, a : *un vieil homme*, un hombre viejo ; *une vieille maison*, una casa vieja ; *un vieil ami*, un viejo amigo. I — *garçon, vieille fille*, solterón, ona ; — *jeu*, anticuado, a. □ *s* viejo, a. I *un petit* —, un viejecito ; *mon* — *!*, ¡hombre !

vif, vive a 1 vivo, a. I *de vive voix*, de viva voz. 2 intenso, a : *froid* —, frío intenso. □ m *plaie à* —, llaga en carne viva ; *piquer au* —, herir en lo vivo.

vigie *f* vigía m.

vigil/ant, e a vigilante. **-ance** *f* vigilancia.

vigne *f* 1 (plante) vid. I *pied de* —, cepa *f*. 2 (plantation de vignes) viña. 3 — *vierge*, cepa virgen. **-ron, onne** *s* viñador, a.

vignette *f* viñeta.

vignoble m viñedo.

vigogne *f* vicuña.

vigoureux, euse a vigoroso, a.

vigueur *f* vigor m. I *en* —, vigente ; *la loi en* —, la ley vigente, que rige.

vil, e a vil.

vilain, e a 1 (laid) feo, a : *quel* — *temps !*, ¡qué tiempo más feo! 2 malo, a, desagradable : *un* — *tour*, una mala pasada.

vilebrequin m 1 berbiquí. 2 (de moteur) cigüeñal.

villa [vila] *f* chalet m.

villag/e [vilaʒ] m pueblo. I *petit* —, pueblecito. **-eois, e** *a/s* aldeano, a.

ville [vil] *f* ciudad : *habiter la* —, vivir en una ciudad. I — *d'eau*, balneario m ; *costume de* —, traje de calle ; *dîner en* —, comer fuera de casa.

villégiature [vileʒjatyʀ] *f* 1 veraneo m : *aller en* —, ir de veraneo. 2 lugar m para pasar las vacaciones.

vin m vino : — *rouge*, vino tinto ; — *de table*, vino de mesa.

vinaigr/e m vinagre. **-ette** *f* vinagreta. **-ier** m vinagrera *f*.

Vincent *n p m* Vicente.

vindicatif, ive a vengativo, a, vindicativo, a.

vingt [vɛ̃] a/m veinte. I *vingt-quatre heures*, veinticuatro horas. **-aine** *f* veintena. **-ième** a vigésimo, a. I *le* — *siècle*, el siglo veinte.

vinicole a vinícola.

vinylique a vinílico, a.

viol m violación *f*.

violacé, e a violáceo, a.

violation *f* violación.

viol/ent, e a violento, a. **-emment** adv violentamente. **-ence** *f* violencia.

violer *t* violar.

violet, ette a/m violado, a, morado, a.

violette *f* violeta.

violon m violín. I — *d'Ingres*, pasatiempo favorito, hobby. **-iste** *s* violinista.

violoncell/e m violoncelo. **-iste** *s* violoncelista.

violoniste *s* violinista.

vipère *f* víbora.

virage m 1 curva *f* : — *dangereux*, curva peligrosa. 2 (photo) viraje.

virement m — *bancaire*, transferencia *f* bancaria ; — *postal*, giro postal.

virer *i* virar. □ *t* 1 — *une somme au compte de*, transferir, girar una cantidad a la cuenta de. 2 FAM (renvoyer) poner de patitas en la calle.

Virginie *n p f* Virginia.

virgule *f* coma.

viril, e a viril, varonil. **-ité** *f* virilidad.

virtuel, elle a virtual.

virtuos/e a virtuoso, a. **-ité** *f* virtuosismo m.

virul/ent, e a virulento, a. **-ence** *f* virulencia.

virus [viʀys] m virus.

vis [vis] *f* 1 tornillo m. 2 *serrer la* — *à quelqu'un*, meter en cintura a alguien.

visa m visado.

visage *m* rostro, cara *f*.

vis-à-vis [vizavi] *adv* uno frente a otro. □ *loc prép* — *de*, (en face de) enfrente de ; (à l'égard de) respecto a.

viscère *m* viscera *f*.

viser *i* **1** apuntar. **2** — *à*, tender a. □ *t* **1** — *la cible*, apuntar al blanco. **2** ambicionar. **3** (un document) visar.

viseur *m* visor.

visib/le *a* visible. **-ilité** *f* visibilidad. I *atterrissage sans* —, aterrizaje a ciegas.

visière *f* visera.

vision *f* visión. **-naire** *a/s* visionario, a.

visit/e *f* **1** visita : *être en* —, estar de visita ; *la* — *du château*, la visita al castillo. I *rendre* — *à quelqu'un*, visitar a alguien. **2** — *médicale*, revisión médica. **-er** *t* visitar. **-eur, euse** *s* visitante.

vison *m* visón.

visqueux, euse *a* viscoso, a.

visser *t* atornillar.

visuel, elle *a* visual.

vis, vit ⇒ **vivre, voir.**

vital, e *a* vital. **-ité** *f* vitalidad.

vitamine *f* vitamina.

vite *adv* de prisa, aprisa : *vous parlez trop* —, usted habla demasiado aprisa. I *au plus* —, lo más pronto posible ; *vite!*, ¡deprisa!, ¡rápido!

vitesse *f* velocidad : *à toute* —, a toda velocidad. I *changement de vitesses*, cambio de marchas ; *en* —, muy de prisa.

viti/cole *a* vitícola. **-culteur** *m* viticultor. **-culture** *f* viticultura.

vitrail [vitʀaj] *m* vidriera : *les vitraux de la cathédrale*, las vidrieras de la catedral.

vitr/e *f* **1** cristal *m*. **2** (d'un train, d'une voiture) ventanilla. **-é, ée** *a porte vitrée*, puerta vidriera. **-ier** *m* vidriero.

vitrifier *t* vitrificar.

vitrine *f* **1** (d'un magasin) escaparate *m*. **2** (armoire) vitrina.

vitriol *m* vitriolo.

vivac/e *a* vivaz : *plantes vivaces*, plantas vivaces. **-ité** *f* vivacidad.

vivant, e *a* vivo, a : *langue vivante*, lengua viva ; *être* —, estar vivo. □ *m les vivants*, los vivos. I *de son* —, cuando vivía ; *du* — *de*, en vida de.

vivier *m* vivero.

vivifier *t* vivificar.

¹vivre ° *i* vivir : *il a longtemps vécu en Australie*, ha vivido mucho tiempo en Australia. I *qui vive ?*, ¿quién vive? ; *vive le roi!*, ¡viva el rey!

²vivres *m pl* víveres.

vocabulaire *m* vocabulario.

vocal, e *a* vocal.

vocation *f* vocación.

vociférer ° *i/t* vociferar.

vœu *m* **1** (promesse des religieux, souhait) voto : *faire des vœux pour*, hacer votos por. **2** felicitación *f* : *vœux de nouvel an*, felicitaciones de Año Nuevo. I *meilleurs vœux*, muchas felicidades.

vogue *f* boga : *être en* —, estar en boga.

voici, voilà *prép* **1** — *une photo*, he aquí una foto ; — *mon cousin*, éste es mi primo ; — *mes enfants*, éstos son mis hijos ; — *ma maison et voilà la sienne*, ésta es mi casa y aquélla la suya, aquí está mi casa y ahí está la suya ; *l'homme que* —, este hombre ; *le* —, hele aquí. **2** (en donnant) — *mon passeport*, aquí tiene mi pasaporte. **3** ya : — *le train qui arrive*, ya llega el tren ; *nous* — *arrivés*, ya hemos llegado ; *voilà, j'arrive!*, ¡ya voy! **4** hace : — *un an qu'il est parti*, hace un año que se marchó. **5** *en voilà assez!*, ¡basta! ; *se acabó!* ; *en voilà une idée!*, ¡vaya ocurrencia! ; *voilà tout*, eso es todo, nada más.

voie *f* **1** vía : — *ferrée*, vía férrea ; — *de garage*, vía muerta. I *mettre* *sur la* —, encaminar ; *être en bonne* —, estar en buen camino. 2 (*d'une route*) carril *m*. 3 *Voie lactée*, Vía láctea.

voilà ⇒ **voici**.

¹voile *m* velo.

²voile *f* 1 vela : *bateau à voiles*, barco de vela. I *faire de la* —, practicar la vela. 2 *vol à* —, vuelo sin motor.

voiler *t* 1 velar, cubrir con un velo. 2 (*cacher*) ocultar. 3 *photo voilée*, foto velada. 4 — *une roue*, torcer una rueda. □ *se* —, velarse.

voilier *m* velero.

voilure *f* velamen *m*.

voir ° *t/i* 1 ver : *je n'avais pas vu l'agent*, no había visto al guardia ; *fais* —!, *voyons!*, ¡a ver!; — *page 40*, véase página 40 ; *on verra bien*, ya veremos. 2 (*réprobation*) *voyons!*, ¡vamos !

voirie *f* 1 vialidad. 2 servicios *m pl* de limpieza. 3 (*dépotoir*) vertedero *m*.

voisin, e *a/s* vecino, a. **-age** *m* 1 (*proximité*) vecindad *f*, cercanía *f*. 2 (*les voisins*) vecindario.

voiture *f* 1 coche *m* : — *de sport, de course*, coche deportivo, de carreras. 2 (*de train*) coche *m*. I *en* — !, ¡al tren ! 3 — *à bras*, carrito de mano ; — *d'enfant*, cochecito de niño.

voix [vwa] *f* 1 voz : *des* — *rauques*, voces roncas ; *parler d'une* — *aiguë*, hablar con voz aguda. I *à* — *haute, basse*, en voz alta, baja ; *à mi-voix*, a media voz. 2 (*suffrage*) voto *m*. I *mettre aux* —, poner a votación.

¹vol *m* vuelo : *prendre son* —, alzar el vuelo ; — *à voile*, vuelo sin motor. I *à* — *d'oiseau*, en línea recta.

²vol *m* robo. I — *à main armée*, atraco.

volaille *f* 1 aves *pl* de corral. 2 *une* —, un ave.

volant, e *a* volante. I *feuille*

volante, hoja suelta. □ *m* volante.

volatil, e *a* volátil. **-iser** *t* volatilizar.

vol-au-vent [vɔlovã] *m* vol-au-vent.

volcan *m* volcán. **-ique** *a* volcánico, a.

volée *f* 1 (*d'oiseaux*) bandada. 2 (*de coups*) paliza. 3 *les cloches sonnent à toute* —, repican las campanas. 4 (*tennis*) volea.

¹voler *i* volar : *l'avion vole*, el avión vuela.

²voler *t* robar, hurtar.

volet *m* postigo.

voleter ° *i* revolotear.

voleur, euse *a/s* ladrón, ona. I *au* —!, ¡ladrones !

volière *f* pajarera.

volley-ball [vɔlɛbol] *m* balonvolea.

volontaire *a/s* 1 voluntario, a. 2 (*obstiné*) voluntarioso, a.

volonté *f* voluntad : *mettre de la mauvaise* — *à...*, poner mala voluntad en... I *vin à* —, vino a discreción, a voluntad.

volontiers [vɔlɔ̃tje] *adv* de buena gana. I *très* —, con mucho gusto.

volt *m* voltio. **-age** *m* voltaje.

volte-face *f* 1 *faire* —, dar media vuelta. 2 FIG cambio *m* de opinión.

voltiger ° *i* revolotear.

volubile *a* 1 (*plante*) voluble. 2 (*bavard*) locuaz.

volum/e *m* 1 volumen. 2 *dictionnaire en cinq volumes*, diccionario en cinco volúmenes. **-ineux, euse** *a* voluminoso, a.

volupt/é *f* voluptuosidad. **-ueux, euse** *a* voluptuoso, a.

volute *f* voluta.

vom/ir *t/i* vomitar. **-issement** *m* vómito.

vont ⇒ **aller**.

vorac/e *a* voraz. **-ité** *f* voracidad.

vos [vo] (pluriel de votre) *a* 1 vuestros, as. 2 (avec vouvoiement) sus.

vot/e *m* 1 voto : *droit de —*, derecho de voto ; *— par correspondance*, voto por correo. 2 votación *f*. **-ant, e** *s* votante. **-er** *i* votar : *— en blanc*, votar en blanco.

votre *a* 1 vuestro, a. 2 (avec vouvoiement) su : *— majesté*, su majestad.

vôtre *pron poss* 1 (avec tutoiement) le *—*, el vuestro ; *la —*, la vuestra. 2 (avec vouvoiement) le *—*, el suyo ; *la —*, la suya.

vouer *t* consagrar.

vouloir ° *t* 1 querer : *veux-tu un bonbon ?*, ¿ quieres un caramelo ? ; *je ne veux pas*, no quiero ; *je voudrais savoir*, quisiera saber ; *comme vous voudrez*, como quiera. I *que voulez-vous que j'y fasse ?*, ¿ qué le vamos a hacer ? ; *— du bien à quelqu'un*, desearle bien a alguien ; *en — à quelqu'un*, guardar rencor a alguien ; *s'en — de*, reprocharse a sí mismo. 2 *veux-tu te taire !*, ¡ haz el favor de callarte ! ; *veuillez vous asseoir*, siéntese, por favor. 3 *en temps voulu*, en el momento oportuno.

vous *pron pers* 1 (sujet avec tutoiement) vosotros, as. 2 (sujet singulier avec vouvoiement) usted : *— êtes jeune*, usted es joven. 3 (sujet pluriel avec vouvoiement) ustedes : *— êtes jeunes*, ustedes son jóvenes. 4 (complément avec tutoiement) os. 5 (complément singulier avec vouvoiement) le, la : *monsieur, je — écoute*, señor, le escucho ; *j'ai tardé à — répondre*, tardé en contestarle. 6 (complément pluriel avec vouvoiement) les, las. 7 (avec un autre complément) se : *je — le jure*, se lo juro (a usted). [usted, ustedes s'écrivent en abrégé = Ud., Uds.].

voût/e *f* bóveda. **-er (se)** *pr* encorvarse. I *un vieillard voûté*, un anciano encorvado.

vou/voyer [vuvwaje] *t* tratar de usted. **-voiement** *m* tratamiento de usted.

voyag/e [vwajaʒ] *m* viaje : *partir en —*, ir de viaje ; *être en —*, estar de viaje ; *— d'agrément, de noces*, viaje de recreo, de bodas. **-er** *i* viajar. **-eur, euse** *s* viajero, a. I *— de commerce*, viajante de comercio.

voyant, e [vwajã, ãt] *a* (qui attire l'œil) llamativo, a. □ *s* (devin) vidente. □ *m — lumineux*, piloto.

voyelle [vwajɛl] *f* vocal.

voyou [vwaju] *m* golfo, granuja.

vrac (en) *loc adv* sin embalar.

vrai, e *a* verdadero, a. I *à — dire*, a decir verdad ; *c'est —*, es verdad ; *pas — ?*, ¿ verdad ? □ *m être dans le —*, estar en lo cierto. **-ment** *adv* verdaderamente, de veras. I *vraiment ?*, ¿ de verdad ?

vraisembl/able *a* verosímil. **-ance** *f* verosimilitud.

vrille *f* 1 (de plante) zarcillo *m*. 2 (outil) barrena.

vromb/ir *i* zumbar. **-issement** *m* zumbido.

vu, e *p p* de voir. □ *a* 1 *ni — ni connu*, ni visto ni oído. 2 *être mal —*, estar mal visto. □ *prép — les circonstances*, en vista de las circunstancias.

vue *f* 1 vista. I *à — d'œil*, a ojos vista ; *bien en —*, bien a la vista ; *payable à —*, pagadero a la vista ; *point de —*, punto de vista. 2 *en — de*, con miras a.

vulg/aire *a* vulgar. **-ariser** *t* vulgarizar. **-arité** *f* vulgaridad.

vulnérable *a* vulnerable.

W

w |dubləve| *m* w *f* : *un* –, una w.

wagon |vagɔ̃| *m* vagón, coche : *wagon-citerne,* vagón cisterna ; *wagon-lit,* coche cama ; *wagon-restaurant,* vagón restaurante. **-net** *m* vagoneta *f*.

wallon, onne |walɔ̃, ɔn| *a/s* valón, ona.

waters [watɛʀ] m pl *les* –, el lavabo, el aseo, el water.

watt [wat] *m* vatio.

W.-C. |dubləvese| m pl *les* –, el lavabo, los waters, los w.c.

week-end |wikɛnd| *m* fin de semana.

western |wɛstɛʀn| *m* película *f* del oeste.

whisky |wiski| *m* whisky.

X

x |iks| *m* x *f* : *un* –, una x. I *rayons x,* rayos equis.

Xavier |gsavie| *n p m* Javier.

xénophob/e [ksenɔfɔb] *a/s* xenófobo, a. **-ie** *f* xenofobia.

xérès |gzeʀɛs| *m* jerez.

xylophone |ksilɔfɔn| *m* xilófono.

Y

y |igʀɛk| *m* y *f* : *un* –, una y.

y |i| *adv* allí, ahí : *allez-y à pied,* vaya usted allí andando ; *j'– vais !,* ¡voy !, ¡allá voy ! I *allons-y !,* ¡vamos !; *ah !, j'– suis,* ¡ah !, ya caigo. □ *pron* **1** a él, en él, etc. : *la conférence commence à six heures, j'essaierai d'– assister,* la conferencia empieza a las seis, trataré de asistir a ella ; *j'– pense,* pienso en

ello. I *pensez-y,* piénselo. **2** (expletif) *il* – *a,* hay ; *ça* – *est !,* ¡ya está !

yacht [jɔt] *m* yate.

yaourt |jauʀt| *m* yogur.

yeux ⇒ **œil.**

yoghourt |jɔguʀ(t)| *m* yogur.

yougoslave *a/s* yugoslavo, a.

Yougoslavie *n p f* Yugoslavia.

Z

z |ʒɛd] *m* z *f* : *un* —, una z.

zèbr/e *m* cebra *f*. **-er** *t* rayar.
 -ure *f* raya.

zèle *m* celo : *grève du* —, huelga de
 celo ; *faire du* —, obrar con excesivo celo.

zélé, e *a* celoso, a, afanoso, a.

zénith *m* cenit.

zéro *m* cero.

zeste *m* cáscara *f*.

zézayer ° [zezeje] *i* cecear.

zibeline *f* marta cebelina.

zig/zag *m* zigzag. **-zaguer** *i*
 zigzaguear.

zinc |zɛ̃g] *m* 1 cinc. 2 FAM *sur le* —,
 en el mostrador, en la barra.

zodiaque *m* zodíaco.

zone *f* zona.

zoo *m* zoo.

zoolog/ie *f* zoología. **-ique** *a*
 zoológico, a.

zouave *m* zuavo. I FAM *faire le* —,
 hacer el bobo.

zut ! |zyt] *interj* FAM ¡ cáscaras !

Dictionnaire espagnol-français

Diccionario español-francés

Prononciation de l'espagnol

Toutes les lettres d'un mot espagnol se prononcent.

■ Voyelles

a, i, o se prononcent comme en français ; **e** se prononce toujours *é* (comme dans *été*) ; **u** se prononce toujours *ou* (comme dans *fou*).

Les voyelles n'ont jamais le son nasal. Devant *m* ou *n*, elles gardent leur prononciation : **an** se prononce comme en français dans *Anne*, **en** comme en français dans *abdomen*, **in** comme en français dans *mine*, **on** comme en français dans *bonne*, **un** comme en français dans *toundra*. Lorsqu'elles sont placées l'une à côté de l'autre, elles gardent également leur prononciation : **ai** comme en français dans *maïs*, **au** comme en français dans *aoûtat*, **eu** comme en français dans *Séoul*, etc.

■ Consonnes

b et **v** se prononcent sensiblement de la même façon.

c devant *a, o, u* se prononce comme en français. Devant *e* et *i*, il se prononce approximativement comme le *th* anglais de *thing*.

d en position finale ou dans la terminaison *ado* est presque muet.

g devant *a, o, u* se prononce comme en français ; devant *e* et *i*, il se prononce comme le *j* espagnol (*jota*). Le *u* de *gue, gui* est muet. Mais dans les groupes *gua, guo, güe, güi* il se prononce : *goua, gouo*, etc. ; **gn** se prononce *g-n* comme dans *stagner*.

h n'est jamais aspiré.

que, qui se prononcent *ké, ki*.

r est toujours roulé ; plus fortement en position initiale, après *l, n, s* et quand il est double.

s a toujours le son du *s* double français dans *laisse* (jamais *z*).

t a toujours le son *t*.

x se prononce toujours *cs* (jamais *gz*).

z a la même prononciation que le *c* devant *e* et *i* (comme le *th* anglais).

■ Lettres propres à l'espagnol

ch a le son *tch* comme *tchèque*.

j [x] (appelé *jota*) a un son guttural analogue au *ch* dur allemand.

ll [ʎ] se prononce comme le groupe *lli* dans *million*. En Argentine, se prononce à peu près comme un *j* français.

ñ [ɲ] se prononce comme *gn* dans *agneau*.

■ Accent tonique

Un mot espagnol comporte toujours une syllabe qui est prononcée avec plus d'intensité.

1. les mots terminés par une *voyelle*, un *s* ou un *n* sont accentués sur l'avant-dernière syllabe (*ven**ta**na, a**ca**bas, **di**cen*).

2. les mots terminés par une *consonne* autre que *s* ou *n* sont accentués sur la dernière syllabe (*co**lor**, espa**ñol**, re**loj***).

3. les mots qui font exception aux règles précédentes portent l'accent écrit sur la syllabe tonique (***fá**cil, ac**ción**, ca**fé***).

L'accent écrit permet également de distinguer les mots d'orthographe identique mais de fonction grammaticale distincte, par exemple *el* article (le) de *él* pronom (lui), *mas* conjonction (mais) de *más* adverbe (plus), *solo* adjectif (seul) de *sólo* adverbe (seulement), *te* pronom (te) de *té* nom (thé), *llamo*, j'appelle de *llamó*, il appela, etc.

Voir le tableau de transcription phonétique en tête du dictionnaire.

Notes de grammaire

■ Construction

L'ordre des mots dans la phrase espagnole est à peu près le même qu'en français. Toutefois, la construction espagnole est plus libre et les inversions sont fréquentes : **suena el teléfono** le téléphone sonne ; **se acercan los exámenes** les examens approchent. Souvent, seule l'intonation indique s'il s'agit d'une interrogation ou d'une exclamation. C'est pourquoi dans la langue écrite, on fait précéder les phrases interrogatives ou exclamatives d'un signe **¿** ou **¡** (**¿llueve mucho en Santander?** est-ce qu'il pleut, pleut-il beaucoup à Santander ?).

■ Le pluriel (noms et adjectifs)

Les mots terminés par une voyelle atone prennent un **s** : (*libro, libros*).
Les mots terminés par une consonne, un *y* ou un *i* prennent *es* : *el hotel, los hoteles ; el rey, los reyes*. **Attention** : les mots terminés par **z** changent ce *z* en *c* devant *es* : *el juez, los jueces*.

■ Les suffixes

Les suffixes **diminutifs** sont d'un emploi très fréquent en espagnol. Leur fonction est d'exprimer la petitesse et surtout de nuancer les mots auxquels ils se lient en leur conférant une nuance affective : tendresse, amour, pitié, etc.
La terminaison **ito, a** est la plus usuelle (*pájaro > pajarito*, petit oiseau ; *casa > casita*, petite maison, maisonnette ; *solo > solito*, tout seul).
Cette terminaison devient **cito, a** pour les mots terminés par *e, n, r* (*pobre > pobrecito*) et **ecito, a** pour les monosyllabes (*flor > florecita*) ou les mots à diphtongue (*rueda > ruedecita*). Autres suffixes diminutifs : **illo, uelo**. Les suffixes **azo, ote, ucho** impliquent souvent une nuance péjorative.

■ Superlatif

Le superlatif absolu se forme avec **muy** + adjectif ou avec le suffixe **-ísimo, a** : *alto > muy alto, altísimo*, très haut.

Les nombres

■ Nombres cardinaux

0	cero	30	treinta
1	uno, una	31	treinta y uno
2	dos	32	treinta y dos
3	tres	40	cuarenta
4	cuatro	50	cincuenta
5	cinco	60	sesenta
6	seis	70	setenta
7	siete	80	ochenta
8	ocho	90	noventa
9	nueve	100	ciento, cien
10	diez	101	ciento uno
11	once	200	doscientos, -as
12	doce	300	trescientos, -as
13	trece	400	cuatrocientos, -as
14	catorce	500	quinientos, -as
15	quince	600	seiscientos, -as
16	dieciséis	700	setecientos, -as
17	diecisiete	800	ochocientos, -as
18	dieciocho	900	novecientos, -as
19	diecinueve	1.000	mil
20	veinte	1.000.000	un millón
21	veintiuno	1.000.000.000	mil millones
22	veintidós		

Attention : *un millar* un millier ; *mil millones* un milliard.

La conjonction y est toujours intercalée entre les dizaines et les unités : *treinta y tres* 33 ; *cuarenta y cuatro* 44.
Les centaines s'accordent : **trescientas páginas** trois cents pages.

■ Nombres ordinaux

Dans le langage courant, on n'emploie guère que les dix ou douze premiers (*primero, segundo, tercero, cuarto, quinto, sexto, séptimo, octavo, noveno, décimo, undécimo, duodécimo*), placés après le nom quand il s'agit de souverains, papes, siècles, chapitres : **Felipe Segundo** Philippe II ; **capítulo décimo** chapitre dix. On remplace les autres par le nombre cardinal correspondant.

Pronoms personnels compléments

Ils se placent :
1. avant le verbe, comme en français, à l'indicatif et au subjonctif (**te avisaré** je te préviendrai ; **nos llaman** on nous appelle).
2. après le verbe et soudé à lui à l'infinitif, à l'impératif et au gérondif (**lavarse** se laver ; **créame** croyez-moi ; **acercaos** approchez-vous ; **diciéndole** en lui disant).
Dans le cas où deux pronoms compléments se suivent, le complément indirect se place toujours le premier (**te lo daré** je te le don..erai ; **démelo** donnez-le moi). Quand les deux pronoms sont de la 3ᵉ personne (le lui, la leur, vous le, etc.) le complément indirect (lui, leur, vous) se rend par **se** (**se lo diré** je le lui dirai, je le leur dirai, je vous le dirai : **dáselos** donne-les-lui, donne-les-leur).

L'adverbe

Les adverbes de manière se forment en soudant la terminaison -**mente** à la forme féminine (s'il y en a une) de l'adjectif : *lento, a* > *lentamente,* lentement ; *cortés* > *cortésmente*, poliment.
Si deux ou plusieurs adverbes se suivent, seul le dernier prend la terminaison -*mente,* le ou les adverbes précédents se présentent au féminin : **rápida y bruscamente** rapidement et brusquement.

Les verbes

■ Verbes auxiliaires

infinitif	**haber** *(avoir)*		**ser** *(être)*	
indicatif présent	he		soy	
	has		eres	
	ha		es	
	hemos		somos	
	habéis		sois	
	han		son	
imparfait	había		era	
	habías		eras	
	había		era	
	habíamos		éramos	
	habíais		erais	
	habían		eran	
passé simple	hube		fui	
	hubiste		fuiste	
	hubo		fue	
	hubimos		fuimos	
	hubisteis		fuisteis	
	hubieron		fueron	
futur	habré		seré	
	habrás		serás	
	habrá		será	
	habremos		seremos	
	habréis		seréis	
	habrán		serán	
conditionnel	habría		sería	
	habrías		serías	
	habría		sería	
	habríamos		seríamos	
	habríais		seríais	
	habrían		serían	
subjonctif présent	haya		sea	
	hayas		seas	
	haya		sea	
	hayamos		seamos	
	hayáis		seáis	
	hayan		sean	
imparfait	hubiera	hubiese	fuera	fuese
	hubieras	hubieses	fueras	fueses
	hubiera	hubiese	fuera	fuese
	hubiéramos	hubiésemos	fuéramos	fuésemos
	hubierais	hubieseis	fuerais	fueseis
	hubieran	hubiesen	fueran	fuesen

futur	hubiere	fuere
	hubieres	fueres
	hubiere	fuere
	hubiéremos	fuéremos
	hubiereis	fuereis
	hubieren	fueren
impératif	*inusité*	sé
		sea
		seamos
		sed
		sean
gérondif	habiendo	siendo
part. pass.	habido	sido

■ Verbes réguliers

Il existe 3 conjugaisons caractérisées par la terminaison de l'infinitif, en **ar, er, ir.**

infinitif	**am/ar** *(aimer)*	**beb/er** *(boire)*	**viv/ir** *(vivre)*
indicatif présent	amo	bebo	vivo
	amas	bebes	vives
	ama	bebe	vive
	amamos	bebemos	vivimos
	amáis	bebéis	vivís
	aman	beben	viven
imparfait	amaba	bebía	vivía
	amabas	bebías	vivías
	amaba	bebía	vivía
	amábamos	bebíamos	vivíamos
	amabais	bebíais	vivíais
	amaban	bebían	vivían
passé simple	amé	bebí	viví
	amaste	bebiste	viviste
	amó	bebió	vivió
	amamos	bebimos	vivimos
	amasteis	bebisteis	vivisteis
	amaron	bebieron	vivieron
futur	amaré	beberé	viviré
	amarás	beberás	vivirás
	amará	beberá	vivirá
	amaremos	beberemos	viviremos
	amaréis	beberéis	viviréis
	amarán	beberán	vivirán

conditionnel	amaría	bebería	viviría
	amarías	beberías	vivirías
	amaría	bebería	viviría
	amaríamos	beberíamos	viviríamos
	amaríais	beberíais	viviríais
	amarían	beberían	vivirían
subjonctif **présent**	ame	beba	viva
	ames	bebas	vivas
	ame	beba	viva
	amemos	bebamos	vivamos
	améis	bebáis	viváis
	amen	beban	vivan
imparfait	amara	bebiera	viviera
	amaras	bebieras	vivieras
	amara	bebiera	viviera
	amáramos	bebiéramos	viviéramos
	amarais	bebierais	vivierais
	amaran	bebieran	vivieran
	amase	bebiese	viviese
	amases	bebieses	vivieses
	amase	bebiese	viviese
	amásemos	bebiésemos	viviésemos
	amaseis	bebieseis	vivieseis
	amasen	bebiesen	viviesen
subjonctif **futur**	amare	bebiere	viviere
	amares	bebieres	vivieres
	amare	bebiere	viviere
	amáremos	bebiéremos	viviéremos
	amareis	bebiereis	viviereis
	amaren	bebieren	vivieren
impératif	ama	bebe	vive
	ame	beba	viva
	amemos	bebamos	vivamos
	amad	bebed	vivid
	amen	beban	vivan
gérondif	amando	bebiendo	viviendo
part. pass.	amado	bebido	vivido

Temps composés : Tous les temps composés se forment avec l'auxiliaire **haber** et le participe passé : **he venido** je suis venu ; **ha salido** il est sorti. Ce dernier est invariable **(la postal que te he enviado** la carte postale que je t'ai envoyée) et ne doit jamais être séparé de l'auxiliaire : **he comido muy bien** j'ai très bien mangé.

Le passif : Se forme avec **ser** et le participe passé qui s'accorde avec le sujet (**fue mordida por un perro** elle a été mordue par un chien).

Modifications orthographiques des verbes :
1. verbes en **car, gar, guar, zar:** devant un *e*, le *c* > *qu* ; le *g* > *gu* ; le *gu* > *gü* ; le *z* > *c*. Ex. : *secar* > *seque, seques…*, *sequé.*
2. verbes en **cer, cir, ger, gir, guir, quir:** devant *o* et *a*, le *c* > *z* ; le *g* > *j* ; le *gu* > *g* ; le *qu* > *c.* Ex. : *vencer* > *venzo, venzas…*
3. verbes en **eir, chir, llir, ñer, ñir :** le *i* atone disparaît après *i, ll, ñ, ch.* Ex. : *reír* > *riendo, rió, rieron ; bullir* > *bullendo, bulló, bulleron.*
4. verbes en **aer, eer, oer, oir, uir:** le *i* atone entre deux voyelles devient *y.* Ex. : *caer* > *cayendo, cayó, cayeron.*

■ **Verbes irréguliers**

Ils sont indiqués dans ce dictionnaire par le signe° placé après l'entrée et souvent un ou plusieurs exemples illustrent leur irrégularité.

Dans la liste suivante figurent les verbes irréguliers les plus usuels. Pour les composés, se reporter au verbe simple : *anteponer,* par exemple, à *poner, atraer,* à *traer,* etc.

La plupart présentent des irrégularités semblables : soit altération de la dernière voyelle du radical sous l'influence de l'accent tonique (**e** devient **ie**, ex. : *cerrar,* cierro, cierras, cierra, cerramos, cerráis, cierran ; **o** devient **ue**, ex. : *contar,* cuento, cuentas, cuenta, contamos, contáis, cuentan ; **e** devient **i**, ex. : *pedir,* pido, pides, pide, pedimos, pedis, piden), soit, dans le cas des verbes en *acer, ecer, ocer, ucir,* transformation du *c* en *zc* devant *o* ou *a* (+, pour les verbes en *ducir,* passé simple en *duje,* etc), soit, pour les verbes en *uir,* insertion d'un *y* devant *o, a, e.* D'autres verbes présentent des irrégularités particulières. Nous donnons, ci-après, les irrégularités des plus usités dans l'ordre suivant : *I. pr.* = indicatif présent ; *Imparf.* = imparfait ; *P. s.* = passé simple ; *Fut.* = futur ; *Cond.* = conditionnel ; *S. pr.* = subjonctif présent ; *S. imparf.* = subjonctif imparfait ; *Impér.* = impératif ; *P. pr.* = participe présent ; *P. p.* = participe passé. Les composés ne figurent pas dans cette liste.

Andar *P. s.* anduve, anduviste. *S. imparf.* anduviera *ou* anduviese.

asir *I. pr.* asgo, ases. *S. pr.* asga.

Caber *I. pr.* quepo, cabes. *P. s.* cupe, cupiste. *Fut.* cabré. *Cond.* cabría. *S. pr.* quepa. *S. imparf.* cupiera *ou* cupiese.

caer *I. pr.* caigo, caes. *P. s.* caí, caíste, cayó, caímos, caísteis, cayeron. *S. pr.* caiga. *S. imparf.* cayera *ou* cayese. *P. pr.* cayendo.

Dar *I. pr.* doy, das. *P. s.* di, diste, dio. *S. imparf.* diera *ou* diese.

decir *I. pr.* digo, dices, dice, decimos, decís, dicen. *P. s.* dije, dijiste. *Fut.* diré.

Cond. diría. *Impér.* di. *S. pr.* diga. *S. imparf.* dijera *ou* dijese. *P. pr.* diciendo. *P. p.* dicho.

Erguir *I. pr.* irgo *ou* yergo, irgues *ou* yergues. *P. s.* erguí, erguiste, irguió. *S. pr.* irga *ou* yerga. *P. pr.* irguiendo.

estar *I. pr.* estoy, estás, está, estamos, estáis, están. *P. s.* estuve, estuviste, estuvo, estuvimos, estuvisteis, estuvieron. *S. pr.* esté. *S. imparf.* estuviera *ou* estuviese.

Hacer *I. pr.* hago, haces, hace. *P. s.* hice, hiciste, hizo, hicimos, hicisteis, hicieron. *Fut.* haré. *Cond.* haría. *Impér.*

haz. *S. pr.* haga. *S. imparf.* hiciera *ou* hiciese. *P. p.* hecho.

Ir *I. pr.* voy, vas, va, vamos, vais, van. *Imparf.* iba. *P. s.* fui, fuiste, fue, fuimos, fuisteis, fueron. *S. pr.* vaya. *S. imparf.* fuera *ou* fuese. *P. pr.* yendo. *P. p.* ido.

Oír *I. pr.* oigo, oyes, oye, oímos, oís, oyen. *P. s.* oí, oíste, oyó, oímos, oísteis, oyeron. *S. pr.* oiga. *S. imparf.* oyera *ou* oyese. *P. pr.* oyendo.

Poder *I. pr.* puedo, puedes, puede, podemos, podéis, pueden. *P. s.* pude, pudiste. *Fut.* podré. *Cond.* podría. *S. pr.* pueda. *S. imparf.* pudiera *ou* pudiese. *P. pr.* pudiendo.

poner *I. pr.* pongo, pones. *P. s.* puse, pusiste. *Fut.* pondré. *Cond.* pondría. *Impér.* pon. *S. pr.* ponga. *S. imparf.* pusiera *ou* pusiese. *P. p.* puesto.

Querer *I. pr.* quiero, quieres, quiere, queremos, queréis, quieren. *P. s.* quise, quisiste. *Fut.* querré. *Cond.* querría. *S. pr.* quiera. *S. imparf.* quisiera *ou* quisiese.

Saber *I. pr.* sé, sabes. *P. s.* supe, supiste. *Fut.* sabré. *Cond.* sabría. *S. pr.* sepa. *S. imparf.* supiera *ou* supiese.

salir *I. pr.* salgo, sales. *Fut.* saldré. *Cond.* saldría. *Impér.* sal. *S. pr.* salga.

Tener *I. pr.* tengo, tienes, tiene, tenemos, tenéis, tienen. *P. s.* tuve, tuviste. *Fut.* tendré. *Cond.* tendría. *Impér.* ten. *S. pr.* tenga. *S. imparf.* tuviera *ou* tuviese.

traer *I. pr.* traigo, traes, trae. *P. s.* traje, trajiste. *S. pr.* traiga. *S. imparf.* trajera *ou* trajese. *P. pr.* trayendo.

Valer *I. pr.* valgo, vales. *Fut.* valdré. *Cond.* valdría. *Impér.* val *ou* vale. *S. pr.* valga.

venir *I. pr.* vengo, vienes, viene, venimos, venís, vienen. *P. s.* vine, viniste. *Fut.* vendré. *Cond.* vendría. *Impér.* ven. *S. pr.* venga. *S. imparf.* viniera *ou* viniese. *P. pr.* viniendo.

ver *I. pr.* veo, ves. *P. s.* vi, viste. *S. pr.* vea, veas. *P. pr.* viendo. *P. p.* visto.

volver *I. pr.* vuelvo. *S. pr.* vuelva. *P. p.* vuelto.

Sigles espagnols usuels et abréviations
Siglas y abreviaturas españolas más usuales

Admón.	Administración.
afmo.	afectísimo.
atto.	atento.
AVE	Alta Velocidad Española ($\simeq$ T.G.V.).
BOE	Boletín Oficial del Estado ($\simeq$ Journal officiel).
BUP	Bachillerato unificado polivalente.
CAMPSA	Compañía Arrendataria del Monopolio de Petróleos, Sociedad Anónima.
Cía.	Compañía (Compagnie).
CSIC	Consejo Superior de Investigaciones Científicas ($\simeq$ C.N.R.S.).
D., D.ª	Don, doña (Monsieur, madame).
DF	Distrito federal.
DNI	Documento Nacional de Identidad.
EE UU	Estados Unidos (U.S.A., États-Unis).
EGB	Educación General Básica.
Excmo.	Excelentísimo.
Hnos.	Hermanos (Frères).
Ilmo.	Ilustrísimo.
INI	Instituto Nacional de Industria.
IVA	Impuesto sobre el valor añadido (T.V.A.).
N.ªS.ª	Nuestra Señora (Notre-Dame).
PD	Posdata (Post-scriptum).
pral.	principal.
pta.	peseta.
q.b.s.m.	que besa su mano.
q.e.p.d.	que en paz descanse.
q.e.s.m.	que estrecha su mano.
RENFE	Red Nacional de los Ferrocarriles Españoles ($\simeq$ S.N.C.F.).
RNE	Radio Nacional de España.
SA	Sociedad anónima (Société anonyme).
Sr., Sres.	Señor, señores (Monsieur, messieurs).
Sra.	Señora (Madame).
Srta.	Señorita (Mademoiselle).
SSAA	Sus altezas.
s.s.s.	su seguro servidor (votre tout dévoué).
TVE	Televisión Española.
Ud., Vd.	Usted (Vous).
Uds., Vds.	Ustedes (Vous).
UVI	Unidad de Vigilancia Intensiva.
Vda.	Viuda (Veuve).
Vg., V.gr.	Verbigracia (par exemple).
V°B.°	Visto bueno (lu et approuvé).

A

a *f* a *m* : *una —*, un a.

a *prep* (se contracte en **al** avec *el*) **1** (direction) à, au, en, dans : *ir — Londres, — Chile, — América*, aller à Londres, au Chili, en Amérique ; *subió — su cuarto*, il monta dans sa chambre. **2** à : *escribir — un amigo*, écrire à un ami ; *— las tres*, à trois heures. **3** pour : *le llamó — almorzar*, elle l'appela pour déjeuner. **4** ne se traduit pas devant un complément d'objet direct désignant un être animé (*adora — sus hijos*, elle adore ses enfants ; *¿ sabes — quien he visto ayer ? : — Pedro*, sais-tu qui j'ai vu hier ? : Pierre), ni devant un infinitif complément d'un verbe de mouvement : *regresó — cenar*, il rentra dîner. **5** (+ infinitif = parfois un impératif) : *¡ — trabajar !*, au travail ! **6** *— que no lo sabes*, je parie que tu ne le sais pas.

abad *m* abbé. **-esa** *f* abbesse. **-ia** *f* abbaye.

abajo *adv* **1** en bas. | *más —*, plus bas. **2** *¡ — el dictador !*, à bas le dictateur !

abalanzarse *pr* s'élancer, se ruer.

abalizar *t* baliser.

abanderado *m* porte-drapeau.

abandon/ar *t* abandonner. □ *pr* s'abandonner. **-o** *m* abandon.

abanic/arse *pr* s'éventer. **-o** *m* éventail.

abarat/ar *t* baisser le prix de. **-amiento** *m* baisse *f*.

abarcar *t* **1** embrasser. **2** comprendre.

abarquillarse *pr* (se) gondoler.

abarrotar *t* **1** remplir. **2** *sala abarrotada*, salle bondée, archicomble.

abarrotes *m pl* AMER *tienda de —*, épicerie.

abastec/er ° *t* approvisionner, ravitailler : *— de carbón*, approvisionner en charbon. **-edor** *m* fournisseur. **-imiento** *m* approvisionnement, ravitaillement.

abasto *m dar — a*, suffire à ; *no dar —*, ne pas y suffire, être débordé, e.

abat/ir *t* abattre. □ *pr* FIG perdre courage. **-imiento** *m* abattement.

abdic/ar *t/i* abdiquer. **-ación** *f* abdication.

abdom/en *m* abdomen. **-inal** *a* abdominal, e.

abedul *m* bouleau.

abeja *f* abeille.

abertura *f* **1** ouverture. **2** (en una falda, etc.) fente.

abeto *m* sapin.

abierto, a *a* ouvert, e : *ventana abierta de par en par*, fenêtre grande ouverte.

abigarrado, a *a* bigarré, e, bariolé, e.

abismo *m* abîme.

abjurar *t/i — (de) su religión*, abjurer sa religion.

ablandar *t* **1** ramollir. **2** (a alguien) attendrir.

ablución *f* ablution.

abnegación *f* abnégation, dévouement *m*.

abocar *i — en*, déboucher sur, aboutir à.

abocinado, a *a* évasé, e.

abochorn/ar *t* suffoquer. **-ado, a** *a* FIG honteux, euse.

abofetear *t* gifler.

abog/ado *m* avocat. **-acía** *f* profession d'avocat, barreau *m*. **-ar** *i* plaider.

abolengo *m* ascendance *f*.

abol/ir ° *t* abolir. **-ición** *f*

abolition.

abollar _t_ cabosser, bosseler.

abombado, a _a_ bombé, e.

abomin/ar _t_ avoir en abomination. **-able** _a_ abominable. **-ación** _f_ abomination.

abon/ar _t_ 1 payer : — _al contado, en metálico,_ payer comptant, en espèces. | — _en cuenta de...,_ porter au crédit du compte de... 2 cautionner. 3 — _un rumor,_ accréditer un bruit. 4 (fertilizar) amender, fumer. □ _pr_ s'abonner. **-ado, a** _s_ abonné, e. **-o** _m_ 1 (pago) paiement. 2 abonnement : _sacar un —,_ prendre un abonnement. 3 (fertilizante) engrais.

abord/ar _t/i_ aborder. **-able** _a_ abordable. **-aje** _m_ abordage.

aborrec/er ° _t_ détester, haïr. **-ible** _a_ haïssable. **-imiento** _m_ haine _f,_ aversion _f._

aborregado _a_ _cielo —,_ ciel moutonné, pommelé.

abort/ar _i_ 1 avorter. 2 (involuntariamente) faire une fausse couche. 3 FIG avorter. **-o** _m_ 1 avortement. 2 (involuntario) fausse couche _f._ 3 FIG avorton, monstre.

abotagarse _pr_ s'enfler, bouffir.

abotonar _t_ boutonner.

abovedar _t_ voûter.

abras/ar _t_ brûler. **-ador, a** _a_ brûlant, e.

abrasivo, a _a/m_ abrasif, ive.

abraz/ar _t_ 1 serrer (dans ses bras), étreindre, enlacer : _abrazó a su pareja,_ il enlaça sa cavalière. 2 (abarcar, adherirse) embrasser. **-o** _m_ 1 embrassade _f,_ accolade _f._ 2 (muy cariñoso) étreinte _f._ 3 (en cartas) _un fuerte —,_ bien amicalement, affectueusement.

abrelatas _m_ ouvre-boîtes.

abrev/ar _t_ abreuver. **-adero** _m_ abreuvoir.

abrevi/ar _t_ abréger. **-atura** _f_ abréviation.

abridor _m_ décapsuleur, ouvre-

bouteilles.

abrig/ar _t_ 1 abriter. 2 (tapar) couvrir. 3 tenir chaud, protéger du froid. 4 (afectos, ideas) nourrir. □ _pr_ 1 s'abriter. 2 se couvrir, s'habiller chaudement : _abrígate bien,_ couvre-toi bien. **-o** _m_ 1 abri. 2 (prenda de vestir para ambos sexos) manteau : — _de pieles,_ manteau de fourrure. 3 (de hombre) pardessus.

abril _m_ avril : _el primero de —,_ le premier avril.

abrir _t_ 1 ouvrir : _ábreme la puerta,_ ouvre-moi la porte ; — _el apetito,_ ouvrir l'appétit. 2 — _un libro,_ couper les pages d'un livre. □ _pr_ 1 _el paracaídas se ha abierto,_ le parachute s'est ouvert. 2 _abrirse con un amigo,_ s'ouvrir à un ami.

abrochar _t_ 1 boutonner. 2 (con broche) agrafer. □ _pr abróchense los cinturones,_ attachez vos ceintures.

abrogar _t_ abroger.

abrum/ar _t_ accabler, écraser. **-ador, a** _a_ accablant, e, écrasant, e.

abrupto, a _a_ abrupt, e.

absceso _m_ abcès.

ábside _m_ abside _f._

absolución _f_ absolution.

absolut/o, a _a_ absolu, e. | _en —,_ (de ninguna manera) absolument pas, pas du tout. **-amente** _adv_ absolument.

absolver ° _t_ 1 (a un penitente) absoudre. 2 (a un reo) acquitter.

absor/ber _t_ absorber. **-bente** _a_ absorbant, e. **-to, a** _a_ 1 _estar — en el juego,_ être absorbé par le jeu. 2 stupéfait, e.

abstención _f_ abstention.

abstenerse ° _pr_ s'abstenir : _se abstuvo de votar,_ il s'est abstenu de voter.

abstinencia _f_ abstinence.

abstracción _f_ abstraction.

abstra/er ° _t_ abstraire. **-cto, a** _a_ abstrait, e. **-ído, a** _a_ 1 _estar — en_ *sus lecturas,* être absorbé par ses lectures. 2 distrait, e.

absurdo, a *a* absurde. □ *m* absurdité *f.*

abuche/ar *t* – *a un orador,* siffler, huer, conspuer un orateur. **-o** *m* huées *f pl.*

abuelo, a *s* grand-père, grand-mère. □ *m pl* **1** grands-parents. **2** (antepasados) ancêtres, aïeux.

abult/ar *t* grossir. □ *i* prendre de la place, faire du volume. **-ado, a** *a* **1** gros, grosse. **2** (hinchado) gonflé, e, enflé, e. **-amiento** *m* protubérance *f,* renflement.

abund/ar *i* abonder. **-amiento** m *a mayor* –, en outre, en plus. **-ancia** *f* abondance. **-ante** *a* abondant, e. **-antemente** *adv* abondamment.

aburr/ir *t* ennuyer. □ *pr* s'ennuyer : *me aburro,* je m'ennuie. **-ido, a** *a* **1** *estar* –, s'ennuyer. **2** (que aburre) ennuyeux, euse. **3** las, lasse : *un aire* –, un air las. **-imiento** *m* ennui.

abus/ar *i* abuser : – *de su fuerza,* abuser de sa force. **-ivo, a** *a* abusif, ive. **-o** *m* **1** abus. **2** – *de confianza,* abus de confiance.

abyecto, a *a* abject, e.

acá *adv* **1** ici : *¡ ven* –*!,* viens ici! I *más* –, plus près; – *y allá,* çà et là. **2** depuis : *de ayer* –, depuis hier.

acab/ar *t* finir, achever. □ *i* **1** finir : *acabé aceptando,* j'ai fini par accepter; *hemos acabado de cenar muy tarde,* nous avons fini de dîner très tard. **2** – *con,* en finir avec, venir à bout de. **3** – *de,* venir de : *acaba de salir el sol,* le soleil vient de se lever. □ *pr* prendre fin. I *¡ se acabó!,* un point c'est tout! **-ado** *m* finition *m.* **-óse** *m es el* –, c'est le comble, le bouquet.

acacia *f* acacia *m.*

aca/demia *f* **1** académie. **2** (establecimiento privado) école, cours *m.* **-démico, a** *a* académique.

acaecer ° *i* arriver.

acalor/ar *t* échauffer. □ *pr* **1** s'échauffer. **2** (irritarse) s'emporter. **-ado, a** *a* vif, vive, violent, e.

acallar *t* faire taire.

acampanado, a *a* très évasé, e, en forme de cloche.

acampar *i/t* camper.

acanaladura *f* cannelure.

acantilado *m* falaise *f.*

acanton/ar *t* cantonner. **-amiento** *m* cantonnement.

acaparar *t* accaparer.

acariciar *t* caresser.

acarre/ar *t* **1** transporter. **2** amener, occasionner, entraîner : *esta imprudencia nos podría* – *muchos disgustos,* cette imprudence pourrait nous amener bien des ennuis. **-o** *m* transport.

acaso *m* hasard. □ *adv* **1** peut-être : – *llegue esta tarde,* peut-être arrivera-t-il cet après-midi. **2** *¿* – *me equivoco ?,* est-ce que je me trompe ? I *por si* –, à tout hasard, au cas où.

acat/ar *t* **1** respecter. **2** se soumettre à, obéir à. **-amiento** *m* **1** respect. **2** soumission *f.*

acatarrarse *pr* s'enrhumer.

acaudalado, a *a* riche.

acaudillar *t* commander, être à la tête de.

acceder *i* **1** accepter : *accedió a acompañarnos,* il accepta de nous accompagner. **2** – *a una petición,* accéder à une prière.

accesible *a* accessible.

accesión *a* accession.

acceso *m* **1** accès. **2** – *de celos,* crise *f* de jalousie; – *de fiebre,* poussée *f* de fièvre; – *de tos,* quinte *f* de toux.

accesorio, a *a/m* accessoire.

accidentado, a *a/s* accidenté, e.

accidental *a* **1** accidentel, elle. **2** intérimaire, par intérim.

accidente *m* accident : – *de carretera, aéreo,* accident de la route, d'avion.

acción *f* 1 action. 2 *sociedad por acciones*, société par actions.

accionar *i* gesticuler, faire des gestes. ☐ *t* actionner.

accionista *s* actionnaire.

acebo *m* houx.

acech/ar *t* guetter. **-o** *m* guet. I *al, en —*, à l'affût, aux aguets.

acedera *f* oseille.

acedía *f* 1 aigreur. 2 aigreurs *pl* d'estomac.

aceit/e *m* huile *f* : *— de oliva*, huile d'olive. **-ar** *t* huiler. **-oso, a** *a* huileux, euse.

aceitun/a *f* olive : *— rellena*, olive farcie. **-ado, a** *a* olivâtre. **-o** *m* olivier.

aceler/ar *i/t* accélérer. **-ación** *f* accélération. **-ador** *m* accélérateur.

acémila *f* bête de somme.

acento *m* accent.

acentu/ar *t* accentuer. **-ación** *f* accentuation.

acepción *f* acception.

acepillar *t* (la madera) raboter.

acept/ar *t* accepter. **-able** *a* acceptable. **-ación** *f* 1 acceptation. 2 (éxito) succès *m* : *tener general —*, avoir un succès considérable.

acequia *f* canal *m* d'irrigation.

acera *f* trottoir *m* : *en la —*, sur le trottoir.

acerado, a *a* acéré, e.

acerbo, a *a* 1 âcre. 2 cruel, elle.

acerca de *loc prep* au sujet de, sur.

acerc/ar *t* rapprocher. ☐ *pr* 1 s'approcher : *me acerqué a él*, je m'approchai de lui. 2 approcher : *nos acercamos a Cádiz*, nous approchons de Cadix ; *se acercan las fiestas*, les fêtes approchent. 3 se rapprocher : *esto se acerca a mi punto de vista*, cela se rapproche de mon point de vue. **-amiento** *m* rapprochement.

acero *m* acier.

acérrimo, a *a* acharné, e, ardent, e.

acert/ar ° *t/i* 1 trouver. 2 (hacer con acierto) réussir. ☐ *i* 1 (atinar) voir juste, avoir raison : *con esta lluvia, acerté quedándome en casa*, avec cette pluie, j'ai eu raison de rester chez moi. 2 arriver : *no acierto a consolarla*, je n'arrive pas à la consoler. 3 *— con*, trouver. **-ado, a** *a* 1 pertinent, e, judicieux, euse. 2 adroit, e, habile.

acertijo *m* devinette *f*.

acervo *m* *— cultural*, patrimoine culturel.

acetileno *m* acétylène.

acetona *f* acétone.

aciago, a *a* funeste.

aciano *m* bleuet.

acicalarse *pr* se pomponner, se bichonner.

acicate *m* FIG stimulant.

acidez *f* acidité.

ácido, a *a/m* acide.

acierto *m* 1 succès, réussite *f*. 2 (destreza) habileté *f*, talent. 3 riche idée *f*.

ácimo a *pan —*, pain azyme.

acimut *m* azimut.

aclam/ar *t* acclamer. **-ación** *f* acclamation.

aclar/ar *t* 1 éclaircir. 2 *— la ropa*, rincer le linge. 3 expliquer. ☐ *i/pr* s'éclaircir : *se aclara el tiempo*, le temps s'éclaircit. **-ación** *f* éclaircissement *m*, explication.

aclimat/ar *t* acclimater. **-ación** *f* acclimatation.

acné *f* acné.

acobardar *t* faire peur. ☐ *pr* avoir peur.

acodarse *pr* *— en el pretil*, s'accouder au parapet.

acog/er *t* accueillir. **-edor, a** *a* accueillant, e. **-ida** *f* accueil *m*.

acogotar *t* assommer.

acolchar *t* 1 (muebles) capitonner. 2 matelasser.

acomet/er *t* 1 assaillir, attaquer.

2 (emprender) entreprendre. **3** prendre : *me acometió un sueño irresistible*, j'ai été pris d'un sommeil irrésistible. **-ida** *f* **1** attaque. **2** (en un conducto) branchement *m*. **-ividad** *f* combativité.

acomodado, a *a* (rico) fortuné, e, aisé, e.

acomodador, a *s* placeur, ouvreuse *f*.

acomod/ar *t* **1** ajuster. **2** (poner en sitio conveniente) placer, installer. **3** (venir bien) arranger. □ *pr* **1** s'installer. **2** se placer : *se acomodó de criada con un médico*, elle s'est placée comme bonne chez un médecin. **3** s'accommoder : *me acomodo a todo*, je m'accommode à tout. **-aticio, a** *a* accommodant, e. **-o** *m* place *f*.

acompañ/ar *t* **1** accompagner. **2** (adjuntar) joindre. □ *acompañarse con el piano*, s'accompagner au piano. **-amiento** *m* **1** accompagnement. **2** (séquito) suite *f*, cortège. **-ante** *a/s* accompagnateur, trice.

acompasado, a *a* cadencé, e, régulier, ère.

acomplejado, a *a* complexé, e.

acondicion/ar *t* **1** (un local) aménager. **2** (mercancías, el aire) conditionner. I *aire acondicionado*, air conditionné. **-ador** *m* — *de aire*, climatiseur. **-amiento** *m* **1** aménagement. **2** conditionnement. **3** climatisation *f*.

acongojar *t* angoisser.

aconsejar *t* conseiller.

acontec/er ° *i* arriver. **-imiento** *m* événement.

acopiar *t* amasser.

acopl/ar *t* accoupler. **-amiento** *m* accouplement.

acoquinar *t* faire peur, terroriser.

acorazado, a *a/m* cuirassé, e.

acordar ° *t* **1** se mettre d'accord pour. **2** décider de : *el presidente ha acordado aplazar la reunión*, le président a décidé de remettre la réunion ; *según lo acordado*, d'après ce qui a été décidé. □ *acordarse de una cosa*, se rappeler une chose, se souvenir d'une chose ; *no me acuerdo de él*, je ne me souviens pas de lui ; *acuérdese*, souvenez-vous ; *acordarse de que*, se souvenir que. I *si mal no me acuerdo*, si j'ai bonne mémoire.

acorde *a* **1** *quedar acordes*, tomber d'accord. **2** — *con*, en accord, en harmonie avec. □ *m* MÚS accord.

acordeón *m* accordéon.

acordonar *t* — *un barrio de policías*, entourer un quartier d'un cordon d'agents de police.

acorralar *t* **1** (el ganado) parquer. **2** (en una cacería) traquer. **3** (arrinconar) acculer.

acortar *t/i* raccourcir. □ *pr los días se acortan en otoño*, les jours raccourcissent en automne.

acosar *t* **1** poursuivre, harceler, traquer. **2** FIG — *a preguntas*, harceler de questions.

acostar ° *t* coucher. □ *pr* se coucher : *me acosté muy tarde*, je me suis couché très tard.

acostumbr/ar *t* habituer. □ *i* avoir l'habitude, coutume de : *acostumbra (a) conducir muy de prisa*, il a l'habitude de conduire très vite. □ *pr* **1** prendre l'habitude de. **2** s'habituer, se faire, s'accoutumer : *me voy acostumbrando poco a poco al clima*, je m'habitue peu à peu au climat. **-ado, a** *a* **1** habitué, e. **2** habituel, elle.

acotación *f* note, annotation.

¹acotar *t* borner, délimiter.

²acotar *t* **1** annoter. **2** (un plano) coter.

acre *a* **1** âcre. **2** FIG acerbe, aigre. **3** (desabrido) revêche.

acrecentar ° *t* accroître.

acredit/ar *t* **1** accréditer. **2** (atestiguar) prouver. **3** COM créditer. □ *pr* acquérir la réputation de. I *este restaurante no se ha acreditado todavía*, ce restaurant n'est pas encore connu. **-ado, a** *a* réputé, e : *un cirujano muy —*, un chirurgien très réputé.

acreedor, a *a/s* créancier, ère. □ *a — a*, digne de.

acribillar *t* 1 — *a balazos*, cribler de balles. 2 — *a preguntas*, harceler de questions.

acrílico, a *a/m* acrylique.

acriollarse *pr* AMER prendre les habitudes du pays.

acrisolar *t* affiner, purifier.

acritud *f* 1 âcreté. 2 FIG aigreur.

acrobacia *f* acrobatie.

acróbata *s* acrobate.

acta *f* 1 (de una sesión) compte rendu *m*, procès-verbal *m*. 2 — *notarial*, acte *m* notarié.

actitud *f* attitude.

activ/ar *t* activer. **-idad** *f* activité.

activo, a *a* actif, ive. I *en —*, en activité. □ *m* COM actif.

acto *m* 1 acte. 2 cérémonie *f*, séance *f* : *el — de inauguración*, la cérémonie d'inauguration ; *el — del sepelio*, la cérémonie funèbre. 3 (teatro) acte. 4 — *seguido, continuo*, tout de suite après ; *en el —*, aussitôt, sur-le-champ.

actor, triz *s* acteur, trice.

actuación *f* 1 conduite. 2 (papel) rôle *m*. 3 intervention : *la rápida — de los socorristas*, la rapide intervention des secouristes. 4 (de un actor, de un deportista) jeu *m*. I *por orden de —*, par ordre d'entrée en scène. 5 interprétation. □ *pl* pièces d'un procès.

actual *a* actuel, elle. **-idad** *f* actualité. I *en la —*, à l'heure actuelle. **-izar** *t* mettre à jour, actualiser. **-mente** *adv* actuellement.

actuar *i* 1 agir. 2 remplir une fonction. 3 (un actor) jouer. I *actor de cine que actúa también en televisión*, acteur de cinéma qui passe aussi à la télévision.

acuarela *f* aquarelle.

acuario *m* aquarium.

acuartelar *t* caserner, consigner.

acuático, a *a* aquatique.

acuchillar *t* 1 poignarder. 2 (la madera) raboter, poncer.

acudir *i* 1 aller, se rendre : *acudió al aeropuerto a recibirme*, il s'est rendu à l'aéroport pour me recevoir ; *acude a la ventana*, il va vers la fenêtre. 2 arriver : *un guardia acude en seguida*, un agent arrive aussitôt. 3 — *a la mente*, venir à l'esprit. 4 (con prisa) accourir. 5 — *al teléfono*, répondre au téléphone. 6 (auxiliar) venir en aide à. 7 recourir, avoir recours, faire appel à.

acueducto *m* aqueduc.

acuerdo *m* 1 accord : *ponerse de —*, se mettre d'accord ; *¡ de — !*, d'accord ! I *de — con*, conformément à. 2 décision *f* : *volver de su —*, revenir sur sa décision.

acumul/ar *t* 1 accumuler. 2 (cargos, empleos) cumuler. **-ación** *f* 1 accumulation. 2 (de empleos) cumul *m*. **-ador** *m* accumulateur.

acunar *t* bercer.

acuñ/ar *t* (monedas) frapper. **-ación** *f* frappe.

acuoso, a *a* aqueux, euse.

acurrucarse *pr* se pelotonner, se blottir.

acus/ar *t* accuser. **-ación** *f* accusation. **-ado, a** *a/s* accusé, e. **-ador, a** *a/s* accusateur, trice. **-e** *m* — *de recibo*, accusé de réception.

acusica *s* FAM mouchard, e.

acústico, a *a/f* acoustique.

achacar *t* attribuer.

achacoso, a *a* maladif, ive.

achantar *t* FAM faire peur. □ *pr* FAM (rajarse) se dégonfler.

achaque *m* 1 infirmité *f*. 2 (malestar) indisposition *f*.

achatar *t* aplatir.

achicar *t* 1 diminuer. 2 FIG intimider.

achicoria *f* chicorée.

achicharrar *t* brûler, griller.

achispado, a *a* éméché, e.

achuch/ar *t* **1** écraser. **2** (empujar) bousculer. **-ón** *m* coup.

achulado, a *a* un peu vulgaire.

adalid *m* **1** chef. **2** champion.

Adán *n p m* Adam.

adapt/ar *t* adapter. **-ación** *f* adaptation.

adecu/ar *t* adapter. **-ado, a** *a* approprié, e, adapté, e. I — *para niños,* qui convient aux enfants.

adefesio *m* (persona) épouvantail, horreur *f.*

adelantado, a *a* **1** avancé, e : *llevo bastante — mi trabajo,* mon travail est assez avancé. **2** *niño muy — para su edad,* enfant très en avance pour son âge. **3** *pago —,* paiement anticipé. □ *m* gouverneur.

adelant/ar *t/i* avancer : *mi reloj adelanta cinco minutos,* ma montre avance de cinq minutes. □ *t — un coche,* dépasser, doubler une voiture ; *prohibido —,* défense de doubler. □ *pr* **1** s'avancer, avancer : *adelantarse un paso,* avancer d'un pas. **2** *adelantarse a su época,* devancer son temps, être en avance sur son temps. **-amiento** *m* (de un coche) dépassement.

adelante *adv* **1** (más allá) plus loin. I *más —,* plus loin, plus tard. **2** en avant : *dar un paso — en,* faire un pas en avant. I *¡ adelante !,* entrez ! ; (hablando) continuez ! ; *en —, de hoy en —,* désormais, dorénavant.

adelanto *m* **1** avance *f* : *llegar con —,* arriver en avance ; *llevo una hora de —,* je suis en avance d'une heure. **2** (de dinero) avance *f.* **3** progrès.

adelfa *f* laurier-rose *m.*

adelgaz/ar *i* maigrir : *ha adelgazado mucho,* il a beaucoup maigri. □ *t* **1** faire maigrir. **2** amincir : *su vestido le adelgaza,* sa robe l'amincit. **-amiento** *m* amaigrissement. **-ante** *a* amaigrissant, e.

ademán *m* geste, attitude *f* I *hacer — de,* faire mine de. □ *pl* manières *f,* façons *f.*

además *adv* en outre, en plus, par surcroît. I — *de poseer un coche, tiene una moto,* non seulement il possède une voiture, mais il a aussi une moto.

adentrarse *pr* pénétrer.

adepto, a *a/s* adepte.

aderez/ar *t* **1** parer, orner. **2** (cocina) assaisonner, accommoder : — *con aceite y vinagre,* assaisonner avec de l'huile et du vinaigre. **-o** *m* **1** (joyas) parure *f.* **2** (condimento) assaisonnement.

adeudar *t* **1** (dinero) devoir. **2** — *en una cuenta...,* débiter un compte de...

adhe/rir ° *i* adhérer. □ *pr* adhérer. **-rente** *s* adhérent, e. **-sión** *f* adhésion.

adhesivo, a *a/m* adhésif, ive.

adi/ción *f* addition. **-cionar** *t* additionner.

adicto, a *a* dévoué, e. □ *m* partisan, adepte.

adiestr/ar *t* **1** dresser. **2** — *en,* exercer, entraîner à. **-amiento** *m* entraînement, instruction *f.*

adinerado, a *a* riche.

adiós *interj* **1** adieu. **2** (hasta luego) au revoir. □ m *los adioses,* les adieux.

adiposo, a *a* adipeux, euse.

adivin/ar *t* deviner. **-anza** *f* (acertijo) devinette. **-o** *m* devin.

adjetivo, a *a/m* adjectif, ive.

adjudic/ar *t* adjuger. **-ación** *f* adjudication.

adjuntar *t* joindre, inclure.

adjunto, a *a* ci-joint, e, ci-inclus, e : *la factura adjunta,* la facture ci-jointe ; — *le remito un folleto,* je vous envoie ci-joint une brochure. □ *a/s* adjoint, e.

administr/ar *t* administrer. **-ación** *f* administration. **-ador** *m* administrateur. **-ativo, a** *a* administratif, ive. □ *m* employé de bureau.

admir/ar *t* **1** admirer. **2** (asombrar) émerveiller. **3** (sorprender) étonner. □ pr *me admiro de que...,* je m'étonne que... **-able** *a* admirable. **-ación** *f* **1** admiration. **2** *signo de* —, point d'exclamation. **-ador, a** *a/s* admirateur, trice.

admisible *a* admissible.

admisión *f* admission.

admitir *t* admettre : *no admite que le critiquen,* il n'admet pas qu'on le critique; *no se admiten propinas,* les pourboires ne sont pas admis.

adobar *t* **1** apprêter. **2** mettre à mariner : *carne adobada,* viande marinée.

adobe *m* brique *f* crue.

adobo *m* **1** apprêt. **2** (salsa) marinade *f*, saumure *f*.

adolecer ° *i* — *de,* souffrir de.

adolescen/te *a* adolescent, e. **-cia** *f* adolescence.

adonde *adv* où. I ¿ *adónde vas ?,* où vas-tu ?

adondequiera *adv* n'importe où.

adopción *f* adoption.

adopt/ar *t* adopter. **-ivo, a** *a* adoptif, ive. I *patria adoptiva,* patrie d'adoption.

adoqu/ín *m* pavé. **-inado** *m* pavage. **-inar** *t* paver.

ador/ar *t* adorer. **-able** *a* adorable. **-ación** *f* adoration.

adormec/er ° *t* **1** endormir, assoupir. **2** endormir, apaiser. □ pr (un miembro) s'engourdir. **-imiento** *m* assoupissement.

adormidera *f* pavot *m*.

adormilado, a *a* endormi, e, somnolent, e.

adorn/ar *t* **1** orner, agrémenter. **2** FIG parer. **-o** *m* ornement.

adquir/ir ° *t* **1** acquérir. **2** acheter. **-ido, a** *a* acquis, e. **-idor, a** *s* acquéreur, euse.

adquisi/ción *f* acquisition. **-tivo, a** *a* poder —, pouvoir d'achat.

adrede *adv* exprès, à dessein.

Adriático *n p m* Adriatique *f*.

aduan/a *f* douane. **-ero, a** *a/m* douanier, ère.

aducir ° *t* alléguer.

adueñarse *pr* — *de,* s'emparer de, s'approprier.

adul/ar *t* aduler, flatter. **-ador, a** *a/s* flatteur, euse.

adulter/ar *t* frelater, falsifier. **-ación** *f* falsification.

adulterio *m* adultère.

adúltero, a *a* adultère.

adulto, a *a/s* adulte.

adusto, a *a* sévère, austère.

advenedizo, a *a/s* parvenu, e.

advenimiento *m* avènement.

adverbio *m* adverbe.

adversario, a *s* adversaire.

adversidad *f* adversité.

adverso, a *a* adverse.

advert/ir ° *t* **1** (avisar) avertir, prévenir : *te advierto que si no obedeces tendrás que vértelas conmigo,* je t'avertis que si tu n'obéis pas tu auras affaire à moi. **2** (indicar) signaler, faire remarquer. **3** (notar) remarquer : *nadie parecía — su presencia,* personne ne semblait remarquer sa présence. **-encia** *f* avertissement *m*. I *servir de* —, servir de leçon.

adviento *m* avent.

adyacente *a* adjacent, e.

aéreo, a *a* aérien, enne.

aeroclub *m* aéro-club.

aerodinámico, a *a* aérodynamique.

aeródromo *m* aérodrome.

aerofagia *f* aérophagie.

aero/nauta *s* aéronaute. **-náutico, a** *a/f* aéronautique.

aeronave *f* aéronef *m*.

aeropuerto *m* aéroport.

aerosol *m* aérosol.

aerotransportado, a *a* aéroporté, e.

afable *a* affable.

afán *m* 1 ardeur *f*, empressement. 2 désir, soif *f* : — *de independencia*, désir d'indépendance. 3 souci. □ *pl* efforts.

afanar *t* POP piquer, barboter. □ *pr* s'affairer, se donner du mal.

afanoso, a *a* 1 actif, ive. 2 pénible.

afear *t* enlaidir.

afectación *f* affectation.

afect/ar *t* 1 affecter. 2 toucher, frapper : *este impuesto afecta a todos los contribuyentes*, cet impôt touche tous les contribuables. **-ado, a** *a* 1 affecté, e. 2 atteint, e.

afect/o, a *a* attaché, e. □ *m* affection *f*, attachement : *me ha tomado —*, il m'a pris en affection. **-uoso, a** *a* affectueux, euse.

afeit/ar *t* raser. I *maquinilla de —*, rasoir *m*. □ *pr* se raser. **-adora** *f* rasoir *m* électrique.

afeminado, a *a/s* efféminé, e.

aferrar *t* saisir, accrocher. □ *pr* s'accrocher.

affaire *m* affaire *f*.

Afganistán *n p m* Afghanistan.

afianzar *t* 1 consolider, affermir : — *una alianza*, consolider une alliance, 2 appuyer.

afición *f* 1 goût *m* : *la — a los viajes*, le goût des voyages. I *tiene — al tenis*, il aime le tennis, il s'intéresse au tennis. 2 *fotógrafo de —*, photographe amateur ; *por —*, en amateur. I *la —*, les amateurs. 3 affection.

aficionado, a *a/s* amateur, passionné, e : *— a*, amateur de ; *teatro de aficionados*, théâtre d'amateurs. □ *m* TAUROM aficionado.

aficionarse *pr* 1 (a alguien) s'attacher. 2 (a una cosa) prendre goût.

afil/ar *t* aiguiser, affûter, repasser. □ *pr* s'allonger. **-ado, a** *a* (dedo) effilé, e. □ *m* affûtage.

afiliarse *pr — a*, s'affilier à.

afín *a* 1 contigu, uë. 2 semblable, analogue. I *ideas afines*, analogies.

afin/ar *t* 1 (educar) affiner. 2 MÚS accorder. **-ación** *f* accordage *m*.

afinidad *f* affinité.

afirm/ar *t* 1 affirmer, assurer. 2 (poner firme) consolider, affermir. **-ación** *f* affirmation. **-ativo, a** *a* affirmatif, ive. I *en caso —*, dans l'affirmative.

afligir *t* affliger.

aflojar *t* 1 (un tornillo, cinturón) desserrer. 2 (un nudo) desserrer, défaire. 3 (un muelle) détendre. 3 (soltar) lâcher. □ *i* 1 diminuer. 2 — *en el estudio*, se relâcher dans son travail. □ *pr* se desserrer, se détendre : *el muelle se ha aflojado*, le ressort s'est détendu.

aflorar *i* affleurer.

aflu/ir º *i* 1 affluer. 2 se jeter : *río que afluye a*, rivière qui se jette dans. **-encia** *f* 1 affluence : *horas de —*, heures d'affluence. 2 afflux *m* : — *de turistas en la frontera*, afflux de touristes à la frontière. **-ente** *m* affluent.

afónico, a *a* aphone.

aforo *m* 1 jaugeage. 2 nombre de places.

afortunado, a *a* heureux, euse.

afrancesar *t* franciser.

afrecho *m* son.

afrent/a affront *m*, outrage *m*. **-ar** *t* déshonorer.

África *n p f* Afrique.

africano, a *a/s* africain, a.

afrontar *t* affronter.

afta *f* aphte *m*.

afuera *adv* dehors : *no tan —*, pas si loin dehors. I *¡ afuera!*, dehors !, hors d'ici ! □ *f pl las afueras*, les alentours *m*, les environs *m*.

agachar *t — la cabeza*, baisser la tête. □ *pr* se baisser, s'accroupir.

agalla *f* (en los peces) ouïe. □ *pl tener agallas*, avoir du cran, ne pas avoir froid aux yeux.

agarrada *f* empoignade.

agarradero *m* poignée *f*. □ *pl* FAM (amparo) piston *sing*.

agarrado, a *a* pingre, radin, e.

agarrar *t* **1** saisir, empoigner : — *del brazo*, saisir par le bras. **2** — *a un ladrón*, attraper un voleur. □ *pr* **1** s'agripper, se cramponner. **2** se tenir : *¡ agárrate al pasamanos!*, tiens-toi bien à la rampe ! **3** FAM (*reñir*) s'empoigner, se colleter.

agarrotar *t* serrer. I *la garganta agarrotada*, la gorge serrée, nouée. □ *pr* (un moteur) gripper, se gripper.

agasajar *t* accueillir chaleureusement, fêter.

ágata *f* agate.

agavanzo *m* églantier.

agazaparse *pr* se blottir, se tapir.

agencia *f* agence.

agenciar *t* procurer. □ *pr* **1** se procurer. **2** *agenciárselas*, se débrouiller.

agenda *f* agenda *m*.

agente *m* agent.

agigantado, a *a* a paso —, à pas de géant.

ágil *a* **1** agile. **2** alerte.

agilidad *f* **1** agilité. **2** souplesse.

agilizar *t* rendre plus souple, plus facile.

agit/ar *t* agiter. **-ador, a** *s* agitateur, trice. **-ación** *f* agitation.

aglomer/arse *pr* s'agglutiner. **-ación** *f* **1** agglomération. **2** (de personas) attroupement *m*. **3** (de vehículos) encombrement *m*, embouteillage *m*. **-ado** *m* aggloméré.

aglutinar *t* agglutiner.

agobi/ar *t* accabler, écraser : *agobiado de trabajo*, accablé de travail. **-ante** *a* accablant, e, écrasant, e : *calor —*, chaleur accablante. **-o** *m* **1** accablement. **2** FIG angoisse *f*.

agolparse *pr* se presser, s'entasser.

agon/ía *f* agonie. **-izante** *a/s* agonisant, e. **-izar** *i* agoniser, être à l'agonie.

agostar *t* dessécher.

agosto *m* **1** août : *el 15 de —*, le 15 août. **2** *hacer su —*, faire son beurre.

agot/ar *t* épuiser. **-ador, a** *a* épuisant, e. **-amiento** *m* épuisement.

agraci/ar *t* **1** avantager. **2** — *con una merced*, accorder une faveur. **-ado, a** *a* **1** (lindo) joli, e, avenant, e. **2** *billete —*, billet gagnant. □ *m* heureux gagnant.

agrad/ar *i* ' plaire. **-able** *a* agréable.

agradec/er ° *t* **1** remercier : *le agradezco su carta, que haya venido*, je vous remercie de votre lettre, d'être venu. **2** être reconnaissant, e : *le agradecería me facilite su dirección*, je vous serais reconnaissant de me donner votre adresse. **-ido, a** *a* reconnaissant, e. I *muy —*, avec mes remerciements. **-imiento** *m* reconnaissance *f*.

agrado *m* plaisir : *tengo el — de informar a usted que...* j'ai le plaisir de vous informer que... I *haga usted lo que sea de su —*, faites à votre gré, ce qui vous fera plaisir ; *con —*, volontiers.

agrandar *t* **1** agrandir. **2** amplifier.

agrario, a *a* agraire.

agrav/ar *t* aggraver. **-ación** *f* aggravation.

agravi/ar *t* **1** offenser. **2** (perjudicar) léser. **-o** *m* offense *f*, insulte *f*.

agraz m *en —*, en herbe.

agredir ° *t* attaquer.

agreg/ar *t* **1** incorporer. **2** (un barrio a otro) rattacher. **3** affecter. **-ación** *f* rattachement *m*, incorporation. **-ado, a** *a* adjoint, e. □ *m* attaché : — *cultural*, attaché culturel.

agre/sión *f* agression. **-sivo, a** *a* agressif, ive. **-sor, a** *s* agresseur *m*.

agriar *t* aigrir. □ *pr* s'aigrir : *se le agrió el carácter*, son caractère s'est aigri.

agrícola *a* agricole.

agricult/ura *f* agriculture. **-or, a** *s* agriculteur, trice.

agridulce *a* aigre-doux, aigre-douce.

agrietar *t* 1 crevasser, fendiller. 2 lézarder : *pared agrietada*, mur lézardé.

agrimensor *m* arpenteur.

agrio, a *a* 1 aigre. 2 (carácter) revêche, acariâtre. □ *pl* (frutas) agrumes.

agr/onomía *f* agronomie. **-ónomo** *m* agronome.

agropecuario, a *a* agricole.

agrup/ar *t* grouper. **-ación** *f* groupement *m*.

agua *f* eau. I *— de Colonia*, eau de Cologne ; *— arriba*, en remontant le courant ; *— abajo*, dans le sens du courant. □ *pl* eaux.

aguacate *m* 1 (árbol) avocatier. 2 (fruto) avocat.

aguacero *m* averse *f*, ondée *f*.

aguada *f* (pintura) gouache.

aguaducho *m* buvette *f*.

aguafiestas *s* trouble-fête.

aguafuerte *f/m* eau-forte *f*.

aguaitar *t* AMER épier.

aguamanil *m* toilette *f*, fontaine *f*.

aguamiel *f* hydromel *m*.

aguanieve *f* neige fondue.

aguant/ar *t* (sufrir) supporter, endurer. □ *i* tenir bon. I *ya no puedo — más*, je n'en peux plus. □ *pr* 1 se contenir, se retenir. 2 (resignarse) en prendre son parti. I *¡ te aguantas !*, tant pis pour toi ! **-e** *m* 1 patience *f*. 2 endurance *f*.

aguapié *m* piquette *f*.

aguar *t* 1 couper, mouiller. 2 gâcher, troubler : *— la fiesta*, troubler la fête.

aguardar *t* attendre : *aguardo a que llegue*, j'attends qu'il arrive.

aguardiente *m* eau-de-vie *f*.

aguarrás *m* essence *f* de térébenthine.

agudeza *f* 1 acuité. 2 finesse. 3 (del ingenio) vivacité d'esprit. 4 (dicho) trait *m* d'esprit, saillie.

agudiz/ar *t* accentuer, aggraver. **-ación** *f* aggravation.

agudo, a *a* 1 aigu, ë : *grito —*, cri aigu ; *dolor —*, douleur aiguë. 2 (voz, vista) perçant, e. 3 (ingenio) subtil, e. 4 (gracioso) spirituel, elle, fin, e. I *dicho —*, mot d'esprit.

agüero *m* augure.

aguerrido, a *a* aguerri, e.

aguij/ón *m* aiguillon. **-onear** *t* aiguillonner.

águila *f* aigle *m*.

aguileño, a *a nariz aguileña*, nez aquilin.

aguilucho *m* aiglon.

aguinaldo *m* étrennes *f pl*.

aguja *f* aiguille : *— de hacer media*, aiguille à tricoter ; *— de marear*, compas *m*, boussole. □ *pl* (ferrocarril) aiguillage *m sing*.

agujero *m* trou.

agujetas *f pl* courbatures.

agusanado, a *a* véreux, euse.

aguzanieves *f* bergeronnette.

aguzar *t* 1 aiguiser. 2 *— el oído*, tendre l'oreille.

ahechar *t* vanner, cribler.

ahí *adv* 1 là. I *— está, he —*, voilà ; *— van algunas cifras*, voilà quelques chiffres. 2 *— es nada*, ce n'est pas rien ; *— me las den todas*, je m'en fiche.

ahijado, a *s* filleul, e.

ahínco *m* 1 acharnement, ardeur *f*. 2 insistance *f*.

ah/itarse *pr* se gaver, se bourrer. **-íto, a** *a* rassasié, e, repu, e.

ahog/ar *t* 1 (en agua) noyer. 2 étouffer. 3 étrangler. 4 FIG *— un suspiro*, étouffer un soupir. □ *pr* 1 se noyer. 2 s'étouffer. 3 s'étrangler. 4 (de calor) étouffer : *aquí se ahoga uno*, on étouffe ici. **-ado, a** *a/s* (en un río, en el mar) noyé, e. □ *a con la voz ahogada*, d'une voix étranglée ; *verse —*, être pris à la gorge. **-o** *m* étouffement.

ahondar *t* approfondir. □ *i — en un tema*, approfondir un sujet.

ahora *adv* **1** maintenant, à présent. I *de — en adelante*, désormais.; *hasta —*, jusqu'à présent ; *por —*, pour l'instant ; *— si que me voy*, cette fois, je m'en vais. **2** (después) dans un instant. **3** (en seguida) tout de suite. I *j — mismo voy !*, j'arrive tout de suite ! ; *¡ hasta — !*, à tout de suite ! □ *conj — bien*, or.

ahorc/ar *t* pendre. **-ado, a** *s* pendu, e.

ahorr/ar *t* épargner, économiser. □ *i* faire des économies. □ *pr así me ahorro cien pesetas*, j'économise ainsi cent pesetas. **-ador, a** *a* économe. □ *s* épargnant, e. **-o** *m* **1** épargne *f* : *caja de ahorros*, caisse d'épargne. **2** (lo que se ahorra) économie *f*.

ahuecar *t* **1** (vaciar) évider. **2** faire gonfler. **3** *— la voz*, enfler la voix. **4** FAM *— el ala*, se tailler, se tirer.

ahum/ar *t* **1** fumer. **2** (llenar de humo) enfumer. **-ado, a** *a jamón, cristal —*, jambon, verre fumé.

ahusado, a *a* fuselé, e.

ahuyentar *t* chasser.

aindiado, a *a* d'Indien, enne.

airado, a *a* furieux, euse, irrité, e.

aire *m* **1** air. I *al —*, en l'air ; *al — libre*, au grand air, en plein air ; *mudar de aires*, changer d'air. **2** air : *con — decidido*, d'un air décidé. I *tiene un — a mi tío*, il ressemble un peu à mon oncle. **3** (aspecto, garbo) allure *f*. **4** (de una canción) air. **5** rythme.

airear *t* **1** aérer. **2** FIG faire connaître. □ *pr* **1** prendre l'air. **2** (resfriarse) prendre froid.

airos/o, a *a* **1** gracieux, euse, élégant, e. **2** *salir — de*, se tirer brillamment de. **-amente** *adv* **1** élégamment. **2** avec succès.

aisl/ar *t* isoler. **-ado, a** *a* isolé, e. **-ador, a** *a/m* isolant, e. □ *m* (de porcelana, etc.) isolateur. **-amiento** *m* isolement.

ajar *t* **1** flétrir. **2** (arrugar) friper,

froisser, chiffonner.

ajedrez *m* échecs *pl* : *jugar al —*, jouer aux échecs.

ajenjo *m* absinthe *f*.

ajeno, a *a* **1** d'autrui : *la opinión ajena*, l'opinion d'autrui. **2** *— a*, étranger, ère à. **3** *— de*, libre de.

ajetre/arse *pr* se démener. **-o** *m* **1** agitation *f*. **2** affairement.

ají *m* piment rouge.

ajo *m* **1** ail. **2** FAM *andar metido en el —*, être dans le coup. **3** FAM *soltar ajos*, lâcher des jurons, jurer.

ajuar *m* **1** mobilier. **2** (de novia) trousseau.

ajust/ar *t* **1** ajuster. **2** régler. **3** (contratar) engager. □ *pr* **1** s'ajuster. **2** s'adapter. **3** se conformer. **-ador** *m* (obrero) ajusteur. **-e** *m* **1** ajustement. **2** réglage. **3** *— de cuentas*, règlement de comptes. **4** (contrata) engagement.

al *prep* (contraction de *a* et *el*) **1** au, à la : *ir — cine*, aller au cinéma ; *— fin*, à la fin. I *salir — balcón*, sortir sur le balcon ; *ir — médico*, aller chez le médecin. **2** (+ infinitivo) *— llegar*, en arrivant ; *— dar las 6*, comme 6 heures sonnaient ; *— abrirse la puerta, creí que eras tú*, lorsque la porte s'ouvrit, j'ai cru que c'était toi. ⇒ **a.**

ala *f* **1** aile. **2** (de sombrero) bord *m*. □ *pl* FIG audace *sing*.

alab/ar *t* vanter, louer. I *alabado sea Dios*, Dieu soit loué. **-anza** *f* louange, éloge *m*.

alabastro *m* albâtre.

álabe *m* aube *f*.

alabe/arse *pr* gauchir, se gondoler. **-o** *m* gauchissement.

alacena *f* placard *m*.

alambique *m* alambic.

alambr/ada *f* barbelés *m pl*. **-ado** *m* clôture *f* en fil de fer. **-e** *m* fil de fer : *— de púas, espinoso*, fil de fer barbelé. **-era** *f* (red) grillage *m*.

álamo *m* peuplier.

alameda *f* 1 allée de peuplier. 2 (paseo) promenade.

alarde *m* 1 étalage, déploiement. | *hacer — de*, faire étalage de, faire montre de. 2 démonstration *f*, manifestation *f*. **-ar** *i* se vanter.

alarg/ar *t* 1 allonger. 2 (dar) tendre, passer : *me alargó su tarjeta*, il me tendit sa carte. 3 prolonger : *— su estancia*, prolonger son séjour. **-amiento** *m* allongement.

alarido *m* cri.

alarm/a *f* 1 alarme. 2 alerte : *estado de —*, état d'alerte ; *falsa —*, fausse alerte. **-ar** *t* alarmer.

alba *f* aube.

Albania *n p f* Albanie.

albañal *m* égout.

albañil *m* maçon. **-ería** *f* maçonnerie.

albarda *f* bât *m*.

albaricoque *m* abricot. **-ro** *m* abricotier.

albatros *m* albatros.

albedrío *m* 1 *libre —*, libre arbitre. 2 fantaisie *f*.

alberca *f* réservoir *m*.

alberg/ar *t* héberger, loger. **-ue** *m* 1 abri. 2 logis. 3 *— de juventud*, auberge *f* de jeunesse.

albóndiga *f* boulette.

albor *m* aube *f* : *en los albores de*, à l'aube de. **-ada** *f* aube.

albornoz *m* 1 burnous. 2 (de baño) peignoir.

alborot/ar *t* 1 jeter le trouble, agiter. 2 mettre en désordre. □ *i* faire du tapage. □ *pr* 1 se troubler, s'affoler. 2 (encolerizarse) s'emporter. **-ador, a** *a* turbulent, e. □ *s* agitateur, trice. **-o** *m* 1 tapage. 2 (motín) émeute *f*.

alborozo *m* joie *f* débordante.

albufera *f* lagune, étang *m* d'eau salée.

álbum *m* album.

albúmina *f* albumine.

alcachofa *f* artichaut *m*.

alcahuete, a *s* entremetteur, euse.

alcald/e *m* maire. **-ada** *f* abus *m* de pouvoir, acte *m* arbitraire. **-esa** *f* femme du maire. **-ía** *f* mairie.

álcali *m* alcali.

alcalino, a *a* alcalin, e.

alcance *m* 1 portée *f* : *al — de la mano*, à portée de la main ; *decisión de mucho —*, décision d'une grande portée. | *fuera de —*, hors d'atteinte. 2 *irle al — de alguien*, poursuivre quelqu'un ; *dar — a alguien*, rattraper quelqu'un. 3 *ser de pocos alcances*, être borné, e.

alcancía *f* tirelire.

alcanfor *m* camphre.

alcantarill/a *f* égout *m*. **-ado** *m* réseau d'égouts. **-ero** *m* égoutier.

alcanz/ar *t* 1 atteindre, toucher : *— el blanco*, atteindre le but ; *el avión fue alcanzado por un cohete*, l'avion a été touché par une fusée. 2 rattraper : *corrí para alcanzarle*, j'ai couru pour le rattraper. 3 passer : *alcánzame la sal*, passe-moi le sel. 4 *— una victoria*, remporter une victoire. 5 comprendre, saisir : *no alcanzo dónde quieres llegar*, je ne comprends pas où tu veux en venir. □ *i* 1 (un arma, un sonido) porter. 2 arriver : *no alcanzo a ver...*, je n'arrive pas à voir... 3 suffire, être suffisant, e : *provisiones que alcanzan para todos*, des provisions qui suffisent pour tout le monde. **-ado, a** *a* 1 (con deudas) endetté, e. 2 *ir — de dinero*, être à court d'argent, gêné.

alcaparra *f* câpre.

alcázar *m* forteresse *f*, alcazar.

alce *m* (animal) élan.

alcoba *f* chambre à coucher.

alcoh/ol *m* alcool : *— de 90 grados*, alcool à 90 degrés. **-ólico, a** *a/s* alcoolique. **-olismo** *m* alcoolisme.

alcor *m* coteau.

Alcorán *n p m* Coran.

alcornoque *m* 1 chêne-liège. 2 FIG abruti.

alcurnia *f* lignage *m*. I *de* –, de vieille souche.

aldaba *f* heurtoir *m*, marteau *m* de porte.

alde/a *f* village *m*. **-ano, a** *a/s* villageois, e.

aleación *f* alliage *m*.

aleatorio, a *a* aléatoire.

aleccionar *t* 1 former, instruire. 2 (reprender) faire la leçon.

aleg/ar *t* alléguer, invoquer, faire valoir. **-ato** *m* plaidoyer.

ale/goría *f* allégorie. **-górico, a** *a* allégorique.

alegrar *t* 1 réjouir : – *el corazón*, réjouir le cœur. 2 (hermosear) égayer. □ *pr* 1 *alegrarse de, con, por*, se réjouir de. 2 être heureux, euse, ravi, e : *me alegro de verle*, je suis heureux de vous voir. I *me alegro*, j'en suis ravi, tant mieux.

alegr/e *a* 1 joyeux, euse, gai, e. 2 heureux, euse : – *de salir contigo*, heureux de sortir avec toi. 3 (color) gai, e. 4 (achispado) gai, e. **-ía** *f* 1 joie *f* : *loco de* –, fou de joie. 2 gaieté : *se le ha acabado la* –, il a perdu sa gaieté. **-ón** *m* grande joie *f*. I *dar un* –, faire un plaisir immense.

alejamiento *m* éloignement.

Alejandro *n p m* Alexandre.

alejar *t* éloigner. □ *pr* s'éloigner, s'écarter.

alelado, a *a* hébété, e ahuri, e : *con aire* –, d'un air ahuri.

alelí *m* giroflée *f*.

aleluya *m/f* alléluia *m*. □ *f* (estampita) image de piété, sorte d'image d'Épinal.

alemán, ana *a/s* allemand, e.

alentada *f de una* –, tout d'une traite.

alent/ar ° *i* respirer. □ *t* 1 encourager. 2 animer. **-ador, a** *a* encourageant, e.

alerce *m* mélèze.

al/ergia *f* allergie. **-érgico, a** *a* allergique.

alero *m* avant-toit.

alerón *m* aileron.

alert/a *adv estar* –, être sur le qui-vive, en éveil, sur ses gardes. □ *f* alerte. **-ar** *t* alerter.

aleta *f* 1 (de pez) nageoire. 2 (para nadar) palme. 3 (de un coche) aile.

aletear *i* (aves) battre des ailes.

alevosía *f* traîtrise.

alfa/beto *m* alphabet. **-bético, a** *a* alphabétique.

alfalfa *f* luzerne.

alfar/ería *f* poterie. **-ero** *m* potier.

alféizar *m* rebord.

alférez *m* sous-lieutenant.

alfil *m* fou.

alfiler *m* épingle *f*. I *ir de veinticinco alfileres*, être tiré, e à quatre épingles ; *en esta sala no cabe un* –, cette salle est pleine à craquer.

alfombr/a *f* tapis *m*. **-ar** *t* recouvrir d'un tapis. **-illa** *f* 1 carpette. 2 (de cama) descente de lit.

alforjas *f pl* besace *sing*.

alga *f* algue.

algarabía *f* 1 charabia *m*. 2 (ruido) brouhaha *m*.

algarrobo *m* caroubier.

algazara *f* brouhaha *m*.

álgebra *f* algèbre.

algo *pron indef* quelque chose : *tengo* – *que decirte*, j'ai quelque chose à te dire. I – *así como*, quelque chose comme ; – *es* –, c'est toujours ça. □ *adv* un peu : *es* – *caprichosa*, elle est un peu capricieuse. □ m *un* – *de*, un petit quelque chose de.

algod/ón *m* 1 coton. 2 (golosina) barbe *f* à papa. **-onero, a** *a/m* cotonnier, ère.

alguien *pron indef* quelqu'un.

alg/ún *a* (apocope de *alguno*) un : – *día*, un jour. I – *tanto*, un peu.

-uno, a *a* **1** (plural) quelque : *algunos años después,* quelques années plus tard. **2** un, une : *alguna vez,* une fois. **3** (negativo) aucun, e : *sin garantía alguna,* sans aucune garantie. □ *pron* **1** (alguien) quelqu'un. **2** (en plural) quelques-uns, quelques-unes, certains, es.

alhaja *f* bijou *m*.

alhelí *m* giroflée *f*.

alheña *f* troène *m*.

ali/ar *t* allier. **-ado, a** *a/s* allié, e. **-anza** *f* alliance.

alias *adv* dit, alias.

alicaído a *a* FIG abattu, e.

alicates *m pl* pince *f sing*.

aliciente *m* **1** attrait. **2** agrément. **3** stimulant.

alien/ar *t* aliéner. **-ación** *f* aliénation. **-ado, a** *a/s* aliéné, e.

aliento *m* **1** haleine *f* : *mal —,* mauvaise haleine. | *llegó sin —,* il arriva hors d'haleine, à bout de souffle. **2** FIG courage, énergie *f*, vigueur *f*.

aligator *m* alligator.

aligerar *t* **1** alléger. **2** *— el paso,* presser le pas. □ *i* FAM se grouiller : *¡ aligera !,* grouille-toi !

alijo *m* contrebande *f*.

alimaña *f* animal *m* nuisible.

aliment/o *m* aliment, nourriture *f*. **-ación** *f* alimentation, nourriture. **-ar** *t* **1** nourrir. **2** (una chaudière, le feu, etc.) alimenter. □ *pr* se nourrir. **-icio, a** *a* alimentaire.

alimón (al) *loc adv* à deux.

aline/ar *t* aligner. **-ación** *f* **1** alignement *m*. **2** (deportes) formation.

aliñ/ar *t* **1** (condimentar) assaisonner. **2** arranger. **-o** *m* **1** assaisonnement. **2** parure *f*.

alisar *t* lisser.

alist/ar *t* enrôler, recruter. □ *pr* **1** s'enrôler. **2** MIL s'engager, s'enrôler. **-amiento** *m* **1** enrôlement. recrutement. **2** (quinta) contingent.

alivi/ar *t* **1** (una carga) alléger. **2** FIG soulager. □ *pr* (un enfermo) aller mieux. **-o** *m* soulagement.

aljibe *m* citerne *f*.

aljofaina *f* cuvette.

alma *f* âme. | *— viviente,* âme qui vive ; *estar con el — en un hilo,* être mort, e de peur ; *llegar al —,* aller droit au cœur ; *con toda el —,* de tout cœur ; *en el —,* sincèrement, profondément ; *lo siento en el —,* j'en suis navré.

almac/én *m* magasin. **-enaje** *m* stockage. **-enamiento** *m* **1** stockage, emmagasinage. **2** (existencias) stocks *pl*. **-enar** *t* emmagasiner.

almadraba *f* pêche au thon.

almadreña *f* sabot *m*.

almanaque *m* almanach.

almeja *f* clovisse, palourde.

almena *f* créneau *m*.

almendr/a *f* amande. | *— garapiñada,* praline. **-o** *m* amandier.

almiar *m* meule *f*.

almíbar *m* sirop : *melocotones en —,* pêches au sirop.

almid/ón *m* amidon. **-onar** *t* amidonner, empeser.

alminar *m* minaret.

almirant/e *m* amiral. **-azgo** *m* amirauté *f*.

almirez *m* mortier.

almohad/a *f* **1** oreiller *m*. **2** (alargada) traversin *m*. **3** (funda) taie d'oreiller. **-illa** *f* **1** petit coussin *m*. **2** tampon *m* encreur.

almohazar *t* étriller, panser.

almorzar ° *i* déjeuner. □ *t* déjeuner de.

almuerzo *m* déjeuner.

alocado, a *a* **1** un peu fou, folle. **2** irréfléchi, e.

alocución *f* allocution.

áloe *m* aloès.

aloj/ar *t* loger. □ *pr* loger. **-amiento** *m* logement.

alón *m* aile *f*.

alondra *f* alouette.

Alonso *n p m* Alphonse.

alpaca *f* 1 alpaga *m*. 2 (metal) maillechort *m*.

alpargata *f* espadrille.

Alpes *n p m los* —, les Alpes *f*.

alpin/ismo *m* alpinisme. **-ista** *s* alpiniste.

alquería *f* ferme.

alquil/ar *t* louer : *piso por* —, appartement à louer ; *se alquila*, à louer. **-er** *m* 1 location *f* : *coche de* —, voiture en location. I *casa de* —, maison de rapport. 2 (precio) loyer.

alquitr/án *m* goudron. **-anar** *t* goudronner.

alrededor *adv* 1 autour : *miró* — *de él*, — *suyo*, il regarda autour de lui. 2 alentour : *miró* —, il regarda alentour. 3 — *de*, environ, à peu près, autour de : — *de mil pesetas*, environ mille pesetas. □ *m pl los alrededores de Bilbao*, les environs de Bilbao.

alta *f* 1 inscription. I *darse de* — *en un club*, s'inscrire dans un club. 2 *dar de* — *a un enfermo*, donner son bulletin de sortie, l'autorisation de sortir à un malade. 3 MIL *ser* —, entrer dans un corps, reprendre du service.

altaner/ía *f* hauteur, arrogance. **-o, a** *a* hautain, e, altier, ère.

altar *m* autel : — *mayor*, maître-autel.

altavoz *m* haut-parleur : *altavoces*, des haut-parleurs.

alter/ar *t* 1 altérer. 2 (perturbar, turbar) troubler. 3 mettre en colère. □ *pr* 1 se troubler. 2 se mettre en colère, se fâcher. **-ación** *f* 1 altération. 2 trouble *m*.

altercado *m* altercation *f*.

altern/ar *t* faire alterner. □ *i* 1 alterner. 2 — *con sus vecinos*, fréquenter ses voisins. 3 *su hija empezó a* — *a los quince años*, sa fille a commencé à sortir à quinze ans. □ *pr* se relayer. **-ancia** *f*

alternance. **-ativa** *f* alternative. **-ativo, a** *a* alternatif, ive. **-o, a** *a* 1 alterne. 2 *corriente alterna*, courant alternatif.

alteza *f* altesse.

altibajos *m pl* FIG hauts et les bas.

altillo *m* 1 coteau. 2 (piso intermedio) soupente *f*. 3 (desván) grenier.

altiplanicie *f* haut plateau *m*.

altiplano *m* AMER haut plateau.

altísimo, a *a* très haut, haute.

altitud *f* altitude.

altiv/o *a* hautain, e. **-ez** *f* hauteur.

¹alto, a *a* 1 (cosas) haut, e, élevé, e. 2 (personas) grand, e : *un hombre* —, un homme grand. 3 haut, e : *alta costura*, haute couture. 4 *a altas horas de la noche*, à une heure avancée de la nuit. □ *m* 1 haut, hauteur *f* : *diez metros de* —, dix mètres de haut ; *desde lo* — *de*, du haut de. 2 (cerro) hauteur *f*. 3 (piso) étage élevé. 4 *por lo* —, largement : *calculando por lo* —, en calculant largement. □ *adv* haut : *volar* —, voler haut. I *los brazos en* —, les bras en l'air ; *hablar* —, parler tout haut.

²alto *m* halte *f* : *hacer* —, faire halte. □ *interj* halte! ; *¡* — *ahí!*, halte-là!

altoparlante *m* AMER haut-parleur.

altozano *m* coteau, mamelon.

altru/ismo *m* altruisme. **-ista** *s* altruiste.

altura *f* hauteur. □ *pl* cieux *m*. I *a estas alturas*, maintenant, à présent.

alubia *f* haricot *m*.

alucinación *f* hallucination.

alud *m* avalanche *f*.

alud/ir *i* faire allusion. **-ido, a** *a* dont il est question, visé, e. I *darse por* —, se sentir visé.

alumbr/ar *t/i* éclairer. □ (dar a luz) accoucher. □ *pr* s'éclairer. **-ado** *m* éclairage : — *de neón*, éclairage au néon. **-amiento** *m* (parto) accouchement.

aluminio *m* aluminium.

alumno, a *s* élève.

alunizar *i* alunir.

alusión *f* allusion.

aluvión *m* 1 crue *f.* 2 alluvion. *f.*

alvéolo *m* alvéole.

alza *f* hausse.

alzado, a *a* (precio) forfaitaire. I *a tanto* —, à forfait.

alzamiento *m* 1 soulèvement. 2 COM banqueroute *f* frauduleuse.

alzar *t* 1 lever : *alcé los ojos*, je levai les yeux. 2 (algo caído) relever. 3 (a poca altura) soulever : *alzó el visillo*, elle souleva le rideau. 4 — *la voz*, hausser la voix. □ *i* (liturgia) *al* —, à l'élévation. □ *pr* 1 se lever : *el telón se alza*, le rideau se lève. 2 s'élever, se dresser. 3 (amotinarse) se soulever.

allá *adv* 1 là-bas : — *muy lejos*, là-bas très loin. 2 loin : *muy* —, très loin. I *más* — *de*, au-delà de. 3 autrefois : —, *a principios del siglo XVIII*, autrefois, au début du XVIIIᵉ siècle.

allanar *t* 1 aplanir. 2 (un domicilio) violer. □ *pr* se soumettre, se plier.

alleg/ar *t* rassembler, réunir. **-ado, a** *s* 1 proche. 2 partisan.

allende *adv* au-delà : — *los mares*, au-delà des mers.

allí *adv* 1 là : — *se casó*, c'est là qu'il s'est marié. I — *está, he* —, voilà. 2 y : *vete* —, vas-y.

ama *f* 1 — *de casa*, maîtresse de maison. 2 (de un soltero) gouvernante. 3 — *de cría*, nourrice.

amab/le *a* aimable. **-ilidad** *f* amabilité.

amaestrar *t* dresser. I *perro amaestrado*, chien savant.

amag/ar *t* 1 menacer. 2 — *un saludo*, esquisser un salut. □ *i* 1 être imminent, e. 2 menacer : *está amagando lluvia*, la pluie menace. **-o** *m* 1 menace *f.* 2 signe, indice, marque *f.* 3 *un* — *de tristeza*, une

pointe de tristesse.

amainar *i* FIG se calmer.

amalgama *f* amalgame *m.*

amamantar *t* allaiter.

¹amanecer ° *impers* commencer à faire jour. □ *i* 1 être au lever du jour : *el cielo amaneció nublado*, le ciel était nuageux au lever du jour. I *amanecimos en Toledo*, nous sommes arrivés à Tolède au lever du jour. 2 (despertar) se réveiller.

²amanecer *m* point du jour, aube *f* : *al* —, à l'aube.

amanerado, a *a* maniéré, e.

amaneramiento *m* affectation *f.*

amansar *t* 1 apprivoiser. 2 dompter.

amante *a/s* amoureux, euse. □ *m* amant.

amañarse *pr* se débrouiller, s'arranger.

amapola *f* coquelicot *m.*

amar *t* aimer : — *a Dios*, aimer Dieu ; *amaos los unos a los otros*, aimez-vous les uns les autres.

amar/ar *i* amerrir. **-aje** *m* amerrissage.

amarg/o, a *a* amer, ère. **-ado, a** *a* aigri, e. **-ar** *t* 1 rendre amer, ère. 2 FIG aigrir. 3 — *la existencia*, empoisonner, gâcher l'existence. **-or** *m* amertume *f.* **-ura** *f* amertume.

amarill/o, a *a/m* jaune. **-ear** *i* jaunir. **-ento, a** *a* jaunâtre.

amarr/a *f* amarre. □ *pl* FAM piston *m sing.* **-adura** *f* amarrage *m.* **-ar** *t* 1 MAR amarrer. 2 (atar) attacher.

amartelarse *pr* — *con*, tomber amoureux, euse de.

amas/ar *t* 1 pétrir. 2 (mortero) gâcher. 3 (dinero) amasser. **-adera** *f* pétrin *m.* **-amiento** *m* pétrissage. **-ijo** *m* FIG mélange.

amatista *f* améthyste.

amazacotado, a *a* 1 compact, e. 2 lourd, e, surchargé, e.

Amazonas *n p m* Amazone.

amazona *f* amazone.

ambages m pl *sin* —, sans ambages.

ámbar *m* ambre.

Amberes *n p* Anvers.

ambi/ción *f* ambition. **-cioso, a** *a/s* ambitieux, euse.

ambiente *a* ambiant, e. □ *m* **1** ambiance *f*, atmosphère *f*, climat : *un* — *hostil*, une ambiance hostile. **2** milieu : *en los ambientes intelectuales*, dans les milieux intellectuels ; — *atmosférico*, milieu atmosphérique.

ambigú *m* buffet.

ambiguo, a *a* ambigu, uë.

ámbito *m* **1** étendue *f*. **2** cadre, limites *f pl*.

ambos, as *a pl* les deux : — *sexos*, les deux sexes. **l** *a* — *lados*, des deux côtés. □ *pron pl* tous (les) deux, toutes (les) deux.

ambulan/cia *f* **1** ambulance. **2** — *de correos*, bureau *m* ambulant. **-te** *a* ambulant, e.

ameba *f* amibe.

amedrentar *t* faire peur.

amén *m/adv* **1** amen. **l** *en un decir* —, en un clin d'œil. **2** — *de*, en plus de, outre.

amenaz/ar *t/i* menacer : *le ha amenazado con matarle*, il l'a menacé de le tuer ; *está amenazando (con) llover*, il menace de pleuvoir. **-a** *f* menace. **-ador, a** *a* menaçant, e.

amenguar *t* diminuer.

amen/o, a *a* agréable. **-izar** *t* **1** égayer. **2** (un baile, espectáculo) animer.

América *n p f* Amérique : — *del Norte, del Sur*, l'Amérique du Nord, du Sud.

american/o, a *a/s* américain, e. □ *f* (chaqueta) veste. **-ismo** *m* américanisme.

ametralladora *f* mitrailleuse.

amianto *m* amiante.

amiba *f* amibe.

amiga *f* amie.

amígdala *f* amygdale.

amig/o, a *a/s* ami, e : — *de la infancia*, ami d'enfance. **l** *ser* — *de*, aimer. **-ote** *m* FAM copain.

amilanar *t* faire peur, effrayer.

aminorar *t* (la marcha) ralentir.

amist/ad *f* amitié. □ *pl* amis *m*. **-oso, a** *a* **1** amical, e. **2** *arreglo* —, arrangement à l'amiable.

amnesia *f* amnésie.

amnistía *f* amnistie.

amo *m* **1** maître : *el* — *de la casa*, le maître de maison. **2** propriétaire. **3** (dueño) patron.

amodorrado, a *a* somnolent, e.

amolar ° *t* aiguiser.

amoldar *t* ajuster.

amoniaco *m* ammoniaque *f*.

amontonar *t* entasser. □ *pr* s'entasser.

amor *m* amour : *el* — *al prójimo*, l'amour du prochain. **l** — *propio*, amour-propre ; *al* — *de la lumbre*, au coin du feu.

amoratado, a *a* violacé, e.

amordazar *t* bâillonner.

amorfo, a *a* amorphe.

amorío *m* amourette *f*.

amoroso, a *a* affectueux, euse, tendre.

amortajar *t* ensevelir.

amortigu/ar *t* amortir. **-ador** *m* amortisseur.

amortiz/ar *t* amortir. **-ación** *f* amortissement *m*.

amostazarse *pr* prendre la mouche, se monter.

amotin/arse *pr* se soulever. **-ado, a** *a/s* insurgé, e. **-amiento** *m* émeute *f*.

amovible *a* amovible.

ampar/ar *t* protéger. □ *ampararse en una ley*, s'abriter derrière une loi. **-o** *m* **1** protection *f* : *al* — *de*, sous la protection de. **2** refuge. **3** soutien.

amperio *m* ampère.

ampli/ar *t* **1** (un local, una foto) agrandir. **2** (ensanchar) élargir. **3** prolonger. **4** (un número) augmenter : *— los créditos,* augmenter les crédits. **5** (un negocio, una explicación) développer. **-ación** *f* **1** agrandissement *m* : *una — fotográfica,* un agrandissement photographique. **2** élargissement *m*. **3** augmentation.

amplific/ar *t* amplifier. **-ador** *m* amplificateur.

ampli/o, a *a* **1** (prendra de vestir) ample. **2** (extenso) vaste, étendu, e. **3** large : *amplias repercusiones,* de larges répercussions ; *espíritu —,* esprit large. **-tud** *f* **1** ampleur. **2** *— de ideas,* largeur d'esprit.

ampolla *f* ampoule.

ampuloso, a *a* ampoulé, e.

amputar *t* amputer.

amueblar *t* meubler.

amuleto *m* amulette *f*.

Ana *n p f* Anne.

anacronismo *m* anachronisme.

ánade *m* canard.

anales *m pl* annales *f*.

analfabet/o *a/s* analphabète. **-ismo** *m* analphabétisme.

análisis *m* analyse *f*.

analizar *t* analyser.

anal/ogía *f* analogie. **-ógico, a** *a* analogique.

análogo, a *a* analogue.

ananás *m* ananas.

anaquel *m* étagère *f*, rayon. **-ería** *f* rayonnage *m*.

anaranjado, a *a/m* orangé, e, orange.

anarqu/ía *f* anarchie. **-ista** *a/s* anarchiste.

anatema *m* anathème.

anat/omía *f* anatomie. **-ómico, a** *a* anatomique.

ancas *f pl* croupe *sing* : *a —,* en croupe.

ancestral *a* ancestral, e.

anciano, a *a* âgé, e. □ *s* vieillard *m* : *asilo de ancianos,* asile de vieillards.

ancl/a *f* ancre. **-adero** *m* mouillage. **-ar** *i* mouiller.

áncora *f* ancre.

anch/o, a *a* **1** large. **2** (demasiado) trop grand, e : *este abrigo me viene —,* ce manteau est trop grand pour moi. **3** *a mis, tus, sus anchas,* à mon, ton, son, leur aise. □ *m* **1** largeur *f*. **2** *tres metros de —,* trois mètres de large. **-ura** *f* largeur.

andadas f pl *volver a las —,* retourner à ses erreurs.

andador, a *a/s* bon marcheur, bonne marcheuse.

Andalucía *n p f* Andalousie.

andaluz, a *a/s* andalou, se.

andamio *m* échafaudage.

andanza *f* aventure.

¹**andar** ° *i* **1** (moverse, funcionar) marcher : *— despacio,* marcher lentement. | *ir andando,* aller à pied ; *¡ andando!,* en avant! **2** (estar) être : *anda siempre bien vestida,* elle est toujours bien habillée ; *— muy atareado,* être très affairé. **3** aller, se porter : *¿ qué tal anda el enfermo?,* comment se porte le malade? ; *cada día anda peor,* il va de plus en plus mal. **4** (+ gerundio) être en train de : *anda siempre cantando,* elle est toujours en train de chanter ; (souvent ne se traduit pas : *— buscando,* chercher). **5** *¡ anda!,* allons! ; (asombro) ça alors! □ *t* parcourir. □ *pr* **1** parcourir : *me anduve todo el barrio sin encontrar la casa,* j'ai parcouru tout le quartier sans trouver la maison. **2** *andarse con cuidado, ceremonias,* faire attention, des cérémonies.

²**andar** *m* démarche *f*. □ *pl* démarche *f sing,* allure *f sing :* *unos andares muy rápidos,* une démarche très rapide. **-iego, a** *s* bon marcheur, bonne marcheuse.

andas *f pl* brancard *m sing*.

andén *m* **1** quai : *en el — de la estación,* sur le quai de la gare. **2** (acera) trottoir.

Andes n p m pl *los* —, les Andes *f*.

Andorra n p f Andorre.

andraj/o m guenille *f*, loque *f*. **-oso,** a *a* déguenillé, e, loqueteux, euse.

Andrés n p m André.

anécdota f anecdote.

anegar t noyer. I *ojos anegados en lágrimas*, yeux noyés de larmes.

anejo, a a annexe. □ m annexe *f*.

an/emia f anémie. **-émico, a** a anémique.

anémona f anémone.

anes/tesia f anesthésie. **-tesiar** t anesthésier. **-tésico, a** a/m anesthésique. **-tesista** s anesthésiste.

anex/ar t annexer. **-ión** f annexion. **-ionar** t annexer.

anexo m annexe *f* : *dormir en el — del hotel*, coucher à l'annexe de l'hôtel.

anfiteatro m amphithéâtre.

ánfora f amphore.

anfractuosidad f anfractuosité.

angarillas f pl brancard m *sing*.

ángel m 1 ange. 2 *tener* —, avoir du charme.

angelical, angélico, a a angélique.

angelus m angélus.

angina f angine.

anglosajón, ona a/s anglo-saxon, onne.

angosto, a a étroit, e.

anguila f anguille.

ángulo m angle.

anguloso, a a anguleux, euse.

angusti/a f angoisse. **-ar** t angoisser. **-oso, a** a 1 angoissant, e. 2 angoissé, e : *mirada angustiada*, regard angoissé.

anhel/ar t désirer vivement, aspirer à. **-o** m désir ardent.

anidar i nicher.

anilla f anneau m.

anillo m anneau. I — *de boda*,

alliance *f* ; *esto viene como — al dedo*, cela convient à merveille, ça tombe à pic.

ánima f âme (du Purgatoire).

animación f 1 animation. 2 (en una persona) entrain m, allant m.

animado, a a 1 animé, e. 2 plein, e d'entrain, en forme.

animador, a s animateur, trice.

animal a animal, e. □ m animal, bête *f* : *animales domésticos*, animaux domestiques. **-ada** f (tontería) ânerie.

animar t 1 animer. 2 (alentar) encourager, stimuler. 3 mettre de l'animation dans. □ pr 1 s'animer. 2 se décider : *animarse a hablar*, se décider à parler. I *¡ anímate !*, allons !

ánimo m 1 esprit. 2 (valor) courage : *¡ ánimo !*, courage ! ; *recobrar* —, reprendre courage. 3 intention *f*.

aniñado, a a enfantin, e.

aniquilar t anéantir.

anís m 1 anis. 2 (licor) anisette *f*.

anisado m anisette *f*.

aniversario m anniversaire.

ano m anus.

anoche adv hier soir.

¹anochecer ° impers commencer à faire nuit. □ i arriver, se trouver à la tombée de la nuit.

²anochecer m crépuscule, tombée *f* de la nuit : *al* —, à la tombée de la nuit.

anodino, a a anodin, e.

anomalía f anomalie.

anonadar t anéantir.

anónimo, a a/s anonyme. □ m anonymat.

anorak m anorak.

anormal a/s anormal : *niños anormales*, enfants anormaux.

anotar t 1 annoter. 2 (apuntar) noter, prendre note de. 3 inscrire.

anquilosarse pr s'ankyloser.

ánsar m oie *f*.

ansi/a f 1 (angustia) angoisse,

anxiété. **2** désir *m*, soif : — *de independencia*, soif d'indépendance. I *espera con — las vacaciones*, il attend les vacances avec impatience. **3** *comer con —*, manger avec avidité. **-ar** *t* désirer ardemment. **-edad** *f* anxiété. **-oso, -a** *a* **1** anxieux, euse. **2** — *de, por*, impatient, e de : — *de llegar*, impatient d'arriver.

anta *f* élan *m*.

antagon/ismo *m* antagonisme. **-ista** *a/s* antagoniste.

antaño *adv* autrefois, jadis.

antártico, a *a* antarctique.

¹**ante** *prep* devant. I — *todo*, avant tout.

²**ante** *m* (ciervo) élan.

anteayer *adv* avant-hier.

antebrazo *m* avant-bras.

antecámara *f* antichambre.

antecedente *a/m* antécédent, e.

antecesor, a *s* prédécesseur.

antecocina *f* office.

antedatar *t* antidater.

antelación *f* avance : *con —*, à l'avance ; *con dos semanas de —*, deux semaines à l'avance.

antemano (de) *loc adv* d'avance.

antena *f* antenne.

anteojo *m* lunette *f*. I — *de larga vista*, longue-vue *f*. ☐ *pl* (prismáticos) jumelles *f*.

antepasados *m pl* ancêtres.

antepecho *m* **1** parapet, garde-fou. **2** appui.

anterior *a* **1** antérieur, e. **2** précédent, e.

antes *adv* **1** avant, auparavant : *un mes —*, un mois avant. **2** — *de*, avant : — *del sábado*, avant samedi. **3** — *que*, avant : *mucho — que él*, bien avant lui ; — *que nada*, avant tout. **4** (más bien) plutôt : — *que quejarte*, plutôt que de te plaindre. ☐ *conj* mais plutôt. I — *bien*, bien au contraire. ☐ *a* d'avant, précédent, e : *el día —*, le jour d'avant.

antesala *f* antichambre.

antibiótico, a *a/m* antibiotique.

anticipación *f* anticipation. I *con —*, en avance.

anticip/ar *t* **1** avancer la date de, le moment de : — *su regreso*, avancer la date de son retour. **2** (dinero) avancer. **3** (predecir) assurer d'avance, prédire. ☐ *pr* **1** devancer. **2** être en avance : *el verano se ha anticipado este año*, l'été est en avance cette année. **-o** *m* avance *f*.

anticongelante *m* antigel.

anticuado, a *a* **1** vieilli, e, désuet, ette. **2** (pasado de moda) démodé, e.

anticuario *m* antiquaire.

antideslizante *a/m* antidérapant, e.

antídoto *m* antidote.

antifaz *m* **1** masque. **2** (sólo para los ojos) loup.

antiguamente *adv* autrefois.

antigüedad *f* **1** antiquité. **2** (en un empleo) ancienneté. ☐ *pl tienda de antigüedades*, magasin d'antiquités.

antiguo, a *a* **1** ancien, enne. I *de —*, depuis longtemps. **2** (de la Antigüedad) antique. ☐ *m* ancien.

antílope *m* antilope *f*.

Antillas *n p f pl* Antilles.

antip/atía *f* antipathie. **-ático, a** *a* antipathique.

antípoda *m* antipode.

antiquísimo, a *a* très ancien, enne.

antirrobo *m* antivol.

antiséptico, a *a/m* antiseptique.

antítesis *f* antithèse.

antoj/arse *pr* **1** avoir envie de. **2** avoir dans l'idée, sembler : *se me antoja que no vendrá*, j'ai dans l'idée qu'il ne viendra pas. **3** paraître, sembler : *el porvenir se me antoja sombrío*, l'avenir me parait sombre. **-adizo, a** *a* capricieux, euse. **-o** *m* caprice. I *a* *su* —, à sa guise.

antología *f* anthologie.

Antonio *n p m* Antoine.

antorcha *f* torche, flambeau *m*.

antracita *f* anthracite *m*.

ántrax *m* anthrax.

antropófago, a *a/s* anthropophage.

antropología *f* anthropologie.

anual *a* annuel, elle.

anuario *m* annuaire.

anudar *t* 1 nouer. 2 (una cosa interrumpida) renouer.

¹anular *m* annulaire.

²anul/ar *t* annuler. **-ación** *f* annulation.

anunci/ar *t* 1 annoncer. 2 faire de la publicité pour. **-ación** *f* annonciation. **-ante** *m* annonceur. **-o** *m* 1 annonce *f*. I *anuncios por palabras*, petites annonces. 2 (cartel) affiche *f*.

anuo, a *a* annuel, elle.

anverso *m* 1 face *f*. 2 (de página) recto.

anzuelo *m* hameçon.

añad/ir *t* ajouter. **-ido** *m* ajout. **-idura** f *por* —, en outre.

añejo, a *a* vieux, vieille.

añicos m pl *hacer* —, réduire en morceaux, en miettes.

añil *a/m* indigo.

año *m* 1 an : *tiene doce años*, il a douze ans ; *dentro de dos años*, dans deux ans. 2 année *f* : — *escolar*, année scolaire ; *en el transcurso del* —, dans le courant de l'année. I — *nuevo*, nouvel an ; *¡ feliz — nuevo !*, bonne année ! □ *pl* 1 années *f*. 2 âge *sing* : *a mis años*, à mon âge ; *¿ cuántos años tienes ?*, quel âge as-tu ?

añor/ar *t* regretter. **-anza** *f* nostalgie, regret *m*.

aorta *f* aorte.

apabullar *t* 1 accabler. 2 (asombrar) sidérer.

apacible *a* paisible, calme.

apaciguar *t* apaiser.

apadrinar *t* 1 servir de parrain, de témoin. 2 (proteger) parrainer.

apag/ar *t* 1 éteindre : *¡ apaga la luz !*, éteins la lumière ! 2 (un sonido, una rebelión) étouffer. 3 (la sed) étancher. **-ado, a** *a* 1 persona, color) éteint, e. 2 (sonido) étouffé, e. **-ón** *m* panne *f* de courant.

apalabrar *t* 1 régler verbalement 2 engager.

apalear *t* 1 (golpear) battre. 2 — *oro*, rouler sur l'or.

apañ/ar *t* arranger. □ FAM *apañárselas*, se débrouiller. **-ado, a** *a* FAM 1 habile. 2 pratique. 3 *¡ estamos apañados !*, nous voilà frais !

aparador *m* (mueble) buffet.

aparato *m* appareil.

aparatoso, a *a* 1 impressionnant, e. 2 spectaculaire.

aparc/ar *t* garer. □ *i* se garer : *he aparcado delante del hotel*, je me suis garé devant l'hôtel. I *prohibido* —, défense de stationner. **-amiento** *m* 1 (acción) stationnement. 2 parking : — *subterráneo*, parking souterrain.

aparear *t* accoupler.

aparec/er °*i* 1 apparaître. 2 paraître : *artículo aparecido en un periódico*, article paru dans un journal. **-ido** *m* revenant.

aparentar *t* 1 feindre. 2 (+ infinitivo) faire semblant de. 3 faire : *no aparenta 60 años*, il ne fait pas 60 ans.

aparente *a* apparent, e.

aparición *f* apparition.

apariencia *f* apparence.

apartadero *m* 1 voie *f* de garage. 2 refuge.

apartado, a *a* à l'écart. □ 1 paragraphe, alinéa. 2 — *de correos*, boîte *f* postale.

apartamento *m* appartement.

apartar *t* 1 écarter. 2 — *los ojos*, détacher les yeux. □ *pr* 1 s'écarter, s'éloigner. 2 se retirer. 3 *¡ apártate de en medio !*, ôte-toi de là !

aparte *adv* de côté, à part. I − *de eso, eso* −, cela mis à part, à part cela. □ *m* **1** aparté. **2** *punto y* −, point à la ligne.

apasion/ar *t* passionner. □ *apasionarse por,* se passionner pour. **-ante** *a* passionnant, e.

ap/atía *f* apathie. **-ático, a** *a* apathique.

ape/arse *pr* descendre. **-adero** *m* (para viajeros) halte *f*.

apedrear *t* lancer des pierres sur.

apeg/arse *pr* s'attacher. **-o** *m* attachement.

apel/ar *t* faire appel. **-ación** *f* appel *m*.

apelmazar *t* comprimer, tasser, presser.

apellido *m* nom (de famille).

apenar *t* peiner.

apenas *adv* à peine. I − *si*, c'est à peine si ; − *había acabado cuando...,* à peine avait-il fini que...

apéndice *m* appendice.

apendicitis *f* appendicite.

apercibir *t* **1** préparer. **2** avertir.

aperitivo *m* apéritif.

aperos *m pl* instruments, outils.

apertura *f* ouverture.

apestar *i* empester, puer : − *a gasolina,* puer l'essence.

apetec/er ° *i* faire envie, avoir envie : *no me apetece salir hoy,* je n'ai pas envie de sortir aujourd'hui. I *si le apetece,* si ça vous fait envie, vous dit. **-ido, a** *a* désiré, e, souhaité, e.

apetit/o *m* appétit. **-oso, a** *m* appétissant, e.

apiadarse *pr* **1** − *de,* s'apitoyer sur. **2** *apiádate de nosotros,* aie pitié de nous.

apicult/ura *f* apiculture. **-or** *m* apiculteur.

apilar *t* empiler.

apiñarse *pr* s'entasser.

apio *m* céleri.

apisonar *t* tasser.

aplacar *t* apaiser.

aplast/ar *t* **1** aplatir. **2** (fruta, pie, etc.) écraser. **3** (a un adversario) écraser. **-ante** *a* écrasant, e.

aplau/dir *i* applaudir. **-so** *m* applaudissement.

aplaz/ar *t* ajourner, remettre, différer. **-amiento** *m* ajournement.

aplic/ar *t* appliquer. □ *pr* s'appliquer. **-ación** *f* application.

aplique *m* applique *f*.

aplomo *m* **1** sérieux, pondération *f*. **2** (verticalidad) aplomb.

apocado, a *a* timide.

apocalipsis *m* apocalypse *f*.

apodar *t* surnommer.

apoder/arse *pr* s'emparer. **-ado** *m* **1** fondé de pouvoir. **2** (de un artista) imprésario.

apodo *m* surnom.

apogeo *m* apogée.

apolillado, a *a* mité, e.

Apolo *n p m* Apollon.

apología *f* apologie.

apopl/ejía *f* apoplexie. **-éctico, a** *a/s* apoplectique.

aporrear *t* cogner sur.

aport/ar *t* apporter. **-ación** *f* apport *m*.

aposent/ar *t* loger. **-o** *m* chambre *f*.

aposición *f* apposition.

apósito *m* pansement.

aposta *adv* à dessein, exprès.

apostar ° *t* parier : *apuesto a que...,* je parie que... □ *pr* ¿ *qué te apuestas a que...?,* qu'est-ce que tu paries que...?

apóstata *m* apostat.

apóstol *m* apôtre.

apostólico, a *a* apostolique.

apóstrofe *m* apostrophe *f*.

apóstrofo *m* apostrophe *f*.

apoteosis *f* apothéose.

apoy/ar *t* appuyer. □ *apoyarse en un bastón,* s'appuyer sur une canne. **-o** *m* appui.

apreci/ar *t* 1 apprécier. 2 distinguer, percevoir. **-able** *a* appréciable. **-ación** *f* appréciation. **-o** *m* estime *f*.

aprehen/der *t* 1 appréhender, arrêter. 2 (contrabando) saisir. **-sión** *f* capture, saisie.

apremi/ar *t/i* presser. **-ante** *a* pressant, e. **-o** *m* contrainte *f*.

aprend/er *t* apprendre : *aprendió el italiano en Roma*, il a appris l'italien à Rome. **-iz, a** *s* apprenti, e. **-izaje** *m* apprentissage.

aprens/ión *f* appréhension, peur. **-ivo, a** *a/s* craintif, ive.

apresar *t* capturer.

apresur/ar *t* hâter. □ *apresurarse a*, se hâter, s'empresser de. **-adamente** *adv* à la hâte. **-amiento** *m* hâte *f*, empressement.

apret/ar ° *t* 1 serrer. 2 — *el paso*, presser le pas. **-ón** *m* — *de manos*, poignée *f* de main. **-ujar** *f* FAM serrer, écraser. **-uras** *f pl* bousculades.

aprieto *m* embarras, gêne *f*.

aprisa *adv* vite.

aprisionar *t* emprisonner.

aprob/ar ° *t* 1 approuver : *apruebo tu idea*, j'approuve ton idée. 2 (un examen) réussir. 3 (a un candidato) recevoir : *salir aprobado*, être reçu. **-ación** *f* approbation. **-ador, a** *a* approbateur, trice.

apropiarse *pr* — *de*, s'approprier.

aprovech/ar *t* — *la ocasión*, profiter de l'occasion ; *aprovechó que su padre estaba ausente*, il a profité de ce que son père était absent. □ *i* 1 ¡*que aproveche!*, bon appétit ! 2 faire des progrès. □ *i/pr* en profiter. □ *pr* profiter. **-ado, a** *a* (alumno) appliqué, e. □ *s* profiteur, euse. **-amiento** *m* profit.

aproxim/arse *pr* 1 — *a*, s'approcher de. 2 (fecha) approcher. **-ación** *f* 1 approximation. 2

(acercamiento) rapprochement *m*. **-ativo, a** *a* approximatif, ive.

apt/o, a *a* — *para*, apte à. I — *para el servicio militar*, bon pour le service. **-itud** *f* aptitude.

apuesta *f* pari *m*.

apuntación *f* note.

apuntador *m* (teatro) souffleur.

apuntalar *t* étayer.

apunt/ar *t* 1 (un arma) pointer, braquer. 2 (el blanco) viser. 3 montrer. 4 (anotar) noter, prendre note de. 5 signaler, indiquer, faire remarquer.□ *i* 1 (el día) poindre. 2 commencer à pousser, à se manifester. 3 (arma) mettre en joue. I ¡ *apunten!* ¡ *armas!*, en joue, feu ! □ *pr* (en una lista) s'inscrire. **-e** *m* note *f* : *tomar apuntes*, prendre des notes.

apur/ar *t* 1 (agotar) épuiser. 2 finir. 3 (apremiar) pousser. □ *pr* 1 s'inquiéter, s'en faire : *no se apura por nada*, il ne s'en fait pas du tout. 2 AMER se dépêcher. **-ado, a** *a* 1 dans l'embarras. 2 (de dinero) gêné, e. **-o** *m* 1 embarras, gêne *f* : *estar en un —*, être dans l'embarras. 2 (prisa) hâte *f*.

aquejar *t* affliger.

¹**aquel, lla, llos, llas** *a dem* ce, cet, cette, ces (-là) : *aquella montaña*, cette montagne ; *en — tiempo*, en ce temps-là. □ *m un —*, un petit quelque chose.

²**aquél, lla, llos, llas** *pron dem* celui-là, celle-là, ceux-là, celles-là.

aquello *pron dem* cela, ça.

aquí *adv* ici. I *he —*, — *está*, voici ; — *estoy*, me voici ; *de — a poco*, d'ici peu ; *de — en adelante*, désormais.

árabe *a/s* arabe.

arabesco *m* arabesque *f*.

Arabia *n p f* Arabie.

arábigo, a *a/m* arabe : *cifras arábigas*, chiffres arabes.

arado *m* charrue *f*.

aragonés, esa *a/s* aragonais, e.

arancel *m* tarif douanier. **-ario,**

a *a* douanier, ère.
arándano *m* myrtille *f.*
araña *f* 1 araignée. 2 (lámpara) lustre *m.*
arañ/ar *t* 1 (con las uñas) griffer. 2 (raspar) égratigner, érafler. **-azo** *m* 1 coup de griffe. 2 égratignure *f.*
arar *t* labourer.
arbitr/ar *t* arbitrer. **-aje** *m* arbitrage. **-ario, a** *a* arbitraire. **-io** *m* 1 volonté *f.* 2 (capricho) bon vouloir.
árbitro *m* arbitre.
árbol *m* 1 arbre. 2 (en un barco) mât.
arbol/ado *m* bois. **-eda** *f* bois *m.* **-illo** *m* arbrisseau.
arbotante *m* arc-boutant.
arbusto *m* arbuste.
arca *f* 1 coffre *m.* 2 — *de Noé,* arche de Noé.
arcaico, a *a* archaïque.
arce *m* érable.
arcén *m* accotement, bas-côté.
arcilla *f* argile.
arco *m* 1 arc : — *de triunfo,* arc de triomphe ; *tirar con —,* tirer à l'arc. 2 (de violín) archet. 3 — *iris,* arc-en-ciel.
archiduque *m* archiduc.
archipiélago *m* archipel.
archiv/o *m* archives *f* pl. **-ar** *t* 1 classer. 2 (arrumbar) mettre au rancart. **-ero, a** *s* archiviste.
arder *i* brûler. | — *en deseos,* brûler d'envie.
ardid *m* ruse *f.*
ardiente *a* ardent, e.
ardilla *f* écureuil *m.*
ardor *m* ardeur *f.*
arduo, a *a* ardu, e.
área *f* aire.
arena *f* 1 sable *m.* 2 (redondel) arène.
areng/a *f* harangue. **-ar** *t* haranguer.
arenisca *f* grès *m.*

arenoso, a *a* sablonneux, euse.
arenque *m* hareng.
argamasa *f* mortier *m.*
Argel *n p* Alger. **-ia** *n p f* Algérie.
argelino, a *a/s* algérien, enne.
Argentina *n p f* Argentine.
argentino, a *a/s* argentin, e.
argolla *f* anneau *m.*
argot |argot| *m* argot.
argumento *m* 1 argument. 2 (de película) scénario.
aridez *f* aridité.
árido, a *a* aride. □ *m pl* grains.
arisco, a *a* farouche, sauvage.
arista *f* arête.
arist/ocracia *f* aristocratie. **-ócrata** *s* aristocrate. **-ocrático, a** *a* aristocratique.
Aristóteles *n p m* Aristote.
aritmética *f* arithmétique.
arlequín *m* arlequin.
arma *f* arme : — *de fuego,* arme à feu.
armada *f* flotte.
armadía *f* train *m* de bois.
armadillo *m* tatou.
armador *m* armateur.
armadura *f* 1 armure. 2 (armazón) armature. 3 (de un tejado) charpente.
armar *t* 1 armer. 2 (máquina, mueble, tienda de campaña) monter. 3 fomenter. 4 — *jaleo, un escándalo,* faire du tapage, un scandale. | *armarla,* faire un éclat.
armario *m* armoire *f* : — *de luna,* armoire à glace. | — *empotrado,* placard.
armazón *f/m* armature *f,* charpente *f,* carcasse *f.*
armero *m* armurier.
armilla *f* piton *m.*
armonía *f* harmonie.
armónica *f* harmonica *m.*
armonio *m* harmonium.
armonioso, a *a* harmonieux, euse.

armonizar *t* harmoniser. □ *i* s'harmoniser, être en harmonie : *colores que armonizan*, couleurs qui s'harmonisent.

arneses *m pl* harnais.

árnica *f* arnica.

aro *m* cerceau.

arom/a *m* arôme. **-ático, a** *a* aromatique. **-atizar** *t* aromatiser.

arpa *f* harpe.

arpegio *m* arpège.

arpista *s* harpiste.

arpón *m* harpon.

arque/ar *t* 1 arquer, courber. 2 MAR jauger. **-o** *m* 1 courbure *f*. 2 MAR jauge *f*.

arque/ología *f* archéologie. **-ólogo, a** *s* archéologue.

arquero *m* archer.

arquitect/o, a *s* architecte. **-ura** *f* architecture.

arrabal *m* faubourg.

arraigar *i* s'enraciner, prendre racine. □ *pr* se fixer.

arramblar *t* FAM — *con todo*, tout rafler.

arran/car *t* arracher. □ *i* 1 (vehiculo) démarrer : *el coche arranca*, l'auto démarre. 2 (proceder) provenir. **-cada** *f* démarrage *m* brusque. **-que** *m* 1 démarrage. l *motor de arranque*, démarreur. 2 (impulso) élan. 3 (comienzo) début. l *punto de —*, point de départ. 4 base *f*.

arrasar *t* (destruir) raser, dévaster. □ *i* (el cielo) s'éclaircir.

arrastr/ar *t* 1 traîner. 2 (llevar consigo, acarrear) entraîner : — *en su caída*, entraîner dans sa chute. □ *i* traîner. □ *pr* se traîner. **-ado, a** *a/s* misérable.

arrayán *m* myrte.

arrear *t* FAM (dar) flanquer. □ *i* FAM se dépêcher, se grouiller : ¡ *arrea!*, grouille-toi !

arrebat/ar *t* 1 arracher. 2 FIG entraîner. □ *pr* s'emporter. **-o** *m* 1 emportement. 2 (de cólera, etc.)

accès, crise *f*.

arreciar *i* redoubler (de violence).

arrecife *m* récif.

arrechucho *m* FAM malaise.

arregl/ar *t* 1 arranger. 2 réparer. 3 (ordenar) ranger. □ *arreglárselas*, se débrouiller, s'arranger. **-o** *m* arrangement. l *con — a*, conformément à.

arremangarse *pr* retrousser.

arremet/er *i* — *contra*, foncer sur ; FIG attaquer, s'en prendre à. **-ida** *f* attaque.

arremolinarse *pr* (la gente) se rassembler.

arrendajo *m* geai.

arrend/ar ° *t* louer. **-amiento** *m* 1 location *f*. 2 (contrato) bail. **-atario, a** *a/s* fermier, ère.

arreos *m pl* harnais.

arrepent/irse ° *pr* se repentir. **-imiento** *m* repentir.

arrestos *m pl* audace *f sing*.

arriate *m* plate-bande *f*.

arriba *adv* 1 en haut. l *allá —*, là-haut ; *de — abajo*, de haut en bas. 2 *más — de veinte*, plus de vingt ; *véase más —*, voir ci-dessus. 3 *calle, cuesta —*, en montant la rue, la côte. 4 ¡ *arriba!*, debout ! ; ¡ *manos —!*, haut les mains !

arriendo *m* location. *f*.

arrimar *t* 1 (acercar) approcher. 2 appuyer. 3 FIG abandonner. □ *arrimarse a*, s'approcher de, s'appuyer contre.

arrinconar *t* 1 mettre au rebut. 2 (a alguien) délaisser.

arrobamiento *m* extase *f*.

arrodillarse *pr* s'agenouiller.

arrogan/cia *f* arrogance. **-te** *a* arrogant, e.

arroj/ar *t* 1 lancer. 2 jeter. 3 faire apparaître : *el balance arroja un saldo negativo*, le bilan fait apparaître un solde négatif. 4 — *una suma muy alta*, atteindre une somme très élevée. □ *pr* se jeter, se lancer. **-o** *m* audace *f*.

arroll/ar *t* 1 enrouler. 2 (arrastrar) entraîner. 3 renverser : *el ciclista fue arrollado por un coche*, le cycliste a été renversé par une voiture. **-ador, a** *a* 1 irrésistible. 2 *éxito* —, succès retentissant.

arropar *t* couvrir.

arroyo *m* ruisseau.

arroz *m* riz. **-al** *m* rizière *f*.

arrug/a *f* 1 (en la piel) ride. 2 (en la ropa) pli *m*. **-ar** *t* 1 rider. 2 (ropa, papel) chiffonner, froisser.

arruinar *t* ruiner.

arrullar *i* roucouler. □ *t* (a un niño) endormir (en chantant).

arrumbar *t* mettre au rebut, au rancart.

arsenal *m* arsenal.

arsénico *m* arsenic.

arte *m/f* 1 art *m*. 2 — *de pesca*, engin *m* de pêche. □ pl *las bellas artes*, les beaux-arts.

artefacto *m* engin.

arteri/a *f* artère. **-al** *a* artériel, elle.

artesa *f* pétrin *m*.

artesano, a *s* artisan, e.

artesonado *m* plafond à caissons.

ártico, a *a* arctique.

articul/ar *t* articuler. **-ación** *f* articulation.

artículo *m* article.

artífice *m* artiste.

artifici/o *m* artifice. **-al** *a* artificiel, elle. I *fuegos artificiales*, feu *sing* d'artifice.

artiller/ía *f* artillerie. **-o** *m* artilleur.

art/ista *s* artiste. **-ístico, a** *a* artistique.

artritis *f* arthrite.

arzobispo *m* archevêque.

as *m* as.

asa *f* 1 (de vasija) anse. 2 (de maleta) poignée.

asad/o *m* rôti. **-or** *m* rôtissoire *f*.

asadura *f* abats *m* pl.

asalariado, a *a/s* salarié, e.

asalt/ar *t* assaillir, attaquer : — *un banco*, attaquer une banque. **-ante** *a/s* assaillant, e. **-o** *m* 1 assaut. 2 (en la calle) agression *f*.

asamblea *f* assemblée.

asar *t* 1 rôtir. 2 (en una parrilla) griller. □ pr cuire, rôtir.

ascen/der ° *i* 1 monter. 2 s'élever : *los daños ascienden a un millón*, les dégâts s'élèvent à un million. 3 monter en grade. □ *t* — *a capitán*, élever au grade de capitaine. **-dencia** *f* ascendance. **-diente** *m* ascendant. **-sión** *f* ascension. **-so** *m* avancement.

ascensor *m* ascenseur. **-ista** *m* liftier.

as/ceta *s* ascète. **-cético, a** *a* ascétique. **-cetismo** *m* ascétisme.

asco *m* dégoût. I *dar* —, dégoûter ; *¡ da* —!, c'est dégoûtant ! ; *hacer ascos*, faire le dégoûté ; *tomar* — *a algo*, prendre quelque chose en horreur.

ascua *f* charbon *m* ardent. I *estar en ascuas*, être sur des charbons ardents.

ase/ar *t* nettoyer. **-ado, a** *a* 1 (limpio) propre. 2 soigneux, euse.

asechanza *f* embûche.

asedi/ar *t* assiéger. **-o** *m* siège.

asegur/ar *t* assurer. □ *asegurarse contra robo*, s'assurer contre le vol. **-ado, a** *s* assuré, e. **-ador** *m* assureur.

asemejar *t* faire ressembler.

asenso *m* assentiment.

asent/ar ° *t* 1 établir. 2 (anotar) inscrire. **-amiento** *m* établissement.

asentir ° *i* acquiescer.

aseo *m* 1 toilette *f* : *cuarto de* —, cabinet de toilette. I *el* —, les toilettes, les W.-C. 2 (limpieza) propreté *f*. 3 (pulcritud) soin.

aséptico, a *a* aseptique.

asequible *a* accessible.

aserr/ar ° *t* scier. **-adero** *m* scierie *f*. **-ín** *m* sciure *f*.

asesin/ar *t* assassiner. **-ato** *m* assassinat. **-o** *m* assassin.

asesor *m* conseil. **-ar** *t* conseiller.

asestar *t* 1 (dirigir) braquer. 2 (un golpe) assener.

asfalto *m* asphalte.

asfixi/a *f* asphyxie. **-ar** *t* asphyxier.

así *adv* 1 ainsi : — *es como actuaría yo*, c'est ainsi que j'agirais ; *por decirlo* —, pour ainsi dire. I — *es*, c'est comme ça ; — —, comme ci, comme ça ; — *como* —, comme ça ; — *de alto*, haut comme ça. 2 (de modo que) — *pues*, — *que*, aussi, alors, ainsi donc. 3 (aunque) même si.

Asia *n p f* Asie.

asiático, a *a/s* asiatique.

asidero *m* FIG appui, soutien.

asiduo/o, a *a* assidu, e. **-idad** *f* assiduité.

asiento *m* 1 siège. I *tomar* —, s'asseoir, prendre un siège. 2 place *f*. 3 base *f*. 4 (de las vasijas) fond.

asign/ar *t* 1 assigner. 2 (dinero) allouer. **-ación** *f* 1 attribution. 2 allocation. **-atura** *f* matière (d'enseignement).

asilo *m* asile.

asimilar *t* assimiler.

asimismo *adv* de même.

asir ° *t* saisir, prendre. □ *asirse de, a*, s'accrocher à. I *iban asidos del brazo*, ils allaient bras dessus, bras dessous.

asist/ir *i/t* assister. □ *t* — *a un herido*, soigner un blessé. **-encia** *f* assistance. I — *médica*, soins *m pl*. **-enta** *f* 1 femme de ménage. 2 — *social*, assistante sociale. **-ente** *s* assistant, e. □ *pl había numerosos asistentes*, il y avait une assistance nombreuse.

asm/a *f* asthme *m*. **-ático, a** *a/s* asthmatique.

asno *m* âne.

asoci/ar *t* associer. **-ación** *f* association. **-ado, a** *a/s* associé, e.

asolar ° *t* dévaster.

asomar *i* apparaître, se montrer. □ *asomarse a la ventana*, se mettre à la fenêtre ; *es peligroso asomarse a la ventanilla*, il est dangereux de se pencher au-dehors.

asombr/ar *t* étonner, stupéfier. I *quedarse asombrado*, être stupéfait. **-o** *m* surprise *f*, étonnement. **-oso, a** *a* étonnant, e.

asomo *m* soupçon. I *un* — *de malicia*, une pointe de malice ; *ni por* —, en aucune manière.

aspa *f* 1 croix en forme d'x. 2 (de molino) aile.

aspaventos *m pl* simagrées *f*.

aspecto *m* aspect.

aspereza *f* 1 âpreté. 2 (del terreno) aspérité.

asperjar *t* asperger.

áspero, a *a* 1 (al tacto) rugueux, euse. 2 (al gusto) âpre.

asperón *m* grès.

aspir/ar *t/i* aspirer. **-ación** *f* aspiration. **-ador** *m*, **-adora** *f* aspirateur *m*.

aspirina *f* aspirine.

asque/ar *t* dégoûter. **-roso, a** *a* dégoûtant, e.

asta *f* 1 (de bandera) hampe. I *a media* —, en berne. 2 corne.

asterisco *m* astérisque.

astilla *f* écharde.

astillero *m* chantier naval.

astracán *m* astrakan.

astro *m* astre.

astr/ología *f* astrologie. **-ólogo, a** *s* astrologue.

astron/auta *s* astronaute. **-áutica** *f* astronautique.

astr/onomía *f* astronomie. **-ónomo** *m* astronome. **-onómico, a** *a* astronomique.

astu/to, a 1 astucieux, euse. 2 malin, igne, rusé, e. **-cia** *f* astuce, ruse.

asueto *m* congé.

asumir *t* assumer.

asunto *m* 1 sujet. 2 (incumbencia)

affaire *f*. | *Asuntos Exteriores,* Affaires étrangères.

asustar *t* effrayer, faire peur. □ *pr* avoir peur : *no se asusta del agua,* il n'a pas peur de l'eau.

atabal *m* timbale *f*.

atacar *t* attaquer.

atado *m* paquet.

atadura *f* 1 attache. 2 (esquíes) fixation.

ataj/ar *t* 1 barrer le chemin. 2 (detener) arrêter, enrayer : *— una epidemia,* enrayer une épidémie. 3 interrompre, couper la parole. **-o** *m* raccourci.

atalaya *f* tour de guet.

ataque *m* 1 attaque *f*. 2 *— de nervios, cardíaco,* crise *f* de nerfs, cardiaque.

atar *t* 1 attacher. 2 (anudar) nouer. □ *atarse los zapatos,* lacer ses chaussures.

atardecer *m* tombée *f* du jour.

atareado, a *a* occupé, e, affairé, e.

atasc/ar *t* (una cañería) boucher, engorger. **-o** *m* (en una calle) embouteillage.

ataúd *m* cercueil.

atavío *m* toilette *f*.

ateísmo *m* athéisme.

atemorizar *t* effrayer.

atención *f* attention. | *en — a,* eu égard à, compte tenu de.

Atenas *n p* Athènes.

atender ° *t* 1 s'occuper de : *¿ le atienden ?* on s'occupe de vous ? 2 écouter. 3 *— las necesidades,* répondre aux besoins, satisfaire les besoins. □ *i* 1 faire attention, être attentif, ive. 2 tenir compte de.

atenerse ° *pr* s'en tenir.

atentado *m* attentat.

atentar *i — contra,* attenter à.

atento, a *a* 1 attentif, ive. 2 (amable) prévenant, e. □ *f* (carta) *su atenta,* votre honorée.

atenuar *t* atténuer.

ateo, a *a/s* athée.

aterido, a *a* transi, e, gelé, e.

aterrar ° *t* terrifier.

aterriz/ar *i* atterrir. **-aje** *m* atterrissage.

¹**atest/ar** *t* attester. **-ado** *m* 1 attestation *f*. 2 procès-verbal.

²**atestar** ° *t* (llenar) bourrer, remplir. | *tren atestado de gente,* train bondé.

atestiguar *t* attester, témoigner.

atiborrarse *pr* se bourrer, se gaver.

atinar *i* 1 *— con,* trouver. 2 (acertar) deviner. 3 (lograr) réussir.

atisb/ar *t* 1 (acechar) guetter. 2 (vislumbrar) entrevoir. **-o** *m* lueur *f*, trace *f*, soupçon.

atizar *t* 1 (la lumière) attiser. 2 FAM (golpe) flanquer.

atlántico, a *a* atlantique.

atlas *m* atlas.

atl/eta *s* athlète. **-ético, a** *a* athlétique. **-etismo** *m* athlétisme.

atm/ósfera *f* atmosphère. **-osférico, a** *a* atmosphérique.

atolón *m* atoll.

atolondrado, a *a* étourdi, e, écervelé, e.

atolladero *m* bourbier.

atómico a *a* atomique.

átomo *m* atome.

atónito, a *a* stupéfait, e.

atontar *t* étourdir.

atormentar *t* tourmenter.

atornillar *t* visser.

atracador *m* voleur à main armée, gangster.

atracar *t* (para robar) attaquer. □ *i* MAR accoster. □ *pr* (hartarse) se bourrer, se gaver.

atracción *f* attraction.

atraco *m* hold-up, vol à main armée.

atra/er ° *t* attirer. **-ctivo, a** *a* attrayant, e. □ *m* attrait.

atragantarse *pr* 1 s'étrangler. 2 FIG se troubler.

atrapar *t* attraper.

atrás *adv* **1** derrière, en arrière : *quedarse —*, rester en arrière. ǀ *dar un paso —*, faire un pas en arrière ; *hacia —*, en arrière. **2** *días —*, quelques jours plus tôt ; *tres años —*, il y a trois ans.

atras/ar *t* retarder. □ i *mi reloj atrasa un minuto*, ma montre retarde d'une minute. □ *pr* être en retard. **-ado, a** *a* **1** en retard. **2** (país) arriéré, e. **-o** *m* retard.

atravesar ° *t* traverser. □ *pr* se mettre en travers.

atrev/erse *pr* oser : *no me atrevo a saltar*, je n'ose pas sauter. **-ido, a** *a* **1** audacieux, euse. **2** (indecoroso) osé, e. **-imiento** *m* hardiesse *f*.

atribu/ir ° *t* attribuer. **-ción** *f* attribution. **-to** *m* attribut.

atril *m* pupitre.

atrocidad *f* atrocité.

atropell/ar *t* **1** (un vehículo) renverser. **2** (empujar) bousculer. □ *pr* se bousculer. **-adamente** *adv* avec précipitation. **-o** *m* **1** bousculade *f*. **2** accident.

atroz *a* atroce.

atún *m* thon.

aturd/ir *t* **1** étourdir. **2** (turbar) abasourdir, décontenancer. **-idor, a** *a* étourdissant, e. **-imiento** *m* étourdissement.

aud/acia *f* audace. **-az** *a* audacieux, euse.

audición *f* audition.

audiencia *f* **1** audience. **2** *— territorial*, cour d'appel.

audiovisual *a* audio-visuel, elle.

auditivo, a *a* auditif, ive.

auditorio *m* auditoire.

auge *m* **1** apogée. **2** essor.

augurar *t* augurer.

Augusto *n p m* Auguste.

augusto, a *a* auguste.

aula *f* **1** salle. **2** (de universidad) amphithéâtre *m*.

aulaga *f* ajonc *m*.

aull/ar *i* hurler. **-ido** *m* hurlement.

aument/ar *t/i* augmenter. **-o** *m* augmentation *f*.

¹**aun** *adv* même : *ni —*, pas même. ǀ *— cuando*, même si, quand bien même.

²**aún** *adv* encore : *— es joven*, il est encore jeune ; *— no*, pas encore.

aunar *t* unir.

aunque *conj* quoique, bien que (+ subjuntivo francés), même si (+ indicativo francés) : *— es joven*, bien qu'il soit jeune ; *— llueva*, même s'il pleut.

aureola *f* auréole.

auricular *a/m* auriculaire. □ *m* (de teléfono) écouteur.

aurora *f* aurore.

auscult/ar *t* ausculter. **-ación** *f* auscultation.

ausencia *f* absence : *en — de*, en l'absence de.

ausent/e *a/s* absent, e. **-arse** *pr* s'absenter.

auspicios *m pl* auspices.

auster/o, a *a* austère. **-idad** *f* austérité.

austral *a* austral, e.

Australia *n p f* Australie.

australiano, a *a/s* australien, enne.

Austria *n p f* Autriche.

austríaco, a *a/s* autrichien, enne.

aut/éntico, a *a* authentique. **-enticidad** *f* authenticité.

¹**auto** *m* (de un juez) arrêt.

²**auto** *m* (coche) auto *f*.

autoadhesivo, a *a* auto-collant, e.

autobiografía *f* autobiographie.

autobús *m* autobus.

autocar *m* autocar, car.

autócrata *m* autocrate.

autóctono, a *a/s* autochtone.

autodidacta *a/s* autodidacte.

autódromo *m* autodrome.

autoescuela *f* auto-école.

autógrafo, a *a/m* autographe.

aut/ómata *m* automate. **-omático, a** *a* automatique. □ *m* bouton-pression. **-omatismo** *m* automatisme. **-omatización** *f* automatisation. **-omatizar** *t* automatiser.

automotor *m* automotrice *f*, autorail.

auto/móvil *a* automobile. □ *m* automobile *f*. **-movilista** *s* automobiliste. **-movilístico, a** *a* automobile.

aut/ónomo, a *a* autonome. **-onomía** *f* autonomie.

autopista *f* autoroute.

autopsia *f* autopsie.

autor, a *s* auteur *m*.

autori/dad *f* autorité. **-tario, a** *a* autoritaire.

autorización *f* autorisation.

autorizar *t* 1 autoriser : — *para*, autoriser à. 2 légaliser.

autoservicio *m* libre-service.

autostop *m* auto-stop : hacer —, faire de l'auto-stop.

autovía *m* autorail.

¹**auxiliar** *a/s* auxiliaire. □ *m* (profesor) assistant.

²**auxili/ar** *t* aider, porter secours à. **-o** *m* secours, aide *f*. I ¡ auxilio !, au secours !, à l'aide !

aval *m* 1 aval. 2 garantie *f*.

avalancha *f* avalanche.

avalar *t* avaliser, cautionner, garantir.

avance *m* 1 avance *f*. 2 progrès. 3 (radio, televisión) sélection *f*.

avanzar *t/i* avancer.

avar/o, a *a/s* avare. **-icia** *f* avarice.

avasallar *t* asservir.

ave *f* oiseau *m*. I *aves de corral*, oiseaux de basse-cour, volailles.

avecinarse *pr* approcher, être imminent, e.

avellan/a *f* noisette. **-o** *m* noisetier.

avena *f* avoine.

avenencia *f* accord *m*.

avenida *f* 1 (calle) avenue. 2 (de un río) crue.

avenirse ° *pr* 1 se mettre d'accord. 2 s'entendre : *se avienen bien*, ils s'entendent bien. 3 FAM *avengárselas*, se débrouiller.

aventajar *t* 1 (dejar atrás) dépasser. 2 avantager.

aventur/a *f* aventure. **-ado, a** *a* risqué, e. **-arse** *pr* s'aventurer. **-ero, a** *s* aventurier, ère.

avergonz/arse ° *pr* avoir honte. **-ado, a** *a* honteux, euse.

aver/ía *f* 1 (motor, electricidad, etc.) panne. 2 MAR avarie. **-iado, a** *a* 1 en panne : *el ascensor está* —, l'ascenseur est en panne. 2 avarié, e. **-iarse** *pr* 1 tomber en panne : *se ha averiado el televisor*, le téléviseur est tombé en panne. 2 (estropearse) s'abîmer.

averiguar *t* 1 rechercher. 2 mettre au clair.

aversión *f* aversion : *tener — a*, avoir en aversion.

avestruz *f* autruche.

avia/ción *f* aviation. **-dor, a** *s* aviateur, trice.

aviar *t* 1 arranger. 2 (sacar de apuros) dépanner. □ *pr* se débrouiller.

avicultura *f* aviculture.

avidez *f* avidité.

ávido, a *a* avide.

avieso, a *a* méchant, e.

avío *m* 1 préparatifs *pl*. 2 provisions *f pl*. □ *pl* ustensiles, affaires *f*.

avión *m* avion.

avis/ar *t* prévenir : *avísame*, préviens-moi ; — *al médico*, prévenir le médecin. **-o** *m* 1 avis. I *sin previo* —, sans préavis. 2 (advertencia) avertissement.

avisp/a *f* guêpe. **-ado, a** *a* vif, vive. **-ero** *m* guêpier. **-ón** *m* frelon.

avivar *t* (colores) raviver.

axila *f* aisselle.

axioma *m* axiome.

¡ ay ! *interj* **1** (dolor) aïe! **2** (sobresalto) oh là là! **3** (aflicción) hélas! I — *de mí*, pauvre de moi!

aya *f* gouvernante.

ayer *adv* hier : — *(por la) noche*, hier soir; *antes de* —, avant-hier.

ayo *m* précepteur.

ayud/ar *t* aider : *ayúdame, por favor*, aide-moi, s'il te plaît. □ *pr* **1** s'aider. **2** (mutuamente) s'entraider. **-a** *f* aide. I — *mutua*, entraide. **-ante, a** *s* assistant, e, aide, auxiliaire.

ayun/o *m* jeûne. **-ar** *i* jeûner. **-as (en)** *loc adv estar en* —, être à jeun; FIG ne pas être au courant.

ayuntamiento *m* **1** conseil municipal. **2** (edificio) hôtel de ville, mairie *f*.

azabache *m* jais.

azad/a *f* houe. **-ón** *m* houe *f*.

azafata *f* **1** (avión) hôtesse de l'air. **2** (congresos, ferias) hôtesse.

azafrán *m* safran.

azahar *m* fleur *f* d'oranger.

azalea *f* azalée.

azar *m* hasard.

azararse *pr* se troubler.

azogue *m* mercure.

azorar *t* troubler.

Azores *n p f pl* Açores.

azot/ar *t* **1** fouetter. **2** (golpear, causar daño) frapper. **-aina** *f* volée, raclée. **-e** *m* **1** fouet. **2** FIG fléau.

azotea *f* terrasse.

azteca *a/s* aztèque.

azúcar *m/f* sucre *m* : *terrón de* —, morceau de sucre.

azucar/ar *t* sucrer. **-ero** *m* sucrier.

azucena *f* lis *m*.

azufre *m* soufre.

azul *a/m* bleu, e. **-ado, a** *a* bleuté, e, bleuâtre. **-ar** *t* bleuir.

azulejo *m* carreau de faïence, azulejo.

azuzar *t* exciter.

B

b f b m : *una —*, un b.

bab/a f bave. **-ear** i baver. **-ero** m bavoir, bavette f.

babor m bâbord.

babosa f limace.

babucha f babouche.

babuino m babouin.

baca f (de coche) galerie.

bacalao m morue f.

bacilo m bacille.

bacteria f bactérie.

báculo m *— pastoral*, crosse f.

bache m 1 (en una carretera) trou, nid-de-poule. 2 (en avión) trou d'air. 3 FIG contretemps, mauvaise passe f, moment difficile.

bachiller s bachelier, ère. **-ato** m 1 (grado) baccalauréat, bac. 2 études f pl secondaires.

badajo m battant.

badén m 1 rigole f. 2 (en una carretera) cassis.

bagaje m bagage.

bagatela f bagatelle.

¡ bah ! interj bah !

bahía f baie.

bail/ar i/t danser. **-arín, ina** s danseur, euse. □ f (profesional) ballerine. **-e** m 1 danse f. 2 (reunión, lugar) bal : *— de máscaras*, bal masqué. I *— de noche*, soirée f dansante. 3 ballet.

baja f 1 baisse. 2 (de un empleado) arrêt m de travail, congé m : *dar de — por 48 horas*, donner un arrêt de travail de 48 heures ; *estar de — por enfermedad*, être en congé de maladie. 3 départ m. I *darse de —*, se retirer, démissionner. 4 (despido) mise à pied. I *dar de —*, congédier. 5 MIL perte, mort m. I *soldado dado de —*, soldat porté disparu ; *dar de — por inútil*, réformer.

bajada f 1 descente. 2 *— del telón*, baisser m du rideau. 3 *— de bandera*, prise en charge.

bajamar f marée basse.

bajar i/t 1 descendre : *ha bajado a la calle*, il est descendu dans la rue ; *¡ bajen todos !*, tout le monde descend ! ; *— la escalera*, descendre l'escalier. 2 baisser : *el azúcar va a —*, le sucre va baisser ; *— los ojos, la voz*, baisser les yeux, la voix. □ pr 1 se baisser. 2 descendre.

bajeza f bassesse.

bajío m banc de sable.

bajo, a a 1 bas, basse : *nubes bajas*, nuages bas. I *en voz baja*, à voix basse. 2 (de poca estatura) petit, e : *no es alto ni —*, il n'est ni grand ni petit. 3 *con los ojos bajos*, les yeux baissés. □ m 1 bas-fond. 2 (piso) rez-de-chaussée. 3 MÚS basse f. □ adv bas. □ prep 1 sous : *— el reinado de...*, sous le règne de... 2 *— cero*, au-dessous de zéro. 3 *— palabra*, sur parole.

bajón m 1 basson. 2 FIG *dar un —*, baisser.

bajorrelieve m bas-relief.

bala f 1 balle. 2 (de cañón) boulet m. **-cera** f AMER fusillade.

balada f ballade.

baladí a insignifiant, e, futile.

balance m COM bilan.

balance/arse pr se balancer. **-o** m 1 balancement. 2 MAR roulis.

balancín m 1 (de motor) culbuteur. 2 (mecedora) rocking-chair.

balandro m cotre.

balanza f balance.

balar i bêler.

balasto m ballast.

balaustrada f balustrade.

balazo m balle f : *recibió un — en*

el pecho, il a reçu une balle dans la poitrine.

balbuce/ar *i* balbutier. **-o** *m* balbutiement.

balcánico, a *a* balkanique.

balcón *m* balcon.

bald/ar *t* estropier. **-ado, a** *a* 1 impotent, e. 2 FAM (muy cansado) claqué, e, crevé, e.

balde *m* seau. ☐ *loc adv* 1 *de —*, gratis. 2 *en —*, en vain.

baldío, a *a* 1 (terreno) inculte. 2 (esfuerzo) vain, e. ☐ *m* terrain vague.

baldón *m* affront.

baldos/a *f* 1 carreau *m*. 2 (de tamaño mayor) dalle. **-ín** *m* carreau.

baldragas *m* chiffe *f*, lavette *f*.

Baleares *n p f pl* Baléares.

balido *m* bêlement.

baliza *f* balise.

balneario, a *a* balnéaire. ☐ *m* 1 station *f* thermale. 2 (en el mar) station *f* balnéaire.

balón *m* ballon.

baloncesto *m* basket-ball, basket.

balonmano *m* hand-ball.

balonvolea *m* volley-ball.

balsa *f* 1 (charca) mare. 2 (embarcación) radeau *m*. 3 (árbol, madera ligera) balsa *m*.

bálsamo *m* baume.

Báltico *n p m* Baltique *f*.

ballena *f* baleine.

ballesta *f* arbalète.

ballet *m* ballet.

bambolearse *pr* chanceler.

bambú *m* bambou.

banan/a *f* banane. **-o** *m* bananier.

banasta *f* corbeille.

banca *f* 1 banque. 2 AMER (asiento) banc *m*.

bancal *m* 1 (en una huerta) carré, planche *f*. 2 terrasse *f*.

bancario, a *a* bancaire.

bancarrota *f* banqueroute.

banco *m* 1 *sentarse en un —*, s'asseoir sur un banc. 2 (de carpintero) établi. 3 banque *f* : *depositar dinero en el —*, déposer de l'argent à la banque ; *— de sangre*, banque du sang. l *— de descuento*, comptoir d'escompte. 4 (de peces) banc. 5 (de niebla) nappe *f*. 6 *— de hielo*, banquise *f*.

banda *f* 1 bande. 2 (lado) côté *m*. 3 (conjunto de músicos) fanfare. 4 (fútbol) touche.

bandada *f* bande.

bandazo *m* 1 (de un barco) coup de roulis. 2 (de un coche) *dar un —*, faire une embardée.

bandeja *f* plateau *m*.

bandera *f* 1 drapeau *m*. 2 (de un barco) pavillon *m*. 3 *bajada de —*, prise en charge.

banderilla *f* banderille.

banderín *m* 1 fanion. 2 *— de enganche*, bureau de recrutement.

banderola *f* banderole.

bandid/o *m* bandit, brigand. **-aje** *m* brigandage.

bando *m* 1 (edicto) arrêté. 2 parti, faction *f*.

bandolera *f en —*, en bandoulière.

banjo *m* banjo.

banquero *m* banquier.

banqueta *f* 1 tabouret *m*. 2 (asiento corrido) banquette.

banquete *m* banquet.

banquillo *m* banc des accusés.

bañ/ar *t* baigner. l *bañado en lágrimas, en sudor*, baigné de larmes, de sueur. ☐ *pr* se baigner. **-ador** *m* maillot de bain. **-era** *f* baignoire. **-ista** *s* 1 baigneur, euse. 2 (que toma aguas medicinales) curiste. **-o** *m* 1 bain. 2 (cuarto) salle *f* de bain. 3 (retrete) toilettes *f pl*. 4 (capa) couche *f*. 5 FIG vernis, teinture *f*. 6 *— maría*, bain-marie.

baptisterio *m* baptistère.

baquiano, a *a* expert, e. ☐ *m* guide.

bar *m* bar.

baraj/a *f* jeu *m* de cartes. **-ar** *t* 1 (naipes) battre. 2 (citar) avancer, citer, évoquer.

barandilla *f* 1 (de escalera) rampe. 2 balustrade.

barat/o, a *a/adv* bon marché : *salir —*, revenir bon marché ; *más —*, meilleur marché. **-ija** *f* bricole. **-illo** *m* bric-à-brac. **-ura** *f* bon marché *m*.

barba *f* 1 (pelo) barbe. I *en las barbas de alguien*, à la barbe de quelqu'un ; *tanto por —*, tant par tête de pipe. 2 (parte de la cara) menton *m*.

barbacoa *f* barbecue *m*.

barbaridad *f* 1 (necedad) bêtise. 2 (disparate) folie. I *¡ qué — !*, c'est incroyable ! 3 *una —*, énormément. 4 atrocité.

barbarie *f* barbarie.

barbarismo *m* barbarisme.

bárbaro, a *a/s* barbare. □ *a* FAM formidable, terrible, super.

barbecho *m* jachère *f*.

barbero *m* barbier.

barbilla *f* menton *m*.

barbudo, a *a* barbu, e.

barca *f* barque.

Barcelona *n p* Barcelone.

barco *m* bateau : *— de vela*, bateau à voile.

baremo *m* barème.

bargueño *m* cabinet espagnol.

barítono *m* baryton.

barloventear *i* louvoyer.

barniz *m* vernis. **-ado** *m* vernissage. **-ar** *t* 1 vernir. 2 (loza) vernisser.

barómetro *m* baromètre.

barón, onesa *s* baron, onne.

barquilla *f* nacelle.

barquillo *m* (golosina) oublie *f*.

barquito *m* petit bateau.

barra *f* 1 barre. 2 *— de labios*, bâton *m* de rouge à lèvres. 3 (de pan) baguette. 4 (mostrador) comptoir *m* : *beber una cerveza en la —*, boire une bière au comptoir.

barrabasada *f* 1 sottise. 2 tour *m* de cochon.

barraca *f* 1 baraque. 2 (en Valencia) chaumière.

barranco *m* ravin.

barreduras *f pl* balayures.

barren/a *f* 1 vrille. 2 (broca) mèche. **-ar** *t* percer.

barrendero *m* balayeur.

barreno *m* 1 grande vrille *f*. 2 (agujero) trou de mine.

barreño *m* bassine *f*, cuvette *f*.

barrer *t* balayer.

barrera *f* barrière. I *— del sonido*, mur *m* du son.

barretina *f* bonnet *m* catalan.

barriada *f* quartier *m*.

barrica *f* barrique.

barricada *f* barricade.

barrido *m* balayage. I *dar un —*, donner un coup de balai.

barrig/a *f* 1 ventre *m* : *echar —*, prendre du ventre. 2 (de vasija) panse. **-udo, a** *a* bedonnant, e.

barril *m* baril.

barrilla *f* soude.

barrio *m* quartier : *los barrios antiguos*, les vieux quartiers ; *los barrios bajos*, les bas quartiers. I *— de chabolas*, bidonville ; FAM *el otro —*, l'autre monde.

¹barr/o *m* 1 boue *f*. 2 (de los alfareros) terre *f* glaise, argile *f*. **-izal** *m* bourbier.

²barro *m* (en la cara) bouton.

barroco, a *a/m* baroque.

barrote *m* barreau.

barruntar *t* pressentir.

bartola (a la) *loc adv tumbarse a la —*, se la couler douce.

Bartolomé *n p m* Barthélemy.

bártulos *m pl* affaires *f*.

barullo *m* 1 (confusión) remue-ménage. 2 (ruido) raffut, potin.

basalto *m* basalte.

basamento *m* soubassement.

basar *t* baser. □ *basarse en*, se fonder sur.

basca *f* nausée, haut-le-cœur *m*.

báscula *f* bascule.

base *f* base. I *a — de*, à base de, moyennant.

básico, a *a* fondamental, e.

Basilea *n pr* Bâle.

basílica *f* basilique.

basilisco m *hecho un —*, dans une colère noire.

¡ basta ! ⇒ **bastar.**

bastante *a* assez de : *bastantes cosas*, assez de choses. □ *adv* assez : *¿ has comido — ?*, as-tu assez mangé ?

bastar *i* suffire : *basta con que avises a tiempo*, il suffit que tu préviennes à temps. I *basta de cumplidos*, trêve de compliments ; *¡ basta !*, assez !, ça suffit !

bastard/o, a *a/s* bâtard, e . **-illa** *a/f* italique.

bastidor *m* châssis. □ *pl* coulisses *f* : *entre bastidores*, dans les coulisses.

basto, a *a* grossier, ère.

bastón *m* 1 canne *f*. 2 (de esquí) bâton. 3 — *de mando*, bâton de commandement.

basur/a *f* ordures *pl* : *prohibido arrojar —*, défense de déposer des ordures. **-ero** *m* éboueur, boueux.

bata *f* 1 robe de chambre. 2 (de enfermera, etc.) blouse.

batacazo *m* chute *f*.

batahola *f* brouhaha *m*, raffut *m*.

batall/a *f* 1 bataille. 2 *traje de —*, costume de tous les jours. **-ador, a** *a/s* batailleur, euse. **-ón** *m* bataillon.

batán *m* foulon.

batata *f* patate douce.

batería *f* 1 batterie. 2 (teatro) rampe.

batiburrillo *m* méli-mélo.

batida *f* battue.

batido *m* (bebida) milk-shake.

batidora *f* batteur *m*, mixer *m*.

batín *m* veste *f* d'intérieur.

batintín *m* gong.

batir *t* battre : *nuestro equipo fue batido*, notre équipe a été battue.

batista *f* batiste.

batuta *f* baguette. I *llevar la —*, faire la pluie et le beau temps.

baúl *m* malle *f*.

baut/ismo *m* baptême. **-ismal** *a* baptismal, e. **-izar** *t* baptiser.

Baviera *n p f* Bavière.

bauxita *f* bauxite.

baya *f* baie.

bayeta *f* 1 flanelle. 2 (para fregar) serpillière.

bayoneta *f* baïonnette.

baza *f* (naipes) levée, pli *m*. I *meter —*, dire son mot.

bazar *m* bazar.

bazo, a *a* bis, e. □ *m* rate *f*.

bazofia *f* cochonnerie.

beatitud *f* béatitude.

beato, a *a/s* (muy devoto) bigot, e.

bebé *m* bébé.

beb/er *t/i* boire : *sólo bebe agua*, il ne boit que de l'eau ; *bebo a su salud*, je bois à votre santé. □ *pr* boire : *se bebió tres cervezas una tras otra*, il a bu trois bières l'une après l'autre. **-edor, a** *s* buveur, euse. **-ida** *f* boisson. **-ido, a** *a* ivre.

beca *f* bourse.

becada *f* bécasse.

becario, a *s* boursier, ère.

becerr/a *f* génisse. **-ada** *f* course de jeunes taureaux. **-o** *m* veau.

bedel *m* appariteur.

befa *f* moquerie.

begonia *f* bégonia *m*.

beige *a/m* beige.

béisbol *m* base-ball.

bejuco *m* liane *f*.

Belén *n p* Bethléem.

belén *m* crèche *f* (de Noël).

belga *a/s* belge.

Bélgica *n p f* Belgique.

bélico, a *a* de guerre.

belicoso, a *a* belliqueux, euse.

beligerante *a/s* belligérant, e.

bellaco, a *a/s* coquin, e.

bell/o, a *a* beau, bel, belle : *el — sexo*, le beau sexe; *un — edificio*, un bel édifice; *la vida es bella*, la vie est belle. **-eza** *f* beauté. **-ísimo, a** *a* très beau, très belle, de toute beauté.

bellota *f* gland *m*.

bemol *m* bémol.

bencina *f* benzine.

bend/ecir ° *t* bénir : *¡ Dios le bendiga !*, Dieu vous bénisse ! **-ición** *f* bénédiction. **-ito, a** *a* bénit, e : *agua bendita*, eau bénite. □ *m* **1** (bienaventurado) bienheureux. **2** (bonachón) bonne pâte *f*.

benedictino, a *a/s* bénédictin, e. □ *m* (licor) bénédictine *f*.

beneficencia *f* **1** bienfaisance. **2** assistance publique.

benefic/iar *t* faire du bien, être profitable à. □ *pr* bénéficier : *beneficiarse de un descuento*, bénéficier d'une ristourne. **-iado, a** *a/s* bénéficiaire. **-iario, a** *s* bénéficiaire. **-io** *m* bénéfice. I *en — de*, au profit de. **-ioso, a** *a* profitable.

benéfico, a *a* bienfaisant, e. I *establecimiento —*, établissement de bienfaisance.

benemérito, a *a* estimable.

beneplácito *m* accord, approbation *f*.

benevolencia *f* bienveillance.

benévolo, a *a* **1** bienveillant, e. **2** (voluntario) bénévole.

benigno, a *a* **1** (clima) doux, douce. **2** (enfermedad) bénin, igne.

Benito *n p m* Benoît.

benjamín *m* benjamin.

berbiquí *m* vilebrequin.

bereber *a/s* berbère.

berenjena *f* aubergine.

Berlín *n p* Berlin.

berlina *f* berline.

berlinés, esa *a/s* berlinois, e.

berme/jo, a *a* **1** rouge. **2** (cabellos) roux, rousse. **-llón** *m* vermillon.

Bernardo *n p m* Bernard.

berr/ear *i* beugler. **-ido** *m* beuglement.

berrinche *m* FAM **1** rogne *f*. **2** (disgusto) chagrin.

berro *m* cresson.

berza *f* chou *m*.

besar *t* **1** embrasser : *— en las mejillas, en la boca*, embrasser sur les joues, sur la bouche. **2** *— la mano, los pies*, baiser la main, les pieds. □ *pr se besaron con ternura*, ils s'embrassèrent tendrement.

bes/o *m* baiser. **-ito** *m* bise *f*.

besti/a *f* **1** bête. **2** FAM *un —*, une brute. **-al** *a* bestial, e.

besugo *m* daurade *f*, rousseau.

besuquear *t* bécoter.

betún *m* **1** bitume. **2** (para el calzado) cirage.

bezo *m* lippe *f*.

biberón *m* biberon.

Biblia *f* Bible.

bíblico, a *a* biblique.

bibli/ófilo, a *s* bibliophile. **-ografía** *f* bibliographie. **-oteca** *f* bibliothèque. **-otecario, a** *s* bibliothécaire.

bicarbonato *m* bicarbonate.

bici *f* FAM vélo *m*.

bicicleta *f* bicyclette.

bicoca *f* **1** bagatelle. **2** (ganga) occasion.

bichero *m* gaffe *f*.

bicho *m* **1** bête *f*. **2** (muy pequeño) bestiole *f*. **3** FIG *mal —*, sale bête ; *todo — viviente*, tout un chacun.

bidé *m* bidet.

bidón *m* bidon.

biela *f* bielle.

bieldo *m* fourche *f*.

bien *m* bien. □ *pl bienes muebles e inmuebles*, biens meubles et immeubles. □ *adv* bien : *¿ has dor-*

mido − ?, as-tu bien dormi ? ; − *podías haberme avisado*, tu aurais bien pu me prévenir. I *estar − de salud*, aller bien ; *tener a −*, vouloir bien ; *tomar a −*, bien prendre ; ¡ *está* − !, d'accord ! ; ¡ *qué* − !, chic !

bienal *a/f* biennal, e.

bienaventur/ado, **a** *a/s* bienheureux, euse. **-anza** *f* béatitude.

bienestar *m* bien-être.

bienhechor, a *s* bienfaiteur, trice.

bienquisto, a *a* bien vu, e, apprécié, e.

bienvenid/a *f dar la −*, souhaiter la bienvenue. **-o, a** *a/s* bienvenu, e : *sea usted −*, soyez le bienvenu.

biés *m* biais.

bife *m* AMER bifteck.

biftec *m* bifteck.

bifurc/arse *pr* bifurquer : *la carretera se bifurca*, la route bifurque. **-ación** *f* bifurcation.

bigamia *f* bigamie.

bigot/e *m* moustache *f*. I FAM *de −*, terrible, fantastique. **-udo, a** *a* moustachu, e.

bigudí *m* bigoudi.

bikini *m* bikini.

bilingüe *a* bilingue.

bilis *f* bile.

billar *m* billard.

billete *m* **1** billet : *− de banco, de avión, de lotería*, billet de banque, d'avion, de loterie. **2** *− de autobús, de metro, de andén*, ticket d'autobus, de métro, de quai. **3** *no hay billetes*, complet. **-ra** *f* porte-billets *m*.

billón *m* billion.

bimensual *a* bimensuel, elle.

bimotor *a/m* bimoteur.

binar *t* biner.

biogr/afía *f* biographie. **-áfico, a** *a* biographique.

biol/ogía *f* biologie. **-ógico, a** *a* biologique.

biólogo, a *s* biologiste.

biombo *m* paravent.

bípedo, a *a/s* bipède.

birlar *t* FAM souffler, barboter.

birrete *m* toque *f*.

birria *f* FAM horreur.

bis *adv* bis.

bisabuelo, a *s* arrière-grand-père, arrière-grand-mère. □ *m pl* arrière-grands-parents.

bisagra *f* charnière.

bisanual *a* bisannuel, elle.

bisiesto *a año −*, année bissextile.

bismuto *m* bismuth.

bisnieto, a *s* arrière-petit-fils, arrière-petite-fille. □ *m pl* arrière-petits-enfants.

bisonte *m* bison.

bisoño *a/s* débutant, e. □ *m* (soldado) nouvelle recrue *f*.

bisté *m* bifteck.

bistre *a* bistre.

bisturí *m* bistouri.

bisutería *f* bijouterie de fantaisie. I *pulsera de −*, bracelet en imitation.

bizantino, a *a* byzantin, e.

bizarr/o, a *a* vaillant, e. **-ía** *f* bravoure.

bizc/o, a *a* louche. □ *s* loucheur, euse. I FAM *dejar −*, souffler, couper le souffle ; *quedarse −*, en rester baba. **-ar** *i* loucher.

bizcocho *m* biscuit. I *− borracho*, baba.

blanc/o, a *a/s* blanc, blanche. □ *m* **1** blanc. **2** cible *f* : *apuntar al −*, viser la cible. I FIG *dar en el −*, viser juste, faire mouche. □ *f* **1** MÚS blanche. **2** FAM *estar sin blanca*, ne pas avoir un rond, un sou. **-ura** *f* blancheur.

blandir *t* brandir.

bland/o, a *a* **1** mou, molle. **2** (suave) doux, douce. **-engue** *a* mollasse. **-ura** *f* **1** mollesse. **2** douceur.

blanquear *t/i* blanchir.

blanquecino, a *a* blanchâtre.

blasfem/ar *i* blasphémer. **-ia** *f* blasphème *m*.

blas/ón *m* blason. **-onar** *i* — *de*, se vanter de.

bledo *m* blette *f*. I FAM *me importa un* —, je m'en fiche.

blind/ar *t* blinder. **-aje** *m* blindage.

bloc *m* bloc-notes.

blocao *m* blockhaus.

bloque *m* bloc.

bloque/ar *t* bloquer. **-o** *m* 1 (de un puerto) blocus. 2 (de los precios) blocage.

blusa *f* chemisier *m*, corsage *m*.

boa *f* boa *m*.

boato *m* faste.

bobada *f* bêtise, sottise.

bobalicón, ona *a/s* crétin, e.

bobina *f* bobine.

bobo, a *a/s* sot, sotte, idiot, e. I *a lo* —, bêtement.

boca *f* 1 bouche. I — *abajo,* à plat ventre ; — *arriba,* sur le dos ; *a — de jarro* (disparar) à bout portant ; (decir) à brûle-pourpoint ; *a pedir de* —, à souhait ; *hacer la — agua,* mettre l'eau à la bouche ; *no decir esta — es mía,* ne pas ouvrir la bouche. 2 (de los carnívoros, de horno, cañón) gueule.

bocacalle *f* entrée d'une rue. I *tuerza a la segunda — a la izquierda,* tournez à la deuxième rue à gauche.

bocadillo *m* sandwich.

bocado *m* 1 bouchée *f*. I *tomar un* —, manger un morceau. 2 (mordisco) coup de dent. 3 (del caballo) mors.

bocal *m* bocal.

bocanada *f* bouffée.

boceto *m* esquisse *f*.

bocina *f* corne, klaxon *m*.

bocio *m* goitre.

bocha *f* boule.

bochinche *m* tapage, chahut.

bochorn/o *m* 1 chaleur *f*

étouffante. 2 FIG honte *f*. **-oso, a** *a* 1 étouffant, e. 2 FIG honteux, euse.

boda *f* 1 (ceremonia) mariage *m*. 2 (fiesta) noce. □ *pl* noces : *bodas de oro,* noces d'or.

bodeg/a *f* 1 (para el vino) cave. 2 dock *m*. 3 (en los barcos) cale. **-ón** *m* 1 (taberna) gargote *f*. 2 (pintura) nature morte *f*.

bodrio *m* ratatouille *f*.

bofe *m* mou.

bofet/ada *f* gifle. **-ón** *m* bonne gifle *f*.

boga *f* *estar en* —, être en vogue, à la mode.

bogar *i* ramer.

bogavante *m* homard.

bohemio, a *a/s* bohémien, enne. I *vida bohemia,* vie de bohème.

bohío *m* AMER case *f*, hutte *f*.

boicot *m* boycottage, boycott. **-ear** *t* boycotter.

boina *f* béret *m*.

boj *m* buis.

bol/a *f* 1 boule. 2 *rodamiento de bolas,* roulement à billes. 3 (embuste) mensonge *m*, bobard *m*. **-eadoras** *f pl* arme de jet des gauchos (lanières terminées par des boules). **-ear** *t* AMER lancer.

bolero *m* boléro.

bolería *f* AMER guichet *m*.

boletín *m* bulletin. I — *oficial,* Journal officiel.

boleto *m* billet.

boliche *m* AMER épicerie-buvette *f*.

bólido *m* bolide.

bolígrafo *m* stylo à bille.

Bolivia *n p f* Bolivie.

boliviano, a *a/s* bolivien, enne.

bolo *m* quille *f*.

¹**bolsa** *f* 1 (para el dinero) bourse. 2 sac *m* : — *de papel, de plástico, de viaje,* sac en papier, en plastique, de voyage. 3 (debajo de los ojos, de pus, de gas natural) poche.

²**Bolsa** *f* Bourse.

bolsillo *m* poche *f*.

bolsita *f* sachet *m*.

bolso *m* 1 (de mujer) sac à main. 2 (sin asa) pochette *f*.

bollo *m* 1 (alargado) petit pain au lait ; (redondo) brioche *f*. 2 (bulto) bosse *f*.

bomba *f* 1 pompe : — *de incendios*, pompe à incendie. 2 (explosivo) bombe. I — *de mano*, grenade à main. 3 FAM *pasarlo* —, s'en payer, bien s'amuser.

bombachas *f pl* AMER pantalons *m* bouffants.

bombarde/ar *t* bombarder. **-o** *m* bombardement. **-ro** *m* bombardier.

bombero *m* pompier.

bombilla *f* 1 (eléctrica) ampoule. 2 AMER (para el mate) pipette.

bombín *m* chapeau melon.

bombo *m* 1 grosse caisse *f*. 2 FIG battage, bruit. I *a* — *y platillos*, à grands sons de trompe.

bombon *m* bonbon au chocolat.

bombona *f* bonbonne.

bombonera *f* bonbonnière.

bonachón, ona *a* débonnaire, bon enfant. □ *s* brave homme, brave femme.

bonaerense *a/s* de Buenos Aires.

bonancible *a* calme.

bondad *f* bonté. **-oso, a** *a* bon, bonne.

bonete *m* bonnet.

bonetero *m* fusain.

bonito, a *a* joli, e : *una chica bonita*, une jolie fille. □ *m* (pez) thon.

bono *m* bon : — *del Tesoro*, bon du Trésor.

boñiga *f* bouse.

boqueadas f pl *dar las últimas* —, agoniser.

boquerón *m* anchois.

boquete *m* trou.

boquiabierto, a *a* bouche bée.

boquilla *f* 1 (de un instrumento de viento) embouchure. 2 (de ciertos cigarrillos) bout filtre *m*. 3 (de bolso) fermoir *m*.

borbollón ⇒ **borbotón**.

borbot/ear *i* bouillonner. **-eo** *m* bouillonnement. **-ón** *m* bouillonnement. I *a borbotones*, à gros bouillons.

borceguí *m* brodequin.

borda f *echar por la* —, jeter par-dessus bord.

bord/ar *t* broder. **-ado** *m* broderie *f*.

borde *m* bord.

bordelés, esa *a/s* bordelais, e.

borderó *m* bordereau.

bordillo *m* bordure *f*.

bordo *m* bord : *subir a* —, monter à bord.

boreal *a* boréal, e.

Borgoñ/a *n p f* Bourgogne. **-ón, ona** *a* bourguignon, onne.

borla *f* 1 (de pasamanería) gland *m*. 2 (del gorro) pompon *m*. 3 (para polvos) houppette.

borrach/o, a *a* ivre, soûl, e. □ *s* ivrogne, esse. **-era** *f* ivresse.

borr/ar *t* 1 effacer. 2 (tachar) biffer. **-ador** *m* brouillon.

borrasc/a *f* tempête. **-oso, e** *a* orageux, euse.

borrego, a *s* agneau, agnelle.

borrico *m* âne.

borrón *m* (de tinta) pâté. I - *y cuenta nueva*, tournons la page.

borroso, a *a* flou, e.

bosque *m* bois, forêt *f* (forêt más extenso que *bois*).

bosquej/ar *t* ébaucher. **-o** *m* ébauche *f*, esquisse *f*.

bostez/ar *i* bâiller. **-o** *m* bâillement.

bota *f* 1 botte. 2 — *de esquí*, chaussure de ski. 3 (para vino) gourde en cuir. 4 (cuba) barrique.

botadura *f* lancement *m*.

botánico, a *a/f* botanique. □ *s* botaniste.

botar *t* **1** (un barco) lancer. **2** AMER (tirar) jeter. □ *i* **1** (pelota) rebondir. **2** (saltar) bondir. □ *pr* AMER se jeter.

botarate *m* écervelé.

¹bote *m* (salto) bond.

²bote *m* **1** (para la sal, el té, etc.) boite *f*. **2** (tarro) pot.

³bote *m* canot : — *salvavidas*, canot de sauvetage.

botella *f* bouteille.

botica *f* pharmacie. **-rio, a** *s* pharmacien, enne.

botijo *m* cruche *f*, gargoulette *f*.

¹botín *m* (calzado) bottillon.

²botín *m* (de guerra) butin.

botina *f* bottine.

botiquín *m* **1** (caja) trousse *f* à pharmacie. **2** (armario) pharmacie *f*, armoire *f* à pharmacie. **3** (habitación) infirmerie *f*.

bot/ón *m* bouton. **-ones** *m* groom, chasseur.

bóveda *f* voûte.

bovino, a *a/m* bovin, e.

boxe/o *m* boxe *f*. **-ador** *m* boxeur.

boya *f* bouée.

boyante *a* prospère.

bozal *m* muselière *f*.

bozo *m* duvet.

bracero *m* manœuvre.

brag/as *f pl* **1** (de mujer) culotte *sing*, slip *m sing*. **2** (de niño) couche-culotte *sing*. **-ado, a** *a* FAM culotté, e, gonflé, e. **-azas** *m* FAM lavette *f*.

bragueta *f* braguette.

bramante *m* ficelle *f*.

bram/ar *i* mugir. **-ido** *m* mugissement.

branquias *f pl* branchies.

bras/a *f* braise. **-ero** *m* brasero.

Brasil *n p m* Brésil.

brasileño, a *a/s* brésilien, enne.

bravata *f* bravade.

brav/o, a *a* **1** sauvage. **2** (toro) de combat. □ *interj* bravo! **-ucón, ona** *a* fanfaron, onne.

braza *f* brasse.

brazada *f* brassée.

brazal *m* brassard.

brazalete *m* bracelet.

brazo *m* bras : *entró del* — *de su novio*, elle entra au bras de son fiancé ; *iban cogidos del* —, ils allaient bras dessus, bras dessous ; *con los brazos abiertos*, à bras ouverts.

brebaje *m* breuvage.

brecha *f* brèche.

breg/ar *i* lutter, se battre. **-a** *f* lutte.

breña *f* broussaille.

bretón, ona *a/s* breton, onne.

breva *f* **1** figue-fleur. **2** FAM (suerte) veine, chance.

breve *a* bref, brève. I *en* —, bientôt. **-dad** *f* brièveté. **-mente** *adv* brièvement.

brezo *m* bruyère *f*.

brib/ón, ona *a/s* coquin, ine. **-onada** *f* friponnerie.

brida *f* bride.

bridge *m* *jugar al* —, jouer au bridge.

brigada *f* brigade.

Brígida *n p f* Brigitte.

brill/ar *i* briller. **-ante** *a/m* brillant, e. **-antez** *f* éclat *m*. **-o** *m* éclat. I *dar* — *a*, faire briller.

brinc/ar *i* bondir. **-o** *m* bond. I *dar brincos*, faire des bonds, bondir.

brind/ar *i* **1** porter un toast, boire à : *brindemos por el éxito de...*, buvons au succès de... **2** *brindo por los recién casados*, je bois à la santé des jeunes mariés. □ *t* offrir. □ *pr* *se brindó a acompañarme*, il m'a offert de m'accompagner. **-is** *m* *hacer un* —, porter un toast.

brío *m* **1** entrain : *tener bríos*, avoir de l'entrain. **2** énergie *f*.

brisa *f* brise.

británico, a *a/s* britannique.

brizna *f* brin *m*.

broca *f* (para taladrar) mèche.

brocal *m* margelle *f*.

broch/a *f* 1 brosse, gros pinceau *m*. 2 ¬ *de afeitar*, blaireau *m*. **-azo** *m* coup de pinceau.

broche *m* broche *f*.

brom/a *f* plaisanterie, blague : — *pesada*, mauvaise plaisanterie. I *en* —, pour rire ; *echar a* —, prendre à la blague, à la rigolade ; *gastar una* — *a alguien*, faire une blague, jouer un tour à quelqu'un ; *¡vaya una* —*!*, c'est malin !, c'est fin ! **-azo** *m* plaisanterie *f* de mauvais goût. **-ear** *i* plaisanter, blaguer. **-ista** *a/s* blagueur, euse.

bronca *f* 1 (riña) bagarre. 2 (represión) engueulade. I *echar una* — *a*, passer un savon à, engueuler. 3 (abucheo) huées *pl*.

bronce *m* bronze. **-arse** *pr* — *al sol*, se bronzer au soleil.

bronco, a *a* rauque.

bronqu/ios *m pl* bronches *f*. **-itis** *f* bronchite.

broqueta *f* brochette.

brot/ar *i* 1 (planta) pousser. 2 (líquido) jaillir. **-e** *m* pousse *f*.

broza *f* (maleza) broussaille.

bruces (de) *loc adv caer de* —, tomber à plat ventre.

bruj/a *f* sorcière. **-ería** *f* sorcellerie. **-o** *m* sorcier.

brújula *f* boussole.

brum/a *f* brume. **-oso, a** *a* brumeux, euse.

bruñir *t* polir.

brusco, a *a* brusque.

Bruselas *n p f* Bruxelles.

brusquedad *f* brusquerie.

brutal *a* brutal, e. **-idad** *f* brutalité.

bruto, a *a* 1 (necio) bête, stupide. 2 *peso* —, poids brut. I *en* —, brut, e. □ *m* brute *f*.

bucle *m* boucle *f*.

bucólico, a *a/f* bucolique.

buche *m* (de las aves) jabot.

budín *m* pudding.

bud/ismo *m* bouddhisme. **-ista** *a/s* bouddhiste.

buen, o, a *a* 1 bon, bonne : *bueno de comer*, bon à manger ; *un* — *actor*, un bon acteur ; *¡— viaje!*, bon voyage ! I *eso si que está bueno*, en voilà une bonne. 2 beau, belle : *hace* — *tiempo*, il fait beau ; — *susto me has dado*, tu m'as fait une belle peur ; *un* — *día*, un beau jour. 3 (de salud) en bonne santé. 4 *de buenas a primeras*, de but en blanc ; *por las buenas o por las malas*, de gré ou de force. □ *interj* bon !, bien ! ; *¡bueno está!*, bon !, ça va comme ça ! ; *¡muy buenas!*, salut !

buey *m* bœuf.

búfalo *m* buffle.

bufanda *f* cache-nez *m*.

bufete *m* 1 (de abogado) cabinet. 2 buffet.

bufido *m* 1 mugissement. 2 grognement.

bufón, ona *a/s* bouffon, onne.

buhardilla *f* 1 (desván) mansarde. 2 (ventana) lucarne.

búho *m* hibou.

buhonero *m* colporteur.

buitre *m* vautour.

bujía *f* bougie.

bulb/o *m* bulbe. **-oso, a** *a* bulbeux, euse.

Bulgaria *n p f* Bulgarie.

búlgaro, a *a/s* bulgare.

buldog *m* bouledogue.

bulevar *m* boulevard.

bulto *m* 1 volume. I *a* —, au jugé. 2 (hinchazón) bosse *f*, grosseur *f*. 3 paquet. 4 silhouette *f*, forme *f* vague. I *escurrir el* —, s'esquiver.

bulla f *meter* —, faire du raffut, du tapage.

bullici/o *m* agitation *f*. **-oso, a** *a* 1 remuant, e. 2 (ruidoso) bruyant, e.

bullir ° *i* 1 (un líquido) bouillonner. 2 (insectos, muchedumbre de per-

sonas) grouiller. **3** (peces) frétiller.
4 (moverse) remuer.
buñuelo *m* beignet.
buque *m* bateau, navire.
burbuja *f* bulle.
Burdeos *n p* Bordeaux. □ *m*
bordeaux.
burgu/és, esa *a/s* bourgeois, e.
-esia *f* bourgeoisie.
buril *m* burin.
burl/a *f* **1** (mofa) moquerie. I *hacer
— de*, se moquer de. **2** (chanza)
plaisanterie. **-ador** *m* séducteur.
-ar *t* tromper. □ *burlarse de*, se
moquer de.
burlesco, a *a* burlesque.
burlete *m* bourrelet.
burlón, ona *a/s* moqueur, euse.
buró *m* bureau.
burocracia *f* bureaucratie.
burócrata *s* bureaucrate.

burr/a *f* ânesse. **-ada** *f* ânerie,
sottise.
burro *m* âne.
bursátil *a* boursier, ère.
burujo *m* boule *f*.
busc/ar *t* chercher. **-a** *f*
recherche. I *en — de*, à la recherche
de, en quête de. **-ador, a** *a/s*
chercheur, euse.
busilis *m ahí está el —*, voilà le hic.
búsqueda *f* recherche.
busto *m* buste.
butaca *f* fauteuil *m*. I *— de patio*,
fauteuil d'orchestre.
butano *m* butane.
butifarra *f* saucisse.
buzo *m* **1** plongeur. **2**
scaphandrier. **3** (traje) bleu de
travail.
buzón *m* boîte *f* aux lettres : *echar
una carta al —*, mettre une lettre à
la boîte.

c

c ƒ c m : *una* c, un c.

¡ ca ! *interj* allons donc !

cabal *a* juste. □ m pl *no estar en sus cabales*, être tombé sur la tête.

cábalas ƒ *pl* pronostics *m*.

cabalg/ar *i* chevaucher. **-ada** ƒ chevauchée. **-adura** ƒ monture. **-ata** ƒ cavalcade.

caballa ƒ maquereau *m*.

caballar *a* chevalin, e.

caballer/ía ƒ 1 monture. 2 MIL cavalerie. 3 — *andante*, chevalerie errante. **-esco, a** *a* chevaleresque.

caballeriza ƒ écurie.

caballer/o, a *a* 1 — *en una mula*, monté sur une mule. □ *m* 1 (noble) chevalier. 2 monsieur : *señoras y caballeros*, mesdames et messieurs. I *portarse como un* —, se conduire en gentleman. 3 homme : *zapatos de caballeros*, chaussures pour hommes. **-osidad** ƒ noblesse, générosité.

caballete *m* chevalet.

caballitos *m pl* (tiovivo) chevaux de bois.

caball/o *m* 1 cheval : *montar a* —, monter à cheval. I — *de vapor*, cheval-vapeur ; *un dos caballos*, une deux chevaux. 2 (del ajedrez) cavalier. **-uno, a** *a* chevalin, e.

cabaña ƒ 1 cabane. 2 (ganado) cheptel *m*.

cabece/ar *i* 1 hocher la tête. 2 (al dormir) dodeliner de la tête. 3 MAR tanguer. 4 (fútbol) faire une tête. **-o** *m* 1 hochement de tête, dodelinement de la tête. 2 MAR tangage.

cabecera ƒ 1 *la* — *de la cama*, le chevet, la tête du lit. 2 (capital) chef-lieu *m*.

cabecilla *m* chef de file, meneur.

cabell/era ƒ chevelure. **-o** *m* cheveu : *con el* — *alborotado*, les cheveux en bataille. **-udo, a** *a* chevelu, e.

caber ° *i* 1 tenir : *esto no cabe en la maleta*, ça ne tient pas dans la valise ; *cabremos los seis en el coche*, nous tiendrons bien à six dans la voiture. I FIG *no* — *en sí de contento*, ne pas se sentir de joie. 2 y avoir : *no cabe duda*, il n'y a pas de doute. 3 être possible. I *en lo que cabe, si cabe*, dans la mesure du possible. 4 *no cabe más gracioso*, on ne peut plus drôle.

cabestrillo *m* écharpe ƒ : *brazo en* —, bras en écharpe.

cabestro *m* licou.

cabez/a ƒ 1 tête. 2 — *de partido*, chef-lieu *m* d'arrondissement. □ *m* — *de familia*, chef de famille. **-ada** ƒ 1 coup *m* de tête. 2 (al dormir) dodelinement *m* de la tête. 3 salut *m* de la tête. **-adita** ƒ FAM *dar una* —, piquer un roupillon. **-azo** *m* coup de tête.

cabezón, ona, cabezudo, a *a* têtu, e.

cabida ƒ capacité.

cabildo *m* 1 (iglesia) chapitre. 2 (ayuntamiento) conseil municipal.

cabina ƒ cabine.

cabizbajo, a *a* tête basse.

cable *m* câble.

cabo *m* 1 (extremidad, pedacito) bout. I *al* — *de cinco minutos*, au bout de cinq minutes ; *de* — *a rabo*, d'un bout à l'autre ; *llevar a* —, mener à bien, réaliser. 2 (lengua de tierra) cap. 3 (cuerda) cordage. 4 MIL caporal.

cabotaje *m* cabotage.

cabra ƒ chèvre.

cabrear *t* FAM foutre en rogne.

cabrero, a *s* chevrier, ère.

cabrestante *m* cabestan.

cabrillas *f pl* (olas) moutons *m*.

cabrille/ar *i* (el mar) moutonner. **-o** *m* moutonnement.

cabrío, a *a* caprin, e. I *macho —*, bouc.

cabriola *f* cabriole.

cabrit/illa *f* chevreau *m*. **-o** *m* chevreau.

cabrón *m* 1 bouc. 2 FAM cocu. 3 VULG salaud.

caca *f* caca *m*.

cacahuete *m* cacahouète *f*.

cacao *m* cacao.

cacare/ar *i* 1 caqueter. 2 FIG vanter. **-o** *m* caquetage.

cacatúa *m* cacatoès.

cacería *f* partie de chasse.

cacerola *f* 1 (con asas) faitout *m*. 2 (con mango) casserole.

cacique *m* 1 cacique. 2 FIG gros bonnet, manitou.

cacofonía *f* cacophonie.

cacto *m* cactus.

cachalote *m* cachalot.

cacharro *m* 1 pot, vase. 2 FAM (cosa) truc ; (coche) guimbarde *f*, tacot ; (bicicleta) clou ; (barco) rafiot.

cachas *f pl* manche *m sing* (de couteau).

cachazudo, a *a* flegmatique.

cachear *t* fouiller.

Cachemira *n p f* Cachemire *m*.

cacheo *m* fouille *f*.

cachet/e *m* (bofetada) gifle *f*, claque *f*. **-ada** *f* AMER gifle.

cachetero *m* poignard.

cachimba *f* AMER pipe, bouffarde.

cachiporra *f* massue.

cachivache *m* truc.

cacho *m* morceau.

cachond/o, a *a* POP (divertido) marrant, e. **-earse** *pr* POP 1 (burlarse) se ficher de. 2 (reírse) se marrer.

cachorro, a *s* petit *m*.

cada *a* 1 chaque. I *— cual, uno,*

una, chacun, e. 2 (+ pluriel) *— dos meses, horas,* tous les deux mois, toutes les deux heures. I *60 de — 100,* 60 sur 100 ; *una de — tres personas,* une personne sur trois.

cadalso *m* échafaud.

cadáver *m* cadavre, corps.

cadena *f* chaîne. I *trabajo en —*, travail à la chaîne.

cadencia *f* cadence.

cadenilla *f* chaînette.

cadera *f* hanche.

cadete *m* 1 cadet. 2 AMER apprenti.

Cádiz *n p* Cadix.

caduco, a *a* caduc, uque.

caer ° *i* 1 tomber. 2 comprendre. I *¡ ya caigo !,* j'ai compris !, j'y suis ! 3 (estar) se trouver. □ *pr* tomber : *se ha caído,* il est tombé ; *se le cayó el bolso,* son sac est tombé.

caf/é *m* café : *— con leche,* café au lait, café crème ; *— solo,* café noir ; *la terraza de un —,* la terrasse d'un café. **-eína** *f* caféine. **-etera** *f* cafetière. **-etería** *f* snack-bar *m*, cafétéria. **-etín** *m* bistrot. **-ero** *m* caféier.

cag/ar *t* VULG chier. **-arruta** *f* crotte.

caída *f* chute.

caído, a *p p* de **caer.** □ *m pl monumento a los caídos,* monument aux morts.

caimán *m* caïman.

Cairo (El) *n p m* Le Caire.

caj/a *f* 1 (pequeña) boîte. I *— de cambios,* boîte de vitesses. 2 (grande) caisse. I *— registradora,* caisse enregistreuse ; *— de caudales, fuerte,* coffre-fort *m*. 3 *— de ahorros,* caisse d'épargne. 4 (de reloj) boîtier *m*. 5 (ataúd) cercueil *m*. 6 (de escalera, ascensor) cage. **-ero** *m* caissier. **-etilla** *f* paquet *m*.

cajón *m* 1 (de mueble) tiroir. 2 *— de sastre,* fouillis, foutoir. 3 *de —*, d'usage.

cal *f* chaux.

cala *f* 1 (de un barco) cale. 2 (ensenada) crique.

calaba/za *f* 1 courge, citrouille. 2 (recipiente) calebasse. 3 *dar calabazas*, (examen) coller, recaler ; (pretendiente) éconduire. **-cín** *m* courgette *f*.

calabobos *m* pluie *f* fine.

calabozo *m* cachot.

calado *m* 1 broderie *f* à jour. 2 MAR tirant d'eau.

calafatear *t* calefater.

calamar *m* calmar.

calambre *m* crampe *f*.

calamidad *f* calamité.

calaña *f* espèce, acabit *m*.

calar *t* 1 transpercer, traverser. 2 FIG deviner. □ *pr* 1 *calarse el sombrero*, enfoncer son chapeau. 2 caler : *se me caló el motor*, mon moteur a calé.

calaver/a *f* tête de mort. □ *m* noceur. **-ada** *f* folie.

calcar *t* calquer.

calcáreo, a *a* calcaire.

calce *m* 1 coin. 2 cale *f*.

calceta f *hacer —*, tricoter.

calcetín *m* chaussette *f*.

calcinar *t* calciner.

calcio *m* calcium.

calco *m* calque.

calcul/ar *t* calculer. **-ador, a** *a/s* calculateur, trice. □ *f* machine à calculer, calculatrice : *calculadora de bolsillo*, calculatrice de poche.

cálculo *m* calcul.

caldas *f pl* eaux thermales.

caldear *t* chauffer.

caldera *f* chaudière.

calderilla *f* (menue) monnaie.

caldero *m* chaudron.

caldo *m* bouillon.

calefacción *f* chauffage *m* : *la — central*, le chauffage central.

calendario *m* calendrier.

calent/ar ° *t* 1 *— agua*, faire chauffer de l'eau. 2 *— los ánimos*,

échauffer les esprits. □ *pr* 1 se chauffer. 2 chauffer : *la sopa se calienta*, la soupe chauffe. 3 (los músculos, los ánimos) s'échauffer. **-ador** *m* chauffe-eau, chauffebain. **-ito, a** *a* tout chaud, toute chaude. **-ura** *f* fièvre, température. **-uriento** *a* fièvreux, euse.

calibr/e *m* calibre. **-ar** *t* calibrer.

calicó *m* calicot.

calidad *f* qualité.

cálido, a *a* 1 (clima) chaud, e. 2 FIG chaleureux, euse : *cálidos aplausos*, applaudissements chaleureux.

caliente *a* chaud, e.

calific/ar *t* qualifier. **-ación** *f* 1 qualification. 2 (en un examen) mention. **-ativo, a** *a/m* qualificatif, ive.

caligrafía *f* calligraphie.

cáliz *m* calice.

calizo, a *a* calcaire. □ *f* calcaire *m*.

calm/a *f* calme *m*. l *en —*, calme ; *perder la —*, perdre son calme. **-ante** *a/m* calmant, e. **-ar** *t* calmer. □ *pr* se calmer, s'apaiser.

caló *m* argot des gitans.

calor *m* chaleur *f* : *un — agobiante*, une chaleur accablante. l *entrar en —*, se réchauffer ; *hace —, mucho —*, il fait chaud, très chaud ; *tengo —*, j'ai chaud.

calor/ía *f* calorie. **-ífico, a** *a* calorifique.

calumni/a *f* calomnie. **-ar** *t* calomnier. **-oso, a** *a* calomnieux, euse.

caluroso, a *a* 1 chaud, e. 2 FIG chaleureux, euse : *una acogida calurosa*, un accueil chaleureux.

calvario *m* calvaire.

calvicie *f* calvitie.

calvin/ismo *m* calvinisme. **-ista** *s* calviniste.

calvo, a *a/s* chauve. □ *a* (terreno) dénudé, e, pelé, e.

calza *f* (cuña) cale.

calzada *f* chaussée.

calzado *m* **1** chaussure *f* : *la industria del —*, l'industrie de la chaussure. **2** chaussures *f pl* : *nueva colección de — para el verano*, nouvelle collection de chaussures pour l'été.

calzador *m* chausse-pied.

calzar *t* chausser : *calzo el 40*, je chausse du 40 ; *calzado con alpargatas*, chaussé d'espadrilles.

calz/ón *m* culotte *f*. **-onazos** *m* chiffe *f*. **-oncillos** *m pl* caleçon *sing*.

call/ar *i/pr* se taire : *¡ callad !*, taisez-vous ! ; *¡ cállate !*, tais-toi ! □ *t* taire. **-ado, a** *a* silencieux, euse, réservé, e.

call/e *f* **1** rue : *— mayor*, grand-rue. I *abrirse —*, se frayer un passage ; *poner en la —*, mettre à la porte. **2** (de árboles) allée. **-ejear** *i* flâner. **-ejeo** *m* flânerie *f*. **-ejero, a** *a* de la rue. □ *m* indicateur des rues. **-ejón** *m* ruelle *f*. I *— sin salida*, impasse *f*. **-ejuela** *f* ruelle.

callo *m* (en los pies) cor ; (en las manos) durillon. □ *pl* (guiso) tripes *f*.

cama *f* lit *m* : *— de matrimonio*, lit à deux places ; *guardar —*, garder le lit.

camada *f* portée.

camafeo *m* camée.

camaleón *m* caméléon.

cámara *f* **1** chambre : *— de comercio, de diputados*, chambre de commerce, des députés ; *— de aire*, chambre à air. **2** (cine) caméra. I *— lenta*, ralenti *m*. **3** *— fotográfica*, appareil *m* photo.

camarad/a *s* camarade. **-ería** *f* camaraderie.

camaranchón *m* soupente *f*.

camarera *f* **1** (en un café) serveuse. **2** (en hoteles) femme de chambre.

camarero *m* **1** (en un café) garçon. **2** (en hoteles) valet de chambre.

camarín *m* (de actor) loge *f*.

camarón *m* crevette *f* grise.

camarote *m* cabine *f*.

camastro *m* grabat.

cambalache *m* troc.

cambiar *t* **1** *— un neumático*, changer un pneu ; *— pesetas en francos*, changer des pesetas contre des francs. **2** (trocar) échanger : *¿ me puede — este libro por otro ?*, pouvez-vous m'échanger ce livre contre un autre ? □ *i* changer. □ *pr* **1** (de ropa) se changer. **2** changer : *nos cambiamos de domicilio el año pasado*, nous avons changé de domicile l'an dernier.

cambio *m* **1** (modificación) changement. I *— de velocidades*, changement de vitesse. **2** échange : *— de impresiones*, échange de vues. I *a — de*, en échange de ; *en —*, en revanche. **3** change : *oficina de —*, bureau de change. **4** monnaie *f* : *¿ tiene usted — ?*, avez-vous de la monnaie ? **5** cours du change.

Camboya *n p f* Cambodge *m*.

camelar *t* FAM **1** baratiner. **2** (adular) faire du plat à.

camelia *f* camélia *m*.

camelo *m* FAM *esto es un —*, c'est de la fumisterie, du baratin. I *hablar en —*, raconter des blagues.

camello *m* chameau.

camill/a *f* civière, brancard *m* : *transportar en —*, transporter sur une civière. **-ero** *m* brancardier.

camin/o *m* chemin. I *errar el —*, faire fausse route. **-ante** *s* voyageur, euse à pied. **-ar** *i* marcher. **-ata** *f* longue promenade, balade. **-ero** *a peón —*, cantonnier.

cami/ón *m* camion. **-onero** *m* routier, camionneur. **-oneta** *m* camionnette.

camis/a *f* chemise. **-ero, a** *s* chemisier, ère. **-eta** *f* **1** (ropa interior) gilet *m* de corps, tricot *m* de corps ; (con mangas cortas) tee-shirt *m*. **2** (de deportista) maillot

m. **3** (camisa corta) chemisette.
-ón *m* chemise *f* de nuit.

camorra *f* dispute, bagarre.

campamento *m* campement.

campan/a *f* **1** cloche. **2** (de chimenea) hotte. **-ada** *f* coup de cloche. **-ario** *m* clocher. **-ero** *m* carillonneur. **-illa** *f* **1** clochette. **2** (para llamar a la puerta) sonnette. **-illeo** *m* **1** tintement. **2** carillon.

campante *a* *tan* —, très décontracté, e.

campaña *f* campagne.

campear *i* apparaître.

campechan/o, a *a* bon enfant. **-ía** *f* bonhomie.

campe/ón, ona *s* champion, onne. **-onato** *m* championnat.

campesino, a *a/s* paysan, anne, campagnard, e.

campestre *a* champêtre.

camping *m* camping.

campiña *f* campagne.

campista *s* campeur, euse.

campo *m* **1** campagne *f* : *vive en el* —, il vit à la campagne. **2** champ : *un* — *de maíz*, un champ de maïs ; — *de batalla*, champ de bataille. I *a* — *traviesa*, à travers champs. **3** (de deportes) terrain. **4** (terreno militar, partido) camp. **5** — *magnético, visual*, champ magnétique, visuel.

camposanto *m* cimetière.

camuflar *t* camoufler.

cana *f* cheveu *m* blanc. I *echar una* — *al aire*, faire une folie, s'amuser.

Canadá *n p m* Canada.

canadiense *a/s* canadien, enne.

canal *m* **1** canal : *canales de riego*, canaux d'irrigation. **2** (en un puerto) chenal.

canalete *m* pagaie *f*.

canaliz/ar *t* canaliser. **-ación** *f* canalisation.

canalón *m* **1** (conducto vertical) tuyau de descente. **2** (horizontal) gouttière *f*.

canall/a *m* canaille *f*, fripouille *f*.

-ada *f* canaillerie.

canana *f* cartouchière.

canapé *m* canapé.

Canarias *n p f pl* Canaries.

canario, a *a/s* canarien, enne. □ *m* (pájaro) canari, serin.

canast/a *f* (con dos asas) corbeille ; (con una) panier *m*. **-illa** *f* **1** corbeille. **2** (de recién nacido) layette. **-o** *m* corbeille *f*.

cancela *f* grille.

cancel/ar *t* annuler. **-ación** *f* annulation.

cáncer *m* cancer.

canceroso, a *a* cancéreux, euse.

canciller *m* chancelier. **-ía** *f* chancellerie.

canci/ón *f* chanson. I — *de cuna*, berceuse. **-onero** *m* recueil de poésies lyriques.

cancha *f* terrain *m*.

candado *m* cadenas.

candel/a *f* chandelle. **-abro** *m* candélabre. **-ero** *m* chandelier.

candente *a* **1** incandescent, e. **2** FIG palpitant, e.

candidat/o *m* candidat. **-ura** *f* candidature.

candidez *f* candeur.

cándido, a *a* candide.

candil *m* lampe *f* à huile. **-ejas** *f pl* (teatro) rampe *sing*.

candor *m* candeur *f*. **-oso, a** *a* candide.

canela *f* cannelle.

canelón *m* torsade *f*.

cangilón *m* (de noria) godet.

cangrejo *m* **1** — *de río*, écrevisse *f*. **2** — *de mar*, crabe.

canguelo *m* POP trouille *f*.

canguro *m* kangourou.

can/íbal *a/s* cannibale. **-ibalismo** *m* cannibalisme.

canica *f* bille.

can/ícula *f* canicule. **-icular** *a* caniculaire.

canijo, a *a* malingre.

canilla *f* **1** os *m* long. **2** AMER

(grifo) robinet *m*.

canillita *m* AMER crieur de journaux.

canino *m* canine *f*.

canje *m* échange. **-ar** *t* — *por*, échanger contre.

cano, a *a* blanc, blanche.

canoa *f* 1 (piragua) canoë *m*. 2 (de remo o con motor) canot *m*.

canon *m* 1 canon. 2 (renta) redevance *f*.

canónigo *m* chanoine.

canonizar *t* canoniser.

canotié *m* canotier.

cans/ar *t* fatiguer. **-ado, a** *a* 1 fatigué, e, las, lasse. 2 (que cansa) fatigant, e. **-ancio** *m* fatigue *f*. **-ino, a** *a* lent, e, endormi, e.

cant/ar *i/t* chanter. □ *m* chanson *f*. **-ante** *s* chanteur, euse.

cántaro *m* cruche *f*. I *llueve a cántaros*, il pleut à verse, à torrents, il tombe des cordes.

cantata *f* cantate.

cantatriz *f* cantatrice.

cante *m* chant populaire.

cantera *f* carrière.

cántico *m* cantique.

cantidad *f* 1 quantité. 2 (de dinero) somme : *abonar la — de cien pesetas*, payer la somme de cent pesetas.

cantimplora *f* gourde, bidon *m*.

cantina *f* 1 cantine. 2 (en una estación) buvette.

¹**canto** *m* chant.

²**canto** *m* 1 (de libro, moneda) tranche *f*. 2 (de esquí) carre *f*. 3 — *rodado*, galet.

cantón *m* canton.

cantor, a *a/s* chanteur, euse. □ *m* (poeta) chantre.

canturrear *i* chantonner, fredonner.

caña *f* 1 tige. 2 (planta) roseau *m*. I — *de azúcar*, canne à sucre ; — *de pescar*, canne à pêche. 3 (del timón) barre. 4 (de cerveza) demi *m*.

cañada *f* vallon *m*.

cañamazo *m* canevas.

cáñamo *m* chanvre.

cañería *f* conduite.

caño *m* tuyau.

cañ/ón *m* 1 canon. 2 (tubo) tuyau. 3 (garganta profunda) cañon. **-onazo, -oneo** *m* canonnade *f*.

caoba *f* acajou *m*.

caolín *m* kaolin.

caos *m* chaos.

caótico, a *a* chaotique.

capa *f* 1 (prenda) cape. I *ir de — caída*, aller de mal en pis. 2 (de pintura, nieve, social, etc.) couche. 3 (de agua) nappe. 4 *so — de*, sous prétexte de.

capacidad *f* capacité.

capacitar *t* 1 qualifier, habiliter. 2 former.

capacho *m* cabas.

capar *t* châtrer.

caparazón *m* 1 (de crustáceo, tortuga) carapace *f*. 2 (de ave) carcasse *f*.

capataz *m* contremaître.

capaz *a* 1 capable. 2 *aparcamiento — para mil vehículos*, parking pouvant contenir mille véhicules.

capellán *m* chapelain, aumônier : — *castrense*, aumônier militaire.

capilla *f* chapelle.

capirotazo *m* chiquenaude *f*.

capirote *m* 1 (de penitente) cagoule *f*. 2 *tonto de —*, idiot fini.

capital *a/m* capital, e : *invertir capitales*, investir des capitaux. □ *f* 1 (de un estado) capitale ; (de provincia) chef-lieu *m*. 2 (letra) capitale.

capital/ismo *m* capitalisme. **-ista** *s* capitaliste.

capitán *m* capitaine.

capitel *m* chapiteau.

capitul/ar *i* capituler. **-ación** *f* capitulation.

capítulo *m* chapitre.

capó *m* capot.

capón *m* chapon.

capot *m* capot.

capota *f* capote.

capote *m* **1** capote *f*. | *para mí —*, dans mon for intérieur. **2** TAUROM cape *f*.

caprich/o *m* caprice. **-oso, a** *a* capricieux, euse.

cápsula *f* capsule.

capt/ar capter. □ *captarse el cariño de alguien*, gagner l'affection de quelqu'un. **-ación** *f* captage *m*.

captur/ar *t* capturer. **-a** *f* capture.

capucha *f* capuche, capuchon *m*.

capuchina *f* capucine.

capuchón *m* capuchon.

capullo *m* **1** (de gusano de seda) cocon. **2** (de flor) bouton.

caqui *a/m* kaki.

cara *f* **1** visage *m*, figure : *una — ovalada, risueña*, un visage ovale, souriant. **2** face : *huesos de la —*, os de la face ; *— oculta de la luna*, face cachée de la lune ; *— o cruz*, pile ou face. | *— a —*, face à face ; *de —*, en face ; *de — a*, vis-à-vis de ; *hacer — a*, faire face, front à. **3** mine, air *m* : *— de pocos amigos*, mine renfrognée ; *poner — de susto, de asco*, prendre un air affolé, dégoûté. **4** FAM (desfachatez) toupet *m*, culot *m* : *¡ qué — más dura !*, quel culot ! ; *tener la — dura*, avoir du culot.

carabela *f* caravelle.

carabin/a *f* carabine. **-ero** *m* carabinier (douanier).

caracol *m* **1** escargot. | *escalera de —*, escalier en colimaçon. **2** (del oído) limaçon. **3** *¡ caracoles !*, sapristi !

carácter *m* **1** caractère : *caracteres tipográficos*, caractères typographiques ; *buen, mal —*, bon, mauvais caractère. **2** *con — de*, en qualité de.

caracter/izar *t* caractériser. **-ístico, a** *a/f* caractéristique.

caradura *a* FAM culotté, e, gonflé,

e. □ *s* personne culottée. □ *f* culot *m*.

caramañola *f* AMER gourde.

¡ caramba ! *interj* (sorpresa) mince !, ça alors ! ; (disgusto) zut ! ; *¡ qué — !*, quand même !

carámbano *m* glaçon.

caramelo *m* **1** bonbon : *— ácido, relleno*, bonbon acidulé, fourré. **2** (azúcar fundido) caramel.

carátula *f* masque *m*.

caravana *f* **1** caravane. **2** file : *una — de coches*, une file de voitures ; *en —*, à la file.

¡ caray ! *interj* diable ! ; *¡ — con el pelmazo ese !*, au diable ce raseur !

carb/ón *m* **1** charbon : *— vegetal*, charbon de bois. **2** *papel —*, papier carbone. **-oncillo** *m* fusain. **-onero, a** *a/m* charbonnier, ère.

carbónico, a *a* carbonique.

carbon/o *m* carbone. **-izar** *t* carboniser.

carbur/ador *m* carburateur. **-ante** *m* carburant. **-ar** *i* carburer. **-o** *m* carbure.

carcajada *f* éclat *m* de rire. | *reir a carcajadas*, rire aux éclats ; *soltar la —*, éclater de rire.

carcamal *m* FAM vieux birbe.

cárcel *f* prison : *meter en la —*, mettre en prison ; *ir a la —*, aller en prison.

carcelero *m* geôlier.

carcom/er *t* ronger. **-ido, a** *a* vermoulu, e.

cardar *t* *— el pelo*, crêper les cheveux.

cardenal *m* **1** cardinal : *cardenales*, des cardinaux. **2** (equimosis) bleu.

cardenillo *m* vert-de-gris. *m*

cardíaco, a *a/s* cardiaque.

cardinal *a* cardinal, e : *puntos cardinales*, points cardinaux.

cardi/ología *f* cardiologie. **-ólogo, a** *s* cardiologue.

cardo *m* chardon.

carear *t* confronter.

carecer ° *i* — *de*, manquer de.

carenar *t* caréner.

caren/cia *f* 1 manque *m*. 2 MED carence. **-te** *a* dépourvu, e.

careo *m* confrontation *f*.

carestía *f* 1 cherté. 2 (escasez) pénurie.

careta *f* masque *m*.

carey *m* (concha) écaille *f*.

carga *f* 1 (acción) chargement *m*. 2 (peso, obligación, de un arma de fuego) charge. | *cargas sociales*, charges sociales. 3 (de pluma estilográfica) recharge. 4 MIL charge. | *volver a la —*, revenir à la charge.

carg/ar *t* 1 charger. 2 — *una cantidad en su cuenta*, débiter son compte d'une somme. 3 (molestar) assommer. □ *i* 1 — *con*, (llevarse) emporter. 2 — *con*, se charger de : *yo cargo con todo*, je me charge de tout. | — *con las consecuencias*, endosser, assumer les conséquences ; — *con alguien*, avoir quelqu'un sur les bras. □ *pr* FAM (romper) bousiller ; (matar) descendre. **-ado, a** *a* 1 chargé, e. 2 *café muy —*, café très fort, bien tassé. **-ador** 1 (de puerto) docker. 2 AMER porteur. **-amento** *m* chargement. **-ante** *a* FAM assommant, e.

cargo *m* 1 charge *f*. | *estar a — de*, être à la charge de ; *hacerse — de*, se charger de. 2 — *de conciencia*, cas de conscience. 3 *testigo de —*, témoin à charge. 4 (buque) cargo.

cariacontecido, a *a* contrit, e, penaud, e.

cariar *t* carier : *diente cariado*, dent cariée.

caribe *a/s* caraïbe.

caricatur/a *f* caricature. **-ista** *s* caricaturiste. **-izar** *t* caricaturer.

caricia *f* caresse.

caridad *f* charité. | *¡ por — !*, de grâce !

caries *f* carie.

carillón *m* carillon.

cariñ/o *m* 1 affection *f* : *tener — a*, avoir de l'affection pour. | *le tengo mucho — a mi vieja bici*, je suis très attaché à mon vieux vélo. 2 (esmero) amour. **-oso, a** *a* affectueux, euse.

caritativo, a *a* charitable.

cariz *m* aspect, tournure *f*.

carlinga *f* carlingue.

Carlos *n p m* Charles.

carmelita *f* carmélite.

carmesí *a* cramoisi, e.

carmín *m* carmin. | — *de labios*, rouge à lèvres.

carnal *a* charnel, elle.

carnaval *m* carnaval.

carne *f* 1 chair : *en — y hueso*, en chair et en os ; *estar metido en —*, être bien en chair ; *tener — de gallina*, avoir la chair de poule. 2 (alimento) viande : — *de vaca*, viande de bœuf. | — *de membrillo*, pâte de coing.

carné ⇒ **carnet**.

carnero *m* mouton.

carnet *m* 1 (librillo) carnet. 2 — *de identidad*, carte *f* d'identité ; — *de conducir*, permis de conduire.

carnicer/ía *f* boucherie. **-o, a** *a* boucher, ère. □ *a/s* (animal) carnassier, ère.

carnívoro, a *a/s* carnivore.

carnoso, a *a* charnu, e.

caro, a *a* cher, chère. □ *adv* cher : *estos zapatos cuestan —*, ces chaussures coûtent cher ; *salir —*, revenir cher.

¹carpa *f* (pez) carpe.

²carpa *f* AMER tente.

carpanta *f* fringale.

carpe *m* charme.

carpeta *f* 1 (para escribir) sous-main *m*. 2 (para guardar papeles) chemise. 3 (con anillas, muelle) classeur *m*.

carpinter/ía *f* 1 menuiserie. 2 (de armar) charpenterie. **-o** *m* 1 menuisier. 2 (de armar) charpentier.

carraca *f* crécelle.

carrasca *f* yeuse.

carraspe/ar *i* se râcler la gorge, s'éclaircir la voix. **-ra** f *tener —*, être enroué, e.

carrer/a *f* **1** course. l *en una —*, en vitesse. **2** études *pl* : *estudia la — de ingeniero*, il fait ses études d'ingénieur. **3** (profesión) carrière. **-illa** f *de —*, d'un trait.

carreta *f* charrette.

carrete *m* **1** bobine *f* : *un — de hilo, de película*, une bobine de fil, de film. **2** (de caña de pescar) moulinet.

carretera *f* route. l *red de carreteras*, réseau routier.

carretero *m* charretier.

carretilla *f* **1** brouette. **2** — *elevadora*, chariot *m* élévateur.

carricoche *m* carriole *f*.

carril *m* **1** (huella) ornière *f*. **2** (de vía férrea) rail. **3** voie *f* : *carretera de cuatro carriles*, route à quatre voies.

carrill/o *m* joue *f*. l *comer a dos carrillos*, manger goulûment. **-udo, a** *a* joufflu, e.

carr/o *m* **1** chariot. **2** (de combate) char. **3** AMER voiture *f*. **-ito** *m* **1** table *f* roulante. **2** (para la compra) poussette *f*.

carrocería *f* carrosserie.

carroza *f* **1** carrosse *m*. **2** (de carnaval) char *m*.

carruaje *m* voiture *f*.

carta *f* **1** lettre : *— certificada, de crédito*, lettre recommandée, de crédit. **2** (ley) charte. **3** (naipe) carte. l *dar — blanca a*, donner carte blanche à. **4** *comer a la —*, manger à la carte.

cartabón *m* équerre *f*.

cartapacio *m* **1** (de colegial) cartable. **2** (para dibujos) carton (à dessins).

cartearse *pr* correspondre.

cartel *m* **1** affiche *f*. l *fijar carteles*, afficher ; *comedia que continúa en —*, comédie qui tient l'affiche ; *tener buen —*, avoir bonne presse. **2** (asociación) cartel. **-era** *f* rubrique des spectacles. **-ero** *m* colleur d'affiches.

cárter *m* carter.

carter/a *f* **1** (de bolsillo) portefeuille *m*. **2** (de mano) serviette. **3** (de colegial) cartable *m*. **4** (cargo de un ministro, valores comerciales) portefeuille *m*. **5** — *de pedidos*, carnet *m* de commandes. **-ista** *m* pickpocket.

cartero *m* facteur.

cartilla *f* — *militar, de ahorros*, livret militaire, de caisse d'épargne.

cartón *m* carton.

cartuch/o *m* **1** cartouche *f*. **2** (cucurucho) cornet. **-era** *f* cartouchière.

cartuj/a *f* chartreuse. **-o** *m* chartreux.

cartulina *f* bristol *m*.

casa *f* **1** maison. l *— de huéspedes*, pension de famille ; *echar la — por la ventana*, jeter l'argent par les fenêtres ; *poner —*, s'installer ; *a — de*, chez ; *a, en —*, à la maison, chez moi, toi, etc. : *volvimos a — muy tarde*, nous sommes rentrés chez nous, à la maison très tard ; *Pedro no está en —*, Pierre n'est pas chez lui. **2** (urbana y de varios pisos) immeuble *m*. l *— de vecindad*, maison de rapport.

casaca *f* casaque.

casación *f* cassation.

cas/ar *t* marier. □ *i/pr* **1** se marier : *se casó con una prima suya*, il s'est marié avec une de ses cousines. **2** FIG s'harmoniser. **-adero, a** *a* en âge d'être marié, e. **-ado, a** *a/s* marié, e : *los recién casados*, les nouveaux mariés. **-amiento** *m* mariage.

cascabel *m* grelot.

cascada *f* cascade.

cascado, a *a voz cascada*, voix cassée, éraillée.

cascajo *m* **1** (guijo) gravier, cailloutis. **2** FAM vieillerie *f*. l *estar* *hecho un —,* être décati.

cascanueces *m* casse-noisettes.

cascar *t* **1** (un vaso, etc.) fêler. **2** (romper) casser. □ *i* FAM **1** (charlar) bavarder. **2** (morir) claquer.

cáscara *f* (de huevo, nuez, etc.) coquille.

casco *m* **1** casque. **2** (de las caballerías) sabot. **3** (de un barco) coque *f.* **4** bouteille *f.* **5** (tonel) fût. **6** (de una vasija rota) tesson. **7** (de obús) éclat. **8** (de una población) centre. □ pl *ligero de cascos,* écervelé.

cascote *m* gravats *pl.*

caserío *m* hameau.

casero, a *a* **1** *pastel —,* gâteau maison. **2** domestique. **3** (aficionado a estar en su casa) casanier, ère. □ *s* **1** (dueño) propriétaire. **2** (arrendatario) fermier, ère.

caserón *m* grande bâtisse *f.*

caseta *f* **1** (de baño) cabine. **2** (de feria) baraque.

casi *adv* **1** presque : *comió — todo,* il a presque tout mangé. **2** pour un peu : *— se me olvida,* pour un peu j'allais oublier. **3** *¡ — nada !,* une paille !

casill/a *f* **1** (casa pequeña) maisonnette. **2** (de un tablero de damas, crucigrama, etc.) case. ǀ *salirse de sus casillas,* sortir de ses gonds. **-ero** *m* casier.

casino *m* **1** casino. **2** cercle, club.

casis *f* cassis *m.*

casita *f* maisonnette.

caso *m* **1** cas : *en — de necesidad,* en cas de besoin ; *en ese —,* dans ce cas-là ; *en todo —,* en tout cas. ǀ *(en) — de que no puedas venir,* au cas où tu ne pourrais pas venir ; *hacer al —,* venir à propos ; *hacer — omiso de,* ne pas faire attention à ; *haz — de lo que digo,* fais attention à ce que je dis ; *no me hace —,* il ne m'écoute pas ; *¡ no hagas — !,* ne fais pas attention ! ; *llegado el —,* le cas échéant, à l'occasion ; *pongamos por —,* supposons. **2**

fait : *vamos al —,* venons-en au fait.

caspa *f* pellicules *pl.*

casquete *m* calotte *f.*

casquillo *m* **1** (de bombilla) culot. **2** (cartucho) douille *f.*

cassette *f* cassette.

casta *f* **1** race. **2** (en la India) caste.

castaña *f* châtaigne, marron *m* : *— confitada,* marron glacé.

castañetear *i* **1** *le castañetean los dientes,* il claque des dents. **2** (huesos) craquer.

castaño, a *a/m* châtain, marron. □ *m* (árbol) châtaignier, marronnier : *— de Indias,* marronnier d'Inde.

castañuela *f* castagnette.

castellano, a *a/s* castillan, e. □ *m* **1** (idioma) castillan, espagnol. **2** (señor) châtelain.

casticismo *m* **1** (en el lenguaje) purisme. **2** respect des usages.

castidad *f* chasteté.

castig/ar *t* **1** punir, châtier. **2** frapper, éprouver : *zona fuertemente castigada por un seísmo,* zone durement éprouvée par un séisme. **-o** *m* châtiment, punition *f* : *— ejemplar,* châtiment exemplaire ; *infligir un — a un niño,* infliger une punition à un enfant.

Castilla *n p f* Castille.

castillo *m* **1** château, château fort. ǀ *castillos en el aire,* châteaux en Espagne. **2** MAR gaillard.

castizo, a *a* **1** typique, bien de chez nous. **2** vrai, e, pur, e, authentique.

casto, a *a* chaste.

castor *m* castor.

castrar *t* châtrer.

castrense *a* militaire.

casual *a* fortuit, e, accidentel, elle. **-idad** *f* hasard *m.* ǀ *por —,* par hasard ; *da la — que...,* il se trouve que... **-mente** *adv* par hasard.

casucha *f* bicoque.

casu/ista *s* casuiste. **-ística** *f*

casuistique.
casulla _f_ chasuble.
cataclismo _m_ cataclysme.
catacumbas _f pl_ catacombes.
catadura _f_ (aspecto) tête, gueule.
catafalco _m_ catafalque.
catalán, ana _a/s_ catalan, e.
catalejo _m_ longue-vue _f._
Catalina _npf_ Catherine.
cat/álogo _m_ catalogue. **-alogar**
_t_ cataloguer.
Cataluña _npf_ Catalogne.
cataplasma _f_ cataplasme _m._
¡ cataplum ! _interj_ patatras !,
patapouf !
catapulta _f_ catapulte.
catar _t_ goûter, déguster.
catarata _f_ cataracte. I _las
cataratas del Niágara,_ les chutes
du Niagara.
catarro _m_ rhume.
catastro _m_ cadastre.
cat/ástrofe _f_ catastrophe.
-astrófico, a _a_ catastrophique.
cate _m_ FAM _me han dado un —,_ je
me suis fait étendre. **-ar** _t_ recaler,
coller.
catch _m_ catch.
catecismo _m_ catéchisme.
cátedra _f_ chaire.
catedral _f_ cathédrale.
catedrático, a _s_ professeur
(d'Université, de lycée).
categoría _f_ 1 catégorie. 2 classe. 3
gente de —, des gens d'un rang
élevé ; _puesto de —,_ poste élevé.
categóric/o, a _a_ catégorique.
-amente _adv_ catégoriquement.
catequizar _t_ catéchiser.
caterva _f_ tas _m,_ foule.
cateto _m_ FAM péquenaud.
catolicismo _m_ catholicisme.
católico, a _a/s_ catholique.
cator/ce _a/m_ quatorze. I _el siglo
—,_ le quatorzième siècle. **-zavo, a**
_a/s_ quatorzième.
catre _m_ lit de sangle.
cauce _m_ (de río) lit.

caución _f_ caution.
caucho _m_ caoutchouc.
caudal _m_ 1 (de un río) débit. 2
fortune _f._ **-oso, a** _a_ (río)
abondant, e.
caudillo _m_ chef.
caus/a _f_ cause. I _a — de,_ à cause
de ; _por esta —,_ pour cette raison.
-ar _t_ causer.
cáustico, a _a_ caustique.
cautel/a _f_ précaution, prudence.
-oso, a _a_ prudent, e.
cauterizar _t_ cautériser.
cautiv/ar _t_ captiver. **-ador, a** _a_
captivant, e.
cautiv/o, a _a/s_ captif, ive. **-erio**
_m,_ **-idad** _f_ captivité _f._
cauto, a _a_ prudent, e.
cavar _t_ creuser.
cavern/a _f_ caverne. **-oso, a** _a_
caverneux, euse.
caviar _m_ caviar.
cavidad _f_ cavité.
cavil/ar _i_ réfléchir. **-ación** _f_
réflexion. **-oso, a** _a_ 1 songeur,
euse. 2 (preocupado) soucieux,
euse.
cayado _m_ (de obispo) crosse _f._
cayendo, cayera, cayó ⇒ **caer.**
caz/a _f_ 1 chasse : _ir de —,_ aller à la
chasse ; _la — del tigre,_ la chasse au
tigre. 2 — _mayor, menor,_ gros,
petit gibier _m._ □ _m_ avion de
chasse, chasseur. **-ador, a** _a/s_
chasseur. I — _furtivo,_ braconnier.
□ _f_ (chaqueta) blouson _m,_
vareuse : _una cazadora de tejano,_
un blouson en jean. **-ar** _t_ 1
chasser. 2 FAM (conseguir) décrocher ; (coger) prendre, attraper :
cazado en falta, pris en faute.
caz/o _m_ 1 casserole _f._ 2 (cuchara)
louche _f._ **-uela** _f_ 1 sauteuse,
casserole. 2 (guiso) ragoût _m._ 3
(teatro) poulailler _m._
cazurro, a _a_ 1 sournois, e. 2
têtu, e.
cebada _f_ orge.
cebar _t_ 1 (animales) engraisser,
gaver. 2 (un anzuelo, una bomba)

amorcer. □ *cebarse en su víctima,* s'acharner sur sa victime.

cebellina *f* zibeline.

cebo *m* 1 (pesca) appât. 2 (explosivo) amorce *f*.

ceboll/a *f* oignon *m*. **-eta** *f* ciboulette.

cebr/a *f* zèbre *m*. **-ado, a** *a* zébré, e.

cecear *i* zézayer.

Cecilia *n p f* Cécile.

cedazo *m* tamis.

ceder *t/i* céder.

cedilla *f* cédille.

cedro *m* cèdre.

cédula *f* billet *m*.

ceg/ar ° *t* aveugler. **-ato, a** *a* myope.

ceguedad, **ceguera** *f* aveuglement *m*.

ceiba *f* fromager *m*.

ceja *f* sourcil *m*.

cejar *i* 1 reculer. 2 — *en*, renoncer à.

celada *f* piège *m*.

celd/a *f* cellule. **-illa** *f* cellule.

celebérrimo, a *a* très célèbre.

celebr/ar *t* 1 célébrer. 2 fêter. 3 (reunión, asamblea) tenir. 4 (alegrarse) se réjouir de : *celebro tu éxito,* je me réjouis de ton succès. □ *pr* avoir lieu : *la entrevista se celebró ayer,* l'entrevue a eu lieu hier. **-ación** *f* célébration.

célebre *a* célèbre.

celebridad *f* célébrité.

celeridad *f* rapidité.

celeste *a* céleste.

¹**celo** *m* zèle : *huelga de —,* grève du zèle. □ *pl* jalousie *f sing*. I *dar celos,* rendre jaloux, ouse ; *tener celos,* être jaloux, ouse.

²**celo** *m* scotch.

celofán *m* cellophane *f*.

celosía *f* jalousie.

celoso, a *a* 1 zélé, e. 2 (que tiene celos) jaloux, ouse.

célula *f* cellule.

celular *a* cellulaire.

celuloide *m* celluloïd.

celulosa *f* cellulose.

cementerio *m* cimetière.

cemento *m* ciment : — *armado,* ciment armé.

cena *f* 1 dîner *m*, souper *m*. 2 (de Jesucristo) cène.

cenador *m* tonnelle *f*.

cenag/al *m* bourbier. **-oso, a** *f* bourbeux, euse.

cenar *i* dîner, souper. I *estoy cenado,* j'ai déjà dîné. □ *t* manger pour le dîner.

cencerro *m* sonnaille *f*.

cenefa *f* bordure.

cenicero *m* cendrier.

cénit *m* zénith.

ceniza *f* cendre. I *miércoles de —,* mercredi des Cendres.

cenizo *m* FAM *ser un —,* porter la poisse.

cenotafio *m* cénotaphe.

censo *m* 1 (de la población, etc.) recensement. 2 corps électoral. 3 charge *f*, redevance *f*.

censor *m* censeur.

censur/a *f* censure. **-ar** *t* 1 censurer. 2 reprocher.

centavo *a* centième. □ *m* centime.

centella *f* 1 (rayo) éclair *m*. 2 (chispa) étincelle.

centelle/ar *i* scintiller. **-o** *m* scintillement.

centena *f*, **centenar** *m* centaine *f*. I *a centenares,* par centaines.

centenario, a *a/s* centenaire.

centeno *m* seigle.

centésimo *a/s* centième.

centígrado *m* centigrade.

centi/gramo *m* centigramme. **-litro** *m* centilitre.

centímetro *m* centimètre.

céntimo *m* centime.

centinela *m/f* sentinelle *f*.

central *a* central, e. □ *f* 1 (eléctrica, nuclear) centrale. 2 (telefónica) central *m*. **-ita** *f* standard m.

centraliz/ar t centraliser. **-ación** f centralisation.

centrar t centrer. □ pr être axé, e, centré, e.

céntrico, a a central, e : barrios céntricos, quartiers centraux.

centrífugo, a a centrifuge.

centro m 1 centre. l estar en su —, être dans son élément. 2 — de mesa, surtout.

Centroamérica npf Amérique centrale.

centroamericano, a a/s de l'Amérique centrale.

céntuplo, a a/m centuple.

ceñ/ir ° t 1 (rodear) entourer, ceindre. 2 (apretar) serrer. l vestido que ciñe el talle, robe qui moule la taille. □ pr 1 se borner, se limiter. 2 ceñirse al bordillo de la acera, serrer le bord du trottoir ; cíñase a la derecha, serrez à droite. **-ido, a** a vestido —, robe ajustée, moulante.

ceñ/o m froncement de sourcils. l poner —, prendre un air mauvais. **-udo, a** a renfrogné, e.

cepa f 1 (de vid) cep m. 2 (de árbol, de una familia) souche.

cepill/o m 1 brosse f : — de dientes, brosse à dents ; — para la ropa, brosse à habits. 2 (carpintería) rabot. 3 (para las limosnas) tronc. **-ado** m brossage. **-ar** t 1 brosser. 2 raboter.

cepo m (trampa) traquenard, piège.

cera f cire.

cerámica f céramique.

cerbatana f sarbacane.

¹cerca f clôture.

²cerca adv près : muy —, tout près, très près ; — de mil huelguistas, près de mille grévistes. l son — de las once, il est environ onze heures ; intervino — del director, il est intervenu auprès du directeur.

cercado m 1 enclos. 2 (cerca) clôture f.

cercanía f proximité. □ pl 1 environs m, alentours m. 2 banlieue sing : tren de cercanías, train de banlieue.

cercano, a a — a, proche de

cercar t 1 entourer. 2 MIL assiéger.

cercén (a) loc adv ras.

cercenar t réduire, rogner.

cerciorarse pr — de que, s'assurer que.

cerco m 1 (aro) cercle. 2 (de una mancha) auréole f. 3 halo. 4 MIL siège.

cerda f 1 (del cerdo, jabalí) soie. 2 (del caballo) crin m. 3 (hembra del cerdo) truie.

Cerdeña npf Sardaigne.

cerdo m porc, cochon : carne de —, viande de porc.

cereal m céréale f.

cerebr/o m cerveau. **-al** a cérébral e.

ceremoni/a f cérémonie. **-al** m cérémonial. **-oso, a** a cérémonieux, euse.

cerez/a f cerise. **-o** m cerisier.

cerilla f (fósforo) allumette.

cerner ° t tamiser. □ i bruiner. □ pr (las aves) planer.

cernícalo m 1 buse f. 2 FAM butor, abruti.

cero m zéro. l ser un — a la izquierda, être une nullité.

cerquita adv tout près.

cerrado, a a 1 fermé, e. 2 (espeso) touffu, e. 3 (el cielo) couvert, e. 4 es noche cerrada, il fait nuit noire. 5 (torpe) bouché, e. 6 (acento) marqué. □ m oler a —, sentir le renfermé.

cerradura f serrure.

cerrajero m serrurier.

cerrar ° t 1 fermer. 2 (un conducto) boucher. 3 (un debate, una suscripción) clore. □ i fermer : esta ventana cierra mal, cette fenêtre ferme mal. □ pr 1 fermer, se refermer. 2 FIG s'obstiner.

cerril *a* grossier, ère, rustre.

cerro *m* colline *f*, butte *f*.

cerrojo *m* verrou.

certamen *m* concours.

certero, a *a* 1 sûr, e. 2 adroit, e.

certeza, certidumbre *f* certitude.

certific/ar *t* 1 certifier. 2 (carta, paquete) recommander. **-ado, a** *a carta certificada*, lettre recommandée. □ *m* 1 (documento) certificat. 2 (carta, paquete) envoi recommandé.

cerval *a miedo —*, peur bleue.

cervato *m* faon.

cerve/za *f* bière : *— negra, de barril*, bière brune, à la pression. **-cería** *f* brasserie.

cerviz *f* nuque.

cesación *f* cessation.

cesante *a dejar — a*, mettre à pied, relever de ses fonctions.

cesar *i* cesser. *l sin —*, sans cesse.

cesariana *f* césarienne.

cese *m* ordre de cessation *f* de paiement.

cesión *f* cession.

césped *m* gazon, pelouse *f*.

cest/a *f* panier *m* : *— de la compra*, panier à provisions. **-ería** *f* vannerie. **-o** *m* panier, corbeille *f* : *— de los papeles*, corbeille à papier ; *echar al cesto de los papeles*, mettre au panier.

cetro *m* sceptre.

cianuro *m* cyanure.

ciático, a *a/f* sciatique.

cibernética *f* cybernétique.

cicate/ro, a *a/s* pingre. **-ar** *i* lésiner sur tout.

cicatriz *f* cicatrice. **-ar** *t* cicatriser. □ *pr la llaga se ha cicatrizado*, la plaie s'est cicatrisée.

cicl/o *m* cycle. **-ismo** *m* cyclisme. **-ista** *s* cycliste. **-omotor** *m* cyclomoteur.

ciclón *m* cyclone.

cíclope *m* cyclope.

cieg/o, a *a/s* aveugle. *l a ciegas*, à

l'aveuglette ; *— de ira*, aveuglé par la colère. **-amente** *adv* aveuglément.

cielo *m* 1 ciel : *el reino de los cielos*, le royaume des cieux ; *a — abierto*, à ciel ouvert. 2 *— raso*, plafond. 3 *— de la boca*, palais.

cien *a* cent. *l — por —*, cent pour cent.

ciénaga *f* marécage *m*.

ciencia *f* science.

cieno *m* vase *f*.

científico, a *a/s* scientifique.

ciento *a/m* cent.

cierne (en) *loc adv* en fleur ; FIG en herbe, en germe.

cierre *m* 1 fermeture *f*. *l — metálico*, rideau métallique. 2 (de una sesión, etc.) clôture *f*. 3 *— patronal*, lock-out.

cierto, a *a* 1 (seguro) certain, e. 2 (precediendo al sustantivo) un certain, une certaine : *de cierta edad*, d'un certain âge. 3 vrai, e : *eso no es —*, ce n'est pas vrai. *l por —*, certes ; *sí, por —*, oui, bien sûr, certainement.

ciervo, a *s* cerf, biche.

cierzo *m* bise *f*.

cifr/a *f* chiffre *m*. **-ar** *t* 1 chiffrer. 2 *— su ideal en el progreso*, placer son idéal dans le progrès.

cigala *f* langoustine.

cigarra *f* cigale.

cigarrillo *m* cigarette *f*.

cigarro *m — puro*, cigare.

cigüeña *f* 1 cigogne. 2 (manubrio) manivelle.

cigüeñal *m* vilebrequin.

cil/indro *m* cylindre. **-indrada** *f* cylindrée. **-índrico, a** *a* cylindrique.

cima *f* cime, sommet *m*, faîte *m*.

cimarrón, ona *a* AMER sauvage.

cimbra *f* cintre *m*.

cimbre/ar *t* faire vibrer. **-ante** *a* flexible.

cimiento *m* 1 fondation *f*. 2 FIG *echar los cimientos de...*, jeter les bases de...

cinc *m* zinc.

cincel *m* ciseau. **-ador** *m* ciseleur. **-adura** *f* ciselure. **-ar** *t* ciseler.

cinco *a/m* cinq. I *son las* —, il est cinq heures.

cincuent/a *a/m* cinquante : — *y dos*, cinquante-deux. **-ena** *f* cinquantaine. **-ón, ona** *s* quinquagénaire.

cincha *f* sangle.

cine *m* cinéma : — *sonoro*, cinéma parlant. **-asta** *s* cinéaste. **-mateca** *f* cinémathèque.

cínico, a *a* cynique.

cinismo *m* cynisme.

cinta *f* 1 ruban *m*. 2 — *magnetofónica*, bande magnétique. 3 (cinematográfica) bande, film *m*.

cintur/a *f* ceinture. I FAM *meter en* — *a alguien*, visser quelqu'un. **-ón** *m* 1 ceinture *f* : — *salvavidas, de seguridad*, ceinture de sauvetage, de sécurité ; — *negro*, ceinture noire (judo). 2 (para la espada) ceinturon.

ciña, etc. ⇒ ceñir.

ciprés *m* cyprès.

circo *m* cirque.

circuito *m* circuit.

circulación *f* circulation.

¹**circular** *a* circulaire. I *carta* —, circulaire.

²**circular** *i* circuler : *¡ circulen !*, circulez !

círculo *m* cercle. □ *pl* milieux.

circuncisión *f* circoncision.

circunferencia *f* circonférence.

circunflejo *a acento* —, accent circonflexe.

circunscri/bir *t* circonscrire. **-pción** *f* circonscription.

circunspecto, a *a* circonspect, e.

circunstancia *f* circonstance.

circunstante *s* personne présente.

cirio *m* cierge.

ciruel/a *f* prune. I — *pasa*, pruneau *m*. **-o** *m* prunier.

ciru/gía *f* chirurgie. **-jano** *m* chirurgien.

cisco *m* 1 hacer —, démolir. 2 armar —, faire du chambard.

cisma *m* schisme.

cisne *m* cygne.

cisterna *f* citerne.

cit/a *f* 1 rendez-vous *m* : *tengo* — *con...*, j'ai rendez-vous avec... 2 (de un autor) citation. **-ar** *t* 1 donner rendez-vous. 2 convoquer. 3 (mencionar) citer. 4 TAUROM provoquer (le taureau). □ pr *nos hemos citado a las seis*, nous nous sommes donnés rendez-vous à six heures.

cítiso *m* cytise.

cítrico, a *a* citrique. □ *m pl* agrumes.

ciudad *f* 1 ville : *mi* — *natal*, ma ville natale. 2 — *universitaria*, cité universitaire. **-ano, a** *s* 1 (de una ciudad) citadin, e. 2 (de un estado) citoyen, enne. **-ela** *f* citadelle.

cívico, a *a* civique.

civil *a* civil, e. I *casarse por lo* —, se marier civilement. □ *m* FAM gendarme.

civiliz/ar *t* civiliser. **-ación** *f* civilisation. **-ador, a** *a/s* civilisateur, trice.

civismo *m* civisme.

cizalla *f* cisaille.

cizaña *f* 1 ivraie. 2 *meter* —, semer la zizanie.

clam/ar *i/t* crier : — *venganza*, crier vengeance. I — *al cielo*, implorer le ciel. **-or** *m* clameur *f*. **-oroso, a** *a* 1 *éxito* —, succès retentissant. 2 (aplausos) chaleureux, euse, enthousiaste.

clan *m* clan.

clandestino, a *a* clandestin, e.

clara *f* — *de huevo*, blanc *m* d'œuf.

Clara *n p f* Claire.

claraboya *f* lucarne.

clarear *i* 1 commencer à faire jour. 2 s'éclaircir. □ *pr* (tejido) être transparent, e.

claridad _f_ clarté.

clarificar _t_ clarifier.

clarín _m_ clairon.

clarinete _m_ clarinette _f_.

clarividen/te _a_ clairvoyant, e. **-cia** clairvoyance.

claro, a _a_ **1** clair, e. I _a las claras,_ clairement. **2** (ralo) clairsemé, e. □ _m_ **1** — _de luna,_ clair de lune. I _poner, sacar en —,_ tirer au clair. **2** (en un cielo nuboso) éclaircie _f_. **3** (en un bosque) clairière _f_. **4** espace. □ adv _ver —,_ voir clair. □ interj bien sûr ! ; _¡ — está !,_ évidemment ! ; _¡ — que sí !,_ mais oui !

claroscuro _m_ clair-obscur.

clase _f_ **1** classe : _vagón de primera —,_ wagon de première classe ; _— media,_ classe moyenne. **2** (alumnos, aula) classe. **3** cours _m_ : _clases particulares,_ cours particuliers. **4** sorte, genre _m_ : _de toda —,_ de toutes sortes.

clásico, a _a_ classique.

clasific/ar _t_ classer. **-ación** _f_ classement _m_.

Claudio, a _n p_ Claude.

claustro _m_ cloître.

claustrofobia _f_ claustrophobie.

cláusula _f_ **1** clause. **2** phrase.

clausur/a _f_ **1** clôture. **2** (cierre) fermeture. **-ar** _t_ **1** clore, clôturer. **2** fermer.

clava _f_ massue.

clavado, a _a_ FAM _es — a su padre,_ c'est son père tout craché.

clavar _t_ **1** clouer. **2** — _un clavo,_ planter un clou. **3** (la mirada) fixer.

clave _f_ clef, clé. □ _m_ clavecin.

clavel _m_ œillet.

clavetear _t_ clouter.

clavicordio _m_ clavecin.

clavícula _f_ clavicule.

clavija _f_ cheville. I FIG _apretar las clavijas a,_ serrer la vis à.

clavo _m_ **1** clou. I _dar en el —,_ tomber juste. **2** (especia) clou de girofle.

claxon _m_ klaxon. I _tocar el —,_ klaxonner.

clemátide _f_ clématite.

clemen/te, a _a_ clément, e. **-cia** _f_ clémence.

clerical _a_ clérical, e. **-ismo** _m_ cléricalisme.

clérigo _m_ **1** clerc. **2** (sacerdote) prêtre.

clero _m_ clergé.

cliente _s_ client, e. **-la** _f_ clientèle.

clim/a _m_ climat. **-ático, a** _a_ climatique. **-atizar** _t_ climatiser.

clínico, a _a/f_ clinique.

clip _m_ **1** (para sujetar papeles) trombone, attache _f_. **2** (para el pelo) pince _f_.

clisé _m_ cliché.

cloaca _f_ égout _m_.

cloquear _i_ glousser.

clor/o _m_ chlore. **-hídrico, a** _a_ chlorhydrique.

clorofila _f_ chlorophylle.

cloroform/o _m_ chloroforme. **-izar** _t_ chloroformer.

cloruro _m_ chlorure.

club _m_ club.

clueca _f_ poule couveuse.

coacción _f_ contrainte.

coagul/ar _t_ coaguler. **-ación** _f_ coagulation.

coágulo _m_ caillot.

coalición _f_ coalition.

coartada _f_ alibi _m_.

coba _f_ FAM _darle — a alguien,_ faire de la lèche, du plat à quelqu'un.

cobalto _m_ cobalt.

cobard/e _a_ lâche, poltron, onne. **-ía** _f_ lâcheté.

cobayo _m_ cobaye.

cobertizo _m_ **1** (saledizo) auvent. **2** (sitio cubierto) hangar.

cobertor _m_ **1** (colcha) couvre-lit. **2** (manta) couverture _f_ de lit.

cobertura _f_ couverture.

cobij/a _f_ couverture. **-ar** _t_ **1** héberger. **2** FIG protéger. **-o** _m_ **1** gîte. **2** hospitalité _f_.

cobista _s_ FAM lèche-bottes.

cobra f cobra m.

cobr/ar t 1 encaisser, percevoir. 2 toucher, être payé, e : — *tanto al mes*, toucher tant par mois. 3 prendre : *¿ cuánto te ha cobrado el garajista ?*, combien t'a pris le garagiste ? ; *cobra muy caro*, il prend très cher. 4 prendre : — *una trucha*, prendre une truite ; — *cariño a alguien*, prendre quelqu'un en affection. □ *pr* se payer. **-ador** m 1 (en un autobús) receveur. 2 (recaudador) encaisseur. **-anza** f encaissement m, recouvrement m.

cobr/e m cuivre. **-izo, a** a cuivré, e.

cobro m encaissement.

coca f coca. **-ína** f cocaïne.

cocción f cuisson.

cocear i ruer.

cocer ° t cuire, faire cuire. □ i/pr cuire : *estas lentejas no se cuecen*, ces lentilles cuisent mal ; *no están aún cocidas*, elles ne sont pas encore cuites. □ *pr* FAM (tramar) mijoter.

coces pl de **coz**.

cocido m pot-au-feu.

cociente m quotient.

cocin/a f 1 cuisine. 2 (aparato) cuisinière. **-ar** i cuisiner, faire la cuisine. **-ero, a** s cuisinier, ère. **-illa** f réchaud m.

coco m 1 noix f de coco. 2 (fantasma) *un —*, le croquemitaine. 3 (mueca) grimace f, mines f pl.

cocodrilo m crocodile.

cocotero m cocotier.

cóctel m cocktail.

cochambre f cochonnerie, saleté.

coche m 1 voiture f. | — *celular*, fourgon cellulaire ; — *fúnebre*, corbillard, fourgon mortuaire. 2 — *cama*, wagon-lit ; — *litera*, wagon-couchette ; — *restaurante*, wagon-restaurant. | — *cito* m — de niño, voiture f d'enfant. **-ra** f garage m, remise. **-ro** m cocher.

cochinada f FAM vacherie.

cochinilla f 1 cloporte m. 2 cochenille.

cochin/o, a a 1 (sucio) sale. 2 misérable. □ m cochon. **-illo** m cochon de lait.

codazo m coup de coude.

codearse pr — con, coudoyer.

codici/a f convoitise. **-ar** t convoiter. **-oso, a** a avide, cupide.

código m code : — de la circulación, code de la route.

codillo m épaule f.

codo m coude.

codorniz f caille.

coeficiente m coefficient.

coexistencia f coexistence.

cofa f hune.

cofia f coiffe.

cofradía f confrérie.

cofre m coffre. **-cillo** m coffret.

cog/er t 1 prendre : — del brazo, el avión, prendre par le bras, l'avion ; ¿ cogiste los billetes ?, as-tu pris les billets ? 2 (alcanzar) attraper, rattraper. 3 (frutas) cueillir. 4 surprendre : le cogió el apagón mientras se afeitaba, la panne l'a surpris pendant qu'il se rasait. 5 (una enfermedad, costumbre) attraper. □ i 1 (planta, vacuna) prendre. 2 coja a la derecha, prenez à droite. **-ida** f 1 (de frutas) cueillette, récolte. 2 TAUROM coup m de corne.

cogollo m cœur.

cogote m nuque f.

cohe/rente a cohérent, e. **-sión** f cohésion.

cohete m fusée f.

cohibir t intimider.

cohombro m concombre.

coincid/ir i 1 coïncider. 2 se rencontrer. 3 — en lo esencial, être d'accord sur l'essentiel ; — en afirmar, s'accorder pour affirr er. **-encia** f coïncidence.

cojear i boiter.

cojín m coussin.

cojinete *m* coussinet.

cojo, a *a/s* boiteux, euse.

col *f* chou *m* : *coles*, des choux.

¹**cola** *f* 1 queue. 2 *hacer* —, faire la queue.

²**cola** *f* (para pegar) colle.

colabor/ar *i* collaborer. **-ación** *f* collaboration. **-ador, a** *s* collaborateur, trice.

colación *f* 1 collation. 2 *sacar a* —, faire mention de, parler de.

colada *f* lessive.

colador *m* passoire *f*.

colar ° *t* 1 (un líquido) passer. 2 (moneda falsa) passer. □ 1 *pr* 1 se faufiler, se glisser. 2 resquiller. 3 FAM (equivocarse) se ficher dedans, se gourer.

colch/a *f* couvre-lit *m*, dessus-de-lit *m*. **-ón** *m* matelas. l — *de muelles*, sommier métallique. **-oneta** *f* (de playa) matelas *m* pneumatique.

cole *m* FAM lycée, collège.

colear *i* FAM rester d'actualité.

colec/ción *f* collection. **-cionar** *t* collectionner. **-cionista** *s* collectionneur, euse.

colecta *f* 1 collecte. 2 quête.

colectiv/o, a *a* collectif, ive. l *transportes colectivos*, transports en commun. □ *m* AMER microbus. **-idad** *f* collectivité.

colega *m* collègue.

colegi/o *m* 1 collège. 2 école *f* privée. 3 — *de abogados*, ordre des avocats. **-al, a** *s* 1 collégien, enne. 2 écolier, ère.

colegir ° *t* déduire.

coleóptero *m* coléoptère.

cólera *f* colère. □ *m* choléra.

colérico, a *a* coléreux, euse.

colesterol *m* cholestérol.

coleta *f* natte. l FIG *cortarse la* —, se retirer.

colg/ar ° *t* 1 — *de*, pendre à, suspendre à, accrocher à. 2 (teléfono) raccrocher. 3 FAM (en un examen) coller. □ *i* pendre : *una lámpara cuelga del techo*, une lampe pend au plafond. **-adura** *f* tenture. **-ante** *m* pendentif.

colibacilosis *f* colibacillose.

colibrí *m* colibri.

cólico *m* colique *f*.

coliflor *f* chou-fleur *m* : *coliflores*, des choux-fleurs.

coligarse *pr* se coaliser, s'allier.

colilla *f* mégot *m*.

colina *f* colline.

colis/ión *f* 1 collision. 2 FIG choc *m*. **-ionar** *i* — *con*, heurter.

colmar *t* 1 remplir à ras bord. 2 FIG combler.

colmena *f* ruche.

colmillo *m* 1 canine *f*. 2 (de perro, lobo) croc. 3 (de elefante) défense *f*.

colmo *m* comble : *para* — *de desgracias*, pour comble de malheur ; *¡ es el* — *!*, c'est un comble !

coloc/ar *t* 1 placer. 2 (primera piedra, moqueta, etc.) poser. □ *pr* se placer. **-ación** *f* 1 (acción de colocar) pose. 2 (sitio, empleo) place. l *oficina de* —, bureau de placement.

colofón *m* FIG point final.

Colombia *n p f* Colombie.

colombiano, a *a/s* colombien, enne.

Colón *n p m* Colomb.

colón, ona *s* resquilleur, euse.

coloni/a *f* 1 colonie. 2 eau de Cologne. **-al** *a* colonial, e. **-alismo** *m* colonialisme. **-alista** *a/s* colonialiste.

coloniz/ar *t* coloniser. **-ación** *f* colonisation.

colono *m* colon.

coloquio *m* colloque.

color *m* couleur *f* : *foto en* —, photo en couleurs ; *los colores nacionales*, les couleurs nationales. **-ación** *f* coloration. **-ado, a** *a* rouge. **-ante** *a/m* colorant, e. **-ear** *t* colorer. **-ido** *m* coloris. **-ines** *f pl* couleurs criardes.

colos/o *m* colosse. **-al** *a* colossal, e.

columbrar *t* 1 apercevoir. 2 entrevoir.

columna *f* colonne. **-ta** *f* colonnade.

columpi/arse *pr* se balancer. **-o** *m* balançoire *f*.

colza *f* colza *m*.

collado *m* coteau.

¹coma *f* virgule.

²coma *m* *entrar en* −, entrer dans le coma.

comadr/e *f* commère. **-ear** *i* cancaner.

comadreja *f* belette.

comadrona *f* sage-femme.

comandante *m* commandant.

comandit/ar *t* commanditer. **-ario, a** *a/m* commanditaire.

comando *m* commando.

comarc/a *f* région, contrée. **-al** *a* régional, e. I *carretera* −, route départementale.

comb/a *f* 1 courbure. 2 *saltar a la* −, sauter à la corde. **-ar** *t* courber.

combat/ir *i/t* combattre. **-e** *m* combat. **-iente** *a/m* combattant, e.

combina *f* FAM combine.

combinación *f* 1 combinaison. 2 cocktail *m*.

combinado *m* cocktail.

combinar *t* 1 combiner. 2 (colores) assortir. □ *i* s'harmoniser.

combus/tión *f* combustion. **-tible** *a/m* combustible.

comedi/a *f* comédie. **-ante** *s* comédien, enne.

comedido, a *a* mesuré, e, posé, e.

comedor *m* 1 salle *f* à manger. 2 restaurant, cantine *f*.

comején *m* termite.

coment/ar *t* commenter. **-ario** *m* commentaire. **-arista** *t* commentateur, trice.

comenzar ° *t/i* commencer.

comer *i/t* 1 manger. 2 (almorzar) déjeuner ; (cenar) dîner. □ pr *se lo ha comido todo*, il a tout mangé. I *comerse las palabras*, manger ses mots.

comerci/o *m* commerce. **-al** *a* commercial, e. **-ante** *a/s* commerçant, e. **-ar** *i* commercer.

comestible *a/m* comestible.

cometa *m* comète *f*. □ *f* cerf-volant *m*.

comet/er *t* commettre : *ha cometido un error*, il a commis une erreur. **-ido** *m* mission *f*.

comezón *f* démangeaison.

comible *a* mangeable.

comic *m* bande *f* dessinée.

cómico, a *a* comique. □ *s* comédien, enne.

comid/a *f* 1 nourriture : *una* − *muy sana*, une nourriture très saine. 2 repas *m* : *hacer tres comidas al día*, faire trois repas par jour. 3 (almuerzo) déjeuner *m*. **-illa** *f* sujet *m* de conversation, fable. **-o, a** a *ya vengo* −, j'ai déjà mangé. I − *y bebido*, nourri.

comienzo *m* commencement.

comilón *m* gros mangeur.

comilona *f* festin *m*, gueuleton *m*.

comillas *fpl* guillemets *m*.

comino *m* cumin.

comisar/ía *f* commissariat *m*. **-io** *m* commissaire.

comisi/ón *f* commission. **-onista** *m* commissionnaire.

comité *m* comité.

comitiva *f* suite, cortège *m*.

¹como *adv/conj* 1 comme : *negro* − *el carbón*, noir comme le charbon. I − *si*, comme si (+ indicativo) : − *si estuviera...*, comme s'il était... 2 que : *tan alto* − *yo*, aussi grand que moi. 3 si (jamais) : − *vuelvas aquí, te mato*, si jamais tu reviens ici, je t'assomme. 4 *hace* − *que no oye*, il fait semblant de ne pas entendre.

²**cómo** *adv* **1** comment : ¿ — *está usted* ?, comment allez-vous ? ; ¿ — *dices* ?, comment dis-tu ? ; ¿ — *de grande* ?, grand comment ? ; ¿ — *qué no sabes* ?, comment tu ne sais pas ? **2** comme : ¡ — *llueve* !, comme il pleut ! **3** ¡ — *no* !, bien sûr !

cómoda *f* commode.

comodidad *f* **1** commodité. **2** confort *m*.

cómodo, a *a* **1** commode. **2** confortable. **3** (a gusto) à l'aise.

comoquiera *adv* **1** n'importe comment. **2** — *que*..., comme..., étant donné que...

compacto, a *a* compact, e.

compadecer ° *t* plaindre. □ *compadecerse de*, compatir à.

compadre *m* compère.

compaginar *t* faire concorder.

compañer/o, a *s* **1** compagnon, compagne. **2** camarade. **3** (en el juego) partenaire. **-ismo** *m* camaraderie *f*.

compañía *f* **1** compagnie. ∣ *hacer* —, tenir compagnie. **2** (de actores) troupe, compagnie.

compar/ar *t* comparer. **-able** *a* comparable. **-ación** *f* comparaison. ∣ *en* — *con*, en comparaison de. **-ativo, a** *a/m* comparatif, ive.

comparec/er ° *i* comparaître. **-encia** *f* comparution.

comparsa *s* figurant, e.

compartimiento *m* compartiment.

compartir *t* partager.

compás *m* **1** compas. **2** mesure *f* : *llevar el* —, battre la mesure. ∣ *al* — *de*, au rythme de ; — *de espera*, délai de réflexion.

compas/ión *f* compassion. **-ivo, a** *a* compatissant, e.

compatible *a* compatible.

compatriota *s* compatriote.

compeler *t* forcer, obliger.

compendio *m* abrégé, résumé.

compens/ar *t* compenser.
-ación *f* **1** compensation. **2** dédommagement *m*.

competencia *f* **1** concurrence : *hacerse la* —, se faire concurrence. **2** (aptitud) compétence.

competente *a* compétent, e.

compet/ición *f* compétition. **-idor, a** *a/s* concurrent, e. **-ir** ° *i* **1** être en concurrence. **2** rivaliser. **-itivo, a** *a* concurrentiel, elle.

compil/ar *t* compiler. **-ación** *f* compilation.

compinche *m* copain.

complac/er ° *t* **1** faire plaisir. **2** être utile. □ *pr* avoir le plaisir : *me complazco en informarle*..., j'ai le plaisir de vous informer... **-encia** *f* **1** plaisir *m*. **2** complaisance. **-iente** *a* complaisant, e.

complej/o, a *a/m* complexe. **-idad** *f* complexité.

complement/o *m* complément. **-ario, a** *a* complémentaire.

completar *t* compléter.

complet/o, a *a* complet, ète. ∣ *por* —, complètement. **-amente** *adv* complètement.

complic/ar *t* compliquer. **-ación** *f* complication.

cómplice *s* complice.

complicidad *f* complicité.

complot *m* complot.

componente *a/m/f* composant, e. □ *m los componentes de una asamblea*, les membres d'une assemblée.

componer ° *t* **1** composer. **2** (arreglar) arranger. **3** réparer. □ *pr* **1** *componerse de*, se composer de. **2** *componérselas*, s'arranger.

comportamiento *m* comportement.

comportar *t* comporter.

composición *f* composition.

compositor, a *s* compositeur, trice.

compostura *f* **1** (remiendo) réparation. **2** (modales) tenue. **3** (recato) réserve, retenue.

compot/a _f_ compote. **-era** _f_ compotier _m_.

compr/ar _t_ acheter. **-a** _f_ achat _m_. I _ir a la —_, aller faire les commissions, son marché ; _ir de compras_, faire ses courses. **-ador, a** _a/s_ acheteur, euse.

comprender _t_ comprendre : _¿ comprende ?_, vous comprenez ? ; _¡ comprendido !_, compris !

compren/sión _f_ compréhension. **-sible** _a_ compréhensible. **-sivo, a** _a_ compréhensif, ive.

compresa _f_ 1 compresse. 2 serviette hygiénique.

compresión _f_ compression.

comprim/ir _t_ comprimer. **-ido, a** _a_ comprimé, e. □ _m_ comprimé.

comprob/ar ° _t_ 1 vérifier. 2 confirmer, prouver. **-ación** _f_ vérification. **-ante** _m_ reçu.

comprometer _t_ 1 (exponer a algún peligro) compromettre. 2 engager. □ _pr_ 1 se compromettre. 2 s'engager : _se ha comprometido a ayudarme_, il s'est engagé à m'aider ; _escritor comprometido_, écrivain engagé.

compromiso _m_ 1 engagement : _sin — alguno por su parte_, sans aucun engagement de votre part. 2 (apuro) embarras.

compuerta _f_ (de esclusa) vanne.

compuesto, a _a/m_ composé, e.

compulsar _t_ 1 compulser. 2 confronter.

compungido, a _a_ triste, contrit, e.

computar _t_ compter.

comulgar _i_ communier.

común _a_ commun, e : _lugares comunes_, lieux communs. I _por lo —_, généralement.

comunic/ar _t_ 1 communiquer. 2 faire communiquer. □ _i/pr estas dos habitaciones se comunican_, ces deux chambres communiquent. **-ación** _f_ communication. **-ado, a** _a barrio bien —_, quartier bien desservi. □ _m_ 1 communiqué. 2 — _médico_, bulletin de santé. **-ativo, a** _a_ communicatif, ive.

comunidad _f_ communauté.

comunión _f_ communion.

comun/ismo _m_ communisme. **-ista** _s_ communiste.

con _prep_ 1 avec : _atar — cuerdas_, attacher avec des cordes ; _— gusto_, avec plaisir. 2 à, au : _café — leche_, café au lait. 3 de, du : _— voz fuerte_, d'une voix forte ; _seguir — la mirada_, suivre du regard. 4 (exprimant une attitude, ne se traduit pas) _— los ojos bajos_, les yeux baissés ; _— la sonrisa en los labios_, le sourire aux lèvres. 5 (+ infinitif) bien que ; rien que. 6 _— (tal) que_, pourvu que ; _— todo_, malgré tout ; _— tanto_, à force de.

conato _m_ 1 début. 2 tentative _f_.

cóncavo, a _a_ concave.

conceb/ir ° _t_ concevoir. **-ible** _a_ concevable.

conceder _t_ 1 accorder. 2 — _importancia_, attacher, accorder de l'importance.

concej/o _m_ conseil municipal. **-al** _m_ conseiller municipal.

concentr/ar _t_ concentrer. **-ación** _f_ concentration.

concéntrico, a _a_ concentrique.

concepción _f_ conception.

concepto _m_ 1 idée _f_. 2 opinion _f_. 3 (en un presupuesto) poste. I _en — de_, à titre de.

conceptuar _t_ considérer, juger.

concernir ° _i_ concerner : _en lo que concierne a..._, en ce qui concerne...

concertar ° _t_ — _el alquiler de un piso_, convenir du prix de la location d'un appartement. □ _i_ concorder. □ _pr_ se mettre d'accord.

conce/sión _f_ concession. **-sionario, a** _a/s_ concessionnaire.

concien/cia _f_ conscience. I _a —_, consciencieusement. **-zudo, a** _a_ consciencieux, euse.

concierto _m_ MÚS 1 concert. 2 (obra) concerto.

conciliábulo *m* conciliabule.

concili/ar *t* concilier. □ *pr* se concilier. **-ación** *f* conciliation. **-ador, a** *a* conciliant, e.

concilio *m* concile.

concis/o, a *a* concis, e. **-ión** *f* concision.

conciudadano, a *s* concitoyen, enne.

conclu/ir ° *t* 1 (acabar) finir, terminer. 2 (deducir) conclure. □ *i/pr* finir, se terminer : *palabra que concluye en vocal*, mot qui se termine par une voyelle. **-sión** *f* conclusion : *en —*, en conclusion.

concord/ar ° *i* 1 concorder. 2 (gramática) s'accorder. **-ancia** *f* 1 concordance. 2 (entre palabras) accord *m*. **-ia** *f* concorde.

concretar *t* préciser. □ *pr* se borner, se limiter.

concreto, a *a* concret, ète. I *en —*, concrètement. □ *m* AMER (hormigón) béton.

concurr/ir *i* 1 assister. 2 (ir) se rendre. 3 *— al éxito*, concourir au succès. **-encia** *f* assistance. **-ido, a** *a* fréquenté, e.

concurs/o *m* concours. **-ante** *s* participant, e.

concha *f* 1 coquille. 2 (carey) écaille.

conchabar *t* AMER engager. □ *pr* s'aboucher.

cond/e *m* comte. **-ado** *m* comté.

condecor/ar *t* décorer. **-ación** *f* décoration.

conden/ar *t* 1 condamner. 2 (al infierno) damner. **-a** *f* 1 condamnation. 2 *— eterna*, damnation, peine éternelle. **-ado, a** *a/s* 1 condamné, e. 2 (al infierno) damné, e.

condens/ar *t* condenser. I *leche condensada*, lait condensé. **-ación** *f* condensation. **-ador** *m* condensateur.

condesa *f* comtesse.

condescend/er ° *i* condescendre. **-encia** *f* condescen-

dance. **-iente** *a* condescendant, e.

condi/ción *f* 1 condition. I *con la — de*, à condition de ; *en estas condiciones*, dans ces conditions. 2 caractère *m*. 3 *estar en condiciones de*, être en état de. **-cional** *a* conditionnel, elle. **-cionar** *t* *— a*, faire dépendre de.

condiment/ar *t* assaisonner. **-o** *m* condiment, assaisonnement.

condolencia *f* condoléances *pl*.

cóndor *m* condor.

conduc/ir ° *t/i* conduire : *conduce con prudencia*, il conduit prudemment. □ *i* mener, conduire : *eso no conduce a nada*, cela ne mène à rien. **-ción** *f* conduite.

conducta *f* conduite.

conducto *m* conduit. I *por — de*, par l'intermédiaire de.

conductor, a *s* conducteur, trice. □ *m* chauffeur.

conectar *t* 1 *— un aparato eléctrico*, brancher un appareil électrique. 2 relier.

conej/o, a *s* lapin, e : *— de monte*, lapin de garenne. **-ar** *m* clapier. **-illo** *m* *— de Indias*, cochon d'Inde.

conexión *f* 1 (eléctrica) connexion. 2 (cañerías) branchement *m*. 3 (enlace) liaison.

confec/ción *f* confection. **-cionar** *t* confectionner.

confederación *f* confédération.

conferenci/a *f* 1 conférence. 2 *— telefónica interurbana*, communication téléphonique interurbaine. **-ante** *s* conférencier, ère. **-ar** *i* s'entretenir.

conférir ° *t/i* conférer.

confes/ar ° *t* 1 confesser. 2 avouer : *confieso que me he equivocado*, j'avoue que je me suis trompé. □ *pr* se confesser. **-ión** *f* 1 confession. 2 aveu *m*. **-ionario** *m* confessionnal. **-or** *m* confesseur.

confeti *m* confettis *pl*.

confiado, a *a* confiant, e.

confianza *f* confiance.

confiar *t* confier. □ *i* **1** avoir confiance : *confío en él,* j'ai confiance en lui. **2** avoir bon espoir, espérer : *confío en que todo saldrá bien,* j'espère que tout ira bien. **3** compter : *confío en su ayuda,* je compte sur votre aide. □ *pr* se confier.

confiden/cia *f* confidence. **-cial** *a* confidentiel, elle. **-te** *s* confident, e.

configuración *f* configuration.

confín *m en los confines de,* aux confins de.

confinar *i* — *con,* confiner à. □ *t* confiner.

confirm/ar *t* confirmer. **-ación** *f* confirmation.

confisc/ar *t* confisquer. **-ación** *f* confiscation.

confit/e *m* sucrerie *f.* **-ado, a** *a* confit, e. **-ería** *f* confiserie. **-ero, a** *s* confiseur, euse. **-ura** *f* confiture.

conflicto *m* conflit.

confluencia *f* **1** (de dos ríos) confluent *m.* **2** (de caminos) embranchement *m.*

conformar *t* conformer. □ *pr* **1** se conformer. **2** se contenter : *me conformo con poco,* je me contente de peu.

conforme *a* **1** conforme. **2** *estoy — con usted,* je suis d'accord avec vous. □ *adv* **1** — *con, a,* conformément à. **2** au fur et à mesure que.

conformidad *f* accord *m,* conformité. I *en — con,* conformément à.

confort *m* confort. **-able** *a* confortable.

confortar *t* réconforter.

confront/ar *t* confronter. **-ación** *f* confrontation.

conf/undir *t* confondre. **-usión** *f* confusion. **-uso, a** *a* confus, e.

congel/ar *t* **1** congeler. **2** (a temperatura muy baja) surgeler. **3** (salarios, precios) bloquer. **-ación**

f **1** congélation. **2** blocage *m.* **-ador** *m* congélateur.

congeniar *i* sympathiser.

conges/tión *f* congestion. **-tionar** *t* congestionner.

congoja *f* angoisse.

congreg/ar *t* rassembler. **-ación** *f* congrégation.

congres/o *m* congrès. **-ista** *s* congressiste.

congrio *m* congre.

cónico, a *a* conique.

conífera *f* conifère *m.*

conjetura *f* conjecture.

conjug/ar *t* conjuguer. **-ación** *f* conjugaison.

conjunción *f* conjonction.

conjunto *m* ensemble. I *en —,* dans l'ensemble.

conjur/ar *t* conjurer. **-a, -ación** *f* conjuration. **-ado, a** *s* conjuré, e.

conmemor/ar *t* commémorer. **-ación** *f* commémoration.

conmigo *pron pers* avec moi.

conminar *t* — *con,* menacer de.

conmoción *f* commotion.

conmov/er ° *t* émouvoir : *conmovido hasta las lágrimas,* ému aux larmes. **-edor, a** *a* émouvant, e, touchant, e.

conmutador *m* commutateur.

connivencia *f* connivence.

conoc/er ° *t* **1** connaître : *no conozco el alemán, a esta persona,* je ne connais pas l'allemand, cette personne. **2** reconnaître : *ha cambiado tanto que ya no se le conoce,* il a tellement changé qu'on ne le reconnaît plus ; — *en la voz,* reconnaître à la voix. **3** FAM — *de,* s'y connaître en. □ *pr* se conocen de muchos años,* ils se connaissent depuis longtemps ; *nos conocimos en Inglaterra,* nous nous sommes connus, nous avons fait connaissance en Angleterre. **-edor, a** *a/s* connaisseur, euse. **-ido, a** *a* connu, e. □ *m un — mío,* une de mes connaissances, une personne de connaissance. **-imiento** *m* connaissance *f* : *con — de causa,* en connaissance de cause. I *perder el —,* perdre connaissance.

conque *conj* alors, ainsi donc : *—, ¿ fumando a escondidas ?,* alors, on fume en cachette ?

conquist/a *f* conquête. **-ador, a** *a/s* conquérant, e. **-ar** *t* conquérir.

consabido, a *a* classique, traditionnel, elle.

consagr/ar *t* consacrer. **-ación** *f* consécration.

consciente *a* conscient, e. **-mente** *adv* consciemment.

consecución *f* obtention.

consecuen/cia *f* conséquence. I *en —,* en conséquence ; *como — de,* par suite de, à la suite de. **-te** *a* conséquent, e.

consecutivo, a *a* consécutif, ive.

conseguir ° *t* 1 obtenir. 2 réussir à, arriver à : *no conseguí abrir la puerta,* je n'ai pas réussi, je ne suis pas arrivé à ouvrir la porte.

conseja *f* fable, conte *m.*

consej/o *m* conseil. **-ero, a** *s* conseiller, ère.

consent/ir ° *i/t — en,* consentir à. □ *t* 1 tolérer, permettre, admettre : *no te consiento que hables así,* je ne tolère pas que tu parles comme ça. 2 (mimar) gâter : *niño consentido,* enfant gâté. **-imiento** *m* consentement.

conserje *m* concierge.

conserva *f* conserve.

conservación *f* 1 conservation. 2 (mantenimiento) entretien *m.*

conservador, a *a/s* conservateur, trice.

conservar *t* conserver.

conservatorio *m* conservatoire.

conservería *f* conserverie.

considerable *a* considérable.

consider/ar *t* considérer : *considerándolo bien,* tout bien considéré. **-ación** *f* consi-

dération. I *de —,* important, e : *daños de —,* des dommages importants.

consigna *f* 1 (orden) consigne. 2 *dejar una maleta en la —,* laisser une valise à la consigne.

consignar *t* consigner.

consigo *pron pers* avec soi, lui, elle, sur soi, etc. : *Elena lleva siempre — la foto de su novio,* Hélène a toujours sur elle la photo de son fiancé. I *hablar — mismo,* se parler à soi-même.

consiguiente *a* résultant, e. I *por —,* par conséquent.

consisten/cia *f* consistance. **-te** *a* consistant, e.

consistir *i — en,* consister en, dans.

consistori/o *m* consistoire. **-al** *a* *casa —,* hôtel *m* de ville.

consol/ar ° *t* consoler. **-ador, a** *a* 1 consolateur, trice. 2 consolant, e.

consolid/ar *t* consolider. **-ación** *f* consolidation.

consomé *m* consommé.

consonancia *f* 1 consonance. 2 FIG accord *m.*

consonante *f* consonne.

consorte *s* conjoint, e. □ *a príncipe —,* prince consort.

conspicuo, a *a* illustre.

conspir/ar *i* conspirer. **-ación** *f* conspiration. **-ador, a** *s* conspirateur, trice.

constan/cia *f* 1 constance. 2 preuve. **-te** *a* constant, e.

constar *i* 1 *— de,* se composer de, comprendre. 2 être certain, e, sûr, e : *me consta que él se equivoca,* je suis sûr qu'il se trompe. 3 figurer. I *hacer —,* faire savoir, signaler, mentionner.

constelación *f* constellation.

constern/ar *t* consterner. **-ación** *f* consternation.

constip/arse *pr* s'enrhumer. **-ado** *m* rhume.

constitu/ción *f* constitution. **-cional** *a* constitutionnel, elle.
constitu/ir ° *t* constituer. **-yente** *a* constituant, e.
constreñir ° *t* contraindre.
construc/ción *f* construction. **-tivo, a** *a* constructif, ive.
construir ° *t* construire.
consuelo *m* consolation *f*.
cónsul *m* consul.
consul/ado *m* consulat. **-ar** *a* consulaire.
consult/ar *t* consulter : — *un asunto con alguien*, consulter quelqu'un au sujet d'une affaire. **-a** *f* 1 consultation. I *pasar la* —, recevoir. 2 cabinet *m* de consultation. **-ivo, a** *a* consultatif, ive. **-orio** *m* cabinet (de consultation).
consum/ar *t* consommer. **-ado, a** *a* consommé, e, accompli, e : *un* — *artista*, un artiste accompli.
consum/ir *t* 1 (comer, beber, gastar) consommer. 2 (destruir, debilitar) consumer. **-ición** *f* consommation. **-idor, a** *s* consommateur, trice. **-o** *m* consommation *f* : *el* — *de gasolina de un coche*, la consommation d'essence d'une voiture ; *sociedad de* —, société de consommation. □ *pl* octroi *sing*.
contabilidad *f* comptabilité.
contacto *m* contact : *ponerse en* — *con alguien*, entrer, se mettre en contact avec quelqu'un.
contado, a *a* 1 rare, peu nombreux, euse : *en contadas ocasiones*, en de rares occasions. 2 *pagar al* —, payer comptant.
contador *m* 1 (aparato) compteur. 2 (persona) comptable.
contaduría *f* (teatro) bureau *m* de location.
contagi/ar *t* transmettre, communiquer. □ *pr se contagió de la excitación general*, il fut gagné par l'excitation générale. **-o** *m* contagion *f*. **-oso, a** *a* contagieux, euse.

contamin/ar *t* 1 contaminer. 2 (el aire, el agua) polluer. **-ación** *f* 1 contamination. 2 pollution.
contante *a dinero* —, argent comptant.
contar ° *t* 1 (calcular) compter. 2 (relatar) raconter, conter. I *¿ qué cuentas ?*, quoi de neuf ? □ *i* 1 — *con los dedos*, compter sur ses doigts. 2 *cuento contigo*, je compte sur toi.
contempl/ar *t* contempler. **-ación** *f* contemplation. **-ativo, a** *a* contemplatif, ive.
contemporáneo, a *a/s* contemporain, e.
contencioso, a *a/m* contentieux, euse.
contend/er ° *i* 1 se battre. 2 être en compétition. **-iente** *a/s* adversaire.
conten/er ° *t* 1 contenir : *este depósito contiene cien litros*, ce réservoir contient cent litres ; — *la ira*, contenir sa colère. 2 — *la respiración*, retenir sa respiration. □ *pr* se contenir, se retenir : *me contuve para no llorar*, je me suis retenu pour ne pas pleurer. **-ido** *m* contenu.
content/ar *t* contenter. □ *contentarse con*, se contenter de. **-o, a** *a* content, e : — *con*, content de. □ *m* contentement.
contera *f* bout *m*.
contest/ar *t* répondre : *no ha contestado (a) mi carta*, il n'a pas répondu à ma lettre ; — *una pregunta*, répondre à une question. **-ación** *f* réponse. **-atario, a** *a/s* contestataire.
contexto *m* contexte.
contienda *f* conflit *m*.
contigo *pron pers* avec toi.
contiguo, a *a* contigu, ë.
continencia *f* continence.
continental *a* continental, e.
continente *a* continent, e. □ *m* 1 continent : *el Viejo* —, l'Ancien continent. 2 (actitud) contenance

f, maintien.

contingencia *f* contingence.

contingente *a/m* contingent, e.

continuación *f* continuation, suite. I *a* —, ensuite.

continuamente *adv* continuellement.

continuar *t/i* continuer : — *leyendo*, continuer à lire. □ *i* rester : — *sentado*, rester assis. I *se continuará*, à suivre.

continu/o, a *a* 1 continu, e. 2 (reiterado) continuel, elle. **-idad** *f* continuité.

contone/arse *pr* se dandiner, tortiller des hanches. **-o** *m* dandinement.

contorno *m* contour. □ *pl* alentours.

contorsión *f* contorsion.

contra *prep* contre. I *en* —, contre ; *en — de*, à l'encontre de. □ *m el pro y el* —, le pour et le contre.

contraalmirante *m* contre-amiral.

contraataque *m* contre-attaque *f*.

contrabajo *m* contrebasse *f*.

contraband/o *m* contrebande *f*. **-ista** *m* contrebandier.

contracción *f* contraction.

contraceptivo, a *a/m* contraceptif, ive.

contrachapado *m* contre-plaqué *m*.

contra/decir ° *t* contredire. **-dicción** *f* contradiction. **-dictorio, a** *a* contradictoire.

contraer ° *t* — *un músculo, una costumbre, una deuda*, contracter un muscle, une habitude, une dette.

contraespionaje *m* contre-espionnage.

contrafuerte *m* contrefort.

contrahecho, a *a* contrefait, e.

contraindicado, a *a* contre-indiqué, e.

contralmirante *m* contre-amiral.

contraluz *m* contre-jour : *a* —, à contre-jour.

contramano (a) *loc adv* en sens interdit.

contraorden *f* contrordre *m*.

contrapartida f *como* —, en contrepartie.

contrapelo (a) *loc adv* à rebrousse-poil.

contrapeso *m* contrepoids.

contraproducente *a* 1 qui produit un effet contraire à celui qu'on recherchait. 2 contre-indiqué, e.

contrari/ar *t* contrarier. **-edad** *f* contrariété.

contrario, a *a* contraire : *al* —, au contraire. I *lo* —, le contraire ; *todo lo* —, tout au contraire ; *de lo* —, autrement. □ *f llevar la contraria a*, contredire.

contrarrestar *t* contrecarrer.

contrasentido *m* contresens.

contraseña *f* 1 contremarque. 2 MIL mot *m* de passe.

contrast/ar *i* contraster. **-e** *m* 1 contraste. 2 (señal en el oro) poinçon. 3 étalonnage.

contrat/ar *t* 1 (empleado, artista) engager. 2 (obrero) embaucher. **-a** *f* contrat *m*. **-ación** *f* 1 engagement *m*. 2 embauche.

contratiempo *m* contretemps.

contratista *m* entrepreneur.

contrato *m* contrat.

contravención *f* contravention.

contraveneno *m* contrepoison.

contravenir ° *t* contrevenir à.

contraventana *f* volet *m*.

contribu/ir ° *i* contribuer. **-ción** *f* contribution. **-yente** *s* contribuable.

contrito, a *a* contrit, e.

control *m* contrôle. **-ar** *t* contrôler.

controversia *f* controverse.

contusión *f* contusion.

convale/cencia *f* convalescence. **-ciente** *a/s* convalescent, e.

convalidar *t* valider, homologuer.

convenc/er *t* convaincre : *estoy convencido de que no me equivoco,* je suis convaincu de ne pas me tromper. **-imiento** *m* conviction *f.*

conven/ción *f* convention. **-cional** *a* conventionnel, elle.

conveni/encia *f* 1 convenance. 2 opportunité. **-ente** *a* 1 convenable. 2 ser —, convenir.

convenio *m* 1 accord. 2 convention *f.*

convenir ° *i* 1 convenir : *hemos convenido en...,* nous avons convenu de... ; *esto me conviene,* cela me convient. 2 se mettre d'accord. | *precio a* —, prix à débattre. □ *pr* se mettre d'accord.

convento *m* couvent.

converg/er *i* converger. **-ente** *a* convergent, e.

convers/ar *i* converser, bavarder. **-ación** *f* 1 conversation : *trabar* —, engager la conversation. 2 (entrevista) entretien *m.*

conversión *f* conversion.

convert/ir ° *t* convertir. **-idor** *m* convertisseur.

convexo, a *a* convexe.

convicción *f* conviction.

convid/ar *t* inviter. | *me convidó a un coñac,* il m'a offert un cognac. **-ado, a** *s* convive, invité, e. □ *f* FAM tournée.

convincente *a* convaincant, e.

convite *m* 1 invitation *f.* 2 fête *f.*

conviv/ir *i* vivre ensemble. **-encia** *f* vie en commun.

convoc/ar *t* convoquer. **-atoria** *f* convocation.

convoy *m* convoi.

convul/sión *f* convulsion. **-sivo, a** *a* convulsif, ive. **-so, a** *a* convulsé, e.¹

conyugal *a* conjugal, e.

cónyuge *s* conjoint, e.

coñac *m* cognac.

cooper/ar *i* coopérer. **-ación** *f* coopération. **-ativo, a** *a/f* coopératif, ive.

coordin/ar *t* coordonner. **-ación** *f* coordination.

copa *f* 1 (para beber, trofeo) coupe. 2 (de vino, licor) verre *m* : *vamos a tomar una* —, allons prendre un verre. 3 (de árbol) tête.

copal *m* copal.

copete *m* (de pelo) houppe *f.*

copi/a *f* 1 copie. 2 abondance. **-ar** *t* copier.

copiloto *m* copilote.

copioso, a *a* copieux, euse.

copista *s* copiste.

copla *f* chanson.

copo *m* — *de nieve, de avena,* flocon de neige, d'avoine.

copón *m* ciboire.

copra *f* coprah *m.*

copropietario, a *s* copropriétaire.

cópula *f* 1 copulation. 2 copule.

coque *m* coke.

coquet/a *a/f* coquette. **-ear** *i* flirter. **-ería** *f* coquetterie. **-ón, ona** *a* coquet, ette.

coraje *m* colère *f.*

¹**coral** *m* corail : *corales,* des coraux.

²**coral** *a/m* MÚS choral, e. □ *f* chorale.

coraza *f* cuirasse.

coraz/ón *m* cœur. | *hablar con el* — *en la mano,* parler franchement ; *querer de todo* —, aimer de tout son cœur. **-onada** *f* 1 pressentiment *m.* 2 impulsion.

corbata *f* cravate.

Córcega *npf* Corse.

corchea *f* MÚS croche.

corchete *m* 1 agrafe *f.* 2 (tipografía) crochet.

corcho *m* 1 liège. 2 (tapón) bouchon.

cordada *f* cordée.

cordel *m* 1 corde *f.* 2 (de albañil) cordeau.

cordero *m* 1 agneau. 2 (carne)

mouton, agneau.

cordial *a/m* cordial, e. **-idad** *f* cordialité.

cordillera *f* cordillère.

Córdoba *npf* (España) Cordoue.

cord/ón *m* 1 cordon. 2 (de zapatos) lacet. 3 (de policía, sanitario) cordon. **-oncillo** *m* cordonnet.

cordura *f* sagesse.

coreografía *f* chorégraphie.

coriáceo, a *a* coriace.

corista *s* choriste.

corna/da *f* coup *m* de corne. **-menta** *f* cornes *pl*.

cornea *f* cornée.

corneja *f* corneille.

cornet/a *f* 1 (militar) clairon *m*. 2 (de llaves) cornet *m*. **-ín** *m* cornet à pistons.

cornisa *f* corniche.

cornucopia *f* corne d'abondance.

cornudo, a *a* cornu, e. □ *a/m* FAM cocu, e.

cornúpeta *m* taureau.

coro *m* chœur.

corola *f* corolle.

corolario *m* corollaire.

coron/a *f* couronne. **-ación** *f*, **-amiento** *m* couronnement *m*. **-ar** *t* couronner.

coronel *m* colonel.

coronilla *f* sommet *m* de la tête. | *estar hasta la* −, en avoir par-dessus la tête, en avoir ras le bol.

corpiño *m* corsage.

corporación *f* corporation.

corporal *a* corporel, elle.

corporativo, a *a* corporatif, ive.

corpulen/cia *f* corpulence. **-to, a** *a* corpulent, e.

Corpus *npm* Fête-Dieu *f*.

corpúsculo *m* corpuscule.

corral *m* 1 (para aves) basse-cour *f*. 2 (para el ganado) enclos, parc. 3 (patio) cour *f*.

correa *f* courroie.

correc/ción *f* correction. **-cional**

a correctionnel, elle.

correct/o, **a** *a* correct, e. **-amente** *adv* correctement. **-or,** **a** *a/s* correcteur, trice.

corredera *f* coulisse. | *puerta de* −, porte coulissante, à coulisse, à glissière.

corredizo, a *a* *nudo* −, nœud coulant.

corredor, a *s* coureur, euse. □ *m* 1 (de comercio) courtier. 2 (pasillo) corridor.

corregir ° *t* corriger.

correlación *f* corrélation.

correo *m* 1 courrier : *a vuelta de* −, par retour du courrier. 2 poste *f* : *echar una carta al* −, mettre une lettre à la poste ; − *aéreo*, poste aérienne. | *voto por* −, vote par correspondance. □ *pl* poste *f* sing, bureau *sing* de poste : *ir a correos*, aller à la poste.

correoso, a *a* raccorni, e, desséché, e.

correr *i* 1 courir. | *a todo* −, à toute vitesse ; *corre el rumor*, le bruit court. 2 (líquido) couler : *la sangre corre por las venas*, le sang coule dans les veines. 3 aller vite. 4 (vehículo) rouler vite. 5 − *con*, se charger de. □ *t* tirer : − *la cortina*, tirer le rideau. □ *pr* se pousser : *córrete un poco, quiero pasar*, pousse-toi un peu, je veux passer.

correría *f* incursion, raid *m*.

correspondencia *f* 1 correspondance. 2 rapport *m*.

correspond/er *i* 1 (estar conforme) correspondre. 2 (incumbir) incomber, être à : *ahora, te corresponde hablar*, à présent, c'est à toi de parler. 3 − *a una invitación*, répondre à une invitation. 4 payer de retour. □ *pr* 1 correspondre. 2 s'aimer mutuellement. **-iente** *a/s* correspondant, e.

corresponsal *m* correspondant.

corrida *f* course de taureaux, corrida.

corrido, a *a* 1 confus, e, honteux,

euse. **2** (experimentado) averti, e. **3** long, ue.

corriente *a* courant, e. □ *m el 16 del* —, le 16 courant. I *estar al* —, être au courant ; *salirse de lo* —, sortir de l'ordinaire. □ *f* (de aire, eléctrica, etc.) courant *m*. I *dejarse llevar por la* —, suivre le mouvement. **-mente** *adv* **1** couramment. **2** habituellement.

corrillo *m* petit groupe.

corrimiento *m* (de tierras) glissement.

corro *m* **1** cercle. **2** (de niños) ronde *f*.

corroborar *t* corroborer.

corroer ° *t* ronger.

corromper *t* corrompre : *hombre corrompido*, homme corrompu.

corros/ión *f* corrosion. **-ivo, a** *a* corrosif, ive.

corruptor, a *a/s* corrupteur, trice.

corsario *m* corsaire.

corsé *m* corset.

corso, a *a/s* corse.

cortacésped *m* tondeuse *f* à gazon.

cortacircuitos *m* coupe-circuit.

cortado, a *a* sans voix, interdit, e. □ *m* café crème.

cort/ar *t* **1** couper. **2** (el césped) tondre. □ *pr* **1** *me he cortado en el dedo*, je me suis coupé au doigt. **2** (la leche) tourner. **-adura** *f* coupure. **-ante** *a* coupant, e.

¹**corte** *m* **1** (incisión) coupure *f*. **2** (filo) tranchant. **3** (del pelo, de un traje, etc.) coupe *f*.

²**corte** *f* cour. □ *pl las Cortes*, les Cortès (assemblées législatives).

cortedad *f* **1** petitesse. **2** timidité.

cortej/ar *t* courtiser. **-o** *m* cour *f*.

cortés *a* poli, e.

Cortes ⇒ ²**corte.**

cortesano, a *s* courtisan, e.

cortesía *f* politesse.

corteza *f* **1** (árbol, melón) écorce. **2** (del pan, queso) croûte. **3** (del tocino) couenne.

cortijo *m* ferme *f*.

cortina *f* rideau *m*. **-je** *m* rideaux *pl*.

cortisona *f* cortisone.

corto, a *a* **1** court, e. **2** timide. **3** — *de vista*, myope.

corv/a *s* jarret *m*. **-ejón** *m* jarret.

corzo *m* chevreuil.

cosa *f* chose. I — *de*, environ : *a* — *de un kilómetro*, à environ un kilomètre ; *como quien no quiere la* —, mine de rien; *como si tal* —, comme si de rien n'était ; *no hay tal* —, c'est faux. □ *pl* **1** affaires : *¡guarda tus cosas!*, range tes affaires ! **2** (invenciones) idées.

coscorrón *m* coup (sur la tête).

cosech/a *f* **1** récolte. **2** (de cereales) moisson. I FAM *de tu* —, de ton cru. **-ar** *i/t* récolter.

cos/er *t* coudre. I *máquina de* —, machine à coudre ; — *a máquina*, piquer à la machine. **-ido, a** *a* cousu, e.

cosmético, a *a/m* cosmétique.

cósmico, a *a* cosmique.

cosmonauta *s* cosmonaute.

cosmopolita *a* cosmopolite.

cosmos *m* cosmos.

coso *m* arènes *f pl*.

cosquill/as *f pl* chatouillements *m*. I *hacer* —, chatouiller. **-ear** *t* chatouiller. **-eo** *m* chatouillement. **-oso, a** *a* chatouilleux, euse.

¹**costa** *f* côte : *la Costa Azul*, la Côte d'Azur.

²**costa** f *a* — *de*, à force de ; (a expensas de) aux dépens de ; *a toda* —, à tout prix.

costado *m* côté.

costal *m* sac.

costalada *f* coup *m*.

cost/ar ° *i* coûter : *¿ cuánto cuesta este reloj ?*, combien coûte cette montre ? I *cueste lo que cueste*, coûte que coûte ; *me cuesta expresarme en francés*, j'ai du mal à m'exprimer en français. **-e** *m* coût : *el — de vida*, le coût de la vie. | *precio de —*, prix de revient.

¹**costear** *t/i* (navegar) côtoyer.

²**costear** *t* (pagar) financer.

costero, a *a* côtier, ère.

costilla *f* 1 côte. 2 (chuleta) côtelette.

cost/o *m* coût. **-oso, a** *a* coûteux, euse.

costra *f* croûte.

costumbre *f* 1 habitude, coutume : *tiene — de dormir la siesta*, il a l'habitude, il a coutume de faire la sieste. 2 (en un pueblo) coutume. □ *pl* mœurs : *buenas costumbres*, bonnes mœurs.

costur/a *f* couture. **-era** *f* couturière. **-ero** *m* table à ouvrage.

cota *f* (en topografía) cote.

cotej/ar *t* confronter, comparer. **-o** *m* confrontation *f*, comparaison *f*.

cotidiano, a *a* quotidien, enne.

cotille/ar *i* cancaner. **-o** *m* cancans *pl*.

cotiz/ar *t* coter. □ *i* cotiser. □ *pr* être coté, e : *una playa cotizadísima*, une plage très cotée. **-ación** *f* (en Bolsa) cote, cours *m*, cotation.

coto *m* 1 (de caza) réserve *f* de chasse. 2 *poner — a*, mettre un terme à.

cotonada *f* cotonnade.

cotorr/a *f* perruche. **-ear** *i* jacasser.

coy *m* hamac.

coyuntura *f* 1 (articulación) jointure. 2 FIG conjoncture.

coz *f* ruade : *tirar coces*, lancer des ruades.

crac *m* krach.

cráneo *m* crâne.

craso, a *a* 1 gras, grasse. 2 *ignorancia crasa*, ignorance crasse.

cráter *m* cratère.

cre/ar *t* créer. **-ación** *f* création. **-ador, a** *a/s* créateur, trice.

crec/er ° *i* 1 (aumentar) croître. 2 (aumentar de estatura) grandir. 3 (las plantas) pousser. □ *pr* s'enhardir. **-es** *f pl con —*, largement.

crecida *f* (de un río) crue.

crecido, a *a* grand, e.

creciente *a* croissant, e.

crecimiento *m* 1 croissance *f*. 2 (aumento) accroissement.

credencial *a cartas credenciales*, lettres de créance.

credibilidad *f* crédibilité.

crédito *m* crédit. | *dar — a*, ajouter foi à, croire ; *digno de —*, digne de foi.

credo *m* credo.

credulidad *f* crédulité.

crédulo, a *a* crédule.

creencia *f* croyance.

cre/er ° *t/i — en Dios, en la magia*, croire en Dieu, à la magie ; *creí que vendría*, j'ai cru qu'il viendrait ; *¿ no cree usted ?*, vous ne croyez pas ? | *¡ ya lo creo !*, je pense bien !, je crois bien ! □ *pr* 1 *se cree superior*, il se croit supérieur. | *¿ qué te crees ?*, qu'est-ce que tu crois ? 2 croire : *me creí que el coche iba a volcar*, j'ai cru que la voiture allait capoter. **-íble** *a* croyable.

creído, a *a* présomptueux, euse.

crema *a/f* crème. | *— de afeitar*, crème à raser ; *— dental*, pâte dentifrice.

cremallera *f* 1 *ferrocarril de —*, chemin de fer à crémaillère. 2 (cierre) fermeture à glissière, fermeture Éclair.

crematorio *a/m* crématoire.

crencha *f* raie.

crepé *m* crêpe.

crepitar *i* crépiter.

cre/púsculo *m* crépuscule. **-puscular** *a* crépusculaire.

crespo, a *a* crépu, e.

crespón *m* crêpe, crépon.

crest/a *f* crête. **-ería** *f* crête.

creta *f* craie.
cretino, a *a/s* crétin, e.
cretona *f* cretonne.
creyente *a/s* croyant, e.
cría *f* 1 élevage *m*. 2 (animal) petit *m*. 3 (niño) nourrisson *m*.
criada *f* bonne, domestique : — *para todo*, bonne à tout faire.
criadero *m* (minería) gisement.
criadilla *f* rognon *m* blanc.
criado, a *a* élevé, e. □ *s* domestique.
criador *m* éleveur.
crianza *f* 1 (de animales) élevage *m*. 2 (de niños) allaitement *m*. 3 éducation.
cri/ar *t* 1 allaiter, nourrir : — *con biberón*, nourrir au biberon. 2 (animal, niño) élever. 3 produire. **-atura** *f* 1 créature. 2 (niño) enfant *m*.
crib/a *f* crible *m*. **-ar** *t* cribler.
cric *m* cric.
crim/en *m* crime. **-inal** *a/s* criminel, elle.
crin *f* crin *m*.□ *pl* crinière *sing*.
crío *m* gosse.
criollo, a *a/s* créole.
cripta *f* crypte.
crisantemo *m* chrysanthème.
crisis *f* crise.
crisma *f* FAM *romper la —*, casser la figure.
crismas *m* carte *f* de Noël, de vœux.
crisol *m* creuset.
crispar *t* crisper. I — *los nervios*, taper sur les nerfs.
cristal *m* 1 cristal : *cristales de cuarzo*, cristaux de quartz. 2 (vidrio) verre. 3 (de ventana) carreau, vitre *f*. **-ería** *f* service *m* de verres.
cristalino, a *a/m* cristallin.
cristalizar *t/i* cristalliser.
cristian/o, a *a/s* chrétien, enne. **-dad** *f* chrétienté. **-ismo** *m* christianisme.
Cristina *n p f* Christine.

Cristo *n p m* Christ.
Cristóbal *n p m* Christophe.
criterio *m* 1 critère. 2 jugement. 3 opinion *f*: *comparto tu —*, je partage ton opinion.
crítica *f* critique.
criticar *t* critiquer.
crítico, a *a/m* critique.
criticón, ona *s* critiqueur, euse.‘
croar *i* coasser.
cromar *t* chromer.
cromo *m* 1 chrome. 2 (estampa) chromo.
crónica *f* chronique.
crónico, a *a* chronique.
cronista *m* chroniqueur.
cronol/ogía *f* chronologie. **-ógico, a** *a* chronologique.
cron/ómetro *m* chronomètre. **-ometrar** *t* chronométrer.
croqueta *f* croquette.
croquis [krokis] *m* croquis.
cruce *m* croisement.
crucero *m* 1 croisée *f* du transept. 2 (viaje) croisière *f*. 3 (barco) croiseur.
cruces *pl* de *cruz*.
crucifi/car *t* crucifier. **-jo** *m* crucifix. **-xión** *f* crucifixion.
crucigrama *m* mots *pl* croisés.
crudamente *adv* crûment.
crud/o, a *a* 1 cru, e. 2 *petróleo —*, pétrole brut. **-eza** *f* 1 crudité. 2 (del tiempo) rigueur.
cruel *a* cruel, elle. **-dad** *f* cruauté.
cruj/ir *i* 1 craquer. 2 (dientes, muelle) grincer. 3 (arena, etc.) crisser. **-ido** *m* 1 craquement, grincement, crissement. **-iente** *a* (pan) croustillant, e.
crustáceo *m* crustacé.
cruz *f* 1 croix. 2 *cara o —*, pile ou face. 3 (de un animal) garrot *m*.
cruzado, a *a* croisé, e : *— de brazos*, les bras croisés. □ *f* croisade.
cruzamiento *m* croisement.
cruzar *t* 1 croiser : *— las piernas*,

croiser les jambes. 2 — *la calle*, traverser la rue. □ *pr* 1 se croiser : *cruzarse de brazos*, se croiser les bras. 2 croiser : *me crucé con él en la escalera*, je l'ai croisé dans l'escalier.

cuadern/o *m* cahier. **-illo** *m* petit cahier, carnet.

cuadra *f* 1 écurie. 2 (en América) pâté *m* de maison.

cuadrado, a *a/m* carré, e.

cuadragenario, a *a/s* quadragénaire.

cuadragésimo, a *a/s* quarantième.

cuadrante *m* 1 quart. 2 cadran.

cuadrar *i* convenir. □ *pr* 1 (soldado) se mettre au garde-à-vous. 2 (toro) s'arrêter net.

cuadr/icular *t* quadriller. **-ícula** *f* quadrillage *m*.

cuadrilátero *m* quadrilatère.

cuadrilla *f* 1 équipe. 2 (de ladrones) bande.

cuadro *m* 1 carré. 2 (pintura, espectáculo) tableau. I — *de mandos*, tableau de bord. 3 (de bicicleta) cadre. 4 carreau : *tejido de cuadros*, tissu à carreaux.

cuadrúpedo, a *a/m* quadrupède.

cuádruplo, a *a/m* quadruple.

cuadruplicar *t* quadrupler.

cuajada *f* caillé *m*.

cuaj/ar *t* 1 cailler : *leche cuajada*, lait caillé. 2 (sangre, aceite) figer. □ *i* 1 (nieve, crema) prendre. 2 (realizarse) prendre corps, aboutir. □ *pr* se remplir. **-ado, a** *a* (lleno) rempli, e, plein, e, chargé, e : *carta cuajada de faltas de ortografía*, lettre remplie de fautes d'orthographe. **-arón** *m* caillot. **-o** *m* 1 présure *f*. 2 *arrancar de —*, déraciner.

¹**cual** *pron rel* 1 *el, la —*, lequel, laquelle ; *los, las cuales*, lesquels, lesquelles ; *al —*, auquel ; *a la —*, à laquelle ; *a los cuales*, auxquels ; *del —*, dont. 2 *a — más*, à qui mieux mieux ; *lo —*, ce qui, ce que ;

por lo —, c'est pourquoi. □ *adv* comme.

²**cuál** *a/pron* (interrogativo o exclamativo) quel, quelle, etc. : ¿ — *es su apellido ?*, quel est votre nom ? ; ¡ — *fue su sorpresa !*, quelle ne fut pas sa surprise ! ; ¿ — *de los dos, das dos ?*, lequel, laquelle des deux ?

cualesquiera *pl* de **cualquiera**.

cualidad *f* qualité.

cualquier, cualquiera *a/pron indef* 1 — *día*, n'importe quel jour ; *a — hora*, n'importe quelle heure ; — *cosa*, n'importe quoi. 2 (después del sustantivo) *un libro cualquiera*, un livre quelconque. 3 *cualquiera que sea su edad*, quel que soit votre âge ; *cualquiera sabe si...*, savoir si... □ m *un cualquiera*, un homme quelconque.

cuán *adv* combien, que : ¡ — *frágil es la felicidad !*, combien fragile est le bonheur ! ; ¡ — *bello es este país !*, que ce pays est beau !

cuando *conj* 1 quand, lorsque : *yo era niño*, quand j'étais enfant. I — *la guerra*, pendant la guerre. 2 (puesto que) puisque. 3 — *más*, tout au plus ; — *no*, sinon ; *de — en* —, de temps en temps. □ *adv* quand : ¿ *cuándo se marcha usted ?*, quand partez-vous ?

cuant/ía *f* 1 quantité. 2 importance. **-ioso, a** *a* important, e.

cuanto, a *adv/a/pron* 1 combien : ¿ *cuánto le debo ?*, combien vous dois-je ? ; ¿ *a cuánto es el kilo ?*, c'est combien le kilo ? ; ¿ *a cuántos estamos ?*, le combien sommes-nous ? ; ¿ *cuántos hermanos tienes ?*, combien de frères as-tu ? ; ¿ *cuántas veces ?*, combien de fois ? I ¡ *cuánta gente !*, que de monde ! 2 — *antes*, le plus tôt possible ; — *más*, à plus forte raison ; *en —*, dès que ; *en — a*, quant à ; *unos cuantos*, quelques. 3 *cree — le dicen*, il croit tout ce qu'on lui dit.

cuarent/a *a/m* quarante. **-ena** *f* quarantaine. **-ón, ona** *s* quadragénaire.

cuaresma *f* carême *m*.

cuartearse *pr* se crevasser.

cuartel *m* 1 (alojamiento de la tropa) caserne *f*. 2 — *general*, quartier général. **-ada** *f* putsch *m*.

cuarteto *m* 1 quatrain. 2 MÚS quatuor.

cuartilla *f* copie, feuille.

cuarto, a *a* quatrième. l *la cuarta parte*, le quart. □ *m* 1 quart : *dentro de un — de hora*, dans un quart d'heure. 2 (habitación) pièce *f*, chambre *f*. l — *de dormir*, chambre à coucher ; — *de aseo*, cabinet de toilette ; — *de baño*, salle *f* de bain ; — *de estar*, salle *f* de séjour. 3 (piso) appartement. 4 (de luna) quartier. □ *pl* FAM (dinero) sous. l *no andar bien de cuartos*, ne pas être en fonds.

cuarzo *m* quartz.

Cuasimodo *m* Quasimodo *f*.

cuatro *a/m* quatre. l *son las —*, il est quatre heures. **-cientos** *a* quatre cents.

cuba *f* 1 tonneau *m*. l *estar como una —*, être complètement rond. 2 (tina) cuve.

cubano, a *a/s* cubain, e.

cubeta *f* petit tonneau *m*.

cúbico, a *a* 1 cubique. 2 *metro —*, mètre cube.

cubierta *f* 1 couverture. 2 (de un barco) pont *m*.

cubierto, a *a* couvert, e. □ *m* 1 (tenedor, cuchara, cuchillo) couvert. 2 menu à prix fixe. 3 *estar a —*, être à l'abri.

cubilete *m* 1 timbale *f*. 2 (para los dados) gobelet.

cub/ismo *m* cubisme. **-ista** *a/s* cubiste.

¹**cubo** *m* 1 (recipiente) seau. l — *de la basura*, poubelle *f*, boîte *f* à ordures. 2 (de una rueda) moyeu.

²**cubo** *m* (geometría) cube.

cubrecadena *m* carter.

cubrecama *m* dessus-de-lit.

cubrir *t* 1 couvrir. 2 — *las necesidades de*, pourvoir aux besoins de ; *escaño a —*, siège à pourvoir. □ *pr* se couvrir : *se cubrieron de gloria*, ils se sont couverts de gloire.

cucaña *f* mât *m* de cocagne.

cucaracha *f* cafard *m*.

cuclillas (en) *loc adv* accroupi, e.

cuclillo *m* coucou.

cuco, a *a* 1 (bonito) joli, e, mignon, onne. 2 (astuto) malin, igne. □ *m* (ave) coucou.

cucurucho *m* 1 cornet. 2 (capirote) cagoule *f*.

cuchar/a *f* cuiller, cuillère. **-ada** *f* cuillerée. **-illa** *f* petite cuiller, cuiller à café. **-ón** *m* louche *f*.

cuchich/ear *i* chuchoter. **-eo** *m* chuchotement.

cuchill/a *f* 1 (hoja) lame. 2 (de carnicero) couperet *m*, coutelas *m*. **-ada** *f* 1 coup *m* de couteau. 2 (herida) balafre.

cuchill/o *m* couteau. l *pasar a —*, passer au fil de l'épée. **-ería** *f* coutellerie.

cuchitril *m* galetas.

cuchufleta *f* plaisanterie.

cuelga, etc. ⇒ **colgar.**

cuello *m* 1 cou. 2 col : — *cisne*, col roulé ; — *postizo*, faux col. 3 (de botella) goulot.

cuenca *f* 1 écuelle. 2 (del ojo) orbite. 3 bassin *m* : *la — del Ebro*, le bassin de l'Èbre ; — *hullera*, bassin houiller.

cuenco *m* terrine *f*.

¹**cuenta** *f* 1 compte *m* : — *atrás*, compte à rebours ; — *bancaria, corriente*, compte en banque, courant. l *en resumidas cuentas*, en fin de compte. 2 (en un restaurante) note, addition : *pedir la —*, demander l'addition. 3 *caer en la —*, comprendre ; *darse —*, se rendre compte ; *entrar en —*, entrer en ligne de compte ; *hazte — de que...*, dis-toi que... ; *tener en —*, tenir compte de ; *teniendo en —...*,

compte tenu de... **4** *corre por mi —
hacerlo*, je me charge de le faire.

²**cuenta,** etc. ⇒ **contar.**

cuentagotas *m* compte-gouttes.

cuentakilómetros *m* compteur
kilométrique.

cuentarrevoluciones *m* compte-
tours.

cuentista *a/s* **1** conteur, euse. **2**
(chismoso) cancanier, ère. **3** (jactancioso) baratineur, euse.

cuento *m* **1** *— de hadas*, conte de
fée. | *el — de nunca acabar*, une
histoire à n'en plus finir ; *eso no
viene a —*, ça ne rime à rien ; *venir
con cuentos*, raconter des histoires.
2 *sin —*, sans nombre.

cuerd/a *f* **1** corde : *— floja*, corde
raide ; *cuerdas vocales*, cordes
vocales. **2** *dar — a un reloj*, remonter une montre. **3** *por debajo de —*,
en cachette. **-ecita** *f* cordelette.

cuerdo, a *a* sage, prudent, e.

cuerno *m* **1** corne *f*. **2**
(instrumento de música) cor. **3**
FAM *mandar al —*, envoyer promener ; *¡ vete al — !*, va-t-en au
diable !, va te faire foutre !

cuero *m* **1** cuir. **2** *en cueros*, tout
nu, toute nue.

cuerpo *m* corps : *— a —*, corps à
corps ; *a — descubierto*, à corps
perdu. | *a —*, en taille ; *desnudarse
de medio — para arriba*, se mettre
torse nu ; *en — y alma*, corps et
âme.

cuervo *m* corbeau.

cuesta *f* **1** côte. | *camino en —*,
chemin en pente ; *ir — arriba,
abajo*, monter, descendre. **2** *a cues-
tas*, sur le dos ; FIG sur les épaules.

cuestación *f* quête.

cuesti/ón *f* **1** question. **2** (lío) *no
quiero cuestiones con él*, je ne veux
pas d'histoires avec lui. **-onario**
m questionnaire.

cueva *f* **1** caverne, grotte. **2**
(sótano) cave.

cuévano *m* hotte *f*.

cuidad/o *m* **1** soin : *prodigar sus*

cuidados, prodiguer ses soins. |
estar de —, être gravement malade.
2 *estar con —*, être inquiet, ète. | *no
pase —, pierda —*, ne vous inquiétez
pas, ne vous en faites pas. **3** attention : *¡ — con el fuego !*, attention
au feu ! ; *¡ mucho — con lo que
dices !*, fais très attention à ce que
tu dis ! **-oso, a** *a* soigneux, euse.

cuidar *t* **1** soigner. **2** s'occuper de.
□ *i — de*, veiller à : *cuidaré de que
no te falte nada*, je veillerai à ce
qu'il ne te manque rien. □ *pr* **1** se
soigner. **2** *cuidarse de*, faire attention à, veiller à.

cuita *f* peine, souci *m*.

culat/a *f* **1** (de fusil, pistola)
crosse. **2** (de cañón) culasse. **-azo**
m **1** coup de crosse. **2** (retroceso)
recul.

culebr/a *f* **1** couleuvre. **2** serpent
m. **-ear** *i* serpenter.

culinario, a *a* culinaire.

culminante *a* culminant, e.

culo *m* cul.

culp/a *f* faute : *no tengo la —*, ce
n'est pas ma faute. | *echar la — de*,
rendre responsable de. **-abilidad**
f culpabilité. **-able** *a/s* coupable.
-ar *i* accuser, rendre responsable.

cultiv/ar *t* cultiver. **-o** *m* culture
f.

culto, a *a* **1** cultivé, e. **2** (palabra)
savant, e. □ *m* culte.

cultur/a *f* culture. **-al** *a* culturel,
elle.

cumbre *f* sommet *m*.

cumpleaños *m* anniversaire.

cumplido, a *a* **1** accompli, e. **2**
(cortés) poli, e. □ *m* **1**
compliment. **2** politesse *f* : *visita
de —*, visite de politesse ; *por —*,
par politesse.

cumpli/mentar *t* **1** (felicitar)
complimenter. **2** (una orden) exécuter. **3** (un cuestionario) remplir.
-miento *m* **1** exécution *f*. **2** *en —
del reglamento*, en application du
règlement.

cumplir *t/i — (con) su deber*,

accomplir, faire, remplir son devoir ; — *(con) una misión*, s'acquitter d'une mission ; — *los desos*, satisfaire aux désirs ; — *(con) su promesa*, tenir sa promesse. I *por —*, par politesse. □ *t* avoir : *hoy cumple doce años*, il a aujourd'hui douze ans. □ *i* 1 tenir parole, tenir ses promesses. 2 (plazo) expirer, échoir. □ *pr* se réaliser : *se cumplieron tus previsiones*, tes prévisions se sont réalisées.

cúmulo *m* tas, masse *f*.

cuna *f* ↰ berceau *m*. I *canción de —*, berceuse. 2 *de humilde, ilustre —*, de basse, de haute extraction.

cundir *i* 1 se répandre : *cundió el rumor*, le bruit s'est répandu. 2 (dar de sí) profiter. I *hoy, me ha cundido el trabajo*, aujourd'hui, j'ai avancé dans mon travail.

cunear *t* bercer.

cuneta *f* fossé *m*.

cuña *f* coin *m*.

cuñado, a *s* beau-frère, belle-sœur.

cuño *m* (señal) empreinte *f*.

cuota *f* 1 (en un club, etc.) cotisation. 2 quote-part.

cupe, etc. ⇒ **caber.**

cuplé *m* chanson *f*.

cupo *m* contingent.

cupón *m* 1 coupon. 2 bon.

cúpula *f* coupole.

¹**cura** *m* 1 (sacerdote) prêtre, curé : *el señor —*, monsieur le curé. I *— párroco*, curé. 2 (saliva) postillon.

²**cur/a** *f* 1 cure : *— de reposo*, cure de repos. 2 soins *m pl* : *primera —*, premiers soins. 3 pansement *m* : *hacer una — provisional*, faire un pansement provisoire. **-able** *a* guérissable. **-ación** *f* 1 traitement *m*. 2 (efecto de curarse) guérison. **-andero, a** *s* guérisseur, euse. **-ar** *t* 1 guérir. 2 (tratar) soigner. 3 (alimentos) sécher. 4 (pipa) culotter. □ *i/pr espero que curará*

pronto, j'espère qu'il guérira bientôt ; *me he curado*, je suis guéri.

curato *m* cure *f*.

curda *f* FAM cuite.

cureña *f* affût *m*.

curia *f* gens *m pl* de robe.

curios/o, a *a/s* curieux, euse : *— por saber*, curieux de savoir. □ *a* (cuidadoso) soigneux, euse. **-ear** □ *t* examiner. **-idad** *f* curiosité. I *tener — por saber*, être curieux de savoir.

curruca *f* fauvette.

cursar *t* 1 suivre un cours de. 2 — *el bachillerato*, faire ses études secondaires. 3 transmettre. 4 envoyer : *— un telegrama*, envoyer un télégramme.

cursi *a/s* (persona) snob. □ *a* (cosa) de mauvais goût. **-lería** *f* snobisme *m*.

cursill/o *m* 1 cours. 2 stage. **-ista** *s* stagiaire.

cursiva *f* italique.

curso *m* 1 cours : *dar — a*, donner cours à ; *seguir su —*, suivre son cours. 2 année *f* scolaire. 3 (transcurso) courant.

curt/ir *t* 1 tanner. 2 (la piel) hâler, basaner. 3 FIG endurcir, aguerrir. **-idor** *m* tanneur. **-iduría** *f* tannerie.

curv/a *f* 1 courbe. 2 (en una carretera) tournant *m*, virage *m*. 3 FAM (del cuerpo) rondeur. **-atura** *f* courbure. **-o, a** *a* courbe.

cuscurro *m* (de pan) croûton.

cúspide *f* 1 sommet *m*. 2 FIG *en la — del poder*, au sommet du pouvoir.

custodi/a *f* 1 surveillance, garde. 2 (liturgia) ostensoir *m*. **-ar** *t* surveiller.

cut/is *m* peau *f*. **-áneo, a** *a* cutané, e.

cuyo, a *pron rel* 1 dont le, la, les : *mi vecino, cuya hija es enfermera*, mon voisin, dont la fille est infirmière. **2** (después de una preposición) de qui, duquel, etc. : *la casa en — último piso vive mi amigo,* la maison au dernier étage de laquelle habite mon ami. | *a — efecto,* en vue de quoi ; *en — caso,* auquel cas.

cuzcuz *m* couscous.

CH

ch [tʃe] f ch m.

chabacano, a a vulgaire, grossier, ère.

chabola f cahute, baraque. I *barrio de chabolas*, bidonville.

chacarero, a s AMER fermier, ère.

chacota f *tomar a* —, prendre à la blague.

chacra f AMER ferme.

chacha f FAM bonne.

cháchara f papotage m.

chafar t 1 écraser. 2 (arrugar) froisser. 3 FIG déprimer.

chaflán m pan coupé.

chal m chal.

chalado, a a 1 FAM cinglé, e. 2 — *por*, toqué, e de.

chalán m maquignon.

chalana f chaland m.

chaleco m gilet.

chalet [tʃalet] m 1 pavillon, villa f. 2 résidence f secondaire.

chalote m échalote f.

chalupa f chaloupe.

chamarilero, a s brocanteur, euse.

chamb/a f FAM chance. I *por* —, par hasard. **-ón, ona** a/s veinard, e.

champán, champaña m champagne.

champiñón m champignon.

champú m shampooing.

chamus/car t roussir. **-quina** f *oler a* —, sentir le roussi.

chance/ar i plaisanter, blaguer. **-ro, a** a blagueur, euse.

chancl/a f savate. **-eta** f savate, pantoufle.

chancho m AMER porc.

chanchullo m manigance f, trafic.

chandal m survêtement.

chantaje m chantage.

chantre m chantre.

chanza f plaisanterie.

chap/a f 1 plaque. 2 (de metal) tôle : — *ondulada*, tôle ondulée. 3 (de botella) capsule. **-ado, a** a 1 — *de oro*, plaqué or. 2 — *a la antigua*, vieux jeu. **-ar** t plaquer.

chaparrón m averse f.

chapotear i barboter.

chapuce/ar t bâcler. **-ría** f bricolage m. **-ro, a** s bricoleur, euse.

chapurrear t (hablar mal) baragouiner.

chapuza f bricole.

chapuz/ar t/i plonger. ☐ *pr* se baigner. **-ón** m plongeon. I *darse un* —, faire trempette.

chaqué m jaquette f.

chaquet/a f veste, veston m. **-ón** m grande veste f, trois-quarts.

charada f charade.

charanga f fanfare.

charc/a f mare. **-o** m flaque f.

charl/ar i bavarder. **-a** f 1 bavardage m. 2 (conferencia) causerie. **-atán, ana** a/s bavard, e. ☐ m (curandero) charlatan. **-atanismo** m charlatanisme.

charol m 1 vernis. 2 cuir vernis. I *zapatos de* —, souliers vernis. **-ar** t vernir.

charr/án m mufle. **-anada** f muflerie, vacherie.

charretera f épaulette.

charro, a a 1 de Salamanque. 2 de mauvais goût. ☐ m cavalier mexicain.

chascar t faire claquer : *chascó la lengua*, il fit claquer sa langue. ☐ i craquer.

chascarrillo m plaisanterie f.

chasco *m* 1 *dar un* —, jouer un tour. 2 déception *f*. I *llevarse un* —, être déçu, e. 3 ratage, fiasco.

chasis *m* chassis.

¹**chasquear** ⇒ **chascar**.

²**chasquear** *t* duper. I *quedarse chasqueado*, être déçu.

chasquido *m* 1 claquement. 2 craquement.

chatarr/a *f* ferraille. -**ero** *m* ferrailleur.

chato, a *a* 1 *nariz chata*, nez camus. 2 plat, e. □ *m* (de vino) verre.

chaval, a *s* gamin, e.

chaveta *f* 1 goupille. 2 FAM *estar* —, être cinglé, e ; *perder la* —, perdre la boule.

checoslovaco, a *a/s* tchécoslovaque.

Checoslovaquia *npf* Tchécoslovaquie.

chelín *m* shilling.

cheque *m* chèque : — *cruzado*, chèque barré.

chequeo *m* check-up, bilan de santé.

chicle *m* chewing-gum.

chico, a *a* petit, e. □ *m* garçon. □ *f* 1 jeune fille, fille : *una chica bonita*, une jolie fille. 2 (criada) bonne. □ *s* enfant.

chicote *m* AMER fouet.

chicuelo, a *s* gamin, e.

chicharra *f* cigale.

chicharrones *m pl* rillons.

chichón *m* bosse *f*.

chifl/arse *pr* — *por*, être toqué, e de. -**ado, a** *a* toqué, e. -**adura** *f* tocade.

Chile *npm* Chili.

chileno, a *a/s* chilien, enne.

chill/ar *i* crier, piailler. -**ido** *m* cri perçant. -**ón, ona** *a* criard, e.

chimenea *f* cheminée.

chimpancé *m* chimpanzé.

China *npf* Chine.

¹**china** *f* petit caillou *m*.

²**china** ⇒ **chino**.

chinchar *t* FAM empoisonner, enquiquiner. □ pr *¡ chínchate !*, bien fait !

chinche *m* punaise *f*. □ *a/s* FAM enquiquineur, euse. -**ta** *f* punaise.

chinchorrer/o, a *s* 1 chicaneur, euse. 2 (chismoso) cancanier, ère. -**ía** *f* 1 chicanerie. 2 cancan *m*.

chinela *f* mule.

chinesco, a *a* chinois, e.

chino, a *a/s* 1 chinois, e. 2 AMER indien, enne, métis, isse. □ *f* AMER servante, compagne.

chipirón *m* calmar.

chiquero *m* toril.

chiquill/o, a *s* gosse. -**ada** *f* gaminerie. -**ería** *f* marmaille.

chiquito, a *a* tout petit, toute petite.

chiribitil *m* galetas.

chirigota *f* plaisanterie.

chirimoya *f* annone.

chiripa f *por* —, par hasard, par miracle.

chirle *a* fade.

chirlo *m* estafilade *f*, balafre *f*.

chirona *f* FAM taule.

chirr/iar *i* grincer. -**ido** *m* grincement.

¡ chis ! *interj* chut !

chism/e *m* 1 ragot, racontar, cancan. 2 FAM (cosa) machin, truc. -**orrear** *i* cancaner. -**oso, a** *a/s* cancanier, ère.

chisp/a *f* 1 étincelle. 2 goutte. 3 (poco) miette. 4 (gracia) esprit *m*. -**eante** *a* — *de ingenio*, pétillant d'esprit. -**ear** *i* pétiller. -**o, a** *a* éméché, e.

chisporrote/ar *i* pétiller. -**o** *m* 1 crépitement. 2 (en un micrófono) grésillement.

chistar *i* ouvrir la bouche. I *sin* —, sans mot dire.

chiste *m* 1 (dicho gracioso) bon mot, plaisanterie *f*. 2 (cuento gracioso) histoire *f* drôle, blague *m*. I *tener* —, être drôle.

chistera *f* (sombrero) chapeau *m* haut-de-forme.

chistoso, a *a* drôle, spirituel, elle.

chita f *a la — callando*, en douce.

¡ **chito** !, ¡ **chitón** ! *interj* chut !

chivarse *pr* cafarder, moucharder.

chivato *m* 1 chevreau. 2 FAM mouchard, e.

chivo, a *s* chevreau, chevrette.

chocante *a* 1 choquant, e. 2 étonnant, e.

chocar *i* 1 heurter : *el coche chocó con un camión*, la voiture a heurté un camion. 2 se heurter, entrer en collision : *han chocado dos trenes*, deux trains sont entrés en collision ; *— contra un poste*, se heurter à un poteau. 3 (sorprender) choquer.

chocarrero, a *a* grossier, ère. □ *s* plaisantin.

chocolate *m* chocolat : *— con leche*, chocolat au lait.

chocha *f* bécasse.

choch/o, a *a* gâteux, euse. I *— con*, fou de. **-ear** *i* radoter. **-era, -ez** *f* gâtisme *m*.

chófer *m* chauffeur.

chola *f* FAM caboche.

cholo, a *a/s* AMER métis, isse.

chopo *m* peuplier.

choque *m* 1 choc. 2 (de trenes) tamponnement. 3 heurt.

chorizo *m* chorizo.

chorlito *m* pluvier. I *cabeza de —*, tête de linotte.

chorrada *f* FAM bêtise.

chorrear *i* 1 couler. 2 dégouliner, ruisseler : *abrigo chorreando agua*, manteau ruisselant d'eau, manteau trempé.

chorrera *f* jabot *m*.

chorr/o *m* 1 jet. 2 *beber a —*, boire à la régalade. I *a chorros*, à la pelle. **-illo** *m* jet.

chote/arse *pr* FAM se payer la tête de. **-o** *m* rigolade *f*, moquerie *f*.

choto *m* cabri.

choza *f* cabane, hutte.

chubasco *m* averse *f*.

chuchería *f* babiole, bibelot *m*.

chucho *m* chien.

chueco, a *a* AMÉR tordu, e.

chufa *f* souchet *m*.

chuleta *f* (pequeña) côtelette ; (mayor) côte.

chulo, a *a* 1 (descarado) effronté, e. 2 (presumido) fier, ère. I *ponerse —*, jouer les durs. □ *m* type.

chumbera *f* figuier *m* de Barbarie.

chunga *f* FAM plaisanterie, blague. I *estar de —*, blaguer.

chupada f *dar una —*, tirer une bouffée.

chupado, a *a* très maigre.

chupar *t* 1 sucer. 2 FAM ¡ *chúpate ésa !*, attrape !

chupatintas *m* gratte-papier.

chupete *m* tétine *f*. **-ar** *i* suçoter.

chupón, ona *s* parasite.

churrasco *m* AMER grillade *f*.

churretoso, a *a* crasseux, euse.

churro *m* 1 beignet allongé. 2 FAM (pelicula mala) navet. 3 ratage ; *un — de pintura*, une peinture ratée.

chusco, a *a* drôle, marrant, e.

chusma *f* populace.

chutar *i* 1 shooter, tirer. 2 FAM ¡ *y va que chuta !*, et ça va comme ça !

chuzo *m* pique *f*. I FIG *aunque caigan chuzos de punta*, même s'il tombe des cordes.

D

d *f* d *m* : *una* —, un d.

dable *a* possible.

dactilar a *huellas dactilares*, empreintes digitales.

dádiva *f* présent *m*, don *m*.

dadivoso, a *a* généreux, euse.

dado, a *p p* de **dar.** I — *que*, étant donné que. ☐ *m* dé.

dador *m* 1 (de una carta) porteur. 2 (de una letra) tireur.

daga *f* dague.

dalia *f* dahlia *m*.

dama *f* dame. ☐ pl *juego de damas*, jeu de dames.

damajuana *f* dame-jeanne.

Damasco *n p* Damas.

damasco *m* abricot.

damnificado, a *a/s* sinistré, e.

danés, esa *a/s* danois, e.

Danubio *n p m* Danube.

danz/ar *i* danser. **-a** *f* danse. **-ante** *s* danseur, euse.

dañ/ar *t* 1 endommager, abîmer. 2 (fruta) gâter. 3 (moralmente) nuire à. **-ino, a** *a* nuisible.

daño *m* 1 dommage : *daños y perjuicios*, dommages et intérêts. 2 dégât : *daños materiales*, dégâts matériels. 3 *hacer* —, faire du mal ; *hacerse* —, se faire mal.

dar ° *t* 1 donner : — *de beber, que pensar*, donner à boire, à penser ; *se lo doy*, je vous le donne. 2 — *un paseo, un salto*, faire une promenade, un bond ; — *lástima*, faire pitié. 3 — *los buenos días, el pésame*, souhaiter le bonjour, présenter ses condoléances. 4 *le dió un ataque*, il a eu une attaque. I *me va a* — *algo*, je vais piquer une crise. 5 *¡y dale!*, encore ! ☐ *i* 1 — *a la manivela, a la radio*, tourner la manivelle, allumer, mettre la radio. 2 — *con*, trouver. 3 — *de espaldas*

en el suelo, tomber à la renverse. 4 — *a*, donner sur : *ventana que da al mar*, fenêtre qui donne sur la mer. 5 *que más da*, peu importe ; *me da lo mismo*, ça m'est égal. ☐ *pr* 1 *se da a sus hijos*, elle se donne à ses enfants. 2 *darse a la bebida*, s'adonner à la boisson. 3 *darse por satisfecho*, s'estimer satisfait. 5 *se las da de indiferente*, il joue les indifférents. 6 (plantas) pousser.

dardo *m* fléchette *f*

dársena *f* bassin *m*.

datar *i* dater.

dátil *m* datte *f*.

datilera *f* dattier *m*.

dato *m* 1 donnée *f*. 2 renseignement.

de *prép* 1 de, d' : *al salir* — *la iglesia*, en sortant de l'église ; *el coche* — *Pablo*, la voiture de Paul ; — *un salto*, d'un bond ; *el imbécil* — *tu primo*, ton imbécile de cousin. 2 à : *es* — *Jaime*, c'est à Jacques ; *difícil* — *explicar*, difficile à expliquer ; *la muchacha* — *los ojos azules*, la fille aux yeux bleus ; *helado* — *vainilla*, glace à la vanille. 3 en : *camisa* — *algodón*, chemise en coton ; — *amarillo*, en jaune. 4 *colocarse* — *criada*, se placer comme bonne. 5 (tiempo) — *día*, le jour ; — *niño, soñó con...*, étant enfant, lorsqu'il était enfant, il rêva de... 6 — *(lo) que*, dont. 7 (+ infinitif) si.

debajo *adv* dessous. I — *de*, sous ; *por* — *de la rodilla*, au-dessous du genou.

debat/e *m* débat. **-ir** *i* débattre.

debe *m* COM doit.

deb/er *t* devoir : *me debe cien pesetas*, il me doit cent pesetas ; *deberías haberlo dicho antes*, tu aurais dû le dire avant ; *debo de*

tener un poco de fiebre, je dois avoir un peu de fièvre. □ *m* devoir.
-ido, a *a* dû, e. I *como es —*, comme il faut. **-idamente** *adv* dûment.

débil *a/s* 1 faible. 2 *— mental*, débile mental.

debilidad *f* faiblesse.

debilit/ar *t* affaiblir. □ *pr* s'affaiblir, faiblir. **-ación** *f* affaiblissement *m*.

débito *m* dette *f*.

debut *m* début. **-ar** *i* débuter.

década *f* décade.

decad/encia *f* décadence. **-ente** *a* décadent, e.

deca/er º *i* 1 (bajar de categoría) déchoir. 2 (debilitarse) décliner, s'affaiblir. 3 baisser. **-ido, a** *a* 1 affaibli, e. 2 (moralmente) abattu, e. **-imiento** *m* affaiblissement, abattement.

decámetro *m* décamètre.

decano *m* doyen.

decant/ar *t* décanter. **-ación** *f* décantation.

decapitar *t* décapiter.

decena *f* dizaine.

decencia *f* décence.

decenio *m* décennie *f*.

decente *a* décent, e. **-mente** *adv* décemment.

decep/ción *f* déception. **-cio-nado, a** *a* déçu, e. **-cionar** *t* décevoir.

deceso *m* décès.

decibel, decibelio *m* décibel.

decid/ir *t* décider : *ha decidido marcharse*, il a décidé de partir. **-ido, a** *a* 1 décidé, e. 2 *— propósito*, ferme intention.

decigramo *m* décigramme.

decimal *a* décimal, e.

decímetro *m* décimètre.

décimo, a *a/s* dixième.

decimo/ctavo, a *a/s* dix-huitième. **-cuarto, a** *a/s* quatorzième. **-nono, a** *a/s* dix-neuvième. **-quinto, a** *a/s*

quinzième. **-séptimo, a** *a/s* dix-septième. **-sexto, a** *a/s* seizième. **-tercero, a** *a/s* treizième.

¹**decir** º *t* 1 dire : *dígale que se calle*, dites-lui de se taire.I *a — verdad*, à vrai dire ; *como quien dice, como si dijéramos*, comme qui dirait ; *es —*, c'est-à-dire ; ¡ *haberlo dicho !*, il fallait le dire ! ; *lo que se dice...*, ce qu'on appelle... ; *ni que — tiene que...*, inutile de dire que... ; ¡ *no me diga !*, pas possible ! ; (teléfono) ¡ *diga !*, ¡ *dígame !*, allô !

²**decir** *m* parole *f*. I *al — de*, au dire de ; *es un —*, disons, c'est une façon de parler.

decisión *f* décision.

decisivo, a *a* décisif, ive.

declam/ar *t/i* déclamer. **-ación** *f* déclamation.

declar/ar *t* déclarer. □ *pr* se déclarer. **-ación** *f* déclaration.

declin/ar *i* décliner. **-ación** *f* déclinaison.

declive *m* déclivité *f*, pente *f*.

decolor/ar *t* décolorer. **-ación** *f* décoloration.

decomisar *t* saisir.

decor/ar *t* décorer. **-ación** *f* décoration. **-ado** *m* (teatro) décor. **-ador, a** *s* décorateur, trice. **-ativo, a** *a* décoratif, ive.

decor/o *m* 1 décorum. 2 dignité *f*. 3 décence *f*.I *vivir con —*, vivre correctement. **-oso, a** *a* 1 convenable. 2 décent, e.

decrecer º *i* décroître.

decr/épito, a *a* décrépit, e. **-epitud** *f* décrépitude.

decret/o *m* décret. **-ar** *t* décréter.

dechado *m* modèle.

dedal *m* dé (à coudre).

dedalera *f* digitale.

dédalo *m* dédale.

dedic/ar *t* 1 (tiempo, etc.) consacrer. 2 (sonrisa, mirada) adresser. 3 (a una divinidad) dédier, consacrer. 4 (un libro, una foto) dédicacer. □ *pr* se consacrer. **-ación** *f* 1 *trabajar con —*

completa, travailler à plein temps.
2 (liturgia) dédicace. **-atoria** *f*
dédicace.

ded/o *m* doigt. l — *del pie,* orteil ;
— *gordo,* pouce ; — *del corazón,*
majeur ; FIG *no tiene dos dedos de
frente,* il n'a pas deux sous de
jugeotte. **-illo** m *saber al —,* savoir
sur le bout du doigt.

deduc/ir ° *t* déduire. **-ción** *f*
déduction.

defección *f* défection.

defect/o *m* 1 défaut. 2 — *de
forma,* vice de forme. **-uoso, a** *a*
défectueux, euse.

defen/der ° *t* défendre. **-dible** *a*
défendable. **-sa** *f* défense. **-sivo,
a** *a* défensif, ive. □ f *estar a la
defensiva,* se tenir sur la défensive.
-sor, a *a/s* défenseur.

deferen/cia *f* déférence. **-te** *a*
déférent, e.

deficien/cia *f* déficience. **-te** *a*
déficient, e.

déficit *m* déficit

deficitario, a *a* déficitaire.

defin/ir *t* définir. **-ición** *f*
définition.

definitivo, a *a* définitif, ive. l *en
definitiva,* en définitive.

deflación *f* déflation.

deflagración *f* déflagration.

deform/ar *t* déformer. **-ación** *f*
déformation

deform/e *a* difforme. **-idad** *f*
difformité.

defraud/ar *t* 1 (cometer un
fraude) frauder. 2 décevoir : *me ha
defraudado la película,* le film m'a
déçu. **-ador, a** *s* fraudeur, euse.

defunción *f* décès *m*

degener/ar *i* dégénérer. **-ado, a**
a/s dégénéré, e **-ación** *f*
dégénérescence.

deglut/ir *t/i* déglutir. **-ición** *f*
déglutition

degoll/ar ° *t* 1 égorger. 2 (una
obra literaria, musical) massacrer.
-ación *f* égorgement *m*,
massacre *m*. **-adero** *m* abattoir.

-ina *f* tuerie.

degrad/ar *t* dégrader. **-ación** *f*
dégradation. **-ante** *a* dégradant, e.

degüello *m* égorgement, massacre.

degustación *f* dégustation

dehesa *f* pâturage *m*.

dejadez *f* 1 laissez-aller *m*. 2
indolence.

dejado, a *a* 1 négligent, e. 2
(decaído) abattu, e.

dejar *t* 1 laisser. 2 — *de,* cesser de :
¡ *deja de gritar !,* cesse de crier ! 3
no — de, ne pas manquer, oublier
de : *no dejes de telefonearme,*
n'oublie pas de me téléphoner. 4
déjele que hable, laissez-le parler ;
¿ *me deja que le pregunte algo ?,*
vous me permettez de vous poser
une question ? □ *pr* 1 se laisser. 2
(abandonarse) se laisser aller.

dejo *m* 1 accent, intonation *f* 2
(sabor) arrière goût.

del *art* (- de el) du : — *tren,* du
train ; (ante vocal o h muda) de l' :
— *avión,* de l'avion.

delantal *m* tablier.

delante *adv* devant. l — *de,
por - de,* devant

delantera *f* 1 (de un vestido, etc.)
devant *m*. 2 (de coche) avant *m*. 3
(primera fila) premier rang *m*. 4
(fútbol) avants *m pl* 5 *tomar la —,*
devancer, gagner de vitesse.

delantero, a *a* de devant. □ *m*
(fútbol) avant.

delatar *t* dénoncer

deleg/ar *t* déléguer. **-ación** *f*
délégation **-ado, a** *a/s* délégué, e.

deleit/ar *t* charmer. □ *pr* se
délecter. **-e** *m* délectation *f*,
plaisir. **-oso, a** *a* délectable.

deletéreo, a *a* délétère.

deletrear *t* épeler

deleznable *a* 1 friable 2 FIG
fragile

delfín *m* dauphin

delgad/o, a *a* 1 (cosa, persona) mince. 2 (flaco) maigre. I *ponerse* –, maigrir. **-ez** *f* minceur, maigreur. **-ucho, a** *a* maigrichon, onne.

deliber/ar *i* délibérer. **-ación** *f* délibération. **-adamente** *adv* délibérément.

delicad/o, a *a* délicat, e. **-eza** *f* délicatesse.

delici/a *f* délice *m*. **-oso, a** *a* délicieux, euse.

delimitar *t* délimiter.

delincuen/te *a/s* délinquant, e. **-cia** *f* délinquance.

deline/ar *t* dessiner. **-ante** *m* dessinateur industriel.

delir/ar *i* délirer. **-ante** *a* délirant, e. **-io** *m* délire. I – *de grandezas*, folie *f* des grandeurs.

delito *m* délit.

delta *m* delta.

demacrado, a *a* émacié, e.

dema/gogia *f* démagogie. **-gógico, a** *a* démagogique. **-gogo** *m* démagogue.

demanda *f* demande.

demarcación *f* démarcation.

demás *a/pron indef* autre, autres : *los* –, les autres. I *lo* –, le reste ; *por* –, inutile ; *por lo* –, à part cela ; *y* –, et cætera.

demasía *f* excès *m* : *en* –, à l'excès.

demasiado, a *a* trop de : – *dinero*, trop d'argent ; *demasiadas faltas*, trop de fautes. □ *adv* trop.

demen/te *a/s* dément, e. **-cia** *f* démence.

dem/ocracia *f* démocratie. **-ócrata** *a/s* démocrate. **-ocrático, a** *a* démocratique.

demografía *f* démographie.

demol/er ° *t* démolir. **-ición** *f* démolition.

demon/io *m* démon, diable. I *¡qué demonios!*, que diable! **-iaco, a** *a* démoniaque.

demor/ar *t* retarder. **-a** *f* retard

m. I *sin* –, sans retard, sans délai.

demostr/ar ° *t* démontrer. **-ación** *f* démonstration. **-ador, a** *s* démonstrateur, trice. **-ativo, a** *a/m* démonstratif, ive.

demudarse *pr* changer de couleur.

deneg/ar ° *t* refuser. **-ación** *f* 1 refus *m*. 2 dénégation.

dengue *m* chichi, simagrée *f*.

denigrar *t* dénigrer.

denodado, a *a* intrépide.

denomin/ar *t* dénommer. **-ación** *f* 1 dénomination. 2 (de un vino) appellation. **-ador** *m* dénominateur.

denotar *t* dénoter.

dens/o, a *a* dense. **-idad** *f* densité.

dentado, a *a* 1 *rueda dentada*, roue dentée. 2 dentelé, e.

dentadura *f* denture. I – *postiza*, dentier *m*.

dental *a* 1 dentaire. 2 (fonética) dental, e.

dentellada *f* coup *m* de dent.

dentera *f* 1 *dar* –, agacer les dents. 2 FIG envie.

dentición *f* dentition.

dentífrico, a *a/m* dentifrice.

dentista *s* dentiste.

dentro *adv* 1 dedans. I *por* –, à l'intérieur, en dedans. 2 – *de*, dans : – *del armario*, dans l'armoire. I – *de poco*, d'ici peu.

denuedo *m* vaillance *f*.

denunci/ar *t* dénoncer. **-a** *f* dénonciation. **-ador, a** *a/s* dénonciateur, trice.

deparar *t* procurer.

departamento *m* 1 (de un territorio, una administración) département. 2 (de un local) compartiment.

departir *i* s'entretenir, converser.

dependencia *f* 1 dépendance. 2 succursale.

depend/er *i* – *de*, dépendre de. **-ienta** *f* vendeuse. **-iente** *a* dépendant, e. □ *m* vendeur, employé.

depilar *t* épiler.

deplor/ar *t* déplorer. **-able** *a* déplorable.

deponer ° *t* déposer.

deport/ar *t* déporter. **-ación** *f* déportation.

deport/e *m* sport. **-ista** *s* sportif, ive. **-ivo, a** *a* 1 sportif, ive. 2 *coche* —, voiture de sport; *traje* —, costume sport.

deposición *f* déposition. □ *pl* selles.

deposit/ar *t* 1 déposer : — *valores en el Banco*, déposer des valeurs à la Banque. 2 (la confianza) placer. □ *pr* se déposer. **-ario, a** *s* dépositaire. □ *f* trésorerie.

depósito *m* 1 dépôt. 2 (para líquidos) réservoir.

depravado, a *a/s* dépravé, e.

depreci/ar *t* déprécier. **-ación** *f* dépréciation.

depresión *f* dépression.

deprim/ir *t* déprimer. **-ente** *a* déprimant, e.

depur/ar *t* épurer. **-ación** *f* épuration.

derech/o, a *a* droit, e. □ *f* droite. l *a la derecha*, à droite. □ *m* droit : *estar en su* —, être dans son droit ; *no tienes* — *a quejarte*, tu n'as pas le droit de te plaindre. l *¡ no hay* — *!*, ce n'est pas juste ! **-ista** *s* partisan de la droite. **-ura** *f* droiture, rectitude.

deriva f *ir a la* —, aller à la dérive.

deriv/ar *i* dériver. □ *derivarse de*, dériver de. **-ación** *f* dérivation. **-ativo** *m* dérivatif.

dermatólogo, a *s* dermatologue.

derram/ar *t* répandre, verser. **-amiento** *m* épanchement. **-e** *m* épanchement.

derrapar *i* déraper.

derredor m *en* —, autour.

derrengar *t* éreinter.

derretir ° *t* faire fondre. □ *pr*

fondre : *el hielo se derrite con el calor*, la glace fond à la chaleur.

derrib/ar *t* 1 (un edificio) démolir, abattre. 2 (un avión) abattre. 3 (a una persona, animal, ministerio) renverser. **-o** *m* 1 démolition *f*. 2 (obra) chantier de démolition.

derrocar *t* renverser.

derroch/ar *t* gaspiller. **-ador, a** *s* gaspilleur, euse. **-e** *m* 1 gaspillage. 2 (abundancia) profusion *f*, débauche *f*.

derrot/a *f* 1 défaite : *sufrir una* —, essuyer une défaite. 2 MAR route. **-ar** *t* battre : *derrotó a su rival*, il a battu son rival. **-ero** *m* chemin.

derruir ° *t* démolir.

derrumb/ar *t* abattre. □ *pr* s'écrouler. **-amiento** *m* écroulement.

desaborido, a *a* fade, insipide.

desabotonar *t* déboutonner.

desabrido, a *a* 1 fade. 2 (tiempo) changeant, e. 3 (persona) acariâtre.

desabrigarse *pr* se découvrir.

desabrimiento *m* 1 fadeur *f*. 2 dureté *f*.

desabrochar *t* 1 déboutonner. 2 dégrafer.

desacato *m* manque de respect.

desa/certar ° *i* se tromper. **-certado, a** *a* maladroit, e. **-cierto** *m* 1 erreur *f*. 2 maladresse *f*.

desacorde *a* discordant, e.

desacostumbr/ar *t* déshabituer. **-ado, a** *a* inhabituel, elle.

desacreditar *t* discréditer.

desacuerdo *m* désaccord : *estar en* — *con...*, être en désaccord avec...

desafiar *t* défier.

desafinar *i* chanter faux, jouer faux.

desafío *m* défi.

desaforado, a *a* démesuré, e, excessif, ive. l *comer como un* —, manger comme un goinfre.

desafuero *m* excès.

desagrad/ar *t* déplaire. **-able** *a* désagréable.

desagradecido, a *a* ingrat, e.

desagravio *m* dédommagement.

desag/uar *t* vider. □ *i* s'écouler. **-üe** *m* égout.

desaguisado *m* bêtise *f.*

desahog/ar *t* épancher. □ *pr* se soulager, s'épancher. **-ado, a** *a* (económicamente) à l'aise. **-o** *m* 1 soulagement. 2 (económico) aisance *f.* 3 (descaro) effronterie *f,* sans-gêne.

desahuciar *t* 1 (a un enfermo) condamner. 2 (a un inquilino) expulser.

desair/ar *t* 1 (humillar) blesser. 2 éconduire. **-e** *m* affront.

desajust/ar *t* dérégler. **-e** *m* dérèglement.

desal/entar ° *t* décourager. **-entador, a** *a* décourageant, e. **-iento** *m* découragement.

desaliñ/ado, a *a* négligé, e. **-o** *m* 1 laisser-aller. 2 négligence *f.*

desalmado, a *a* cruel, elle. □ *s* scélérat, e.

desalojar *t* 1 déloger, expulser. 2 (un lugar) évacuer.

desamor *m* indifférence *f.*

desampar/ar *t* abandonner. **-o** *m* abandon.

desandar ° *t* — *lo andando,* rebrousser chemin.

desangelado, a *a* sans charme.

desangrar *t* saigner. □ *pr* saigner abondamment.

desanimar *t* décourager.

desanudar *t* dénouer.

desapacible *a* désagréable.

desapa/recer *i* disparaître : *el dolor ha desaparecido,* la douleur a disparu. **-rición** *f* disparition.

desapego *m* détachement, indifférence *f.*

desapercibido, a *a coger* —, prendre au dépourvu ; *pasar* —, passer inaperçu.

desaprens/ión *f* manque *m* de scrupule. **-ivo, a** *a* indélicat, e. □ *m* fripouille *f.*

desaprob/ar ° *t* désapprouver. **-ación** *f* désapprobation.

desaprovech/ar *t* mal employer, ne pas profiter de. **-ado, a** *a* gaspillé, e.

desarm/ar *t* 1 désarmer. 2 (una máquina, un mueble) démonter. **-e** *m* désarmement.

desarraigar *t* déraciner.

desarrapado, a *a* déguenillé, e.

desarregl/ar *t* 1 (desordenar) déranger, mettre en désordre. 2 (descomponer) dérégler. **-o** *m* 1 désordre. 2 dérèglement.

desarroll/ar *t* 1 développer. 2 (lo enrollado) dérouler. □ *pr* 1 se développer. 2 (suceder) se produire, se dérouler. **-o** *m* 1 déroulement. 2 développement. I *país en pleno* —, pays en plein essor. 3 (de un niño) croissance *f.*

desarrugar *t* défroisser.

desarticular *t* 1 désarticuler. 2 FIG — *una banda de falsificadores,* démanteler une bande de faussaires.

desase/ado, a *a* sale, négligé, e. **-o** *m* malpropreté *f.*

desasirse ° *pr* se dégager, se détacher.

desasosiego *m* inquiétude *f.*

desastrado, a *a* malpropre, négligé, e.

desastr/e *m* désastre. **-oso, a** *a* désastreux, euse.

desatar *t* détacher, dénouer. □ *pr* 1 *desatarse los zapatos,* délacer ses chaussures. 2 *desatarse a hablar,* se mettre à parler.

desatascar *t* (conducto, lavabo) déboucher.

desaten/der ° *t* 1 (descuidar) négliger. 2 ne pas faire cas de. **-to, a** *a* 1 distrait, e. 2 (descortés) impoli, e.

desatin/ar *i* déraisonner. **-ado, a** *a* 1 étourdi, e. 2 déraisonnable.

-o *m* sottise *f*, bêtise *f*.

desautorizar *t* (desaprobar) désavouer.

desaven/encia *f* désaccord *m*, différend *m*. **-ido, a** *a* en désaccord, brouillé, e. I *matrimonio* —, ménage désuni.

desayun/o *m* petit déjeuner. **-ar** *i/t/pr* prendre son petit déjeuner : *desayuno (con) café*, je prends du café au petit déjeuner.

desazón *f* 1 souci *m*, inquiétude. 2 malaise *m*.

desbandada *f* débandade.

desbarajust/ar *t* mettre sens dessus dessous. **-e** *m* désordre, pagaille *f*.

desbarat/ar *t* 1 détruire, défaire. 2 (estropear) abîmer. 3 (planes, etc.) détruire, faire échouer. 4 (malgastar) gaspiller. **-amiento** *m* désordre.

desbastar *t* dégrossir.

desbloque/ar *t* débloquer. **-o** *m* déblocage.

desbocarse *pr* (caballo) s'em-' baller.

desbord/ar *i/pr* déborder. **-ante** *a* — *de alegría*, débordant de joie.

desbrozar *t* débroussailler.

descabell/ar *t* tuer (le taureau) d'un coup d'épée à la nuque. **-ado, a** *a* absurde.

descabezar *t* étêter.

descafeinado *a café* —, café décaféiné.

descalabr/ar *t* 1 blesser à la tête. 2 FIG *salir descalabrado*, s'en tirer mal. **-o** *m* désastre.

descalificar *t* disqualifier.

descalz/ar *t* déchausser. □ *pr* se déchausser. **-o, a** *a* nu-pieds.

descaminado, a *a* — *ir* —, se tromper, faire fausse route, se fourvoyer.

descamisado, a *a* 1 sans chemise. 2 (desharapado) déguenillé, e.

descampado *m* terrain vague, terrain découvert. I *en* —, en rase campagne.

descans/ar *i* 1 se reposer : ¿ *ha descansado usted bien ?*, vous êtes-vous bien reposé ? I ¡ *qué descanse !*, dormez bien ! ; *que en paz descanse*, qu'il repose en paix. 2 — *sobre*, reposer sur. □ *t* reposer, appuyer. **-ado, a** *a* 1 reposé, e. 2 (fácil) reposant, e. **-illo** *m* palier. **-o** *m* 1 repos. 2 (en un partido de fútbol) mi-temps *f*.

descapotable *a* décapotable. □ *m* décapotable *f*.

descarado, a *a* effronté, e.

descarga *f* 1 déchargement *m*. 2 (eléctrica, de arma de fuego) décharge.

descarg/ar *t* 1 décharger. 2 (golpe) asséner. □ *i* (tormenta, etc.) s'abattre. □ *descargarse de una responsabilidad en alguien*, se décharger d'une responsabilité sur quelqu'un. **-adero** *m* débarcadère. **-ador** *m* 1 débardeur. 2 (de muelle) docker. **-o** *m* décharge *f*.

descarnarse *pr* (diente) se déchausser.

descaro *m* effronterie *f*, aplomb.

descarriar *t* égarer, fourvoyer.

descarril/ar *i* dérailler. **-amiento** *m* déraillement.

descartar *t* écarter.

descascarillarse *pr* s'écailler.

descastado, a *a* indifférent, e.

descen/der ° *i* 1 descendre. 2 (temperatura, etc.) baisser. **-dencia** *f* descendance. **-diente** *s* descendant, e. **-dimiento** *m* descente *f*. **-so** *m* 1 (de la temperatura) baisse *f*. 2 diminution *f*. 3 (esquí) descente *f*.

descentraliz/ar *t* décentraliser. **-ación** *f* décentralisation.

descifrar *t* déchiffrer.

desclavar *t* 1 déclouer. 2 (un clavo) arracher.

descolgar ° *t* décrocher : *descuelga el auricular*, il décroche le récepteur. □ *pr* 1 (bajar) descendre. 2 FAM débarquer. s'amener.

descolorido, a *a* décoloré, e.

descollar ° *i* **1** – *sobre*, se dresser au-dessus de, dominer. **2** se distinguer.

descomedido, a *a* **1** insolent, e. **2** excessif, ive.

descom/poner ° *t* **1** (separar los elementos) décomposer. **2** (un mecanismo) détraquer. **3** (desordenar) déranger. □ pr *se le descompuso la cara*, son visage se décomposa. | *cara descompuesta*, visage défait. **-posición** *f* **1** décomposition. **2** – *intestinal*, dérangement *m* intestinal. **-postura** *f* (descaro) effronterie.

descomunal *a* énorme, monstre.

descon/certar ° *t* déconcerter. **-certante** *a* déconcertant, e. **-cierto** *m* désordre, confusion *f*.

desconchar *t* écailler. | *pared desconchada*, mur décrépi.

desconectar *t* débrancher, couper.

desconfi/ar *i* se méfier. **-ado, a** *a* méfiant, e. **-anza** *f* méfiance.

descongel/ar *t* **1** (una nevera) dégivrer. **2** (créditos) dégeler. **-ador** *m* dégivreur

descongestionar *t* décongestionner.

desconoc/er ° *t* **1** ne pas connaître, ignorer : *se desconocen la causas del incendio*, on ignore les causes de l'incendie. **2** ne pas reconnaître. **-ido, a** *a/s* inconnu, e. □ *a* (muy cambiado) méconnaissable. **-imiento** *m* ignorance *f*.

desconsiderado, a *a* inconsidéré, e.

descon/solar ° *t* désoler. **-solado, 'a** *a* inconsolable. **-solador, a** *a* désolant, e. **-suelo** *m* peine *f*, chagrin.

descontar ° *t* **1** déduire. **2** COM escompter.

descontent/ar *t* mécontenter.

-adizo, a *a* difficile à contenter. -o, a *a* mécontent, e. □ *m* mécontentement.

descorazonar *t* décourager.

descorchar *t* (botella) déboucher.

descorrer *t* – *la cortina, el cerrojo*, tirer le rideau, le verrou.

descort/és *a* impoli, e. **-esía** *f* impolitesse.

descos/er *t* découdre. **-ido, a** *a* décousu, e.

descoyuntar *t* démettre, déboîter, disloquer. □ pr *me descoyunté el tobillo*, je me suis démis la cheville.

descrédito *m* discrédit.

descre/ído, a *a/s* mécréant, e. **-imiento** *m* incroyance *f*.

descri/bir *t* décrire. **-pción** *f* description. **-ptivo, a** *a* descriptif, ive. **-to, a** *a* décrit, e.

descuajaringar *t* FAM **1** (romper) démantibuler. **2** (cansar) éreinter. □ *descuajaringarse de risa*, se tordre de rire.

descuartizar *t* dépecer.

descubierto, a *a* découvert, e. □ *m* (banco) découvert : *estar en* –, être à découvert.

descubr/ir *t* découvrir : *he descubierto un tesoro, el secreto*, j'ai découvert un trésor, le secret. □ pr se découvrir. **-imiento** *m* découverte *f*.

descuento *m* **1** COM escompte. **2** (rebaja) remise *f*, rabais.

descuid/ar *t* **1** négliger. **2** *descuide, soyez tranquille, soyez sans crainte.* □ pr **1** *en cuanto uno se descuida*, si on ne fait pas attention, au premier moment d'inattention. **2** (en la salud, el vestir) se négliger. **-ado, a** *a* **1** (desaliñado) négligé, e. **2** négligent, e. **-o** *m* **1** négligence *f*. **2** moment d'inattention.

desde *prep* **1** (lugar) depuis, de : *la terraza*, de la terrasse. **2** (tiempo) depuis, dès : – *hace un año*, depuis un an; – *ahora*, dès maintenant. 3 — *luego*, bien entendu, évidemment.

desdecirse ° *pr* 1 se dédire. 2 (no armonizar) ne pas aller ensemble.

desdén *m* dédain, mépris.

desdeñ/ar *t* dédaigner. **-oso, a** *a* dédaigneux, euse.

desdich/a *f* malheur *m*. **-ado, a** *a/s* malheureux, euse.

desdoblar *t* 1 (extender) déplier. 2 (duplicar) dédoubler.

desdoro *m* deshonneur.

dese/ar *t* 1 désirer. 2 souhaiter : *le deseo un feliz Año Nuevo*, je vous souhaite une bonne année. **-able** *a* désirable.

desec/ar *t* dessécher. **-ación** *f* dessèchement *m*.

desech/ar *t* 1 rejeter, repousser. 2 (una cosa inútil) mettre au rebut. **-o** *m* rebut.

desembalar *t* déballer.

desembaraz/ar *t* débarrasser. **-o** *m* désinvolture *f*, aisance *f*.

desembarc/ar *t/i* débarquer. **-adero** *m* débarcadère. **-o** *m* débarquement.

desemboc/ar *i* 1 déboucher. 2 FIG — *en*, aboutir à. **-adura** *f* 1 (río) embouchure. 2 sortie.

desembols/ar *t* débourser. **-o** *m* versement.

desembrag/ar *i* débrayer. **-ue** *m* débrayage.

desembrollar *t* débrouiller.

desempacar *t* déballer.

desempatar *t* départager.

desempaquetar *t* dépaqueter.

desempeñ/ar *t* 1 (un cargo) exercer. 2 — *un papel*, jouer un rôle. 3 (lo empeñado) dégager. **-o** *m* 1 (de un cargo) exercice. 2 exécution *f*.

desempleo *m* chômage.

desencajar *t* déboîter.

desencaden/ar *t* déchaîner. **-amiento** *m* déchaînement.

desencallar *t* renflouer.

desenchufar *t* débrancher.

desenfad/ar *t* calmer. **-ado, a** *a* désinvolte. **-o** *m* désinvolture *f*.

desenfren/ado, a *a* effréné, e **-o** *m* débauche *f*.

desenganchar *t* décrocher.

desengañ/ar *t* détromper. □ *pr desengáñese usted*, détrompez-vous. **-o** *m* déception *f*, désillusion *f*, déconvenue *f*.

desenlace *m* dénouement.

desenmarañar *t* démêler.

desenmascarar *t* démasquer.

desenredar *t* débrouiller.

desentend/erse ° *pr* se désintéresser. **-ido, a** *a* *hacerse el* —, faire semblant de ne pas comprendre, feindre l'étonnement.

desenterrar ° *t* déterrer.

desentonar *i* 1 détonner. 2 chanter faux.

desentorpecer *t* dégourdir.

desentumecer ° *t* dégourdir.

desenvainar *t* dégainer.

desenvoltura *f* 1 aisance. 2 (descaro) désinvolture.

desen/volver ° *t* développer. □ *pr* 1 se développer. 2 (arreglárselas) se débrouiller. **-vuelto, a** *a* désinvolte.

dese/o *m* 1 désir. 2 (voto) souhait, vœu. **-oso, a** *a* désireux, euse.

desequilibr/ar *t* déséquilibrer. **-ado, a** *a/s* déséquilibré, e. **-io** *m* déséquilibre.

deser/tar *i* déserter. **-ción** *f* désertion. **-tor** *m* déserteur.

desesper/ar *t/i* désespérer. □ *pr* se désespérer, être au désespoir. **-ación** *f* désespoir *m*. **-ado, a** *a/s* désespéré, e. l *a la desesperada*, en catastrophe. **-ante** *a* désespérant, e.

desfachatez *f* FAM culot *m*, sans-gêne *m*.

desfallec/er ° *i* défaillir. **-imiento** *m* défaillance *f*.

desfasado, a *a* déphasé, e.

desfavorable *a* défavorable.

desfavorecer ° *t* défavoriser,

desavantager.

desfigurar *t* défigurer. □ *pr* changer.

desfiladero *m* défilé.

desfil/ar *i* défiler. **-e** *m* défilé.

desflecar *t* effranger, effilocher.

desfogarse *pr* se défouler.

desfond/ar *t* défoncer. **-amiento** *m* effondrement.

desgaire *m* laisser-aller. I *al —,* négligemment.

desgajar *t* arracher.

desgalichado, a *a* dégingandé, e.

desgana *f* 1 dégoût *m.* 2 (desfallecimiento) défaillance.

desgañitarse *pr* s'égosiller.

desgarbado, a *a* dégingandé, e.

desgarr/ar *t* déchirer. **-ador, a** *a* déchirant, e. **-amiento** *m* déchirement. **-o** *m* (de un músculo) déchirure *f.* **-ón** *m* déchirure *f,* accroc.

desgast/ar *t* user. **-e** *m* usure *f.*

desglosar *t* détacher.

desgraci/a *f* 1 malheur *m.* I *por —,* malheureusement, par malheur. 2 *caer en —,* tomber en disgrâce. **-adamente** *adv* malheureusement. **-ado, a** *a/s* malheureux, euse. □ *m* FAM pauvre type. **-ar** *t* 1 abîmer. 2 (lisiar) estropier. □ *pr* s'abîmer, s'estropier.

desgreñado, a *a* échevelé, e, ébouriffé, e.

desguace *m* démolition *f,* casse *f.*

desguarnecer ° *t* dégarnir.

desguazar *t* démolir.

deshabitado, a *a* inhabité, e.

deshacer ° *t* 1 défaire. 2 (derretir) faire fondre. □ *pr* 1 (afanarse) se donner du mal. 2 *deshacerse de,* se débarrasser ' de, se défaire de. 3 *deshacerse en,* se répandre en. I *se deshizo en excusas,* il se confondit en excuses.

desharrapado, a *a* déguenillé, e.

deshecho, a *a* défait, e.

deshelar ° *t* dégeler.

desheredar *t* déshériter.

deshielo *m* dégel.

deshilachar *t* effilocher.

deshinchar *t* dégonfler. □ *pr* désenfler.

deshojar *t* effeuiller.

deshollin/ar *t* ramoner. **-ador** *m* ramoneur.

deshonr/a *f* déshonneur *m.* **-ar** *t* déshonorer. **-oso, a** *a* déshonorant, e.

deshora (a) *loc adv* à une heure indue.

deshuesar *t* 1 désosser. 2 (frutas) dénoyauter.

desidia *f* négligence, apathie.

desierto, a *a/m* désert, e. □ *a* (sin solicitantes) vacant, e.

design/ar *t* désigner. **-ación** *f* désignation.

designio *m* dessein.

desigual *a* inégal, e. **-dad** *f* inégalité.

desilus/ión *a* déception, désillusion. I *llevarse una —,* avoir une déception, être déçu, e. **-ionar** *t* décevoir.

desinfec/tar *t* désinfecter. **-ción** *f* désinfection. **-tante** *a/m* désinfectant, e.

desinflar *t* dégonfler.

desintegr/ar *t* désintégrer. **-ación** *f* désintégration.

desinter/és *m* désintéressement. **-esarse** *pr* se désintéresser.

desistir *i — de,* renoncer à.

deslavar *t* délaver.

desleal *a* déloyal, e. **-dad** *f* déloyauté.

desle/ir ° *t* délayer. **-imiento** *m* délayage.

deslenguado, a *a* grossier, ère, insolent, e.

desligar *t* délier, détacher. □ *pr* (de una obligación) se dégager.

desliz *m* (falta) faute *f,* faux-pas.

desliz/ar *t/i* glisser. □ *pr* se glisser. **-amiento** *m* glissement.

deslomar *t* éreinter.

desluc/ir ° *t* **1** (estropear) abîmer. **2** *la lluvia deslució la procesión*, la pluie a gâché la procession. **-ido, a** *a* peu brillant, e.

deslumbr/ar *t* éblouir. **-ador, a, ante** *a* éblouissant, e. **-amiento** *m* éblouissement.

deslustrar *t* ternir.

desmadejar *t* affaiblir.

desmán *m* excès.

desmandarse *pr* **1** désobéir. **2** se séparer.

desmaquillador *m* démaquillant.

desmay/arse *pr* s'évanouir, tomber en défaillance. **-ado, a** *a* **1** alangui, e. **2** *voz desmayada*, voix mourante. **3** (color) éteint, e. **-o** *m* défaillance *f*, évanouissement.

desmedido, a *a* démesuré, e.

desmedrado, a *a* chétif, ive.

desmejorarse *pr* s'affaiblir.

desmembr/ar ° *t* démembrer. **-ación** *f* démembrement *m*.

desmemoriado, a *a* *estar —*, perdre la mémoire.

desmentir ° *t* démentir.

desmenuzar *t* émietter.

desmerecer ° *i* **1** *— de*, être inférieur, e à. **2** baisser.

desmesurad/o, a *a* démesuré, e. **-amente** *adv* démesurément.

desmigajar *t* émietter.

desmilitarizar *t* démilitariser.

desmirriado, a *a* chétif, ive.

desmont/ar *t* **1** démonter. **2** (cortar árboles) déboiser. **3** (roturar) défricher. **-able** *a* démontable. **-e** *m* **1** déboisement. **2** défrichement.

desmoraliz/ar *t* démoraliser. **-ación** *f* démoralisation. **-ador, a** *a* démoralisant, e.

desmoronar *t* miner. □ *pr* s'écrouler.

desmoviliz/ar *t* démobiliser. **-ación** *f* démobilisation.

desnatar *t* écrémer : *leche*

desnatada, lait écrémé.

desnaturalizar *t* (falsificar) dénaturer.

desnivel *m* dénivellation *f*.

desnud/ar *t* déshabiller. □ *pr* se déshabiller. **-ez** *f* nudité. **-ismo** *m* nudisme. **-o, a** *a* nu, e.

desobe/decer ° *t* désobéir à. **-diencia** *f* désobéissance. **-diente** *a* désobéissant, e.

desocup/ar *t* débarrasser. **-ado, a** *a* (vacío) libre, inoccupé, e. □ *a/s* oisif, ive, désœuvré, e.

desodorante *m* déodorant.

desoir ° *t* ne pas écouter, ne pas tenir compte de, faire fi de.

desola/ción *f* désolation. **-do, a** *a* désolé, e.

desoll/ar ° *t* **1** écorcher. **2** (criticar) esquinter, débiner. **-adura** *f* écorchure.

desorbitado, a *a* *ojos desorbitados*, yeux exorbités.

desorden *m* désordre. **-ado, a** *a* désordonné, e.

desorganizar *t* désorganiser.

desorientar *t* désorienter.

despabil/ar *t* FIG (avivar el ingenio) dégourdir. **-ado, a** *a* éveillé, e, vif, vive.

despac/io *adv* lentement. □ *interj* doucement ! **-ito** *adv* tout doucement, très lentement.

despach/ar *t* **1** terminer. **2** expédier, envoyer. **3** *— a un cliente*, servir un client. **4** vendre. **5** (despedir) renvoyer. **6** FAM (matar) zigouiller. □ *i/pr* (darse prisa) se dépêcher. **-o** *m* **1** (oficina) bureau. **2** (comunicación) dépêche *f*. **3** envoi. **4** débit, vente *f*.

despachurrar *t* écraser, écrabouiller.

despampanante *a* FAM terrible, sensationnel, elle.

despanzurrar *t* FAM éventrer.

desparpajo *m* **1** (soltura) aisance *f*. **2** (descaro) désinvolture *f*, aplomb.

desparramar *t* **1** éparpiller. **2**

(verter) répandre. □ *pr* se répandre.

despavorido, a *a* effrayé, e.

despectivo, a *a* **1** méprisant, e. **2** péjoratif, ive.

despecho *m* dépit. l *a* – *de*, en dépit de.

despechugado, a *a* débraillé, e.

despedazar *t* **1** mettre en pièces, déchiqueter. **2** (animal) dépecer.

despedida *f* adieux *m pl*.

despedir ° *t* **1** (acompañar) reconduire, accompagner. **2** (al que marcha) faire ses adieux. **3** (a un criado) renvoyer. **4** (a un obrero) licencier. **5** (lanzar) jeter, lancer. **6** (un olor) dégager, exhaler, répandre. □ *pr* se dire au revoir, se quitter, faire ses adieux, prendre congé : *nos despedimos en el andén*, nous nous sommes quittés, dit au revoir sur le quai. l *despedirse a la francesa*, filer à l'anglaise.

despeg/ar *t* **1** décoller. **2** *no* – *los labios*, ne pas desserrer les dents. □ *i* (avión) décoller. □ *pr* se détacher. **-o** *m* détachement, indifférence *f*. **-ue** *m* décollage.

despeinar *t* décoiffer, dépeigner.

despej/ar *t* **1** dégager : *¡ despejen !*, dégagez ! **2** déblayer. □ *pr* (cielo) se dégager. **-ado, a** *a* **1** *cielo* –, ciel dégagé. **2** *frente despejada*, front dégagé. **3** (listo) éveillé, e.

despellejar *t* écorcher.

despensa *f* garde-manger *m*.

despeñ/ar *t* précipiter. **-adero** *m* précipice.

desperdici/ar *t* gaspiller, perdre. **-o** *m* **1** gaspillage. **2** (residuo) déchet, reste.

desperdigar *t* disperser.

desperezarse *pr* s'étirer.

desperfecto *m* **1** (deterioro) dommage, dégât. **2** défaut.

despert/ar ° *t* **1** réveiller. **2** (provocar) éveiller. □ *pr me desperté a las seis*, je me suis réveillé à six heures. □ *m* éveil. **-ador** *m* réveil.

despiadado, a *a* impitoyable.

despido *m* **1** renvoi. **2** (de asalariados) licenciement.

despierto, a *a* éveillé, e.

despilfarr/ar *t* gaspiller. **-o** *m* gaspillage.

despist/ar *t* dérouter, désorienter. **-ado, a** *a/s estar* –, être complètement perdu, paumé ; *un* –, un ahuri. **-e** *m* distraction *f*.

desplante *m* impertinence *f*, insolence *f*.

desplaz/ar *t* déplacer. **-amiento** *m* déplacement.

despleg/ar ° *t* **1** (bandera, tropas) déployer. **2** (papel) déplier. **-iegue** *m* déploiement.

desplomarse *pr* s'écrouler.

desplumar *t* plumer.

despobl/ar ° *t* dépeupler. **-ación** *f* dépeuplement *m*. **-ado** *m* lieu désert. l *en* –, en rase campagne.

despoj/ar *t* dépouiller. **-os** *m pl* **1** (de animales) abats. **2** (cadáver) dépouille *f sing* mortelle.

desportillar *t* ébrécher.

despos/ar *t* marier. **-ado, a** *s* jeune marié, e.

desposeer *t* déposséder.

desposorios *m pl* mariage *sing*.

déspota *m* despote.

desp/ótico, a *a* despotique. **-otismo** *m* despotisme.

despotricar *i* parler à tort et à travers, déblatérer.

despreci/ar *t* mépriser. **-able** *a* méprisable. **-ativo, a** *a* méprisant, e. **-o** *m* mépris.

desprend/er *t* détacher. □ *pr* **1** se défaire. **2** (olor) se dégager. **3** (deducirse) se dégager, ressortir, découler : *de nuestro análisis, se desprende que...*, il se dégage de notre analyse que... **-ido, a** *a* généreux, euse. **-imiento** *m* **1** (de gases, etc.) dégagement. **2** (de tierras) éboulement. **3** (generosidad) désintéressement.

despreocup/ación *f* insouciance.

-**ado, a** *a* insouciant, e.

despretigi/ar *t* discréditer, dénigrer. **-o** *m* dénigrement.

desprevenido, a *a coger* —, prendre au dépourvu.

desproporci/ón *f* disproportion. -**onado, a** *a* disproportionné, e.

desprovisto, a *a* dépourvu, e, démuni, e.

después *adv* 1 après. I — *de las diez*, après dix heures ; — *de todo*, après tout ; *un año* —, un an plus tard. 2 (a continuación) ensuite.

despuntar *i* 1 (sobresalir) briller, se distinguer. 2 (el día) poindre, commencer à se lever.

desquiciar *t* FIG bouleverser.

desquit/ar *t* dédommager. □ *pr* 1 se rattraper. 2 (vengarse) prendre sa revanche. **-e** *m* revanche *f*.

desriñonar *t* éreinter.

destacado, a *a* remarquable, marquant, e.

destacamento *m* détachement.

destacar *t* faire ressortir, souligner, mettre en relief : *el informe destaca que...*, le rapport fait ressortir que... □ *i/pr* 1 se détacher. 2 se distinguer.

destajo m *a* —, à forfait.

destapar *t* 1 découvrir. 2 (botella) déboucher. □ *pr* se découvrir.

destartalado, a *a* 1 délabré, e. 2 disproportionné, e.

destell/ar *i* scintiller, étinceler. **-o** *m* 1 scintillement. 2 (chispa) éclair.

destemplado, a *a* 1 violent, e. 2 légèrement fiévreux, euse.

desteñirse ° *pr* déteindre : *esta tela se ha desteñido*, cette étoffe a déteint.

desternillarse *pr* — *de risa*, se tordre de rire.

desterrar ° *t* exiler, bannir.

destetar *t* sevrer.

destiempo (a) *loc adv* à contretemps.

destierro *m* exil.

destil/ar *t* 1 distiller. 2 secréter. **-ación** *f* distillation. **-ería** *f* distillerie.

destin/ar *t* destiner. **-atario, a** *s* destinataire. **-o** *m* 1 (hado) destin, destinée *f*. 2 destination *f* : *con* — *a*, à destination de : *llegar a su* —, arriver à destination. 3 (empleo) place *f*, situation *f*, emploi.

destituir ° *t* destituer.

destornill/ar *t* dévisser. **-ador** *m* tournevis.

destreza *f* 1 dextérité. 2 adresse.

destripar *t* éventrer.

destronar *t* détrôner.

destroz/ar *t* 1 déchirer, mettre en pièces. 2 (estropear) abîmer. 3 briser. **-o** *m* dégât.

destruc/ción *f* destruction. **-tor, a** *a/s* destructeur, trice.

destruir ° *t* détruire : *la tormenta destruyó las cosechas*, l'orage a détruit les récoltes.

desunir *t* 1 désunir. 2 diviser.

desusado, a *a* 1 (anticuado) désuet, ète. 2 (raro) inusité, e.

desuso m *caer en* —, tomber en désuétude.

desvaído, a *a* pâle, terne.

desvalido, a *a/s* déshérité, e.

desvalijar *t* dévaliser.

desvalorizar *t* 1 dévaloriser. 2 (moneda) dévaluer.

desván *m* grenier.

desvanec/erse ° *pr* s'évanouir. **-imiento** *m* évanouissement.

desvar/iar *i* délirer, divaguer. **-ío** *m* 1 délire. 2 absurdité *f*.

desvede *m* ouverture *f* (de la chasse, pêche).

desvel/arse *pr* — *por*, se donner du mal pour. **-o** *m* 1 souci, préoccupation *f*. 2 effort, peine *f*.

desvencijar *t* démantibuler, déglinguer.

desventaj/a *f* désavantage *m*. **-oso, a** *a* désavantageux, euse.

desventur/a *f* malheur *m*. **-ado,**

a *a* malheureux, euse.

desvergonzado, a *a* effronté, e.

desvergüenza *f* effronterie.

desv/iar *t* dévier, détourner. □ *pr* s'écarter. **-iación** *f* déviation. **-ío** *m* déviation *f*.

desvirtuar *t* dénaturer.

desvivirse *pr* se mettre en quatre : *se desvive por sus hijos,* elle se met en quatre pour ses enfants.

detall/ar *t* détailler. **-e** *m* 1 détail : *con detalles, con todo* —, en détail. 2 FIG attention *f*. **-ista** *m* détaillant.

detective *m* détective.

detención *f* 1 (parada) arrêt *m*. 2 (dilación) retard *m*. 3 attention. 4 (prisión) détention préventive.

detener ° *t* arrêter. □ pr *me detuve en el café,* je me suis arrêté au café.

detenid/o, a *a* minutieux, euse. □ *a/s* (preso) détenu, e. **-amente** *adv* minutieusement.

detenimiento *m* soin, attention *f*.

detergente *a/m* détergent, e.

deterior/ar *t* détériorer. **-o** *m* détérioration *f*.

determin/ar *t* 1 déterminer. 2 causer, occasionner. **-ación** *f* détermination.

detersivo, a *a/m* détersif, ive.

detest/ar *t* détester. **-able** *a* détestable.

deton/ar *i* détoner. **-ación** *f* détonation. **-ador** *m* détonateur. **-ante** *a* détonant, e.

detrás *adv* 1 derrière. 2 — *de,* derrière : — *de los visillos,* derrière les rideaux.

detrimento *m* *en* — *de,* au détriment de.

detritus *m* détritus.

deud/a *f* 1 dette. 2 *perdónanos nuestras deudas,* pardonne-nous nos offenses. **-or, a** *a/s* débiteur, trice.

devalu/ar *t* dévaluer. **-ación** *f* dévaluation.

devanar *t* dévider. □ *devanarse los sesos,* se creuser la cervelle.

devast/ar *t* dévaster. **-ación** *f* dévastation.

devengar *t* 1 toucher. 2 (intereses) rapporter.

devoc/ión *f* dévotion. **-ionario** *m* paroissien, missel.

devol/ver ° *t* 1 rendre : *me ha devuelto mi libro,* il m'a rendu mon livre. 2 rembourser. **-ución** *f* 1 restitution. 2 remboursement *m*.

devorar *t* dévorer.

devot/o, a *a/s* dévot, e. □ *a* 1 pieux, euse. 2 *su* — *amigo,* votre tout dévoué. **-ería** *f* bigoterie.

devuelto ⇒ **devolver**.

día *m* 1 jour : *es de* —, il fait jour. | — *a* —, jour après jour ; *buenos días,* bonjour ; *el* — *de mañana,* plus tard ; *un buen* —, un beau jour ; *estar al* —, être à la page ; *vivir al* —, vivre au jour le jour. 2 journée *f* : *todo el* —, toute la journée. | *hace buen, mal* —, il fait beau, mauvais. 3 fête *f* : *el* — *de la Madre,* la fête des Mères.

diab/etes *f* diabète *m*. **-ético, a** *a* diabétique.

diab/lo *m* diable | *¡ qué diablos !,* que diable! **-lillo** *m* diablotin. **-lura** *f* espièglerie. **-ólico, a** *a* diabolique.

diácono *m* diacre.

diadema *f* diadème *m*.

diafragma *m* diaphragme.

diagnóstico *m* diagnostic.

diagonal *f* diagonale.

diagrama *m* diagramme.

dialectal *a* dialectal, e.

dialéctico, a *a/f* dialectique.

dialecto *m* dialecte.

dialogar *i* dialoguer.

diálogo *m* dialogue.

diamante *m* diamant.

diámetro *m* diamètre.

Diana *n p f* Diane.

diana *f* 1 MIL diane. 2 mouche : *hacer* —, faire mouche.

diapasón *m* diapason.
diapositiva *f* diapositive.
diari/o, a *a* quotidien, enne, journalier, ère. I *a* —, tous les jours, chaque jour ; *cinco minutos diarios*, cinq minutes par jour ; *de* —, de tous les jours. □ *m* journal. **-amente** *adv* quotidiennement, journellement.
diarrea *f* diarrhée.
dibuj/ar *t* dessiner. **-ante** *s* dessinateur, trice. **-o** *m* dessin.
dicción *f* diction.
diccionario *m* dictionnaire.
diciembre *m* décembre : *2 de* —, 2 décembre.
dictado *m* 1 dictée *f.* 2 titre. □ *pl* préceptes.
dictad/or *m* dictateur. **-ura** *f* dictature.
dictam/en *m* 1 (informe) rapport. 2 avis. **-inar** *i* faire son rapport, se prononcer, donner son avis. □ *t* établir, édicter.
dictar *t* 1 dicter. 2 (ley) établir, édicter. 3 (fallo) prononcer.
dictatorial *a* dictatorial, e.
dicterio *m* insulte *f.*
dicha *f* bonheur *m.*
dicharach/o *m* grossièreté *f.* **-ero, a** *a/s* blagueur, euse.
dicho, a *p p de* **decir** dit, e. I — *y hecho*, aussitôt dit, aussitôt fait ; *lo* — —, ce qui est dit, est dit ; *mejor* —, ou plutôt. □ *a dem* ce, cette. □ *m* mot, propos.
dichoso, a *a* heureux, euse.
didáctico, a *a* didactique.
diecinueve *a/m* dix-neuf. I *siglo* —, dix-neuvième siècle.
dieciocho *a/m* dix-huit. I *siglo* —, dix-huitième siècle.
dieciséis *a/m* seize. I *siglo* —, seizième siècle.
Diego *n p m* Jacques.
diente *m* 1 dent *f.* 2 — *de ajo*, gousse *f* d'ail.
diera, diese ⇒ **dar.**
diéresis *f* tréma *m.*

diestro, a *a* 1 droit, e. 2 habile, adroit, e. □ *f* main droite. □ *m* matador.
dieta *f* 1 diète : *estar a* —, être à la diète. 2 régime *m.* □ *pl* indemnités.
dietario *m* agenda.
dietético, a *a/f* diététique.
diez *a/m* dix : *el* — *de marzo*, le dix mars. I *son las* —, il est dix heures.
diezmar *t* décimer.
difam/ar *t* diffamer. **-ación** *f* diffamation.
diferencia *f* 1 différence : *a* — *de*, à la différence de. 2 (desacuerdo) différend *m.*
diferenciar *t* différencier.
diferente *a* différent, e. **-mente** *adv* différemment.
diferir ° *t/i* différer.
difícil *a* difficile.
dificult/ad *f* difficulté. I *poner dificultades*, faire des difficultés. **-ar** *t* 1 rendre difficile. 2 gêner. **-uoso, a** *a* difficile.
difteria *f* diphtérie.
difuminar *t* estomper.
difundir *t* 1 diffuser. 2 (noticia, etc.) répandre.
difunto, a *a/s* défunt, e.
difusión *f* diffusion.
diga ⇒ **decir.**
diger/ir ° *t* digérer. **-ible** *a* digestible.
digest/ión *f* digestion. **-ivo, a** *a/m* digestif, ive.
digital *f* digitale.
dignarse *pr* daigner : *se dignó por fin a escucharme*, il a enfin daigné m'écouter.
dignatario *m* dignitaire.
dign/o, a *a* digne. **-idad** *f* dignité.
digo ⇒ **decir.**
digresión *f* digression.
¹dije *m* breloque *f.*
²dije, dijiste, etc. ⇒ **decir.**
dilación *f* retard *m.*
dilapidar *t* dilapider.

dilatación *f* dilatation.

dilatado, a *a* vaste, étendu, e.

dilatar *t* 1 dilater. 2 (diferir) retarder. □ *pr* 1 se dilater. 2 s'étendre.

dilema *m* dilemme.

diletante *s* dilettante.

diligencia *f* 1 diligence. 2 (gestión) démarche. 3 enquête.

diligente *a* diligent, e.

diluir ° *t* diluer.

diluvio *m* déluge.

dimanar *i* émaner.

dimensión *f* dimension.

diminutivo, a *a/m* diminutif, ive.

diminuto, a *a* très petit, e, minuscule.

dimisión *f* démission.

dimitir *t/i* démissionner, se démettre : *ha dimitido de su cargo*, il s'est démis de ses fonctions, il a démissionné.

Dinamarca *n p f* Danemark *m*.

dinamarqués, esa *a/s* danois, e.

dinámico, a *a* dynamique.

dinamita *f* dynamite.

dínamo *f* dynamo.

dinastía *f* dynastie.

diner/o *m* argent. I — *suelto*, monnaie *f*. **-al** *m* somme *f* folle, fortune *f*.

dintel *m* linteau.

diócesis *f* diocèse *m*.

Dios *n p m* Dieu. I ¡ — *mío* !, mon Dieu ! ; *a* — *gracias*, Dieu merci ; *a la buena de* —, au petit bonheur ; *como* — *manda*, comme il faut ; ¡ *por* — !, voyons ! ; ¡ *vaya por* — !, eh bien ! □ *pl los dioses paganos*, les dieux païens.

diosa *f* déesse.

diploma *m* diplôme.

diplom/acia *f* diplomatie. **-ático, a** *a* diplomatique. □ *m* diplomate.

diptongo *m* diphtongue *f*.

diputado *m* député. I — *provincial*, conseiller général.

dique *m* digue *f*. I — *seco*, cale *f* sèche.

dirá, etc. ⇒ **decir**.

dirección *f* 1 direction : *en* — *a*, en direction de. 2 sens *m* : — *única*, sens unique ; *calle de doble* —, rue à double sens. 3 (señas) adresse : ¿ *cuál es su* — ?, quelle est votre adresse ?

directivo, a *a junta directiva*, comité directeur. □ *m* dirigeant, directeur.

directo, a *a/m* direct, e. I *retransmisión en* —, retransmission en direct.

directriz *a/f* directrice. □ f pl *las directrices del partido*, les directives du parti.

dirigente *a/s* dirigeant, e.

dirigible *m* dirigeable.

dirig/ir *t* 1 diriger. 2 (la palabra, una carta) adresser. □ *pr* 1 *dirigirse a la puerta*, se diriger vers la porte. 2 *me dirijo a usted*, je m'adresse à vous. **-ismo** *m* dirigisme.

discern/ir ° *t* discerner. **-imiento** *m* discernement.

disciplin/a *f* discipline. **-ar** *t* discipliner.

discípulo, a *s* 1 disciple. 2 (en un colegio) élève.

disco *m* disque.

díscolo, a *a* rebelle, turbulent, e.

disconforme *a* en désaccord.

discordante *a* discordant, e.

discordia *f* discorde.

discoteca *f* discothèque.

discre/ción *f* discrétion. **-cional** *a* 1 facultatif, ive, 2 (autocar) spécial.

discrep/ar *i* 1 diverger. 2 ne pas être du même avis. **-ante** *a* divergent, e.

discreto, a *a* (reservado) discret, ète.

discriminación *f* discrimination.

disculp/a *f* excuse. **-ar** *t* excuser. I *le ruego me disculpe*, je vous prie de m'excuser, je vous fais mes excuses. □ *pr* 1 *disculparse con alguien*, s'excuser auprès de quelqu'un. 2 (justificarse) se disculper.

discurrir *i* 1 (andar) aller. 2 (un líquido) couler. 3 (el tiempo) s'écouler. 4 (una acción) se passer. 5 penser, réfléchir.

discurso *m* discours.

discusión *f* discussion.

discut/ir *t/i* discuter. □ *t* 1 – *un precio*, débattre un prix. 2 contredire. **-ible** *a* discutable.

disecar *t* 1 disséquer. 2 (conservar un animal muerto) empailler.

disemin/ar *t* disséminer. **-ación** *f* dissémination.

disensión *f* dissention.

disentería *f* dysenterie.

disentimiento *m* dissentiment.

diseño *m* dessin, esquisse *f.*

disert/ar *i* disserter. **-ación** *f* 1 dissertation. 2 exposé *m.*

disfraz *m* déguisement. **-ar** *t* déguiser.

disfrut/ar *t/i* 1 – *del fresco del atardecer,* jouir de, profiter de la fraîcheur du soir ; – *de buena salud,* jouir d'une bonne santé. 2 – *una beca,* bénéficier d'une bourse. □ *i* s'amuser, bien profiter. **-e** *m* jouissance *f.*

disgust/ar *t* 1 déplaire : *tu conducta me disgusta,* ta conduite me déplaît. 2 (enfadar) fâcher. □ *pr* se fâcher. **-ado, a** *a* 1 estar – *con alguien,* être fâché avec quelqu'un. 2 (pesaroso) contrarié, e. **-o** *m* 1 ennui, désagrément : *dar disgustos,* causer des ennuis. 2 contrariété *f.* 3 (pesadumbre) chagrin. 4 *sentirse a –,* se sentir mal à l'aise. 5 (disputa) discussion *f,* dispute *f.*

disidente *a/s* dissident, e.

disimul/ar *t* dissimuler. **-ación** *f* dissimulation. **-o** *m* dissimulation *f.*

disip/ar *t* dissiper. **-ación** *f* dissipation.

dislate *m* absurdité *f,* sottise *f.*

disloc/ar *t* disloquer. □ *pr* se déboîter, se démettre : *se ha dislo-* *cado el hombro,* il s'est déboîté l'épaule. **-ación** *f* dislocation.

disminu/ir ° *t/i* diminuer. **-ción** *f* diminution.

disociar *t* dissocier.

disolución *f* dissolution.

disoluto, a *a* dissolu, e.

disolv/er ° *t* dissoudre. **-ente** *a/m* dissolvant, e.

disonancia *f* dissonance.

dispar/ar *t* 1 – *a alguien,* tirer sur quelqu'un. 2 (flecha) décocher. 3 (mecanismo) déclencher. □ *i* faire feu. I *salir disparado,* partir comme une flèche. **-ador** *m* 1 (de un arma) détente *f.* 2 (de una máquina fotográfica) déclencheur.

disparat/e *m* bêtise *f,* sottise *f.* **-ado, a** *a* absurde. **-ar** *i* déraisonner.

disparo *m* 1 coup de feu. 2 déclenchement. 3 (fútbol) shoot, tir.

dispensa *f* dispense.

dispensar *t* 1 dispenser. 2 (otorgar) accorder. 3 excuser, pardonner : *dispense usted,* excusez-moi, pardon.

dispensario *m* dispensaire.

dispers/ar *t* disperser. **-ión** *f* dispersion.

displicen/cia *f* 1 manque *m* d'enthousiasme. 2 froideur. **-te** *a* grognon, onne.

disponer ° *t/i* disposer. □ *disponerse a, para marchar,* se disposer, s'apprêter à partir.

disponi/ble *a* disponible. **-bilidad** *f* disponibilité.

disposición *f* disposition. I – *de ánimo,* état *m* d'esprit.

dispositivo *m* dispositif.

dispuesto, a *a* 1 disposé, e. 2 prêt, e : ¿ *está todo –?,* tout est prêt ? ; – *a, para salir,* prêt à partir.

disput/ar *t/i* disputer. **-a** *f* dispute.

distan/cia *f* distance. **-ciar** *t* éloigner. **-te** *a* distant, e.

distar *i* 1 être éloigné, e. 2 FIG — *de*, être loin de.

disten/der ° *t* distendre. **-ción** *f* 1 distention. 2 (en politica) détente.

distinción *f* distinction.

distingu/ir *t* 1 distinguer. 2 décorer. □ *pr* se distinguer. **-ido, a** *a* distingué, e.

distintivo, a *a* distinctif, ive. □ *m* insigne, signe distinctif.

distinto, a *a* 1 distinct, e. 2 — *a*, différent, e de.

distra/er ° *t* 1 distraire. □ *pr* se distraire. **-cción** *f* distraction. **-ído, a** *a/s* distrait, e.

distribu/ir ° *t* distribuer. **-ción** *f* distribution. **-idor** *m* distributeur.

distrito *m* district, circonscription *f*.

disturbio *m* trouble.

disua/dir *t* dissuader. **-sión** *f* dissuasion.

disuelto, a *a* dissous, oute.

divagación *f* divagation.

diván *m* divan.

diverg/ir *i* diverger. **-encia** *f* divergence. **-ente** *a* divergent, e.

diversidad *f* diversité.

diversificar *t* diversifier.

diversión *f* 1 distraction, divertissement *m*. 2 MIL diversion.

diverso, a *a* divers, e. □ *pl* plusieurs, divers, e.

divert/ir ° *t* (entretener) amuser, divertir. □ *pr nos hemos divertido mucho*, nous nous sommes bien amusés. **-ido, a** *a* amusant, e, drôle.

divid/ir *t* diviser. **-endo** *m* dividende.

divieso *m* furoncle.

divin/o, a *a* divin, e. **-idad** *f* divinité.

divisa *f* 1 (moneda, lema) devise. 2 (señal) insigne *m*.

divisar *t* distinguer, apercevoir.

división *f* division.

divisor *m* diviseur.

divorci/o *m* divorce. **-arse** *pr* divorcer : *se han divorciado*, ils ont divorcé.

divulgar *t* divulguer.

dobladillo *m* ourlet.

dobladura *f* pli *m*.

doblaje *m* doublage.

doblar *t* 1 plier : — *el mantel la rodilla*, plier la nappe, le genou. 2 replier. 3 — *la esquina*, tourner au coin de la rue. 4 (duplicar) doubler. 5 (película cinematográfica, actor) doubler. □ *i* — *a muerto*, sonne le glas. □ *pr* plier, se courber.

doble *a* double. 1 — *de alto, ancho que...*, deux fois plus haut, large que... □ *m* 1 double. 2 (de cerveza) chope *f*. 3 (actor) doublure *f*.

doblegar *t* plier, soumettre.

doblez *m* 1 pli. 2 FIG duplicité *f*.

doce *a/m* douze. 1 *son las* —, il est midi ; *las* — *de la noche*, minuit. **-na** *f* douzaine.

docente *a/s* enseignant, e : *personal* —, corps enseignant.

dócil *a* docile.

docilidad *f* docilité.

doctor *m* docteur. **-a** *f* docteur *m*, doctoresse. **-ado** *m* doctorat.

doctrina *f* 1 doctrine. 2 catéchisme *m*.

documentatión *f* 1 documentation. 2 — *personal*, papiers *m pl* d'identité ; *¡ la* — *!*, vos papiers !

documental *a/m* documentaire.

documentar *t* documenter.

documento *m* 1 document. 2 — — *Nacional de Identidad*, carte *f* d'identité.

dogm/a *m* dogme. **-ático, a** *a* dogmatique.

dogo *m* dogue.

dólar *m* dollar.

dolencia *f* maladie, infirmité.

dol/er ° *i* 1 avoir mal, faire mal : *me duele la cabeza*, j'ai mal à la tête ; *todavía me duele el esguince*, mon entorse me fait encore mal. 2 *duele verle así*, ça fait de la peine, c'est triste de le voir dans cet état. **3** (sentir) regretter : *ahora me duele haberle dicho que no*, je regrette maintenant de lui avoir dit non. □ *pr* se plaindre. **-ido, a** *a* peiné, e, chagriné, e. **-iente** *a* souffrant, e.

dolor *m* **1** douleur *f* : *calmar el —*, calmer la douleur. I *— de costado*, point de côté. **2** mal : *sentir —*, avoir mal ; *tener — de muelas*, avoir mal aux dents. **-ido, a** *a* endolori, e. **-oso, a** *s* douloureux, euse.

dom/ar *t* **1** dompter. **2** dresser. **-a** *f* **1** domptage *m*. **2** dressage *m*. **-ador, a** *s* dompteur.

domesticar *t* apprivoiser.

doméstico, a *a/s* domestique.

domicili/o *m* domicile. **-ado, a** *a* domicilié, e. **-ario, a** *a* à domicile.

domin/ar *t* **1** dominer. **2** (un incendie, etc.) maîtriser. **-ador, a** *a/s* dominateur, trice. **-ante** *a/f* dominant, e.

domingo *m* dimanche : *— de Resurrección*, dimanche de Pâques.

Domingo, a *n p* Dominique.

dominical *a* dominical, e.

dominicano, a *a/s* dominicain, e.

dominico, a *a/s* dominicain, e.

dominio *m* **1** domaine : *— público*, domaine public. **2** domination *f* : *bajo el — de*, sous la domination de. **3** (de sí mismo) maîtrise *f*. **4** *— del inglés*, parfaite connaissance, maîtrise de l'anglais.

dominó *m* domino.

¹don *m* (devant le prénom) *— Pedro López*, monsieur Pierre López.

²don *m* don : *— para las lenguas*, don pour les langues. I *— de gentes*, entregent.

donación *f* donation, don *m*.

donaire *m* **1** grâce *f*, aisance *f*. **2** esprit. **3** (chiste) mot d'esprit.

donante *s — de sangre*, donneur

de sang.

donativo *m* don.

doncella *f* **1** demoiselle. **2** (criada) femme de chambre.

donde *adv* **1** où : *la casa — vive*, la maison où il habite ; *¿ dónde está el comedor?*, où est la salle à manger ? I *— sea*, n'importe où. **2** *¿ a dónde vas?*, où vas-tu ? **3** *voy — mi tío*, je vais chez mon oncle. **-quiera** *adv* n'importe où.

donoso, a *a* drôle, spirituel, elle.

donostiarra *a/s* de Saint-Sébastien.

doña *f* madame.

dorada *f* daurade.

dor/ar *t* dorer. **-ado, a** *a* doré, e. □ *m* dorure *f*.

dorm/ir ° *i* **1** dormir : *el niño duerme*, l'enfant dort ; *¿ has dormido bien?*, as-tu bien dormi ? **2** coucher : *— al raso*, coucher à la belle étoile. □ *t* endormir. I *— la siesta*, faire la sieste. □ *pr me he dormido*, je me suis endormi. **-ido, a** *a* endormi, e. **-ilón, ona** *a/s* dormeur, euse. **-itar** *i* somnoler. **-itorio** *m* **1** chambre *f* à coucher. **2** (común) dortoir.

dors/o *m* **1** dos. **2** (de una página) dos, verso. **-al** *a* dorsal, e. □ *m* (de deportista) dossard.

dos *a/m* deux. I *son las —*, il est deux heures ; *en un — por tres*, en moins de deux. **-cientos, as** *a/m* deux cents.

dosel *m* dais.

dos/is *f* dose. **-ificar** *t* doser.

dotación *f* **1** (tripulación) équipage *m*. **2** (de una oficina, etc.) personnel *m*. **3** rémunération.

dotar *t* **1** doter. **2** (de una cualidad) douer : *dotado de imaginación*, doué d'imagination. **3** (proveer) équiper, doter : *barco dotado de un radar potente*, bateau équipé d'un radar puissant.

dote *m/f* dot *f*. □ *f pl* (aptitudes) dons *m*.

doy ⇒ **dar.**

dozavo, a *a/m* douzième.

drag/a *f* drague. **-ar** *t* draguer.

dram/a *m* drame. **-ático, a** *a* dramatique. **-atizar** *t* dramatiser. **-aturgo** *m* dramaturge.

dril *m* coutil.

drog/a *f* drogue. **-adicto, a** *s* drogué, e. **-arse** *pr* 1 se droguer. 2 (un deportista) se doper.

droguería *f* droguerie.

dromedario *m* dromadaire.

ducado *m* (territorio) duché.

duch/a *f* douche : *darse una —*, prendre une douche. **-arse** *pr* se doucher.

ducho, a *a* expert, e.

dud/ar *i* 1 douter : *no dudo de ello*, je n'en doute pas. 2 se demander : *dudo si tomaré el avión*, je me demande si je prendrai l'avion. 3 hésiter : *no duden en consultarnos*, n'hésitez pas à nous consulter. □ *t* douter de : *lo dudo*, j'en doute. **-a** *f* doute *m* : *no cabe —*, il n'y a pas de doute ; *sin —*, sans doute ; *sin — alguna*, sans aucun doute. **-oso, a** *a* 1 douteux. euse. 2 (vacilante) hésitant, e.

¹**duelo** *m* (combate) duel.

²**duelo** *m* (luto) deuil.

duende *m* lutin.

dueño, a *s* 1 maître, esse. I *ser — de sí mismo*, être maître de soi. 2 propriétaire, patron : *el — del restaurante*, le patron du restaurant.

duermevela *f* demi-sommeil *m*.

dulce *a* 1 doux, douce. 2 sucré, e. □ *m* confiture *f*. □ *m pl* sucreries *f*.

dulcificar *t* adoucir.

dulzón, ona *a* douceâtre.

dulzor *m*, **dulzura** *f* douceur *f*.

duna *f* dune.

duodécimo, a *a/s* douzième.

duplic/ar *t* doubler. □ *pr* doubler. **-ado** *m* duplicata. I *por —*, en double.

duque, esa *s* duc, duchesse.

duración *f* durée.

duradero, a *a* durable.

durante *prep/adv* pendant, durant.

durar *i* durer.

durazno *m* pêche *f*.

dureza *f* dureté.

durmiente *a* dormant, e. □ *m* (de ferrocarril) traverse *f*.

duro, a *a* dur, e. I *ser — de oído*, être dur d'oreille. □ *m* (= 5 pesetas) douro. □ *adv* fort.

E

e |e| ƒ e m : *una* —, un e. □ *conj*
(devant *i* ou *hi*) et : *madre* — *hija*,
mère et fille.

¡ ea ! *interj* allons !

ebanista *m* ébéniste.

ébano *m* ébène ƒ.

ebri/o, a *a* ivre. **-edad** ƒ ébriété.

Ebro *n p m* Èbre.

ebulición ƒ ébullition.

eccema *m* eczéma.

eclesiástico, a . *a/m* ecclésiastique.

eclips/e *m* éclipse ƒ. **-ar** *t*
éclipser.

eco *m* écho.

ecol/ogía ƒ écologie. **-ógico, a** *a*
écologique. **-ogista** *a/s*
écologiste.

econ/omía ƒ économie. **-ómicu,
a** *a* 1 économique. 2 (que gasta
poco) économe. **-omista** *m*
économiste. **-omizar** *t* économiser.

ecónomo *m* économe.

ecuación ƒ équation.

ecua/dor *m* équateur. **-torial** *a*
équatorial, e. **-toriano, a** *a/s*
équatorien, enne.

ecuestre *a* équestre.

ecuménico, a *a* œcuménique.

eczema *m* eczéma.

echar *t* 1 (arrojar) jeter. 2 — *vino
en un vaso*, verser du vin dans un
verre. 3 (expulsar) chasser. 4 (despedir) congédier. 5 (el cerrojo)
tirer, pousser. 6 faire : — *una partida de damas*, faire une partie de
dames. 7 (poner) mettre. 8 — *a*, se
mettre à. 9 — *abajo*, démolir. □ *pr*
1 se jeter. 2 (acostarse) s'allonger,
s'étendre. 3 *echarse a*, se mettre à :
se echó a llorar, elle se mit à pleurer.

echarpe *m* écharpe ƒ.

edad ƒ âge *m* : *niño en* — *escolar*,
enfant d'âge scolaire ; *de poca* —,
en bas âge ; *la* — *Media*, le Moyen
Âge. I *un hombre de* —, un homme
âgé ; *de 70 años de* —, âgé de
70 ans.

edema *m* œdème.

edición ƒ édition.

edicto *m* édit.

edific/ar *t* 1 bâtir, édifier. 2 FIG
édifier. **-ación** ƒ édification. **-io**
m édifice, bâtiment.

Edimburgo *n p* Edimbourg.

edit/ar *t* éditer. **-or, a** *s* éditeur,
trice. **-orial** *m* éditorial. □ ƒ
maison d'édition.

Edmundo *n p m* Edmond.

edredón *m* édredon.

Eduardo *n p m* Édouard.

educ/ar *t* 1 éduquer. 2 élever :
bien, mal educado, bien, mal élevé.
-ación ƒ éducation. **-ador, a** *s*
éducateur, trice. **-ando, a** *s* élève.
-ativu, a *a* éducatif, ive.

efectivo, a *a/m* effectif, ive. I
pagar en —, payer en espèces.

efecto *m* effet. I *en* —, en effet ;
causar —, faire de l'effet ; *surtir* —,
produire son effet ; (entrar en
vigor) prendre effet.

efectuar *t* effectuer.

efervescen/te *a* effervescent, e.
-cia ƒ effervescence.

efic/acia ƒ efficacité. **-az** *a*
efficace.

efigie ƒ effigie.

efímero, a *a* éphémère.

efusión ƒ effusion.

egipcio, a *a/s* égyptien, enne.

Egipto *n p m* Égypte ƒ.

egoís/ta *a/s* égoïste. **-mo** *m*
égoïsme.

egregio, a *a* illustre.

egresar *i* AMER sortir (d'une école, etc.).

¡ eh ! *interj* eh ! I ¿ eh ?, hein ?

eje *m* **1** axe. **2** (que une las ruedas) essieu.

ejecución *f* exécution.

ejecut/ar *t* exécuter. **-ante** *s* exécutant, e. **-ivo, a** *a/m* exécutif, ive. □ *m* cadre supérieur. □ *f* direction.

ejemplar *a/m* exemplaire.

ejemplo *m* exemple : *por —*, par exemple.

ejerc/er *t* exercer. **-icio** *m* exercice. **-itarse** *pr — en*, s'exercer à.

ejército *m* armée *f*.

¹el *art* le, l' : *— tren*, le train ; *— avión*, l'avion. I *— de*, celui de ; *— que*, celui que, qui (*el* se traduit souvent par le possessif : *se quitó — abrigo*, il ôta son manteau).

²él *pron pers* **1** il. **2** lui : *iré con —*, j'irai avec lui.

elabor/ar *t* élaborer. **-ación** *f* élaboration.

elasticidad *f* élasticité.

elástico, a *a/m* élastique.

elección *f* **1** (votación) élection. **2** choix *m* : *a —*, au choix.

elector, a *s* électeur, trice. **-al** *a* électoral.

electric/idad *f* électricité. **-ista** *m* électricien.

eléctrico, a *a* électrique.

electrificar *t* électrifier.

electrizar *t* électriser.

electrocardiograma *m* électrocardiogramme.

electrocu/tar *t* électrocuter. **-ción** *f* électrocution.

electrodo *m* électrode *f*.

electrófono *m* électrophone.

electroimán *m* électro-aimant.

electrón *m* électron. **-ico, a** *a/f* électronique.

elefante *m* éléphant.

elegan/te *a/s* élégant, e. **-temente** *adv* élégamment. **-cia** *f* élégance.

elegia *f* élégie.

eleg/ir ° *t* **1** élire : *el presidente ha sido elegido*, le président a été élu. **2** (escoger) choisir. I *a —*, au choix. **-ible** *a* éligible.

element/o *m* élément. **-al** *a* élémentaire.

Elena *npf* Hélène.

elenco *m* (de actores) troupe *f*.

elev/ar *t* élever. **-ación** *f* élévation. **-ador, a** *a* élévateur, trice.

elimin/ar *t* éliminer. **-ación** *f* élimination. **-atorio, a** *a/f* éliminatoire.

elipse *f* ellipse.

elipsis *f* ellipse.

Elíseo *m* Élysée.

élite *f* élite.

elocuen/te *a/s* éloquent, e. **-cia** *f* éloquence.

elogi/o *m* éloge. **-ar** *t* faire l'éloge de. **-oso, a** *a* élogieux, euse.

elucidar *t* élucider.

eludir *t* éluder.

ella, as *pron pers* elle, elles.

ello *pron pers* **1** cela, ça. **2** *de —*, en : *estoy seguro de —*, j'en suis sûr. **3** *en —*, y : *no pienses más en —*, n'y pense plus. **4** *por —*, c'est pourquoi.

ellos *pron pers* **1** ils. **2** eux : *— mismos*, eux-mêmes.

emanar *i* émaner.

emancip/ar *t* émanciper. **-ación** *f* émancipation.

embadurnar *t* barbouiller.

embajad/a *f* ambassade. **-or, a** *s* ambassadeur, drice.

embal/ar *t* emballer. **-aje** *m* emballage.

embaldosar *t* daller.

embalsamar *t* embaumer.

embalse *m* barrage, retenue *f* d'eau.

embaraz/ar *t* embarrasser. **-ada** *a* (mujer) enceinte. **-o** *m* (de la mujer) grossesse *f*. **-oso, a** *a* embarrassant, e.

embarcación f embarcation.

embarc/ar t embarquer. □ pr s'embarquer. **-adero** m embarcadère. **-o** m embarquement.

embarg/ar t saisir. **-o** m 1 saisie f. 2 MAR embargo. 3 sin —, cependant, néanmoins.

embarque m embarquement.

embarrado, a a boueux, euse.

embarrancar i (barco) échouer. □ pr s'embourber.

embarullar t embrouiller.

embate m assaut.

embaucar t 1 (engañar) leurrer. 2 (seducir) enjôler.

embeber t 1 absorber. 2 imbiber. □ pr 1 (tela) rétrécir. 2 FIG s'imprégner. 3 (enfrascarse) se plonger.

embelesar t ravir, charmer.

embellec/er ° t embellir. **-imiento** m embellissement.

embest/ir ° t — a, contra, se jeter sur. **-ida** f attaque.

emblema m emblème.

embobado, a a ébahi, e.

emboc/ar t — una calle, s'engager dans une rue. **-adura** f 1 embouchure. 2 devant m de la scène.

embolia f embolie.

émbolo m piston.

embolsarse pr empocher.

emborrachar t enivrer. □ pr se soûler.

emborronar t barbouiller, gribouiller.

emboscada f embuscade, guetapens m.

embotar t émousser.

embotell/ar t 1 — vino, mettre du vin en bouteilles. 2 (una calle) embouteiller. **-ado** m mise f en bouteilles. **-amiento** m embouteillage.

embozarse pr se couvrir le bas du visage.

embra/gar t/i embrayer. **-gue** m embrayage.

embravecer ° t rendre furieux, euse.

embria/gar t enivrer. **-guez** f ivresse.

embrión m embryon.

embroll/o m imbroglio. **-ar** t embrouiller.

embrutec/er ° t abrutir. **-imiento** m abrutissement.

embuchado m charcuterie f.

embudo m entonnoir.

embust/e m mensonge. **-ero, a** s menteur, euse.

embut/ir t 1 (rellenar) bourrer. 2 (una chapa de metal) emboutir. **-ido** m (embuchado) charcuterie f.

emerg/er i émerger. **-encia** f urgence : en caso de —, en cas d'urgence. | salida de —, sortie de secours.

emigr/ar i émigrer. **-ación** f émigration. **-ado, a** s émigré, e. **-ante** s émigrant, e.

Emilio n p m Émile.

eminen/te a éminent, e. **-cia** f éminence.

emir m émir.

emisario m émissaire.

emisor, a a émetteur, trice. □ f station émettrice, émetteur m.

emitir t émettre : el banco ha emitido nuevos billetes, la banque a émis de nouveaux billets.

emo/ción f émotion. **-cionante** a émouvant, e. **-cionar** t émouvoir. □ pr être ému, e. **-tivo, a** a émotif, ive.

empacar t emballer.

empacho m indigestion f.

empadron/ar t recenser. **-amiento** m recensement.

empalag/ar t écœurer. **-oso, a** a 1 écœurant, e. 2 (persona) collant, e.

empalizada f palissade.

empalm/ar i 1 (trenes, autobuses) correspondre. 2 (carreteras) s'embrancher, se raccorder. **-e** *m* 1 correspondance *f*. **2** embranchement. **3** raccord.

empan/ar *t* paner. **-ada** *f* friand *m*.

empantanar *t* 1 inonder. **2** FIG *dejar empantanado*, laisser en plan.

empañar *t* 1 ternir. **2** (un cristal) embue*r*.

empapar *t* 1 absorber. **2** tremper. I — *en agua*, imbiber d'eau.

empapelar *t* (las paredes) tapisser (avec un papier peint).

empaque *m* 1 allure *f*. **2** air guindé.

empaquetar *t* empaqueter.

emparedado *m* sandwich.

emparejar *t* assortir. □ *i* rattraper, rejoindre : *corrí para — con él*, je courus pour le rattraper.

emparentado, a *a* apparenté, e.

emparrado *m* treille *f*.

empast/ar *t* (una muela) plomber. **-e** *m* plombage.

empat/ar *i* 1 (deportes) égaliser. I *estar empatados*, être à égalité. **2** faire match nul. **-e** *m* 1 égalité *f*, match nul. **2** (votación) ballotage.

empedernido, a *a* endurci, e, invétéré, e.

empedr/ar ° *t* 1 — *con adoquines*, paver. **2** empierrer. **-ado** *m* pavage.

empellón ⇒ **empujón**.

empeñ/ar *t* engager. □ *pr* 1 s'endetter. **2** *empeñarse en*, s'obstiner à, s'acharner à. **3** insister. **-o** *m* 1 (afán) ardeur *f*, empressement, acharnement. **2** souci. **3** vif désir. I *tener — en*, tenir à.

empeor/ar *i* s'aggraver, empirer. I *el enfermo ha empeorado*, l'état du malade s'est aggravé. **-amiento** *m* aggravation *f*.

empequeñecer ° *t* rapetisser.

empera/dor *m* empereur. **-triz** *f* impératrice.

emperrarse *pr* FAM — *en*, s'entêter à.

empezar ° *t/i* commencer. I — *de nuevo, volver a —*, recommencer.

empin/ar *t* dresser. □ *pr* se dresser (sur la pointe des pieds). **-ado, a** *a* (cuesta) raide, en pente.

empírico, a *a* empirique.

emplasto *m* emplâtre.

emple/ar *t* employer : *no emplea esta palabra*, n'emploie pas ce mot. **-ado, a** *s* employé, e. **-o** *m* 1 emploi. **2** (cargo) emploi, situation *f*.

empobrec/er ° *t* appauvrir. **-imiento** *m* appauvrissement.

empoll/ar *t* 1 couver. **2** FAM (estudiar) potasser, bûcher. **-ado, a** *a está muy — en física*, il est très calé en physique. **-ón, ona** *a/s* bûcheur, euse.

emporio *m* AMER grand centre commercial.

empotrar *t* 1 encastrer. I *armario empotrado*, armoire encastrée, placard. **2** (con cemento) sceller.

emprend/er *t* entreprendre. I — *la marcha*, prendre le départ. **-edor, a** *a* entreprenant, e.

empres/a *f* entreprise. **-ario** *m* 1 entrepreneur. **2** chef d'entreprise. **3** (teatro) impresario.

empréstito *m* emprunt.

empuj/ar *t* pousser. **-e** *m* 1 poussée *f*. **2** FIG allant, énergie *f*. **-ón** *m* 1 poussée *f*. **2** coup. I *darse empujones*, se bousculer ; *a empujones*, brutalement, par à-coups.

empuñ/ar *t* tenir : *el desconocido empuñaba una pistola*, l'inconnu tenait un pistolet. **-adura** *f* poignée.

emulación *f* émulation.

en *prep* 1 dans : — *la calle, el cajón*, dans la rue, le tiroir. **2** en, à : — *España*, en Espagne ; — *Barcelona*, à Barcelone ; — *el Brasil*, au Brésil. **3** (sobre) sur : — *la mesa, la acera*, sur la table, le trottoir. **4** (tiempo) — *1980*, en 1980 ; — *el siglo XX*, au XXe siècle. I — *una mañana* *triste de invierno*, par une triste matinée d'hiver. **5** — *que*, où : *el día* — *que yo me case*, le jour où je me marierai. **6** (modo) *me contestó* — *catalán*, il me répondit en catalan ; — *camisón*, en chemise de nuit. **7** de : *aumentar, reducir en un 10 %*, augmenter, réduire de 10 %. **8** (entre) chez : — *los poetas*, chez les poètes. **9** (+ gerundio) — *entrando*, dès qu'il fut entré, aussitôt entré.

enaguas *f pl* jupon *m sing.*

enajen/ar *t* **1** rendre fou, folle. **2** (cautivar) griser, charmer. **-ación** *f* aliénation.

enaltecer ° *t* exalter.

enamor/ar *t* faire la cour. □ *enamorarse de*, tomber amoureux, euse de, s'éprendre de. **-ado, a** *a/s* amoureux, euse. **-iscarse** *pr* s'enticher.

enano, a *a/s* nain, e.

enarbolar *t* arborer.

enardecer ° *t* échauffer, enflammer, exciter.

encabez/ar *t* **1** être à la tête de. **2** (una lista) ouvrir. **3** prendre la tête de. **-amiento** *m* en-tête.

encabritarse *pr* se cabrer.

encaden/ar *t* enchaîner. **-amiento** *m* enchaînement.

encajar *t* **1** emboîter. **2** FAM (asestar) flanquer. □ *i* **1** (dentro de una cosa) rentrer, s'emboîter. **2** (ser adecuado) aller, convenir, cadrer.

encaj/e *m* dentelle *f.* **-era** *f* dentellière.

encajonado, a *a* encaissé, e.

encalar *t* chauler.

encallar *i* échouer.

encaminarse *pr* **1** — *a la salida*, se diriger vers la sortie. **2** *medidas encaminadas a...*, mesures destinées à...

encandilarse *pr* **1** (ojos) s'allumer. **2** s'exciter.

encanecer ° *i* blanchir, grisonner.

encant/ar *t* enchanter, ravir. I

encantado de conocerle, enchanté de faire votre connaissance ; *aceptar encantado*, accepter avec plaisir ; *me encanta leer*, j'adore lire ; *me encantan los niños*, j'adore les enfants. **-ador, a** *a/s* enchanteur, eresse. □ *a* charmant, e. **-o** *m* **1** enchantement. **2** (atractivo) charme.

encapotarse *pr* se couvrir : *cielo encapotado*, ciel couvert.

encapricharse *pr* — *con*, s'enticher de.

encaramarse *pr* grimper.

encarar *t* affronter. □ *pr* **1** dévisager : *se encaró con su interlocutor*, il dévisagea son interlocuteur. **2** *encararse con*, affronter.

encarcel/ar *t* emprisonner, incarcérer. **-amiento** *m* emprisonnement.

encarec/er ° *t* **1** (alabar) vanter, faire l'éloge de. **2** demander avec insistance. □ *i* augmenter. **-idamente** *adv* instamment. **-imiento** *m* insistance *f.*

encarg/ar *t* **1** charger : *me ha encargado que te dé las gracias*, il m'a chargé de te remercier. **2** commander : *he encargado una tonelada de carbón*, j'ai commandé une tonne de charbon. **3** — *un traje*, faire faire un costume. **-o** *m* commission *f.* I *de* —, sur commande.

encariñarse *pr* — *con*, s'attacher à.

encarn/ar *t* incarner. **-ación** *f* incarnation.

encarniz/arse *pr* s'acharner. **-ado, a** *a* acharné, e. **-amiento** *m* acharnement.

encartonar *t* cartonner.

encasillado *m* quadrillage.

encasquillarse *pr* s'enrayer.

encáustico *m* encaustique *f.*

encauzar *t* canaliser.

encéfalo *m* encéphale.

encend/er ° *t* allumer. □ *pr* s'enflammer, prendre feu. **-edor**

m briquet. **-ido, a** *a* rouge. I *mejillas encendidas*, joues en feu. ☐ *m* allumage.

encer/ar *t* cirer. **-ado** *m* 1 toile *f* cirée. 2 (pizarra) tableau noir. **-adora** *f* cireuse.

encerrar ° *t* 1 enfermer. 2 (guardar) ranger. 3 (contener) renfermer.

encía *f* gencive.

enciclopedia *f* encyclopédie.

encierro *m* 1 retraite *f*. 2 mise *f* au toril (des taureaux).

encima *adv* 1 dessus. I *por* –, pardessus. I FIG superficiellement. 2 – *de*, sur : – *de la mesa*, sur la table ; *por* – *de los tejados*, au-dessus des toits. 3 (además) en outre, en plus. I – *de que*, en plus du fait que. 4 *llevar dinero* –, avoir de l'argent sur soi.

encin/a *f* chêne *m* vert, yeuse. **-ar** *m* bois de chênes-verts.

encinta *a* enceinte.

enclave *m* enclave *f*.

enclenque *a* chétif, ive, malingre.

encog/er *t* replier, contracter. ☐ *i/pr* (tela) rétrécir. ☐ *encogerse de hombros*, hausser les épaules. **-ido, a** *a* timide. **-imiento** *m* timidité *f*.

encolerizarse *pr* se mettre en colère, s'emporter.

encomendar ° *t* charger de.

encomi/ar *t* faire l'éloge de. **-o** *m* éloge.

encono *m* animosité *f*.

encontrar ° *t* 1 (hallar) trouver : *la encuentro simpática*, je la trouve sympathique. 2 (topar) rencontrer. ☐ *pr* 1 (dos o más personas) se rencontrer. 2 *me encontré con ella en la escalera*, je l'ai rencontrée dans l'escalier. 3 se trouver, se sentir : *encontrarse a gusto*, se sentir à l'aise.

encopetado, a *a* huppé, e.

encorvar *t* courber.

encrespar *t* 1 friser. 2 irriter.

encrucijada *t* carrefour *m*.

encuadern/ar *t* relier. **-ación** *f* reliure. **-ador, a** *s* relieur, euse.

encuadrar *t* encadrer.

encubr/ir *t* cacher. **-idor, a** *s* receleur, euse.

encuentro *m* rencontre *f*.

encuesta *f* enquête.

encumbrado, a *a* élevé, e.

encurtidos *m pl* cornichons confits dans du vinaigre.

enchuf/ar *t* 1 (un aparato eléctrico) brancher. 2 FAM pistonner. I *un enchufado*, un type qui a du piston. **-e** *m* 1 prise *f* de courant. 2 FAM (influencia) piston ; (empleo) planque *f*.

endeble *a* faible.

endemoniado, a *a/s* possédé, e. ☐ *a* FIG maudit, e, horrible.

enderezar *t* redresser. ☐ *i* – *a*, se diriger vers.

endeudarse *pr* s'endetter.

endiablado, a *a* 1 endiablé, e. 2 horrible.

endibia *f* endive.

endilgar *t* FAM 1 (un discurso, etc.) faire avaler. 2 (una cosa molesta) refiler.

endomingado, a *a* endimanché, e.

endosar *t* endosser.

endrina *f* prunelle.

endulzar *t* adoucir.

endurec/er ° *t* endurcir. **-imiento** *m* endurcissement.

enebro *m* genévrier.

enemi/go, a *a/s* ennemi, e. **-stad** *f* inimitié. **-starse** *pr* se brouiller.

energía *f* énergie.

enérgico, a *a* énergique.

enero *m* janvier : *el día primero de* –, le premier janvier.

enfad/ar *t* fâcher, mettre en colère. ☐ *pr* se fâcher. **-adizo, a** *a* irritable. **-o** *m* 1 fâcherie *f*. 2 colère *f*. I *causar* –, agacer, mettre en colère. **-oso, a** *a* ennuyeux, euse.

énfasis *m* emphase *f*.

enfático, a *a* emphatique.

enfermar *i* tomber malade.

enfermedad *f* maladie.

enfermer/ía *f* infirmerie. **-o, a** *s* infirmier, ère.

enferm/o, a *a/s* malade : *ponerse* –, tomber malade. **-izo, a** *a* maladif, ive.

enfilar *t* 1 (un telescopio, etc.) braquer. 2 *una calle*, enfiler une rue. □ *i* (ir) se diriger.

enflaquec/er ° *i* maigrir. **-imiento** *m* amaigrissement.

enfo/car *t* 1 (foto) mettre au point. 2 (un asunto) envisager. **-que** *m* 1 mise *f* au point. 2 FIG point de vue, optique *f*.

enfrascarse *pr* s'absorber, se plonger.

enfrentar *t* mettre en présence, opposer. □ *pr* 1 *enfrentarse con un adversario*, affronter un adversaire. 2 se rencontrer.

enfrente *adv* en face : *la acera de* –, le trottoir d'en face ; – *de mí*, en face de moi.

enfri/ar *t* refroidir. □ *pr* 1 *se ha enfriado el tiempo*, le temps s'est refroidi. 2 attraper froid. **-amiento** *m* refroidissement.

enfundar *t* mettre dans une housse.

enfurecer ° *t* mettre en fureur. l *mar enfurecido*, mer démontée.

engalanar *t* orner, décorer.

enganch/ar *t* 1 accrocher. 2 (un caballo) atteler. 3 (soldado) enrôler, recruter. **-e** *m* 1 accrochage. 2 recrutement.

engañ/ar *t* tromper. **-o** *m* 1 erreur *f*. 2 tromperie *f*. **-oso, a** *a* trompeur, euse.

engastar *t* enchâsser, sertir.

engatusar *t* enjôler, embobeliner.

engendr/ar *t* engendrer. **-o** *m* avorton.

engolfarse *pr* s'absorber, se plonger.

engordar *t* 1 engraisser. 2 (persona) faire grossir. □ *i* grossir : *ha engordado mucho*, il a beaucoup grossi.

engorr/o *m* FAM ennui. l *¡ qué –!*, quelle barbe ! **-oso, a** *a* rasoir.

engranaje *m* engrenage.

engrandecer ° *t* FIG grandir.

engrapadora *f* agrafeuse.

engras/ar *t* graisser. **-e** *m* graissage.

engreído, a *a* suffisant, e, présomptueux, euse.

engrosar ° *i* grossir.

engullir ° *t* engloutir.

enhebrar *t* enfiler.

enhorabuena *f* félicitations *pl*. l *dar la* –, féliciter ; *estar de* –, être en joie. □ *adv* à la bonne heure.

enigm/a *m* énigme *f*. **-ático, a** *a* énigmatique.

enjabonar *t* savonner.

enjaezar *t* harnacher.

enjabelgar *t* badigeonner à la chaux, chauler.

enjambr/e *m* essaim. **-ar** *i* essaimer.

enjuag/ar *t* rincer. **-ue** *m* rinçage.

enjugar *t* 1 sécher. 2 (el sudor, las lágrimas) essuyer.

enjuiciar *t* juger, émettre un jugement sur.

enjundia *f* 1 graisse. 2 FIG substance.

enjuto, a *a* sec, sèche.

enlace *m* 1 liaison *f*. 2 (de trenes) correspondance *f*. l *carretera de* –, bretelle, voie de raccordement. 3 – *matrimonial*, mariage. 4 – *sindical*, délégué syndical.

enlazar *t* relier : *carretera que enlaza una ciudad con otra*, route qui relie une ville à une autre.

enlodar *t* crotter.

enloquec/er ° *t* rendre fou, folle. **-edor, a** *a* affolant, e. **-imiento** *m* affolement.

enlosado *m* dallage.

enluc/ir *t* crépir. **-ido** *m* crépi.

enmarañar *t* 1 emmêler. 2 FIG embrouiller.

enmascarar *t* masquer.

enm/endar ° *t* 1 corriger. 2 (texto oficial) amender. **-ienda** *f* 1 correction. 2 amendement *m*.

enmohecerse ° *pr* moisir.

enmudecer ° *i* rester muet, ette.

ennegrecerse ° *pr* noircir.

ennoblecer ° *t* 1 anoblir. 2 FIG ennoblir.

enoj/ar *t* fâcher. **-o** *m* 1 colère *f*. 2 contrariété *f*. **-oso, a** *a* fâcheux, euse.

enorgullecerse ° *pr* s'enorgueillir.

enorm/e *a* énorme. **-emente** *adv* énormément. **-idad** *f* énormité.

enramada *f* feuillage *m*.

enranciarse *pr* rancir.

enrarecer ° *t* raréfier.

enredadera *f* liseron *m*.

enred/ar *t* embrouiller. □ *i* faire des bêtises. **-o** *m* 1 imbroglio. 2 intrigue *f*.

enrejado *m* 1 grillage. 2 (de madera) treillage.

enrevesado, a *a* compliqué, e.

Enrique *npm* Henri.

enriquec/er ° *t* enrichir. □ *pr* s'enrichir. **-imiento** *m* enrichissement.

enrojecer ° *t/i* rougir.

enrollar *t* enrouler.

enronquecerse ° *pr* s'enrouer.

enroscar *t* enrouler.

ensaimada *f* gâteau *m* en forme de spirale.

ensalad/a *f* salade. **-era** *f* saladier *m*. **-illa** *f* macédoine de légumes, salade russe.

ensalzar *t* chanter les louanges de.

ensambl/ar *t* assembler. **-adura** *f* assemblage *m*.

ensanch/ar *t* élargir. **-e** *m* 1 élargissement. 2 agrandissement. 3 (barrio nuevo) quartier neuf.

ensangrentar ° *t* ensanglanter.

ensañ/arse *pr* — con, en, s'acharner sur. **-amiento** *m* acharnement.

ensartar *t* 1 — perlas, enfiler des perles. 2 FIG débiter.

ensay/o *m* 1 essai. 2 (de una obra teatral) répétition *f*. **-ar** 1 essayer. 2 (obra teatral) répéter. **-ista** *m* essayiste.

enseguida *adv* 1 (acto continuo) aussitôt. 2 (pronto) tout de suite.

ensenada *f* anse.

enseñanza *f* enseignement *m* : — media, superior, enseignement secondaire, supérieur.

enseñar *t* 1 apprendre : ella me enseñó a leer, elle m'a appris à lire. 2 (mostrar) montrer. □ *t/i* (dar clases) enseigner : enseña desde hace diez años, il enseigne depuis dix ans.

enseres *mpl* affaires *f*.

ensillar *t* seller.

ensimism/arse *pr* se concentrer. **-ado, a** *a* — en un libro, plongé dans un livre.

ensombrecer ° *t* assombrir.

ensordec/er ° *t* assourdir. **-edor, a** *a* assourdissant, e.

ensortijado, a *a* bouclé, e.

ensuciar *t* salir.

ensueño *m* rêve, songe.

entablado *m* plancher.

entablar *t* (discusión, debate, etc.) entamer, engager.

entarimado *m* plancher.

ente *m* 1 être. 2 société *f*.

enteco, a *a* chétif, ive.

entendederas *f* *pl* FAM comprenette *sing*.

entend/er ° *t* comprendre : no entiendo lo que usted dice, je ne comprends pas ce que vous dites ; no entendiste bien, tu n'as pas bien compris. | dar a —, laisser entendre ; ya entiendo, je comprends, je vois. □ *i* s'y connaître : poco entiendo de mecánica, je ne m'y connais pas beaucoup en

mécanique. □ *pr* s'entendre : *no se entiende con su suegra,* il ne s'entend pas avec sa belle-mère.
-ido, a *a* **1** *bien — que...,* étant bien entendu que... **2** *— en,* connaisseur en. **3** *¡ entendido !,* compris !, d'accord ! **-imiento** *m* intelligence *f,* entendement.

enterado, a *a* au courant.

enteramente *adv* entièrement.

enterar *t* informer. □ *pr* **1** s'informer, se renseigner : *enterarse del precio de...,* se renseigner sur le prix de... **2** se rendre compte. **3** apprendre : *me enteré de que se había casado,* j'ai appris qu'il s'était marié. | FAM *¿ se entera ?,* compris ?

entereza *f* énergie, force de caractère.

enteritis *f* entérite.

enternec/er ° *t* attendrir. **-edor, a** *a* attendrissant, e.

entero, a *a* **1** entier, ère. | *por —,* entièrement. **2** ferme.

enterr/ar ° *t* enterrer. **-ador** *m* fossoyeur.

entibiarse *pr* tiédir.

entidad *f* **1** importance. **2** organisme *m,* société, entreprise. | *— bancaria,* établissement *m* bancaire.

entierro *m* enterrement.

entoldar *t* couvrir d'un vélum.

enton/ar *t* **1** entonner. **2** (fortalecer) ragaillardir, revigorer. **-ación** *f* intonation.

entonces *adv* alors. | *en aquel —, por —,* à cette époque-là.

entontecer ° *t* abêtir.

entornar *t* **1** (puerta) entrebâiller. **2** entrouvrir. | *ojos entornados,* yeux mi-clos.

entorpec/er ° *t* **1** engourdir. **2** (estorbar) gêner, paralyser. **-imiento** *m* **1** engourdissement. **2** retard.

entrada *f* **1** entrée : *prohibida la —,* entrée interdite. **2** billet *m* : *¿ has sacado las entradas ?,* as-tu

pris les billets ? **3** (cantidad recaudada) recette. **4** *de —,* de but en blanc.

entrambos, as *a* tous les deux, toutes les deux.

entramparse *pr* s'endetter.

entrañ/as *fpl* entrailles. **-able** *a* **1** intime. **2** profond, e. **-ablemente** *adv* tendrement.

entrar *i* **1** entrer. | *entrado en años,* âgé. **2** (encajar) rentrer. **3** être pris, e : *le entró pánico,* il a été pris de panique. □ *t* (introducir) faire entrer.

entre *prep* **1** *— Madrid y Toledo,* entre Madrid et Tolède. **2** *— mis amigos,* parmi mes amis. **3** (en una colectividad) *— los musulmanes,* chez les musulmans. **4** *se perdió — la muchedumbre,* il s'est perdu dans la foule. **5** *— las risas,* au milieu des rires. | *por —,* parmi. **6** *— alegre y triste,* mi-gai, mi-triste. **7** *llevar una cosa — dos,* porter une chose à deux. **8** *— mí, sí,* à part moi, lui.

entreabrir *t* entrouvrir : *puerta entreabierta,* porte entrouverte.

entreacto *m* entracte.

entrecejo *m* *fruncir el —,* froncer les sourcils.

entrecortar *t* entrecouper.

entrecot *m* entrecôte *f.*

entrecruzar *t* entrecroiser.

entreg/ar *t* **1** remettre. **2** (una mercancía) livrer. □ *pr* **1** (al enemigo) se livrer. **2** (dedicarse) se livrer, s'adonner. **-a** *f* **1** remise : *— de la copa al vencedor,* remise de la coupe au vainqueur. **2** (de una mercancía, fascículo) livraison.

entrelazar *t* entrelacer.

entremedias *adv* au milieu.

entremés *m* **1** hors-d'œuvre : *entremeses variados,* hors-d'œuvre variés. **2** (teatro) intermède.

entremezclar *t* entremêler.

entren/ar *t* entraîner. **-ador** *m* entraîneur. **-amiento** *m* entraînement.

entresuelo *m* entresol.

entretanto *adv* pendant ce temps.
I *en el* —, dans l'intervalle.

entretejer *t* entrelacer.

entreten/er ° *t* **1** (divertir) amuser. **2** faire perdre son temps. **3** (dar largas) retarder, faire traîner en longueur. ☐ *entretenerse en*, s'amuser à. **-ido, a** *a* amusant, e. **-imiento** *m* **1** distraction *f*, amusement. **2** (conservación) entretien.

entretiempo *m* demi-saison *f*.

entrever ° *t* entrevoir.

entrevist/a *f* **1** entrevue, entretien *m*. **2** (de periodista) interview. **-arse** *pr* **1** avoir une entrevue, un entretien : *el ministro se entrevistó con...*, le ministre a eu un entretien avec... **2** interviewer.

entristecer ° *t* attrister.

entromet/erse *pr* — *en*, se mêler de, s'immiscer dans. **-ido, a** *a/s* indiscret, ète.

entuerto *m* tort.

entumec/erse ° *pr* s'engourdir. I *dedos entumecidos*, doigts engourdis. **-imiento** *m* engourdissement.

enturbiar *t* troubler.

entusi/asmo *m* enthousiasme. **-asmar** *t* enthousiasmer. **-asta** *a/s* enthousiaste. **-ástico, a** *a* enthousiaste.

enumer/ar *t* énumérer. **-ación** *f* énumération.

enunci/ar *t* énoncer. **-ado** *m* énoncé.

envanecerse ° *pr* s'enorgueillir, être fier, ère.

envas/ar *t* **1** (un líquido) mettre en bouteille. **2** (un producto) conditionner. **-e** *m* **1** (acción) conditionnement. **2** (botella) bouteille *f*. **3** récipient, boîte *f*.

envejecer ° *t/i* vieillir.

envenen/ar *t* empoisonner. **-amiento** *m* empoisonnement.

envergadura *f* envergure.

envés *m* envers.

envi/ar *t* envoyer : *le enviaré una postal*, je vous enverrai une carte postale. I — *por*, envoyer chercher. **-ado** *m* envoyé.

envidi/a *f* envie : *dar* —, faire envie. **-oso, a** *a/s* envieux, euse.

envilec/er ° *t* avilir. **-edor, a** *a* avilissant, e. **-imiento** *m* avilissement.

envio *m* envoi.

enviudar *i* devenir veuf, veuve.

envol/ver ° *t* envelopper : *envuelto en un papel*, enveloppé dans un papier. **-tura** *f* emballage *m*.

enyesar *t* plâtrer.

enzarzarse *pr* **1** s'engager. **2** se disputer.

épico, a *a* épique.

epid/emia *f* épidémie. **-émico, a** *a* épidémique.

epidermis *f* épiderme *m*.

epil/epsia *f* épilepsie. **-éptico, a** *a/s* épileptique.

epílogo *m* épilogue.

epis/odio *m* épisode. **-ódico, a** *a* épisodique.

epístola *f* épître.

epistolar *t* épistolaire.

epitafio *m* épitaphe *f*.

epíteto *m* épithète *f*.

época *f* époque : *en la* — *de*, à l'époque de. I *hacer* —, faire date.

epopeya *f* épopée.

equidad *f* équité.

equilibr/io *m* équilibre. **-ar** *t* équilibrer.

equimosis *f* ecchymose.

equinoccio *m* équinoxe.

equipaje *m* bagages *pl* : *mi* — *está en la consigna*, mes bagages sont à la consigne.

equipar *t* équiper.

equiparar *t* comparer.

equipo *m* **1** (conjunto de cosas) équipement : — *de esquí*, équipement de ski. **2** (de novia) trousseau. **3** (grupo de obreros, jugadores) équipe *f* : *un — de futbolistas*, une équipe de footballeurs.

equis *f* x *m* : *rayos —*, rayons x.

equitación *f* équitation.

equitativo, a *a* équitable.

equival/er ° *t* équivaloir, valoir : *su respuesta equivale a una negativa*, votre réponse équivaut à un refus, vaut un refus. **-ente** *a/m* équivalent, e.

equivoc/arse *pr* se tromper : *me he equivocado*, je me suis trompé. I *estar equivocado*, se tromper. **-ación** *f* erreur. **-adamente** *adv* par erreur.

equívoco, a *a* équivoque. □ *m* équivoque *f*, malentendu.

¹**era** *f* (período) ère.

²**era** *f* (para trillar) aire.

³**era, eras,** etc. ⇒ **ser.**

erario *m* trésor public.

erección *f* érection.

erguir ° *t* lever, dresser. □ *pr* se dresser.

erial *m* terrain en friche.

erigir *t* ériger.

erizar *t* hérisser.

erizo *m* 1 hérisson. 2 *— de mar*, oursin.

ermit/a *f* ermitage *m*, chapelle isolée. **-año** *m* ermite.

Ernesto *npm* Ernest.

erosión *f* 1 érosion. 2 (herida) écorchure.

erótico, a *a* érotique.

erotismo *m* érotisme.

errabundo, a *a* errant, e.

errado, a *a* (falso) erroné, e.

errante *a* errant, e. I *andar —*, errer.

errar ° *t* manquer, rater : *— el blanco*, manquer la cible. I *— el camino*, faire fausse route.

erre *f* r *m*. I *— que —*, obstinément.

erróneo, a *a* erroné, e.

error *m* erreur *f*: *estar en un —*, être dans l'erreur.

eructo *m* renvoi, éructation *f*.

erudi/to, a *a/s* érudit, e. **-ción** *f* érudition.

erupción *f* éruption.

esa ⇒ **ese.**

esbelto, a *a* svelte.

esboz/o *m* ébauche *f*, esquisse *f*. **-ar** *t* ébaucher, esquisser.

escabech/e *m* marinade *f*. I *sardinas en —*, sardines marinées. **-ar** *t* 1 mariner. 2 (en un examen) coller, recaler. **-ina** *f* FAM hécatombe.

escabel *m* escabeau.

escabroso, a *a* scabreux, euse.

escabullirse ° *pr* 1 glisser des mains. 2 (marcharse) s'éclipser, s'esquiver.

escafandra *f* scaphandre *m*.

escala *f* 1 échelle : *en gran —*, sur une grande échelle ; *a — mundial*, à l'échelle mondiale. 2 (barco, avión) escale : *hacer —*, faire escale. 3 MÚS gamme.

escalada *f* escalade.

escalafón *m* tableau d'avancement.

escalar *t* escalader.

Escalda *npm* Escaut.

escaldar *t* échauder.

escalera *f* 1 escalier *m* : *— mecánica*, escalier mécanique. 2 *— de mano*, échelle ; *— de tijera*, échelle double.

escalfar *t* pocher.

escalinata *f* perron *m*.

escalofr/ío *m* frisson. **-iante** *a* effrayant, e.

escal/ón *m* 1 échelon. 2 (de escalera) marche *f*, degré *m*. **-onar** *t* échelonner.

escalpelo *m* scalpel.

escam/a *f* 1 écaille. 2 (jabón) paillette. **-ar** *t* 1 écailler. 2 FIG rendre méfiant, e.

escamondar *t* émonder.

escamotear *t* escamoter.

escampar *impers* cesser de pleuvoir.

escanciar *t* verser (à boire).

escandalizar *t* scandaliser. □ *pr* être scandalisé, e.

esc/ándalo *m* 1 scandale : *causar* —, faire scandale. 2 (ruido) tapage, esclandre. **-andaloso, a** *a* scandaleux, euse.

Escandinavia *npf* Scandinavie.

escandinavo, a *a/s* scandinave.

escaño *m* 1 banc. 2 (de diputado) siège.

escap/ar *i* — *de un peligro*, échapper à un danger. □ *pr el prisionero se ha escapado*, le prisonnier s'est échappé. **-ada** *f* 1 escapade. 2 (ciclista) échappée.

escaparate *m* vitrine *f*, devanture *f*, étalage.

escapatoria *f* 1 (solución) issue. 2 échappatoire.

escape *m* 1 échappement : *tubo de* —, tuyau d'échappement. 2 (de un gas, líquido) fuite *f*. 3 *a* —, en vitesse, dare-dare.

escarabajo *m* scarabée.

escaramujo *m* églantier.

escaramuza *f* escarmouche.

escarapela *f* cocarde.

escarbar *t* gratter, fouiller.

escarch/a *f* gelée blanche, givre *m*. **-ado, a** *a* givré, e.

escardar *t* sarcler.

escariar *t* aléser.

escarlata *a/f* écarlate.

escarlatina *f* scarlatine.

escarm/entar ° *t* corriger. □ *i* se corriger. I — *en cabeza ajena*, profiter de l'expérience d'autrui. **-iento** *m* leçon *f*.

escarpad/o, a *a* escarpé, e. **-ura** *f* escarpement *m*.

escasamente *adv* 1 pauvrement. 2 à peine. 3 faiblement.

escas/ear *i* manquer. **-ez** *f* 1 manque '*m*, pénurie : — *de petróleo*, pénurie de pétrole. 2 gêne.

escaso, a *a* 1 faible : *escasa altura*, faible hauteur. 2 (poco frecuente, poco abundante) rare. 3

juste, à peine : *una semana escasa*, juste une semaine. 4 *estar* — *de dinero*, être à court d'argent, un peu gêné.

escatimar *t* lésiner sur.

escayol/a *f* 1 plâtre *m*. 2 stuc *m*. **-ar** *t* plâtrer.

escen/a *f* scène : *salir a* —, entrer en scène. **-ario** *m* 1 scène *f*. 2 cadre.

escénico, a *a* scénique.

esc/éptico, a *a* sceptique. **-epticismo** *m* scepticisme.

escisión *f* scission.

esclarec/er ° *t* éclaircir. **-ido, a** *a* illustre.

esclavina *f* pèlerine.

esclav/o, a *a/s* esclave. **-ista** *a* esclavagiste. **-itud** *f* esclavage *m*. **-izar** *t* réduire en esclavage.

esclerosis *f* sclérose.

esclusa *f* écluse.

escob/a *f* balai *m*. **-illa** *f* balayette.

escocer ° *i* 1 brûler. 2 FIG blesser.

escocés, esa *a/s* écossais, e.

Escocia *npf* Écosse.

escofina *f* râpe.

escoger *t* choisir : *escoja usted*, choisissez. I *a* —, au choix.

escolar *a* scolaire. □ *s* élève. **-idad** *f* scolarité.

escolt/a *f* escorte. **-ar** *t* escorter.

escoll/o *m* écueil. **-era** *f* jetée, brise-lames *m*.

escombros *mpl* décombres, déblais.

escond/er *t* cacher. **-idas (a)** *loc adv* en cachette. **-ite** *m* (juego) cache-cache. **-rijo** *m* cachette *f*.

escopet/a *f* fusil *m* (de chasse). **-azo** *m* coup de fusil.

escoplo *m* ciseau.

escorbuto *m* scorbut.

escoria *f* scorie.

escorpión *m* scorpion.

escorzo *m* raccourci.

escotar *t* échancrer, décolleter :

vestido escotado, robe décolletée.

¹**escote** *m* décolleté.

²**escote** *m* écot. | *pagar a* —, partager les frais.

escotill/a *f* écoutille. **-ón** *m* trappe *f*.

escozor *m* brûlure *f*.

escribano *m* greffier.

escri/bir *t* écrire : *he escrito una carta a mi tío,* j'ai écrit une lettre à mon oncle. | — *a máquina,* taper à la machine. **-to** *m* écrit : *por* —, par écrit. **-tor, a** *s* écrivain. **-orio** *m* bureau. **-tura** *f* écriture.

escr/úpulo *m* scrupule. **-upuloso, a** *a* 1 scrupuleux, euse. 2 (aprensivo) délicat, e.

escrut/ar *t* scruter. **-inio** *m* dépouillement du scrutin.

escuadr/a *f* 1 (instrumento triangular) équerre. 2 (de soldados) escouade. 3 (de barcos) escadre. 4 AMER revolver *m*. **-illa** *f* escadrille. **-ón** *m* escadron.

escuálido, a *a* maigre.

escualo *m* squale.

escuch/ar *t* écouter. **-itas** *f pl* messes basses.

escudero *m* écuyer.

escudilla *f* écuelle.

escudo *m* écu.

escudriñar *t* fouiller du regard, scruter.

escuela *f* école : — *de párvulos,* école maternelle. | *formar* —, faire école.

escueto, a *a* 1 concis, e. 2 dépouillé, e, sobre.

esculcar *t* AMER fouiller.

escul/pir *t* sculpter. **-tor, a** *s* sculpteur. **-tura** *f* sculpture.

escup/ir *i/t* cracher. **-itajo** *m* crachat.

escurreplatos *m* égouttoir.

escurridizo, a *a* glissant, e.

escurridor *m*, **escurridora** *f* passoire *f*.

escurrir *t* égoutter. □ *i/pr* s'égoutter. □ *pr* (resbalar) glisser.

¹**ese** *f* s *m* . | *hacer eses,* zigzaguer.

²**ese, a, os, as** *a dem* ce, cet, cette, ces... (-là) : — *niño,* cet enfant ; — *libro,* ce livre-là ; *el tío* —, ce type-là (sens péjoratif).

³**ése, a, os, as** *pron dem* 1 celui-là, celle-là, ceux-là, celles-là. 2 *ésa es la verdad,* c'est la vérité ; *ésa es mi opinión,* voilà mon avis, tel est mon avis.

esenci/a *f* essence. **-al** *a* essentiel, elle.

esf/era *f* 1 sphère. 2 (de reloj) cadran *m*. **-érico, a** *a* sphérique.

esfinge *f* sphinx *m*.

esf/orzarse ° *pr* — *en, por,* s'efforcer à. **-uerzo** *m* effort.

esfumar *t* estomper. □ *pr* disparaître.

esgrim/a *f* escrime. **-idor** *m* escrimeur.

esgrimir *t* 1 manier. 2 FIG employer, brandir, faire valoir.

esguince *m* 1 écart. 2 (torcedura) foulure *f*, entorse.

eslabón *m* maillon.

eslavo, a *a/s* slave.

eslogan *m* slogan.

esmalt/e *m* 1 émail : *unos esmaltes,* des émaux. 2 — *para uñas,* vernis à ongles. **-ar** *t* émailler.

esmerado, a *a* soigné, e.

esmeralda *f* émeraude.

esmerarse *pr* s'appliquer.

esmeril *m* émeri.

esmero *m* soin.

esmirriado, a *a* chétif, ive.

eso *pron dem* 1 cela, ça, c' : *¿ qué es* — ?, qu'est-ce que c'est que ça ? ; *¡* — *es !,* c'est ça ! ; — *te preguntaba,* c'est ce que je te demandais ; — *te va a pasar a ti,* c'est ce qui va t'arriver ; *por* — *no acepté,* c'est pourquoi je n'ai pas accepté ; *por* — *mismo,* c'est justement pour ça. 2 voilà : — *es hablar con juicio,* voilà qui est parler avec discernement ; — *es todo,* voilà tout. 3 *a* — *de,* vers ; *y* — *que,* et pourtant.

esófago *m* œsophage.

esos ⇒ **ese.**

espacial *a* spatial, e.

espaciar *t* espacer.

espaci/o *m* 1 espace. 2 place *f* : *ocupar —*, prendre de la place. 3 *por — de una hora*, en l'espace d'une heure. 4 (televisión) émission *f*. **-oso, a** *a* spacieux, euse.

espada *f* épée. □ *m* matador.

espalda *f* dos *m*. □ *pl* dos *m sing* : *de espaldas al fuego*, le dos au feu. I *caerse de espaldas*, tomber à la renverse ; *cargado de espaldas*, voûté. **-razo** *m* consécration *f*.

espantadizo, a *a* ombrageux, euse.

espantajo, espantapájaros *m* épouvantail.

espant/ar *t* effrayer, épouvanter, faire peur. **-o** *m* frayeur *f*, effroi. I *estar curado de —*, en avoir vu bien d'autres. **-oso, a** *a* effrayant, e, épouvantable.

España *n pf* Espagne.

español, a *a/s* espagnol, e : *los españoles*, les Espagnols.

esparadrapo *m* sparadrap.

esparc/ir *t* répandre. □ *pr* se distraire, se détendre, se délasser. **-imiento** *m* (recreo) distraction *f*, détente *f*.

espárrago *m* asperge *f*. I FAM *mandar a freir espárragos*, envoyer paître.

esparto *m* sparte, alfa.

espasmo *m* spasme.

espátula *f* spatule.

especia *f* épice.

especial *a* spécial, e. I *en —*, spécialement. **-idad** *f* spécialité. **-ista** *s* spécialiste. **-izarse** *pr* se spécialiser.

especie *f* 1 espèce. 2 *una — de*, une sorte de, une espèce de. 3 *pagar en especies*, payer en nature.

especificar *t* spécifier.

específico, a *a/m* spécifique.

espécimen *m* spécimen.

espect/áculo *m* spectacle. **-acular** *a* spectaculaire. **-ador, a** *s* spectateur, trice.

espectro *m* spectre.

especul/ar *i* 1 (traficar) spéculer. 2 penser. **-ación** *f* spéculation. **-ador, a** *s* spéculateur, trice.

espejear *i* miroiter.

espejismo *m* mirage.

espejo *m* miroir, glace *f* : *mirarse al —*, se regarder dans la glace.

espeleología *f* spéléologie.

espeluznante *a* à faire dresser les cheveux sur la tête, épouvantable.

espera *f* 1 attente : *sala de —*, salle d'attente ; *a la — de, en — de*, dans l'attente de. 2 (plazo) délai *m*.

esperanza *f* 1 espoir *m* : *tengo pocas esperanzas de que...*, j'ai peu d'espoir que... 2 (virtud) espérance. **-dor, a** *a* encourageant, e.

esperar *t* 1 (aguardar) attendre : *estamos esperando que llegue el médico*, nous attendons que le médecin arrive. I FAM *¡ espérate sentado !*, tu peux te fouiller ! 2 espérer : *espero que no lloverá mañana*, j'espère qu'il ne pleuvera pas demain. □ *pr me lo esperaba*, je m'y attendais.

esperma *f* sperme *m*.

esperpento *m* horreur *f*.

espes/o, a *a* épais, aisse. **-ar** *t/pr* épaissir. **-or** *m*, **-ura** *f* épaisseur *f*.

esp/ía *s* espion, onne. **-iar** *t* espionner.

espig/a *f* 1 épi *m*. 2 chevron *m* : *tejido de —*, tissu à chevrons. **-ado, a** *a* élancé, e, grand, e. **-ar** *t* glaner. **-ón** *m* jetée *f*.

espina *f* 1 épine. 2 (de pez) arête. 3 *eso me da mala —*, ça me dit rien qui vaille, ça me rend méfiant.

espinaca *f* épinard *m*.

espinazo *m* épine *f* dorsale.

espingarda *f* FAM grande perche.

espinilla *f* tibia *m*.

espin/o *m* — *albar*, aubépine *f* ; — *artificial*, fil de fer barbelé. **-oso, a** *a* épineux, euse.

espionaje *m* espionnage.

espiral *f* spirale.

espirar *i/t* expirer.

espiritismo *m* spiritisme.

espirituoso, a *a* *licor* —, spiritueux.

espíritu *m* esprit. I *el* — *Santo*, le Saint-Esprit.

espiritual *a* spirituel, elle.

espita *f* cannelle.

espléndido, a *a* splendide.

esplendor *m* splendeur *f*.

espliego *m* lavande *f*.

esplín *m* spleen.

espolear *t* éperonner.

espolón *m* 1 (de gallo) ergot. 2 (de barco, montaña) éperon. 3 (malecón) jetée *f*.

espolvear *t* saupoudrer.

esponj/a *f* éponge. **-arse** *pr* 1 se gonfler. 2 (envanecerse) se rengorger. **-oso, a** *a* spongieux, euse.

esponsales *mpl* fiançailles *f*.

espont/áneo, a *a* spontané, e. **-aneidad** *f* spontanéité.

esporádico, a *a* sporadique.

esportilla *f* petit cabas *m*.

esposas *fpl* menottes.

esposo, a *s* époux, ouse.

espuela *f* éperon *m*.

espuerta *f* cabas *m*.

espulgar *t* FIG éplucher.

espum/a *f* 1 (del agua) écume. 2 (de la cerveza, etc.) mousse : — *de afeitar*, mousse à raser. **-adera** *f* écumoire. **-ar, -ear** *i* 1 écumer. 2 mousser. **-oso, a** *a* 1 écumeux, euse. 2 (vino, etc.) mousseux, euse.

esputo *m* crachat.

esqueje *m* bouture *f*.

esquela *f* 1 billet *m*. 2 faire-part *m* : — *mortuoria*, faire-part de décès.

esquel/eto *m* squelette. **-ético, a** *a* squelettique.

esquem/a *m* schéma. **-ático, a** *a* schématique.

esqu/í *m* ski : *un par de esquís*, une paire de skis ; — *acuático*, ski nautique. **-iador, a** *s* skieur, euse. **-iar** *i* skier.

esquife *m* esquif.

esquila *f* (campanilla) clochette.

esquil/ar *t* tondre. **-eo** *m* tonte *f*.

esquimal *a/s* esquimau, aude.

esquin/a *f* coin *m*, angle *m* : *el café de la* —, le café du coin ; — *a Serrano*, à l'angle de la rue Serrano ; *en la misma* —, juste à l'angle. I *hacer* —, faire l'angle. **-azo** *m* coin. I *dar* — *a alguien*, éviter quelqu'un.

esquirol *m* jaune, briseur de grève.

esquisto *m* schiste.

esquivar *t* 1 esquiver. 2 éviter.

esquiv/o, a *a* revêche. **-ez** *f* dédain *m*.

esta ⇒ **este**.

estabilidad *f* stabilité.

estabiliz/ar *t* stabiliser. **-ación** *f* stabilisation.

estable *a* stable.

establec/er ° *t* établir. **-imiento** *m* établissement.

establo *m* étable *f*.

estaca *f* piquet *m*, pieu *m*. **-da** *f* palissade.

estación *f* 1 (del año) saison. 2 (de ferrocarril) gare. 3 (de metro, meteorológica, etc.) station. I — *emisora*, poste émetteur, station émettrice.

estacion/arse *pr* stationner. **-amiento** *m* stationnement.

estacionario, a *a* stationnaire.

estadía *f* séjour *m*.

estadio *m* stade.

estadista *m* homme d'État.

estadístico, a *a/f* statistique. □ *m* statisticien.

estado *m* état : *en buen, mal* —, en bon, mauvais état ; — *mayor*, état-major ; *jefe de* —, chef d'État.

Estados Unidos *n p m pl* États-

Unis.

estadounidense *a/s* américain, e.

estaf/a *f* escroquerie. **-ador, a** *s* escroc. **-ar** *t* escroquer.

estafeta *f* bureau *m* de poste secondaire.

estalactita *f* stalactite.

estalagmita *f* stalagmite.

estall/ar *i* 1 (bomba) éclater, exploser. 2 (incendio, guerra, ira, etc.) éclater. **-ido** *m* éclatement. I *dar un* —, éclater.

estampa *f* 1 image. 2 (artística) estampe. I *dar a la* —, faire imprimer. 3 FIG (aire) allure, aspect *m*. 4 (símbolo) image.

estampar *t* 1 estamper. 2 (tejido) imprimer. I *un estampado*, un imprimé.

estampía (de) *loc adv* précipitamment, en quatrième vitesse.

estampido *m* détonation *f*.

estampilla *f* 1 estampille. 2 AMER (de correos) timbre *m*.

estancar *t* laisser en suspens. □ *pr* stagner.

estancia *f* 1 séjour *m*. 2 (poesía) stance. 3 (en América) grande propriété agricole.

estanciero *m* AMER fermier.

estanco, a *a* étanche. □ *m* bureau de tabac.

estándar *a/m* standard.

estandarte *m* étendard.

estanque *m* 1 étang. 2 (en un parque) bassin.

estanquero, a *s* buraliste.

estanqueidad *f* étanchéité.

estante *m* étagère *f*. **-ría** *f* rayonnage *m*.

estaño *m* étain.

estaquilla *f* piquet *m*.

estar ° *i* 1 être : *no está en casa*, il n'est pas chez lui ; *estamos en verano*, nous sommes en été. 2 (exprime un état, une caractéristique accidentelle) être : *estoy de mal humor*, je suis de mauvaise humeur ; *está preciosa con su traje nuevo*, elle est ravissante avec sa robe neuve ; — *de viaje, de vacaciones, de luto*, être en voyage, en vacances, en deuil. 3 aller : ¿ *cómo está usted ?*, comment allez-vous ? ; *este abrigo te está bien*, ce manteau te va bien. 4 (+ participe passé, exprime un état résultant) *el coche está arreglado*, la voiture est réparée. 5 (+ gérondif, exprime la durée) *estábamos comiendo*, nous étions en train de manger, nous mangions ; ¿ *qué estás haciendo ?*, que fais-tu ? 6 — *para*, être sur le point de ; *no está para bromas*, il n'est pas d'humeur à plaisanter ; — *por*, rester à : *la cama está por hacer*, le lit reste à faire ; *estoy por renunciar*, je suis tenté de renoncer. 7 *está bien*, c'est bien, ça va ; ¿ *estamos ?*, d'accord ? ; *ya está*, ça y est. □ *pr* rester : *se estuvo charlando con nosotros una hora*, il est resté à bavarder avec nous pendant une heure ; ¡ *estaos quietos !*, restez tranquilles ! ⇒ **ser** ⇒ **être.**

estático, a *a* statique.

estatua *f* statue.

estatura *f* stature. I *por orden de* —, par rang de taille.

estatuto *m* statut.

¹**este** *m* est.

²**este, a, os, as** *a dem* 1 ce, cet, cette, ces... (-ci) : — *hombre*, cet homme ; *el libro* —, ce livre-ci. 2 — *es el recibo*, voici le reçu ; *estos son mis hijos*, voici mes enfants ; *esta es la cuestión*, telle est la question.

³**éste, a, os, as** *pron dem* celui-ci, celle-ci, ceux-ci, celles-ci.

Esteban *n p m* Étienne.

estela *f* 1 (de un barco) sillage *m*. 2 (piedra) stèle.

estenografía *f* sténographie.

estepa *f* steppe.

estera *f* natte.

estereotipado, a *a* stéréotypé, e.

estereofonía *f* stéréophonie.

est/éril *a* stérile. **-erilizar** *t* stériliser.

esterlina *a* sterling.

estero *m* AMER marais.

estertor *m* râle.

esteta *s* esthète.

estético, a *a/f* esthétique.

estiércol *m* fumier.

estigma *m* stigmate.

estilarse *pr* se porter, être à la mode.

estilo *m* 1 style. 2 manière *f*, façon *f*. | por el —, dans le genre.

estilográfica *f* stylo *m*.

estim/ar *t* estimer. **-a** *f* estime. **-able** *a* estimable. **-ación** *f* 1 estimation. 2 estime.

estimul/ar *t* stimuler. **-ante** *a/s* stimulant, e.

estímulo *m* stimulant.

estío *m* été.

estipendio *m* rémunération *f*.

estipular *t* stipuler.

estir/ar *t* 1 étirer. 2 allonger, tendre. □ *pr* s'étirer. | *estirarse las piernas*, se dégourdir les jambes. **-ado, a** *a* 1 (orgulloso) prétentieux, euse, guindé, e. 2 (tacaño) pingre.

estirpe *f* souche.

estival *a* estival, e.

esto *pron dem* 1 ceci, cela, ça, c' : *hace de — diez años*, il y a de cela dix ans ; — *es la pura verdad*, c'est la pure vérité. | — *es*, c'est-à-dire ; c'est ça ; *no hay como* —, il n'y a rien de tel. 2 *en* —, sur ces entrefaites, sur ce.

Estocolmo *n p* Stockholm.

estofa *f de baja* —, de bas étage.

estofado *m* daube *f*.

estoic/o, a *a* stoïque. **-ismo** *m* stoïcisme.

estómago *m* estomac. | *revolver el* —, soulever le cœur.

estorb/ar *t* 1 gêner, embarrasser. 2 (impedir) empêcher. 3 (planes) entraver. **-o** *m* gêne *f*.

estornino *m* étourneau.

estornud/ar *i* éternuer. **-o** *m* éternuement.

estos ⇒ este.

estrafalario, a *a* extravagant, e, farfelu, e.

estrago *m* ravage.

estragón *m* estragon.

estrambótico, a *a* farfelu, e.

estrangul/ar *t* étrangler. **-ación** *f* étranglement *m*.

estraperlo *m* marché noir.

Estrasburgo *n p* Strasbourg.

estratagema *m* stratagème.

estrat/egia *f* stratégie. **-égico, a** *a* stratégique.

estrech/ar *t* 1 rétrécir. 2 — *la mano*, serrer la main. 3 FIG (un lazo, una amistad) resserrer. **-amiento** *m* 1 rétrécissement. 2 FIG resserrement.

estrechez *f* 1 étroitesse. 2 (apuro) gêne. | *pasar estrecheces*, avoir des ennuis d'argent.

estrecho, a *a* étroit, e.

estregar ° *t* frotter.

estrell/a *f* 1 étoile : — *fugaz*, étoile filante. 2 — *de cine*, star. **-ado, a** *a* étoilé, e. **-amar** *f* étoile de mer. **-ar** *t* briser. □ *estrellarse contra un árbol*, s'écraser contre un arbre ; *el avión se ha estrellado*, l'avion s'est écrasé.

estremec/er ° *t* faire trembler, faire frémir. □ *pr* trembler, frémir. **-imiento** *m* tremblement, frémissement.

estren/ar *t* 1 étrenner. 2 (piso) occuper pour la première fois. 3 (obra de teatro) jouer pour la première fois. **-o** *m* 1 (obra de teatro, película) première *f*. | *cine de* —, cinéma d'exclusivité. 2 début.

estreñ/ir ° *t* constiper. **-imiento** *m* constipation *f*.

estr/épito *m* fracas. **-epitoso, a** *a* bruyant, e.

estr/ía *f* strie. **-iar** *t* strier.

estribación *f* contrefort *m*.

estribar *i* — *en*, s'appuyer sur, reposer sur.

estribo *m* étrier.

estribillo *m* 1 refrain. 2 rengaine *f*.

estribor *m* tribord.

estricto, a *a* strict, e.

estridente *a* strident, e.

estrofa *f* strophe.

estropajo *m* 1 lavette *f*. 2 (metálico) tampon à récurer.

estrop/ear *t* 1 abîmer. 2 gâter. 3 (un plan) faire échouer. **-icio** *m* dégât.

estructura *f* structure.

estruendo *m* fracas.

estrujar *t* 1 (un limón) presser. 2 (aplastar) écraser. 3 (un papel) froisser, chiffonner. 4 FIG (explotar) pressurer.

estuario *m* estuaire.

estuco *m* stuc.

estuche *m* 1 étui. 2 (para joyas, copas, etc.) coffret, écrin. 3 (de aseo, de cirujano, etc.) trousse *f*. 4 boîte *f*.

estudiant/e *s* étudiant, e. **-il** *a* d'étudiant.

estudiar *t* étudier. | — *para médico*, faire sa médecine.

estudi/o *m* 1 étude *f*. 2 (de radio, piso pequeño) studio. 3 (de pintor) atelier. **-oso, a** *a* studieux, euse.

estufa *f* 1 poêle *m*. 2 (para plantas) serre. 3 (para baños de vapor) étuve.

estupefac/ción *f* stupéfaction. **-iente** *a* stupéfiant, e. **-to, a** *a* stupéfait, e.

estupendo, a *a* magnifique, formidable, épatant, e.

est/úpido, a *a* stupide. **-upidez** *f* stupidité.

estupor *m* stupeur *f*.

esturión *m* esturgeon.

estuve, etc. ⇒ **estar.**

etapa *f* étape.

éter *m* éther.

etern/o, a *a* éternel, elle. **-idad** *f* éternité. **-izar** *t* éterniser.

ético, a *a/f* éthique.

etimología *f* étymologie.

etíope *a/f* éthiopien, enne.

Etiopía *npf* Éthiopie.

etiqueta *f* 1 étiquette. 2 *traje de —*, tenue *f* de soirée ; *se ruega —*, tenue de soirée de rigueur.

étnico, a *a* ethnique.

etn/ología *f* ethnologie. **-ólogo, a** *s* ethnologue.

eucalipto *m* eucaliptus.

eucar/istía *f* eucharistie. **-ístico, a** *a* eucharistique.

eufemismo *m* euphémisme.

euforia *f* euphorie.

Eugenio, a *np* Eugène, Eugénie.

Europa *npf* Europe.

europeo, a *a/s* européen, enne.

Eva *npf* Ève.

evacu/ar *t* évacuer. **-ación** *f* évacuation.

evadir *t* éviter, éluder. □ *pr* s'évader.

evalu/ar *t* évaluer. **-ación** *f* évaluation.

evangélico, a *a* évangélique.

Evangelio *npm* Évangile.

evangel/ista *m* évangéliste. **-izar** *t* évangéliser.

evapor/arse *pr* s'évaporer. **-ación** *f* évaporation.

evasión *f* évasion.

evasivo, a *a* évasif, ive.

eventual *a* éventuel, elle. **-idad** *f* éventualité.

eviden/cia *f* évidence. **-ciar** *t* mettre en évidence, faire ressortir. **-te** *a* évident, e.

evitar *t* éviter.

evoc/ar *t* évoquer. **-ación** *f* évocation. **-ador, a** *a* évocateur, trice.

evoluc/ión *f* évolution. **-ionar** *i* évoluer.

ex *prep* ancien, ex.

exact/o, a *a* exact, e. **-itud** *f*

exactitude.

exager/ar *t/i* exagérer. **-ación** *f* exagération.

exalt/ar *t* 1 (a mayor dignidad) élever. 2 (realzar el mérito) exalter. **-ación** *f* 1 élévation, accession. 2 exaltation. **-ado, a** *a* exalté, e.

exam/en *m* examen. **-inador, a** *s* examinateur, trice. **-inando, a** *s* candidat, e. **-inar** *t* 1 examiner. 2 faire passer un examen. □ *pr* passer un examen.

exasper/ar *t* exaspérer. **-ación** *f* exaspération.

excavación *f* excavation.

exced/er *t* dépasser, excéder. □ *pr* exagérer, dépasser les bornes. **-ente** *m* excédent.

excelen/te *a* excellent, e. **-cia** *f* excellence.

exc/éntrico, a *a* excentrique. **-entricidad** *f* excentricité.

excep/ción *f* exception : *con — de,* à l'exception de. **-cional** *a* exceptionnel, elle. **-to** *adv* excepté. **-tuar** *t* excepter.

exces/o *m* excès. **-ivo, a** *a* excessif, ive.

excit/ar *t* exciter. **-able** *a* excitable. **-ación** *f* excitation. **-ante** *a/m* excitant, e.

exclam/ar *i* s'exclamer, s'écrier. **-ación** *f* exclamation.

exclu/ir ° *t* exclure. **-sión** *f* exclusion. **-siva** *f* exclusivité. **-sive** *adv* non compris. **-sivo, a** *a* exclusif, ive.

excomu/lgar *t* excommunier. **-nión** *f* excommunication.

excrecencia *f* excroissance.

excremento *m* excrément.

excursi/ón *f* excursion. **-onista** *s* excursionniste.

excusa *f* excuse.

excusado *m* cabinets *pl.*

excusar *t* 1 excuser. 2 éviter.

execr/ar *t* exécrer. **-able** *a* exécrable.

exento, a *a* exempt, e.

exequias *f pl* obsèques.

exhal/ar *t* exhaler. **-ación** *f* (rayo) éclair *m.*

exhausto, a *a* épuisé, e.

exhib/ir *t* 1 (ostentar) exhiber. 2 (modelos, mercancías, billete, película, etc.) présenter : — *el carnet de identidad,* présenter sa carte d'identité. 3 (en un escaparate) exposer. □ *pr* s'exhiber. **-ición** *f* 1 exhibition. 2 présentation. **-icionismo** *m* exhibitionnisme.

exhortar *t* exhorter.

exumar *t* exhumer.

exig/ir *t* exiger. **-encia** *f* exigence. **-ente** *a* exigent, e.

exig/uo, a *a* exigu, ë. **-üidad** *f* exiguïté.

exili/o *m* exil. **-ado, a** *a/s* exilé, e.

eximio, a *a* illustre.

eximir *t* exempter.

existencia *f* existence. □ *pl* stock *m sing.*

exist/ir *i* exister. **-ente** *a* existant, e.

éxito *m* succès : *llevarse un gran —,* remporter un vif succès. I *tener — en la vida,* réussir dans la vie ; *tener mal —,* échouer.

éxodo *m* exode.

exonerar *t* exonérer.

exorbitante *a* exorbitant, e.

exorc/izar *t* exorciser. **-ismo** *m* exorcisme.

exótico, a *a* exotique.

expans/ión *f* expansion. **-ivo, a** *a* expansif, ive.

expatriarse *pr* s'expatrier.

expectación *f* attente, curiosité. I *ambiente de gran —,* atmosphère fébrile.

expectativa *f* expectative.

expedición *f* expédition.

expediente *m* 1 (documentos) dossier. I — *académico,* diplômes universitaires. 2 affaire *f.*

exped/ir ° *t* (un documento) délivrer. **-ito, a** *a* libre, dégagé, e.

expeler *t* rejeter, cracher.

expend/er *t* vendre, débiter. **-edor, a** *a* 1 débitant, e. 2 (de tabaco) buraliste. **-eduría** *f* 1 — *de tabacos*, bureau *m* de tabac. 2 (taquilla) guichet *m*.

expensas f pl *a* — *de*, au dépens de.

experiencia *f* expérience.

experiment/ar *t* 1 (sensación, sentimiento) éprouver. 2 (científicamente) expérimenter. **-o** *m* expérience *f*.

experto, a *a/m* expert, e.

expi/ar *t* expier. **-ación** *f* expiation.

expirar *i* expirer.

explanada *f* explanade.

expl/icar *t* expliquer. **-icación** *f* explication. **-ícito, a** *a* explicite.

explor/ar *t* explorer. **-ación** *f* exploration. **-ador, a** *s* explorateur, trice. □ *m* scout.

explos/ión *f* explosion. **-ivo, a** *a/m* explosif, ive.

explotación *f* exploitation.

explotar *t* exploiter. □ *i* (bomba) exploser.

expon/er ° *t* exposer. □ *pr* s'exposer. **-ente** *m* 1 exposant. 2 exemple.

export/ar *t* exporter. **-ación** *f* exportation. **-ador, a** *a/s* exportateur, trice.

exposición *f* 1 exposition. 2 *tiempo de* —, temps de pose. 3 (narración) exposé *m*.

expósito *s* enfant trouvé.

expositor, a *s* exposant, e.

expres/ar *t* exprimer. **-ión** *f* expression. **-ivo, a.** *a* expressif, ive.

expreso, a *a* exprès, esse. □ *m* (tren) express.

exprim/ir *t* presser, exprimer : — *un limón*, presser un citron. **-idor** *m* presse-fruits.

expropi/ar *t* exproprier. **-ación** *f* expropriation.

expuesto, a *a* exposé, e. I *según lo*

—, d'après ce qui vient d'être exposé.

expuls/ar *t* expulser. **-ión** *f* expulsion.

exquisito, a *a* exquis, e.

extasiarse *pr* s'extasier.

éxtasis *m* extase *f*.

extender ° *t* 1 étendre. 2 (un acta) dresser, rédiger, libeller. I — *un cheque*, faire un chèque. □ *pr* 1 *la llanura se extiende hasta el horizonte*, la plaine s'étend jusqu'à l'horizon. 2 se répandre : *creencia muy extendida*, croyance très répandue.

extensamente *adv* amplement.

extensible *a* extensible.

extensión *f* 1 étendue. 2 *por* —, par extension.

extenso, a *a* (amplio) étendu, e, vaste.

extenuar *t* exténuer.

exterior *a/m* extérieur, e.

extermin/ar *t* exterminer. **-ación** *f*, **-io** *m* extermination *f*.

extern/o, a *a/s* externe. **-ado** *m* externat.

extin/guir *t* éteindre. **-to, a** *a* éteint, e. □ *a/s* défunt, e. **-tor** *m* extincteur.

extirpar *t* extirper.

extra *a* extra. □ *m* 1 (plus) gratification *f*. 2 (comparsa) figurant.

extracción *f* 1 extraction. 2 (lotería) tirage *m*.

extracto *m* extrait.

extradición *f* extradition.

extraer ° *t* extraire.

extralimitarse *pr* dépasser les bornes.

extranjero, a *a/s* étranger, ère. □ *m viajar por el* —, voyager à l'étranger.

extrañar *t* 1 étonner, surprendre, être étonné, e : *me extraña que digas eso*, ça me surprend, je suis étonné que tu dises cela ; *le extrañó mi presencia*, ma présence l'a surpris. **2** (echar de menos) regretter : *extraño su ausencia*, je regrette son absence. □ *pr* s'étonner.

extrañeza *f* **1** étrangeté. **2** (asombro) étonnement *m*.

extraño, a *a* (raro) étrange, étonnant, e : *es — que...*, il est étonnant que... □ *a/s* étranger, ère.

extraordinario, a *a* extraordinaire. I *horas extraordinarias*, heures supplémentaires.

extrarradio *m* banlieue *f*.

extravagan/te *a* extravagant, e. **-cia** *f* extravagance.

extravi/ar *t* égarer. □ *pr* **1** *nos hemos extraviado*, nous nous sommes égarés. **2** (pervertirse) se fourvoyer. **-ado, a** *a* **1** perdu, e,

égaré, e. **2** *ojos extraviados*, yeux hagards.

extrem/ar *t* pousser à l'extrême. **-ado, a** *a* extrême. **-adamente** *adv* extrêmement.

extremidad *f* extrémité.

extremista *a/s* extrémiste.

extremo, a *a/m* extrême. I *en extremo*, à l'extrême. □ *m* **1** extrémité *f* : *en el — del ala*, à l'extrémité de l'aile. **2** (deporte) ailier.

Extremo Oriente *n p m* Extrême-Orient.

exuberan/te *a* exubérant, e. **-cia** *f* exubérance.

exultar *i* exulter.

exvoto *m* ex-voto.

eyectable *a* éjectable.

F

f [efe] ƒ f *m* : *una* —, un f.

fa *m* fa.

fabada ƒ cassoulet *m* asturien.

fábrica ƒ 1 usine. l — *de hilados*, filature. 2 fabrique : *marca de* —, marque de fabrique. 3 (edificio) bâtiment *m*. 4 *pared de* —, mur en maçonnerie.

fabric/ar *t* fabriquer. **-ación** ƒ fabrication. **-ante** *s* fabricant, e.

fabril *a* manufacturier, ère.

fábula ƒ fable.

fabuloso, a *a* fabuleux, euse.

faca ƒ couteau *m*.

facción ƒ faction. □ *pl* traits *m* (du visage) : *enérgicas facciones*, des traits énergiques.

faceta ƒ facette.

fácil *a* facile : — *de limpiar*, facile à nettoyer.

facilidad ƒ facilité.

facilitar *t* 1 faciliter. 2 — *datos*, fournir, procurer des renseignements ; *agradeceremos nos facilite su dirección*, nous vous serons reconnaissants de nous donner, communiquer votre adresse.

facistol *m* lutrin.

facticio, a *a* factice.

factor *m* facteur.

factura ƒ facture.

factur/ar *t* 1 — *su equipaje*, faire enregistrer ses bagages. 2 COM facturer. **-ación** ƒ 1 (equipaje) enregistrement *m*. 2 facturation.

facultad ƒ faculté.

facultar *t* autoriser, habiliter : — *a alguien para hacer algo*, autoriser quelqu'un à faire quelque chose.

facultativo, a *a* 1 facultatif, ive. 2 médical, e : *cuerpo* —, corps médical. l *parte* —, bulletin de santé. 3 technique. □ *m* médecin, chirurgien.

facundia ƒ faconde.

facha ƒ 1 allure : *buena* —, belle allure. 2 FIG *viene hecho una* —, il est déguisé.

fachada ƒ façade.

fachend/a ƒ vantardise. **-oso, a** *a/s* vantard, e.

faena ƒ 1 travail *m* : *las faenas del campo*, les travaux des champs. 2 *gastar una mala* —, jouer un sale tour, faire une crasse.

fagot *m* basson.

faisán *m* faisan.

faj/a ƒ 1 (de terreno, de periódico) bande. 2 (que rodea el cerpo) ceinture. 3 (de mujer) gaine. 4 (insignia) écharpe. **-ín** *m* écharpe ƒ.

fajo *m* (de billetes) liasse ƒ.

falange *m* phalange.

fald/a ƒ 1 jupe : — *recta, plisada*, jupe droite, plissée. 2 (de una montaña) flanc *m*. **-ón** *m* pan.

falible *a* faillible.

falsario, a *s* faussaire.

false/ar *t* fausser, dénaturer. **-dad** ƒ fausseté.

falsific/ar *t* falsifier. **-ación** ƒ falsification, contrefaçon. **-ador, a** *s* falsificateur, trice.

falso, a *a* faux, fausse : *una noticia falsa*, une fausse nouvelle ; *nota falsa*, fausse note. l *dar un paso en* —, faire un faux pas.

falta ƒ 1 (error) faute : — *de ortografía*, faute d'orthographe. 2 — *de dinero*, manque *m* d'argent ; — *de escrúpulos*, absence de scrupules. l *a* — *de*, faute de, à défaut de ; *echar en* —, regretter ; *hacer* —, manquer, faire défaut ; (ser necesario) falloir : *para eso, hace* — *dinero*, pour ça, il faut de l'argent ; *sin* —, sans faute.

faltar *i* 1 manquer : *faltan dos*

vasos en la mesa, il manque deux verres sur la table ; *¡ no faltaba más !,* il ne manquait plus que cela !; — *a su palabra,* manquer à sa parole. I *poco faltó para que se ahogara,* il a failli se noyer. 2 *falta un mes para Navidad,* il reste un mois avant Noël ; *faltan dos kilómetros para mi casa,* il reste deux kilomètres avant d'arriver chez moi.

falto, a *a* dépourvu, e de, privé, e de.

faltriquera *f* poche.

falúa *f* vedette.

falla *f* faille.

¹**fallar** *t* 1 juger, décider. 2 — *un premio,* décerner un prix.

²**fallar** *i* 1 (fracasar) échouer, rater. I *le falló la puntería,* le coup a manqué, a raté. 2 *le fallaron los nervios,* ses nerfs ont lâché, cédé, craqué.

fallas *pl* fêtes de la Saint-Joseph, à Valence.

falleba *f* espagnolette.

fallec/er ° *i* mourir, décéder. **-imiento** *m* décès.

fallido, a *a* manqué, e. I *esperanza fallida,* espoir déçu.

¹**fallo** *m* sentence *f,* jugement, arrêt.

²**fallo** *m* 1 défaillance *f.* 2 (de un motor) raté.

fama *f* renommée, réputation. I *de —,* réputé, e ; *tiene — de mentiroso,* il a la réputation d'être menteur.

famili/a *f* famille. **-ar** *a* 1 (sencillo) familier, ère. 2 familial, e, de famille : *reunión —,* réunion familiale. □ *m* membre de la famille **-aridad** *f* familiarité. **-arizarse** *pr* se familiariser.

famoso, a *a* célèbre, renommé, e, fameux, euse.

fanal *m* 1 fanal. 2 (campana de cristal) globe.

fan/ático, a *a* fanatique. **-atismo** *m* fanatisme.

fanfarrón, ona *a/s* fanfaron, onne.

fang/o *m* fange *f,* boue *f.* **-oso, a** *a* boueux, euse.

fantasía *f* fantaisie.

fantasma *m* (aparecido) fantôme.

fantástico, a *a* fantastique.

fantoche *m* fantoche.

faquir *m* fakir.

fardo *m* ballot, paquet.

farfullar *i* bredouiller.

faringitis *f* pharyngite.

farmac/ia *f* pharmacie. **-éutico, a** *a* pharmaceutique. □ *s* pharmacien, enne.

faro *m* phare.

farol *m* 1 lanterne *f.* 2 (en las calles) réverbère. 3 FAM épate *f,* esbroufe *f.* **-a** *f* lampadaire *m,* réverbère *m.*

farol/ear *i* FAM faire de l'esbroufe, crâner. **-eo** *m* FAM esbroufe *f.* **-ero, a** *a/s* esbroufeur, euse.

farolillo *m* lampion. I — *veneciano,* lanterne *f* vénitienne.

farra *f* noce, bringue.

fárrago *m* fatras.

farragoso, a *a* compliqué, e, chargé, e.

fars/a *f* farce. **-ante** *a/m* comédien.

fascículo *m* fascicule.

fascin/ar *t* fasciner. **-ación** *f* fascination. **-ante** *a* fascinant, e.

fasc/ismo *m* fascisme. **-ista** *a/s* fasciste.

fase *f* phase.

fastidiar *t* 1 ennuyer. 2 FAM embêter, assommer. I *¡ no fastidies !,* la paix ! □ *pr* FAM endurer. I *¡ fastídiate !,* tant pis pour toi !, va te faire foutre !

fastidi/o *m* ennui. I *¡ qué — !,* quelle barbe ! **-oso, a** *a* ennuyeux, euse.

fasto, a *a* faste.

fastuoso, a *a* fastueux, euse.

fatal *a* 1 fatal, e. 2 FAM *la corrida resultó —,* la corrida a été très

mauvaise; *a ella los pantalones le
sientan —*, les pantalons lui vont
très mal. **-idad** *f* fatalité. **-ismo**
m fatalisme. **-ista** *a/s* fataliste.

fatig/ar *t* fatiguer. **-a** *f* fatigue.

fatu/o, a *a* fat, e. **-idad** *f* fatuité.

fauces *f pl* gosier *m sing.*

fauna *f* faune.

fausto, a *a* heureux, euse. □ *m*
faste.

favor *m* 1 faveur *f*. I *a — de*, à la
faveur de; *en — de*, en faveur de. 2
hacer el — de, faire le plaisir de ;
hagan el — de..., ayez l'obligeance
de...; *¿ me hace el — de decirme
dónde está la estación?*, pourriez-
vous me dire, auriez-vous l'amabilité de me dire où se trouve la
gare?; *por —*, s'il te (vous) plaît.

favorable *a* favorable.

favorecer ° *t* 1 favoriser. 2 (sentar
bien) avantager.

favorito, a *a/s* favorit, e.

faz *f* face.

fe *f* 1 foi : *de buena —*, de bonne foi.
I *dar —*, témoigner. 2 confiance :
tener — en un médico, avoir
confiance en un médecin. 3 acte
m, extrait *m*, certificat *m* : *— de
bautismo*, extrait de baptême. I *—
de vida*, fiche d'état civil.

fealdad *f* laideur.

febrero *m* février : *5 de —*,
5 février.

fébril *a* fébrile.

fécula *f* fécule.

fecund/o, a *a* fécond, e. **-ación**
f fécondation. **-ar** *t* féconder.
-idad *f* fécondité.

fech/a *f* 1 date : *poner la — en una
carta*, mettre la date sur une lettre.
I *a estas fechas*, actuellement;
hasta la —, jusqu'à présent. 2 (día)
jour *m* : *este paquete tardará al
menos cinco fechas*, ce colis mettra
au moins cinq jours. **-ar** *t* dater.

fechoría *f* mauvais tour *m*, méfait *m*.

federación *f* fédération.

federal *a* fédéral, e. **-ismo** *m*

fédéralisme.

Federico *n p m* Frédéric.

felicidad *f* 1 bonheur *m*. 2
¡felicidades! (Año Nuevo,
cumpleaños) meilleurs vœux!;
(acontecimiento feliz) mes félicitations!; (santo) bonne fête!; *le
deseo muchas felicidades*, je vous
présente mes meilleurs vœux.

felicitación *f* félicitation. □ *pl*
compliments *m*, souhaits *m*,
vœux *m*.

felicitar *t* 1 féliciter. 2 *— las
Pascuas, el Año Nuevo*, souhaiter
un joyeux Noël, la bonne année. □
pr se féliciter.

feligrés, esa *s* paroissien, enne.

felino, a *a/s* félin, e.

Felipe *n p m* Philippe.

feliz *a* heureux, euse : *hacer felices
a los demás*, rendre les autres heureux. **-mente** *adv* heureusement.

felp/a *f* 1 peluche. 2 FAM (paliza)
raclée; (represión) savon *m*.
-udo *m* paillasson.

femenino, a *a/m* féminin, e.

fémur *m* fémur.

fen/ómeno *m* phénomène.
-omenal *a* phénoménal, e.

feo, a *a* 1 laid, e. I *el asunto se está
poniendo —*, l'affaire prend une
mauvaise tournure. 2 vilain, e :
¡ qué tiempo más — !, quel vilain
temps ! □ *m* affront.

feraz *a* fertile.

féretro *m* cercueil.

feri/a *f* 1 foire : *— de muestras*,
foire-exposition. 2 (verbena) fête
foraine. **-ado, a** *a día —*, jour
férié. **-al** *m* champ de foire.
-ante *s* forain.

ferment/ar *i* fermenter. **-ación** *f*
fermentation.

Fernando *n p m* Ferdinand,
Fernand.

fero/z *a* féroce. **-cidad** *f* férocité.

férreo, a *a vía férrea*, voie ferrée ;
voluntad férrea, volonté de fer.

ferretería *f* quincaillerie.

ferrocarril *m* chemin de fer.

ferroviario, a *a* ferroviaire. □ *m* cheminot.

fértil *a* fertile.

fertili/dad *f* fertilité. **-zar** *t* fertiliser.

ferv/or *m* ferveur *f*. **-iente** *a* fervent, e.

festej/ar *t* fêter. **-os** *m pl* réjouissances *f*.

festín *m* festin.

festival *m* festival : *festivales taurinos,* des festivals taurins.

festivo, a *a* **1** de fête. I *día* —, jour férié. **2** amusant, e, gai, e.

festón *m* feston.

fetiche *m* fétiche.

fétido, a *a* fétide.

feto *m* fœtus.

feúcho, a *a* pas très joli, e, moche.

feudal *a* féodal, e.

fiado (al) *adv* à crédit.

fiador, a *a* *salir* —, se porter garant. □ *m* **1** (fianza) caution *f*. **2** verrou de sûreté.

fiambre *m* plat froid. I *fiambres variados,* assiette anglaise. **-ra** *f* gamelle.

fianza *f* caution.

fiar *t* vendre à crédit. □ *i* *esta persona no es de* —, on ne peut pas faire confiance, on ne peut pas se fier à cette personne. □ *pr* *no me fío de él,* je n'ai pas confiance en lui.

fiasco *m* fiasco.

fibra *f* fibre.

fic/ción *f* fiction. **-ticio, a** *a* fictif, ive.

ficha *f* **1** (de teléfono) jeton *m*. **2** (tarjeta) fiche. **3** domino *m*. **4** — *técnica,* générique *m*.

fich/ar *t* (a un jugador de fútbol) engager. □ *i* (en una fábrica) pointer. **-ero** *m* fichier.

fidedigno, a *a* digne de foi.

fidelidad *f* fidélité.

fiebre *f* fièvre : *tengo* —, j'ai de la fièvre.

fiel *a/m* fidèle. □ *m* **1** contrôleur. **2** aiguille *f*.

fieltro *m* feutre.

fier/a *f* fauve *m*, bête féroce. **-eza** *f* sauvagerie.

fiesta *f* fête.

figón *m* gargote *f*.

figur/a *f* **1** figure. **2** silhouette. **-ación** *f* idée, imagination. **-ado, a** *a* *en sentido* —, au sens figuré. **-ante** *s* figurant, e. **-ar** *t* figurer. □ *pr* se figurer, s'imaginer. **-ativo, a** *a* figuratif, ive.

figurín *m* gravure *f* de mode.

fijar *t* fixer. I — *carteles,* poser des affiches, afficher. □ *fijarse en,* remarquer. I *fíjate en lo que digo,* fais attention à ce que je dis ; *¡ fíjese usted !,* rendez-vous compte ! ; *¡ fíjate qué sorpresa !,* rends-toi compte d'une surprise !

fijo, a *a* **1** fixe. **2** certain, e. I *de* —, sûrement.

fila *f* **1** file : *en* —, à la file. **2** (en los cines, de soldados, etc.) rang *m* : *en primera* —, au premier rang. I *llamar a filas,* appeler sous les drapeaux.

filamento *m* filament.

fil/ántropo *m* philanthrope. **-antropía** *f* philanthropie.

filatel/ia *f* philatélie. **-ista** *s* philatéliste.

filete *m* filet.

filiación *f* **1** filiation. **2** (señas) signalement *m*.

filial *a/f* filial, e.

filigrana *f* filigrane *m*.

Filipinas *n p f pl* Philippines.

film, film/e *m* film. **-ar** *t* filmer.

filo *m* tranchant, fil.

filología *t* philologie.

filón *m* filon.

fil/osofía *f* philosophie. **-ósofo, a** *a/s* philosophe.

filtr/o *m* filtre. **-ar** *t/i* filtrer. □ *pr* filtrer.

fin *m* fin *f* : *el* — *del mundo,* la fin du monde. I — *de semana,* week-end ; *a — de que*, afin que ; *a fines del mes*, à la fin du mois ; *al —, en —, por —*, enfin ; *al — y al cabo*, en fin de compte ; *¿ con qué —?*, dans quel but ?

finado, a *s* défunt, e.

final *a* final, e. □ *m* fin *f*. □ *f* (deporte) finale. **-ista** *s* finaliste.

finalizar *t* terminer, achever. □ *i* prendre fin, finir : *el plazo finaliza en abril*, le délai prend fin en avril.

financiero, a *a/m* financier, ère.

finanzas *f pl* finances.

finca *f* propriété : *— rústica*, propriété rurale.

fineza *f* gentillesse, attention délicate.

fingir *t* feindre : *dolor fingido*, douleur feinte. □ *pr* se faire passer pour : *se fingió enfermo*, il se fit passer pour malade.

finlandés, esa *a/s* finlandais, e.

Finlandia *n p f* Finlande.

fino, a *a* 1 fin, e. 2 poli, e, courtois, e.

finta *f* feinte.

finura *f* 1 finesse. 2 délicatesse. 3 (cortesia) politesse.

fiordo *m* fjord.

firma *f* signature.

firmamento *m* firmament.

firmar *t* signer.

firme *a* 1 ferme. | *de —*, ferme. 2 MIL *¡ firmes !*, garde-à-vous ! □ *m* chaussée *f* : *— en mal estado en 2 kilómetros*, chaussée en mauvais état sur 2 kilomètres.

firmeza *f* fermeté.

fiscal *a* fiscal, e. □ *m* procureur.

fiscalizar *t* contrôler.

fisco *m* fisc.

fisg/ar *t* épier. **-ón, ona** *s* curieux, euse. **-onear** *t* fouiner.

físico, a *a/f* physique. □ *s* physicien, enne. □ m *un — agradable*, un physique agréable.

fisiol/ogía *f* physiologie. **-ógico, a** *a* physiologique.

fisión *f* fission.

fisionomía *f* physionomie.

fisura *f* fissure.

flac/o, a *a* 1 maigre. 2 faible : *punto —*, point faible. **-ura** *f* maigreur.

flagrante *a* flagrant, e. | *en —*, en flagrant délit.

flamante *a* flambant neuf : *muebles flamantes*, meubles flambant neufs.

flamear *t* flamber. □ *i* ondoyer.

flamenco, a *a/s* 1 flamand, e. 2 *cante —*, chant flamenco. □ *m* (ave) flamant.

flan *m* 1 flan, crème *f* renversée. 2 *— de arena*, pâté de sable.

flanco *m* flanc.

Flandes *n p m* Flandre *f*.

flaque/ar *i* faiblir. **-za** *f* 1 maigreur. 2 (debilidad) faiblesse.

flash *m* flash.

flaut/a *f* flûte. **-ista** *s* flûtiste.

fleco *m* frange *f*.

flech/a *f* flèche. **-azo** *m* (amor) coup de foudre.

flem/a *f* flegme *m*. **-ático, a** *a* flegmatique.

flequillo *m* frange *f*.

flet/e *m* fret. **-ar** *t* affréter.

flexib/le *a* 1 flexible. 2 (persona) souple. **-ilidad** *f* 1 flexibilité. 2 *ejercicios de —*, exercices d'assouplissement.

flexión *f* flexion.

flirte/ar *i* flirter. **-o** *m* flirt.

floj/o, a *a* 1 (no apretado) lâche. 2 (blando) mou, molle. 3 (débil) faible : *viento —*, vent faible ; *— en cálculo*, faible en calcul. **-ear** *i* faiblir. **-edad** *f* faiblesse.

flor *m* 1 fleur *f* : *un ramo de flores*, un bouquet de fleurs. | *a — de agua*, à fleur d'eau. 2 FIG *la — y nata*, la fine fleur. 3 compliment *m*. **-a** *f* flore. **-ación** *f* floraison. **-al** *a* floral, e.

florec/er ° *i* fleurir. **-iente** *a* florissant, e.

Florencia *n p f* Florence.

florero *m* vase (à fleurs).

florido, a *a* fleuri, e.

florista *s* fleuriste.

flota *f* flotte.

flot/ar *i* flotter. **-ación** *f* flottement *m*. **-ador** *m* flotteur.

flote *m* sacar a −, remettre à flot ; salir a −, se tirer d'affaire.

flotilla *f* flotille.

fluctuación *f* fluctuation.

flu/ir ° *i* couler, s'écouler. **-ido, a** *a/m* fluide. □ *m* (eléctrico) courant.

flujo *m* flux.

fluxión *f* fluxion.

fobia *f* phobie.

foca *f* phoque *m*.

foco *m* 1 foyer. 2 (lámpara) projecteur.

fofo, a *a* mou, molle, spongieux, euse, flasque.

fogata *f* flambée.

fogón *m* 1 fourneau. 2 (de caldera) foyer.

fogonazo *m* éclair.

fogos/o, a *a* fougueux, euse. **-idad** *f* fougue.

folkl/ore *m* folklore. **-órico, a** *a* folklorique.

follaje *m* feuillage.

follet/ín *m* feuilleton. **-o** *m* brochure *f*.

follón *m* FAM 1 se armó un − terrible, il y a eu un chahut, une pagaille monstre ; armar −, faire du chahut. 2 (lío) salade *f*.

foment/ar *t* 1 fomenter. 2 encourager, stimuler, développer. **-o** *m* encouragement, développement.

fonda *f* 1 pension, auberge. 2 (en una estación) buffet *m*.

fonde/ar *i* jeter l'ancre, mouiller. **-adero** *m* mouillage.

fondillos *m pl* fond *sing* (de culotte).

fondista *s* aubergiste.

fondo *m* 1 fond. I en el −, au fond,

dans le fond. 2 (de una biblioteca, de erudición, etc.) fonds. □ *pl* fonds : *fondos públicos*, fonds publics. I *cheque sin fondos*, chèque sans provision ; *estar mal de fondos*, ne pas être en fonds, être gêné, e.

fonético, a *a/f* phonétique.

fonógrafo *m* phonographe.

fontaner/ía *f* plomberie. **-o** *m* plombier.

foque *m* foc.

forajido *m* bandit.

forastero, a *a/s* étranger, ère.

forcejear *i* 1 se débattre. 2 lutter.

forense *a* des tribunaux. I *médico* −, médecin légiste.

forestal *a* forestier, ère.

forj/a *f* forge. **-ar** *t* forger.

forma *f* 1 forme : *en − de*, en forme de ; *estar en plena* −, être en pleine forme. 2 façon : *no sé en qué − decírselo*, je ne sais pas de quelle façon le lui dire ; *de todas formas*, de toutes façons. I *no hay − de...*, il n'y a pas moyen de... 3 hostie.

formación *f* formation.

formal *a* 1 formel, elle. 2 sérieux, euse. **-idad** *f* 1 formalité. 2 sérieux *m*.

formalizar *t* 1 régulariser. 2 (un contrato, etc.) valider, ratifier.

formar *t* 1 former. 2 MIL rassembler. □ *i* former les rangs.

formato *m* format.

formidable *a* formidable.

fórmula *f* 1 formule. 2 *por* −, pour la forme.

formular *t* formuler.

formulario *m* formulaire.

fornido, a *a* robuste.

foro *m* 1 (plaza) forum. 2 tribunal. 3 (abogacía) barreau. 3 (teatro) fond de la scène.

forraje *m* fourrage.

forr/ar *t* 1 (un vestido) doubler. 2 (con pieles) fourrer. 3 (un libro) couvrir. □ *pr* FAM faire fortune, se remplir les poches. **-o** *m* 1 doublure *f*. 2 (de un libro) couverture *f*.

fortalecer ° *t* fortifier.

fortaleza *f* 1 force. 2 (recinto fortificado) forteresse.

fortific/ar *t* fortifier. **-ación** *f* fortification. **-ante** *a/m* fortifiant, e.

fortín *m* fortin.

fortuito, a *a* fortuit, e.

fortuna *f* fortune. | *por —*, heureusement.

forúnculo *m* furoncle.

forzado, a *a* forcé, e. □ *m* forçat.

forzar ° *t* forcer.

forzos/o, a *a* forcé, e. **-amente** *adv* forcément.

forzudo, a *a* très fort, e, costaud.

fosa *f* fosse.

fosfato *m* phosphate.

fosforescente *a* phosphorescent, e.

fósforo *m* 1 phosphore. 2 (cerilla) allumette *f*.

fósil *a/m* fossile.

foso *m* 1 fosse *f*. 2 (fortificación) fossé.

foto *f* photo : *sacar una —*, prendre une photo | *hacerse una —*, se faire photographier.

fotocopi/a *f* photocopie. **-ar** *t* photocopier.

fotograf/ía *f* photographie. **-iar** *t* photographier.

fotógrafo, a *s* photographe.

frac *m* frac, habit.

fracas/ar *i* échouer. **-ado, a** *a/s* raté, e. **-o** *m* échec.

fracción *f* fraction.

fractur/a *f* fracture. **-ar** *t* fracturer.

fragancia *f* parfum *m*.

fragata *f* frégate.

frágil *a* fragile.

fragilidad *f* fragilité.

fragmento *m* fragment.

fragor *m* fracas.

fragoso, a *a* accidenté, e.

fragu/a *f* forge. **-ar** *t* forger.

fraile *m* moine.

frambues/a *f* framboise. **-o** *m* framboisier.

francachela *f* bombe, ripaille.

francamente *adv* franchement.

francés, esa *a/s* français, e : *los franceses*, les Français.

Francia *n p f* France.

franciscano, a *a/s* franciscain, e.

Francisco, a *n p* François, e.

francmason, a *s* franc-maçon, onne.

franco, a *a* franc, franche. □ *adv* — *de porte*, franco. □ *m* (moneda) franc.

franela *f* flanelle.

frangollar *t* FAM bâcler.

franja *f* frange.

franque/ar *t* 1 (esclavo, carta) affranchir. 2 (el paso) dégager. | *le franqueó el paso al salón*, il le fit entrer dans le salon. 3 (salvar) franchir. **-o** *m* affranchissement.

franqueza *f* franchise : *con toda —*, en toute franchise.

franquía (en) *loc adv* en partance.

franquicia *f* — *postal*, franchise postale.

frasco *m* flacon.

frase *f* phrase. | — *hecha*, expression toute faite.

fraternal *a* fraternel, elle.

fratern/izar *i* fraterniser. **-idad** *f* fraternité. **-o, a** *a* fraternel, elle.

fraud/e *m* fraude *f*. **-ulento, a** *a* frauduleux, euse.

fray *m* frère.

frazada *f* couverture (de lit).

frecuencia *f* fréquence. | — *modulada*, modulation de fréquence.

frecuent/ar *t* fréquenter. **-ación** *f* fréquentation.

frecuente *a* fréquent, e. **-mente** *adv* fréquemment.

fregadero *m* évier.

freg/ar ° *t* 1 frotter. 2 récurer. 3

laver. l — *los platos,* faire la vaisselle. 4 AMER (fastidiar) embêter. **-ado** *m* FIG (lío) histoire *f.*

freír ° *t* 1 frire, faire frire. 2 FAM énerver, exaspérer. □ *pr* frire.

fren/ar *i/t* freiner. **-azo** *m* coup de frein.

fren/esí *m* frénésie *f.* **-ético, a** *a* frénétique.

freno *m* frein : — *de mano,* frein à main.

frente *f/m* front *m.* l — *a,* en face de ; — *a* —, face à face ; — *por* — *a,* juste en face de ; *al* — *de,* à la tête de ; *chocar de* —, se heurter de front ; *hacer* —, faire face.

fresa *f* 1 fraise. 2 (planta) fraisier *m.*

fresca *f* fraîche : *por la mañana, con la* —, le matin, à la fraîche.

fresc/o, a *a* 1 frais, fraîche. 2 FAM (descarado) culotté, e. 3 *se quedó tan* —, il s'est fait avoir. □ *s ser un* —, être culotté. □ *m* 1 *tomar el* —, prendre le frais. 2 (pintura) fresque *f.* **-ura** *f* 1 fraîcheur. 2 FIG toupet *m,* culot *m.*

fresno *m* frêne.

fresón *m* grosse fraise *f.*

fresquera *f* garde-manger *m.*

friable *f* friable.

frialdad *f* froideur.

fricci/ón *f* friction. **-onar** *t* frictionner.

friega *f* friction.

frigidez *f* frigidité.

frigorífico, a *a/m* frigorifique.

frijol *m* haricot.

frío, a *a/m* froid, e : *agua fría,* eau froide ; *hace mucho* —, il fait très froid ; *en* —, à froid.

¹**friolera** *f* bagatelle.

²**friolero, a** *a* frileux, euse.

frisar *i* — *en los cincuenta años,* friser la cinquantaine.

friso *m* frise *f.*

fritada *f* friture.

frit/o, a *a* 1 frit, e. 2 FIG *me tiene* —, il m'énerve, il m'enqui-

quine. **-ura** *f* friture.

frivolidad *f* frivolité.

frívolo, a *a* frivole.

frond/a *f* feuillage *m.* **-oso, a** *a* touffu, e.

fronter/a *f* frontière. **-izo, a** *a* frontalier, ère, frontière.

frontispicio *m* frontispice.

frontón *m* fronton.

frot/ar *t* frotter. **-amiento, -e** *m* frottement.

fructífero, a *a* fructueux, euse.

fruct/ificar *i* fructifier. **-uoso, a** *a* fructueux, euse.

frugal *a* frugal, e. **-idad** *f* frugalité.

fruición *f* délectation, vif plaisir *m.*

frunc/ir *t* froncer. **-e** *m* fronce *f.*

fruslería *f* vétille.

frustr/ar *t* 1 frustrer. 2 décevoir. 3 faire échouer. □ *pr* échouer. l *atentado frustrado,* attentat manqué. **-ación** *f* frustration.

frut/a *f* fruit *m,* fruits *m pl* : *¿ tiene* —?, avez-vous des fruits ? ; — *del tiempo,* fruits de saison. l — *de sartén,* mets en pâte à frire (beignets). **-al** *a/m árboles frutales,* arbres fruitiers. **-ero, a** *s* fruitier, ère. □ *m* coupe *f* à fruits.

frutilla *f* AMER grosse fraise.

fruto *m* fruit.

fuego *m* feu : *armas de* —, armes à feu. l *fuegos artificiales,* feu d'artifice ; *a* — *lento,* à petit feu ; *¡ fuego !,* (incendio) au feu !

fue ⇒ **ir, ser.**

fuelle *m* soufflet.

fuente *f* 1 fontaine. 2 (manantial) source. 3 (plato) plat *m.* 4 FIG source : *de buena* —, de bonne source.

¹**fuera** *adv* 1 dehors. l *por* —, de l'extérieur, en apparence, du dehors. 2 au-dehors. 3 — *de serie,* hors série ; — *de peligro,* hors de danger ; *estar* — *de sí,* être hors de soi ; *¡* — *de aquí !,* hors d'ici ! l — *de*

eso, à part ça ; — *de que...*, en dehors du fait que...

²**fuera,** etc. ⇒ **ir, ser.**

fuero *m* **1** privilège. **2** *en mi — interno*, dans mon fors intérieur.

fuerte *a/m* fort, e. □ *adv hablar —*, parler fort.

fuerza *f* force : *a — de*, à force de ; *a la —*, de force.

fuese, etc. ⇒ **ir, ser.**

fuga *f* **1** fuite. | *darse a la —*, prendre la fuite. **2** MÚS fugue.

fugitivo, a *a/s* fugitif, ive.

fui, etc. ⇒ **ir, ser.**

fulano, a *s* un tel, une telle. | *un —*, un type.

fular *m* foulard.

fulg/or *m* éclat. **-urante** *a* fulgurant, e.

fulmin/ar *t* foudroyer. **-ante** *a* foudroyant, e.□ *m* amorce *f*.

fullero, a *a/s* tricheur, euse.

fum/ar *i/t* fumer. □ *pr* **1** fumer. **2** (gastar) manger. **-ador, a** *s* fumeur, euse.

función *f* **1** fonction. **2** fête. **3** spectacle *m*. | — *de tarde*, matinée ; — *de noche*, soirée.

funcion/ar *i* fonctionner. **-amiento** *m* fonctionnement.

funcionario, a *s* fonctionnaire.

funda *f* **1** housse. **2** (de almohada) taie. **3** (de paraguas) fourreau *m*. **4** (de gafas, etc.) étui *m*.

funda/ción *f* fondation. **-dor, a** *s* fondateur, trice.

fundamental *a* fondamental, e.

fundamento *m* fondement.

fundar *t* fonder. □ *fundarse en*, se fonder sur, s'appuyer sur.

fundición *f* **1** (acción, hierro colado) fonte. **2** (fábrica) fonderie.

fundir *t* **1** fondre. **2** — *los plomos*, faire sauter les plombs. □ *pr* **1** (bombilla) griller. **2** *se fundieron los plomos*, les plombs ont sauté.

fúnebre *a* funèbre.

funerales *m pl* funérailles *f*, obsèques *f*.

funerario, a *a* funéraire. □ *f* entreprise de pompes funèbres.

funesto, a *a* funeste.

funicular *m* funiculaire.

furg/ón *m* fourgon. **-oneta** *f* fourgonnette.

fur/ia *f* furie. | *hecho una —*, furieux. **-ibundo, a** *a* furibond, e. **-ioso, a** *a* furieux, euse. **-or** *m* fureur *f*.

furtivo, a *a* furtif, ive.

furúnculo *m* furoncle.

fusa *f* triple croche.

fuselaje *m* fuselage.

fusible *a/m* fusible.

fusil *m* fusil (de guerre). **-ar** *t* fusiller.

fusi/ón *f* fusion. **-onarse** *pr* fusionner.

fusta *f* cravache.

fuste *m* **1** (de columna) fût. **2** *de —*, important, e.

fútbol *m* football.

futbolista *m* footballeur.

fútil *a* futile.

futilidad *f* futilité.

futuro, a *a/m* futur, e.

G

g [xe] ʃ g *m* : una —, un g.
gabán *m* pardessus.
gabardina ʃ gabardine.
gabinete *m* cabinet.
Gabriel, a *n p* Gabriel, elle.
gacela ʃ gazelle.
gacet/a ʃ **1** gazette. **2** journal *m* officiel. **-illa** ʃ petit article *m*.
gachas ʃ *pl* bouillie *sing*.
gachí ʃ POP fille, nana.
gacho, a *a* **1** *con las orejas gachas,* l'oreille basse. **2** *a gachas,* à quatre pattes.
gachó *m* POP type.
gaditano, a *a/s* de Cadix.
gafas ʃ *pl* lunettes : — *de sol,* lunettes de soleil.
gafe *m* FAM *ser* —, porter la guigne.
gaita ʃ **1** (gallega) musette, cornemuse. **2** FAM histoire, corvée.
gaje *m* gage.
gajo *m* (de naranja, etc.) quartier.
gala ʃ **1** *con traje de* —, en grande tenue ; *función de* —, soirée de gala. **2** *hacer* — *de,* faire étalage de. **3** (fiesta) gala *m*. □ *pl* atours *m*, bijoux *m*.
gal/án *m* **1** galant. **2** (teatro) jeune premier. **-ano, a** *a* élégant, e. **-ante** *a* galant, e. **-antería** ʃ galanterie.
galantina ʃ galantine.
galanura ʃ élégance.
galápago *m* tortue ʃ.
galard/ón *m* récompense ʃ, prix. **-onar** *t* récompenser. I *ha sido galardonado con el primer premio,* on lui a décerné le premier prix.
galaxia ʃ galaxie.
galbana ʃ FAM flemme, cosse.
galeote *m* galérien.
galera ʃ galère.
galería ʃ galerie.

galés, esa *a/s* gallois, e.
galgo *m* lévrier.
Galia *n p* ʃ Gaule.
gálibo *m* gabarit.
Galicia *n p* ʃ Galice.
galicismo *m* gallicisme.
Galilea *n p* ʃ Galilée.
galimatías *m* galimatias.
galo, a *a/s* gaulois, e.
galocha ʃ galoche.
¹galón *m* (cinta) galon.
²galón *m* (medida) gallon.
galop/e *m* galop. **-ada** ʃ galopade. **-ar** *i* galoper.
galpón *m* AMER hangar.
galvanizar *t* galvaniser.
gallardete *m* flamme ʃ, banderole ʃ.
gallardo, a *a* élégant, e, qui a de l'allure.
gallear *i* crâner, faire le malin.
gallego, a *a/s* galicien, enne.
galleta ʃ biscuit *m*.
gallin/a ʃ **1** poule. **2** — *ciega,* colin-maillard. □ *m* FAM *ese chico es un* —, ce garçon est une poule mouillée. **-azo** *m* urubu. **-ero** *m* poulailler.
gallo *m* **1** coq. I *en menos que canta un* —, en un clin d'œil. **2** (nota falsa) *soltar un* —, faire un couac. **3** *alzar el* —, hausser le ton.
gama ʃ gamme.
gamba ʃ gamba, grosse crevette.
gamberr/o *m* voyou, blouson noir. **-ismo** *m* délinquance ʃ.
gamo *m* daim.
gamuza ʃ **1** chamois *m*. **2** (piel) peau de chamois.
gana ʃ envie : *tengo ganas de dormir,* j'ai envie de dormir. I *hace lo que le da la* —, il n'en fait qu'à sa tête ; *no me da la* —, je ne veux pas,

je n'en ai pas envie ; *de buena —,* de bon gré, volontiers ; *de mala —,* de mauvais gré, à contrecœur.

ganader/ía *f* **1** élevage *m*. **2** troupeau *m*. **-o, a** *a* de l'élevage. □ *m* éleveur.

ganado *m* bétail : *— mayor, menor,* gros, petit bétail. I *— de cerda,* porcs *pl* ; *— lanar,* ovins *pl* ; *— vacuno,* bovins *pl*.

ganador, a *a/s* gagnant, e.

ganancia *f* gain *m*.

ganar *t/i* **1** gagner. **2** (aventajar) surpasser. □ *ganarse la vida, el pan,* gagner sa vie, son pain.

ganchillo *m* crochet : *gorro de —,* bonnet au crochet.

ganch/o *m* **1** crochet. **2** FAM chien, sex-appeal. **-udo, a** *a* crochu, e.

gandul, a *a/s* FAM flemmard, e, fainéant, e.

ganga *f* aubaine, bonne affaire, occasion.

Ganges *n p m* Gange.

gangoso, a *a* nasillard, e.

gangrena *f* gangrène.

gángster *m* gangster.

ganguear *i* nasiller.

ganoso, a *a* désireux, euse.

gans/o *m* **1** oie *f*. **2** FIG *hacer el —,* faire l'idiot. **-ada** *f* bêtise.

Gante *n p* Gand.

ganzúa *f* rossignol *m*, crochet *m*.

gañán *m* **1** valet de ferme. **2** rustre.

gañir ° *i* glapir.

garabat/o *m* gribouillage. **-ear** *i* gribouiller.

garaj/e *m* garage. **-ista** *s* garagiste.

garant/e *a* garant, e. **-ía** *f* garantie. **-izar** *t* garantir.

garapiñado, a *a* *almendra garapiñada,* praline.

garbanzo *m* pois chiche.

garbeo *m* FAM *darse un —,* faire une balade.

garb/o *m* **1** grâce *f*. **2** élégance *f*. **-oso, a** *a* gracieux, euse.

gardenia *f* gardénia *m*.

garduña *f* fouine.

garfio *m* crochet.

gargajear *i* cracher.

garganta *f* gorge.

gárgaras *f pl* gargarisme *m sing*. I *hacer —,* se gargariser ; FAM *mandar a hacer —,* envoyer balader.

gárgola *f* gargouille.

garit/a *f* guérite. **-o** *m* tripot.

garlito *m* piège.

Garona *n p m* Garonne *f*.

garra *f* **1** (de león, etc.) griffe. **2** (de aves de rapiña) serre. **3** FIG *caer en las garras de,* tomber sous la griffe de.

garrafa *f* carafe.

garrapat/ear *t* griffonner. **-o** *m* gribouillage.

garrocha *f* pique.

garrot/e *m* **1** bâton, gourdin. **2** (para estrangular) garrot. **-azo** *m* coup de bâton.

garrucha *f* poulie.

garúa *f* bruine.

garza *f* héron *m*.

gas *m* gaz. I *agua con —, sin —,* eau gazeuse, non gazeuse.

gasa *f* **1** gaze. **2** (de luto) crêpe *m*.

gascón, ona *a/s* gascon, onne.

Gascuña *n p f* Gascogne.

gaseoso, a *a* gazeux, euse. □ *f* limonade.

gasolin/a *f* essence. **-era** *f* **1** (lancha) canot *m* automobile. **2** poste *m* d'essence.

gasómetro *m* gazomètre.

gast/ar *t* **1** *— dinero, el tiempo, las fuerzas,* dépenser de l'argent, son temps, ses forces. **2** consommer. **3** (llevar) porter. **4** (tener) avoir. **5** (deteriorar) user. I *un hombre gastado,* un homme usé. □ *pr* s'user. **-ador, a** *a/s* dépensier, ère.

gasto *m* **1** dépense *f*. **2** (de un fluido) débit. □ *pl* frais : *gastos de viaje,* frais de déplacement.

gástrico, a *a* gastrique.

gastr/onomía *f* gastronomie. **-ónomo, a** *s* gastronome.

gata *f* chatte. | *a gatas*, à quatre pattes.

gatillo *m* (armas) détente *f*.

gat/o *m* **1** chat. | FIG *cuatro gatos*, quatre pelés et un tondu. **2** (para levantar pesos) cric. **3** FAM madrilène. **-ito** *m* chaton.

gatuperio *m* imbroglio.

gaucho, a *a/m* gaucho.

gavanza *f* églantine.

gaveta *f* tiroir *m*.

gavilán *m* épervier.

gavilla *f* gerbe.

gaviota *f* mouette.

gazapo *m* **1** lapereau. **2** erreur *f*, lapsus.

gazmoño, a *a/s* prude.

gaznate *m* gosier, gorge *f*.

gazpacho *m* soupe *f* froide.

gazuza *f* FAM fringale.

gelatin/a *f* **1** gélatine. **2** (de carne) gelée. **-oso, a** *a* gélatineux, euse.

gema *f* gemme. | *sal —*, sel gemme.

gemelo, a *a/s* jumeau, elle. □ *m pl* **1** (anteojos) jumelles *f*. **2** (de camisa) boutons de manchette. □ *f triple gemela*, tiercé *m*.

gem/ir ° *i* gémir. **-ido** *m* gémissement.

gendarme *m* gendarme. **-ría** *f* gendarmerie.

geneal/ogía *f* généalogie. **-ógico, a** *a* généalogique.

generación *f* génération.

generador, a *a/m* générateur, trice.

general *a/m* général, e. | *en —, por lo —*, en général. **-a** *f* générale. **-idad** *f* généralité.

generaliz/ar *t* généraliser. **-ación** *f* généralisation.

generalmente *adv* généralement.

género *m* **1** genre. **2** sorte *f*. **3** (mercancía) article, marchandise *f*. **4** (tela) tissu. | *— de punto*, tricot.

generos/o, a *a* généreux, euse. **-idad** *f* générosité.

genesis *f* genèse.

genética *f* génétique.

genial *a* génial, e. **-idad** *f* originalité.

geni/o *m* **1** génie. **2** caractère : *mal —*, mauvais caractère. **-azo** *m* caractère de cochon.

genovés, esa *a/s* génois, e.

Genoveva *n p f* Geneviève.

gente *f* **1** gens *m pl* : *la — se atropella en el metro*, les gens se bousculent dans le métro ; *buena —*, de braves gens. **2** monde *m* : *¡cuánta — hay aquí!*, que de monde ici !

gentil *a* gentil, ille. **-eza** *f* **1** grâce. **2** gentillesse.

gentilhombre *m* gentilhomme.

gentío *m* foule *f*.

genuflexión *f* génuflexion.

genuino, a *a* authentique.

ge/ografía *f* géographie. **-ográfico, a** *a* géographique. **-ógrafo, a** *s* géographe.

ge/ología *f* géologie. **-ológico, a** *a* géologique. **-ólogo, a** *s* géologue.

geo/metría *f* géométrie. **-métrico, a** *a* géométrique.

geranio *m* géranium.

gerente *s* gérant, e.

germanía *f* argot *m*.

germ/ano, a *a/s* germain, e. **-ánico, a** *a* germanique.

germ/en *m* germe. **-inar** *i* germer.

gerundio *m* gérondif.

gesta *f* geste.

gestación *f* gestation.

gesticular *i* **1** (hacer muecas) grimacer. **2** (ademanes) gesticuler.

gest/ión *f* **1** (diligencia) démarche. **2** (administración) gestion. **-ionar** *t* faire des démarches en vue d'obtenir.

gesto *m* 1 grimace *f* : *torcer el —*, faire une grimace. 2 (ademán) geste.

gib/a *f* bosse. **-oso, a** *a* bossu, e.

gigant/e *a/m* géant, e. **-esco, a** *a* gigantesque.

Gil *n p m* Gilles.

gilí *a* POP idiot, e.

gimnas/ia *f* gymnastique. **-io** *m* gymnase. **-ta** *s* gymnaste.

gimotear *i* pleurnicher.

ginebra *f* gin *m*, genièvre *m*.

Ginebra *n p* Genève.

ginebrino, a *a/s* genevois, e.

ginec/ología *f* gynécologie. **-ólogo** *a s* gynécologue.

gira *f* 1 (de artistas, políticos) tournée. 2 excursion.

girar *i/t* tourner : *— alrededor de*, tourner autour de. □ *t* 1 (dinero) virer. 2 (letra) tirer.

girasol *m* tournesol.

giratorio, a *a* giratoire.

giro *m* 1 (movimiento) tour. 2 (frase, aspecto que toma un asunto) tournure *f*. 3 COM virement. 4 *— postal*, mandat.

gitano, a *a/s* gitan, e.

glacial *a* glacial, e.

glaciar *m* glacier.

glándula *f* glande.

glicerina *f* glycérine.

glicina *f* glycine.

global *a* global, e.

globo *m* 1 globe. 2 (aerostático, juguete) ballon.

glóbulo *m* globule.

glori/a *f* 1 gloire. 2 ciel *m*, paradis *m*. I FIG *estar en la —*, être aux anges. **-arse** *pr — de*, se glorifier de.

glorieta *f* 1 tonnelle. 2 rond-point *m*.

glorificar *t* glorifier.

glorioso, a *a* glorieux, euse.

glosario *m* glossaire.

glot/ón, ona *a/s* glouton, onne. **-onería** *f* gloutonnerie.

glucosa *f* glucose *m*.

gnomo *m* gnome.

goberna/ción *f* gouvernement *m*. I *ministerio de la —*, ministère de l'Intérieur. **-dor** *m* gouverneur. I *— civil*, préfet.

gobernantes *m pl* gouvernants.

gob/ernar ° *t* gouverner. **-ierno** *m* gouvernement. I *— civil*, préfecture *f*.

gobio *m* (de río) goujon.

goce *m* jouissance *f*.

gol *m* but.

goleta *f* goélette.

golf *m* golf.

golfo *m* 1 (en la costa) golfe. 2 (pilluelo) voyou.

golondrina *f* hirondelle.

golos/ina *f* friandise, gourmandise. **-o, a** *a* gourmand, e.

golpe *m* coup. I *de —*, soudain, tout d'un coup ; *no dar —*, tirer sa flemme. **-ar** *t* frapper.

gollete *m* goulot : *beber a —*, boire au goulot.

goma *f* 1 gomme. I *— de borrar*, gomme ; *— de pegar*, colle. 2 (cinta) élastique *m*.

góndola *f* gondole.

gordinflón, ona *a* grassouillet, ète, joufflu, e.

gord/o, a *a* 1 gros, grosse : *un gato —*, un gros chat ; *una mujer gorda*, une grosse femme. 2 (con grasa) gras, grasse. □ *m* (lotería) gros lot. **-ura** *f* embonpoint *m*.

gorila *m* gorille.

gorjear *i* gazouiller.

gorra *f* casquette. I *de —*, gratis, à l'œil.

gorrino *m* goret.

gorrión *m* moineau.

gorro *m* bonnet.

gorrón, ona *a/s* parasite.

got/a *f* goutte. I *no veo ni —*, je n'y vois goutte. **-ear** *i* tomber goutte à goutte, goutter. **-era** *f* gouttière.

gótico, a *a/m* gothique.

gotita *f* gouttelette.

gozar *i/t* jouir de : *goza de buena salud*, il jouit d'une bonne santé. □ *i/pr* 1 jouir. 2 *gozarse en*, s'amuser à, prendre un malin plaisir à.

gozne *m* gond.

goz/o *m* joie *f*. **-oso, a** *a* joyeux, euse.

grabación *f* enregistrement *m*.

grabad/o *m* gravure *f* : *– en cobre*, gravure sur cuivre. **-or** *m* graveur.

grabar *t* 1 graver. 2 (discos) enregistrer.

gracejo *m* badinage.

gracia *f* 1 grâce. I *caer en –*, plaire. 2 (chiste) plaisanterie. I *tener –*, être drôle ; *no me hace ninguna –*, ça ne m'amuse pas du tout ; *¡ vaya una –!*, c'est fin ! □ *pl* 1 merci : *muchas gracias*, merci beaucoup ; *gracias por su acogida*, merci de votre accueil. I *dar las gracias*, remercier, dire merci ; *darle gracias a*, rendre grâce à. 2 *gracias a*, grâce à.

gracioso, a *a* 1 gracieux, euse. 2 (divertido) drôle, amusant, e.

¹**grada** *f* (instrumento de labranza) herse.

²**grad/a** *f* 1 marche. 2 (de anfiteatro) gradin *m*. **-ería** *f* gradins *m pl*.

grado *m* 1 degré : *un – bajo cero*, un degré au-dessous de zéro ; *parientes en primer –*, parents au premier degré. 2 (de curso escolar) année *f*. 3 (título) grade. 4 gré : *de buen –*, de bon gré ; *mal de mi –*, contre mon gré.

gradua/ción *f* graduation. **-ble** *a* réglable.

graduar *t* graduer. □ *graduarse de bachiller*, être reçu, e au baccalauréat.

gráfico, a *a* 1 graphique. 2 FIG vivant, e, imagé, e. □ *m* graphique. □ *f* graphique *m*.

grafito *m* graphite.

grafología *f* graphologie.

gragea *f* dragée.

grajo *m* freux.

grama *f* chiendent *m*.

gram/ática *f* grammaire. **-atical** *f* grammatical, e. **-ático, a** *s* grammairien, enne.

gramo *m* gramme.

gramola *f* phonographe *m*.

gran *a* grand, e : *un – pintor*, un grand peintre.

grana *f* (color) écarlate.

Granada *n p* Grenade.

granad/a *f* grenade. **-ero** *m* grenadier.

Gran Bretaña *n p f* Grande-Bretagne.

grand/e *a* grand, e : *sala –*, grande salle ; *este traje me está –*, ce costume est trop grand pour moi. I *a lo –*, en grand ; *ver en –*, voir grand ; *vivir a lo –*, vivre sur un grand pied. **-eza** *f* grandeur.

grandioso, a *a* grandiose.

granel (a) *loc adv* 1 en vrac. 2 en abondance.

granero *m* grenier.

granito *m* granit.

graniz/ar *impers* grêler. **-ado** *m* boisson *f* à la glace pilée. **-o** *m* 1 grêle *f*. 2 (grano de hielo) grêlon.

granja *f* ferme.

granjearse *pr – la simpatía*, gagner, s'attirer la sympathie.

grano *m* 1 grain. 2 (semilla) graine *f*. 3 (en la piel) bouton. 4 FIG *ir al –*, aller au fait.

granuja *m* voyou, vaurien.

granujoso, a *a* granuleux, euse.

granulado *m* granulé.

grapa *f* 1 crampon *m*. 2 (para papeles, quirúrgica) agrafe. **-dora** *f* agrafeuse.

grasa *f* graisse.

gras/o, a *a* gras, grasse. **-iento, a** *a* graisseux, euse.

gratific/ar *t* 1 récompenser. 2 gratifier. **-ación** *f* 1 récompense. 2 (plus) gratification.

gratis *adv* gratis.

grat/o, a *a* agréable. **-itud** *f* gratitude.

gratuito, a *a* gratuit, e.

grava *f* gravier *m*.

grav/ar *t* grever. **-amen** *m* charge *f*.

grav/e *a* grave. **-edad** *f* gravité.

gravitar *i* graviter.

graznar *i* croasser.

Grecia *n p f* Grèce.

greda *f* glaise.

Gregorio *n p m* Grégoire.

gremio *m* corporation *f*.

greña *f* tignasse.

gres *m* grès.

gresca *f* (riña) bagarre.

grey *f* troupeau *m*.

griego, a *a/s* grec, grecque.

grieta *f* 1 crevasse. 2 (en una pared) lézarde.

grifo *m* robinet.

grillete *m* fer.

grillo *m* grillon.

grima *f* dégoût *m*. | *esto da —*, ça vous dégoûte, écœure.

gringo *m* yankee.

gripe *f* grippe. | *está con —*, il est grippé.

gris *a/m* gris, e : *pintar de —*, peindre en gris. □ *m* FAM flic. **-áceo, a** *a* grisâtre.

grisú *m* grisou.

grit/ar *i* crier. **-ería** *f* brouhaha *m*. **-o** *m* cri : *dar gritos*, pousser des cris ; *a gritos*, à grands cris. | *a — pelado*, à tue-tête.

Groenlandia *n p f* Groenland *m*.

grosell/a *f* groseille. **-ero** *m* groseiller.

groser/o, a *a* grossier, ère. **-ía** *f* grossièreté.

grosor *m* grosseur *f*, épaisseur *f*.

grotesco, a *a* grotesque.

grúa *f* grue.

grueso, a *a* 1 gros, grosse : *un árbol —*, un gros arbre. 2 épais, aisse. □ *m* grosseur *f*, épaisseur *f*.

grulla *f* grue.

grumete *m* mousse.

grumo *m* grumeau.

gruñ/ir *i* grogner. **-ido** *m* grognement. **-ón, ona** *a* grognon, onne, bougon, onne.

grupa *f* croupe.

grupo *m* groupe.

gruta *f* grotte.

Guadalupe *n p f* Guadeloupe.

guadaña *f* faux.

guagua *f* autobus *m*.

guant/e *m* gant. **-azo** *m* FAM baffe *f*.

guap/o, a *a* beau, belle : *es guapísima*, elle est très belle. **-etón, ona, -ote, a** *a* bien fait, bien faite.

guarda *s* 1 garde : — *rural*, garde-champêtre. 2 (jardín, museo) gardien, enne.

guardabarrera *s* garde-barrière.

guardabarros *m* garde-boue.

guardabosque *m* garde-forestier.

guardacantón *m* borne *f*.

guardacostas *m* garde-côte.

guardaespaldas *m* garde du corps, gorille.

guardagujas *m* aiguilleur.

guardameta *m* gardien de but.

guardamuebles *m* garde-meuble.

guardapolvo *m* blouse *f*.

guardar *t* 1 garder : — *silencio*, garder le silence. 2 (colocar en su sitio) ranger : — *los vestidos en el armario*, ranger ses vêtements dans l'armoire. □ *pr* 1 (conservar) garder. 2 *me guardaré de contestarle*, je me garderai bien de lui répondre.

guardarropa *m* 1 (en los establecimientos públicos) vestiaire. 2 (armario) garde-robe *f*.

guardería *f* — *infantil*, garderie, crèche.

guardia *f* garde. | — *civil*, gendarmerie. □ *m* 1 garde. | — *civil*, gendarme. 2 (del tráfico) agent. | — *urbano*, gardien de la paix.

guardián, ana *s* gardien, enne.

guarecer ° *t* protéger. □ *guarecerse del sol*, se protéger du soleil.

guarida *f* repaire *m*, tanière.

guarismo *m* chiffre.

guarn/ecer ° *t* garnir. **-ición** *f* 1 (adorno) garniture. 2 *plato de carne con —*, plat de viande garni. 3 (tropa) garnison. □ *pl* harnais *m*. **-icionero** *m* bourrelier.

guarro *m* cochon.

guas/a *f* plaisanterie, blague. *| estar de —*, plaisanter, blaguer. **-ón, ona** *a* 1 blagueur, euse. 2 (burlón) moqueur, euse.

guata *m* ouate.

guatemalteco, a *a/s* guatemaltèque.

guateque *m* surprise-partie *f*, surboum *f*.

guayaba *f* goyave.

Guayana *n p f* Guyane.

gubernamental *a* gouvernemental, e.

guedeja *f* longue chevelure.

guerr/a *f* guerre. *| dar —*, donner du mal. **-ear** *i* guerroyer. **-ero, a** *a/s* guerrier, ère. □ *f* vareuse. **-illa** *f* guérilla. **-illero** *m* guérillero.

guía *s* guide. □ *f* 1 (libro) guide *m* : *una — turística*, un guide touristique. 2 (de ferrocarriles) indicateur *m*. 3 (de teléfono) annuaire *m*.

guiar *t* 1 guider. 2 conduire.

guij/a *f* caillou *m*. **-arro** *m* caillou, galet.

guillado, a *a* FAM toqué, e.

guillotina *f* 1 guillotine. 2 (para cortar papel) massicot *m*.

guindilla *f* piment *m* rouge.

Guinea *n p f* Guinée.

guiñapo *m* loque *f*, haillon,

guenille, *f*.

guiñ/ar *t* *— el ojo*, cligner de l'œil. **-o** *m* clin d'œil.

gui/ón *m* 1 (de una película) scénario. 2 (raya horizontal) tiret. 3 (en las palabras compuestas) trait d'union. **-onista** *m* scénariste.

guirigay *m* brouhaha.

guirnalda *f* guirlande.

guisa *f* guise, manière. *| a — de*, en guise de.

guisado *m* ragoût.

guisante *m* 1 pois. 2 (legumbre) petit pois.

guis/ar *t* cuisiner, préparer. □ *i* cuisiner, faire la cuisine. **-o** *m* plat. **-ote** *m* ratatouille *f*.

guita *f* 1 ficelle. 2 FAM (dinero) galette, fric *m*.

guitarr/a *f* guitare. **-ista** *s* guitariste.

gula *f* gourmandise.

gusano *m* ver : *— de seda*, ver à soie.

gustar *t* goûter. □ *i* aimer, plaire : *me gusta el jazz*, j'aime le jazz ; *a mi padre le gustan mucho las corridas*, mon père aime beaucoup les corridas ; *no me gustó la película*, je n'ai pas aimé le film, le film ne m'a pas plu. *| — de*, aimer à.

gustillo *m* arrière-goût.

gust/o *m* 1 goût : *mal —*, mauvais goût. 2 plaisir : *tengo el — de informarle*, j'ai le plaisir de vous informer ; *dar —*, faire plaisir. *| con mucho —*, avec plaisir, très volontiers ; *estar a —*, se trouver bien ; *tanto — en haberle conocido*, enchanté d'avoir fait votre connaissance. **-oso, a** *a* savoureux, euse. *| lo haré —*, je le ferai très volontiers.

gutural *a* guttural, e : *sonidos guturales*, sons gutturaux.

H

h |at∫e| ƒ h *m* : *una* —, un h.

haba ƒ fève. | *en todas partes cuecen habas*, c'est partout pareil.

Habana (La) *npf* La Havane.

haban/ero, a *a/s* havanais, e. **-o, a** *a/m* havane.

¹haber ° *auxil* **1** avoir : *he comprado*, j'ai acheté. **2** (con ciertos verbos intransitivos o pronominales) être : *ha llegado*, il est arrivé ; *nos hemos levantado*, nous nous sommes levés. **3** — *de*, devoir : *he de salir*, je dois partir. □ *impers* **1** y avoir : *mañana habrá huelga*, il y aura grève demain ; *no habia nadie*, il n'y avait personne ; *hay mucha gente aquí*, il y a beaucoup de monde ici ; *¿ hay aquí un intérprete ?*, y a-t-il ici un interprète ? ; *no hay más que...*, il n'y a qu'à... | *¿ qué hay ?*, comment ça va ? **2** — *que*, falloir : *hay que darse prisa*, il faut se dépêcher ; *no hay que exagerar*, il ne faut pas exagérer.

²haber *m* avoir. □ *pl* émoluments, appointements.

habichuela ƒ haricot *m*.

hábil *a* **1** habile, adroit, e. **2** *días hábiles* jours ouvrables.

habilid/ad ƒ habileté, adresse. **-oso, a** *a* habile, adroit, e.

habilit/ar *t* **1** habiliter. **2** (local) aménager. **-ación** ƒ **1** habilitation. **2** attribution, octroi *m*.

habitable *a* habitable.

habitación ƒ **1** pièce : *piso de cuatro habitaciones*, appartement de quatre pièces. **2** (cuarto de dormir) chambre.

habit/ar *i/t* habiter. **-ante** *s* habitant, e.

hábito *m* **1** (costumbre) habitude ƒ. **2** (de religioso) habit.

habitu/ar *t* habituer. **-al** *a* habituel, elle.

habla ƒ **1** parole : *perder el* —, perdre la parole. **2** langage *m*, parler *m*. **3** *al* —, en communication.

hablad/or, a *a* bavard, e. **-uría** ƒ commérage *m*, cancan *m*.

habl/ar *i/t* parler. | — *bien, mal de alguien*, dire du bien, du mal de quelqu'un ; FAM *¡ ni —!*, pas question! **-illa** ƒ cancan *m*, bobard *m*.

habón *m* cloque ƒ.

hacendado *m* propriétaire.

hacendoso, a *a* laborieux, euse.

hacer ° *t* **1** faire : *haré esto mañana*, je ferai ça demain ; *haz lo que yo*, fais comme moi. | *hace como que no oye*, il fait semblant de ne pas entendre. **2** croire : *yo te hacía en Madrid*, je te croyais à Madrid. □ *i* **1** faire : *has hecho bien en...*, tu as bien fait de... **2** aller, convenir : *¿ te hace que nos vayamos al cine ?*, ça te va que nous allions au cinéma ? ; *¿ hace ?* ça va ?, d'accord ? **3** *por lo que hace a...*, en ce qui concerne... □ *impers* **1** faire : *hace frío*, il fait froid. **2** y avoir : *hace un mes*, il y a un mois. □ *pr* **1** se faire. **2** *el día se me ha hecho muy largo*, la journée m'a semblé très longue. **3** *hacerse el indiferente*, faire l'indifférent, jouer les indifférents.

haces *pl* de **haz**.

hacia *prep* vers.

hacienda ƒ **1** ferme, propriété rurale. **2** fortune. **3** *ministerio de* —, ministère des Finances.

hacin/ar *t* entasser. **-amiento** *m* entassement.

¹hacha ƒ (herramienta) hache. | FAM *ser un* —, être un as.

²hacha ƒ (antorcha) torche.

hachazo *m* coup de hache.
hada *f* fée.
hado *m* sort.
haga, etc. ⇒ **hacer.**
Haití *n p* Haïti.
halag/ar *t* flatter. **-o** *m* flatterie *f*. **-üeño, a** *a* flatteur, euse.
halar *t* haler.
halcón *m* faucon.
hálito *m* souffle.
halo *m* halo.
hall/ar *t* trouver. □ *pr* se trouver, être. **-azgo** *m* trouvaille *f*.
hamaca *f* hamac *m*.
hambr/e *f* 1 faim : *tengo mucho* —, j'ai très faim. 2 famine. I *pasar* —, souffrir de la faim. **-iento, a** *a* affamé, e.
Hamburgo *n p* Hambourg.
hampa *f* pègre.
hangar *m* hangar.
haragán, ana *a/s* fainéant, e.
harap/o *m* haillon. **-iento, a** *a* déguenillé, e.
harin/a *f* farine. **-ero** *m* minotier.
harmonía, etc. ⇒ **armonía,** etc.
harnero *m* crible.
harpillera *f* serpillère.
hart/ar *t* 1 rassasier. 2 (fastidiar) assommer. 3 (de insultos, etc.) couvrir. □ *pr* 1 se gaver. 2 FIG se lasser. **-azgo** *m* indigestion *f*. **-o, a** *a* 1 rassasié, e. 2 FIG las, lasse. I *estoy* — *de*, j'en ai assez, soupé de. □ *adv* 1 assez. 2 trop.
hasta *prep* 1 jusque, jusqu'à, à : — *aquí*, jusqu'ici ; — *que vuelvas*, jusqu'à ce que tu reviennes. I — *luego*, à tout à l'heure ; — *mañana*, à demain. 2 avant : *no llegará* — *las once*, il n'arrivera pas avant onze heures. □ *conj* (incluso) même.
hast/iar *t* fatiguer, écœurer. **-ío** *m* 1 dégoût. 2 (tedio) ennui.
hatajo *m* 1 troupeau. 2 tas.
hato *m* 1 balluchon. 2 (rebaño) troupeau. 3 (de personas) bande *f*.
hay, haya ⇒ **haber.**

haya *f* hêtre *m*.
¹haz *m* 1 (de rayos luminosos) faisceau. 2 (de hierba) botte *f*. 3 (de leña) fagot.
²haz *f* face.
³haz ⇒ **hacer.**
hazaña *m* exploit *m*.
hazmerreír *m el* —, la risée.
he *adv* — *aquí*, voici ; — *allí*, voilà ; *heme aquí*, me voici ; *helo aquí*, le voici. ⇒ **haber.**
hebdomadario, a *a* hebdomadaire.
hebilla *f* boucle.
hebra *f* 1 fil. 2 fibre. 3 FAM *pegar la* —, tailler une bavette.
hebraico, a *a* hébraïque.
hebreo, a *a/m* hébreu.
hecatombe *f* hécatombe.
heces *pl* de **hez.**
hectárea *f* hectare *m*.
hectómetro *m* hectomètre.
hechicer/ía *f* sorcellerie. **-o, a** *s* sorcier, ère. □ *a* ensorceleur, euse.
hechiz/ar *t* ensorceler. **-o** *m* 1 sortilège. 2 charme.
hech/o, a *p p* de **hacer** fait, e. I *carne poco hecha*, viande saignante. □ *m* fait. I *de* —, en fait. **-ura** *f* 1 façon. 2 créature.
hed/er *° i* puer. **-iondo, a** *a* 1 puant, e. 2 répugnant, e. **-or** *m* puanteur *f*.
helada *f* gelée.
helado *m* glace *f* : *un* — *de vainilla*, une glace à la vanille.
helar *° t/impers* geler. □ *t* glacer. □ *pr* se geler, geler : *aquí se hiela uno*, on gèle ici.
helecho *m* fougère *f*.
helénico, a *a* hellénique.
hélice *f* hélice.
helicóptero *m* hélicoptère.
helvético, a *a* helvétique.
hematoma *m* hématome.
hembra *f* femelle.
hemiciclo *m* hémicycle.
hemiplejía *f* hémiplégie.

hemisf/erio *m* hémisphère. **-érico, a** *a* hémisphérique.

hemorragia *f* hémorragie.

hemorroides *f pl* hémorroïdes.

henchir ° *t* **1** remplir. **2** (inflar) gonfler.

hend/er ° *t* fendre. **-idura** *f* fente.

henequén *m* agave.

heno *m* foin.

hepático, a *a* hépatique.

heráldico, a *a/f* héraldique.

heraldo *m* héraut.

herbario *m* herbier.

herbazal *m* herbage.

hercúleo, a *a* herculéen, enne.

Hércules *n p m* Hercule.

hered/ar *t/i* hériter : — *una casa*, hériter d'une maison. **-ad** *f* propriété. **-ero, a** *s* héritier, ère. **-itario, a** *a* héréditaire.

herej/e *s* hérétique. **-ía** *f* hérésie.

herencia *f* **1** héritage *m*. **2** (en biología) hérédité.

herida *f* blessure.

her/ir ° *t* **1** blesser. **2** (el sol) frapper. **-ido, a** *a/s* blessé, e.

hermana *f* sœur.

hermanar *t* **1** unir, lier. **2** (ciudades) jumeler.

hermandad *f* confrérie.

hermano *m* frère. I — *político*, beau-frère.

hermético, a *a* hermétique.

hermosear *t* embellir.

hermos/o, a *a* beau, belle : *una mujer hermosa*, une belle femme (bel delante de vocal o h muda : *un — edificio*, un bel édifice). **-ura** *f* beauté.

hernia *f* hernie.

héroe *m* héros.

hero/ico, a *a* héroïque. **-ína** *f* héroïne. **-ísmo** *m* héroïsme.

herrador *m* maréchal-ferrant.

herradura *f* fer *m* à cheval.

herramienta *f* **1** outil *m*. **2** (conjunto) outils *m pl*, outillage *m*.

herr/ar ° *t* ferrer. **-ería** *f* forge. **-ero** *m* forgeron.

herrumbre *f* rouille.

herv/ir ° *i* **1** bouillir : *el agua está hirviendo*, l'eau bout. **2** grouiller, fourmiller : *la calle hervía de gente*, la rue grouillait de monde. □ *t* faire bouillir. **-idero** *m* **1** grouillement. **2** (sitio) foyer. **-or** *m* ébullition *f*.

heteróclito, a *a* hétéroclite.

heterogéneo, a *a* hétérogène.

hexágono *m* hexagone.

hez *f* lie. □ *pl* **1** lie *sing*. **2** *las heces*, les selles, les excréments *m*.

hiato *m* hiatus.

hibernar *i* hiberner.

híbrido, a *a* hybride.

hice, etc. ⇒ **hacer.**

hidalgo, a *a* noble. □ *m* gentilhomme, hidalgo.

hidra *f* hydre.

hidrato *m* hydrate.

hidráulico, a *a/f* hydraulique.

hidroavión *m* hydravion.

hidroeléctrico, a *a* hydro-électrique.

hidrófilo, a *a* hydrophile.

hidrógeno *m* hydrogène.

hiedra *f* lierre *m*.

hiel *f* fiel *m*.

hielo *m* glace *f*.

hiena *f* hyène.

hierba *f* herbe : *mala —*, mauvaise herbe.

hierbabuena *f* menthe.

hierro *m* fer. I — *colado*, fonte *f*.

hígado *m* foie. □ *pl* courage *sing*.

higi/ene *f* hygiène. **-énico, a** *a* hygiénique.

hig/o *m* figue *f* : — *seco*, figue sèche. I FAM *no se me da un —*, je m'en fiche. **-uera** *f* figuier *m*.

hijastro, a *s* beau-fils, belle-fille.

hijo, a *s* **1** fils, fille : *mi — mayor*, mon fils aîné. **2** enfant *m* : *matrimonio sin hijos*, ménage sans enfants.

hila *f* file.

hilada *f* 1 file, rangée. 2 (de piedras) assise.

hil/ar *t/i* filer. **-ado** *m* fil. l *fábrica de hilados,* filature.

hilaridad *f* hilarité.

hilera *f* 1 file, rangée. 2 (para metales) filière.

hilo *m* 1 fil. 2 (de un líquido) filet. 3 —, *hilillo de voz,* filet de voix.

hilvanar *t* faufiler.

himno *m* hymne.

hincapié *m hacer — en,* insister sur, mettre l'accent sur.

hincar *t* planter.

hincha *f* FAM *me tiene —,* il ne peut pas me sentir. □ *m* FAM supporter, fan.

hinch/ar *t* gonfler, enfler. □ pr *se me ha hinchado el tobillo,* ma cheville a enflé. **-azón** *f* enflure.

hindú *a/s* hindou, e.

¹**hinojo** *m* fenouil.

²**hinojo** m *de hinojos,* à genoux.

hipertensión *f* hypertension.

hipertrofía *f* hypertrophie.

hípico, a *a* hippique.

hipno/sis *f* hypnose. **-tismo** *m* hypnotisme. **-tizar** *t* hypnotiser.

hipo *m* hoquet : *tener —,* avoir le hoquet.

hip/ocresía *f* hypocrisie. **-ócrita** *a/s* hypocrite.

hipódromo *m* hippodrome.

hipopótamo *m* hippopotame.

hipoteca *f* hypothèque.

hip/ótesis *f* hypothèse. **-otético, a** *a* hypothétique.

hiriente *a* blessant, e.

hirsuto, a *a* hirsute.

hirviente *a* bouillant, e.

hisopo *m* goupillon.

hisp/ánico, a *a* hispanique. **-anismo** *m* hispanisme. **-anista** *s* hispanisant, e. **-anoamericano, a** *a/s* hispano-américain, e.

hist/eria *f* hystérie. **-érico, a** *a* hystérique.

historia *f* histoire. **-dor, a** *s* historien, enne.

historial *m* 1 historique. 2 (profesional) curriculum vitæ.

histórico, a *a* historique.

historieta *f* historiette.

hito *m* 1 borne *f.* 2 jalon. 3 *mirar de — en —,* regarder fixement, droit dans les yeux.

hizo ⇒ **hacer.**

hocico *m* 1 museau. 2 *poner —,* faire la moue. 3 POP *darse de hocicos,* se casser la gueule.

hockey *m* hockey.

hogar *m* foyer.

hogaza *f* miche.

hoguera *f* 1 bûcher *m.* 2 feu *m* de joie.

hoja *f* 1 feuille. 2 page. 3 (de cuchillo, etc.) lame : *— de afeitar,* lame de rasoir. 4 (de puerta) battant *m.*

hojalata *f* fer-blanc *m.*

hojaldre *m* pâte *f* feuilletée.

hojarasca *f* feuilles *pl* mortes.

hojear *t* feuilleter.

hojuela *f* crêpe.

¡**hola** ! *interj* bonjour !, bonsoir !, salut !

Holanda *n p f* Hollande.

holandés, esa *a/s* hollandais, e.

holgado, a *a* 1 (ancho) ample. 2 *ir —,* être à l'aise.

holgar ° *i* (sobrar) être inutile. l ¡ *huelgan los comentarios !,* sans commentaire !

holgaz/án, ana *a/s* paresseux, euse. **-anería** *f* paresse.

holgura *f* 1 ampleur. 2 aisance : *vivir con —,* vivre dans l'aisance. 3 (mecánica) jeu *m.*

hollar ° *t* fouler.

hollejo *m* peau *f.*

hollín *m* suie *f.*

hombre *m* 1 homme : *un buen —,* un brave homme. l *— rana,* homme-grenouille. 2 (señor) mon-

sieur. **3** *¡hombre!*, voyons!
allons!; (sorpresa) tiens!; (cariño)
mon vieux!

hombro *m* épaule *f* : *con la
escopeta al —*, le fusil sur l'épaule;
a hombros, sur les épaules.

hombruno, a *a* hommasse.

homenaje *m* hommage.

homeop/atía *f* homéopathie.
-ático, a *a* homéopathique.

Homero *n p m* Homère.

homicid/a *a/s* homicide. **-io** *m*
homicide.

homilía *f* homélie.

homogéneo, a *a* homogène.

homólogo, a *a* homologue.

homónimo, a *a/m* homonyme.

homosexual *a/s* homosexuel, elle.

honda *f* fronde.

hond/o, a *a* profond, e. I *en
lo — de*, au fond de. **-onada** *f*
creux *m*, dépression. **-ura** *f*
profondeur.

hondureño, a *a/s* hondurien,
enne.

honest/o, a *a* **1** décent, e. **2**
honnête. **-idad** *f* **1** décence. **2**
honnêteté.

hongo *m* champignon.

honor *m* honneur : *palabra de —*,
parole d'honneur; *en — de*, en
l'honneur de. □ *pl rendir honores*,
rendre les honneurs.

honorab/le *a* honorable. **-ilidad**
f honorabilité.

honorario, a *a* honoraire. □ *m pl*
honoraires.

honorífico, a *a* honorifique.

honra *f* honneur *m*. I *tener a
mucha —*, être très flatté, e; *¡y a
mucha —!*, et j'en suis fier! □ *pl*
honneurs *m* funèbres.

honrad/o, a *a* honnête. **-ez** *f*
honnêteté.

honr/ar *t* honorer. □ *honrarse
con, en*, s'honorer de. **-illa**
f amour *m* propre. **-oso, a** *a*
honorable.

hora *f* **1** heure : *cien kilómetros*

por —, cent kilomètres à l'heure;
horas extraordinarias, heures supplémentaires; *¿ qué — es ?*, quelle
heure est-il? I *a última —*, au dernier moment; *ya es — de...*, il est
temps de... **2** *pedir —*, demander
un rendez-vous; *dar —*, fixer un
rendez-vous.

horadar *t* percer.

horario, a *a* horaire. □ *m* **1**
(escolar, ferrocarriles) horaire. **2**
(de reloj) petite aiguille *f*.

horca *f* **1** fourche. **2** (suplicio)
potence.

horcajadas (a) *loc adv* à
califourchon.

horchat/a *f* orgeat *m*. **-ería** *f*
buvette.

horda *f* horde.

horizont/e *m* horizon. **-al** *a*
horizontal, e.

horma *f* forme.

hormiga *f* fourmi.

hormigón *m* béton.

hormigu/ear *i* fourmiller. **-eo,
-illo** *m* fourmillement. **-ero** *m*
fourmilière *f*.

hormona *f* hormone.

hornacina *f* niche.

hornada *f* fournée.

hornillo *m* **1** fourneau : *— de gas*,
fourneau à gaz. **2** (transportable)
réchaud.

horno *m* **1** four. **2** *alto —*, haut
fourneau.

horóscopo *m* horoscope.

horquilla *f* **1** fourche. **2** épingle à
cheveux.

horrendo, a *a* affreux, euse.

hórreo *m* grenier.

horrible *a* horrible.

horripilar *t* horrifier, faire frémir.

horror *m* **1** horreur *f* : *dar —*, faire
horreur; *tengo — a los hipócritas*,
j'ai horreur des hypocrites. **2** FAM
un — de turistas, plein de touristes;
la quiere horrores, il l'aime à la
folie. **-izar** *t* horrifier, faire
horreur. **-oso, a** *a* horrible,

affreux, euse.

hortaliza *f* légume *m*.

hort/elano, a *s* jardinier, ère, maraîcher, ère. **-ense** *a* potager, ère.

hortensia *f* hortensia *m*.

horticult/or *m* horticulteur. **-ura** *f* horticulture.

hosco, a *a* renfrogné, e, bourru, e.

hosped/ar *t* loger, héberger. **-aje** *m* logement.

hospicio *m* hospice.

hospital *m* hôpital.

hospital/ario, a *a* hospitalier, ère. **-idad** *f* hospitalité.

hospitalizar *t* hospitaliser.

hosquedad *f* humeur acariâtre.

hostal *m* hôtellerie *f*.

hostelería *f* hôtellerie.

hostia *f* 1 hostie. 2 POP (bofetada) baffe.

hostigar *t* harceler.

hostil *a* hostile. **-idad** *f* hostilité.

hotel *m* hôtel. **-ero, a** *a/s* hôtelier, ère. **-ito** *m* pavillon, villa *f*.

hoy *adv* aujourd'hui. I *de* — *en adelante*, désormais ; — *día*, de nos jours, aujourd'hui ; — *por* —, actuellement.

hoy/a *f* fosse. **-o** *m* trou. **-uelo** *m* fossette *f*.

hoz *f* 1 faucille. 2 (desfiladero) gorge.

hube, etc. ⇒ **haber.**

hucha *f* tirelire.

hueco, a *a* 1 creux, euse : *árbol* —, arbre creux ; *voz hueca*, voix creuse. 2 vide. 3 (orgulloso) vaniteux, euse, fier, ère. □ *m* 1 creux : *sonar a* —, sonner creux. 2 vide. 3 place *f* (vide).

huelg/a *f* grève : *declararse en* —, se mettre en grève ; — *de hambre, de celo*, grève de la faim, du zèle. **-uista** *s* gréviste.

huella *f* 1 trace. 2 *huellas dactilares*, empreintes digitales.

huérfano, a *a/s* orphelin, e.

huero, a *a* creux, creuse, vide.

huert/a *f* 1 jardin *m* potager. 2 (de regadío) huerta, plaine *f* irriguée. 3 (de árboles frutales) verger *m*. **-o** *m* 1 jardin potager. 2 verger.

hues/o *m* 1 os : *calado hasta los huesos*, mouillé jusqu'aux os. I *dar con sus huesos en un hospicio*, échouer dans un hospice. 2 (de una fruta) noyau. 3 FAM (persona) rosse *f*, vache *f*. **-oso, a** *a* osseux, euse.

huésped, a *s* hôte, esse. I *casa de huéspedes*, pension de famille.

huesudo, a *a* osseux, euse.

huev/o *m* œuf : — *duro, pasado por agua*, œuf dur, à la coque ; — *frito, al plato*, œuf sur le plat ; *huevos revueltos*, œufs brouillés. **-era** *f* coquetier *m*.

Hugo *n p m* Hugues.

huida *f* fuite.

huidizo, a *a* fuyant, e.

huir ° *i* 1 fuir : — *del peligro*, fuir le danger. 2 s'enfuir, prendre la fuite : *el ladrón ha huido*, le voleur s'est enfui.

hule *m* toile *f* cirée.

hull/a *f* houille. **-ero, a** *a/f* houiller, ère.

humanidad *f* 1 humanité. 2 (corpulencia) embonpoint *m*.

human/ismo *m* humanisme. **-ista** *s* humaniste.

humanitario, a *a* humanitaire.

humano, a *a/s* humain, e.

humareda *f* grande fumée.

humazo *m* fumée *f* épaisse.

hume/ar *i* fumer. **-ante** *a* fumant, e.

humed/ad *f* humidité. **-ecer** ° *t* humecter.

húmedo, a *a* humide.

húmero *m* humérus.

humild/e *a* humble. **-ad** *f* humilité.

humill/ar *t* 1 humilier, abaisser. 2 — *la cabeza*, baisser la tête ; **-ación** *f* humiliation. **-ante** *a* humiliant, e.

humo *m* fumée *f*. l *echar* —, fumer.
□ *pl* prétention *f sing*, suffisance *f sing*. l *bajar los humos a*, faire baisser le ton à.

humor *m* humeur *f* : *estar de buen, mal* —, être de bonne, mauvaise humeur. **-ada** *f* caprice *m*, fantaisie.

humor/ista *s* humoriste. **-ístico, a** *a* humoristique.

humus *m* humus.

hund/ir *t* 1 enfoncer. 2 (un barco) couler. 3 FIG ruiner. □ *pr* 1 (el suelo) s'affaisser. 2 (un edificio) s'écrouler, s'effondrer. 3 (un barco) couler, sombrer : *el petrolero se ha hundido*, le pétrolier a coulé. 4 FIG *se hundieron nuestros proyectos*, nos projets se sont effondrés. **-imiento** *m* 1 enfoncement. 2 (suelo) affaissement. 3 effondrement, écroulement.

húngaro, a *a/s* hongrois, e.

Hungría *n p f* Hongrie.

huracán *m* ouragan.

huraño, a *a* sauvage.

hurg/ar *t* 1 remuer. 2 (fisgonear) fouiller. **-ón** *m* tisonnier.

hur/ón *m* 1 furet. 2 (persona huraña) sauvage, ours. **-onear** *t* fureter.

¡ hurra ! *interj* hourra !

hurtadillas (a) *loc adv* en cachette.

hurt/ar *t* 1 voler. 2 — *el cuerpo*, se dérober. **-o** *m* vol, larcin.

husmear *t* 1 flairer, renifler. 2 (curiosear) fouiner.

huso *m* fuseau.

¡ huy ! *interj* 1 oh ! : *¡ — , qué raro !* oh !, comme c'est curieux ! 2 *¡ — , qué frío hace !*, brrr, ce qu'il fait froid !

huya, etc. ⇒ **huir.**

I

i _f_ i _m_ : _una_ –, un i.
iba, etc. ⇒ **ir.**
ibero, a _a/s_ ibère.
ibis _f_ ibis _m_.
iceberg _m_ iceberg.
icono _m_ icône _f_.
ida _f_ aller _m_ : – _y vuelta,_ aller et retour. I _idas y venidas,_ allées et venues.
idea _f_ **1** idée. **2** (propósito) intention : _llevaba – de marcharme a las cinco,_ j'avais l'intention de partir à cinq heures.
ideal _a/m_ idéal, e. **-ismo** _m_ idéalisme. **-ista** _a/s_ idéaliste.
idear _t_ imaginer, inventer.
idéntico, a _a_ identique.
identidad _f_ identité.
identific/ar _t_ identifier. **-ación** _f_ identification.
ideología _f_ idéologie.
id/ilio _m_ idylle _f_. **-ílico, a** _a_ idyllique.
idioma _m_ langue _f_, idiome.
idiot/a _a/s_ idiot, e. **-ez** _f_ idiotie.
idiotismo _m_ idiotisme.
ido _pp_ de **ir.** □ _a_ FAM (chiflado) timbré, e.
idólatra _a/s_ idolâtre.
idolatría _f_ idolâtrie.
ídolo _m_ idole _f_.
idóneo, a _a_ approprié, e, indiqué, e.
iglesia _f_ église.
ignífugo, a _a_ ignifuge.
ignominia _f_ ignominie.
ignor/ar _t_ ignorer. **-ancia** _f_ ignorance. **-ante** _a/s_ ignorant, e.
igual _a/s_ égal, e : _dos números iguales,_ deux nombres égaux. I _al – que, – que,_ comme ; _es –,_ ça ne fait rien ; _me da –,_ ça m'est égal ; _por –,_ de la même façon.

igual/ar _t_ **1** égaler. **2** (allanar) égaliser. □ _pr_ **1** être égal, e. **2** _igualarse con alguien,_ égaler quelqu'un. **-atorio** _m_ mutuelle _f_.
igual/dad _f_ égalité. **-itario, a** _a_ égalitaire. **-mente** _adv_ également.
iguana _f_ iguane.
ijada _f_, **ijar** _m_ flanc _m_.
ilación _f_ enchaînement _m_, liaison.
ilegal _a_ illégal, e. **-idad** _f_ illégalité.
ilegible _a_ illisible.
ilegítimo, a _a_ illégitime.
ileso, a _a_ sain et sauf, saine et sauve.
iletrado, a _a/s_ illettré, e.
ilícito, a _a_ illicite.
ilimitado, a _a_ illimité, e.
ilógico, a _a_ illogique.
ilumin/ar _t_ **1** illuminer. **2** éclairer. **3** (estampas) enluminer. **-ación** _f_ **1** illumination. **2** (alumbrado) éclairage _m_.
ilusi/ón _f_ **1** illusion : _forjarse ilusiones,_ se faire des illusions. **2** (esperanza) espoir _m_. **3** (ensueño) rêve _m_. I _le hacía – tomar el avión,_ il rêvait de prendre l'avion. **4** (alegría) joie. **-onar** _t_ faire rêver. □ _pr_ **1** s'illusionner. **2** _me ilusionaba ir al cine contigo,_ je me faisais fête, je me réjouissais d'avance d'aller au cinéma avec toi.
iluso, a _a/s_ utopiste.
ilustr/ar _t_ **1** illustrer. **2** (informar) éclairer. **-ación** _f_ illustration. **-ador** _m_ illustrateur.
ilustre _a_ illustre.
imagen _f_ **1** image. **2** (escultura) statue.
imagin/ar _t_ imaginer. □ _pr_ s'imaginer. **-ación** _f_ imagination. **-ativo, a** _a_ imaginatif, ive.

imán *m* aimant.

imb/écil *a/s* imbécile. **-ecilidad** *f* imbécillité.

imberbe *a* imberbe.

imbuído, a *a* imbu, e.

imit/ar *t* imiter. **-ación** *f* imitation. **-ador, a** *s* imitateur, trice.

impacien/cia *f* impatience. **-tar** *t* impatienter. □ *pr* s'impatienter. **-te** *a/s* impatient, e. **-temente** *adv* impatiemment.

impacto *m* impact.

impalpable *a* impalpable.

impar *a* impair, e.

imparcial *a* impartial, e. **-idad** *f* impartialité.

impartir *t* – *clases,* donner des cours.

impasib/le *a* impassible. **-ilidad** *f* impassibilité.

impávido, a *a* impavide, impassible.

impecable *a* impeccable.

imped/ir ° *t* empêcher. **-ido, a** *a/s* infirme. **-imiento** *m* empêchement.

impeler *t* pousser.

impenetrable *a* impénétrable.

impenitente *a* impénitent, e.

impensado, a *a* imprévu, e.

imperar *i* régner.

imperativo, a *a/m* impératif, ive.

imperceptible *a* imperceptible.

imperdible *m* épingle *f* de nourrice.

imperdonable *a* impardonnable.

imperecedero, a *a* impérissable.

imperfección *f* imperfection.

imperfecto, a *a* imparfait, e. I *pretérito –,* imparfait.

imperial *a/f* impérial, e.

imperial/ismo *m* impérialisme. **-ista** *a/s* impérialiste.

imperio *m* empire.

imperioso, a *a* impérieux, euse.

impermeab/le *a/m* imperméable. **-ilizar** *t* imperméabiliser.

impersonal *a* impersonnel, elle.

impertérrito, a *a* imperturbable.

impertinen/te *a/s* impertinent, e. □ *m pl* face-à-main *sing.* **-cia** *f* impertinence.

imperturbable *a* imperturbable.

ímpetu *m* impétuosité *f*.

impetuoso, a *a* impétueux, euse.

impío, a *a/s* impie.

implacable *a* implacable.

implantar *t* implanter.

implicar *t* impliquer.

implícito, a *a* implicite.

implorar *t* implorer.

imponderable *a/m* impondérable.

imponente *a* imposant, e.

imponer ° *t* **1** imposer. **2** (una condecoración) remettre. **3** (un nombre) donner. □ *i* en imposer : *el abuelo imponía a todos,* le grand-père en imposait à tous. □ *pr* s'imposer.

impopular *a* impopulaire. **-idad** *f* impopularité.

importa/ción *f* importation. **-dor, a** *a/s* importateur, trice.

import/ancia *f* importance. I *de –,* important, e. **-ante** *a* important, e.

¹importar *t* (introducir en un país) importer.

²importar *i* **1** importer. I *no importa,* ça ne fait rien, peu importe ; *no me importa,* ça m'est égal. **2** gêner, ennuyer : *¿ te importaría prestarme diez pesetas ?,* ça ne t'ennuierait pas de me prêter dix pesetas ? □ *t* s'élever à, monter à : *la factura importa mil pesetas,* la facture s'élève à mille pesetas.

importe *m* montant.

importun/o, a *a/s* importun, e. □ *a* inopportun, e. **-ar** *t* importuner.

imposibilidad *f* impossibilité.

imposibilit/ar *t* empêcher. **-ado, a** *a* (tullido) impotent, e.

imposible *a* impossible. I *hacer lo –,* faire l'impossible.

imposición *f* **1** imposition. **2** (en un banco) dépôt *m*.

impost/or, a *s* imposteur. **-ura** *f* imposture.

impoten/cia *f* impuissance. **-te** *a/s* impuissant, e.

impracticable *a* 1 irréalisable. 2 (camino) impraticable.

imprecación *f* imprécation.

imprecis/o, a *a* imprécis, e. **-ión** *f* imprécision.

impregnar *t* imprégner.

imprenta *f* imprimerie. I *dar a la* —, faire imprimer ; *libertad de* —, liberté de la presse.

imprescindible *a* indispensable.

impresión *f* impression : *me ha causado buena* —, il m'a fait bonne impression.

impresion/ar *t* 1 impressionner. 2 (un sonido) enregistrer. **-able** *a* impressionnable. **-ante** *a* impressionnant, e.

impresionismo *m* impressionnisme.

impreso, a *a/m* imprimé, e.

imprevisible *a* imprévisible.

imprevi/sión *f* imprévoyance. **-sor, a** *a* imprévoyant, e.

imprevisto, a *a* imprévu, e. □ *m pl* dépenses *f* imprévues.

imprimir *t* imprimer.

improbab/le *a* improbable. **-ilidad** *f* improbabilité.

improbo, a *a* 1 malhonnête. 2 (trabajo) pénible.

improcedente *a* déplacé, e, inopportun, e, malvenu, e.

improductivo, a *a* improductif, ive.

impronta *f* empreinte.

improperio *m* injure *f*.

impropi/o, a *a* impropre. **-edad** *f* impropriété.

improvis/ar *t* improviser. **-ación** *f* improvisation, impromptu *m*.

improviso (de) *loc adv* à l'improviste.

impruden/te *a* imprudent, e. **-cia** *f* imprudence.

impudencia *f* impudence.

impúdico, a *a* impudique.

impuesto, a *pp* de **imponer**. □ *m* impôt.

impugnar *t* attaquer.

impulsar *t* pousser.

impulsivo, a *a* impulsif, ive.

impulso *m* 1 impulsion *f*. 2 élan : — *de generosidad*, élan de générosité ; *tomar* —, prendre son élan.

impune *a* impuni, e. **-mente** *adv* impunément.

impur/o, a *a* impur, e. **-eza** *f* impureté.

imput/ar *t* imputer. **-able** *a* imputable.

imputrescible *a* imputrescible.

inabordable *a* inabordable.

inacabable *a* interminable.

inaccesible *a* inaccessible.

inacción *f* inaction.

inaceptable *a* inacceptable.

inactiv/o, a *a* inactif, ive. **-idad** *f* inactivité.

inadaptado, a *a/s* inadapté, e.

inadecuado, a *a* non indiqué, e, déplacé, e, inadéquat, e.

inadmisible *a* inadmissible.

inadvertencia *f por* —, par inadvertance.

inadvertid/o, a *a pasar* —, passer inaperçu. **-amente** *adv* par inadvertance.

inagotable *a* inépuisable, intarissable.

inaguantable *a* insupportable.

inalterable *a* inaltérable.

inamovible *a* inamovible.

inanición *f* inanition.

inanimado, a *a* inanimé, e.

inaplicable *a* inapplicable.

inapreciable *a* inappréciable.

inarrugable *a* infroissable.

inarticulado, a *a* inarticulé, e.

inasequible *a* inaccessible.

inaudible *a* inaudible.

inaudito, a *a* inouï, e.

inaugur/ar *t* inaugurer. **-ación** *f* 1 inauguration. 2 (de una exposición de pintura) vernissage *m*. **-al** *a* inaugural, e.

inca *s* Inca. **-ico, a** *a* inca.

incalculable *a* incalculable.

incandescente *a* incandescent, e.

incansable *a* infatigable.

incapa/z *a/s* incapable. **-cidad** *f* incapacité. **-citar** *t* déshabiliter, déclarer incapable.

incaut/arse *pr* — *de*, saisir. **-o, a** *a* naïf, ive.

incendi/ar *t* incendier. **-ario, a** *a/s* incendiaire. **-o** *m* incendie.

incensar ° *t* encenser.

incentivo *m* 1 stimulant, attrait. 2 prime *f*.

incertidumbre *f* incertitude.

incesante *a* incessant, e. **-mente** *adv* sans cesse.

incesto *m* inceste.

incidentalmente *adv* incidemment.

incidente *m* incident.

incienso *m* encens.

incierto, a *a* incertain, e.

inciner/ar *t* incinérer. **-ación** *f* incinération.

incipiente *a* naissant, e, qui commence.

incisión *f* incision.

incisivo, a *a* incisif, ive. □ *m* (diente) incisive *f*.

incit/ar *t* inciter. **-ación** *f* incitation.

inclin/ar *t* incliner. **-ación** *f* 1 (acción, propensión) inclination. 2 (efecto) inclinaison.

ínclito, a *a* illustre.

incluir ° *t* 1 inclure. 2 comprendre : *vino incluido*, vin compris.

inclusa *f* hospice *m* des enfants trouvés.

inclusive *adv* y compris. | *hasta el jueves* —, jusqu'à jeudi inclus.

incluso, a *a* inclus, e. □ *adv* y compris, même. □ *prep* (hasta) même : — *él se niega a ayudarme*, même lui refuse de m'aider.

incógnito, a *a/f* inconnu, e. □ *m* incognito : *viajar de* —, voyager incognito.

incoheren/te *a* incohérent, e. **-cia** *f* incohérence.

incoloro, a *a* incolore.

incólume *a* indemne, sain et sauf, saine et sauve.

incombustible *a* incombustible.

incomible *a* immangeable.

incomodar *t* incommoder.

incomodidad *f* incommodité.

incómodo, a *a* 1 incommode. 2 *sentirse* —, se sentir mal à l'aise.

incomparable *a* incomparable.

incompatib/le *a* incompatible. **-ilidad** *f* incompatibilité.

incompeten/te *a* incompétent, e. **-cia** *f* incompétence.

incompleto, a *a* incomplet, ète.

incompren/sible *a* incompréhensible. **-sión** *f* incompréhension.

incomunicado, a *a* isolé, e.

inconcebible *a* inconcevable.

inconciliable *a* inconciliable.

inconcuso, a *a* indubitable.

incondicional *a/s* inconditionnel, elle.

inconfesable *a* inavouable.

inconfundible *a* caractéristique.

incongruen/cia *f* incongruité. **-te** *a* incongru, e.

inconmensurable *a* incommensurable.

inconmovible *a* inébranlable.

inconscien/cia *f* inconscience. **-te** *a/s* inconscient, e. **-temente** *adv* inconsciemment.

inconsistente *a* inconsistant, e.

inconsolable *a* inconsolable.

inconstan/te *a* inconstant, e. **-cia** *f* inconstance.

incontestable *a* incontestable.

incontinencia *f* incontinence.

inconveniencia *f* 1 inconvenance. 2 (inconveniente) inconvénient *m*.

inconveniente *a* inconvenant, e.
□ *m* **1** inconvénient : *no tengo ningún — en...*, je ne vois aucun inconvénient à... **2** *poner algún —*, faire des difficultés.

incordiar *t* FAM enquiquiner, faire suer.

incorporación *f* incorporation.

incorporar *t* **1** incorporer. **2** redresser, asseoir. □ *pr* **1** (él que está echado) se redresser, s'asseoir. **2** *incorporarse a su regimiento*, rejoindre son régiment.

incorrec/to, a *a* incorrect, e. **-ción** *f* incorrection.

incorregible *a* incorrigible.

incorruptible *a* incorruptible.

incr/édulo, a *a* **1** incrédule. **2** (falto de fe) incroyant, e. **-edulidad** *f* **1** incrédulité. **2** incroyance.

increíble *a* incroyable.

increment/o *m* **1** augmentation *f*, accroissement : *— de las tarifas*, augmentation des tarifs. **2** développement. **-ar** *t* **1** augmenter, accroître. **2** développer.

increpar *t* réprimander, invectiver.

incriminar *t* incriminer.

incrust/ar *t* incruster. **-ación** *f* incrustation.

incub/ar *t* couver. **-ación** *f* incubation. **-adora** *f* couveuse, incubateur *m*.

inculcar *t* inculquer.

inculp/ar *t* inculper. **-ación** *f* inculpation.

inculto, a *a* inculte.

incumb/ir *i* incomber. **-encia** f *eso no es de mi —*, cela n'est pas de mon ressort.

incumplir *t* ne pas respecter, enfreindre, faillir à.

incurable *a/s* incurable.

incuria *f* incurie.

incurrir *i* **1** *— en error*, tomber dans l'erreur. **2** *— en*, encourir.

incursión *f* incursion.

indag/ar *t* rechercher. **-ación** *f* **1**

investigation, recherche. **2** (policiaca) enquête.

indebido, a *a* indu, e.

indecen/te *a* **1** indécent, e. **2** (asqueroso) dégoûtant, e. **-cia** *f* indécence.

indecible *a* indicible.

indeciso, a *a/s* indécis, e.

indecoroso, a *a* indécent, e, malséant, e.

indefenso, a *a* sans défense.

indefinible *a* indéfinissable.

indefinido, a *a* indéfini, e.

indeleble *a* indélébile.

indelicad/o, a *a* indélicat, e. **-eza** *f* indélicatesse.

indemne *a* indemne.

indemniz/ar *t* indemniser. **-ación** *f* **1** (acción) indemnisation. **2** (cantidad) indemnité.

indepen/diente *a* indépendant, e. **-dencia** *f* indépendance.

indecifrable *a* indéchiffrable.

indescriptible *a* indescriptible.

indeseable *a/s* indésirable.

indesmallable *a* indémaillable.

indestructible *a* indestructible.

indeterminado, a *a* indéterminé, e.

India *npf* Inde.

indiano, a *s* émigrant, e, qui revient riche d'Amérique.

indic/ar *t* indiquer. **-ación** *f* indication. **-ador, a** *a/s* indicateur, trice. **-ativo, a** *a/m* indicatif, ive.

índice *m* **1** (dedo, lista) index. **2** (número) indice.

indicio *m* indice.

índico, a *a* indien, enne.

indiferen/te *a/s* indifférent, e. **-cia** *f* indifférence.

indígena *a/s* indigène.

indigen/te *a/s* indigent, e. **-cia** *f* indigence.

indiges/tarse *pr* mal digérer. **-tión** *f* indigestion. **-to, a** *a*

indigeste.
indign/ación *f* indignation.
-ante *a* révoltant, e. **-ar** *t*
indigner. **-idad** *f* indignité. **-o, a**
a indigne.
índigo *m* indigo.
indio, a *a/s* indien, enne.
indirecto, a *a* indirect, e. □ *f*
allusion.
indisciplinado, a *a* indiscipliné, e.
indiscre/to, a *a/s* indiscret, ète.
-ción *f* indiscrétion.
indiscutible *a* indiscutable.
indisoluble *a* indissoluble.
indispensable *a* indispensable.
indispo/ner ° *t* indisposer : *el
calor me ha indispuesto*, la chaleur
m'a indisposé. □ *indisponerse con*,
se fâcher avec. **-sición** *f*
indisposition.
indistinto, a *a* indistinct, e.
individu/o *m* individu. **-al** *a*
individuel, elle. **-alidad** *f*
individualité.
indivisible *a* indivisible.
indocumentado, a *a* sans pièces
d'identité.
Indochina *npf* Indochine.
índole *f* **1** nature, caractère *m* : *de
— tímida*, timide de nature. **2** genre
m.
indolen/te *a* indolent, e. **-cia** *f*
indolence.
indomable *a* indomptable.
Indonesia *npf* Indonésie.
indubitable *a* indubitable.
inducción *f* induction.
inducir ° *t* **1** (incitar) pousser. **2** —
en error, induire en erreur.
indulgen/te *a* indulgent, e. **-cia** *f*
indulgence.
indult/ar *t* gracier. **-o** *m* grâce *f*.
indument/o *m* vêtement. **-aria** *f*
vêtement *m*, habillement *m*.
industri/a *f* industrie. **-al** *a/m*
industriel, elle.
industrioso, a *a* industrieux, euse.

inédito, a *a* inédit, e.
inefable *a* ineffable.
ineficaz *a* inefficace.
inelegante *a* inélégant, e.
ineluctable *a* inéluctable.
inep/to, a *a* inepte. □ *s* incapable.
-cia *f* ineptie.
inequívoco, a *a* évident, e.
iner/te *a* inerte. **-cia** *f* inertie.
Inés *npf* Agnès.
inesperado, a *a* inespéré, e.
inestab/le *a* instable. **-ilidad** *f*
instabilité.
inestimable *a* inestimable.
inevitable *a* inévitable.
inexact/o, a *a* inexact, e. **-itud** *f*
inexactitude.
inexcusable *a* inexcusable.
inexistente *a* inexistant, e.
inexorable *a* inexorable.
inexper/to, a *a* inexpérimenté, e.
-iencia *f* inexpérience.
inexplicable *a* inexplicable.
inexplorado, a *a* inexploré, e.
inexpresivo, a *a* inexpressif, ive.
inextricable *a* inextricable.
infalib/le *a* infaillible. **-ilidad** *f*
infaillibilité.
infam/e *a* infâme. **-ia** *f* infamie.
infancia *f* enfance : *amigo de la —*,
ami d'enfance.
infant/e *m* **1** (hijo del rey) infant. **2**
(soldado) fantassin. **-a** *f* infante.
infantería *f* infanterie.
infantil *a* **1** infantile. **2** (ingenuo)
enfantin, e. **-ismo** *m* infantilisme.
infarto *m* infarctus.
infatigable *a* infatigable.
infausto, a *a* malheureux, euse.
infecc/ión *f* infection. **-ioso, a** *a*
infectieux, euse.
infectar *t* infecter. □ pr *la llaga se
ha infectado*, la plaie s'est infectée.
infecto, a *a* infect, e.
infel/iz *a/s* malheureux, euse.
-icidad *f* malheur *m*.
inferior *a/s* inférieur, e. **-idad** *f*

inferioridad.

inferir ° *t* 1 déduire. 2 causer.

infernal *a* infernal, e.

infestar *t* 1 infester. 2 FIG envahir.

infi/el *a/s* infidèle. **-delidad** *f* infidélité.

infiernillo *m* réchaud à alcool.

infierno *m* enfer.

infiltr/arse *pr* s'infiltrer. **-ación** *f* infiltration.

ínfimo, a *a* infime.

infinidad *f* infinité.

infinitivo, a *a/m* infinitif, ive.

infinito, a *a/m* infini, e. I *hasta lo* —, à l'infini ; *infinitas veces*, un nombre infini de fois. □ *adv* infiniment, beaucoup.

infla/ción *f* inflation. **-cionista** *a* inflationniste.

inflam/ar *t* enflammer. **-able** *a* inflammable. **-ación** *f* inflammation. **-atorio, a** *a* inflammatoire.

infl/ar *t* 1 gonfler : — *un neumático*, gonfler un pneu. 2 enfler. **-ado** *m* gonflage.

inflexible *a* inflexible.

infligir *t* infliger.

influenci/a *f* influence. □ *pl* relations. **-ar** *t* influencer : *dejarse* —, se laisser influencer.

influ/ir ° *i* influer : *el clima influye en la vegetación*, le climat influe sur la végétation. **-yente** *a* influent, e.

información *f* 1 information : *informaciones deportivas*, informations sportives. 2 (informe) renseignement *m* : *a título de* —, à titre de renseignement ; *pedir* —, demander des renseignements.

informal *a* peu sérieux, euse, fantaisiste.

informar *t* 1 informer, renseigner. 2 faire savoir. □ *i* rapporter, communiquer. □ *pr* se renseigner.

informática *f* informatique.

informe *a* informe. □ *m* 1 renseignement, information *f*. 2

(de una comisión, etc.) rapport. □ *pl* (sobre una persona) références *f*.

infortun/ado, a *a* infortuné, e. **-io** *m* infortune *f*.

infracción *f* infraction.

infraestructura *f* infrastructure.

in fraganti *loc adv* en flagrant délit.

infranqueable *a* infranchissable.

infrarrojo, a *a/m* infrarouge.

infrascrito, a *a* *yo el* —, je, soussigné.

infringir *t* enfreindre.

infructuoso, a *a* infructueux, euse.

ínfulas *fpl* prétention *sing*.

infundado, a *a* sans fondement, non fondé, e.

infundio *m* bobard.

infundir *t* 1 — *respeto*, inspirer le respect. 2 — *ánimo*, donner du courage.

infusión *f* infusion.

ingeniárselas *pr* — *para*, s'ingénier à, s'arranger pour, se débrouiller pour.

ingeniero *m* 1 ingénieur. 2 *arma de ingenieros*, génie.

ingeni/o *m* 1 génie. 2 (agudeza) esprit. 3 (máquina) engin. 4 (de azúcar) raffinerie *f*. **-osidad** *f* ingéniosité. **-oso, a** *a* ingénieux, euse.

ingente *a* énorme.

ingenu/o, a *a* ingénu, e. **-idad** *f* ingénuité.

ingerencia *f* ingérence.

Inglaterra *npf* Angleterre.

ingle *f* aine.

inglés, esa *a/s* anglais, e.

ingrat/o, a *a* ingrat, e. **-itud** *f* ingratitude.

ingrediente *m* ingrédient.

ingres/ar *i* — *en la Universidad*, entrer à l'Université ; — *en el hospital*, être admis, e à l'hôpital. □ *t* — *dinero en el banco*, déposer de l'argent à la banque ; — *una* *cantidad en una cuenta,* verser une somme à un compte. **-o** *m* entrée *f*, admission *f* : *examen de −,* examen d'entrée. □ *pl* (dinero) revenus.

inhábil *a* **1** *día −,* jour férié ; *hora −,* heure de fermeture. **2** (torpe) malhabile. **3** (no apto) inhabile, incapable. **-itar** *t* déshabiliter, déclarer incapable.

inhabit/able *a* inhabitable. **-ado, a** *a* inhabité, e.

inhal/ar *t* inhaler. **-ación** *f* inhalation.

inherente *a* inhérent, e.

inhibirse *pr* s'abstenir.

inhospitalario, a *a* inhospitalier, ère.

inhumación *f* inhumation.

inhumano, a *a* inhumain, e.

inhumar *t* inhumer.

iniciación *f* **1** initiation. **2** commencement *m*, début *m*.

iniciado, a *a/s* initié, e.

inicial *a/f* initial, e.

iniciar *t* **1** commencer. **2** *− en,* initier à. □ *iniciarse en,* s'initier à.

iniciativa *f* initiative.

inimaginable *a* inimaginable.

inimitable *a* inimitable.

ininflamable *a* ininflammable.

ininteligible *a* inintelligible.

ininterrumpido, a *a* ininterrompu, e.

iniquidad *f* iniquité.

injerencia *f* ingérence.

injert/ar *t* greffer. **-o** *m* greffe *f*.

injuri/a *f* injure. **-ar** *t* injurier. **-oso, a** *a* injurieux, euse.

injusticia *f* injustice.

injustific/able *a* injustifiable. **-ado, a** *a* injustifié, e.

injusto, a *a* injuste.

inmaculado, a *a* immaculé, e. □ n p f *la Inmaculada,* l'Immaculée Conception.

inmediaciones *f pl* environs *m*.

inmediato, a *a* **1** immédiat, e. **2** contigu, ë.

inmejorable *a* excellent, e, remarquable, parfait, e : *− estado,* parfait état.

inmens/o, a *a* immense. **-idad** *f* immensité.

inmersión *f* immersion.

inmigr/ar *i* immigrer. **-ación** *f* immigration. **-ante** *a/s* immigrant, e.

inminen/te *a* imminent, e. **-cia** *f* imminence.

inmiscuirse *pr* s'immiscer.

inmobiliario, a *a* immobilier, ère. □ *f* société immobilière.

inmoderado, a *a* immodéré, e.

inmolar *t* immoler.

inmoral *a* immoral, e.

inmortal *a* immortel, elle. **-idad** *f* immortalité. **-izar** *t* immortaliser.

inm/óvil *a* immobile. **-ovilidad** *a* immobilité. **-ovilización** *f* immobilisation. **-ovilizar** *t* immobiliser.

inmueble *a/m* immeuble.

inmund/o, a *a* immonde. **-icias** *f pl* immondices.

inmun/e *a* (contra ciertas enfermedades) immunisé, e. **-idad** *f* immunité. **-izar** *t* immuniser.

inmut/arse *pr* se troubler. **-able** *a* immuable.

innato, a *a* inné, e.

innecesario, a *a* inutile, superflu, e.

innegable *a* indéniable.

innoble *a* ignoble.

innovación *f* innovation.

innumerable *a* innombrable.

inocen/te *a* innocent, e. **-cia** *f* innocence. **-tada** *f* attrape faite le jour des Saints-Innocents.

inocular *t* inoculer.

inodoro, a *a* inodore. □ *m* water-closet.

inofensivo, a *a* inoffensif, ive.

inolvidable *a* inoubliable.

inopia *f* indigence.

inopinado, a *a* inopiné, e.

inoportuno, a *a* inopportun, e.

inoxidable *a* inoxydable.

inquebrantable *a* inébranlable.

inquiet/o, a *a* 1 inquiet, ète. 2 (agitado) remuant, e. **-ante** *a* inquiétant, e. **-ar** *t* inquiéter. **-ud** *f* inquiétude.

inquilino, a *s* locataire.

inquina f *tomarle — a*, prendre en grippe ; *tenerle — a alguien*, ne pas pouvoir sentir quelqu'un.

inqui/rir ° *t* s'enquérir de, se renseigner sur. **-sición** *f* inquisition. **-sidor, a** *a/m* inquisiteur, trice.

insaciable *a* insatiable.

insalubre *a* insalubre.

inscri/bir ° *t* inscrire. **-pción** *f* inscription. **-to, a** *a* inscrit, e.

insect/o *m* insecte. **-icida** *m* insecticide.

inseguro, a *a* incertain, e.

insensat/o *a/s* insensé, e. **-ez** *f* bêtise.

insensib/le *a* insensible. **-ilidad** *f* insensibilité. **-ilizar** *t* insensibiliser.

inseparable *a* inséparable.

inser/tar *t* insérer. **-ción** *f* insertion.

inservible *a* inutilisable.

insidioso, a *a* insidieux, euse,

insigne *a* insigne.

insigna *f* 1 insigne *m*. 2 (de cofradía) bannière.

insignificante *a* insignifiant, e.

insinu/ar *t* insinuer. □ *pr* s'insinuer. **-ación** *f* insinuation.

insípido, a *a* insipide.

insist/ir *i* insister : *— en*, insister sur ; *— a alguien para que...*, insister auprès de quelqu'un pour que... **-encia** *f* insistance. **-entemente** *adv* avec insistance.

insociable *a* insociable.

insolación *f* insolation.

insolen/te *a* insolent, e. **-cia** *f* insolence. **-tarse** *pr* être insolent, e.

insólito, a *a* insolite.

insoluble *a* insoluble.

insolvente *a* insolvable.

insomnio *m* insomnie *f*.

insondable *a* insondable.

insoportable *a* insupportable.

insospechado, a *a* insoupçonné, e.

inspec/ción *f* inspection. **-cionar** *t* inspecter. **-tor, a** *s* inspecteur, trice.

inspir/ar *t* inspirer. □ *inspirarse en*, s'inspirer de. **-ación** *f* inspiration.

instal/ar *t* installer. □ pr *se ha instalado en mi casa*, il s'est installé chez moi. **-ación** *f* installation.

instancia *f* instance.

instantáneo, a *a* instantané, e. □ *f* (foto) instantané *m*.

instante *m* instant : *a cada —*, à chaque instant. I *al —*, immédiatement ; *por instantes*, rapidement.

instar *t* *— a alguien para que...*, presser quelqu'un de..., prier instamment quelqu'un de...

instaurar *t* instaurer.

instig/ar *t* inciter. **-ación** *f* instigation. **-ador, a** *a/s* instigateur, trice.

instint/o *m* instinct. **-ivo, a** *a* instinctif, ive.

institu/ir ° *t* instituer. **-ción** *f* institution.

instituto *m* 1 institut. 2 (de enseñanza media) lycée, collège.

institutriz *f* préceptrice, institutrice (dans une famille).

instruc/ción *f* instruction. **-tor** *m* instructeur. **-tivo, a** *a* instructif, ive.

instruir ° *t* 1 instruire. 2 former.

instrument/o *m* instrument : *— de cuerda, de viento*, instrument à corde, à vent. **-al** *m* instruments *pl*.

insubordin/arse *pr* se rebeller. **-ación** *f* insubordination. **-ado, a** *a/s* insubordonné, e, rebelle.

insubstancial *a* fade.

insuficien/te *a* insuffisant, e. **-cia** *f* insuffisance.

insufrible *a* insupportable.

insular *a* insulaire.

insulso, a *a* fade, insipide.

insult/ar *t* insulter. **-o** *m* insulte *f*.

insuperable *a* 1 *dificultad —*, difficulté insurmontable. 2 *calidad —*, qualité incomparable.

insurgente *a/s* insurgé, e.

insurrec/ción *f* insurrection. **-to, a** *a/s* insurgé, e.

insustituible *a* irremplaçable.

intacto, a *a* intact, e.

intachable *a* irréprochable.

integral *a/f* intégral, e.

integrar *t* composer, constituer.

integridad *f* intégrité.

íntegro, a *a* 1 (completo) intégral, e. 2 (probo) intègre.

intelectual *a/s* intellectuel, elle.

intelig/ente *a* intelligent, e. **-encia** *f* intelligence. **-ible** *a* intelligible.

intemperie *f* intempéries *pl*.

intempestivo, a *a* intempestif, ive.

intenci/ón *f* intention : *mala —*, mauvaise intention ; *con — de*, dans l'intention de. I *segunda —*, arrière-pensée. **-onado, a** *a* 1 volontaire, intentionnel, elle. 2 *bien, mal —*, bien, mal intentionné, e. **-onal** *a* intentionnel, elle.

intenden/cia *f* intendance. **-te, a** *s* intendant, e.

intens/idad *f* intensité. **-ificar** *t* intensifier. **-ivo, a** *a* intensif, ive. **-o, a** *a* intense.

intent/ar *t* tenter de, essayer de : *intentaré convencerle*, j'essaierai de le convaincre. **-o** *m* 1 tentative *f*. 2 intention *f*, dessein.

intercalar *t* intercaler.

intercambi/able *a* interchangeable. **-o** *m* échange.

interceder *i* intercéder.

intercept/ar *t* intercepter. **-ación** *f* interception.

intercesión *f* intercession.

interdicción *f* interdiction.

inter/és *m* intérêt : *en — tuyo*, dans ton intérêt. I *ser de mucho —*, être très intéressant, e. **-esante** *a* intéressant, e. **-esar** *t* intéresser. □ *interesarse por*, s'intéresser à : *no se interesa por nada*, il ne s'intéresse à rien.

interferencia *f* interférence.

ínterin *m* intérim.

interin/idad *f* intérim *m*. **-o, a** *a/s* 1 intérimaire. I *présidente —*, président par intérim. 2 (cosa) provisoire.

interior *a/m* intérieur, e. **-idades** *fpl* vie *sing* privée.

interjección *f* interjection.

interlocutor, a *s* interlocuteur, trice.

intermedi/o, a *a* intermédiaire. □ *m* 1 intervalle, intermède. 2 (en el cine) entracte. 3 (baile, música) intermède. **-ario, a** *a/m* intermédiaire.

interminable *a* interminable.

intermiten/te *a* intermittent, e. □ *m* (luz) clignotant. **-cia** *f* intermittence.

internacional *a* international, e : *organismos internacionales*, organismes internationaux.

internar *t* 1 interner. 2 (a un enfermo) hospitaliser. □ *pr* pénétrer, s'enfoncer : *se internó en el bosque*, il s'enfonça dans le bois.

internista *a/m* généraliste.

interno, a *a/s* interne.

interpelar *t* interpeller.

interplanetario, a *a* interplanétaire.

interponer ° *t* interposer. □ *pr* s'interposer.

interpret/ar *t* interpréter. **-ación**

f interprétation.

intérprete *s* interprète.

interrog/ar *t* interroger. **-ación** *f* interrogation. I *signo de —,* point d'interrogation. **-ante** *m* point d'interrogation, inconnue *f.* **-ativo, a** *a* interrogatif, ive. **-atorio** *m* interrogatoire.

interr/umpir *t* interrompre. □ pr *se interrumpió,* il s'est interrompu. **-upción** *f* interruption. **-uptor** *m* interrupteur.

intersección *f* intersection.

intersticio *m* interstice.

interurbano, a *a* interurbain, e.

intervalo *m* intervalle : *a intervalos,* par intervalles.

interven/ir ° *i* **1** intervenir : *la policía intervino rápidamente,* la police est intervenue rapidement. **2** participer. □ *t* **1** contrôler. **2** opérer. **-ción** *f* **1** intervention. **2** contrôle *m.* **-tor** *m* contrôleur.

inter/viú *m* interview *f.* **-viuvar** *t* interviewer.

intestin/o *m* intestin : *— delgado,* intestin grêle ; *— grueso,* gros intestin. **-al** *a* intestinal, e.

intimar *t — a que,* sommer de. □ *i* se lier.

intimidad *f* intimité : *en la —,* dans l'intimité.

intimidar *t* intimider.

íntimo, a *a* intime.

intolerable *a* intolérable.

intoleran/te *a* intolérant, e. **-cia** *f* intolérance.

intoxic/ar *t* intoxiquer. **-ación** *f* intoxication.

intranquilo, a *a* inquiet, ète, anxieux, euse, nerveux, euse.

intransigen/te *a* intransigeant, e. **-cia** *f* intransigeance.

intransitable *a* impraticable.

intransitivo, a *a/m* intransitif, ive.

intratable *a* intraitable.

intrépido, a *a* intrépide.

intrig/a *f* intrigue. **-ar** *i* intriguer. **-ante** *a/s* intrigant, e.

intrincado, a *a* embrouillé, e.

intríngulis *m* complication *f,* difficulté *f,* situation *f* difficile.

introduc/ir ° *t* introduire. □ pr *se introdujo en el salón,* il s'est introduit dans le salon. **-ción** *f* introduction.

intromisión *f* ingérence.

intruso, a *a/s* intrus, e.

intu/ición *f* intuition. **-ir** ° *t* deviner. **-itivo, a** *a* intuitif, ive.

inund/ar *t* inonder. **-ación** *f* inondation.

inusitado, a *a* inusité, e.

inútil *a/s* inutile.

inutili/dad *f* inutilité. **-zar** *t* mettre hors d'état.

invadir *t* envahir.

inválido, a *a/s* invalide.

invariable *a* invariable.

invas/ión *f* invasion. **-or, a** *s* envahisseur.

invencible *a* invincible.

invención *f* invention.

invendible *a* invendable.

inventar *t* inventer.

inventario *m* inventaire.

invent/o *m* invention *f.* **-or, a** *s* inventeur, trice.

invernáculo *m* serre *f.*

invern/al *a* hivernal, e. **-ar** ° *i* hiverner.

invero/símil *a* invraisemblable. **-similitud** *f* invraisemblance.

inversión *f* **1** inversion. **2** (de dinero) placement *m,* investissement *m* : *una buena —,* un bon placement.

inverso, a *a* inverse.

invertir ° *t* **1** *— el sentido de la corriente,* inverser le sens du courant. **2** (volcar) renverser. **3** (alterar el orden) intervertir. **4** *— dinero,* investir, placer de l'argent. **5** (tiempo) passer, mettre.

investig/ar *t* **1** faire des recherches, une enquête sur. **2** *— las causas de un incendio,* rechercher les causes d'un incendie.

-ación f 1 (policiaca) enquête. 2 (científica) recherche. **-ador, a** s chercheur, euse.

inveterado, a a invétéré, e.

invidente s aveugle.

invierno m hiver.

inviolable a violable.

invisible a invisible.

invit/ar t inviter. I *los invitados*, les invités. **-ación** f invitation.

invoc/ar t invoquer. **-ación** f invocation.

involuntario, a a involontaire.

invulnerable a invulnérable.

inyec/tar t injecter. I *ojos inyectados de sangre*, yeux injectés de sang. **-ción** f 1 injection. 2 piqûre : *poner una* — faire une piqûre.

ir ° i 1 aller : *voy a la estación*, je vais à la gare ; — *de paseo*, aller se promener ; *¿ cómo va su trabajo ?*, comment va votre travail ? ; *¿ cómo le va ?*, comment ça va ? I *¡ qué va !*, allons donc ! 2 — a, (+ infinitif) aller : *voy a dormir*, je vais dormir. 3 (= estar) être : *va furioso*, il est furieux ; *iba vestida de negro*, elle était habillée en noir. 4 (+ gérondif) indique que l'action se réalise progressivement : *iba tomando notas*, il prenait des notes ; *va cayendo la tarde*, le soir tombe. 5 — por, aller chercher. I FAM *¡ ve a por pan !*, va chercher le pain ! 6 *¡ vaya !*, allons ! ; *¡ vaya tiempo !*, quel temps ! ; *¡ vaya una ocurrencia !*, en voilà une idée ! □ pr 1 s'en aller, partir : *¡ vete !*, va-t'en ! ; *se han ido*, ils sont partis. 2 aller : *se fueron a almorzar*, ils sont allés déjeuner. 3 (líquido) s'échapper.

ira f colère. **-cundo, a** a coléreux, euse.

Irak n p m Irak.

Irán n p m Iran.

iraní a/s iranien, enne.

irascible a irascible.

iris m 1 iris. 2 (arco iris) arc-en-ciel.

irisación f irisation.

Irlanda n p f Irlande.

irlandés, esa a/s irlandais, e.

ironía f ironie.

irónico, a a ironique.

irracional a irrationnel, elle.

irradi/ar t/i irradier. **-ación** f irradiation, rayonnement m.

irreal a irréel, elle.

irrealizable a irréalisable.

irreconciliable a irréconciliable.

irrecuperable a irrécupérable.

irreductible a irréductible.

irreflexivo, a a irréfléchi, e.

irrefutable a irréfutable.

irregular a irrégulier, ère. **-idad** f irrégularité.

irremediable a irrémédiable.

irreparable a irréparable.

irreprochable a irréprochable.

irresistible a irrésistible.

irresolu/to, a a irrésolu, e. **-ción** f irrésolution.

irrespetuoso, a a irrespectueux, euse.

irrespirable a irrespirable.

irresponsable a irresponsable.

irreverencia f irrévérence.

irrevocable a irrévocable.

irrig/ar t irriguer. **-ación** f irrigation.

irris/ión f dérision. **-orio, a** a dérisoire.

irrit/ar t irriter. **-able** a irritable. **-ación** f irritation. **-ante** a irritant, e.

irrompible a incassable.

irru/mpir i faire irruption : *los manifestantes irrumpieron en la sala*, les manifestants firent irruption dans la salle. **-pción** f irruption.

Isabel n p f Isabelle.

isla f île.

islamismo m islamisme.

Islandia n p f Islande.

isleño, a *a/s* insulaire.

isleta *f* (en medio de una calle, plaza) refuge *m*.

islote *m* îlot.

Israel *n p m* Israël.

israel/í *a/s* israélien, enne. **-ita** *a/s* israélite.

istmo *m* isthme.

Italia *n p f* Italie.

italiano, a *a/s* italien, enne.

itinerario *m* itinéraire.

izar *t* hisser.

izquierd/o, a *a/f* gauche. I *a la izquierda, a mano izquierda,* à gauche. **-ista** *a* de gauche.

J

j |xota| *f* j *m* : *una* —, un j.
jabalí *m* sanglier.
jabalina *f* (deporte) javelot *m*.
jabato *m* marcassin.
jab/ón *m* savon. | *pastilla de* —, savonnette. **-onoso, a** *a* savonneux, euse.
jacarandoso, a *a* joyeux, euse.
jaca *f* petit cheval *m*.
jacinto *m* jacinthe *f*.
jaco *m* rosse *f*.
jact/ancia *f* vantardise. **-ancioso, a** *a/s* vantard, e. **-arse** *pr* se vanter.
jade *m* jade.
jade/ar *i* haleter. **-ante** *a* haletant, e. **-o** *m* halètement.
jaez *m* **1** *los jaeces*, les harnais. **2** FIG espèce *f*, acabit.
jaguar *m* jaguar.
Jaime *n p m* Jacques.
¡ja, ja, ja ! *interj* ha, ha !
jalar *t* **1** tirer. **2** FAM (comer) bouffer.
jalea *f* gelée.
jale/ar *t* applaudir, encourager. **-o** *m* FAM **1** (ruido) boucan. **2** (alboroto) chahut : *armar* —, faire du chahut. **3** (enredo) histoire *f*.
jal/ón *m* jalon. **-onar** *t* jalonner.
Jamaica *n p f* Jamaïque.
jamás *adv* jamais. | *nunca* —, jamais, au grand jamais ; *para siempre* —, à tout jamais.
jamelgo *m* rosse *f*.
jamón *m* **1** jambon : — *serrano*, jambon cru. **2** FAM *¡ y un* — *!*, et puis quoi encore !
jamona *f* FAM grosse dondon.
Japón *n p m* Japon.
japonés, esa *a/s* japonais, e.
jaque *m* échec : *tener en* —, tenir en échec.

jaqueca *f* migraine.
jarabe *m* sirop.
jaran/a *f* FAM **1** *irse de* —, aller faire la foire. **2** (ruido) raffut *m*. **-ero, a** *s* noceur, euse.
jarcia *f* agrès *m pl*.
jard/ín *m* **1** jardin (d'agrément). **2** — *de la infancia*, jardin d'enfants. **-inera** *f* jardinière. **-inería** *f* jardinage *m*. **-inero** *m* jardinier.
jareta *f* coulisse.
jarr/a *f* **1** pot *m*. **2** (de cerveza), chope. **3** *en jarras*, les mains sur les hanches. **-o** *m* pot. **-ito** *m* pichet.
jaspe *m* jaspe.
Jauja *n p* pays de cocagne.
jaula *f* cage.
jauría *f* meute.
javanés, esa *a/s* javanais, e.
Javier *n p m* Xavier.
jazz [xaθ] *m* jazz.
¡ je ! *interj* ha !
jeep *m* jeep *f*.
jef/e *m* chef. **-atura** *f* direction.
Jehová *n p m* Jéhovah.
jerarquía *f* hiérarchie.
jerárquico, a *a* hiérarchique.
jerez *m* xérès.
jerga *f* **1** jargon *m*, argot *m*. **2** charabia *m*.
jergón *m* paillasse *f*.
jerigonza *f* **1** charabia *m*, galimatias *m*. **2** jargon *m*, argot *m*.
jering/a *f* seringue. **-ar** *t* FAM assommer, faire suer.
jeroglífico *m* **1** hiéroglyphe. **2** (acertijo) rébus.
Jerónimo *n p m* Jérôme.
jersey *m* pull-over, chandail, pull.
Jerusalén *n p* Jérusalem.
Jesucristo *n p m* Jésus-Christ.

jesuita *a/s* jésuite.

Jesús *n p m* Jésus. I *en un decir —,* en un clin d'œil.

jeta *f* 1 (del cerdo) groin *m.* 2 POP gueule.

jibia *f* seiche.

jícara *f* tasse.

jilguero *m* chardonneret.

jindama *f* POP trouille, pétoche.

jinete *m* cavalier.

jipijapa *m* panama.

jirafa *f* girafe.

jirón *m* lambeau.

jocoso, a *a* drôle.

jofaina *f* cuvette.

jolgorio *m* fête *f,* noce *f.*

jondo *a cante —,* chant flamenco.

jónico, a *a* ionique.

Jorge *n p m* Georges.

jorn/ada *f* journée (de travail). I *trabajar media —,* travailler à mi-temps. **-al** *m* salaire journalier. **-alero** *m* journalier.

jorob/a *f* 1 bosse. 2 FAM corvée. **-ado, a** *a/s* bossu, e. **-ar** *t* FAM casser les pieds, faire suer.

José *n p m* Joseph.

jota *f* 1 (letra) j *m.* 2 (baile) jota. 3 FAM *no sabe ni — de la lección,* il ne sait pas un traître mot de la leçon.

joven *a* jeune. □ *s* jeune homme, jeune fille. I *los jóvenes,* les jeunes, les jeunes gens. **-cito, a** *a* tout jeune, toute jeune. □ *s* petit jeune homme, petite jeune fille.

jovial *a* jovial, e. **-idad** *f* jovialité.

joy/a *f* bijou *m.* **-ería** *f* bijouterie. **-ero, a** *s* bijoutier, ère, joailler, ère. □ *m* coffret à bijoux.

Juan *n p m* Jean. I *un — Lanas,* une chiffe.

Juana *n p f* Jeanne.

juanete *m* oignon (au pied).

jubil/ar *t* mettre à la retraite. □ *pr* prendre sa retraite : *se jubiló el año pasado,* il a pris sa retraite l'année dernière. **-ación** *f* 1 mise à la retraite. 2 (pensión) retraite. **-ado,**

a *a/s* retraité, e. **-eo** *m* jubilée.

júbilo *m* grande joie *f.*

jubiloso, a *a* joyeux, euse.

judaísmo *m* judaïsme.

judía *f* haricot *m.*

judicial *a* judiciaire.

judío, a *a/s* juif, juive.

jueces *pl* de **juez.**

juego *m* 1 jeu : *juegos olímpicos,* jeux olympiques. I *— de palabras,* jeu de mots, calembour. 2 service : *— de café,* service à café. 3 (de útiles) jeu, assortiment. 4 (de cama, ropa interior) parure *f.* 5 *hacer —,* aller ensemble. I *blusa haciendo — con la falda,* chemisier assorti à la jupe ; *a —,* assorti, e. 6 (holgura, movimiento) jeu.

juerg/a *f* FAM bringue, ribouldingue, noce : *estar de —,* faire la bringue. **-uista** *s* fêtard, e, noceur, euse.

jueves *m* jeudi.

juez *m* juge.

jugada *f* 1 coup *m.* 2 *mala —,* mauvais tour *m,* entourloupette.

jug/ar ° *i/t* jouer. □ *pr* jouer : *jugarse el todo por el todo,* jouer le tout pour le tout. **-ador, a** *s* joueur, euse. **-arreta** *f* entourloupette.

juglar *m* jongleur.

jug/o *m* 1 jus. 2 (secreción) suc. **-oso, a** *a* juteux, euse.

juguet/e *m* jouet. **-ear** *i* jouer. **-ón, ona** *a* joueur, euse.

juici/o *m* 1 jugement : *— final,* jugement dernier. I *a mi —,* à mon avis ; *a — de,* d'après. 2 raison *f.* I *perder el —,* perdre la tête. **-oso, a** *a* sage, judicieux, euse.

Julio, a *n p* Jules, Julie.

julio *m* juillet : *el 14 de —,* le 14 juillet.

jumento, a *s* âne, ânesse.

junco *m* jonc.

junio *m* juin : *el 18 de —,* le 18 juin.

junquillo *m* jonquille *f.*

junta *f* 1 assemblée. 2 réunion. 3 conseil *m*. 4 (militar, insurreccional) junte. 5 (entre dos piezas) joint *m*.

juntamente *adv* ensemble, conjointement.

juntar *t* 1 joindre : *juntó las manos*, elle joignit les mains. 2 assembler, rassembler. □ *pr* (congregarse) s'assembler, se rassembler.

junt/o, a *a* 1 joint, e. 2 réuni, e. 3 ensemble : *vivir juntos*, vivre ensemble ; *todos juntos*, tous ensemble. I *en, por —*, en tout. 4 *— a*, à côté de, près de. **-ura** *f* jointure.

jur/a *f* serment *m*. **-ado, a** *a/s* juré, e. I *— de empresa*, comité d'entreprise.

juramento *m* 1 serment. 2 (blasfemia) juron.

jurar *t/i* jurer : *¡ se lo juro !*, je vous le jure ! I *el nuevo ministro jurará su cargo mañana*, le nouveau ministre prêtera serment demain.

jurídico, a *a* juridique.

jurisprudencia *f* jurisprudence.

justicia *f* justice : *administrar —*, rendre la justice ; *hacer — a*, rendre justice à.

justific/ar *t* justifier. **-ación** *f* justification.

just/o, a *a/adv* juste. **-amente** *adv* justement.

juvenil *a* juvénile.

juventud *f* jeunesse.

juzg/ar *t* juger. I *a — por*, à en juger par. **-ado** *m* tribunal.

K

k *f* k *m* : *una —*, un k.
karate *m* karaté.
kermese *f* kermesse.
kilo(gramo) *m* kilo(gramme).
kil/ómetro *m* kilomètre. **-omé-**
trico, a *a* kilométrique.
kilovatio *m* kilowatt.
kinesiterapeuta *s* kinésithérapeute.
kiosco *m* kiosque.

L

l |ele| *f* 1 *m* : *una* —, un l.

¹la *art* la. l — *de*, celle de ; — *que*, celle que, celle qui. (*la* se traduit souvent par le possessif : *se quitó la americana*, il ôta sa veste). □ *pron pers* la, l' : — *veo*, je la vois ; *oírla*, l'entendre.

²la *m* (nota) la.

laberinto *m* labyrinthe.

labia *f* bagou *m*, faconde.

labio *m* lèvre *f*. l *no despegar los labios*, ne pas desserrer les dents.

labor *f* 1 travail *m* : *labores domésticas, del campo*, travaux domestiques, des champs. l *sus labores*, sans profession. 2 activité. 3 (de costura) ouvrage *m*.

laborable *a día* —, jour ouvrable.

laboral *a* 1 *accidente* —, accident du travail ; *jornada* —, journée de travail. 2 (enseñanza) technique.

laborar *i* travailler, œuvrer.

laboratorio *m* laboratoire.

laborioso, a *a* laborieux, euse.

labrador, a *s* cultivateur, trice, paysan, anne.

labranza *f* labourage *m*.

labr/ar *t* 1 travailler. 2 cultiver. **-iego, a** *s* paysan, anne.

laca *f* laque.

lacayo *m* laquais.

lacerar *t* blesser.

lacónico, a *a* laconique.

lacr/a *f* 1 trace, marque. 2 tare. **-ar** *t* 1 rendre malade. 2 FIG nuire.

lacre *m* cire *f* à cacheter.

lacrimógeno, a *a gas* —, gaz lacrymogène.

lactan/cia *f* allaitement *m*. **-te** *m* nourrisson.

lacteado, a *a* lacté, e.

lácteo, a *a* lacté, e. l *productos lácteos*, laitages.

ladear *t* incliner. □ *pr* pencher.

ladera *f* versant *m*.

ladino, a *a* malin, igne.

lado *m* côté : *al* — *de*, à côté de ; *al otro* — *de*, de l'autre côté de. l *dejar a un* —, laisser de côté ; *por otro* —, d'un autre côté, d'autre part ; *por todos los lados*, de tous côtés.

ladr/ar *i* aboyer. **-ido** *m* aboiement.

ladrillo *m* brique *f*.

ladrón, ona *s* voleur, euse. l *¡ ladrones !*, au voleur !

lagar *m* pressoir.

lagart/o *m* lézard. **-ija** *f* petit lézard *m*.

lago *m* lac.

lágrima *f* larme. l *llorar a* — *viva*, pleurer à chaudes larmes.

lagrime/ar *i* larmoyer. **-o** *m* larmoiement.

laguna *f* 1 lagune. 2 (omisión) lacune.

laic/o, a *a/s* laïque. **-ismo** *m* laïcité *f*.

lament/ar *t* 1 regretter : *lamento molestarle*, je regrette de vous déranger. 2 — *la muerte de alguien*, déplorer la mort de quelqu'un. □ *pr* se lamenter. **-able** *a* lamentable. **-ación** *f*, **-o** *m* lamentation *f*. **-oso, a** *a* plaintif, ive.

lamer *t* lécher.

lámina *f* 1 plaque. 2 (grabado) planche.

lamin/ar *t* laminer. **-ado** *m* laminage. **-ador** *m* laminoir.

laminilla *f* lamelle.

lámpara *f* lampe : — *de petróleo*, lampe à pétrole. l — *de pie*, lampadaire *m*.

lamparilla *f* veilleuse.

lamparón *f* tache *f* d'huile.

lampiño, a *a* imberbe.

lamprea *f* lamproie.

lana *f* laine.

lance *m* **1** circonstance *f*. **2** incident. **3** péripétie *f*. **4** *de —*, d'occasion.

lancinante *a* lancinant, e.

lancha *f* canot *m*. | *— motora*, vedette.

landa *f* lande.

lanero, a *a* lainier, ière.

langost/a *f* **1** (crustáceo) langouste. **2** (insecto) sauterelle. **-ino** *m* grosse crevette *f*.

languid/ecer ° *i* languir. **-ez** *f* langueur.

lánguido, a *a* langoureux, euse, languissant, e.

lanoso, a *a* laineux, euse.

lanz/a *f* lance. **-ada** *f* coup *m* de lance.

lanz/ar *t* **1** *— el disco, un cohete*, lancer le disque, une fusée ; *— una moda*, lancer une mode. **2** (paracaidistas) lâcher, larguer. **3** (suspiros) pousser. □ *pr* s'élancer, se jeter. **-amiento** *m* **1** (de un cohete, producto nuevo, etc.) lancement. **2** (del disco, de la jabalina, etc.) lancer.

laña *f* crampon *m*.

lapicera *f* AMER stylo *m*.

lapicero *m* porte-mine.

lápida *f* **1** (conmemorativa) plaque. **2** *— sepulcral*, pierre tombale, dalle.

lapidar *t* lapider.

lápiz *m* crayon : *una caja de lápices*, une boîte de crayons. | *— de labios*, bâton de rouge à lèvres.

lapón, ona *a/s* lapon, onne.

lapso *m* **1** lapsus. **2** *— de tiempo*, laps de temps.

lares *m pl* (hogar) foyer *sing*.

larga ⇒ **largo**.

largar *t* **1** (un cable) larguer. **2** FAM (dar) flanquer. □ *pr* FAM filer, se tailler. | *¡ lárgate !*, file !, fous le camp !

largo, a *a* long, longue : *— y ancho*, long et large. | *a lo — de*, le long de ; *— y tendido*, longuement. □ *m* long. □ *f* **1** *a la larga*, à la longue. **2** *dar largas a un asunto*, faire traîner une affaire en longueur.

larguero *m* **1** montant. **2** (fútbol) barre *f* transversale.

largueza *f* largesse.

largura *f* longueur.

laringitis *f* laryngite.

larva *f* larve.

las *art* les. | *— de*, celles de ; *— que*, celles que, celles qui. □ *pron pers* les : *— veo*, je les vois.

lascivo, a *a* lascif, ive.

láser *m* laser.

lasitud *f* lassitude.

lástima *f* **1** pitié : *dar —*, faire pitié. **2** *es una —*, c'est dommage ; *¡ qué — !*, quel dommage !

lastim/ar *t* blesser. **-adura** *f* blessure. **-ero, a** *a* plaintif, ive. **-oso, a** *a* pitoyable.

lastre *m* lest.

lata *f* **1** fer-blanc *m*. **2** boîte : *una — de sardinas*, une boîte de sardines. **3** FAM embêtement *m*. | *dar la —*, casser les pieds ; *¡ qué — !*, *¡ vaya una — !*, quelle barbe !

latente *a* latent, e.

lateral *a* latéral, e.

látido *m* battement. | *corazón que da latidos*, cœur qui bat.

latifundio *m* grande propriété *f* rurale.

latigazo *m* coup de fouet.

látigo *m* fouet.

latín *m* latin. | FIG *saber mucho —*, être malin.

latino, a *a/s* latin, e.

latir *i* battre : *corazón que late*, cœur qui bat.

latitud *f* latitude.

lato, a *a en sentido —*, au sens large.

latón *m* laiton.

latoso, a *a* assommant, e, rasoir.

laúd *m* luth.

laureado, a *a/s* lauréat, e.

laurel *m* laurier.

Lausana *n p* Lausanne.

lava *f* lave.

lavabo *m* 1 lavabo. 2 (retrete) toilettes *f pl.*

lavadero *m* 1 lavoir. 2 (en una casa) buanderie *f.*

lavado *m* lavage.

lavador, a *s* laveur, euse. □ *f* machine à laver.

lavander/ía *f* blanchisserie, laverie. **-o, a** *s* blanchisseur, euse.

lavaparabrisas *m* lave-glace.

lavaplatos *m* plongeur.

lavar *t* laver. □ *pr* se laver.

lavativa *f* lavement *m.*

lavavajillas *m* lave-vaisselle.

laxante *a/m* laxatif, ive.

laxo, a *a* FIG relâché, e.

laya *f* 1 espèce, acabit *m.* 2 (pala) bêche.

lazada *f* nœud *m.*

Lázaro *n p m* Lazare.

lazo *m* 1 nœud. 2 (cuerda con nudo corredizo) lasso. 3 (vínculo) lien. 4 (trampa) piège.

le *pron pers* 1 le, l' : *− veo,* je le vois ; *oírle,* l'entendre. 2 (con usted) vous : *− aseguro a usted,* je vous assure. 3 (dativo) lui : *− tendió la mano,* il lui tendit la main.

leal *a* loyal, e : *unos súbditos leales,* des sujets loyaux. **-tad** *f* loyauté.

lección *f* leçon : *tomar la −,* faire réciter la leçon.

lect/or, a *s* lecteur, trice. **-ura** *f* lecture.

lech/e *m* 1 lait *m* : *− desnatada, condensada,* lait écrémé, condensé. 2 POP *estar de mala −,* être de mauvais poil. **-ada** *f* lait *m* de chaux. **-ería** *f* laiterie. **-ero, a** *a/s* laitier, ère : *vaca lechera,* vache laitière.

lech/o *m* lit. **-igada** *f* portée.

lechón *m* cochon de lait.

lechoso, a *a* laiteux, euse.

lechuga *f* laitue.

lechuza *f* chouette.

leer *t* lire : *leyendo el periódico,* en lisant le journal ; *leí en su cara lo que pensaba,* j'ai lu sur son visage ce qu'il pensait.

legación *f* légation.

legado *m* 1 (enviado) légat. 2 (herencia) legs.

legajo *m* liasse *f,* dossier.

legal *a* légal, e. **-mente** *adv* légalement. **-idad** *f* légalité. **-izar** *t* légaliser.

légamo *m* vase *f,* limon.

leg/ar *t* léguer. **-atario, a** *s* légataire.

legendario, a *a* légendaire.

legible *a* lisible.

legi/ón *f* légion. **-onario** *m* légionnaire.

legisla/ción *f* législation. **-dor, a** *a/s* législateur, trice. **-tivo, a** *a* législatif, ive. **-tura** *f* législature.

legista *m* légiste.

leg/ítimo, a *a* légitime. **-itimidad** *f* légitimité.

lego, a *a* 1 laïque. 2 profane. □ *m* frère lai.

legua *f* lieue.

legumbre *f* légume *m.* □ *pl* légumes secs.

leído, a *a* instruit, e.

lejan/ía *f* 1 éloignement *m.* 2 *en la −,* dans le lointain. **-o, a** *a* lointain, e.

lejía *f* eau de Javel.

lej/os *adv* loin. I *a lo −,* au loin ; *− de,* loin de. **-ísimo** *adv* très loin.

lelo, a *a* abruti, e, ahuri, e.

lema *m* devise *f.*

lencería *f* lingerie.

lengua *f* 1 langue : *sacar la −,* tirer la langue. I *hacerse lenguas de,* ne pas tarir d'éloges sur. 2 *− viva,* langue vivante.

lenguado *m* sole *f.*

lenguaje *m* langage.

lenguaraz *a* insolent, e.

lengüeta *f* languette.

lente *f* 1 (óptica) lentille. 2 (de gafas) verre *m*. □ *m pl* lorgnon *sing*.

lenteja *f* lentille.

lentejuela *f* paillette.

lent/o, a *a* lent, e. **-itud** *f* lenteur.

leñ/a *f* 1 bois *m* (à brûler). I FIG *echar — al fuego*, jeter de l'huile sur le feu. 2 (paliza) raclée. **-ador** *m* bûcheron. **-era** *f* bûcher *m*. **-o** *m* bûche *f*.

León *n p m* Léon.

león, ona *s* lion, onne.

leonado, a *a* fauve.

leonera *f* FAM foutoir *m*, bazar *m*.

leopardo *m* léopard.

leotardo *m* collant.

lepr/a *f* lèpre. **-oso, a** *a/s* lépreux, euse.

lerdo, a *a* lourd, e.

les *pron pers* 1 leur. 2 (con ustedes) vous : *— afirmo a ustedes*, je vous affirme.

lesi/ón *f* 1 lésion. 2 (herida) blessure. **-onado, a** *a/s* blessé, e. **-onar** *t* blesser. □ *pr* se blesser.

letanía *f* litanie.

let/argo *m* léthargie *f*. **-árgico, a** *a* léthargique.

letra *f* 1 lettre : *escriba su nombre con todas las letras*, écrivez votre nom en toutes lettres. 2 écriture : *tener una — muy clara*, avoir une écriture très claire. 3 *la — de una canción*, les paroles d'une chanson. 4 COM traite, lettre de change. □ *pl* 1 *bellas letras*, belles lettres. 2 *unas letras*, un mot.

letrado *m* avocat.

letrero *m* 1 écriteau. 2 enseigne *f* : *un — de neón*, une enseigne au néon.

letrina *f* latrines *pl*.

leucemia *f* leucémie.

leva *f* 1 (mecánica) came. 2 (de soldados) levée.

levadura *f* 1 (pan) levain *m*. 2 (cerveza, pasteles) levure.

levantamiento *m* 1 levée *f*. 2 (sublevación) soulèvement. 3 *— de la veda*, ouverture *f* (de la chasse, pêche).

levantar *t* 1 lever. 2 soulever. 3 (algo caído o inclinado) relever. 4 élever. 5 *— un chichón, una ampolla*, faire une bosse, une ampoule. 6 (quitar) enlever. I *— la casa*, déménager. □ *pr* 1 se lever : *me levanto temprano*, je me lève tôt. 2 (sobresalir) se dresser, s'élever. 3 (en armas) se soulever.

levante *m* levant.

levantisco, a *a* turbulent, e.

levar *t — anclas*, lever l'ancre.

leve *a* léger, ère.

levita *f* redingote.

léxico *m* lexique.

ley *f* 1 loi. I *con todas las de la —*, en règle. 2 (de un metal) titre *m*. I *oro de —*, or véritable.

leyenda *f* légende.

lezna *f* alène.

liana *f* liane.

liar *t* 1 attacher. 2 *— un cigcrrillo*, rouler une cigarette.

Líbano *n p m* Liban.

libar *t* (abejas) butiner.

libelo *m* pamphlet.

libélula *f* libellule.

liberación *f* libération.

liberal *a* libéral, e. **-idad** *f* libéralité. **-ismo** *m* libéralisme.

liberar *t* libérer.

libert/ad *f* liberté : *con toda —*, en toute liberté ; *me tomo la — de...*, je prends la liberté de... **-ador, a** *a/s* libérateur, trice. **-ar** *t* libérer.

libertino, a *a/s* libertin, e.

Libia *n p f* Libye.

libra *f* livre.

libraco *m* bouquin.

libramiento *m* ordre de paiement.

libranza _f_ ordre _m_ de paiement.

librar _t_ **1** délivrer : _líbranos del mal_, délivre-nous du mal. **2** libérer. **3** (una letra de cambio) tirer. □ _librarse de_, échapper à.

libre _a_ libre : _¡ taxi!, ¿ está — ?,_ taxi!, vous êtes libre ?

librea _f_ livrée.

librecambio _m_ libre-échange.

librer/ía _f_ **1** librairie. **2** (mueble) bibliothèque. **-o, a** _s_ libraire.

libreta _f_ carnet _m_.

libreto _m_ livret, libretto.

libro _m_ **1** livre : _— de bolsillo_, livre de poche. **2** _— de familia_, livret de famille. **-te** _m_ bouquin.

licenci/a _f_ **1** licence. **2** (de caza, pesca) permis _m_. **-ado, a** _a/s_ licencié, e. I MIL _— por inútil_, réformé. **-ar** _t_ licencier. □ _licenciarse en derecho_, passer sa licence en droit. **-atura** _f_ licence.

licencioso, a _a_ licencieux, euse.

liceo _m_ **1** société _f_ littéraire. **2** (instituto) lycée.

licitar _i_ enchérir.

lícito, a _a_ licite.

licor _m_ liqueur _f_. **-oso, a** _a_ liquoreux, euse.

licu/ar _t_ liquéfier. **-able** _a_ liquéfiable.

lid _f_ **1** combat _m_. I _en buena —_, de bonne guerre. **2** FIG discussion, controverse.

líder _m_ leader.

lidi/a _f_ combat _m_. **-ador** _m_ torero. **-ar** _i/t_ combattre.

liebre _f_ **1** lièvre _m_. **2** FIG _coger una —_, ramasser une pelle.

Lieja _n p_ Liège.

lienzo _m_ **1** (tela, cuadro) toile _f_. **2** (de pared) pan (de mur).

liga _f_ **1** (para medias) jarretelle, jarretière. **2** (materia viscosa) glu. **3** (aleación) alliage _m_. **4** (confederación) ligue. **5** (en deportes) championnat _m_.

ligado _m_ liaison _f_.

ligadura _f_ ligature.

ligamento _m_ ligament.

lig/ar _t_ lier. □ _i_ FAM **1** faire une touche. **2** flirter. **3** draguer. **-azón** _f_ liaison.

liger/o, a _a_ léger, ère. I _a la ligera_, à la légère. **-eza** _f_ légèreté.

lignito _m_ lignite.

lija _f_ roussette. I _papel de —_, papier de verre.

lila _f_ lilas _m_. □ _a_ (color) lilas.

liliputiense _a/s_ lilliputien, enne.

lim/a _f_ lime : _— de uñas_, lime à ongle. **-aduras** _f pl_ limaille _sing_. **-ar** _t_ limer.

limbo _m_ (de las almas) limbes _pl_.

limeño, a _a/s_ de Lima.

limitación _f_ limitation.

limitar _t_ limiter.

límite _m_ limite _f_ : _rebasar los límites_, dépasser les limites.

limítrofe _a_ limitrophe.

limo _m_ limon, boue _f_.

lim/ón _m_ citron. **-onada** _f_ citronnade. **-onero** _m_ citronnier.

limosna _f_ aumône : _pedir —_, demander l'aumône.

limpia _f_ nettoyage _m_. □ _m_ FAM cireur.

limpiabotas _m_ cireur.

limpiadientes _m_ cure-dent.

limpiamente _adv_ proprement.

limpiaparabrisas _m_ essuie-glace.

limpiar _t_ **1** nettoyer. **2** FAM (robar) barboter. □ _i_ faire le ménage.

limpiauñas _m_ cure-ongles.

limpidez _f_ limpidité.

límpido, a _a_ limpide.

limpieza _f_ **1** propreté, netteté. **2** nettoyage _m_ : _— en seco_, nettoyage à sec. **3** (de la calle) nettoiement _m_. **4** _— de sangre_, pureté de sang.

limpio, a _a_ **1** propre : _una toalla limpia_, une serviette propre. **2** net, nette. I _poner en —_, mettre au propre ; _sacar en —_, tirer au clair. □ _adv jugar —_, jouer franc jeu.

linaje _m_ lignage.

lince *m* lynx.

linchar *t* lyncher.

lind/e *f* 1 limite. 2 (de un bosque) lisière. **-ante** *a* — *con*, contigu, ë à. **-ar** *i* — *con*, être contigu, ë à, toucher à. **-ero** *m* limite *f*, lisière *f*. I *en los linderos de...*, au bord de...

lind/o, a *a* 1 joli, e. I *de lo* —, joliment, beaucoup. 2 gentil, ille. **-eza** *f* gentillesse.

línea *f* ligne : — *recta, telefónica*, ligne droite, téléphonique ; *guardar la* —, garder la ligne. I *en toda la* —, sur toute la ligne, complètement.

linfático, a lymphatique.

lingote *m* lingot.

lingü/ista *s* linguiste. **-ística** *f* linguistique.

lino *m* lin.

linóleo *m* linoléum.

linotipista *m* linotypiste.

linterna *f* 1 lanterne. 2 (de bolsillo) lampe de poche.

lío *m* 1 paquet. 2 FAM histoire *f* : *armar un* —, faire toute une histoire ; *no quiero líos con la policía*, je ne veux pas d'histoires avec la police. 3 (desorden) pagaille *f*. 4 (relación ilícita) liaison *f*.

lioso, a *a* embrouillé, e.

liquen *m* lichen.

liquid/ar *t* liquider. **-ación** *f* liquidation.

líquido, a *a/m* liquide.

¹**lira** *f* MÚS lyre.

²**lira** *f* (moneda) lire.

lírico, a *a/f* lyrique.

lirio *m* 1 iris. 2 — *blanco*, lis.

lirismo *m* lyrisme.

lirón *m* loir.

Lisboa *n p* Lisbonne.

lisi/ar *t* estropier. **-ado, a** *a/s* estropié, e.

liso, a *a* 1 lisse. 2 (llano) plat, e. 3 uni, e : *tela lisa*, étoïfe unie.

lisonj/a *f* flatterie. **-ear** *t* flatter. **-ero, a** *a/s* flatteur, euse.

list/a *f* 1 rayure. 2 (enumeración) liste. I *pasar* —, faire l'appel. 3 — *de correos*, poste restante. 4 (en un restaurante) carte. **-ado, a** *a* rayé, e. **-ín** *m* — *de teléfonos*, annuaire du téléphone.

listo, a *a* 1 intelligent, e. 2 vif, vive, rapide. 3 malin, igne : *echárselas de* —, faire le malin ; *pasarse de* —, vouloir faire le malin. 4 prêt, e : *todo está* —, tout est prêt ; *¡ listo !*, prêt !

listón *m* 1 baguette *f*. 2 barre *f*.

litera *f* (en un barco, tren) couchette.

literal *a* littéral, e.

literario, a *a* littéraire.

literato, a *s* homme, femme de lettres.

literatura *f* littérature.

litig/ar *i* plaider. **-ante** *s* plaideur, euse. **-io** *m* litige. **-ioso, a** *a* litigieux, euse.

litografía *f* lithographie.

litoral *a/m* littoral, e.

litro *m* litre.

lit/urgia *f* liturgie. **-úrgico, a** *a* liturgique.

livian/o, a *a* léger, ère. **-dad** *f* légèreté, inconstance.

lívido, a *a* livide.

lo *art neutro* 1 — *difícil*, ce qui est difficile ; — *mío*, ce qui est à moi. 2 — *que yo quiero*, ce que je veux ; — *que es peor*, ce qui est pire. 3 — *que tú quieras*, comme tu voudras ; *con* — *listo que es*, malin comme il est. I — *mucho que*, combien. 4 *a* —, à la manière de, à la : *bigote a* — *Charlot*, moustache à la Charlot. □ *pron* 1 le, l' : — *haré*, je le ferai ; *hay que hacerlo*, il faut le faire ; *dímelo*, dis-le-moi. 2 y : *no quiero pensarlo*, je ne veux pas y penser ; *piénselo*, pensez-y. 3 en : *te* — *agradezco*, je t'en remercie.

loable *a* louable.

loba *f* louve.

lobanillo *m* loupe *f*.

lobato, lobezno *m* louveteau.

lobina *f* bar *m*.

lobo _m_ loup.

lóbrego, a _a_ sombre, ténébreux, euse.

lóbulo _m_ lobe.

local _a_ local, e. □ _m_ local : _locales comerciales_, locaux commerciaux.

localidad _f_ 1 localité. 2 (en un espectáculo) place.

localizar _t_ localiser.

loción _f_ lotion.

loco, a _a/s_ fou, folle : — _de alegría_, fou de joie.

locomotora _f_ locomotive.

locuaz _a_ loquace.

locución _f_ locution.

locura _f_ folie : _con_ —, à la folie.

locutor, a _s_ speaker, speakerine.

locutorio _m_ 1 parloir. 2 cabine _f_ téléphonique.

lod/o _m_ boue _f_. **-azal** _m_ bourbier.

logia _f_ loge.

lógico, a _a/f_ logique.

logr/ar _t_ 1 obtenir. 2 réussir à, parvenir à : _he logrado encontrarle_, j'ai réussi, je suis parvenu à le rencontrer. **-ado, a** _a_ réussi, e. **-ero, a** _s_ usurier, ère. **-o** _m_ (éxito) succès.

Loira _n p m_ Loire _f_.

loma _f_ coteau _m_, hauteur.

lombriz _f_ ver _m_ de terre.

lomo _m_ 1 dos. 2 (carne de vaca) aloyau. 3 (de cerdo) filet. □ _pl_ (del cuerpo humano) reins, lombes _f_.

lona _f_ toile.

loncha _f_ tranche.

londinense _a/s_ londinien, enne.

Londres _n p_ Londres.

longaniza _f_ saucisse.

longitud _f_ 1 longueur. 2 (geografía, astronomía) longitude.

lonja _f_ 1 — _de jamón_, tranche de jambon. 2 bourse de commerce. 3 épicerie.

lontananza _f_ lointain _m_. I _en_ —, au loin.

loor _f_ louange.

Lorenzo _n p m_ Laurent.

loro _m_ perroquet.

los _art_ les. I — _de_, ceux de ; — _que_, ceux que, ceux qui. □ _pron pers_ les. I — _hay_, il y en a.

los/a _f_ 1 dalle. 2 — _sepulcral_, pierre tombale. **-eta** _f_ carreau _m_.

lote _m_ lot. **-ría** _f_ 1 loterie. 2 (juego casero) loto _m_.

loto _m_ lotus.

loza _f_ 1 faïence. 2 (vajilla) vaisselle.

lozan/o, a _a_ 1 vigoureux, euse. 2 frais, fraîche. **-ía** _f_ 1 vigueur. 2 fraîcheur.

lubina _f_ bar _m_.

lubric/ar _t_ lubrifier. **-ante** _m_ lubrifiant.

Lucas _n p m_ Luc.

lucero _m_ étoile _f_. I — _del alba, de la tarde_, étoile du matin, du Berger.

luces _pl_ de **luz**.

Luciano, a _n p_ Lucien, enne.

lucidez _m_ lucidité.

lucido, a _a_ 1 brillant, e. 2 ¡ _estamos lucidos!_, nous voilà propres ! ; _me quedé_ —, j'avais l'air fin ; _estás_ — _si..._, tu te fais des illusions si...

lúcido, a _a_ lucide.

luciérnaga _f_ ver _m_ luisant.

lucimiento _m_ éclat.

lucio _m_ brochet.

lución _m_ orvet.

lucir ° _i_ 1 briller. 2 — _mucho_, faire beaucoup d'effet. □ _t_ 1 (llevar) porter, arborer. 2 exhiber. □ _pr_ 1 se montrer. 2 se distinguer.

lucrativo, a _a_ lucratif, ive.

luctuoso, a _a_ triste, douloureux, euse.

lucubración _f_ élucubration.

luch/a _f_ lutte. **-ador, a** _s_ lutteur, euse. **-ar** _i_ lutter.

luego _adv_ 1 (después) ensuite, après. 2 bientôt. I _hasta_ —, à bientôt, au revoir. 3 (en seguida) tout de suite. I — *que*, aussitôt que, dès que. 4 *desde* —, bien entendu, évidemment. ☐ *conj* donc.

lugar *m* 1 lieu, endroit : *en este* —, à cet endroit. I *en* — *de*, au lieu de ; *en primer* —, en premier lieu, d'abord. 2 place *f* : *cada cosa en su* —, chaque chose à sa place. 3 (aldea) village. 4 — *común*, lieu commun. ☐ pl *los Santos Lugares*, les Lieux saints.

lugareño, a *a* villageois, e.

lugarteniente *m* lieutenant.

lúgubre *a* lugubre.

Luis, a *n p* Louis, Louise.

luj/o *m* luxe. **-oso, a** *a* luxueux, euse.

lujuri/a *f* luxure. **-ante** *a* luxuriant, e.

lumbre *f* 1 feu *m* : *al amor de la* —, au coin du feu. 2 (luz) lumière. **-ra** *f* lumière.

luminoso, a *a* lumineux, euse.

luna *f* 1 lune : — *llena*, pleine lune ; — *nueva*, nouvelle lune. I — *de miel*, lune de miel ; *media* —, croissant *m*. 2 glace : *armario de* —, armoire à glace.

lunar *a* lunaire. ☐ *m* 1 grain de beauté. 2 (en un tejido) *corbata de lunares*, cravate à pois.

lunch |lun*ʃ*| *m* lunch.

lunes *m* lundi.

lunfardo *m* argot de Buenos Aires.

lupa *f* loupe : *mirar con la* —, regarder à la loupe.

lúpulo *m* houblon.

lustr/e *m* lustre, éclat. I *sacar* — *a...*, faire briller... **-ar** *t* 1 lustrer. 2 (zapatos) cirer. **-oso, a** *a* 1 luisant, e. 2 robuste.

luterano, a *a/s* luthérien, enne.

luto *m* deuil : *estar de* —, être en deuil.

Luxemburgo *n p m* Luxembourg.

luz *f* 1 lumière. 2 électricité : *dar la* —, allumer l'électricité. 3 jour *m*. I *dar a* — *una niña*, donner le jour à, mettre au monde une fille ; *salir a* —, paraître. 3 feu *m* : — *de Bengala*, feu de Bengale ; *luces de posición, traseras*, feux de position, arrières. I — *intermitente*, clignotant *m* ; *luces de cruce*, phares *m* code, feux de croisement ; *luces de población*, lanternes. ☐ *pl* 1 *el siglo de las luces*, le siècle des lumières. 2 *a todas luces*, de toute évidence.

LL

ll |eʎe| ƒ double l *m* : *una —*, un double l.

llaga ƒ plaie.

¹llama ƒ flamme.

²llama ƒ (animal) lama *m*.

llamada ƒ 1 appel *m*. | — *telefónica*, coup *m* de téléphone. 2 *— al orden*, rappel *m* à l'ordre.

llamador *m* 1 (aldaba) heurtoir. 2 bouton de sonnette.

llamamiento *m* appel.

llamar *t* 1 appeler. | *— por teléfono*, appeler au téléphone, téléphoner. 2 *— la atención*, attirer l'attention. □ *i* 1 (a una puerta) frapper. 2 (con timbre) sonner. □ *pr* s'appeler, se nommer : *¿ cómo se llama esto ?*, comment ça s'appelle ? ; *¿ cómo se llama usted ?*, comment vous appelez-vous ?

llamarada ƒ 1 grande flamme. 2 FIG rougeur.

llamativo, a *a* 1 criard, e. 2 voyant, e.

llamear *i* flamboyer.

llana ƒ (de albañil) truelle.

llanamente *adv* simplement.

llaneza ƒ simplicité.

llano, a *a* 1 plat, e : *plato —*, assiette plate. 2 simple. □ *m* (llanura) plaine ƒ.

llanta ƒ jante.

llant/o *m* larmes ƒ *pl*, pleurs *pl* : *al borde del —*, au bord des larmes ; *deshacerse en —*, fondre en larmes. | *prorrumpir en —*, éclater en sanglots. **-ina** ƒ FAM pleurnicheries *pl*.

llanura ƒ plaine.

llares ƒ *pl* crémaillère *sing*.

llav/e ƒ 1 clef, clé : *cerrar con —*, fermer à clef ; *— inglesa*, clef anglaise. 2 (grifo) robinet *m*. 3 (electricidad) interrupteur *m* :

darle a la — de la luz, presser l'interrupteur, allumer l'électricité. **-ero** *m* porte-clefs. **-ín** *m* clef ƒ.

lleg/ar *i* 1 arriver : *ha llegado ayer*, il est arrivé hier. 2 (alcanzar) atteindre. 3 *— a ser presidente*, devenir président. □ *pr* 1 (acercarse) s'approcher. 2 (ir) aller, se rendre. **-ada** ƒ arrivée.

llen/ar *t* 1 remplir. 2 (colmar) combler. **-azo** *m* affluence ƒ, foule ƒ. **-o, a** *a* plein, e. | *— hasta la bandera*, plein à craquer, archicomble. □ *m hubo un —* en el estadio, le stade était comble ; *— absoluto en el teatro*, salle absolument comble. | *de —*, en plein, complètement.

llevadero, a *a* supportable.

llevar *t* 1 *— una maleta, un jersey*, porter une valise, un chandail. 2 (a lo lejos) emporter. 3 emmener : *la llevó al restaurante*, il l'a emmenée au restaurant. 4 conduire : *lléveme a la estación*, conduisez-moi à la gare. 5 *— una vida tranquila*, mener une vie tranquille ; *— a cabo*, mener à bien. 6 supporter. 7 (cierto tiempo) *llevo dos días sin comer*, je n'ai pas mangé depuis deux jours ; *lleva una hora leyendo*, il lit depuis une heure ; *llevo aquí mucho rato*, je suis ici depuis longtemps ; *esto lleva mucho tiempo*, ça prend beaucoup de temps. 8 *me lleva cinco años*, il a cinq ans de plus que moi. 9 *escribo 6 y llevo 2*, je pose 6 et je retiens 2. □ *pr* 1 *llevarse la cuchara a la boca*, porter la cuillère à sa bouche. 2 (quitar, arrancar) emporter : *se lo llevó todo a casa*, il a tout emporté chez lui. 3 (un premio) remporter. 4 (estar de moda) se porter. 5 *llevarse bien, mal*, s'entendre bien, mal.

llor/ar *i/t* pleurer. **-ica** *a/s* pleurnicheur, euse. **-iquear** *i* pleurnicher. **-iqueo** *m* pleurnicherie *f*. **-ón, ona** *a/s* pleureur, euse. **-oso, a** *a* larmoyant, e.

llov/er ° *impers* pleuvoir : *llueve a cántaros,* il pleut à torrents ; *ha llo-vido mucho,* il a beaucoup plu. | FIG *como quien oye* —, sans faire attention ; *llovido del cielo,* tombé du ciel. **-izna** *f* bruine, pluie fine. **-iznar** *impers* bruiner.

lluvi/a *f* pluie. **-oso, a** *a* pluvieux, euse.

M

m [eme] ʃ m *m* : *una* —, un m.
maca ʃ tavelure.
macabro, a *a* macabre.
macadam *m* macadam.
macan/a ʃ 1 massue. 2 (broma) blague. **-ear** *i* AMER blaguer. **-udo, a** *a* FAM formidable.
macarrones *m pl* macaroni.
macedonia ʃ macédoine.
macerar *t* macérer, faire macérer.
maceta ʃ pot *m* à fleurs.
macilento, a *a* hâve, émacié, e.
macizo, a *a* massif, ive. □ *m* massif.
macular *t* maculer.
macuto *m* sac à dos.
machac/ar *t* 1 piler, broyer. 2 (bombardear) pilonner. □ *i* FIG rabâcher. **-ón, ona** *a* insistant, e, assommant, e. **-onamente** *adv* avec insistance.
machete *m* machette ʃ, sabre d'abattis.
mach/o *a/m* mâle. □ *m* mulet. **-ote** *m* FAM dur.
machucar *t* écraser, écrabouiller.
madeja ʃ écheveau *m*.
madera ʃ bois *m*.
Madera *n p* Madère.
maderamen *m* charpente ʃ.
madero *m* madrier.
madona ʃ madone.
madrastra ʃ belle-mère.
madre ʃ 1 mère. I — *política*, belle-mère ; — *soltera*, fille mère. 2 (de un río) lit *m*. I *salir de* —, déborder. 3 FIG *esa es la* — *del cordero*, voilà la vraie raison.
madreperla ʃ huître perlière.
madriguera ʃ 1 terrier *m*. 2 (de malhechores) repaire *m*.
madrileño, a *a/s* madrilène.
madrina ʃ marraine.

madroño *m* 1 (arbusto) arbousier. 2 (fruto) arbouse ʃ.
madrug/ar *i* se lever de bon matin. **-ada** ʃ aube, petit jour *m*. I *de* —, à l'aube. **-ador, a** *a/s* matinal, e. **-ón** *m darse un* —, se lever à l'aube.
madur/o, a *a* mûr, e. **-ar** *t/i* mûrir. **-ez** ʃ maturité.
maestr/o, a *a/s* maître, esse. **-ía** ʃ maîtrise.
Magallanes *n p m* Magellan.
magdalena ʃ madeleine.
magia ʃ magie.
mágico, a *a* magique.
magistr/ado *m* magistrat. **-al** *a* magistral, e. **-adura** ʃ magistrature.
magnánimo, a *a* magnanime.
magnesi/a ʃ magnésie. **-o** *m* magnésium.
magn/ético, a *a* magnétique. **-etismo** *m* magnétisme. **-etizar** *t* magnétiser.
magnetófono *m* magnétophone.
magn/ífico, a *a* magnifique. **-ificencia** ʃ magnificence.
magnitud ʃ grandeur, importance.
magnolia ʃ magnolia *m*.
mago, a *s* magicien, enne. □ *a Reyes Magos*, Rois mages.
magro, a *a/m* maigre. □ ʃ tranche de jambon.
maguey *m* agave.
magull/ar *t* meurtrir. **-adura** ʃ meurtrissure.
Maguncia *n p* Mayence.
Mahoma *n p m* Mahomet.
maíz *m* maïs.
majada ʃ bergerie.
majader/ía ʃ sottise. **-o, a** *a/s* sot, sotte.
majar *t* piler.

majest/ad *f* majesté. **-uoso, a** *a* majestueux, euse.

maj/o, a *a/s* élégant, e. □ *a* **1** (bonito) joli, e. **2** (mono) mignon, onne. **3** sympathique. **-eza** *f* élégance.

mal *a* (apocope de *malo* devant un substantif) mauvais, e : *un — consejo*, un mauvais conseil ; *— olor*, mauvaise odeur □ *m* mal : *del — el menos*, de deux maux, il faut choisir le moindre. I *ir de — en peor*, aller de mal en pis. □ *adv* **1** mal : *oigo —*, j'entends mal. I *— que bien*, tant bien que mal ; *hablar — de*, dire du mal de ; *salir —*, échouer. **2** *oler —*, sentir mauvais.

malabar/es *a* pl *juegos —*, jongleries *f*. **-ista** *s* jongleur, euse.

málaga *m* (vino) malaga.

malandanza *f* malheur *m*, infortune.

malaxar *t* malaxer.

malayo, a *a/s* malais, e.

malbaratar *t* (derrochar) gaspiller.

malcriado, a *a* mal élevé, e.

maldad *f* méchanceté.

mal/decir ° *t* maudire. □ *i* médire, dire du mal de : *maldice de todos*, il médit de tout le monde. **-diciente** *a* médisant, e. **-dición** *f* malédiction. **-dito, a** *a/s* maudit, e. □ *a* maudit, e, satané, e : *un — embustero*, un satané menteur.

maleable *a* malléable.

maleante *m* malfaiteur.

malecón *m* jetée *f*.

maléfico, a *a* malfaisant, e.

malentendido *m* malentendu.

malestar *m* malaise.

malet/a *f* valise. **-ero** *m* coffre à bagages. **-ín** *m* mallette *f*, petite valise *f*.

malevolencia *f* malveillance.

malévolo, a *a* malveillant, e.

maleza *f* broussailles *pl*.

malgastar *t* gaspiller.

malhablado, a *a* grossier, ère. □ s *un —*, un grossier personnage.

malhadado, a *a* malheureux, euse.

malhechor *m* malfaiteur.

malherir ° *t* blesser grièvement.

malhumorado, a *a* de mauvaise humeur.

malici/a *f* **1** malice. **2** (maldad) méchanceté. **-arse** *pr* soupçonner. **-oso, a** *a* malicieux, euse.

maligno, a *a* **1** malin, igne : *tumor —*, tumeur maligne. **2** (malo) méchant, e.

malmirado, a *a* mal vu, e.

malo, a *a* **1** (no bueno) mauvais, e : *este vino es —*, ce vin est mauvais ; *mala reputación*, mauvaise réputation. **2** (propenso al mal) méchant, e. **3** (enfermo) *estar —*, être malade, souffrant, e. **4** (travieso) vilain, e. **5** *lo — es que...*, ce qui est ennuyeux c'est que... **6** *estar de malas*, avoir la guigne ; (malhumorado) être de mauvais poil ; *por las malas*, de force.

malograr *t* perdre, rater. □ *pr* **1** (fracasar) échouer. **2** mourir prématurément.

maloliente *a* malodorant, e.

malparado, a *a dejar —*, mettre dans un drôle d'état ; *salir — de*, se mal tirer de.

malparto *m* fausse couche *f*.

malquerencia *f* antipathie.

malquistarse *pr* se brouiller, se fâcher.

malsano, a *a* malsain, e.

malsonante *a* malsonnant, e.

malta *f* malt *m*.

Malta *n p* Malte.

maltr/atar *t* maltraiter, malmener. **-echo, a** *a* en piteux état.

malucho, a *a* FAM mal fichu, e.

malva *f/a/m* mauve.

malvado, a *a* méchant, e.

malvarrosa *f* rose trémière.

malla *f* 1 maille. 2 AMER maillot *m*.

Mallorca *n p* Majorque.

mam/a *f* 1 mamelle. 2 (pecho) sein *m*. 3 (mamá) maman. **-á** *f* maman. **-ado, a** *a* POP paf. **-ar** *t* téter.

mamarrach/o *m* 1 (persona) polichinelle. I *va hecha un —*, elle est déguisée. 2 (cuadro malo) croûte *f*. **-ada** *f* ânerie.

mamífero *m* mammifère.

mampara *f* paravent *m*.

mampostería *f* maçonnerie.

manada *f* 1 troupeau *m*. 2 bande.

manantial *m* source *f*.

manar *i* jaillir.

manaza *f* grosse main. □ *m un manazas*, un brise-tout.

manceba *f* concubine.

mancebo *m* jeune homme.

mancill/a *f* souillure. **-ar** *t* souiller.

manco, a *a/s* manchot, e.

mancomunidad *f* association.

manch/a *f* tache. **-ar** *t* tacher.

manchego, a *a/s* de la Manche (région d'Espagne).

manda *f* legs *m*.

mandadero, a *s* commissionnaire.

mandamás *m* FAM grand manitou.

mandamiento *m* commandement.

mandar *t* 1 ordonner : *le mando que se levante*, je vous ordonne de vous lever. I *este traje, lo mandé hacer el año pasado*, ce costume, je l'ai fait faire l'an dernier. 2 (dirigir) commander. 3 envoyer : *ahí le mando una foto*, je vous envoie, ci-joint, une photo. I *— por*, envoyer chercher ; *— a paseo*, envoyer promener. □ *i* commander : *en casa mando yo*, chez moi, c'est moi qui commande. I *¡usted manda!*, à vos ordres !

mandarina *f* mandarine.

mandatario *m* mandataire.

mandato *m* 1 ordre. 2 (de un diputado, soberanía) mandat.

mandíbula *f* mandibule.

mandil *m* tablier.

mandioca *f* manioc *m*.

mando *m* commandement. □ *pl* 1 (jefes) cadres. 2 (dispositivo) commandes *f*.

mandolina *f* mandoline.

mandón, ona *a* autoritaire.

mandria *a/m* FAM froussard.

manduc/ar *t* FAM bouffer. **-atoria** *f* boustifaille.

manecilla *f* (de reloj) aiguille.

manej/ar *t* 1 manier. 2 AMER (un coche) conduire. □ *pr* (arreglárselas) se débrouiller. **-able** *a* maniable. **-o** *m* 1 maniement. 2 *manejos turbios*, manigances *f*. 3 AMER conduite *f*.

manera *f* manière, façon. I *de — que*, de manière à ce que ; *de cualquier —*, n'importe comment ; *de ninguna —*, en aucune façon ; *no hay —*, il n'y a pas moyen ; *sobre —*, extrêmement. □ *pl* manières.

manga *f* 1 manche : *blusa de mangas cortas*, chemisier à manches courtes. I *en mangas de camisa*, en bras de chemise ; FIG *tener — ancha*, être coulant, e. 2 *— de riego*, tuyau *m* d'arrosage. 3 (de agua) trombe.

¹**mango** *m* 1 manche. 2 (de una sartén) queue *f*.

²**mango** *m* (fruto) mangue *f*.

mangonear *i* se mêler de tout.

manguera *f* tuyau *m* d'arrosage.

manguito *m* manchon.

maní *m* arachide *f*.

man/ía *f* manie. **-iático, a** *a/s* maniaque.

manicomio *m* asile d'aliénés.

manicuro, a *s* manucure.

manido, a *a* 1 faisandé, e. 2 FIG usé, e, rebattu, e.

manifest/ación *f* manifestation.

-ante s manifestant, e. **-ar** ° t/i manifester. □ pr 1 se manifester. 2 *más de mil parados se han manifestado*, plus de mille chômeurs ont manifesté.

manifiesto m manifeste. I *poner de* −, mettre en évidence.

manigua f AMER maquis m.

Manila n p Manille.

manillar m guidon.

maniobr/a f manœuvre. **-ar** i manœuvrer.

manipul/ar t manipuler. **-ación** f manipulation.

maniquí m mannequin.

manirroto, a a/s dépensier, ère, panier percé.

manivela f manivelle.

manjar m mets, plat.

mano f 1 main : *cogidos de la* −, la main dans la main ; *hecho a* −, fait à la main. I *a* −, sous la main, à portée de la main ; *a manos llenas*, à pleines mains ; *echar* − *de*, se servir de ; *echar una* − *a*, donner un coup de main à ; *llegar a las manos*, en venir aux mains ; *traer entre manos*, manigancer, comploter ; − *a* −, en tête à tête ; − *sobre* −, les bras croisés, sans rien faire. 2 − *de obra*, main-d'œuvre. 3 influence. I *hombre de mucha* −, homme très influent. 4 (de cuadrúpedo) patte de devant. 5 (carnicería) pied m. 6 (de pintura) couche. 7 (en el juego) partie.

manojo m 1 (hacecilla) botte f. 2 (puñado) poignée f. I FIG − *de nervios*, paquet de nerfs.

manómetro m manomètre.

manopla f 1 moufle. 2 (para lavarse) gant m de toilette.

manose/ar t tripoter. **-ado, a** a FIG rebattu, e. **-o** m tripotage.

manotada f, **manotazo** m tape f.

mansedumbre f mansuétude.

mansión f demeure.

manso, a a doux, douce.

manta f 1 couverture. 2 − *de palos*, volée.

mantec/a f 1 graisse. 2 (de cerdo) saindoux m. 3 (mantequilla) beurre m. **-ado** m glace f à la crème. **-oso, a** a gras, grasse.

mantel m nappe f. **-ería** f linge m de table.

manten er ° t 1 maintenir : *mantengo mi punto de vista*, je maintiens mon point de vue. 2 − *una rueda de prensa*, tenir une conférence de presse. 3 (a alguien) entretenir. **-imiento** m 1 entretien : *gastos de* −, frais d'entretien. 2 maintien. 3 (alimento) nourriture f.

mantequ/illa f beurre m. **-ería** f crémerie. **-ero** m beurrier.

mantilla f 1 (de señora) mantille. 2 (de niño) lange m.

mantillo m terreau.

mant/o m 1 cape f. 2 manteau. **-ón** m châle.

manual a/m manuel, elle.

manubrio m manivelle f.

Manuel, a n p Emmanuel, elle.

manufactur/a f manufacture. **-ar** t manufacturer.

manumitir t affranchir.

manuscrito, a a/m manuscrit, e.

manutención f entretien m.

manzan/a f 1 pomme. 2 (grupo de casas) pâté m de maisons. **-illa** f camomille. **-o** m pommier.

maña f adresse, habileté. □ pl 1 ruses, manœuvres. 2 mauvaises habitudes.

mañan/a f 1 matin m : *las ocho de la* −, huit heures du matin ; *de* −, de bon matin. 2 matinée : *una hermosa* −, une belle matinée. □ adv demain : *hasta* −, à demain ; − *por la* −, demain matin ; *pasado* −, après-demain. □ m *el* −, l'avenir. **-ero, a** a matinal, e : *nieblas mañaneras*, brouillards matinaux.

mañoso, a a adroit, e, habile.

mapamundi m mappemonde f.

maqueta f maquette.

maquiavelismo *m* machiavélisme.

maquill/ar *t* maquiller. □ *pr* se maquiller. **-aje** *m* maquillage.

máquina *f* machine : *— de coser, de escribir,* machine à coudre, à écrire ; *— herramienta,* machine-outil. | *— de afeitar,* rasoir *m* ; *— fotográfica,* appareil *m* photo.

maquinal *a* machinal, e.

maquinilla *f — de afeitar,* rasoir *m.*

maquinista *m* machiniste, mécanicien.

mar *m/f* 1 mer *f* : *el — Mediterráneo,* la mer Méditerranée. | *en alta —,* au large ; *hacerse a la —,* gagner le large. 2 FAM *la — de trabajo,* énormément de travail ; *la — de bonito,* drôlement joli ; *la — de bien,* drôlement bien ; *un — de,* beaucoup de, un tas de.

maraña *f* 1 broussaille. 2 enchevêtrement *m.*

marasmo *m* marasme.

maravill/a *f* 1 merveille. | *a las mil maravillas, de —,* à merveille. 2 (planta) souci *m.* **-ar** *t* émerveiller. **-oso, a** *a* merveilleux, euse.

marbete *m* étiquette *f.*

marca *f* 1 marque. 2 (deporte) record *m.*

marcado *m* mise *f* en plis.

marcador *m* tableau d'affichage.

marcar *t* 1 marquer. 2 *— un número de teléfono,* composer un número de téléphone.

Marcelo, a *n p* Marcel, elle.

marcial, *a* martial, e.

marciano, a *a/s* martien, enne.

marco *m* 1 cadre. 2 (moneda alemana) mark.

Marcos *n p m* Marc.

marcha *f* 1 marche : *dar — atrás,* faire marche arrière ; *poner en —,* mettre en marche. | *en — lenta,* au ralenti. 2 (acción de marcharse) départ *m.*

marchamo *m* plomb.

marchar *i* marcher. □ *pr* s'en aller, partir : *me marcho,* je m'en vais ; *se marchó de vacaciones,* il est parti en vacances.

marchit/ar *t* faner, flétrir. **-o, a** *a* fané, e, flétri, e.

marea *f* marée : *en la — alta, baja,* à marée haute, basse.

marear *t* 1 (aturdir) étourdir, faire tourner la tête. 2 (fastidiar) assommer. □ *pr* 1 (en un barco) avoir le mal de mer. 2 *me mareo,* la tête me tourne.

marejada *f* 1 houle. 2 FIG effervescence.

maremoto *m* raz de marée.

mareo *m* 1 (en un barco) mal de mer. 2 (náusea) mal au cœur. 3 étourdissement, vertige.

marfil *m* ivoire.

marga *f* marne.

margarina *f* margarine.

margarita *f* marguerite.

margen *m/f* 1 marge *f* : *al —,* en marge. 2 bord *m.*

María *n p f* Marie.

marido *m* mari.

marimacho *m* FAM virago *f.*

marin/a *f* marine. **-era** *f* 1 (de marinero) vareuse. 2 (blusa) marinière. **-ero** *m* marin, matelot. **-o, a** *a* marin, e : *corrientes marinas,* courants marins.

marioneta *f* marionnette.

mariposa *f* 1 papillon *m.* 2 (lamparilla) veilleuse.

mariquita *f* coccinelle.

marisabidilla *f* bas-bleu *m.*

mariscal *m* maréchal.

marisco *m* coquillage. □ *pl* fruits de mer.

marisma *f* marais *m.*

marítimo, a *a* maritime.

marmita *f* marmite.

mármol *m* marbre.

marmota *f* marmotte.

maroma *f* corde.

marqu/és, esa *s* marquis, e. **-esina** *f* marquise.

marquetería *f* marqueterie.

marran/o *m* cochon. **-ada** *f* POP saloperie.

marrar *t/i* manquer, rater.

marras (de) *loc* en question.

marrón *a/m* marron.

marroquí *a/s* marocain, e.

marroquinería *f* maroquinerie.

Marruecos *n p m* Maroc.

marrullero, a *a/s* roublard, e, finaud, e.

Marsella *n p* Marseille.

marsellés, esa *a/s* marseillais, e.

marsopa *f* marsouin *m*.

marta *f* martre.

Marte *n p m* Mars.

martes *m* mardi : — *de Carnaval*, mardi gras.

martill/o *m* marteau. **-ar** *t* marteler. **-azo** *m* coup de marteau. **-eo** *m* martèlement.

martingala *f* 1 martingale. 2 (ardid) truc *m*, astuce.

mártir *s* martyr, e.

martir/io *m* martyre. **-izar** *t* martyriser.

marx/ismo *m* marxisme. **-ista** *a/s* marxiste.

marzo *m* mars : *el 6 de* —, le 6 mars.

mas *conj* mais.

más *adv* 1 plus : — *de uno*, plus d'un. I *a lo* —, tout au plus ; *de* —, en trop, de trop ; — *bien*, plutôt ; *sin* — *ni* —, comme ça, sans raison. 2 (delante de un sustantivo) plus de, davantage de : ¿ *quieres* — *sopa ?*, veux-tu davantage de potage ? 3 le, la, les plus : *el avión* — *rápido*, l'avion le plus rapide ; *las cosas* — *diversas*, les choses les plus variées. 4 mieux : *me gusta* —, j'aime mieux ; — *vale no insistir*, mieux vaut ne pas insister. □ *m* plus.

masa *f* 1 masse : *en* —, en masse. 2 (de harina) pâte.

masacre *f* massacre *m*.

masaj/e *m* massage : *dar masajes*, faire des massages. I *hacerse dar un* —, se faire masser. **-ista** *s* masseur, euse.

mascar *t* mâcher.

máscara *f* masque *m*. I *baile de máscaras*, bal masqué.

mascarada *f* mascarade.

mascarilla *f* masque *m*.

mascarón *m* — *de proa*, figure *f* de proue.

mascota *f* mascotte.

mascujar ⇒ **mascullar.**

masculino, a *a/m* masculin, e.

mascullar *t* 1 (mascar) mâchonner. 2 (decir) marmotter.

masilla *f* mastic *m*.

masivo, a *a* massif, ive.

mas/ón *m* franc-maçon. **-onería** *f* franc-maçonnerie.

masoquista *a/s* masochiste.

mastic/ar *t* mâcher, mastiquer. **-ación** *f* mastication.

mástil *m* 1 mât. 2 (de la guitarra) manche.

mastuerzo *m* 1 cresson. 2 FIG crétin.

mata *f* 1 (de hierba) touffe. 2 plantation.

matadero *m* abattoir.

matador, a *s* tueur, euse. □ *m* (torero) matador.

matanza *f* 1 massacre *m*, tuerie. 2 (del cerdo) abattage *m*.

matar *t* 1 tuer. I *estar a* — *con alguien*, être à couteaux tirés avec quelqu'un. 2 (la cal) éteindre. 3 (los colores) adoucir. 4 — *un sello*, oblitérer un timbre.

matarife *m* boucher (d'abattoir).

matasellos *m* 1 oblitérateur. 2 (marca) cachet, tampon.

¹mate *a* mat, e.

²mate *m* (planta, infusión) maté.

matemático, a *a/f* mathématique : *las matemáticas*, les mathématiques. □ *s* (persona) mathématicien, enne.

Mateo *n p m* Mathieu.

materia *f* matière : — *prima*, matière première ; — *grasa*, matière grasse ; *entrar en* —, entrer en matière.

material *a* matériel, elle. ☐ *m* 1 matériel : — *para el camping*, matériel de camping. 2 — *plástico*, matière *f* plastique. **-ismo** *m* matérialisme. **ista** *a/s* matérialiste. **-izar** *t* matérialiser.

matern/al *a* maternel, elle. **-idad** *f* maternité. **-o, a** *a* maternel, elle.

matiz *m* nuance *f*. **-ar** *t* nuancer.

matojo *m* buisson.

matón *m* FAM dur.

matorral *m* buisson.

matraca *f* crécelle.

matr/ícula *f* 1 (lista) matricule. 2 (de estudiantes) inscription. 3 (de un coche) immatriculation. 4 plaque d'immatriculation. 5 numéro *m* minéralogique. **-icular** *t* 1 immatriculer. 2 inscrire. ☐ *pr* s'inscrire : *me he matriculado en la facultad de derecho*, je me suis inscrit à la faculté de droit.

matrimoni/o *m* 1 (sacramento) mariage. 2 (marido y mujer) ménage. **-al** *a* matrimonial, e. ǀ *enlace* —, mariage.

matriz *f* 1 matrice. 2 (de un libro talonario) souche. ☐ *a casa* —, maison mère.

matute *m* contrebande *f* : *de* —, en contrebande.

matutino, a *a* matinal, e : *nieblas matutinas*, brouillards matinaux.

maula *f* vieux machin *m* inutile.

maull/ar *i* miauler. **-ido** *m* miaulement.

Mauricio *n p m* Maurice.

mausoleo *m* mausolée.

maxilar *a/m* maxilaire.

máxim/o, a *a/m* maximum : *como* —, au maximum. **-e** *adv* surtout.

maya *f* (flor) pâquerette.

mayo *m* mai : *el 2 de* —, le 2 mai.

mayonesa *f* mayonnaise.

mayor *a* 1 plus grand, e. ǀ *al por* —, en gros. 2 majeur, e : *Pedro es* — *de edad*, Pierre est majeur. 3 (hermano, hijo) aîné, e. 4 âgé, e : *las personas mayores de 40 años*, les personnes âgées de plus de 40 ans. ǀ *las personas mayores*, les grandes personnes. ☐ *m* 1 (antepasados) aïeux. 2 *los mayores*, les grandes personnes.

mayoral *m* (capataz) contremaître.

mayoría *f* majorité. ǀ — *de edad*, majorité.

mayorista *m* grossiste.

mayoritario, a *a* majoritaire.

mayormente *adv* surtout.

mayúsculo, a *a/f* (letra) majuscule. ☐ *a error, susto* —, erreur monumentale, peur bleue.

maza *f* masse.

mazacote *m* chose *f* compacte.

mazapán *m* massepain.

mazmorra *f* oubliette.

mazo *m* 1 maillet. 2 paquet.

mazorca *f* épi *m* (de maïs).

me *pron pers* 1 me, m' : — *da*, il me donne ; — *dió*, il m'a donné. 2 (con imperativo) moi : *dame*, donne-moi.

meandro *m* méandre.

mear *i* VULG pisser.

Meca (la) *n p f* La Mecque.

mecánic/a *f* mécanique. **-o, a** *a* mécanique. ☐ *s* (obrero) mécanicien, enne.

mecanismo *m* mécanisme.

mecanograf/ía *f* dactylographie. **-iar** *t* dactylographier.

mecanógrafo, a *s* dactylographe, dactylo.

mecedora *f* rocking-chair *m*, fauteuil *m* à bascule.

mecenas *m* mécène.

mecer *t* 1 (a un niño) bercer. 2 (la cuna) balancer. ☐ *pr* se balancer.

mech/a _f_ **1** mèche. **2** (de tocino) lardon _m_. **3** FAM _a toda —_, à toute pompe. **-ero** _m_ **1** (encendedor) briquet. **2** brûleur. **3** — _Bunsen_, bec Bunsen. **-ón** _m_ **1** (de cabellos) mèche _f_. **2** (de lana) touffe _f_.

medall/a _f_ médaille. **-ón** _m_ médaillon.

médano _m_ dune _f_.

media _f_ **1** bas _m_ : _un par de medias_, une paire de bas. | _hacer —_, tricoter. **2** (matemáticas) moyenne.

mediación _f_ médiation.

mediado, a _a_ à moitié plein, e. | _a mediados del mes, del año_, vers le milieu du mois, de l'année ; _mediada la semana_, vers le milieu de la semaine.

mediador, a _a/s_ médiateur, trice.

median/o, a _a_ moyen, enne. **-ía** _f_ médiocrité.

medianoche _f_ minuit _m_.

mediante _prep_ au moyen de.

mediar _i_ **1** intervenir. **2** (ocurrir) survenir. **3** s'écouler : _mediaron dos semanas_, deux semaines s'écoulèrent.

medias (a) _loc adv_ à moitié.

medicamento _m_ médicament.

medicin/a _f_ **1** médecine. **2** médicament _m_. **-al** _a_ médicinal, e.

medición _f_ mesure.

médico, a _a_ médical, e. □ _m_ médecin : _— de cabecera_, médecin traitant. □ _f_ médecin _m_.

medida _f_ mesure. | _a — que_, au fur et à mesure que ; _traje a la —_, costume sur mesure.

mediev/al _a_ médiéval, e. **-o** _m_ Moyen Âge.

medio, a _a_ **1** demi, e : _media botella_, une demi-bouteille. **2** moyen, enne : _clase media_, classe moyenne. **3** _a — camino_, à mi-chemin ; _a media pierna_, à mi-jambe. □ _m_ **1** milieu : _el justo_, le juste milieu ; _en — de_, au milieu de. | _— ambiente_, environnement. **2**

(para conseguir algo) moyen : _no hay — de..._, il n'y a pas moyen de... | _por — de_, au moyen de, par l'intermédiaire de. **3** (mitad) demi. □ _pl_ **1** (recursos) moyens. **2** _en los medios autorizados_, dans les milieux autorisés.

mediocr/e _a_ médiocre. **-idad** _f_ médiocrité.

mediodía _m_ midi.

medioeval _a_ médiéval, e.

medir ° _t_ mesurer. □ _medirse con alguien_, se mesurer avec quelqu'un.

medit/ar _i/t_ méditer. **-abundo, a** _a_ méditatif, ive. **-ación** _f_ méditation.

mediterráneo, a _a_ méditerranéen, enne. | _el mar Mediterráneo, el Mediterráneo_, la mer Méditerranée, la Méditerranée.

médium _m_ médium.

medrar _i_ **1** croître. **2** FIG prospérer.

medroso, a _a/s_ peureux, euse.

médula _f_ moelle : _— espinal_, moelle épinière.

medusa _f_ méduse.

mejicano, a _a/s_ mexicain, e.

Méjico _n p m_ **1** (país) Mexique. **2** (ciudad) Mexico.

mejilla _f_ joue.

mejillón _m_ moule _f_.

mejor _a_ meilleur, e : _mi — amiga_, ma meilleure amie ; _mucho —_, bien meilleur. | _a lo —_, peut-être. □ _a/adv_ mieux : _me encuentro —_, je me sens mieux ; _— que no se entere_, il vaut mieux qu'il ne le sache pas. | _a cual —_, à qui mieux mieux ; _— dicho_, ou plutôt ; ¡ _tanto — !_, ¡ _mejor !_, ¡ _— que — !_, tant mieux !

mejora _f_ amélioration.

mejor/ar _t_ améliorer. □ _i/pr_ **1** aller mieux : _el enfermo está muy mejorado_, le malade va beaucoup mieux. **2** (el tiempo) s'améliorer. **-ía** _f_ amélioration.

melanc/olía _f_ mélancolie. **-ólico,**

a *a* mélancolique.

melaza *f* mélasse.

melen/a *f* 1 cheveux *m pl* longs. 2 (del león) crinière. **-udo, a** *a* chevelu, e.

melindr/e *m* minauderie *f*. I *hacer melindres*, minauder. **-oso, a** *a* minaudier, ère.

melocot/ón *m* pêche *f*. **-onero** *m* pêcher.

mel/odía *f* mélodie. **-ódico, a** *a* mélodique. **-odioso, a** *a* mélodieux, euse.

melodrama *m* mélodrame.

melómano, a *a/s* mélomane.

melón *m* melon.

melopea *f* FAM cuite.

meloso, a *a* mielleux, euse, doucereux, euse.

mell/ar *t* ébrécher. **-a** *f* 1 brèche. 2 FIG *hacer* —, faire impression, de l'effet.

mellizo, a *a/s* jumeau, elle.

membrana *f* membrane.

membrete *m* en-tête.

membrillo *m* 1 coing : *carne de* —, pâte de coing. 2 (árbol) cognassier.

mem/o, a *a* idiot, e, niais, e. **-ez** *f* niaiserie.

memorable *a* mémorable.

memorándum *m* mémorandum.

memoria *f* 1 mémoire. I *en* — *de*, à la mémoire de ; *de* —, par cœur ; *traer a la* —, rappeler. 2 (escrito) mémoire *m*.

menaje *m* 1 meubles *pl*. 2 ustensiles *pl* de ménage.

menci/ón *f* mention. **-onar** *t* mentionner.

mend/igo, a *a/s* mendiant, e. **-icidad** *f* mendicité. **-igar** *i/t* mendier.

mendrugo *m* croûton, morceau de pain dur.

menear *i* remuer. □ *pr* FAM se remuer.

menester *m* besoin. I *ser* —, falloir, être nécessaire : *es* — *que vengáis*, il faut que vous veniez. □

pl occupations *f*. **-oso, a** *a/s* nécessiteux, euse.

menestra *f* — *de verduras*, jardinière de légumes.

mengano, a *s* un tel, une telle.

mengu/a *f* 1 diminution. 2 *en* — *de*, au détriment de. **-ante** *a* décroissant, e. □ *m* (mar) reflux. **-ar** *i* diminuer.

meningitis *f* méningite.

menor *a* 1 plus petit, e. 2 (en cantidad) moindre. I *al por* —, au détail. 3 plus jeune. I *hermano, hijo* —, cadet ; *es un año* — *que yo*, il est mon cadet d'un an. □ *a/s* (de edad) mineur, e.

Menorca *n p f* Minorque.

menos *adv* 1 moins : — *frío*, moins froid ; *seis años* —, six ans de moins ; *a* — *que*, à moins que. 2 (delante de un sustantivo) moins de : — *viento*, moins de vent. 3 (con artículo) *el hotel* — *caro*, l'hôtel le moins cher. 4 *echar de* —, regretter ; ¡ — *mal!*, heureusement !, c'est heureux ! ; *ni mucho* —, loin de là ; *por lo* —, au moins ; *tener en* —, sous-estimer ; *venir a* —, déchoir. 4 (salvo) sauf.

menoscab/ar *t* 1 diminuer. 2 porter atteinte à. **-o** *m* 1 diminution *f*. 2 (daño) dommage. 3 détriment.

menospreci/ar *t* 1 mépriser. 2 sous-estimer. **-o** *m* mépris.

mensaje *m* message. **-ría** *f* messagerie. **-ro, a** *s* messager, ère.

mensual *a* mensuel, elle. **-idad** *f* mensualité.

menta *f* menthe.

mental *a* mental, e.

mentalidad *f* mentalité.

mentar ° *t* mentionner, nommer.

mente *f* 1 esprit *m* : *una* — *clara*, un esprit clair. 2 (propósito) intention *f*.

mentecato, a *a* sot, sotte, imbécile.

ment/ir ° *i* mentir : *miente más*

que habla, il ment comme il respire. **-ira** *f* mensonge *m*. l *parece* —, c'est incroyable, on a peine à le croire. **-iroso, a** *a/s* menteur, euse. **-is** *m* démenti.

menú *m* menu.

menudear *t* multiplier. □ *i* abonder.

menudillos *m pl* abattis.

menudo, a *a* **1** petit, e, menu, e. **2** FAM drôle de, fichu, e : *¡ — lío !*, drôle d'histoire ! ; *— gandul es*, c'est un drôle de flemmard. **3** *a* —, souvent. □ *pl* abats.

meñique *m* petit doigt.

meollo *m* **1** moelle *f*. **2** FIG jugement.

mequetrefe *m* freluquet.

meramente *adv* simplement.

mercader *m* marchand.

mercado *m* marché.

mercan/cía *f* marchandise. **-te** *a* marchand, e : *marina* —, marine marchande. □ *m* navire marchand.

merced *f* **1** grâce. l *— a*, grâce à. **2** *estar a — de*, être à la merci de.

mercenario *m* mercenaire.

mercer/ía *f* mercerie. **-o, a** *s* mercier, ère.

mercurio *m* mercure.

merec/er ° *t/i* **1** mériter. **2** *— la pena*, valoir la peine. **-edor, a** *a ser — de*, être digne de. l *— de una multa*, passible d'une amende. **-ido, a** *a/m se lo tiene bien* —, il l'a bien mérité ; *ha llevado su* —, il a eu ce qu'il méritait.

merendar ° *i* goûter. □ *t* manger à son goûter.

merendero *m* guinguette *f*.

merengue *m* meringue *f*.

meridi/ano, a *a/s* méridien, enne. **-onal** *a* méridional, e.

merienda *f* goûter *m*.

merino *m* mérinos.

mérito *m* mérite. l *de* —, de valeur.

meritorio, a *a* méritoire.

merluza *f* colin *m*, merluche.

merm/ar *t/i* diminuer. **-a** *f* diminution.

mermelada *f* **1** marmelade. **2** confiture.

¹mero, a *a* simple, seul, e : *el — hecho*, le simple fait.

²mero *m* (pez) mérou.

merode/ar *i* marauder. **-ador, a** *s* maraudeur, euse.

mes *m* mois : *doce meses*, douze mois.

mesa *f* **1** table : *sentarse a la* —, se mettre à table ; *poner, quitar la* —, mettre, desservir la table. **2** (de una asamblea) bureau *m*.

mesarse *pr* s'arracher.

meseta *f* **1** plateau *m*. **2** (de escalera) palier *m*.

Mesías *m* Messie.

mesilla *f* — *de noche*, table de nuit.

mes/ón *m* auberge *f*, hôtellerie *f*. **-onero, a** *s* aubergiste.

mestizo, a *a/s* métis, isse.

mesur/a *f* mesure. **-ado, a** *a* mesuré, e.

meta *f* **1** but *m* : *alcanzar la* —, atteindre le but. **2** (en una carrera) ligne d'arrivée. **3** (en fútbol) buts *m pl*.

metafísico, a *a/f* métaphysique.

metáfora *f* métaphore.

met/al *m* métal : *metales preciosos*, métaux précieux. **-álico, a** *a* métallique. □ m *pagar en* —, payer en espèces. **-alurgia** *f* métallurgie. **-alúrgico, a** *a* métallurgique. □ *m* métallurgiste.

metamorfos/is *f* métamorphose. **-ear** *t* métamorphoser.

metedor *m* (de niño) lange, couche *f*.

meteoro *m* météore.

meteor/ología *f* météorologie. **-ológico, a** *a* météorologique : *parte* —, bulletin météorologique. **-ólogo, a** *s* météorologiste.

meter *t* **1** mettre : *metió su collar en el joyero*, elle mit son collier dans l'écrin. **2** *— un coche en el* *garaje*, rentrer une voiture au garage. **3** — *miedo, ruido*, faire peur, du bruit. □ *pr* **1** entrer : *se metieron en un bar*, ils entrèrent dans un bar. **2** s'engager : *se metió por una calle desierta*, il s'engagea dans une rue déserte. **3** se mêler : *¿ por qué te metes?*, de quoi te mêles-tu ? **4** *métetelo en la cabeza*, fourre-toi ça dans la tête.

meticuloso, a *a* méticuleux, euse.

metido *m* FAM coup.

metódico, a *a* méthodique.

método *m* méthode *f*.

metralleta *f* mitraillette.

métrico, a *a* métrique.

¹**metro** *m* mètre : — *cuadrado, cúbico*, mètre carré, cube.

²**metro** *m* (ferrocarril) métro.

metrópoli *f* métropole.

mexicano, a *a/s* mexicain.

México *n p m* **1** (país) Mexique. **2** (ciudad) Mexico.

mezcal *m* eau-de-vie *f* d'agave.

mez/clar *t* mélanger. □ *mezclarse en la muchedumbre*, se mêler à la foule. **-cla** *f* mélange *m*. **-colanza** *f* mélange *m*.

mezquin/o, a *a* mesquin, e. **-dad** *f* mesquinerie.

mezquita *f* mosquée.

¹**mi** *m* (nota) mi.

²**mi, mis** *a pos* mon, ma, mes : — *hijo*, — *hija, mis hijos*, mon fils, ma fille, mes enfants.

³**mí** *pron pers* moi : *¡ a — !*, à moi ! ; *para —*, pour moi.

miaja *f* miette.

mica *f* mica *m*.

mico *m* singe.

microbio *m* microbe.

microfilm *m* microfilm.

micrófono *m* microphone.

micros/copio *m* microscope. **-cópico, a** *a* microscopique.

microsurco *m* microsillon.

mied/o *m* peur *f* : *tiene — al trueno*, il a peur du tonnerre ; *dar —*, faire peur. **-itis** *f* FAM

frousse. **-oso, a** *a/s* peureux, euse.

miel *f* miel *m*.

miembro *m* membre.

mientes *f pl parar — en*, réfléchir à, s'arrêter à ; *traer a las —*, rappeler.

mientras *conj/adv* **1** (simultaneidad) pendant que : — *está durmiendo*, pendant qu'il dort. **2** tant que : — *viva*, tant que je vivrai. **3** — *que*, tandis que. **4** — *tanto*, pendant ce temps.

miércoles *m* mercredi : — *de ceniza*, mercredi des cendres.

mierda *f* VULG merde.

mies *f* moisson.

miga *f* **1** (parte interior del pan) mie. **2** (trocito) miette. □ *pl hacer buenas migas*, faire bon ménage. **-ja** *f* miette.

migra/ción *f* migration. **-torio, a** *a* migratoire.

Miguel *n p m* Michel.

mijo *m* millet.

mil *a/m* mille. | *miles*, des milliers ; *a miles*, par milliers.

milagr/o *m* miracle. **-oso, a** *a* miraculeux, euse.

Milán *n p* Milan.

milenario, a *a/m* millénaire.

milésimo, a *a/s* millième.

mili *f* FAM service *m* militaire.

milici/a *f* **1** milice. **2** service *m* militaire. **-ano, a** *s* milicien, enne.

milímetro *m* millimètre.

militante *a/s* militant, e.

militar *a/m* militaire. □ *i* militer. **-izar** *t* militariser.

milla *f* mille *m*.

millar *m* millier. | *a millares*, par milliers.

mill/ón *m* million. | *mil millones*, un milliard. **-onario, a** *a/s* millionaire. **-onésimo, a** *a/s* millionième.

mimar *t* **1** gâter : *niño mimado*, enfant gâté. **2** choyer. **3** (teatro) mimer.

mimbre *m/f* osier *m*.

mímica *f* mimique.

mimo *m* **1** (teatro) mime. **2** caresse *f*, cajolerie *f*. **3** (con los niños) gâterie *f*. **4** (halago) flatterie *f*.

mimosa *f* mimosa *m*.

mimoso, a *a* **1** (afectuoso) câlin, e. **2** (melindroso) minaudier, ère.

min/a *f* mine. **-ar** *t* miner.

miner/al *a/m* minéral, e : *agua* −, eau minérale ; *los minerales*, les minéraux. □ *m* minerai. **-ía** *f* exploitation des mines. **-ero, a** *a* minier, ère. □ *m* mineur.

miniatur/a *f* miniature. **-izar** *t* miniaturiser.

minifundio *m* petite propriété *f*.

mínim/o, a *a* minime. | *el* − *esfuerzo*, le moindre effort. □ *m* minimum : *como* −, au minimum. | *lo más* −, le moins du monde. **-um** *m* minimum.

ministeri/o *m* ministère. **-al** *a* ministériel, elle.

ministro *m* ministre.

minoría *f* minorité. | − *de edad*, minorité.

minorista *m* détaillant.

minoritario, a *a* minoritaire.

minuci/a *f* petit détail *m*. **-osidad** *f* minutie. **-oso, a** *a* minutieux, euse.

minúsculo, a *a/f* minuscule.

minusválido, a *a/s* handicapé, e.

minuta *f* **1** (de una comida) menu *m*. **2** (escrito) minute. **3** note.

minut/o *m* minute *f*. **-ero** *m* aiguille *f* des minutes.

mío, a *a pos* **1** à moi : *este coche es* −, cette voiture est à moi. **2** mon, ma, mes : *¡ Dios* − *!*, mon Dieu ! | *un amigo* −, un de mes amis. □ *pron pos el* −, le mien ; *la mía*, la mienne ; *los míos*, les miens.

miocardio *m* myocarde.

miop/e *a/s* myope. **-ía** *f* myopie.

mira *f* **1** mire. **2** intention. | *con*

miras a, en vue de.

mirada *f* **1** regard *m*. **2** *echar una* − *a*, jeter un coup d'œil à.

mirado, a *a* **1** vu, e : *bien, mal* −, bien, mal vu. **2** *bien* −, en y regardant de près.

mirador *m* **1** mirador. **2** point de vue.

miramientos *m pl* égards, ménagements.

mirar *t* **1** regarder. **2** réfléchir. | *mirándolo bien, si bien se mira*, tout bien considéré, en y regardant de près. **3** faire attention à. | *¡ mira !*, écoute ! □ *mirarse en el espejo*, se regarder dans la glace.

mirlo *m* merle.

mirón, ona *a/s* curieux, euse, badaud, e.

mis ⇒ ²**mi.**

mis/a *f* messe : *ir a* −, aller à la messe ; − *del gallo*, messe de minuit. **-al** *m* missel.

misántropo *a/s* misanthrope.

miserable *a/s* misérable.

miseria *f* misère.

misericordi/a *f* miséricorde. **-oso, a** *a* miséricordieux, euse.

mísero, a *a* misérable.

mis/ión *f* mission. **-ionero, a** *a/m* missionnaire.

misiva *f* missive.

mismo, a *a* même : *al* − *tiempo*, en même temps ; *el* − *Juan*, Jean lui-même ; *ellos mismos*, eux-mêmes. | *lo* −, la même chose ; *es lo* −, cela revient au même, c'est tout comme ; *por lo* −, pour cette raison même.

misteri/o *m* mystère. **-oso, a** *a* mystérieux, euse.

místico, a *a/f* mystique.

mitad *f* **1** moitié : *reducir a la* −, réduire de moitié. **2** (centro) milieu *m*.

mitigar *t* **1** calmer. **2** mitiger. **3** − *el paro*, diminuer, ralentir le chômage.

mitin *m* meeting.

mito *m* mythe. **-logía** *f* mythologie.

mitra *f* mitre.

mixto, a *a* mixte.

mobiliario, a *a/m* mobilier, ère.

moblaje *m* ameublement.

mocasín *m* mocassin.

moce/dad *f* jeunesse. **-tón, ona** *s* grand gaillard, belle fille.

moción *f* 1 (proposición) motion. 2 mouvement *m*.

moc/o *m* 1 morve *f*. 2 (del pavo) caroncule *f*. | *no es — de pavo*, ce n'est pas de la blague. **-oso, a** *a/s* morveux, euse.

mochales *a* FAM dingue, cinglé, e.

mochila, *f* sac *m* à dos.

mocho, a *a* 1 émoussé, e. 2 écorné, e.

mochuelo, *m* hibou.

moda *f* mode : *una playa de —*, une plage à la mode ; *estar de —*, être à la mode. | *pasado de —*, démodé.

modales *m pl* manières *f*, tenue *f* *sing* : *buenos —*, bonnes manières ; *no tener buenos —*, manquer de tenue.

model/ar *t* modeler. **-ado** *m* 1 (acción) modelage. 2 (aspecto) modelé.

modelo *a/m* modèle.

moder/ar *t* modérer. **-ación** *f* modération.

modern/o, a *a* moderne. **-ismo** *m* modernisme. **-ización** *f* modernisation. **-izar** *t* moderniser

modest/o, a *a* modeste. **-ia** *f* modestie.

módico, a *a* modique.

modific/ar *t* modifier. **-ación** *f* modification.

modismo *m* idiotisme.

modist/a *s* couturier, ère. **-illa** *f* cousette. **-o** *m* couturier.

modo *m* 1 manière *f*, façon. | *a — de*, en guise de ; *de — que*, en sorte que ; *de ningún —*, en aucune façon ; *de todos modos*, de toute façon. 2 mode : *— de vida*, mode de vie. □ *pl* manières *f*.

modorra *f* torpeur, assoupissement *m*.

modoso, a *a* sage, sérieux, euse, bien élevé, e.

modul/ar *t* moduler. **-ación** *f* modulation.

mof/a *f* moquerie. | *hacer — de*, se moquer de. **-arse** *pr* se moquer.

moflet/e *m* grosse joue *f*. **-udo, a** *a* joufflu, e.

mohín *m* moue *f*. **-o, a** *a* boudeur, euse, fâché, e.

moh/o *m* 1 moisissure *f*. 2 (del hierro) rouille *f* **-oso, a** *a* 1 moisi, e. 2 rouillé, e.

Moisés *n p m* Moïse.

mojar *t* mouiller.

mojigat/o, a *a* prude. **-ería** *f* pruderie.

mojón *m* borne *f*.

molar *m* molaire *f*.

mold/e *m* moule. **-ear** *t* mouler. **-ura** *f* moulure.

mole *f* masse.

mol/écula *f* molécule. **-ecular** *a* moléculaire.

moler ° *t* 1 moudre. 2 FIG (cansar) éreinter. 3 *— a palos*, rouer de coups.

molestar *t* 1 gêner, déranger. 2 ennuyer, embêter : *me molesta tener que pedirte este favor*, ça m'ennuie de devoir te demander cette faveur. □ *pr no se moleste usted*, ne vous dérangez pas.

molest/ia *f* 1 gêne, dérangement *m*. | *no es ninguna —*, ça ne me dérange pas ; *si no es una — para usted*, si cela ne vous gêne pas. 2 *tomarse la — de*, se donner la peine de. **-o, a** *a* 1 gênant, e. 2 (incómodo) mal à l'aise. 3 (resentido) fâché, e.

molicie *f* mollesse.

molido, a *a* moulu, e.

molinero, a *s* meunier, ère.

molinete *m* moulinet.

molin/o *m* moulin : *– de viento*, moulin à vent. **-illo** *m – de café*, moulin à café.

molusco *m* mollusque.

molleja *f* 1 (de las aves) gésier *m*. 2 (de reses) ris *m*.

mollera *f* FAM cervelle. I *cerrado de –*, bouché.

momentáneo, a *a* momentané, e.

momento *m* moment : *de un – a otro*, d'un moment à l'autre. I *de –, por el –*, pour l'instant ; *dentro de un –*, dans un instant ; *en el – de*, au moment de.

momia *f* momie.

mona *f* 1 guenon. 2 FAM (borrachera) cuite. I *dormir la –*, cuver son vin.

Mónaco *n p* Monaco.

monada *f ser una –*, être joli, e comme tout, être mignon, onne tout plein.

monaguillo *m* enfant de chœur.

mon/arca *m* monarque. **-arquía** *f* monarchie. **-árquico, a** *a* monarchique. □ *s* monarchiste.

mon/asterio *m* monastère. **-ástico, a** *a* monastique.

monda *f* 1 épluchage *m*. 2 (piel que se quita) épluchure. 3 FAM *ser la –*, être incroyable ; *¡esto es la –!*, c'est incroyable !

mondadientes *m* cure-dent.

mondaduras *f pl* épluchures.

mondar *t* 1 (frutas, legumbres) éplucher 2 (limpiar) nettoyer. □ FAM *mondarse de risa*, se tordre de rire.

mondongo *m* tripes *f pl*.

moned/a *f* 1 monnaie. 2 pièce de monnaie. **-ero** *m* porte-monnaie.

monegasco, a *a/s* monégasque.

monetario, a *a* monétaire.

mongol *a/s* mongol, e.

Mónica *n p f* Monique.

monigote *m* 1 pantin, polichinelle 2 (dibujo) bonhomme.

monín, ina *a* mignon, onne.

monises *m pl* FAM picaillons, fric *sing*.

monitor, a *s* moniteur, trice.

monja *f* religieuse, bonne sœur.

monje *m* moine.

mono, a *a* joli, e, mignon, onne □ *m* 1 (animal) singe. 2 (traje) salopette *f*, bleu. 3 TAUROM *– sablo*, valet.

monóculo *m* monocle.

monograma *m* monogramme.

monolito *m* monolithe.

mon/ólogo *m* monologue. **-ologar** *i* monologuer.

monopol/io *m* monopole. **-izar** *t* monopoliser.

monosabio *m* valet.

monosílabo *m* monosyllabe.

mon/ótono, a *a* monotone. **-otonía** *f* monotonie.

monseñor *m* monseigneur.

monserga *f* discours *m*, histoire.

monstru/o *m* monstre. **-osidad** *f* monstruosité. **-oso, a** *a* monstrueux, euse.

monta *f* valeur, importance.

montacargas *m* monte-charge.

montaje *m* montage.

montante *m* montant.

montañ/a *f* montagne. **-ero, a** *s* alpiniste. **-és, esa** *a/s* montagnard, e. **-ismo** *m* alpinisme. **-oso, a** *a* montagneux, euse.

montar *i – a caballo, en bicicleta*, monter à cheval, à bicyclette. □ *t* monter.

montaraz *a* sauvage.

monte *m* 1 montagne *f*. 2 mont : *el Monte Blanco*, le Mont Blanc. 3 (bosque) bois. I *– bajo*, taillis. 3 *– de piedad*, mont-de-piété.

montepío *m* caisse *f* de secours.

montera *f* bonnet *m*.

montería *f* 1 vénerie. 2 chasse à courre.

montés *a* sauvage.

montículo *m* monticule.

montón _m_ tas. | _a montones_, à foison ; _del —_, quelconque.

montuoso, a _a_ montueux, euse.

montura _f_ monture.

monument/o _m_ monument. **-al** _a_ monumental, e.

moña _f_ nœud _m_ de rubans.

moño _m_ (de pelo) chignon.

moqueta _f_ moquette.

mora _f_ mûre.

morada _f_ 1 demeure. 2 (estancia) séjour _m_.

morado, a _a/m_ violet, ette.

morador, a _s_ habitant, e.

moral _a_ moral, e. □ _f_ 1 morale. 2 (estado de ánimo) moral _m_ : _levantar la —_, remonter le moral. **-eja**, **-idad** _f_ moralité. **-ista** _s_ moraliste.

morapio _m_ FAM gros rouge.

morar _i_ demeurer.

mórbido, a _a_ morbide.

morboso, a _a_ morbide.

morcilla _f_ boudin _m_.

mordaz _a_ mordant, e.

mordaza _f_ bâillon _m_.

mord/er ° _t_ mordre : _me ha mordido un perro_, un chien m'a mordu. **-edura** _f_ morsure. **-isco** _m_ coup de dent. **-isquear** _i_ mordiller.

moreno, a _a/m_ brun, e : _tiene el pelo —_, il a les cheveux bruns. □ _a_ (por el sol) bronzé, e : _se ha puesto morena este verano_, elle a bronzé cet été.

morera _f_ mûrier _m_.

morfina _f_ morphine.

morfología _f_ morphologie.

moribundo, a _a/s_ moribond, e.

morillo _m_ chenet.

morir ° _i_ mourir : _murió en la guerra_, il est mort à la guerre. | _¡ muera !_, à mort ! □ _pr_ mourir : _me muero de hambre, de sed_, je meurs de faim, de soif ; _morirse de risa_, mourir de rire.

morisco, a _a_ mauresque.

moro, a _a/s_ maure.

morral _m_ musette _f_.

morriña _f_ cafard _m_, mal _m_ du pays.

morro _m_ 1 (hocico) mufle. 2 (de persona) lippe _f_. | FAM _estar de morros_, faire la tête. 3 (de coche) capot. 4 (monte) colline _f_, mamelon. 5 (peñasco) rocher.

morrocotudo, a _a_ FAM formidable, terrible.

morsa _f_ morse _m_.

mortaja _f_ linceul _m_.

mortal _a/s_ mortel, elle. **-idad** _f_ mortalité.

mortandad _f_ mortalité, hécatombe.

mortecino, a _a_ blafard, e.

mortero _m_ mortier.

mortificar _t_ mortifier.

mortuorio, a _a_ mortuaire.

morueco _m_ bélier.

moruno, a _a_ mauresque.

mosaico _m_ mosaïque _f_.

mosc/a _f_ 1 mouche. | FIG _por si las moscas_, au cas où. 2 FAM _aflojar la —_, abouler le fric, les lâcher. **-ardón** _m_ mouche _f_ à viande.

moscatel _a/m_ muscat.

moscovita _a/s_ moscovite.

Moscú _n p_ Moscou.

mosquearse _pr_ prendre la mouche, se piquer.

mosquita _f_ FIG _— muerta_, sainte-nitouche.

mosquit/o _m_ moustique. **-ero** _m_ moustiquaire _f_.

mostacera _f_ moutardier _m_.

mostacilla _f_ cendrée.

mostacho _m_ moustache _f_.

mostaza _f_ moutarde.

mostrador _m_ comptoir.

mostrar ° _t_ montrer : _muestra su sorpresa_, il montre sa surprise.

mota _f_ 1 (mancha) tache. 2 (partícula) poussière. 3 défaut _m_. 4 (eminencia) butte.

mote *m* (apodo) sobriquet.

motear *t* moucheter, tacheter.

motín *m* **1** émeute *f.* **2** (de tropas) mutinerie *f.*

motivar *t* motiver.

motivo *m* motif. | *con — de,* à l'occasion de.

moto *f* moto. **-cicleta** *f* motocyclette. **-ciclista** *s* motocycliste, motard.

motonave *f* bateau *m* à moteur.

motor, a *a* moteur, trice. □ *m* moteur : *— de explosión,* moteur à explosion. □ *f* (lancha) vedette. **-izar** *t* motoriser.

motriz *a* motrice.

movedizo, a *a* mouvant, e.

mov/er *°* *t* **1** remuer. **2** (accionar) mouvoir. **3** FIG (incitar) pousser. □ *pr* **1** bouger : *¡no se mueva!,* ne bougez pas ! **2** (hacer gestiones) se remuer. **-ible** *a* mobile. **-ido, a** *a* **1** *— por la envidia,* mû par l'envie. **2** agité, e, mouvementé, e : *sesión movida,* séance mouvementée. **3** *foto movida,* photo floue.

móvil *a/m* mobile.

movilidad *f* mobilité.

moviliz/ar *t* mobiliser. **-ación** *f* mobilisation.

movimiento *m* mouvement.

moza *f* jeune fille. | *una buena —,* une belle fille.

mozalbete *m* gamin, jeune garçon.

moz/o, a *a* jeune. □ *m* **1** jeune homme. | *un buen —,* un beau garçon. **2** (camarero) garçon. **3** (criado) domestique. | *— de equipajes,* porteur. **-uelo, a** *s* jeune garçon, petite jeune fille.

muchacho, a *s* enfant. □ *m* garçon, jeune homme. □ *f* **1** petite fille, jeune fille. **2** (criada) bonne, domestique.

muchedumbre *f* foule.

¹mucho, a *a* beaucoup de : *— viento,* beaucoup de vent ; *mucha gente,* beaucoup de monde. | *— tiempo,* longtemps ; *son*

muchos los que..., nombreux sont ceux qui...

²mucho *adv* **1** beaucoup : *come —,* il mange beaucoup. **2** bien : *— antes,* bien avant ; *— mejor,* bien meilleur. | *ni con —,* tant s'en faut ; *— que sí,* bien sûr ; *por — que grites...,* tu as beau crier...

muda *f* **1** (de la piel, de la voz) mue. **2** (ropa) linge *m* de rechange : *tráigame una — limpia,* apportez-moi du linge propre.

mudable *a* changeant, e.

mudanza *f* **1** changement *m.* **2** (cambio de domicilio) déménagement *m.*

mudar *t* changer. □ *i* (la piel, la voz) muer. □ *pr* **1** *mudarse de vestido,* changer de vêtements. **2** *mudarse de casa,* déménager : *nos mudamos de casa el mes pasado,* nous avons déménagé le mois dernier.

mudo, a *a/s* muet, ette.

mueble *a/m* meuble.

mueca *f* grimace.

muela *f* **1** (piedra) meule. **2** (diente) dent : *dolor de muelas,* mal aux dents. **3** (diente molar) molaire.

¹muelle *m* ressort.

²muelle *m* (de puerto, estación) quai.

muera, etc. ⇒ **morir.**

muérdago *m* gui.

muert/e *f* mort. | *de mala —,* de rien du tout, minable. **2** (homicidio) meurtre *m.* **-o, a** *p p* de **morir** : *ha —,* il est mort. □ *a/s* **1** mort, e. | *en punto —,* au point mort. **2** (matado) tué, e.

muesca *f* encoche.

muestra *f* **1** échantillon *m.* **2** preuve, témoignage *m.* | *dar muestras de,* faire preuve de ; *muestras de cansancio,* signes *m* de fatigue. **-rio** *m* échantillonnage.

mueva, etc. ⇒ **mover.**

mug/ir *i* mugir. **-ido** *m*

mugissement.

mugr/e f crasse. **-iento, a** a crasseux, euse.

muguete m muguet.

mujer f femme. **-il** a féminin, e.

mújol m mulet.

mula f mule.

muladar m fumier.

mulato, a a/s mulâtre, esse.

mulero m muletier.

muleta f 1 béquille. 2 TAUROM muleta.

muletilla f 1 (estribillo) tic m de langage. 2 TAUROM muleta.

muletón m molleton.

mulo m mulet.

mult/a f 1 amende : so pena de −, sous peine d'amende. 2 poner − por exceso de velocidad, mettre une contravention pour excès de vitesse. **-ar** t condamner à une amende.

multicolor a multicolore.

multicopista f machine à polycopier. I tirar a −, polycopier.

multimillonario, a a multi-millionnaire.

múltiple a multiple.

multiplic/ar t multiplier. **-ación** f multiplication. **-idad** f multiplicité.

múltiplo, a a/m multiple.

multitud f multitude.

mullido, a a moelleux, euse.

mundano, a a/s mondain, e.

mundial a mondial, e.

mundillo m el − teatral, le monde du théâtre.

mundo m monde. I ver −, voir du pays ; había medio − en la conferencia, il y avait un monde fou à la conférence. **-logía** f savoir-vivre m.

munición f munition.

municip/al a municipal, e. **-alidad** f municipalité. **-io** m 1 commune f. 2 (ayuntamiento) municipalité f.

munificencia f munificence.

muñec/a f 1 (juguete) poupée. 2 (parte del brazo) poignet m. **-o** m bonhomme.

muñón m moignon.

mur/al a mural, e. □ m peinture f murale. **-alla** f 1 muraille. 2 rempart m.

Murcia n p Murcie.

murciélago m chauve-souris f.

murga f FAM dar la −, casser les pieds.

murmullo m murmure.

murmur/ar i/t 1 murmurer. 2 − de alguien, médire de quelqu'un. **-ación** f médisance. **-ador, a** a/s médisant, e.

muro m mur.

murria f cafard m.

musa f muse.

musaraña f musaraigne. I FIG pensar en las musarañas, être dans les nuages.

muscul/ar a musculaire. **-atura** f musculature.

músculo m muscle.

musculoso, a a musclé, e.

muselina f mousseline.

museo m musée.

musgo m mousse f.

música f musique.

musical a 1 musical, e. 2 instrumento −, instrument de musique. □ m comédie f musicale.

músico, a a musical, e. I instrumento −, instrument de musique. □ s musicien, enne.

musicólogo, a s musicologue.

musitar i marmotter.

muslo m cuisse f.

mustio, a a 1 (planta) fané, e. 2 (persona) triste, morne, cafardeux, euse.

musulmán, ana a/s musulman, e.

mutación f 1 (teatro) changement m de décors. 2 (biología) mutation.

mutil/ar *t* mutiler. **-ación** *f* mutilation.

mutis m *hacer* —, sortir de scène ; (callarse) se taire. **-mo** *m* mutisme.

mutualidad *f* 1 mutualité. 2 (asociación) mutuelle.

mutu/o, a *a* mutuel, elle.

-amente *adv* mutuellement.

muy *adv* très : — *lejos*, très loin ; — *a menudo*, très souvent ; — *de mañana*, de très bon matin. I *por* — *inteligente que sea*, aussi intelligent soit-il, il a beau être intelligent ; FAM *el* — *idiota*, cette espèce d'idiot.

N

n [ene] *f* n *m* : *una* —, un n.
nabo *m* navet.
nácar *m* nacre *f*.
nacarado, a *a* nacré, e.
nac/er ° *i* naître : *nació en Sevilla*, il est né à Séville. **-ido, a** *a* né, e. l *recién* —, nouveau-né. **-iente** a *sol* —, soleil levant. **-imiento** *m* 1 naissance *f*. 2 (belén) crèche *f*.
nación *f* nation.
nacional *a* national, e. **-idad** *f* nationalité. **-ismo** *m* nationalisme. **-ización** *f* nationalisation. **-izar** *t* nationaliser.
nada *pron indef* rien : *no he dicho* —, je n'ai rien dit ; — *que ver*, rien à voir ; *por* — *del mundo*, pour rien au monde. l *como si* —, comme si de rien n'était ; — *más entrar*, à peine entré, e. □ *adv* — *difícil*, pas difficile du tout ; *no canta* — *bien*, il ne chante pas bien du tout. □ *f* néant *m* : *sacar de la* —, tirer du néant.
nad/ar *i/t* nager. **-ador, a** *a/s* nageur, euse.
nadería *f* rien *m*, bricole.
nadie *pron* personne : — *lo sabe*, personne ne le sait. □ m *un* —, une nullité.
nado (a) *loc adv* à la nage.
nafta *f* 1 naphte *m*. 2 AMER essence.
naftalina *f* naphtaline.
naipe *m* carte *f* à jouer.
nalga *f* fesse.
nana *f* (canción) berceuse.
Napoleón *n p m* Napoléon.
Nápoles *n p* Naples.
napolitano, a *a/s* napolitain, e.
naranj/a *f* orange. l FIG *media* —, moitié. **-ada** *f* orangeade. **-al** *m* orangeraie *f*. **-o** *m* oranger.
narciso *m* narcisse.

narcótico, a *a/m* narcotique.
nariz *f* nez *m*. l *hablar de* —, parler du nez. □ *pl* nez *m sing*. l *dar de narices con*, se cogner le nez contre ; *reírse en las narices de*, rire au nez de ; *romper las narices*, casser la figure. **-otas** *f pl* FAM grand pif *m sing*.
narr/ar *t* raconter. **-ación** *f* narration, récit *m*. **-ador, a** *s* narrateur, trice.
nasal *a* nasal, e.
nata *f* crème.
natación *f* natation.
natal *a* natal, e. **-icio** *m* 1 jour de la naissance. 2 anniversaire. **-idad** *f* natalité.
natillas *f pl* crème *sing* aux œufs.
natividad *f* nativité.
nativo, a *a/s* natif, ive.
nato, a *a* né, née.
natural a 1 naturel, elle. 2 nature : *tamaño* —, grandeur nature. □ *m* naturel, nature *f*. l *al* —, au naturel ; *pintar del* —, peindre d'après nature. □ *m pl* (de un país) natifs.
naturaleza *f* nature.
naturalidad *f* naturel *m*, simplicité.
naturalista *s* naturaliste.
naturaliz/ar *t* naturaliser. □ *pr* se faire naturaliser. **-ación** *f* naturalisation.
naufrag/ar *i* faire naufrage. **-io** *m* naufrage.
náufrago, a *s* naufragé, e.
náusea *f* nausée.
nauseabundo, a *a* nauséabond, e.
náutico, a *a* nautique.
navaj/a *f* couteau *m* (à lame pliante). **-azo** *m* coup de couteau.
naval *a* naval, e : *combates*

navales, combats navals.

Navarra *n p f* Navarre.

nave *f* 1 vaisseau *m*. I — *espacial,* vaisseau spatial. 2 (en una iglesia) nef. I —*lateral,* bas-côté *m*. 3 (cobertizo) hangar *m*.

naveg/ar *i* naviguer. **-able** *a* navigable. **-ación** *f* navigation. **-ante** *m* navigateur.

Navidad *f* Noël *m*. □ *pl* Noël *m sing* : *por las Navidades,* vers Noël.

navideño, a *a* de Noël.

naviero *m* armateur.

navío *m* navire, vaisseau.

nazareno *m* pénitent.

nazi *a/s* nazi.

neblina *f* brouillard *m*.

nebuloso, a *a/f* nébuleux, euse.

necedad *f* sottise.

necesario, a *m* necessaire. I *hacer lo* —, faire le nécessaire.

neceser *m* — *de tocador,* nécessaire de toilette.

necesidad *f* 1 nécessité. 2 besoin *m* : *en caso de* —, en cas de besoin.

necesitado, a *a/s* nécessiteux, euse. I *estar* — *de,* avoir besoin de.

necesitar *t* avoir besoin de : *necesito tu ayuda,* j'ai besoin de ton aide. I *se necesita chica para todo,* on demande bonne à tout faire.

necio, a *a* sot, sotte.

néctar *m* nectar.

neerlandés, esa *a/s* néerlandais, e.

nefasto, a *a* néfaste.

nefritis *f* néphrite.

negación *f* 1 négation. 2 (negativa) refus *m*.

neg/ar ° *t* 1 nier : *niega los hechos,* il nie les faits. 2 refuser. □ *pr* refuser : *se negó a ayudarme,* il a refusé de m'aider ; *se niega a salir,* il refuse de sortir. **-ativo, a** *a* négatif, ive. □ *m* (foto) négatif. □ *f* 1 (acción de rehusar) refus *m* : *negativa rotunda,* refus caté-

gorique. 2 négation.

negligen/te *a/s* négligent, e. **-cia** *f* négligence.

negociación *f* négociation.

negociado *m* bureau.

negociador, a *s* négociateur, trice.

negociante *s* négociant, e.

negociar *i/t* négocier.

negocio *m* 1 affaire *f* : *buen, mal* —, bonne, mauvaise affaire ; *hombre de negocios,* homme d'affaires. 2 (comercio) négoce.

negrita, negrilla *f* caractère *m* gras.

negr/o, a *a/s* noir, e : *raza negra,* race noire ; *los negros de África,* les Noirs d'Afrique. I FAM *poner* — *a alguien,* exaspérer quelqu'un ; *verse* — *para...,* avoir un mal de chien pour... □ *f* FAM *tener la negra,* avoir la poisse. **-ura** *f* noirceur. **-uzco, a** *a* noirâtre.

nene, a *s* 1 bébé *m*. 2 petit, e.

nenúfar *m* nénuphar.

neófito, a *s* néophyte.

neologismo *m* néologisme.

neón *m* néon : *tubo de* —, tube au néon.

nervi/o *m* nerf : *ataque de nervios,* crise *f* de nerfs ; *poner los nervios de punta,* porter sur les nerfs, mettre les nerfs en boule. **-osidad** *f* 1 nervosité. 2 (irritación) énervement *m*. **-oso, a** *a/s* 1 nerveux, euse. 2 (irritado) énervé, e. I *poner* —, énerver.

neto, a *a* net, ette.

neumático, a *a* pneumatique. □ *m* pneu, pneumatique : *inflar un* —, gonfler un pneu.

neumonía *f* pneumonie.

neuralgia *f* névralgie.

neurast/enia *f* neurasthénie. **-énico, a** *a/s* neurasthénique.

neurólogo *m* neurologue.

neur/osis *f* névrose. **-ótico, a** *a/s* névrosé, e.

neutral *a* neutre. **-idad** *f*

neutralité. **-ización** *f* neutralisation. **-izar** *t* neutraliser.

neutro, a *a* neutre.

nevada *f* chute de neige.

nev/ar ° *impers* neiger. **-ado, a** *a* enneigé, e, neigeux, euse : *paisaje —,* paysage enneigé.

nevera *f* glacière, réfrigérateur *m.*

nevisca *f* légère chute de neige.

nexo *m* lien.

ni *conj* 1 ni : *— uno — otro,* ni l'un ni l'autre. 2 ne... pas même : *no quiero — pensarlo,* je ne veux même pas y penser. I *¡ — que... !,* comme si... !, même si...! ; *— ... siquiera,* ne... pas même.

nicaragüense *a/s* nicaraguayen, enne.

Nicolás *n p m* Nicolas.

nicotina *f* nicotine.

nicho *m* niche *f.*

nido *m* nid.

niebla *f* brouillard *m.*

nieto, a *s* petit-fils, petite fille. □ *pl* petits-enfants.

nieve *f* neige.

nilón *m* nylon.

nimi/o, a *a* insignifiant, e, minime. **-edad** *f* (pequeñez) bagatelle.

ninfa *f* nymphe.

ningún, uno, a *a* aucun, e : *— otro,* aucun autre ; *de ninguna manera,* en aucune manière. I *en ninguna parte,* nulle part ; *no es — sabio,* il n'a rien d'un savant. □ *pron* 1 aucun, e. 2 personne : *no ha venido ninguno,* personne n'est venu.

niña *f* 1 petite fille. 2 (del ojo) pupille.

niñ/o, a *a/s* enfant : *los niños,* les enfants. I *de —,* dès l'enfance. □ *m* petit garçon. **-era** *f* bonne d'enfant. **-ería** *f* enfantillage *m,* gaminerie. **-ez** *f* enfance.

nipón, ona *a/s* nippon, onne.

níquel *m* nickel.

niquelar *t* nickeler.

níspero *m* 1 (árbol) néflier. 2

(fruto) nèfle *f.*

nitidez *f* netteté.

nítido, a *a* net, nette.

nitrato *m* nitrate.

nitrógeno *m* azote.

nivel *m* niveau. **-ación** *f* nivellement *m.* **-ar** *t* niveler.

Niza *n p* Nice.

no *adv* 1 (en respuestas) non : *¿ sí o — ?,* oui ou non ? 2 (delante de un verbo) ne... pas : *— duerme,* il ne dort pas. 3 (con otra negación) ne : *esto — vale nada,* cela ne vaut rien. 4 (en frases sin verbo) pas : *¿ por qué — ?,* pourquoi pas ? ; *todavía —,* pas encore. I *— bien,* aussitôt que ; *— ... más que,* ne... que. □ *m* non : *un — rotundo,* un non catégorique.

nobl/e *a/s* noble. **-eza** *f* noblesse.

noción *f* notion.

nocivo, a *a* nocif, ive.

nocturno, a *a* nocturne. I *partido —,* match en nocturne ; *tren —,* train de nuit.

noche *f* 1 nuit : *es de —,* il fait nuit. I *de la — a la mañana,* du jour au lendemain ; *hacer — en,* passer la nuit à ; *trabajar por la —,* travailler de nuit. 2 (principio de la noche) soir : *las diez de la —,* dix heures du soir. I *baile de —,* soirée dansante. 3 *¡ buenas noches !,* bonsoir !, bonne nuit !

nochebuena *f* nuit de Noël.

nochevieja *f* nuit de la Saint-Sylvestre.

no-do *m* actualités *f pl.*

nodriza *f* nourrice.

nogal *m* noyer.

nómada *a/s* nomade.

nombradía *f* renom *m,* renommée.

nombr/amiento *m* nomination *f.* **-ar** *t* nommer.

nombre *m* 1 nom : *— propio,* nom propre ; *en — de,* au nom de. I *— de pila,* nom de baptême, prénom. 2 prénom.

nomenclatura *f* nomenclature.

nómina *f* 1 liste. 2 état *m* du personnel. 2 paie.

nominación *f* nomination.

nominal *a* nominal, e.

non *a* impair, e. □ *m pl pares o nones*, pair ou impair. I *decir que nones*, refuser catégoriquement.

nonada *f* vétille.

nonagésimo, a *a/s* quatre-vingt-dixième.

nones ⇒ **non**.

nordeste *m* nord-est.

nórdico, a *a* nordique.

noria *f* noria.

norm/a *f* norme. **-al** *a* normal, e. **-alidad** *f* normale, état *m* normal. I *volver a la —*, redevenir normal, e, revenir à la normale.

normando, a *a/s* normand, e.

noroeste *m* nord-ouest.

norte *m* nord.

norteamericano, a *a/s* américain, e du Nord.

Noruega *n p f* Norvège.

noruego, a *a/s* norvégien, enne.

nos *pron pers* nous.

nosotros, as *pron pers* nous.

nost/algia *f* nostalgie. **-álgico, a** *a* nostalgique.

nota *f* note : *— falsa*, fausse note ; *tomar — de*, prendre note de.

nota/bilidad *f* notabilité. **-ble** *a* remarquable, notable. □ *m* notable.

notar *t* 1 (advertir) remarquer. 2 *te noto una voz extraña*, je te trouve une drôle de voix.

notario *m* notaire.

noticia *f* nouvelle : *— falsa*, fausse nouvelle. I *estar atrasado de noticias*, ne pas être à la page. **-rio** *m* 1 (cine) actualités *f pl*. 2 (radio) informations *f pl*.

notificar *t* notifier.

notori/o, a *a* notoire. **-edad** *f* notoriété.

novat/o, a *a/s* nouveau, elle. **-ada** *f* brimade, bizutage *m*.

novecientos *a/m* neuf cents.

novedad *f* 1 nouveauté. I *hay —*, il y a du nouveau ; *llegar sin —*, arriver sans encombre ; *sin —*, rien de nouveau. 2 (noticia) nouvelle.

novel/a *f* roman *m*. I *— corta*, nouvelle. **-esco, a** *a* romanesque. **-ista** *s* romancier, ère.

noveno, a *a/s* neuvième.

noventa *a/m* quatre-vingt-dix.

novia ⇒ **novio**.

noviazgo *m* fiançailles *f pl*.

novicio, a *a/s* novice.

noviembre *m* novembre : *el 2 de —*, le 2 novembre.

novill/o *m* 1 jeune taureau. 2 *hacer novillos*, faire l'école buissonnière. **-ada** *f* course de jeunes taureaux. **-ero** *m* torero qui combat les jeunes taureaux.

novio, a *s* 1 (prometido) fiancé, e. 2 (amigo) petit ami, petite amie. 3 (recién casado) jeune marié, e. I *traje de novia*, robe de mariée ; *viaje de novios*, voyage de noce.

novísimo, a *a* tout nouveau, toute nouvelle.

nub/e *f* 1 nuage *m*. I *caerse de las nubes*, tomber des nues ; *poner por las nubes*, porter aux nues. 2 (afluencia) nuée. **-arrón** *m* gros nuage.

nubl/arse *pr se está nublando*, le temps se couvre. **-ado, a** *a* nuageux, euse.

nuboso, a *a* nuageux, euse.

nuca *f* nuque.

nuclear *a* nucléaire.

núcleo *m* noyau.

nud/o *m* nœud. **-illo** *m* llamar *con los nudillos*, frapper. **-oso, a** *a* noueux, euse.

nueces *pl* de **nuez**.

nuera *f* belle-fille, bru.

nuestro, a, os, as *a pos* 1 notre, nos : *nuestra casa*, notre maison. 2 à nous : *esta casa es nuestra*, cette maison est à nous. I *un primo —*, un de nos cousins. □ *pron pos* nôtre, nôtres : *los nuestros*, les nôtres.

nueva *f* nouvelle.

Nueva York *n p* New York.

nueve *a/m* neuf. I *son las —*, il est neuf heures.

nuevo, a *a* **1** (reciente) nouveau, nouvelle (nouvel devant de masculino que empieza por vocal o *h* muda : *el año —*, le nouvel an). I *de —*, de nouveau ; *¿ qué hay de — ?*, quoi de neuf ? **2** (no o poco gastado) neuf, neuve : *un coche —*, une voiture neuve.

nuez *f* **1** noix. **2** (en la garganta) pomme d'Adam.

nul/o, a *a* nul, nulle. **-idad** *f* nullité.

numeración *f* **1** numération. **2** (acción de numerar) numérotage *m*.

numeral *a/m* numéral, e.

numerar *t* **1** numéroter. **2** (contar) dénombrer.

numérico, a *a* numérique.

número *m* **1** nombre : *un — incalculable*, un nombre incalculable. **2** (en una serie, un sorteo, un periódico) numéro. **3** chiffre. **4** (medida de los zapatos, etc.) pointure *f*.

numeroso, a *a* nombreux, euse.

nunca *adv* jamais : *no la he visto —*, je ne l'ai jamais vue. I *— jamás*, jamais, au grand jamais.

nuncio *m* nonce.

nupci/as *f pl* noces. **-al** *a* nuptial, e.

nutria *f* loutre.

nutr/ir *t* nourrir. **-icio, a** *a* nourrissier, ère. **-ición** *f* nutrition. **-ido, a** *a* nourri, e. **-itivo, a** *a* nutritif, ive.

nylon *m* nylon.

Ñ

ñ [eɲe] ƒ ñ m.
ñandú m nandou.
ñoñ/o, a a **1** (soso) mièvre. **2** délicat, e, douillet, ette. **3** (quejumbroso) geignard, e. **4** timide. **-ería** ƒ mièvrerie.

O

¹**o** *f* o *m* : *una* o, un o.

²**o** *conj* ou.

oasis *m* oasis *f*.

obcec/ar *t* aveugler. **-ación** *f* aveuglement *m*.

obed/ecer ° *i* obéir. **-iencia** *f* obéissance. **-iente** *a* obéissant, e.

obelisco *m* obélisque.

obertura *f* ouverture.

obes/o, a *a* obèse. **-idad** *f* obésité.

óbice *m* obstacle.

obisp/o *m* évêque. **-ado** *m* évêché.

óbito *m* décès.

obje/ción *f* objection. **-tar** *t* objecter.

objetivo, a *a/m* objectif, ive.

objeto *m* objet. I *con — de,* afin de, en vue de.

oblicuo, a *a* oblique.

oblig/ar *t* obliger. **-ación** *f* obligation. **-atorio, a** *a* obligatoire.

obliterar *t* oblitérer.

oblongo, a *a* oblong, gue.

oboe *m* hautbois.

óbolo *m* obole *f*.

obra *f* 1 œuvre. 2 (libro) ouvrage *m*. 3 (de teatro) pièce. 4 *— maestra,* chef-d'œuvre *m*. 5 (edificio en construcción) chantier *m*. □ *pl* travaux *m* : *obras públicas,* travaux publics ; *¡atención, obras!,* attention, travaux !

obrar *i* 1 agir. 2 se trouver, être : *el expediente obra en poder del juez,* le dossier se trouve entre les mains du juge.

obrero, a *a/s* ouvrier, ère.

obsceno, a *a* obscène.

obscuro, etc. ⇒ **oscuro**.

obsequi/o *m* cadeau. **-ar** *t — a alguien con algo,* offrir quelque chose à quelqu'un ; *los invitados fueron obsequiados con un cóctel,* un coktail a été offert aux invités. **-oso, a** *a* 1 (cortés) obligeant, e. 2 (con exceso) obséquieux, euse.

observ/ar *t* observer. **-ación** *f* observation. **-ador, a** *a/s* observateur, trice. **-atorio** *m* observatoire.

obses/ión *a* obsession. **-ionar** *t* obséder. **-ivo, a** *a* obsédant, e. **-o, a** *a/s* obsédé, e.

obst/áculo *m* obstacle. **-aculizar** *t* 1 *— la circulación,* gêner, entraver la circulation. 2 faire obstacle à.

obstante (no) *adv* cependant, néanmoins.

obstin/arse *pr — en,* s'obstiner à. **-ación** *f* obstination.

obstru/ir ° *t* obstruer. **-cción** *f* obstruction.

obtener ° *t* obtenir : *¿cómo obtuviste este resultado?,* comment as-tu obtenu ce résultat?

obtur/ar *t* obturer. **-ación** *f* obturation. **-ador** *m* obturateur.

obtuso, a *a* obtus, e.

obús *m* (proyectil) obus.

obvio, a *a* évident, e.

oca *f* oie.

ocasi/ón *f* occasion : *de —,* d'occasion. **-onal** *a* occasionnel, elle. **-onar** *t* occasionner, causer.

ocaso *m* 1 crépuscule. 2 FIG déclin.

occident/e *m* occident. **-al** *a* occidental, e.

Oceanía *n p f* Océanie.

océano *m* océan.

oci/o *m* 1 désœuvrement. 2 loisir : *en sus ratos de —,* à ses moments

de loisir. **-osidad** *f* oisiveté.
-oso, a *a* 1 (inactivo) oisif, ive. 2 (inútil) oiseux, euse.

ocre *a* ocre. □ *m* ocre *f*.

octava *f* octave.

octavilla *f* (de propaganda) tract *m*.

octavo, a *a/s* huitième.

octogenario, a *a/s* octogénaire.

octogésimo, a *a/s* quatre-vingtième.

octogonal *a* octogonal, e.

octógono *m* octogone.

octubre *m* octobre : *el 10 de* −, le 10 octobre.

oculista *s* oculiste.

ocult/ar *t* cacher. **-o, a** *a* 1 caché, e. 2 (secreto) occulte.

ocup/ar *t* occuper. □ *pr* s'occuper. **-ación** *f* occupation. **-ante** *a/s* 1 occupant, e. 2 passager, ère.

ocurren/cia *f* 1 idée : *¡qué* −*!*, quelle drôle d'idée! 2 (dicho agudo) trait *m* d'esprit. 3 circonstance. **-te** *a* spirituel, elle.

ocurrir *i* arriver, se passer : *me ha ocurrido algo raro*, il m'est arrivé quelque chose de curieux ; *¿qué ocurre?*, que se passe-t-il ? □ *pr* venir à l'idée, à l'esprit. l *se me ocurre que podríamos ir al restaurante*, je pense que nous pourrions aller au restaurant ; *se me ocurre una idea*, j'ai une idée.

ochent/a *a/s* quatre-vingts. **-ón, ona** *a/s* octogénaire.

ocho *a/m* huit. l *son las* −, il est huit heures. **-cientos, as** *a* huit cents.

oda *f* ode.

odi/o *m* haine *f* l *tomar* − *a*, prendre en haine. **-ar** *t* haïr, détester. **-oso, a** *a* odieux, euse.

odisea *f* odyssée.

odontólogo *m* dentiste.

odre *m* outre *f*.

oeste *m* ouest.

ofen/der *t* offenser. **-sa** *f* offense. **-sivo, a** *a* 1 offensif, ive. 2 (injurioso) offensant, e. □ *f* offensive. **-sor, a** *s* offenseur.

oferta *f* 1 offre. 2 promesse.

oficial *a* officiel, elle. □ *m* 1 ouvrier. 2 employé. 3 (militar) officier. **-a** *f* 1 ouvrière. 2 employée. **-idad** *f* officiers *m* pl.

oficiar *i* officier. □ *t* célébrer.

oficin/a *f* bureau *m*. **-ista** *s* employé, e de bureau.

oficio *m* 1 métier : *cada uno a su* −, chacun son métier. 2 (función, rezo) office.

oficioso, a *a* officieux, euse.

ofrec/er ° *t* offrir : *me ofreció su ayuda*, il m'a offert son aide. □ *ofrecerse de guía*, s'offrir, se proposer comme guide. **-imiento** *m* offre *f*.

ofrenda *f* offrande.

oftalm/ología *f* ophtalmologie. **-ólogo, a** *s* ophtalmologue.

ofuscar *t* aveugler.

ogro *m* ogre.

¡oh ! *interj* 1 oh ! 2 (vocativo) ô !

oíble *a* audible.

oídas (de) *loc adv* par ouï-dire.

oído *m* 1 (sentido) ouïe *f*, oreille *f* : *tener el* − *fino*, avoir l'ouïe fine. l *aguzar el* −, tendre l'oreille ; *duro de* −, dur d'oreille ; *ser todo oídos*, être tout ouïe. 2 (órgano) oreille.

oír ° *t* 1 entendre : *oigo pasos*, j'entends des pas. 2 écouter : *¡oiga usted!*, écoutez ! l *¡oye!*, dis donc ! ; (teléfono) *¡oiga!*, allô !

ojal *m* boutonnière *f*.

¡ojalá ! *interj* plaise à Dieu ! l *¡* − *venga!*, pourvu qu'il vienne ! ; *¡* − *fuera verdad!*, si seulement c'était vrai !

ojeada *f* l *echar una* −, jeter un coup d'œil.

ojeo *m* battue *f*.

ojera *f* cerne *m*.

ojeriza *f* aversion.

ojete *m* œillet.

ojiv/a *f* ogive. **-al** *a* ogival, e.

ojo *m* **1** œil : *tiene los ojos azules*, elle a les yeux bleus. I *a — (de buen cubero)*, à vue de nez ; *a ojos vistas*, à vue d'œil ; *andarse con —*, avoir l'œil ; *costar un — de la cara*, coûter les yeux de la tête ; *en un abrir y cerrar de ojos*, en un clin d'œil ; *¡ ojo !*, *¡ mucho — !*, attention ! **2** (de cerradura) trou. **3** (de puente) arche *f*.

ojota *f* AMER sandale.

ola *f* vague.

¡ ole ! *interj* bravo !

oleada *f* **1** (ola) lame. **2** paquet *m* de mer. **3** FIG abondance, vague.

oleaginoso, a *a* oléagineux, euse.

oleaje *m* houle *f*.

óleo *m* huile *f* : *pintura al —*, peinture à l'huile.

oleoducto *m* pipe-line.

oler ° *t/i* sentir : *— a*, sentir le, la ; *huele a gasolina, a quemado*, ça sent l'essence, le brûlé ; *esto huele bien, mal*, ça sent bon, mauvais.

olfat/o *m* **1** odorat. **2** (de animal) flair. **3** FIG flair. **-ear** *t* flairer, renifler. **-ivo, a** *a* olfactif, ive.

oliente *a* odorant, e. I *mal —*, malodorant, e.

olímpico, a *a* olympique.

Olimpo *n p m* Olympe.

oliv/a *f* olive. **-ar** *m* oliveraie *f*. **-o** *m* olivier.

olmo *m* orme.

olor *m* odeur *f* : *un — a fritura*, une odeur de friture. **-oso, a** *a* odorant, e.

olvidadizo, a *a* *ser —*, ne pas avoir de mémoire.

olvid/ar *t* oublier. □ *pr* oublier : *se me ha olvidado tu dirección*, j'ai oublié ton adresse ; *se ha olvidado de avisarme*, il a oublié de me prévenir. **-o** *m* oubli : *caer en el —*, tomber dans l'oubli.

olla *f* **1** marmite. I *— a presión*, autocuiseur *m*. **2** (guiso) pot-au-feu *m*.

ollar *m* naseau.

ombligo *m* nombril.

ominoso, a *a* abominable.

omi/tir *t* omettre : *omití escribir la fecha*, j'ai omis d'écrire la date. **-sión** *f* omission.

ómnibus *m* omnibus.

omnipotente *a* omnipotent, e.

omóplato *m* omoplate *f*.

once *m* onze. I *son las —*, il est onze heures.

ond/a *f* onde : *— larga*, grandes ondes, **-ear** *i* ondoyer. **-ulación** *f* ondulation. **-ulante** *a* ondoyant, e. **-ular** *i* onduler.

oneroso, a *a* onéreux, euse.

onza *f* once.

opaco, a *a* **1** opaque. **2** (ruido, voz) sourd, e. **3** triste.

ópalo *m* opale *f*.

opalino, a *a/f* opalin, e.

opción *f* option, choix *m* : *no hay —*, il n'y a pas le choix.

ópera *f* opéra *m*.

operación *f* opération.

operador, a *s* opérateur, trice.

operar *t* opérer. □ *pr* (cirugía) se faire opérer.

operario, a *s* ouvrier, ère.

opereta *f* opérette.

opinar *i/t* penser.

opinión *f* **1** opinion. **2** avis *m* : *en mi —*, à mon avis.

opio *m* opium.

opíparo, a *a* somptueux, euse.

oponer ° *t* opposer. □ *pr* s'opposer.

oporto *m* porto.

oportun/o, a *a* opportun, e. **-idad** *f* **1** occasion : *aprovechar la —*, profiter de l'occasion. **2** (conveniencia) opportunité.

oposición *f* **1** opposition. **2** concours *m* : *oposiciones a un cargo*, concours en vue d'obtenir un poste.

oposit/ar *t* *— a un cargo*, passer un concours en vue d'obtenir un poste. **-or, a** *s* candidat, e, concurrent, e.

opres/ión f oppression. **-ivo, a** a oppressif, ive. **-or** m oppresseur.

oprimir 1 — *el botón*, presser le bouton. 2 (apretar) serrer. 3 (ahogar) oppresser. 4 (tiranizar) opprimer.

opt/ar i — *por*, opter pour, choisir de : *optó por marcharse*, il choisit de partir. **-ativo, a** a *asignatura optativa*, matière à option.

óptico, a a/f optique. □ m opticien.

optim/ismo m optimisme. **-ista** a/s optimiste.

óptimo, a a excellent, e.

opuesto, a a opposé, e.

opulen/te a opulent, e. **-cia** f opulence.

opúsculo m opuscule.

oquedad f creux m, vide m.

ora conj tantôt.

oración f 1 (rezo) prière. 2 (frase) proposition.

oráculo m oracle.

orador, a s orateur.

oral a oral, e : *exámenes orales*, examens oraux.

orar i/t prier : — *a Dios*, prier Dieu.

oratorio, a a oratoire. □ m MÚS oratorio. □ f art m oratoire.

orbe m sphère f, globe.

órbita f orbite : *en —*, sur orbite.

órdago (de) loc adv FAM terrible.

orden m 1 ordre : — *alfabético*, ordre alphabétique ; *llamar al —*, rappeler à l'ordre ; *poner en —*, mettre en ordre. I *sin — ni concierto*, à tort et à travers. 2 domaine. □ f 1 ordre m : *la — del día*, l'ordre du jour. I *¡a la —!*, à vos ordres ! ; *dar — de*, donner l'ordre de ; *páguese a la — de*, payez à l'ordre de. 2 — *de detención*, mandat m d'arrêt.

ordenado, a a ordonné, e.

ordenador m ordinateur.

ordenanza f ordonnance. □ m 1 (militar) ordonnance f. 2 garçon de bureau.

ordenar t 1 ordonner. 2 mettre de l'ordre dans, mettre en ordre.

ordeñ/ar t traire. **-o** m traite f.

ordinal a ordinal, e.

ordinar/io, a a 1 ordinaire. 2 vulgaire. **-iez** f grossièreté.

orear t aérer.

oreja f oreille. I *con las orejas gachas*, l'oreille basse.

oreo m 1 brise f. 2 aération f.

orfanato m orphelinat.

orfebre m orfèvre. **-ría** f orfèvrerie.

orgánico, a a organique.

organillo m orgue de Barbarie.

organismo m organisme.

organista s organiste.

organiz/ar t organiser. **-ación** f organisation. **-ador, a** a/s organisateur, trice.

órgano m 1 organe. 2 (instrumento de viento) orgue.

orgía f orgie.

orgull/o m 1 (soberbia) orgueil. 2 (sentimiento legitimo de satisfacción) fierté f. **-oso, a** a 1 orgueilleux, euse. 2 fier, fière.

orientación f orientation.

oriental a oriental, e.

orientar t orienter. □ pr s'orienter.

oriente m orient. I *Cercano Oriente*, Proche-Orient ; *Extremo Oriente*, Extrême-Orient ; *Oriente Medio*, Moyen-Orient.

orificio m orifice.

origen m origine f : *en su —*, à l'origine.

original a 1 (relativo al origen) originel, elle : *pecado —*, péché originel. 2 original, e : *se viste de manera —*, elle s'habille d'une façon originale. □ s (persona) original, e. □ m (texto) original. **-idad** f originalité.

originar t causer, provoquer, donner naissance à. □ pr provenir.

originario, a a originaire.

orill/a f bord m : *a orillas del mar*, au bord de la mer. **-ar** t 1 border.

2 FIG régler. **-o** *m* lisière *f*.

orín *m* rouille *f*.

orin/a *f* urine. **-al** *m* pot de chambre. **-ar** *i/t* uriner. **-es** *m pl* urine *f sing*.

Orinoco *n p m* Orénoque.

oriundo, a *a* originaire.

orl/a *f* bordure. **-ar** *t* border.

ornament/ación *f* ornementation. **-al** *a* ornemental, e. **-o** *m* ornement.

orn/ar *t* orner. **-ato** *m* ornement.

ornitología *f* ornithologie.

oro *m* or : *joyas de* —, bijoux en or. I FIG *apalear* —, rouler sur l'or.

orondo, a *a* (ufano) fier, fière.

oropel *m* FIG clinquant.

oropéndola *f* loriot *m*.

orquesta *f* orchestre *m*. **-ción** *f* orchestration.

orquídea *f* orchidée.

ortiga *f* ortie.

ortodox/o, a *a* orthodoxe. **-ia** *f* orthodoxie.

ortografía *f* orthographe.

orto/pedia *f* orthopédie. **-pédico, a** *a* orthopédique. □ *s* orthopédiste.

oruga *f* chenille.

orujo *m* marc.

orzuelo *m* orgelet.

os *pron pers* vous : *¡sentaos!*, asseyez-vous !

osa *f* ourse. I *la Osa Mayor, Menor*, la Grande, Petite Ourse.

osadía *f* audace, hardiesse.

osamenta *f* squelette *m*, ossature.

osario *m* ossuaire.

oscil/ar *i* osciller. **-ación** *f* oscillation. **-atorio, a** *a* oscillatoire.

oscur/o, a *a* 1 obscur, e, sombre : *un pasillo* —, un couloir obscur. I *a oscuras*, dans l'obscurité ; FIG dans l'ignorance. 2 (color) foncé, e : *verde* —, vert foncé. 3 *lenguaje* —, langage obscur. **-ecer** ° *t* obscurcir. □ *i* faire nuit. □ *pr*

(cielo) s'obscurcir, se couvrir. **-idad** *f* obscurité.

óseo, a *a* osseux, euse.

osezno *m* ourson.

oso *m* ours. I — *hormiguero*, fourmilier ; FAM *hacer el* —, faire l'andouille, l'idiot.

ostensible *a* ostensible.

ostent/ar *t* 1 montrer. 2 (hacer alarde) étaler. 3 (lucir) arborer. I — *un título*, porter un titre. **-ación** *f* ostentation. **-oso, a** *a* magnifique.

ostr/a *f* huître. **-icultura** *f* ostréiculture.

otaria *f* otarie.

ote/ar *t* 1 observer. 2 — *el horizonte*, scruter l'horizon. **-ro** *m* coteau.

otitis *f* otite.

otoñ/o *m* automne. **-al** *a* automnal, e.

otorgar *t* 1 accorder, octroyer. 2 — *un premio*, décerner un prix.

otro, *a*   *a/pron*   autre : *deme* — *pastel*, donnez-moi un autre gâteau ; *volveré* — *día*, je reviendrai un autre jour ; *otros dos, tres*, deux autres, trois autres. I — *tanto*, autant ; *¡otra!*, bis!, encore !

ovación *f* ovation.

oval, ovalado, a *a* ovale.

óvalo *m* ovale.

ovario *m* ovaire.

oveja *f* 1 (hembra del carnero) brebis. 2 (carnero) mouton *m*.

ovillo *m* pelote *f*. I *hacerse un* —, se pelotonner, se ramasser en boule.

oxidar *t* oxyder. □ *pr* s'oxyder, se rouiller.

óxido *m* oxyde.

ox/ígeno *m* oxygène. **-igenar** *t* oxygéner. I *agua oxigenada*, eau oxygénée.

oye, etc. ⇒ **oir.**

oyente *s* auditeur, trice.

ozono *m* ozone.

P

p _f_ p _m_ : _una_ —, un p.
pabellón _m_ pavillon.
pabilo _m_ mèche _f_.
Pablo _n p m_ Paul.
pábulo _m_ pâture _f_. | _dar_ — _a_, alimenter.
pacer ° _i_ paître.
paces _pl_ de **paz**.
pacien/cia _f_ patience. **-te** _a/s_ patient, e. **-temente** _adv_ patiemment.
pacific/ación _f_ pacification. **-ador, a** _a/s_ pacificateur, trice. **-ar** _t_ pacifier.
pacífico, a _a_ pacifique. | _Océano Pacífico_, océan Pacifique.
pacotilla _f_ pacotille.
pact/o _m_ pacte. **-ar** _t_ conclure.
pachón _a/m_ basset.
pachorra _f_ FAM mollesse.
pachucho, a _a_ 1 (fruta) blet, ette. 2 (persona) patraque, vaseux, euse.
padec/er ° _t/i_ 1 — _sed, del estómago_, souffrir de la soif, de l'estomac ; _padecimos mucho_, nous avons beaucoup souffert. 2 (aguantar) endurer. 3 — _serias dificultades_, connaître de sérieuses difficultés. **-imiento** _m_ souffrance _f_.
padrastro _m_ beau-père.
padre _m_ 1 père : _de_ — _a hijos_, de père en fils. 2 _el Santo Padre_, le Saint-Père. □ _pl_ (el padre y la madre) parents. **-nuestro** _m_ Pater, Notre Père.
padrino _m_ 1 parrain. 2 (en una boda) témoin.
padrón _m_ liste _f_ des habitants. | _hacer el_ —, faire le recensement.
paella _f_ paella, riz _m_ à la valencienne.
pag/a _f_ paie, paye. **-adero, a** _a_ payable. **-ado, a** _a_ — _de sí_

mismo, imbu, e de sa personne. **-ador, a** _a/s_ payeur, euse. **-aduría** _f_ trésorerie, paierie.
pagan/o, a _a/s_ païen, enne. □ _m_ FAM lampiste. **-ismo** _m_ paganisme.
pagar _t_ payer : _¿ quién paga ?_, qui paie ? | _¡ me las pagarás !_, tu me le paieras ! **-é** _m_ billet à ordre.
página _f_ page.
pago _m_ 1 paiement : — _al contado_, paiement comptant. 2 versement. 3 (heredad) propriété _f_, domaine.
pagoda _f_ pagode.
país _m_ pays.
paisaje _m_ paysage.
paisano, a _a/s_ compatriote. □ _m_ civil : _vestido de_ —, habillé en civil.
Países Bajos _n p m pl_ Pays-Bas.
paj/a _f_ 1 paille. | _echar pajas_, tirer à la courte paille ; _por un quítame allá esas pajas_, pour un oui pour un non. 2 (en un texto) remplissage _m_. **-ar** _m_ hangar à paille.
pajarera _f_ volière.
pajarita _f_ (de papel) cocotte (en papier).
pajarito _m_ petit oiseau.
pájaro _m_ 1 oiseau. | — _mosca_, oiseau-mouche ; _matar dos pájaros de un tiro_, faire d'une pierre deux coups. 2 — _de cuenta_, drôle d'oiseau.
pajarraco _m_ FIG drôle d'oiseau.
paje _m_ page.
pajizo, a _a_ (color) jaune paille.
pala _f_ 1 pelle. 2 (de remo, hélice) pale. 3 (de ping-pong) raquette. 4 (de béisbol) batte.
palabr/a _f_ 1 mot _m_ : _en una_ —, en un mot. 2 parole : _cumplir su_ —, tenir parole ; _bajo_ —, sur parole. 3 — _de matrimonio_, promesse de mariage. **-ería** _f_ bavardage _m_.

-ota *f* gros mot *m*.

palacete *m* hôtel particulier.

palaci/o *m* 1 (real, de Justicia) palais. 2 château. **-ego, a** *a/s* courtisan, e.

palad/ar *m* 1 palais. 2 goût. **-ear** *t* savourer.

palanca *f* levier *m*.

palangana *f* cuvette.

palanqueta *f* pince-monseigneur.

palastro *m* tôle *f*.

palco *m* loge *f*. l — *de platea*, baignoire *f*.

palenque *m* 1 (recinto) arène *f*. 2 AMER poteau.

Palestina *n p f* Palestine.

palestra *f* arène. l *salir a la* —, entrer en lice.

paleta *f* 1 petite pelle. 2 (de pintor) palette. 3 (de ventilador) pale. 4 (de albañil) truelle.

paletilla *f* omoplate.

paleto, a *a/s* croquant, e, péquenaud, e.

pali/ar *t* pallier. **-ativo** *m* palliatif.

palid/ecer ° *i* pâlir. **-ez** *f* pâleur.

pálido, a *a* pâle.

paliducho, a *a* pâlot, otte.

palillero *m* 1 porte cure-dents. 2 porte-plume.

palillo *m* 1 (mondadientes) cure-dents. 2 (de tambor, para el arroz) baguette *f*. □ *pl* castagnettes *f*.

palio *m* dais.

palique *m* FAM estar de —, faire la causette ; tener —, être bavard, e.

paliza *f* raclée, rossée.

palizada *f* palissade.

palm/a *f* (hoja) palme. 2 (árbol) palmier *m*. 3 (de la mano) paume. □ *pl* applaudissements *m*. l *batir palmas*, applaudir. **-ada** *f* claque, tape. l *dar palmadas*, battre des mains. **-ar** *m* palmeraie *f*.

palmario, a *a* évident, e.

palmatoria *f* bougeoir *m*.

palmeado, a *a* palmé, e.

palmera *f* palmier *m*.

palmiche *m* palmier royal.

palmito *m* 1 palmier nain. 2 cœur de palmier. 3 FAM (cara) minois, frimousse *f*.

palmo *m* — *a* —, pas à pas.

palmote/ar *i* battre des mains. **-o** *m* applaudissement.

palo *m* 1 bâton. 2 (madera) bois : — *de rosa*, bois de rose. 3 (mastil) mât : — *mayor*, grand mât. 4 coup de bâton. l *moler a palos*, rouer de coups. 5 (de la baraja) couleur *f*.

palom/a *f* 1 pigeon *m* : — *mensajera*, pigeon voyageur. 2 colombe : — *de la paz*, colombe de la paix. **-ar** *m* pigeonnier.

palomita *f* pop-corn *m*.

palomo *m* pigeon.

palote *m* (escritura) bâton.

palpar *t* palper.

palpit/ar *i* palpiter. **-ación** *f* palpitation. **-ante** *a* palpitant, e.

paludismo *m* paludisme.

palurdo, a *a/s* rustre.

pamela *f* capeline.

pamema *f* 1 niaiserie. 2 (melindre) simagrée.

pampa *f* pampa.

pámpano *m* pampre.

pamplina *f* FAM bêtise.

Pamplona *n p* Pampelune.

pan *m* 1 pain : — *tierno*, *sentado*, pain frais, rassis ; — *integral*, pain complet ; *a* — *y agua*, au pain sec. l — *rallado*, chapelure *f* ; *a falta de* —, *buenas son tortas*, faute de grives, on mange des merles. 2 *tierra de* — *llevar*, terre à blé.

pana *f* velours *m* côtelé.

panacea *f* panacée.

panader/ía *f* boulangerie. **-o, a** *s* boulanger, ère.

panadizo *m* panaris.

panal *m* rayon, gâteau de miel.

Panamá *n p* Panama.

pancarta *f* pancarte.

pancista *a/s* opportuniste.

páncreas *m* pancréas.

Pancho *n p m* FAM François.

pande/arse *pr* 1 (viga) s'incurver, fléchir. 2 (pared) bomber. **-o** *m* gauchissement, bombement.

pandereta *f*, **pandero** *m* tambour *m* de basque.

pandilla *f* bande.

panecillo *m* petit pain.

panegírico *m* panégyrique.

panel *m* panneau.

pánfilo, a *a/s* mou, molle.

panfleto *m* pamphlet.

pánico *m* panique *f*.

panoli *a/s* FAM crétin, e.

panoplia *f* panoplie.

panor/ama *m* panorama. **-ámico, a** *a* panoramique.

pantalón *m* 1 pantalon : — *bombacho*, pantalon bouffant ; — *tubo*, pantalon fuseau. I — *vaquero*, blue-jean. 2 culotte *f* : *pantalones cortos*, culottes courtes.

pantalla *f* 1 (de lámpara) abat-jour *m*. 2 (de cine, televisión) écran *m*. 3 — *acústica*, enceinte acoustique.

pantan/o *m* 1 marais. 2 (de una presa) réservoir, lac de barrage. **-oso, a** *a* marécageux, euse.

panteón *m* 1 panthéon. 2 (sepultura) caveau de famille.

pantera *f* panthère.

pantomina *f* pantomine.

pantorrilla *f* mollet *m*.

pantufla *f* pantoufle.

panty *m* collant.

panz/a *f* panse. **-udo, a** *a* ventru, e.

pañal *m* lange. ☐ *pl* 1 couches *f*. 2 FIG estar en pañales, en être à ses débuts.

pañería *f* magasin *m* de draps, draperie.

paño *m* 1 (de lana) drap. 2 (de cocina) torchon. ☐ *pl paños menores*, sous-vêtements.

pañol *m* soute *f*.

pañoleta *f* fichu *m*.

pañolón *m* châle.

pañuelo *m* 1 mouchoir. 2 (para el cuello) foulard.

¹papa *m* 1 (sumo pontífice) pape. 2 FAM (papá) papa.

²papa *f* (patata) pomme de terre. ☐ *pl* (papilla) bouillie *sing*.

papá *m* papa.

papada *f* double menton *m*.

papado *m* papauté *f*.

papagayo *m* perroquet.

papanatas *m* naïf, jobard.

papaya *f* papaye.

papel *m* 1 papier : — *de cartas, de fumar*, papier à lettres, à cigarettes. 2 rôle : *desempeñar un —*, jouer un rôle. I *hacer buen —*, faire bonne figure. ☐ *pl* papiers : *tengo mis papeles en regla*, j'ai mes papiers en règle. **-ería** *m* paperasserie *f*. **-ería** *f* papeterie.

papeleta *f* 1 (de rifa) billet *m*. 2 (para votar) bulletin *m*.

papelucho *m* papelard.

papera *f* goitre *m*.

papila *f* papille.

papilla *f* bouillie. I *hacer — a*, réduire en bouillie.

papirotazo *m* chiquenaude *f*.

papista *s* papiste. I *ser más — que el papa*, être plus royaliste que le roi.

paquebote *m* paquebot.

paquete *m* paquet.

Paquistán *n p m* Pakistan.

par *a* 1 pair, e : *días pares*, jours pairs. I *sin —*, sans pareil, elle. 2 *a la —*, en même temps ; *abierto de — en —*, grand ouvert ; *abrir de — en —*, ouvrir en grand. ☐ *m* paire *f* : *un — de guantes*, une paire de gants.

para *prep* 1 pour : *trabajar — vivir*, travailler pour vivre ; *alto — su edad*, grand pour son âge. I — *con*, envers ; *¿ — qué?*, pourquoi ? 2 (hacia) vers. 3 à : *¿ — qué sirve esto?*, à quoi ça sert ? 4 *estar — salir*, être sur le point de partir.

parabien *m* félicitation *f* : *le doy mis parabienes por...*, je vous présente mes félicitations pour...

parábola *f* parabole.

parabrisas *m* pare-brise.

para/caídas *m* parachute. **-caidista** *s* parachutiste.

parachoques *m* pare-chocs.

parada *f* 1 arrêt *m* : *la — del autobús*, l'arrêt de l'autobus. 2 (de taxis) station. 3 (en esgrima) parade.

paradero *m* 1 domicile. 2 *¿ quién sabe el — de...?*, qui sait où se trouve...? 3 *¿ cuál será nuestro —?*, quel sera notre sort?

parado, a *a* 1 arrêté, e. 2 *salir bien, mal —*, s'en bien, mal tirer. 3 AMER (de pie) debout. □ *s* chômeur, euse.

parad/oja *f* paradoxe *m*. **-ójico, a** *a* paradoxal, e.

parador *m* 1 auberge *f*. 2 parador, hôtel géré par l'État.

parafina *f* paraffine.

paráfrasis *f* paraphrase.

paraguas *m* parapluie.

paraguayo, a *a/s* paraguayen, enne.

paraíso *m* paradis.

paraje *m* endroit.

paralelo, a *a/s* parallèle.

par/álisis *f* paralysie. **-alítico, a** *s* paralytique. **-alizar** *t* paralyser.

paramento *m* parement.

paramera *f* lande.

páramo *m* lande *f*.

parangonar *t* comparer.

paraninfo *m* grand amphithéâtre.

parapet/o *m* parapet. **-arse** *pr — tras*, se retrancher derrière.

parar *i* 1 s'arrêter : *el tren para en todas las estaciones*, le train s'arrête à toutes les gares.| *sin —*, sans arrêt. 2 (alojarse) loger. 3 *— en el hotel*, descendre à l'hôtel ; *siempre paramos en el mismo hotel*, nous descendons toujours au même

hôtel. 4 *ir a —*, échouer : *hemos ido a — a un autoservicio*, nous avons échoué dans un self-service. 5 *ir a — en*, aboutir à. □ *t* 1 arrêter. 2 (esquivar) parer. □ *pr el reloj se ha parado*, la pendule s'est arrêtée.

pararrayos *m* paratonnerre.

parásito, a *a/s* parasite.

parasol *m* 1 parasol. 2 (foto) pare-soleil.

parcela *f* parcelle.

parcial *a* 1 (no completo) partiel, elle. 2 (no justo) partial, e : *juicios parciales*, jugements partiaux. □ *a/s* partisan, e. **-idad** 1 partialité. 2 (grupo) parti *m*, ligue.

parco, a *a* sobre.

parche *m* 1 (remiendo) pièce *f*. 2 (en un neumático) rustine *f*. 3 (de tambor) peau *m*.

pardillo *m* linotte *f*.

pard/o, a *a* brun, e : *oso —*, ours brun. **-usco, a** *a* brunâtre.

parear *t* apparier.

¹parecer *m* 1 avis : *a mi —*, à mon avis. 2 *buen —*, physique agréable.

²parec/er ° *i/impers* 1 paraître, sembler : *me parece que...*, il me semble que... ; *parece (ser) que...*, il paraît que... ; *parece increíble*, cela semble incroyable. | *¿ qué te parece?*, qu'en pensez-vous? ; *según parece*, à ce qu'il paraît ; *si a usted le parece bien*, si cela vous va. 2 *parece que va a llover*, on dirait qu'il va pleuvoir. □ *pr* ressembler : *se parece mucho a su padre*, il ressemble beaucoup à son père. **-ido, a** *a* ressemblant, e. □ *m* ressemblance *f*.

pared *f* 1 mur *m* : *— medianera*, mur mitoyen. 2 (tabique) paroi *f*. **-ón** *m* gros mur. | *¡ al —!*, au poteau !

parej/a *f* 1 couple *m*. | *por parejas*, deux par deux. 2 (en el baile) cavalier, ère. 3 *correr parejas con*, aller de pair avec. **-o, a** *a* semblable.

parentesco *m* parenté *f*.

paréntesis *m* parenthèse *f*.

pariente *s* parent, e.

parir *i* **1** (los animales) mettre bas. **2** (una mujer) accoucher.

París *n p m* Paris.

parisiense, parisino, a *a/s* parisien, enne.

parlamentar *i* parlementer.

parlament/o *m* **1** (asamblea) parlement. **2** discours. **3** (de un actor) tirade *f*. **-ario, a** *a/s* parlementaire.

parlanchín, ina *a/s* bavard, e.

parné *m* POP fric.

¹paro *m* **1** (huelga) grève *f*, débrayage. **2** (forzoso) chômage : *estar en —*, être au chômage.

²paro *m* (pájaro) mésange *f*.

parodi/a *f* parodie. **-ar** *t* parodier.

paroxismo *m* paroxysme.

parpade/ar *i* **1** cligner des yeux, ciller. **2** (luz) clignoter. **-o** *m* clignotement.

párpado *m* paupière *f*.

parque *m* parc.

parquímetro *m* parcmètre.

parra *f* treille.

párrafo *m* paragraphe.

parral *m* treille *f*.

parranda *f* FAM *ir de —*, faire la fête.

parrill/a *f* gril *m* : *bistec a la —*, bifteck sur le gril. **-ada** *f* grillade.

párroco *m* curé.

parroqui/a *f* **1** paroisse. **2** (de una tienda) clientèle. **-al** *a* paroissial, e. **-ano, a** *s* client, e.

parsimoni/a *f* parcimonie, **-oso, a** *a* parcimonieux, euse.

parte *f* **1** partie : *formar — de*, faire partie de ; *en gran —*, en grande partie. **2** part : *tomar — en*, prendre part à. I *de — de*, de la part de ; *en ninguna —*, nulle part ; *por otra —*, d'autre part ; *por todas partes*, partout. **3** (lado) côté *m*. **4** (papel) rôle *m*. □ *m* **1** (telegrama) dépêche *f*. **2** *— facultativo*, bulletin

de santé ; *— meteorológico, de nieve*, bulletin météorologique, d'enneigement.

partera *f* sage-femme.

partición *f* partage *m*.

particip/ar *i — en*, participer à. □ *t* communiquer, faire part de. **-ación** *f* **1** participation. **2** *— de boda*, faire-part *m* de mariage. **-ante** *a/s* participant, e.

participio *m* participe.

partícula *f* particule.

particular *a* **1** particulier, ère. **2** privé, e. □ *m* sujet. **-idad** *f* particularité.

partida *f* **1** (juego) partie. **2** *— de nacimiento, de defunción*, acte *m* de naissance, de décès. **3** (copia) extrait *m*. **4** (de mercancías) lot *m*. **5** (cuadrilla) bande. **6** (salida) départ *m*. **7** *mala —*, mauvais tour *m*.

partidario, a *a/s* partisan, e.

partido *m* **1** parti : *— político*, parti politique. I *sacar — de*, tirer parti, profit de. **2** équipe *f*. **3** *un — de fútbol*, un match de football. **4** *— judicial*, arrondissement.

partir *t* **1** diviser. **3** (repartir) partager. **3** (romper) casser. **4** (cortar) couper. □ *i* partir. I *a — de*, à partir de.

partitura *f* partition.

parto *m* **1** accouchement. **2** (de un animal) mise bas *f*.

párvulo *m* enfant.

pasa *f* raisin *m* sec.

pasada *f* **1** passage *m*. I *de —*, en passant. **2** *mala —*, mauvais tour *m*.

pasadizo *m* couloir, corridor.

pasado, a *a* **1** passé, e. **2** dernier, ère : *la semana pasada*, la semaine dernière. □ *m* passé.

pasador *m* **1** (broche) épingle *f* de sûreté, agrafe *f*. **2** (pestillo) targette *f*.

pasaj/e *m* passage. **-ero, a** *a/s* passager, ère.

pasamanería *f* passementerie.

pasamanos *m* (de escalera) rampe *f*.

pasant/e *m* **1** stagiaire. **2** (de notario) clerc. **-ía** *f* stage *m*.

pasaporte *m* passeport.

pasar *i* **1** passer : *el cartero ha pasado por mi casa*, le facteur est passé chez moi ; *— por rico*, passer pour riche. | *ir pasando*, vivoter. **2** entrer. **3** (acontecer) se passer, arriver. **4** *— de*, dépasser. | *la cosa no pasó de ahí*, ça n'a pas été plus loin ; *— adelante*, continuer. □ *impers* se passer : *¿ qué pasa ?*, que se passe-t-il ? □ *t* **1** passer. **2** (aventajar) dépasser. **3** faire entrer. **4** *— frío, hambre*, souffrir du froid, de la faim. **5** *pasarlo bien*, s'amuser. □ *pr* **1** passer : *me pasé el día escribiendo*, j'ai passé ma journée à écrire. **2** *pasarse de*, être trop.

pasarela *f* passerelle.

pasatiempo *m* passe-temps.

Pascua *n p* **1** (de Resurrección) Pâques. **2** (Navidad) Noël : *¡ felices Pascuas !*, joyeux Noël !

Pascual *n p m* Pascal.

pase *m* **1** permis, laissez-passer. **2** (de magnetizador, en fútbol, tauromaquia) passe *f*.

paseante *a/s* promeneur, euse.

pase/ar *t* promener. □ *i/pr* se promener. **-illo** *m* défilé (des toreros). **-o** *m* promenade *f* : *dar un —*, faire une promenade. | FIG *mandar a —*, envoyer promener.

pasillo *m* couloir.

pasión *f* passion.

pasiv/o, a *a/m* passif, ive. | *clases pasivas*, retraités *m*. **-idad** *f* passivité.

pasm/ar *t* (asombrar) stupéfier, ébahir. **-ado, a** *a* **1** stupéfait, e. | *dejar —*, stupéfier. **2** (atontado) ahuri, e. **-arote** *m* ahuri. **-o** *m* stupéfaction *f*. **-oso, a** *a* stupéfiant, e.

paso *m* **1** pas : *aligerar el —*, hâter le pas ; *dar un — atrás*, faire un pas en arrière ; *dar un — en falso*, faire un faux pas ; *a buen —*, d'un bon pas. | *a cada —*, à chaque instant ; *salir del —*, se tirer d'affaire. **2** passage : *abrirse —*, se frayer un passage ; *a nivel*, passage à niveau ; *— de peatones, cebra*, passage pour piétons. **3** scène *f* de la Passion.

pasta *f* **1** pâte : *pastas alimenticias*, pâtes alimentaires ; *— dentífrica*, pâte dentifrice. **2** (de un libro) reliure. □ *pl* (dulces) gâteaux *m*, petits fours *m*.

pastar *i* paître.

pastel *m* **1** gâteau : *unos pasteles con crema*, des gâteaux à la crème. **2** (de carne) pâté. **3** (color) pastel. **-ería** *f* pâtisserie. **-ero, a** *s* pâtissier, ère.

pastilla *f* **1** pastille. | *— de café con leche*, caramel *m*. **2** (de chocolate) morceau *m*. **3** *— de jabón*, savonnette. **4** FAM *a toda —*, à toute pompe.

pasto *m* **1** pâturage. **2** *ser — de las llamas*, être la proie des flammes. **3** *a todo —*, en abondance.

pastor, a *s* berger, ère. | *el buen —*, le bon Pasteur. □ *m* (sacerdote) pasteur. **-al** *a/f* pastoral, e. **-il** *a* pastoral, e.

pastoso, a *a* pâteux, euse.

¹**pata** *f* **1** patte. | *a la — coja*, à cloche-pied ; FAM *a —*, à pied, pedibus. **2** (de mueble) pied *m*. **3** FAM *mala —*, déveine, poisse ; *meter la —*, faire une gaffe.

²**pata** *f* (hembra del pato) cane.

patada *f* **1** coup *m* de pied. **2** FIG *a patadas*, à la pelle.

patagón, ona *a/s* patagon, onne.

patale/ar *i* trépigner. **-o** *m* trépignement. **-ta** *f* crise de nerfs.

patán *m* rustre.

patata *f* pomme de terre.

patatús *m le dió un —*, il s'est trouvé mal.

patear *t* donner des coups de pied à. □ *i* trépigner, piétiner.

patent/e *a* évident, e. | *hacer —*, mettre en évidence. □ *f* **1** (de invención) brevet *m*. **2** patente. **-ado, a** *a* breveté, e. **-izar** *t* mettre en évidence, témoigner.

patern/al *a* paternel, elle. **-idad** *f* paternité. **-o, a** *a* paternel, elle.

patético, a *a* pathétique.

patíbulo *m* échafaud.

patidifuso, a *a* FAM pantois, e.

patilla *f* **1** (barba) favori *m*. **2** (de gafas) branche.

patín *m* — *de cuchilla, de ruedas,* patin à glace, à roulettes.

pátina *f* patine.

patin/ar *i* **1** patiner. **2** (un vehículo) déraper. **-ador, a** *s* patineur, euse. **-aje** *m* patinage. **-azo** *m* **1** dérapage. **2** FAM *dar un —,* faire une gaffe.

patio *m* **1** cour *f*. **2** (en una casa española) patio. **3** — *de butacas,* orchestre.

patitas *f pl* FAM *poner de — en la calle,* flanquer à la porte, virer.

patitieso, a *a* figé, e.

pato *m* canard. | FAM *pagar el —,* trinquer, payer pour les autres.

patochada *f* ânerie.

patol/ogía *f* pathologie. **-ógico, a** *a* pathologique.

patoso, a *a* lourdaud, e, pénible.

patraña *f* bobard *m*.

patria *f* patrie.

patriarc/a *m* patriarche. **-al** *a* patriarcal, e.

patrimonio *m* patrimoine.

patri/ota *a/s* patriote. **-ótico, a** *a* patriotique. **-otismo** *m* patriotisme.

patrocin/ar *t* patronner. **-io** *m* patronage, appui. | *con el — de,* sous le patronage de.

patr/ón, ona *s* patron, onne. **-onato,** *m* **1** (asociación benéfica) patronage. **2** (conjunto de patronos) patronat. **3** office. **-ono** *m* patron.

patrull/a *f* patrouille. **-ar** *i* patrouiller.

paupérrimo, a *a* très pauvre.

paus/a *f* pause. **-ado, a** *a* lent, e.

pauta *f* règle.

pava *f* **1** dinde. **2** AMER bouilloire.

pavesa *f* flammèche.

paviment/o *m* **1** (de adoquines) pavage. **2** (de losas) carrelage. **-ar** *t* **1** paver. **2** carreler.

pavipollo *m* dindonneau.

pavo *m* **1** dindon. **2** — *real,* paon.

pavonearse *pr* se pavaner.

pavor *m* frayeur *f*. **-oso, a** *a* effrayant, e.

payaso *m* clown.

paz *f* paix. | *¡ déjame en —!,* laisse-moi tranquille !, fiche-moi la paix !

peaje *m* péage : *autopista de —,* autoroute à péage.

peana *f* socle *m*.

peatón *m* piéton.

pebetero *m* brûle-parfum.

peca *f* tache de rousseur.

pec/ado *m* péché. **-ador, a** *a/s* pécheur, eresse. **-ar** *i* pécher.

pecera *f* aquarium *m*.

peces *pl* de **pez**.

pecoso, a *a* criblé, e de taches de rousseur.

pectoral *a/m* pectoral, e.

pecuario, a *a* de l'élevage.

peculiar *a* particulier, ère.

pecuniario, a *a* pécuniaire.

pechera *f* plastron *m*.

pechero *m* bavoir.

pech/o *m* **1** poitrine *f*. | *sacar el —,* bomber le torse ; *tomar a —,* prendre à cœur. **2** sein : *dar el — a un niño,* donner le sein à un enfant. | *niño de —,* nourrisson. **3** (de animal) poitrail. **-uga** *f* blanc *m* (de volaille).

pedag/ogía *f* pédagogie. **-ógico, a** *a* pédagogique.

pedal *m* **1** pédale *f*. **-ear** *i* pédaler.

pedante *a/s* pédant, e. **-ría** *f* pédanterie.

pedazo *m* morceau : *hacer pedazos,* mettre en morceaux.

pedernal *m* silex.

pedestal *m* piédestal.

pedestre *a* pédestre. l *carrera* —, course à pied.

pediatra *s* pédiatre.

pedicuro, a *s* pédicure.

pedido *m* COM commande *f*.

pedigüeño, a *a/s* quémandeur, euse.

pedir ° *t* 1 demander : *le pido que se calle*, je vous demande de vous taire. 2 commander : *he pedido un bistec*, j'ai commandé un bifteck. 3 — *dinero prestado*, emprunter de l'argent.

pedregoso, a *a* pierreux, euse.

pedrisco *m* grêle *f*.

Pedro *n p m* Pierre.

pega *f* 1 difficulté. 2 (pregunta difícil) colle.

pegajoso, a *a* collant, e.

pegamento *m* colle *f*.

pegar *t* 1 (con cola) coller. 2 (coser) coudre. 3 (comunicar) passer. 4 —*fuego*, mettre le feu. 5 (golpear) battre, frapper. l — *una bofetada, patadas*, donner, flanquer une gifle, des coups de pied. 6 — *un grito*, pousser un cri ; — *un salto*, faire un bond. □ *i* (armonizar, sentar) aller.

pegatina *f* autocollant *m*.

pego (dar el) *loc* donner le change.

pegote *m* emplâtre.

pein/ar *t* peigner, coiffer. **-ado** *m* coiffure *f*. **-e** *m* peigne. **-eta** *f* peigne *m* (d'ornement).

pejiguera *f* FAM empoisonnement *m*, corvée.

peladilla *f* 1 (almendra) dragée. 2 petit caillou *m*.

pelado, a *a* 1 (piel, terreno) pelé, e. 2 (sin pelo) tondu, e. 3 FAM (sin dinero) fauché, e.

peladura *f* épluchure.

pelagatos *m* pauvre diable.

pelaje *m* pelage.

pelambre *m* 1 toison *f*. 2 tignasse *f*. **-ra** *f* tignasse.

pelar *t* 1 (el pelo) tondre. 2 (las aves) plumer. 3 (fruta) peler, éplucher. 4 (un crustáceo) décortiquer. 5 FAM *duro de* —, pas commode. □ *pr* 1 *se le está pelando la nariz*, le nez pèle. 2 FAM *pelarse una clase*, sécher un cours.

peldaño *m* 1 marche *f*. 2 (de escalera de mano) échelon.

pele/a *f* 1 combat *m*, lutte. 2 dispute. **-ar** *i* se battre. □ *pr* 1 se battre. 2 (reñir) se disputer.

pelele *m* 1 pantin. 2 (de niño) pointe *f*, couche *f*.

peleón, ona *a* bagarreur, euse. l *vino* —, pinard.

peletería *f* pelleterie.

peliagudo, a *a* difficile, ardu, e.

pelícano *m* pélican.

película *f* 1 pellicule. 2 film *m*.

peligrar *i* être en danger : *su vida peligra*, sa vie est en danger.

peligr/o *m* danger. **-oso, a** *a* dangereux, euse.

pelillos *m pl* FIG *no pararse en* —, ne pas y aller par quatre chemins.

pelirrojo, a *a/s* roux, rousse.

pelma, pelmazo *m* FAM casse-pieds, raseur.

pelo *m* 1 poil. 2 (cabello) cheveu. 3 cheveux *pl* : *tiene el* — *negro*, il a les cheveux noirs. l *no tener pelos en la lengua*, ne pas mâcher ses mots ; *poner los pelos de punta*, faire dresser les cheveux sur la tête ; *tomarle el* — *a alguien*, se payer la tête de quelqu'un ; *venir al* —, tomber à pic.

pelot/a *f* 1 balle. 2 (de fútbol) ballon *m*. 3 — *vasca*, pelote basque. 4 FAM *en pelotas*, à poil. **-illa** *f* FAM *hacer la* —, faire de la lèche. **-illero, a** *a/s* FAM lécheur, euse.

pelotón *m* peloton.

peluca *f* perruque.

peludo, a *a* 1 poilu, e. 2 chevelu, e.

peluquer/ía *f* salon *m* de coiffure. **-o, a** *s* coiffeur, euse.

pelusa *f* duvet *m*.

pelvis *f* bassin *m*.

pella *f* motte.

pellejo *m* 1 peau *f*. 2 (odre) outre *f*.

pelliza *f* pelisse.

pellizc/ar *t* pincer. **-o** *m* 1 pincement. 2 (huella) pinçon. 3 (porción) pincée *f*.

pena *f* 1 peine : *dar* —, faire de la peine. I *a duras penas*, à grand-peine ; *merecer, valer la* —, valoir la peine ; *no vale la* —, ça ne vaut pas la peine ; *so* — *de*, sous peine de. 2 (lástima) pitié : *dar* —, faire pitié. I ¡ *que* — !, quel dommage !

penacho *m* panache.

penado, a *s* condamné, e.

penal *a* pénal, e. □ *m* pénitencier.

penalidad *f* souffrance, peine.

penco *m* rosse *f*.

pendejo *m* AMER crétin.

pendenci/a *f* bagarre. **-ero, a** *s* bagarreur, euse.

pend/er *i* — *de*, pendre à. **-iente** *a* 1 (en declive) en pente. 2 dans l'attente. 3 (por resolver) en suspens. □ *m* pendant d'oreille. □ *f* (declive) pente *f*.

pendón *m* bannière *f*.

péndulo *m* pendule.

pene *m* pénis.

penetr/ar *i/t* pénétrer. **-ación** *f* pénétration. **-ante** *a* pénétrant, e.

penicilina *f* pénicilline.

pen/ínsula *f* 1 péninsule. 2 presqu'île. **-insular** *a* péninsulaire.

peniten/cia *f* pénitence. **-te** *a/s* pénitent, e.

penoso, a *a* pénible, douloureux, euse.

pens/ar ° *i/t* penser : *pienso marcharme mañana*, je pense m'en aller demain ; — *en*, penser à. I ¡ *ni* — !, pas question ! ; *pensándolo bien*, tout bien considéré. **-ado, a** *a ser mal* —, avoir mauvais esprit. **-ador, a** *s* penseur, euse. **-amiento** *m* pensée *f*. **-ativo,**

a pensif, ive.

pensi/ón *f* pension. **-onado** *m* pensionnat. **-onar** *t* pensionner. **-onista** *s* pensionnaire.

pentágono *m* pentagone.

pentagrama *m* MÚS portée *f*.

Pentecostés *m* Pentecôte *f*.

penúltimo, a *a* avant-dernier, ère.

penumbra *f* pénombre.

penuria *f* pénurie.

peñ/a *f* 1 rocher *m*. 2 (de amigos) cercle *m*. **-asco** *m* rocher. **-ascoso, a** *a* rocheux, euse. **-ón** *m* rocher.

peón *m* 1 manœuvre. 2 ouvrier agricole. I — *caminero*, cantonnier. 3 (damas, ajedrez) pion. 4 (juguete) toupie *f*.

peonía *f* pivoine.

peonza *f* toupie.

peor *a* 1 *cada vez* —, de pire en pire ; *es lo* — *de todo*, c'est la pire des choses. □ *adv* pis. I *de mal en* —, de mal en pis ; *tanto* —, tant pis ; — *para ti*, tant pis pour toi.

Pepe *n p m* FAM Joseph.

pepin/o *m* 1 concombre. 2 FAM *(no) me importa un* — *de*, je me contrefiche de. **-illo** *m* cornichon.

pepita *f* 1 (de fruta) pépin *m*. 2 (de oro) pépite.

pepitoria *f* fricassée.

pequeñ/o, a *a/s* petit, e. **-ez** *f* 1 petitesse. 2 (cosa de poca importancia) bagatelle. **-uelo, a** *a/s* petit, e.

Pequín *n p* Pékin.

pequinés, esa *a/s* pékinois, e.

per/a *f* poire. **-al** *m* poirier.

peraltar *t* relever.

perca *f* perche.

percal *m* percale *f*.

percance *m* contretemps.

percatarse *pr* s'apercevoir.

percebe *m* pousse-pied.

percepción *f* perception.

perceptible *a* perceptible.

percibir *t* percevoir.

percusión f percussion.

percha f 1 (para los vestidos) portemanteau m. 2 (varilla con gancho) cintre m. 3 perche. 4 (para aves) perchoir m.

perdedor, a a/s perdant, e.

perd/er ° t 1 perdre. 2 — el tren, la ocasión, rater, manquer son train, l'occasion. 3 echarse a —, s'abîmer, se gâter. □ pr se perdre : nos hemos perdido, nous nous sommes perdus. **-ición** f perte.

pérdida f perte.

perdido, a a perdu, e. □ m vaurien.

perdigón m 1 (ave) perdreau. 2 (plomo) plomb de chasse.

perdiz f perdrix.

perdón m pardon.

perdon/ar t 1 pardonner. 2 excuser : ¡perdone usted!, excusez-moi! ; perdona, je m'excuse, excuse-moi. 3 faire grâce de. **-able** a pardonnable.

perdurar i durer, demeurer.

perec/er ° i périr. **-edero, a** a périssable.

peregrinación f (a un santuario) pèlerinage m.

peregrino, a s pèlerin, e. □ a (raro) bizarre, drôle : una idea peregrina, une idée bizarre, une drôle d'idée.

perejil m persil.

perenne a perpétuel, elle, persistant, e.

perentorio, a a 1 péremptoire. 2 urgent, e.

perez/a f paresse. I me da — salir, j'ai la flemme de sortir. **-oso, a** a/s paresseux, euse.

perfec/ción f perfection. **-cionamiento** m perfectionnement. **-cionar** t perfectionner. ‹

perfecto, a a parfait, e.

pérfido, a a perfide.

perfil m profil. **-ar** t parfaire, parachever, fignoler. □ pr se profiler.

perfor/ar t perforer. **-ación** f perforation. **-ador, a** a/s perforateur, trice.

perfum/ar t parfumer. **-e** m parfum. **-ería** f parfumerie.

pergamino m parchemin.

pericia f habileté.

periclitar i péricliter.

perico m perruche f.

perif/eria f périphérie. **-érico, a** a périphérique.

perifollo m cerfeuil. □ pl colifichets.

perífrasis f périphrase.

perilla f barbiche. I FAM de perillas, à pic, à point.

perímetro m périmètre.

periódico, a a périodique. □ m journal.

periodis/mo m journalisme. **-ta** s journaliste.

período m période f.

peripecia f péripétie.

peripuesto, a a pomponné, e.

periquete m FAM en un —, en un rien de temps.

periscopio m périscope.

perit/o, a a/m expert, e. **-ación** f expertise.

peritonitis f péritonite.

perjudic/ar t nuire à : el tabaco perjudica (a) la salud, le tabac nuit à la santé. **-ial** a nuisible, préjudiciable.

perjuicio m préjudice.

perjurio m parjure.

perjuro, a s parjure.

perla f 1 perle. 2 de perlas, on ne peut mieux, à merveille.

perman/ecer ° i rester. **-encia** f permanence. **-ente** a/f permanent, e.

permeable a perméable.

permiso m 1 permission f : pedir, dar — para, demander, donner la permission de ; soldado de —, soldat en permission. 2 (escrito) permis : — de conducir, permis de conduire.

permitir *t* permettre. □ pr *me permito recordarle*, je me permets de vous rappeler.

permutar *t* permuter.

pernicioso, a *a* pernicieux, euse.

pernil *m* jambon.

perno *m* boulon.

pernoctar *i* passer la nuit.

pero *conj* mais.

perogrullada *f* lapalissade.

peror/ar *i* pérorer. **-ata** *f* discours *m*, laïus *m*.

perpendicular *a/f* perpendiculaire.

perpetrar *t* perpétrer.

perpetu/o, a *a* perpétuel, elle. I *nieves perpetuas*, neiges éternelles. **-ar** *t* perpétuer. **-idad** *f* perpétuité.

perpiaño *m* parpaing.

perplej/o, a *a* perplexe. **-idad** *f* perplexité.

perr/a *f* 1 chienne. 2 (moneda) sou *m*. **-era** *f* chenil *m*.

perr/o *m* chien. I — *de aguas*, caniche; — *lobo*, chien-loup; *un tiempo de perros*, un temps de chien. **-o, a** *a* horrible.

persa *a/s* persan, e.

persecución *f* 1 poursuite. 2 (malos tratos) persécution.

perseguir ° *t* 1 poursuivre : *el perro persigue al ladrón*, le chien poursuit le voleur. 2 (molestar) persécuter.

persever/ar *i* persévérer. **-ancia** *f* persévérance. **-ante** *a/s* persévérant, e.

Persia *n p f* Perse.

persiana *f* 1 persienne. 2 (enrollable) store *m*.

persignarse *pr* se signer.

persist/ir *i* persister. **-encia** *f* persistance. **-ente** *a* persistant, e.

person/a *f* personne : *las personas mayores*, les grandes personnes. **-aje** *m* personnage.

personal *a/m* personnel, elle.

personalidad *f* personnalité.

personarse *pr* se présenter, se rendre.

personific/ar *t* personnifier. **-ación** *f* personnification.

perspectiva *f* perspective.

perspic/az *a* perspicace. **-acidad** *f* perspicacité.

persua/dir *t* persuader. **-sión** *f* persuasion. **-sivo, a** *a* persuasif, ive.

perten/ecer ° *i* appartenir. **-encia** *f* 1 appartenance. 2 possession.

pértiga *f* perche : *salto de —*, saut à la perche.

pertinaz *a* 1 persistant, e. 2 obstiné, e.

pertinente *a* pertinent, e.

pertrechos *m pl* 1 munitions *f*. 2 équipement *sing*. 3 attirail *sing*.

Perú *n p m* Pérou.

peruano, a *a/s* péruvien, enne.

perver/so, a *a/s* pervers, e. **-sidad** *f* perversité. **-sión** *f* perversion. **-tir** ° *t* pervertir.

pesa *f* poids *m*. □ *pl* haltères *m*.

pesabebés *m* pèse-bébé.

pesacartas *m* pèse-lettre.

pesadez *f* 1 lourdeur. 2 *es una —*, c'est assommant, ennuyeux.

pesadilla *f* cauchemar *m*.

pesado, a *a* 1 lourd, e. 2 (aburrido) ennuyeux, euse, assommant, e.

pesadumbre *f* peine, chagrin *m*.

pésame *m* condoléances *f pl* : *dar el —*, présenter ses condoléances.

¹pesar *t/i* peser. □ *i* regretter : *me pesa que no hayas venido*, je regrette que tu ne sois pas venu. I *pese a*, malgré ; *pese a que*, bien que.

²pesar *m* 1 chagrin, peine *f*. 2 (arrepentimiento) regret. I *a — de*, malgré ; *a — suyo*, malgré lui ; *a — de que*, bien que. **-oso, a** *a* peiné, e, chagriné, e.

pesca *f* **1** pêche : — *con caña,* pêche à la ligne. **2** (peces, pescado) poisson *m*. **-dería** *f* poissonnerie. -dero, a *s* poissonnier, ère.

pescadilla *f* merlan *m*.

pescado *m* poisson.

pescador, a *s* pêcheur, euse.

pescar *t* **1** pêcher : — *con caña,* pêcher à la ligne. **2** FIG — *un catarro,* attraper un rhume. **3** (lograr) décrocher.

pescozón *m* taloche *f*.

pescuezo *m* cou.

pese a ⇒ ¹**pesar.**

pesebre *m* crèche *f*.

pesim/ismo *m* pessimisme. **-ista** *a/s* pessimiste.

pésimo, a *a* très mauvais, e.

peso *m* **1** poids. | *caerse de su —,* aller de soi. **2** (moneda) peso.

pespuntear *t* piquer.

pesquero, a *a* de pêche.

pesquisa *f* recherche, enquête.

pestañ/a *f* cil *m*. **-ear** *i* cligner les yeux. | *sin —,* sans sourciller. **-eo** *m* clignement d'œil.

peste *f* peste. □ *pl decir pestes de,* dire pis que pendre de.

pestilente *a* pestilentiel, elle.

pestillo *m* targette *f*.

petaca *f* blague à tabac.

pétalo *m* pétale.

petardo *m* **1** pétard. **2** FAM (mujer fea) horreur *f*, mocheté *f*. **3** FAM (estafa) escroquerie *f*.

petate *m* natte *f*. | *liar el —,* plier bagage.

petición *f* **1** demande : *a — de,* à la demande de. | *previa — de hora,* sur rendez-vous. **2** (escrita) pétition.

petirrojo *m* rouge-gorge.

peto *m* **1** plastron. **2** (de delantal) bavette *f*.

petrificar *t* pétrifier.

petr/óleo *m* pétrole. **-olero, a** *a/m* pétrolier, ère. **-olífero, a** *a* pétrolifère.

petulan/te *a* fier, fière, prétentieux, euse. **-cia** *f* fierté, arrogance.

petunia *f* pétunia *m*.

¹**pez** *m* **1** poisson : *peces de colores,* poissons rouges. **2** FAM — *gordo,* gros bonnet.

²**pez** *f* poix.

pezón *m* mamelon.

pezuña *f* sabot *m*.

piadoso, a *a* pieux, euse.

pian/o *m* piano. **-ista** *m* pianiste.

piar *i* **1** piailler, pépier. **2** FAM râler : *no las píes más,* cesse de râler.

piara *f* troupeau *m*.

pibe, a *s* AMER gamin, e.

pica *f* pique.

picacho *m* pic.

picadero *m* manège.

picadillo *m* hachis.

picado, a *a* **1** piqué, e. **2** *carne picada,* viande hachée. **3** *diente —,* dent gâtée. □ *m* (avión) piqué.

picadura *f* piqûre.

picaflor *m* oiseau-mouche.

picante *a/m* piquant, e.

picapica *f* poil *m* à gratter.

picaporte *m* **1** loquet. **2** (para accionar el picaporte) poignée *f*, bec-de-cane.

picar *t* **1** piquer. **2** — *el anzuelo,* mordre à l'hameçon. **3** (las aves) picoter. **4** (dar comezón) démanger, gratter. **5** (billete) poinçonner, composter. **6** (carne) hacher. □ *i* **1** (el sol) taper. **2** (peces) mordre. **3** — *alto,* viser haut. □ *pr* **1** se piquer. **2** (dientes, frutas) se gâter. **3** (mar) s'agiter.

picardía *f* **1** friponnerie. **2** (travesura) espièglerie.

picaresco, a *a* picaresque.

pícaro, a *a/s* **1** coquin, e. **2** malin, igne. □ *m* (en la literatura española) picaro.

picatoste *m* rôtie *f*.

picaza *f* pie.

picazón *f* démangeaison, picotement *m*.

pico *m* **1** (de ave, vasija, etc.) bec. **2** pointe *f* : *cuello en* —, col en pointe. **3** (montaña) pic, piton. **4** (herramienta) pic. **5** *y* —, et quelques : *son las tres y* —, il est trois heures et quelques.

picor *m* démangeaison *f*. | *dar* —, démanger.

picota *f* pilori *m*.

picotazo *m* coup de bec.

picotear *i* becqueter.

pichón *m* pigeonneau.

pida, etc. ⇒ **pedir.**

pie *m* **1** pied. | *a* — *enjuto,* à pied sec ; *a* — *juntillas,* à pieds joints ; *creer a* — *juntillas,* croire dur comme fer ; *de* —, *en* —, debout ; *de pies a cabeza,* de la tête aux pieds ; *hacer* —, avoir pied ; *no tener pies ni cabeza,* n'avoir ni queue ni tête ; *dar* —, donner l'occasion. **2** bas : *al* — *de la página,* au bas de la page. **3** (de foto, dibujo) légende *f*.

piedad *f* **1** pitié : *ten* — *de mí,* aie pitié de moi ; *por* —, par pitié. **2** (devoción) piété.

piedra *f* **1** pierre. **2** (granizo) grêlon *m*.

piel *f* **1** peau. **2** *abrigo de pieles,* manteau de fourrure.

pierna *f* **1** jambe. | *dormir a* — *suelta,* dormir à poings fermés. **2** (de aves) cuisse. **3** (de carnero) gigot *m*.

pieza *f* pièce.

pifia *f* gaffe.

pigmento *m* pigment.

pijama *m* pyjama.

pila *f* **1** pile. **2** (de fuente) bassin *m*, vasque. **3** (bebedero) auge. **4** (fregadero) évier *m*. **5** (de agua bendita) bénitier *m*. **6** (para bautizar) fonts *m pl* baptismaux.

pilar *m* pilier.

píldora *f* pilule.

pileta *f* AMER piscine.

pilón *m* (de fuente) vasque *f*, bassin.

pilot/ar *t* piloter. **-aje** *m* pilotage.

pilote *m* pieu. □ *pl* pilotis *sing*.

piloto *m* **1** pilote : — *de pruebas,* pilote d'essai. **2** (luz roja) feu arrière. **3** — *de situación,* feu de position. **4** voyant lumineux.

piltrafa *f* **1** déchet *m* de viande. **2** — *humana,* loque.

pillaje *m* pillage.

pillar *t* **1** piller. **2** FAM (coger) attraper. | — *un resfriado,* attraper, choper un rhume. **3** — *un dedo,* coincer un doigt. **4** (atropellar) renverser : *le pilló un coche,* une voiture l'a renversé.

pill/o, a *s* fripon, onne. **-ín** *m* galopin, chenapan. **-uello** *m* garnement.

pimentón *m* piment rouge moulu.

pimient/a *f* poivre *m*. **-o** *m* poivron.

pimpollo *m* **1** rejeton, pousse *f*. **2** bouton de rose.

pinar *m* pinède *f*.

pincel *m* pinceau. **-ada** *f* coup *m* de pinceau, touche.

pinch/ar *t* **1** piquer. □ *pr* **1** se piquer : *cuidado con no pincharte,* attention de ne pas te piquer. **2** (neumático) crever. **-azo** *m* **1** piqure *f*. **2** (de un neumático) crevaison *f*.

pinche *m* marmiton.

pincho *m* pointe *f*.

pingaj/o *m* loque *f*. **-os** *m pl* nippes *f*.

pingüe *a* **1** gras, grasse. **2** abondant, e.

pingüino *m* pingouin.

pinitos *m pl* premiers pas.

¹pino *m* pin.

²pino, a *a* raide.

pinta *f* **1** tache. **2** (aspecto) allure, air *m*, aspect *m*.

pintada *f* pintade. □ *pl* graffiti *m*.

pintar *t* **1** — *de verde,* peindre en vert ; *papel pintado,* papier peint. **2** dessiner. □ *i* FAM ¿ *qué pintas tú aquí ?,* qu'est-ce que tu fais, fiches ici ? □ *pr* (el rostro) se maquiller.

-rajear *t* barbouiller. **-rajo** *m* barbouillage.

pintiparado, a *a* tout à fait semblable. I *venir que ni* —, aller à merveille.

pintor, a *s* peintre : — *de brocha gorda,* peintre en bâtiment.

pintoresco, a *a* pittoresque.

pintura *f* peinture : — *al óleo,* peinture à l'huile.

pinzas *f pl* pince *sing* : — *de depilar,* pince à épiler.

pinzón *m* pinson.

piña *f* 1 pomme de pin. 2 ananas *m*.

piñón *m* pignon.

Pío *n p m* Pie.

pío *m* (de las aves) pépiement. I *no decir ni* —, ne pas souffler mot.

pioj/o *m* pou. **-oso, a** *a* pouilleux, euse.

pioja *f* AMER ficelle.

pionero *m* pionnier.

pipa *f* 1 pipe : *fumar en* —, *la* —, fumer la pipe. 2 (semilla) pépin *m*. 3 (de girasol) graine. 4 (tonel) fût *m*.

pipí *m* pipi.

pipiolo *m* novice, bleu.

pipirigallo *m* sainfoin.

pique *m* 1 (disgusto) brouille *f*, brouillerie *f*. 2 *a* — *de,* sur le point de. 3 *irse a* —, couler, sombrer.

piqué *m* piqué.

piqueta *f* pic *m*, pioche.

piquete *m* piquet.

pira *f* bûcher *m*.

piragua *f* 1 pirogue. 2 (deporte) canoë *m*, kayac *m*.

pirámide *f* pyramide.

pirarse *pr* FAM *se las ha pirado,* il s'est taillé.

pirata *m* pirate.

Pirineos *n p m pl* Pyrénées *f*.

pirita *f* pyrite.

piropo *m* galanterie *f*, compliment.

pirrarse *pr* FAM — *por,* raffoler de.

pirueta *f* pirouette.

pirulí *m* sucette *f*.

pis *m* FAM pipi.

pisada *f* pas *m*.

pisapapeles *m* presse-papiers.

pisar *t* 1 marcher sur : — *una alfombra,* marcher sur un tapis. 2 (la uva) fouler. 3 (un pedal) appuyer sur : — *el acelerador,* appuyer sur l'accélérateur. 4 *nunca pisó la iglesia,* il n'avait jamais mis les pieds à l'église. 5 FIG *no dejarse* —, ne pas se laisser marcher sur les pieds.

piscina *f* piscine.

piso *m* 1 étage : *tercer* —, troisième étage. 2 appartement : — *piloto,* appartement témoin. 3 (suelo) sol. 4 (de los zapatos) semelle *f*.

pisot/ear *t* piétiner, fouler aux pieds. **-eo** *m* piétinement. **-ón** m *dar un* — *a alguien,* marcher sur le pied de quelqu'un.

pista *f* 1 piste. 2 — *de tenis,* court *m*.

pistacho *m* pistache *f*.

pisto *m* 1 (guiso) ratatouille *f*. 2 *darse* —, faire l'important.

pistol/a *f* pistolet. **-ero** *m* 1 bandit. 2 tueur à gages.

pistón *m* 1 piston. 2 (de armas de fuego) amorce *f*.

pita *f* 1 agave *m*. 2 (abucheo) sifflets *pl*.

pit/ar *i/t* siffler. I *salir pitando,* filer. **-ido** *m* coup de sifflet.

pitillo *m* cigarette *f*.

pito *m* 1 sifflet. I *no se me da un* —, je m'en fiche éperdument ; *esto no vale un* —, ça ne vaut rien. 2 (sonido) coup de sifflet.

¹pitón *m* (serpiente) python.

²pitón *m* 1 corne *f*. 2 (de vasija) bec.

pitorro *m* bec.

pivote *m* pivot.

pizarra *f* 1 ardoise. 2 (encerado) tableau *m* noir.

pizca *f* miette. I *ni* — *de,* pas du

tout : *no tiene ni − de amor propio*, il n'a pas le moindre amour-propre.

placa *f* plaque.

pláceme *m* félicitation *f*.

placentero, a *a* agréable.

¹**placer** ° *i* plaire.

²**placer** *m* plaisir.

³**placer** *m* (de oro) placer.

plácido, a *a* placide.

plag/a *f* 1 plaie. 2 fléau *m*, calamité. **-ar** *t* (llenar) remplir.

plagi/ar *t* plagier. **-ario, a** *s* plagiaire. **-o** *m* plagiat.

plan *m* 1 plan. 2 projet. 3 FAM flirt.

plana *f* 1 page. 2 *− mayor*, état-major *m*.

plancha *f* 1 plaque. 2 (para planchar) fer *m* à repasser. 3 FAM *tirarse una −*, faire une gaffe.

planch/ar *t* repasser. **-ado** *m* repassage.

planeador *m* planeur.

planear *t* projeter. □ *i* planer.

planeta *f* planète.

planicie *f* plaine.

planific/ar *t* planifier. **-ación** *f* planification.

planisferio *m* planisphère.

plano, a *a* 1 plat, e. 2 (en geometría) plan, e. □ *m* plan. I *de −*, carrément.

planta *f* 1 plante. 2 (plano) plan *m*. 3 étage *m* : *vivo en la − cuarta*, j'habite au quatrième étage. I *− baja*, rez-de-chaussée *m*. 4 (fábrica) usine. 5 *buena −*, belle prestance.

plantación *f* plantation.

plantar *t* 1 planter. 2 *− en la calle*, mettre à la porte. 3 (abandonar a uno) lâcher, plaquer. □ *pr* 1 se planter. 2 (llegar) débarquer, se pointer.

plantear *t* 1 *− un problema*, poser un problème. 2 établir, instaurer.

plantel *m* 1 pépinière *f*. 2 troupe *f*.

plantilla *f* 1 (del zapato) semelle. 2 (de una empresa) personnel *m*, effectif *m*.

plantío *m* plantation *f*.

plantón *m* FAM *dar un −*, poser un lapin.

plañido *m* gémissement.

plasmar *t* concrétiser.

plástico, a *a* plastique. □ *m* 1 plastique : *bolsa de −*, sac en plastique. 2 (explosivo) plastic.

plata *f* argent *m*.

plataforma *f* plate-forme.

plátano *m* 1 (árbol) platane. 2 (fruto) banane *f*. 3 (planta que produce este fruto) bananier.

platea *f* parterre *m*, orchestre *m*.

plateado, a *a* argenté, e.

plater/o *m* orfèvre. **-ía** *f* orfèvrerie.

plática *f* 1 conversation. 2 causerie.

platicar *i* parler, converser.

platija *f* carrelet *m*, limande.

platillo *m* 1 soucoupe *f*. I *− volante*, soucoupe volante. 2 (de balanza) plateau. □ *pl* cymbales *f*.

platino *m* platine.

plato *m* 1 assiette *f* : *− llano, sopero*, assiette plate, à soupe. 2 plat : *− con guarnición*, plat garni.

platónico, a *a* platonique.

plausible *m* plausible.

play/a *f* plage. **-ero, a** *a* de plage.

plaza *f* 1 place : *− mayor*, grand-place. 2 *− de toros*, arènes *pl*. 3 marché *m*. 4 (sitio, empleo) place.

plazo *m* 1 délai : *en el − de un mes*, dans un délai d'un mois. 2 terme : *a corto −*, à court terme. 3 (vencimiento) échéance *f*. 4 *a plazos*, à tempérament, à crédit.

plazoleta, plazuela *f* petite place.

pleamar *t* pleine mer.

plebiscito *m* plébiscite.

pleg/ar ° *t* 1 plier. 2 (hacer tablas) plisser. **-able** *a* pliable, pliant, e.

plegaria *f* prière.

pleit/o *m* procès. **-ear** *i* plaider.

plenamente *adv* pleinement.

plenipotenciario, a *a/s* plénipotentiaire.

plenitud *f* plénitude.

pleno, a *a* plein, e. □ *m* séance *f* plénière.

pleonasmo *m* pléonasme.

pliego *m* 1 pli. 2 feuille *f* de papier, papier.

pliegue *m* pli.

plom/o *m* plomb. **-ada** *f* fil *m* à plomb.

plum/a *f* plume. | *dibujo a* —, dessin à la plume. **-aje** *m* plumage. **-ero** *m* 1 (para el polvo) plumeau. 2 (cajita) plumier. **-ón** *m* duvet.

plural *m* pluriel. **-izar** *t* généraliser.

plus *m* 1 supplément. 2 prime *f*.

plusvalía *f* plus-value.

población *f* 1 (habitantes) population. 2 (ciudad) ville, agglomération. 3 (lugar) localité. 4 (acción de poblar) peuplement *m*.

poblacho *m* trou.

poblado *m* localité *f*.

poblar ° *t* 1 peupler. 2 (con árboles) boiser.

pobr/e *a/m* pauvre. **-eza** *f* pauvreté.

pocilga *f* porcherie.

pocillo *m* tasse *f*.

poción *f* potion.

poco, a *a* peu de : — *tiempo*, peu de temps ; *pocas cosas*, peu de choses. □ *adv* 1 peu. | — *a* —, peu à peu ; — *más o menos*, à peu près ; *a* — (*más*) *se ahoga*, pour peu il se noyait ; *a* — *que*, pour peu que. 2 *hace* —, il n'y a pas longtemps ; *dentro de* —, sous peu ; *desde hace* —, depuis peu. | *a* — *de marcharse él*, peu de temps après qu'il soit parti.

pod/ar *t* tailler, élaguer : — *un rosal*, tailler un rosier. **-a** *f* taille. **-adera** *f* sécateur *m*.

podenco *m* épagneul.

¹poder ° *t* pouvoir : *no pude venir*, je n'ai pas pu venir ; *ya no puedo más*, je n'en peux plus. | *no* — *con*, ne pas pouvoir venir à bout de. □ *impers* se pouvoir, être possible : *puede que venga*, il se peut qu'il vienne ; *no puede ser*, ce n'est pas possible.

²poder *m* pouvoir : *caer bajo el* — *de*, tomber au pouvoir de. | *obrar en* — *de*, se trouver entre les mains de. **-ío** *m* puissance *f*. **-oso, a** *a/s* puissant, e.

podredumbre *f* pourriture.

poe/ma *m* poème. **-sía** *f* poésie. **-ta** *m* poète.

poético, a *a* poétique.

poetisa *f* poétesse.

polaco, a *a/s* polonais, e.

polaina *f* guêtre.

polar *a* polaire.

polarizar *t* polariser.

polea *f* poulie.

polémico, a *a/s* polémique.

polic/ía *f* police. □ *m* policier, agent (de police). **-iaco, a** *a* policier, ère.

polígloto, a *a/s* polyglotte.

polígono *m* polygone.

polilla *f* mite.

Polinesia *n p f* Polynésie.

poliomielitis *f* poliomyélite.

politécnico, a *a* polytechnique.

polític/a *f* politique. **-o, a** *a* 1 politique. 2 *padre* —, beau-père ; *tío* —, oncle par alliance. □ *m* homme politique.

póliza *f* 1 police. 2 (sello) timbre *m* fiscal.

polizón *m* passager clandestin.

polo *m* 1 — *norte, sur*, pôle nord, sud. 2 (juego, camisa) polo. 3 (helado) esquimau.

Polonia *n p f* Pologne.

poltrón, ona *a* paresseux, euse. □ *f* (sillón) fauteuil *m*.

polución *f* pollution.

polvareda *f* nuage *m* de poussière.

polvera *f* poudrier *m*.

polvo *m* 1 poussière *f* : levantar —, faire de la poussière. I FIG estoy hecho —, je suis claqué ; hacer —, démolir. 2 poudre *f* : leche en —, lait en poudre. I nieve en —, neige poudreuse. □ pl poudre *f* sing.

pólvora *f* (explosivo) poudre.

polvoriento, a *a* poudreux, euse.

polvorín *m* poudrière *f*.

polvorón *m* sablé.

polla *f* 1 poulette. I — de agua, poule d'eau. 2 FAM jeune fille.

pollera *f* AMER jupe.

pollino *m* ânon.

pollita *f* FAM jeune fille, minette.

pollito *m* poussin.

poll/o *m* 1 poulet. 2 (de cualquier ave) petit. 3 FAM jeune homme. **-uelo** *m* poussin.

pomada *f* pommade.

pomelo *m* pamplemousse.

pómez *a* piedra —, pierre ponce.

pomo *m* 1 (de puerta, cajón, etc.) bouton. 2 (frasco) flacon.

pomp/a *f* 1 pompe : con gran —, en grande pompe. 2 — de jabón, bulle de savon. **-oso, a** *a* pompeux, euse.

pómulo *m* pommette *f*.

pon ⇒ poner.

ponche *m* punch.

poncho *m* poncho.

ponder/ar *t* (alabar) vanter, faire l'éloge de. **-ado, a** *a* pondéré, e.

ponen/te *m* rapporteur. **-cia** *f* (informe) rapport *m*.

poner ° *t* 1 mettre. 2 (colocar) poser. 3 (+ adjetivo) — triste, furioso, rendre triste, furieux. 4 (en el teatro, cine) donner, jouer. 5 (una tienda) ouvrir, monter. 6 pongamos que sea verdad, mettons que ce soit vrai. 7 (huevos) pondre. □ pr 1 se mettre : se puso de rodillas, a hablar, il s'est mis à genoux, à parler. 2 mettre : se puso la gabardina, il mit sa gabardine. 3 devenir : se puso pálido, il devint pâle. I ponerse enfermo, tomber malade. 4 (un astro) se coucher. 5 con el avión, en hora y media usted se pone en París, avec l'avion, vous êtes à Paris en une heure et demie.

poniente *m* couchant.

pont/ífice *m* sumo —, souverain pontife. **-ifical** *a* pontifical, e.

ponzoña *f* poison *m*.

popa *f* poupe.

popelín *m* popeline *f*.

populacho *m* populace *f*.

popular *a* populaire. **-idad** *f* popularité.

populoso, a *a* populeux, euse.

poquedad *f* pusillanimité.

poquito, a *a* très peu de. I un —, un tout petit peu.

por *prep* 1 (modo, lugar, etc.) par : — avión, par avion ; mirar — la ventana, regarder par la fenêtre. 2 (destino, causa, precio, etc.) pour : hazlo — mí, fais-le pour moi ; — eso he venido, c'est pour ça que je suis venu ; — cien pesetas, pour cent pesetas. 3 à : cien kilómetros — hora, cent kilomètres à l'heure. 4 (movimiento) dans : pasearse — el campo, se promener dans la campagne ; — sur : se pasó la mano — la frente, il passa sa main sur son front. 5 vers : — Alicante, vers Alicante. 6 (tiempo) — la mañana, le matin ; — ahora, pour le moment ; — el mes de junio, vers le mois de juin. 7 — qué, pourquoi. 8 — si (acaso)..., au cas où...

porcelana *f* porcelaine.

porcentaje *m* pourcentage.

porción *f* 1 portion. 2 part. 3 una — de anécdotas, de gente, une foule d'anecdotes, de gens.

porche *m* porche.

pordiosero, a *s* mendiant, e.

porf/ía *f* 1 obstination, entêtement *m*. 2 a —, à qui mieux mieux, à l'envi. **-iado, a** *a* obstiné, e. **-iar**

i s'entêter, s'obstiner.

pormenor *m* détail.

pornogr/afía *f* pornographie. **-áfico, a** *a* pornographique.

por/o *m* pore. **-oso, a** *a* poreux, euse.

poroto *m* AMER haricot.

porqu/e *conj* 1 parce que. 2 (= para que) pour que. **-é** *m* pourquoi.

porquería *f* cochonnerie, saleté.

porr/a *f* 1 massue. 2 (de caucho) matraque. 3 FAM *mandar a la —*, envoyer balader. **-ada** *f* (montón) tas *m*. **-azo** *m* coup.

porrillo (a) *loc adv* à foison.

porrón *m* cruche *f* à bec.

porta *f* sabord *m*.

portaaviones *m* porte-avions.

portada *f* 1 page de titre. 2 (de revista) couverture.

portador, a *a/s* porteur, euse.

portaequipajes *m* 1 porte-bagages. 2 (interior) coffre à bagages.

portal *m* 1 vestibule. 2 *— de Belén*, crèche *f*.

portalón *m* MAR coupée *f*.

portamonedas *m* porte-monnaie.

portaplumas *m* porte-plume.

portarse *pr* se conduire, se comporter, se tenir.

portátil *a* portatif, ive.

portavoz *m* (persona) porte-parole.

portazo *m* claquement de porte. | *dar un —*, claquer la porte.

porte *m* 1 port, transport. 2 (aspecto) allure *f*.

portear *t* porter.

portent/o *m* prodige. **-oso, a** *a* prodigieux, euse.

porteño, a *a/s* de Buenos Aires.

porter/ía *f* 1 loge de concierge. 2 (fútbol) but *m*. **-o, a** *s* concierge. □ *m* (fútbol) gardien de but.

portezuela *f* (de coche) portière.

pórtico *m* 1 portique. 2 (de iglesia)

portail.

portilla *f* MAR hublot *m*.

portillo *m* 1 brèche *f*. 2 (en una puerta) guichet. 3 (entre dos montañas) col.

portón *m* grande porte *f*.

portorriqueño, a *a/s* de Porto-Rico.

portuario, a *a* portuaire.

portugués, esa *a/s* portugais, e.

porvenir *m* avenir.

posada *f* auberge.

posaderas *f pl* fesses.

posadero, a *s* aubergiste.

posar *i* poser. □ *pr* se poser.

posdata *f* post-scriptum *m*.

pose/er *t* posséder. **-edor, a** *s* possesseur. **-sión** *f* possession. **-sivo, a** *a/m* possessif, ive.

posguerra *f* après-guerre.

posibilidad *f* possibilité.

posible *a* possible. | *a ser —*, autant que possible; *hacer todo lo — por*, faire tout son possible pour ; *¡ no es —!*, pas possible! □ *pl* moyens.

posición *f* 1 position. 2 (social) situation.

positivo, a *a* positif, ive. □ *f* (foto) positif *m*.

poso *m* dépôt, lie *f*.

posponer ° *t* faire passer après.

post/a *f* poste. | *a —*, exprès. **-al** *a* postal, e : *tarjeta —*, carte postale. □ *f una —*, une carte postale.

poste *m* 1 poteau. 2 pylône.

postergar *t* ajourner.

posteridad *f* postérité.

posterior *a* postérieur, e.

postigo *m* volet.

postilla *f* croûte.

postín *m* FAM *darse —*, se vanter ; *de —*, chic : *un hotel de —*, un hôtel chic.

postizo, a *a/m* postiche.

postor m *al mejor —*, au plus offrant.

postrar *t* abattre.

postre *m* 1 dessert. 2 *a la —*, finalement.

postrero, a *a* dernier, ère.

postul/ar *t* réclamer. □ *i* (con un fin benéfico) quêter. **-ante** *a/s* postulant, e.

póstumo, a *a* posthume.

postura *f* 1 posture, position. 2 FIG position, attitude. 3 (en el juego) mise.

post-venta *f* après vente.

potable *a* potable.

potaje *m* potage ; plat de légumes secs.

potasa *f* potasse.

pote *m* 1 pot. 2 (olla) marmite.

poten/cia *f* puissance. I *en —*, en puissance. **-cial** *a/m* potentiel, elle. □ *m* (modo) conditionnel. **-te** *a* puissant, e.

potra *f* pouliche.

potranca *f* pouliche.

potro *m* 1 (caballo) poulain. 2 (de tormento) chevalet. 3 (gimnasia) cheval de bois.

poyo *m* banc de pierre.

poza *f* mare.

pozo *m* puits.

práctica *f* pratique. □ *pl* 1 travaux *m* pratiques. 2 (período) stage *m* sing.

practicable *a* praticable.

practicante *a/s* (en religión) pratiquant, e. □ *s* 1 infirmier, ère. 2 préparateur, trice en pharmacie.

practicar *t* 1 pratiquer. 2 (hacer) faire.

práctico, a *a* pratique.

prad/o *m* pré. **-era** *f* prairie.

preámbulo *m* préambule.

precario, a *a* précaire.

precaución *f* précaution.

precav/erse ° *pr* se prémunir. **-ido, a** *a* prévoyant, e.

preced/er *i* précéder. **-ente** *a/m* précédent, e.

precept/o *m* précepte. **-or, a** *s* précepteur, trice. **-uar** *t* établir.

preces *f pl* prières.

preciado, a *a* précieux, euse.

preciarse *pr — de*, se vanter de.

precinto *m* bande *f*, cachet : *— de garantía*, bande de garantie.

precio *m* prix : *— de coste*, prix de revient.

precios/o, a *a* 1 précieux, euse. 2 (bonito) très joli, e, ravissant, e. **-idad** *f* chose ravissante, merveille : *esta pulsera es una —*, ce bracelet est une merveille.

precipicio *m* précipice.

precipit/ar *t* précipiter. □ *pr* se précipiter. **-ación** *f* précipitation. **-adamente** *adv* précipitamment.

precisamente *adv* précisément, justement.

precisar *t* 1 (fijar) fixer. 2 (necesitar) avoir besoin de. 3 demander : *se precisan dos secretarias bilingües*, on demande deux secrétaires bilingues.

precisión *f* 1 précision. 2 (necesidad) besoin *m*.

preciso, a *a* 1 précis, e. 2 *ser —*, être nécessaire, falloir : *es — que vengas*, il faut que tu viennes.

preclaro, a *a* illustre.

precocidad *f* précocité.

precolombiano, a *a* précolombien, enne.

preconcebido, a *a* préconçu, e.

preconizar *t* préconiser.

precoz *a* précoce.

precursor *a/m* précurseur.

predecesor, a *s* prédécesseur.

predecir ° *t* prédire.

prédica *f* prêche *m*.

predica/ción *f* prédication. **-dor** *m* prédicateur.

predicamento *m* influence *f*.

predicar *t* prêcher.

predicción *f* prédiction.

predilección *f* prédilection.

predio *m* propriété *f*.

predispo/ner ° *t* prédisposer. **-sición** *f* prédisposition.

predomin/ar *t* prédominer. **-ante** *a* prédominant, e. **-io** *m* prédominance *f*.

preeminencia *f* prééminence.

prefabricado, a *a* préfabriqué, e.

prefacio *m* préface *f*.

prefecto *m* préfet.

preferen/cia *f* 1 préférence. 2 *de paso*, priorité : *tener —*, avoir la priorité. **-te** *a* préférentiel, elle, de choix.

prefer/ir ° *t* préférer : *prefiero esto*, je préfère ça. **-ible** *a* préférable.

prefijo *m* préfixe.

preg/ón *m* annonce *f*. **-onar** *t* 1 annoncer publiquement. 2 (alabar) vanter.

pregunt/a *f* question, demande. *l hacer una —*, poser une question. **-ar** *t* demander : *le pregunté si necesitaba algo*, je lui ai demandé s'il avait besoin de quelque chose.

prehist/oria *f* préhistoire. **-órico, a** *a* préhistorique.

prejuicio *m* préjugé, parti pris.

prelado *m* prélat.

preliminar *a/m* préliminaire.

preludio *m* prélude.

prematuro, a *a* prématuré, e.

premedit/ar *t* préméditer. **-ación** *f* préméditation.

premi/ar *t* récompenser. **-ado, a** *s* gagnant, e.

premio *m* 1 prix. 2 (lotería) lot : *— gordo*, gros lot. 3 (incentivo) prime *f*.

premioso, a *a* 1 lourd, e. 2 urgent, e.

prenda *f* 1 (garantía) gage *m*. 2 (ropa) vêtement *m*. □ *pl* qualités.

prendarse *pr* s'éprendre.

prendedor *m* agrafe *f*.

prender *t* 1 (sujetar) attacher, accrocher. 2 *— a un ladrón*, arrêter un voleur. 3 (encender) allumer. □ *i* prendre : *el fuego prendió en un montón de paja*, le feu a pris dans un tas de paille.

prender/ía *f* friperie. **-o, a** *t* fripier, ère.

prendimiento *m* arrestation *f*.

prens/a *f* presse. *l dar a la —*, faire imprimer ; *poner en —*, mettre sous presse. **-apurés** *m* presse-purée. **-ar** *t* presser.

preñ/ado, a *a* 1 (mujer) enceinte. 2 (animal) pleine. 3 plein, e, chargé, e. **-ez** *f* (de mujer) grossesse.

preocupación *f* 1 préoccupation. 2 (inquietud) souci *m*.

preocupar *t* préoccuper. □ *preocuparse por*, se soucier de ; *no te preocupes*, ne t'en fais pas.

prepar/ar *t* préparer. **-ación** *f* préparation. **-ado** *m* préparation *f*. **-ativos** *m pl* préparatifs. **-atorio, a** *a* préparatoire.

preponderan/cia *f* prépondérance. **-te** *a* prépondérant, e.

preposición *f* préposition.

prerrogativa *f* prérogative.

presa *f* 1 prise. 2 proie : *ser — de*, être en proie à. 3 (a través de un río) barrage *m*.

presagi/o *m* présage. **-ar** *t* annoncer.

présbita *a/s* presbyte.

presbítero *m* prêtre.

prescindir *i* faire abstraction de. *l prescindiendo de...*, abstraction faite de...

prescr/ibir *t* prescrire. **-ipción** *f* prescription. *l — médica*, ordonnance.

presencia *f* 1 présence. 2 (figura) aspect *m*, tournure, prestance. *l buena —*, bonne présentation.

presenciar *t* 1 *— una corrida*, assister à une corrida. 2 être témoin de.

present/ar *t* présenter. □ *pr* se présenter. **-able** *a* présentable. **-ación** *f* présentation. **-ador, a** *s* présentateur, trice.

presente *a/m* présent, e. *l tener —*, se rappeler.

present/ir ° *t* pressentir. **-imiento** *m* pressentiment.

preserv/ar *t* préserver. **-ación** *f* préservation. **-ativo** *a/m* préservatif.

presid/encia *f* présidence. **-encial** *a* présidentiel, elle. **-ente, a** *s* président, e.

presidi/o *m* 1 bagne. 2 travaux *pl* forcés. **-ario** *m* forçat.

presidir *t* 1 présider. 2 FIG présider à.

presilla *f* bride.

presi/ón *f* pression. **-onar** *t* faire pression sur.

preso, a *a* pris, e. □ *a/s* prisonnier, ère, détenu, e.

prestación *f* prestation.

prestado, a *a* prêté, e. l *pedir* −, emprunter.

prestamista *s* prêteur, euse.

préstamo *m* 1 prêt. 2 (empréstito) emprunt.

prestar *t* 1 prêter. 2 − *atención, oídos*, prêter attention, l'oreille. □ *prestarse a confusión*, prêter à confusion.

prestidigita/dor *m* prestidigitateur. **-ción** *f* prestidigitation.

prestigi/o *m* prestige. **-oso, a** *a* prestigieux, euse.

presum/ir *t* présumer. □ *i* 1 crâner. 2 *presume de guapa*, elle se croit belle ; *presume de rico, de imparcial*, il se vante d'être riche, se flatte d'être impartial. **-ido, a** *a/s* prétentieux, euse.

presun/ción *f* présomption. **-to, a** *a* présumé, e. **-tuoso, a** *a* présomptueux, euse.

presupuesto *m* 1 budget. 2 (de una obra) devis.

presurizar *t* pressuriser.

presuroso, a *a* rapide, empressé, e.

preten/der *t* 1 essayer de. 2 (un empleo) solliciter, briguer, postuler. 3 prétendre. **-diente** *a/s* prétendant, e. **-sión** *f* prétention.

pretérito, a *a/m* passé, e : *verbo en el* −, verbe au passé. l − *imperfecto*, imparfait ; − *indefinido, perfecto*, passé simple, composé.

pretexto *m* prétexte : *con el* − *de que*, sous prétexte que ; *con cualquier* −, sous un prétexte quelconque.

pretil *m* garde-fou, parapet.

pretina *f* ceinture.

prevalecer ° *i* prévaloir.

prevención *f* 1 disposition. 2 précaution. 3 (prejuicio) prévention. 4 poste *m* de police.

prevenir ° *t* 1 préparer. 2 prévenir. □ *pr* 1 se préparer. 2 prendre ses précautions, se prémunir.

preventivo, a *a* préventif, ive.

prever ° *t* prévoir : *todo está previsto*, tout est prévu.

previo, a *a* 1 préalable. 2 après : *previa entrega del cupón*, après remise du coupon.

previs/ión *f* prévision. **-ible** *a* prévisible. **-or, a** *a* prévoyant, e. **-to, a** *a* prévu, e.

prieto, a *a* 1 (carne) ferme. 2 (apretado) serré, e.

¹prima *f* (cantidad) prime.

²prima ⇒ primo.

primario, a *a* primaire.

primaver/a *f* printemps *m*. **-al** *a* printanier, ère.

primer *a* premier : − *piso*, premier étage. **-o, a** *a/s* premier, ère. l *a la primera*, du premier coup ; *a primeros de marzo*, au début mars. □ *adv* 1 d'abord, premièrement. 2 (más bien) plutôt.

primitivo, a *a* primitif, ive.

primo, a *a* premier, ère. □ *s* 1 cousin, e : − *hermano*, cousin germain. 2 FAM idiot, e, poire *f*.

primogénito, a *s* premier-né, première-née.

primor *m* 1 délicatesse *f*. 2 merveille *f*.

primordial *a* primordial, e.

primoroso, a *a* 1 ravissant, e. 2

délicat, e. 3 habile.

princesa *f* princesse.

principado *m* principauté *f*.

principal *a* principal, e. | *lo — es ganar*, le principal est de gagner. □ *m* 1 (jefe) patron. 2 (piso) premier (étage).

príncipe *m* prince.

principi/ar *i/t* commencer. **-ante** *a/s* débutant, e. **-o** *m* 1 commencement, début. | *a principios de semana*, au début de la semaine. 2 (máxima, fundamento) principe. | *en —*, en principe. 3 (comida) entrée *f*.

pring/ar *t* graisser. **-oso, a** *a* graisseux, euse. **-ue** *m* graisse *f*.

prior *m* prieur. **-ato** *m* prieuré.

prioridad *f* priorité.

prisa *f* hâte. | *a toda —*, à toute vitesse; *corre —*, c'est urgent; ¡ *dáte —!*, dépêche-toi!; *tengo mucha —*, je suis très pressé; *tener — por*, avoir hâte de.

prisi/ón *f* 1 prison. 2 (encarcelamiento) détention. **-onero, a** *a/s* prisonnier, ère.

prism/a *m* prisme. **-áticos** *m pl* jumelles *f*.

privación *f* privation.

privado, a *a* privé, e. □ *m* favori.

privar *t* priver. □ *i* 1 être en faveur. 2 être en vogue. □ *pr* se priver.

privativo, a *a ser — de*, être propre à, l'apanage de.

privilegi/o *m* privilège. **-ar** *t* privilégier.

pro *m* 1 *el — y el contra*, le pour et le contre. 2 *en — de*, en faveur de.

proa *f* proue.

probabilidad *f* probabilité.

probable *a* probable. **-mente** *adv* probablement.

probador *m* salon d'essayage, cabine *f* d'essayage.

probar ° *t* 1 (demostrar) prouver. 2 (un vestido, coche, etc.) essayer. 3 (un manjar) goûter. 4 ¡ *pruebe su*

suerte !, tentez votre chance! □ *i* 1 convenir, réussir : *no me prueba el clima*, le climat ne me convient pas. 2 — *a*, essayer de.

probeta *f* éprouvette.

probidad *f* probité.

problem/a *m* problème. **-ático, a** *a* problématique. □ *f la problemática*, les problèmes *m pl*.

probo, a *m* probe.

proceden/cia *f* 1 origine, provenance. 2 convenance. **-te** *a* 1 *barco — de Las Palmas*, bateau en provenance de Las Palmas. 2 opportun, e, pertinent, e.

proced/er *i* 1 provenir, venir. 2 (obrar) procéder. 3 (ser conveniente) convenir. 4 — *a*, commencer à. □ *m* conduite *f*. **-imiento** *m* 1 procédé. 2 (derecho) procédure *f*.

prócer *m* personnage illustre.

procesado, a *a/s* inculpé, e.

procesión *f* procession.

proceso *m* 1 (pleito) procès. 2 (transcurso) cours. 3 (desarrollo) processus.

proclam/ar *t* proclamer. **-ación** *f* proclamation.

procrear *t* procréer.

procurador *m* 1 procureur. 2 (abogado) avoué. 3 — *en Cortes*, député.

procurar *t* 1 essayer de, tâcher de. | *procura que nadie te vea*, fais en sorte que, veille à ce que personne ne te voie. 2 (proporcionar) procurer.

prodigalidad *f* prodigalité.

prodigar *t* prodiguer.

prodigi/o *m* prodige. **-oso, a** *a* prodigieux, euse.

pródigo, a *a/s* prodigue.

producción *f* production.

produc/ir ° *t* produire. **-tividad** *f* productivité. **-tivo, a** *a* productif, ive. **-to** *m* produit. **-tor, a** *a/s* producteur, trice.

proemio *m* préface *f*.

proeza *f* prouesse, exploit *m*.
profan/ar *t* profaner. **-ación** *f* profanation.
profano, a *a/s* profane.
profecía *f* prophétie.
proferir ° *t* proférer.
profesar *t* professer. □ *i* prononcer ses vœux.
profesi/ón *f* profession. **-onal** *a* professionnel, elle.
profesor, a *s* professeur : *es profesora de francés,* elle est professeur de fran‿ais. **-ado** *m* 1 professorat. 2 corps enseignant. 3 professeurs *pl.*
prof/eta *m* prophète. **-ético, a** *a* prophétique. **-etizar** *t* prophétiser.
profilaxis *f* prophylaxie.
prófugo *m* insoumis.
profund/o, a *a* profond, e. **-idad** *f* profondeur. **-izar** *t* approfondir.
profusión *f* profusion.
progenie *f* descendance, progéniture.
program/a *m* programme. **-ación** *f* programmation. **-ador, a** *s* programmeur, euse.
progres/ar *i* progresser. **-ión** *f* progression. **-ivo, a** *a* progressif, ive. **-o** *m* progrès.
prohib/ir *t* défendre, interdire. I *se prohibe el paso,* passage interdit ; *prohibido fijar carteles,* défense d'afficher. **-ición** *f* interdiction, prohibition. **-itivo, a** *a* prohibitif, ive.
prohijar *t* adopter.
prohombre *m* grand homme.
prójimo *m* 1 prochain. 2 FAM individu.
prole *f* progéniture.
proletari/o, a *a/s* prolétaire. **-ado** *m* prolétariat.
proliferar *i* proliférer.
prolífico, a *a* prolifique.
prolijo, a *a* prolixe.
prólogo *m* préface *f*, prologue.
prolong/ar *t* prolonger. **-ación** *f* prolongation. **-amiento** *m* prolongement.
promedio *m* 1 milieu. 2 (término medio) moyenne *f*.
promesa *f* promesse.
promet/er *t/i* promettre : *me ha prometido ayudarme,* il m'a promis de m'aider. □ *pr* se promettre. **-edor, a** *a* prometteur, euse. **-ido, a** *a/s* promis, e.
prominen/te *a* proéminent, e. **-cia** *f* proéminence.
promiscuidad *f* promiscuité.
promoción *f* promotion.
promontorio *m* promontoire.
promotor *m* promoteur.
promover ° *t* 1 promouvoir. 2 causer, occasionner.
promulgar *t* promulguer.
pronom/bre *m* pronom. **-inal** *a* pronominal, e.
pron/óstico *m* pronostic. **-osticar** *t* pronostiquer.
prontitud *f* promptitude.
pronto, a *a* 1 prompt, e, rapide 2 (listo) prêt, e. □ *adv* 1 vite : — *está dicho,* c'est vite dit. 2 tôt : *aún es — para juzgar,* il est encore trop tôt pour juger. I *al —,* de prime abord, sur le coup ; *de —,* soudain ; *hasta —,* à bientôt. □ *m* mouvement d'humeur.
pronunciación *f* prononciation.
pronunciamiento *m* soulèvement militaire, pronunciamiento.
pronunciar *t* prononcer. □ *pr* 1 se prononcer. 2 se soulever.
propagación *f* propagation.
propaganda *f* propagande.
propagar *t* propager.
propalar *t* divulguer.
propano *m* propane.
propasarse *pr* dépasser les bornes.
propen/der *i* — *a,* tendre vers. **-sión** *f* propension. **-so, a** *a* enclin, e.
propiamente *adv* — *dicho,*

proprement dit.
propicio, a *a* propice.
propie/dad *f* propriété. **-tario, a** *a/s* propriétaire.
propina *f* pourboire *m*.
propinar *t* administrer.
propio, a *a* 1 propre : *nombre —*, nom propre; *con sus propios medios*, par ses propres moyens. 2 *el — director*, le directeur lui-même; *no tiene nada —*, il n'a rien à lui. 3 (adecuado) approprié, e. 4 *lo —*, la même chose. □ *m* messager.
proponer ° *t* proposer.
proporci/ón *f* proportion. **-onal** *a* proportionnel, elle. **-onar** *t* 1 proportionner. 2 (facilitar) procurer, fournir : *me ha proporcionado un piso*, il m'a procuré un appartement.
proposición *f* proposition.
propósito *m* 1 intention *f*, dessein. I *a —*, à propos; (adrede) exprès. 2 (objeto) but.
propuesta *f* proposition.
propuesto, a *a* proposé, e.
propugnar *t* défendre, plaider pour.
propuls/ar *t* propulser. **-ión** *f* propulsion. **-or** *m* propulseur.
prorrata *f* prorata *m*.
prórroga *f* 1 prorogation. 2 MIL sursis *m*.
prorrogar *t* proroger.
prorrumpir *i — en risa, en sollozos*, éclater de rire, en sanglots.
prosa *f* prose. **-ico, a** *a* prosaïque.
proscenio *m* avant-scène *f*.
proscri/bir *t* proscrire. **-to, a** *s* proscrit, e.
prose/guir ° *t* poursuivre, continuer. **-cución** *f* poursuite.
prosista *s* prosateur.
prospecto *m* prospectus.
prosper/ar *i* prospérer. **-idad** *f* prospérité.

próspero, a *a* prospère.
prosternarse *pr* se prosterner.
prostitu/ción *f* prostitution. **-ta** *f* prostituée.
protagon/ista *s* 1 protagoniste. 2 héros, héroïne. **-izar** *t/i* jouer, interpréter.
protec/ción *f* protection. **-tor, a** *a/s* protecteur, trice. **-torado** *m* protectorat.
proteg/er *t* protéger. **-ido, a** *s* protégé, e.
proteína *f* protéine.
protesta *f* protestation.
protestant/e *a/s* protestant, e. **-ismo** *m* protestantisme.
protestar *i* protester.
protocolo *m* protocole.
prototipo *m* prototype.
protuberan/te *a* protubérant, e. **-cia** *f* protubérance.
provech/o *m* profit : *en — de*, au profit de. I *sacar — de*, tirer profit, profiter de; *¡ buen —!*, bon appétit! **-oso, a** *a* profitable.
prove/er *t* pourvoir, fournir. □ *pr* se pourvoir. **-edor, a** *s* fournisseur, euse.
provenir ° *i* provenir.
provenzal *a/s* provençal, e.
proverbi/o *m* proverbe. **-al** *a* proverbial, e.
providenci/a *f* providence. **-al** *a* providentiel, elle.
provinci/a *f* 1 province. 2 (división territorial) département *m*. **-al** *a* provincial, e. **-ano, a** *s* provincial, e.
provisión *f* provision.
provisional *a* provisoire.
provisto, a *a* pourvu, e.
provisorio, a *a* AMER provisoire.
provoc/ar *t* provoquer. **-ación** *f* provocation. **-ativo, a** *a* provocant, e.
próximamente *adv* prochainement.
proximidad *f* proximité.

próximo, a *a* 1 proche : *hotel − a la estación*, hôtel proche de la gare. 2 prochain, e : *el mes −*, le mois prochain. 3 *estoy − a*, je suis sur le point de.

proyec/tar *t* projeter. **-ción** *f* projection. **-til** *m* projectile. **-to** *m* projet. **-tor** *m* projecteur.

pruden/te *a* prudent, e. **-cia** *f* prudence.

prueba *f* 1 preuve : *dar pruebas de*, faire preuve de. 2 (ensayo) épreuve : *a − de*, à l'épreuve de. 3 essai *m* : *televisor a − por diez días*, téléviseur à l'essai pendant dix jours. 4 (de un vestido) essayage *m*. 5 (imprenta, foto) épreuve.

prurito *m* 1 prurit. 2 FIG envie *f*.

Prusia *n p f* Prusse.

psicoan/álisis *f* psychanalyse. **-alista** *s* psychanalyste.

psic/ología *f* psychologie. **-ológico, a** *a* psychologique. **-ólogo, a** *s* psychologue.

psico/sis *f* psychose. **-terapia** *f* psychothérapie.

psiquiatr/ía *f* psychiatrie. **-a** *s* psychiatre.

psíquico, a *a* psychique.

púa *f* 1 pointe. 2 piquant *m*. 3 (de peine) dent.

pubertad *f* puberté.

public/ar *t* publier. **-ación** *f* publication.

publici/dad *f* publicité. **-tario, a** *a* publicitaire.

público, a *a* public, publique. | *hacer −*, publier, rendre public. □ *m* public : *en −*, en public. | *dar al −*, publier.

puchero *m* 1 marmite *f*. 2 (cocido) pot-au-feu. □ *pl hacer pucheros*, faire la moue.

pucho *m* AMER mégot.

pude ⇒ **poder.**

pudibundo, a *a* pudibond, e.

púdico, a *a* pudique.

pudiente *a/s* riche.

pudiese, pudo, etc. ⇒ **poder.**

pudor *m* pudeur *f*. **-oso, a** *a* pudique.

pudrir ° *i* pourrir. □ *pr* pourrir.

pueblo *m* 1 (nación) peuple. 2 (población pequeña) village.

puedo, etc. ⇒ **poder.**

puente *m* 1 pont : *− colgante*, pont suspendu. 2 MAR passerelle *f*. 3 (dientes) bridge. 4 *hacer −*, faire le pont.

puerco, a *a* sale. □ *s* 1 cochon, truie. 2 *− espín*, porc-épic.

puericultura *f* puériculture.

pueril *a* puéril, e. **-idad** *f* puérilité.

puerro *m* poireau.

puerta *f* 1 porte. 2 *a − cerrada*, à huis clos.

puerto *m* 1 port. 2 (entre dos montañas) col.

Puerto Rico *n p* Porto Rico.

pues *conj* 1 (puesto que) puisque. 2 (porque) car. 3 (conclusión) donc : *decíamos −*, nous disions donc ; *así −*, ainsi donc. 4 eh bien : *−, quizá*, eh bien, peut-être. 5 comment ? 6 *¡ − claro !*, bien sûr !

puesta *f* 1 *la − del sol*, le coucher du soleil. 2 *− en marcha, en escena*, mise en marche, en scène. 3 (en el juego) mise.

puesto, a *p p* de **poner.** □ *a* mis, e. □ *m* 1 (lugar) place *f*. 2 (empleo) poste, situation *f*. 3 (en un mercado) étal, étalage. | *− de helados*, marchand de glaces. 4 poste : *− de socorro*, poste de secours. □ *conj − que* puisque.

pugn/a *f* lutte. **-ar** *i* lutter.

puja *f* enchère.

pujan/te *a* puissant, e. **-za** *f* force.

pujar *t* enchérir.

pulcr/o, a *a* soigneux, euse. **-itud** *f* 1 propreté. 2 (esmero) soin *m*.

pulga *f* puce. | FAM *tener malas pulgas*, avoir mauvais caractère.

pulgar *m* pouce.

pulgón *m* puceron.

pulido, a *a* soigné, e.

pulimentar *t* polir.

pulir *t* polir.

pulm/ón *m* poumon. **-onar** *a* pulmonaire. **-onía** *f* pneumonie.

pulpa *f* pulpe.

pulpería *f* AMER épicerie.

púlpito *m* chaire *f*: *en el* —, en chaire.

pulpo *m* poulpe, pieuvre *f*.

pulsación *f* pulsation.

pulsar *t* — *el botón*, appuyer sur le bouton.

pulsera *f* bracelet *m*.

pulso *m* 1 *tomar el* —, prendre le pouls. 2 *a* —, à la force du poignet.

pulular *i* pulluler.

pulveriz/ar *t* pulvériser. **-ación** *f* pulvérisation. **-ador** *m* pulvérisateur.

pulla *f* quolibet *m*, raillerie.

puma *m* puma.

pundonor *m* point d'honneur.

punta *f* 1 pointe. 2 bout *m* : *con la* — *de los dedos*, du bout des doigts. 3 *estar de* —, être brouillé, e.

puntada *f* point *m*.

puntal *m* étai.

puntapié *m* coup de pied.

punteado *m* (conjunto de puntos) pointillé.

puntera *f* bout *m*.

puntería *f* 1 visée. I *dirigir la* — *hacia*, viser. 2 *tener buena* —, être bon tireur.

puntiagudo, a *a* pointu, e.

puntilla *f* 1 (encaje) dentelle. 2 poignard *m*. I *dar la* — *a*, donner le coup de grâce à, achever. 3 *de puntillas*, sur la pointe des pieds.

puntilloso, a *a* pointilleux, euse.

punto *m* 1 point : — *y aparte*, point à la ligne ; — *y coma*, point-virgule ; — *de vista*, point de vue ; *cocido en su* —, cuit à point. I *al* —, sur-le-champ ; *a* — *de*, sur le point de ; *hasta tal* — *que*, à tel point que.

2 tricot. I *tejido de* —, tricot ; *hacer* —, tricoter ; *géneros de* —, bonneterie *f sing*. 3 *las dos en* —, deux heures juste, précises.

puntuación *f* ponctuation.

puntual *a* ponctuel, elle. **-idad** *f* ponctualité.

puntualiz/ar *t* 1 préciser. 2 donner plus de détails sur. **-ación** *f* mise au point.

punz/ada *f* 1 piqûre. 2 (dolor) élancement *m*. **-ante** *a* 1 piquant, e. 2 (dolor) lancinant, e. 3 FIG poignant, e. 4 mordant, e. **-ar** *t* 1 piquer. 2 (dolor) élancer, lanciner. **-ón** *m* poinçon.

puñado *m* poignée *f*.

puñal *m* poignard. **-ada** *f* coup *m* de poignard.

puñetazo *m* coup de poing.

puño *m* 1 poing. 2 (de camisa) poignet, manchette *f*. 3 (mango) poignée *f*. 4 *escribir de* — *y letra*, écrire de sa propre main.

pupa *f* 1 bouton *m*. 2 FAM bobo *m* : *hacer* —, faire bobo.

pupila *f* pupille.

pupilo, a *s* 1 pupille. 2 pensionnaire.

pupitre *m* pupitre.

puré *m* purée *f*. I FAM *estoy hecho* —, je suis claqué.

pureza *f* pureté.

purg/a *f* purge. **-ante** *a/m* purgatif, ive. **-ar** *t* purger. **-atorio** *m* purgatoire.

purific/ar *t* purifier. **-ación** *f* purification.

purista *a/s* puriste.

puritano, a *a/s* puritain, e.

puro, a *a* pur, e : *aire* —, air pur ; *esta es la pura verdad*, c'est la pure vérité. I *a* — *de*, à force de ; *de* — *tímido, no se atreve a hablar*, il n'ose pas parler, tant il est timide, il est tellement timide qu'il n'ose pas parler. □ *m* (cigarro) cigare.

púrpura *f* 1 (color) pourpre *m*. 2

(tinte, tela) pourpre.
purpúreo, a *a* pourpré, e.
purulento, a *a* purulent, e.
pus *m* pus.
puse, etc. ⇒ **poner.**
pusilánime *a* pusillanime.

puso ⇒ **poner.**
pústula *f* pustule.
putrefac/ción *f* putréfaction. **-to,
a** *a* putréfié, e.
puy/a *f* fer *m*, pointe. **-azo** *m*
coup de pique.

Q

q [ku] *f* q m : *una* —, un q.

¹que *pron* **1** (sujeto) qui : *el niño — llora*, l'enfant qui pleure. **2** (complemento) que : *el reloj — he comprado*, la montre que j'ai achetée. **3** *de* —, *del* —, etc., dont. **4** *en* —, où.

²que *conj* **1** que : *dudo — venga*, je doute qu'il vienne ; *me alegro de — hayas venido*, je suis content que tu sois venu. | *dile — venga*, dis-lui de venir. **2** car : *ábreme — no tengo la llave*, ouvre-moi car je n'ai pas la clef. **3** (ne se traduit pas) *¡ — vuelvas pronto!*, reviens vite!

³qué *adj* quel, quelle, quels, quelles : *¿ — hora es?*, quelle heure est-il? ; *¡ — pena!*, quel dommage! ; *¡ — chica más simpática!*, quelle fille sympathique! □ *pron* **1** *¿ — quiere usted?*, que voulez-vous? ; *¿ — le pasa?*, qu'est-ce qui vous arrive? ; *¿ y —?*, et alors? **2** quoi : *no sé — hacer*, je ne sais pas quoi faire ; *¿ de — se trata?*, de quoi s'agit-il? ; *¿ en — piensas?*, à quoi penses-tu? ; *para —?*, à quoi bon? **3** *el — dirán*, le qu'en-dira-t-on.

quebrada *f* ravin *m*, gorge.

quebradizo, a *a* cassant, e, fragile.

quebrado, a *a* **1** brisé, e. **2** (color) pâle. **3** (terreno) accidenté, e. □ *a/s* COM failli, e.

quebradura *f* fente, crevasse.

quebrant/ar *t* **1** casser, briser. **2** (moler) concasser. **3** FIG *— la resistencia*, briser la résistance. **4** (una ley, etc.) enfreindre, violer. **5** abattre. **-o** *m* **1** affaiblissement. **2** affliction *f*. **3** perte *f*.

quebrar ° *t* casser, briser. □ *i* COM faire faillite. □ *quebrarse la cabeza*, se casser la tête ; *se le quiebra la voz*, sa voix se brise.

queda *f* couvre-feu *m*.

quedar *i* **1** rester : *me quedan diez pesetas*, il me reste dix pesetas ; *queda mucho por hacer*, il reste beaucoup à faire. **2** (estar) être : *queda lejos*, c'est loin ; *queda roto nuestro contrato*, notre contrat est rompu. | *quedó muerto*, il mourut ; *— bien*, faire bien ; s'en tirer à son avantage. **3** *— en*, décider, convenir : *hemos de — en un día*, nous devons convenir d'un jour. □ *pr* **1** rester : *quédate quieto*, reste tranquille. **2** garder : *quédese con la vuelta*, gardez la monnaie ; *me lo quedo*, je le garde. **3** devenir : *se quedó sordo*, il est devenu sourd.

quedo, a *a* **1** calme. **2** *voz queda*, voix basse. □ *adv* doucement, tout bas.

quehacer *m* travail, occupation *f*.

quej/a *f* plainte. **-arse** *pr* se plaindre. **-ido** *m* plainte *f*, gémissement. **-oso, a** *a* mécontent, e. **-umbroso, a** *a* plaintif, ive.

quema *f* feu *m*.

quemado *m* *oler a* —, sentir le brûlé.

quemador *m* brûleur.

quemadura *f* brûlure.

quem/ar *t/i* brûler : *piel quemada del sol*, peau brûlée par le soleil. □ *pr* **1** se brûler. **2** brûler : *¡ el asado se quema!*, le rôti brûle! **-azón** *f* brûlure.

quena *f* AMER flûte indienne.

quepa, etc. ⇒ **caber.**

quepis *m* képi.

querella *f* plainte.

querencia *f* **1** attachement *m*. **2** (lugar) endroit *m* préféré.

quer/er ° *t* **1** vouloir. *¿ qué quiere usted?*, que voulez-vous? ; *no quiero*, je ne veux pas ; *quisiera* *saber*, je voudrais savoir ; *como quiera*, comme vous voudrez. I *sin* –, sans le vouloir. **2** aimer : *quiero mucho a mi sobrino*, j'aime beaucoup mon neveu. **-ido, a** *a* **1** voulu, e. **2** aimé, e. **3** cher, chère : – *amigo*, cher ami. **4** chéri, e : *su hija querida*, sa fille chérie. □ *m* ami. □ *f* maîtresse.

queroseno *m* kérosène.

querubín *m* chérubin.

ques/o *m* fromage : – *de bola*, fromage de Hollande. I FAM *darla con* – *a alguien*, rouler quelqu'un ; *¡ a mí no me la dan con* –*!*, on ne me la fait pas ! **-ero, a** *a/s* fromager, ère.

¡ quiá ! *interj* allons donc !

quicio *m* penture *f*. I *sacar de* – *a alguien*, faire sortir quelqu'un de ses gonds.

quiebra *f* COM faillite.

quiebro *m* **1** écart. **2** (canto) roulade *f*.

quien *pron rel* **1** qui. I *como* – *dice*, comme qui dirait ; *de* –, dont. **2** (alguien) quelqu'un. □ *pron interr* qui : *¿ quién es ?*, qui est-ce ? ; *¿ quiénes son ustedes ?*, qui êtes-vous ?

quienquiera *pron indef* quiconque.

quieto, a *a* tranquille : *estarse* –, rester tranquille.

quijada *f* mâchoire.

Quijote (Don) *n p m* Don Quichotte.

quilate *m* carat.

quilo ⇒ **kilo.**

quilla *f* quille.

quim/era *f* chimère. **-érico, a** *a* chimérique.

químic/a *f* chimie. **-o, a** *a* chimique. □ *s* chimiste.

quina *f* quinquina *m*.

quincaller/ía *f* quincaillerie. **-o, a** *s* quincailler, ère.

quinc/e *a/m* quinze. I *el siglo* –, le quinzième siècle. **-ena** *f*

quinzaine. **-enal** *a* bimensuel, elle.

quincuagenario, a *a/s* quinquagénaire.

quincuagésimo, a *a* cinquantième.

quinielas *f pl* sorte de pari mutuel.

quinientos, as *a* cinq cents.

quinina *f* quinine.

quinta *f* **1** (casa) maison de campagne. **2** MIL classe. **3** MÚS quinte. □ *pl entrar en quintas*, atteindre l'âge du service militaire ; *llamar a quintas*, appeler sous les drapeaux.

quintal *m* quintal.

quinto, a *a/s* cinquième : *en el* – *piso*, au cinquième étage. □ *m* (soldado) recrue *f*, conscrit.

quíntuplo, a *a/m* quintuple.

quinzavo, a *a/s* quinzième.

quiosco *m* kiosque : – *de periódicos*, kiosque à journaux.

quiquiriquí *m* cocorico.

quirófano *m* salle *f* d'opérations.

quiromancia *f* chiromancie.

quirúrgico, a *a* chirurgical, e.

quise, etc. ⇒ **querer.**

quisque (cada) *loc* FAM (tout un) chacun.

quisquill/a *f* **1** vétille. **2** (camarón) crevette. **-oso, a** *a* pointilleux, euse.

quiste *m* kyste.

quitaesmalte *m* dissolvant.

quitamanchas *m* détachant.

quitanieves *m* chasse-neige.

quitar *t* **1** ôter, enlever. I – *la vida*, tuer. **2** (hurtar) prendre. □ *pr* **1** enlever, ôter, retirer : *quítate el abrigo*, enlève ton manteau ; *¡ quítate de ahí !*, ôte-toi de là ! **2** *quitarse a alguien de encima*, se débarrasser de quelqu'un.

quitasol *m* parasol.

quite *m* parade *f*.

quizá, quizás *adv* peut-être : – *tengas razón*, peut-être as-tu raison.

R

r [eɾe] *f* r *m* : *una* —, un r.

rabadilla *f* croupion *m*.

rábano *m* radis.

rabi/a *f* rage. I *me da* —, ça me fait rager. **-ar** *i* 1 rager. 2 — *por*, avoir une envie folle de. **-eta** *f* colère, rogne.

rabillo *m* 1 queue *f*. 2 *con el* — *del ojo*, du coin de l'œil.

rabino *m* rabbin.

rabioso, a *a* 1 enragé, e. 2 furieux, euse.

rabo *m* queue *f*.

racial *a* racial, e.

racimo *m* 1 grappe *f* : — *de uvas*, grappe de raisin. 2 (de plátanos) régime.

raciocin/ar *i* raisonner. **-io** *m* raisonnement.

ración *f* 1 ration. 2 (en una fonda) portion.

racional *a* rationnel, elle.

racion/ar *t* rationner. **-amiento** *m* rationnement.

racis/mo *m* racisme. **-ta** *a/s* raciste.

racha *f* 1 rafale. 2 série : *una* — *de atentados*, une série d'attentats. 3 *buena* —, veine.

rada *f* rade.

radar *m* radar.

radiación *f* radiation.

radiactiv/o, a *a* radioactif, ive. **-idad** *f* radioactivité.

radiante *a* rayonnant, e, radieux, euse.

radiar *i/t* irradier. □ *t* radiodiffuser, retransmettre : *mensaje radiado*, message radiodiffusé.

radical *a/m* radical, e.

radicar *i* 1 être situé, e. 2 FIG — *en*, résider dans.

¹radio *m* rayon : — *de acción*, rayon d'action.

²radio *f* radio. **-difusión** *f* radiodiffusion. **-escucha** *s* auditeur, trice. **-fónico, a** *a* radiophonique.

radiograf/ía *f* radiographie. **-iar** *t* radiographier.

radi/ología *f* radiologie. **-ólogo, a** *s* radiologue.

radioscopia *f* radioscopie.

radioyente *s* auditeur, trice.

raer ° *t* racler.

Rafael *n p m* Raphaël.

ráfaga *f* rafale.

raído, a *a* râpé, e, usé, e.

raigambre *f* racines *pl*.

raigón *m* racine *f*.

raíl *m* rail.

raíz *f* 1 racine. I *echar raíces*, prendre racine. 2 *a* — *de*, aussitôt après.

raj/a *f* 1 (hendidura) fente. 2 (en un plato, etc.) fêlure. 3 (de salchichón, melón, etc.) tranche. **-ar** *t* 1 fendre. 2 fêler. □ *pr* FAM se dégonfler.

ralea *f* 1 espèce. 2 engeance.

ralo, a *a* clairsemé, e.

rall/ar *t* râper : *queso rallado*, fromage râpé I *pan rallado*, chapelure *f*. **-ador** *m* râpe *f*.

rama *f* branche. I *en* —, brut. **-je** *m* branchage.

ramal *m* 1 embranchement. 2 ramification *f*.

rambla *f* 1 ravin *m*. 2 avenue.

rameado, a *a* à ramages.

ramera *f* prostituée.

ramific/arse *pr* se ramifier. **-ación** *f* ramification.

ramillete *m* bouquet.

ramo *m* 1 rameau. 2 — *de flores*, bouquet de fleurs. 3 FIG branche *f*, secteur. □ pl *el domingo de Ramos*, les Rameaux.

Ramón *n p m* Raymond.

rampl/ón, ona *a* vulgaire. **-onería** *f* vulgarité.

rana *f* grenouille.

rancio, a *a* 1 rance. 2 *vino* —, vin vieux.

rancho *m* 1 (comida) soupe *f*. | *hacer* — *aparte*, faire bande à part ; FAM *hacer el* —, faire la popote. 2 campement. 3 (choza) cabane *f*, cahute *f*.

rango *m* rang.

ranura *f* 1 rainure. 2 (de teléfono público, etc.) fente.

rapacidad *f* rapacité.

rapapolvo *m* FAM savon.

rapar *t* (el pelo) tondre.

¹rapaz *a* rapace. □ *f* rapace *m*.

²rapaz, a *s* gamin, e. **-uelo, a** *s* mioche.

¹rape *m al* —, ras.

²rape *m* (pez) lotte *f*.

rapidez *f* rapidité.

rápido, a *a/m* rapide.

rapiña *f* rapine. | *ave de* —, oiseau de proie.

raposo, a *s* renard, e. □ *f* (zorro) renard *m*.

rapt/ar *t* enlever, kidnapper. **-o** *m* 1 rapt, enlèvement. 2 extase *f*. **-or** *m* ravisseur.

raqueta *f* raquette.

raquítico, a *a* rachitique.

rareza *f* 1 rareté. 2 (extravagancia) bizarrerie.

rarificar *t* raréfier.

raro, a *a* 1 rare. 2 (extraño) bizarre, étrange, drôle : *¡ qué idea más rara !*, quelle drôle d'idée !

ras *m a* — *de*, au ras de. **-ante** *a* rasant, e. | *cambio de* —, haut d'une côte. **-ar** *t* raser.

rascacielos *m* gratte-ciel.

rascar *t* 1 gratter. 2 racler. □ *pr* se gratter.

rasgar *t* déchirer.

rasgo *m* trait.

rasgón *m* déchirure *f*.

rasguñ/ar *t* égratigner. **-o** *m* égratignure *f*.

raso, a *a* 1 plat, e. | *al* —, à la belle étoile ; *en campo* —, en rase campagne. 2 *soldado* —, simple soldat. 3 (cielo) dégagé. □ *m* (tela) satin.

raspa *f* arête.

rasp/ar *t* gratter. **-ador** *m* grattoir.

rastra *f* 1 (grada) herse. 2 *llevar a rastras*, traîner.

rastrear *t* suivre à la trace.

rastrero, a *a* 1 rampant, e. 2 FIG vil, e.

rastrill/ar *t* ratisser. **-o** *m* râteau.

rastro *m* trace *f*.

rastrojo *m* chaume.

rasurar *t* raser.

rata *f* rat *m*.

ratear *i* avoir des ratés.

ratero *m* voleur, pickpocket.

ratificar *t* ratifier.

rato *m* 1 moment : *pasamos un buen* — *juntos*, nous avons passé un bon moment ensemble. | *al poco* —, peu de temps après ; *a ratos*, par moment ; *¡ hasta otro* —!, à bientôt ! ; *matar el* —, tuer le temps. 2 FAM *un* —, drôlement ; *un* — *de cosas, de gente*, plein de choses, de monde.

rat/ón *m* souris *f*. **-onera** *f* souricière.

raudal *m* torrent.

ray/a *f* 1 raie. | *pasarse de la* —, dépasser les bornes. 2 rayure : *corbata a rayas*, cravate à rayures. 3 (de la mano) ligne. 4 (guión) tiret *m*. 5 (pez) raie. **-ado, a** *a* rayé, e, à rayures.

rayano, a *a* — *en*, proche de.

rayar *t* rayer. □ *i* 1 — *con*, confiner à. 2 — *en*, friser. 3 *al* — *el alba*, à l'aube.

rayo *m* 1 rayon. 2 (meteoro) foudre *f*.

rayón *m* rayonne *f*.

rayuela _f_ marelle.

raza _f_ race.

raz/ón _f_ 1 raison : _tiene usted —_, vous avez raison. I _dar — de_, donner des nouvelles de, renseigner sur ; _dar la — a_, donner raison à. 2 _—, enfrente_, s'adresser en face. **-onable** _a_ raisonnable.

razon/ar _i_ raisonner. **-amiento** _m_ raisonnement.

re _m_ MÚS ré.

reacci/ón _f_ réaction. **-onar** _i_ réagir. **-onario, a** _a/s_ réactionnaire.

reacio, a _a_ réticent, e.

reactor _m_ réacteur.

readaptación _f_ réadaptation.

reajustar _t_ rajuster.

¹real _a_ réel, elle.

²real _a_ 1 (del rey) royal, e. 2 superbe. □ _m_ 1 camp. I _sentar los reales_, s'installer. 2 (ferial) champ de foire. 3 (moneda) réal.

realce _m_ relief.

realeza _f_ royauté.

realidad _f_ réalité.

real/ismo _m_ 1 réalisme. 2 (monarquismo) royalisme. **-ista** _a/s_ 1 réaliste. 2 royaliste.

realiz/ar _t_ 1 réaliser. 2 effectuer. **-ación** _f_ réalisation. **-ador, a** _s_ réalisateur, trice.

realzar _t_ rehausser.

reanim/ar _t_ ranimer, réanimer. **-ación** _f_ réanimation.

reanud/ar _t_ 1 renouer. 2 (la conversación, etc.) reprendre. □ _pr_ reprendre. **-ación** _f_ reprise.

reapar/ecer ° _i_ réapparaître, reparaître. **-ición** _f_ (de un actor) rentrée.

reapertura _f_ réouverture, rentrée.

rearme _m_ réarmement.

reata _f_ file.

rebaba _f_ bavure.

rebaj/a _f_ 1 rabais _m_ : _vender con —_, vendre au rabais. 2 (descuento) remise. □ _pl_ soldes _m_ : _rebajas de invierno_, soldes

d'hiver. **-ar** _t_ 1 rabaisser. 2 (un precio) rabattre. 3 solder. I _modelo rebajado_, modèle soldé, en solde. □ _pr_ s'abaisser.

rebanada _f_ tranche.

rebaño _m_ troupeau.

rebasar _t_ dépasser.

rebatir _t_ réfuter.

rebato _m tocar a —_, sonner le tocsin.

rebel/arse _pr_ se rebeller. **-de** _a/s_ rebelle. **-día** _f_ rébellion. I _en —_, par contumace. **-ión** _f_ rébellion.

rebenque _m_ fouet.

reblandec/er ° _t_ ramollir. **-imiento** _m_ ramollissement.

reborde _m_ rebord.

rebosar _i_ déborder.

rebot/ar _i_ 1 (pelota) rebondir. 2 (piedra, bala) ricocher. **-e** _m_ 1 rebond. 2 ricochet : _de —_, par ricochet.

rebozar _t_ (una fritura) paner, enrober.

rebusc/ar _t_ chercher. **-ado, a** _a_ recherché, e.

rebuznar _i_ braire.

recad/o _m_ 1 commission _f_ : _¿quiere usted darle un — a su padre?_, voudriez-vous faire une commission à votre père ? 2 _— de escribir_, écritoire _f_. **-ero** _m_ commissionnaire, garçon de courses.

reca/er ° _i_ retomber. **-ída** _f_ rechute.

recalar _i_ 1 aborder. 2 (ir a parar) _— en_, échouer à, dans.

recalcar _t_ appuyer sur, insister sur.

recalcitrante _a_ récalcitrant, e.

racalentar ° _t_ réchauffer.

recámara _f_ chambre.

recambio _m_ rechange : _piezas de —_, pièces de rechange.

recapacitar _t_ se remémorer, réfléchir à.

recapitul/ar _t_ récapituler. **-ación** _f_ récapitulation.

recarg/ar *t* surcharger. **-o** *m* surcharge *f*.

recato *m* modestie *f*.

recaud/ar *t* percevoir. **-ación** *f* 1 acción, oficina) perception. 2 (cantidad) recette. **-ador** *m* percepteur, receveur.

recel/ar *t* 1 soupçonner. 2 (temer) craindre. **-o** *m* 1 méfiance *f*. 2 crainte *f*. **-oso, a** *a* méfiant, e.

recepción *f* réception.

receptor, a *a/m* récepteur, trice.

recet/a *f* 1 ordonnance : *vendido con — médica*, vendu sur ordonnance. 2 — *de cocina*, recette de cuisine. **-ar** *t* prescrire.

recibidor *m* vestibule.

recibimiento *m* 1 accueil. 2 réception *f*. 3 vestibule, entrée *f*. 4 salon.

recib/ir *t/i* recevoir : *recibí tu carta*, j'ai reçu ta lettre. □ *recibirse de doctor*, recevoir le titre de docteur. **-o** *m* 1 reçu, quittance *f*. 2 *acusar —*, accuser réception.

recién *a* 1 récemment. I — *nacido*, nouveau-né ; — *casados*, jeunes mariés ; — *llegado*, nouveau venu. 2 AMER — *entró*, à peine entré, il venait juste d'entrer.

reciente *a* récent, e. **-mente** *adv* récemment.

recinto *m* enceinte *f*.

recio, a *a* fort, e. □ *adv* fort.

recipiente *m* récipient.

rec/íproco, a *a/f* réciproque. **-iprocidad** *f* réciprocité.

recitación *f* récitation.

recital *m* récital : *recitales de violín*, des récitals de violon.

recitar *t* réciter.

reclam/ar *t/i* réclamer. **-ación** *f* réclamation. **-o** *m* 1 (pito) appeal. 2 (publicidad) réclame *f*.

reclin/ar *t* incliner. □ *pr* s'appuyer. **-atorio** *m* prie-Dieu.

reclu/ir ° *t* enfermer. **-sión** *f* réclusion. **-so, a** *a/s* reclus, e.

reclut/a *m* recrue *f*. **-amiento**

m recrutement. **-ar** *t* recruter.

recobrar *t* 1 retrouver. 2 (ánimo, fuerzas) reprendre.

recodo *m* coude.

recog/er *t* 1 reprendre : *recoja su tiquet*, reprenez votre ticket. 2 (juntar) recueillir. 3 (algo por el suelo) ramasser. 4 *ha venido a recogerme en coche*, il est venu me prendre en voiture. 5 (la falda) relever. 6 (fruncir) resserrer. 7 (una noticia) relever, noter. □ *pr* se recueillir. **-ida** *f* 1 (del correo) levée. 2 (de basuras, etc.) ramassage *m*. **-ido, a** *a* retiré, e. **-imiento** *m* recueillement.

recolección *f* récolte.

recomend/ar ° *t* recommander. **-able** *a* recommandable. **-ación** *f* recommandation.

recompens/a *f* récompense. **-ar** *t* récompenser.

recomponer ° *t* réparer.

reconcentrar *t* concentrer.

reconcili/ar *t* réconcilier. **-ación** *f* réconciliation.

recóndito, a *a* caché, e.

reconoc/er ° *t* 1 reconnaître. 2 (a un enfermo) examiner. □ *reconocerse culpable*, s'avouer coupable. **-imiento** *m* 1 reconnaissance *f*. 2 — *médico*, visite *f* médicale.

reconquist/a *f* reconquête. **-ar** *t* reconquérir.

reconstitu/ir ° *t* reconstituer. **-ción** *f* reconstitution. **-yente** *m* reconstituant.

reconstru/ir ° *t* reconstruire. **-cción** *f* reconstruction.

reconvenir ° *t* faire des reproches.

recopilación *f* 1 compilation. 2 résumé *m*.

récord *m* record.

recordar ° *t* 1 se rappeler : *recuerdo muy bien nuestro primer encuentro*, je me rappelle fort bien notre première rencontre. I *si mal no recuerdo*, si je me souviens bien. 2 rappeler : *este pueblo me* *recuerda mi niñez,* ce village me rappelle mon enfance.

recorr/er *t* parcourir. **-ido** *m* parcours.

recort/ar *t* découper. **-able** *m* découpage. **-e** *m* **1** découpage. **2** (trozo cortado) découpure *f*. **l** — *de prensa,* coupure *f* de presse.

recos/er *t* recoudre. **-ido** *m* raccommodage.

recostar ° *t* appuyer. □ pr *se recuesta en el pretil,* il s'appuie sur le parapet.

recoveco *m* **1** détour. **2** recoin.

recreo *m* **1** récréation *f*. **2** *viaje de —,* voyage d'agrément. **3** *casa de —,* maison de plaisance.

recrimin/ar *t* récriminer. **-ación** *f* récrimination.

recrudec/erse ° *pr* redoubler, s'intensifier : *se recrudecen los combates,* les combats redoublent de violence. **-imiento** *m* recrudescence *f*.

rect/ángulo *m* rectangle. **-angular** *a* rectangulaire.

rectificar *t* rectifier.

rectilíneo, a *a* rectiligne.

rectitud *f* rectitude.

recto, a *a* droit, e. □ adv *siga todo —,* continuez tout droit. □ *m* (anatomía) rectum. □ *f* ligne droite.

rector, a *a* directeur, trice. □ *m* (de universidad) recteur.

recua *f* troupeau *m*.

recuadro *m* entrefilet.

recubrir *t* recouvrir.

recuento *m* **1** dénombrement. **2** (de votos) dépouillement.

recuerdo *m* souvenir. □ pl *recuerdos a tu hermana,* mon bon souvenir à ta sœur.

recular *i* reculer.

recuper/ar' *t* récupérer. □ pr (recobrar la salud) se remettre. **-ación** *f* **1** récupération. **2** *clase de —,* cours de rattrapage. **3** (económica) redressement *m*, reprise.

recur/rir *i* — *a,* recourir à, avoir recours à. **-so** *m* recours. □ pl ressources *f* pl, moyens.

rechaz/ar *t* repousser. **-o** *m* **1** contrecoup, ricochet. **l** *de —,* par contrecoup. **2** (de un organismo) rejet.

rechifla *f* huées pl.

rechin/ar *i* grincer. **-amiento** *m* grincement.

rechistar *i* murmurer, broncher.

rechoncho, a *a* trapu, e.

rechupete (de) loc FAM excellent, e.

red *f* **1** filet *m*. **2** FIG *caer en la —,* tomber dans le piège. **3** (de vías de comunicación, etc.) réseau *m*. **4** (electricidad) secteur *m*.

redac/ción *f* rédaction. **-tar** *t* rédiger. **-tor, a** *s* rédacteur, trice.

redada *f* **1** coup *m* de filet. **2** (de policía) rafle.

redecilla *f* filet *m*.

redención *f* rédemption.

redil *m* bercail.

redimir *t* racheter.

rédito *m* intérêt.

redobl/ar *t* **1** redoubler. **2** (un clavo) river. □ *i* (el tambor) rouler. **-e** *m* **1** redoublement. **2** (de tambor) roulement.

redoma *f* fiole.

redomado, a *a* fieffé, e : *embustero —,* fieffé menteur.

redonda *f* ronde. **l** *a la —,* à la ronde.

redondear *t* arrondir.

redondel *m* TAUROM arène *f*.

redondez *f* rondeur.

redondo, a *a* **1** rond, e. **2** catégorique. **l** *caerse —,* tomber raide.

reducción *f* réduction.

reducido, a *a* réduit, e, petit, e.

reducir ° *t* réduire : — *a cenizas,* réduire en cendres □ pr **1** (resultar) se ramener, se réduire. **2** (limitarse) se borner.

redundar *i* — *en beneficio,* per-

juicio de, tourner à l'avantage, au désavantage de.

reduplicar *t* redoubler.

reedificar *t* reconstruire.

reelegir ° *t* réélire.

reembols/ar *t* rembourser. **-o** *m* remboursement.

reemplaz/ar *t* remplacer. **-o** *m* 1 remplacement. 2 (quinta) classe *f*.

reenganchar *t* rengager.

refajo *m* jupon.

refectorio *m* réfectoire.

referencia *f* référence. | *con — a,* en ce qui concerne.

referente *a* relatif, ive. | *(en lo) — a...,* en ce qui concerne...

referir ° *t* rapporter. □ *pr* se rapporter. | *en lo que se refiere a...,* en ce qui concerne...

refilón (de) *loc adv* 1 de biais. 2 en passant.

refin/ar *t* raffiner. **-ación** *f* raffinage *m*. **-amiento** *m* raffinement. **-ería** *f* raffinerie.

reflector *m* réflecteur.

reflejar *t* 1 réfléchir, refléter. 2 FIG refléter.

reflejo *m* 1 (imagen reflejada) reflet. 2 (reacción involuntaria) réflexe.

reflex/ionar *i* réfléchir. **-ión** *f* réflexion.

reflu/ir ° *i* refluer. **-jo** *m* reflux.

refocilarse *pr* se réjouir.

reform/a *f* 1 réforme. 2 transformation. **-ador** *a s* réformateur, trice. **-ar** *t* 1 réformer. 2 transformer. **-atorio** *m* maison *f* de correction.

reforzar ° *t* renforcer.

refrac/ción *f* réfraction. **-tario, a** *a* réfractaire.

refrán *m* proverbe.

refregar ° *t* frotter.

refrenar *t* refréner.

refrend/ar *t* 1 contresigner, légaliser. 2 (un pasaporte) viser. 3 (una ley) ratifier. **-o** *m* 1 contreseing. 2 visa. 3 ratification *f*.

refresc/ar *t* rafraîchir. **-ante** *a* rafraîchissant, e. **-o** *m* rafraîchissement.

refriega *f* combat *m*, engagement, *m*.

refriger/ar *t* réfrigérer. **-ador** *a/m* réfrigérateur.

refrigerio *m* collation *f*.

refrito *m* FAM nouvelle mouture *f*, resucée *f*.

refuerzo *m* renfort.

refugi/o *m* refuge. **-ado, a** *a/s* réfugié, e. **-arse** *pr* se réfugier.

refund/ir *t* refondre. **-ición** *f* refonte.

refunfuñar *i* bougonner, grommeler, ronchonner.

refutar *t* réfuter.

regadera *f* arrosoir *m*.

regadío *m* 1 irrigation *f*. 2 terrain irrigable.

regal/ar *t* offrir, faire cadeau de : *me ha regalado un reloj,* il m'a offert une montre. **-ado, a** *a* 1 donné, e. 2 agréable.

regaliz *m* 1 réglisse *f*. 2 (pasta) réglisse.

regalo *m* cadeau.

regalón, ona *a* qui aime ses aises.

regañadientes (a) *loc adv* à contrecœur, en rechignant.

regañ/ar *i* se disputer. □ *t* gronder, attraper. **-o** *m* réprimande *f*, gronderie *f*.

regar ° *t* arroser.

regata *f* régate.

regate *m* 1 écart, feinte *f*. 2 (con el balón) dribble.

regate/ar *t* marchander. | *no — esfuerzo para,* ne pas ménager sa peine pour. **-o** *m* marchandage.

regatón *m* bout.

regazo *m* giron.

regencia *f* régence.

regenerar *t* régénérer.

regentar *t* (un almacén, etc.) gérer, tenir.

regente *m* régent.

régimen *m* régime.

regimiento *m* régiment.

regio, a *a* royal, e.

reg/ión *f* région. **-onal** *a* régional, e.

regir ° *t* régir. □ *i* être en vigueur : *la ley que rige,* la loi qui est en vigueur.

registr/ar *t* 1 enregistrer. 2 (en la aduana, etc.) fouiller. 3 (en los domicilios) perquisitionner. **-ador, a** *a caja registradora,* caisse enregistreuse. **-o** *m* 1 (inscripción) enregistrement. 2 (libro) registre. I — *civil,* état civil. 3 (en la aduana) fouille *f,* contrôle. 4 (abertura) regard.

regla *f* règle.

reglaje *m* réglage.

reglament/ar *t* réglementer. **-ación** *f* réglementation.

reglament/o *m* règlement. **-ario, a** *a* réglementaire.

regocij/ar *t* réjouir. **-o** *m* réjouissance *f.*

regode/arse *pr* se réjouir. **-o** *m* plaisir, délectation *f.*

regordete *a* grassouillet, ette.

regres/ar *i* revenir, rentrer. **-o** *m* retour.

regüeldo *m* POP rot.

reguera *f* rigole.

reguero *m* traînée *f.*

regulación *f* contrôle *m.*

regulador *m* régulateur.

¹**regular** *t* régler.

²**regular** *a* 1 régulier, ère. I *por lo —,* généralement. 2 (mediano) moyen, enne, comme ci, comme ça.

regularidad *f* régularité.

regularizar *t* régulariser.

rehabilit/ar *t* réhabiliter. **-ación** *f* (médica) rééducation.

rehacer ° *t* refaire.

rehén *m* otage.

rehilete *m* fléchette *f.*

rehogar *t* 1 (freir) faire revenir. 2 (a fuego lento) faire mijoter.

rehuir ° *t* 1 fuir, éviter : *rehúye mi compañía,* il fuit ma compagnie. 2 refuser.

rehusar *t* refuser.

reimpresión *f* réimpression.

reina *f* reine.

rein/ar *i* régner. **-ado** *m* règne.

reincid/encia *f* récidive. **-ente** *s* récidiviste. **-ir** *i* récidiver.

reincorporar *t* réincorporer. □ *reincorporarse a su puesto,* rejoindre son poste.

reino *m* 1 royaume. 2 (animal, vegetal) règne.

reintegr/ar *t* 1 (devolver) rendre, restituer. 2 rembourser. □ *reintegrarse a su destino,* rejoindre son poste. **-o** *m* remboursement.

reir ° *i* rire. □ *pr* 1 rire : *se reía a carcajadas,* il riait aux éclats. 2 *reírse de,* se moquer de, rire de.

reiterar *i* réitérer.

reivindic/ar *t* revendiquer. **-ación** *f* revendication.

rej/a *f* 1 grille. 2 (del arado) soc *m.* **-illa** *f* 1 grillage *m.* 2 *silla de —,* chaise cannée. 3 (de hogar) grille. 4 (ferrocarril) filet *m.*

rejón *m* pique *f* courte.

rejuvenec/er ° *t/i* rajeunir. **-imiento** *m* rajeunissement.

relaci/ón *f* 1 relation. I *con — a,* par rapport à. 2 (relato) récit *m.* 3 liste. □ *pl* relations. **-onar** *t* 1 (cosas) relier. 2 (personas) mettre en rapport. I *estar bien relacionado,* avoir de bonnes relations.

relaj/ar *t* 1 relâcher. 2 (músculo) décontracter. 3 (el ánimo) détendre. **-ación** *f* relâchement *m.*

relámpago *m* éclair.

relatar *t* raconter, rapporter.

relativo, a *a* relatif, ive.

relato *m* récit.

relé *m* relais.

releer *t* relire.

relegar *t* reléguer.

relente *m* fraicheur *f* nocturne.

relevante *a* remarquable.

relev/ar *t* 1 (revocar) relever. 2 (sustituir a una persona) relayer. **-o** *m* 1 MIL relève *f.* 2 *carrera de relevos,* course de relais.

relicario *m* reliquaire.

relieve *m* relief : *poner de —,* mettre en relief. I *bajo —,* bas-relief.

religi/ón *f* religion. **-oso, a** *a/s* religieux, euse.

relinch/ar *i* hennir. **-o** *m* hennissement.

reliquia *f* relique.

reloj *m* 1 (de torre) horloge *f.* 2 (de pared) pendule *f.* 3 (de bolsillo) montre *f.* I *— de pulsera,* montre-bracelet. 4 *— de sol,* cadran solaire ; *— de arena,* sablier. **-ería** *f* horlogerie. **-ero, a** *s* horloger, ère.

reluc/ir ° *i* 1 briller, reluire. 2 *sacar a —,* faire ressortir. **-iente** *a* brillant, e.

relumbrante *a* étincelant, e.

relumbrón m *de —,* en toc.

rellano *m* palier.

rellen/ar *t* 1 remplir. 2 (cocina) farcir. **-o, a** *a* 1 rempli, e. 2 *tomates rellenos,* tomates farcies. □ *m* 1 remplissage. 2 (cocina) farce *f.*

remachar *t* 1 river. 2 FIG assurer, confirmer. 3 couronner, parfaire.

remangar *t* retrousser.

remanso *m* eau *f* dormante.

remar *i* ramer.

rematado, a *a* achevé, e. I *loco —,* fou à lier.

remat/ar *t* 1 achever. 2 (en una subasta) adjuger. **-e** *m* 1 fin *f.* 2 (de un edificio) couronnement. 3 (en una subasta) adjudication *f.*

remedar *t* imiter.

remediar *t* 1 remédier à. 2 *no pude — el echarme a gritar,* je n'ai pas pu m'empêcher de crier ; *no lo puedo —,* je n'y peux rien, c'est plus fort que moi.

remedio *m* 1 remède. 2 *no hay —,* on n'y peut rien ; *no hay otro — que,* il n'y a pas d'autre solution que de.

remedo *m* imitation *f.*

remendar ° *t* 1 raccommoder. 2 (poner un remiendo) rapiécer.

remero, a *s* rameur, euse.

remes/a *f* envoi *m.* **-ar** *t* envoyer.

remiendo *m* 1 raccommodage. 2 (trozo) pièce *f.*

remilg/o *m* minauderie *f.* **-ado, a** *a* minaudier, ère.

reminiscencia *f* réminiscence.

remisión *f* 1 rémission. 2 (en un escrito) renvoi *m.*

remiso, a *a* réticent, e.

remitente *a/s* expéditeur, trice.

remitir *t* 1 remettre. 2 envoyer. 3 (en un texto) renvoyer. □ *i* faiblir, diminuer. □ *pr* 1 *remitirse a lo decidido,* s'en remettre à ce qui a été décidé. 2 *remítanse a la página dos,* reportez-vous à la page deux.

remo *m* rame *f.*

remojar *t* 1 mettre à tremper. 2 FAM arroser.

remolacha *f* betterave.

remolc/ar *t* remorquer. **-ador** *m* remorqueur.

remolino *m* 1 tourbillon. 2 (de pelo) épi.

remolón, ona *a/s* lambin, e.

remolque *m* remorque *f.*

remontar *t* (dificultades) surmonter. □ *pr* 1 s'élever. 2 *remontarse al siglo doce,* remonter au douzième siècle.

remoquete *m* (apodo) sobriquet.

rémora *f* FIG obstacle *m.*

remordimiento *m* remords.

remot/o, a *a* lointain, e, éloigné, e. **-amente** *adv* vaguement.

remover ° *t* 1 remuer : *¡ remueva el café !,* remuez votre café ! 2 (trasladar) déplacer.

remozar *t* rajeunir.

remuner/ar *t* rémunérer. **-ación**

f rémunération.

renac/er ° *i* renaître. **-imiento** *m* renaissance *f*.

renacuajo *m* têtard.

Renato, a *n p* René, e.

rencilla *f* discorde, mésentente.

rencor *m* rancune *f*. | *guardar —*, en vouloir ; *no me guardes —*, ne m'en veux pas. **-oso, a** *a* rancunier, ère.

rendición *f* reddition.

rendido, a *a* 1 soumis, e, empressé, e. 2 (cansado) épuisé, e, fourbu, e, à plat.

rendija *f* fente.

rendimiento *m* 1 (de un motor, una fábrica) rendement. 2 soumission *f*.

rendir ° *t* 1 rendre. 2 soumettre. 3 (cansar) épuiser, mettre à plat. □ *i tierra que rinde poco*, terre qui rend peu. □ *pr* se rendre.

reneg/ar ° *i* 1 *— de su fe*, renier sa foi. 2 jurer. **-ado, a** *a/s* renégat, e.

renglón *m* 1 ligne *f*. | FAM *a — seguido*, aussitôt après, aussi sec. 2 chapitre.

reniego *m* juron.

reno *m* renne.

renombr/e *m* renom. **-ado, a** *a* renommé, e.

renov/ar ° *t* 1 renouveler. 2 rénover. **-ación** *f* renouvellement *m*.

rent/a *f* 1 rente : *— vitalicia*, rente viagère. 2 revenu *m* : *— per cápita*, revenu par habitant. 3 (arrendamiento) loyer *m*. **-ar** *t* rapporter. **-ario, a** *s* rentier, ère.

renuevo *m* pousse *f*.

renunci/ar *i* renoncer. **-a** *f* renonciation. **-amiento** *m* renoncement.

reñ/ir ° *t* 1 se disputer : *ha reñido con su hermana*, il s'est disputé avec sa sœur. 2 se brouiller, se fâcher : *riñó con su mejor amigo*, il s'est brouillé avec son meilleur ami. □ *t — a un niño*, gronder un enfant. **-ido, a** *a* 1 *estamos*

reñidos, nous sommes fâchés. 2 (batalla, etc.) disputé, e, acharné, e.

reo *m/f* accusé, e.

reojo (de) *loc adv* de travers.

reorganiz/ar *t* réorganiser. **-ación** *f* réorganisation.

reóstato *m* rhéostat.

repantigarse *pr* se caler, se vautrer.

reparable *a* réparable.

reparación *f* réparation.

reparador, a *s* réparateur, trice.

repar/ar *t* réparer. □ *i* 1 (notar) remarquer, s'apercevoir. 2 *— en*, faire attention à. **-o** *m* 1 objection *f*. | *poner reparos*, faire des objections, des réserves. 2 gêne *f*.

repartidor *m* livreur.

repart/ir *t* 1 répartir. 2 distribuer. 3 livrer : *— el vino a domicilio*, livrer le vin à domicile. **-o** *m* 1 répartition *f*. 2 (del correo) distribution *f*. 3 *— a domicilio*, livraison *f* à domicile. 4 (teatro, cine) distribution *f*.

repas/ar *t* 1 repasser. 2 (la ropa) raccommoder. **-o** *m* révision *f*. | *dar un — a*, jeter un coup d'œil sur.

repatriar *t* rapatrier.

repecho *m* côte *f*, raidillon.

repel/er *t* 1 repousser. 2 répugner, dégoûter. **-ente** *a* repoussant, e.

repent/e m *de —*, soudain, tout à coup. **-ino, a** *a* soudain, e.

repentizar *t* déchiffrer.

repercu/tir *i* se répercuter. **-sión** *f* répercussion.

repertorio *m* répertoire.

repetición *f* répétition.

repetidor *m* (radio, televisión) relais.

repetir ° *t* 1 répéter. 2 *— curso*, redoubler une classe. □ *i* 1 *este alumno repite*, cet élève redouble. 2 *el ajo repite*, l'ail revient. □ *pr* se répéter.

repicar *t* sonner. □ *i* carillonner.

repintar *t* repeindre.

repipi *a* FAM bêcheur, euse.

repiquetear.   *i*   (campanas)
carillonner.

repisa *f* 1 console. 2 (estante)
tablette.

replegar ° *t* replier.

repleto, a *a* 1 plein, e : *bar – de
gente,* bar plein de monde. 2
(ahíto) repu, e.

réplica *f* réplique.

replicar *t* répliquer.

repliegue *m* repli.

replobl/ar ° *t* 1 repeupler. 2 (de
árboles) reboiser. **-ación** *f* 1
repeuplement *m*. 2 *–forestal*,
reboisement *m*.

repollo *m* chou pommé.

reponer ° *t* 1 remettre. 2 rétablir.
3 répliquer. □ *pr* se remettre.

reportaje *m* reportage.

reportar   *t*   (proporcionar)
apporter. □ *pr* se calmer.

reportero *m* reporter.

repos/ar *i* reposer, se reposer.
-ado, a *a* calme.

reposición *f* 1 remise en place. 2
(teatro, cine) reprise.

reposo *m* repos.

reposter/ía *f* pâtisserie. **-o, a** *s*
pâtissier, ère.

repren/der *t* réprimander. **-sible**
a répréhensible. **-sión** *f* réprimande.

represa *f* barrage *m*.

represalia *f* représaille.

representación *f* représentation.

representante *s* représentant, e.

represent/ar *t* 1 représenter. 2
*representa tener unos cuarenta
años,* il semble avoir, il fait dans
les quarante ans. **-ativo, a** *a*
représentatif, ive.

represión *f* 1 répression. 2
(instinto, pasión) refoulement *m*.

reprimenda *f* réprimande.

reprimir *t* 1 réprimer. 2 (instinto,
pasión) refouler.

reprise *m* reprise *f*.

reprob/ar ° *t* réprouver. **-ación** *f*
réprobation.

reproch/ar *t* reprocher. **-e** *m*
reproche.

reproduc/ir ° *t* reproduire. **-ción**
f reproduction. **-tor, a** *a/m*
reproducteur, trice.

rept/ar *i* ramper. **-il** *m* reptile.

re/pública *f* république.
-publicano, a *a/s* républicain, e.

repudiar *t* répudier.

repuesto *m* 1 provision *f* pl. 2
pièce *f* de rechange. I *de –*, de
rechange ; *rueda de –*, roue de
secours.

repugn/ar *t* répugner. **-ancia** *f*
répugnance. **-ante** *a* répugnant, e.

repujar *t* repousser.

repulgo *m* 1 (tela) ourlet. 2 rebord.

repuls/a *f* 1 rejet *m*. 2
réprobation, désapprobation. **-ión**
f répulsion. **-ivo, a** *a* répugnant,
e.

repuse, etc. ⇒ **reponer.**

reput/ar *t* juger. **-ación** *f*
réputation.

requebrar ° *t* courtiser.

requemar *t* 1 brûler. 2 (la tez)
hâler.

requer/ir ° *t* requérir, demander :
eso requiere tiempo, cela demande
du temps. **-imiento** *m*
sommation *f*.

requesón *m* fromage blanc.

requiebro *m* compliment.

réquiem *m* requiem.

requis/a *f* 1 inspection. 2
réquisition. **-ar** *t* réquisitionner.
-ición *f* réquisition.

requisito *m* 1 condition *f*. 2
formalité *f*.

res *f* bête : *– vacuna,* bête à cornes.

resabio *m* 1 (sabor desagradable)
arrière-goût. 2 vice.

resaca *f* 1 ressac *m*. 2 FAM
tener –, avoir la gueule de bois.

resalt/ar *i* ressortir. **-o** *m* saillie *f*.

resarc/ir *t* dédommager.
-imiento *m* dédommagement.

resbal/ar *i* glisser. □ pr *me resbalé con una piel de plátano*, j'ai glissé sur une peau de banane. **-adizo, a** *a* glissant, e. **-ón** *m* 1 glissade *f*. 2 (desliz) faux pas.

rescat/ar *t* 1 racheter. 2 (libertar) délivrer. 3 sauver. 4 (a un náufrago) repêcher. **-e** *m* 1 rachat. 2 (de personas en peligro) sauvetage. 3 (dinero) rançon *f*.

rescindir *t* résilier.

rescoldo *m* 1 braise *f*. 2 FIG lueur *f*.

resecar *t* dessécher.

resent/irse ° *pr* 1 se ressentir. 2 *— con alguien*, en vouloir à quelqu'un. **-ido, a** *a* amer, ère. **-imiento** *m* ressentiment.

reseña *f* 1 notice. 2 compte rendu *m*.

reserva *f* 1 réserve : *de —*, en réserve. 2 (en el tren, avión) réservation.

reservar *t* 1 réserver. 2 (habitación en un hotel, mesa, etc.) retenir.

resfri/arse *pr* s'enrhumer. **-ado** *m* rhume : *coger un —*, attraper un rhume.

resguard/ar *t* garantir. **-o** *m* 1 garantie *f*. 2 (recibo) reçu, récépissé.

resid/ir *i* résider. **-encia** *f* résidence. **-encial** *a* résidentiel, elle. **-ente** *a/s* résidant, e.

residuo *m* résidu.

resign/arse *pr* se résigner. **-ación** *f* résignation.

resin/a *f* résine. **-oso, a** *a* résineux, euse.

resist/ir *i* résister. □ *t* 1 résister à. 2 (aguantar) supporter. □ pr *me resisto a creerlo*, je me refuse à, j'ai du mal à le croire. **-encia** *f* résistance. **-ente** *a* résistant, e.

resma *f* rame.

resolución *f* résolution.

resolver ° *t* 1 résoudre. 2 résoudre de, décider de : *resolví hacerlo*, j'ai

résolu de le faire.

reson/ar ° *i* résonner. **-ancia** *f* 1 résonance. 2 FIG retentissement *m*.

resoplar *i* souffler.

resorte *m* ressort.

respaldo *m* dossier.

respectivo, a *a* respectif, ive.

respecto *m — a, con — a*, en ce qui concerne.

respet/o *m* respect. **-able** *a* respectable. **-ar** *t* respecter. **-uoso, a** *a* respectueux, euse.

resping/o *m* sursaut. I *dar un —*, sursauter. **-ona** *a nariz —*, nez retroussé, en trompette.

respirable *a* respirable.

respiración *f* respiration.

respiradero *m* 1 soupirail. 2 bouche *f* d'aération.

respir/ar *i/t* respirer. **-atorio, a** *a* respiratoire. **-o** *m* répit.

resplandec/er ° *i* resplendir. **-iente** *a* resplendissant, e. **-or** *m* éclat.

responder *t/i* répondre.

responsab/le *a/s* responsable. **-ilidad** *f* responsabilité. **-ilizarse** *pr* assumer la responsabilité.

respuesta *f* réponse.

resquebraj/arse *pr* 1 se fendiller. 2 (barniz) se craqueler. **-adura** *f* craquelure.

resquemor *m* 1 amertume *f*. 2 remords.

resquicio *m* fente *f*.

resta *f* soustraction.

restablec/er ° *t* rétablir. □ *pr* se rétablir. **-imiento** *m* rétablissement.

restallar *i* claquer.

restañar *t* (sangre) étancher.

restar *t* soustraire. □ *i* (quedar) rester.

restauración *f* restauration.

restaurante *m* restaurant.

restaurar *t* restaurer.

restitu/ir ° *t* restituer. **-ción** *f*

restitution.

resto *m* reste. □ *pl restos mortales*, dépouille *f sing* mortelle.

restregar ° *t* frotter.

restr/ingir *t* restreindre. **-icción** *f* restriction. **-ictivo, a** *a* restrictif, ive.

resucitar *i* ressusciter.

resuelto, a *a* résolu, e, décidé, e.

resuello *m* souffle.

resultas (de) loc *de – de*, à la suite de.

resultado *m* résultat.

resultar *i* 1 résulter. I *resulta que*, il se trouve que. 2 être : *resultó elegido*, il a été élu. 3 revenir : *el viaje me ha resultado caro*, le voyage m'est revenu cher.

resum/ir *t* résumer. **-en** *m* résumé : *en –*, en résumé.

resurrección *f* résurrection.

retablo *m* retable.

retahila *f* chapelet *m*, litanie.

retal *m* coupon.

retama *f* genêt *m*.

retar *t* provoquer, défier.

retardar *t* retarder.

retazo *m* morceau.

retener ° *t* retenir.

reticen/cia *f* réticence. **-te** *a* réticent, e.

retina *f* rètine.

retintín *m* 1 tintement. 2 ton impertinent.

retirada *f* retraite.

retirado, a *a* retiré, e. □ *a/s* retraité, e.

retir/ar *t* retirer. □ *pr* 1 se retirer. 2 (teléfono) *¡no se retire!*, ne quittez pas ! **-o** *m* retraite *f*.

reto *m* défi.

retocar *t* retoucher.

retoño *m* pousse *f*.

retoque *m* 1 retouche *f*. 2 (del cabello) coup de peigne.

retorcer ° *t* 1 tordre. 2 (dando muchas vueltas) tortiller.

retórica *f* rhétorique.

retorno *m* retour.

retorta *f* cornue.

retortijón *m* tortillement.

retozar *i* s'ébattre.

retractar *t* rétracter.

retra/erse ° *pr* se retirer. **-ído, a** *a* (poco comunicativo) renfermé, e.

retras/ar *t/i* retarder. □ *pr* 1 s'attarder, se retarder, se mettre en retard : *me he retrasado en el camino*, je me suis attardé en route. 2 *disculpe, me he retrasado*, excusez-moi, je suis en retard. **-ado, a** *a estar –*, être en retard. □ *a/s* 1 retardataire. 2 *– mental*, arriéré. **-o** *m* retard : *llegar con –*, arriver en retard.

retrat/ar *t* 1 faire le portrait de. 2 photographier. **-o** *m* portrait.

retreparse *pr* se renverser en arrière.

retrete *m el –*, les cabinets *pl*, les toilettes *f pl*.

retribu/ir ° *t* rétribuer. **-ción** *f* rétribution.

retroactivo, a *a* rétroactif, ive.

retroce/der *i* 1 reculer. 2 rétrograder. **-so** *m* recul.

retrógrado, a *a* rétrograde.

retrospectivo, a *a/f* rétrospectif, ive.

retrovisor *m* rétroviseur.

retruécano *m* calembour.

retumb/ar *i* retentir. **-ante** *a* retentissant, e.

reuma, reumatismo *m* rhumatisme.

reunión *f* réunion.

reunir *t* réunir, rassembler. □ *pr* 1 se réunir. 2 rejoindre : *me reuniré con ustedes a las seis*, je vous rejoindrai à six heures.

reválida *f* examen *m* de fin d'études.

revalorizar *t* revaloriser.

revel/ar *t* 1 révéler. 2 (foto) développer. **-ación** *f* révélation. **-ado** *m* (foto) développement. **-ador, a** *a/m* révélateur, trice.

revender *t* revendre.

revent/ar ° *i* 1 crever, éclater. 2 — *de risa*, mourir de rire. □ *t* crever. □ *pr* 1 crever, éclater. 2 FAM (de cansancio) se crever, se claquer. **-ado, a** *a* (cansado) crevé, e, pompé, e. **-ón** *m* éclatement.

reverberación *f* réverbération.

reverbero *m* réverbère.

reverdecer ° *i* reverdir.

reveren/cia *f* révérence **-ciar** *t* révérer. **-do, a** *a/s* révérend, e.

reversible *a* réversible.

revés *m* revers. I *al* —, à l'envers.

revest/ir ° *t* revêtir. **-imiento** *m* revêtement.

revis/ar *t* 1 réviser. 2 (billetes) contrôler. **-ión** *f* révision. **-or** *m* 1 réviseur. 2 (de billetes) contrôleur.

revista *f* revue. I *pasar* — *a*, passer en revue.

revivir *i* revivre.

revocar *t* 1 révoquer. 2 (pared) recrépir, ravaler.

revolcar ° *t* renverser. □ *pr* se vautrer.

revolotear *i* voltiger.

revoltijo *m* méli-mélo, fatras.

revoltoso, a *a* turbulent, e.

revoluci/ón *f* révolution. **-onar** *t* révolutionner. **-onario, a** *a/s* révolutionnaire.

revólver *m* revolver.

revolver ° *t* 1 remuer. 2 (registrar) fouiller dans. 3 — *la casa*, mettre la maison sens dessus dessous. □ *pr* se retourner.

revoque *m* crépi.

revuelo *m* 1 vol. 2 FIG agitation *f*, trouble.

revuelta *f* 1 (vuelta) détour *m*. 2 sédition.

revuelto, a *a* 1 (tiempo, huevo) brouillé. 2 agité, e.

rey *m* roi. I *ni quito ni pongo* —, ce n'est pas mon affaire, ça ne me regarde pas.

reyerta *f* rixe.

reyezuelo *m* roitelet.

rezagado, a *s* traînard, e.

rez/ar *t* dire : — *sus oraciones*, dire ses prières. □ *i* prier. **-o** *m* prière *f*.

rezongar *i* ronchonner.

rezumar *i* suinter : *el agua rezuma por las paredes*, l'eau suinte le long des murs.

ría *f* estuaire *m*, ria.

riachuelo *m* ruisseau.

riada *f* 1 crue. 2 inondation.

ribazo *m* talus.

ribera *f* rive, rivage *m*.

ribete *m* bordure *f*. □ *pl tiene ribetes de artista*, il est un peu artiste. **-ar** *t* border.

ricacho, a *s* richard, e.

Ricardo *n p m* Richard.

ricino *m* ricin.

rico, a *a* 1 riche. 2 (sabroso) délicieux, euse. 3 (expresión de cariño) mignon, onne. □ *s* riche.

rid/ículo, a *a/m* ridicule. **-iculizar** *t* ridiculiser.

riego *m* 1 arrosage. 2 irrigation *f*.

riel *m* rail.

rienda *f* rêne. I *a* — *suelta*, à bride abattue.

riesgo *m* risque : *con* — *de*, au risque de.

rifa *f* tombola, loterie.

rigidez *f* rigidité.

rígido, a *a* rigide.

rig/or *m* rigueur *f*. I *en* —, en réalité. **-uroso, a** *a* rigoureux, euse.

rim/a *f* rime. **-ar** *i* rimer.

rimbombante *a* retentissant, e, pompeux, euse.

rimero *m* tas.

Rin *n p m* Rhin.

rinc/ón *m* coin. **-onera** *f* encoignure.

rinoceronte *m* rhinocéros.

riña *f* 1 bagarre. 2 dispute. 3 — *de gallos*, combat *m* de coqs.

riñón _m_ **1** rein. **2** (cocina) rognon : _riñones de cerdo_, des rognons de porc. **3** FAM _costar un –_, coûter une petite fortune ; _tener el – bien cubierto_, avoir de quoi.

río _m_ **1** (que desemboca en otro río) rivière _f_. **2** (que desemboca en el mar) fleuve. | _– arriba, abajo_, en amont, en aval.

ripio _m_ **1** (escombros) gravats. **2** (palabrería) remplissage.

riqueza _f_ richesse.

risa _f_ rire _m_ : _me dió la –_, le fou rire m'a pris.

risco _m_ rocher.

risible _a_ risible.

risotada _m_ éclat _m_ de rire.

ristra _f_ chapelet _m_.

risueño, a _a_ riant, e.

ritmo _m_ rythme.

rit/o _m_ rite. **-ual** _a/m_ rituel, elle.

rival _a/s_ rival, e. **-idad** _f_ rivalité. **-izar** _i_ rivaliser.

riz/ar _t_ **1** friser : _pelo rizado_, cheveux frisés. **2** (el agua) rider. □ _pr_ friser. **-o** _m_ boucle _f_. | _tela de –_, tissu-éponge.

róbalo _m_ bar.

robar _t_ voler.

roblar _t_ river.

roble _m_ chêne.

roblón _m_ rivet.

robo _m_ vol.

robot _m_ robot.

robust/o, a _a_ robuste. **-ez** _f_ robustesse.

roca _f_ **1** roche. **2** (peñasco) roc _m_, rocher _m_.

roce _m_ **1** frôlement. **2** (rozamiento) frottement.

roci/ar _t_ arroser. **-ada** _f_ **1** aspersion. **2** FIG grêle.

rocín _m_ rosse _f_.

rocío _m_ rosée _f_.

rocoso, a _a_ rocheux, euse.

roda _f_ étrave.

rodaballo _m_ turbot.

rodada _f_ ornière.

rodaja _f_ rondelle.

rodaje _m_ **1** (de un automóvil) rodage. **2** (de una película) tournage.

rodamiento _m_ _– de bolas_, roulement à billes.

Ródano _n p m_ Rhône.

rodar ° _i_ **1** rouler. **2** _andar rodando_, traîner. □ _t_ **1** (un automóvil) roder. **2** (una película) tourner.

rode/ar _t_ entourer. □ _rodearse de_, s'entourer de. **-o** _m_ **1** _dar un –_, faire un détour. **2** _andar con rodeos_, tergiverser.

rodilla _f_ genou _m_ : _de rodillas_, à genoux.

rodillo _m_ rouleau.

rododendro, _m_ rhododendron.

rodrigón _m_ tuteur.

roedor, a _a/s_ rongeur, euse.

roer ° ronger.

rogar ° _t_ prier : _le ruego que se calle_, je vous prie de vous taire ; _se lo ruego_, je vous en prie ; _hacerse –_, se faire prier. | _se ruega llamen a la puerta_, prière de frapper.

roj/o, a _a_ **1** rouge. **2** (pelo) roux, rousse. □ _m_ rouge. **-izo, a** _a_ rougeâtre.

rollizo, a _a_ (persona) dodu, e, potelé, e.

rollo _m_ **1** rouleau. **2** FAM _la conferencia era un –_, la conférence était assommante ; _nos soltó un – sobre los incas_, il nous a sorti un blabla sur les Incas ; _nò seas –_, ne sois pas casse-pieds.

Roma _n p f_ Rome.

romadizo _m_ rhume de cerveau.

romana _f_ romaine.

romance _m_ **1** espagnol, castillan. **2** (poesía) romance.

románico, a _a_ roman, e.

romano, a _a/s_ romain, e.

romántico, a _a/s_ romantique.

rombo _m_ losange.

romería _f_ **1** pèlerinage _m_. **2** fête.

romo, a *a* émoussé, e.

rompecabezas *m* **1** casse-tête. **2** (juego) puzzle.

rompeolas *m* brise-lames.

romp/er *t* **1** casser, briser : — *un cristal*, casser un carreau. **2** (tela, papel) déchirer. **3** (interrumpir) rompre : — *filas*, rompre les rangs. **4** — *el fuego*, ouvrir le feu. □ *i* **1** — *a*, se mettre à : *rompió a reir*, il se mit à rire. **2** rompre : *estos novios han roto*, ces fiancés ont rompu. □ *pr* se casser. **-iente** *m* brisant. **-imiento** *m* rupture *f*.

ron *m* rhum.

roncar *i* ronfler.

ronco, a *a* **1** rauque. **2** que padece ronquera) enroué, e.

roncha *f* bouton *m*.

rond/a *f* **1** ronde. **2** (del cartero, convidada) tournée. **-ar** *i* faire des rondes. □ *t* **1** — *la calle*, faire les cent pas. **2** FIG guetter.

ronquera *f* enrouement *m*.

ronquido *m* ronflement.

ronrone/ar *i* ronronner. **-o** *m* ronronnement.

ronzal *m* licou.

roñ/a *f* **1** crasse. **2** (avaricia) ladrerie, pingrerie. **-oso, a** *a* ladre, pingre, radin, e.

ropa *f* **1** vêtements *m pl*. **2** linge *m* : — *blanca, de casa*, linge de maison ; — *interior*, linge de corps. I — *de cama*, literie ; — *hecha*, confection. **3** *a quema* —, à brûle-pourpoint.

ropavejero, a *s* fripier, ère.

ropero *m* **1** armoire *f*. **2** penderie *f*.

ros/a *f* rose. I *verlo todo color de* —, voir tout en rose. **-ado, a** *a* rosé, e. **-al** *m* rosier.

rosario *m* **1** chapelet. **2** rosaire.

rosbif *m* rosbif.

rosc/a *f* **1** vis. I FIG *pasarse de* —, dépasser les bornes. **2** (pan) couronne. **3** (carnosidad) bourrelet *m*. **4** FAM *hacer la* — *a*, faire de la lèche à. **-o** *m* FAM zéro. **-ón** *m*

— *de Reyes*, galette *f* des Rois.

rosetón *m* rosace *f*.

rosquilla *f* gâteau *m* en forme de couronne.

rostro *m* visage.

rota/ción *f* rotation. **-tivo, a** *a* rotatif, ive. □ *m* journal.

roto, a *p p de* **romper.**

rotonda *f* rotonde.

rotor *m* rotor.

rótula *f* rotule.

rotulador *m* crayon-feutre.

rótulo *m* **1** (de tienda) enseigne *f*. **2** (placa) panonceau. **3** étiquette *f*.

rotund/o, a *a* catégorique. **-amente** *adv* catégoriquement, formellement.

rotura *f* **1** (tubería, etc.) rupture. **2** (parabrisas) bris *m*. **3** (tela) déchirure.

roturar *t* défricher.

rozadura *f* **1** éraflure. **2** (en la piel) écorchure.

rozagante *a* fringant, e.

rozar *t* **1** frôler. **2** (raspar ligeramente) érafler. □ *i* frotter.

Ruán *n p* Rouen.

rubéola *f* rubéole.

rubí *m* rubis.

rubia *f* garance.

rubicundo, a *a* rubicond, e.

rubio, a *a/s* blond, e.

rubor *m* rougeur *f*. **-izarse** *pr* rougir.

rúbrica *f* **1** rubrique. **2** (firma) paraphe *m*.

rubricar *t* **1** parapher. **2** signer.

rucio, a *a* gris, e. □ *m* âne.

rudeza *f* rudesse.

rudiment/o *m* rudiment. **-ario, a** *a* rudimentaire.

rudo, a *a* rude.

rueda *f* **1** roue. **2** (corro) ronde. **3** (tajada) tranche. **4** (de molino) meule. **5** — *de prensa*, conférence de presse.

ruedo *m* **1** bord. **2** (plaza de toros) arène *f*. **3** (estera) paillasson.

ruega, etc. ⇒ **rogar.**

ruego *m* prière *f.*

rugby *m* rugby.

rug/ir *i* rugir. **-ido** *m* rugissement.

rugos/o, a *a* rugueux, euse. **-idad** *f* rugosité.

ruibarbo *m* rhubarbe *f.*

ruid/o *m* bruit : *meter* —, faire du bruit. **-oso, a** *a* bruyant, e.

ruin *a* **1** vil, e. **2** mesquin, e.

ruin/a *f* ruine. **-oso, a** *a* **1** (edificio) délabré, e. **2** (que arruina) ruineux, euse.

ruiseñor *m* rossignol.

ruleta *f* roulette.

rulo *m* rouleau.

Rumania *n p f* Roumanie.

rumano, a *a/s* roumain, e.

rumbo *m* **1** route *f*, cap : *hacer* — *a*, mettre le cap sur. **2** direction *f* : *con* — *a*, en direction de. **3** (ostentación) faste. **4** largesse *f*, générosité *f.*

rumi/ar *i/t* ruminer. **-ante** *m* ruminant.

rumor *m* **1** rumeur *f.* **2** *corre el* —, le bruit court. **-ear** *impers se rumorea*, le bruit court. **-oso, a** *a* murmurant, e.

runrún *m* rumeur *f.*

rupestre *a* rupestre.

ruptura *f* rupture.

rural *a* rural, e : *los medios rurales*, les milieux ruraux.

Rusia *n p f* Russie.

ruso, a *a/s* russe.

rústico, a *a* **1** rustique. **2** *en rústica*, broché, e.

ruta *f* **1** route, itinéraire *m*. **2** FIG chemin *m*, voie.

rutilante *a* rutilant, e.

rutin/a *f* routine. **-ario, a** *a* routinier, ère.

s

s |ese| *f* s *m* : *una* —, un s.

sábado *m* samedi.

sábana *f* drap *m*.

sabana *f*-savane.

sabandija *f* bestiole.

sabañón *m* engelure *f*.

sabedor, a a *ser — de*, être au courant de.

¹saber ° *t* savoir : *no sé*, je ne sais pas ; *¿ quién sabe?*, qui sait? ; *nunca lo supo*, il ne l'a jamais su. I *a* —, à savoir. □ *i* 1 — *a*, avoir un goût de : *este jarabe sabe a frambuesa*, ce sirop a un goût de framboise. 2 — *de alguien*, avoir des nouvelles de quelqu'un. 3 — *de*, connaître : *sé de gente que...*, je connais des gens qui... □ pr *me sé tu dirección de memoria*, je sais, je connais ton adresse par cœur.

²saber *m* savoir.

sabido, a a *es — que*, il est bien connu que.

sabiduría *f* 1 savoir *m*. 2 (ciencia) sagesse.

sabiendas (a) *loc adv* sciemment.

sabihondo, a *a/s* pédant, e.

sabio, a *a/s* savant, e.

sabl/e *m* sabre. **-azo** *m* 1 coup de sabre. 2 FAM *dar un — a un amigo*, taper un ami. **-ista** *s* tapeur, euse.

sabor *m* saveur *f*, goût : *un — a menta*, un goût de menthe. **-ear** *t* savourer.

sabot/ear *t* saboter. **-aje** *m* sabotage.

Saboya *n p f* Savoie.

sabroso, a *a* savoureux, euse.

sabueso *m* (policía) fin limier.

saca *f* extraction.

sacacorchos *m* tire-bouchon.

sacamanchas *m* détachant.

sacamuelas *m* arracheur de dents.

sacapuntas *m* taille-crayon.

sacar *t* 1 tirer : *— la lengua, una conclusión*, tirer la langue, une conclusion. 2 sortir : *— el coche del garaje*, sortir la voiture du garage. 3 (quitar) ôter. 4 (muela) arracher. 5 (foto, billete) prendre : *saqué una foto de la catedral*, j'ai pris une photo de la cathédrale. 6 (premio) gagner. 7 (un problema) résoudre. 8 — *a bailar*, inviter à danser ; — *de sí*, mettre hors de soi. 9 (tenis) servir ; (fútbol) botter. □ *sacarse una muela*, se faire arracher une dent.

sacarina *f* saccharine.

sacerdo/cio *m* sacerdoce. **-tal** *a* sacerdotal, e. **-te** *m* prêtre.

saci/ar *t* rassasier. **-edad** *f* satiété : *hasta la* —, à satiété.

saco *m* 1 sac. I — *de dormir*, sac de couchage. 2 (chaqueta) veste *f*.

sacramento *m* sacrement.

sacrific/ar *t* sacrifier. **-io** *m* sacrifice.

sacrilegio *m* sacrilège.

sacrílego, a *a* sacrilège.

sacrist/án *m* sacristain. **-ía** *f* sacristie.

sacro, a *a* sacré, e.

sacudida *f* secousse.

sacudir *t* 1 secouer. 2 (golpear) battre. 3 FAM — *un golpe*, flanquer un coup.

sádico, a *a/s* sadique.

sadismo *m* sadisme.

saeta *f* flèche.

sag/az *a* sagace. **-acidad** *f* sagacité.

sagrado, a *a* 1 sacré, e : *Sagrado Corazón*, Sacré-Cœur. 2 saint, e : *la Sagrada Familia*, la sainte Famille.

sagrario *m* tabernacle.

sahariano, a *a/f* saharien, enne.

sainete *m* saynète *f*.

saíno *m* pecari.

sajar *t* inciser.

sajón, ona *a/s* saxon, one.

Sajonia *n p f* Saxe.

¹sal *f* 1 sel *m*. 2 (garbo) charme *m*.

²sal ⇒ **salir**.

sala *f* 1 salle : — *de espera*, salle d'attente. I — *de fiestas*, cabaret *m*. 2 salon *m*.

saladero *m* saloir.

salado, a *a* 1 salé, e. 2 FIG drôle.

Salamanca *n p* Salamanque.

salar *t* saler.

salario *m* salaire.

salaz *a* lascif, ive.

salazón *f* salaison.

salchich/a *f* saucisse. **-ería** *f* charcuterie. **-ero, a** *s* charcutier, ère. **-ón** *m* saucisson.

sald/ar *t* solder. **-o** *m* solde.

saledizo, a *a* en saillie. □ *m* encorbellement.

saler/o *m* 1 salière *f*. 2 FIG charme. 3 esprit. **-oso, a** *a* 1 charmant, e. 2 spirituel, elle.

salfumán *m* acide chlorhydrique.

salga, etc. ⇒ **salir**.

salida *f* 1 sortie : — *de emergencia*, sortie de secours. 2 (de un tren, una carrera) départ *m*. 3 (de un astro) lever *m*. 4 FIG (solución) issue *f*. 5 (venta) débouché *m*. I *producto que tiene una gran —*, produit qui se vend bien. 6 (ocurrencia) mot *m* d'esprit.

saliente *a* saillant, e.

salina *f* marais *m* salant.

salino, a *a* salin, e.

salir ° *i* 1 sortir : — *a la calle, al balcón*, sortir dans la rue, sur le balcon. 2 partir : *el tren sale dentro de cinco minutos*, le train part dans cinq minutes. 3 (un astro) se lever. 4 paraître : *esta revista sale el lunes*, cette revue paraît le lundi.

5 — *bien, mal*, réussir, échouer. 6 — *caro*, revenir, coûter cher ; *la cena me ha salido 500 pesetas*, le dîner m'est revenu à 500 pesetas. 7 — *a*, ressembler à. 8 — *adelante*, s'en tirer. □ *pr* 1 sortir. 2 (rebosar) déborder. 3 fuir : *este cántaro se sale*, cette cruche fuit. 4 *salirse del tema*, sortir, s'écarter du sujet ; *salirse con la suya*, arriver à ses fins. 5 *salirse de la carretera*, quitter la route.

salitre *m* salpêtre.

saliv/a *f* salive. **-ar** *i* 1 saliver. 2 (escupir) cracher. **-azo** *m* crachat.

salmo *m* psaume. **-diar** *t* psalmodier.

salmón *m* saumon.

salmonete *m* rouget.

salmuera *f* saumure.

salobre *a* saumâtre.

salón *m* 1 salon. 2 salle *f* : — *de actos*, salle des fêtes.

salpic/ar *t* éclabousser. **-adura** *f* éclaboussure. **-ón** *m* viande *f* froide en salade.

sals/a *f* sauce : — *de tomate*, sauce tomate. **-era** *f* saucière.

saltacabrillas *m* saute-mouton.

saltador, a *a/s* sauteur, euse.

saltamontes *m* sauterelle *f*.

saltar *i* 1 sauter. 2 (brincar) bondir. □ *t/pr* 1 sauter : *me salté una página*, j'ai sauté une page. 2 *saltarse un semáforo en rojo*, brûler un feu rouge.

salteador *m* brigand.

saltear *t* 1 attaquer. 2 (cocina) faire sauter : *patatas salteadas*, pommes de terre sautées.

saltimbanqui *m* saltimbanque.

salto *m* 1 saut : — *de altura, de longitud, mortal*, saut en hauteur, en longueur, périlleux. 2 bond : *pegar un —*, faire un bond. I *dar saltos*, bondir, sauter. 3 — *de agua*, chute *f* d'eau.

saltón, ona *a* saillant, e.

salubr/e *a* salubre. **-idad** *f*

salubrité.

salud ƒ santé : ¡ *a su —* !, à votre santé !

saludable *a* 1 sain, e. 2 salutaire.

salu/dar *t* saluer. I *salude de mi parte a*, mon bon souvenir à. **-do** *m* 1 salut. 2 *saludos cordiales, sinceres salutations* ƒ; *con los atentos saludos de*, avec !es compliments de. **-tación** ƒ salutation.

salva ƒ salve.

salvación ƒ salut *m*.

salvado *m* son.

salvador *m* 1 sauveur : *El Salvador*, le Sauveur. 2 sauveteur.

Salvador (El) *n p m* (país) le Salvador.

salvaguard/ia ƒ sauvegarde. **-ar** *t* sauvegarder.

salvaj/e *a/s* sauvage. **-ismo** *m* sauvagerie.

salvamanteles *m* dessous-de-plat.

salvamento *m* sauvetage.

salvar *t* 1 sauver. 2 (un obstáculo) franchir. 3 (una dificultad) contourner. □ *pr* se sauver. I ¡ *sálvese quien pueda*!, sauve qui peut !

salvavidas *m* bouée ƒ de sauvetage. □ *a bote —*, canot de sauvetage ; *chaleco —*, gilet de sauvetage.

salvedad ƒ réserve.

salvia ƒ sauge.

salvo, a *a* sauf, sauve. I *poner a —, mettre en lieu sûr.* □ *adv* sauf : *todos — él*, tous sauf lui.

salvoconducto *m* sauf-conduit.

san *a* saint : *— Pedro*, saint Pierre ; *el día de — Juan*, la Saint-Jean.

sanar *t/i* guérir.

sanatorio *m* 1 sanatorium. 2 clinique ƒ.

sanci/ón ƒ sanction. **-onar** *t* sanctionner. I *— con una multa*, frapper, punir d'une amende.

sancocho *m* AMER sorte de pot-au-feu.

sandalia ƒ sandale.

sandez ƒ sottise.

sandía ƒ pastèque.

sandio, a *a/s* sot, sotte.

sandunga ƒ charme *m*.

sane/ar *t* assainir. **-amiento** *m* 1 assainissement. 2 *los saneamientos*, le sanitaire.

sangrar *t/i* saigner : *le sangra la nariz*, il saigne du nez.

sangre ƒ sang *m*. I *—fría*, sang-froid ; *a — fría*, de sang-froid ; *encender la —*, exaspérer.

sangría ƒ 1 saignée. 2 sangria, boisson rafraîchissante au vin rouge.

sangriento, a *a* sanglant, e.

sanguijuela ƒ sangsue.

sanguina ƒ sanguine.

sanguinario, a *a* sanguinaire.

sanguíneo, a *a* sanguin, e.

sanidad ƒ service *m* de santé.

sanitario, a *a* sanitaire.

sano, a *a* sain, e : *— y salvo*, sain et sauf.

Santiago *n p m* Jacques.

santiamén (en un) *loc adv* en un clin d'œil.

santidad ƒ sainteté.

santificar *t* sanctifier.

santiguarse *pr* se signer.

santísimo, a *a* très saint, e.

santo, a *a/s* saint, e. I ¿ *a — de qué* ?, en quel honneur ? ; *— y bueno*, d'accord ; *fiesta de todos los Santos*, Toussaint. □ *m* 1 fête ƒ : *hoy es mi —*, c'est aujourd'hui ma fête. 2 *— y seña*, mot de passe.

Santo Domingo *n p* Saint-Domingue.

santoral *m* vie ƒ des saints, martyrologue.

santuario *m* sanctuaire.

santurrón, ona *a/s* bigot, e.

sañ/a ƒ 1 acharnement *m*. 2 fureur. **-udo, a** *a* furieux, euse.

sapo *m* crapaud.

saque *m* 1 (tenis) service. 2 (fútbol) dégagement. I *— de* *esquina*, corner. 3 FAM *tener un —*, avoir un joli coup de fourchette.

saque/ar *t* piller. **-o** *m* sac, pillage.

sarampión *m* rougeole *f*.

sarao *m* soirée *f* dansante.

sarc/asmo *m* sarcasme. **-ástico, a** *a* sarcastique.

sardina *f* sardine : *sardinas en aceite*, sardines à l'huile.

sardónico, a *a* sardonique.

sarga *f* serge.

sargento *m* sergent.

sarmiento *m* sarment.

sarn/a *f* gale. **-oso, a** *a/s* galeux, euse.

sarpullido *m* éruption *f* cutanée.

sarro *m* tartre.

sarta *f* chapelet *m*.

sartén *f* poêle.

sastre *m* tailleur.

Satanás *n p m* Satan.

satánico, a *a* satanique.

satélite *a/m* satellite.

satén *m* satin.

sátira *f* satire.

satírico, a *a* satirique.

sátiro *m* satyre.

satisfacción *f* satisfaction.

satisfacer ° *t* satisfaire.

satisfactori/o, a *a* satisfaisant, e. **-amente** *adv* d'une façon satisfaisante.

satisfecho, a *a* satisfait, e. | *— de sí*, content de soi.

satur/ar *t* saturer. **-ación** *f* saturation.

sauce *m* saule : *— llorón*, saule pleureur.

saúco *m* sureau.

sauna *f* sauna *m*.

savia *f* sève.

saxófono *m* saxophone.

saya *f* jupe.

saz/ón *f* 1 maturité. | *en —*, mûr, e. 2 *a la —*, alors. 3 goût *m*. **-onar** *t* assaisonner.

se *pron* 1 se, s' : *— levanta*, il se lève. 2 (+ usted, ustedes) vous : *siéntese usted*, asseyez-vous. 3 (delante de lo, la, los, las) lui, leur : *— lo diré*, je le lui dirai. 4 on : *— oían ruidos*, on entendait des bruits ; *cuando — está cansado*, quand on est fatigué.

sé ⇒ **saber, ser.**

sea, etc. ⇒ **ser.**

sebo *m* suif.

secador *m* 1 séchoir. 2 sèche-cheveux.

secano *m* terrain sec.

secante *a/m* siccatif, ive. | *papel —*, buvard.

secar *t* 1 sécher. 2 *— los platos*, essuyer la vaisselle. 3 dessécher. □ *pr* 1 sécher. 2 (pozo, fuente) tarir.

sección *f* 1 section. 2 (dibujo) *— de un motor*, coupe d'un moteur. 3 (en un almacén) rayon *m* : *la — de perfumería*, le rayon de parfumerie.

secesión *f* sécession.

seco, a *a* sec, sèche. | *a secas*, tout court ; *en —*, à sec ; *pararse en —*, s'arrêter net.

secreción *f* sécrétion.

secretari/o, a *s* secrétaire. □ *f* (oficina) secrétariat *m*. **-ado** *m* secrétariat.

secretear *i* faire des messes basses, chuchoter.

secreter *m* secrétaire.

secreto, a *a/m* secret, ète.

secta *f* secte.

sector *m* secteur.

secuaz *s* partisan.

secuencia *f* séquence.

secuestr/ar *t* 1 séquestrer. 2 (periódico, libro) saisir. 3 (raptar) enlever, kidnapper. 4 (un avión) détourner. **-ador** *m* 1 ravisseur. 2 *— aéreo*, pirate de l'air. **-o** *m* 1 séquestration *f*. 2 saisie *f*. 3 (rapto) enlèvement. 4 *— aéreo*, détournement d'avion.

secular *a* 1 séculaire. 2 (seglar)

séculier, ère.

secundar *t* seconder.

secundario, a *a* secondaire.

¹**sed** ∫ soif : *tengo mucha* —, j'ai très soif.

²**sed** ⇒ **ser.**

sed/a ∫ soie. -**al** *m* ligne ∫.

sedante *m* sédatif.

sede ∫ siège *m* : *la Santa Sede,* le Saint-Siège.

sedentario, a *a* sédentaire.

sedici/ón ∫ sédition. -**oso, a** *a* séditieux, euse.

sediento, a *a* assoiffé, e.

sediment/o *m* sédiment. -**ario, a** *a* sédimentaire.

sedoso, a *a* soyeux, euse.

seduc/ir ° *t* séduire. -**ción** ∫ séduction. -**tor, a** *a* séduisant, e, séducteur, trice. □ *m* séducteur.

seg/ar ° *t* faucher. -**ador** *m* faucheur. -**adora** ∫ moissonneuse.

seglar *a* séculier, ère.

segmento *m* segment.

segreg/ar *t* 1 séparer. 2 (una secreción) sécréter. -**ación** ∫ ségrégation.

seguida f *en* —, tout de suite; aussitôt après. -**mente** *adv* aussitôt après.

seguido, a *a* 1 continu, e. 2 *cinco días seguidos,* cinq jours de suite. □ *adv* tout droit : *ir todo* —, aller tout droit.

seguir ° *t* 1 suivre : *sígame,* suivez-moi. 2 poursuivre. □ *i* — *leyendo,* continuer à lire ; — *en la misma postura,* rester dans la même position ; *sigue en el hospital,* il est toujours à l'hôpital ; *seguimos sin noticias de él,* nous sommes toujours sans nouvelles de lui.

según *prep* 1 selon, d'après : — *él,* d'après lui ; — *dijo el médico,* d'après ce qu'a dit le médecin. 2 comme. 3 à mesure que. 4 (en respuestas) c'est selon, ça dépend.

segundo, a *a* deùxième, second, e.

□ *m* 1 (jerarquía) second. 2 (tiempo) seconde ∫ : *vuelvo en un* —, je reviens dans une seconde. □ ∫ seconde.

segundón *m* cadet.

segur ∫ hache.

seguramente *adv* sûrement.

seguridad ∫ sécurité, sûreté : *cinturón de* —, ceinture de sécurité ; *cerradura de* —, serrure de sûreté.

seguro, a *a* sûr, e. □ *m* 1 assurance ∫ : — *contra accidentes,* assurance contre les accidents ; — *de vida,* assurance-vie. 2 (dispositivo) cran de sûreté. 3 *a buen* —, sûrement, à coup sûr.

seis *a/m* six. l *son las* —, il est six heures. -**cientos** *a/m* six cents.

seísmo *m* séisme.

selec/ción ∫ 1 sélection. 2 choix *m*. -**cionar** *t* sélectionner. -**to** *a* choisi, e.

selva ∫ forêt.

sellar *t* 1 sceller. 2 (una carta) cacheter.

sello *m* 1 (de correos) timbre. 2 (de documento oficial) sceau. 3 (marca, medicina) cachet.

semáforo *m* 1 sémaphore. 2 (en las calles) feu de signalisation : *un* — *en rojo,* un feu rouge.

seman/a ∫ semaine. l *fin de* —, week-end. -**al** *a* hebdomadaire. -**ario** *m* hebdomadaire.

semántico, a *a/∫* sémantique.

semblante *m* 1 visage, mine ∫. 2 aspect.

semblanza ∫ notice biographique.

sembr/ar ° *t* semer. -**ado** *m* champ ensemencé, semis. -**ador, a** *s* semeur, euse.

semejante *a/s* semblable. l *no creo* — *mentira,* je ne crois pas un tel mensonge.

semejanza ∫ ressemblance.

semental *m* étalon.

semestr/e *m* semestre. -**al** *a* semestriel, elle.

semicírculo *m* demi-cercle.

semicorchea *f* double croche.

semifinal *f* demi-finale.

semill/a *f* 1 graine. 2 pépin *m*. **-ero** *m* pépinière *f*.

seminar/io *m* séminaire. **-ista** *m* séminariste.

semita *a/s* sémite.

sémola *f* semoule.

Sena *n p m* Seine *f*.

senad/o *m* sénat. **-or** *m* sénateur.

sencill/o, a *a* simple. **-ez** *f* simplicité.

senda *f*, **sendero** *m* sentier *m*.

sendos, as *a* chacun, e, un, une : *llevaban sendas maletas*, ils portaient chacun une valise.

senil *a* sénile. **-idad** *f* sénilité.

seno *m* 1 sein. 2 FIG *en el − de*, au sein de. 3 (matemáticas) sinus.

sensaci/ón *f* sensation : *causar −*, faire sensation. **-onal** *a* sensationnel, elle.

sensat/o, a *a* sensé, e. **-ez** *f* bon sens *m*.

sensib/le *a* sensible. **-ilidad** *f* sensibilité.

sensual *a* sensuel, elle. **-idad** *f* sensualité.

sentado, a *a* 1 *pan −*, pain rassis. 2 *dar por −*, considérer comme acquis.

sentar ° *t* asseoir. □ *i − bien, mal*, faire du bien, du mal ; (vestido, etc.) aller bien, mal : *este peinado te sienta bien*, cette coiffure te va bien ; (agradar o no) plaire, ne pas plaire. □ *se sentó a la mesa*, il s'est assis à table ; *siéntese*, asseyez-vous.

sentenci/a *f* 1 sentence. 2 (del juez) jugement *m*, arrêt *m*. **-ar** *t* 1 juger. 2 condamner. **-oso, a** *a* sentencieux, euse.

sentido, a *a* sincère, ému, e. □ *m* sens : *buen −*, bon sens. I *perder el −*, perdre connaissance.

sentimental *a* sentimental, e.

sentimiento *m* 1 sentiment. 2

(pena) peine *f*, chagrin, douleur *f*. 3 (pesar) regret.

¹sentir ° *t* 1 sentir. 2 (oir) entendre. 3 (experimentar) éprouver, avoir : *− miedo*, avoir peur. 4 regretter : *siento que te vayas*, je regrette que tu t'en ailles ; *lo siento mucho*, je le regrette beaucoup. □ *pr* se sentir : *se siente desgraciado*, il se sent malheureux.

²sentir *m* opinion *f*, avis.

seña *f* signe *m* : *le hace señas de que venga*, il lui fait signe de venir. □ *pl* 1 (dirección) adresse *sing* : *mis señas son calle...*, mon adresse est rue... 2 (filiación) signalement *m sing*.

señal *f* 1 signe *m* : *− de la cruz*, signe de croix. 2 marque. 3 preuve. 4 (para avisar) signal *m* : *señales acústicas*, signaux acoustiques. I *señales de tráfico*, panneaux de signalisation. 5 (teléfono) tonalité. 6 (dinero) arrhes *pl*.

señalado, a *a* remarquable, exceptionnel, elle.

señalar *t* 1 marquer. 2 *− con el dedo*, montrer du doigt. 3 signaler, indiquer. □ *pr* se distinguer.

señor *m* 1 seigneur. I *Nuestro Señor*, Notre-Seigneur. 2 monsieur : *el − Gómez*, monsieur Gómez ; *el − director*, *cura*, monsieur le directeur, monsieur le curé ; *muy −mío*, cher monsieur. 3 *señores*, messieurs. **-a** *f* 1 dame. I *Nuestra Señora*, Notre-Dame. 2 madame : *la − de Gómez*, madame Gómez ; *la − directora*, madame la directrice ; *muy − mía*, chère madame. 3 *señoras*, mesdames.

señorear *t* dominer.

señorial *a* seigneurial, e, noble.

señorío *m* distinction *f*.

señorita *f* 1 jeune fille. 2 mademoiselle : *la − Ana*, mademoiselle Anne. 3 demoiselle : *dos viejas señoritas*, deux vieilles demoiselles.

señorito *m* 1 monsieur. 2 FAM fils

à papa.

señuelo *m* leurre.

sepa, etc. ⇒ **saber.**

separ/ar *t* séparer. **-ación** *f* séparation. **-adamente** *adv* séparément.

sepelio *m* inhumation *f*.

sepia *f* sépia.

septentrional *a* septentrional, e.

séptico, a *a* septique.

septiembre *m* septembre.

séptimo, a *a/m* septième.

septuagenario, a *a/s* séptuagénaire.

sepulcr/o *m* sépulcre, tombeau. **-al** *a* sépulcral, e.

sepult/ar *t* ensevelir. **-ura** *f* sépulture.

sequedad *f* sécheresse.

sequía *f* sécheresse.

séquito *m* 1 suite *f*. 2 cortège.

¹**ser** *m* être.

²**ser** ° *i* 1 être : *soy español,* je suis espagnol ; *¿ quién es ?,* qui est-ce ? ; *soy yo,* c'est moi ; *somos cinco,* nous sommes cinq ; *hoy es lunes,* c'est aujourd'hui lundi ; *son las tres,* il est trois heures ; *aquí es,* c'est ici. 2 (+ de) *esta pulsera es de oro,* ce bracelet est en or ; *es de mi madre,* il est à ma mère ; *¿ qué ha sido de él ?,* qu'est-il devenu ? 3 (auxiliaire, sert à former la voix passive) être : *su discurso fue muy aplaudido,* son discours a été très applaudi. 4 (*suceder*) avoir lieu, se produire, arriver : *a las tres fue el entierro,* l'enterrement a eu lieu à trois heures ; *¿ cómo fue eso ?,* comment cela est-il arrivé ? 5 *a no − que,* à moins que ; *eso es,* c'est ça ; *o sea,* autrement dit ; *o sea que,* c'est-à-dire que ; *sea... sea,* soit... soit. ⇒ **estar.** ⇒ **être.**

sera *f* couffin *m*.

serafín *m* séraphin.

serenar *t* calmer.

serenata *f* sérénade.

serenidad *f* sérénité.

sereno, a *a/m* serein, e. □ *m* veilleur de nuit.

serial *m* feuilleton.

serie *f* série.

seri/o, a *a* sérieux, euse. I *en −,* sérieusement ; *tomar en −,* prendre au sérieux. **-edad** *f* sérieux *m*.

serm/ón *m* sermon. **-onear** *t* sermonner.

serpentear *i* serpenter.

serpentina *f* serpentin *m*.

serpiente *f* serpent *m*.

serrano, a *a* montagnard, e.

serr/ar ° *t* scier. **-ín** *m* sciure *f*. **-ucho** *m* égoïne *f*.

Servia *n p f* Serbie.

servible *a* utilisable.

servicial *a* serviable.

servicio *m* service : *prestar un − a,* rendre un service à. □ *pl* (aseo) toilettes *f*.

servid/or, a *s* serviteur, domestique. **-umbre** *f* 1 servitude. 2 domestiques *m pl*.

servil *a* servile. **-ismo** *m* servilité *f*.

servillet/a *f* serviette. **-ero** *m* rond de serviette.

servir ° *t/i* 1 servir : *− para,* servir à ; *¿ para qué sirve esto ?,* à quoi ça sert ? I *no − para,* ne pas être fait pour. 2 *¿ en qué puedo servirle ?,* en quoi puis-je vous être utile ? □ *pr* 1 se servir : *me sirvo de un bolígrafo,* je me sers d'un stylo à bille ; *sírvase usted más,* servez-vous mieux. 2 *sírvase entrar,* veuillez entrer.

sesent/a *a/m* soixante. **-ón, ona** *a/s* sexagénaire.

seseo *m* défaut qui consiste à prononcer le *c* et le *z* comme un *s*.

sesera *f* FAM cervelle.

sesg/ar *t* couper en biais. **-o** *m* 1 *al −,* en biais. 2 tournure *f*.

sesión *f* 1 séance. I *− continua los domingos,* cinéma permanent le dimanche. 2 (período) session.

ses/o *m* cervelle *f*. □ *pl* cervelle

f sing. **-udo, a** *a* sage.

seta *f* champignon *m*.

setecientos, as *a/m* sept cents.

setent/a *a/m* soixante-dix. **-ón, ona** *a/s* septuagénaire.

seto *m* haie *f*.

seudónimo *m* pseudonyme.

sever/o, a *a* sévère. **-idad** *f* sévérité.

Sevilla *n p f* Séville.

sexagenario, a *a/s* sexagénaire.

sexagésimo, a *a/s* soixantième.

sexo *m* sexe.

sexto, a *a/s* sixième.

sexual *a* sexuel, elle. **-idad** *f* sexualité.

¹**si** *m* MÚS si.

²**si** *conj* si, s' : — *yo fuera más joven*, si j'étais plus jeune. I— *bien*, bien que ; — *no*, sinon.

³**sí** *pron pers* **1** soi : *volver en —*, revenir à soi ; *de por —*, en soi. **2** lui, elle, eux, elles : *lo quiere todo para —*, il veut tout pour lui.

⁴**sí** *adv* **1** oui : *ni — ni no*, ni oui ni non. **2** (respondiendo a una negación o duda) si. I *claro que —*, mais oui, mais si. □ *m* oui.

siamés, esa *a/s* siamois, e.

Siberia *n p f* Sibérie.

siberiano, a *a/s* sibérien, enne.

Sicilia *n p f* Sicile.

sicomoro *m* sycomore.

sideral *a* sidéral, e.

siderurgia *f* sidérurgie.

sido *p p* de **ser.**

sidra *f* cidre *m*.

siega *f* moisson.

siembra *f* semailles *pl*.

siempre *adv* toujours : *para —*, pour toujours. I — *que*, du moment que ; (cada vez) chaque fois que.

siempreviva *f* immortelle.

sien *f* tempe.

sierra *f* **1** scie. **2** chaîne de montagne. **3** montagne.

siervo, a *s* serf, serve.

siesta *f* sieste : *dormir la —*, faire la sieste.

siete *a/m* sept. I *son las —*, il est sept heures.

sifón *m* **1** siphon. **2** eau *f* de Seltz.

siga, etc. ⇒ **seguir.**

sigil/o *m* secret. **-oso, a** *a* discret, ète.

sigla *f* sigle *m*.

siglo *m* siècle : *en el — veinte*, au vingtième siècle.

signific/ar *t* signifier. **-ación** *f*, **-ado** *m* signification *f*. **-ativo, a** *a* significatif, ive.

signo *m* **1** signe **2** — *de admiración, de interrogación*, point d'exclamation, d'interrogation.

sigo, sigue ⇒ **seguir.**

siguiente *a* suivant, e. I *al día — de morir*, le lendemain de sa mort.

silb/ar *i* siffler. **-ato** *m* sifflet. **-ido** *m* sifflement.

silenciador *m* silencieux.

silenciar *t* passer sous silence, taire.

silenci/o *m* silence : *guardar —*, garder le silence. **-oso, a** *a* silencieux, euse.

sílex *m* silex.

silo *m* silo.

silueta *f* silhouette.

silvestre *a* sylvestre.

silla *f* **1** chaise. I — *de inválido*, fauteuil *m* roulant. **2** — *de montar*, selle.

sillar *m* pierre *f* de taille.

sillín *m* selle *f*.

sillón *m* fauteuil.

sima *f* abîme *m*.

simbólico, a *a* symbolique.

simbolizar *t* symboliser.

símbolo *m* symbole.

sim/etría *f* symétrie. **-étrico, a** *a* symétrique.

simiente *f* semence.

símil *m* comparaison *f*.

simil/ar *a* similaire. **-itud** *f*

similitude.

simio *m* singe.

simp/atía *f* sympathie. **-ático, a** *a* sympathique. **-atizar** *i* sympathiser.

simpl/e *a* 1 simple. 2 (bobo) naïf, naïve. **-eza** *f* naïveté, sottise. **-icidad** *f* simplicité. **-ificar** *t* simplifier.

simulacro *m* simulacre.

simular *i* simuler.

simultáneo, a *a* simultané, e.

sin *prep* 1 sans. 2 (+ infinitivo) *zona — edificar*, zone non bâtie; *mercancías — vender*, marchandises invendues.

sinagoga *f* synagogue.

sincer/o, a *a* sincère. **-idad** *f* sincérité.

síncopa *f* syncope.

síncope *m* syncope *f* : *padecer un —*, avoir une syncope.

sincronizar *t* synchroniser.

sindical *a* syndical, e. **-ismo** *m* syndicalisme. **-ista** *s* syndicaliste.

sindicarse *pr* se syndiquer.

sindicato *m* syndicat.

sinecura *f* sinécure.

sinfonía *f* symphonie.

singular *a/m* singulier, ère. **-idad** *f* singularité. **-izarse** *pr* se singulariser.

siniestr/o, a *a* 1 (funesto) sinistre. 2 (izquierdo) gauche. □ *m* sinistre. **-ado, a** *s* sinistré, e.

sinnúmero *m* grand nombre.

¹sino *m* sort, destin.

²sino *conj* 1 (pero) mais. 2 (salvo) sauf, si ce n'est. 3 *no quiero — que digas sí o no*, je veux simplement que tu dises oui ou non.

sinónimo, a *a/m* synonyme.

sinsabor *m* ennui.

sintaxis *f* syntaxe.

síntesis *f* synthèse.

sintético, a *a* synthétique.

síntoma *m* symptôme.

sinuos/o, a *a* sinueux, euse.

-idad *f* sinuosité.

sinvergüenza *s* 1 voyou *m*. 2 crapule *f*.

siquiera *adv* au moins : *dame — tu número de teléfono*, donne-moi au moins ton numéro de téléphone. | *ni —*, pas même.

sirena *f* sirène.

sirga *f* halage *m*.

Siria *n p f* Syrie.

sirio, a *a/s* syrien, enne.

sirva, etc. ⇒ **servir**.

sirviente, a *s* serviteur, servante.

sis/a *f* 1 emmanchure. 2 menus profits *m pl*. **-ar** *t* soutirer, carotter.

sisear *i* siffler.

sistem/a *m* système. **-ático, a** *a* systématique.

sitiar *t* assiéger.

sitio *m* 1 place *f* : *hay —*, il y a de la place. 2 endroit : *un — tranquilo*, un endroit tranquille. | *en cualquier —*, n'importe où. 3 MIL siège : *estado de —*, état de siège.

situación *f* situation.

situar *t* 1 situer. 2 (colocar) placer.

slogan *m* slogan.

¹so *prep* sous.

²so *interj* FAM espèce de : *¡— idiota!*, espèce d'idiot !

soba *f* FAM volée.

sobaco *m* aisselle *f*.

sob/ar *t* 1 pétrir. 2 (manosear) tripoter. **-ado, a** *a* 1 *tema —*, sujet rebattu. 2 *traje —*, costume élimé.

soberan/o, a *a/s* souverain, e. **-ía** *f* souveraineté.

soberbia *f* orgueil *m*.

soberbio, a *a* superbe.

sobornar *t* suborner.

sobra *f* reste *m*. | *de —*, largement.

sobradillo *m* auvent.

sobrado, a *a estar — de dinero*, avoir de l'argent plus qu'il n'en faut.

sobrante *a* restant, e.

sobrar *i* 1 avoir en trop. 2 être en trop. 3 (quedar) rester.

¹sobre *prep* 1 sur. 2 (por encima de) au-dessus de. 3 aproximadamente) environ. 4 — *las seis*, vers six heures. 5 — *todo*, surtout.

²sobre *m* (de carta) enveloppe *f*.

sobreabundancia *f* surabondance.

sobrealimentar *t* suralimenter.

sobrecama *f* dessus-de-lit *m*.

sobrecarg/ar *t* surcharger. **-a** *f* surcharge.

sobrecito *m* sachet.

sobrecoger *t* saisir, surprendre.

sobreentender ° *t* sous-entendre.

sobreexitar *t* surexciter.

sobrehumano, a *a* surhumain, e.

sobrellevar *t* supporter, endurer.

sobremanera *adv* excessivement, extrêmement.

sobremesa f *de —*, après le repas.

sobrenadar *i* surnager.

sobrenatural *a* surnaturel, elle.

sobrenombre *m* surnom.

sobrentender ° *t* sous-entendre.

sobrepasar *t* surpasser.

sobreponer ° *t* superposer.

sobrepujar *t* surpasser, dépasser.

sobresaliente *m* (en los exámenes) mention *f* très bien.

sobresalir ° *i* 1 dépasser. 2 FIG se distinguer.

sobresalt/arse *pr* sursauter. **-o** *m* 1 soubresaut. 2 alarme *f*.

sobretodo *m* pardessus.

sobrevenir ° *i* survenir.

sobreviv/ir *i* survivre. **-iente** *a/s* survivant, e.

sobrevolar *t* survoler.

sobriedad *f* sobriété.

sobrino, a *s* neveu, nièce.

sobrio, a *a* sobre.

socaliña *f* ruse.

socarr/ón, ona *a* sournois, e. **-onería** *f* sournoiserie.

socav/ar *t* 1 creuser. 2 FIG saper.

-ón *m* 1 excavation *f*. 2 (hundimiento) affaissement.

sociable *a* sociable.

social *a* social, e. **-ismo** *m* socialisme. **-ista** *a/s* socialiste.

sociedad *f* société.

socio, a *s* 1 associé, e. I — *capitalista*, associé. 2 sociétaire.

sociología *f* sociologie.

socorrer *t* secourir.

socorrido, a *a* passe-partout.

socorro *m* secours. I *¡ socorro !*, au secours !

soda *f* soda *m*.

soez *a* grossier, ère.

sofá *m* canapé, sofa.

Sofía *n p f* Sophie.

sofisticado, a *a* sophistiqué, e.

sofoc/ar *t* 1 suffoquer. 2 (apagar) étouffer. **-ación** *f* étouffement *m*. **-ante** *a* étouffant, e, suffocant, e. **-o** *m* contrariété *f*.

sofr/eir ° *t* faire revenir. **-ito** *m* coulis.

soga *f* corde.

soja *f* soja *m*.

¹sol *m* soleil. I *de — a —*, du lever au coucher du soleil.

²sol *m* MÚS sol.

solador *m* carreleur.

solana *f* véranda.

solapa *f* revers *m*.

solapado, a *a* sournois, e.

¹solar *a* solaire.

²solar *m* terrain à bâtir, terrain vague.

solariega a *casa —*, manoir *m*.

solazar *t* distraire.

soldado *m* soldat.

sold/ar ° *t* souder. **-adura** *f* soudure.

soledad *f* solitude.

solemn/e *a* solennel, elle. **-idad** *f* solennité.

soler ° *i* 1 avoir l'habitude, coutume de : *suelo acostarme temprano*, j'ai l'habitude de me coucher tôt. **2** *aqui suele llover mucho*, iei, il pleut généralement beaucoup.

solera *f* **1** (viga) solive. **2** tradition. I *vino de* —, vin vieux.

solf/a *f* solfège *m*. **-eo** *m* solfège.

solicitar *t* **1** solliciter. **2** demander.

solícito, a *a* empressé, e.

solicitud *f* **1** sollicitude. **2** (escrito) demande.

solidari/dad *f* solidarité. **-zarse** *pr* se solidariser.

solidez *f* solidité.

solidificar *t* solidifier.

sólido, a *a/m* solide.

solista *s* soliste.

solitario, a *a/s* solitaire.

solito, a *a* tout seul, toute seule.

soliviantar *t* exciter.

solo, a *a* seul, e. I *a solas*, tout seul, toute seule. ▢ *m* solo.

sólo *adv* seulement : *no* — ... *sino*, non seulement... mais. I *tan* —, seulement ; *con* — *pensarlo*, rien que d'y penser.

solomillo *m* faux-filet, aloyau.

soltar ° *t* **1** lâcher : *¡suéltame!*, lâchez-moi ! ; — *una tontería*, lâcher une bêtise. **2** (lo atado) détacher. ▢ *pr* **1** se détacher. **2** lâcher. **3** FIG se dégourdir, se débrouiller. **4** *soltarse a*, se mettre à.

solter/o, a *a/s* célibataire. **-ón, ona** *s* vieux garçon, vieille fille.

soltura *f* aisance.

soluble *a* soluble.

soluci/ón *f* solution. **-onar** *t* résoudre.

solven/cia *f* **1** solvabilité. **2** crédit *m*. **-te** *a* **1** solvable. **2** sûr, e, digne de foi. ▢ *m* solvant.

solloz/ar *i* sangloter. **-o** *m* sanglot.

sombr/a *f* **1** ombre : *dar* —, faire de l'ombre ; *no hay ni* — *de duda*, il n'y a pas l'ombre d'un doute. **2** *¡qué mala* —!, quelle malchance ! **-eado, a** *a* ombragé, e.

sombrer/o *m* chapeau. **-era** *f*

modiste. **-ero** *m* chapelier.

sombrilla *f* ombrelle.

sombrío, a *a* sombre.

somero, a *a* superficiel, elle.

somet/er *t* soumettre. **-imiento** *m* soumission *f*.

somier *m* sommier.

somnífero *m* somnifère.

somnolencia *f* somnolence.

son *m* **1** son. **2** *¿ a* — *de qué ?*, sous quel prétexte ?, au nom de quoi ?

sonado, a *a* **1** fameux, euse. **2** qui fait du bruit.

sonajero *m* hochet.

sonámbulo, a *s* somnambule.

sonar ° *i* **1** sonner : *suena el teléfono*, le téléphone sonne. **2** (una letra) se prononcer. **3** *me suena ese apellido*, ce nom me dit quelque chose. ▢ *sonarse*, se moucher.

sonata *f* sonate.

sond/ar *t* sonder. **-a** *f* sonde. **-ear** *t* FIG sonder. **-eo** *m* sondage.

soneto *m* sonnet.

sonido *m* son.

sonor/o, a *a* sonore. **-idad** *f* sonorité. **-izar** *t* sonoriser.

son/reir ° *i* sourire. ▢ *pr* sourire. **-riente** *a* souriant, e. **-risa** *f* sourire *m*.

sonrojar *t* faire rougir. ▢ *pr* rougir.

sonrosado, a *a* rose.

sonsacar *t* **1** soutirer. **2** (hacer hablar) tirer les vers du nez à.

sonsonete *m* ton.

soñ/ar ° *t/i* rêver : *he soñado contigo esta noche*, j'ai rêvé de toi cette nuit ; *sueña con una guitarra*, il rêve d'une guitare. I *¡ni lo sueñes!*, n'y songe pas !, pas question ! **-ador, a** *s* rêveur, euse.

soñol/iento, a *a* somnolent, e. **-encia** *f* somnolence.

sopa *f* soupe : — *de cebolla*, soupe à l'oignon. I *comer la* — *boba*, vivre aux frais d'autrui.

sopapo *m* gifle *f*.

sopera _f_ soupière.

sopero a _plato_ —, assiette creuse.

sopesar _t_ soupeser.

sopetón (de) _loc adv_ à l'improviste.

soplamocos _m_ taloche _f_.

soplar _i/t_ souffler.

soplete _m_ chalumeau.

sopl/o _m_ 1 souffle. 2 FAM (delación) mouchardage. **-ón, ona** _a/s_ mouchard, e, rapporteur, euse.

soponcio _m_ évanouissement.

sopor _m_ assoupissement. **-ífero, a, -ífico, a** _a/m_ soporifique.

soportable _a_ supportable.

soportal _m_ porche. ◻ _pl_ arcades _f_.

soport/ar _t_ supporter. **-e** _m_ support.

sor _f_ sœur.

sorber _t_ 1 gober. 2 absorber.

sorbete _m_ sorbet.

sorbo _m_ gorgée _f_.

sordera _f_ surdité.

sórdido, a _a_ sordide.

sordina f _con_ —, en sourdine.

sordo, a _a/s_ sourd, e. **-mudo, a** _a/s_ sourd-muet, sourde-muette.

sorna _f_ ton _m_ goguenard.

soroche _m_ AMER mal des montagnes.

sorprend/er _t_ surprendre. **-ente** _a_ surprenant, e.

sorpresa _f_ surprise.

sorte/ar _t_ 1 tirer au sort. 2 esquiver. **-o** _m_ tirage au sort.

sortija _f_ bague.

sortilegio _m_ sortilège.

sosa _f_ soude.

sosegar ° _t_ calmer, apaiser.

sosia _m_ sosie.

sosiego _m_ calme, tranquillité _f_.

soslay/ar _t_ éluder, esquiver. **-o** m _de_ —, de travers.

soso, a _a_ fade.

sospecha _f_ soupçon _m_.

sospech/ar _t/i_ 1 soupçonner : — _de alguien_, soupçonner quelqu'un. 2 _lo sospechaba_, je m'en doutais. **-oso, a** _a/s_ suspect, e.

sostén _m_ 1 soutien. 2 (prenda de mujer) soutien-gorge.

sostener ° _t_ soutenir.

sostenido, a _a/m_ MÚS dièse.

sota _f_ valet _m_ (cartes).

sotabanco _m_ mansarde _f_.

sotana _f_ soutane.

sótano _m_ sous-sol : _en el_ —, au sous-sol.

soto _m_ bois.

sovi/et _m_ soviet. **-ético, a** _a/s_ soviétique.

soy ⇒ **ser.**

spray _m_ bombe _f_.

stock _m_ stock.

su, sus _a pos_ 1 son, sa, ses. 2 (varios poseedores) leur, leurs. 3 (de usted, ustedes) votre, vos : _deme — dirección_, donnez-moi votre adresse ; — _sobrino de usted_, votre neveu.

suav/e _a_ doux, douce. **-idad** _f_ douceur. **-izar** _t_ adoucir.

subalterno, a _a/s_ subalterne.

subarrend/ar ° _t_ sous-louer. **-atario, a** _s_ sous-locataire.

subasta _f_ 1 vente aux enchères. 2 adjudication.

subconciente _m_ subconscient.

subdesarrollado, a _a_ sous-développé, e.

subdirector _m_ sous-directeur.

súbdito, a _s_ 1 sujet, ette. 2 (de un país) ressortissant, e.

subdividir _t_ subdiviser.

subida _f_ 1 montée. 2 (de los precios) hausse.

subido, a _a_ 1 (color) vif, vive. 2 (precio) élevé, e.

subir _i_ 1 monter : — _al desván, al tren, al coche_, monter au grenier, dans le train, en voiture. 2 augmenter : _ha subido la gasolina_, l'essence a augmenté. ◻ _t_ 1 — _una cuesta_, monter une côte. 2 (precio) augmenter. **3** relever. □ *pr* **1** monter, grimper : *se subió al árbol,* il grimpa à l'arbre. **2** remonter.

súbito, a *a* subit, e. □ *adv* soudain.

subjefe *m* sous-chef.

subjetivo, a *a* subjectif, ive.

subjuntivo *m* subjonctif.

sublev/ar *t* soulever, révolter. □ *pr* se soulever. **-ación** *f* soulèvement *m*.

sublime *a* sublime.

submarino, a *a/m* sous-marin, e.

subnormal *a/s* anormal, e.

suboficial *m* sous-officier.

subordin/ar *t* subordonner. **-ado, a** *a/s* subordonné, e.

subrayar *t* souligner.

subrepticio, a subreptice.

subsanar *t* réparer.

subscribir ⇒ **suscribir.**

subsidio *m* **1** subside. **2** (de paro, familiar, etc.) allocation *f*.

subsist/ir *i* subsister. **-encia** *f* subsistance.

substanci/a *f* substance. **-al** *a* substantiel, elle.

substantivo *m* substantif.

substituir ⇒ **sustituir.**

substraer ⇒ **sustraer.**

subsuelo *m* sous-sol.

subterráneo, a *a/m* souterrain, e.

subtítulo *m* sous-titre.

suburbio *m* faubourg.

subvenci/ón *f* subvention. **-onar** *t* subventionner.

subvenir ° *i* — *a,* subvenir à.

subversivo, a *a* subversif, ive.

subyugar *t* subjuguer.

sucedáneo *m* succédané.

suced/er *i* **1** — *a,* succéder à. **2** (ocurrir) arriver : *no ha sucedido nada,* il n'est rien arrivé. **-ido** *m* événement.

sucesión *f* succession.

sucesiv/o, a *a* successif, ive. I *en lo* —, à l'avenir. **-amente** *adv* successivement.

suceso *m* **1** événement. **2** -en los periódicos) fait divers.

sucesor, a *s* successeur.

suciedad *f* saleté.

sucinto, a *a* succint, e.

sucio, a *a* sale.

suculento, a *a* succulent, e.

sucumbir *i* succomber.

sucursal *f* succursale.

sudamericano, a *a/s* sud-américain, e.

sudar *i/t* suer. **-io** *m* suaire.

sudeste *m* sud-est.

sudoeste *m* sud-ouest.

sudor *m* sueur *f*.

Suecia *n p f* Suède.

sueco, a *a/s* suédois, e. I FIG *hacerse el* —, faire semblant de ne pas comprendre.

suegro, a *s* beau-père, belle-mère.

suela *f* semelle.

sueldo *m* **1** salaire. **2** *a* — *de,* à la solde de.

suele, etc. ⇒ **soler.**

suelo *m* **1** sol. I *caer al* —, *por los suelos,* tomber par terre. **2** (piso) plancher.

suelto, a *p p* de **soltar.** □ *a* **1** libre. **2** dépareillé, e. **3** isolé, e. **4** *hoja suelta,* feuille volante. **5** *dinero* —, petite monnaie *f*. □ *m* **1** *¿ tiene usted* — *?,* avez-vous de la monnaie ? **2** (de periódico) entrefilet. □ *f* lâcher *m*. I *dar* — *a,* mettre en liberté.

sueño *m* **1** sommeil : *tengo* —, j'ai sommeil. **2** rêve. I *su* — *dorado,* son rêve.

suero *m* **1** petit-lait. **2** MED sérum.

suerte *f* **1** sort *m*. **2** chance *f* : *tener* —, avoir de la chance ; *¡ pruebe su* — *!,* tentez votre chance ! ; *¡ suerte !,* bonne chance ! I *mala* —, malchance ; *por* —, heureusement ; *traer* —, porter bonheur ; **3** sorte : *toda* — *de,* toutes sortes de.

suéter *m* chandail, sweater.

suficien/te *a* **1** suffisant, e. **2**

— *gasolina*, assez d'essence, suffisamment d'essence. **-cia** *f* suffisance.

sufijo *m* suffixe.

sufrag/ar *t* payer. □ *i* AMER voter. **-io** *m* suffrage.

sufrido, a *a* 1 endurant, e. 2 (color) peu salissant, e.

sufr/ir *t* 1 souffrir. 2 subir. 3 (desengaño) éprouver. □ *i ha sufrido mucho*, il a beaucoup souffert. **-imiento** *m* souffrance *f*.

suge/rir ° *t* suggérer. **-rente** *a* suggestif, ive, **-stión** *f* suggestion. **-stivo, a** *a* suggestif, ive.

suicid/io *m* suicide. **-arse** *pr* se suicider.

Suiza *n p f* Suisse.

suizo, a *a/s* suisse. □ *m* brioche *f*.

sujección *f* 1 assujettissement *m*. 2 (atadura) fixation.

sujetador *m* soutien-gorge.

sujetar *t* 1 (mantener asido) tenir. 2 (para que no se caiga, mueva, etc.) retenir. 3 (atar) attacher. 4 (someter) assujetir.

sujeto *m* sujet.

sulfurar *t* faire rager. □ *pr* se mettre en colère, se monter, s'énerver.

sulf/uro *m* sulfure. **-úrico, a** *a* sulfurique.

sultán *m* sultan.

suma *f* 1 somme. 2 addition.

sumamente *adv* extrêmement.

sumar *t* additionner.

sumaria *f* instruction.

sumario, a *a/m* sommaire. □ *m* (judicial) instruction *f*.

sumerg/ir *t* submerger. □ *pr* plonger. **-ible** *a/m* submersible.

sumidero *m* bouche *f* d'égout.

suministr/ar *t* fournir. **-ador** *m* fournisseur. **-o** *m* fourniture *f*.

sumir *t* — *en*, plonger dans.

sumis/o, a *a* soumis, e. **-ión** *f* soumission.

sumo, a *a* 1 suprême, extrême. I *con — cuidado*, avec le plus grand

soin. 2 *a lo —*, tout au plus.

suntuoso, a *a* somptueux, euse.

supe ⇒ **saber.**

supeditar *t* soumettre, subordonner, faire dépendre.

súper *f* (gasolina) super *m*.

superar *t* 1 dépasser. 2 surpasser. 3 (una dificultad, etc.) surmonter. □ *pr* se surpasser.

superávit *m* COM excédent.

supercarburante *m* supercarburant.

superchería *f* supercherie.

superficial *a* superficiel, elle.

superficie *f* 1 surface. 2 (extensión) superficie.

superfluo, a *a* superflu, e.

superior, a *a/s* supérieur, e : *calidad —*, qualité supérieure. **-idad** *f* 1 supériorité. 2 *la —*, les autorités.

superlativo, a *a/m* superlatif, ive.

supermercado *m* supermarché.

superponer ° *t* superposer : *estantes superpuestos*, étagères superposées.

supersónico, a *a* supersonique.

superstici/ón *f* superstition. **-oso, a** *a* superstitieux, euse.

superviv/encia *f* survivance. **-iente** *a/s* survivant, e.

supiera, etc. ⇒ **saber.**

suplantar *t* supplanter.

suplement/o *m* supplément. **-ario, a** *a* supplémentaire.

suplente *a/s* suppléant, e, remplaçant, e.

súplica *f* 1 supplique. 2 prière.

suplic/ar *t* 1 supplier : *te lo suplico*, je t'en supplie. 2 (rogar) prier. 3 (pedir) demander. **-ación** *f* supplication.

suplicio *m* supplice.

suplir *t* suppléer, remplacer.

supo ⇒ **saber.**

supo/ner ° *t* supposer. □ *pr* supposer. **-sición** *f* supposition.

supositorio *m* suppositoire.

supremacía *f* suprématie.

supremo, a *a* suprême.

supr/imir *t* supprimer. **-esión** *f* suppression.

supuesto, a *a* supposé, e. □ *m* supposition *f*. I *en el — de que*, à supposer que ; *por —*, évidemment, bien sûr.

supurar *i* suppurer.

sur *m* sud.

surc/ar *i* sillonner. **-o** *m* sillon.

surgir *i* 1 surgir. 2 (agua) jaillir.

surmenaje *m* surmenage.

surrealismo *m* surréalisme.

surtido, a *a* 1 *galletas surtidas*, gâteaux secs assortis. 2 *estar bien — de*, être bien fourni en. □ *m* assortiment.

surtidor *m* 1 jet d'eau. 2 (gasolina) pompe *f* à essence.

surtir *t* *— de*, fournir en.

susceptib/le *a* susceptible. **-ilidad** *f* susceptibilité.

suscitar *t* susciter.

suscri/bir ° *t* souscrire. □ *suscribirse a un periódico*, s'abonner à un journal. **-pción** *f* 1 abonnement *m*. 2 souscription. **-ptor, a** *s* abonné, e.

suspen/der *t* 1 suspendre. 2 (examen) *le han suspendido en junio*, il s'est fait recaler en juin. **-sión** *f* 1 suspension. 2 cessation. **-sivo, a** *a puntos suspensivos*, points de suspension. **-so, a** *a* 1 suspendu, e. 2 (en un examen)

recalé, e. □ *m* 1 note *f* éliminatoire. 2 *en —*, en suspens.

suspic/acia *f* méfiance. **-az** *a* soupçonneux, euse.

suspir/ar *i* soupirer. **-o** *m* soupir : *dar un —*, pousser un soupir.

sustancia ⇒ **substancia.**

sustantivo *m* substantif.

sustent/ar *t* 1 soutenir. 2 nourrir. **-o** *m* nourriture *f*.

sustitu/ir ° *t* remplacer : *sustituye al director*, il remplace le directeur. **-ción** *f* remplacement *m*. **-to, a** *s* remplaçant, e.

susto *m* peur *f* : *dar un —*, faire peur ; *llevarse un —*, avoir peur ; *buen — me llevé*, j'ai eu joliment peur.

sustra/er ° *t* 1 soustraire. 2 (robar) voler. **-cción** *f*. 1 soustraction. 2 (robo) vol *m*.

susurr/ar *i* chuchoter. **-o** *m* chuchotement.

sutil *a* subtil, e. **-eza** *f* subtilité.

sutura *f* suture.

suyo, a, os, as *a pos* 1 à lui, à elle, à eux, à elles : *esta maleta es suya*, cette valise est à lui. I *un amigo —*, un de ses amis. 2 (= de usted) à vous. □ *pron pos* 1 *el —, la suya*, le sien, la sienne, le leur, la leur ; (= de usted) le vôtre, la vôtre. 2 *de —*, en soi, par nature. □ *m* (parientes) *los suyos*, les siens. □ *f hacer de las suyas*, faire des siennes.

T

t *f* t *m* : *una* —, un t.

tabas *f pl* osselets *m*.

tabaco *m* tabac.

tábano *m* taon.

taberna *f* café *m*, bistrot *m*.

tabernáculo *m* tabernacle.

tabique *m* cloison *f*.

tabla *f* **1** planche : — *de planchar*, planche à repasser. I *hacer* — *rasa*, faire table rase. **2** (en un vestido) pli *m* plat. **3** table : — *de multiplicar*, table de multiplication □ pl *pisar las tablas*, monter sur les planches.

tablado *m* **1** estrade *f*. **2** tréteaux *pl*.

tableado, a *a* plissé, e.

tablero *m* **1** panneau. **2** (encerado) tableau noir. **3** — *de dibujo*, planche *f* à dessin. **4** (de ajedrez) échiquier. **5** (de damas) damier.

tableta *f* tablette.

tablilla *f* planchette.

tablón *m* — *de anuncios*, tableau d'affichage.

tabú *m* tabou.

tabuco *m* réduit, cagibi.

taburete *m* tabouret.

tacañ/o, a *a/s* avare. **-ería** *f* pingrerie, ladrerie.

tacita *f* petite tasse.

tácito, a *a* tacite.

taciturno, a *a* taciturne.

taco *m* **1** (de madera, plástico) cheville *f*. **2** (billar) queue *f*. **3** (calendario) bloc. **4** (bota de fútbol) crampon. **5** (de jamón, etc.) petit cube. **6** (palabrota) gros mot.

tacón *m* talon.

táctica *f* tactique.

tacto *m* **1** toucher. **2** (delicadeza) tact, doigté.

tacha *f* défaut *m*, tache.

tachar *t* **1** biffer, barrer. **2** — *a alguien de roñoso*, accuser quelqu'un d'être pingre.

tacho *m* AMER **1** chaudron. **2** (de la basura) poubelle *f*.

tachón *m* clou (à tête dorée).

tafetán *m* taffetas.

tafilete *m* maroquin.

tahalí *m* baudrier.

tahona *f* boulangerie.

tahur *m* joueur.

taimado, a *a/s* rusé, e, fourbe.

tajada *f* tranche.

tajante *a tono* —, ton cassant.

tajar *t* trancher, couper.

Tajo *n p m* Tage.

tajo *m* **1** coupure *f*. **2** (barranco) ravin. **3** (para cortar la carne) billot.

tal *a* **1** tel, telle : — *día, a* — *hora*, tel jour, à telle heure ; — *grosería es inadmisible*, une telle grossièreté est inadmisible. I — *como*, tel que ; — *cual*, comme ci, comme ça ; ¿ *qué* — ?, comment ça va ? ; *un* — *Puig*, un dénommé Puig. **2** *con* — *que*, pourvu que. □ *pron* cela, une pareille chose.

tala *f* abattage *m*.

talabartero *m* bourrelier.

taladr/o *m* perceuse *f*. **-ar** *t* percer, forer.

talante *m* humeur *f*.

¹talar *t* couper, abattre.

²talar *a* long, longue.

talco *m* talc.

talego *m* sac.

talento *m* talent.

tal/ón *m* **1** talon. **2** chèque. **-onario** *m* — *de cheques*, carnet de chèques.

talud *m* talus.

talla *f* **1** sculpture. **2** (estatura)

taille.

tall/ar *t* 1 (piedras preciosas) tailler. 2 sculpter. **-ado** *m* taille *f*.

tallarines *m pl* nouilles *f*.

talle *m* 1 taille *f* : *— esbelto*, taille fine. 2 silhouette *f*, tournure *f*.

taller *m* atelier.

tallo *m* tige *f*.

tamal *m* AMER pâté.

tamaño *m* grandeur *f*, taille *f*, dimensions *f pl*. I *— natural*, grandeur nature.

tambale/arse *pr* chanceler, vaciller, tituber. **-o** *m* chancellement.

también *adv* aussi.

tambo *m* AMER 1 auberge *f*. 2 laiterie *f*.

tambor *m* tambour. **-il** *m* tambourin.

Támesis *n p m* Tamise *f*.

tamiz *m* tamis. **-ar** *t* tamiser.

tampoco *adv* non plus : *no iré y — mi mujer*, je n'irai pas et ma femme non plus.

tan *adv* aussi, si : *es — alto como yo*, il est aussi grand que moi ; *no vaya usted — de prisa*, n'allez pas si vite. I *de —*, tellement.

tanda *f* 1 tour *m*. 2 série. 3 équipe.

tangente *a/f* tangent, e.

tangible *a* tangible.

tango *m* tango.

tanino *m* tanin.

tanque *m* 1 citerne *f*. 2 MIL tank.

tante/ar *t* 1 mesurer. 2 examiner, sonder. **-o** *m* 1 examen, essai. 2 (deporte) score, marque *f*.

tanto, a *a* 1 tant de : *tantas flores*, tant de fleurs. 2 (comparación) *tantas sillas como invitados*, autant de chaises que d'invités. □ *adv no grites —*, ne crie pas tant ; *¿ llueve — ?,* il pleut tellement ? ; *hace ya —*, il y a si longtemps. I *— mejor*, tant mieux ; *— peor*, tant pis ; *otro —*, autant ; *entre —*, pendant ce temps ; *por lo —*, par conséquent. □ *m* 1 *— por ciento*, tant

pour cent. 2 (en el juego) point. 3 *estar al — de*, être au courant de. □ *pl* 1 *veinte y tantos*, vingt et quelques. 2 *las tantas*, une heure avancée.

tañ/er ° *t* jouer de. □ *i* sonner. **-ido** *m* son.

tapa *f* 1 couvercle *m*. 2 (de alcantarilla) plaque. 3 (de libro) couverture. 4 (aperitivo) amusegueule *m*.

tapacubos *m* enjoliveur.

tapadera *f* couvercle *m*.

tapado *m* AMER manteau.

tapar *t* 1 (agujero, botella, etc.) boucher. 2 (olla, etc.) couvrir. □ *pr* 1 se couvrir : *tápate*, couvre-toi. 2 *taparse los oídos*, se boucher les oreilles.

taparrabo *m* 1 pagne. 2 slip.

tapete *m* tapis.

tapi/a *f* mur. **-ar** *t* murer.

tapicer/ía *f* 1 tapisserie. 2 (de coche) garniture. **-o, a** *s* tapissier, ère.

tapioca *f* tapioca *m*.

tapiz *m* tapisserie *f*.

tap/ón *m* bouchon. **-onar** *t* boucher.

tapujo *m* dissimulation *f*, cachotterie *f*.

taquigrafía *f* sténographie.

taquill/a *f* guichet *m*. **-ero, a** *s* guichetier, ère.

taquimecanógrafa *f* sténodactylo.

tara *f* tare.

taracea *f* marqueterie.

tarambana *a/s* écervelé, e.

tararear *t* fredonner.

tardanza *f* retard *m*.

tardar *i* 1 tarder : *tardé en contestarle*, j'ai tardé à vous répondre. I *a más —*, au plus tard. 2 mettre : *¿ cuánto (tiempo) tardará en cambiar las bujías ?*, combien de temps mettrez-vous à changer les bougies ? 3 *tardaré diez minutos*, j'en ai pour dix minutes.

tarde _f_ après-midi, soir _m_ : _por la_ —, dans l'après-midi ; _sólo trabajo por la_ —, je ne travaille que l'après-midi. | _¡ buenas tardes!_, bonjour !, bonsoir ! □ _adv_ tard. | — _o temprano_, tôt ou tard ; _de — en_ —, de loin en loin.

tardío, a _a_ tardif, ive.

tardo, a _a_ lent, e.

tarea _f_ tâche, travail _m_.

tarifa _f_ tarif _m_.

tarima _f_ estrade.

tarjeta _f_ carte : — _de visita, postal, de abono_, carte de visite, postale, d'abonnement.

tarro _m_ pot.

tarta _f_ tarte.

tartaje/ar _i_ bégayer, bredouiller. **-o** _m_ bégaiement.

tartamud/ear _i_ bégayer. **-eo** _m_ bégaiement. **-o, a** _a/s_ bègue.

tartera _f_ gamelle.

tarugo _m_ morceau de bois, cale _f_.

tarumba FAM _volver_ — _a_, faire tourner la tête à ; _volverse_ —, perdre la tête, devenir dingue.

tasa _f_ 1 taxe. 2 (índice) taux _m_ : — _de mortalidad_, taux de mortalité. 3 mesure, limite.

tas/ar 1 taxer. 2 évaluer. 3 rationner. **-ación** _f_ taxation.

tasca _f_ tripot _m_.

tatarabuelo, a _s_ trisaïeul, e.

tatú _m_ tatou.

tatu/ar _t_ tatouer. **-aje** _m_ tatouage.

taurino, a _a_ taurin, e.

tax/i _m_ taxi. **-ista** _s_ chauffeur de taxi.

taz/a _f_ 1 tasse. 2 (de fuente) vasque. 2 (del retrete) cuvette. **-ón** _m_ bol.

te _pron pers_ 1 te, t'. 2 (en imperativo) toi : _¡ levántate!_, lève-toi !

té _m_ thé.

tea _f_ torche.

teatr/o _m_ théâtre. **-al** _a_ théâtral, e.

tebeo _m_ (revista) illustré.

tecl/a _f_ touche. **-ado** _m_ clavier. **-ear** _i_ 1 (máquina de escribir) taper. 2 pianoter.

técnica _f_ technique.

tecnicismo _m_ terme technique.

técnico, a _a_ technique. □ _s_ technicien, enne.

tecnócrata _m_ technocrate.

tecnología _f_ technologie.

techado _m_ toit.

tech/o _m_ 1 (interior) plafond. 2 (tejado) toit. **-umbre** _f_ toiture.

tedio _m_ ennui.

teja _f_ tuile.

tejano, a _a/s_ texan, e. □ _m_ (tejido) jean. □ _m pl_ (pantalón) blue-jeans, jeans.

tejar _m_ tuilerie _f_.

Tejas _n p m_ Texas.

tejedor, a _s_ tisserand, e.

tejemaneje _m_ FAM manigances _f pl_, combines _f pl_.

tej/er _t_ 1 tisser. 2 FIG tramer, ourdir. **-ido** _m_ tissu.

tejo _m_ 1 (para jugar) palet. 2 (árbol) if.

tejón _m_ blaireau.

tel/a _f_ 1 étoffe, tissu _m_. | — _de rizo_, tissu-éponge. 2 toile : — _de saco_, toile à sac. 3 FIG _tener — para rato_, avoir du pain sur la planche ; _poner en — de juicio_, mettre en doute. 4 — _de cebolla_, pelure d'oignon. 5 POP fric _m_. **-ar** _m_ 1 métier à tisser. 2 (teatro) cintre. **-araña** _f_ toile d'araignée.

tele _f_ FAM télé.

telecomunicación _f_ télécommunication.

teledirigir _t_ télécommander, téléguider.

teleférico _m_ téléphérique.

telefonazo _m_ FAM coup de fil.

telefonear _t/i_ téléphoner.

telefónico, a _a_ téléphonique. | _llamada telefónica_, coup _m_ de téléphone.

telefonista _s_ téléphoniste.

teléfono *m* téléphone : *llamar por —*, appeler au téléphone, téléphoner.

telegrafiar *t* télégraphier.

telegráfico, a *a* télégraphique.

telégrafo *m* télégraphe.

telegrama *m* télégramme.

telémetro *m* télémètre.

teleobjetivo *m* téléobjectif.

telepatía *f* télépathie.

telescópico, a *a* télescopique.

telescopio *m* télescope.

telesilla *f* télésiège *m*.

telesquí *m* téléski.

telespectador, a *s* téléspectateur, trice.

televis/ión *f* télévision. **-ar** *t* téléviser. **-ivo, a** *a* pour la télévision. **-or** *m* téléviseur.

telilla *f* pellicule.

telón *m* rideau. I *el — de acero*, le rideau de fer.

tema *m* 1 thème. 2 sujet : *— de conversación*, sujet de conversation. 3 (manía) marotte *f*, idée *f* fixe.

tembl/ar ° *i* trembler. **-adera** *f* AMER bourbier *m*. **-or** *m* tremblement. **-oroso, a** *a* tremblant, e.

temer *t/i/pr* craindre, avoir peur : *teme a su padre*, il craint son père ; *me temo que lleguemos tarde*, je crains que nous n'arrivions en retard ; *no temáis*, ne craignez rien, n'ayez pas peur.

temer/ario, a *a* téméraire. **-idad** *f* témérité.

temeroso, a *a* peureux, euse, craintif, ive.

temible *a* redoutable.

temor *m* crainte *f*.

témpano *m* glaçon.

temperamènto *m* tempérament.

temperatura *f* température.

tempestad *f* 1 tempête. 2 (tormenta) orage *m*.

templado, a *a* 1 (clima, zona)

tempéré, e. 2 *agua templada*, eau tiède. 3 (sobrio) tempérant, e.

templanza *f* tempérance.

templar *t* 1 tempérer. 2 (suavizar) adoucir. 3 (un liquido) tiédir. 4 (metales) tremper. 5 MÚS accorder. □ pr *el tiempo se ha templado*, le temps s'est adouci.

temple *m* 1 trempe *f*. 2 humeur *f*.

templo *m* 1 temple. 2 église *f*.

temporada *f* 1 (turística, teatral, etc.) saison. 2 époque. 3 séjour *m* : *pasar una larga — en el campo*, faire un long séjour à la campagne.

tempor/al *a* 1 temporel, elle. 2 (no permanente) temporaire. □ *m* 1 tempête *f*. 2 mauvais temps. **-ero, a** *a/s* saisonnier, ère.

tempran/o, a *a* précoce. I *frutas, hortalizas tempranas*, primeurs. □ *adv* tôt, de bonne heure : *me levanto —*, je me lève de bonne heure. **-ito** *adv* de très bonne heure.

tenacidad *f* ténacité.

tenacillas *f pl* 1 pince *sing* à sucre. 2 (para rizar el pelo) fer *m sing* à friser.

tenaz *a* tenace.

tenazas *f pl* 1 tenailles. 2 (para el fuego) pincettes.

tenca *f* tanche.

tendedero *m* séchoir.

tendenci/a *f* tendance. **-oso, a** *a* tendancieux, euse.

tender ° *t* 1 *— la ropa*, étendre le linge. 2 tendre : *— la mano*, tendre la main. 3 (un cable, etc.) poser. □ *i — a*, tendre à : *la situación tiende a mejorar*, la situation tend à s'améliorer. □ *pr* s'étendre, se coucher.

tenderete *m* étalage, éventaire.

tendero, a *s* commerçant, e.

tendido *m* 1 (de un cable) pose *f*. 2 TAUROM gradins *pl*.

tendón *m* tendon.

tenducho *m* petite boutique *f*.

tenebroso, a *a* ténébreux, euse.

tenedor *m* 1 fourchette *f*. 2 (de una letra de cambio) porteur.

tener ° *t* 1 avoir : *tengo hambre,* j'ai faim ; ¿ *tiene usted cambio de cien pesetas ?,* avez-vous la monnaie de cent pesetas ? ; *tengo decidido marcharme,* j'ai décidé de m'en aller ; *me tiene prometida una recompensa,* il m'a promis une récompense. | — *a bien,* bien vouloir ; — *en mucho,* avoir en grande estime ; *aquí me tiene,* me voici. 2 — *que,* devoir, falloir : *me tengo que marchar,* je dois m'en aller, il faut que je m'en aille. □ *pr* se tenir.

teniente *m* 1 lieutenant. 2 — *de alcalde,* adjoint au maire.

tenis *m* tennis.

tenor *m* 1 teneur *f*. | *a* — *de,* en raison de, d'après ; *a este* —, de cette façon. 2 MÚS ténor.

tenorio *m* don Juan.

tensión *f* tension.

tenso, a *a* tendu, e.

tentación *f* tentation.

tentáculo *m* tentacule.

tentador, a *a/s* tentateur, trice. □ *a* tentant, e.

tentar ° *t* 1 (palpar) tâter. 2 (seducir) tenter.

tentativa *f* tentative.

tentempié *m* casse-croûte.

tenue *a* 1 ténu, e, fin, e. 2 (luz) faible.

teñir ° *t* teindre : *teñido de azul,* teint en bleu. □ *pr* *se tiñe el pelo de negro,* elle se teint les cheveux en noir.

teología *f* théologie.

teólogo *m* théologien.

teorema *m* théorème.

teoría *f* théorie.

teórico, a *a* théorique. □ *s* théoricien, enne.

terapéutico, a *a/f* thérapeutique.

tercer *a* troisième : *en el* — *piso,* au troisième étage. **-o, a** *a/s* troisième : *tercera solución,* troisième solution □ *a* tiers, tierce.

| *la tercera parte,* le tiers. □ *m* tiers, tierce personne *f*.

terciar *t* porter en bandoulière. □ *i* intervenir. □ *pr si se tercia,* si l'occasion se présente, à l'occasion.

tercio *m* 1 tiers. 2 (de una corrida) phase *f*.

terciopelo *m* velours.

terco, a *a* têtu, e.

Teresa *n p f* Thérèse.

tergiversar *t* fausser, dénaturer, déformer.

termal *a* thermal, e.

terminación *f* terminaison.

terminal *a* terminal, e. □ *f* aérogare, terminal *m*.

terminante *a* catégorique, formel, elle.

terminar *t* terminer, finir. □ *i* finir : — *por,* finir par.

término *m* 1 terme, fin *f* : *poner* — *a,* mettre un terme à, mettre fin à. 2 (de una línea de transportes) terminus. 3 limite *f*. 4 territoire. 5 plan : *en primer* —, au premier plan. 6 (gramática, matemáticas) terme.

termita *m* termite.

termo *m* thermos *f*.

termómetro *m* thermomètre.

termostato *m* thermostat.

terner/a *f* 1 génisse. 2 (carne) veau *m*. **-o** *m* veau.

terneza *f* 1 tendresse. 2 gentillesse.

terno *m* 1 (traje) complet. 2 (voto) juron.

ternura *f* tendresse.

terquedad *f* entêtement *m*, obstination.

terracota *f* terre cuite.

terrado *m* terrasse *f*.

terrapl/én *m* 1 terre-plein. 2 (de vía de ferrocarril) remblai. **-enar** *t* remblayer.

terrateniente *s* propriétaire foncier.

terraza *f* terrasse.

terremoto *m* tremblement de

terre.

terrenal *a* terrestre.

terreno *m* **1** terrain. **2** FIG domaine. **3** *ganar, perder —,* gagner, perdre du terrain.

terrestre *a* terrestre.

terrible *a* terrible.

territori/o *m* territoire. **-al** *a* territorial, e.

terrón *m* **1** (de tierra) motte *f*. **2** *— de azúcar,* morceau de sucre.

terror *m* terreur *f*. **-ífico, a** *a* terrifiant, e. **-ismo** *m* terrorisme. **-ista** *s* terroriste.

terroso, a *a* terreux, euse.

terruño *m* **1** terroir. **2** pays natal.

ters/o, a *a* **1** poli, e. **2** (piel) lisse. **-ura** *f* poli *m*.

tertulia *f* réunion (entre amis).

tes/is *f* thèse. **-ina** *f* diplôme *m*, maîtrise.

tesón *m* fermeté *f*.

tesor/o *m* trésor. **-ería** *f* trésorerie. **-ero, a** *s* trésorier, ère

test *m* test.

testamento *m* testament.

testarud/o, a *a/s* têtu, e. **-ez** *f* entêtement *m*.

testera *f* façade, devant *m*.

testificar *t* attester. □ *i* témoigner.

testigo *m* témoin : *tomar como —,* prendre à témoin.

testimoni/ar *t/i* témoigner. **-o** *m* témoignage.

testuz *m* front, nuque *f*.

teta *f* mamelle.

tetera *f* théière.

tetina *f* tétine.

tétrico, a *a* sombre.

textil *a/m* textile.

texto *m* texte.

tez *f* teint *m* : *la — curtida,* le teint hâlé.

ti *pron pers* toi.

tía *f* **1** tante. I FAM *no hay tu —,* il n'y a rien à faire ; *¡cuéntaselo a tu —!,* à d'autres ! **2** FAM *la — Juana,* la mère Jeanne. **3**

(mujer cualquiera) bonne femme.

tibia *f* tibia *m*.

tibi/o, a *a* tiède. **-eza** *f* tiédeur.

tiburón *m* requin.

tiempo *m* **1** temps : *no tengo — para divertirme,* je n'ai pas le temps de m'amuser ; *perder el —,* perdre son temps ; *hacer —,* passer le temps ; *mal —,* mauvais temps ; *al mismo —,* en même temps. **2** longtemps : *hace mucho —,* il y a très longtemps. **3** (deportes) mi-temps *f*. □ *pl* époque *f sing*. I *en mis tiempos,* de mon temps.

tienda *f* **1** boutique, magasin *m*. I *— de comestibles,* épicerie. **2** *— de campaña,* tente.

tiene, etc. ⇒ **tener.**

tient/a *f a tientas,* à tâtons. **-o** *m* **1** adresse *f*. **2** *con —,* prudemment.

tierno, a *a* tendre.

tierra *f* **1** terre. I *echar — a un asunto,* enterrer une affaire ; *echar por —,* ruiner, mettre par terre ; *tomar —,* atterrir. **2** pays *m*.

tieso, a *a* raide.

tiesto *m* **1** (maceta) pot (à fleurs). **2** (pedazo) tesson.

tifoidea *a/f* typhoïde.

tifón typhon.

tifus *m* typhus.

tigre *m* tigre. **-sa** *f* tigresse.

tijer/a *f* **1** *unas tijeras,* des ciseaux *m*, une paire de ciseaux. **2** *cama de —,* lit de sangles ; *silla de —,* chaise pliante. **-etazo** *m* coup de ciseaux.

tila *f* tilleul *m*.

tild/e *f* **1** tilde *m*. **2** accent *m*. **-ar** *t — de,* taxer de, accuser de.

tilín *m* FAM *hacer —,* plaire.

tilo *m* tilleul.

tim/ar *t* **1** escroquer. **2** (engañar) rouler. **-ador** *m* escroc.

timbal *m* timbale *f*.

timbrar *t* timbrer.

timbr/e *m* **1** sonnette *f*. I *tocar el —,* sonner. **2** (sonido, sello) timbre. **-azo** *m* coup de sonnette.

timidez *f* timidité.
tímido, a *a* timide.
¹timo *m* escroquerie *f*.
²timo *m* (glándula) thymus.
tim/ón *m* 1 gouvernail. I *caña del* —, barre *f*. 2 FIG barre *f*. 3 AMER volant. **-onel** *m* timonier.
timorato, a *a* timoré, e.
tímpano *m* tympan.
tina *f* cuve. **-ja** *f* jarre.
tinglado *m* 1 (cobertizo) hangar. 2 (tablado) estrade *f*.
tinieblas *f pl* ténèbres.
tino *m* 1 adresse *f*. 2 (cordura) sagesse *f*. 3 prudence *f*.
tinta *f* 1 encre : — *china*, encre de Chine. I *de buena* —, de bonne source. 2 (color) teinte.
tinte *m* teinture *f*.
tintero *m* encrier.
tintineo *m* tintement.
tinto, a *a* 1 teint, e. 2 *vino* —, vin rouge.
tintorer/ía *f* teinturerie. **-o, a** *s* teinturier, ère.
tintura *f* teinture.
tío *m* 1 oncle. 2 FAM *el* — *Paco*, le père François. 3 (individuo) type : *un* — *raro*, un drôle de type.
tiotivo *m* chevaux *pl* de bois, manège.
típico, a *a* typique.
tiple *s* soprano.
tipo *m* 1 type. 2 (figura) allure *f*.
tip/ografía *f* typographie. **-ógrafo** *m* typographe.
tíquet *m* ticket.
tira *f* 1 bande. 2 (de cuero) lanière.
tirabuzón *m* tire-bouchon.
tirada *f* 1 (imprenta) tirage *m*. 2 (de versos) tirade. 3 (distancia) trotte.
tirado, a *a* 1 (barato) bon marché. 2 très facile, simple comme bonjour.
tirador, a *s* tireur, euse. □ *m* 1 bouton. 2 (de campanilla) cordon. 3 (juguete) lance-pierre. 4 ceinture

tir/anía *f* tyrannie. **-ánico, a** *a* tyrannique. **-anizar** *t* tyranniser. **-ano, a** *s* tyran.
tirant/e *a* tendu, e. □ *m pl* (de pantalón, etc.) bretelles *f*. **-ez** *f* tension.
tirar *t* 1 jeter : — *al suelo*, jeter par terre. 2 — *una piedra*, lancer, jeter une pierre. 3 (atraer) attirer. 4 (imprimir) tirer. □ *i* 1 — *de un remolque*, tirer une remorque ; — *de una cuerda*, tirer sur une corde. 2 (chimenea) tirer. 3 (dirigirse) aller. I FAM *tira por el atajo*, il prend le raccourci ; *tira a la derecha*, il tourne à droite. 4 *ir tirando*, aller comme ci, comme ça, se maintenir. 5 — *a verde*, tirer sur le vert. 6 — *con arco*, tirer à l'arc. □ *tirarse al agua*, se jeter à l'eau.
tiritar *i* grelotter.
tiro *m* 1 tir : — *con pistola*, tir au pistolet ; — *al blanco*, tir forain. 2 (disparo) coup de feu. 3 *animal de* —, animal de trait. 4 (de una chimenea) tirage. 5 (fútbol) shoot, tir. 6 *de tiros largos*, sur son trente et un.
tirolés, esa *a/s* tyrolien, enne.
tirón *m* 1 secousse *f*. I *dar tirones*, tirailler ; *de un* —, d'un seul coup. 2 (distancia) trotte *f*.
tirote/ar *t* tirer sur. **-o** *m* fusillade *f*, échange de coups de feu.
tirria *f* antipathie. I *tomar* — *a*, prendre en grippe.
tisana *f* tisane.
títere *m* marionnette *f*, pantin.
titiritero *m* montreur de marionnettes.
titubear *i* 1 tituber. 2 FIG hésiter.
titulado, a *s* diplômé, e.
¹titular *a/s* titulaire. □ *m* (de un periódico) manchette *f*, gros titre.
²titular *t* intituler.
título *m* 1 titre. 2 diplôme.
tiza *f* craie.
tizn/ar *t* tacher. **-e** *m/f* suie *f*.
tizón *m* tison.

toall/a *f* 1 serviette de toilette. 2 (para las manos) essuie-mains *m*. **-ero** *m* porte-serviettes.

tobera *f* tuyère.

tobillo *m* cheville *f*.

tobogán *m* toboggan.

toca *f* coiffe.

tocadiscos *m* tourne-disque.

tocado *m* coiffure *f*.

tocador *m* (cuarto) cabinet de toilette.

tocante a *loc prep* concernant.

tocar *t* 1 toucher, toucher à : *no toques este jarrón*, ne touche pas à ce vase. 2 jouer de : – *el piano, el arpa*, jouer du piano, de la harpe. 3 (tambor) battre. 4 (campana) sonner. □ *i* 1 – *a su fin*, toucher à sa fin. 2 *a mi me toca pagar*, c'est mon tour de, c'est à moi de payer. 3 *en lo que toca a*, en ce qui concerne. 4 gagner : *me tocó el gordo*, j'ai gagné le gros lot.

tocin/o *m* lard. **-ería** *f* charcuterie.

tocólogo *m* médecin accoucheur.

tocón *m* souche *f*.

todavía *adv* 1 encore : – *no ha llegado*, il n'est pas encore arrivé ; – *no*, pas encore. 2 (encima) en plus.

todo, a *a/pron* 1 tout, e : *todos los días*, tous les jours. I *con* –, malgré tout ; *del* –, tout à fait ; *sobre* –, surtout. 2 vrai, e : *un sabio*, un vrai savant. 3 – *aquel que*, quiconque.

toldo *m* 1 (de tienda) banne *f*. 2 (de ventana) store. 3 (de camión) bâche *f*. 4 (en una calle) vélum.

toler/ar *t* tolérer. **-able** *a* tolérable. **-ancia** *f* tolérance. **-ante** *a* tolérant, e.

toma *f* prise.

tomar *t/i* prendre : – *el avión, en serio*, prendre l'avion, au sérieux ; *¿por quién me tomas?*, pour qui me prends-tu ? ; *tome a la izquierda*, prenez à gauche. I *¡toma!*, tiens ! □ *pr* prendre : *me* *tomé las vacaciones en junio*, j'ai pris mes vacances en juin.

Tomás *n p m* Thomas.

tomate *m* tomate *f*.

tomavistas *m* caméra *f*.

tómbola *f* tombola.

tomillo *m* thym.

tomo *m* tome.

ton *m* *sin* – *ni son*, sans rime ni raison.

tonada *f* air *m*, chanson.

tonalidad *f* tonalité.

tonel *m* tonneau, fût. **-ada** *f* 1 (peso) tonne. 2 (de arqueo) tonneau *m*. **-ero** *m* tonnelier.

tónico, a *a/m* tonique.

tono *m* ton. I *a* – *con*, en harmonie avec ; *darse* –, faire l'important.

tontada *f* sottise.

tontear *i* 1 faire, dire des bêtises. 2 flirter.

tontería *f* bêtise, sottise.

tonto, a *a/s* sot, sotte, idiot, e. I *a tontas y a locas*, à tort et à travers.

topacio *m* topaze *f*.

topar *t/i* 1 heurter. 2 – *con un amigo*, rencontrer un ami. □ *toparse con un poste*, se heurter contre un poteau.

tope *m* 1 heurtoir, butoir. 2 (de vagón) tampon. 3 *precio* –, prix plafond ; *fecha* –, date limite.

tópico *m* lieu commun.

topo *m* taupe *f*.

topografía *f* topographie.

toque *m* 1 (golpecito) léger coup. 2 (pintura) touche *f*. 3 (de campanas) sonnerie *f*. I – *de difuntos*, glas ; – *de atención*, mise *f* en garde.

toquilla *f* fichu *m*.

tórax *m* thorax.

torbellino *m* tourbillon.

torcaz *a paloma* –, pigeon ramier.

torc/er ° *t* 1 tordre. 2 dévier. 3 – *el gesto*, faire la grimace. □ *i* – *a la izquierda*, tourner à gauche. □ *pr* 1 *me torcí el tobillo*, je me suis tordu la cheville. 2 FIG mal tourner. **-ida** _f_ mèche.

tordo, a _a_ gris, e. □ _m_ grive _f._

tore/ar _i_ toréer. **-o** _m_ tauromachie _f._ **-ro** _m_ torero.

torment/a _f_ 1 (en la tierra) orage _m._ 2 (en el mar) tempête. **-oso, a** _a_ orageux, euse.

tornadizo, a _a_ changeant, e.

tornado _m_ tornade _f._

tornar _i_ 1 (regresar) revenir. 2 − _a_, recommencer à. I − _a subir_, remonter. □ _pr_ devenir.

tornasol _m_ tournesol. **-ado, a** _a_ chatoyant, e.

tornear _t_ tourner.

torneo _m_ tournoi.

tornero _m_ tourneur.

tornillo _m_ vis _f._ I − _de banco_, étau.

torniquete _m_ tourniquet.

torno _m_ 1 tour. 2 (para levantar pesos) − _de mano_, treuil. 3 _en_ − _a_, autour de.

toro _m_ taureau. □ _pl_ courses _f_ de taureaux.

toronja _f_ pamplemousse _m._

toronjil _m_ mélisse _f._

torpe _a_ 1 lourd, e, lent, e. 2 maladroit, e.

torped/o _m_ torpille _f._ **-ear** _t_ torpiller. **-ero** _m_ torpilleur.

torpeza _f_ 1 lourdeur. 2 maladresse, gaucherie. 3 (necedad) bêtise.

torre _f_ 1 tour. I − _del homenaje_, donjon _m._ 2 maison de campagne. 3 MAR tourelle.

torrefacto, a _a_ torréfié, e.

torren/te _m_ torrent. **-cial** _a_ torrentiel, elle. **-tera** _f_ ravin _m._

torreón _m_ grosse tour _f._

torreta _f_ tourelle.

torrezno _m_ lardon.

tórrido, a _a_ torride.

torsión _f_ torsion.

torso _m_ torse.

tort/a _f_ 1 galette. 2 FAM (bofetada)

gifle, calotte. **-azo** _m_ POP baffe _f._

tortícolis _m_ torticolis.

tortilla _f_ omelette : − _francesa_, omelette nature.

tórtola _f_ tourterelle.

tortuga _f_ tortue.

tortuoso, a _a_ tortueux, euse.

tortur/a _f_ torture. **-ar** _t_ torturer.

tos _f_ 1 toux. 2 − _ferina_, coqueluche.

tosco, a _a_ grossier, ère.

toser _i_ tousser.

tósigo _m_ poison.

tosquedad _f_ grossièreté.

tostada _f_ tranche de pain grillé. toast _m._

tostador _m_ (de pan) grille-pain.

tostar ° _t_ 1 griller, rôtir : _pan tostado_, pain grillé. 2 (café) torréfier. 3 (la piel) hâler, bronzer.

tostón _m_ 1 (de pan) croûton. 2 cochon de lait rôti. 3 FAM _este libro es un_ −, ce livre est barbant, rasoir.

total _a/m_ total, e. □ _adv_ bref. **-idad** _f_ totalité. **-itario, a** _a_ totalitaire. **-izar** _t_ totaliser.

totora _f_ AMER roseau _m._

tóxico, a _a/m_ toxique.

tozudo, a _a_ têtu, e.

traba _f_ entrave.

trabaj/ar _i/t_ travailler. **-ador, a** _s_ travailleur, euse. **-o** _m_ 1 travail. I _trabajos forzados_, travaux forcés. 2 peine _f_ : _me cuesta − creerlo_, j'ai peine à le croire. **-oso, a** _a_ pénible.

trab/ar _t_ 1 (un animal) entraver. 2 (salsa, etc.) lier, épaissir. 3 (amistad, etc.) lier, nouer. 4 (batalla, etc.) engager. □ _pr_ (los pies) s'empêtrer. **-azón** _f_ liaison.

trabucar _t_ confondre.

tracción _f_ traction.

tractor _m_ tracteur.

tradici/ón _f_ tradition. **-onal** _a_ traditionnel, elle.

traducción _f_ traduction. I

— *directa, inversa,* version, thème *m.*

traduc/ir ° *t* traduire : — *al inglés,* traduire en anglais. **-tor, a** *s* traducteur, trice.

traer ° *t* **1** apporter, amener : *tráigame mi desayuno,* apportez-moi mon petit déjeuner ; *trae a tu hermano,* amène ton frère. **2** (llevar) porter. **3** (de un viaje) rapporter. **4** (tener) avoir. **4** — *a mal* —, malmener ; — *a la memoria,* rappeler ; — *loco,* rendre fou. □ *pr* FAM *este trabajo se las trae,* ce travail n'est pas marrant, pas commode.

tráfago *m* agitation *f.*

trafic/ar *i* trafiquer. **-ante** *s* trafiquant, e.

tráfico *m* **1** trafic. **2** circulation *f.* I *policía de* —, police de la route.

tragaluz *m* **1** vasistas. **2** (de sótano) soupirail.

tragaperras *a máquina* —, machine à sous.

tragar *t/pr* **1** avaler. I *no* — *a alguien,* ne pas pouvoir encaisser quelqu'un. **2** engloutir.

tragedia *f* tragédie.

trágico, a *a* tragique. I *actor* —, tragédien ; *tomar por lo* —, prendre au tragique.

trago *m* gorgée *f.* I *beber de un* —, boire d'un trait ; *echar un* —, boire un coup.

tragón, ona *a* glouton, onne.

traici/ón *f* trahison. **-onar** *t* trahir. **-onero, a** *s* traître, esse.

traído *p p* de **traer.**

traidor, a *a/s* traître, esse.

traiga, etc. ⇒ **traer.**

traílla *f* laisse.

¹**traje** *m* **1** costume. I — *de baño,* maillot de bain. **2** — *de ceremonia,* habit de gala ; — *de etiqueta,* tenue *f* de soirée. **3** (de mujer) robe *f* : — *de noche,* robe du soir. **4** — *de chaqueta,* — *sastre,* tailleur.

²**traje** ⇒ **traer.**

traj/ín *m* **1** besogne *f,* occupations *f* pl. **2** allées et venues *f* pl. **-inar** *i* s'activer.

tram/a *f* trame. **-ar** *t* tramer.

tramitar *t* s'occuper de.

trámite *m* **1** formalité *f.* **2** (diligencia) démarche *f.*

tramo *m* **1** (de carretera, etc.) tronçon. **2** (de escalera, cohete) étage.

tramoy/a *f* machinerie. **-ista** *m* machiniste.

tramp/a *f* **1** trappe. **2** (para cazar, ardid) piège *m.* **3** (en el juego) tricherie. **-illa** *f* trappe.

trampolín *m* **1** tremplin. **2** plongeoir.

tramposo, a *a* (en el juego) tricheur, euse.

tranca *f* **1** trique *f.* **2** (de puerta) barre.

trance *m* **1** moment critique. **2** *a todo* —, à tout prix.

tranco *m* enjambée *f.*

tranquera *f* AMER barrière.

tranquilidad *f* tranquillité.

tranquiliz/ar *t* tranquilliser, rassurer. **-ante** *m* tranquillisant.

tranquilo, a *a* tranquille.

transacción *f* transaction.

transar *i* AMER transiger, céder.

transatlántico, a *a/m* transatlantique.

transbordador *m* transbordeur.

transbord/ar *t* transborder. **-o** *m* **1** transbordement. **2** (de tren) changement. I *hacer* —, changer.

transcendente ⇒ **trascendente.**

transcri/bir ° *t* transcrire. **-pción** *f* transcription.

transcur/rir *i* s'écouler. **-so** *m* **1** cours : *en el* — *del almuerzo,* au cours du déjeuner. **2** *en el* — *del año,* dans le courant de l'année.

transeúnte *s* passant, e.

transfer/ir ° *t* transférer. **-encia** *f* transfert *m.* I — *bancaria,* virement *m* bancaire.

transfigurar *t* transfigurer.
transform/ar *t* transformer.
-ación *f* transformation. **-ador** *m* transformateur.
transfusión *f* transfusion.
transgredir ° *t* transgresser.
transición *f* transition.
transigir ° *t* transiger.
transistor *m* transistor.
transitar *i* passer.
transitivo, a *a* transitif, ive.
tránsito *m* **1** passage. | — *rodado*, circulation *f*. **2** (de mercancías) transit.
transitorio, a *a* transitoire.
translúcido, a *a* translucide.
transm/itir *t* transmettre. **-isión** *f* transmission. **-isor** *m* transmetteur.
transparen/cia *f* transparence. **-tarse** *pr* **1** transparaître. **2** être transparent, e. **-te** *a* transparent, e.
transpir/ar *i* transpirer. **-ación** *f* transpiration.
transponer ° *t* transposer.
transport/ar *t* transporter. **-ador, a** *a/m* transporteur, euse. **-e** *m* transport : *transportes colectivos*, transports en commun. **-ista** *m* transporteur.
transvasar *t* transvaser.
transversal *a* transversal, e.
tranvía *m* tramway.
trapacero, a *a/s* roué, e.
trapec/io *m* trapèze. **-ista** *s* trapéziste.
trapense *m* trappiste.
trapero, a *s* chiffonnier, ère.
trapiche *m* moulin (à huile, à sucre).
trapicheos *m* trafics, manigances *f*.
trapío *m* prestance *f*, allure *f*.
trapo *m* **1** chiffon. **2** (de cocina) torchon. **3** muleta *f*.
tráquea *f* trachée.
tras *prep* **1** (detrás) derrière : — *un*

árbol, derrière un arbre. **2** après : — *una vacilación*, après une hésitation. **3** (además) non seulement : — *ser feo es caro*, non seulement c'est laid mais c'est cher.
trascendente *a* transcendant, e.
trasegar ° *t* transvaser.
trasero, a *a* arrière. □ *m* derrière.
traslad/ar *t* **1** transférer. **2** (a un empleado) déplacer, muter. **3** (a otra página, columna) reporter. **4** — *al italiano*, traduire en italien. □ *pr* se déplacer. **-o** *m* **1** (de un empleado) déplacement, mutation *f*. **2** transfert, transport. **3** copie *f*.
traslucirse ° *pr* se laisser deviner, percer, transparaître.
trasluz *m al* —, en transparence.
trasmano (a) *loc adv* hors de portée, loin.
trasnoch/ar *i* se coucher tard. **-ador, a** *a/s* noctambule.
traspapelar *t* égarer.
traspas/ar *t* **1** traverser. **2** transpercer. **3** (un negocio) céder, transférer. **-o** *m* **1** cession *f*. **2** (precio) reprise *f*, pas-de-porte.
traspié *m dar un* —, faire un faux-pas.
trasplantar *t* transplanter.
traspunte *m* régisseur.
traspuntín *m* strapontin.
trasquilar *t* tondre.
trastada *f* mauvais tour *m*.
trastazo *m* FAM coup, choc.
traste *m* touchette *f*. | *dar al* — *con*, anéantir, mettre à mal. **-ar** *t* TAUROM faire des passes.
trastero *m* débarras.
trastienda *f* arrière-boutique.
trasto *m* **1** meuble. **2** (cosa inútil) cochonnerie *f*, vieux machin. □ *pl* engins.
trastorn/ar *t* bouleverser. **-o** *m* **1** bouleversement. **2** (de la salud, del comportamiento) trouble.
trasunto *m* copie *f*.
trata *f* traite.
tratado *m* traité.

tratamiento *m* 1 traitement. 2 (título) titre.

tratar *t/i* 1 (un asunto, una enfermedad) traiter. 2 — *a, con alguien*, fréquenter quelqu'un. 3 — *de tú, de usted*, tutoyer, vouvoyer. 4 — *de*, (intentar) essayer, tâcher de : *trataré de convencerle*, j'essaierai de le convaincre. □ *pr* 1 (personas) se fréquenter. 2 ¿ *de qué se trata?*, de quoi s'agit-il? ; *se trata de*, il s'agit de.

trato *m* 1 traitement. 2 fréquentation *f*, rapports *pl* 3 (convenio) marché.

traumatismo *m* traumatisme.

través *m* travers : *de —*, en travers ; *a — de los cristales*, à travers la vitre. I *a — de una agencia*, par l'intermédiaire d'une agence.

travesaño *m* traverse *f*.

travesía *f* traversée.

travesura *f* espièglerie.

¹**traviesa** *f* traverse. I *a campo —*, à travers champs.

²**travieso, a** *a* espiègle, turbulent, e.

trayecto *m* trajet. **-ria** *f* trajectoire.

traza *f* 1 plan *m*. 2 air *m*, aspect *m*. I *llevar trazas de*, sembler.

traz/ar *t* 1 tracer. 2 (línea, plano) tirer. **-o** *m* trait.

trébedes *f pl* trépied *m sing*.

trébol *m* trèfle.

trece *m* treize. I *el siglo —*, le treizième siècle ; *mantenerse en su —*, ne pas céder.

trecho *m* distance *f*. I *a trechos*, çà et là ; de temps à autre.

tregua *f* trève. I *sin —*, sans relâche.

treint/a *a/m* trente. **-ena** *f* trentaine.

tremebundo, a *f* épouvantable.

tremendo, a *a* terrible.

trementina *f* térébenthine.

tremolar *t* déployer. □ *i* ondoyer, flotter.

tremolina *f* FAM vacarme *m*, chambard *m*.

trémulo, a *a* frémissant, e.

tren *m* 1 train : *viajar por —*, voyager par le train. I ¡ *al —!*, en voiture ! 2 — *de vida*, train de vie.

trencilla *f* galon *m*.

trenz/a *f* 1 tresse. 2 (pelo) natte. **-ar** *t* tresser, natter.

trepado *m* pointillé.

trepanar *t* trépaner.

trepar *i* grimper.

trepid/ar *i* trépider. **-ación** *f* trépidation.

tres *a/m* trois. I *son las —*, il est trois heures.

tresbolillo (al) *loc adv* en quinconce.

trescientos, as *a/m* trois cents.

tresillo *m* ensemble d'un canapé et de deux fauteuils.

treta *f* ruse.

trezavo, a *a/m* treizième.

tría *f* tri *m*.

tri/ángulo *m* triangle. **-angular** *a* triangulaire.

triar *t* trier.

tribu *f* tribu.

tribulación *f* tribulation.

tribuna *f* tribune.

tribunal *m* 1 tribunal. 2 cour *f* : — *de casación*, cour de cassation. 3 (examen) jury.

tribut/ar *t* — *respecto*, témoigner du respect. **-ario, a** *a* tributaire. **-o** *m* tribut.

tricolor *a* tricolore.

tricornio *m* tricorne.

tricota *f* AMER pull *m*.

trigal *m* champ de blé.

trigésimo, a *a/s* trentième.

trigo *m* blé.

trigonometría *f* trigonométrie.

trigu/eño, a *a* brun, e. **-ero, a** *a* de blé.

trilla *f* battage *m*.

trillado, a *a* banal, e. I *camino —*, chemin battu.

trill/ar *t* battre. **-adora** *f* batteuse. **-o** *m* herse *f* à dépiquer.

trimestr/e *m* trimestre. **-al** *a* trimestriel, elle.

trinar *i* 1 faire des roulades. 2 FIG enrager.

trinchar *t* découper.

trinchera *f* (zanja) tranchée.

trineo *m* traineau.

trinidad *f* trinité.

trinitaria *f* pensée.

trino *m* roulade, *f*, trille *f*.

trinquete *m* 1 cliquet. 2 MAR misaine *f*.

trío *m* trio.

trip/a *f* 1 boyau *m*, tripe. 2 FAM ventre *m*, tripe : *dolor de tripas*, mal au ventre ; *echar* −, prendre du ventre. **-ería** *f* (tienda) triperie. **-icallos** *m pl* tripes *f*.

tripl/e *a/m* triple. **-icar** *t* tripler.

trípode *m* trépied.

tripul/ar *t* 1 former l'équipage de. 2 (conducir) piloter. **-ación** *f* équipage *m*. **-ante** *m* membre de l'équipage.

triquiñuela *f* truc *m*, artifice *m*, subterfuge *m*.

triquitraque *m* 1 bruit saccadé, cliquetis. 2 (cohete) pétard.

tris *m estuvo en un* − *que...*, il s'en est fallu d'un rien que...

triste *a* 1 triste. 2 misérable. **-za** *f* tristesse.

triturar *t* triturer, broyer.

triunf/ar *i* triompher. **-ador, a** *a/s* triomphateur, trice. **-al** *a* triomphal, e. **-o** *m* 1 triomphe. 2 (en naipes) atout.

trivial *a* banal, e, insignifiant, e. **-idad** *f* banalité.

triza *f* petit morceau *m*. I *hacer trizas*, mettre en miettes, en morceaux.

trocar ° *t* 1 troquer, échanger. 2 (convertir) − *en*, changer en.

trocito *m* petit morceau.

trocha *f* sentier *m*.

trofeo *m* trophée.

troj *f* grenier *m*.

trolebús *m* trolleybus.

tromba *f* trombe.

trombón *m* trombone.

trompa *f* 1 trompe. 2 − *de caza*, , trompe de chasse. 3 FAM cuite. I *estar* −, être rond, paf.

trompada *f*, **trompazo** *m* 1 coup *m* de poing. 2 coup *m*.

trompet/a *f* trompette. **-azo** *m* coup de trompette.

trompicón *m* faux pas.

trompo *m* toupie *f*.

tronar ° *i* 1 tonner. 2 FAM *estar tronado*, être fauché.

troncar *t* tronquer.

tronco *m* 1 tronc. 2 *dormir como un* −, dormir comme une souche.

tronch/ar *t* briser. □ FAM *troncharse de risa*, se tordre de rire, se fendre la pipe. **-o** *m* trognon.

tronera *f* meurtrière.

trono *m* trône.

tropa *f* troupe.

tropel *m* foule *f*. I *en* −, en désordre.

tropelía *f* violence.

tropez/ar ° *i* 1 − *con una piedra*, buter contre, trébucher sur une pierre. 2 − *con una dificultad*, se heurter à une difficulté. □ *pr* se rencontrer. **-ón** *m dar un* −, faire un faux pas.

tropical *a* tropical, e.

trópico *m* tropique.

tropiezo *m* faux pas : *dar un* −, faire un faux pas.

tropilla *f* petit troupeau *m*.

troquel *m* coin.

trot/ar *i* trotter. **-e** *m* trot.

trozo *m* morceau.

truco *m* 1 truc. 2 (cinematográfico) truquage.

truculento, a *a* truculent, e.

trucha *f* truite.

trueno *m* 1 tonnerre. 2 coup de tonnerre. 3 (estampido) détonation *f*.

trueque *m* échange.

truf/a *f* truffe. **-ar** *t* truffer.

truncar *t* tronquer.

¹**tú** *pron pers* 1 tu : — *eres*, tu es. 2 toi : ¡ — *cállate*!, toi, tais-toi ! ; *otro que* —, un autre que toi ; *empiezas* —, c'est toi qui commences. I FAM ¡ *más eres* — !, tu ne t'es pas regardé !

²**tu, tus** *a pos* ton, ta, tes.

tubérculo *m* tubercule.

tubercul/osis *f* tuberculose. **-oso, a** *a/s* tuberculeux, euse.

tubería *f* 1 tuyauterie. 2 (tubo) conduite.

tub/o *m* 1 tube. 2 — *de escape*, tuyau d'échappement. **-ular** *a* tubulaire.

tuerca *f* écrou *m*.

tuerto, a *a/s* borgne.

tuétano *m* moelle *f*.

tufarada *f* bouffée.

tufo *m* odeur *f* forte.

tugurio *m* taudis.

tul *m* tulle.

tulipán *m* tulipe *f*.

tullido, a *a/s* impotent, e, perclus, e.

tumba *f* tombe.

tumb/ar *t* renverser, faire tomber. □ *pr* s'étendre, s'allonger. **-o** *m* cahot. I *dando tumbos*, cahin-caha. **-ona** *f* chaise longue.

tumefacto, a *a* tuméfié, e.

tumor *m* tumeur *f*.

tumult/o *m* tumulte. **-uoso, a** *a* tumultueux, euse.

tuna *f* orchestre *m* d'étudiants.

tunante, a *s* coquin, e.

tunda *f* raclée, volée.

tundir *t* tondre.

tunecino, a *a/s* tunisien, enne.

túnel *m* tunnel.

Túnez *n pr* 1 (país) Tunisie *f*. 2 (ciudad) Tunis.

túnica *f* tunique.

tupé *m* toupet.

tupido, a *a* serré, e.

turba *f* 1 tourbe. 2 (muchedumbre) foule.

turbación *f* trouble *m*.

turbante *m* turban.

turbar *t* troubler.

turbina *f* turbine.

turbio, a *a* 1 trouble. 2 (sospechoso) louche.

turbión *m* grosse ondée *f*.

turborreactor *m* turboréacteur.

turbulen/cia *f* turbulence. **-to, a** *a* turbulent, e.

turco, a *a/s* turc, turque.

tur/ismo *m* 1 tourisme. 2 (coche) voiture *f* particulière. **-ista** *s* touriste. **-ístico, a** *a* touristique.

turn/ar *i* alterner. □ *pr* se relayer. **-o** *m* 1 (vez) tour : *a mi me toca el* —, c'est mon tour. I *farmacia, médico de* —, pharmacie, médecin de garde ; *el bombero de* —, le pompier de service ; *por* —, à tour de rôle, par roulement. 2 (cuadrilla) équipe *f*.

turón *m* putois.

turquesa *f* turquoise.

Turquía *n p f* Turquie.

turrón *m* touron.

turulato, a *a* ébahi, e.

tute *m* 1 (naipes) mariage. 2 *darse un* —, donner un coup de collier, en mettre un coup.

tutear *t* tutoyer.

tutela *f* tutelle.

tuteo *m* tutoiement.

tutor, a *s* tuteur, trice.

tuyo, a *pron pers el* —, le tien ; *la tuya*, la tienne ; *los tuyos*, les tiens. □ *a* à toi : *este bolso es* —, ce sac est à toi. I *la casa tuya*, ta maison ; *un amigo* —, un ami à toi, un de tes amis.

U

¹u *f* u *m* : *una —*, un u.

²u *conj* (devant *o, ho*) ou : *siete — ocho*, sept ou huit.

ubic/ar *i* être situé, e. □ *t* AMER situer, localiser. **-ación** *f* place.

ubre *f* 1 mamelle. 2 (de vaca) pis *m*.

Ud. abréviation de **usted**.

¡uf ! *interj* oh, là, là !

ufano, a *a* fier, ère.

ujier *m* huissier.

úlcera *f* ulcère *m* : *— de estómago*, ulcère à l'estomac.

ulterior *a* ultérieur, e.

últimamente *adv* dernièrement.

ultimar *t* 1 mettre la dernière main à, parachever. 2 (un tratado) conclure.

ultimátum *m* ultimatum.

último, a *a/s* dernier, ère. I *por —*, enfin ; *¡ sería lo — !*, ce serait le bouquet !

ultraj/ar *t* outrager. **-e** *m* outrage.

ultramar *m* outre-mer. **-inos** *m* pl *tienda de —*, épicerie *f* sing.

ultranza (a) *loc adv* à outrance.

ultravioleta *a* ultra-violet, ette.

umbral *m* seuil.

umbrío, a *a* ombreux, euse.

un, una *art indef* un, une. ⇒ **uno**.

un/ánime *a* unanime. **-animidad** *f* unanimité : *por —*, à l'unanimité.

unción *f* onction.

uncir *t* atteler.

undécimo, a *a/s* onzième.

ondul/ar *i* onduler. **-ación** *f* ondulation.

ung/ir *t* oindre. **-üento** *m* onguent.

únicamente *adv* uniquement.

único, a *a* 1 unique. 2 seul, e. I *lo —*, la seule chose.

unidad *f* unité.

unido, a *a* uni, e.

unificar *t* unifier.

uniformar *t* 1 uniformiser. 2 pourvoir d'un uniforme.

uniform/e *a* uniforme. □ *m* 1 uniforme. 2 *— de gala*, grande tenue *f*. **-idad** *f* uniformité.

unilateral *a* unilatéral, e.

unión *f* union.

unir *t* 1 unir. 2 joindre. □ *pr* se joindre : *se nos unieron*, ils se sont joints à nous.

unísono *m* unisson.

universal *a* universel, elle.

universi/dad *f* université. **-tario, a** *a* universitaire.

universo *m* univers.

uno, a *a* un, une. □ *pl* 1 des, quelques : *unas cartas*, des lettres ; *unos días después*, quelques jours plus tard. 2 (aproximadamente) *unas mil pesetas*, environ mille pesetas. □ *pron* 1 *— de ellos*, l'un d'eux ; *una tras otra*, l'une après l'autre ; *unos dicen*, les uns disent. I *cada —*, chacun. 2 on : *aquí se aburre —*, on s'ennuie ici. 3 *una de dos*, de deux choses l'une ; *— mismo*, soi-même. □ *f la una*, une heure.

unt/ar *t* 1 enduire. 2 (con grasa) graisser. 3 (manchar) tacher. **-uoso, a** *a* onctueux, euse.

uñ/a *f* 1 ongle *m*. 2 (garra) griffe. I *a — de caballo*, à bride abattue. **-ero** *m* panaris.

uranio *m* uranium.

urbanidad *f* courtoisie.

urbaniz/ar *t* urbaniser, aménager. **-ación** *f* ensemble *m* résidentiel.

urbano, a *a* urbain, e.

urd/ir *t* ourdir. **-imbre** *f* chaine.

urea *f* urée.

urgen/cia *f* urgence. **-te** *a* urgent, e. **-temente** *adv* d'urgence.

urgir *i* être urgent, e, presser : *el asunto urge*, l'affaire presse, est urgente. I *me urge tu respuesta*, j'ai besoin de ta réponse tout de suite.

urinario, a *a* urinaire. □ *m* urinoire.

urna *f* urne.

urraca *f* pie.

Úrsula *n p f* Ursule.

urticaria *f* urticaire.

uruguayo, a *a/s* uruguayen, enne.

usado, a *a* 1 (que ha servido) usagé, e. I *papel —*, vieux papiers. 2 (gastado) usé, e. 3 (en uso) usité, e.

usanza *f* usage *m*.

us/ar *t* 1 utiliser. 2 (llevar) porter. □ *i — de*, user de, faire usage de.

-o *m* usage : *fuera de —*, hors d'usage ; *hacer — de*, faire usage de ; *para — de*, à l'usage de.

usted, es *pron pers* vous : *— es, ustedes son*, vous êtes ; *se lo juro a —*, je vous le jure.

usual *a* usuel, elle.

usuario, a *s* usager, ère.

usur/a *f* usure. **-ero** *m* usurier.

usurp/ar *t* usurper. **-ador, a** *s* usurpateur, trice.

utensilio *m* ustensile.

útero *m* utérus.

útil *a* utile. □ *m* (herramienta) outil. I *útiles de labranza*, instruments aratoires.

utilidad *f* utilité.

utilitario, a *a* utilitaire.

utilizar *t* utiliser.

ut/opía *f* utopie. **-ópico, a** *a* utopique.

uva *f* raisin *m* : *la —*, le raisin.

V

v |ube| *f* v *m* : *una* —, un v.

va ⇒ **ir.**

vaca *f* 1 vache. 2 (carne) bœuf *m*.

vacaciones *f pl* 1 vacances : *marcharse de* —, partir en vacances. 2 *vacaciones pagadas*, congés *m* payés.

vacante *a* vacant, e. □ *f* poste *m* vacant.

vaci/ar *f* 1 vider. 2 (dejar hueco) évider. 3 (metal derretido) couler ; (yeso) mouler. 4 (cuchillo) aiguiser. 5 (un escrito) dépouiller. **-ado** *m* moulage.

vacil/ar *i* 1 vaciller. 2 FIG — *en*, hésiter à. **-ación** *f* 1 vacillation. 2 FIG hésitation.

vacío, a *a/m* vide.

vacun/a *f* vaccin *m*. **-ación** *f* vaccination. **-ar** *t* vacciner.

vacuno, a *a* bovin, e.

vade *m* cartable.

vado *m* 1 gué. 2 — *permanente*, sortie *f* de voitures, stationnement interdit.

vagabund/o, a *a/s* vagabond, e. **-ear** *i* vagabonder. **-eo** *m* vagabondage.

vagar *i* errer.

vagido *m* vagissement.

vago, a *a* vague. □ *a/s* fainéant, e.

vag/ón *m* wagon : — *restaurante*, wagon-restaurant. **-oneta** *f* wagonnet *m*.

vaguedad *f* imprécision, vague *m*.

vah/o *m* 1 vapeur *f*. 2 haleine *f*. **-arada** *f* bouffée.

vaina *f* 1 (de espada) fourreau *m*. 2 (estuche) gaine. 3 (de guisantes) gousse. □ *m* FAM imbécile.

vainilla *f* vanille.

vaivén *m* va-et-vient.

vajilla *f* vaisselle.

¹vale *m* bon.

²¡ vale ! ⇒ **valer.**

valedero, a *a* valable.

valedor, a *s* protecteur, trice.

valentía *f* vaillance, bravoure.

valentón *a/m* fanfaron.

valer ° *i* 1 valoir : ¿ *cuánto vale este libro ?*, combien vaut ce livre ? ; *más valdría marcharse*, il vaudrait mieux partir. I ¡ *vale !*, ça va !, d'accord ! 2 servir : *no — para nada*, ne servir à rien. □ *t* valoir : *su franqueza le ha valido muchos disgustos*, sa franchise lui a valu bien des ennuis. □ *valerse de*, se servir de.

valeroso, a *a* courageux, euse, vaillant, e.

valía *f* valeur.

validez *f* validité.

válido, a *a* 1 valable, valide. 2 (fuerte) valide.

valiente *a* 1 courageux, euse, vaillant, e, brave. 2 FAM drôle de, fameux, euse : ¡ — *mentiroso eres !*, tu es un fameux menteur !

valija *f* valise.

valimiento *m* faveur *f*.

valioso, a *a* précieux, euse, de valeur.

valón, ona *a/s* wallon, onne.

valor *m* 1 valeur *f*. 2 (ánimo) courage. □ *pl* COM valeurs.

valorar *t* estimer, évaluer : — *en un millón de pesetas*, évaluer à un million de pesetas.

vals *m* valse *f*.

válvula *f* 1 soupape : — *de seguridad*, soupape de sûreté. 2 valve. 3 lampe.

valla *f* 1 clôture. 2 palissade. 3 (carrera) haie. **-do** *m* clôture *f*.

valle *m* vallée *f*.

vampiro *m* vampire.

vanaglori/a *f* gloriole. **-arse** *pr* se vanter.

vandalismo *m* vandalisme.

vándalo, a *s* vandale.

vanguardia *f* avant-garde.

vanid/ad *f* vanité. **-oso, a** *a/s* vaniteux, euse.

vano, a *a* vain, e : *en —*, en vain. □ *m* baie *f*.

vapor *m* vapeur *f* : *máquina de —*, machine à vapeur. □ *m* (barco) vapeur.

vaporiz/ar *t* vaporiser. **-ador** *m* vaporisateur.

vapulear *t* 1 fouetter. 2 (criticar) éreinter.

vaquero, a *s* vacher, ère. | *pantalones vaqueros*, blue-jeans, jeans.

vaqueta *f* vachette.

vara *f* 1 baguette. 2 (palo largo) gaule, perche. 3 pique.

varar *i* échouer.

varear *t* gauler.

vari/ar *i/t* varier, changer. **-able** *a* variable. **-ación** *f* variation. **-ante** *f* variante.

várice *f* varice.

varicela *f* varicelle.

variedad *f* variété.

varilla *f* 1 baguette. 2 (de cortina) tringle. 3 (de paraguas) baleine. 4 (de gafas) branche.

vario, a *a* divers, e, différent, e. □ *pl* plusieurs : *varias personas*, plusieurs personnes.

varita *f* baguette.

var/ón *m* 1 homme. 2 garçon. | *hijo —*, enfant du sexe masculin. **-onil** *a* viril, e.

Varsovia *n p* Varsovie.

vas ⇒ **ir.**

vasallo, a *a* vassal, e.

vasc/o, a, vascongado, a *a/s* basque. **-uense** *a/m* basque.

vaselina *f* vaseline.

vasija *f* 1 pot *m*. 2 poterie.

vaso *m* 1 verre : *un — de vino*, un

verre de vin. 2 vase. 3 vaisseau : — *sanguíneo*, vaisseau sanguin.

vástago *m* 1 rejeton. 2 (del émbolo) tige *f*.

vasto, a *a* vaste.

vate *m* poète.

Vaticano *n p m* Vatican.

vatio *m* watt.

vaya, etc. ⇒ **ir.**

Vd. abréviation de **usted.**

veces *pl* de **vez.**

vecinal *a* vicinal, e.

vecindad *f* 1 voisinage *m*. 2 habitants *m pl*.

vecindario *m* 1 habitants *pl*. 2 voisinage.

vecino, a *a/s* voisin, e. □ *s* (de una población, un barrio) habitant, e.

veda *f* fermeture. | *levantamiento de la —*, ouverture (de la chasse, pêche).

vedado *m* chasse *f* gardée. | *— de caza*, réserve de chasse.

vedar *t* défendre, interdire.

vedija *f* touffe.

vega *f* plaine cultivée.

veget/ación *f* végétation. **-al** *a* végétal, e. □ *m los vegetales*, les végétaux. **-ar** *i* végéter. **-ariano, a** *a/s* végétarien, enne.

vehemen/te *a* véhément, e. **-cia** *f* véhémence.

vehículo *m* véhicule.

veint/e *a/m* vingt. | *el siglo —*, le vingtième siècle. **-ena** *f* vingtaine. **-idos, itres, icuatro,** etc. *a/m* vingt-deux, vingt-trois, vingt-quatre, etc. **-iún** *a* vingt et un. **-iuno, a** *a/m* vingt et un, une.

vej/ar *t* vexer. **-ación** *f* vexation. **-atorio, a** *a* vexatoire.

vejestorio *m* vieux birbe, vieille bonne femme.

vejete *m* petit vieux.

vejez *f* vieillesse.

vejiga *f* vessie.

¹vela *f* 1 (para alumbrar) bougie. 2 *en —*, sans pouvoir dormir.

²**vela** *f* voile : *barco de* −, bateau à voiles.

velada *f* veillée.

velador *m* guéridon.

velamen *m* voilure *f*.

¹**velar** *i/t* veiller.

²**velar** *t* **1** (cubrir con un velo) voiler. **2** *foto velada*, photo voilée. □ *pr* se voiler.

veleid/ad *f* velléité. **-oso, a** *a* inconstant, e.

velero *m* voilier.

veleta *f* girouette.

velo *m* voile.

velocidad *f* vitesse.

velódromo *m* vélodrome.

velomotor *m* vélomoteur.

veloz *a* rapide.

vell/o *m* duvet. **-ón** *m* toison *f*. **-oso, a** *a* duveteux, euse. **-udo, a** *a* velu, e.

vena *f* veine.

venablo *m* javelot.

venado *m* cerf.

venal *a* vénal, e.

vencedor, a *a/s* vainqueur.

vencejo *m* martinet.

venc/er *t* **1** vaincre. **2** − *por 6-2*, battre par 6-2. **3** (superar) surmonter. □ *i* (plazo, etc.) échoir, arriver à échéance, expirer. □ *pr* (doblarse) ployer, s'abattre. **-ido, a** *a/s* vaincu, e. □ *a* (plazo) échu, e. **-imiento** *m* **1** (de un pago, etc.) échéance *f*. **2** expiration *f* d'un délai.

vend/a *f* **1** bande, bandage *m*. **2** (para los ojos) bandeau *m*. **-aje** *m* bandage. **-ar** *t* bander.

vendaval *m* ouragan.

vendedor, a *s* **1** vendeur, euse. **2** marchand, e : − *de periódicos*, marchand de journaux.

vend/er *t* vendre : *se vende*, à vendre ; *vendido*, vendu. **-ible** *a* vendable.

vendimi/a *f* vendange. **-ador, a** *s* vendangeur, euse. **-ar** *t* vendanger.

Venecia *n p* Venise.

veneciano, a *a/s* vénitien, enne.

venen/o *m* **1** poison. **2** (de algunos animales) venin. **-oso, a** *a* **1** vénéneux, euse. **2** (animal) venimeux, euse.

venera *f* coquille Saint-Jacques.

vener/ar *t* vénérer. **-able** *a* vénérable. **-ación** *f* vénération.

venéreo, a *a* vénérien, enne.

venero *m* **1** (mina) gisement. **2** (manantial) source *f*.

venezolano, a *a/s* vénézuélien, enne.

venga, etc. ⇒ **venir.**

veng/ar *t* venger. □ *pr* se venger. **-ador, a** *a/s* vengeur, eresse. **-anza** *f* vengeance. **-ativo** *a* vindicatif, ive.

venia *f* **1** permission, autorisation. **2** AMER salut *m* militaire.

venial *a* véniel, elle.

venida *f* venue.

venidero, a *a* futur, e. I *en lo* −, à l'avenir.

venir ° *i* **1** venir : *vino ayer*, il est venu hier. I *el mes que viene*, le mois prochain ; − *a menos*, déchoir. **2** (= estar) être : *vengo muy contento*, je suis très content ; *viene en el periódico*, c'est dans le journal ; − *diciendo, pensando*, dire, penser. **3** ¿ *a qué viene eso ?*, à quoi ça rime ? ; *sin* − *a qué*, sans raison. **4** − *bien*, aller bien ; *este café me ha venido bien*, ce café m'a fait du bien. □ *pr* venir. I *venirse abajo*, s'écrouler.

venoso, a *a* véneux, euse.

venta *f* **1** vente : *estar a la* −, être en vente. **2** (posada) auberge.

ventaj/a *f* avantage *m*. **-oso, a** *a* avantageux, euse.

ventan/a *f* **1** fenêtre. **2** (de la nariz) narine. **-illa** *f* **1** (de tren) fenêtre. **2** (de coche) glace. **3** (de avión) hublot *m*. **4** (taquilla) guichet *m*.

ventarrón *m* vent violent.

ventero, a *s* aubergiste.

ventilador *m* ventilateur.
ventilar *t* 1 ventiler, aérer. 2 FIG examiner, tirer au clair.
ventisca *f* tempête de neige.
ventisquero *m* glacier.
ventorrillo *m* guinguette *f*.
ventosa *f* ventouse.
ventoso, a *a* venteux, euse.
ventrílocuo, a *s* ventriloque.
ventrudo, a *a* ventru, e.
ventur/a *f* 1 bonheur *m*. 2 hasard *m*. 3 *a la —*, à l'aventure. **-oso, a** *a* heureux, euse.
Venus *n p f* Vénus.
¹ver ° *t/i* voir : *yo no había visto al guardia*, je n'avais pas vu l'agent ; *¡ a —!*, voyons ! ; *¿ lo está usted viendo?*, vous voyez bien ? ; *¡ ya veremos!*, on verra bien ! I *volver a —*, revoir. □ *pr* se voir. I *véase página 40*, voir page 40 ; *ya se ve*, ça se voit.
²ver *m* 1 (aspecto) allure *f*. 2 *a mi —*, à mon avis.
vera *f* bord *m*.
veracidad *f* véracité.
veranda *f* véranda.
verane/ar *i* passer ses vacances d'été. **-ante** *a/s* estivant, e. **-o** *m* villégiature *f*. I *ir de —*, aller en villégiature, en vacances.
veran/o *m* été. **-iego, a** *a* estival, e, d'été.
veras (de) *loc adv* vraiment. I *— que lo siento*, je le regrette sincèrement.
veraz *a* véridique.
verbal *a* verbal, e.
verbena *f* 1 (planta) verveine. 2 fête.
verbigracia *loc* par exemple.
verb/o *m* verbe. **-orrea** *f* verbiage *m*. **-osidad** *f* verbosité. **-oso, a** *a* verbeux, euse.
verdad *f* vérité. I *a decir —*, à vrai dire ; *de —*, vraiment ; *es —*, c'est vrai ; *la —*, en vérité ; *¿ verdad?*, n'est-ce pas ? ; *cantarle a uno las verdades*, dire à quelqu'un ses

quatre vérités. **-eramente** *adv* vraiment. **-ero** *a* *a* vrai, e, véritable.
verde *a* 1 vert, e. 2 (licencioso) leste, grivois, e. □ *m* vert. I FIG *poner — a alguien*, traiter quelqu'un de tous les noms.
verde/ar *i* verdir. **-ante** *a* verdoyant, e.
verdoso, a *a* verdâtre.
verdugo *m* 1 bourreau. 2 (capucha) cagoule *f*.
verdulera *f* 1 marchande de légumes. 2 FAM poissarde.
verdura *f* légume *m*, légume *m* vert : *comer —*, manger des légumes.
vereda *f* 1 sentier *m*. 2 AMER trottoir *m*.
veredicto *m* verdict.
verga *f* vergue.
vergel *m* verger.
vergonzoso, a *a* honteux, euse.
vergüenza *f* 1 honte : *dar —*, faire honte. I *¡ es una —!*, c'est une honte ! , c'est honteux ! ; *¡ qué poca —!*, quel toupet ! 2 honneur *m*.
vericueto *m* chemin, lieu scabreux.
verídico, a *a* véridique.
verificación *f* vérification.
verificar *t* 1 vérifier. 2 effectuer. □ *pr* avoir lieu.
verja *f* grille.
vermífugo *m* vermifuge.
vermut *m* 1 vermouth. 2 AMER matinée *f*, séance *f* de 18 h.
Verónica *n p f* Véronique.
vero/símil *a* vraisemblable. **-similitud** *f* vraisemblance.
verruga *f* verrue.
versado, a *a* *— en*, versé, e dans.
versal *f* capitale.
Versalles *n p* Versailles.
versar *i* *— sobre*, traiter de.
versátil *a* versatile.
versificación *f* versification.

versión *f* version.

¹verso *m* (poesía) vers.

²verso *m* (reverso) verso.

vértebra *f* vertèbre.

vertebral *a* vertébral, e.

vertedero *m* décharge *f*.

verter ° *t* 1 verser. 2 (dejar caer un líquido) renverser. 3 — *al francés*, traduire en français. □ *i* couler.

vertical *a* vertical, e.

vértice *m* sommet.

vertiente *f* versant *m*.

vertiginoso, a *a* vertigineux, euse.

vértigo *m* vertige : *tener —*, avoir le vertige.

vesícula *f* vésicule.

vestíbulo *m* vestibule.

vestido, a *a* habillé, e, vêtu, e. □ *m* 1 vêtement, habillement. 2 (de mujer) robe *f* : *— de noche*, robe du soir.

vestigio *m* vestige.

vestir ° *t* 1 habiller. 2 porter : *viste un traje azul*, il porte un costume bleu. □ *i siempre viste de negro*, elle est toujours habillée en noir. □ *i/pr* s'habiller : *(se) viste con elegancia*, elle s'habille élégamment.

vestuario *m* 1 garde-robe *f*. 2 (local) vestiaire. 3 (vestidos empleados en el teatro) costumes *pl*.

vet/a *f* veine. **-eado, a** *a* veiné, e.

veterano *m* vétéran.

veterinario, a *a/s* vétérinaire.

veto *m* veto.

vetusto, a *a* vétuste.

vez *f* 1 fois : *una — al año*, une fois par an. I *a veces*, parfois ; *de — en cuando*, de temps en temps ; *de una — por todas*, une fois pour toutes ; *érase una —*, il était une fois ; *muchas veces*, souvent ; *gracias otra —*, merci encore ; *tal —*, peut-être. 2 tour *m* : *a mi —*, à mon tour. 3 *en — de*, au lieu de ; *hacer las veces de*, tenir lieu de, faire fonction de.

vía *f* 1 voie : *— férrea*, voie ferrée ; *— muerta*, voie de garage ; *estar en vías de*, être en voie de. 2 *Vía Láctea*, Voie lactée.

viable *a* viable.

via crucis *m* chemin de croix.

viaducto *m* viaduc.

viajante *m* voyageur de commerce.

viaj/ar *i* voyager. **-e** *m* voyage : *ir de —*, partir en voyage ; *estar de —*, être en voyage ; *— de recreo, de bodas*, voyage d'agrément, de noces. **-ero, a** *s* voyageur, euse.

vial *a seguridad —*, sécurité routière.

vianda *f* aliment *m*.

viandante *s* voyageur, euse.

víbora *f* vipère.

vibr/ar *i* vibrer. **-ación** *f* vibration. **-ante** *a* vibrant, e. **-atorio, a** *a* vibratoire.

vicario *m* vicaire.

vicealmirante *m* vice-amiral.

Vicente *n p m* Vincent.

vicesecretario *m* sous-secrétaire.

viceversa *adv* vice versa.

viciar *t* 1 vicier. 2 pervertir.

vici/o *m* 1 vice. 2 mauvaise habitude *f*. I *de —*, sans raison. 3 défaut. **-oso, a** *a* vicieux, euse.

vicisitud *f* vicissitude.

víctima *f* victime.

Víctor *n p m* Victor.

victori/a *f* victoire. **-oso, a** *a* victorieux, euse.

vicuña *f* vigogne.

vid *f* vigne.

vida *f* vie. I *darse la gran —*, mener la belle vie, se la couler douce ; *de por —*, pour toujours ; *en — de*, du vivant de ; *en mi —*, de ma vie ; *¡ — mía!*, mon amour !

vidente *a/s* voyant, e.

vidriado, a *a* vernissé, e.

vidriera *f* 1 (puerta) porte vitrée. 2 vitrail : *las vidrieras de la catedral*, les vitraux de la cathédrale. 3

AMER (escaparate) vitrine.

vidriero *m* vitrier.

vidri/o *m* 1 verre. 2 carreau, vitre *f*. **-oso, a** *a* 1 (ojos) vitreux. 2 fragile.

viejo, a *a* vieux, vieil, vieille : *un hombre* —, un vieil homme. □ *s* vieux, vieille, vieillard.

Viena *n p* Vienne.

vienés, esa *a/s* viennois, e.

viento *m* vent.

vientre *m* 1 ventre. 2 *hacer de* —, aller à la selle.

viernes *m* vendredi.

vietnamita *a/s* vietnamien, enne.

viga *f* poutre.

vigen/te *a* en vigueur. **-cia** *f* application.

vigésimo, a *a* vingtième.

vigía *m* vigie *f*.

vigilan/te *a* vigilant, e. □ *m* surveillant. I — *nocturno*, veilleur de nuit. **-cia** *f* vigilance.

vigilar *t* surveiller.

vigilia *f* 1 veille. 2 abstinence.

vigor *m* vigueur *f*. I *estar en* —, être en vigueur. **-izar** *t* fortifier. **-oso, a** *a* vigoureux, euse.

vihuela *f* guitare.

vil *a* vil, e. **-eza** *f* bassesse.

vilo (en) *loc adv* en l'air ; FIG en haleine.

villa *f* 1 ville. 2 (casa) villa. 3 AMER — *miseria*, bidonville *m*.

Villadiego *n p m* FAM *tomar las de* —, prendre la poudre d'escampette.

villancico *m* noël, chant de Noël.

villano, a *a/s* rustre.

villorrio *m* petit village, trou.

vinagr/e *m* vinaigre. **-era** *f* vinaigrier *m*. □ *pl* huilier *m sing*. **-eta** *f* vinaigrette.

vinajera *f* burette.

vinatero *m* négociant en vins.

vincapervinca *f* pervenche.

vincular *t* lier.

vínculo *m* lien.

vindic/ar *t* 1 venger. 2 défendre. **-ativo, a** *a* vindicatif, ive.

vinícola *a* vinicole.

viniera, etc. ⇒ **venir.**

vinílico, a *a* vinylique.

vinillo *m* petit vin.

¹**vino** *m* vin : — *tinto, blanco, clarete*, vin rouge, blanc, rosé.

²**vino** ⇒ **venir.**

viñ/a *f* vigne. **-ador** *m* vigneron. **-edo** *m* vignoble.

viñeta *f* vignette.

violáceo, a *a* violacé, e.

violación *f* 1 (de las leyes) violation. 2 (de una mujer) viol *m*.

violado, a *a/m* violet, ette.

violar *t* violer.

violencia *f* violence.

violentamente *adv* violemment.

violentar *t* forcer. □ *pr* se forcer.

violento, a *a* 1 violent, e. 2 *me es* — *hablar de esas cosas*, ça me gêne de parler de ces choses-là. 3 (cohibido) gêné, e, mal à l'aise.

violeta *f* violette.

viol/ín *m* violon. **-inista** *s* violoniste.

violoncel/o *m* violoncelle. **-ista** *s* violoncelliste.

vir/ar *i* virer. **-aje** *m* virage.

virgen *a/f* vierge. I *la Virgen Santísima*, la Sainte Vierge.

Virginia *n p f* Virginie.

viril *a* viril, e. **-idad** *f* virilité.

vir/rey *m* vice-roi. **-reinato** *m* vice-royauté *f*.

virtual *a* virtuel, elle.

virt/ud *f* vertu. I *en* — *de*, en vertu de. **-uoso, a** *a* vertueux, euse. □ *s* (músico) virtuose.

viruela *f* variole, petite vérole.

virulen/to, a *a* virulent, e. **-cia** *f* virulence.

virus *m* virus.

viruta *f* copeau *m*.

visado *m* visa.

visaje *m* grimace *f*.

visar *t* viser.

víscera *f* viscère *m*.

viscoso, a *a* visqueux, euse.

visera *f* visière.

visib/le *a* visible. **-ilidad** *f* visibilité.

visillo *m* rideau.

visi/ón *f* vision. **-onario, a** *a/s* visionnaire.

visit/a *f* visite : *estar de* —, être en visite. **-ante** *s* visiteur, euse. **-ar** *t* **1** visiter. **2** — *a alguien*, rendre visite à quelqu'un. **3** *ser visitado por un médico*, être examiné par un médecin.

vislumbr/ar *t* entrevoir. **-e** *f* **1** lueur. **2** indice *m*, soupçon *m*.

viso *m* **1** reflet, moirure *f*. | *hacer visos*, chatoyer. **2** apparence *f*. **3** (debajo de un vestido) fond de robe.

visón *m* vison.

visor *m* viseur.

víspera *f* veille : *en vísperas de...*, à la veille de... ☐ *pl* (oficio religioso) vêpres.

vist/a *f* **1** vue : *bien a la* —, bien en vue ; *pagadero a la* —, payable à vue. | *a la* —, apparemment ; *a* — *de pájaro*, vu, e d'en haut ; *en* — *de*, en raison de, vu ; *en* — *de que*, étant donné que ; *hasta la* —, au revoir. **2** (mirada) regard *m*. **-azo** *m* coup d'œil : *echar un* —, jeter un coup d'œil.

visto, a *p p* de **ver.** ☐ *a* vu, e : *ni* — *ni oído*, ni vu ni connu. | *por lo* —, apparemment ; — *bueno*, visa.

vistoso, a *a* voyant, e.

visual *a* visuel, elle.

vital *a* vital, e. **-icio, a** *a* **1** *renta vitalicia*, rente viagère, viager *m*. **2** *senador* —, sénateur à vie. **-idad** *f* vitalité.

vitamina *f* vitamine.

vitela *f* vélin *m*.

vit/ícola *a* viticole. **-icultor** *m* viticulteur. **-icultura** *f* viticulture.

vitola *f* (de cigarros puros) bague.

vitorear *t* acclamer.

vítores *m pl* vivats.

vitrificar *t* vitrifier.

vitrina *f* vitrine.

vitriolo *m* vitriol.

vituallas *f pl* victuailles.

vituperar *t* blâmer.

viudo, a *a/s* veuf, veuve.

vivacidad *f* vivacité.

vivaque *m* bivouac.

vivaracho, a *a* vif, vive, éveillé, e.

vivaz *a* vivace.

víveres *m pl* vivres.

vivero *m* **1** pépinière *f*. **2** (de peces) vivier. **3** — *de ostras*, parc à huîtres.

viveza *f* vivacité.

vívido, a *a* vécu, e.

vividor, a *s* profiteur, euse.

vivienda *f* **1** logement *m* : *la crisis de la* —, la crise du logement. **2** habitation. **3** résidence. **4** (morada) demeure, logis *m*.

viviente *a/s* vivant, e.

vivificar *t* vivifier.

vivir *i* vivre : *aún vive*, il vit encore ; *ha vivido mucho tiempo en Australia*, il a longtemps vécu en Australie. | ¿ *quién vive?*, qui vive ? ; ¡ *viva el rey!*, vive le roi ! ☐ *m* vie *f*.

vivo, a *a* **1** vivant, e : *lengua viva*, langue vivante. **2** vif, vive : *colores vivos*, couleurs vives ; *de viva voz*, de vive voix. | *herir en lo* —, piquer au vif. **3** (astuto) malin, igne. ☐ *m* vivant : *los vivos*, les vivants.

Vizcaya *n p f* Biscaye.

vizconde, esa *s* vicomte, vicomtesse.

vocablo *m* mot.

vocabulario *m* vocabulaire.

vocación *f* vocation.

vocal *a* vocal, e. ☐ *f* (letra) voyelle. ☐ *m* membre d'un bureau, d'un conseil.

voce/ar *i/t* crier. **-río** *m* cris *pl*.

voces *pl* de **voz.**

vociferar *i/t* vociférer.

voladizo, a *a* saillant, e. □ *m* saillie *f*.

volador, a *a* volant, e.

voladura *f* destruction.

volandas (en) *loc adv* en vitesse.

volante *a* volant, e. □ *m* volant.

volapié *m* TAUROM *a* —, en s'élançant vers le taureau arrêté.

volar ° *i* **1** voler : *el avión vuela*, l'avion vole. I *echar a* —, s'envoler ; *¡ volando !*, vite !, tout de suite ! **2** (elevarse) s'envoler. **3** disparaître. □ *t* (con un explosivo) faire sauter. □ *pr* s'envoler.

vol/átil *a* volatile. **-atilizar** *t* volatiliser.

volatinero, a *s* danseur, euse de corde.

volcán *m* volcan. **-ico, a** *a* volcanique.

volcar ° *t* renverser. □ *i* (un vehículo) verser, capoter.

volea *f* volée.

volquete *m* tombereau.

voltaje *m* voltage.

volte/ar *t* **1** faire tourner, faire voltiger. I — *las campanas*, sonner les cloches. **2** retourner. **3** (derribar) renverser. **-reta** *f* culbute, cabriole.

voltio *m* volt.

volub/le *a* versatile. **-ilidad** *f* versatilité.

volum/en *m* volume. **-inoso, a** *a* volumineux, euse.

volunt/ad *f* volonté : *poner mala* — *en...*, mettre de la mauvaise volonté à... **-ario, a** *a/s* volontaire. **-arioso, a** *a* volontaire.

voluptuos/o, a *a* voluptueux, euse. **-idad** *f* volupté.

voluta *f* volute.

volver ° *t* **1** — *la cabeza, los ojos hacia*, tourner la tête, les yeux vers. **2** (al revés) retourner. **3** rendre : — *loco*, rendre fou ; — *a la vida*, rendre à la vie. □ *i* **1** revenir : *volveré mañana*, je reviendrai demain ; *volvamos a nuestro asunto*, revenons à notre sujet. — *en sí*, revenir à soi. **2** retourner : *vuelvo al dentista mañana*, je retourne chez le dentiste demain. **3** rentrer, revenir : *no ha vuelto de vacaciones todavía*, il n'est pas encore rentré de vacances. **4** (torcer) tourner. **5** — *a* (+ infinitivo) : — *a llorar*, se remettre à pleurer ; — *a probar*, goûter de nouveau ; — *a empezar, a hacer, a poner, a ser, etc.*, recommencer, refaire, remettre, redevenir, etc. □ *pr* **1** se retourner, se tourner. **2** (regresar) rentrer. I *volverse atrás*, revenir en arrière. **3** *volverse triste*, devenir triste.

vomitar *i* vomir.

vómito *m* vomissement.

voracidad *f* voracité.

vos *pron pers* **1** vous. **2** AMER tu. **-otros, as** *pron pers* vous.

vot/ar *t/i* voter : — *a, por un candidato*, voter pour un candidat. **-ación** *f* vote *m*. **-ante** *a/s* votant, e. **-o** *m* **1** (promesa, deseo) vœu. **2** vote : *derecho de* —, droit de vote. **3** voix *f* : *tres votos a favor*, trois voix pour. **4** juron.

voy ⇒ ir.

voz *f* **1** voix : *hablar con* — *aguda*, parler d'une voix aiguë ; *en* — *alta, baja*, à voix haute, basse. I *corre la* — *que*, le bruit court que. **2** cri *m* : *dar voces*, pousser des cris ; *a voces*, à grands cris. **3** (vocablo) mot *m*. **-arrón** *m* grosse voix *f*.

vuelco *m* culbute *f*. I *dar un* —, se retourner, culbuter ; *le dio un* — *el corazón*, ça lui a fait un choc.

vuelo *m* **1** vol : — *sin motor*, vol à voile. I *alzar el* —, s'envoler. **2** (de un vestido) ampleur *f*. **3** (saledizo) saillie *f*.

vuelta *f* **1** tour *m* : *dar la* — *al mundo*, faire le tour du monde ; *media* —, demi-tour ; *dar una* —, faire un tour. I *dar una* — *de campana*, faire un tonneau, FIG *no hay que darle vueltas*, il n'y a rien à faire. **2** retour *m* : *estaré de — a las ocho*, je serai de retour à huit heures ; *a — de correo*, par retour du courrier. I *— al colegio*, rentrée des classes ; FIG *estar de — de todo*, être blasé, e. **3** (recodo) tournant *m*. **4** (de un pantalón, etc.) revers *m*. **5** (de una página) verso *m*. I FIG *no tener — de hoja*, être indiscutable. **6** (dinero que se devuelve) monnaie. **7** *a la — de dos meses*, au bout de deux mois.

vuelto, a *p p* de **volver**. □ *m* AMER monnaie *f*.

vuestro, a, os, as *a pos* votre, vos. □ *pron pos* vôtre, vôtres : *los vuestros*, les vôtres.

vulgar *a* vulgaire. **-idad** *f* vulgarité. **-izar** *t* vulgariser.

vulgo *m el —*, le peuple.

vulner/ar *t* (ley) violer. **-able** *a* vulnérable. **-ación** *f* violation.

vulpeja *f* renard *m*.

W

w [ube doble] *f* w *m* : *una* —, un w.
wat [bat] *m* (vatio) watt.

water [bater] m *el* —, les waters.
whisky [(g) wiski] *m* whisky.

X

x [ekis] *f* x *m* : *una x*, un x.
xenofobia *f* xénophobie.

xenófobo, a *a/s* xénophobe.
xilófono *m* xylophone.

Y

¹**y** [igrjega] *f* y *m* : *una* —, un y.
²**y** *conj* et.

ya *adv* **1** déjà : — *he visto esta película*, j'ai déjà vu ce film. **2** (ahora) maintenant. **3** (pronto) tout de suite. | *¡ — voy!*, j'arrive! **4** voici, voilà : — *llega el tren*, voilà le train qui arrive; — *hemos llegado*, nous voici arrivés. **5** bien : — *lo ves*, tu vois bien. | *¡ — está!*, ça y est!; *¡ya!*, je sais!; *¡ — caigo!*, j'y suis! □ *conj* **1** — ... —, soit... soit. **2** — *que* puisque.

yacer ° *i* gésir : *aquí yace*, ci-gît.

yacimiento *m* gisement.

yate *m* yatch.

yedra *f* lierre *m*.

yegua *f* jument.

yema *f* **1** (brote) bourgeon *m*. **2** (del huevo) jaune *m*.

yendo ⇒ **ir**.

yerba *f* **1** herbe. **2** AMER maté *m*.

yergo, etc. ⇒ **erguir**.

yermo, a *a/m* désert, e.

yerno *m* gendre.

yerro *m* erreur *f*.

yerto, a *a* raide.

yesca *f* amadou *m*.

yeso *m* plâtre.

yo *pron* **1** je : — *soy*, je suis. **2** (forma tónica) moi : *tú y* —, toi et moi; *soy — el que manda*, c'est moi qui commande; — *mismo*, moi-même. | — *que usted*, si j'étais vous, à votre place. □ m *el* —, le moi.

yodo *m* iode.

yogur *m* yaourt, yoghourt.

yuca *f* **1** yucca *m*. **2** manioc *m*.

yugo *m* joug.

Yugoslavia *n p f* Yougoslavie.

yugoslavo, a *a/s* yougoslave.

¹**yugular** *a* jugulaire.

²**yugular** *t* juguler.

yunque *m* enclume *f*.

yunta *f* attelage *m*, paire.

yute *m* jute.

yuxtapo/ner ° *t* juxtaposer.
 -sición *f* juxtaposition.

z

z |θeta] ʃ z *m* : *una* —, un z.

zafarse *pr* — *de*, échapper à.

zafarrancho *m* branle-bas.

zafio, a *a* grossier, ère.

zafiro *m* saphir.

zafra ʃ récolte.

zaga ʃ arrière *m*. | *en* —, en arrière.

zagal, a *s* garçon, jeune fille.

zaguán *m* vestibule.

zaherir ° *t* blesser, mortifier.

zahorí *m* devin.

zalamer/ía ʃ flatterie, cajolerie.
-o, a *a/s* flatteur, euse.

zamarra ʃ veste en peau de mouton.

zamarrear *t* secouer.

zambo, a *a/s* **1** cagneux, euse. **2**
AMER métis de Noir et d'Indienne.

zambomba ʃ instrument *m*
cylindrique à membrane frottée. □
interj sapristi !

zambull/ir ° *t* plonger. □ *pr*
plonger. **-ida** ʃ plongeon *m*.

zamparse *pr* avaler, engloutir.

zampoña ʃ **1** flûte de Pan. **2**
chalumeau *m*.

zanahoria ʃ carotte.

zanc/a ʃ **1** patte (d'échassier). **2**
FAM longue guibolle. **-ada** ʃ
enjambée. **-adilla** f *poner una* —,
faire un croc-en-jambe. **-ajo** *m*
talon.

zanc/o *m* échasse ʃ. **-udas** ʃ *pl*
échassiers *m*.

zángano *m* faux bourdon.

zangolotear *i* s'agiter. □ *pr*
branler.

zanj/a ʃ tranchée, fossé *m*. **-ar** *t* **1**
résoudre. **2** trancher.

zapa/dor *m* sapeur. **-pico** *m*
pioche ʃ.

zapate/ar *t* frapper du pied. **-o** *m*
danse ʃ espagnole.

zapater/ía ʃ cordonnerie. **-o** *m*
cordonnier.

zapat/o *m* chaussure ʃ. **-illa** ʃ **1**
pantoufle. **2** (de baile) chausson
m. **3** — *de baloncesto, de tenis*,
chaussure de basket, de tennis.

zapote *m* sapotier.

zaquizamí *m* galetas.

zar *m* tsar.

zarabanda ʃ sarabande.

Zaragoza *n p* Saragosse.

zarand/a ʃ crible *m*. **-ear** *t* **1**
cribler. **2** secouer.

zarco *a* bleu clair.

zarpa ʃ patte (armée de griffes).

zarpar *i* lever l'ancre.

zarpazo *m* coup de griffe.

zarz/a ʃ ronce. **-al** *m* roncier,
ronceraie ʃ. **-amora** ʃ mûre
sauvage.

zarzuela ʃ **1** sorte d'opérette. **2**
sorte de bouillabaisse.

¡zas ! *interj* vlan !, pan !

zeta ʃ lettre z.

zigzag *m* zigzag. **-uear** *i*
zigzaguer.

zinc |θiŋk] *m* zinc.

zipizape *m* FAM bagarre ʃ.

zócalo *m* **1** soubassement. **2**
plinthe ʃ. **3** (pedestal) socle.

zodíaco *m* zodiaque.

zona ʃ zone. | — *verde*, espace *m*
vert.

zonzo, a *a/s* AMER bête, sot, sotte.

zoo *m* zoo.

zool/ogía ʃ zoologie. **-ógico, a** *a*
zoologique.

zopenco, a *a/s* idiot, e, abruti, e.

zopilote *m* urubu.

zopo, a *a* contrefait, e. | *pie* —, pied
bot.

zoquete *m* **1** morceau de bois. **2**
FAM gourde ʃ, empoté.

zorr/a _f_ 1 (macho) renard _m_. 2 (hembra) renarde. **-o** _m_ 1 renard. 2 FIG fin renard.

zozobr/a _f_ 1 naufrage _m_. 2 angoisse. **-ar** _i_ sombrer, couler.

zueco _m_ sabot.

zumb/ar _i_ 1 (insecto) bourdonner. I _me zumban los oídos_, mes oreilles bourdonnent. 2 (motor) ronfler, vrombir. I FAM _ir zumbando_, filer. **-ido** _m_ bourdonnement, ronflement, vrombissement. **-ón, ona** _a_ moqueur, euse.

zumo _m_ jus : — _de naranja_, jus d'orange.

zurc/ir _t_ 1 repriser, raccommoder. 2 FAM ¡_que te zurzan_!, débrouille-toi!, va te faire foutre! **-ido** _m_ reprise _f_.

zurdo, a _a/s_ gaucher, ère.

zurr/a _f_ FAM raclée. **-ar** _t_ FAM rosser.

zurriago _m_ fouet.

zurrón _m_ gibecière _f_.

zutano, a _s_ un tel, une telle.

Appendice

Apéndice

Poids et mesures
Pesos y medidas

mesures *medidas*	unités *unidades*	
longueur *longitud*	kilomètre mètre décimètre centimètre millimètre	*kilómetro* *metro* *decímetro* *centímetro* *milímetro*
superficie *superficie*	kilomètre carré mètre carré hectare *m* are *m*	*kilómetro cuadrado* *metro cuadrado* *hectárea f* *área f*
volume *volumen*	mètre cube stère	*metro cúbico* *estéreo*
capacité *capacidad*	litre hectolitre	*litro* *hectolitro*
masse *masa*	kilogramme gramme milligramme tonne quintal	*kilógramo* *gramo* *miligramo* *tonelada* *quintal*
temps *tiempo*	seconde *f* minute *f* heure jour	*segundo m* *minuto m* *hora* *día*
puissance *potencia*	kilowatt watt	*kilovatio* *vatio*
intensité de courant électrique *intensidad de corriente eléctrica*	ampère	*amperio*
différence de potentiel *diferencia de potencial*	volt	*voltio*
résistance électrique *resistencia eléctrica*	ohm	*ohmio*
intensité d'éclairement *intensidad de iluminación*	lux	
quantité de chaleur *cantidad de calor*	calorie thermie	*caloría* *termia*

Monnaies
Monedas

pays		unité monétaire	fractions
países		*unidad monetaria*	*fracciones*
Espagne	*España*	peseta	100 céntimos
Argentine	*Argentina*	peso	100 centavos
Bolivie	*Bolivia*	boliviano	100 centavos
Chili	*Chile*	peso	100 centavos
Colombie	*Colombia*	peso	100 centavos
Costa Rica	*Costa Rica*	colón	100 céntimos
Cuba	*Cuba*	peso	100 centavos
Dominicaine (Rép.)	*Dominicana (Rep.)*	peso	100 centavos
Equateur	*Ecuador*	sucre	100 centavos
Guatemala	*Guatemala*	quetzal	100 centavos
Honduras	*Honduras*	lempira	100 centavos
Mexique	*México*	peso	100 centavos
Nicaragua	*Nicaragua*	córdoba	100 centavos
Panama	*Panamá*	balboa	100 centésimos
Paraguay	*Paraguay*	guaraní	100 céntimos
Pérou	*Perú*	inti	100 centavos
Salvador (El)	*Salvador (El)*	colón	100 centavos
Uruguay	*Uruguay*	peso	100 centésimos
Venezuela	*Venezuela*	bolívar	100 céntimos
France	*Francia*	franc *(Franco)*	100 centimes
Belgique	*Bélgica*	franc belge *(Franco belga)*	100 centimes
Luxembourg	*Luxemburgo*	franc luxembourgeois *(Franco luxemburgués)*	100 centimes
Suisse	*Suiza*	franc suisse *(Franco suizo)*	100 centimes
Europe (U.E)	*Europa (U.E.)*	euro	

Quelques monnaies étrangères
Algunas monedas extranjeras

couronne	*corona*	escudo	*escudo*	penny	*penique*
dinar	*dinar*	florin	*florín*	rouble	*rublo*
dirham	*dirham*	lire	*lira*	roupie	*rupia*
dollar	*dólar*	livre	*libra*	shilling	*chelín*
drachme	*dracma*	mark	*marco*	yen	*yen*

L'année
El año

Les saisons	*Las estaciones*
le printemps	*la primavera*
l'été	*el verano*
l'automne	*el otoño*
l'hiver	*el invierno*

Les mois	*Los meses*
janvier	*enero*
février	*febrero*
mars	*marzo*
avril	*abril*
mai	*mayo*
juin	*junio*
juillet	*julio*
août	*agosto*
septembre	*septiembre, setiembre*
octobre	*octubre*
novembre	*noviembre*
décembre	*diciembre*

Les jours	*Los días*
lundi	*lunes*
mardi	*martes*
mercredi	*miércoles*
jeudi	*jueves*
vendredi	*viernes*
samedi	*sábado*
dimanche	*domingo*

Année liturgique et fêtes religieuses	*Año litúrgico y fiestas religiosas*
Avent	*Adviento*
Noël *m*	*Navidad f*
Immaculée Conception	*Inmaculada Concepción*
Épiphanie (jour des Rois)	*Epifanía (día de Reyes)*
Purification	*Purificación*
Carême *m*	*Cuaresma f*
Cendres	*Ceniza*
Annonciation	*Anunciación*
Passion	*Pasión*
Rameaux	*Domingo de Ramos*
Vendredi saint	*Viernes santo*
Pâques	*Pascua (de Resurrección)*
Quasimodo	*Cuasimodo*
Ascension	*Ascensión*
Pentecôte *f*	*Pentecostés m*
Trinité	*Trinidad*
Fête-Dieu *f*	*Corpus m*
Sacré-Cœur	*Sagrado Corazón*
Transfiguration	*Transfiguración*
Assomption	*Asunción*
Nativité de la Vierge	*Natividad de la Virgen*
Toussaint	*Todos los Santos*
Défunts, jour des Morts	*Difuntos*

L'heure
La hora

Quelle heure est-il ?
Il est une heure
il est deux heures
il est trois heures dix
il est quatre heures et quart
il est cinq heures et demie
il est six heures moins le quart
il est sept heures moins cinq
il est trois heures de l'après-midi
il est huit heures précises, juste,
  pile, tapantes
il est midi
à midi
il est minuit
à minuit

¿Qué hora es?
es la una
son las dos
son las tres y diez
son las cuatro y cuarto
son las cinco y media
son las seis menos cuarto
son las siete menos cinco
son las tres de la tarde
son las ocho en punto

son las doce
a las doce, a mediodía
son las doce de la noche
a las doce de la noche, a medianoche

Achevé d'imprimer par l'Imprimerie
Maury-Eurolivres à Manchecourt
en février 2001
N° de projet 10084551-35-OSB 70°
Dépôt légal : mars 2001 - N° d'imprimeur : 85510

Imprimé en France - (Printed in France)